T0198001

VERSIÓN ESPAÑOLA

BIOLOGÍA

LIBRO DEL ALUMNO

Andrew Allott
David Mindorff
José Azcue

OXFORD
UNIVERSITY PRESS

OXFORD
UNIVERSITY PRESS

Great Clarendon Street, Oxford, OX2 6DP, Reino Unido

Oxford University Press es un departamento de la Universidad de Oxford que promueve el objetivo de excelencia académica, educativa e investigadora de esta Universidad mediante sus publicaciones en todo el mundo. Oxford es una marca registrada de Oxford University Press en el Reino Unido y en algunos otros países.

Esta publicación figura en el catálogo de la Biblioteca Británica con los datos siguientes:

978-0-19-833873-4

9 10

El papel usado para la fabricación de este libro es un producto natural y reciclable de madera de bosques sostenibles. El proceso de fabricación se ajusta a las normas ambientales del país de origen.

Impreso por Multivista Global Pvt. Ltd.,

Agradecimientos

Los editores desean agradecer a las siguientes personas e instituciones su autorización para usar sus fotografías:

Portada: © Paul Souders/Corbis p1a: Sulston & Horvitz; p1b: GloFish®; p2a: Bios/Wikipedia; p2b: DR YORGOS NIKAS/SCIENCE PHOTO LIBRARY; p2b: PASCAL GOETGHELUCK/SCIENCE PHOTO LIBRARY; p3a: DR.JEREMY BURGESS/SCIENCE PHOTO LIBRARY; p3: VIKTOR SYKORA/SCIENCE PHOTO LIBRARY; p3b: Shutterstock; p5: www.nyp.edu.sg; p7a: Ferran Garcia-Pichel, Max Planck Institute of Marine Biology, Bermen Germany; p7b: Prof. P. Motta & T. Naguro/ SPL; p7c: Andrew Allot; p7d: Andrew Allot; p8a: MICHAEL ABBEY/SCIENCE PHOTO LIBRARY; p8b: Carolina Biological Supply Co/ Visuals Unlimited, Inc.; p8c: ASTRID & HANNS-FRIEDER MICHLER/SCIENCE PHOTO LIBRARY; p10a: MICHAEL ABBEY/SCIENCE PHOTO LIBRARY; p9: CC STUDIO/SCIENCE PHOTO LIBRARY; p10b: DR. PETER SIVER, VISUALS UNLIMITED /SCIENCE PHOTO LIBRARY; p11: Sulston & Horvitz; p11a: GloFish®; p11b: MEDICAL RESEARCH COUNCIL/SCIENCE PHOTO LIBRARY; p12: PHILIPPE PLAILLY/SCIENCE PHOTO LIBRARY; p13: SINCLAIR STAMMERS/SCIENCE PHOTO LIBRARY; p22a: PAUL RAPSON/SCIENCE PHOTO LIBRARY; p13: JAMES CAVALLINI/SCIENCE PHOTO LIBRARY; p14: CHRIS BARRY/VISUALS UNLIMITED, INC. /SCIENCE PHOTO LIBRARY; p15: SIMON FRASER/DEPARTMENT OF HAEMATOLOGY, RVI, NEWCASTLE/ SCIENCE PHOTO LIBRARY; p17: TEK IMAGE/SCIENCE PHOTO LIBRARY; p19: LAWRENCE BERKELEY NATIONAL LABORATORY/ SCIENCE PHOTO LIBRARY; p21: A B Dowsett/SPL; p22b: EYE OF SCIENCE/SCIENCE PHOTO LIBRARY; p23a: EYE OF SCIENCE/SCIENCE PHOTO LIBRARY; p23b: STEVE GSCHMEISSNER/SCIENCE PHOTO LIBRARY; p22a: Eye of Science/SPL; p22b: CNRI/SCIENCE PHOTO LIBRARY; p23a: BIOPHOTO ASSOCIATES/SCIENCE PHOTO LIBRARY; p23b: MICROSCAPE/SCIENCE PHOTO LIBRARY; p23c: Nature .com; p24a: BIOPHOTO ASSOCIATES/SCIENCE PHOTO LIBRARY; p24b: DR GOPAL MURTI/SCIENCE PHOTO LIBRARY; p24c: DR GOPAL MURTI/ SCIENCE PHOTO LIBRARY; p24d: MICROSCAPE/SCIENCE PHOTO LIBRARY; p24e: DR KARI LOUNATMAA/SCIENCE PHOTO LIBRARY; p24f: MICROSCAPE/ SCIENCE PHOTO LIBRARY; p25a: ANIMATED HEALTHCARE LTD/SCIENCE PHOTO LIBRARY; p25b: DON W. FAWCETT/SCIENCE PHOTO LIBRARY; p25c: DR. GOPAL MURTI/SCIENCE PHOTO LIBRARY; p25c: Andrew Allot; p26a: VINCENT AMOUROUX, MONA LISA PRODUCTION/ SCIENCE PHOTO LIBRARY; p26b: JAMSTEC; p26c: STEVE GSCHMEISSNER/SCIENCE PHOTO LIBRARY; p26d: DR.JEREMY BURGESS/SCIENCE PHOTO LIBRARY; p27a: STEVE GSCHMEISSNER/SCIENCE PHOTO LIBRARY; p27b: DAVID M. PHILLIPS/SCIENCE PHOTO LIBRARY; p27c: STEVE GSCHMEISSNER/SCIENCE PHOTO LIBRARY; p27d: John & Margaret Rostron; p29: Andrew Allott; p29b: American Journal of Obstetrics and Gynecology/Science Direct; p30: NIBSC/ SCIENCE PHOTO LIBRARY; p31: Author Image; p34: Janaka Dharmasena/ Shutterstock; p46: OUP; p43: Andrew Allot; p32: PHILIPPE PLAILLY/SCIENCE

PHOTO LIBRARY; p34a: American Journal of Obstetrics and Gynecology, Volume 178, Issue 1, Part 1, January1998, Pages 85-90 Ronald P Zweemer, Renée H.M. Verheijen, Johan J.P. Gille, Paul J. van Dies, Gerard Pals, Fred H. Menko/Science Direct; p34b: JAN VAN DE VEL/REPORTERS/SCIENCE PHOTO LIBRARY; p36: Alan R Hibbs; p42: blast.ncbi.nlm.nih.gov; p43: OAK RIDGE NATIONAL LABORATORY/US DEPARTMENT OF ENERGY/SCIENCE PHOTO LIBRARY; p44a: PhyloWin; p44b: FRANS LANTING, MINT IMAGES / SCIENCE PHOTO LIBRARY; p44c: Edwin Verin/Shutterstock; p45: blast.ncbi.nlm.nih. gov; p47a: PhyloWin; p47b: PhyloWin; p48: doi: 10.1093/nar/gks1236 / Ensembl; p597: Shutterstock; p47: HERVE CONGE, ISM/SCIENCE PHOTO LIBRARY; p48: Author Image; p50a: THOMAS DEERINCK, NCMIR/SCIENCE PHOTO LIBRARY; p50b: The VRoma Project (www.vroma.org); p52a: Instiut Pasteur/https://www.pasteur.fr/en; p52b: GEORGETTE DOUWMA/SCIENCE PHOTO LIBRARY; p53: DAVID MCCARTHY/SCIENCE PHOTO LIBRARY; p55: M.I. Walker/SPL; p57 a,b,c,d: STEVE GSCHMEISSNER/SCIENCE PHOTO LIBRARY; p58a,b: STEVE GSCHMEISSNER/SCIENCE PHOTO LIBRARY; p58c: Andrew Allot; p59a: Dharam M Ramnani; p59b: MANFRED KAGE/SCIENCE PHOTO LIBRARY; p59c: MANFRED KAGE/SCIENCE PHOTO LIBRARY.; p61: MOREDUN ANIMAL HEALTH LTD/SCIENCE PHOTO LIBRARY; p62: Age Fotostock/Alamy; p65: OUP; p66: Vasiliy Koval/Shutterstock; p71: LAGUNA DESIGN/SCIENCE PHOTO LIBRARY; p74a: OUP; p74b: OUP; p75: CLAIRE PAXTON & JACQUI FARROW/SCIENCE PHOTO LIBRARY; p77a: DR KEITH WHEELER/SCIENCE PHOTO LIBRARY; p77b: OUP; p81a: LAGUNA DESIGN/ SCIENCE PHOTO LIBRARY; p81b: LAGUNA DESIGN/SCIENCE PHOTO LIBRARY; p81c: LAGUNA DESIGN/SCIENCE PHOTO LIBRARY; p86b: OUP; p86a: Andrew Allot; p87a: OUP; p87b: OUP; p89: OUP; p90: Giles Bell; p97: OUP; p98: www.rcsb.org; p99: www.rcsb.org; p100a: Yikrazuul/Wikipedia; p100b: OUP; p103: JAMES KING-HOLMES/SCIENCE PHOTO LIBRARY; p109: OUP; p110: OUP; p118: A. BARRINGTON BROWN/SCIENCE PHOTO LIBRARY; p124: Andrew Allott; p130: © Tony Rusecki / Alamy; p131: OUP; p132a: Glenn Tattersall; p132b: MATTHEW OLDFIELD/SCIENCE PHOTO LIBRARY; p133a: Andrew Allott; p133b: Age Fotostock/Alamy; p134: OUP; p135: Petrov Andrey/Shutterstock; p139a: OUP; p139b: OUP; p139c: Andrew Allott; p140: Andrew Allott; p141: OUP; p142: Andrew Allott; p143: OUP; p149: OUP; p152a: Jax.org; p152b: Jax.org; p152c: Jax.org; p153: www.ncbi.nlm.nih.gov/ pubmed; p155a: Eye of Science/SPL; p155b: Eye of Science/SPL; p157: MAURO FERMARIELLO/SCIENCE PHOTO LIBRARY; p159a: J. C. REVY, ISM/ SCIENCE PHOTO LIBRARY; p159b: Kwangshin Kim/SPL; p160: www.ncbi. nlm.nih.gov; p161: Dr. Oscar Lee Miller, Jr of the University of Virginia; p164a: OUP; p164b: Andrew Allot; p165: OUP; p167: DEPT. OF CLINICAL CYTOGENETICS, ADDENBROOKES HOSPITAL/SCIENCE PHOTO LIBRARY; p168a: Tomasz Markowski/Dreamstime; p168b: L. WILLATT, EAST ANGLIAN REGIONAL GENETICS SERVICE/SCIENCE PHOTO LIBRARY; p170: OUP; p171a: OUP; p171b: OUP; p172: Andrew Allot; p174a: Andrew Allot; p174b: Andrew Allot; p175a,b,c,d,e,f: Andrew Allot; p176a: OUP; p176b: OUP; p176c: OUP; p180: OUP; p182a: OUP; p182b: OUP; p183: William Allott; p187: Enrico Coen; p188: OUP; p192a: OUP; p192b: OUP; p195a: OUP; p195b: OUP; p196: OUP; p198: RIA NOVOSTI/SCIENCE PHOTO LIBRARY; p200: VOLKER STEGER/SCIENCE PHOTO LIBRARY; p201: OUP; p203a: OUP; p203b: OUP; p204: OUP; p205: OUP; p206: OUP; p209a: OUP; p209b: OUP; p209c: OUP; p210: WALLY EBERHART, VISUALS UNLIMITED /SCIENCE PHOTO LIBRARY; p211a: GERARD PEAUCELLIER, ISM /SCIENCE PHOTO LIBRARY; p211b: GERARD PEAUCELLIER, ISM /SCIENCE PHOTO LIBRARY; p211c: Andrew Allott; p212: PHILIPPE PLAILLY/SCIENCE PHOTO LIBRARY; p215: OUP; p216: Parinya Hirunthitima/Shutterstock; p217a: OUP; p217b: OUP; p217c: ERIC GRAVE/SCIENCE PHOTO LIBRARY; p217d: OUP; p218a,b,c,d: Andrew Allot; p219a: Andrew Allot; p219b: CreativeNature.nl/Shutterstock; p219c: Andrew Allott; p220: OUP; p221a: OUP; p221b: Andrew Allott; p223: Andrew Allott; p225: OUP; p226a: © Ghislain & Marie David de Lossy/ cultura/Corbis/Image Library; p226b: OUP; p227: Andrew Allott; p229: Andrew Allott; p230a: OUP; p230b: Andrew Allott; p230c: Andrew Allott; p230c: Rich Lindie/Shutterstock; p230d: OUP; p232: OUP; p233a: Andrew Allott; p233b: OUP; p237: Giorgiogp2/Wikipedia; p239: Andrew Allott; p240: Andrew Allott; p241a: OUP; p241b: OUP; p241c: Andrew Allott; p242: Andrew Allott; p245: OUP; p247: OUP; p253: OUP; p258: OUP; p261: OUP; p262a: OUP; p262b: OUP; p263: Erik Lam/Shutterstock; p264: Sinclair Stammers/SPL; p266a: Wikipedia; p266b: Daiju AZUMA; p266c: Wikipedia; p266d: Shutterstock; p268a: Andrew Allott; p268b: Andrew Allott; p270: Andrew Allott p271: OUP; p272a: OUP; p272b: OUP; p272c: OUP; p272d: OUP; p272e: PETER CHADWICK/SCIENCE PHOTO LIBRARY; p274: OUP; p281: Author Image; p284a: OUP; p284b: OUP; p284c: OUP; p287: Andrew Allot; p288: Kipling Brock/Shutterstock; p294a: Author Image; p294b: Author Image; p296: OUP; p300a: OUP; p300b: BOB GIBBONS/SCIENCE PHOTO LIBRARY; p303: BSIP VEM/SCIENCE PHOTO LIBRARY; p305: Dennis Kunkel/Photolibrary; p306: Author Image; p307a: Andrew Allot; p307b: OUP; p311: Author Image; p315: Public Domain/Wikipedia; p317a: OUP; p317b: OUP; p319: OUP; p320: BIOPHOTO ASSOCIATES/SCIENCE PHOTO LIBRARY; p323: Andrew Allot; p325: OUP; p328: OUP; p329a: OUP; p329b: Andrew Allot; p330a: OUP; p330b: OUP; p331: JAMES CAVALLINI/SCIENCE PHOTO LIBRARY; p333a: ST MARY'S HOSPITAL MEDICAL SCHOOL/SCIENCE PHOTO LIBRARY; p333b: OUP; p335a: Wikipedia; p335b: OUP; p342: OUP; p344: DU CANE MEDICAL IMAGING LTD/SCIENCE PHOTO LIBRARY; p345: OUP; p347b: OUP; p347a: THOMAS DEERINCK, NCMIR/SCIENCE PHOTO LIBRARY; p350: OUP; p352: BSIP VEM/SCIENCE PHOTO LIBRARY; p354: OUP;

Continua en la última página

Índice

Sitio web

www.oxfordsecondary.com/
ib-biologia

B Biotecnología y bioinformática

Evaluación interna
*(con agradecimiento a Mark Headlee
por su colaboración en este capítulo)*

Definición del libro del alumno

Los libros del alumno del Programa del Diploma del IB son recursos diseñados como apoyo para el estudio de una asignatura en los dos años del Programa del Diploma. Estos recursos ayudan a los alumnos a entender lo que se espera del estudio de una asignatura del Programa del Diploma del IB y presentan su contenido de manera que ilustra el propósito y los objetivos del IB. Reflejan la filosofía y el enfoque del IB, y favorecen una comprensión profunda de la asignatura al establecer conexiones con temas más amplios y brindar oportunidades para el pensamiento crítico.

Conforme a la filosofía del IB, los libros abordan el currículo teniendo en cuenta el curso en su totalidad y el uso de una amplia gama de recursos, la mentalidad internacional, el perfil de la comunidad de aprendizaje del IB y los componentes troncales del Programa del Diploma del IB: Teoría del Conocimiento, la Monografía y Creatividad, Actividad y Servicio (CAS).

Todos los libros pueden usarse en combinación con otros materiales y, de hecho, se espera que los alumnos del IB extraigan conclusiones basándose en una variedad de recursos. Todos los libros proponen lecturas adicionales y brindan sugerencias para ampliar la investigación.

Además, los libros del alumno proporcionan asesoramiento y orientación con respecto a los requisitos de evaluación de las asignaturas y la probidad académica. Ofrecen información distintiva y acreditada, sin ser prescriptivos.

Declaración de principios del IB

El Bachillerato Internacional tiene como meta formar jóvenes solidarios, informados y ávidos de conocimiento, capaces de contribuir a crear un mundo mejor y más pacífico, en el marco del entendimiento mutuo y el respeto intercultural.

En pos de este objetivo, la organización colabora con establecimientos escolares, gobiernos y organizaciones internacionales para crear y desarrollar programas de educación internacional exigentes y métodos de evaluación rigurosos.

Estos programas alientan a estudiantes del mundo entero a adoptar una actitud activa de aprendizaje durante toda su vida, a ser compasivos y a entender que otras personas, con sus diferencias, también pueden estar en lo cierto.

El perfil de la comunidad de aprendizaje del IB

El objetivo fundamental de los programas del Bachillerato Internacional (IB) es formar personas con mentalidad internacional que, consciente de la condición que las une como seres humanos y de la responsabilidad que comparten de velar por el planeta, contribuyan a crear un mundo mejor y más pacífico. Como miembros de la comunidad de aprendizaje del IB, nos esforzamos por ser:

Indagadores: Cultivamos nuestra curiosidad, a la vez que desarrollamos habilidades para la indagación y la investigación. Sabemos cómo aprender de manera autónoma y junto con otros. Aprendemos con entusiasmo y mantenemos estas ansias de aprender durante toda la vida.

Informados e instruidos: Desarrollamos y usamos nuestra comprensión conceptual mediante la exploración del conocimiento en una variedad de disciplinas. Nos comprometemos con ideas y cuestiones de importancia local y mundial.

Pensadores: Utilizamos habilidades de pensamiento crítico y creativo para analizar y proceder de manera responsable ante problemas complejos. Actuamos por propia iniciativa al tomar decisiones razonadas y éticas.

Buenos comunicadores: Nos expresamos con confianza y creatividad en diversas lenguas, lenguajes y maneras. Colaboramos eficazmente, escuchando atentamente las perspectivas de otras personas y grupos.

Íntegros: Actuamos con integridad y honradez, con un profundo sentido de la equidad, la justicia y el respeto por la dignidad y los derechos de las personas en todo el mundo. Asumimos la responsabilidad de nuestros propios actos y sus consecuencias.

De mentalidad abierta: Desarrollamos una apreciación crítica de nuestras propias culturas e historias personales, así como de los valores y tradiciones de los demás. Buscamos y consideramos distintos puntos de vista y estamos dispuestos a aprender de la experiencia.

Solidarios: Mostramos empatía, sensibilidad y respeto. Nos comprometemos a ayudar a los demás y actuamos con el propósito de influir positivamente en las vidas de las personas y el mundo que nos rodea.

Audaces: Abordamos la incertidumbre con previsión y determinación. Trabajamos de manera autónoma y colaborativa para explorar nuevas ideas y estrategias innovadoras. Mostramos ingenio y resiliencia cuando enfrentamos cambios y desafíos.

Equilibrados: Entendemos la importancia del equilibrio físico, mental y emocional para lograr el bienestar propio y el de los demás. Reconocemos nuestra interdependencia con respecto a otras personas y al mundo en que vivimos.

Reflexivos: Evaluamos detenidamente el mundo y nuestras propias ideas y experiencias. Nos esforzamos por comprender nuestras fortalezas y debilidades para, de este modo, contribuir a nuestro aprendizaje y desarrollo personal.

Probidad académica

Es fundamental que cites debidamente a los autores de la información que utilices en tu trabajo. Después de todo, los autores de las ideas (propiedad intelectual) tienen derechos de propiedad. Para que tu trabajo se considere original, debe basarse en tus propias ideas y citar debidamente la autoría de las ideas y el trabajo de otras personas. Por lo tanto, en toda actividad escrita u oral que realices para la evaluación debes expresarte en tus propias palabras. Cuando utilices fuentes externas o hagas referencia a ellas, ya sea en forma de cita directa o paráfrasis, debes indicar debidamente su procedencia.

Cómo citar el trabajo de otros

Para indicar que se han utilizado las ideas de otras personas se usan notas a pie de página y bibliografías.

Notas a pie de página (colocadas en la parte inferior de una página) o notas al final (colocadas al final de un documento): deben utilizarse cuando se cita o parafrasea de otro documento, o cuando se reproduce de manera resumida la información de otro documento. No es necesario usar una nota a pie de página para información que forma parte de un área de conocimiento. Es decir, no es necesario citar definiciones en notas a pie de página, ya que se considera que son de conocimiento general.

Bibliografías: deben incluir una lista formal de los recursos que se han utilizado en un trabajo. Por "formal" se entiende que debe presentarse siguiendo una de las varias convenciones aceptadas. Esto normalmente implica separar los recursos utilizados en diferentes categorías (por ejemplo, libros, revistas, artículos periodísticos, recursos de Internet, CD y obras de arte) y proporcionar datos completos de dónde puede encontrar la misma información un lector o un observador del trabajo. La bibliografía es una parte obligatoria de la Monografía.

¿Qué constituye una conducta improcedente?

La conducta improcedente es toda acción por la que tú u otro alumno salgan o puedan salir beneficiados injustamente en uno o varios componentes de la evaluación. El plagio y la colusión se consideran conducta improcedente.

Plagio: se entiende como la presentación de las ideas o el trabajo de otra persona como propios. Estas son algunas formas de evitar el plagio:

- Debe citarse la autoría de las palabras e ideas de otras personas que se utilicen para respaldar los argumentos propios.

- Los pasajes citados textualmente deben entrecomillarse y debe citarse su autoría.

- Los CD-ROM, mensajes de correo electrónico, sitios web y otros medios electrónicos deben ser tratados de la misma manera que los libros y las revistas.

- Debe citarse la fuente de todas las fotografías, mapas, ilustraciones, programas informáticos, datos, gráficos, materiales audiovisuales y otros materiales similares que no sean de creación propia.

- Cuando se utilicen obras de arte, ya sean de música, cine, danza, teatro o artes visuales, o cuando se haga un uso creativo de una parte de una obra de arte, se debe citar al artista original.

Colusión: se entiende como el comportamiento de un alumno que contribuye a la conducta improcedente de otro. Incluye:

- Permitirle a otro alumno que copie tu trabajo o lo presente como si fuese propio

- Presentar un mismo trabajo para distintos componentes de evaluación o requisitos del Programa del Diploma

Otras formas de conducta improcedente incluyen cualquier acción que te permita salir beneficiado injustamente, o que tenga consecuencias sobre los resultados de otro alumno (por ejemplo, introducir material no autorizado a la sala de examen, conducta indebida durante un examen y falsificar documentación relacionada con CAS).

Introducción

Este libro es para los alumnos de Biología del Programa del Diploma del Bachillerato Internacional.

Biología es la asignatura de ciencias más popular del Programa del Diploma del IB. El estudio de la biología nos permite apreciar la interrelación de la vida en la biosfera. Mediante el curso de Biología del IB, que se concentra en la comprensión de la naturaleza de la ciencia, podrás alcanzar un nivel de conocimiento científico que te preparará mejor para actuar en cuestiones de interés local y global, con plena comprensión del punto de vista científico.

La estructura de este libro se ciñe en gran medida al programa de estudios de la *Guía de Biología*. Los títulos de las secciones reproducen los enunciados de evaluación específicos.

Los temas del 1 al 6 explican detalladamente los contenidos comunes a los cursos de Nivel Medio y Nivel Superior. Los temas del 7 al 11 explican los contenidos adicionales del Nivel Superior (TANS). Los temas A, B, C y D cubren los contenidos de las opciones. *El tema B y el capítulo dedicado a la evaluación interna solo están disponibles en el sitio web (www.oxfordsecondary.com/ib-biologia).* Todos los temas incluyen los siguientes elementos:

Comprensión

Estas secciones cubren detalladamente los contenidos específicos de cada subtema. Los conceptos se presentan de maneras que favorecen una comprensión duradera.

 ## Aplicaciones

Estas secciones te ayudarán a desarrollar tu comprensión mediante el estudio de un ejemplo específico o la descripción de un experimento importante en la historia de la biología.

 ## Habilidades

Estas secciones te animan a aplicar tu comprensión mediante actividades prácticas y análisis de los resultados de investigaciones biológicas clásicas. En algunos casos se trata de instrucciones para manipular datos experimentales y usar tecnologías informáticas. Algunas de las secciones implican la realización de experimentos con resultados conocidos, con el objetivo de favorecer la comprensión mediante la práctica. Otras implican ideas de experimentos con resultados no conocidos, donde puedes definir el problema y los métodos.

Ofrecen oportunidades muy valiosas para desarrollar las habilidades que se evalúan en la evaluación interna (véase el sitio web).

 ## Naturaleza de la ciencia

Aquí puedes explorar los métodos científicos y algunas cuestiones de conocimiento relacionadas con la actividad científica. Para ello, se han seleccionado cuidadosamente ejemplos entre los que se incluyen investigaciones biológicas que causaron cambios de paradigma en nuestra comprensión del mundo natural.

Teoría del Conocimiento

Estas breves secciones tienen títulos que son "preguntas de conocimiento" equívocas. El texto que les sigue a menudo detalla una posible respuesta a la pregunta de conocimiento. Te animamos a usar estos ejemplos de problemas de conocimiento en tus ensayos de Teoría del Conocimiento. Por supuesto, muchos de los contenidos de otras secciones del libro, particularmente los relativos a la naturaleza de la ciencia, pueden dar lugar a debates de Teoría del Conocimiento.

Actividad

Estas secciones incluyen una variedad de temas cortos que en todos los casos se concentran en el aprendizaje activo. Te recomendamos que investigues estos temas por ti mismo, utilizando información disponible en libros de texto o en Internet. Su objetivo es fomentar el aprendizaje autónomo. Creemos que la mejor manera de aprender es ser activo: cuanto más hagas por ti mismo, con la orientación de tu profesor, mejor aprenderás.

Preguntas basadas en datos

Estas preguntas implican estudiar y analizar datos de investigaciones biológicas: este tipo de preguntas aparecen en las pruebas 2 y 3 de Biología del IB, tanto en el Nivel Medio como en el Nivel Superior. Puedes encontrar las respuestas a estas preguntas en www.oxfordsecondary.com/ib-biologia.

Preguntas al final de cada tema

Al final de cada tema encontrarás una variedad de preguntas, incluidas preguntas de exámenes anteriores de Biología del IB y preguntas nuevas. Puedes encontrar las respuestas en www.oxfordsecondary.com/ib-biologia.

1 BIOLOGÍA CELULAR

Introducción

Se ha mantenido una cadena vital ininterrumpida desde las primeras células que se desarrollaron en la Tierra hasta la totalidad de células de los organismos actualmente vivos. Los eucariotas poseen una estructura celular mucho más compleja que los procariotas. La evolución de los organismos multicelulares permitió la especialización celular y el reemplazo de células. La división celular es esencial, pero se lleva a cabo de manera diferente en procariotas y eucariotas. Si bien la evolución ha dado lugar a un mundo biológico de enorme diversidad, el estudio de las células nos muestra que existen también características universales. Por ejemplo, la estructura fluida y dinámica de las membranas biológicas les permite controlar la composición de las células.

1.1 Introducción a las células

Comprensión

→ De acuerdo con la teoría celular, los organismos vivos están compuestos de células.

→ Los organismos que constan de una única célula realizan todas las funciones propias de la vida en el seno de dicha célula.

→ La relación superficie/volumen es importante como factor limitante del tamaño celular.

→ Los organismos multicelulares tienen propiedades que resultan de la interacción entre sus componentes celulares.

→ Los tejidos especializados pueden desarrollarse por diferenciación celular en los organismos multicelulares.

→ La diferenciación implica la expresión de unos genes concretos del genoma de la célula y no de otros.

→ La capacidad de las células madre para dividirse y diferenciarse a lo largo de distintas rutas es necesaria en el desarrollo embrionario, una característica que hace que estas células sean aptas para usos terapéuticos.

Naturaleza de la ciencia

→ Buscar tendencias y discrepancias: aunque la mayoría de los organismos se atienen a la teoría celular, también hay excepciones.

→ Implicaciones éticas de la investigación: las investigaciones que implican el cultivo de células madre están creciendo en importancia y suscitan cuestiones éticas.

Aplicaciones

→ Cuestionamiento de la teoría celular mediante el uso de ejemplos atípicos, tales como músculo estriado, algas gigantes e hifas de hongos aseptados.

→ Investigación de funciones vitales en *Paramecium* y en un organismo unicelular fotosintético concreto.

→ Uso de células madre para tratar la enfermedad de Stargardt y otra afección concreta.

→ Aspectos éticos relativos al uso terapéutico de las células madre de embriones obtenidos para tal fin, de la sangre del cordón umbilical de un bebé neonato y de los propios tejidos de un adulto.

Habilidades

→ Uso de un microscopio óptico para investigar la estructura de células y tejidos.

→ Realización de dibujos de las estructuras de las células que se ven con el microscopio óptico.

→ Cálculo del número de aumentos de los dibujos y el tamaño real de las estructuras y ultraestructuras representadas en los dibujos o en micrografías (trabajo práctico 1).

La teoría celular

Los organismos vivos están compuestos de células.

La estructura interna de los organismos vivos es muy intrincada y se compone de partes individuales muy pequeñas. Algunos órganos, como el riñón y el ojo, son fácilmente visibles. Al diseccionarlos podemos ver que los órganos grandes están hechos de diferentes tejidos, pero hasta que se inventaron los microscopios no se descubrió nada o casi nada acerca de la estructura de los tejidos. A partir del siglo XVII, los biólogos examinaron tejidos de plantas y animales utilizando microscopios. Aunque había muchas variaciones, algunas estructuras aparecían una y otra vez. Se desarrolló una teoría para explicar estas estructuras básicas: la teoría celular. Esta teoría establece que todos los organismos vivos están constituidos por células. Los organismos más pequeños son unicelulares, es decir, están compuestos de una sola célula. Los organismos más grandes son multicelulares o, lo que es lo mismo, están compuestos de numerosas células.

Las células varían considerablemente en tamaño y forma, pero tienen ciertas características comunes:

- Cada célula viva está rodeada de una membrana que separa el contenido de la célula de todo lo que hay fuera de esta.

- Las células contienen material genético que almacena todas las instrucciones necesarias para las actividades de la célula.

- Muchas de estas actividades son reacciones químicas catalizadas por enzimas producidas en el interior de la célula.

- Las células tienen su propio sistema de producción de energía que sustenta todas las actividades de la célula.

Así, podemos considerar que las células son las estructuras vivas más pequeñas; nada más pequeño puede sobrevivir.

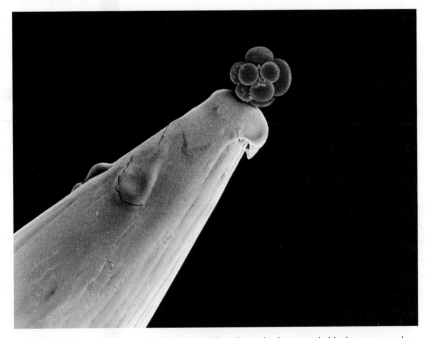

▲ Figura 1 Micrografía electrónica de barrido coloreada de un embrión humano en la punta de un alfiler

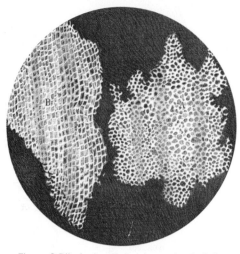

 Excepciones a la teoría celular

Búsqueda de tendencias y discrepancias: aunque la mayoría de los organismos se atienen a la teoría celular, también hay excepciones.

Una etapa inicial de la investigación científica es la búsqueda de tendencias, de cosas que parecen darse en general y no solo en casos específicos. Estas tendencias pueden dar lugar al desarrollo de una teoría. Una teoría científica es una manera de interpretar el mundo natural. Las teorías nos permiten hacer predicciones. A veces se encuentran excepciones a la tendencia general: estas se llaman discrepancias. Los científicos tienen que juzgar si las discrepancias son comunes o lo suficientemente importantes como para hacer que las predicciones no sean fiables y, por tanto, no sean útiles. En este caso, la teoría se desecha.

La teoría celular es un ejemplo de la búsqueda de tendencias y discrepancias por parte de los científicos. Robert Hooke fue el primero en utilizar la palabra *célula* para designar las estructuras de los organismos vivos. Lo hizo en el año 1665, después de examinar el corcho y otras partes de plantas. Después de describir las células del corcho, escribió lo siguiente:

> Tampoco es este tipo de textura propio solo del corcho, pues con el microscopio he observado que la médula del saúco o de casi cualquier otro árbol, la médula interior de los tallos leñosos huecos de muchos otros vegetales, como el hinojo, las carretas, las plantas del género Daucus, *las bardanas, las cardenchas, los helechos, algunas especies de cañas, etc., tienen en gran medida un tipo de "esquematismo" como el que he observado recientemente en el corcho.

Vemos que Hooke no se contentó con examinar un solo tipo de tejido vegetal, sino que examinó muchos y descubrió una tendencia general. Desde entonces, los biólogos han analizado los tejidos de una enorme variedad de organismos vivos. Se ha constatado que muchos de estos tejidos se componen de células, por lo que la teoría celular no ha sido descartada. Sin embargo, también se han descubierto algunas discrepancias: organismos o partes de organismos que no cuentan con células normales. Es posible que se descubran más discrepancias, pero es sumamente improbable que algún día se descarte la teoría celular dada la gran cantidad de tejidos que están formados por células.

▲ Figura 2 Dibujo de células de corcho de Robert Hooke

Actividad

▲ Figura 3 ¿Cuál es la unidad de la vida: el niño o sus células?

Las dos respuestas posibles representan el enfoque holístico y el enfoque reduccionista en biología.

 Uso del microscopio óptico

Uso de un microscopio óptico para investigar la estructura de células y tejidos

Trata de mejorar al máximo tu manejo de los microscopios.

- Aprende los nombres de las partes del microscopio.

- Comprende cómo enfocar el microscopio para conseguir la mejor imagen posible.

- Cuida de tu microscopio para mantenerlo en perfecto estado de funcionamiento.

- Aprende a solucionar problemas.

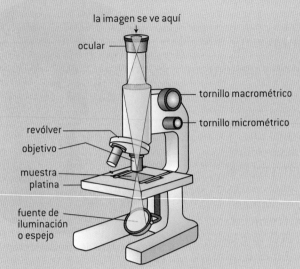

la imagen se ve aquí

ocular

tornillo macrométrico

tornillo micrométrico

revólver

objetivo

muestra

platina

fuente de
iluminación
o espejo

▲ Figura 4 Microscopio óptico compuesto

Enfoque

- Coloca la preparación en la platina, situando la parte más destacada exactamente en el centro del agujero por donde pasa la luz.

- Empieza siempre enfocando con el objetivo menor, aunque después necesites un aumento mayor.

- Utiliza primero el tornillo macrométrico para enfocar. Después, cuando casi tengas la imagen enfocada, utiliza el tornillo de aproximación micrométrico para conseguir más nitidez.

- Si deseas más aumento, desplaza la preparación para que la parte más destacada quede exactamente en el centro del campo de visión y, después, cambia a una lente de aumento mayor.

Cuidado del microscopio

- Enfoca siempre aumentando la distancia entre la lente y la muestra, nunca acercándolas.

- Asegúrate de que la preparación esté limpia y seca antes de ponerla en la platina.

- No toques nunca la superficie de las lentes con los dedos o con cualquier otra cosa.

- Cuando transportes el microscopio, sujétalo con una mano por debajo para soportar su peso con seguridad.

Solución de problemas

Problema: No se ve nada cuando trato de enfocar.

Solución: Asegúrate de que la muestra está colocada debajo de la lente, desplazando la preparación con cuidado. Es más fácil localizar la muestra si se enfoca primero con un objetivo pequeño.

Problema: Se ve un círculo con un borde negro grueso.

Solución: Hay una burbuja de aire en la preparación. Ignórala y trata de mejorar tu técnica de preparación de muestras para que no queden burbujas de aire.

Problema: Hay partes borrosas en la imagen, incluso cuando enfoco lo mejor posible.

Solución: O la lente o la preparación están sucias. Pídele ayuda a tu profesor para limpiarlas.

Problema: La imagen es muy oscura.

Solución: Aumenta la cantidad de luz que pasa a través de la muestra ajustando el diafragma.

Problema: La imagen parece bastante decolorada.

Solución: Reduce la cantidad de luz que pasa a través de la muestra ajustando el diafragma.

Tipos de preparaciones

Las preparaciones que examinamos con un microscopio pueden ser permanentes o temporales.

La creación de preparaciones permanentes es muy compleja y requiere mucho tiempo, por lo que suele estar en manos de especialistas. En las preparaciones permanentes de tejidos se utilizan trozos de tejido muy finos.

La creación de preparaciones temporales es más rápida y fácil, por lo que podemos encargarnos nosotros mismos.

Examen y dibujo de células animales y vegetales

Casi todas las células son demasiado pequeñas para poder verlas a simple vista, así que para estudiarlas es necesario un microscopio.

Generalmente es fácil ver si una célula es de una planta o de un animal, aunque hay muchos tipos diferentes de células en los reinos animal y vegetal.

- Coloca las células en el portaobjetos en una capa de no más de una célula de espesor.

- Añade una gota de agua o colorante.

- Con cuidado, pon un cubreobjetos sobre la gota. Intenta que no queden burbujas de aire atrapadas.

- Elimina el exceso de agua o colorante poniendo la lámina dentro de una toalla de papel doblada y presionando ligeramente sobre el cubreobjetos.

Es mejor examinar la preparación primero usando el objetivo menor. Desplaza la preparación para que la parte más destacada quede exactamente en el centro del campo de visión y, después, cambia a una lente de aumento mayor. Dibuja algunas células para recordar su estructura.

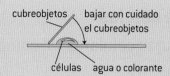
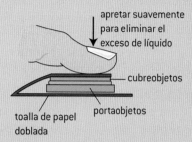

▲ Figura 5 Creación de una preparación temporal

1 Hoja de musgo

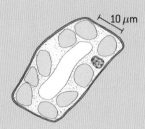

Utiliza una planta de musgo con hojas muy finas. Monta una sola hoja en una gota de agua o colorante azul de metileno.

2 Célula de plátano

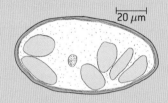

Raspa una pequeña cantidad del tejido blando de un plátano y colócala sobre un portaobjetos. Monta en una gota de solución de yodo.

3 Célula del hígado de un mamífero

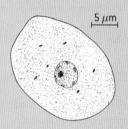

Raspa células de una superficie recién cortada del hígado (que no haya estado congelado previamente). Restriega sobre un portaobjetos y añade azul de metileno para teñir.

4 Epidermis inferior de una hoja

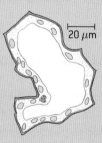

Pela la epidermis inferior de una hoja. La célula dibujada aquí es de *Valeriana*. Monta en agua o en azul de metileno.

5 Célula de mejilla humana

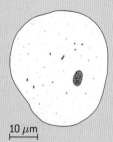

Raspa células del interior de la mejilla con un bastoncillo de algodón. Restriega sobre un portaobjetos y añade azul de metileno para teñir.

6 Glóbulo blanco

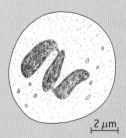

Restriega una capa fina de sangre de mamífero sobre un portaobjetos y tíñela con colorante de Leishman.

▲ Figura 6 Dibujos de células de plantas y animales

Dibujo de células

Dibujar estructuras celulares tal como se ven con el microscopio óptico

Los dibujos detallados son una forma útil de registrar la estructura de las células u otras estructuras biológicas. Generalmente, las líneas en el dibujo representan los bordes de las estructuras. No muestres detalles innecesarios y utiliza solo sombras tenues. Los dibujos de estructuras vistas con el microscopio serán más grandes que las estructuras reales- el dibujo las muestra aumentadas. En esta página y la siguiente se explica cómo calcular el número de aumentos de un dibujo. Todas las partes de un dibujo deben representarse con el mismo aumento.

a) Utiliza un lápiz afilado de punta dura para trazar líneas bien definidas.

b) Une las líneas cuidadosamente para formar estructuras continuas, como las células.

c) Dibuja líneas a mano alzada, pero utiliza una regla para rotular las líneas.

mal   bien

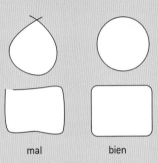

mal   bien

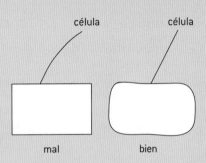

célula   célula

mal   bien

▲ Figura 7 Ejemplos de estilos de dibujo

Cálculo del número de aumentos y el tamaño real

Cálculo del número de aumentos de los dibujos y el tamaño real de las estructuras representadas en los dibujos o en micrografías (trabajo práctico 1)

Cuando miramos con un microscopio, las estructuras que vemos se muestran más grandes de lo que realmente son. El microscopio las aumenta. La mayoría de los microscopios nos permiten multiplicar el tamaño de las muestras por dos o tres factores diferentes mediante la rotación del revólver para cambiar de una lente a otra. Un microscopio escolar típico tiene tres niveles de aumento:

- × 40 (aumento bajo)
- × 100 (aumento medio)
- × 400 (aumento alto)

Si tomamos una foto con el microscopio, podremos ampliar la imagen aún más. Las fotos tomadas con un microscopio se denominan *micrografías*. Este libro incluye numerosas micrografías, incluso micrografías electrónicas tomadas con un microscopio electrónico.

Cuando dibujamos una muestra, podemos hacer el dibujo más grande o más pequeño, por lo que el aumento del dibujo no es necesariamente igual que el aumento del microscopio.

Para calcular el aumento de una micrografía o un dibujo necesitamos saber dos cosas: el tamaño de la imagen (en el dibujo o la micrografía) y el tamaño real de la muestra. Para el cálculo, se utiliza esta fórmula:

$$\text{aumento} = \frac{\text{tamaño de la imagen}}{\text{tamaño real de la muestra}}$$

Si conocemos el tamaño de la imagen y el aumento, podemos calcular el tamaño real de una muestra.

Al utilizar esta fórmula, es muy importante asegurarse de que las unidades del tamaño de la imagen y del tamaño real de la muestra sean las mismas. Pueden ser milímetros (mm) o micrómetros (μm), pero las unidades no deben ser diferentes o los cálculos serán erróneos. Los milímetros pueden convertirse a micrómetros multiplicando por mil. Los micrómetros, a su vez, pueden convertirse a milímetros dividiendo por mil.

A veces se añaden barras de escala sobre las micrografías o dibujos, o a su lado. Estas barras son líneas rectas que indican el tamaño real que representan. Por ejemplo, si hubiera una barra de escala de 10 mm de largo en una micrografía con un aumento de 10 000 ×, dicha barra de escala estaría rotulada como 1 μm.

EJEMPLO:

La longitud de una imagen es de 30 mm y representa una estructura cuyo tamaño real es 3 μm. Calcula el aumento de la imagen.

O bien:

$$30\,mm = 30 \times 10^{-3}\,m$$
$$3\,\mu m = 3 \times 10^{-6}\,m$$

$$\text{Aumento} = \frac{30 \times 10^{-3}}{3 \times 10^{-6}}$$

$$= 10.000 \times$$

O:

$$30\,mm = 30\,000\,\mu m$$

$$\text{Aumento} = \frac{30\,000}{3}$$

$$= 10.000 \times$$

Preguntas basadas en datos

1 a) Determina el aumento de la cadena de células de *Thiomargarita* en la figura 8, si la barra de escala representa 0,2 μm. [3]

b) Determina el ancho de la cadena de células. [2]

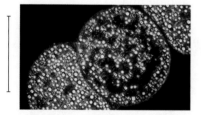

▲ Figura 8 *Thiomargarita*

2 En la figura 9, la longitud real de la mitocondria es 8 μm.

a) Determina el aumento de esta micrografía electrónica. [2]

b) Calcula cuál sería la longitud de una barra de escala de 5 μm en esta micrografía electrónica. [2]

c) Determina el ancho de la mitocondria. [1]

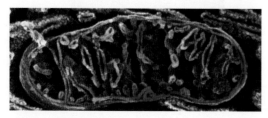

▲ Figura 9 Mitocondria

3 El aumento de la célula de la mejilla humana con un microscopio compuesto (figura 10) es de 2.000 ×.

a) Calcula cuál sería la longitud de una barra de escala de 20 μm en la imagen. [2]

b) Determina la longitud de la célula de la mejilla. [2]

▲ Figura 10 Célula de la mejilla humana

4 a) Usando el ancho del huevo de gallina como guía, estima la longitud real del huevo de avestruz (figura 11). [2]

b) Estima el aumento de la imagen. [2]

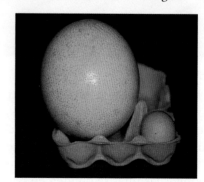

▲ Figura 11 Huevo de avestruz

Prueba de la teoría celular

Cuestionamiento de la teoría celular mediante el uso de ejemplos atípicos, tales como músculo estriado, algas gigantes e hifas de hongos aseptados

Para probar la teoría celular debes observar con un microscopio la estructura del mayor número posible de organismos vivos. En las páginas 3 y 4 encontrarás instrucciones para el uso del microscopio. En todos los casos debes preguntarte: "¿El organismo o tejido se ajusta a la tendencia enunciada en la teoría celular de estar compuesto de una o más células?"

Vale la pena considerar estos tres ejemplos atípicos:

- El músculo estriado es el tipo de tejido que utilizamos para cambiar la posición de nuestro cuerpo. Los componentes básicos de este tejido son las fibras musculares, que en algunos aspectos son similares a las células: están rodeadas por una membrana y se forman por división de células preexistentes, tienen su propio material genético y su propio sistema de producción de energía. Sin embargo, las fibras musculares están lejos de ser típicas. Son mucho más grandes que la mayoría de las células animales. En los seres humanos, tienen una longitud media de unos 30 mm, mientras que las otras células humanas miden menos de 0,03 mm de largo. En lugar de un núcleo pueden tener muchos, a veces hasta varios cientos.

▲ Figura 12 Fibras de músculo estriado

- Los hongos constan de estrechas estructuras filiformes llamadas hifas. Estas hifas son generalmente de color blanco y aspecto esponjoso. Tienen una membrana celular y, por fuera, una pared celular. En algunos tipos de hongos las hifas se dividen en pequeñas secciones similares a células mediante paredes transversales llamadas septos. Sin embargo, en los hongos aseptados no hay septos. Cada hifa es una estructura en forma de tubo continuo con numerosos núcleos distribuidos a lo largo.

- Las algas son organismos que se alimentan por fotosíntesis y almacenan sus genes dentro de núcleos, pero son más simples que las plantas en su estructura y organización. Muchas algas constan de una sola célula microscópica. Hay un gran número de estas algas unicelulares en los océanos y forman la base de la mayoría de las cadenas alimentarias marinas. Menos comunes son otras algas que crecen hasta alcanzar un tamaño mucho más grande y, sin embargo, siguen pareciendo ser unicelulares. Se las conoce como algas gigantes. Un ejemplo de este tipo de algas es *Acetabularia*, que puede crecer hasta 100 mm de largo a pesar de tener un solo núcleo. Si se descubriera un nuevo organismo con una longitud de 100 mm, sin duda cabría esperar que constara de numerosas células, no solo de una.

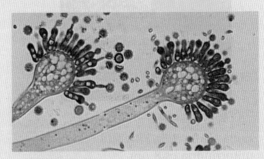

▲ Figura 13 Hifas aseptadas

▲ Figura 14 Alga gigante

Los organismos unicelulares

Los organismos que constan de una única célula realizan todas las funciones propias de la vida en el seno de dicha célula.

Las funciones vitales son lo que todos los organismos deben hacer para mantenerse con vida. Algunos organismos constan de una sola célula y, por tanto, esta célula tiene que llevar a cabo todas las funciones vitales. Debido a esto, la estructura de los organismos unicelulares es más compleja que la mayoría de las células en los organismos multicelulares.

Los organismos unicelulares llevan a cabo al menos siete funciones vitales:

- Nutrición: obtención de alimentos, para proporcionar la energía y los materiales necesarios para el crecimiento.

- Metabolismo: reacciones químicas dentro de la célula, incluida la respiración celular para producir energía.

- Crecimiento: un aumento irreversible de tamaño.

- Respuesta: capacidad de reaccionar a cambios en el entorno.

- Excreción: eliminación de los productos de desecho del metabolismo.

- Homeostasis: mantenimiento de las condiciones en el interior del organismo dentro de límites tolerables.

- Reproducción: producción de descendencia, ya sea de manera sexual o asexual.

Muchos organismos unicelulares también tienen un método de movimiento, mientras que otros permanecen en una posición fija o simplemente son llevados por las corrientes de agua o aire.

Limitaciones en el tamaño de la célula

La relación superficie/volumen es importante como factor limitante del tamaño celular.

En el citoplasma de las células ocurre un gran número de reacciones químicas. Estas reacciones se conocen colectivamente como el metabolismo de la célula. La tasa de estas reacciones (la tasa metabólica de la célula) es proporcional al volumen de la célula.

Para que el metabolismo pueda continuar, las sustancias utilizadas en las reacciones deben ser absorbidas por la célula y los productos de desecho deben eliminarse. Las sustancias entran y salen de las células a través de la membrana plasmática en la superficie de la célula. La tasa a la cual las sustancias cruzan esta membrana depende de su superficie.

Por lo tanto, la relación superficie/volumen de una célula es muy importante. Si la relación es demasiado pequeña, entonces las sustancias no entrarán a la célula tan rápido como es necesario y los productos de desecho se acumularán porque se producen más rápidamente de lo que pueden ser excretados.

La relación superficie/volumen también es importante en la producción y pérdida de calor. Si la relación es demasiado pequeña, las células pueden sobrecalentarse porque el metabolismo produce calor más rápido de lo que se disipa sobre la superficie de la célula.

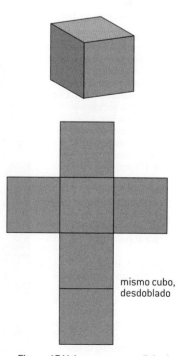

mismo cubo, desdoblado

▲ Figura 15 Volumen y superficie de un cubo

Funciones vitales en los organismos unicelulares

Investigación de las funciones vitales en *Paramecium* y en un organismo unicelular fotosintético concreto

Paramecium es un organismo unicelular que se puede cultivar con bastante facilidad en el laboratorio. Alternativamente, recoge un poco de agua de un estanque y usa una centrífuga para concentrar los organismos que contiene y ver si hay *Paramecium*.

Coloca en un portaobjetos una gota de la solución de cultivo que contiene *Paramecium*.

Añade un cubreobjetos y examina con un microscopio.

El núcleo de la célula se puede dividir para crear los núcleos adicionales que se necesitan cuando la célula se reproduce. A menudo, la reproducción es asexual: la célula madre se divide en dos células hijas.

Las vesículas contienen organismos más pequeños que han sido ingeridos por *Paramecium*. Estos organismos son digeridos gradualmente y los nutrientes son absorbidos por el citoplasma, donde proporcionan la energía y los materiales necesarios para el crecimiento.

La membrana celular controla qué productos químicos entran y salen. Permite la entrada de oxígeno para la respiración. La excreción consiste simplemente en la liberación de los productos de desecho a través de la membrana.

Las vacuolas contráctiles en cada extremo de la célula se llenan de agua que después expulsan a través de la membrana plasmática de la célula, para mantener el contenido de agua de la célula dentro de límites tolerables.

En el citoplasma tienen lugar las reacciones metabólicas, incluidas las reacciones que liberan energía por la respiración. Las enzimas en el citoplasma son los catalizadores que provocan estas reacciones.

Paramecium se desplaza por el agua moviendo los cilios, y este movimiento puede ser controlado por la célula para adoptar una dirección particular en respuesta a los cambios en el entorno.

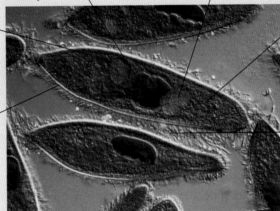

▲ Figura 16 *Paramecium*

Chlamydomonas es un alga unicelular que vive en el suelo y en hábitats de agua dulce, y que se ha utilizado ampliamente para la investigación en biología celular y molecular. A pesar de que es de color verde y realiza la fotosíntesis, no es una verdadera planta y su pared celular no está hecha de celulosa.

El núcleo de la célula se puede dividir en núcleos genéticamente idénticos para la reproducción asexual. Los núcleos también puede fusionarse y dividirse para llevar a cabo una forma de reproducción sexual. En esta imagen, los cloroplastos no permiten ver el núcleo.

Las reacciones metabólicas tienen lugar en el citoplasma, donde hay enzimas presentes para acelerarlas.

La pared celular es completamente permeable, y la membrana que hay en su interior es la que controla qué productos químicos entran y salen. El oxígeno es un producto de desecho de la fotosíntesis y se libera a través de la membrana.

Las vacuolas contráctiles en la base de los flagelos se llenan de agua que después expulsan a través de la membrana plasmática de la célula, para mantener el contenido de agua de la célula dentro de límites tolerables.

La fotosíntesis se produce dentro de los cloroplastos en el citoplasma. El dióxido de carbono se puede convertir en los compuestos necesarios para el crecimiento, pero en la oscuridad, si hay compuestos de carbono de otros organismos, estos son a veces absorbidos a través de la membrana celular.

Las *Chlamydomonas* se desplazan por el agua moviendo los dos flagelos. Una mancha ocular sensible a la luz permite a la célula detectar dónde es más brillante la luz y dirigir el movimiento hacia ella.

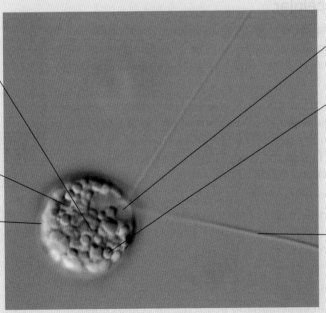

▲ Figura 17 *Chlamydomonas*

Los organismos multicelulares

Los organismos multicelulares tienen propiedades que resultan de la interacción entre sus componentes celulares.

Algunos organismos unicelulares, como un tipo de alga llamada *Volvox aureus*, viven juntos en colonias. Cada colonia se compone de una bola hecha de un gel de proteína con 500 o más células idénticas pegadas a su superficie. La figura 18 muestra dos colonias en cuyo interior se han formado, a su vez, colonias hijas. Aunque las células son cooperativas, no se fusionan en una única masa de células y, por tanto, no constituyen un solo organismo.

Los organismos multicelulares están formados por una masa de células fusionadas. Uno de los organismos multicelulares más estudiados es un gusano llamado *Caenorhabditis elegans*. El cuerpo de un adulto mide aproximadamente un milímetro de largo y se compone de exactamente 959 células. Este número puede parecer muy elevado, pero la mayoría de los organismos multicelulares tienen muchas más células: el cuerpo humano adulto consta de alrededor de diez billones de células, y esta cifra es aún mayor en organismos tales como los robles o las ballenas.

Aunque es bien conocido por los biólogos, *Caenorhabditis elegans* no tiene un nombre común y vive oculto en materia orgánica en descomposición, alimentándose de las bacterias que causan dicha descomposición. *C. elegans* tiene boca, faringe, intestino y ano. Es hermafrodita, así que cuenta con órganos reproductivos masculinos y femeninos. Casi un tercio de sus células son neuronas o células nerviosas, la mayoría de las cuales están situadas en el extremo frontal del gusano formando una estructura que puede considerarse el cerebro del animal.

A pesar de que el cerebro de *C. elegans* coordina las respuestas al entorno del gusano, no controla el desarrollo de las células. En este y otros organismos pluricelulares, las células pueden considerarse como grupos cooperativos donde ningún tipo de células actúa como líder o supervisor. La organización e interacción de las células de un grupo para formar un organismo vivo con características generales distintivas es algo extraordinario. Las características del organismo, incluido el hecho de estar vivo, se conocen como *propiedades emergentes*.

Las propiedades emergentes surgen de la interacción de las partes componentes de una estructura compleja. A veces resumimos esto con la frase: "el todo es mayor que la suma de sus partes". Un texto filosófico chino de hace más de 2.500 años brinda un ejemplo sencillo de una propiedad emergente: "Las vasijas están hechas de arcilla, pero es el agujero lo que hace que la vasija funcione". Igualmente, en biología podemos estudiar los componentes, pero no debemos olvidar que algunas cosas más grandes son resultado de las interacciones entre estos componentes.

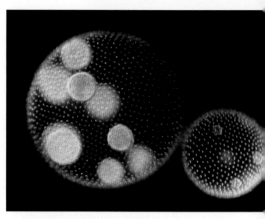

▲ Figura 18 Colonias de *Volvox*

La diferenciación celular en los organismos multicelulares

Los tejidos especializados pueden desarrollarse por diferenciación celular en los organismos multicelulares.

En los organismos multicelulares, diferentes células realizan diferentes funciones. Esto a veces se denomina división del trabajo. En términos sencillos, una función es un trabajo o una tarea. Por ejemplo, la función de los glóbulos rojos es transportar oxígeno y la función de una célula bastón de la retina del ojo es absorber la luz y luego transmitir impulsos al cerebro. A menudo, un grupo de células se especializa de la misma manera para realizar la misma función: a este grupo de células se le llama tejido.

Al especializarse, las células de un tejido pueden desempeñar su función con mayor eficiencia que si tuvieran numerosas funciones diferentes. Pueden desarrollar la estructura ideal, con las enzimas necesarias para llevar a cabo todas las reacciones químicas asociadas a su función. El desarrollo de las células de diferentes formas para desempeñar funciones específicas se denomina diferenciación. En los seres humanos, se han identificado aproximadamente 220 tipos de células claramente diferentes y especializadas, todas ellas desarrolladas por diferenciación.

La expresión de los genes y la diferenciación celular

La diferenciación implica la expresión de unos genes concretos del genoma de la célula y no de otros.

Hay muchos tipos diferentes de células en un organismo multicelular, pero todos ellos tienen el mismo conjunto de genes. Los 220 tipos distintos de células en el cuerpo humano tienen los mismos genes, a pesar de las grandes diferencias en su estructura y sus actividades. Por poner un ejemplo, los bastones de la retina del ojo producen un pigmento que absorbe luz. Sin él, los bastones no serían capaces de desempeñar su función de detectar la luz. Las células de la lente del ojo no producen pigmentos y son transparentes. Si produjeran pigmentos, pasaría menos luz a través de la lente y nuestra visión sería peor. Durante su desarrollo, ambos tipos de células contienen los genes para producir el pigmento, pero estos genes solo se utilizan en las células de bastón.

En condiciones normales las células no solo tienen los genes cuyas instrucciones necesitan, sino también los genes necesarios para especializarse de todas las formas posibles. Hay aproximadamente 25.000 genes en el genoma humano, y estos genes están presentes en cada célula del cuerpo. Sin embargo, en la mayoría de las células, menos de la mitad de los genes serán alguna vez utilizados.

Cuando un gen se utiliza en la célula, se dice que dicho gen está siendo expresado. En términos sencillos, el gen está activado y la información que contiene se utiliza para crear una proteína u otro producto génico. El desarrollo de una célula implica activar y expresar determinados genes, pero no otros. La diferenciación celular ocurre porque diferentes tipos de células expresan diferentes secuencias de genes. Así pues, el control de la expresión de los genes es la clave del desarrollo.

Podemos encontrar un ejemplo extremo de diferenciación en los seres humanos en una gran familia de genes que contienen la información necesaria para crear los receptores de odorantes (olores). Estos genes solo se expresan en las células de la piel que se encuentra dentro de la nariz, llamadas células receptoras olfativas. Cada una de estas células expresa solo uno de los genes y, por tanto, solo crea un tipo de receptor para detectar un tipo de odorante. Así es como podemos distinguir entre tantos olores diferentes. Richard Axel y Linda Buck recibieron el Premio Nobel en 2004 por su trabajo sobre este sistema.

Las células madre

La capacidad de las células madre para dividirse y diferenciarse a lo largo de distintas rutas es necesaria en el desarrollo embrionario, una característica que hace que estas células sean aptas para usos terapéuticos.

Una nueva vida animal comienza cuando un espermatozoide fertiliza un óvulo para producir un cigoto. Cuando el cigoto se divide para crear dos células se forma un embrión. Este embrión de dos células se divide de nuevo para producir un embrión de cuatro células y, a continuación, ocho, dieciséis, etc. En estas primeras etapas del desarrollo embrionario, las células son capaces de dividirse muchas veces para producir grandes cantidades de tejido. También son extremadamente versátiles y se pueden diferenciar de diversas formas para crear cualquiera de los tipos de células que se encuentran en ese animal. En el siglo XIX, se dio el nombre de célula madre al cigoto y a las células del embrión inicial por ser el origen de todos los tejidos presentes en un adulto.

Las células madre tienen dos características fundamentales que las han convertido en una de las áreas de investigación biológica y médica más activas en la actualidad:

- Se pueden dividir una y otra vez para producir grandes cantidades de células nuevas. Por ello, son útiles para el crecimiento de tejidos o la sustitución de células que se han perdido o dañado.

- No están totalmente diferenciadas. Pueden diferenciarse de diversas formas para producir diferentes tipos de células.

Por estos motivos, las células madre embrionarias pueden ser muy útiles. Así, por ejemplo, podrían utilizarse para producir tejido regenerado en el caso de personas que han sufrido quemaduras en la piel. También podrían ser una forma de curar enfermedades como la diabetes de tipo 1, donde un tipo de célula particular se ha perdido o está funcionando mal. Incluso podrían utilizarse en el futuro para cultivar nuevos órganos completos, como un corazón o riñones. Este tipo de uso se denomina terapéutico, ya que proporciona terapias para enfermedades o problemas de salud.

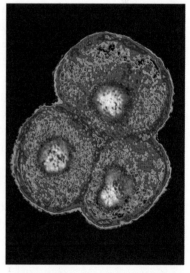

▲ Figura 19 Células madre embrionarias

Las células madre embrionarias también tienen usos no terapéuticos, por ejemplo, en la producción de grandes cantidades de fibras musculares estriadas (carne) para el consumo humano. Así, las hamburguesas de carne del futuro podrían producirse a partir de células madre, sin la necesidad de criar y sacrificar ganado.

Durante el desarrollo inicial del embrión es cuando las células madre son más versátiles. Después, se van diferenciando gradualmente en un proceso con una serie de puntos en los que la célula decide si va a desarrollarse a lo largo de una ruta u otra. Finalmente, cada célula se decide a convertirse en un tipo específico. Una vez decidida, la célula podrá aún dividirse en otras células, pero todas ellas se diferenciarán de la misma manera y no serán ya células madre.

Hay, sin embargo, un pequeño número de células que se mantienen como células madre y continúan presentes en el cuerpo de un adulto. Se encuentran en numerosos tejidos humanos, como la médula ósea, la piel y el hígado. En algunos tejidos humanos estas células proporcionan considerables poderes de regeneración y reparación, mientras que en otros tejidos, como el cerebro, el riñón y el corazón, solo permiten una reparación limitada.

Usos terapéuticos de las células madre

Uso de células madre para tratar la enfermedad de Stargardt y otra afección concreta

Actualmente existen pocas aplicaciones de células madres para el tratamiento de enfermedades, pero en el futuro puede haber una amplia gama de usos, muchos de los cuales se están investigando activamente. Examinemos dos ejemplos, uno con células madre embrionarias y otro con células madre adultas.

Enfermedad de Stargardt

El nombre completo de esta enfermedad es distrofia macular de Stargardt. Se trata de una enfermedad genética que se presenta en niños entre los 6 y los 12 años. La mayoría de los casos se deben a una mutación recesiva de un gen llamado ABCA4. Este causa el mal funcionamiento de una proteína de membrana utilizada para el transporte activo en células de la retina. Como consecuencia, las células fotorreceptoras de la retina se van degenerando. Estas son las células que detectan la luz, por lo que la visión va empeorando de manera progresiva y puede llegar a ser lo suficientemente grave como para que la persona sea considerada ciega.

Los investigadores han desarrollado métodos para hacer que las células madre embrionarias se conviertan en células de la retina mediante diferenciación. Estos métodos se probaron inicialmente con células de ratón, que después se inyectaron en los ojos de ratones que presentaban una enfermedad similar a la de Stargardt. Las células inyectadas no fueron rechazadas, no se convirtieron en tumores ni causaron otros problemas, sino que se trasladaron a la retina donde se asentaron y dieron lugar a una mejoría en la visión de los ratones, lo que es muy alentador.

En noviembre de 2010, investigadores de Estados Unidos recibieron la aprobación para realizar ensayos en humanos. Una mujer de unos 50 años con enfermedad de Stargardt fue tratada, inyectándosele en los ojos unas 50.000 células de la retina diferenciadas a partir de células madre

embrionarias. También en este caso las células se asentaron en la retina y se mantuvieron allí durante los cuatro meses que duró el ensayo. La mujer presentó una mejora en su visión, sin sufrir efectos secundarios dañinos.

Se necesitan más estudios con un mayor número de pacientes, pero después de estos ensayos iniciales al menos podemos ser optimistas sobre el desarrollo de tratamientos para la enfermedad de Stargardt con células madre embrionarias.

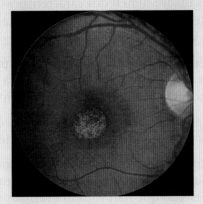

▲ Figura 20 Enfermedad de Stargardt

Leucemia

La leucemia es un tipo de cáncer. Todos los tipos de cáncer comienzan cuando se producen mutaciones en los genes que controlan la división celular. Para que un cáncer se desarrolle, deben ocurrir varias mutaciones específicas en estos genes de una célula. La probabilidad de que esto suceda es muy reducida pero, dado el gran número de células en el cuerpo, la probabilidad general es mucho más elevada. Cada año se diagnostican más de 250.000 casos de leucemia en el mundo y se producen más de 200.000 muertes por esta enfermedad.

Una vez que las mutaciones inductoras del cáncer se han producido en una célula, esta crece y se divide repetidamente, creando más y más células. La leucemia produce un aumento anormal de glóbulos blancos en la sangre. En la mayoría de los cánceres, las células cancerosas forman un bulto o un tumor, pero este no es el caso de la leucemia. Los glóbulos blancos se producen en la médula ósea, un tejido blando en el interior de huesos grandes, como el fémur. A continuación, los glóbulos blancos se liberan a la sangre tanto en condiciones normales como cuando se producen en excesivas cantidades debido a la leucemia. El rango normal de glóbulos blancos en un adulto es de 4.000 a 11.000 por mm³ de sangre. En una persona con leucemia, este número es muchísimo más elevado. Un número de glóbulos blancos superior a 30.000 por mm³ sugiere que una persona puede tener leucemia. Si tiene más de 100.000 por mm³, es probable que la persona padezca leucemia aguda.

Para curar la leucemia, es necesario destruir las células cancerosas de la médula ósea que producen un número excesivo de glóbulos blancos. Para ello, se trata al paciente con productos químicos que matan las células que se dividen. Este procedimiento se conoce como quimioterapia. Sin embargo, para mantenerse sano a largo plazo, el paciente debe ser capaz de producir los glóbulos blancos necesarios para combatir enfermedades. Para ello debe tener células madre que puedan producir glóbulos blancos, pero estas células madre son destruidas por la quimioterapia. Por tanto, se utiliza el siguiente procedimiento:

- Se inserta una aguja de gran tamaño en un hueso grande, generalmente la pelvis, y se extrae líquido de la médula ósea.

- De este líquido se extraen células madre y se almacenan mediante congelación. Estas células madre son adultas y solo pueden producir células sanguíneas.

- Se administra una alta dosis de medicamentos de quimioterapia al paciente, para matar todas las células cancerosas de la médula ósea. La médula ósea pierde su capacidad de producir células sanguíneas.

- Después se vuelven a introducir las células madre en el cuerpo del paciente. Estas vuelven a asentarse en la médula ósea, se multiplican y comienzan a producir glóbulos rojos y blancos.

En muchos casos este procedimiento cura la leucemia completamente.

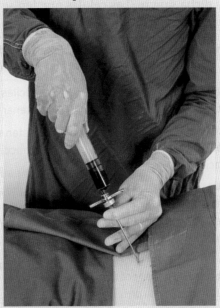

▲ Figura 21 Extracción de células madre de la medula ósea

La ética de la investigación con células madre

Implicaciones éticas de la investigación: las investigaciones que implican el cultivo de células madre están creciendo en importancia y suscitan cuestiones éticas.

La investigación con células madre ha sido muy polémica y ha planteado numerosas objeciones éticas. Los científicos siempre deben considerar las implicaciones éticas de una investigación antes de llevarla a cabo. Algunas investigaciones realizadas en el pasado no se considerarían aceptables hoy en día desde un punto de vista ético (por ejemplo, investigaciones médicas realizadas con pacientes sin su consentimiento informado).

La decisión de si una investigación es aceptable desde un punto de vista ético debe basarse en una comprensión clara de la ciencia involucrada. Hay personas que no consideran ética ninguna investigación con células madre, pero esta actitud demuestra un desconocimiento de las distintas procedencias posibles de las células madre utilizadas. En la siguiente sección, analizaremos tres posibles fuentes de células madre y la ética de su investigación.

Fuentes de células madre y la ética de su utilización

Aspectos éticos relativos al uso terapéutico de las células madre de embriones obtenidos para tal fin, de la sangre del cordón umbilical de un bebé neonato y de los propios tejidos de un adulto

Las células madre pueden obtenerse de una variedad de fuentes:

- Pueden crearse embriones deliberadamente fertilizando óvulos con espermatozoides y permitiendo que el cigoto resultante se desarrolle durante unos días hasta tener entre cuatro y dieciséis células. Todas estas células serán células madre embrionarias.

- Se puede extraer sangre del cordón umbilical de un bebé recién nacido y obtener células madre de dicha sangre. Las células pueden ser congeladas y almacenadas para un posible uso posterior durante la vida del bebé.

- Se pueden obtener células madre a partir de algunos tejidos adultos, como la médula ósea.

Estos tipos de células madre varían en sus propiedades y, por tanto, también en su potencial para usos terapéuticos. La siguiente tabla enumera algunas propiedades de los tres tipos y proporciona la base científica para una evaluación ética.

Células madre embrionarias	Células madre de la sangre del cordón umbilical	Células madre adultas
- Su potencial de crecimiento es casi ilimitado. - Pueden convertirse en cualquier tipo de célula del cuerpo mediante diferenciación. - El riesgo de convertirse en células tumorales, incluidos teratomas con diferentes tipos de tejidos, es mayor que con las células madre adultas. - La probabilidad de daño genético debido a la acumulación de mutaciones es menor que con las células madre adultas. - Existe la probabilidad de que sean genéticamente diferentes del paciente adulto que recibe el tejido. - La extracción de células embrionarias mata el embrión, a menos que se extraiga solo una o dos células.	- Son fáciles de obtener y almacenar. - Ya existen servicios comerciales de extracción y almacenamiento. - La compatibilidad con los tejidos del adulto al que se extrajeron las células madre siendo bebé es total, así que no hay problemas de rechazo. - La capacidad de convertirse en otros tipos de células mediante diferenciación es limitada: naturalmente solo se desarrollan como células sanguíneas, pero la investigación puede dar lugar a la producción de otros tipos. - Del cordón de un bebé pueden obtenerse cantidades limitadas de células madre. - El cordón umbilical se desecha aunque no se obtengan de él células madre.	- Son difíciles de obtener, ya que hay muy pocas y están alojadas profundamente en los tejidos. - Su potencial de crecimiento es menor que el de las células madre embrionarias. - La posibilidad de desarrollar tumores malignos es menor que con las células madres embrionarias. - La capacidad de convertirse en otros tipos de células mediante diferenciación es limitada. - La compatibilidad con los tejidos del adulto es total, así que no hay problemas de rechazo. - La extracción de las células madre no mata al adulto del que se extraen.

La investigación con células madre ha sido muy polémica y ha planteado numerosas objeciones éticas. La mayoría son objeciones a la utilización de células madre embrionarias porque, por lo general, las técnicas actuales de extracción de las células madre implican la muerte del embrión. La cuestión principal es si un embrión en fase inicial es tan humano como un bebé recién nacido, en cuyo caso matar el embrión es totalmente inmoral.

¿Cuándo comienza la vida humana? Hay diferentes puntos de vista a este respecto. Algunos consideran que la vida humana comienza cuando el espermatozoide fecunda el óvulo. Otros sostienen que los embriones en fase inicial aún no han desarrollado características humanas y no pueden sufrir dolor, por lo que deben verse simplemente como grupos de células madre. Algunos sugieren que la vida humana comienza realmente cuando late el corazón, o cuando hay tejido óseo o actividad cerebral, lo que se da después de escasas semanas de desarrollo. Otro punto de vista es que la vida humana solo comienza cuando el embrión se ha convertido en un feto capaz de sobrevivir fuera del útero.

Algunos científicos sostienen que si los embriones se crean mediante **fecundación *in vitro* (FIV)** con el propósito específico de obtener células madre, no se ha negado la oportunidad de vivir a ningún ser humano que de otro modo habría vivido. Sin embargo, un argumento en contra es que es inmoral crear vidas humanas únicamente con el fin de obtener células madre. Asimismo, la FIV implica administrar un tratamiento hormonal a la mujer, con ciertos riesgos asociados, así como emplear un procedimiento quirúrgico invasivo para extraer los óvulos del ovario. Si se paga a las mujeres por donar óvulos para la FIV, esto podría resultar en la explotación de grupos vulnerables (por ejemplo, jóvenes universitarias).

No hay que olvidar los argumentos a favor del uso de células madre embrionarias. Estas células tienen el potencial de hacer posible el tratamiento de enfermedades y discapacidades que actualmente son incurables, por lo que podrían reducir en gran medida el sufrimiento de algunas personas.

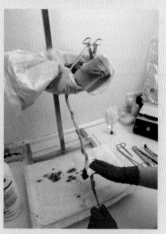

▲ Figura 22 Obtención de sangre del cordón umbilical

1.2 Ultraestructura de las células

Comprensión

→ Los procariotas presentan una estructura celular simple, sin compartimentación.

→ Los eucariotas presentan una estructura celular compartimentada.

→ Los microscopios electrónicos tienen una resolución mucho mayor que los microscopios ópticos.

Aplicaciones

→ Estructura y función de los orgánulos de las células de glándulas exocrinas del páncreas.

→ Estructura y función de los orgánulos de las células del mesófilo en empalizada de las hojas.

→ Los procariotas se dividen por fisión binaria.

Naturaleza de la ciencia

→ Las mejoras en equipos y aparatos conllevan avances en la investigación científica: la invención de los microscopios electrónicos condujo a una mejor comprensión de la estructura celular.

Habilidades

→ Dibujo de la ultraestructura de células procarióticas basada en micrografías electrónicas.

→ Dibujo de la ultraestructura de células eucarióticas basada en micrografías electrónicas.

→ Interpretación de micrografías electrónicas para identificar orgánulos y deducir la función de células especializadas.

La invención del microscopio electrónico

Las mejoras en equipos y aparatos conllevan avances en la investigación científica: la invención de los microscopios electrónicos condujo a una mejor comprensión de la estructura celular.

Gran parte de los avances en biología en los últimos 150 años se han debido a las mejoras en el diseño de microscopios. Las mejoras en los microscopios ópticos en la segunda mitad del siglo XIX hicieron posible el descubrimiento de las bacterias y otros organismos unicelulares. Se vieron por primera vez los cromosomas y se descubrieron los procesos de mitosis, meiosis y formación de gametos. Se observó que la base de la reproducción sexual, que William Harvey y muchos otros biólogos antes no habían acertado a descubrir, era la fusión de

gametos y el posterior desarrollo de los embriones. Se reveló la complejidad de órganos como el riñón y se descubrieron mitocondrias, cloroplastos y otras estructuras dentro de las células.

Sin embargo, el número de descubrimientos tenía un límite. Por razones técnicas que se explican más adelante, los microscopios ópticos no pueden producir imágenes claras de estructuras inferiores a 0,2 micrómetros (μm) —un micrómetro es una milésima de milímetro—, pero muchas estructuras biológicas son más pequeñas que esto. Por ejemplo, las membranas de las células tienen un grosor de unos 0,01 μm. El progreso se vio obstaculizado hasta que se inventó otro tipo de microscopio: el microscopio electrónico.

Los microscopios electrónicos se desarrollaron en Alemania durante la década de 1930 y se empezaron a usar en laboratorios de investigación en los años 40 y 50. Permitieron ver imágenes de cosas tan pequeñas como 0,001 μm (200 veces más pequeñas que con microscopios ópticos). Se descubrió que la estructura de las células eucarióticas era mucho más compleja de lo que esperaba la mayoría de los biólogos y se comprobó que muchas de las ideas anteriores eran equivocadas. Por ejemplo, en la década de 1890, el microscopio óptico había revelado áreas verdes más oscuras en el cloroplasto. Se las llamó grana y se interpretó que eran gotitas de clorofila. El microscopio electrónico demostró que los grana son en realidad pilas de sacos de membrana aplanados, con la clorofila en las membranas. Mientras que bajo el microscopio óptico las mitocondrias parecían pequeños palillos o esferas sin estructura, el microscopio electrónico reveló que tienen una estructura de membrana interna compleja.

El microscopio electrónico reveló lo que ahora denominamos la ultraestructura de las células, incluidas características antes desconocidas. Por ejemplo, los ribosomas, los lisosomas y el retículo endoplasmático fueron todos descubiertos y nombrados en la década de 1950. Es poco probable que existan estructuras tan significativas como estas todavía por descubrir, pero se continúa mejorando el diseño de los microscopios electrónicos y cada mejora permite realizar nuevos descubrimientos. Un ejemplo reciente, que se describe en el subtema 8.2, es la tomografía de electrones: un método de producción de imágenes tridimensionales con microscopios electrónicos.

La resolución de los microscopios electrónicos

Los microscopios electrónicos tienen una resolución mucho mayor que los microscopios ópticos.

Si miramos un árbol podemos ver cada una de sus hojas, pero no las células que hay dentro de esas hojas. El ojo humano puede distinguir entre objetos de 0,1 mm de tamaño, pero no objetos más pequeños. Para ver las células que hay dentro de la hoja necesitamos un microscopio óptico. Este nos permite distinguir entre cosas de hasta 0,2 μm, por lo que podemos ver cada célula.

La capacidad de distinguir visualmente cada parte de un objeto se denomina **resolución**.

La resolución máxima de un microscopio óptico es 0,2 μm, o sea 200 nanómetros (nm). Independientemente de lo potentes que sean las lentes de un microscopio óptico, la resolución no puede ser mayor de 0,2 μm porque está limitada por la longitud de onda de la luz (400–700 nm). Si intentamos observar objetos más pequeños con una lente de mayor aumento, veremos que es imposible enfocarlos adecuadamente y obtendremos una imagen borrosa. Por esta razón, la ampliación máxima en los microscopios ópticos suele ser de × 400.

Los rayos de electrones tienen una longitud de onda mucho más corta y, por tanto, los microscopios electrónicos tienen una resolución mucho mayor. La resolución de los microscopios electrónicos modernos es de 0,001 μm o 1 nm. Así pues, los microscopios electrónicos tienen una resolución 200 veces mayor que la de los microscopios ópticos. Es por esto que los microscopios ópticos nos permiten ver la estructura de las células, pero los microscopios electrónicos nos revelan su ultraestructura. Esto explica por qué pudieron observarse bacterias de 1 μm de tamaño

▲ Figura 1 Uso de un microscopio electrónico

con microscopios ópticos, pero para ver virus de 0,1 μm de diámetro hubo que esperar hasta la invención del microscopio electrónico.

	Resolución		
	Milímetros (mm)	Micrómetros (μm)	Nanómetros (nm)
Ojo humano	0,1	100	100.000
Microscopio óptico	0,0002	0,2	200
Microscopio electrónico	0,000001	0,001	1

Estructura celular procariótica

Los procariotas presentan una estructura celular simple, sin compartimentación.

Todos los organismos pueden dividirse en dos grupos según su estructura celular. Los eucariotas tienen un compartimento dentro de la célula que contiene los cromosomas. Se llama núcleo y está delimitado por una envoltura nuclear que consta de una doble capa de membrana. Los procariotas no tienen núcleo.

Los procariotas fueron los primeros organismos que evolucionaron en la Tierra y todavía tienen la estructura celular más simple. Son de tamaño pequeño en su mayoría y se encuentran casi en todas partes: en el suelo, en el agua, en nuestra piel, en nuestros intestinos e incluso en estanques de agua caliente en áreas volcánicas.

Todas las células tienen una membrana celular, pero algunas, incluidas las procarióticas, poseen además una pared celular por fuera de la membrana celular. Esta estructura es mucho más gruesa y fuerte que la membrana. Protege a la célula, mantiene su forma y evita que estalle. En las células procarióticas la pared celular contiene peptidoglicano. A menudo se considera extracelular.

Como las células procarióticas no tienen núcleo, su interior está completamente lleno de citoplasma. El citoplasma no está dividido en compartimentos mediante membranas, sino que es un área continua. La estructura es más simple que en las células eucarióticas, pero aun así es muy compleja por los productos bioquímicos que hay presentes, incluidas numerosas enzimas.

En el citoplasma de las células eucarióticas hay presentes orgánulos que son análogos a los órganos de los organismos multicelulares en cuanto a que tienen diferentes estructuras con funciones especializadas. Los procariotas carecen de orgánulos citoplásmicos, excepto los ribosomas. Su tamaño medido en unidades Svedberg (S) es de 70S, que es inferior al de los ribosomas de las células eucarióticas.

En muchas micrografías electrónicas una parte del citoplasma aparece más clara que el resto. Esta región contiene el ADN de la célula, generalmente en la forma de una molécula circular de ADN. El ADN no está asociado a proteínas, lo que explica su aspecto más claro en comparación con otras partes del citoplasma que contienen enzimas y ribosomas. Esta zona más clara de la célula se denomina nucleoide (lo que significa "en forma de núcleo"), ya que contiene ADN pero no es un verdadero núcleo.

La división celular en procariotas

Los procariotas se dividen por fisión binaria.

Todos los organismos vivos necesitan producir nuevas células, y solo pueden hacerlo por medio de la división de células preexistentes. La división en células procarióticas se denomina fisión binaria y se utiliza para la reproducción asexual. El único cromosoma circular se replica y las dos copias del cromosoma se trasladan hacia extremos opuestos de la célula. Inmediatamente después se produce la división del citoplasma de la célula. Cada una de las células hijas contiene una copia del cromosoma; por tanto, son genéticamente idénticas.

Dibujar células procarióticas

Dibujo de la ultraestructura de células procarióticas basada en micrografías electrónicas

Como la mayoría de las células procarióticas son muy pequeñas, su estructura interna no se puede ver con un microscopio óptico. Solo con el aumento mucho mayor de las micrografías electrónicas podremos ver los detalles de la estructura interna, llamada ultraestructura. Por tanto, los dibujos de la ultraestructura de células procarióticas se basan en micrografías electrónicas.

A continuación y en la página siguiente se muestran dos micrografías electrónicas de *E. coli*, una bacteria que se encuentra en nuestros intestinos. Una de ellas es un corte fino que muestra la estructura interna. La otra ha sido preparada con una técnica diferente y muestra la estructura externa. Cada imagen va acompañada de un dibujo. Comparando los dibujos con las micrografías electrónicas puedes aprender a identificar las estructuras que hay dentro de las células procarióticas.

Micrografía electrónica de *Escherichia coli* (1-2 μm de longitud)

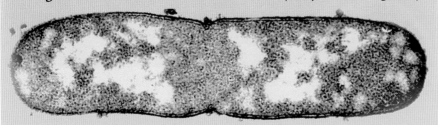

Dibujo para ayudar a interpretar la micrografía electrónica

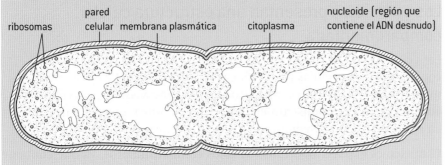

ribosomas · pared celular · membrana plasmática · citoplasma · nucleoide (región que contiene el ADN desnudo)

Actividad

Otros nombres para los procariotas

Los biólogos a veces utilizan el término "bacteria" en lugar de "procariota". Esto no siempre es correcto porque el término procariota designa a un grupo de organismos más grande que las verdaderas bacterias (Eubacteria): también incluye organismos de otro grupo llamado Archaea.

Hay un grupo de organismos fotosintéticos que solía llamarse algas verdeazules, pero su estructura celular es procariótica y las algas son eucariotas. Este problema se ha resuelto dándoles un nuevo nombre: Cianobacterias.

- ¿Qué problemas genera el hecho de que los científicos y los no científicos utilicen palabras distintas para designar la misma cosa?

Micrografía electrónica de *Escherichia coli* mostrando las características superficiales

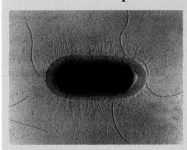
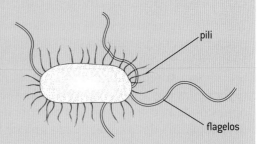

pili

flagelos

Seguidamente se muestra otra micrografía de una célula procariótica. Puedes usarla para practicar el dibujo de la ultraestructura de las células procarióticas. También puedes buscar otras micrografías electrónicas de células procarióticas en Internet e intentar dibujarlas. No es necesario dedicar mucho tiempo a dibujar numerosas veces una misma estructura, como los ribosomas. Puedes dibujar uno en una pequeña parte del citoplasma y añadir un comentario a tu dibujo para indicar que se encuentran también en otros lugares.

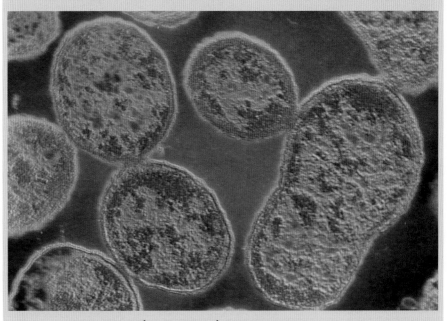

▲ Figura 2 *Brucella abortus* (bacilo de Bang), 2 μm de longitud

Estructura de la célula eucariótica

Los eucariotas presentan una estructura celular compartimentada.

Las células eucarióticas tienen una estructura interna mucho más compleja que las células procarióticas. Mientras que el citoplasma de una célula procariótica es un único espacio sin divisiones, las células eucarióticas están compartimentadas. Esto significa que están divididas en compartimentos mediante tabiques de membrana simple o doble.

El núcleo es el más importante de estos compartimentos, ya que contiene los cromosomas de la célula. Los compartimentos del citoplasma se denominan orgánulos. Al igual que cada órgano del cuerpo de un animal está especializado para realizar una función concreta, cada orgánulo de una célula eucariótica tiene una estructura y función específica.

Esta compartimentación ofrece varias ventajas:

- Las enzimas y los sustratos de un proceso determinado pueden estar mucho más concentrados que si estuvieran repartidos por todo el citoplasma.

- Las sustancias que podrían causar daños a la célula están contenidas dentro de la membrana de un orgánulo. Por ejemplo, las enzimas digestivas de un lisosoma podrían digerir y matar la célula si no estuvieran almacenadas de forma segura dentro de la membrana lisosomal.

- Algunas condiciones como el pH pueden mantenerse a un nivel ideal para un proceso determinado, que puede ser diferente de los niveles necesarios para otros procesos de una célula.

- Los orgánulos con sus contenidos pueden moverse dentro de la célula.

Dibujar células eucarióticas

Dibujo de la ultraestructura de células eucarióticas basada en micrografías electrónicas

La ultraestructura de las células eucarióticas es muy compleja y a menudo es mejor dibujar solo parte de una célula. Tu dibujo es una interpretación de la estructura, así que tienes que entender la estructura de los orgánulos que puede haber presentes. La siguiente tabla presenta una micrografía electrónica de cada uno de los orgánulos más comunes, acompañada de un dibujo de la estructura. También se han incluido breves notas sobre las características distintivas y la función de cada orgánulo.

Núcleo		La membrana nuclear es doble y porosa. El núcleo contiene los cromosomas, que consisten en ADN asociado a proteínas denominadas histonas. Los cromosomas que no están condensados en el núcleo se denominan cromatina. A menudo existen áreas de alta densidad de cromatina alrededor del borde del núcleo. El núcleo es donde se replica y transcribe el ADN para formar ARNm, que se exporta al citoplasma a través de los poros nucleares.
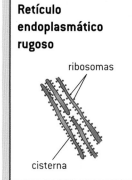 membrana nuclear doble · poros nucleares · densidad de cromatina · cromatina	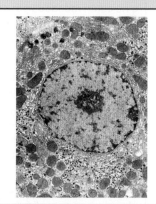	
Retículo endoplasmático rugoso		El retículo endoplasmático rugoso (REr) está formado por una serie de sacos de membrana aplanados llamados cisternas. Adosados al exterior de estas cisternas están los ribosomas. Estos ribosomas son más grandes que en los procariotas y se les clasifica como 80S. La función principal del REr es sintetizar proteínas para su secreción de la célula. Las proteínas sintetizadas por los ribosomas del REr pasan a sus cisternas y son después transportadas por vesículas, que se separan y se trasladan al aparato de Golgi.
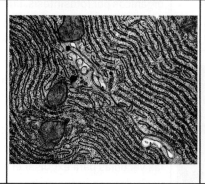 ribosomas · cisterna		

Aparato de Golgi		Este orgánulo está formado por sacos de membrana aplanados llamados cisternas, como el REr. Sin embargo, las cisternas no son tan largas, son a menudo curvas, no tienen ribosomas adosados y alrededor tienen muchas vesículas. El aparato de Golgi procesa las proteínas traídas por las vesículas del REr. La mayoría de estas proteínas son después transportadas por vesículas a la membrana plasmática para su secreción.
cisterna vesículas		
Lisosoma		Los lisosomas son aproximadamente esféricos y tienen una sola membrana. Se forman a partir de vesículas de Golgi. Tienen altas concentraciones de proteínas, lo que hace que aparezcan densamente teñidos en micrografías electrónicas. Contienen enzimas digestivas, que pueden utilizarse para descomponer los alimentos ingeridos en las vesículas o descomponer orgánulos en la célula o incluso la célula entera.
enzimas digestivas membrana del lisosoma		
Mitocondria		Las mitocondrias están rodeadas de una membrana doble. La membrana interna forma invaginaciones llamadas crestas mitocondriales. El fluido presente en el interior de las mitocondrias se denomina matriz. La forma de las mitocondrias es variable, pero generalmente esférica u ovoide. Producen ATP para la célula por respiración celular aeróbica. Las grasas se digieren aquí si son utilizadas como fuente de energía para la célula.
membrana interna membrana externa cresta matriz		
Ribosomas libres		Aparecen como gránulos oscuros en el citoplasma y no están rodeados por una membrana. Tienen el mismo tamaño que los ribosomas en el REr, cerca de 20 nm de diámetro, y se les denomina 80S. Los ribosomas libres sintetizan proteínas, liberándolas para ser usadas en el citoplasma, como enzimas o de otras maneras. Los ribosomas se forman en una región del núcleo llamada nucléolo.
Cloroplasto		El cloroplasto está rodeado de una membrana doble. Dentro hay montones de tilacoides, que son sacos de membrana aplanados. La forma de los cloroplastos es variable, pero suele ser esférica u ovoide. Producen glucosa y una amplia variedad de otros compuestos orgánicos por fotosíntesis. Puede haber gránulos de almidón dentro de los cloroplastos si han estado haciendo la fotosíntesis rápidamente.
gránulo de almidón estroma membrana doble tilacoide		
Vacuolas y vesículas		Estos orgánulos constan de una sola membrana con líquido dentro. Muchas células vegetales tienen grandes vacuolas que ocupan más de la mitad del volumen de la célula. Algunos animales absorben alimentos del exterior y los digieren dentro de las vacuolas. Algunos organismos unicelulares utilizan las vacuolas para expulsar el agua sobrante. Las vesículas son vacuolas muy pequeñas utilizadas para transportar materiales dentro de la célula.
vacuola con alimento en su interior vacuola grande vesículas		

Microtúbulos y centriolos 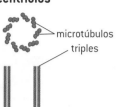 microtúbulos triples	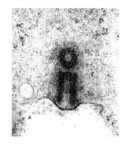	En el citoplasma de las células hay pequeñas fibras cilíndricas llamadas microtúbulos que tienen una variedad de funciones, incluida la de mover los cromosomas durante la división celular. Las células animales tienen estructuras denominadas centriolos, que consisten en dos grupos de nueve microtúbulos triples. Los centriolos forman un punto de anclaje para los microtúbulos durante la división celular y también para los microtúbulos dentro de cilios y flagelos.
Cilios y flagelos 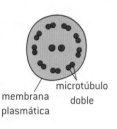 membrana plasmática microtúbulo doble	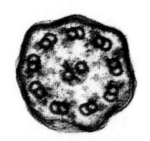	Los cilios y los flagelos son estructuras en forma de látigo proyectadas desde la superficie celular. Contienen un anillo de nueve microtúbulos dobles y dos microtúbulos centrales. Los flagelos son más grandes y generalmente solo hay uno, como en el espermatozoide. Los cilios son más pequeños y numerosos. Ambos se pueden utilizar como medio de desplazamiento. Los cilios pueden utilizarse también para crear una corriente en el líquido que rodea la célula.

La micrografía electrónica siguiente muestra una célula del hígado en la que se indican algunos de los orgánulos presentes.

- Basándote en tus conocimientos de estos orgánulos, dibuja la célula entera para mostrar su ultraestructura.

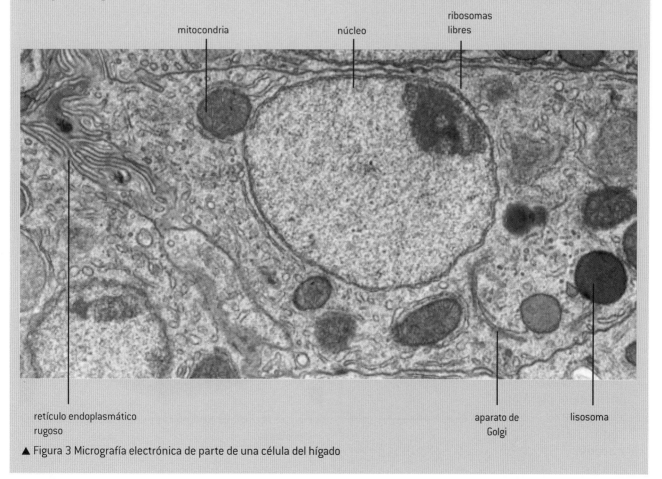

▲ Figura 3 Micrografía electrónica de parte de una célula del hígado

Células de glándulas exocrinas del páncreas

Estructura y función de los orgánulos de células de glándulas exocrinas del páncreas

Las células glandulares secretan sustancias a través de su membrana plasmática. Hay dos tipos de células glandulares en el páncreas: las células endocrinas secretan hormonas al torrente sanguíneo y las células de glándulas exocrinas del páncreas secretan enzimas digestivas a un conducto que las lleva hasta el intestino delgado, donde digieren los alimentos.

Las enzimas son proteínas, así que las células de las glándulas exocrinas tienen los orgánulos necesarios para sintetizar proteínas en grandes cantidades, prepararlas para ser secretadas, transportarlas a la membrana plasmática y, finalmente, secretarlas. La micrografía electrónica de la derecha muestra estos orgánulos:

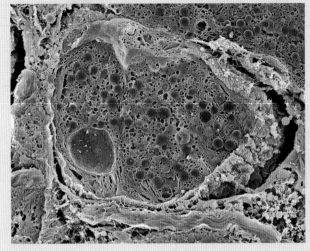

▲ Figura 4 Micrografía electrónica de una célula del páncreas

membrana plasmática	aparato de Golgi
mitocondria	vesículas
núcleo	lisosomas
retículo endoplasmático rugoso	

Células del mesófilo en empalizada

Estructura y función de los orgánulos de células del mesófilo en empalizada de las hojas

La función de la hoja es realizar la fotosíntesis: usar energía lumínica para producir compuestos orgánicos a partir de dióxido de carbono y otros compuestos inorgánicos simples. El tipo de célula que lleva a cabo la mayoría de la fotosíntesis en la hoja es el mesófilo en empalizada. La forma de estas células es aproximadamente cilíndrica. Como todas las células vivas de la planta, están rodeadas por una pared celular con una membrana plasmática en su interior. La micrografía electrónica de la derecha muestra los orgánulos que contiene una célula del mesófilo en empalizada:

pared celular
membrana plasmática
cloroplastos
mitocondria
vacuola
núcleo

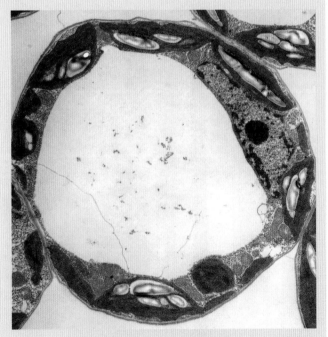

▲ Figura 5 Micrografía electrónica de una célula del mesófilo en empalizada

 Interpretación de la estructura de las células eucarióticas

Interpretación de micrografías electrónicas para identificar orgánulos y deducir la función de células especializadas

Si se pueden identificar los orgánulos de una célula eucariótica y se conocen sus funciones, a menudo es posible deducir cuál es la función de la célula en general.

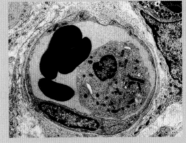

▲ Figura 7

- Estudia las micrografías electrónicas en las figuras 6, 7 y 8. Identifica los orgánulos presentes y trata de deducir la función de cada célula.

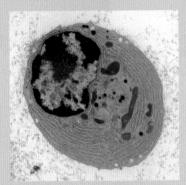

▲ Figura 6

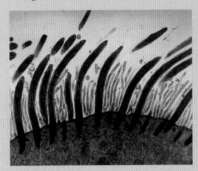

▲ Figura 8

1.3 Estructura de las membranas

Comprensión

→ Los fosfolípidos forman bicapas en el agua debido a las propiedades anfipáticas de las moléculas de fosfolípidos.

→ Las proteínas de membrana difieren en lo que se refiere a su estructura, ubicación en la membrana y función.

→ El colesterol es un componente de las membranas de las células animales.

Aplicaciones

→ El colesterol en las membranas de los mamíferos reduce la fluidez de la membrana y su permeabilidad a algunos solutos.

Naturaleza de la ciencia

→ Uso de modelos como representaciones del mundo real: existen modelos alternativos de la estructura de las membranas.

→ Refutación de teorías, donde una teoría es reemplazada por otra: pruebas del modelo refutado de Davson-Danielli.

Habilidades

→ Dibujo del modelo de mosaico fluido

→ Análisis de las pruebas proporcionadas por la microscopía electrónica que condujeron a la propuesta del modelo de Davson-Danielli

→ Análisis de la refutación del modelo de Davson-Danielli que condujo al modelo de Singer-Nicolson

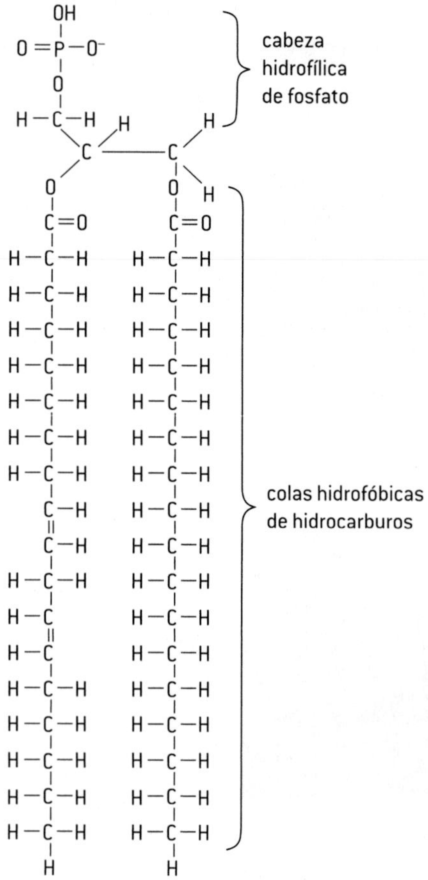

OH
|
O=P—O⁻
|
O
|
H—C—H   H   H
\   C   /
| |
O   O H
| |
C=O   C=O
| |
H—C—H   H—C—H
H—C—H   H—C—H
H—C—H   H—C—H
H—C—H   H—C—H
H—C—H   H—C—H
H—C—H   H—C—H
H—C—H   H—C—H
C—H   H—C—H
C—H   H—C—H
H—C—H   H—C—H
H—C   H—C—H
H—C   H—C—H
H—C—H   H—C—H
H—C—H   H—C—H
H—C—H   H—C—H
H   H

cabeza hidrofílica de fosfato

colas hidrofóbicas de hidrocarburos

▲ Figura 1 Estructura molecular de un fosfolípido. El fosfato a menudo lleva unidos otros grupos hidrofílicos, pero estos no se muestran en este diagrama.

Bicapas de fosfolípidos

Los fosfolípidos forman bicapas en el agua debido a las propiedades anfipáticas de las moléculas de fosfolípidos.

Algunas sustancias son atraídas por el agua y se llaman **hidrofílicas**.

Otras sustancias no son atraídas por el agua y se llaman **hidrofóbicas**.

Los fosfolípidos son inusuales porque parte de la molécula del fosfolípido es hidrofílica y parte es hidrofóbica. Las sustancias con esta propiedad se califican de **anfipáticas o anfifílicas**.

La parte hidrofílica de un fosfolípido es el grupo fosfato. La parte hidrofóbica consta de dos cadenas de hidrocarburos. La estructura química de los fosfolípidos se muestra en la figura 1.

La estructura se puede representar usando simplemente un círculo para el grupo fosfato y dos líneas para las cadenas de hidrocarburos.

▲ Figura 2 Diagrama simplificado de una molécula de fosfolípido

A las dos partes de la molécula a menudo se las denomina cabezas de fosfato y colas de hidrocarburos. Cuando los fosfolípidos se mezclan con agua, las cabezas de fosfato son atraídas por el agua mientras que las colas de hidrocarburos son atraídas mutuamente, pero no por el agua. Es por esto que los fosfolípidos se disponen en capas dobles, con las colas hidrofóbicas de hidrocarburos mirándose mutuamente hacia adentro y las cabezas hidrofílicas mirando hacia el agua en ambos lados. Estas capas dobles se llaman bicapas de fosfolípidos. Son estructuras estables y forman la base de todas las membranas celulares.

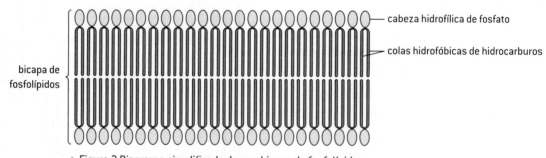

bicapa de fosfolípidos

cabeza hidrofílica de fosfato

colas hidrofóbicas de hidrocarburos

▲ Figura 3 Diagrama simplificado de una bicapa de fosfolípidos

 Modelos de estructura de las membranas

Uso de modelos como representaciones del mundo real: existen modelos alternativos de la estructura de las membranas.

En la década de 1920, Gorter y Grendel extrajeron los fosfolípidos de la membrana plasmática de los glóbulos rojos de la sangre y calcularon que el área que ocupaban los fosfolípidos cuando estaban en una monocapa era dos veces mayor que el área de la membrana plasmática. De ahí dedujeron que la membrana contenía una **bicapa** de fosfolípidos. Cometieron varios errores en sus métodos, pero afortunadamente estos se compensaban unos a otros y hoy en día existen pruebas sólidas de que las membranas celulares se fundamentan en bicapas de fosfolípidos.

Las membranas también contienen proteínas, pero el modelo de Gorter y Grendel no explicó donde se encontraban estas. En la década de 1930, Davson y Danielli propusieron un modelo con capas de proteína adyacentes a la bicapa de fosfolípidos a ambos lados de la membrana. Formularon este modelo de sándwich porque pensaban que explicaba el hecho de que las membranas, a pesar de ser muy finas, constituyen una barrera muy eficaz para evitar el movimiento de algunas sustancias. En la década de 1950, se observó en micrografías electrónicas de gran aumento de las membranas una estructura parecida a las vías férreas, con dos líneas oscuras y una banda más clara entre ellas. Las proteínas aparecen de color oscuro en las micrografías electrónicas y los fosfolípidos aparecen de color claro, lo que encajaba con el modelo de Davson-Danielli.

En 1966, Singer y Nicolson propusieron otro modelo de estructura de las membranas. En este modelo, las proteínas ocupan una variedad de posiciones en la membrana. Las proteínas periféricas están unidas a la superficie interna o externa. Las proteínas integrales están embutidas en la bicapa de fosfolípidos, en algunos casos con partes que sobresalen hacia fuera de la bicapa a uno o ambos lados. Este modelo compara las proteínas con las piezas de un mosaico. Como las moléculas de fosfolípidos tienen libertad para moverse en cada una de las dos capas de la bicapa, las proteínas también pueden moverse. Por eso se lo conoce como modelo de mosaico fluido.

Problemas con el modelo de Davson-Danielli

Refutación de teorías, donde una teoría es reemplazada por otra: pruebas del modelo refutado de Davson-Danielli.

El modelo de estructura de la membrana de Davson-Danielli fue aceptado por la mayoría de los biólogos celulares durante unos 30 años. Los resultados de numerosos experimentos, incluidos estudios de difracción de rayos X y microscopía electrónica, encajaban con este modelo.

Durante las décadas de 1950 y 1960, se fueron acumulando algunas pruebas experimentales que no se ajustaban al modelo de Davson-Danielli:

- **Micrografías electrónicas de congelación.** Esta técnica consiste en congelar células rápidamente y luego fracturarlas. La fractura se produce a lo largo de las líneas de debilidad, incluido el centro de las membranas. Las estructuras globulares dispersas en el centro de las membranas fueron interpretadas como proteínas transmembranales.

- **Estructura de las proteínas de membrana.** Las mejoras en las técnicas bioquímicas hicieron posible la extracción de proteínas de membrana. Se descubrió que estas proteínas tenían tamaños muy variados y formas globulares; por tanto, eran muy diferentes del

▲ Figura 4 Micrografías electrónicas de congelación de membranas nucleares, con poros nucleares visibles y vesículas en el citoplasma circundante. El diagrama en la página 30 muestra la línea de fractura por el centro de las membranas nucleares internas y externas. Se observan proteínas transmembranales en ambas membranas.

tipo de proteína estructural que formaría capas continuas en la periferia de la membrana. Además, estas proteínas eran hidrofóbicas en al menos una parte de su superficie, así que serían atraídas por las colas de los hidrocarburos de los fosfolípidos en el centro de la membrana.

- **Marcaje con anticuerpos fluorescentes.** Se añadieron marcadores fluorescentes rojos o verdes a anticuerpos que se unen a las proteínas de membrana. Se añadieron marcadores rojos a las proteínas de membrana de algunas células y marcadores verdes a las de otras células. Las células se fusionaron y, unos 40 minutos después, los marcadores rojos y verdes se habían mezclado a lo largo de la membrana de la célula fusionada. Esto demostró que las proteínas de membrana se pueden mover libremente dentro de la membrana en lugar de estar fijas en una capa periférica.

En conjunto, estas pruebas experimentales refutaron el modelo de Davson-Danielli. Se necesitaba uno nuevo que se ajustase a las pruebas y el modelo de mosaico fluido de Singer-Nicolson acabó siendo ampliamente aceptado. Este ha sido el principal modelo durante más de cincuenta años, pero sería imprudente suponer que nunca será reemplazado: ya se han propuesto algunas modificaciones del modelo.

Una máxima importante para los científicos es: "Piensa que es posible que estés equivocado". Los avances en la ciencia ocurren porque los científicos rechazan dogmas y, en su lugar, buscan continuamente mejorar la comprensión.

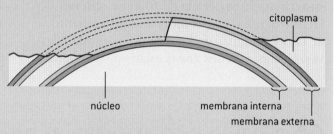

⚗ Pruebas a favor y en contra del modelo de estructura de la membrana de Davson-Danielli

Análisis de las pruebas proporcionadas por la microscopía electrónica que condujeron a la propuesta del modelo de Davson-Danielli

La figura 5 muestra la membrana plasmática de un glóbulo rojo y parte del citoplasma cerca del borde del glóbulo.

1. Describe el aspecto de la membrana plasmática. [2]

2. Explica cómo sugiere dicho aspecto que la membrana tiene una región central de fosfolípidos con capas de proteína a cada lado. [2]

3. Sugiere los motivos del aspecto oscuro granuloso del citoplasma del glóbulo rojo. [2]

4. Calcula el aumento de la micrografía electrónica suponiendo que el espesor de la membrana es de 10 nanómetros. [3]

Los dos grupos de preguntas siguientes se basan en los tipos de datos que se utilizaron para refutar el modelo de estructura de la membrana de Davson-Danielli.

▲ Figura 5 Micrografía electrónica de transmisión de la membrana plasmática de un glóbulo rojo

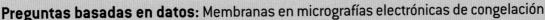

Preguntas basadas en datos: Membranas en micrografías electrónicas de congelación

La figura 6 muestra una micrografía electrónica de congelación de parte de una célula. Fue preparada por el profesor Horst Robenek de la Universidad de Münster.

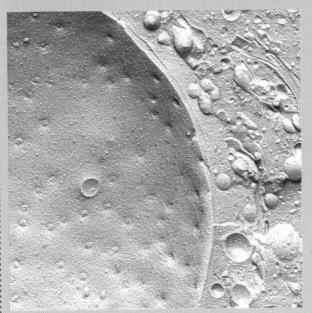

▲ Figura 6

1   En todas las membranas fracturadas en la micrografía se ven pequeños gránulos.

   a) Indica qué son estos gránulos. [2]

   b) Explica el significado de estos gránulos en la investigación de la estructura de membranas. [3]

2   A la izquierda de la micrografía se ve una de las membranas que rodea el núcleo. Deduce si se trata de la membrana nuclear interna o externa. (Cuando una pregunta te pida que deduzcas algo, siempre debes razonar tu respuesta.) [2]

3   Identifica tres mitocondrias en la micrografía, ya sea señalándolas o describiendo sus posiciones. [2]

4   Basándote en la micrografía, explica las pruebas de que esta célula estaba procesando proteínas en su citoplasma. [2]

5   Se pueden consultar más preguntas sobre este tema en www.oxfordsecondary.co.uk/ib-biology.

Difusión de las proteínas en las membranas

Frye y Edidin utilizaron una técnica elegante para obtener pruebas de la naturaleza fluida de las membranas. Añadieron marcadores fluorescentes a las proteínas de membrana: marcadores verdes a células de ratón y marcadores rojos a células humanas. En ambos casos, se utilizaron células esféricas obtenidas mediante el cultivo de tejidos. A continuación, se fusionaron las células marcadas de ratón y las células marcadas humanas. Al principio, las células fusionadas tenían un hemisferio verde y otro rojo, pero unos minutos después de la fusión los marcadores rojos y verdes se fueron combinando gradualmente hasta estar completamente mezclados a lo largo de toda la membrana de la célula. Bloqueando la producción de ATP no se impidió esta mezcla (el ATP provee energía para los procesos activos en la célula).

Minutos transcurridos desde la fusión	Porcentaje de células con marcadores completamente mezclados				
	Resultado 1	Resultado 2	Resultado 3	Resultado 4	Promedio
5	0	0	–	–	
10	3	0	–	–	
25	40	54	–	–	
40	87	88	93	100	
120	100	–	–	–	

1   Calcula el porcentaje promedio de células con marcadores completamente mezclados para cada intervalo de tiempo después de la fusión. [4]

2   Dibuja un gráfico de los resultados, con barras de rango para los tiempos en los que variaron los resultados. Para ello, dibuja una barra para el resultado más alto y otra para el más bajo y, usando una regla, une ambas barras con una línea recta. También debes indicar mediante una cruz el resultado promedio, que estará sobre la línea de rango. [4]

3 Describe la tendencia mostrada por el gráfico. [1]

4 Explica si los resultados se ajustan más al modelo de Davson-Danielli o al modelo de Singer-Nicolson. [2]

5 Explica la ventaja de usar barras de rango en los gráficos. [2]

6 Durante este experimento las células se incubaron a 37°C. Sugiere una razón por la cual los investigadores eligieron esta temperatura. [1]

7 El experimento se repitió a diferentes temperaturas. La figura 7 muestra el resultado. Explica las tendencias que muestra el gráfico para las temperaturas de 15°C a 35°C. [2]

8 Explica las tendencias que muestra el gráfico para las temperaturas por debajo de 15°C. [2]

9 Aun bloqueando la síntesis de ATP en las células, los marcadores rojos y verdes continuaron mezclándose. Explica qué conclusión se puede extraer de esto. [1]

10 Predice, aportando razones, los resultados del experimento si fuera repetido empleando células de peces del Ártico en lugar de células de ratones o células humanas. [1]

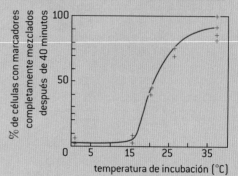

▲ Figura 7 Efecto de la temperatura en la tasa de difusión de los marcadores fluorescentes en las membranas

Proteínas de membrana

Las proteínas de membrana difieren en lo que se refiere a su estructura, ubicación en la membrana y función.

Las membranas celulares tienen una amplia variedad de funciones. Su función principal es formar una barrera que no puedan traspasar fácilmente iones ni moléculas hidrofílicas. De esta función se ocupa la bicapa de fosfolípidos. Casi todas las demás funciones las realizan las proteínas de la membrana. La tabla 1 enumera seis ejemplos.

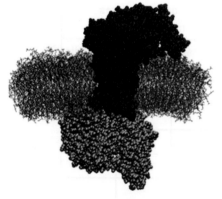

▲ Figura 8 Receptor hormonal (morado) integrado en la bicapa de fosfolípidos (gris). La hormona (azul/rojo) es la hormona estimulante tiroidea. La proteína G (marrón) transmite el mensaje de la hormona al interior de la célula.

Funciones de las proteínas de membrana
Lugares a los que se unen las hormonas (también llamados receptores hormonales); por ejemplo, el receptor de insulina. La figura 8 muestra un ejemplo.
Enzimas inmovilizadas con su parte activa en el exterior; por ejemplo, en el intestino delgado.
Adherencia celular para formar uniones estrechas entre grupos de células en tejidos y órganos.
Comunicación de célula a célula; por ejemplo, los receptores de neurotransmisores en las sinapsis.
Canales de transporte pasivo que permiten el paso de partículas hidrofílicas por difusión facilitada.
Bombas de transporte activo que utilizan el ATP para mover partículas a través de la membrana.

▲ Tabla 1

Por la diversidad de sus funciones, las proteínas de membrana varían en estructura y en su posición en la membrana. Se pueden dividir en dos grupos:

- Las proteínas integrales son hidrofóbicas en al menos una parte de su superficie y, por tanto, están incrustadas en las cadenas de hidrocarburo en el centro de la membrana. Muchas proteínas integrales son transmembranales (se extienden más allá de la membrana, proyectando sus partes hidrofílicas a ambos lados a través de las regiones de cabezas de fosfato).

- Las proteínas periféricas son hidrofílicas en su superficie y, por tanto, no están incrustadas en la membrana. La mayoría de ellas están pegadas a la superficie de proteínas integrales y esta unión es a menudo reversible. Algunas tienen adherida una sola cadena hidrocarbonada que se inserta en la membrana, sirviendo de anclaje de la proteína en la superficie de la membrana.

La figura 9 incluye ejemplos de ambos tipos de proteínas de membrana.

Todas las membranas tienen una parte interna y otra externa, y las proteínas de membrana se orientan de tal forma que puedan realizar su función correctamente. Por ejemplo, en las plantas las proteínas que bombean, que se encuentran en las membranas plasmáticas de las células de la raíz, están orientadas de forma que puedan captar los iones del potasio del suelo y bombearlos hacia el interior de la célula de la raíz.

La cantidad de proteínas en las membranas es muy variable, ya que la función de las membranas varía. Cuanto más activa sea la membrana, mayor será su contenido de proteínas. Las membranas en la vaina de mielina circundante que cubre las fibras nerviosas actúan únicamente como aislantes y tienen un contenido de proteínas de solo el 18%.

El contenido de proteínas de la parte externa de la mayoría de las membranas plasmáticas celulares es alrededor del 50%. El contenido de proteínas más alto ocurre en las membranas de los cloroplastos y las mitocondrias, que intervienen activamente en la fotosíntesis y la respiración. Estas membranas tienen un contenido de proteínas de alrededor del 75%.

Dibujo de la estructura de las membranas
Dibujo del modelo de mosaico fluido de la estructura de las membranas

La estructura de las membranas es demasiado complicada como para mostrarla con todo detalle en un dibujo, pero podemos demostrar nuestros conocimientos usando símbolos que representen las moléculas presentes. A continuación se muestra un diagrama de la estructura de una membrana.

El diagrama muestra estos componentes de la membrana:

- fosfolípidos
- proteínas integrales
- proteínas periféricas
- colesterol

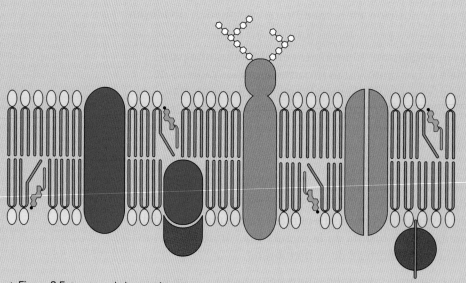

▲ Figura 9 Estructura de la membrana

Identifica cada componente en el diagrama.

Usando símbolos similares para representar los componentes, dibuja según el modelo de mosaico fluido la estructura de una membrana que contenga estas proteínas: canales de difusión facilitada, bombas de transporte activo, enzimas inmovilizadas y receptores de hormonas o neurotransmisores.

Merece la pena reflexionar sobre lo que has estado haciendo cuando dibujes el modelo de mosaico fluido de la estructura de la membrana. Los dibujos simplifican e interpretan una estructura o proceso. Se utilizan en la ciencia como explicaciones visuales. No solo representan el aspecto de una estructura o proceso, sino también nuestra comprensión de estos. Los dibujos se basan en modelos, hipótesis o teorías. Por ejemplo, cuando mostramos un tejido animal como un grupo de células y representamos con líneas las membranas plasmáticas, estamos basando nuestro dibujo en la teoría celular.

Un diagrama publicado en un libro o en un artículo científico generalmente empieza como un dibujo en papel realizado por el autor, que es perfeccionado después para adecuarlo a la impresión. Hoy en día es posible utilizar programas informáticos, pero la mejor manera de dibujar tal vez siga siendo con lápiz y papel. No se necesitan aptitudes artísticas para hacer dibujos científicos, y todos los biólogos pueden desarrollar y mejorar sus habilidades de dibujo.

Por supuesto, algunos biólogos son capaces de dibujar particularmente bien. La figura 10 muestra algunos ejemplos.

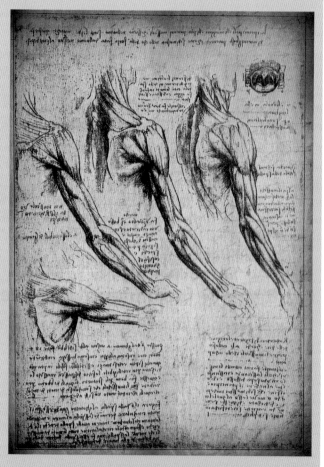

▲ Figura 10 Dibujos anatómicos de Leonardo da Vinci

El colesterol en las membranas

El colesterol es un componente de las membranas de las células animales.

Los dos principales componentes de las membranas celulares son los fosfolípidos y las proteínas. Las membranas de las células animales además contienen colesterol.

El colesterol es un tipo de lípido, pero no es un aceite o grasa. Pertenece a un grupo de sustancias llamadas esteroides. La mayor parte de una molécula de colesterol es hidrofóbica y, por tanto, es atraída por las colas hidrofóbicas de hidrocarburos en el centro de la membrana, pero un extremo de la molécula de colesterol tiene un grupo hidroxilo (–OH) que es hidrofílico. Este es atraído por las cabezas de fosfato en la periferia de la membrana. Así pues, las moléculas de colesterol se colocan entre los fosfolípidos de la membrana.

La cantidad de colesterol en las membranas de las células animales varía. En las membranas de las vesículas que contienen neurotransmisores en las sinapsis, el 30% de los lípidos puede ser colesterol.

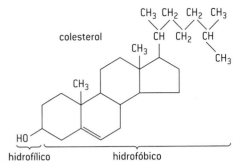

▲ Figura 11 Estructura del colesterol

La función del colesterol en las membranas

El colesterol en las membranas de los mamíferos reduce la fluidez de la membrana y su permeabilidad a algunos solutos.

Las membranas celulares no corresponden exactamente a ninguno de los tres estados de la materia. Las colas hidrofóbicas de hidrocarburos generalmente se comportan como un líquido, mientras que las cabezas hidrofílicas de fosfato actúan más como un sólido. En general, la membrana es fluida, ya que sus componentes pueden moverse libremente.

La fluidez de las membranas de las células animales tiene que ser cuidadosamente controlada. Si fuesen demasiado fluidas tendrían más dificultad para controlar las sustancias que las atraviesan, pero si no tuviesen suficiente fluidez el movimiento de la célula y de sustancias dentro de la misma se vería limitado.

El colesterol modifica la distribución regular de las colas de hidrocarburos de las moléculas de fosfolípidos, impidiendo que se cristalicen y comporten como un sólido. Sin embargo, también restringe el movimiento molecular y, por tanto, la fluidez de la membrana. Asimismo, reduce la permeabilidad a las partículas hidrofílicas como los iones de sodio y los iones de hidrógeno. Por su forma, el colesterol puede ayudar a las membranas a curvarse de manera cóncava, lo que facilita la formación de vesículas durante la endocitosis.

1.4 Transporte de membrana

Comprensión

→ Las partículas se desplazan a través de las membranas por difusión simple, difusión facilitada, ósmosis y transporte activo.

→ La fluidez de las membranas permite la entrada de materiales en las células por endocitosis o su expulsión por exocitosis.

→ Las vesículas facilitan el desplazamiento de los materiales dentro de las células.

 ## Aplicaciones

→ Estructura y función de las bombas de sodio–potasio para el transporte activo y de los canales de potasio para la difusión facilitada en los axones.

→ Los tejidos o los órganos empleados en procedimientos médicos deben sumergirse en una solución con la misma osmolaridad que el citoplasma para evitar procesos de ósmosis.

 ## Naturaleza de la ciencia

→ Diseño experimental: es esencial efectuar una medición cuantitativa precisa en los experimentos sobre ósmosis.

 ## Habilidades

→ Estimación de la osmolaridad en tejidos, con la inmersión de muestras en disoluciones hipotónicas e hipertónicas (trabajo práctico 2).

Endocitosis

La fluidez de las membranas permite la entrada de materiales en las células por endocitosis o su expulsión por exocitosis.

Una vesícula es un pequeño saco de membrana con fluido dentro. Las vesículas son esféricas y están normalmente presentes en las células eucarióticas. Son un elemento muy dinámico de las células: son construidas, desplazadas y luego destruidas. Esto es posible gracias a la fluidez de las membranas, que permite que las estructuras rodeadas por una membrana cambien de forma y se muevan.

Para formar una vesícula, primero se produce una invaginación de una pequeña región de una membrana que termina por desprenderse de la membrana. Las proteínas de la membrana se ocupan de este proceso, usando energía en forma de ATP.

Se pueden formar vesículas separando un pequeño trozo de la membrana plasmática de las células. La vesícula se forma en el interior de la membrana plasmática, pero contiene material que estaba fuera de la célula. Este es, por tanto, un método de introducción de materiales en la célula y se denomina **endocitosis**. La figura 1 muestra cómo se desarrolla este proceso.

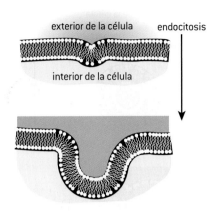

Las vesículas formadas por endocitosis contienen agua y solutos de fuera de la célula, pero a menudo contienen también moléculas más grandes que la célula necesita y que no pueden pasar a través de la membrana plasmática. Por ejemplo, en la placenta, las proteínas de la sangre de la madre (incluidos los anticuerpos) son absorbidas en el feto por endocitosis. Algunas células introducen por endocitosis partículas grandes de alimentos no digeridos. Este es el caso de organismos unicelulares como *Amoeba* y *Paramecium*. Algunos tipos de glóbulos blancos atrapan patógenos como bacterias y virus por endocitosis y luego los destruyen, como parte de la respuesta del cuerpo a una infección.

Movimiento de las vesículas en las células

Las vesículas facilitan el desplazamiento de los materiales dentro de las células.

Las vesículas pueden utilizarse para mover materiales dentro de las células. En algunos casos es el contenido de la vesícula lo que necesita ser trasladado. En otros casos, la razón del movimiento de la vesícula son las proteínas en su membrana.

Las células secretoras ofrecen un ejemplo de movimiento del contenido de la vesícula. La proteína se sintetiza en los ribosomas del retículo endoplasmático rugoso (REr) y se acumula dentro del REr. Las vesículas que contienen las proteínas se separan del REr, las transportan al aparato de Golgi y se fusionan con este, que procesa la proteína hasta su forma final. Una vez finalizado este proceso, las vesículas se separan del aparato de Golgi y se desplazan hacia la membrana plasmática, donde secretan la proteína.

En una célula en crecimiento, el área de la membrana plasmática necesita aumentar. Los fosfolípidos se sintetizan junto al REr y se insertan en la membrana del REr. Los ribosomas del REr sintetizan las proteínas de membrana, que también se insertan en la membrana. Las vesículas se separan del REr y se desplazan hacia la membrana plasmática. Se fusionan con esta, aumentando un poco la superficie de la membrana plasmática. Este método también puede utilizarse para aumentar el tamaño de los orgánulos del citoplasma, como los lisosomas y las mitocondrias.

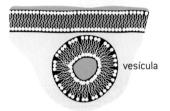

▲ Figura 1 Endocitosis

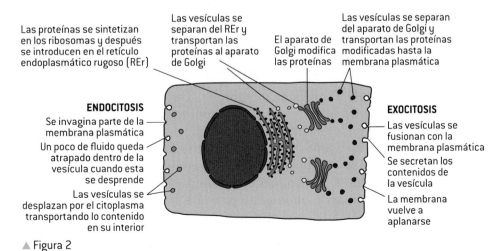

Las proteínas se sintetizan en los ribosomas y después se introducen en el retículo endoplasmático rugoso (REr)

Las vesículas se separan del REr y transportan las proteínas al aparato de Golgi

El aparato de Golgi modifica las proteínas

Las vesículas se separan del aparato de Golgi y transportan las proteínas modificadas hasta la membrana plasmática

ENDOCITOSIS

Se invagina parte de la membrana plasmática

Un poco de fluido queda atrapado dentro de la vesícula cuando esta se desprende

Las vesículas se desplazan por el citoplasma transportando lo contenido en su interior

EXOCITOSIS

Las vesículas se fusionan con la membrana plasmática

Se secretan los contenidos de la vesícula

La membrana vuelve a aplanarse

▲ Figura 2

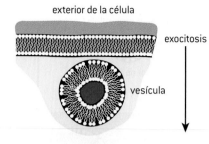

exterior de la célula

exocitosis

vesícula

interior de la célula

▲ Figura 3 Exocitosis

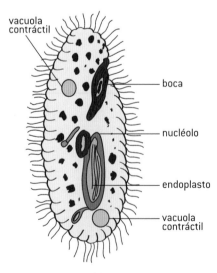

vacuola contráctil

boca

nucléolo

endoplasto

vacuola contráctil

▲ Figura 4 *Paramecium*

Exocitosis

La fluidez de las membranas permite la entrada de materiales en las células por endocitosis o su expulsión por exocitosis.

Las vesículas pueden utilizarse para liberar materiales de las células. Si una vesícula se fusiona con la membrana plasmática, sus contenidos quedan fuera de la membrana y, por tanto, fuera de la célula. Este proceso se denomina **exocitosis**.

Las enzimas digestivas se liberan de las células glandulares por exocitosis. Los polipéptidos de las enzimas se sintetizan en el REr, se procesan en el aparato de Golgi y luego se transportan en vesículas hasta la membrana para la exocitosis. En este caso la liberación se conoce como secreción, porque se libera una sustancia útil, no un producto de desecho.

La exocitosis puede utilizarse también para expulsar productos de desecho o materiales indeseados. Un ejemplo es la eliminación del exceso de agua de las células de organismos unicelulares. Una vesícula, a veces denominada vacuola contráctil, se llena de agua que luego transporta hasta la membrana plasmática para expulsarla por exocitosis. Este proceso se puede observar fácilmente en *Paramecium*, utilizando un microscopio. La figura 4 muestra un *Paramecium* con una vacuola contráctil en cada uno de los extremos de la célula.

Difusión simple

Las partículas se desplazan a través de las membranas por difusión simple, difusión facilitada, ósmosis y transporte activo.

La difusión simple es uno de los cuatro métodos de movimiento de partículas a través de membranas.

La difusión es la propagación de partículas en líquidos y gases que sucede porque las partículas están en continuo movimiento aleatorio. Se mueven más partículas de una zona de mayor concentración a una zona de menor concentración que en la dirección opuesta (figura 5). Por lo tanto, hay un movimiento neto desde la zona de concentración superior a la de concentración inferior: un movimiento por el gradiente de concentración. Los organismos vivos no tienen que utilizar energía para la difusión, por lo que es un proceso pasivo.

La difusión simple a través de membranas consiste en el paso de partículas entre los fosfolípidos de la membrana. Solo es posible si la bicapa de fosfolípidos es permeable a las partículas. Las partículas no polares, como el oxígeno, pueden difundirse fácilmente a través de la membrana. Si la concentración de oxígeno dentro de una célula es reducida debido a la respiración aeróbica y su concentración en el exterior es mayor, el oxígeno pasará a la célula a través de la membrana plasmática por difusión pasiva. La figura 6 muestra un ejemplo.

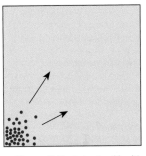 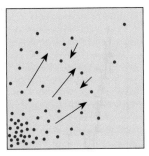 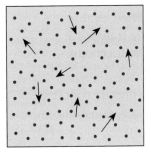

▲ Figura 5 Modelo de difusión con partículas representadas por puntos

El centro de las membranas es hidrofóbico, así que los iones con cargas positivas o negativas no pueden atravesarlo fácilmente. Las moléculas polares, que tienen en su superficie cargas parcialmente positivas y negativas, pueden difundirse en pequeñas cantidades entre los fosfolípidos de la membrana. Las partículas polares pequeñas, como la urea o el etanol, atraviesan la membrana más fácilmente que las partículas grandes.

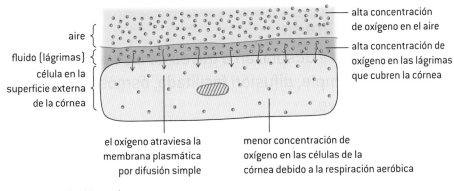

la córnea no tiene riego sanguíneo, así que sus células obtienen el oxígeno del aire por difusión simple

alta concentración de oxígeno en el aire

alta concentración de oxígeno en las lágrimas que cubren la córnea

aire

fluido (lágrimas)

célula en la superficie externa de la córnea

el oxígeno atraviesa la membrana plasmática por difusión simple

menor concentración de oxígeno en las células de la córnea debido a la respiración aeróbica

▲ Figura 6 Difusión pasiva

Teoría del Conocimiento

¿Pueden los mismos datos justificar conclusiones excluyentes entre sí?

En un experimento para probar si el NaCl puede difundirse a través de tubos de diálisis, se colocó una solución de 1% de NaCl dentro de un tubo de diálisis y se cerró el tubo completamente. El tubo que contenía la solución se sumergió en un vaso de laboratorio con agua. Se introdujo un medidor de conductividad en el agua que rodeaba el tubo. Si la conductividad de la solución aumenta, esto significa que el NaCl se difunde fuera del tubo.

Tiempo /s ± 1	Conductividad ± 10 mg dl^{-1}
0	81,442
30	84,803
60	88,681
90	95,403
120	99,799

Teniendo en cuenta la incertidumbre de la sonda de conductividad, discute si los datos apoyan la conclusión de que el NaCl se difunde fuera del tubo de diálisis.

Preguntas basadas en datos

Difusión de oxígeno en la córnea

Se midieron las concentraciones de oxígeno en la córnea de conejos anestesiados a varias distancias de la superficie externa, hasta el humor acuoso detrás de la córnea. La córnea del conejo tiene un grosor de 400 micrómetros (400 μm). La figura 7 muestra las mediciones. Puede que necesites ver un diagrama de la estructura del ojo antes de responder a las preguntas. La concentración de oxígeno en el aire normal es de 20 kilopascales (20 kPa).

1 Calcula el grosor de la córnea de conejo en milímetros. [1]

2 a) Describe la tendencia de las concentraciones de oxígeno en la córnea desde la superficie externa hasta la interna. [2]

b) Sugiere razones para la tendencia de las concentraciones de oxígeno en la córnea. [2]

3 a) Compara las concentraciones de oxígeno en el humor acuoso con las concentraciones en la córnea. [2]

b) Basándote en los datos del gráfico, deduce si el oxígeno se difunde desde la córnea hacia el humor acuoso. [2]

4   Basándote en los datos del gráfico, evalúa la difusión como un método de transporte de sustancias en organismos multicelulares grandes.   [2]

5   a) Predice el efecto de usar lentes de contacto en las concentraciones de oxígeno en la córnea.   [1]

b) Sugiere cómo podría minimizarse este efecto.   [1]

6   Las barras de rango para cada punto de datos indican cuánto variaron las mediciones. Explica la razón de mostrar barras de rango en este gráfico.   [2]

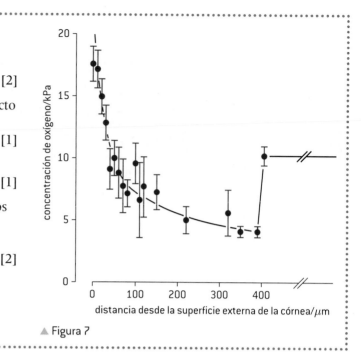

▲ Figura 7

Difusión facilitada

Las partículas se desplazan a través de las membranas por difusión simple, difusión facilitada, ósmosis y transporte activo.

La difusión facilitada es uno de los cuatro métodos de movimiento de partículas a través de membranas.

Los iones y otras partículas que no pueden difundirse entre los fosfolípidos pueden entrar o salir de las células si hay canales para ellos a través de la membrana plasmática. Estos canales son orificios con un diámetro muy estrecho cuyas paredes están formadas por proteínas. Las propiedades químicas y el diámetro del canal aseguran que solo un tipo de partícula pueda pasar a través de él; por ejemplo, los iones de sodio o los iones de potasio, pero no ambos.

Como estos canales ayudan a las partículas a pasar a través de la membrana (de una zona de mayor concentración a una de menor concentración), el proceso se denomina difusión facilitada. Las células pueden controlar qué tipos de canales se sintetizan y colocan en la membrana plasmática y, de esta manera, controlan las sustancias que se difunden hacia dentro y hacia fuera.

La figura 8 muestra la estructura de un canal para los iones de magnesio, visto de lado y desde fuera de la membrana. La estructura de la proteína que compone el canal asegura que solamente los iones de magnesio puedan pasar a través del agujero en el centro.

(a)

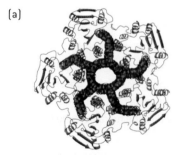

(b)

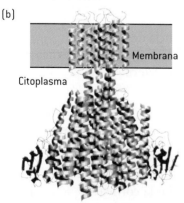

Membrana

Citoplasma

▲ Figura 8 Canal de magnesio

Ósmosis

Las partículas se desplazan a través de las membranas por difusión simple, difusión facilitada, ósmosis y transporte activo.

La ósmosis es uno de los cuatro métodos de movimiento de partículas a través de membranas.

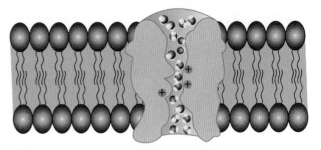

▲ Figura 9

El agua puede moverse libremente hacia dentro y hacia fuera de la mayoría de las células. A veces el número de moléculas de agua que entran y salen es el mismo y no hay ningún movimiento neto, pero en otras ocasiones hay más moléculas que se mueven en una dirección u otra. Este movimiento neto se denomina ósmosis.

La ósmosis se debe a las diferencias en la concentración de sustancias disueltas en el agua (solutos). Las sustancias se disuelven formando enlaces intermoleculares con las moléculas de agua. Estos enlaces restringen el movimiento de las moléculas de agua. Las regiones con una mayor concentración de solutos, por tanto, tienen una menor concentración de moléculas de agua que pueden moverse libremente que las regiones con una menor concentración de solutos. Debido a esto, hay un movimiento neto de agua de las regiones con menor concentración de solutos a las regiones con mayor concentración. Este movimiento es pasivo porque no necesita utilizar energía.

La ósmosis puede producirse en todas las células, ya que las moléculas de agua, a pesar de ser hidrofílicas, son lo suficientemente pequeñas como para pasar a través de la bicapa de fosfolípidos. Algunas células tienen canales de agua llamados acuaporinas que aumentan considerablemente la permeabilidad de la membrana al agua; por ejemplo, las células renales que reabsorben el agua y las células del pelo radical en las raíces de las plantas que absorben el agua del suelo.

En su punto más estrecho, las acuaporinas son solo ligeramente más anchas que las moléculas de agua. Por tanto, las moléculas tienen que atravesarlas en fila. Las cargas positivas en esta parte del canal impiden el paso a los protones (H^+).

Transporte activo

Las partículas se desplazan a través de las membranas por difusión simple, difusión facilitada, ósmosis y transporte activo.

El transporte activo es uno de los cuatro métodos de movimiento de partículas a través de membranas.

Las células a veces absorben sustancias aunque ya existan en una mayor concentración dentro que fuera. La sustancia es absorbida en sentido contrario al gradiente de concentración. Aunque con menos frecuencia, a veces las células también expulsan sustancias aunque ya exista una mayor concentración fuera.

41

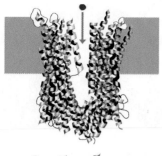

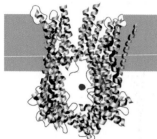

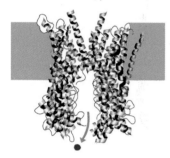

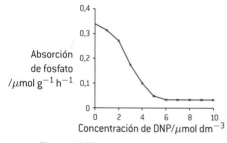

▲ Figura 10 Funcionamiento de una proteína bomba

Este tipo de movimiento a través de las membranas no es difusión y se necesita energía para llevarlo a cabo. Por lo tanto, se denomina transporte activo. En la mayoría de los casos, el transporte activo utiliza una sustancia llamada ATP como fuente de energía para este proceso. Cada célula produce su propio ATP mediante la respiración celular.

El transporte activo lo llevan a cabo proteínas globulares de las membranas que generalmente se denominan proteínas bomba. Las membranas de las células contienen numerosas proteínas bomba diferentes que permiten a la célula controlar con precisión el contenido de su citoplasma.

La figura 10 ilustra cómo funciona una proteína bomba. La molécula o ion entra en la proteína y puede llegar hasta una cámara central. Con la energía del ATP, se produce un cambio en la conformación de la proteína. Después de este cambio, el ion o molécula puede pasar hacia el lado opuesto de la membrana y la proteína bomba vuelve a su conformación original. La proteína que se muestra en la figura transporta la vitamina B_{12} al interior de *E. coli*.

Oxígeno /%	Nitrógeno /%	Absorción de fosfato/μmol g^{-1} h^{-1}
0,1	99,9	0,07
0,3	99,7	0,15
0,9	99,1	0,27
2,1	97,1	0,32
21,0	79,0	0,33

▲ Tabla 1

▲ Figura 11 Efecto de la concentración de DNP en la absorción de fosfato

Preguntas basadas en datos: Absorción de fosfato en raíces de cebada

Se cortaron raíces de plantas de cebada y se utilizaron para investigar la absorción de fosfato. Se colocaron las raíces en soluciones de fosfato y se les bombeó aire continuamente. La concentración de fosfato era siempre la misma, pero se varió el porcentaje de oxígeno y nitrógeno en el aire que era bombeado. Se midió la absorción del fosfato. La tabla 1 muestra los resultados.

1   Describe el efecto de reducir la concentración de oxígeno por debajo del 21,0% en el índice de absorción de fosfato por parte de las raíces. Utiliza solo la información de la tabla en tu respuesta.   [3]

2   Explica el efecto de reducir el porcentaje de oxígeno del 21,0% al 0,1% en la absorción de fosfato. Utiliza en tu respuesta todos los conocimientos biológicos posibles sobre cómo absorben las células los iones minerales.   [3]

Se realizó un experimento para comprobar qué método de transporte de membrana utilizaban las raíces para absorber el fosfato. Se colocaron las raíces en la solución de fosfato como antes y se bombeó el 21,0% de oxígeno. Se añadieron diversas concentraciones de una sustancia llamada DNP. El DNP bloquea la producción de ATP mediante la respiración aeróbica de la célula. La figura 11 muestra los resultados del experimento.

3   Deduce, aportando una razón, si las raíces absorben el fosfato por difusión o por transporte activo.   [2]

4   Discute las conclusiones que se pueden extraer de los datos en el gráfico sobre el método de transporte de membrana que utilizan las raíces para absorber el fosfato.   [2]

Transporte activo de sodio y potasio en los axones

Estructura y función de las bombas de sodio–potasio para el transporte activo

Un axón es una parte de una neurona (célula nerviosa) y consta de una membrana tubular con citoplasma dentro. Los axones pueden tener un diámetro tan estrecho como un micrómetro, pero llegar a un metro de longitud. Su función es transmitir mensajes rápidamente de una parte del cuerpo a otra de forma eléctrica, mediante impulsos nerviosos.

Los impulsos nerviosos implican movimientos rápidos de iones de sodio y potasio a través de la membrana del axón. Estos movimientos se producen por difusión facilitada a través de canales de sodio y potasio. Ocurren debido a gradientes de concentración entre el interior y el exterior del axón. Los gradientes de concentración se acumulan por transporte activo llevado a cabo por una proteína bomba de sodio–potasio.

La bomba de sodio–potasio sigue un ciclo que se repite y resulta en el bombeo de tres iones de sodio fuera del axón y dos iones de potasio dentro del axón. Cada vez que la bomba completa este ciclo utiliza una molécula de ATP. El ciclo consta de estos pasos:

1. El interior de la bomba está abierto hacia el interior del axón; tres iones de sodio entran en la bomba y se acoplan a sus sitios activos.

2. El ATP transfiere un grupo fosfato a la bomba; esto provoca que la bomba cambie de forma y se cierre su interior.

3. El interior de la bomba se abre hacia el exterior del axón y se liberan los tres iones de sodio.

4. Dos iones de potasio entran entonces de fuera y se acoplan a sus sitios activos.

5. El enlace de potasio provoca la liberación del grupo fosfato; esto hace que la bomba cambie de forma otra vez abriéndose solamente hacia el interior del axón.

6. El interior de la bomba se abre hacia el interior del axón y se liberan los dos iones de potasio; ahora pueden volver a entrar iones de sodio y acoplarse a la bomba (paso 1).

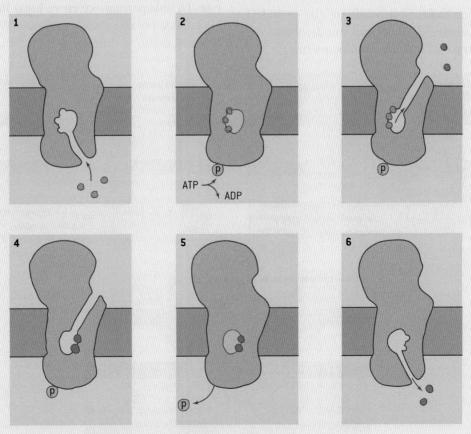

▲ Figura 12 Transporte activo en los axones

Difusión facilitada de potasio en los axones

Estructura y función de las bombas de sodio—potasio para el transporte activo y de los canales de potasio para la difusión facilitada en los axones

Un impulso nervioso implica mover rápidamente iones de sodio y de potasio a través de la membrana del axón. Estos movimientos se producen por difusión facilitada a través de canales de sodio y de potasio. A continuación se describen los canales de potasio como un ejemplo especial de difusión facilitada. Cada canal de potasio se compone de cuatro subunidades de proteína con un poro estrecho entre ellas que permite pasar a los iones de potasio en cualquier dirección. El poro mide 0,3 nm de ancho en su parte más estrecha.

Los iones de potasio son ligeramente más pequeños que 0,3 nm, pero cuando se disuelven se adhieren a una estructura de moléculas de agua que los hace demasiado grandes para pasar a través de los poros. Para poder pasar, el ion de potasio rompe los enlaces con las moléculas de agua circundantes y crea unos enlaces temporales con una serie de aminoácidos en la parte más estrecha del poro. Una vez que el ion de potasio ha atravesado esta parte del poro, puede volver a asociarse a una estructura de moléculas de agua.

Otros iones cargados positivamente que se podría esperar que atravesaran el poro son demasiado grandes para pasar o demasiado pequeños para

formar enlaces con los aminoácidos en la parte más estrecha del poro, por lo que no pueden deshacerse de la estructura de moléculas de agua. Esto explica la especificidad de la bomba.

Los canales de potasio en los axones están controlados por diferencias de potencial. La diferencia de potencial en la membrana se debe a un desequilibrio de cargas positivas y negativas a ambos lados de la membrana y se conoce como el potencial de membrana. Si el axón tiene relativamente más cargas positivas fuera que dentro, se cierran los canales de potasio. En un momento dado durante el impulso nervioso, hay relativamente más cargas positivas dentro. Esto provoca que los canales de potasio se abran, lo que permite a los iones de potasio difundirse. Sin embargo, el canal vuelve a cerrarse rápidamente. Esto parece deberse a una subunidad adicional de la proteína globular o bola, conectada mediante una cadena flexible de aminoácidos. La bola cabe en el poro abierto y se introduce en él milisegundos después de abrirse este. La bola permanece en su lugar hasta que el canal de potasio vuelve a su posición cerrada original, como se muestra en la figura 13.

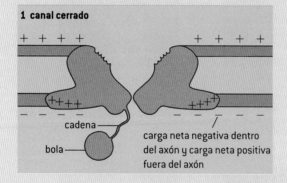

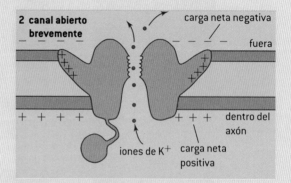

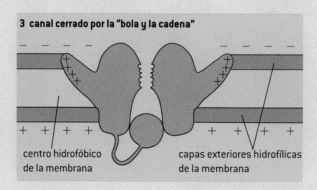

▲ Figura 13

Estimación de la osmolaridad

Estimación de la osmolaridad en tejidos, con la inmersión de muestras en disoluciones hipotónicas e hipertónicas (trabajo práctico 2).

La ósmosis se debe a solutos que forman enlaces con el agua. Estos solutos son osmóticamente activos. La glucosa, los iones de sodio, los iones de potasio y los iones de cloruro son todos osmóticamente activos y sus soluciones químicas se usan a menudo en experimentos de ósmosis. Las células contienen una amplia variedad de solutos osmóticamente activos.

La osmolaridad de una solución es la concentración total de solutos osmóticamente activos en dicha solución. Las unidades de medida son los osmoles o miliosmoles (mOsm). La osmolaridad normal del tejido humano es de aproximadamente 300 mOsm.

Una solución isotónica tiene la misma osmolaridad que un tejido. Una solución hipertónica tiene una osmolaridad mayor y una solución hipotónica tiene una osmolaridad inferior. Sumergiendo muestras de un tejido en soluciones hipertónicas e hipotónicas y tomando medidas para determinar si el agua entra o sale del tejido, es posible deducir cuál sería la concentración isotónica de la solución y, por tanto, averiguar la osmolaridad del tejido. Las siguientes preguntas presentan los resultados de un experimento de este tipo.

Preguntas basadas en datos: Ósmosis en los tejidos vegetales

Si se sumergen muestras de tejido de una planta en soluciones de sal o azúcar durante un corto tiempo, cualquier aumento o disminución de la masa se deberá, casi en su totalidad, a la entrada o salida de agua en las células por ósmosis. La figura 14 muestra el porcentaje de variación en la masa de cuatro tejidos después de sumergirlos en soluciones de diferentes concentraciones de sal (cloruro de sodio).

1 **a)** Indica si entró o salió agua de los tejidos en la solución de cloruro de sodio de 0,0 mol dm^{-3}. [1]

b) Indica si entró o salió agua de los tejidos en la solución de cloruro de sodio de 1,0 mol dm^{-3}. [2]

2 Deduce qué tejido tenía la menor concentración de solutos en su citoplasma. Explica en tu respuesta cómo has llegado a esa conclusión. [2]

3 Sugiere los motivos de las diferencias de concentración de solutos entre los distintos tejidos. [3]

4 Explica los motivos de usar el porcentaje de variación de masa en lugar de la variación real de masa en gramos en este tipo de experimentos. [2]

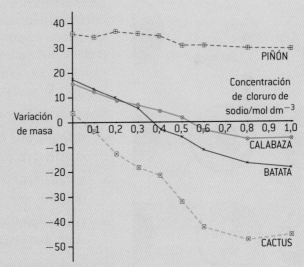

▲ Figura 14 Variaciones de masa en tejidos de plantas sumergidos en soluciones salinas

---

El experimento de la pregunta anterior se puede repetir usando tubérculos de patata o cualquier otro tejido vegetal de cualquier parte del mundo que sea homogéneo y suficientemente fuerte como para manipularlo sin que se desintegre.

Discute con un compañero o en grupo cómo se podría hacer lo siguiente:

1 Diluir una solución de cloruro de sodio de 1 mol dm^{-3} para obtener las concentraciones mostradas en el gráfico.

2 Obtener muestras de tejido de una planta que sean suficientemente similares entre sí para obtener resultados comparables.

3 Asegurarse de que la superficie de las muestras de tejido esté seca al calcular su masa, tanto al principio como al final del experimento.

4 Asegurarse de que todas las variables se mantengan constantes, aparte de la concentración de sal de la solución.

5 Sumergir el tejido en las soluciones durante un tiempo suficiente como para conseguir una variación significativa de la masa, pero no tan prolongado como para que la masa se vea afectada por otro factor, ¡como la descomposición!

6 Puedes optar por ser más imaginativo en tu enfoque experimental. La figura 15 da una idea de cómo medir las variaciones en la turgencia del tejido de la planta, pero se podrían utilizar otros métodos.

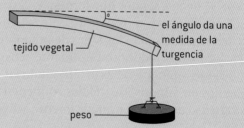

el ángulo da una medida de la turgencia

tejido vegetal

peso

▲ Figura 15 Método de evaluación de la turgencia de tejidos vegetales

▲ Figura 16 En un experimento riguroso es necesario realizar repeticiones para cada tratamiento.

🧬 Diseño experimental

Diseño experimental: es esencial efectuar una medición cuantitativa precisa en los experimentos sobre ósmosis.

Un experimento ideal es el que da resultados que tienen solo una interpretación razonable y permite extraer conclusiones de los resultados sin dudas o incertidumbres. En la mayoría de los experimentos hay dudas e incertidumbres, pero estas pueden minimizarse si el diseño del experimento es riguroso. Así, el experimento proporcionará pruebas sólidas a favor o en contra de una hipótesis.

Se puede utilizar esta lista de verificación al diseñar un experimento:

- Siempre que sea posible, los resultados deben ser cuantitativos pues constituyen pruebas más sólidas que los resultados descriptivos.

- Las mediciones deben ser lo más precisas posible, utilizando los aparatos más adecuados y de mejor calidad.

- Las repeticiones son necesarias porque, aunque se obtengan mediciones cuantitativas precisas, las muestras biológicas son variables.

- Se deben controlar todos los factores que podrían afectar a los resultados del experimento, de forma que solo puedan variar los factores investigados y todos los demás permanezcan constantes.

Después de hacer un experimento, puede evaluarse el diseño usando esta lista. La evaluación podría conducir a mejoras en el diseño del experimento que lo habrían hecho más riguroso.

Si has realizado un experimento de ósmosis en el que sumergiste muestras de tejido vegetal en soluciones con varias concentraciones de solutos, puedes evaluar tu diseño. Si hiciste repeticiones para cada concentración de la solución y los resultados eran muy similares entre sí, probablemente estos resultados eran fiables.

Diseño de experimentos de ósmosis

Se necesita un diseño experimental riguroso para obtener resultados fiables: ¿cómo se pueden obtener medidas cuantitativas precisas en experimentos de ósmosis?

La osmolaridad de los tejidos vegetales se puede investigar de muchas maneras. La figura 17 muestra algunas células de cebolla roja que se habían sumergido en una solución de cloruro de sodio. Se puede utilizar el siguiente método para observar las consecuencias de la ósmosis en células de cebolla roja.

1 Desprende un trozo de epidermis de un bulbo de cebolla roja.

2 Corta una muestra de unos 5 × 5 mm.

3 Monta la muestra con una gota de agua destilada en un portaobjetos de microscopio, con un cubreobjetos.

4 Observa con un microscopio. El citoplasma llena el hueco dentro de la pared celular, con la membrana plasmática pegada a la pared celular.

5 Monta otra muestra de la epidermis en una solución de cloruro de sodio con una concentración de 0,5 mol dm^{-3} o de 3%. Si sale agua de las células por ósmosis y se reduce el volumen del citoplasma, la membrana plasmática se separará de la pared celular, como se muestra en la figura 17. El proceso por el que las membranas de las células vegetales se separan de sus paredes celulares se denomina plasmólisis, y se dice que las células están plasmolizadas.

Este método puede utilizarse para ayudar a diseñar un experimento con el que averiguar la osmolaridad de las células de la cebolla o de otras células en las que se pueda ver fácilmente el área ocupada por el citoplasma. Se puede utilizar la lista de verificación de la sección anterior para tratar de asegurar que el diseño sea riguroso.

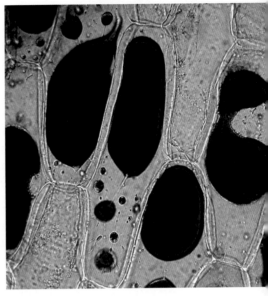

▲ Figura 17 Micrografía de células de cebolla roja en solución salina

Prevención de la ósmosis en órganos y tejidos empleados en procedimientos médicos

Los tejidos o los órganos empleados en procedimientos médicos deben sumergirse en una solución con la misma osmolaridad que el citoplasma para evitar procesos de ósmosis.

Las células animales pueden resultar dañadas por la ósmosis. La figura 18 muestra células sanguíneas que han sido sumergidas en soluciones con (a) la misma osmolaridad, (b) mayor osmolaridad y (c) menor osmolaridad.

a)
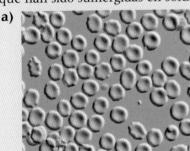

b)
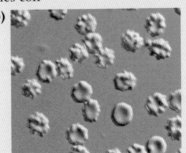

c)
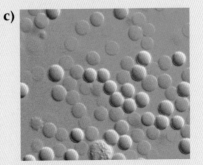

▲ Figura 18 Células sanguíneas sumergidas en soluciones con diferentes concentraciones de solutos

En una solución con mayor osmolaridad (solución hipertónica), sale agua de las células por ósmosis y, como resultado, sus citoplasmas se contraen en volumen. El área de la membrana plasmática no cambia, por lo que desarrollan hendiduras. En una solución con baja osmolaridad (hipotónica), las células absorben agua por ósmosis y se hinchan. Pueden llegar a reventar, dejando membranas plasmáticas rotas conocidas como fantasmas de glóbulos rojos.

Así pues, tanto las soluciones hipertónicas como las hipotónicas dañan las células humanas. En cambio, en una solución con la misma osmolaridad que las células (solución isotónica), el agua ni entra ni sale de las células, así que estas permanecen saludables. Por tanto, es importante sumergir cualquier tejido y órgano humano en una solución isotónica durante los procedimientos médicos. Generalmente se utiliza una solución isotónica de cloruro de sodio, que

se denomina solución salina normal y tiene una osmolaridad de aproximadamente 300 mOsm.

En numerosos procedimientos médicos se utiliza una solución salina normal:

- Puede introducirse con seguridad en el sistema sanguíneo de un paciente mediante un goteo intravenoso.

- Puede utilizarse para lavar heridas y abrasiones de la piel.

- Puede usarse para mantener húmedas áreas dañadas de la piel antes de realizar injertos de piel.

- Puede emplearse como base en colirios.

- Puede congelarse con consistencia de aguanieve para transportar corazones, riñones y otros órganos de donantes hasta el hospital donde se realizará la operación de trasplante.

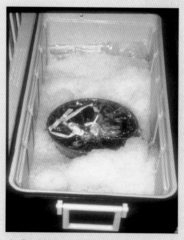
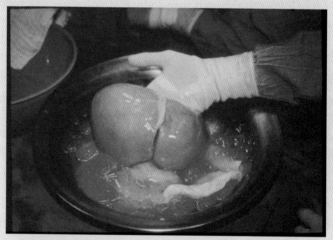

Fotografía de David Mayer, cirujano de colon, estómago y riñón del Hospital Queen Elizabeth en Birmingham (Inglaterra)

▲ Figura 19 Hígado de un donante sumergido en solución isotónica, rodeado de aguanieve de solución isotónica. Hay una escasez mundial de donación de órganos: en la mayoría de los países es posible registrarse como futuro donante.

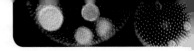

1.5 El origen de las células

Comprensión

→ Las células solo pueden formarse por división de células preexistentes.

→ Las primeras células deben haber surgido de materia no viva.

→ El origen de las células eucarióticas puede explicarse por medio de la teoría endosimbiótica.

 Aplicaciones

→ Pruebas de los experimentos de Pasteur de que la generación espontánea de células y organismos no tiene lugar actualmente en la Tierra.

 Naturaleza de la ciencia

→ Puesta a prueba de los principios generales que subyacen al mundo natural: debe verificarse el principio de que las células solo proceden de células preexistentes.

La división celular y el origen de las células

Las células solo pueden formarse por división de células preexistentes.

Desde la década de 1880, existe una teoría en biología de que las células solo pueden formarse por la división de una célula preexistente. Las pruebas de esta hipótesis son muy sólidas y se discuten más adelante en la sección de naturaleza de la ciencia.

Las implicaciones de esta hipótesis son notables. Si consideramos los trillones de células que hay en nuestro cuerpo, cada una se formó mediante la división de una célula previamente existente en dos. Antes de dividirse, se copió todo el material genético del núcleo para que ambas células formadas por división celular tuvieran un núcleo con un juego completo de genes. Podemos encontrar el origen de las células del cuerpo en el cigoto: la primera célula que dio comienzo a nuestra vida, producida por la fusión de un espermatozoide y un óvulo.

Los espermatozoides y los óvulos fueron producidos por división celular en nuestros padres. Podemos rastrear los orígenes de todas las células en los cuerpos de nuestros padres hasta el cigoto del que se desarrollaron y continuar este proceso en las generaciones de nuestros antepasados humanos. Si aceptamos que los humanos evolucionaron a partir de especies ancestrales preexistentes, podemos rastrear los orígenes de las células a través de cientos de millones de años hasta las primeras células en la Tierra. Por tanto, existe una continuidad desde los orígenes de la vida en la Tierra hasta las células de nuestro cuerpo.

En 2010 se publicó que un grupo de biólogos había creado la primera célula artificial, pero esta célula no era totalmente nueva. Se había sintetizado artificialmente la secuencia de bases del ADN de una bacteria (*Mycoplasma mycoides*), con unos pocos cambios deliberados. Este ADN fue transferido a células preexistentes de un tipo diferente de bacteria

Teoría del Conocimiento

¿Qué ganamos y qué perdemos cuando nombramos algo?

Cuando el equipo del Dr. Craig Venter anunció en la revista *Science* que había conseguido trasplantar el genoma sintético de una bacteria a otra, algunos expertos en ética respondieron cuestionando el lenguaje utilizado al referirse a la creación de una "célula sintética":

La ciencia vuela 30.000 pies por encima de la comprensión de la sociedad ... Los científicos pueden ser su propio peor enemigo utilizando palabras como "clon" o "vida sintética".

Glenn McGee, fundador de American Journal of Bioethics

Francamente, él lo describe de una manera que está generando más controversia que informar y divulgar con precisión. Su afirmación de que tenemos, a partir de un computador, la primera forma de vida que se autorreproduce es absurda.

Se abusa de la palabra "padre". El avance debe ser descrito de una manera sana y precisa. Lo que ha logrado es sintetizar un genoma mucho más grande que cualquier otro genoma sintetizado antes a partir de cero.

Gregory Kaebnick, investigador del Hastings Institute

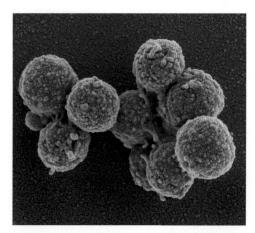

▲ Figura 1 Bacterias *Mycoplasma* sintéticas

(*Mycoplasma capricolum*), que se convirtió así en *Mycoplasma mycoides*. Este proceso fue, por tanto, una forma extrema de modificación genética, pero la creación de células totalmente nuevas sigue siendo un desafío insuperable por el momento.

Actividad

La pérdida de Silphium

La moneda griega en la figura 2 representa una planta de Silphium, que crecía en una pequeña parte de lo que ahora es Libia y era muy preciada por sus usos medicinales, especialmente como agente de control de la natalidad. Parece que esta planta fue tan recolectada que, pocos siglos después de que los antiguos griegos colonizaran el norte de África, ya se había extinguido. Silphium no ha vuelto a aparecer otra vez espontáneamente: continúa extinguida y no nos es posible probar científicamente sus propiedades anticonceptivas. ¿Cómo podemos evitar la pérdida de otras plantas que nos podrían ser de utilidad?

▲ Figura 2 Moneda griega antigua que muestra la planta Silphium

La generación espontánea y el origen de las células

Verificación de los principios generales que subyacen al mundo natural: debe verificarse el principio de que las células solo proceden de células preexistentes.

La generación espontánea es la formación de organismos vivos a partir de materia no viva. El filósofo y botánico griego Teofrasto afirmó que una planta llamada Silphium había salido de la tierra donde antes no estaba presente y describió este fenómeno como un ejemplo de generación espontánea. Aristóteles también escribió acerca de la formación de insectos a partir del rocío que caía en las hojas o a partir del pelo, la carne o las heces de animales. En el siglo XVI, el botánico y astrólogo suizo-alemán Paracelso citó observaciones de la generación espontánea de ratones, ranas y anguilas a partir de agua, aire o materia en descomposición.

Es fácil entender la persistencia de estas ideas sobre la generación espontánea cuando aún no se habían descubierto las células y microorganismos y no se entendía la naturaleza de la reproducción sexual. A partir del siglo XVII, los biólogos llevaron a cabo experimentos para poner a prueba la teoría de que la vida podía surgir de materia no viva. Francesco Redi demostró que las larvas solo se desarrollaban en carne podrida si esta estaba en contacto con moscas. Lazzaro Spallanzani hirvió caldo en ocho recipientes, después cerró herméticamente cuatro de ellos y los demás los dejó abiertos al aire. Solo crecieron organismos en los recipientes abiertos, no en los cerrados.

Algunos biólogos seguían convencidos de que la generación espontánea podía darse si había acceso al aire. Louis Pasteur respondió efectuando una serie de experimentos cuidadosamente diseñados con frascos de cuello de cisne con los que demostró más allá de toda duda razonable que la generación espontánea de vida no es posible. En la siguiente sección se describen los experimentos de Pasteur.

Aparte de las pruebas de los experimentos de Pasteur y otros, hay razones adicionales para que los biólogos acepten universalmente que las células solo provienen de otras células preexistentes:

- Una célula es una estructura muy compleja y no se ha sugerido ningún mecanismo natural para la producción de células a partir de subunidades más simples.

- No se conoce ningún caso en el que haya aumentado el número de células de una población, organismo o tejido sin que ocurra división celular.

- Los virus se forman a partir de subunidades más simples, pero no son células y solo pueden formarse dentro de las células huésped que han infectado.

La generación espontánea y los experimentos de Pasteur

Pruebas de los experimentos de Pasteur de que la generación espontánea de células y organismos no tiene lugar actualmente en la Tierra

Louis Pasteur preparó un caldo nutritivo hirviendo agua que contenía levadura y azúcar. Demostró que, si este caldo se guardaba en un frasco cerrado herméticamente, no se producían cambios en el mismo ni aparecían hongos u otros organismos. Luego colocó un algodón en un tubo y dejó pasar aire a través de este para filtrar las partículas microscópicas del aire, incluidas bacterias y las esporas de hongos. Si después se colocaba este algodón en el caldo en un frasco cerrado herméticamente, después de 36 horas había un gran número de microorganismos en el caldo y crecía moho en su superficie.

Los experimentos más famosos de Pasteur incluyeron el uso de frascos con cuello de cisne. Colocó muestras de caldo en frascos con cuellos largos y luego derritió el vidrio de los cuellos y los dobló en varias formas, como se muestra en la figura 3.

Después, Pasteur hirvió el caldo de algunos de los frascos para matar cualquier organismo presente pero dejó otros sin hervir como muestras de control. Rápidamente aparecieron hongos y otros organismos en los frascos sin hervir, pero no en los hervidos, incluso después de largos períodos de tiempo. El caldo de los frascos estaba en contacto con el aire, que se había propuesto como condición necesaria para la generación espontánea; sin embargo, no hubo generación espontánea. Pasteur rompió el cuello de algunos de los frascos, dejando un cuello vertical más corto, y rápidamente aparecieron en estos frascos organismos que descomponían el caldo.

Pasteur publicó sus resultados en 1860 y posteriormente los repitió con otros líquidos, como orina y leche, con los mismos resultados. Concluyó que los cuellos de cisne impedían que los organismos del aire llegasen al caldo o a los otros líquidos y, por tanto, ningún organismo surgía espontáneamente. Sus experimentos convencieron a la mayoría de los biólogos, desde el momento de su publicación hasta la actualidad.

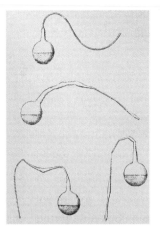

▲ Figura 3 Dibujos de frascos con cuellos de cisne de Pasteur

Origen de las primeras células

Las primeras células deben haber surgido de materia no viva.

Si rastreamos el origen de las células durante miles de millones de años, finalmente llegaremos a las primeras células que existieron. Estas células fueron los primeros seres vivos en la Tierra. A menos que las células llegaran a la Tierra desde otro lugar en el universo, debieron surgir de materia no viva. Esta es una conclusión lógica, pero suscita la pregunta quizás más difícil de todas para los biólogos: ¿cómo podría surgir una estructura tan compleja como la célula de forma natural a partir materia no viva?

Se ha afirmado a veces que las estructuras complejas no pueden surgir por evolución, pero hay pruebas de que esto puede ocurrir en una serie de etapas durante largos períodos de tiempo. Las células vivas pueden haber evolucionado durante cientos de millones de años. Hay hipótesis de cómo podrían haber ocurrido algunas de las etapas principales.

1. Producción de compuestos de carbono tales como azúcares y aminoácidos

Stanley Miller y Harold Urey pasaron vapor a través de una mezcla de metano, hidrógeno y amoníaco. Su intención era que la mezcla representase la atmósfera de la Tierra primitiva. Utilizaron descargas eléctricas para simular rayos y observaron que se producían aminoácidos y otros compuestos de carbono necesarios para la vida.

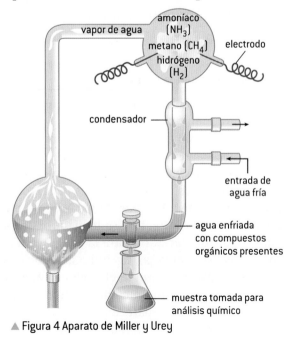

vapor de agua
amoníaco (NH_3)
metano (CH_4)
hidrógeno (H_2)
electrodo
condensador
entrada de agua fría
agua enfriada con compuestos orgánicos presentes
muestra tomada para análisis químico

▲ Figura 4 Aparato de Miller y Urey

2. Ensamblaje de compuestos de carbono en polímeros

Un posible lugar de origen de los primeros compuestos de carbono son los respiraderos en el fondo oceánico. Estos respiraderos son grietas en la superficie de la Tierra que se caracterizan por emanar agua caliente con compuestos químicos inorgánicos reducidos, como el sulfuro de hierro. Estos compuestos químicos representan una fuente de energía accesible para el ensamblaje de estos compuestos de carbono en polímeros.

▲ Figura 5 Respiraderos en el fondo oceánico

3. Formación de membranas

Si los fosfolípidos u otros compuestos de carbono anfipáticos se encontraran entre los primeros compuestos de carbono, se habrían organizado naturalmente en bicapas. Se ha demostrado mediante experimentos que estas bicapas forman fácilmente vesículas que se asemejan a la membrana plasmática de una célula pequeña. Esto habría permitido el desarrollo de una química interna diferente a la del exterior.

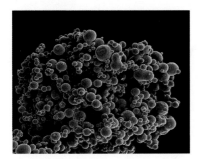

▲ Figura 6 Liposomas

4. Desarrollo de un mecanismo de herencia

Los organismos vivos actualmente tienen genes compuestos de ADN y usan enzimas como catalizadores. Para replicar el ADN y poder pasar los genes a la descendencia, se necesitan enzimas. Sin embargo, para hacer las enzimas se necesitan los genes. La solución a este dilema puede haber sido una fase anterior de la evolución en la que el ARN fuera el material genético. El ARN puede almacenar información de la misma manera que el ADN y, además, puede autorreplicarse y actuar como catalizador.

La endosimbiosis y las células eucarióticas

El origen de las células eucarióticas puede explicarse por medio de la teoría endosimbiótica.

La teoría de la endosimbiosis ayuda a explicar la evolución de las células eucarióticas. Esta teoría establece que las mitocondrias fueron una vez organismos procariotas que vivían independientemente porque habían desarrollado el proceso de respiración celular aeróbica. Otros procariotas más grandes que solo podían respirar anaeróbicamente los absorbieron por endocitosis. En lugar de matar y digerir a los procariotas más pequeños, permitieron que siguieran viviendo en su citoplasma. Mientras los procariotas más pequeños crecieran y se dividieran tan rápido como los más grandes, podrían existir indefinidamente dentro de las células más grandes. Según la teoría de la endosimbiosis, han coexistido durante cientos de millones de años de evolución hasta convertirse en las mitocondrias de las células eucarióticas actuales.

Los procariotas más grandes y los pequeños que respiraban aeróbicamente mantenían una relación simbiótica en la que ambos se beneficiaban: esto se conoce como relación mutualista. La célula más pequeña era alimentada por la más grande y, a su vez, llevaba a cabo la respiración aeróbica para suministrar energía eficientemente a la célula más grande. La selección natural favoreció, por tanto, a las células que habían desarrollado esta relación endosimbiótica.

La teoría endosimbiótica también explica el origen de los cloroplastos. Si un procariota que hubiera desarrollado la capacidad de fotosíntesis hubiese sido absorbido por una célula más grande que le permitiera sobrevivir, crecer y dividirse, podría haberse desarrollado hasta convertirse en los cloroplastos de los eucariotas fotosintéticos. Una vez más, ambos organismos se habrían beneficiado de esta relación endosimbiótica.

Actividad

¿Dónde empezó la vida?

Erasmus Darwin era abuelo de Charles Darwin. En un poema titulado "El templo de la naturaleza", publicado en 1803, nos dice cómo y dónde creía él que se había originado la vida:

La vida orgánica comenzó bajo las olas... Así, sin padre, por nacimiento espontáneo surgen las primeras motas de tierra animada.

¿Se ha refutado la hipótesis de Erasmus Darwin de que la vida comenzó en el mar?

Actividad

Bangiomorpha y los orígenes del sexo

El primer organismo eucariota y multicelular conocido es *Bangiomorpha pubescens*. Se han descubierto fósiles de esta alga roja en rocas de 1.200 millones de años en el norte de Canadá. Es el primer organismo conocido productor de dos tipos diferentes de gametos: uno femenino más grande y sésil, y otro masculino más pequeño y móvil. *Bangiomorpha* es, por tanto, el primer organismo conocido capaz de reproducirse sexualmente. Parece poco probable que la estructura celular eucariótica, la multicelularidad y la reproducción sexual evolucionaran simultáneamente. ¿Cuál es la secuencia más probable de estos hitos en la evolución?

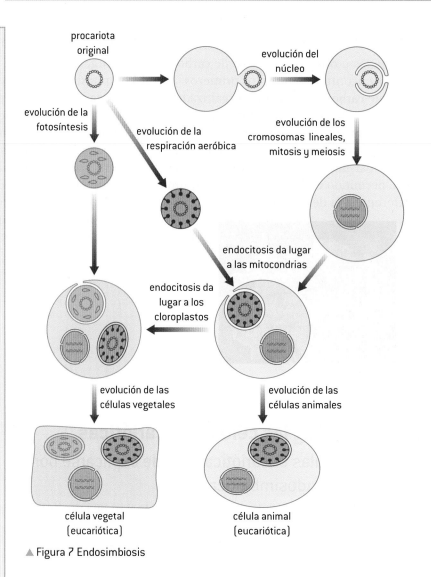

▲ Figura 7 Endosimbiosis

Aunque ya no son capaces de vivir de forma independiente, los cloroplastos y las mitocondrias poseen características que sugieren que evolucionaron a partir de procariotas independientes:

- Tienen sus propios genes en una molécula de ADN circular semejante a la de los procariotas.

- Tienen sus propios ribosomas 70S de tamaño y forma típicos de algunos procariotas.

- Transcriben su ADN y utilizan el ARNm para sintetizar algunas de sus propias proteínas.

- Solo pueden producirse por la división de mitocondrias y cloroplastos ya existentes.

- El tamaño de las mitocondrias y los cloroplastos es similar al tamaño de los procariotas

1.6 División celular

Comprensión

→ La mitosis es la división del núcleo en dos núcleos hijos, idénticos genéticamente.

→ Los cromosomas se compactan por superenrollamiento durante la mitosis.

→ La citoquinesis tiene lugar tras la mitosis y es diferente en las células animales y en las vegetales.

→ La interfase es una fase muy activa del ciclo celular, en la que tienen lugar muchos procesos en el núcleo y en el citoplasma.

→ Las ciclinas están implicadas en el control del ciclo celular.

→ En el desarrollo de los tumores primarios y secundarios se produce la intervención de mutágenos, oncogenes y metástasis.

 ## Aplicaciones

→ Correlación entre el fumar y la incidencia de cánceres.

 ## Habilidades

→ Identificación de las fases de la mitosis en células vistas a través de microscopio o en una micrografía.

→ Determinación de un índice mitótico a partir de una micrografía.

 ## Naturaleza de la ciencia

→ La serendipia (descubrimiento o hallazgo afortunado e inesperado) y los descubrimientos científicos: el hallazgo de las ciclinas fue accidental.

El papel de la mitosis

La mitosis es la división del núcleo en dos núcleos hijos, idénticos genéticamente.

El núcleo de una célula eucariótica se puede dividir en dos núcleos genéticamente idénticos mediante un proceso llamado mitosis. La mitosis permite a la célula dividirse en dos células hijas, cada una con uno de los núcleos y, por lo tanto, genéticamente idénticas una a la otra.

Para que pueda ocurrir la mitosis, antes debe replicarse todo el ADN del núcleo. Esto se produce durante la interfase, el período anterior a la mitosis. Cada cromosoma pasa de ser una sola molécula de ADN a dos moléculas de ADN idénticas llamadas cromátidas. Durante la mitosis, cada una de estas cromátidas pasa a un núcleo hijo.

La mitosis tiene lugar siempre que se requieren células con núcleos genéticamente idénticos en los eucariotas: durante el desarrollo embrionario, el crecimiento, la reparación de tejidos y la reproducción asexual.

Aunque la mitosis es un proceso continuo, los citólogos lo han dividido en cuatro fases: profase, metafase, anafase y telofase. Más adelante se describe lo que sucede en cada una de estas fases.

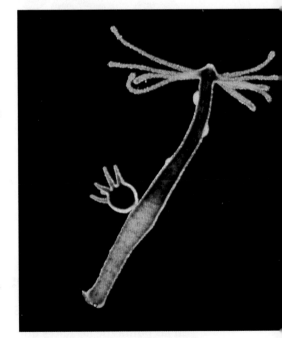

▲ Figura 1 *Hydra viridissima* con un pequeño pólipo nuevo producido por reproducción asexual mediante mitosis

El número de veces que la mayoría de las células de un organismo se pueden dividir por mitosis tiene un límite. Las células obtenidas de un embrión humano solo se dividen entre 40 y 60 veces, pero, dado que el número de células se duplica con cada división, esto es suficiente para producir un cuerpo humano adulto. Hay casos excepcionales, como el epitelio germinal en los testículos, en los que puede producirse un número mucho mayor de divisiones. El epitelio germinal es una capa de células que se divide para formar las células utilizadas en la producción de espermatozoides. Discute cuántas veces es necesario que se dividan las células de esta capa durante la vida de un hombre.

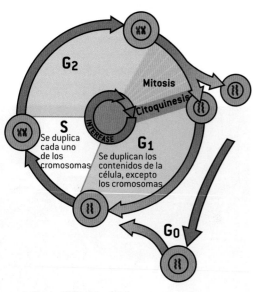

▲ Figura 2 El ciclo celular

Interfase

La interfase es una fase muy activa del ciclo celular, en la que tienen lugar muchos procesos en el núcleo y en el citoplasma.

El ciclo celular es la secuencia de sucesos entre una división celular y la siguiente. Tiene dos fases principales: la interfase y la división celular. La interfase es una etapa muy activa en la vida de una célula donde se producen muchas reacciones metabólicas. Algunas de ellas, como las reacciones de la respiración celular, también ocurren durante la división celular, pero la replicación del ADN en el núcleo y la síntesis de proteínas en el citoplasma solo se producen durante la interfase.

Durante la interfase aumenta el número de mitocondrias en el citoplasma. Esto se debe al crecimiento y la división de las mitocondrias. De la misma manera, en las células vegetales y en las algas aumenta el número de cloroplastos. También sintetizan celulosa y utilizan vesículas para agregarla a sus paredes celulares.

La interfase consta de tres fases: G_1, S y G_2. En la fase S la célula replica todo el material genético de su núcleo para que, después de la mitosis, ambas células nuevas tengan un juego completo de genes. Algunas células no avanzan más allá de la fase G_1 porque nunca van a dividirse, así que no necesitan prepararse para la mitosis. En su lugar, entran en una fase llamada G_0 que puede ser temporal o permanente.

Superenrollamiento de los cromosomas

Los cromosomas se compactan por superenrollamiento durante la mitosis.

Durante la mitosis, las dos cromátidas que forman cada cromosoma deben ser separadas y trasladadas a los polos opuestos de la célula. Las moléculas de ADN en estos cromosomas son inmensamente largas. Los núcleos de células humanas tienen, en promedio, un diámetro inferior a 5 μm, pero sus moléculas de ADN miden más de 50.000 μm de largo. Por lo tanto, es esencial compactar los cromosomas en estructuras mucho más cortas. Este proceso se conoce como condensación de los cromosomas y tiene lugar durante la primera fase de la mitosis.

La condensación consiste en enrollar repetidamente la molécula de ADN para hacer que el cromosoma sea más corto y ancho. Este proceso se denomina superenrollamiento. Unas proteínas llamadas histonas que están asociadas al ADN en los cromosomas de los eucariotas participan en el superenrollamiento, en el que también hay enzimas implicadas.

🔬 Fases de la mitosis

Identificación de las fases de la mitosis en células vistas a través de microscopio

En las puntas de las raíces que están creciendo hay grandes cantidades de células en proceso de división. Si se tratan químicamente las puntas de estas raíces para hacer que las células se separen, pueden aplastarse hasta formar una sola capa de células en un portaobjetos de microscopio. Se pueden utilizar colorantes que reaccionan con el ADN para hacer visibles los cromosomas a fin de observar las etapas de la mitosis a través de un microscopio.

Para poder identificar las cuatro etapas de la mitosis, es necesario entender lo que sucede en cada una de ellas. Después de estudiar la información de esta sección, serás capaz de observar células en proceso de división a través de un microscopio o en una micrografía e identificar cada una de las fases.

Profase

Los cromosomas se acortan y ensanchan porque se enrollan. Para reducir suficientemente su tamaño tienen que enrollarse repetidas veces. Esto se denomina superenrollamiento. Desaparece el nucléolo. Crecen microtúbulos a partir de unas estructuras llamadas centros organizadores de microtúbulos (COMT) para formar una matriz en forma de huso que une los polos de la célula. Al final de la profase, la membrana nuclear se disuelve.

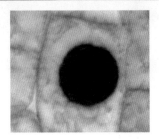

▲ Interfase: se puede ver el nucléolo en el núcleo, pero no los cromosomas

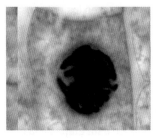

▲ Profase: se pueden ver los cromosomas dentro de la membrana nuclear

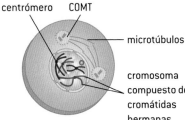

centrómero   COMT

microtúbulos

cromosoma compuesto de dos cromátidas hermanas

▲ Profase temprana

la membrana nuclear se disuelve

microtúbulos del huso

▲ Profase tardía

Metafase

Los microtúbulos continúan creciendo y se conectan a los centrómeros de cada cromosoma. Los dos puntos de conexión en lados opuestos de cada centrómero permiten a las cromátidas de un cromosoma acoplarse a los microtúbulos de diferentes polos. Se aplica tensión a todos los microtúbulos para comprobar si el acoplamiento es correcto. Para ello se acortan los microtúbulos del centrómero. Si el acoplamiento es correcto, los cromosomas permanecen en el ecuador de la célula.

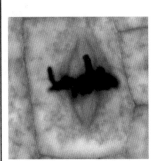

▲ Metafase: los cromosomas están alineados en el ecuador y no dentro de una membrana nuclear

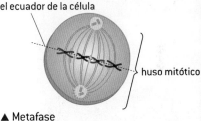

placa metafásica en el ecuador de la célula

huso mitótico

▲ Metafase

Anafase

Al comienzo de la anafase, cada centrómero se divide, separando los pares de cromátidas hermanas. Los microtúbulos del huso las empujan rápidamente hacia los polos de la célula. La mitosis produce dos núcleos genéticamente idénticos porque las cromátidas hermanas se desplazan a polos opuestos empujadas por los microtúbulos del huso, como resultado del acoplamiento que tuvo lugar en la metafase.

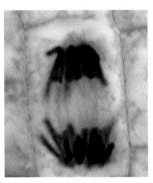

▲ Anafase: dos grupos de cromátidas en forma de V apuntan a los dos polos

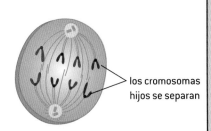

los cromosomas hijos se separan

▲ Anafase

Telofase

Las cromátidas hermanas se encuentran ya en los polos y, a partir de ahora, se denominan cromosomas. En cada polo, los cromosomas se agrupan cerca del COMT y se forma a su alrededor una membrana nuclear. Los cromosomas se desenrollan y se forma un nucléolo. En esta etapa de la mitosis, la célula generalmente ya se está dividiendo y las dos células hijas entran otra vez en interfase.

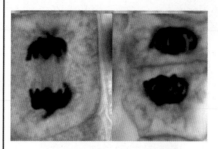

▲ Telofase: los cromosomas se agrupan en cada polo y se forma una nueva pared celular en el ecuador

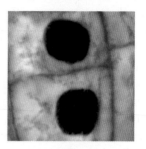

▲ Interfase: se pueden ver los nucléolos dentro de las membranas nucleares, pero no los cromosomas

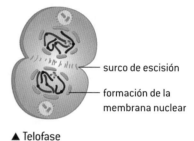

surco de escisión

formación de la membrana nuclear

▲ Telofase

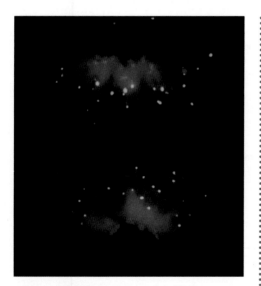

▲ Figura 3 Célula en proceso de mitosis

Preguntas basadas en datos: Los centrómeros y telómeros

La figura 3 y las imágenes anteriores muestran células en proceso de mitosis. En la figura 3, se ha teñido de azul el ADN y de rojo fluorescente los centrómeros. En los extremos de los cromosomas hay unas estructuras llamadas telómeros, que se han teñido con un colorante fluorescente verde.

1. Deduce en qué fase de la mitosis estaba la célula, razonando tu respuesta. [3]

2. La célula tiene un número par de cromosomas.

   a) Indica cuántos cromosomas hay en esta célula. [1]

   b) Explica la razón por la que las células vegetales y animales tienen un número par de cromosomas. [2]

   c) En la micrografía de una célula en interfase, los centrómeros están en un extremo del núcleo y los telómeros en el otro. Sugiere razones para esto. [2]

   d) Una enzima llamada telomerasa alarga los telómeros agregándoles muchas secuencias cortas de bases de ADN repetidas. Esta enzima solo está activa en las células germinales que se utilizan para producir gametos. Cuando se replica el ADN durante el ciclo celular en las células del cuerpo, la parte final del telómero no se puede replicar, por lo que se queda más corto. Predice las consecuencias del acortamiento de los telómeros para una planta o un animal. [2]

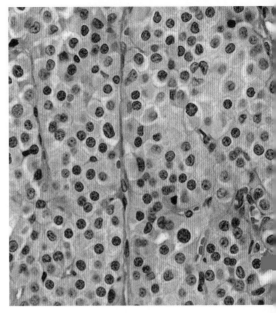

El índice mitótico

Determinación de un índice mitótico a partir de una micrografía

El índice mitótico es el cociente entre el número de células en proceso de mitosis en un tejido y el número total de células observadas. Se puede calcular utilizando esta ecuación:

$$\text{Índice mitótico} = \frac{\text{número de células en mitosis}}{\text{número total de células}}$$

La figura 4 es una micrografía de células de un tumor que se ha desarrollado a partir de una célula de Leydig en el testículo. El índice mitótico de este tumor puede calcularse si se cuenta el número total de células en la micrografía y también el número de células en la meiosis.

Para hallar el índice mitótico de una parte de la punta de una raíz donde las células se multiplican rápidamente, se pueden seguir estas instrucciones:

- Preparar en un portaobjetos una punta de la raíz de una cebolla o un ajo. Buscar y examinar la región meristemática (es decir, una región de rápida división celular).

- Crear una tabla para apuntar los recuentos. De aproximadamente un centenar de células, clasificar cada célula que está en interfase o en cualquiera de las fases de la mitosis.

- Utilizar estos datos para calcular el índice mitótico.

▲ Figura 4 Células en proceso de mitosis en un tumor de Leydig

Citoquinesis

La citoquinesis tiene lugar tras la mitosis y es diferente en las células animales y en las vegetales.

Después de la mitosis, las células pueden dividirse si hay dos núcleos genéticamente idénticos en una célula. El proceso de división celular se denomina citoquinesis. Generalmente comienza antes de haberse completado la mitosis y se efectúa de una manera diferente en las células animales y vegetales.

En las células animales, la membrana plasmática se va estrechando en la zona del ecuador de la célula formando un surco de escisión. Para ello se usa un anillo de proteínas contráctiles dentro de la membrana plasmática, en el ecuador. Estas proteínas son la actina y la miosina, y son similares a las proteínas que causan las contracciones musculares. El anillo se va estrechando y, cuando el surco de escisión alcanza el centro, estrangula la célula y acaba separándola en dos células hijas.

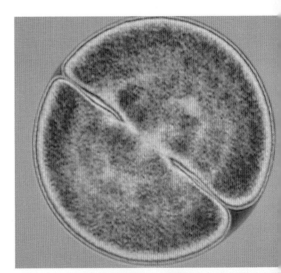

En las células vegetales, algunas vesículas se desplazan hacia el ecuador y se fusionan para formar estructuras tubulares a lo largo de este. Con la fusión de más vesículas, estas estructuras tubulares se unen formando dos capas de membrana en toda la línea del ecuador que después se convertirán en las membranas plasmáticas de las dos células hijas. Estas capas se conectan a las membranas plasmáticas existentes a ambos lados de la célula, completando así la división del citoplasma.

En las células vegetales, la siguiente etapa es el transporte de pectinas y otras sustancias en vesículas que las depositan por exocitosis entre las dos nuevas

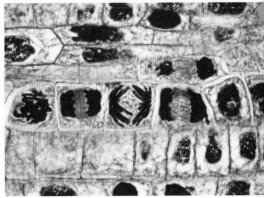

▲ Figura 5 Citoquinesis en a) un óvulo fertilizado de erizo de mar y b) una célula de la punta de un brote de una planta *Coleus*

membranas. Así se forma la laminilla media que unirá las paredes de la nueva célula. A continuación, las dos células hijas llevan celulosa al ecuador y la depositan por exocitosis junto a la laminilla media. Como resultado, cada célula construye su propia pared celular adyacente a la línea ecuatorial.

Las ciclinas y el control del ciclo celular

Las ciclinas están implicadas en el control del ciclo celular.

Cada fase del ciclo celular comprende numerosas tareas importantes. Un grupo de proteínas llamadas ciclinas son las responsables de asegurar que las tareas se realizan en el momento correcto y que la célula solo pasa a la siguiente fase del ciclo cuando es oportuno.

Las ciclinas se acoplan a unas enzimas llamadas quinasas dependientes de ciclinas. Estas quinasas se activan y añaden grupos de fosfato a otras proteínas en la célula. El acoplamiento de fosfato desencadena la activación de las otras proteínas, que llevan a cabo tareas específicas en una de las fases del ciclo celular.

Existen cuatro tipos principales de ciclinas en las células humanas. El gráfico de la figura 6 muestra cómo aumentan y disminuyen los niveles de las ciclinas. La célula no pasa a la siguiente fase del ciclo celular hasta que estas ciclinas alcanzan un determinado umbral de concentración. Así pues, las ciclinas controlan el ciclo celular y garantizan que las células se dividan solo cuando se necesitan nuevas células, pero no en otros momentos.

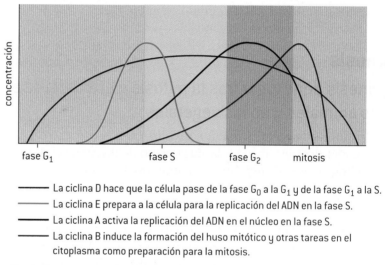

fase G_1 fase S   fase G_2 mitosis

—— La ciclina D hace que la célula pase de la fase G_0 a la G_1 y de la fase G_1 a la S.

—— La ciclina E prepara a la célula para la replicación del ADN en la fase S.

—— La ciclina A activa la replicación del ADN en el núcleo en la fase S.

—— La ciclina B induce la formación del huso mitótico y otras tareas en el citoplasma como preparación para la mitosis.

▲ Figura 6

🔬 Descubrimiento de las ciclinas

La serendipia (descubrimiento o hallazgo afortunado e inesperado) y los descubrimientos científicos: el hallazgo de las ciclinas fue accidental.

Durante una investigación sobre el control de la síntesis proteica en óvulos de erizo de mar, Tim Hunt descubrió una proteína que aumentaba en concentración después de la fertilización pero luego disminuía, a diferencia de otras proteínas que continuaban aumentando. La proteína se sintetizaba durante un período de 30 minutos y, poco después, se destruía. Experimentos posteriores demostraron que la concentración de esta proteína experimentaba repetidos aumentos y disminuciones coincidiendo con las fases del ciclo celular. La proteína se destruía unos 10 minutos después de comenzar la mitosis. Tim Hunt llamó a esta proteína ciclina.

Investigaciones posteriores permitieron identificar otras ciclinas y confirmaron lo que Tim Hunt había sospechado desde el principio: que las ciclinas son un factor clave en el control del ciclo celular. Tim Hunt fue galardonado con el Premio Nobel de Fisiología en el año 2001 en reconocimiento de su contribución al descubrimiento de las ciclinas. Su discurso en la ceremonia de entrega del Premio Nobel se puede ver en Internet. En dicho discurso menciona varias veces la importancia de la serendipia, porque él no se había propuesto descubrir cómo se controla el ciclo celular. Este descubrimiento es un ejemplo de serendipia: un hallazgo afortunado e inesperado que ocurre por accidente.

El cáncer y la formación de tumores

En el desarrollo de los tumores primarios y secundarios se produce la intervención de mutágenos, oncogenes y metástasis.

Los tumores son grupos anormales de células que se desarrollan en cualquier etapa de la vida en cualquier parte del cuerpo. En algunos casos, las células se adhieren entre sí y no invaden tejidos cercanos ni se trasladan a otras partes del cuerpo. Es poco probable que estos tumores causen mucho daño y se clasifican como benignos. En otros tumores, las células pueden desprenderse, desplazarse a otras partes del cuerpo y convertirse en tumores secundarios. Estos tumores son malignos y es muy probable que supongan un riesgo para la vida.

Las enfermedades debidas a tumores malignos se conocen comúnmente como cáncer y tienen diversas causas. Los agentes y productos químicos que causan cáncer se denominan agentes carcinógenos, porque los tumores malignos son carcinomas. Hay varios tipos de agentes carcinógenos, incluidos algunos virus. Todos los mutágenos son carcinógenos, tanto los mutágenos químicos como la radiación de alta energía, como los rayos X y la luz ultravioleta de onda corta. Esto es porque los mutágenos son agentes que causan mutaciones genéticas y las mutaciones pueden causar cáncer.

Las mutaciones son cambios aleatorios en la secuencia de bases de los genes. La mayoría de los genes no causan cáncer si sufren mutaciones. Los pocos genes que pueden llegar a provocar cáncer si mutan se denominan oncogenes. En una célula normal, los oncogenes participan en el control del ciclo celular y la división celular. Por esta razón, las mutaciones de estos genes pueden causar la división incontrolada de las células y, como resultado, la formación de tumores.

Para que una célula se convierta en tumoral, deben producirse varias mutaciones. La posibilidad de que esto ocurra es extremadamente pequeña, pero, teniendo en cuenta el gran número de células que hay en el cuerpo, la probabilidad total de formación de un tumor a lo largo de toda una vida es significativa. Cuando se forma una célula tumoral, esta se divide repetidamente dando lugar a dos células, luego cuatro, luego ocho y así sucesivamente. Este grupo de células se denomina tumor primario. La metástasis es el movimiento de células de un tumor primario a otras partes del cuerpo donde forman tumores secundarios.

Actividad

Investigación sobre el cáncer

Pueden formarse tumores en cualquier tejido a cualquier edad, pero la piel, el pulmón, el intestino grueso, la mama y la próstata son particularmente vulnerables. El cáncer es una causa importante de muerte en la mayoría de las poblaciones humanas, por eso existe una necesidad urgente de encontrar métodos de prevención y tratamiento. Esto supone una investigación básica sobre el control del ciclo celular. Se han logrado grandes avances, pero no son suficientes.

¿Quién debe pagar la investigación sobre el cáncer?

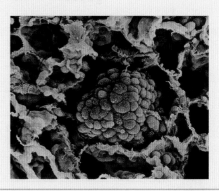

Tabaquismo y cáncer

Correlación entre el fumar y la incidencia de cánceres

En las ciencias, una correlación es una relación entre dos factores variables. La relación entre fumar y el cáncer es un ejemplo de correlación. Existen dos tipos de correlación. Con una correlación positiva, cuando uno de los factores aumenta, el otro también lo hace; también disminuyen juntos. Con una correlación negativa, cuando uno de los factores aumenta, el otro disminuye.

Existe una correlación positiva entre el consumo de cigarrillos y el índice de mortalidad a causa de cáncer. Esta correlación ha sido demostrada por repetidas investigaciones. La tabla 1 muestra los resultados de una de las investigaciones continuas más largas y con mayor número de participantes. Los datos muestran que cuanto mayor es el número de cigarrillos fumados al día, mayor es el índice de mortalidad a causa de cáncer. También muestran un mayor índice de mortalidad entre aquellos que fumaron alguna vez, pero ya habían dejado de fumar.

Asimismo, los resultados de la investigación muestran enormes aumentos en el índice de mortalidad a causa de cánceres de boca, faringe, laringe y pulmón. Estos resultados no sorprenden, pues el humo de los cigarrillos entra en contacto con cada una de estas partes del cuerpo, pero también existe una correlación positiva entre el tabaquismo y los cánceres de esófago, estómago, riñón, vejiga, páncreas y cuello uterino. Aunque el índice de mortalidad debida a otros tipos de cáncer no es significativamente diferente entre los fumadores y los no fumadores, la tabla 1 muestra

que los fumadores son varias veces más propensos a morir de toda clase de cánceres que los no fumadores.

En las ciencias, es importante distinguir entre correlación y causa. Hallar una correlación positiva entre el tabaquismo y el cáncer no demuestra que fumar sea la causa del cáncer. Sin embargo, en este caso las relaciones causales están bien establecidas. El humo del tabaco contiene muchas sustancias químicas diferentes. Se ha demostrado experimentalmente que veinte de estas sustancias pueden causar tumores en los pulmones de animales de laboratorio o de seres humanos. Hay pruebas de que al menos otros cuarenta productos químicos en el humo del tabaco son carcinógenos. Ante estos datos, caben pocas dudas de que fumar es una causa de cáncer.

Causa de muerte entre 1951 y 2001 (Tamaño de la muestra: 34.439 médicos varones en Gran Bretaña)	Índice de mortalidad por 100.000 hombres/año				
	Nunca fumaron	Antiguos fumadores de cigarrillos	Fumadores actuales (cigarrillos/día)		
			1–14	15–24	≥25
Todos los cánceres	360	466	588	747	1.061
Cáncer de pulmón	17	68	131	233	417
Cáncer de boca, faringe, laringe y esófago	9	26	36	47	106
Todos los otros cánceres	334	372	421	467	538

▲ Tabla 1 extraída del *British Medical Journal* 328 (7455), 24 de junio de 2004

Preguntas basadas en datos: El efecto del fumar en la salud

Uno de los mayores estudios sobre el efecto de fumar en la salud contó con la participación de 34.439 médicos varones británicos. Se obtuvo información sobre cuánto fumaron entre 1951 y 2001 y se registró la causa de muerte de cada uno de los médicos fallecidos durante ese período. La tabla siguiente muestra algunos de los resultados. Las cifras representan el número de muertes por cada 100.000 hombres por año.

Tipo de enfermedad	No fumadores	1–14 cigarrillos al día	15–24 cigarrillos al día	>25 cigarrillos al día
Respiratoria (enfermedades de los pulmones y vías respiratorias)	107	237	310	471
Circulatoria (enfermedades del corazón y los vasos sanguíneos)	1.037	1.447	1.671	1.938
Úlceras duodenales y estomacales	8	11	33	34
Cirrosis del hígado	6	13	22	68
Enfermedad de Parkinson	20	22	6	18

▲ Tabla 2

1 Deduce si existe una correlación positiva entre fumar y el índice de mortalidad a causa de **todos** los tipos de enfermedad. [2]

2 Basándote en los datos de la tabla, discute si fumar supone un mayor riesgo de enfermedades respiratorias o circulatorias. [4]

3 Discute si los datos sugieren que fumar un número reducido de cigarrillos no conlleva riesgos para la salud. [3]

4 Discute si los datos **demuestran** que fumar es una causa de cirrosis del hígado. [3]

5 La tabla 2 no incluye las muertes por cáncer. La investigación mostró que siete tipos de cáncer están relacionados con el tabaquismo. Sugiere tres cánceres que esperarías que cause el tabaquismo. [3]

Preguntas

1 La figura 7 representa una célula de un organismo multicelular.

▲ Figura 7

a) Identifica, aportando una razón, si la célula:

(i) Es procariótica o eucariótica [1]

(ii) Es parte de la punta de una de raíz o de un dedo [1]

(iii) Está en una fase de la mitosis o en interfase [1]

b) El número de aumentos del dibujo es 2.500 ×.

(i) Calcula el tamaño real de la célula. [2]

(ii) Si se añadiese al dibujo una barra de escala de 5 μm, calcula su longitud. [1]

c) Predice qué le pasaría a la célula si se sumergiese en una solución salina concentrada durante una hora. Incluye las razones de tu respuesta. [3]

2 La tabla 3 muestra el área de las membranas de una célula de hígado de rata.

Componente de la membrana	Área (μm²)
Membrana plasmática	1.780
Retículo endoplasmático rugoso	30.400
Membrana mitocondrial externa	7.470
Membrana mitocondrial interna	39.600
Núcleo	280
Lisosomas	100
Otros componentes	18.500

▲ Tabla 3

a) Calcula el área total de las membranas de la célula del hígado. [2]

b) Calcula el área de la membrana plasmática como porcentaje del área total de las membranas de la célula. Muestra tus cálculos. [3]

c) Explica la diferencia entre el área de la membrana mitocondrial interna y externa. [3]

d) Basándote en los datos en la tabla, identifica dos de las actividades principales de las células del hígado. [2]

3 En las células secretoras humanas (por ejemplo, en el pulmón y en el páncreas), los iones con cargas positivas se bombean hacia fuera y los iones de cloruro les siguen pasivamente a través de canales de cloruro. También sale agua de las células hasta el líquido que ha sido secretado.

En la enfermedad genética de la fibrosis quística, los canales de cloruro no funcionan bien y muy pocos iones salen de las células. El líquido secretado por las células se convierte en espeso y viscoso, lo que acarrea problemas de salud.

a) Indica el nombre de los procesos que:

(i) Expulsan iones con cargas positivas de las células secretoras [1]

(ii) Sacan iones de cloruro fuera de las células secretoras [1]

(iii) Expulsan agua de las células secretoras [1]

b) Explica por qué el líquido secretado por las personas que padecen fibrosis quística es espeso y viscoso. [4]

4 Se midió la cantidad de ADN presente en el núcleo de un gran número de células obtenidas de dos cultivos distintos de médula ósea humana (figura 8).

a) Para cada sección (I, II y III) del gráfico de la muestra B, deduce en qué fase del ciclo celular podrían estar las células (es decir, G_1, G_2 o S). [3]

b) Estima la cantidad aproximada de ADN por núcleo que cabría esperar en los siguientes tipos de células humanas:

(i) Células de la médula ósea durante la profase

(ii) Células de la médula ósea durante la telofase [2]

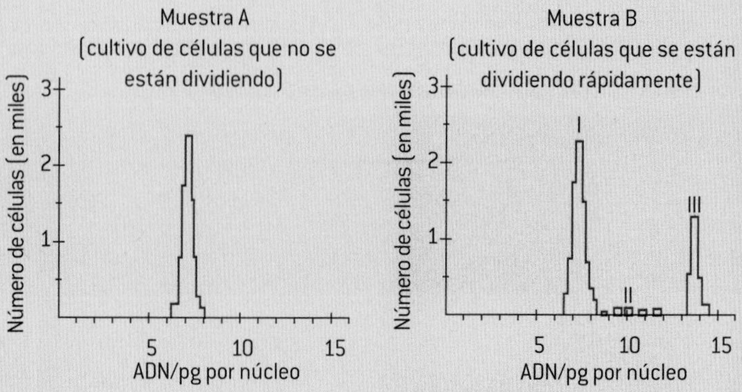

Muestra A
(cultivo de células que no se están dividiendo)

Muestra B
(cultivo de células que se están dividiendo rápidamente)

▲ Figura 8

Introducción

El agua es el medio en el que se da la vida. Los organismos vivos controlan su composición mediante una compleja red de reacciones químicas que tienen lugar dentro de este medio. La fotosíntesis emplea la energía de la luz solar para producir la energía química necesaria para la vida y la respiración celular libera esta energía cuando es necesaria. Se emplean compuestos de carbono, hidrógeno y oxígeno para suministrar energía y almacenarla. Muchas proteínas actúan como enzimas para controlar el metabolismo de la célula y otras tienen una amplia variedad de funciones biológicas. La información genética se almacena en el ADN y se puede copiar de forma precisa y traducir para sintetizar las proteínas necesarias para la célula.

2.1 Moléculas para el metabolismo

Comprensión

→ La biología molecular explica los procesos vivos aludiendo a las sustancias químicas implicadas.

→ Los átomos de carbono pueden formar cuatro enlaces, y permiten así la existencia de toda una serie de compuestos.

→ La vida se basa en los compuestos de carbono, entre ellos glúcidos, lípidos, proteínas y ácidos nucleicos.

→ El metabolismo es el conjunto de todas las reacciones catalizadas por enzimas en una célula o un organismo.

→ El anabolismo es la síntesis de moléculas complejas a partir de moléculas más simples, incluida la formación de macromoléculas a partir de monómeros, por reacciones de condensación.

→ El catabolismo es la descomposición de moléculas complejas en moléculas más simples, incluida la hidrólisis de macromoléculas en monómeros.

Aplicaciones

→ La urea como ejemplo de un compuesto producido por organismos vivos, pero que también puede sintetizarse artificialmente.

Habilidades

→ Dibujo de diagramas moleculares de la glucosa, la ribosa, un ácido graso saturado y un aminoácido común.

→ Identificación de compuestos bioquímicos tales como los glúcidos, los lípidos o las proteínas a partir de diagramas moleculares.

Naturaleza de la ciencia

→ Refutación de teorías: la síntesis artificial de la urea ayudó a refutar el vitalismo.

▲ Figura 1 Un biólogo molecular trabajando en el laboratorio

Biología molecular

La biología molecular explica los procesos vivos aludiendo a las sustancias químicas implicadas.

El descubrimiento de la estructura del ADN en 1953 inició una revolución en biología que ha transformado nuestra comprensión de los organismos vivos. Hizo posible explicar procesos biológicos a partir de la estructura de las moléculas y las interacciones entre ellas. Las estructuras son diversas y las interacciones son muy complejas, por lo que, aunque la biología molecular tiene ya más de cincuenta años, sigue siendo una ciencia relativamente joven.

Hay muchas moléculas importantes en los organismos vivos, incluida una aparentemente tan simple como el agua, pero las moléculas más variadas y complejas son los ácidos nucleicos y las proteínas. Los ácidos nucleicos incluyen el ADN y el ARN. Son los productos químicos utilizados para hacer los genes. Las proteínas son asombrosamente variadas en estructura y realizan una gran variedad de tareas dentro de la célula; incluso controlan las reacciones químicas de la célula cuando actúan como enzimas. La relación entre los genes y las proteínas constituye la esencia de la biología molecular.

El enfoque de la biología molecular es reduccionista, ya que implica considerar los distintos procesos bioquímicos de un organismo vivo y reducirlos a sus partes constituyentes. Este enfoque ha sido inmensamente productivo en biología y nos ha brindado conocimientos sobre los organismos que de lo contrario no tendríamos. Sin embargo, algunos biólogos sostienen que el enfoque reduccionista de la biología molecular no puede explicarlo todo y que, cuando se combinan las partes constituyentes, emergen propiedades que no pueden estudiarse sin mirar el sistema en su conjunto.

🌐 Síntesis de la urea

La urea como ejemplo de un compuesto producido por organismos vivos, pero que también puede sintetizarse artificialmente

La urea es un compuesto que contiene nitrógeno con una estructura molecular relativamente simple (figura 2). Es un componente de la orina y allí es donde fue descubierta por primera vez. La urea se produce cuando hay un exceso de aminoácidos en el cuerpo, como forma de excretar el nitrógeno de los aminoácidos. Es producida en el hígado mediante un ciclo de reacciones catalizadas por enzimas (figura 3) y después se transporta en el torrente sanguíneo a los riñones, donde se filtra y se elimina del cuerpo en la orina.

La urea también puede sintetizarse artificialmente. Las reacciones químicas utilizadas son distintas de las del hígado y no intervienen enzimas, pero la urea resultante es idéntica.

amoníaco + dióxido de carbono → carbamato de amonio → urea + agua

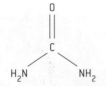

▲ Figura 2 Diagrama molecular de la urea

Cada año se producen unos 100 millones de toneladas de urea. La mayoría se utiliza como fertilizante de nitrógeno en los cultivos.

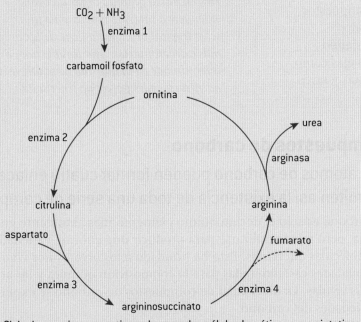

▲ Figura 3 Ciclo de reacciones que tienen lugar en las células hepáticas para sintetizar urea

La urea y la refutación del vitalismo

Refutación de teorías: la síntesis artificial de la urea ayudó a refutar el vitalismo.

La urea fue descubierta en la orina en 1720 y se supuso que era un producto de los riñones. En aquella época, la opinión prevaleciente era que los compuestos orgánicos en las plantas y los animales solo podían producirse con la ayuda de un "principio vital". Esta idea era parte del vitalismo: la teoría de que el origen y los fenómenos de la vida se deben a un principio vital distinto de las fuerzas puramente químicas o físicas. Aristóteles utilizo la palabra *psyche* para describir el principio vital, una palabra griega que significa aliento, vida o alma.

En 1828, el químico alemán Friedrich Wöhler sintetizó artificialmente la urea usando isocianato de plata y cloruro de amonio. Este fue el primer compuesto orgánico sintetizado artificialmente y constituyó un hito muy significativo, porque el principio vital no había intervenido en esta síntesis. Wöhler,

entusiasmado, escribió una carta al químico sueco Jöns Jacob Berzelius en la que decía:

> *Por así decirlo, mis ideas de la química ya no se tienen en pie. Debo decirte que he conseguido hacer urea sin los riñones de un animal, sea hombre o perro.*

Una deducción obvia era que, si había conseguido sintetizar urea sin un principio vital, lo mismo podía hacerse con otros compuestos orgánicos. El logro de Wöhler fue una prueba en contra de la teoría del vitalismo. Ayudó a refutar la teoría, pero no hizo que todos los biólogos abandonasen inmediatamente el vitalismo. Suelen necesitarse varias pruebas en contra de una teoría para que la mayoría de los biólogos acepten que ha sido refutada, y a veces las controversias con respecto a una teoría duran varias décadas.

Aunque hoy en día los biólogos aceptan que los procesos en los organismos vivos se rigen por las mismas fuerzas químicas y físicas que la materia no viva, todavía existen algunos compuestos orgánicos que no han sido sintetizados artificialmente. Por ejemplo, sigue siendo imposible sintetizar proteínas complejas como la hemoglobina sin usar los ribosomas y otros componentes de las células. Cuatro años después de sintetizar la urea, Wöhler escribió a Berzelius:

Hoy en día la química orgánica casi le enloquece a uno. Me parece como una selva tropical primigenia llena de las cosas más extraordinarias; una temible jungla interminable en la que uno no se atreve a adentrarse, pues parece no tener salida.

Actividad

Compuestos de carbono

¿Puedes hallar un ejemplo de una molécula biológica en la que un átomo de carbono forma enlaces con átomos de otros tres elementos o incluso cuatro elementos distintos?

La titina es una proteína gigante que actúa como resorte molecular en el músculo. La columna vertebral de la molécula de titina es una cadena de 100.000 átomos, unidos por enlaces covalentes simples.

¿Puedes encontrar un ejemplo de una molécula de tu cuerpo que tenga una cadena de más de 1.000.000.000 átomos?

Compuestos de carbono

Los átomos de carbono pueden formar cuatro enlaces, y permiten así la existencia de toda una serie de compuestos.

El carbono es solo el decimoquinto elemento más abundante en la Tierra, pero puede utilizarse para producir una enorme variedad de moléculas diferentes. Esto ha brindado a los organismos vivos posibilidades casi ilimitadas para la composición química y las actividades de sus células. La diversidad de compuestos de carbono se explica por las propiedades del carbono.

Los átomos de carbono forman enlaces covalentes con otros átomos. Un enlace covalente se forma cuando dos átomos adyacentes comparten un par de electrones, con un electrón aportado por cada átomo. Los enlaces covalentes son el tipo de enlace más fuerte que puede existir entre los átomos, por eso se puede producir moléculas estables con base de carbono.

Cada átomo de carbono puede formar hasta cuatro enlaces covalentes —más que la mayoría de los otros átomos—, así que las moléculas que contienen carbono pueden tener estructuras muy complejas. Los enlaces pueden ser con otros átomos de carbono para formar estructuras anulares o cadenas de diversas longitudes; por ejemplo, los ácidos grasos contienen cadenas de hasta 20 átomos de carbono. También pueden formarse enlaces con otros elementos, como hidrógeno, oxígeno, nitrógeno o fósforo.

Los átomos de carbono pueden formar enlaces con un solo elemento, como el hidrógeno en la molécula de metano, o con varios elementos, como en el etanol (el alcohol del vino y la cerveza). Los cuatro enlaces pueden ser covalentes simples, o puede haber dos simples y uno covalente doble, como en el grupo carboxilo del ácido acético (el ácido del vinagre).

Clasificación de los compuestos de carbono

La vida se basa en los compuestos de carbono, entre ellos glúcidos, lípidos, proteínas y ácidos nucleicos.

Los organismos vivos emplean cuatro categorías principales de compuestos de carbono que tienen propiedades distintas y, por ello, pueden emplearse con diferentes propósitos.

Los **glúcidos (carbohidratos o hidratos de carbono)** se caracterizan por estar compuestos de carbono, hidrógeno y oxígeno, con una proporción de dos átomos de hidrógeno por uno de oxígeno; de ahí el nombre de carbo*hidrato*.

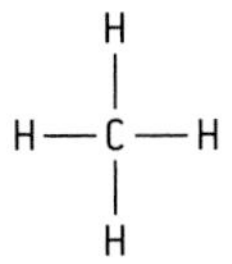

Los **lípidos** son una amplia categoría de moléculas que son insolubles en agua e incluyen esteroides, ceras, ácidos grasos y triglicéridos. En términos simples, los triglicéridos son grasas si son sólidos a temperatura ambiente o aceites si son líquidos a temperatura ambiente.

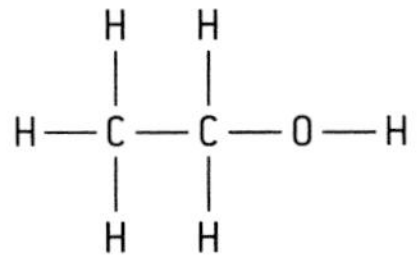

Las **proteínas** están compuestas de una o más cadenas de aminoácidos. Todos los aminoácidos de estas cadenas contienen los elementos carbono, hidrógeno, oxígeno y nitrógeno, aunque dos de los veinte aminoácidos también contienen azufre.

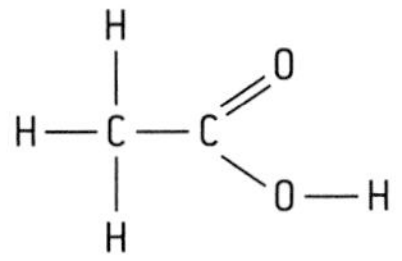

Los **ácidos nucleicos** son cadenas de subunidades llamadas nucleótidos, que contienen carbono, hidrógeno, oxígeno, nitrógeno y fósforo. Existen dos tipos de ácidos nucleicos: el ácido ribonucleico (ARN) y el ácido desoxirribonucleico (ADN).

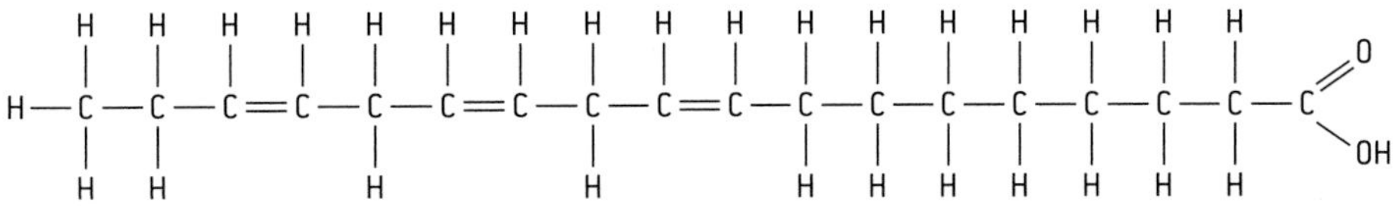

metano

etanol

ácido acético

ácido linolénico: un ácido graso omega-3

▲ Figura 4 Algunos compuestos de carbono comunes que ocurren naturalmente

🜾 Dibujo de moléculas

Dibujo de diagramas moleculares de la glucosa, la ribosa, un ácido graso saturado y un aminoácido común

No es necesario memorizar la estructura de muchas moléculas diferentes, pero un biólogo debe ser capaz de dibujar diagramas de algunas de las moléculas más importantes.

Cada átomo de una molécula se representa mediante el símbolo del elemento. Por ejemplo, un átomo de carbono se representa con C y un átomo de oxígeno con O. Los enlaces covalentes simples se muestran mediante una línea y los enlaces dobles mediante dos líneas.

Algunos grupos químicos se representan con los átomos juntos sin indicar los enlaces. La tabla 1 muestra algunos ejemplos.

Nombre del grupo	Estructura completa	Notación simplificada
hidroxilo	— O — H	–OH
amino	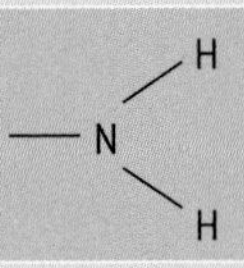 — N (H, H)	–NH$_2$
carboxilo	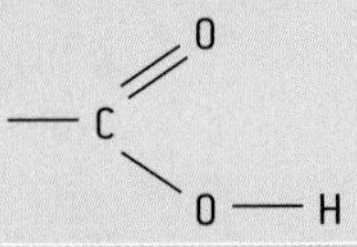 — C (=O, O — H)	–COOH
metilo	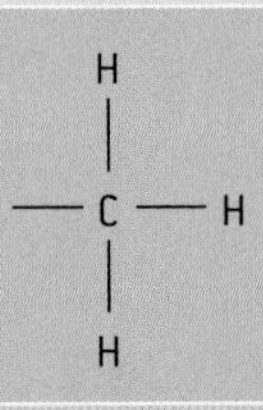 — C — H (H, H)	–CH$_3$

▲ Tabla 1

Ribosa

- La fórmula de la ribosa es $C_5H_{10}O_5$
- La molécula es un anillo de cinco miembros con una cadena lateral.
- Cuatro átomos de carbono están en el anillo y uno forma la cadena lateral.
- Los átomos de carbono se pueden numerar comenzando por el número 1 a la derecha.
- Los grupos hidroxilo (OH) que enlazan con los átomos de carbono 1, 2 y 3 apuntan hacia arriba, hacia abajo y hacia abajo respectivamente.

▲ Ribosa

Glucosa

- La fórmula de la glucosa es $C_6H_{12}O_6$
- La molécula es un anillo de seis miembros con una cadena lateral.
- Cinco átomos de carbono están en el anillo y uno forma la cadena lateral.
- Los átomos de carbono se pueden numerar comenzando por el número 1 a la derecha.
- Los grupos hidroxilo (OH) que enlazan con los átomos de carbono 1, 2, 3 y 4 apuntan hacia abajo, hacia abajo, hacia arriba y hacia abajo respectivamente, aunque en una forma de glucosa que utilizan las plantas para producir celulosa el grupo hidroxilo que enlaza con el átomo de carbono 1 apunta hacia arriba.

▲ Glucosa

Ácidos grasos saturados

- Los átomos de carbono forman una cadena no ramificada.
- En los ácidos grasos saturados, los átomos de carbono están unidos entre sí por enlaces simples.
- El número de átomos de carbono se encuentra generalmente entre 14 y 20.
- En un extremo de la cadena, el átomo de carbono forma parte de un grupo carboxilo.
- En el otro extremo, el átomo de carbono forma enlaces con tres átomos de hidrógeno.
- Todos los demás átomos de carbono tienen enlaces con dos átomos de hidrógeno.

Aminoácidos

- Un átomo de carbono en el centro de la molécula forma enlaces con cuatro cosas diferentes:
  - Un grupo amino, de ahí el término aminoácido
  - Un grupo carboxilo, que hace que la molécula sea un ácido
  - Un átomo de hidrógeno
  - El grupo R, que es la parte variable de los aminoácidos

▲ Diagrama molecular completo de un ácido graso saturado

diagrama molecular completo   diagrama molecular simplificado

▲ Diagramas moleculares de un aminoácido

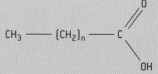

▲ Diagrama molecular simplificado de un ácido graso saturado

Identificación de moléculas

Identificación de compuestos bioquímicos tales como los glúcidos, los lípidos o las proteínas a partir de diagramas moleculares

Las moléculas de glúcidos, lípidos y proteínas son tan diferentes entre sí que generalmente es muy fácil identificarlas.

- Las proteínas contienen C, H, O y N, mientras que los glúcidos y los lípidos contienen C, H y O pero no N.

- Muchas proteínas contienen azufre (S), pero los glúcidos y los lípidos no.

- Los glúcidos contienen átomos de hidrógeno y oxígeno en una proporción de 2:1; por ejemplo, la glucosa es $C_6H_{12}O_6$ y la sacarosa (el azúcar comúnmente utilizado en la cocina) es $C_{12}H_{22}O_{11}$

- Los lípidos contienen relativamente menos oxígeno que los glúcidos; por ejemplo, el ácido oleico (un ácido graso no saturado) es $C_{18}H_{34}O_2$ y el esteroide testosterona es $C_{19}H_{28}O_2$

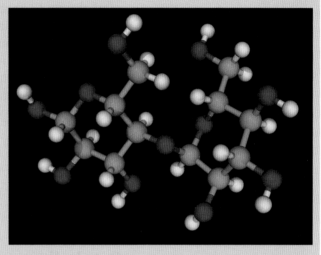

▲ Figura 5 Una molécula biológica frecuente

Metabolismo

El metabolismo es el conjunto de todas las reacciones catalizadas por enzimas en una célula o un organismo.

Todos los organismos vivos llevan a cabo una gran cantidad de reacciones químicas diferentes. Estas reacciones son catalizadas por enzimas. La mayoría de ellas tienen lugar en el citoplasma de las células, pero algunas son extracelulares, como las reacciones utilizadas para digerir los alimentos en el intestino delgado. El metabolismo es la suma de todas las reacciones que se producen en el organismo.

El metabolismo son las vías por las cuales un tipo de molécula se transforma en otra, mediante una serie de pequeños pasos. Estas vías son en su mayoría cadenas de reacciones, pero también hay algunos ciclos. La figura 3 muestra un ejemplo.

Incluso en las células procarióticas relativamente simples, el metabolismo conlleva más de mil reacciones diferentes. Los mapas globales que muestran todas estas reacciones son muy complejos. Pueden consultarse en Internet, por ejemplo, en la Enciclopedia de Genes y Genomas de Kioto (KEGG, por sus siglas en inglés).

Anabolismo

El anabolismo es la síntesis de moléculas complejas a partir de moléculas más simples, incluida la formación de macromoléculas a partir de monómeros, por reacciones de condensación.

El metabolismo a menudo se divide en dos partes: anabolismo y catabolismo. El anabolismo consiste en reacciones que forman moléculas más grandes a partir de moléculas más pequeñas. Este concepto es fácil de recordar si pensamos que los esteroides anabólicos son hormonas que favorecen el aumento de la masa muscular. Las reacciones anabólicas requieren energía, que generalmente se suministra en forma de ATP.

El anabolismo incluye estos procesos:

- Síntesis de proteínas mediante los ribosomas
- Síntesis de ADN durante la replicación
- Fotosíntesis, incluida la producción de glucosa a partir de dióxido de carbono y agua
- Síntesis de glúcidos complejos, como el almidón, la celulosa y el glucógeno

Catabolismo

El catabolismo es la descomposición de moléculas complejas en moléculas más simples, incluida la hidrólisis de macromoléculas en monómeros.

El catabolismo es la parte del metabolismo en la que se descomponen moléculas más grandes en otras más pequeñas. Las reacciones catabólicas liberan energía y, en algunos casos, esta energía es capturada en forma de ATP, que puede utilizarse en la célula. El catabolismo incluye estos procesos:

- La digestión de los alimentos en la boca, el estómago y el intestino delgado
- La respiración celular, en la que la glucosa o los lípidos se oxidan para obtener dióxido de carbono y agua
- La digestión por parte de descomponedores de los compuestos de carbono complejos existentes en la materia orgánica muerta

2.2 Agua

Comprensión

→ Las moléculas de agua son polares y entre ellas se forman puentes de hidrógeno.

→ Los puentes de hidrógeno y la bipolaridad explican las propiedades cohesivas, adhesivas, térmicas y disolventes del agua.

→ Las sustancias pueden ser hidrofílicas o hidrofóbicas.

Naturaleza de la ciencia

→ Uso de teorías para explicar los fenómenos naturales: la teoría de que los puentes de hidrógeno se forman entre moléculas de agua explica las propiedades del agua.

Aplicaciones

→ Comparación de las propiedades térmicas del agua con las propiedades térmicas del metano.

→ Uso de agua como refrigerante al sudar.

→ Modos de transporte de la glucosa, los aminoácidos, el colesterol, las grasas, el oxígeno y el cloruro de sodio en la sangre en relación con su solubilidad en agua.

Puentes de hidrógeno en el agua

Las moléculas de agua son polares y entre ellas se forman puentes de hidrógeno.

Una molécula de agua está formada por enlaces covalentes entre un átomo de oxígeno y dos átomos de hidrógeno. El enlace entre el hidrógeno y el oxígeno implica una distribución desigual de electrones: es un enlace covalente polar. Esto se debe a que el núcleo del átomo de oxígeno atrae más electrones que los núcleos de los átomos de hidrógeno (figura 1).

Debido a la distribución desigual de los electrones en las moléculas de agua, los átomos de hidrógeno tienen una carga positiva parcial y el oxígeno tiene una carga negativa parcial. Como las moléculas de agua son curvas en lugar de lineales, los dos átomos de hidrógeno se encuentran en el mismo lado de la molécula formando un polo y el oxígeno forma el polo opuesto.

Las partículas cargadas positivamente (iones positivos) y las cargadas negativamente (iones negativos) se atraen entre sí y forman un enlace iónico. Las moléculas de agua solo tienen cargas parciales, por lo que la atracción es menor pero aun así suficiente para tener efectos significativos. La atracción entre las moléculas de agua es un "puente de hidrógeno". En sentido estricto, se trata de una fuerza

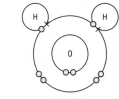

tiende a atraer los electrones ligeramente en esta dirección

pequeña carga positiva δ^+ en cada átomo de hidrógeno

Carga negativa $2\delta^-$ correspondiente en el átomo de oxígeno

▲ Figura 1 Moléculas de agua

73

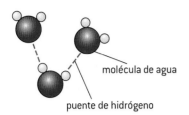

 molécula de agua

puente de hidrógeno

▲ Figura 2 Las líneas discontinuas indican la presencia de una fuerza intermolecular entre las moléculas. Esta fuerza se denomina puente de hidrógeno.

intermolecular en lugar de un puente. Un puente de hidrógeno es la fuerza que se forma cuando un átomo de hidrógeno de una molécula polar es atraído por un átomo ligeramente negativo de otra molécula covalente polar.

Aunque un puente de hidrógeno es una fuerza intermolecular débil, las moléculas de agua son pequeñas, así que hay muchas moléculas por unidad de volumen de agua y grandes cantidades de puentes de hidrógeno (figura 2). En conjunto proporcionan al agua sus propiedades únicas, que son de enorme importancia para los seres vivos.

Los puentes de hidrógeno y las propiedades del agua

Uso de teorías para explicar los fenómenos naturales: la teoría de que los puentes de hidrógeno se forman entre moléculas de agua explica las propiedades del agua.

Hay sólidas pruebas experimentales de la existencia de puentes de hidrógeno, pero la formación de estos puentes entre las moléculas de agua sigue siendo una teoría. Los científicos no pueden probar su existencia más allá de toda duda porque no son directamente observables. Sin embargo, los puentes de hidrógeno son una forma muy útil de explicar las propiedades cohesivas, adhesivas, térmicas y disolventes del agua. Son

estas propiedades las que hacen que el agua sea tan útil para los organismos vivos.

Podría parecer imprudente fundamentar nuestra comprensión del mundo natural en algo que no se ha demostrado que existe. Sin embargo, así es como funciona la ciencia: podemos suponer que una teoría es correcta si hay pruebas de ello, si ayuda a predecir el comportamiento, si no ha sido refutada y si ayuda a explicar los fenómenos naturales.

Propiedades del agua

Los puentes de hidrógeno y la bipolaridad explican las propiedades cohesivas, adhesivas, térmicas y disolventes del agua.

Propiedades cohesivas

La cohesión se refiere a la unión de dos moléculas del mismo tipo; por ejemplo, dos moléculas de agua.

Las moléculas de agua son cohesivas: se unen unas a otras mediante los puentes de hidrógeno que se han descrito en la sección anterior. Esta propiedad es útil para el transporte de agua en las plantas. El agua es aspirada a baja presión a través de los vasos del xilema. Este método solo puede funcionar si las fuerzas de succión no consiguen separar las moléculas de agua. Gracias a los puentes de hidrógeno, esta separación raramente ocurre y el agua puede transportarse hasta la copa de los árboles más altos, a más de cien metros de altura.

Propiedades adhesivas

Entre el agua y otras moléculas polares pueden formarse puentes de hidrógeno que hacen que el agua se adhiera a estas moléculas. Es lo que se llama adhesión. Esta propiedad es útil en las hojas, donde el agua se adhiere a las moléculas de celulosa en las paredes celulares. Si el agua

se evapora de las paredes celulares y sale de la hoja a través de la red de espacios de aire, las fuerzas adhesivas atraen agua del xilema más próximo. Así se mantienen húmedas las paredes para poder absorber el dióxido de carbono necesario para la fotosíntesis.

Propiedades térmicas

El agua tiene varias propiedades térmicas que son útiles para los organismos vivos:

- **Elevado calor específico.** Los puentes del hidrógeno limitan el movimiento de las moléculas de agua y para aumentar la temperatura del agua es necesario romper los puentes de hidrógeno. Para romper los puentes se necesita energía y, en consecuencia, la cantidad de energía necesaria para elevar la temperatura del agua es relativamente grande. Igualmente, el agua debe perder cantidades relativamente grandes de energía para enfriarse. La temperatura del agua permanece relativamente estable en comparación con la temperatura del aire o la tierra, lo que la hace un hábitat térmicamente estable para los organismos acuáticos.

- **Elevado calor latente de vaporización.** Cuando una molécula se evapora, se separa de otras moléculas en un líquido y se convierte en una molécula de vapor. El calor necesario para este proceso se denomina calor latente de vaporización. La evaporación, por tanto, tiene un efecto de enfriamiento. Para evaporar el agua se necesitan cantidades considerables de calor, porque hay que romper los puentes de hidrógeno. Esto hace que el agua sea un buen refrigerante por evaporación. Sudar es un ejemplo del uso del agua como refrigerante.

- **Elevado punto de ebullición.** El punto de ebullición de una sustancia es la temperatura máxima que puede alcanzar en estado líquido. Por las mismas razones que el agua tiene un elevado calor latente de vaporización, su punto de ebullición es alto. El agua es, por tanto, líquida en un amplio rango de temperaturas: de 0°C a 100°C. Este es el rango de temperatura existente en la mayoría de los hábitats en la Tierra.

Propiedades disolventes

El agua tiene importantes propiedades disolventes. Por su carácter polar, las moléculas de agua forman una capa alrededor de las moléculas polares y cargadas y, de esta forma, les impiden aglutinarse y las mantienen en la solución. El agua forma puentes de hidrógeno con las moléculas polares. Su polo parcialmente negativo de oxígeno es atraído por los iones cargados positivamente y su polo parcialmente positivo de hidrógeno es atraído por los iones cargados negativamente, así que ambos disuelven. El citoplasma es una mezcla compleja de sustancias disueltas en la cual se producen las reacciones químicas del metabolismo.

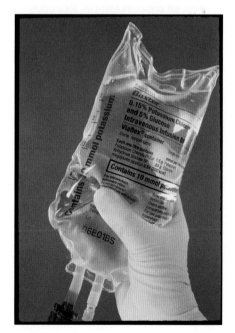

Sustancias hidrofílicas e hidrofóbicas

Las sustancias pueden ser hidrofílicas o hidrofóbicas.

La palabra "hidrofílico" significa literalmente "amante del agua". Se utiliza para describir las sustancias que son atraídas químicamente por el agua. Todas las sustancias que se disuelven en agua son hidrofílicas,

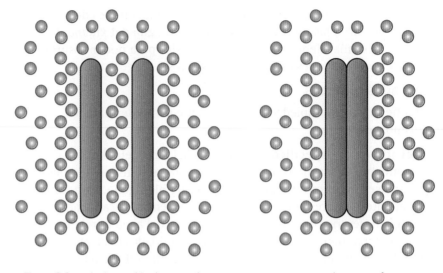

▲ Figura 3 Cuando dos moléculas no polares entran en contacto en el agua, se forman interacciones débiles entre ellas y se crean más puentes de hidrógeno entre las moléculas de agua.

incluidas las moléculas polares como la glucosa y las partículas con cargas positivas o negativas como los iones de sodio y cloruro. Las sustancias a las que el agua se adhiere, como la celulosa, también son hidrofílicas.

Algunas sustancias son insolubles en agua, aunque sí se disuelven en otros disolventes como la propanona (acetona). Se utiliza el término "hidrofóbico" para describirlas, aunque realmente no tienen "aversión" al agua. Las moléculas son hidrofóbicas si no tienen cargas negativas o positivas y son no polares. Todos los lípidos son hidrofóbicos, incluidas las grasas y aceites.

Si una molécula no polar está rodeada de moléculas de agua, se forman puentes de hidrógeno entre las moléculas de agua, pero no entre estas y la molécula no polar. Si dos moléculas no polares están rodeadas de moléculas de agua y se juntan por movimientos aleatorios, se comportan como si se atrajeran mutuamente. Existe una leve atracción entre las moléculas no polares, pero, lo que es más importante, si estas moléculas no polares entran en contacto entre sí se pueden formar más puentes de hidrógeno entre las moléculas de agua. Esto no es porque las moléculas no polares huyan del agua: es simplemente porque las moléculas de agua están más atraídas entre sí que por las moléculas no polares. Como resultado, las moléculas no polares tienden a unirse entre sí en el agua formando grupos cada vez más grandes. Las fuerzas que hacen que las moléculas no polares se agrupen en el agua se conocen como interacciones hidrofóbicas.

 Comparación del agua y el metano

Comparación de las propiedades térmicas del agua con las propiedades térmicas del metano

Ya se han descrito las propiedades del agua. El metano es un producto de desecho de la respiración anaeróbica en ciertos procariotas que viven en hábitats carentes de oxígeno. Los procariotas metanogénicos viven en pantanos y otros humedales y en los intestinos de animales como las termitas, el ganado vacuno y el ovino. También viven en vertederos y se utilizan deliberadamente en digestores anaeróbicos para producir metano. El metano puede usarse como combustible, pero si se escapa a la atmósfera contribuye al efecto invernadero.

El agua y el metano son dos pequeñas moléculas con átomos unidos por enlaces covalentes simples. Sin embargo, las moléculas de agua son polares y pueden formar puentes de hidrógeno, mientras que las moléculas de metano son no polares y no forman puentes de hidrógeno. Por tanto, tienen propiedades físicas muy diferentes.

Los datos de la tabla 1 muestran algunas de las propiedades físicas del metano y del agua. La densidad y el calor específico se refieren al metano y al agua en estado líquido. Los datos muestran que el agua tiene un calor específico más elevado, mayor calor latente de vaporización, mayor punto de fusión y un punto de ebullición más alto. Mientras que el metano es líquido en un rango de solo 22°C, el agua es líquida en un rango de 100°C.

▲ Figura 4 Burbujas de gas metano (producidas por procariotas al descomponer materia orgánica en el fondo de un estanque) que han quedado atrapadas en el hielo al congelarse el estanque

Propiedad	Metano	Agua
Fórmula	CH_4	H_2O
Masa molecular	16	18
Densidad	0,46 g/cm^3	1 g/cm^3
Calor específico	2,2 J/g/°C	4,2 J/g/°C
Calor latente de vaporización	760 J/g	2.257 J/g
Punto de fusión	−182 °C	0 °C
Punto de ebullición	−160 °C	100 °C

▲ Tabla 1 Comparación del metano y el agua

🌐 Enfriamiento del cuerpo con el sudor

Uso de agua como refrigerante al sudar

El sudor es secretado por glándulas en la piel y transportado por conductos estrechos hasta la superficie de la piel, donde se esparce. El calor necesario para evaporar el agua del sudor se toma de los tejidos de la piel, reduciendo así su temperatura. De esta forma, la sangre que fluye a través de la piel se enfría. Esta es una manera eficaz de enfriar el cuerpo porque el agua tiene un elevado calor latente de vaporización. Las sustancias disueltas en el sudor, especialmente iones como el sodio, se quedan en la superficie de la piel y a veces pueden detectarse por su sabor salado.

La secreción de sudor la regula el hipotálamo del cerebro, que tiene receptores que controlan la temperatura de la sangre y también recibe información sensorial de los receptores de temperatura en la piel. Si el cuerpo se sobrecalienta, el hipotálamo estimula las glándulas sudoríparas para secretar hasta dos litros de sudor por hora. Generalmente no se secreta sudor si la temperatura del cuerpo es inferior a la temperatura límite, aunque cuando se segrega adrenalina sudamos incluso si ya estamos fríos. Esto es porque la adrenalina se segrega cuando nuestro cerebro anticipa un período de intensa actividad que tenderá a hacer que el cuerpo se sobrecaliente.

Existen otros métodos de enfriamiento además de la sudoración, aunque muchos de ellos también se basan en la pérdida de calor por evaporación de agua. El jadeo en perros y aves es un ejemplo. La transpiración es la pérdida de agua de las hojas de las plantas por evaporación y tiene un efecto de enfriamiento que es útil en ambientes cálidos.

Transporte en el plasma sanguíneo

Modos de transporte de la glucosa, los aminoácidos, el colesterol, las grasas, el oxígeno y el cloruro de sodio en la sangre en relación con su solubilidad en agua

La sangre transporta una gran variedad de sustancias y emplea diversos métodos para evitar posibles problemas y garantizar el transporte de cada sustancia en cantidad suficiente para las necesidades del cuerpo.

El **cloruro de sodio** es un compuesto iónico soluble en agua que se disuelve para formar los iones de sodio (Na^+) y los iones de cloruro (Cl^-) que son transportados en el plasma sanguíneo.

Los **aminoácidos** tienen cargas positivas y negativas que los hacen solubles en agua, pero su solubilidad varía dependiendo del grupo R; algunos grupos R son hidrofílicos y otros son hidrofóbicos. Todos los aminoácidos son suficientemente solubles como para ser transportados disueltos en el plasma sanguíneo.

La **glucosa** es una molécula polar. Es soluble en agua y se transporta disuelta en el plasma sanguíneo.

El **oxígeno** es una molécula no polar. Por su pequeño tamaño, es soluble en agua pero solo de manera limitada; el agua se satura de oxígeno con concentraciones relativamente bajas. Asimismo, la solubilidad del oxígeno disminuye a medida que aumenta la temperatura del agua, así que el plasma sanguíneo a 37°C puede contener mucho menos oxígeno disuelto que el agua a 20°C o menos. La cantidad de oxígeno que puede transportar el plasma sanguíneo alrededor del cuerpo es demasiado pequeña para la respiración aeróbica de la célula. Este problema se supera gracias a la hemoglobina de los glóbulos rojos: la hemoglobina tiene sitios de unión para el oxígeno y aumenta considerablemente la capacidad de la sangre para transportar oxígeno.

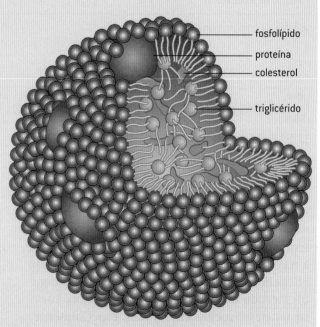

▲ Figura 5 Organización de las moléculas en un complejo de lipoproteínas

fosfolípido
proteína
colesterol
triglicérido

Las **moléculas grasas** son completamente no polares, son más grandes que el oxígeno y son insolubles en agua. Se transportan en la sangre dentro de complejos de lipoproteínas, grupos de moléculas con una sola capa de fosfolípidos en el exterior y grasas en el interior. Las cabezas hidrofílicas de fosfato de los fosfolípidos están orientadas hacia el exterior y en contacto con el agua del plasma sanguíneo. Las colas hidrofóbicas de hidrocarburos están orientadas hacia el interior y en contacto con las grasas. En la monocapa

de fosfolípidos también hay proteínas, de ahí el nombre lipoproteína.

Las moléculas de **colesterol** son hidrofóbicas, excepto por una pequeña región hidrofílica en un extremo que no es suficiente para que el colesterol se disuelva en agua. En su lugar, se transporta con las grasas en los complejos de lipoproteínas. Las moléculas de colesterol se colocan en las monocapas de fosfolípidos, con la región hidrofílica orientada hacia fuera junto a las cabezas de fosfato de los fosfolípidos.

2.3 Glúcidos y lípidos

Comprensión

→ Los monómeros de glúcidos se unen entre sí por reacciones de condensación para formar disacáridos y polímeros de polisacáridos.

→ Los ácidos grasos pueden ser saturados, monoinsaturados o poliinsaturados.

→ Los ácidos grasos insaturados pueden ser isómeros cis o trans.

→ Los triglicéridos se forman por condensación a partir de tres ácidos grasos y una molécula de glicerol.

Aplicaciones

→ Estructura y función de la celulosa y del almidón en las plantas y del glucógeno en los seres humanos.

→ Pruebas científicas de los riesgos para la salud que entrañan las grasas trans y los ácidos grasos saturados.

→ Los lípidos son más aptos que los glúcidos para el almacenamiento de energía a largo plazo en los seres humanos.

→ Evaluación de las pruebas y de los métodos usados para obtener evidencia a favor de las afirmaciones realizadas acerca de los lípidos en relación con la salud.

Naturaleza de la ciencia

→ Evaluación de afirmaciones: deben evaluarse las afirmaciones acerca de la salud realizadas con respecto a los lípidos en las dietas.

🧪 Habilidades

→ Uso de un software de visualización molecular para comparar celulosa, almidón y glucógeno.

→ Determinación del índice de masa corporal mediante el cálculo o el uso de un nomograma.

Glúcidos

Los monómeros de glúcidos se unen entre sí por reacciones de condensación para formar disacáridos y polímeros de polisacáridos.

La glucosa, la fructosa y la ribosa son ejemplos de glúcidos monosacáridos. La estructura de las moléculas de glucosa y fructosa ya se vio en el subtema 2.1. Los monosacáridos se pueden combinar para crear moléculas más grandes.

- Los monosacáridos son unidades individuales de azúcar.

- Los disacáridos consisten en dos monosacáridos unidos entre sí. Por ejemplo, la maltosa se forma al unir dos moléculas de glucosa. La sacarosa se forma uniendo una glucosa y una fructosa.

- Los polisacáridos constan de muchos monosacáridos unidos entre sí. El almidón, el glucógeno y la celulosa son polisacáridos. Todos ellos se forman al unir moléculas de glucosa. Más adelante se describen las diferencias entre ellos.

Cuando los monosacáridos se combinan, lo hacen mediante un proceso llamado condensación (figura 1). Esto implica la pérdida de un –OH de una molécula y un –H de otra molécula, que juntos forman H_2O. Por lo tanto, la condensación consiste en la combinación de subunidades y da como resultado agua.

La unión de monosacáridos para formar disacáridos y polisacáridos es un proceso anabólico que requiere energía. El ATP provee la energía a los monosacáridos, y esta energía se utiliza cuando se produce la reacción de condensación.

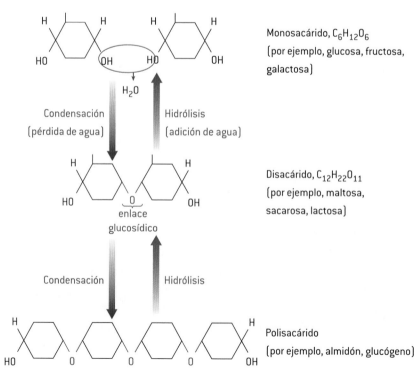

▲ Figura 1 Reacciones de condensación e hidrólisis entre monosacáridos y disacáridos

Imágenes de las moléculas de glúcidos

Uso de un software de visualización molecular para comparar celulosa, almidón y glucógeno

El software de visualización molecular más ampliamente utilizado es JMol, que puede descargarse de forma gratuita. También hay numerosos sitios web que utilizan JMol y son fáciles de usar. En los recursos electrónicos que acompañan a este libro se sugieren sitios web apropiados.

Cuando utilices el software JMol para ver la imagen de una molécula, debes ser capaz de realizar las siguientes operaciones:

- Utilizar la rueda de desplazamiento del ratón (*mouse*) para hacer la imagen más grande o más pequeña

- Mantener pulsado el botón izquierdo del ratón y muévelo para girar la imagen

- Hacer clic en el botón derecho del ratón para mostrar un menú que permite cambiar el estilo del modelo molecular, añadir etiquetas a los átomos, hacer que la molécula gire continuamente o cambiar el color de fondo

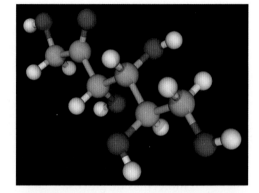

Dedica tiempo a desarrollar tus habilidades de visualización molecular y, después, trata de responder a estas preguntas para comprobar tu nivel de habilidad y aprender más acerca de la estructura de los polisacáridos.

Preguntas

1 Selecciona la glucosa con el formato de bolas y palos sobre un fondo negro.

- ¿Qué colores se utilizan para mostrar los átomos de carbono, hidrógeno y oxígeno? [2]

2 Selecciona la sacarosa con el formato de palos sobre un fondo azul.

- ¿Cuál es la diferencia entre el anillo de glucosa y el anillo de fructosa en la molécula de sacarosa? [1]

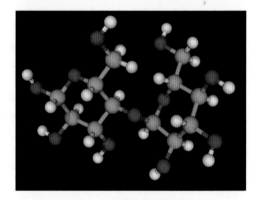

3 Selecciona la amilosa, que es la forma no ramificada del almidón, con el formato de estructura metálica sobre un fondo blanco. Si es posible, selecciona una cadena corta de amilosa y después una más larga.

- ¿Cuál es la forma general de una molécula de amilosa? [1]

- ¿Cuántas moléculas de glucosa en la cadena están unidas a una sola glucosa? [1]

4 Selecciona la amilopectina con el formato y los colores que prefieras. La amilopectina es la forma ramificada del almidón. Haz *zoom* para ver más de cerca una rama: debe haber una molécula de glucosa unida a una tercera glucosa adicional para formar la rama.

- ¿Qué es diferente en este enlace, en comparación con los enlaces entre las moléculas de glucosa en las partes no ramificadas de la molécula? [1]

- ¿Cuántas moléculas de glucosa están unidas a una sola glucosa en la molécula de amilopectina? [1]

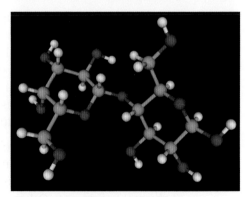

▲ Figura 2 Imágenes de azúcares usando el software de visualización molecular: a) fructosa, b) maltosa y c) lactosa

5 Selecciona el glucógeno. Es similar, pero no idéntico, a la forma amilopectina del almidón.

- ¿Cuál es la diferencia entre el glucógeno y la amilopectina?   [1]

6 Selecciona la celulosa.

- ¿En qué se diferencia su forma de la de los otros polisacáridos?   [1]

7 Mira el átomo de oxígeno que forma parte del anillo en cada molécula de glucosa de la cadena.

- ¿Qué patrón observas en la posición de estos átomos de oxígeno a lo largo de la cadena?   [1]

 Polisacáridos

Estructura y función de la celulosa y del almidón en las plantas y del glucógeno en los seres humanos

El almidón, el glucógeno y la celulosa se forman al unir moléculas de glucosa, pero sus estructuras y funciones son muy diferentes. Esto se debe a las diferencias en el tipo de glucosa utilizada para formarlos y en el tipo de enlace entre las moléculas de glucosa.

La glucosa tiene cinco grupos –OH, cualquiera de los cuales podría utilizarse en las reacciones de condensación, pero en realidad solo tres de ellos se utilizan en enlaces para formar polisacáridos. El enlace más común es entre el grupo –OH del átomo de carbono 1 (en el lado derecho en los diagramas moleculares de la glucosa) y el grupo –OH del átomo de carbono 4 (en el lado izquierdo). El –OH del átomo de carbono 6 (en el lado superior en los diagramas moleculares) se utiliza para formar ramas laterales en algunos polisacáridos.

La glucosa puede tener el grupo –OH del átomo de carbono 1 apuntando hacia arriba o hacia abajo. En la glucosa alfa (α-glucosa) el grupo –OH apunta hacia abajo, mientras que en la glucosa beta (β-glucosa) apunta hacia arriba. Esta pequeña diferencia tiene consecuencias importantes para los polisacáridos hechos de glucosa.

La celulosa se forma al unir moléculas de β-glucosa. Las reacciones de condensación unen el átomo de carbono 1 al átomo de carbono 4 en la siguiente β-glucosa. Los grupos –OH en los átomos de carbono 1 y 4 apuntan en direcciones opuestas: hacia arriba en el carbono 1 y hacia abajo en el carbono 4. Para

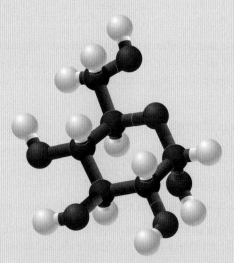

▲ Figura 3 Molécula de glucosa

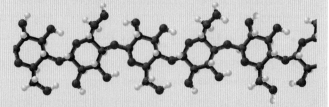

▲ Figura 4 Celulosa

unir estos grupos –OH y hacer que se produzca una reacción de condensación, cada β-glucosa añadida a la cadena tiene que colocarse formando un ángulo de 180° con la molécula anterior. Las subunidades de glucosa de la cadena están orientadas alternativamente hacia arriba y hacia abajo. Como resultado, la molécula de celulosa es una cadena recta en lugar de curva.

Las moléculas de celulosa son cadenas no ramificadas de β-glucosa, lo que les permite formar grupos con otras moléculas de celulosa mediante enlaces de hidrógeno. Estos grupos se denominan microfibrillas de celulosa. Tienen una resistencia muy alta a la tensión y se utilizan como base de las paredes celulares vegetales. La resistencia a la tensión de la celulosa evita que las células vegetales estallen, aun cuando se alcanzan presiones muy altas dentro de la célula debido a la entrada de agua por ósmosis.

El almidón se forma uniendo moléculas de α-glucosa. Como en la celulosa, los enlaces se crean mediante reacciones de condensación entre los grupos –OH del átomo de carbono 1 de una glucosa y el átomo de carbono 4 de la glucosa adyacente. Ambos grupos –OH apuntan hacia abajo, de forma que todas las moléculas de glucosa en el almidón están orientadas de la misma manera. Como resultado, la molécula de almidón es curva en lugar de recta. Hay dos formas de almidón: en la amilosa la cadena de moléculas de α-glucosa no está ramificada y forma una hélice; en la amilopectina la cadena es ramificada, así que tiene una forma más globular.

Solo las células vegetales producen almidón. Las moléculas de ambos tipos de almidón son hidrofílicas, pero son demasiado grandes para disolverse en agua. Por tanto, son útiles cuando se necesita almacenar grandes cantidades de glucosa en las células, pero una solución de glucosa concentrada haría que entrara demasiada agua en la célula por ósmosis. El almidón se utiliza como almacén de glucosa y, por tanto, de energía en semillas y órganos de almacenamiento como las células de la patata. El almidón se crea como una forma de almacenamiento temporal en las células de la hoja cuando la fotosíntesis produce glucosa más rápidamente de lo que puede ser exportada a otras partes de la planta.

El glucógeno es muy similar a la forma ramificada del almidón, pero cuenta con más ramificaciones

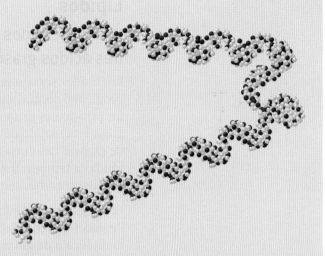

▲ Figura 5 Almidón

que hacen que la molécula sea más compacta. El glucógeno lo producen los animales y también algunos hongos. Se almacena en el hígado y en algunos músculos en los seres humanos. El glucógeno tiene la misma función que el almidón en las plantas: actúa como un almacén de energía en forma de glucosa en las células cuando almacenar grandes cantidades de glucosa disuelta causaría problemas osmóticos. Tanto en el almidón como en el glucógeno es fácil agregar o retirar moléculas de glucosa: se puede hacer en ambos extremos de una molécula no ramificada o en cualquiera de los extremos de una molécula ramificada. Las moléculas de almidón y glucógeno no tienen un tamaño fijo y el número de moléculas de glucosa que contienen puede aumentar o disminuir.

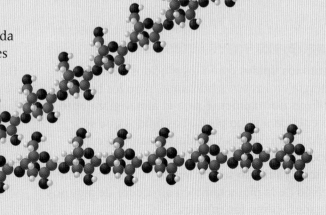

▲ Figura 6 Glucógeno

Lípidos

Los triglicéridos se forman por condensación a partir de tres ácidos grasos y una molécula de glicerol.

Los lípidos son un grupo diverso de compuestos de carbono con la propiedad común de ser insolubles en agua. Los triglicéridos son uno de los principales grupos de lípidos. Algunos ejemplos de triglicéridos son la grasa en el tejido adiposo de los seres humanos y el aceite de las semillas de girasol. Las grasas son líquidas a la temperatura corporal (37°C) y sólidas a temperatura ambiente (20°C), mientras que los aceites son líquidos a ambas temperaturas.

Los triglicéridos se forman a partir de tres ácidos grasos y una molécula de glicerol (véase la figura 7). Cada uno de los ácidos grasos se une a la molécula de glicerol por una reacción de condensación, así que se liberan tres moléculas de agua. Entre cada ácido graso y la molécula de glicerol se forma un enlace éster. Este tipo de enlace se crea cuando un ácido reacciona con el grupo –OH de un alcohol. En este caso, la reacción es entre el grupo –COOH de un ácido graso y un grupo –OH de la molécula de glicerol.

Los triglicéridos se usan como almacenes de energía. Su energía puede ser liberada por la respiración celular aeróbica. Ya que los triglicéridos no son buenos conductores del calor, se utilizan como aislantes (por ejemplo, en la grasa de los mamíferos marinos del Ártico).

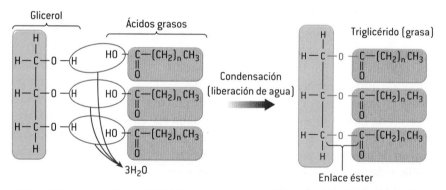

▲ Figura 7 Formación de un triglicérido a partir de una molécula de glicerol y tres ácidos grasos

---

 Almacenamiento de energía

Los lípidos son más aptos que los glúcidos para el almacenamiento de energía a largo plazo en los seres humanos.

Tanto los lípidos como los glúcidos almacenan energía en los seres humanos, pero los lípidos se utilizan normalmente para el almacenamiento de energía a largo plazo. Los lípidos que se utilizan son grasas y se almacenan en grupos especializados de células llamadas tejido adiposo. El tejido adiposo se encuentra inmediatamente debajo de la piel y también alrededor de algunos órganos, como los riñones.

Hay varias razones para utilizar los lípidos en lugar de los glúcidos como almacenamiento de energía a largo plazo:

- La cantidad de energía liberada en la respiración celular por cada gramo de lípidos es el doble de la cantidad liberada por un gramo de glúcidos. Por tanto, la misma cantidad de energía almacenada como lípido en lugar de glúcido aporta la mitad a la masa corporal. De hecho, la ventaja de los lípidos en lo que respecta a la masa corporal es aún mayor porque las grasas en las células forman gotas puras sin agua asociada, mientras que cada gramo de glucógeno se asocia a cerca de dos gramos de agua, lo que significa que los lípidos son en realidad seis veces más eficientes en la cantidad de energía que pueden almacenar por gramo de masa corporal. Esto es importante porque tenemos que cargar con la energía almacenada dondequiera que vayamos, y es aún más importante para los animales que vuelan, como las aves y los murciélagos.

- Los lípidos almacenados tienen algunas funciones secundarias que los glúcidos no podrían realizar de la misma manera. Puesto que los lípidos son malos conductores del calor, se pueden utilizar como aislantes. Esa es la razón de que gran parte de nuestra grasa se almacene en el tejido adiposo subcutáneo junto a la piel. Asimismo, como la grasa es líquida a la temperatura corporal, puede actuar como amortiguador. Esta es la razón de la existencia de tejido adiposo alrededor de los riñones y otros órganos.

El glucógeno es el glúcido que se utiliza para almacenar energía en el hígado y en algunos músculos. Mientras que los lípidos son ideales para el almacenamiento de la energía a largo plazo, el glucógeno se utiliza para el almacenamiento a corto plazo. Esto se debe a que el glucógeno puede descomponerse en glucosa con rapidez y transportarse fácilmente en la sangre a donde sea necesario. Las grasas del tejido adiposo no pueden movilizarse tan rápidamente. La glucosa puede utilizarse tanto en la respiración celular anaeróbica como en la aeróbica, mientras que las grasas y los ácidos grasos solo pueden usarse en la respiración aeróbica. El hígado almacena hasta 150 gramos de glucógeno y algunos músculos almacenan hasta un 2% de su masa como glucógeno.

Preguntas basadas en datos: Pingüinos emperadores

Durante el invierno antártico, las hembras de los pingüinos emperadores viven y se alimentan en el mar mientras que los machos se quedan sobre el hielo para incubar el único huevo puesto por la hembra. Durante todo este tiempo los machos no comen. Después de 16 semanas, los huevos eclosionan y las hembras retornan. Mientras incuban los huevos, los machos forman grupos muy compactos de unos 3.000 pingüinos. Para investigar las razones por las que permanecen en pie en grupos, se seleccionaron 10 machos de una colonia en Pointe Geologie en la Antártida que llevaban ya 4 semanas sin comer. Se les mantuvo durante 14 semanas más sin comida en espacios cercados donde no podían formar grupos. Todas las demás condiciones se mantuvieron iguales que en la colonia de pingüinos libres. La temperatura promedio del aire fue de −16,4°C. Se midió la composición corporal de los pingüinos libres y los pingüinos en cautiverio antes y después del período de 14 semanas del experimento. En la figura 8 se muestran los resultados en kilogramos.

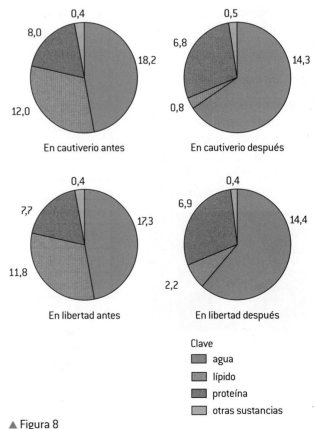

▲ Figura 8

a) Calcula la pérdida total de masa corporal de cada grupo de pingüinos. [2]

    i) En libertad

    ii) En cautiverio

b) Compara los cambios en el contenido de lípidos de los pingüinos en cautiverio y los pingüinos libres de la colonia. [2]

c) Además de ser una fuente de energía, indica otra función de los lípidos que puede ser importante para la supervivencia de los pingüinos. [1]

Actividad

Estimación del porcentaje de grasa corporal

Para calcular el porcentaje de grasa corporal, se mide con unas pinzas el espesor en milímetros de un pliegue cutáneo en estas cuatro partes del cuerpo:

- La parte delantera del antebrazo

- La parte trasera del antebrazo

- Debajo del omoplato

- Un lado de la cintura

Se suman estas medidas y, a continuación, se pueden usar herramientas de análisis disponibles en Internet para estimar el porcentaje de grasa corporal.

▲ Figura 9 Medición de la grasa corporal usando unas pinzas de pliegues cutáneos

🜕 Índice de masa corporal

Determinación del índice de masa corporal mediante el cálculo o el uso de un nomograma

El índice de masa corporal, normalmente abreviado como IMC, fue desarrollado por un estadístico belga, Adolphe Quetelet. Se necesitan dos medidas para calcularlo: la masa de la persona en kilogramos y su altura en metros.

El IMC se calcula utilizando esta fórmula:

$$IMC = \frac{\text{masa en kilogramos}}{(\text{altura en metros})^2}$$

La unidad de medida del IMC es el $kg\ m^{-2}$

El IMC también se puede hallar utilizando un tipo de gráfico llamado nomograma. Una línea recta entre la altura, en la escala de la izquierda, y la masa, en la escala de la derecha, se cruza con el IMC en la escala central. Las preguntas basadas en datos en la página 87 incluyen un nomograma del IMC.

El IMC se utiliza para determinar si la masa corporal de una persona está en un nivel saludable, o es demasiado alta o demasiado baja. La tabla 1 muestra cómo se determina:

IMC	Estado
por debajo de 18,5	bajo peso
18,5–24,9	peso normal
25,0–29,9	sobrepeso
30,0 o más	obesidad

▲ Tabla 1

En algunas partes del mundo no hay suficientes alimentos o estos están distribuidos de forma desigual y, en consecuencia, muchas personas tienen un peso bajo. En otras partes del mundo una causa más probable de peso insuficiente es la anorexia nerviosa, una enfermedad psicológica que conlleva pasar hambre voluntariamente y pérdida de masa corporal.

La obesidad es un problema cada vez mayor en algunos países. La ingesta excesiva de alimentos y el ejercicio insuficiente causan una acumulación de grasa en el tejido adiposo. La cantidad de grasa corporal puede estimarse utilizando unas pinzas de pliegues cutáneos (figura 9). La obesidad aumenta el riesgo de problemas como las enfermedades cardíacas coronarias y la diabetes de tipo II. Asimismo, reduce significativamente la esperanza de vida y aumenta los costos generales de los sistemas de salud en los países con crecientes índices de obesidad.

▲ Medición de la masa corporal. ¿Cuál es el índice de masa corporal de esta persona si su altura es de 1,80 metros?

Preguntas basadas en datos: Nomogramas y el IMC

Contesta a estas preguntas basándote en la figura 11.

1 a) Indica el índice de masa corporal de un hombre que tiene una masa de 75 kg y una altura de 1,45 metros. [1]

b) Deduce el estado de la masa corporal de este hombre. [1]

2 a) Indica la masa corporal de la persona que está pesándose en la báscula en la parte superior de esta página. [1]

b) La persona tiene una altura de 1,8 metros. Deduce su estado de masa corporal. [1]

3 a) Una mujer tiene una altura de 150 cm y un IMC de 40. Calcula la cantidad mínima de masa corporal que debe perder para llegar a un estado de masa corporal normal. Muestra todos tus cálculos. [3]

b) Sugiere dos formas en las que la mujer podría reducir su masa corporal. [2]

4 Resume la relación entre la altura y el IMC para una masa corporal determinada. [1]

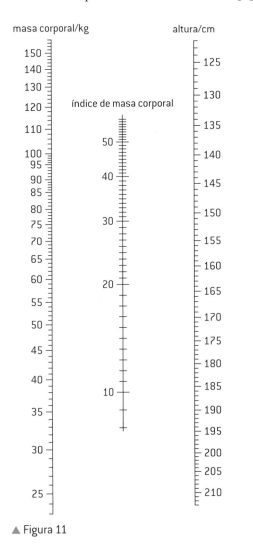

▲ Figura 11

▲ Figura 10 Corredor

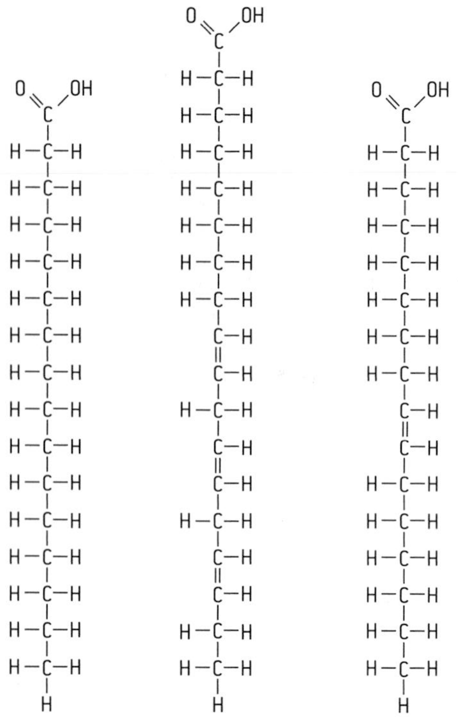

ácido palmítico
• saturado
• no esencial

ácido linolénico
• poliinsaturado
• todos cis
• esencial
• omega 3

ácido palmitoleico
• monoinsaturado
• cis
• no esencial
• omega 7

▲ Figura 12 Ejemplos de ácidos grasos

Ácidos grasos

Los ácidos grasos pueden ser saturados, monoinsaturados o poliinsaturados.

La estructura básica de los ácidos grasos se describió en el subtema 2.1. Se trata de una cadena de átomos de carbono con átomos de hidrógeno ligados a ellos por enlaces covalentes simples. Por lo tanto, es una cadena hidrocarbonada. En un extremo de la cadena está la parte ácido de la molécula, un grupo carboxilo que puede representarse como –COOH.

La longitud de la cadena hidrocarbonada es variable, pero la mayoría de los ácidos grasos utilizados por los organismos vivos tienen entre 14 y 20 átomos de carbono. Otra característica variable son los enlaces entre los átomos de carbono. En algunos ácidos grasos todos los átomos de carbono están ligados por enlaces covalentes simples, mientras que en otros ácidos grasos los átomos de carbono están unidos por enlaces covalentes dobles en una o varias partes de la cadena.

Si un átomo de carbono está unido a carbonos adyacentes en la cadena por enlaces simples, también puede unirse a dos átomos de hidrógeno. Si un átomo de carbono está unido a un carbono adyacente en la cadena por un enlace doble, solo puede unirse a un átomo de hidrógeno. Por lo tanto, un ácido graso con enlaces simples entre todos sus átomos de carbono contiene la mayor cantidad posible de hidrógeno y se llama **ácido graso saturado**. Los ácidos grasos que poseen uno o más enlaces dobles son **insaturados** porque contienen menos de la cantidad posible de hidrógeno. Si hay un solo enlace doble, el ácido graso es **monoinsaturado** y, si hay más de un enlace doble, es **poliinsaturado**.

La figura 12 muestra un ácido graso saturado, uno monoinsaturado y otro poliinsaturado. No es necesario recordar los nombres de ácidos grasos específicos en el curso de Biología del IB.

Ácidos grasos insaturados

Los ácidos grasos insaturados pueden ser isómeros cis o trans.

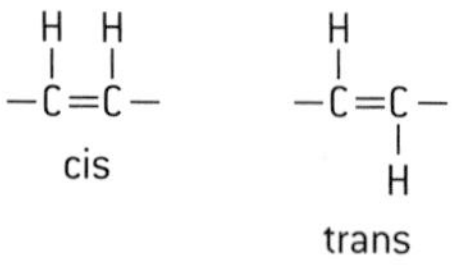

En los ácidos grasos insaturados de los organismos vivos, los átomos de hidrógeno están casi siempre en el mismo lado que los dos átomos de carbono que tienen enlaces dobles: a estos se les denomina ácidos grasos **cis**. La alternativa es que los hidrógenos estén en lados opuestos: a estos se les llama ácidos grasos **trans**. Estas dos conformaciones se muestran en la figura 13.

▲ Figura 13 Enlaces dobles en ácidos grasos

En los ácidos grasos cis, la cadena hidrocarbonada se curva en el enlace doble. Esto hace que los triglicéridos que contienen ácidos grasos insaturados cis se organicen peor juntos en matrices regulares que los ácidos grasos saturados, lo que baja el punto de fusión. Por ello, los triglicéridos con ácidos grasos insaturados cis son generalmente líquidos a temperatura ambiente: son aceites.

En los ácidos grasos trans, la cadena hidrocarbonada no se curva en el enlace doble, por lo que tienen un punto de fusión más alto y son sólidos a temperatura ambiente (figura 14). Los ácidos grasos trans se producen artificialmente mediante la hidrogenación parcial de aceites vegetales o de pescado. Este proceso da lugar a grasas sólidas que se usan en la margarina y algunos otros alimentos procesados.

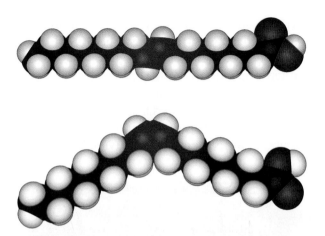

▲ Figura 14 Estereoquímica de los ácidos grasos a) trans y b) cis

 Riesgos de las grasas para la salud

Pruebas científicas de los riesgos para la salud que entrañan las grasas trans y los ácidos grasos saturados

Se han formulado numerosas afirmaciones sobre los efectos que los diferentes tipos de grasas tienen en la salud humana. La principal preocupación son las enfermedades cardíacas coronarias, en las que depósitos grasos bloquean parcialmente las arterias coronarias dando lugar a la formación de coágulos sanguíneos e infartos (figura 15).

En muchos programas de investigación se ha hallado una correlación positiva entre la ingesta de ácidos grasos saturados y los índices de enfermedad cardíaca coronaria. Sin embargo, esta correlación no prueba que las grasas saturadas causen la enfermedad. Podría ser otro factor correlacionado con el consumo de grasas saturadas, como las bajas cantidades de fibra en la dieta, lo que en realidad causa la enfermedad cardíaca coronaria.

Hay poblaciones que no encajan en esta correlación. Por ejemplo, los masáis de Kenia tienen una dieta rica en carne, grasa, sangre y leche y, por tanto, un consumo elevado de grasas saturadas. Sin embargo, la enfermedad cardíaca coronaria es casi desconocida entre los masáis. La figura 16 muestra algunos miembros de otra tribu keniana que también manifiestan esta tendencia.

Las dietas ricas en aceite de oliva, que contiene ácidos grasos monoinsaturados cis, son tradicionales en países de todo el

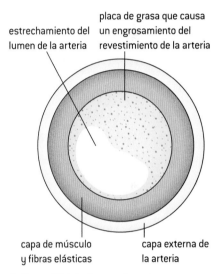

▲ Figura 15 Arteria con placa de grasa

▲ Figura 16 Los triglicéridos del aceite de oliva contienen ácidos grasos monoinsaturados cis.

Mediterráneo (figura 16). Las poblaciones de estos países suelen tener bajos índices de enfermedad cardíaca coronaria y se ha sugerido que esto es debido a la ingesta de ácidos grasos monoinsaturados cis. Sin embargo, los factores genéticos en estas poblaciones u otros aspectos de la dieta, como el uso de tomate en muchos platos, podrían explicar los bajos índices de enfermedad cardíaca coronaria.

También hay una correlación positiva entre los índices de enfermedad cardíaca coronaria y la cantidad de grasas trans consumidas. Se han examinado otros factores de riesgo para ver si explicaban esta correlación, pero con resultados negativos. Lo más probable, por tanto, es que las grasas trans causen enfermedades coronarias. En pacientes que murieron de enfermedad coronaria, se han encontrado depósitos grasos en las arterias enfermas que contienen altas concentraciones de ácidos grasos trans, lo que constituye una prueba más de una relación causal.

▲ Figura 17 Tribu samburu del norte de Kenia. Como los masáis, los samburus tienen una dieta rica en productos animales, pero los índices de enfermedad cardíaca coronaria son extremadamente bajos.

Evaluación de los riesgos de los alimentos para la salud

Evaluación de afirmaciones: deben evaluarse las afirmaciones acerca de la salud realizadas con respecto a los lípidos en las dietas.

Se formulan numerosas afirmaciones sobre los efectos de los alimentos en la salud. En algunos casos, se dice que un alimento es beneficioso para la salud y en otros casos que es dañino. Se ha demostrado que muchas de las afirmaciones son falsas al someterlas a pruebas científicas.

Es relativamente fácil comprobar afirmaciones sobre los efectos de la dieta en la salud utilizando animales de laboratorio. Se puede criar una gran cantidad de animales genéticamente uniformes y después seleccionar grupos de la misma edad, sexo y estado de salud para usarlos en experimentos.

También se pueden controlar otras variables además de la dieta, tales como la temperatura y la cantidad de ejercicio, para que no afecten a los resultados del experimento. Las dietas pueden diseñarse de manera que solo varíe uno de los factores dietéticos; así es posible obtener pruebas contundentes sobre el efecto de este factor en el animal.

Los resultados de los experimentos con animales son a menudo interesantes, pero no nos dicen con certeza cuáles son los efectos de un factor de la dieta en la salud de los seres humanos. Sería muy difícil llevar a cabo experimentos controlados similares a estos con seres humanos. Se podrían seleccionar grupos de sujetos experimentales de la misma edad, sexo y estado de salud, pero a menos que fueran gemelos idénticos serían genéticamente diferentes. También sería casi imposible controlar otras variables como el ejercicio, y pocas personas estarían dispuestas a comer una dieta estrictamente controlada durante un período suficientemente largo.

Por tanto, los investigadores que estudian los riesgos de los alimentos para la salud tienen que utilizar un enfoque diferente. Las pruebas se obtienen mediante estudios epidemiológicos: se selecciona una amplia cohorte de individuos, se mide su ingesta de alimentos y se realiza un seguimiento de su salud durante varios años. Después, pueden usarse métodos estadísticos para determinar si los factores de la dieta están asociados a una mayor incidencia de una determinada enfermedad. El análisis tiene que eliminar los efectos de otros factores que podrían causar la enfermedad.

Pregunta sobre la naturaleza de la ciencia: uso de voluntarios en experimentos

Durante la Segunda Guerra Mundial, se realizaron experimentos en Inglaterra y en los Estados Unidos utilizando como voluntarios a objetores de conciencia al servicio militar. Los voluntarios estaban dispuestos a sacrificar su salud si con ello ayudaban a aumentar los conocimientos médicos. En Inglaterra, 20 voluntarios participaron en un ensayo clínico sobre la vitamina C. Durante seis semanas todos siguieron una dieta que contenía 70 mg de vitamina C. Durante los ocho meses siguientes, tres voluntarios se mantuvieron en la dieta con 70 mg, siete redujeron la dosis a 10 mg y a diez no se les dio vitamina C. Estos últimos diez voluntarios desarrollaron escorbuto. Se les hicieron unos cortes de tres centímetros en los muslos y se cerraron las heridas con cinco puntos de sutura, pero las heridas no cicatrizaron. Además, sangraron de los folículos pilosos y de las encías. Algunos de los voluntarios desarrollaron problemas de corazón más graves. Los grupos que tomaron 10 mg o 70 mg de vitamina C siguieron igual de bien y no desarrollaron escorbuto.

También se han realizado experimentos sobre las necesidades de vitamina C utilizando conejillos de Indias, que irónicamente son muy útiles porque, al igual que los seres humanos, no pueden sintetizar el ácido ascórbico. Durante los períodos de pruebas con diferentes ingestas de vitamina C, se les controlaron las concentraciones en plasma sanguíneo y orina. Finalmente, se sacrificó a los conejillos de Indias y se analizó el colágeno presente en los huesos y en la piel. El colágeno en los conejillos de Indias con una ingesta limitada de vitamina C tenía menos entrecruzamiento entre las fibras de la proteína y, por lo tanto, menor fuerza.

1 ¿Es éticamente aceptable que los médicos o científicos realicen experimentos con voluntarios cuando existe un riesgo de que su salud se vea perjudicada?

2 A veces se paga a las personas para que participen en experimentos médicos, como los ensayos con medicamentos. ¿Es esta práctica más o menos aceptable que el uso de voluntarios no remunerados?

3 ¿Es mejor usar animales para los experimentos, o las objeciones éticas son las mismas que en los experimentos con seres humanos?

4 ¿Es aceptable sacrificar animales como parte de un experimento?

Análisis de datos sobre los riesgos de los lípidos para la salud

Evaluación de las pruebas y de los métodos usados para obtener evidencia a favor de las afirmaciones realizadas acerca de los lípidos en relación con la salud

La evaluación se define en el IB como una valoración de las implicaciones y las limitaciones. Las pruebas con respecto a las afirmaciones acerca de la salud se obtienen mediante la investigación científica. Hay que plantearse dos preguntas sobre esta investigación:

1 Implicaciones: ¿los resultados de la investigación respaldan las afirmaciones acerca de la salud claramente, moderadamente o nada en absoluto?

2 Limitaciones: ¿los métodos de investigación utilizados fueron rigurosos, o hay incertidumbre acerca de las conclusiones debido a puntos débiles en la metodología?

La primera pregunta se contesta analizando los resultados de la investigación, ya sean resultados experimentales o resultados de una encuesta. El análisis es generalmente más fácil si los resultados se presentan mediante un gráfico u otro tipo de representación visual.

- ¿Existe una correlación entre la ingesta del lípido investigado y el índice de la enfermedad o el beneficio para la salud? Esta correlación puede ser positiva o negativa.

- ¿Cómo varían los índices promedio de la enfermedad con distintas ingestas del lípido? Las pequeñas diferencias pueden no ser significativas.

- ¿Cuál es la dispersión de los datos? Esto se aprecia en la separación entre los puntos de datos en un diagrama de dispersión o el tamaño de las barras de error en un gráfico de barras. Cuanto más dispersos sean los datos, menos probable es que las diferencias sean significativas.

- Si se han realizado análisis estadísticos de los datos, ¿muestran diferencias significativas?

La segunda pregunta se contesta evaluando los métodos utilizados. Los puntos siguientes se refieren a las encuestas; para evaluar experimentos controlados tendrían que hacerse preguntas ligeramente diferentes.

- ¿Cuál era el tamaño de la muestra? Generalmente es necesario encuestar a miles de personas para obtener resultados fiables.

- ¿La muestra era equilibrada en lo que respecta al sexo, la edad, el estado de salud y el estilo de vida? Cuanto más equilibrada sea la muestra, menos probable será que otros factores interfieran en los resultados.

- Si la muestra no era equilibrada, ¿se ajustaron los resultados para eliminar los efectos de otros factores?

- ¿Las mediciones del consumo de lípidos y de los índices de enfermedad fueron fiables? A veces los participantes de una encuesta no comunican con precisión su ingesta, y a veces hay enfermedades mal diagnosticadas.

Preguntas basadas en datos: Evaluación de pruebas obtenidas mediante encuestas de salud

Nurses' Health Study es un estudio muy respetado sobre las consecuencias de numerosos factores para la salud. Se inició en los Estados Unidos y Canadá en 1976 con la participación de 121.700 enfermeras que completaron un extenso cuestionario sobre los factores de su estilo de vida y su historia médica. Desde entonces se han realizado cuestionarios de seguimiento cada dos años.

Los métodos utilizados para evaluar la dieta y diagnosticar enfermedades cardíacas coronarias se detallan en un artículo de investigación publicado en el *American Journal of Epidemiology* que está disponible en Internet: OH, K.; HU, F. B.; MANSON, J. E.; STAMPFER, M. J.; WILLETT, W. C. "Dietary Fat Intake and Risk of Coronary Heart Disease in Women: 20 Years of Follow-up of the Nurses' Health Study". *American Journal of Epidemiology*. 2005. N.° 161, p. 672–679. DOI: 10.1093/aje/kwi085.

Para evaluar los efectos de las grasas trans en los índices de enfermedad cardíaca coronaria, se dividió a las participantes de la encuesta en cinco grupos según su consumo de grasas trans: el grupo 1 lo formaba el 20% de las participantes con la ingesta más baja y el grupo 5 estaba constituido por el 20% de las participantes con la ingesta más alta. Se calculó la ingesta promedio de grasas trans de cada grupo como porcentaje de la ingesta de energía alimentaria. Se determinó el riesgo relativo de enfermedad cardíaca coronaria para cada grupo: al grupo 1 se le asignó un riesgo 1. El riesgo se ajustó teniendo en cuenta las diferencias entre los grupos en lo relativo a la edad, índice de masa corporal, tabaquismo, consumo de alcohol, antecedentes familiares de enfermedad cardíaca coronaria, consumo de otros alimentos que influyen en los índices de enfermedad cardíaca coronaria y otros factores. La figura 18 muestra gráficamente el porcentaje de energía proveniente de las grasas trans para cada uno de los cinco grupos y el riesgo relativo ajustado de enfermedad cardíaca coronaria. El efecto de la ingesta de grasas trans en el riesgo relativo de padecer enfermedades cardíacas coronarias es estadísticamente significativo, con un nivel de confianza del 99%.

1 Sugiere razones para usar solamente enfermeras en esta encuesta. [3]

2 Indica la tendencia que se muestra en el gráfico. [1]

3 La edad promedio de las enfermeras en los cinco grupos no era la misma. Explica las razones de

ajustar los resultados para compensar los efectos de las diferencias de edad. [2]

4 Calcula la posibilidad, basada en las pruebas estadísticas, de que las diferencias en el riesgo de enfermedad cardíaca coronaria se deban a factores distintos a la ingesta de grasas trans. [2]

5 Discute las pruebas que presenta el gráfico de que otros factores tenían algún efecto en los índices de enfermedad cardíaca coronaria. [2]

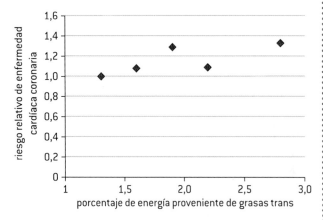

Datos para el gráfico

% de energía proveniente de grasas trans	1,3	1,6	1,9	2,2	2,8
Riesgo relativo de enfermedad cardíaca coronaria	1,0	1,08	1,29	1,19	1,33

▲ Figura 18

Preguntas basadas en datos: Grasas saturadas y enfermedad cardíaca coronaria

Poblaciones ordenadas por % de calorías provenientes de grasas saturadas		E. Finlandia	O. Finlandia	Zutphen	EE. UU.	Eslavonia	Belgrado	Crevalcore	Zrenjanin	Dalmacia	Creta	Montegiorgio	Velika	Roma	Corfú	Ushibuka	Tanushimaru
% de calorías provenientes de grasas saturadas		22	19	19	18	14	12	10	10	9	9	9	9	8	7	3	3
Índice de mortalidad/ 100.000 año^{-1}	Enfermedad cardíaca coronaria	992	351	420	574	214	288	248	152	86	9	150	80	290	144	66	88
	Todas las causas	1727	1318	1175	1088	1477	509	1241	1101	758	543	1080	1078	1027	764	1248	1006

▲ Tabla 2

1 **a)** Dibuja un diagrama de dispersión con los datos de la tabla 2. [5]

    b) Resume la tendencia que muestra el diagrama de dispersión. [2]

2 Compara los resultados de:

    a) Este y oeste de Finlandia [2]

    b) Creta y Montegiorgio [2]

3 Evalúa las pruebas de este estudio de que las grasas saturadas son una causa de enfermedad cardíaca coronaria. [4]

2.4 Proteínas

Comprensión

→ Los aminoácidos se unen entre sí mediante condensación para formar polipéptidos.

→ Hay veinte aminoácidos diferentes en los polipéptidos sintetizados en los ribosomas.

→ Los aminoácidos se pueden unir entre sí en cualquier secuencia, proporcionando una variedad enorme de posibles polipéptidos.

→ La secuencia de aminoácidos de los polipéptidos está codificada por los genes.

→ Una proteína puede consistir en un único polipéptido o en varios polipéptidos unidos entre sí.

→ La secuencia de aminoácidos determina la conformación tridimensional de una proteína.

→ Los organismos vivos sintetizan muchas proteínas diferentes con un amplio rango de funciones.

→ Cada individuo tiene un proteoma único.

Aplicaciones

→ Rubisco, insulina, inmunoglobulinas, rodopsina, colágeno y seda de araña como ejemplos de la variedad de funciones de las proteínas.

→ Desnaturalización de las proteínas por el calor o por desviación del pH del valor óptimo.

Habilidades

→ Dibujo de diagramas moleculares para representar la formación de un enlace peptídico.

Naturaleza de la ciencia

→ Búsqueda de patrones, tendencias y discrepancias: la mayoría de los organismos, aunque no todos, construyen las proteínas a partir de los mismos aminoácidos.

Aminoácidos y polipéptidos

Los aminoácidos se unen entre sí mediante condensación para formar polipéptidos.

Los polipéptidos son cadenas de aminoácidos que se unen mediante reacciones de condensación. Este proceso, que se describe en el subtema 2.7, se llama traducción y tiene lugar en los ribosomas. Los polipéptidos son el principal componente de las proteínas, y en muchas proteínas son el único componente. Algunas proteínas contienen un solo polipéptido y otras contienen dos o más.

En la reacción de condensación participan el grupo amino ($-NH_2$) de un aminoácido y el grupo carboxilo (-COOH) de otro aminoácido. Se elimina agua, como en todas las reacciones de condensación, y se forma un nuevo enlace entre los dos aminoácidos llamado enlace peptídico. Un dipéptido es una molécula que consta de dos aminoácidos unidos por un enlace peptídico. Un polipéptido es una molécula que consta de muchos aminoácidos unidos por enlaces peptídicos.

Los polipéptidos pueden contener cualquier número de aminoácidos, aunque a las cadenas de menos de 20 aminoácidos se las denomina generalmente oligopéptidos en lugar de polipéptidos. La insulina es una proteína pequeña que contiene dos polipéptidos, uno con 21 aminoácidos y otro con 30. El polipéptido más grande descubierto hasta el momento es la titina, que forma parte de la estructura del músculo. En los seres humanos la titina es una cadena de 34.350 aminoácidos; en ratones es aún mayor, con 35.213 aminoácidos.

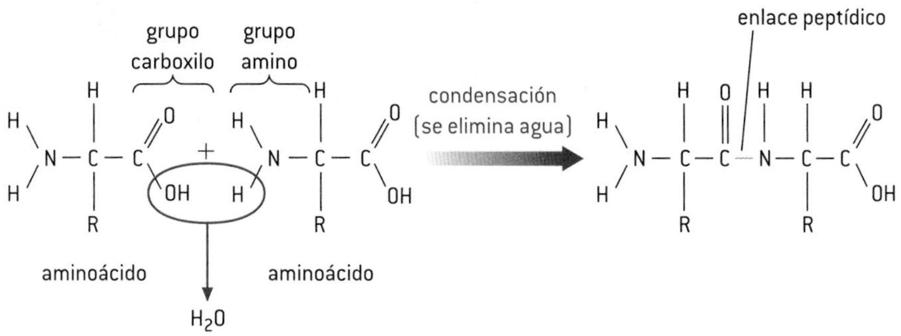

▲ Figura 1 La condensación une a dos aminoácidos con un enlace peptídico

Dibujo de enlaces peptídicos

Dibujo de diagramas moleculares para representar la formación de un enlace peptídico

Para formar un dipéptido, dos aminoácidos se unen mediante una reacción de condensación entre el grupo amino de uno de ellos con el grupo carboxilo del otro (véase la figura 1).

El enlace peptídico es siempre igual, independientemente del grupo R del aminoácido. Para poner a prueba tu capacidad de representar la formación de enlaces peptídicos, intenta mostrar cómo se formaría un enlace peptídico entre dos de los aminoácidos en la figura 2. Se pueden producir hasta dieciséis dipéptidos a partir de estos cuatro aminoácidos.

También puedes probar a dibujar un oligopéptido de cuatro aminoácidos unidos por tres enlaces peptídicos. Si lo haces correctamente, el oligopéptido tendrá estas características:

- Hay una cadena de átomos unidos por enlaces covalentes simples que forman la columna vertebral del oligopéptido, con una secuencia de repetición de -N-C-C-.

- Un átomo de hidrógeno está unido por un enlace simple a cada átomo de nitrógeno en la columna vertebral y un átomo de oxígeno está unido por un enlace doble a uno de los dos átomos de carbono.

- Los grupos amino (-NH$_2$) y carboxilo (-COOH) se utilizan en la formación del enlace peptídico y quedan solamente en los extremos de la cadena. Se les llama terminales amino y carboxilo de la cadena.

- Los grupos R de cada aminoácido están presentes y se proyectan hacia fuera de la columna vertebral.

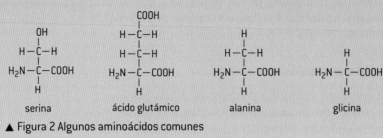

▲ Figura 2 Algunos aminoácidos comunes

La diversidad de los aminoácidos

Hay veinte aminoácidos diferentes en los polipéptidos sintetizados en los ribosomas.

Todos los aminoácidos que se combinan en los ribosomas para formar polipéptidos tienen algunas características estructurales idénticas: un átomo de carbono en el centro de la molécula se une a un grupo amino, a un grupo carboxilo y a un átomo de hidrógeno. El átomo de carbono también se enlaza a un grupo R, que es diferente en cada aminoácido.

Los ribosomas usan veinte aminoácidos diferentes para hacer polipéptidos. Los grupos amino y los grupos carboxilo se consumen en la formación del enlace peptídico, así que los grupos R de los aminoácidos son los que proporcionan a un polipéptido su carácter. El gran repertorio de los grupos R permite a los organismos vivos crear y usar una gama increíblemente amplia de proteínas. Algunas de las diferencias se muestran en la tabla 1. No es necesario aprender estas diferencias específicas, pero es importante recordar que los veinte aminoácidos son químicamente muy diversos debido a las diferencias entre los grupos R.

Algunas proteínas contienen aminoácidos que no están en el repertorio básico de los veinte. En la mayoría de los casos esto es debido a la modificación de uno de los veinte aminoácidos después de haber sido sintetizado un polipéptido. Encontramos un ejemplo de modificación de aminoácidos en el colágeno, una proteína estructural utilizada para proporcionar resistencia a la tracción en los tendones, los ligamentos, la piel y las paredes de los vasos sanguíneos. Los polipéptidos de colágeno sintetizados en los ribosomas contienen prolina en muchas posiciones, pero en algunas de estas posiciones la prolina se convierte en hidroxiprolina, que hace que el colágeno sea más estable.

Actividad

Escorbuto

El ácido ascórbico (vitamina C) es necesario para convertir la prolina en hidroxiprolina, así que la deficiencia de ácido ascórbico da como resultado la producción anormal de colágeno. Basándote en tus conocimientos de la función del colágeno, ¿qué efectos crees que tiene esta deficiencia? Comprueba tus predicciones investigando los síntomas de la deficiencia de ácido ascórbico (escorbuto).

Nueve grupos R son hidrofóbicos y tienen entre cero y nueve átomos de carbono		Once grupos R son hidrofílicos		
		Cuatro grupos R hidrofílicos son polares, pero sin carga	Siete grupos R pueden poseer carga	
Tres grupos R contienen anillos	Seis grupos R no contienen anillos		Cuatro grupos R actúan como un ácido cediendo un protón y cargándose negativamente	Tres grupos R actúan como una base aceptando un protón y cargándose positivamente

▲ Tabla 1 Clasificación de los aminoácidos

Aminoácidos y sus orígenes

Búsqueda de patrones, tendencias y discrepancias: la mayoría de los organismos, aunque no todos, construyen las proteínas a partir de los mismos aminoácidos.

Es notable que la mayoría de los organismos fabriquen sus proteínas usando los mismos 20 aminoácidos. En algunos casos los aminoácidos se modifican después de haber sido sintetizado un polipéptido, pero el proceso inicial por el que se unen los aminoácidos mediante enlaces peptídicos en los ribosomas generalmente implica los mismos 20 aminoácidos.

Podemos descartar la posibilidad de que este proceso responda al azar: debe haber una o más razones para que se produzca. Se han propuesto varias hipótesis:

- Estos 20 aminoácidos se crearon mediante procesos químicos en la Tierra antes del origen de la vida, así que todos los organismos los usaron y han continuado usándolos. Se podrían haber usado otros aminoácidos, de haberlos habido.

- Son los 20 aminoácidos ideales para la creación de una amplia gama de proteínas, así que la selección natural favorecerá siempre a los organismos que usan estos y no otros aminoácidos.

- Todos los organismos vivos han evolucionado a partir de una sola especie ancestral que utilizaba estos 20 aminoácidos. Como los polipéptidos se fabrican en los ribosomas, es difícil para cualquier organismo cambiar el repertorio de aminoácidos, ya sea eliminando algunos de los ya existentes o agregando nuevos.

La biología es una ciencia complicada y con frecuencia se encuentran discrepancias. Se han hallado algunas especies que utilizan uno de los tres codones que normalmente señalan el final de la síntesis de polipéptidos (codones de terminación) para codificar un aminoácido adicional no estándar. Por ejemplo, algunas especies usan UGA como código para la selenocisteína y algunas otras usan UAG como código para la pirrolisina.

Preguntas basadas en datos: Uniformidad de los aminoácidos

1. a) Discute cuál de las tres hipótesis que explican el uso de los mismos 20 aminoácidos por la mayoría de los organismos está respaldada por pruebas. [3]

   b) Sugiere maneras de comprobar una de las hipótesis. [2]

2. Las paredes celulares de las bacterias contienen peptidoglicano, un compuesto de carbono complejo que contiene azúcares y cadenas cortas de aminoácidos. Algunos de estos aminoácidos son diferentes del repertorio habitual de los 20. Además, algunos de ellos son aminoácidos de forma D, mientras que los 20 aminoácidos que componen los polipéptidos son siempre de forma L. Discute si esta es una discrepancia significativa que refuta la teoría de que todos los organismos vivos fabrican polipéptidos usando los mismos 20 aminoácidos. [5]

▲ Figura 3 Cometa Kohoutek. Se encontraron 26 aminoácidos diferentes en un cometa artificial producido por investigadores del Institut d'Astrophysique Spatiale (CNRS/ Francia), lo que sugiere que los aminoácidos utilizados por los primeros organismos vivos en la Tierra pueden haber provenido del espacio.

Actividad

Cálculo de la diversidad de polipéptidos

Número de aminoácidos	Número de posibles secuencias de aminoácidos	
1	20^1	
2	20^2	400
3		8,000
4		
	20^6	64 millones
		10,24 billones

▲ Tabla 2 Calcula los valores que faltan

Diversidad de los polipéptidos

Los aminoácidos se pueden unir entre sí en cualquier secuencia, proporcionando una variedad enorme de posibles polipéptidos.

Los ribosomas van enlazando aminoácidos de uno en uno hasta formar completamente un polipéptido. El ribosoma puede formar enlaces peptídicos entre cualquier par de aminoácidos, así que cualquier secuencia de aminoácidos es posible.

El número de secuencias de aminoácidos posibles puede calcularse empezando por los dipéptidos (tabla 2). Los aminoácidos de un dipéptido pueden ser cualquiera de los 20, así que hay veinte veces veinte secuencias posibles (20^2). Hay $20 \times 20 \times 20$ secuencias de tripéptidos posibles (20^3). Para un polipéptido de n aminoácidos, existen 20^n secuencias posibles.

El número de aminoácidos de un polipéptido puede variar desde 20 hasta decenas de miles. Por ejemplo, si un polipéptido tiene 400 aminoácidos, hay 20^{400} posibles secuencias de aminoácidos. Este es un número alucinante de posibilidades y algunas calculadoras en línea simplemente lo expresan como infinito. Si sumamos todas las secuencias posibles para otros números de aminoácidos, el resultado es efectivamente infinito.

Genes y polipéptidos

La secuencia de aminoácidos de los polipéptidos está codificada por los genes.

El número de secuencias de aminoácidos que se podrían producir es inmenso, pero en realidad los organismos vivos producen solamente una pequeña parte de estos. Aun así, una célula típica produce polipéptidos con miles de secuencias diferentes y almacena la información necesaria para hacerlo. La secuencia de aminoácidos de cada polipéptido se almacena de forma codificada en la secuencia de bases de un gen.

Algunos genes tienen otras funciones, pero la mayoría de los genes de una célula almacenan la secuencia de aminoácidos de un polipéptido. Para ello usan el código genético. Se necesitan tres bases del gen para codificar cada aminoácido del polipéptido. En teoría, un polipéptido de 400 aminoácidos necesitaría un gen con una secuencia de 1.200 bases. En la práctica los genes siempre son más largos, con secuencias de bases adicionales en ambos extremos y a veces también en ciertos puntos en el medio.

La secuencia de bases que realmente codifica un polipéptido se conoce entre los biólogos moleculares como marco abierto de lectura. El hecho de que los marcos abiertos de lectura ocupen solo una pequeña parte de todo el ADN de una especie continúa siendo un enigma.

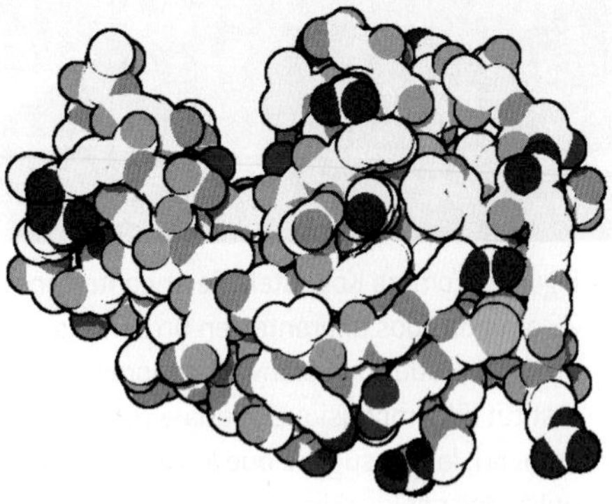

▲ Figura 4 Lisozima con el nitrógeno de los grupos amino en azul, el oxígeno en rojo y el azufre en amarillo. El sitio activo es la hendidura en la parte superior izquierda.

Proteínas y polipéptidos

Una proteína puede consistir en un único polipéptido o en varios polipéptidos unidos entre sí.

Algunas proteínas son polipéptidos simples, mientras que otras están compuestas de dos o más polipéptidos unidos entre sí.

La integrina es una proteína de membrana con dos polipéptidos, cada uno de los cuales tiene una parte hidrofóbica incrustada en la membrana. Los dos polipéptidos son como la hoja y el mango de una navaja en el sentido de que pueden estar pegados uno al otro o pueden desplegarse y separarse cuando la proteína está activa.

El colágeno consta de tres polipéptidos largos enroscados entre sí que forman una molécula similar a una cuerda. Esta estructura tiene una resistencia a la tensión mayor de la que tendrían los tres polipéptidos si estuvieran separados. El enroscamiento permite un cierto estiramiento que reduce las posibilidades de que se rompa la molécula.

La hemoglobina consta de cuatro polipéptidos asociados a estructuras no polipeptídicas. Las cuatro partes de la hemoglobina interactúan para transportar el oxígeno a los tejidos que lo necesitan de forma más eficaz que si estuvieran separadas.

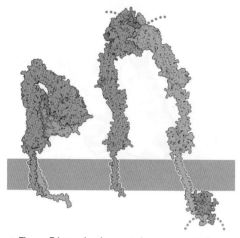

▲ Figura 5 Integrina incrustada en una membrana (gris) que se muestra plegada e inactiva, y abierta con los sitios de unión dentro y fuera de la célula señalados en rojo y morado

Número de polipéptidos	Ejemplo	Descripción
1	lisozima	Enzima en secreciones como la mucosidad nasal y las lágrimas; mata algunas bacterias mediante la digestión del peptidoglicano de sus paredes celulares.
2	integrina	Proteína de membrana utilizada para formar conexiones entre estructuras dentro y fuera de una célula.
3	colágeno	Proteína estructural de los tendones, los ligamentos, la piel y las paredes de los vasos sanguíneos; proporciona una alta resistencia a la tensión, con estiramiento limitado.
4	hemoglobina	Proteína de transporte en los glóbulos rojos; toma oxígeno de los pulmones y lo libera en los tejidos que tienen una concentración de oxígeno reducida.

▲ Tabla 3 Ejemplos de proteínas con diferentes números de polipéptidos

Conformación de las proteínas

La secuencia de aminoácidos determina la conformación tridimensional de una proteína.

La conformación de una proteína es su estructura tridimensional. La conformación está determinada por la secuencia de aminoácidos de la proteína y sus polipéptidos constituyentes. Las proteínas fibrosas como el colágeno son alargadas y generalmente tienen una estructura repetida.

Actividad

Los biólogos moleculares están investigando el número de marcos abiertos de lectura en especies seleccionadas de cada uno de los grupos principales de organismos vivos. Todavía no se sabe con certeza cuántos genes en cada especie codifican un polipéptido que utiliza el organismo, pero podemos comparar las mejores estimaciones actuales:

- *Drosophila melanogaster*, la mosca de la fruta, tiene secuencias de bases para unos 14.000 polipéptidos.

- *Caenorhabditis elegans*, un nematodo con menos de mil células, tiene unos 19.000 polipéptidos.

- *Homo sapiens* tiene secuencias de bases para unos 23.000 polipéptidos diferentes.

- *Arabidopsis thaliana*, una pequeña planta muy utilizada en la investigación, tiene unos 27.000 polipéptidos.

¿Puedes encontrar alguna especie que tenga un número de marcos abiertos de lectura mayor o menor que estos?

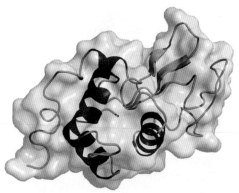

 Figura 6 Lisozima, que muestra cómo puede plegarse un polipéptido para conformar una proteína globular. Se señalan en rojo tres secciones que se enrollan formando una hélice y en amarillo dos secciones que forman una lámina. Otras partes del polipéptido, incluidos sus dos extremos, aparecen en verde.

Muchas proteínas son globulares, con una forma intrincada que a menudo incluye partes helicoidales o laminadas.

Los aminoácidos se unen uno a uno para formar un polipéptido. Siempre siguen la misma secuencia al producir un polipéptido particular. En las proteínas globulares, los polipéptidos se van plegando gradualmente a medida que se van formando hasta desarrollar su conformación final. Esta conformación se estabiliza mediante enlaces entre los grupos R de los aminoácidos que se han aproximado debido al plegamiento.

En las proteínas globulares que son solubles en agua, hay grupos R hidrofílicos en la parte exterior de la molécula y generalmente hay grupos hidrofóbicos en la parte interior. En las proteínas globulares de membrana, hay regiones con grupos R hidrofóbicos en la parte exterior de la molécula que son atraídos hacia el centro hidrofóbico de la membrana.

En las proteínas fibrosas, la secuencia de aminoácidos evita que se doblen y hace que la cadena mantenga una forma alargada.

🌐 Desnaturalización de las proteínas

Desnaturalización de las proteínas por el calor o por pH extremos

La configuración tridimensional de las proteínas está estabilizada por enlaces o interacciones entre los grupos R de los aminoácidos de la molécula. La mayoría de estos enlaces e interacciones son relativamente débiles y pueden romperse o interrumpirse. Esto conlleva un cambio en la conformación de la proteína que se conoce como desnaturalización.

Las proteínas desnaturalizadas normalmente no recuperan su antigua estructura: la desnaturalización es permanente. Las proteínas solubles a menudo se convierten en insolubles y forman un precipitado. Esto se debe a que, por el cambio de conformación, los grupos R hidrofóbicos en el centro de la molécula quedan expuestos al agua de alrededor.

El calor puede causar la desnaturalización porque provoca vibraciones dentro de la molécula que pueden romper enlaces o interacciones intermoleculares. Las proteínas varían en su tolerancia al calor. Algunos microorganismos que viven en aguas de origen volcánico o en agua caliente cerca de los respiraderos geotérmicos tienen proteínas que no se desnaturalizan a temperaturas de 80°C o superiores. El ejemplo más conocido es la ADN polimerasa de *Thermus aquaticus*, un procariota que fue descubierto en aguas termales en el Parque Nacional de Yellowstone. Esta proteína funciona de manera óptima a 80°C y, por ello, es muy utilizada en biotecnología. No obstante, el calor provoca la desnaturalización de la mayoría de las proteínas a temperaturas mucho más bajas.

Los pH extremos, tanto ácidos como alcalinos, también pueden causar la desnaturalización de las proteínas. Esto es así porque cambian las cargas en los grupos R, rompiendo los enlaces iónicos dentro de la proteína o dando lugar a la formación de nuevos enlaces iónicos. Como con el calor, la estructura tridimensional de la proteína se altera y las proteínas que estaban disueltas en agua a menudo se convierten en insolubles. Hay excepciones: los contenidos del estómago son normalmente ácidos, con un pH tan bajo como 1,5, pero este es el pH óptimo para la enzima pepsina que se ocupa de la digestión de proteínas en el estómago.

▲ Figura 7 Cuando se calientan los huevos, las proteínas que estaban disueltas en la yema y en la clara se desnaturalizan y se convierten en insolubles; por eso se solidifican la yema y la clara.

Funciones de las proteínas

Los organismos vivos sintetizan muchas proteínas diferentes con un amplio rango de funciones.

Otros grupos de compuestos de carbono tienen un papel importante en la célula, pero ninguno se puede comparar con la versatilidad de las proteínas. Estas pueden compararse con las abejas obreras que realizan casi todas las tareas en una colmena. Todas las funciones que se enumeran a continuación las llevan a cabo las proteínas.

- **Catálisis:** hay miles de enzimas diferentes que catalizan reacciones químicas específicas dentro o fuera de la célula.

- **Contracción muscular:** juntas, la actina y la miosina causan las contracciones musculares que se utilizan para la locomoción y el transporte alrededor del cuerpo.

- **Citoesqueleto:** la tubulina es la subunidad de microtúbulos que da a las células animales su forma y tira de los cromosomas durante la mitosis.

- **Resistencia a la tensión:** las proteínas fibrosas aportan a la piel, los tendones, los ligamentos y las paredes de los vasos sanguíneos la resistencia a la tensión que necesitan.

- **Coagulación de la sangre:** las proteínas del plasma actúan como factores de coagulación que hacen que la sangre pase de estado líquido a gel en las heridas.

- **Transporte de nutrientes y gases:** las proteínas en la sangre ayudan a transportar oxígeno, dióxido de carbono, hierro y lípidos.

- **Adhesión celular:** las proteínas de membrana hacen que las células animales adyacentes se peguen unas a otras en los tejidos.

- **Transporte de membrana:** las proteínas de membrana se utilizan para la difusión facilitada y el transporte activo, así como para el transporte de electrones durante la respiración celular y la fotosíntesis.

- **Hormonas:** algunas como la insulina, FSH y LH son proteínas, pero las hormonas son químicamente muy diversas.

- **Receptores:** sitios de unión en las membranas y el citoplasma para las hormonas, neurotransmisores, sabores y olores, y también receptores de luz en el ojo y en las plantas.

- **Empaquetamiento del ADN:** las histonas se asocian al ADN en los eucariotas y ayudan a los cromosomas a condensarse durante la mitosis.

- **Inmunidad:** este es el grupo de proteínas más diverso, ya que las células pueden producir un gran número de anticuerpos diferentes.

Las proteínas tienen numerosas aplicaciones biotecnológicas; por ejemplo, se utilizan enzimas para eliminar manchas, anticuerpos monoclonales para pruebas de embarazo o insulina para tratar a los diabéticos. Actualmente, las compañías farmacéuticas producen muchas proteínas diferentes para el tratamiento de enfermedades. Estas

---

Actividad

Experimentos de desnaturalización

Se puede calentar una disolución de albúmina de huevo en un tubo de ensayo al baño María hasta hallar la temperatura a la que se desnaturaliza. Los efectos del pH pueden investigarse añadiendo ácidos y álcalis a tubos de ensayo con la disolución de albúmina de huevo. Para cuantificar el grado de desnaturalización, se puede utilizar un colorímetro, ya que la albúmina desnaturalizada absorbe más luz que la albúmina disuelta.

Actividad

Bótox

El bótox es una neurotoxina obtenida de la bacteria *Clostridium botulinum*.

1 ¿Por qué razones se inyecta en los seres humanos?

2 ¿Cuál es la razón de que *Clostridium botulinum* lo produzca?

3 ¿Por qué razones se inyecta en lugar de tomarse por vía oral?

tienden a ser muy caras porque todavía no es fácil sintetizar proteínas artificialmente. Cada vez más, se utilizan organismos modificados genéticamente como fábricas microscópicas de proteínas.

 ## Ejemplos de proteínas

Rubisco, insulina, inmunoglobulinas, rodopsina, colágeno y seda de araña como ejemplos de la variedad de funciones de las proteínas

En la tabla 4 se describen seis proteínas que ilustran algunas de las funciones de las proteínas.

Rubisco

Este nombre es la abreviatura de ribulosa bifosfato carboxilasa, que podría decirse que es la enzima más importante del mundo. La forma y las propiedades químicas de su sitio activo le permiten catalizar la reacción en la que se fija el dióxido de carbono de la atmósfera, que proporciona el carbono a partir del cual se pueden producir todos los compuestos de carbono que necesitan los organismos vivos. Está presente en altas concentraciones en las hojas, así que es probablemente la proteína más abundante en la Tierra.

Insulina

Esta hormona se produce como señal para que muchas células del cuerpo absorban glucosa y ayuden a reducir la concentración de glucosa de la sangre. Estas células tienen en su membrana un receptor de insulina al que la hormona se une reversiblemente. La forma y las propiedades químicas de la molécula de insulina se corresponden exactamente con el sitio de unión del receptor, así que la insulina se une a él, pero no otras moléculas. La insulina es secretada por las células β del páncreas y es transportada por la sangre.

Inmunoglobulinas

Estas proteínas se conocen también como anticuerpos. Tienen sitios en las puntas de sus dos brazos que se unen a los antígenos de bacterias u otros patógenos. Las otras partes de la inmunoglobulina producen una respuesta, que puede ser actuar como marcador para los fagocitos que acuden a engullir el patógeno. Los sitios de unión son muy variables. El cuerpo puede producir una gran variedad de inmunoglobulinas, cada una con un sitio de unión diferente. Esta variedad constituye la base de la inmunidad a enfermedades específicas.

Rodopsina

La visión depende de pigmentos que absorben la luz. Uno de estos pigmentos es la rodopsina, una proteína de membrana de las células de los bastones de la retina. La rodopsina consiste en una molécula retinal sensible a la luz que no está hecha de aminoácidos y está rodeada de un polipéptido opsina. Cuando la molécula retinal absorbe un fotón de luz, cambia de forma. Esto genera un cambio en la opsina, que lleva a la célula del bastón a enviar un impulso nervioso al cerebro. La rodopsina puede detectar incluso intensidades de luz muy bajas.

Colágeno

Hay una variedad de formas de colágeno, pero todas son proteínas con tres polipéptidos enrollados como una cuerda. Aproximadamente una cuarta parte de todas las proteínas del cuerpo humano son colágeno; es más abundante que cualquier otra proteína. Forma una malla de fibras en la piel y en las paredes de los vasos sanguíneos que resiste los desgarros. Grupos de moléculas de colágeno paralelas confieren inmensa fuerza a los ligamentos y las paredes de los vasos sanguíneos. El colágeno forma parte de la estructura de los dientes y los huesos, ayudando a prevenir fisuras y fracturas.

Seda de araña

Las arañas producen diferentes tipos de seda con diversas funciones. La seda estructural es más fuerte que el acero y más resistente que el material sintético Kevlar®. Se utiliza para hacer los radios de las telarañas y los hilos de los que cuelgan las propias arañas. Nada más producir la seda, esta tiene partes donde el polipéptido forma matrices paralelas. Otras partes parecen una maraña desordenada, pero se extienden gradualmente al estirar la seda, haciéndola extensible y muy resistente a la rotura.

Proteomas

Cada individuo tiene un proteoma único

El proteoma es el conjunto de todas las proteínas producidas por una célula, un tejido o un organismo, de la misma manera que el genoma son todos los genes de una célula, un tejido o un organismo. Para averiguar cuántas proteínas diferentes se están produciendo, se extraen mezclas de proteínas de una muestra y se separan por electroforesis en gel. Para identificar si una determinada proteína está presente, pueden utilizarse anticuerpos contra dicha proteína teñidos con un marcador fluorescente. Si la célula muestra fluorescencia es que la proteína está presente.

Mientras que el genoma de un organismo es fijo, el proteoma es variable porque las distintas células de un organismo producen proteínas diferentes. Incluso en una sola célula las proteínas que se producen varían con el tiempo dependiendo de las actividades de dicha célula. Por lo tanto, el proteoma muestra lo que está sucediendo en el organismo en un momento dado, pero no lo que podría suceder.

Existen fuertes semejanzas en el proteoma de todos los individuos de una misma especie, pero también hay diferencias. El proteoma de cada individuo es único, en parte debido a las diferencias de actividad, pero también por pequeñas diferencias en la secuencia de aminoácidos de las proteínas. Con la posible excepción de los gemelos idénticos, ninguno de nosotros tiene proteínas idénticas, por lo que cada uno tenemos un proteoma único. Incluso el proteoma de los gemelos idénticos puede llegar a ser diferente con la edad.

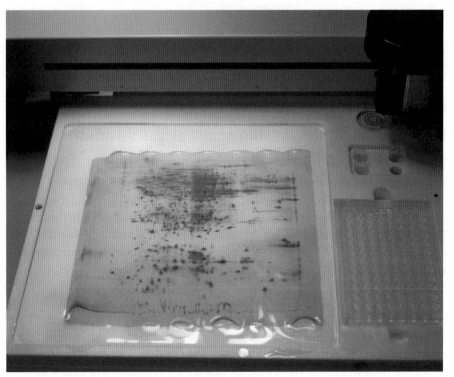

▲ Figura 8 Se han separado las proteínas de un nematodo por electroforesis en gel. Cada punto en el gel es una proteína diferente.

Actividad

Ciencia activa: genomas y proteomas

Podríamos pensar que el proteoma de un organismo es más pequeño que su genoma, ya que algunos genes no codifican polipéptidos. En realidad, el proteoma es mayor. ¿Cómo puede un organismo producir más proteínas que el número de genes que tiene su genoma?

2.5 Enzimas

Comprensión

→ Las enzimas tienen un sitio activo al que se unen sustratos específicos.

→ La catálisis enzimática implica desplazamientos de moléculas y la colisión de los sustratos con el sitio activo.

→ La temperatura, el pH y la concentración de sustrato afectan a la tasa de actividad de las enzimas.

→ Las enzimas se pueden desnaturalizar.

→ Las enzimas inmovilizadas se usan ampliamente en la industria.

Aplicaciones

→ Métodos de producción de leche sin lactosa y sus ventajas.

Naturaleza de la ciencia

→ Diseño experimental: las mediciones cuantitativas realizadas de forma precisa en los experimentos requieren repeticiones para garantizar la fiabilidad.

Habilidades

→ Diseño de experimentos para comprobar el efecto de la temperatura, el pH y la concentración de sustrato sobre la actividad de las enzimas.

→ Investigación experimental de un factor que afecte la actividad enzimática (trabajo práctico 3).

Enzimas y sitios activos

Las enzimas tienen un sitio activo al que se unen sustratos específicos.

Las enzimas son proteínas globulares que actúan como catalizadores: aceleran las reacciones químicas sin sufrir cambios ellas mismas. A menudo se llama a las enzimas catalizadores biológicos porque son producidas por células vivas y aceleran reacciones bioquímicas. Las sustancias que las enzimas convierten en productos mediante estas reacciones se denominan **sustratos**. Una ecuación general para una reacción enzimática es:

$$\text{sustrato} \xrightarrow{\text{(enzima)}} \text{producto}$$

Las enzimas se encuentran en todas las células vivas y también son secretadas por algunas células para realizar funciones en su exterior. Los organismos vivos producen numerosas enzimas diferentes, literalmente miles. Se necesitan muchas enzimas diferentes porque cada una solo cataliza una reacción bioquímica y en las células tienen lugar miles de reacciones, casi todas las cuales deben ser catalizadas. Esta propiedad se denomina **especificidad enzima-sustrato** y constituye una diferencia

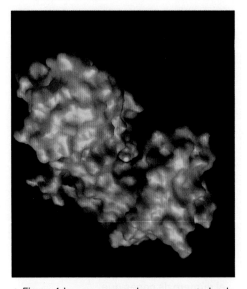

▲ Figura 1 Imagen generada por computador de la enzima hexoquinasa, con una molécula de su sustrato glucosa unida al sitio activo. La enzima une a la glucosa un segundo sustrato, el fosfato, para formar glucosa-fosfato.

importante entre las enzimas y los catalizadores no biológicos, como los metales que se utilizan en los convertidores catalíticos de los vehículos.

Para poder explicar la especificidad enzima-sustrato, debemos analizar primero el mecanismo por el que las enzimas aceleran las reacciones: el sustrato o los sustratos se unen a un área especial en la superficie de la enzima llamada **sitio activo** (véase la figura 1). La forma y las propiedades químicas del sitio activo y el sustrato encajan mutuamente. Esto permite al sustrato unirse al sitio activo, pero no a otras sustancias. Los sustratos se convierten en productos mientras están unidos al sitio activo y estos productos son después liberados, dejando el sitio activo libre para catalizar otra reacción.

Preguntas basadas en datos: Biosíntesis de glucógeno

El Premio Nobel de Medicina fue otorgado en 1947 a Gerty Cori y su marido Carl, que habían aislado dos enzimas que convierten glucosa-fosfato en glucógeno. El glucógeno es un polisacárido compuesto de moléculas de glucosa unidas entre sí mediante dos tipos de enlace denominados 1,4 y 1,6 (figura 2).

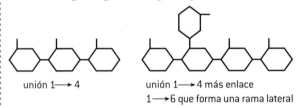

unión 1⟶4

unión 1⟶4 más enlace 1⟶6 que forma una rama lateral

▲ Figura 2 Enlaces en el glucógeno

1   Explica por qué se necesitan dos enzimas diferentes para sintetizar glucógeno a partir de glucosa-fosfato.   [2]

2   La formación de ramas laterales aumenta la tasa a la que las moléculas de glucosa-fosfato pueden unirse a una molécula de glucógeno en crecimiento. Explica la razón.   [2]

3   La curva A se obtuvo usando enzimas tratadas térmicamente. Explica la forma de la curva A.   [2]

4   La curva B se obtuvo usando enzimas que no habían sido tratadas térmicamente.

   a)   Describe la forma de la curva B.   [2]

   b)   Explica la forma de la curva B.   [2]

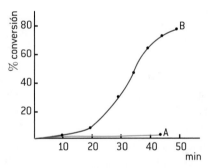

▲ Figura 3 Porcentaje de conversión de glucosa-fosfato a glucógeno por las dos enzimas durante un período de 50 minutos

Actividad enzimática

La catálisis enzimática implica desplazamientos de moléculas y la colisión de los sustratos con el sitio activo.

La actividad enzimática es la catálisis de una reacción por parte de una enzima. Hay tres etapas:

- El sustrato se une al sitio activo de la enzima. Algunas enzimas tienen dos sustratos que se unen a diferentes partes del sitio activo.

- Mientras que los sustratos están unidos al sitio activo se transforman en sustancias químicas diferentes, que son los productos de la reacción.

- Los productos se separan del sitio activo, dejándolo libre para que otros sustratos se puedan unir a él.

¿Por qué el modelo de llave-cerradura no ha sido totalmente reemplazado por el modelo del encaje inducido?

El modelo de llave-cerradura y el modelo del encaje inducido se desarrollaron para ayudar a explicar la actividad enzimática. Los modelos de este tipo son descripciones simplificadas que pueden utilizarse para hacer predicciones. Los científicos comprueban esas predicciones, generalmente mediante la realización de experimentos. Si los resultados concuerdan con las predicciones, entonces se mantiene el modelo; si no concuerdan, el modelo es modificado o reemplazado. El científico alemán Emil Fischer propuso el modelo de llave-cerradura en 1890. Daniel Koshland sugirió el modelo del encaje inducido en 1959 en Estados Unidos. Los cambios de conformación que predecía el modelo de Koshland se observaron posteriormente empleando análisis de rayos X de alta resolución de enzimas y otras técnicas nuevas. Aunque se han acumulado numerosas pruebas experimentales que confirman predicciones basadas en el modelo del encaje inducido, todavía se lo considera solo un modelo de la actividad enzimática.

Actividad

Formulación de una hipótesis

Bacillus licheniformis vive en el suelo y en las plumas en descomposición. ¿Cuál es la razón por la que produce una proteasa que funciona mejor con un pH alcalino? Formula una hipótesis para explicar estas observaciones. ¿Cómo podrías comprobar tu hipótesis?

Una molécula de sustrato solo se puede unir al sitio activo si se encuentra muy cerca de él. La unión de una molécula de sustrato y un sitio activo se conoce como colisión. Este término puede hacernos pensar en un impacto entre dos vehículos a alta velocidad, pero esta sería una imagen engañosa. Tenemos que pensar en el movimiento de las moléculas en líquidos para entender cómo se producen las colisiones entre el sustrato y el sitio activo.

En la mayoría de las reacciones, los sustratos están disueltos en el agua alrededor de la enzima. Como el agua se encuentra en estado líquido, sus moléculas y todas las partículas disueltas en ella están en contacto entre sí y en continuo movimiento. Cada partícula puede moverse por separado. La dirección del movimiento cambia continuamente y es aleatoria, lo que constituye la base de la difusión en los líquidos. Tanto los sustratos como las enzimas con sitios activos pueden moverse, aunque la mayoría de las moléculas de sustrato son más pequeñas que la enzima, por lo que su movimiento es más rápido.

Las colisiones entre las moléculas de sustrato y el sitio activo ocurren debido a los movimientos aleatorios de ambos, sustrato y enzima. El sustrato puede encontrarse en cualquier ángulo con respecto al sitio activo cuando se produce la colisión. Las colisiones productivas son aquellas en las que el sustrato y el sitio activo están correctamente alineados para que la unión pueda producirse.

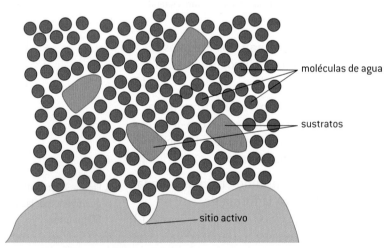

parte de una enzima

▲ Figura 4 Colisiones entre la enzima y el sustrato. Si los movimientos aleatorios acercan cualquiera de las moléculas de sustrato al sitio activo con la orientación adecuada, el sustrato puede unirse al sitio activo.

Factores que afectan a la actividad enzimática

La temperatura, el pH y la concentración de sustrato afectan a la tasa de actividad de las enzimas.

La temperatura afecta a la actividad enzimática de dos maneras.

- En los líquidos, las partículas están continuamente en movimiento aleatorio. Cuando un líquido se calienta, sus partículas reciben más energía cinética. Esto significa que, a temperaturas más altas, las moléculas enzimáticas y de sustrato se mueven más rápidamente y se incrementa la posibilidad de colisión de una molécula de sustrato con el sitio activo de la enzima. Por tanto, aumenta la actividad enzimática.

• Cuando las enzimas se calientan, sus enlaces vibran más y aumentan las posibilidades de que se rompan. Cuando se rompen los enlaces de la enzima, cambia la estructura de esta, incluido el sitio activo. Este cambio es permanente y se denomina desnaturalización. Cuando una molécula enzimática se desnaturaliza, ya no es capaz de catalizar reacciones. Cuantas más moléculas enzimáticas se desnaturalizan en una solución, más disminuye la actividad enzimática. Con el tiempo se interrumpe toda la actividad, una vez que la enzima ha sido completamente desnaturalizada. Por tanto, los aumentos de temperatura producen a la vez un incremento y una disminución de la actividad enzimática. La figura 5 muestra los efectos de la temperatura en una enzima típica.

Las enzimas son sensibles al pH.

La escala de pH se utiliza para medir la acidez o alcalinidad de una solución. Cuanto más bajo es el pH, más ácida o menos alcalina es la solución. La acidez es debida a la presencia de iones de hidrógeno: cuanto más bajo es el pH, más alta es la concentración de iones de hidrógeno. La escala de pH es logarítmica. Esto significa que reducir el pH en una unidad hace que la solución sea diez veces más ácida. Las soluciones con pH 7 son neutras. Una solución con pH 6 es ligeramente ácida; con pH 5 es diez veces más ácida que con pH 6, con pH 4 es cien veces más ácida que con pH 6, y así sucesivamente.

La mayoría de las enzimas tienen un pH óptimo en el cual su actividad es máxima. Si se produce un aumento o disminución con respecto al pH óptimo, la actividad enzimática se reduce y finalmente se interrumpe por completo. Cuando la concentración de iones de hidrógeno es mayor o menor que el nivel en el cual la enzima actúa naturalmente, se altera la estructura de la enzima, incluido su sitio activo. Si se supera un cierto pH, la estructura de la enzima cambia irreversiblemente. Este es otro ejemplo de desnaturalización.

No todas las enzimas tienen el mismo pH óptimo. De hecho, hay grandes variaciones que reflejan la amplia gama de pH ambientales en los que funcionan las enzimas. Por ejemplo, la proteasa segregada por *Bacillus licheniformis* tiene un pH óptimo entre 9 y 10. Esta bacteria se cultiva con el fin de obtener dicha proteasa resistente a la alcalinidad, para usarla en detergentes biológicos que son alcalinos. La figura 6 muestra el rango de pH de algunos de los ambientes donde actúan las enzimas. La figura 7 muestra los efectos del pH en una enzima que está adaptada a un pH neutro.

La concentración de sustrato afecta a la actividad enzimática.

Las enzimas no pueden catalizar reacciones hasta que el sustrato se une al sitio activo. Esta unión se produce gracias a los movimientos aleatorios de las moléculas en líquidos, que resultan en colisiones entre los sustratos y los sitios activos. Si se aumenta la concentración de sustrato, las colisiones entre sustrato y sitio activo tienen lugar con mayor frecuencia y aumenta la tasa a la que la enzima cataliza su reacción.

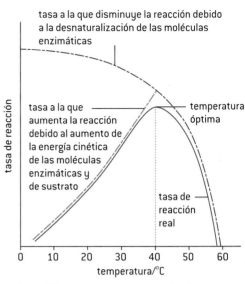

▲ Figura 5 La temperatura y la actividad enzimática

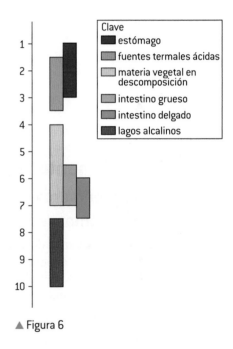

▲ Figura 6

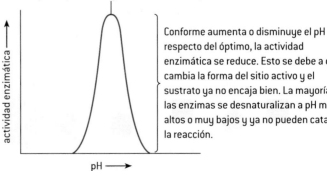

▲ Figura 7 El pH y la actividad enzimática

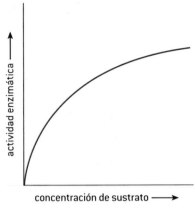

▲ Figura 8 Efecto de la concentración de sustrato en la actividad enzimática

Sin embargo, hay que considerar otra tendencia. Cuando un sustrato se une a un sitio activo, este sitio activo queda ocupado e inutilizable para otras moléculas de sustrato hasta que los productos se hayan formado y desprendido del sitio activo. A medida que aumenta la concentración de sustrato, cada vez hay más sitios activos ocupados. Por tanto, una proporción cada vez mayor de colisiones entre sustratos y sitios activos resultan bloqueadas. Por esta razón, la tasa a la que las enzimas catalizan las reacciones aumenta cada vez menos a medida que se incrementa la concentración de sustrato.

Si trazamos un gráfico de la relación entre la concentración de sustrato y la actividad enzimática, observamos una curva característica (figura 8) que aumenta cada vez menos y nunca llega a alcanzar un máximo.

Desnaturalización

Las enzimas se pueden desnaturalizar.

Las enzimas son proteínas y, como otras proteínas, su estructura puede modificarse irreversiblemente como resultado de ciertas condiciones. Este proceso de desnaturalización puede ser causado tanto por altas temperaturas como por un pH alto o bajo.

Cuando una enzima se desnaturaliza, el sitio activo cambia de manera que el sustrato ya no se puede unir a él o, si se une, la reacción que la enzima normalmente catalizaba ya no se produce. En muchos casos, la desnaturalización hace que las enzimas que estaban disueltas en agua se insolubilicen y formen un precipitado.

Experimentos cuantitativos

Diseño experimental: las mediciones cuantitativas realizadas de forma precisa en los experimentos requieren repeticiones para garantizar la fiabilidad.

Nuestros conocimientos de la actividad enzimática se basan en pruebas experimentales. Para obtener pruebas sólidas, estos experimentos deben diseñarse cuidadosamente y seguir algunos principios básicos:

- Los resultados del experimento deben ser cuantitativos, no solo descriptivos.

- Las mediciones deben ser precisas, lo que en el ámbito científico significa próximas al valor verdadero.

- El experimento debe repetirse para poder comparar los resultados con el fin de evaluar su fiabilidad.

Preguntas basadas en datos: Digestión de cubos de gelatina

La figura 9 muestra qué materiales pueden utilizarse para investigar la digestión de proteínas.

▲ Figura 9 Tubo utilizado para investigar la tasa de digestión de la gelatina

Si los cubos están hechos de gelatina sin azúcar, el colorante que contienen será liberado gradualmente a medida que la proteasa va digiriendo la proteína. Las siguientes preguntas presuponen que se ha utilizado gelatina de fresa con colorante rojo.

1 Explica si estos métodos para evaluar la tasa de digestión de proteínas son aceptables:

   a) Describir si la solución alrededor de los cubos es incolora o presenta un tono rosa o rojo.

b) Tomar una muestra de la solución y medir su absorbancia en un colorímetro.

c) Hallar la masa de los cubos usando una balanza electrónica.   [3]

2 Si se elige el método (c), discute si sería mejor hallar la masa de todos los cubos de gelatina juntos, o la masa de cada uno por separado.   [2]

3 Si los cubos de gelatina tienen una masa de 0,5 gramos, indica si es suficientemente preciso medir su masa hasta:

a) El gramo más cercano (g)

b) El miligramo más cercano (mg)

c) El microgramo más cercano (µg).   [3]

4 Para obtener medidas precisas de la masa de los cubos de gelatina, es necesario sacarlos del tubo y secar su superficie para garantizar que no haya gotas de solución adheridas. Explica la razón de secar la superficie de los cubos.   [2]

La tabla 1 muestra los resultados que se obtuvieron utilizando cubos de gelatina sin azúcar y una proteasa llamada papaína, extraída de la pulpa de piñas frescas.

5 Discute si los resultados de la tabla 1 son fiables.   [2]

6 La mayoría de los resultados se obtuvieron utilizando la proteasa de una piña, pero cuando esta se agotó se obtuvo proteasa de una segunda piña para usarla en el experimento.

a) Deduce qué resultados se obtuvieron usando la proteasa de la segunda piña.   [1]

b) Sugiere cómo el uso de una segunda piña puede haber afectado a los resultados.   [2]

7 Dibuja un gráfico con los resultados de la tabla.   [5]

8 Describe la relación entre el pH y la actividad de la papaína.   [3]

9 Discute las conclusiones que se pueden extraer de estos datos acerca del pH óptimo exacto de la papaína.   [2]

pH	Pérdida de masa (mg)		
2	80	87	77
3	122	127	131
4	163	166	164
5	171	182	177
6	215	210	213
7	167	163	84
8	157	157	77
9	142	146	73

▲ Tabla 1

🧪 Diseño de experimentos enzimáticos

Diseño de experimentos para comprobar el efecto de la temperatura, el pH y la concentración de sustrato sobre la actividad de las enzimas

1 El factor que vas a investigar es la **variable independiente**. Tienes que decidir:

- Cómo vas a variar este factor (por ejemplo, en el caso de la concentración del sustrato, primero obtendrías una solución con la concentración más alta y después la irías diluyendo para obtener concentraciones más bajas)

- Qué unidades debes utilizar para medir la variable independiente (por ejemplo, la temperatura se mide en °C)

- Qué rango necesitas para la variable independiente, incluyendo los niveles más altos y más bajos y el número de niveles intermedios

2 La variable que se mide para averiguar la rapidez con que la enzima cataliza la reacción es la **variable dependiente**. Tienes que decidir:

- Cómo la vas a medir, indicando el dispositivo de medida (por ejemplo, podrías utilizar un cronómetro electrónico para medir el tiempo que tarda en producirse un cambio de color)

- Qué unidades deben usarse para medir la variable dependiente (por ejemplo, se usarían segundos, en lugar de minutos u horas, para medir cambios de color rápidos)

- Cuántas repeticiones necesitas para obtener resultados suficientemente fiables

3 Otros factores que podrían afectar a la variable dependiente son las **variables de control**. Tienes que decidir:

- Cuáles son todas las variables de control

- Cómo se puede mantener constante cada una de ellas

- A qué nivel se deben mantener (por ejemplo, debe mantenerse la temperatura óptima para la enzima si se está investigando el pH, mientras que los factores que podrían inhibir las enzimas deben mantenerse al mínimo)

⚗ Experimentos enzimáticos

Investigación experimental de un factor que afecte a la actividad enzimática (trabajo práctico 3).

Hay muchos experimentos que vale la pena hacer con enzimas. El método que se explica a continuación puede utilizarse para investigar el efecto de la concentración de sustrato sobre la actividad de la catalasa.

La catalasa es una de las enzimas más comunes. Cataliza la conversión de peróxido de hidrógeno —un subproducto tóxico del metabolismo— en agua y oxígeno. El material que se muestra en la figura 10 puede utilizarse para investigar la actividad de la catalasa en la levadura.

El experimento podría repetirse utilizando la misma concentración de levadura y concentraciones diferentes de peróxido de hidrógeno. Otra investigación posible sería evaluar las concentraciones de catalasa en otros tipos de células, como en el hígado, en el riñón o en semillas que están germinando. Estos tejidos tendrían que ser macerados y luego mezclados con agua con la misma concentración que la levadura.

1 Describe cómo se podría medir la actividad de la enzima catalasa usando el aparato que se muestra en la figura 10. [2]

2 Explica por qué es necesario agitar siempre muy bien una suspensión de levadura antes de tomar una muestra para usarla en un experimento. [2]

3 Indica dos factores, aparte de la concentración enzimática, que deben mantenerse constantes si se está investigando el efecto de la concentración del sustrato. [2]

4 Predice si la actividad enzimática cambiará más si se aumenta la concentración del sustrato

0,2 mol dm⁻³ o si se disminuye la misma cantidad. [2]

5 Explica por qué deben macerarse los tejidos como el hígado antes de investigar la actividad de la catalasa en ellos. [2]

Al hacer este experimento, se deben usar gafas protectoras y tener cuidado para que el peróxido de hidrógeno no entre en contacto con la piel.

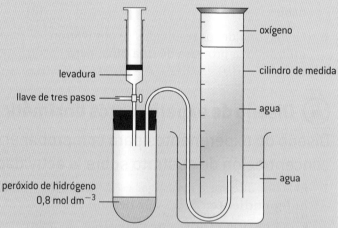

— oxígeno

— cilindro de medida

levadura —

llave de tres pasos —

— agua

— agua

peróxido de hidrógeno 0,8 mol dm⁻³ —

▲ Figura 10 Material para medir la actividad de la catalasa

▲ Figura 11 Experimento con enzimas

Preguntas basadas en datos: Diseño de un experimento para comprobar el efecto de la temperatura sobre la lipasa

La lipasa convierte las grasas en ácidos grasos y glicerol y, por tanto, provoca una disminución del pH. Este cambio de pH puede utilizarse para medir la actividad de la lipasa. La figura 12 muestra el material adecuado.

los contenidos de los tubos se mezclan cuando ambos han alcanzado la temperatura adecuada

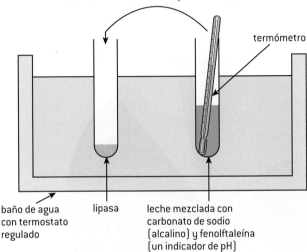

termómetro

baño de agua con termostato regulado

lipasa

leche mezclada con carbonato de sodio (alcalino) y fenolftaleína (un indicador de pH)

▲ Figura 12 Material para investigar la actividad de la lipasa

La fenolftaleína es de color rosa en condiciones alcalinas, pero se vuelve incolora cuando el pH baja hasta 7. El tiempo que tarda en producirse este cambio de color puede utilizarse para medir la actividad de la lipasa a diferentes temperaturas. Otra alternativa es hacer un seguimiento de los cambios en el pH usando sensores de pH y un software de registro de datos.

1 a) Indica cuál es la variable independiente en este experimento y cómo la podrías variar. [2]

 b) Indica las unidades de medida de la variable independiente. [1]

 c) Indica un rango apropiado para la variable independiente. [2]

2 a) Explica cómo medirías la variable dependiente con precisión. [2]

 b) Indica las unidades de medida de la variable dependiente. [1]

 c) Explica la necesidad de repetir este experimento al menos tres veces para cada temperatura. [2]

3 a) Enumera los factores de control que se deben mantener constantes en este experimento. [3]

 b) Explica cómo se pueden mantener constantes estos factores de control. [2]

 c) Sugiere un nivel adecuado para cada factor de control. [3]

4 Sugiere las razones para:

 a) Usar leche como fuente de lípidos en este experimento, en lugar de aceite vegetal [1]

 b) Colocar el termómetro en el tubo que contiene el mayor volumen de líquido, en lugar del tubo con menor volumen [1]

 c) Añadir el sustrato a la enzima, en lugar de la enzima al sustrato [1]

5 Dibuja la forma del gráfico que esperarías obtener en este experimento, con un rango de temperatura de 0°C a 80°C en el eje x y el tiempo que tarda en cambiar de color el indicador en el eje y. [2]

6 Explica cuál de las siguientes lipasas se esperaría que tuviera la temperatura óptima más alta: lipasa del páncreas humano o lipasa de semillas de aceite de ricino que están germinando. [2]

Enzimas inmovilizadas

Las enzimas inmovilizadas se usan ampliamente en la industria.

En 1897, los hermanos Hans y Eduard Buchner demostraron que un extracto de levadura, que no contenía células de levadura, era capaz de convertir la sacarosa en alcohol. Este descubrimiento abrió la puerta a la utilización de enzimas para catalizar procesos químicos fuera de las células vivas.

¿Cuál es la diferencia entre el dogma y la teoría?

El descubrimiento en el siglo XIX de la transformación de azúcar en alcohol por levaduras dio lugar a una disputa entre dos científicos, Justus von Liebig y Louis Pasteur. En 1860, Pasteur arguyó que este proceso llamado fermentación no podía ocurrir a menos que hubiera presentes células de levadura vivas. Liebig afirmó que el proceso era químico y no necesitaba células vivas. La opinión de Pasteur reflejaba el dogma vitalista, según el cual solo se podían crear sustancias en animales y plantas bajo la influencia de un "espíritu vital" o "fuerza vital". Estos puntos de vista contrapuestos estaban influidos tanto por factores políticos y religiosos como por pruebas científicas. El conflicto solo se resolvió cuando ambos ya habían muerto. En 1897, los hermanos Hans y Eduard Buchner demostraron que un extracto de levadura, que no contenía células de levadura, era efectivamente capaz de convertir sacarosa en alcohol. El dogma vitalista fue derrocado y se abrió la puerta a la utilización de enzimas para catalizar procesos químicos fuera de las células vivas.

Louis Pasteur había afirmado que la transformación de azúcar en alcohol mediante fermentación solo podía ocurrir si había presentes células vivas. Esta afirmación formaba parte de la teoría del vitalismo, que sostenía que solo se podían crear sustancias en animales y plantas bajo la influencia de un "espíritu vital" o "fuerza vital". La síntesis artificial de la urea, que se describió en el subtema 2.1, había aportado pruebas en contra del vitalismo, pero la investigación de los hermanos Buchner proporcionó una refutación más clara de esta teoría.

Hoy en día más de 500 enzimas tienen usos comerciales. La figura 13 muestra una clasificación de estas enzimas. Algunas se utilizan en más de un tipo de industria.

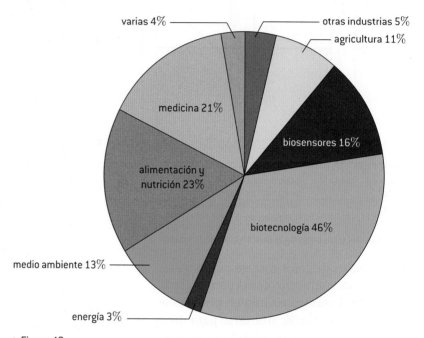

varias 4% — otras industrias 5% — agricultura 11% — medicina 21% — biosensores 16% — alimentación y nutrición 23% — biotecnología 46% — medio ambiente 13% — energía 3%

▲ Figura 13

Las enzimas utilizadas en la industria generalmente están inmovilizadas. Esto significa que las enzimas están unidas a otro material o forman agregados para restringir su movimiento. Puede hacerse de muchas maneras: acoplando las enzimas a una superficie de vidrio, atrapándolas en un gel de alginato o uniéndolas entre sí para formar agregados enzimáticos de hasta 0,1 mm de diámetro.

La inmovilización de las enzimas tiene varias ventajas:

- La enzima se puede separar fácilmente de los productos de la reacción, deteniendo la reacción en el momento ideal y evitando la contaminación de los productos.

- Después de separar la enzima de la mezcla de la reacción, la enzima puede reciclarse. Esto representa un ahorro significativo, sobre todo porque muchas enzimas son muy caras.

- La inmovilización aumenta la estabilidad de las enzimas ante los cambios de temperatura y pH, con lo que se reduce la tasa a la que se degradan y han de ser reemplazadas.

- Los sustratos pueden exponerse a concentraciones enzimáticas más altas que cuando las enzimas están disueltas, lo que acelera las tasas de reacción.

Leche sin lactosa

Métodos de producción de leche sin lactosa y sus ventajas

La lactosa es el azúcar que está presente de manera natural en la leche. La lactosa puede ser convertida en glucosa y galactosa por la enzima lactasa: lactosa → glucosa + galactosa.

La lactasa se obtiene a partir de *Kluveromyces lactis*, un tipo de levadura que crece naturalmente en la leche. Las empresas de biotecnología cultivan la levadura, extraen la lactasa de la levadura y la purifican para venderla a empresas de fabricación de alimentos. Hay varias razones para usar lactasa en el procesamiento de alimentos:

- Algunas personas tienen intolerancia a la lactosa y no pueden beber más de 250 ml de leche al día, a menos que tenga cantidades reducidas de lactosa (véase la figura 14).

- La glucosa y la galactosa son más dulces que la lactosa, por lo que se debe añadir menos azúcar a los alimentos dulces que contienen leche, como los batidos de leche o los yogures de fruta.

- La lactosa tiende a cristalizarse durante la producción de helado, dando una textura arenosa. Como la glucosa y la galactosa son más solubles que la lactosa, permanecen disueltas, dando una textura más cremosa.

- Las bacterias fermentan la glucosa y la galactosa más rápidamente que la lactosa, así que la producción de yogur y queso fresco es más rápida.

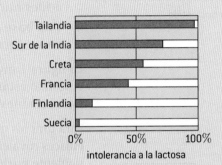

▲ Figura 14 Índices de intolerancia a la lactosa

2.6 Estructura del ADN y el ARN

Comprensión

→ Los ácidos nucleicos ADN y ARN son polímeros de nucleótidos.

→ El ADN difiere del ARN en el número de cadenas presentes, en la composición de las bases y en el tipo de pentosa.

→ El ADN es una doble hélice formada por dos cadenas antiparalelas de nucleótidos unidos por puentes de hidrógeno entre los pares de bases complementarias.

Aplicaciones

→ Explicación de Watson y Crick de la estructura del ADN mediante la elaboración de modelos.

Naturaleza de la ciencia

→ Uso de modelos como representación del mundo real: Watson y Crick usaron la elaboración de modelos para descubrir la estructura del ADN.

Habilidades

→ Dibujo de diagramas simples de la estructura de nucleótidos individuales de ADN y ARN usando círculos, pentágonos y rectángulos para representar fosfatos, pentosas y bases.

113

Ácidos nucleicos y nucleótidos

Los ácidos nucleicos ADN y ARN son polímeros de nucleótidos.

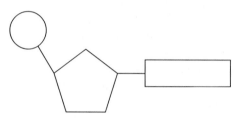

▲ Figura 1 Partes de un nucleótido

Los ácidos nucleicos fueron descubiertos por primera vez en material extraído de los núcleos de las células, de ahí su nombre. Existen dos tipos de ácidos nucleicos: ADN y ARN. Los ácidos nucleicos son moléculas muy grandes que se construyen uniendo nucleótidos para formar un polímero.

Los nucleótidos constan de tres partes:

- Un **azúcar** que tiene cinco átomos de carbono, por lo que es un azúcar pentosa
- Un grupo **fosfato**, que es la parte ácida con carga negativa de los ácidos nucleicos
- Una **base** que contiene nitrógeno y tiene uno o dos anillos de átomos en su estructura

La figura 1 muestra estas partes y cómo están unidas entre sí. La base y el fosfato están unidos al azúcar pentosa mediante enlaces covalentes. La figura 2 muestra un nucleótido de forma simbólica.

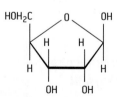

▲ Figura 2 Representación simple de un nucleótido

Para unir los nucleótidos entre sí en una cadena o polímero, se forman enlaces covalentes entre el fosfato de un nucleótido y el azúcar pentosa del siguiente nucleótido. Esto dota a la molécula de un fuerte esqueleto en el que se alternan azúcares y grupos fosfato, con una base unida a cada azúcar.

Hay cuatro bases diferentes tanto en el ADN como en el ARN y, por tanto, existen cuatro nucleótidos diferentes. Los cuatro nucleótidos diferentes se pueden unir en cualquier secuencia, porque el fosfato y el azúcar que se utilizan en la unión son los mismos en todos los nucleótidos. Así pues, cualquier secuencia de bases es posible a lo largo de una molécula de ADN o de ARN. Esta es la clave que permite a los ácidos nucleicos actuar como almacén de la información genética: la secuencia de bases es el almacén de información y el esqueleto de fosfato y azúcar garantiza que el almacenamiento sea estable y seguro.

Diferencias entre el ADN y el ARN

El ADN difiere del ARN en el número de cadenas presentes, en la composición de las bases y en el tipo de pentosa.

Existen tres diferencias importantes entre los dos tipos de ácidos nucleicos:

1 El azúcar del ADN es la desoxirribosa y el azúcar del ARN es la ribosa. La figura 3 muestra que la desoxirribosa tiene un átomo de oxígeno menos que la ribosa. Los nombres completos del ADN y el ARN se basan en el tipo de azúcar que contienen: ácido desoxirribonucleico y ácido ribonucleico.

2 Generalmente hay dos polímeros de nucleótidos en el ADN, pero solo uno en el ARN. A menudo se llama hebras o cadenas a los polímeros, así que el ADN es bicatenario y el ARN es monocatenario.

3 Las cuatro bases del ADN son adenina, citosina, guanina y timina. Las cuatro bases del ARN son adenina, citosina, guanina y uracilo, por lo que la diferencia entre ambos ácidos nucleicos es el uracilo en lugar de la timina en el ARN.

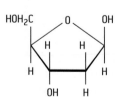

▲ Figura 3 El azúcar del ADN es la desoxirribosa (arriba) y el azúcar del ARN es la ribosa (abajo).

Preguntas basadas en datos: Datos de Chargaff

Edwin Chargaff, un bioquímico austríaco, y otros científicos analizaron muestras de ADN de una variedad de especies para determinar su composición de nucleótidos. Los datos se presentan en la tabla 1.

1   Compara la composición de bases de *Mycobacterium tuberculosis* (un procariota) con la composición de bases de los eucariotas que se muestran en la tabla.   [2]

2   Calcula la proporción de bases A + G/T + C, de los seres humanos y *Mycobacterium tuberculosis*. Muestra tus cálculos.   [2]

3   Evalúa la afirmación de que en el ADN de los eucariotas y los procariotas la cantidad de adenina y timina es la misma y la cantidad de guanina y citosina es también la misma.   [2]

4   Explica la relación entre la cantidad de bases en eucariotas y procariotas respecto a la estructura del ADN.   [2]

5   Sugiere las razones de la diferencia en la composición de bases del bacteriófago T2 y el virus de la polio.   [2]

Fuente del ADN	Grupo	Adenina	Guanina	Citosina	Timina
Humano	Mamífero	31,0	19,1	18,4	31,5
Ganado	Mamífero	28,7	22,2	22,0	27,2
Salmón	Pez	29,7	20,8	20,4	29,1
Erizo de mar	Invertebrado	32,8	17,7	17,4	32,1
Trigo	Planta	27,3	22,7	22,8	27,1
Levadura	Hongo	31,3	18,7	17,1	32,9
Mycobacterium tuberculosis	Bacteria	15,1	34,9	35,4	14,6
Bacteriófago T2	Virus	32,6	18,2	16,6	32,6
Virus de la polio	Virus	30,4	25,4	19,5	0,0

 Tabla 1

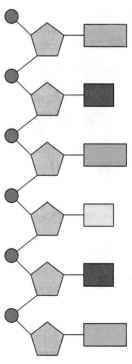 Dibujo de moléculas de ADN y ARN

Dibujo de diagramas simples de la estructura de nucleótidos individuales de ADN y ARN usando círculos, pentágonos y rectángulos para representar fosfatos, pentosas y bases

La estructura de las moléculas de ADN y ARN puede representarse gráficamente utilizando símbolos sencillos para las subunidades:

- Círculos para los fosfatos

- Pentágonos para el azúcar pentosa

- Rectángulos para las bases

La figura 2 muestra la estructura de un nucleótido empleando estos símbolos. La base y el fosfato están unidos al azúcar pentosa. La base está unida al átomo de carbono C_1 en el lado derecho del azúcar pentosa. Por su parte, el fosfato está unido al átomo de carbono C_5 en

▲ Figura 4 Representación simplificada del ARN

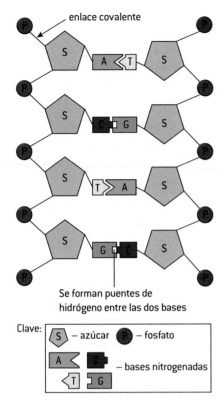

enlace covalente

Se forman puentes de
hidrógeno entre las dos bases

Clave:
- S – azúcar
- P – fosfato
- A / C / T / G – bases nitrogenadas

▲ Figura 5 Representación simplificada
del ADN

la cadena del lado superior izquierdo del azúcar pentosa. La figura 1 muestra las posiciones de estos átomos de carbono.

Para mostrar la estructura del ARN, dibuja un polímero de nucleótidos e indica con una línea el enlace covalente que une el grupo fosfato de cada nucleótido a la pentosa del nucleótido siguiente. El fosfato está unido al átomo de carbono C_3 que se encuentra en la parte inferior izquierda de la pentosa.

Si has dibujado la estructura del ARN correctamente, los dos extremos del polímero serán diferentes. Se les denomina extremos 3´ y 5´.

- El fosfato de otro nucleótido podría unirse al átomo C_3 del extremo 3´.

- La pentosa de otro nucleótido podría unirse al fosfato del extremo 5´.

Para mostrar la estructura del ADN, dibuja una cadena de nucleótidos, como hiciste con el ARN, y después una segunda cadena junto a la primera. La segunda cadena debe hacerse en dirección opuesta de manera que en cada extremo de la molécula de ADN una cadena tenga un terminal C_3 y la otra un terminal C_5. Las dos cadenas están unidas por puentes de hidrógeno entre las bases. Añade letras o nombres para indicar las bases. La adenina (A) solo se empareja con la timina (T) y la citosina (C) solamente se empareja con la guanina (G).

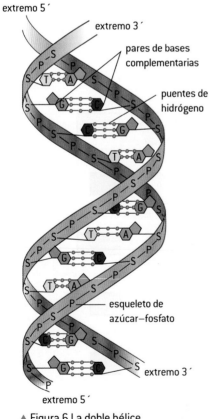

extremo 5´
extremo 3´
pares de bases complementarias
puentes de hidrógeno
esqueleto de azúcar–fosfato
extremo 3´
extremo 5´

▲ Figura 6 La doble hélice

Estructura del ADN

El ADN es una doble hélice formada por dos cadenas antiparalelas de nucleótidos unidos por puentes de hidrógeno entre los pares de bases complementarias.

Los dibujos en papel de la estructura del ADN no consiguen mostrar todas las características de la estructura tridimensional de la molécula. La figura 6 representa algunas de estas características:

- Cada cadena está formada por una sucesión de **nucleótidos** unidos por enlaces covalentes.

- Las dos cadenas son paralelas pero discurren en direcciones opuestas, por lo que se denominan antiparalelas: una cadena se orienta en la dirección de 5´ a 3´ y la otra se orienta en la dirección de 3´ a 5´.

- Las dos cadenas se enrollan una en la otra formando una **doble hélice**.

- Las cadenas se mantienen unidas mediante puentes de hidrógeno entre las bases nitrogenadas. La adenina (A) siempre se empareja con la timina (T) y la guanina (G) con la citosina (C). A esto se le denomina **apareamiento de bases complementarias**: A y T se complementan entre sí formando pares de bases y, de forma similar, G y C se complementan entre sí formando pares de bases.

Preguntas basadas en datos: Las bases del ADN

Observa los modelos moleculares de la figura 7 y contesta las siguientes preguntas.

1   Indica una diferencia entre la adenina y las otras bases.   [1]

2   Cada una de las bases del ADN tiene un átomo de nitrógeno unido a un átomo de hidrógeno en una posición similar, como se ve en la parte inferior izquierda de cada modelo en la figura 7. Deduce cómo se utiliza este nitrógeno cuando se forma un nucleótido a partir de sus subunidades.   [2]

3   Identifica tres semejanzas entre la adenina y la guanina.   [3]

4   Compara la estructura de la citosina y la timina.   [4]

5   Aunque las bases tienen algunas características comunes, cada una tiene una estructura química y una forma específica. Recordando la función del ADN, explica la importancia de que cada base sea distinta.   [5]

 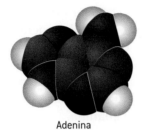  

| Guanina | Adenina | Citosina | Timina |

▲ Figura 7

Modelos moleculares

Uso de modelos como representación del mundo real: Watson y Crick usaron la elaboración de modelos para descubrir la estructura del ADN.

La palabra "modelo" se deriva de la palabra latina *modus*, que significa manera o método. Originalmente, los modelos eran planos de arquitectos que mostraban cómo podía construirse un nuevo edificio. Más adelante se desarrollaron modelos tridimensionales para dar una idea más realista de cómo sería el edificio propuesto.

Los modelos moleculares muestran también una posible estructura en tres dimensiones, pero, mientras que los modelos arquitectónicos se utilizan para decidir si se construirá o no un edificio en el futuro, los modelos moleculares nos ayudan a descubrir cómo es realmente la estructura de una molécula.

Los modelos científicos no son siempre tridimensionales y no siempre proponen estructuras. Pueden ser conceptos teóricos y pueden representar sistemas o procesos. La característica común de los modelos es que son propuestas que se elaboran para ser probadas. Como en la arquitectura, los modelos científicos a menudo son rechazados y sustituidos. La elaboración de modelos desempeñó un papel crítico en el descubrimiento de la estructura del ADN por Watson y Crick, que necesitaron dos intentos hasta tener éxito.

¿Cuál es el papel relativo de la competición y la cooperación en la investigación científica?

Tres importantes grupos de investigación compitieron abiertamente para esclarecer la estructura del ADN: Watson y Crick, en Cambridge; Maurice Wilkins y Rosalind Franklin, en el King's College de la Universidad de Londres, y el grupo de investigación de Linus Pauling, en el Instituto de Tecnología de California (Caltech).

Un estereotipo de los científicos es que abordan la investigación de manera objetiva. Lo cierto es que la ciencia es un empeño social que conlleva una serie de interacciones entre científicos en las que influyen emociones. Además de disfrutar del descubrimiento, los científicos buscan el reconocimiento de su comunidad. La colaboración es importante dentro de un grupo de investigación, pero fuera del grupo la competición a menudo limita la comunicación abierta que podría acelerar el ritmo de los descubrimientos científicos. Por otro lado, la competición puede motivar a científicos ambiciosos a trabajar incansablemente.

▲ Figura 8 Watson y Crick y su modelo del ADN

Modelos de la estructura del ADN de Watson y Crick

Explicación de Watson y Crick de la estructura del ADN mediante la elaboración de modelos

El descubrimiento de la estructura del ADN por Watson y Crick se basó en el uso de pruebas para desarrollar posibles estructuras del ADN y en su comprobación mediante la elaboración de modelos. Su primer modelo consistió en una triple hélice con las bases en el exterior de la molécula y el magnesio uniendo las dos cadenas mediante enlaces iónicos a los grupos fosfato de cada cadena. La estructura helicoidal y el espacio entre las subunidades de la hélice concordaban con el patrón de difracción de rayos X obtenido por Rosalind Franklin.

No obstante, fue difícil conseguir que todas las partes de este modelo encajasen satisfactoriamente. El modelo fue rechazado cuando Franklin señaló que no habría suficiente magnesio disponible para formar los enlaces cruzados entre las cadenas. Otro problema de este primer modelo fue que no tuvo en cuenta el hallazgo de Chargaff de que la cantidad de adenina es igual a la de timina y la cantidad de citosina es igual a la de guanina.

Para investigar la relación entre las bases del ADN se recortaron trozos de cartón que representaban las formas de estas bases. Estos recortes demostraron que podían formarse pares de bases A-T y C-G mediante puentes de hidrógeno. Los pares de bases tenían la misma longitud, así que encajarían entre los dos esqueletos exteriores de azúcar-fosfato.

Se necesitó otro momento de lucidez para hacer encajar los componentes de la molécula: las dos cadenas de la hélice debían orientarse en direcciones opuestas, es decir, debían ser antiparalelas. Watson y Crick pudieron entonces construir su segundo modelo de la estructura del ADN. Usaron barras de metal y láminas cortadas a medida y las unieron con pinzas. Las longitudes de los enlaces se hicieron a escala y se utilizaron los ángulos de enlace exactos. La figura 8 muestra a Watson y Crick con el modelo recién construido.

El modelo convenció a todos los que lo vieron. Inmediatamente, la estructura sugirió un mecanismo para copiar el ADN y permitió comprender que el código genético debía consistir en tripletes de bases. En muchos sentidos, el descubrimiento de la estructura del ADN inició la gran revolución de la biología molecular y sus efectos todavía tienen repercusiones en la ciencia y en la sociedad.

2.7 Replicación, transcripción y traducción del ADN

Comprensión

→ La replicación del ADN es semiconservativa y depende del apareamiento de bases complementarias.

→ La helicasa desenrolla la doble hélice y separa las dos cadenas mediante la ruptura de los puentes de hidrógeno.

→ La ADN polimerasa une entre sí los nucleótidos para formar una nueva cadena, usando para ello la cadena preexistente como una plantilla.

→ La transcripción es la síntesis de ARNm copiado de las secuencias de bases del ADN por la ARN polimerasa.

→ La traducción es la síntesis de polipéptidos en los ribosomas.

→ La secuencia de aminoácidos de los polipéptidos está determinada por el ARNm de acuerdo con el código genético.

→ Los codones de tres bases en el ARNm se corresponden con un aminoácido en un polipéptido.

→ La traducción depende del apareamiento de bases complementarias entre los codones en el ARNm y los anticodones en el ARNt.

Aplicaciones

→ Uso de Taq ADN polimerasa para producir múltiples copias de ADN rápidamente mediante la reacción en cadena de la polimerasa (PCR).

→ Producción de insulina humana en bacterias como un ejemplo de la universalidad del código genético, lo cual permite la transferencia de genes entre especies.

Habilidades

→ Uso de una tabla del código genético para deducir la correspondencia entre codones y aminoácidos.

→ Análisis de los resultados de Meselson y Stahl para obtener respaldo a favor de la teoría de la replicación semiconservativa del ADN.

→ Uso de una tabla de codones de ARNm y sus aminoácidos correspondientes para deducir la secuencia de aminoácidos codificados por una cadena corta de ARNm de una secuencia de bases conocida.

→ Deducción de la secuencia de bases de ADN para la cadena de ARNm.

Naturaleza de la ciencia

→ Obtención de pruebas a favor de las teorías científicas: Meselson y Stahl lograron pruebas a favor de la replicación semiconservativa del ADN.

Replicación semiconservativa del ADN

La replicación del ADN es semiconservativa y depende del apareamiento de bases complementarias.

Cuando una célula se prepara para dividirse, las dos cadenas de la doble hélice se separan (véase la figura 2). Cada una de estas cadenas originales sirve como modelo o plantilla para la creación de una nueva

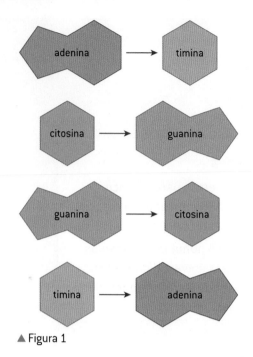

▲ Figura 1

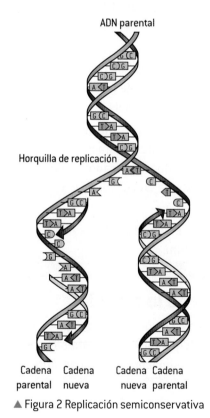

ADN parental

Horquilla de replicación

Cadena parental Cadena nueva   Cadena nueva   Cadena parental

▲ Figura 2 Replicación semiconservativa

cadena. Las nuevas cadenas se forman añadiendo y uniendo nucleótidos uno a uno. El resultado final son dos moléculas de ADN, cada una compuesta por una cadena original y una cadena recién sintetizada. Por esta razón, se dice que la replicación del ADN es **semiconservativa**.

La secuencia de bases en la cadena plantilla determina la secuencia de bases en la nueva cadena. Solo se puede añadir con éxito a la cadena nueva un nucleótido que lleve una base complementaria de la siguiente base en la cadena plantilla (figura 1).

Esto se debe a que las bases complementarias forman puentes de hidrógeno entre sí que estabilizan la estructura. Si empezara a insertarse un nucleótido con la base equivocada, no se formarían puentes de hidrógeno entre las bases y no podría añadirse el nucleótido a la cadena. La regla según la cual una base se empareja siempre con otra se conoce como **apareamiento de bases complementarias**. Este apareamiento garantiza que las dos moléculas de ADN que resultan de la replicación del ADN sean idénticas en sus secuencias de base a la molécula original replicada.

Obtención de pruebas a favor de la teoría de la replicación semiconservativa

Obtención de pruebas a favor de las teorías científicas: Meselson y Stahl lograron pruebas a favor de la replicación semiconservativa del ADN.

La replicación semiconservativa es un ejemplo de una teoría científica que intuitivamente parecía correcta, pero aun así necesitaba ser respaldada con pruebas. Laboratorios de todo el mundo intentaron confirmar experimentalmente que la replicación del ADN es semiconservativa y pronto se obtuvieron pruebas convincentes.

En 1958, Matthew Meselson y Franklin Stahl publicaron los resultados de experimentos sumamente elegantes que proporcionaron pruebas muy sólidas a favor de la teoría de la replicación semiconservativa. Usaron ^{15}N, un isótopo de nitrógeno muy raro que tiene un neutrón más que el isótopo normal ^{14}N y que, por tanto, es más denso. En la década de 1930, Harold Urey había desarrollado métodos de purificación de isótopos estables que podían utilizarse como marcadores en las rutas bioquímicas. ^{15}N era uno de estos isótopos.

Meselson y Stahl idearon un nuevo método para separar el ADN con ^{15}N entre sus bases del ADN con ^{14}N. La técnica se llama centrifugación por gradiente de concentración de cloruro de cesio. Se hace girar una solución de cloruro de cesio en una ultracentrífuga a casi 45.000 revoluciones por minuto durante 20 horas. Los iones de cesio que son más densos tienden a moverse hacia la parte inferior del tubo, pero no se sedimentan completamente debido a la difusión. Se establece un gradiente con la mayor concentración de cesio y, por tanto, mayor densidad en la parte inferior y con la menor concentración y densidad en la parte superior del tubo. Cualquier sustancia centrifugada con la solución de cloruro de cesio se concentra en un nivel correspondiente con su densidad.

Meselson y Stahl cultivaron catorce generaciones de la bacteria *E. coli* en un medio donde la única fuente de nitrógeno era ^{15}N. Casi todos los átomos de nitrógeno en las bases del ADN de las bacterias eran, por tanto, ^{15}N. Luego trasladaron las bacterias de golpe a un medio en el cual todo el nitrógeno era ^{14}N. A la temperatura que utilizaron para cultivar las bacterias, el tiempo de generación fue de 50 minutos; es decir, las bacterias se dividieron y, por tanto, replicaron su ADN cada 50 minutos.

Meselson y Stahl recogieron muestras de ADN del cultivo bacteriano durante varias horas desde que fue transferido al medio con ^{14}N. Extrajeron el ADN y midieron su densidad mediante centrifugación por gradiente de concentración de cloruro de cesio. El ADN podía detectarse porque absorbe la luz ultravioleta y, por tanto, creaba una banda oscura cuando los tubos eran iluminados con luz ultravioleta. La figura 3 muestra los resultados. Más adelante en este subtema se muestra cómo analizar los cambios de posición de las bandas oscuras.

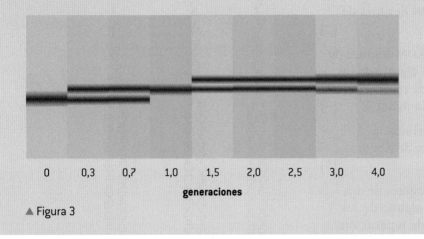

0   0,3   0,7   1,0   1,5   2,0   2,5   3,0   4,0

generaciones

▲ Figura 3

⚗ Experimentos de replicación del ADN de Meselson y Stahl

Análisis de los resultados de Meselson y Stahl para obtener respaldo a favor de la teoría de la replicación semiconservativa del ADN

Las siguientes preguntas basadas en datos te servirán de orientación para analizar los resultados de Meselson y Stahl y te ayudarán a mejorar tus habilidades en este aspecto de la ciencia.

Preguntas basadas en datos: El experimento de Meselson y Stahl

Para que se produzca la división celular, el ADN debe duplicarse a fin de garantizar que las células hijas tengan la misma información genética que las células madre. El proceso de duplicación del ADN se denomina replicación. Con su experimento, Meselson y Stahl intentaron entender el mecanismo de la replicación. ¿Se producía de manera conservativa, semiconservativa o dispersa (véase la figura 4)?

Meselson y Stahl cultivaron una serie de generaciones de *E. coli* en un medio que contenía nitrógeno "pesado" (^{15}N). Luego transfirieron las bacterias a un medio de ^{14}N. Tomaron muestras de la bacteria durante un período de tiempo y las separaron mediante centrifugación por gradiente de concentración, un método en el que las moléculas más pesadas se sitúan por debajo de otras más ligeras en el tubo de centrifugación.

1 La banda única de ADN al comienzo (0 generaciones) tenía una densidad de 1,724 g cm^{-3}. La banda principal de ADN después de cuatro generaciones tenía una densidad de 1,710 g cm^{-3}. Explica cómo produjo la bacteria el ADN con una densidad más baja. [2]

2 **a)** Estima la densidad del ADN después de una generación. [2]

   b) Explica si la densidad del ADN después de una generación contradice alguno de los tres posibles mecanismos de replicación del ADN que se muestran en la figura 4. [3]

3 **a)** Describe los resultados, incluida la densidad del ADN, después de dos generaciones. [3]

   b) Explica si los resultados después de dos generaciones contradicen alguno de los tres posibles mecanismos de replicación del ADN. [3]

4 Explica los resultados después de tres y cuatro generaciones. [2]

5 La figura 4 muestra el ADN de *E. coli* al inicio (0 generaciones) y después de una generación, con las cadenas de ADN que contienen ^{15}N en rojo y las cadenas que contienen ^{14}N en verde. Vuelve a dibujar (a), (b) o (c) eligiendo el mecanismo que respalda el experimento de Meselson y Stahl. Puede representarse cada molécula de ADN como dos líneas paralelas en lugar de una hélice, y los colores no tienen por qué ser rojo y verde. Dibuja el ADN de dos generaciones más cuya replicación se ha producido en un medio que contiene ^{14}N. [3]

6 Predice los resultados de centrifugar una mezcla de ADN de las generaciones 0 y 2. [2]

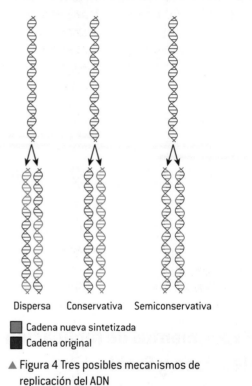

Dispersa   Conservativa   Semiconservativa

▢ Cadena nueva sintetizada
▢ Cadena original

▲ Figura 4 Tres posibles mecanismos de replicación del ADN

La helicasa

La helicasa desenrolla la doble hélice y separa las dos cadenas mediante la ruptura de los puentes de hidrógeno.

Antes de la replicación del ADN, las dos cadenas de la molécula deben separarse para que cada una pueda servir de plantilla para la formación de una nueva cadena. Esta separación la lleva a cabo la helicasa, un grupo de enzimas que utiliza energía del ATP para romper los puentes de hidrógeno entre las bases complementarias.

Una helicasa muy estudiada consta de seis polipéptidos globulares organizados en forma de rosquilla. Los polipéptidos se acoplan de forma que una de las cadenas de la molécula de ADN pasa por el centro de la rosquilla y la otra por fuera. Se utiliza energía del ATP para desplazar la helicasa a lo largo de la molécula de ADN, rompiendo los puentes de hidrógeno entre las bases y separando las dos cadenas.

La molécula de ADN no se puede dividir en dos cadenas mientras está en forma helicoidal. Por lo tanto, la helicasa desenrolla la hélice al mismo tiempo que separa las cadenas.

La ADN polimerasa

La ADN polimerasa une entre sí los nucleótidos para formar una nueva cadena, usando para ello la cadena preexistente como una plantilla.

Una vez que la helicasa ha desenrollado la doble hélice y separado el ADN en dos cadenas, la replicación puede comenzar. Cada una de las dos cadenas actúa como plantilla para formar una nueva cadena. La formación de las cadenas nuevas la lleva a cabo la enzima ADN polimerasa.

La ADN polimerasa se desplaza por la cadena que sirve de plantilla siempre en la misma dirección y va añadiendo nucleótidos de uno en uno. En el área donde está replicando el ADN hay nucleótidos libres con cada una de las cuatro bases. Cada vez que añade un nucleótido a la cadena nueva, solo uno de los cuatro tipos disponibles tiene la base que puede emparejarse con la base correspondiente de la cadena plantilla. La ADN polimerasa coloca el nucleótido en la posición donde podrían formarse puentes de hidrógeno, pero, a menos que se creen dichos puentes y se forme un par de bases complementarias, el nucleótido queda libre otra vez.

Una vez que ha colocado el nucleótido con la base correcta y se han formado puentes de hidrógeno entre las dos bases, la ADN polimerasa lo añade al extremo de la cadena nueva mediante un enlace covalente entre el grupo fosfato del nucleótido libre y el azúcar del nucleótido ya existente al final de la nueva cadena. El azúcar pentosa es el extremo 3´ y el grupo fosfato es el extremo 5´, así que la ADN polimerasa añade el extremo 5´ del nucleótido libre al extremo 3´ del nucleótido ya existente al final de la cadena.

La ADN polimerasa se desplaza gradualmente a lo largo de la cadena plantilla y va añadiendo a la nueva cadena una secuencia de bases complementarias a las de la cadena plantilla. Este proceso se lleva a cabo con un alto grado de fidelidad: se cometen muy pocos errores durante la replicación del ADN.

 La reacción en cadena de la polimerasa (PCR)

Uso de Taq ADN polimerasa para producir múltiples copias de ADN rápidamente mediante la reacción en cadena de la polimerasa (PCR)

La reacción en cadena de la polimerasa (PCR, por sus siglas en inglés) es una técnica utilizada para hacer muchas copias de una determinada secuencia de ADN. Solo se necesita una cantidad muy pequeña de ADN para empezar. Se introduce el ADN en una máquina de PCR en la que, mediante una serie de pasos, se duplica repetidamente el ADN seleccionado. Este proceso implica separar las dos cadenas del ADN en uno de los pasos y combinar después ambas cadenas para formar ADN bicatenario.

Las dos cadenas del ADN se mantienen unidas mediante puentes de hidrógeno. Estos puentes son interacciones débiles, pero en una molécula de ADN hay gran cantidad de ellos y, así, consiguen mantener las cadenas juntas a temperaturas normales en la mayoría de las células. Si se calienta el ADN hasta alcanzar una temperatura alta, los puentes de hidrógeno acaban rompiéndose y las dos cadenas se separan. Si después se enfría el ADN, se pueden formar puentes de hidrógeno que emparejan otra vez las cadenas. Este proceso se conoce como realineamiento.

La máquina de PCR separa las cadenas de ADN calentándolas a 95°C durante 15 segundos y después enfría el ADN rápidamente hasta 54°C. Normalmente, esto daría lugar a un realineamiento de las cadenas originales para formar ADN bicatenario. Sin embargo, hay presente un gran exceso de secciones cortas de ADN monocatenario denominadas iniciadores o cebadores. Los cebadores se unen rápidamente a secuencias complementarias y, al estar presentes en exceso, evitan el realineamiento de las cadenas originales. Como resultado, la copia de cada cadena original se inicia a partir de los cebadores.

El siguiente paso de la PCR es sintetizar ADN bicatenario usando como plantillas las cadenas individuales con cebadores. Para ello se utiliza la enzima Taq ADN polimerasa. Esta enzima se obtiene de la bacteria *Thermus aquaticus*, presente en fuentes termales como las del Parque Nacional de Yellowstone. Las temperaturas de estas fuentes termales varían entre 50°C y 80°C. En la mayoría de los organismos, las enzimas se desnaturalizarían rápidamente a temperaturas tan altas, pero las de *Thermus aquaticus*, incluida su ADN polimerasa, están muy adaptadas a estas temperaturas y se mantienen estables, resistiendo la desnaturalización.

Se utiliza la Taq ADN polimerasa porque es capaz de resistir el breve período a 95°C en el que se separan las cadenas de ADN. También funcionaría a la temperatura de 54°C que se utiliza para acoplar los cebadores, pero su temperatura óptima es 72°C. Por tanto, se calienta la mezcla a esta temperatura durante el período en el que está actuando la Taq ADN polimerasa. A esta temperatura se añaden unos 1.000 nucleótidos por minuto, un ritmo muy rápido de replicación del ADN.

Cuando ha transcurrido tiempo suficiente para completar la replicación de la secuencia de bases seleccionada, se inicia un nuevo ciclo calentando a 95°C. Se puede completar un ciclo de PCR en menos de dos minutos. Treinta ciclos, que multiplican el ADN por 1.000 millones, tardan menos de una hora. Con la ayuda de la Taq ADN polimerasa, la PCR permite producir un enorme número de copias de una secuencia de bases seleccionada en un tiempo muy corto.

▲ Figura 5

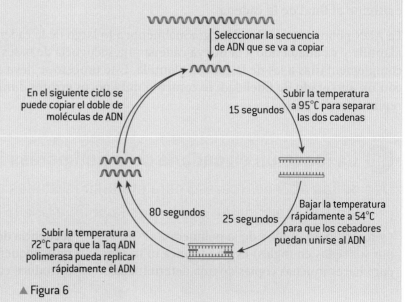

Seleccionar la secuencia de ADN que se va a copiar

En el siguiente ciclo se puede copiar el doble de moléculas de ADN

Subir la temperatura a 95°C para separar las dos cadenas

15 segundos

Bajar la temperatura rápidamente a 54°C para que los cebadores puedan unirse al ADN

80 segundos

25 segundos

Subir la temperatura a 72°C para que la Taq ADN polimerasa pueda replicar rápidamente el ADN

▲ Figura 6

Transcripción

La transcripción es la síntesis de ARNm copiado de las secuencias de bases del ADN por la ARN polimerasa.

La secuencia de bases en un gen no confiere por sí misma ninguna característica observable en un organismo. La función de la mayoría de los genes es precisar la secuencia de aminoácidos de un determinado polipéptido. Son las proteínas las que a menudo, directa o indirectamente, determinan las características observables de un individuo. Se necesitan dos procesos para producir un determinado polipéptido utilizando la secuencia de bases de un gen. El primero de ellos es la **transcripción**.

La transcripción es la síntesis de ARN, utilizando el ADN como plantilla. Como el ARN es monocatenario, solo se transcribe una de las dos cadenas del ADN. A continuación se resume el proceso de transcripción:

- La enzima ARN polimerasa se une a un sitio en el ADN al inicio de un gen.

- La ARN polimerasa se desplaza a lo largo del gen, separando las cadenas del ADN y emparejando nucleótidos de ARN con las bases complementarias de una cadena del ADN. El ARN no tiene timina, así que el uracilo se empareja con la adenina.

- La ARN polimerasa forma enlaces covalentes entre los nucleótidos de ARN.

- El ARN se separa del ADN y la doble hélice se vuelve a formar.

- La transcripción se detiene al final del gen y se libera la molécula de ARN completa.

El producto de la transcripción es una molécula de ARN con una secuencia de bases complementaria a la de la cadena de ADN que se usó como plantilla. La secuencia de bases de este ARN es idéntica a la de la otra cadena, con una excepción: uracilo en lugar de timina. Así, para hacer una copia de ARN de la secuencia de bases de una cadena de una molécula de ADN, se transcribe la otra cadena. La cadena de ADN con la misma secuencia de bases que el ARN se denomina **cadena sentido**. La otra cadena, que sirve de plantilla y tiene una secuencia de bases complementaria a la del ARN y la cadena sentido, se denomina **cadena antisentido**.

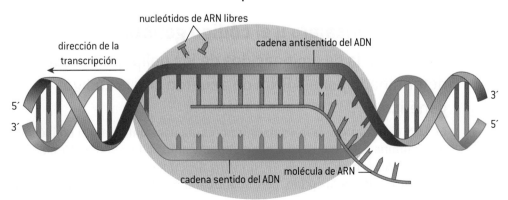

▲ Figura 7

▲ Figura 8

Traducción

La traducción es la síntesis de polipéptidos en los ribosomas.

El segundo de los dos procesos necesarios para producir un polipéptido específico es la **traducción**. La traducción es la síntesis de un polipéptido cuya secuencia de aminoácidos está determinada por la secuencia de bases de una molécula de ARN. La producción de ARN por transcripción y la determinación de la secuencia de sus bases por un gen se han descrito en la sección anterior.

La traducción se lleva a cabo en estructuras del citoplasma celular conocidas como ribosomas. Los ribosomas son estructuras complejas que constan de una subunidad pequeña y una grande, con sitios de unión para cada una de las moléculas que intervienen en el proceso de la traducción. La figura 9 muestra las dos subunidades de un ribosoma. Cada una se compone de moléculas de ARN (rosas y amarillas) y proteínas (moradas). Una parte de la subunidad grande (verde) es el sitio donde se crean enlaces peptídicos entre los aminoácidos, para formar con ellos un polipéptido.

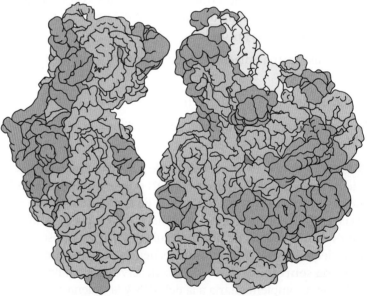

▲ Figura 9 Subunidades grande y pequeña del ribosoma, con proteínas representadas en morado, ARN ribosómico en rosa y amarillo y el sitio donde se cataliza la formación de enlaces peptídicos en verde

El ARN mensajero y el código genético

La secuencia de aminoácidos de los polipéptidos está determinada por el ARNm de acuerdo con el código genético.

El ARN que contiene la información necesaria para sintetizar un polipéptido se denomina ARN mensajero, generalmente abreviado como ARNm. La longitud de las moléculas de ARNm varía dependiendo del número de aminoácidos del polipéptido, pero su longitud media en los mamíferos es de unos 2.000 nucleótidos.

En el genoma, hay muchos genes diferentes que contienen la información necesaria para crear un polipéptido con una secuencia de aminoácidos específica. Una célula solo necesitará crear algunos de estos polipéptidos en determinados momentos. Por lo tanto, solo se transcriben ciertos genes y solamente ciertos tipos de ARNm estarán disponibles para su traducción en el citoplasma. Las células que necesitan o secretan grandes cantidades de un determinado polipéptido hacen muchas copias del ARNm para ese polipéptido. Por ejemplo, las células secretoras de insulina en el páncreas hacen numerosas copias del ARNm necesario para producir insulina.

Aunque la mayoría del ARN es ARNm, hay también otros tipos. Por ejemplo, el ARN de transferencia interviene en la decodificación de la secuencia de bases del ARNm a una secuencia de aminoácidos durante la traducción, y el ARN ribosomal es parte de la estructura del ribosoma. Generalmente se les denomina ARNt y ARNr.

Preguntas basadas en datos: Interpretación de micrografías electrónicas

Las micrografías electrónicas de la figura 10 muestran la transcripción, la traducción y la replicación del ADN.

1 Deduce, aportando razones, cuál es el proceso que tiene lugar en cada una de las micrografías electrónicas. [5]

2 Se han coloreado las micrografías electrónicas para mostrar más claramente las diferentes estructuras. Identifica cada una de estas estructuras:

a) La estructura roja en la micrografía central

b) La molécula fina azul cerca del borde inferior de la micrografía de la derecha

c) Las moléculas azules de longitud variable unidas a esta molécula fina azul

d) La molécula roja en la micrografía de la izquierda

e) Las moléculas verdes en la micrografía de la izquierda [5]

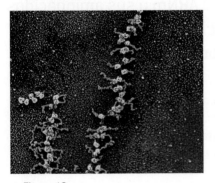 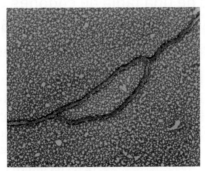 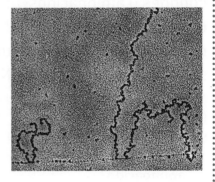

▲ Figura 10

Los codones

Los codones de tres bases en el ARNm se corresponden con un aminoácido en un polipéptido.

El "diccionario de traducción" que permite a la maquinaria celular convertir la secuencia de bases del ARNm en una secuencia de aminoácidos se llama código genético. Hay cuatro bases diferentes y veinte aminoácidos, así que una base no puede codificar un aminoácido. Se pueden hacer dieciséis combinaciones de dos bases, lo que sigue

Primera posición (extremo 5')	Segunda posición				Tercera posición (extremo 3')
	U	C	A	G	
U	Fen	Ser	Tir	Cis	U
	Fen	Ser	Tir	Cis	C
	Leu	Ser	Stop	Stop	A
	Leu	Ser	Stop	Trp	G
C	Leu	Pro	His	Arg	U
	Leu	Pro	His	Arg	C
	Leu	Pro	Gln	Arg	A
	Leu	Pro	Gln	Arg	G
A	Ile	Tre	Asn	Ser	U
	Ile	Tre	Asn	Ser	C
	Ile	Tre	Lis	Arg	A
	Met	Tre	Lis	Arg	G
G	Val	Ala	Asp	Gli	U
	Val	Ala	Asp	Gli	C
	Val	Ala	Glu	Gli	A
	Val	Alas	Glu	Gli	G

 Tabla 1

siendo insuficiente para codificar los veinte aminoácidos. Por tanto, los organismos vivos utilizan un código de tripletes; es decir, usan grupos de tres bases para codificar un aminoácido.

Una secuencia de tres bases en el ARNm se llama codón. Cada codón codifica un aminoácido específico que se debe añadir al polipéptido. La tabla 1 enumera los 64 codones posibles. Las tres bases de un codón del ARNm se señalan en la tabla como primera, segunda y tercera posición.

Fíjate que varios codones diferentes pueden codificar el mismo aminoácido. Por ejemplo, los codones GUU y GUC ambos codifican el aminoácido valina. Por esta razón, se dice que el código es "degenerado". Observa también que hay tres codones que son "codones de parada" (stop), que codifican el final de la traducción.

Los aminoácidos se transportan en otro tipo de ARN llamado ARNt. Cada aminoácido es transportado por un ARNt específico, que tiene un anticodón formado por tres bases complementarias a las del codón del ARNm de ese mismo aminoácido.

🧪 Descifrar secuencias de bases

Uso de una tabla del código genético para deducir la correspondencia entre codones y aminoácidos; uso de una tabla de codones de ARNm y sus aminoácidos correspondientes para deducir la secuencia de aminoácidos codificados por una cadena corta de ARNm de una secuencia de bases conocida; deducción de la secuencia de bases de ADN para la cadena de ARNm

No es necesario que memorices el código genético, pero debes ser capaz de hacer varias deducciones al consultar una tabla con el código.

1 ¿Qué codones corresponden a un aminoácido?

Se utilizan tres letras para representar cada aminoácido en la tabla del código genético. Cada uno de los 20 aminoácidos tiene entre uno y seis codones. Lee las tres letras de cada codón del aminoácido. Por ejemplo, el aminoácido metionina, que se abrevia como "Met" en la tabla, tiene un codón que es AUG.

2 ¿Qué secuencia de aminoácidos se traduciría a partir de una secuencia de codones en una cadena de ARNm?

Las tres primeras bases en la secuencia de ARNm son el codón para el primer aminoácido, las siguientes tres bases son el codón para el segundo aminoácido y así sucesivamente. La columna izquierda de la tabla muestra la primera base de cada codón, las columnas del centro muestran la segunda base y la columna derecha indica la tercera base. Por ejemplo, GCA codifica el aminoácido alanina, que se abrevia como "Ala" en la tabla.

3 ¿Qué secuencia de bases del ADN se transcribiría para obtener la secuencia de bases de una cadena de ARNm?

Una cadena de ARNm se produce al transcribir la cadena antisentido del ADN. Esta cadena antisentido, por tanto, tiene una secuencia de bases complementaria a la del ARNm. Por ejemplo, el codón AUG del ARNm se transcribe de la secuencia de bases TAC de la cadena antisentido del ADN. Un ejemplo más largo es la secuencia de bases GUACGUACG que se transcribe de

CATGCATGC. Recuerda que la adenina se empareja con la timina en el ADN, pero con el uracilo en el ARN.

Preguntas

1 Deduce los codones de:

   a) Triptófano (Trp)

   b) Tirosina (Tir)

   c) Arginina (Arg) [3]

2 Deduce las secuencias de aminoácidos que corresponden a estas secuencias de ARNm: [3]

   a) ACG **b)** CACGGG **c)** CGCGCGAGG [3]

3 Si el ARNm contiene la secuencia de bases CUCAUCGAAUAACCC:

   a) Deduce la secuencia de aminoácidos del polipéptido traducido a partir del ARNm. [2]

   b) Deduce la secuencia de bases de la cadena antisentido transcrita para producir el ARNm. [2]

Codones y anticodones

La traducción depende del apareamiento de bases complementarias entre los codones en el ARNm y los anticodones en el ARNt.

Tres componentes actúan juntos para sintetizar los polipéptidos en el proceso de traducción:

- El ARNm tiene una secuencia de codones que especifica la secuencia de aminoácidos del polipéptido.

- Las moléculas de ARNt tienen un anticodón de tres bases que se une a un codón complementario en el ARNm, y portan el aminoácido correspondiente al codón.

- Los ribosomas actúan como sitio de unión para el ARNm y los ARNt y también catalizan la formación del polipéptido.

A continuación se presenta un resumen de los pasos principales del proceso de traducción:

1 Un ARNm se une a la subunidad pequeña del ribosoma.

2 Se une al ribosoma una molécula de ARNt con un anticodón complementario al primer codón del ARNm que se va a traducir.

3 A continuación, se une un segundo ARNt con un anticodón complementario al segundo codón del ARNm. Pueden estar acoplados a un mismo tiempo un máximo de dos ARNt.

4 El ribosoma transfiere el aminoácido portado por el primer ARNt al aminoácido en el segundo ARNt, creando un nuevo enlace peptídico. El segundo ARNt ahora porta una cadena de dos aminoácidos: un dipéptido.

5 El ribosoma se mueve a lo largo del ARNm; así, se libera el primer ARNt y el segundo se convierte en el primero.

6 Se une otro ARNt con un anticodón complementario al siguiente codón del ARNm.

7 El ribosoma transfiere la cadena de aminoácidos portada por el primer ARNt al aminoácido en el segundo ARNt, creando un nuevo enlace peptídico.

Los pasos 4, 5 y 6 se repiten una y otra vez, añadiendo un aminoácido a la cadena cada vez que el ciclo se repite. El proceso continúa a lo largo del ARNm hasta llegar a un codón de parada; entonces se libera el polipéptido completo.

La precisión de la traducción depende del apareamiento de bases complementarias entre el anticodón de cada ARNt y el codón del ARNm. Rara vez se cometen errores, por lo que habitualmente se crean polipéptidos con una secuencia de cientos de aminoácidos con todos los aminoácidos correctos.

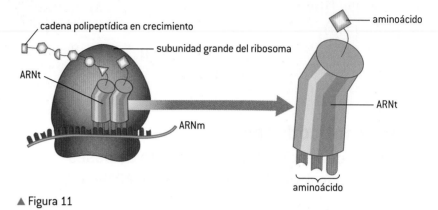

▲ Figura 11

🌐 Producción de insulina humana en bacterias

Producción de insulina humana en bacterias como un ejemplo de la universalidad del código genético, lo cual permite la transferencia de genes entre especies

La diabetes en algunas personas se debe a la destrucción de las células del páncreas que secretan la hormona insulina, y puede tratarse mediante la inyección de insulina en la sangre. Tanto la insulina porcina como la bovina, extraídas del páncreas de cerdos y ganado, son muy utilizadas. La insulina porcina tiene solamente una diferencia con respecto a la humana en la secuencia de aminoácidos, y la insulina bovina tiene tres diferencias. La insulina de tiburón, que se ha utilizado para tratar la diabetes en Japón, tiene diecisiete diferencias.

A pesar de las diferencias en la secuencia de aminoácidos entre la insulina humana y la animal, todas estas insulinas se unen al receptor de la insulina humana y disminuyen la concentración de glucosa en la sangre. Sin embargo, algunos diabéticos desarrollan alergias a las insulinas animales, así que es preferible utilizar la insulina humana. En 1982, se comercializó por primera vez insulina humana que se había producido usando bacterias *E. coli* genéticamente modificadas. Desde entonces se han desarrollado otros métodos de producción que utilizan células de levadura y, más recientemente, plantas de cártamo.

Cada una de estas especies ha sido modificada genéticamente transfiriéndosele el gen que fabrica la insulina humana, de tal manera que el gen se transcribe para producir ARNm y el ARNm se traduce para producir cantidades aprovechables de insulina. La insulina producida tiene exactamente la misma secuencia de aminoácidos que si el gen hubiera sido transcrito y traducido en células humanas.

Esto puede parecer obvio, pero depende de que cada ARNt con un anticodón particular tenga unido el mismo aminoácido que en los seres humanos. En otras palabras, *E. coli*, la levadura y el cártamo (un procariota, un hongo y una planta) usan el mismo código genético que los seres humanos (un animal). Para la ingeniería genética es una suerte que todos los organismos, con muy pocas excepciones, utilicen el mismo código genético, pues así es posible transferir genes entre especies muy diferentes.

▲ Figura 12

2.8 Respiración celular

Comprensión

→ La respiración celular es la liberación controlada de energía de los compuestos orgánicos para producir ATP.

→ El ATP de la respiración celular está disponible de forma inmediata como una fuente de energía en la célula.

→ La respiración celular anaeróbica proporciona un pequeño rendimiento de ATP a partir de glucosa.

→ La respiración celular aeróbica requiere oxígeno y proporciona un gran rendimiento de ATP a partir de glucosa.

Aplicaciones

→ Uso de la respiración celular anaeróbica en levaduras para producir etanol y dióxido de carbono al elaborar productos de panadería y repostería.

→ Producción de lactato en humanos cuando se usa la respiración anaeróbica para maximizar la capacidad de las contracciones musculares.

Naturaleza de la ciencia

→ Evaluación de los aspectos éticos de la investigación científica: el uso de invertebrados en experimentos con un respirómetro tiene implicaciones éticas.

Habilidades

→ Análisis de los resultados de experimentos que implican la medición de las tasas de respiración en semillas que estén germinando o en invertebrados usando un respirómetro.

Liberación de energía por la respiración celular

La respiración celular es la liberación controlada de energía de los compuestos orgánicos para producir ATP.

La respiración celular es una de las funciones vitales que realizan todas las células vivas. Los compuestos orgánicos se descomponen para liberar energía que después se utiliza en la célula. Por ejemplo, en las fibras musculares se libera energía al descomponer glucosa en dióxido de carbono y agua; esta energía puede utilizarse luego para la contracción muscular.

En los seres humanos, los compuestos orgánicos que se descomponen en la respiración celular proceden de los alimentos que comemos. Los glúcidos y los lípidos se usan con frecuencia, pero también pueden utilizarse los aminoácidos de las proteínas si comemos más proteína de la necesaria. Las plantas usan glúcidos o lípidos previamente sintetizados mediante la fotosíntesis.

La respiración celular la llevan a cabo enzimas de forma cuidadosa y controlada con el fin de retener la mayor cantidad posible de energía liberada en una forma utilizable. Esta forma es una sustancia química llamada trifosfato de adenosina, casi siempre abreviada como ATP. Para crear el ATP, se une un grupo fosfato a la molécula de adenosina

▲ Figura 1 La descomposición de 8 gramos de glucosa en la respiración celular proporciona suficiente energía para esprintar durante 100 metros.

difosfato o ADP. Para llevar a cabo esta reacción se necesita energía, que proviene de la descomposición de compuestos orgánicos.

El ATP no es transferible de una célula a otra, y todas las células requieren un suministro continuo de ATP. Por esta razón, se considera que la respiración celular es una función vital esencial en todas las células.

El ATP es una fuente de energía

El ATP de la respiración celular está disponible de forma inmediata como una fuente de energía en la célula.

Las células requieren energía para tres tipos principales de actividades:

- Sintetizar moléculas grandes, como el ADN, el ARN y las proteínas

- Bombear moléculas o iones a través de membranas mediante transporte activo

- Mover cosas dentro de la célula, como los cromosomas, las vesículas o, en las células musculares, las fibras de proteína que hacen que el músculo se contraiga

La energía necesaria para todos estos procesos la suministra el ATP. La ventaja del ATP como fuente de energía es que dicha energía está disponible inmediatamente. Se libera simplemente mediante la división de ATP en ADP y fosfato. El ADP y el fosfato pueden después reconvertirse en ATP mediante la respiración celular.

Cuando las células utilizan la energía del ATP, en última instancia esta se convierte en calor. Aunque la energía térmica puede ser útil para mantener caliente un organismo, no puede reutilizarse para las actividades de la célula y finalmente se disipa en el entorno. Esta es la razón por la que las células requieren una fuente continua de ATP para las actividades celulares.

La respiración anaeróbica

La respiración celular anaeróbica proporciona un pequeño rendimiento de ATP a partir de glucosa.

En la respiración celular anaeróbica, la glucosa se descompone sin utilizar oxígeno. La producción de ATP es relativamente pequeña, pero rápida. La respiración celular anaeróbica, por tanto, es útil en tres situaciones:

- Cuando se necesita un suministro pequeño pero rápido de ATP

- Cuando se ha agotado el oxígeno en las células que respiran

- En ambientes con bajo contenido de oxígeno, como los suelos encharcados

Los productos de la respiración anaeróbica no son iguales en todos los organismos. En los seres humanos, la glucosa se convierte en ácido láctico que generalmente se encuentra en una forma disuelta conocida como lactato. En la levadura y las plantas, la glucosa se convierte en etanol y dióxido de carbono. El lactato y el etanol son tóxicos en exceso, así que deben ser desechados de las células que los producen o producirse en cantidades estrictamente limitadas.

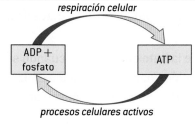

respiración celular

ADP + fosfato   ATP

procesos celulares activos

▲ Figura 2

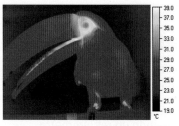

▲ Figura 3 Esta fotografía infrarroja de un tucán muestra que está más caliente que su entorno debido al calor generado por la respiración. El exceso de calor se disipa enviando sangre caliente hacia el pico.

▲ Figura 4 El barro en los manglares es bajo en oxígeno. Los árboles del manglar han desarrollado raíces verticales llamadas neumatóforos que usan para obtener oxígeno del aire.

Resumen de las ecuaciones

En animales, incluidos los seres humanos:

glucosa ⟶ lactato
ADP ATP

En levaduras y plantas:

glucosa ⟶ etanol + dióxido de carbono
ADP ATP

 La levadura y sus usos

Uso de la respiración celular anaeróbica en levaduras para producir etanol y dióxido de carbono al elaborar productos de panadería y repostería

La levadura es un hongo unicelular que se desarrolla naturalmente en hábitats donde hay glucosa u otros azúcares, como la superficie de las frutas. Puede respirar tanto aeróbica como anaeróbicamente. La respiración celular anaeróbica de la levadura es la base de la producción de alimentos, bebidas y energía renovable.

El pan se hace añadiendo agua a la harina, amasando la mezcla y luego horneándola. Generalmente se agrega un ingrediente a la masa a fin de crear burbujas de gas, para que el pan horneado tenga una textura más ligera. A menudo este ingrediente es la levadura. Después de amasada, la masa se mantiene caliente para estimular la respiración de la levadura. El oxígeno existente en la masa se agota pronto, así que la levadura inicia la respiración celular anaeróbica. El dióxido de carbono producido por esta respiración no puede escapar de la masa y forma burbujas. La masa se hincha debido a la producción de burbujas de dióxido de carbono; a esto se le llama subida. También se produce etanol en la respiración celular anaeróbica, pero este se evapora durante el horneado.

El bioetanol es etanol producido por organismos vivos que se usa como fuente de energía renovable. Aunque se puede utilizar cualquier materia vegetal como alimento y varios organismos vivos para convertir la materia vegetal en etanol, la mayoría del bioetanol se produce a partir de caña de azúcar y maíz, usando levadura. En grandes fermentadores, la levadura convierte el azúcar en etanol por respiración anaeróbica. Solo pueden convertirse los azúcares, así que primero es necesario descomponer el almidón y la celulosa en azúcares; para ello se utilizan enzimas. El etanol que producen las levaduras se purifica por destilación, y después se emplean diversos métodos para eliminar el agua que contiene y mejorar su combustión. La mayoría del bioetanol se utiliza como combustible en vehículos, unas veces en estado puro y otras mezclado con gasolina.

Actividad

¿El bioetanol resuelve o crea más problemas?

Se ha debatido mucho sobre la producción de bioetanol. Un combustible renovable que reduce las emisiones de carbono es claramente deseable. ¿Cuáles son los argumentos en contra de la producción de bioetanol?

▲ Figura 5

▲ Figura 6

Preguntas basadas en datos: Seguimiento de la respiración celular anaeróbica en la levadura

Se utilizó el aparato de la figura 7 para hacer un seguimiento de los cambios de masa durante la fermentación del vino. El matraz se colocó en una balanza electrónica que se conectó a un computador para poder registrar los datos. Los resultados se muestran en la figura 8.

1 Calcula la pérdida total de masa durante el experimento y la pérdida diaria promedio. [3]

2 Explica la pérdida de masa. [3]

3 Sugiere dos razones por las que aumentó la tasa de pérdida de masa desde el comienzo del experimento hasta el día 6. [2]

4 Sugiere dos razones por las que la masa permaneció constante del día 11 en adelante. [2]

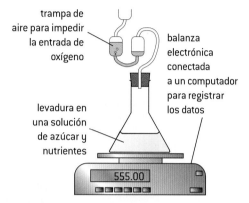

▲ Figura 7 Aparato de registro de datos de la levadura

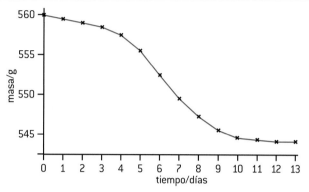

▲ Figura 8 Seguimiento de la respiración celular anaeróbica en la levadura

La respiración anaeróbica en los seres humanos

Producción de lactato en humanos cuando se usa la respiración anaeróbica para maximizar la capacidad de las contracciones musculares

Los pulmones y el sistema sanguíneo suministran oxígeno a la mayoría de los órganos del cuerpo con suficiente rapidez como para que pueda llevarse a cabo la respiración aeróbica, pero a veces tenemos que recurrir a la respiración celular anaeróbica en los músculos. La razón es que la respiración anaeróbica es capaz de suministrar ATP muy rápidamente durante un corto período de tiempo, por eso se utiliza cuando necesitamos aumentar la intensidad de las contracciones musculares.

Nuestros antepasados habrán necesitado contracciones musculares más intensas para sobrevivir, para poder escapar de un depredador o capturar una presa durante las épocas de escasez de alimentos, pero estas situaciones rara vez nos ocurren hoy en día. En su lugar, es más probable que la respiración anaeróbica se utilice durante el entrenamiento o el deporte. Algunos ejemplos son:

- Levantadores de pesas durante el levantamiento
- Velocistas en carreras de hasta 400 metros
- Fondistas, ciclistas y remeros durante un *sprint* final

▲ Figura 9 En períodos cortos de ejercicio intenso se utiliza ATP producido por respiración celular anaeróbica.

La respiración celular anaeróbica conlleva la producción de lactato. Por eso, cuando se utiliza

2.8 RESPIRACIÓN CELULAR

esta respiración para suministrar ATP, aumenta la concentración de lactato en un músculo. El cuerpo solo tolera una cierta concentración de lactato y esto limita la cantidad de respiración anaeróbica que es posible. Es por esta razón que la intensidad de las contracciones musculares solo puede maximizarse durante cortos períodos de tiempo. Solo podemos esprintar durante una distancia corta: no más de 400 metros.

Después de intensas contracciones musculares hay que descomponer el lactato que se ha formado; para ello se necesita oxígeno. Pueden tardarse varios minutos en absorber el oxígeno suficiente para descomponer todo el lactato. La demanda de oxígeno que se acumula durante un período de respiración anaeróbica se denomina deuda de oxígeno.

La respiración aeróbica

La respiración celular aeróbica requiere oxígeno y proporciona un gran rendimiento de ATP a partir de glucosa.

Si hay oxígeno en una célula, la glucosa puede descomponerse mejor para liberar una cantidad de energía mucho mayor que en la respiración celular anaeróbica. Mientras que el rendimiento de ATP en la respiración celular anaeróbica es de solo dos moléculas por glucosa, en la respiración celular aeróbica se producen más de treinta.

La respiración celular aeróbica consiste en una serie de reacciones químicas en las que se producen dióxido de carbono y agua. En la mayoría de los organismos el dióxido de carbono es un producto de desecho que debe ser excretado, pero el agua suele ser de utilidad. En los seres humanos se produce aproximadamente medio litro de agua al día.

$$\text{glucosa} + \text{oxígeno} \longrightarrow \text{dióxido de carbono} + \text{agua}$$
$$\text{ADP a ATP}$$

En las células eucarióticas la mayoría de las reacciones de la respiración celular aeróbica, incluidas todas las reacciones que producen dióxido de carbono, tienen lugar en la mitocondria.

▲ Figura 10 A pesar de comer solo alimentos secos, la rata del desierto nunca necesita beber porque la respiración celular aeróbica le suministra toda el agua que necesita.

Respirómetros

Análisis de los resultados de experimentos que implican la medición de las tasas de respiración en semillas que estén germinando o en invertebrados usando un respirómetro

Cualquier dispositivo utilizado para medir la tasa de respiración es un respirómetro. Hay muchos diseños posibles y la mayoría incluyen las siguientes partes:

- Un recipiente de vidrio o de plástico sellado en el cual se coloca el organismo o tejido

- Un álcali, como el hidróxido de potasio, para absorber el dióxido de carbono

- Un tubo capilar que contiene líquido, conectado al recipiente

La figura 11 muestra un respirómetro posible, pero se pueden diseñar versiones más sencillas que tengan solamente una jeringa acoplada a un tubo capilar.

Si el respirómetro funciona correctamente y los organismos que contiene están llevando a cabo la respiración celular aeróbica, se reducirá el volumen de aire en el interior del respirómetro y el líquido del tubo capilar se moverá hacia el recipiente que contiene los organismos. Esto se debe a que se consume el oxígeno, y el dióxido de carbono que produce la respiración celular aeróbica es absorbido por el álcali.

Se debe tomar nota de la posición del líquido varias veces. Si la tasa de movimiento del líquido es relativamente constante, los resultados son fiables. Si la temperatura en el interior del respirómetro fluctúa, los resultados no serán fiables porque un aumento en la temperatura del aire provoca un aumento en el volumen. Siempre que sea posible, la temperatura en el interior del respirómetro debe controlarse empleando un baño de agua con termostato regulado.

Los respirómetros pueden utilizarse para realizar varios experimentos:

- Comparar la tasa de respiración de diversos organismos
- Investigar el efecto de la temperatura sobre la tasa de respiración
- Comparar las tasas de respiración en organismos activos e inactivos

La siguiente tabla muestra los resultados de un experimento en el cual se investigó el efecto de la temperatura sobre la respiración en semillas de guisantes que estaban germinando.

Para analizar estos resultados, primero debes decidir si son fiables: comprueba si los resultados de las repeticiones a cada temperatura son similares. Una vez hecho esto, debes calcular los resultados promedio para cada temperatura. El siguiente paso es dibujar un gráfico de los resultados promedio, con la temperatura sobre el eje horizontal y la velocidad de movimiento del líquido en el eje vertical. Se pueden añadir barras de rango al gráfico proyectando el resultado mínimo y máximo para cada temperatura y uniendo dichos resultados con una línea recta. El gráfico te permitirá concluir cuál es la relación entre la temperatura y la tasa de respiración en las semillas de guisantes que están germinando.

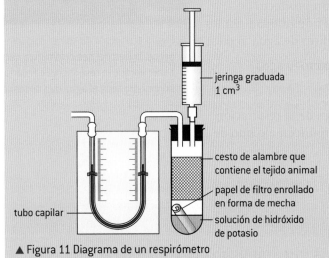

▲ Figura 11 Diagrama de un respirómetro

jeringa graduada 1 cm³

cesto de alambre que contiene el tejido animal

papel de filtro enrollado en forma de mecha

solución de hidróxido de potasio

tubo capilar

Temperatura (°C)	Movimiento del líquido en el respirómetro (mm min^{-1})		
	1ª lectura	2ª lectura	3ª lectura
5	2,0	1,5	2,0
10	2,5	2,5	3,0
15	3,5	4,0	4,0
20	5,5	5,0	6,0
25	6,5	8,0	7,5
30	11,5	11,0	9,5

Preguntas basadas en datos: Consumo de oxígeno del gusano del tabaco

Los gusanos del tabaco son las larvas de *Manduca sexta*. Los adultos de esta especie son polillas. Las larvas salen de los huevos depositados por las polillas hembras adultas. Hay una serie de estadios larvales. La larva crece y pasa al estadio siguiente expulsando su exoesqueleto y formando uno nuevo más grande. El exoesqueleto incluye los tubos traqueales que suministran oxígeno a los tejidos.

Los gráficos siguientes (figura 12) muestran las mediciones de la tasa de respiración del 3er, 4° y 5° estadio larvario utilizando un respirómetro sencillo. El artículo publicado por los biólogos que llevaron a cabo la investigación detalla los métodos que emplearon. La referencia bibliográfica de este artículo es: Callier, V. y Nijhout, H. F. "Control of body size by oxygen supply reveals size-dependent and size-independent mechanisms of molting and metamorphosis". *PNAS*. 2011. Vol. 108, n° 35, p. 14664-14669. Puede consultarse gratuitamente en Internet en http://www.pnas.org/content/108/35/14664.full.pdf+html.

Cada valor en los gráficos muestra la masa corporal y la tasa de respiración de una larva. Para cada estadio, se han dividido los resultados en larvas jóvenes con una masa corporal de baja a media y en larvas mayores con una masa corporal de intermedia a alta. Los resultados se representan en gráficos distintos. A la masa corporal intermedia se la ha llamado peso crítico.

1 a) Predice, basándote en los datos de los gráficos, cómo cambiará la tasa de respiración de una larva desde que muda hasta que alcanza el peso crítico. [1]

b) Explica el cambio en la tasa de respiración que has descrito. [2]

2 a) Discute las tendencias en la tasa de respiración de las larvas con un peso superior al crítico. [2]

b) Sugiere razones por las que se diferencian las tendencias entre los períodos por debajo y por encima del peso crítico. [2]

Los investigadores criaron algunos gusanos de tabaco en aire con un contenido de oxígeno reducido y observaron que las larvas mudaban de un estadio al siguiente con una masa corporal menor que las larvas criadas en aire normal con un 20% de oxígeno.

3 Sugiere una razón por la que las larvas criadas en aire con contenido de oxígeno reducido mudaban antes. [2]

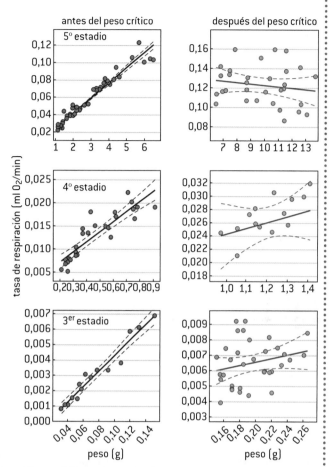

▲ Figura 12 Tasas de respiración del gusano de tabaco (basado en Callier y Nijhout, 2011)

 Ética del uso de animales en respirómetros

Evaluación de los aspectos éticos de la investigación científica: el uso de invertebrados en experimentos con un respirómetro tiene implicaciones éticas.

Es importante que todos los científicos evalúen los aspectos éticos de sus investigaciones. Se ha debatido intensamente acerca de la ética de usar animales en experimentos. Cuando discutimos cuestiones éticas, ¿consideramos las consecuencias (por ejemplo, las ventajas para los alumnos que están aprendiendo ciencias)? ¿Consideramos las intenciones? Por ejemplo, si los animales resultan dañados involuntariamente, ¿cambia nuestra opinión de si el experimento era ético o no? ¿Existen principios absolutos del bien y del mal? Por ejemplo, ¿podemos decir que los animales nunca deberían ser sometidos a condiciones distintas de las que encontrarían en su hábitat natural?

Antes de utilizar animales en experimentos con respirómetros, debemos responder estas preguntas para decidir si los experimentos son éticamente aceptables:

1. ¿Es aceptable sacar a los animales de su hábitat natural para usarlos en un experimento? ¿Pueden devolverse a su hábitat en condiciones de seguridad?

2. ¿Los animales sufrirán dolor o cualquier otro daño durante el experimento?

3. ¿Se puede minimizar el riesgo de accidentes que causan dolor o sufrimiento a los animales durante el experimento? En particular, ¿puede evitarse el contacto con el álcali?

4. ¿Es esencial usar animales en el experimento o hay algún método alternativo que evite el uso de animales?

Es particularmente importante considerar los aspectos éticos del uso de animales en experimentos con un respirómetro porque la Organización del Bachillerato Internacional ha estipulado que las investigaciones y experimentos de campo o de laboratorio deben realizarse de manera ética. Un aspecto importante de esta directiva es que en los colegios no se deben realizar experimentos que causen dolor o daño a las personas y otros animales vivos.

2.9 Fotosíntesis

Comprensión

→ La fotosíntesis consiste en la producción de compuestos de carbono en las células usando la energía lumínica.

→ La luz visible presenta un espectro variable de longitudes de onda: la luz violeta es la que tiene la longitud de onda más corta, y la luz roja la longitud de onda más larga.

→ La clorofila absorbe luz roja y azul con mayor eficacia y refleja la luz verde con mayor intensidad que los demás colores del espectro.

→ El oxígeno se produce en la fotosíntesis a partir de la fotolisis del agua.

→ La energía se requiere para producir glúcidos y otros compuestos de carbono a partir del dióxido de carbono.

→ La temperatura, la intensidad lumínica y la concentración del dióxido de carbono son posibles factores limitantes de la tasa de fotosíntesis.

 Aplicaciones

→ Cambios en la atmósfera terrestre, en los océanos y en la sedimentación de rocas como resultado de la fotosíntesis.

 Habilidades

→ Diseño de experimentos para investigar el efecto de los factores limitantes sobre la fotosíntesis.

→ Separación de pigmentos fotosintéticos mediante cromatografía (trabajo práctico 4).

→ Dibujo de un espectro de absorción para la clorofila y de un espectro de acción para la fotosíntesis.

 Naturaleza de la ciencia

→ Diseño experimental: es esencial el control de variables pertinentes en los experimentos sobre fotosíntesis.

¿Qué es la fotosíntesis?

La fotosíntesis consiste en la producción de compuestos de carbono en las células usando la energía lumínica.

Los organismos vivos requieren compuestos de carbono complejos para construir la estructura de sus células y llevar a cabo procesos vitales. Algunos organismos son capaces de crear todos los compuestos de carbono que necesitan utilizando solamente energía lumínica y sustancias inorgánicas simples, como dióxido de carbono y agua, mediante un proceso llamado fotosíntesis.

La fotosíntesis es un ejemplo de conversión de energía: la energía lumínica se convierte en energía química en los compuestos de carbono. Los compuestos de carbono producidos incluyen glúcidos, proteínas y lípidos.

▲ Figura 2 Los árboles en una hectárea de bosque de secuoyas en California pueden tener una biomasa de más de 4.000 toneladas, principalmente compuestos de carbono producidos por la fotosíntesis.

▲ Figura 1 Las hojas absorben dióxido de carbono y luz y los utilizan en la fotosíntesis.

(⚗) Separación de pigmentos fotosintéticos mediante cromatografía

Separación de pigmentos fotosintéticos mediante cromatografía (trabajo práctico 4).

Los cloroplastos contienen varios tipos de clorofila y otros pigmentos llamados pigmentos accesorios. Estos pigmentos absorben diferentes gamas de longitud de onda de la luz y, por este motivo, los percibimos de colores diferentes. Los pigmentos se pueden separar por cromatografía. Posiblemente estés familiarizado con la cromatografía en papel, pero la cromatografía en capa fina (CCF) ofrece mejores resultados. Se hace con una tira de plástico que ha sido recubierta con una capa fina de un material poroso. Cerca de uno de los extremos de la tira se coloca una pequeña muestra de pigmentos extraídos del tejido foliar. Se deja que un solvente ascienda por capilaridad a lo largo de la tira, para separar los diferentes tipos de pigmentos.

▲ Figura 3 Cromatografía en capa fina

1 Desmenuza una hoja en trozos pequeños y ponlos en un mortero.

2 Añade un poco de arena para la trituración.

3 Añade un poco de propanona (acetona).

4 Utiliza el mortero para triturar el tejido foliar y disolver los pigmentos.

5 Si se evapora toda la propanona, añade un poco más.

6 Cuando la propanona se haya vuelto verde oscura, deja que la arena y los otros sólidos sedimenten y, a continuación, vierte la propanona en un vidrio de reloj.

7 Utiliza un secador de pelo para evaporar toda la propanona y el agua del citoplasma de las células.

8 Cuando quede solo una mancha de pigmentos secos en el vidrio de reloj, añade 3 o 4 gotas de propanona y usa un pincel para disolver los pigmentos.

9 Usa el pincel para transferir una cantidad muy pequeña de la solución del pigmento a la tira de CCF. El objetivo es poner un punto muy pequeño del pigmento en el centro de la tira, a unos 10 milímetros de uno de los extremos. La mancha tiene que ser muy oscura; esto se logra colocando repetidamente una pequeña gota en la tira y dejándola secar antes de agregar un poco más. Puedes acelerar el secado soplando o usando el secador de pelo.

10 Cuando la mancha esté bastante oscura, desliza el otro extremo de la tira por la ranura de un corcho o tapón que encaje en un tubo más ancho que la tira de CCF. La ranura debe sostener la tira firmemente.

11 Introduce el corcho y la tira en un tubo de muestra. La tira de CCF debe llegar casi hasta el fondo del tubo, pero sin tocarlo.

Número de mancha	Color	Distancia que se ha movido (mm)	R_f	Nombre del pigmento
1				
2				
3				
4				
5				
6				
7				
8				

Tabla de valores R_f estándar

Pigmento	Color del pigmento	R_f
Caroteno	naranja	0,98
Clorofila a	verde azulado	0,59
Clorofila b	verde amarillento	0,42
Feofitina	verde oliva	0,81
Xantofila 1	amarillo	0,28
Xantofila 2	amarillo	0,15

12 Marca el exterior del tubo justo por debajo del nivel de la mancha en la tira de CCF.

13 Saca la tira y el corcho del tubo.

14 Añade solvente al tubo de muestra hasta el nivel que marcaste.

15 Coloca el tubo de muestra en una mesa del laboratorio donde no se vea alterado. Baja cuidadosamente la tira de CCF y el corcho hasta cerrar el tubo y hasta que la tira de CCF quede ligeramente sumergida en el solvente. El solvente NO debe tocar la mancha de pigmento.

16 Deja el tubo completamente solo durante unos cinco minutos, para que el solvente ascienda por la tira de CCF. Puedes observar cómo se separan los pigmentos, pero NO TOQUES EL TUBO.

17 Cuando el solvente casi haya alcanzado el extremo superior de la tira, saca la tira del tubo y sepárala del corcho.

18 Con un lápiz, marca dos líneas a lo ancho de la tira, una en el nivel alcanzado por el solvente y la otra en el nivel inicial de la mancha de pigmento.

19 Dibuja un círculo alrededor de cada una de las manchas de pigmento separadas y una cruz en el centro del círculo.

▲ Figura 4 Cromatograma de pigmentos de una hoja

20 Utilizando una regla con marcas milimétricas, mide la distancia que ha ascendido el solvente (la distancia entre las dos líneas) y la distancia que se ha movido cada pigmento (la distancia entre la línea inferior y la cruz en el centro del círculo).

21 Calcula el valor R_f de cada pigmento (R_f es la distancia recorrida por el pigmento dividida entre la distancia recorrida por el solvente).

22 Muestra todos tus resultados en la tabla de arriba, comenzando por el pigmento que se ha movido menos.

Longitudes de onda de la luz

La luz visible presenta un espectro variable de longitudes de onda: la luz violeta es la que tiene la longitud de onda más corta, y la luz roja la longitud de onda más larga.

La luz solar, o simplemente luz, se compone de todas las longitudes de onda de la radiación electromagnética que nuestros ojos pueden detectar. Por eso podemos verla, mientras que otras longitudes de onda son invisibles. El espectro de radiación electromagnética abarca desde longitudes de onda muy cortas a muy largas. Las longitudes de onda más cortas, como los rayos X y la radiación ultravioleta, tienen mucha energía; las longitudes de onda más largas, como la radiación infrarroja y las ondas de radio, tienen menos energía. La luz visible tiene longitudes de onda más largas que la radiación ultravioleta y más cortas que la radiación infrarroja. El rango de longitudes de onda de la luz visible es de 400 a 700 nanómetros.

Cuando las gotitas de agua en el cielo separan la luz del sol y se forma un arco iris, podemos ver diferentes colores de luz. Esto se debe a que la luz solar es una mezcla de diferentes longitudes de onda que percibimos como diferentes colores, incluidos el violeta, el azul, el verde y el rojo. La luz violeta y la luz azul tienen las longitudes de onda más cortas y la luz roja tiene la longitud de onda más larga.

Las longitudes de onda de la luz que los ojos pueden detectar son las mismas que utilizan las plantas en la fotosíntesis. Una razón es que son emitidas por el sol y penetran la atmósfera terrestre en mayores cantidades que otras longitudes de onda, por lo que son particularmente abundantes.

▲ Figura 5 En un arco iris, las longitudes de onda de la luz visible se separan.

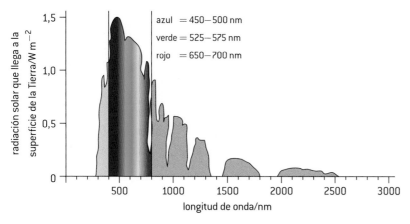

azul = 450−500 nm
verde = 525−575 nm
rojo = 650−700 nm

eje y: radiación solar que llega a la superficie de la Tierra/W m^{-2}

eje x: longitud de onda/nm

▲ Figura 6 Espectro de la radiación electromagnética que llega a la superficie de la Tierra

Absorción de la luz por la clorofila

La clorofila absorbe luz roja y azul con mayor eficacia y refleja la luz verde con mayor intensidad que los demás colores del espectro.

La primera etapa de la fotosíntesis es la absorción de la luz solar. Este proceso requiere sustancias químicas llamadas pigmentos. Las sustancias

▲ Figura 7 Las flores de genciana contienen el pigmento delfinidina, que refleja la luz azul y absorbe el resto de las longitudes de onda.

blancas o transparentes no absorben la luz visible. Los pigmentos son sustancias que sí absorben la luz y, como resultado, las percibimos de color. Los pigmentos que absorben todos los colores se perciben como negros, porque no emiten ninguna luz.

Hay pigmentos que absorben ciertas longitudes de onda de la luz visible pero no otras. Por ejemplo, el pigmento en una flor de genciana absorbe todos los colores excepto el azul. A nosotros nos parece azul, porque esta parte de la luz solar se refleja y penetra nuestro ojo, donde es detectada por las células de la retina.

Los organismos fotosintéticos utilizan una variedad de pigmentos, pero el principal pigmento fotosintético es la clorofila. Hay varias formas de clorofila y todas ellas las percibimos como verdes. Esto se debe a que absorben la luz roja y azul muy eficazmente, pero mucho menos eficazmente la luz verde intermedia. Por lo tanto, reflejan las longitudes de onda de la luz verde. Esta es la razón por la cual el color principal en los ecosistemas donde predominan las plantas es el verde.

⚗ Espectros de absorción y de acción

Dibujo de un espectro de absorción para la clorofila y de un espectro de acción para la fotosíntesis.

Un espectro de acción es un gráfico que muestra la tasa de fotosíntesis con cada longitud de onda de la luz. Un espectro de absorción es un gráfico que muestra el porcentaje de luz absorbida por un pigmento o grupo de pigmentos con cada longitud de onda.

- Al dibujar un espectro de acción o un espectro de absorción, la leyenda del eje horizontal debe ser "longitud de onda (nm)", con una escala de 400 a 700 nanómetros.

- En un espectro de acción, el eje vertical debe medir la cantidad relativa de fotosíntesis. Esta se representa a menudo como un porcentaje de la tasa máxima, con una escala de 0 a 100%.

- En un espectro de absorción, la leyenda del eje vertical debe ser "% de absorción", con una escala de 0 a 100%.

- Lo ideal es trazar puntos de datos para longitudes de onda específicas y luego unirlos con una curva suave. Si esto no es posible, se puede copiar la curva de un espectro de una publicación.

No es difícil explicar por qué los espectros de acción y de absorción son muy similares: la fotosíntesis solo

puede producirse con las longitudes de onda de la luz que la clorofila o los otros pigmentos fotosintéticos pueden absorber.

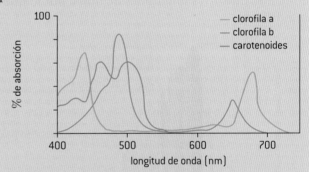

▲ Figura 8 Espectros de absorción de pigmentos de plantas

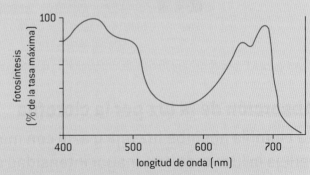

▲ Figura 9 Espectro de acción de un pigmento de planta

Preguntas basadas en datos: Crecimiento de plántulas de tomate con luz roja, verde y azul

Se germinaron y cultivaron semillas de tomate durante 30 días con diodos emisores de luz (LED) roja, naranja, verde y azul. Se probaron cuatro colores diferentes de LED y dos combinaciones de colores. En cada prueba, las plantas de tomate recibieron fotones de luz de la misma intensidad. La siguiente tabla muestra la máxima longitud de onda de la luz emitida por cada LED, el área foliar promedio y la altura de las plántulas. A menudo las plantas crecen en altura, pero con tallos débiles y hojas pequeñas, cuando no reciben suficiente luz para la fotosíntesis.

1 Dibuja un gráfico que muestre la relación entre la longitud de onda, el área foliar y la altura. Sugerencia: si necesitas usar dos escalas diferentes en el eje vertical, puedes dibujar un eje en el lado izquierdo del gráfico y otro en el lado derecho. No incluyas en el gráfico los resultados de las combinaciones de LED. [6]

2 Basándote en tu gráfico, deduce la relación entre el área foliar de las plántulas y su altura. [1]

3 Evalúa los datos de la tabla para un agricultor de tomates de invernadero que está considerando usar LED como fuentes de luz. [3]

Colores de LED	Máxima longitud de onda de la luz emitida por LED (nm)	Área foliar de las plántulas (cm²)	Altura de las plántulas (mm)
Rojo	630	5,26	192
Naranja	600	4,87	172
Verde	510	5,13	161
Azul	450	7,26	128
Rojo y azul	–	5,62	99
Rojo, verde y azul	–	5,92	85

Fuente: Xiaoying *et al.* "Regulation of the growth and photosynthesis of cherry tomato seedlings by different light irradiations of light emitting diodes (LED)". *African Journal of Biotechnology.* 2012. Vol. 11, n.° 22, p. 6169-6177.

Producción de oxígeno en la fotosíntesis

El oxígeno se produce en la fotosíntesis a partir de la fotolisis del agua.

Una de las etapas esenciales en la fotosíntesis es la descomposición de moléculas de agua para liberar electrones necesarios en otras etapas.

$$2H_2O \rightarrow 4e^- + 4H^+ + O_2$$

Esta reacción se llama fotolisis porque solo se produce si hay luz y la palabra "lisis" significa descomposición. Todo el oxígeno generado en la fotosíntesis proviene de la fotolisis del agua. El oxígeno es un producto de desecho y se difunde.

Efectos de la fotosíntesis en la Tierra

Cambios en la atmósfera terrestre, en los océanos y en la sedimentación de rocas como resultado de la fotosíntesis.

Los procariotas fueron los primeros organismos que llevaron a cabo la fotosíntesis, hace unos 3.500 millones de años. Les siguieron millones de años más tarde las algas y las plantas, que realizan la fotosíntesis desde entonces. Una consecuencia de la fotosíntesis es el aumento de la concentración de oxígeno en la atmósfera, que comenzó hace alrededor de 2.400 millones de años y 200 millones de años después había alcanzado un 2% en volumen. Este fenómeno se conoce como la Gran Oxidación.

▲ Figura 10 Los organismos fotosintéticos parecen insignificantes en relación con el tamaño de la Tierra, pero la han cambiado considerablemente durante miles de millones de años.

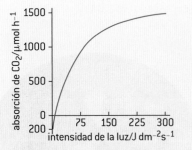
Al mismo tiempo la Tierra experimentó su primera glaciación, presumiblemente debido a una reducción en el efecto invernadero. Esto, a su vez, pudo deberse al aumento de oxigenación, que habría causado una disminución en la concentración de metano en la atmósfera, y a la fotosíntesis, que habría reducido la concentración de dióxido de carbono. Tanto el metano como el dióxido de carbono son gases que provocan un gran efecto invernadero.

El aumento de las concentraciones de oxígeno en los océanos hace entre 2.200 y 2.400 millones de años provocó la oxidación del hierro disuelto en el agua, que se precipitó al fondo del mar. Este proceso dio lugar a una formación rocosa muy distintiva llamada formación de hierro bandeado, en la que se alternan capas de óxido de hierro con otros minerales. Aún no se entienden completamente las razones por las que se formaron estas bandas, que son los minerales de hierro más importantes. Así, es gracias a la fotosíntesis de bacterias existentes hace miles de millones de años que hoy tenemos abundantes suministros de acero.

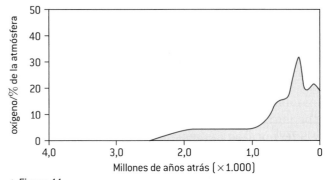

▲ Figura 11

La concentración de oxígeno de la atmósfera se mantuvo alrededor del 2% desde hace 2.200 millones de años hasta hace aproximadamente 750-635 millones de años. Se produjo entonces un aumento significativo hasta el 20% o más, que se corresponde con el período en el que evolucionaron muchos grupos de organismos multicelulares.

Producción de glúcidos

La energía se requiere para producir glúcidos y otros compuestos de carbono a partir del dióxido de carbono.

Las plantas convierten dióxido de carbono y agua en glúcidos mediante la fotosíntesis. El proceso se resume en la sencilla ecuación siguiente:

$$\text{dióxido de carbono} + \text{agua} \rightarrow \text{glúcido} + \text{oxígeno}$$

Para llevar a cabo este proceso, se requiere energía. Las reacciones químicas que absorben energía se describen como endotérmicas. Las reacciones que producen oxígeno son generalmente endotérmicas en los sistemas vivos. Las reacciones que combinan moléculas más pequeñas para crear más grandes también son a menudo endotérmicas, y las moléculas de glúcidos, como la glucosa, son mucho mayores que el dióxido de carbono o el agua.

La energía para convertir el dióxido de carbono en glúcidos se obtiene mediante la absorción de luz. Esta es la razón por la cual la fotosíntesis ocurre solamente en presencia de luz. La energía absorbida de la luz no desaparece, sino que se convierte en energía química en los glúcidos.

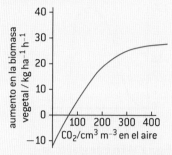

Factores limitantes

La temperatura, la intensidad lumínica y la concentración del dióxido de carbono son posibles factores limitantes de la tasa de fotosíntesis.

La tasa de fotosíntesis en una planta puede verse afectada por tres factores externos:

- La temperatura

- La intensidad lumínica

- La concentración de dióxido de carbono

Cada uno de estos factores puede limitar la tasa de fotosíntesis si está por debajo de su nivel óptimo y, por este motivo, se les llama factores limitantes. Según el concepto de factores limitantes, en cualquier combinación de temperatura, intensidad lumínica y concentración de dióxido de carbono, solo uno de los factores limita realmente la tasa de fotosíntesis: el factor que está más alejado de su nivel óptimo. La tasa de fotosíntesis aumentará si se modifica este factor para acercarlo a su nivel óptimo, mientras que modificar los otros factores no tendrá ningún efecto porque no son el factor limitante.

Por supuesto, a medida que el factor limitante se acerque a su nivel óptimo, si los demás factores se mantienen constantes se llegará a un punto donde este factor ya no será el que está más alejado de su nivel óptimo y otro factor se convertirá en el factor limitante. Por ejemplo, durante la noche, la intensidad lumínica es probablemente el factor limitante de la fotosíntesis. Cuando sale el sol y aumenta la intensidad lumínica, la temperatura generalmente se convierte en el factor limitante. A medida que la temperatura aumenta durante la mañana, la concentración de dióxido de carbono podría pasar a ser el factor limitante.

Actividad

Concentración de CO$_2$

aumento en la biomasa vegetal / kg ha^{-1} h^{-1}

40 — 30 — 20 — 10 — 0 — −10

100 200 300 400
CO$_2$/cm^3 m^{-3} en el aire

▲ Figura 13 En este gráfico, la tasa de fotosíntesis se halló indirectamente midiendo el cambio en la biomasa vegetal.

1 La concentración máxima de dióxido de carbono de la atmósfera es de 380 cm^3 m^{-3} en el aire. ¿Por qué la concentración suele ser inferior cerca de las hojas?

2 ¿En qué condiciones meteorológicas es probable que el factor limitante de la fotosíntesis sea la concentración de dióxido de carbono?

 ## Variables controladas en experimentos de factores limitantes

Diseño experimental: es esencial el control de variables pertinentes en los experimentos sobre fotosíntesis.

En cualquier experimento, es importante controlar todas las variables que no sean la variable independiente y la variable dependiente que estás investigando. La variable independiente es la que varías deliberadamente en el experimento dentro de un rango de niveles que tú decides. La variable dependiente es lo que mides durante el experimento, para ver si resulta afectada por la variable independiente.

En este tipo de experimentos es esencial asegurarse de que la variable independiente sea el único factor que puede afectar a la variable dependiente. Por tanto, se deben controlar todas las demás variables que podrían afectar a la variable independiente.

Cuando diseñes un experimento para investigar un factor limitante de la fotosíntesis, tienes que responder estas preguntas:

- ¿Cuál es el factor limitante que vas a investigar? Este será tu variable independiente.

- ¿Cómo medirás la tasa de fotosíntesis? Esta será tu variable dependiente.

- ¿Cómo mantendrás los otros factores limitantes a un nivel óptimo y constante? Estos serán tus variables controladas.

Actividad

Temperatura

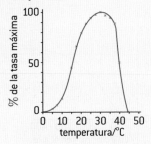

▲ Figura 14 En este gráfico, la tasa de fotosíntesis se halló indirectamente midiendo el cambio en la biomasa vegetal.

1   ¿Cuál fue la temperatura óptima para la fotosíntesis en esta planta?

2   ¿Cuál fue la temperatura máxima para la fotosíntesis?

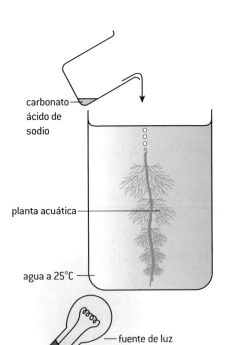

▲ Figura 15 Aparato para medir las tasas de fotosíntesis con diferentes concentraciones de dióxido de carbono

🧪 Investigación de los factores limitantes

Diseño de experimentos para investigar el efecto de los factores limitantes sobre la fotosíntesis.

Hay muchos diseños experimentales posibles. A continuación se describe un método que puede utilizarse para investigar el efecto de la concentración de dióxido de carbono. Puedes modificar este método para investigar otro factor limitante, o puedes desarrollar un diseño totalmente diferente.

Investigación del efecto del dióxido de carbono en la fotosíntesis

Si el tallo de una planta acuática como *Elodea*, *Cabomba* o *Myriophyllum* se coloca boca abajo en el agua y se corta el extremo del tallo, se pueden ver burbujas de gas dispersarse. Si recogemos y examinamos estas burbujas, veremos que son principalmente oxígeno producido por la fotosíntesis. La tasa de producción de oxígeno puede medirse contando las burbujas. Se pueden modificar los factores que podrían afectar a la tasa de fotosíntesis para averiguar qué efecto tienen. En el método explicado a continuación se varía la concentración de dióxido de carbono.

1   Se hierve agua suficiente para llenar un vaso de precipitado grande y después se deja enfriar. Este proceso elimina el dióxido de carbono y otros gases disueltos.

2   Se vierte el agua repetidamente de un recipiente a otro para oxigenarla. Se disolverá una cantidad muy pequeña de dióxido de carbono.

3   Se coloca el tallo de una planta acuática boca abajo en el agua y se corta el extremo del tallo. No se espera que salgan burbujas, ya que el agua casi no contiene dióxido de carbono. El agua debe tener una temperatura aproximada de 25 °C y estar muy bien iluminada. La figura 15 muestra una forma adecuada de hacerlo.

4   Se añade suficiente carbonato ácido de sodio al agua para elevar la concentración de dióxido de carbono en 0,01 mol dm^{-3}. Si se forman burbujas, se deben contar durante 30 segundos y repetir los recuentos hasta obtener dos o tres resultados uniformes.

5   Se añade suficiente carbonato ácido de sodio para elevar la concentración de dióxido de carbono otros 0,01 mol dm^{-3}. Se vuelven a contar las burbujas de la misma manera.

6   Se repite este procedimiento una y otra vez hasta que los aumentos de dióxido de carbono no afecten a la tasa de producción de burbujas.

Preguntas

1   ¿Por qué son necesarios los siguientes procedimientos?

   a)   Hervir y luego enfriar el agua antes del experimento

   b)   Mantener el agua a 25°C y bien iluminada

   c)   Repetir el recuento de burbujas hasta obtener varios resultados uniformes

2   ¿Qué otro factor podría investigarse mediante el recuento de burbujas con plantas acuáticas? ¿Cómo diseñarías el experimento?

3   ¿Cómo podrías medir la tasa de producción de oxígeno con mayor precisión?

Preguntas

1 La lipasa es una enzima digestiva que acelera la descomposición de los triglicéridos en el intestino delgado. En el laboratorio, la tasa de actividad de la lipasa puede detectarse por una disminución en el pH. Explica qué causa la disminución del pH. [4]

2 La papaína es una proteasa que se puede extraer de las piñas. La figura 16 muestra el efecto de la temperatura sobre la actividad de la papaína. El experimento se realizó con papaína disuelta en agua y después se repitió con la misma cantidad de papaína, que esta vez había sido inmovilizada uniéndola a una superficie sólida. Los resultados muestran el porcentaje de la proteína en la mezcla de reacción que fue digerida en un período de tiempo fijo.

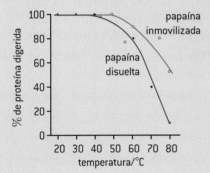

▲ Figura 16

a) (i) Resume los efectos de la temperatura sobre la actividad de la papaína disuelta. [2]

   (ii) Explica los efectos de la temperatura sobre la actividad de la papaína disuelta. [2]

b) (i) Compara el efecto de la temperatura sobre la actividad de la papaína inmovilizada con el efecto sobre la papaína disuelta. [2]

   (ii) Sugiere una razón para la diferencia que has descrito. [2]

   (iii) En algunas partes del cuerpo humano las enzimas están inmovilizadas en membranas. Sugiere una enzima y una parte del cuerpo donde puede ser útil que la enzima esté inmovilizada en una membrana. [2]

3 La siguiente ecuación resume los resultados de las rutas metabólicas utilizadas para producir ATP, usando energía procedente de la oxidación de glucosa.

glucosa + oxígeno + (ADP + Pi) →
180 g   134,4 dm³   18,25 kg

dióxido de carbono + agua + ATP
134,4 dm³   108 g   18,25 kg

a) (i) Indica las unidades de volumen que aparecen en la ecuación. [1]

   (ii) Indica las unidades de masa que aparecen en la ecuación. [2]

b) (i) Calcula la masa de ATP que se produce por cada dm³ de oxígeno. [2]

   (ii) Calcula la masa de ATP que se produce en cada carrera de la tabla 1. [4]

c) Explica cómo es posible sintetizar masas de ATP tan grandes durante las carreras. [3]

d) Durante una carrera de 100 m, se necesitan 80 g de ATP pero solo se consumen 0,5 dm³ de oxígeno. Deduce cómo se produce el ATP. [3]

Longitud de la carrera/m	Volumen de oxígeno consumido en la respiración celular durante la carrera/dm³
1500	36
10.000	150
42.300	700

▲ Tabla 1

4 La figura 17 muestra los efectos de la variación de la intensidad lumínica sobre la absorción de dióxido de carbono por parte de las hojas, con diferentes concentraciones de dióxido de carbono y temperaturas.

a) Deduce cuál es el factor limitante de la fotosíntesis en:

   (i) W (ii) X (iii) Y (iv) Z. [4]

b) Explica por qué las curvas I y II son iguales entre 1 y 7 unidades de intensidad lumínica. [3]

c) Explica los valores negativos de absorción de dióxido de carbono cuando las hojas reciben bajas intensidades lumínicas. [3]

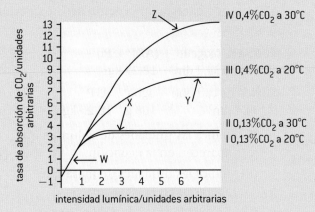

▲ Figura 17

5 La figura 18 muestra los resultados de un experimento en el cual células de *Chlorella* recibieron luz de longitudes de onda de 660 nm (roja) hasta 700 nm (rojo lejano). Se midió la tasa de producción de oxígeno mediante fotosíntesis y se calculó la producción de oxígeno por cada fotón de luz. Estos datos dan una indicación de la eficacia de la fotosíntesis con cada longitud de onda. El experimento se repitió después con luz suplementaria con una longitud de onda de 650 nm al mismo tiempo que cada una de las longitudes de onda de 660 a 700 nm, pero con la misma intensidad lumínica total que en el primer experimento.

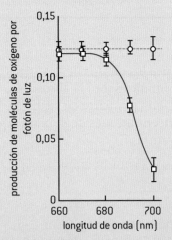

▲ Figura 18 Producción de oxígeno por fotón mediante fotosíntesis con diferentes intensidades lumínicas

a) Describe la relación entre la longitud de onda de la luz y la producción de oxígeno cuando no había luz suplementaria. [2]

b) Describe el efecto de la luz suplementaria. [2]

c) Explica cómo ayudan las barras de error a extraer conclusiones de este experimento. [2]

d) La producción máxima probable de oxígeno fue de 0,125 moléculas por cada fotón de luz. Calcula cuántos fotones se necesitan para producir una molécula de oxígeno en la fotosíntesis. [2]

e) La producción de oxígeno por fotolisis implica esta reacción:

$$4H_2O \rightarrow O_2 + 2H_2O + 4H^+ + 4e^-$$

Cada fotón de luz se utiliza para excitar un electrón (elevarlo a un nivel superior de energía). Calcula cuántas veces debe excitarse cada electrón producido por fotolisis durante las reacciones de la fotosíntesis. [2]

3 GENÉTICA

Introducción

Todo organismo vivo hereda un mapa de vida de sus progenitores. La herencia de los genes sigue determinados patrones. Los cromosomas contienen genes en una secuencia lineal compartida por los miembros de una misma especie. Los alelos se segregan durante la meiosis, y permiten así que se formen nuevas combinaciones mediante la fusión de gametos. Los biólogos han desarrollado técnicas para la manipulación artificial del ADN, las células y los organismos.

3.1 Genes

Comprensión:

→ Un gen es un factor hereditario que abarca una longitud determinada de ADN y que influye en una característica específica.

→ Un gen ocupa una posición específica en un cromosoma concreto.

→ Las distintas formas específicas de un gen reciben el nombre de alelos.

→ Los alelos difieren entre sí en una o unas pocas bases.

→ Por mutación se forman nuevos alelos.

→ El genoma es la totalidad de la información genética de un organismo.

→ En el Proyecto Genoma Humano se secuenció toda la secuencia de bases de los genes humanos.

Aplicaciones:

→ Causas de la anemia falciforme, incluidos una mutación por sustitución de bases, un cambio en la secuencia de bases del ARNm transcrito a partir de dicha mutación y un cambio en la secuencia de un polipéptido en la hemoglobina.

→ Comparación del número de genes en humanos con otras especies.

Habilidades:

→ Uso de una base de datos para determinar las diferencias en la secuencia de bases de un gen en dos especies.

Naturaleza de la ciencia:

→ Las mejoras tecnológicas conllevan avances en la investigación científica: los secuenciadores de genes, fundamentalmente el láser y los detectores ópticos, se usan para secuenciar genes.

¿Qué es un gen?

Un gen es un factor hereditario que abarca una longitud determinada de ADN y que influye en una característica específica.

La genética es la rama de la biología que estudia el almacenamiento de información en los organismos vivos y cómo esta información puede transmitirse de los progenitores a sus descendientes. Los biólogos utilizaron la palabra genética mucho antes de que se entendiese el método de almacenamiento de información. Proviene de la palabra "génesis", que significa orígenes. Los biólogos estaban interesados en los orígenes de características tales como la calvicie y los ojos azules, entre otras muchas más. La ocurrencia de estas características y el hecho de que se transmitan a la descendencia, donde se manifestarán de la misma manera, deben estar causados por algo.

Unos experimentos que se llevaron a cabo en el siglo XIX demostraron que, evidentemente, había factores en los organismos vivos que influían en las características específicas y que estos factores eran hereditarios. Podían transmitirse a la descendencia en el caso de las plantas de guisante (arveja), las moscas de la fruta o cualquier otro organismo. A partir del siglo XX se intensificaron las investigaciones sobre genética y se inventó la palabra "gen" para describir esos factores hereditarios.

Una de las preguntas más obvias que surgieron era acerca de la composición química de los genes. A mediados del siglo XX se pudo probar con bastante certeza que los genes estaban constituidos de ADN. Si bien una célula contiene relativamente pocas moléculas de ADN (por ejemplo, una célula humana típica tiene tan solo 46), hay miles de *genes*. Por lo tanto, podemos deducir que cada gen consiste en un segmento mucho más corto de ADN que un cromosoma y que cada cromosoma tiene muchos genes.

Comparación del número de genes
Comparación del número de genes en humanos con otras especies

¿Cuántos genes se necesitan para crear una bacteria, una planta de bananas o un murciélago, y cuántos son necesarios para crear un ser humano? Los seres humanos nos consideramos más complejos en estructura, fisiología y comportamiento, por lo que cabría suponer que tenemos más genes. La siguiente tabla muestra en qué medida ello es cierto. Presenta los números de genes previstos basados en observaciones del ADN de estas especies. No constituyen cálculos exactos del número de genes porque estos todavía no se conocen.

Grupo	Nombre de la especie	Breve descripción	Número de genes
Procariotas	*Haemophilus influenzae*	Bacteria patógena	1.700
	Escherichia coli	Bacteria intestinal	3.200
Protoctistas	*Trichomonas vaginalis*	Parásito unicelular	60.000
Hongos	*Saccharomyces cerevisiae* (levadura)	Hongos unicelulares	6.000
Plantas	*Oryza sativa* (arroz)	Cultivo alimenticio	41.000
	Arabidopsis thaliana (arabidopsis)	Pequeña maleza anual	26.000
	Populus trichocarpa (álamo negro)	Árbol grande	46.000

Animales	*Drosophila melanogaster* (mosca de la fruta)	Las larvas se alimentan de fruta madura	14.000
	Caenorhabditis elegans	Gusano pequeño del suelo	19.000
	Homo sapiens (ser humano)	Gran bípedo omnívoro	23.000
	Daphnia pulex (pulga de agua)	Crustáceo pequeño de estanque	31.000

¿Dónde se encuentran los genes?

Un gen ocupa una posición específica en un cromosoma concreto.

Diversos experimentos en los que se cruzaron distintas variedades de plantas o animales han demostrado que los genes están ligados en grupos y que cada grupo corresponde a uno de los tipos de cromosomas de una especie. Por ejemplo, existen cuatro grupos de genes ligados en la mosca de la fruta y cuatro tipos de cromosomas. El maíz tiene diez grupos de genes ligados y diez tipos de cromosomas y, en los seres humanos, el número de ambos es 23.

Cada gen ocupa una posición específica en el tipo de cromosoma donde se ubica. Esta posición se llama *locus* del gen. Mediante experimentos de cruzamiento con la mosca de la fruta y otros organismos se ha conseguido trazar mapas que muestran la secuencia de los genes a lo largo de los cromosomas, pero la secuenciación del genoma de una especie permite ahora obtener mapas mucho más detallados.

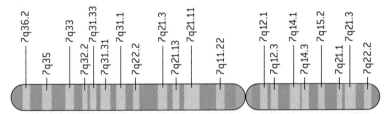

▲ Figura 1 Cromosoma 7: ejemplo de un cromosoma humano. Consta de una sola molécula de ADN con aproximadamente 170 millones de pares de bases: cerca del 5% del genoma humano. El patrón de bandas, obtenido por coloración del cromosoma, es diferente de otros cromosomas humanos. En el cromosoma 7 se encuentran varios miles de genes, en su mayoría en las bandas claras; cada una de ellas tiene un código único de identificación. Se muestra el *locus* de algunos de los genes en el cromosoma 7.

¿Qué son los alelos?

Las distintas formas específicas de un gen reciben el nombre de alelos.

Por lo general, se considera a Gregor Mendel el padre de la genética. Mendel cruzó distintas variedades de plantas de guisante, por ejemplo, variedades de guisante alto con variedades de guisante enano, y plantas de guisante de flores blancas con variedades de flores púrpura. Mendel dedujo que las diferencias entre las variedades que cruzó se debían a diferentes factores hereditarios. Ahora sabemos que estos pares de factores hereditarios son formas alternativas del mismo gen. Por ejemplo, hay dos formas del gen que influye en la altura: una da lugar a plantas de guisante altas y la otra a plantas enanas.

Actividad

Estimación del número de genes humanos

En octubre de 1970, se publicó en la revista *Scientific American* un cálculo aproximado de que el genoma humano podría estar constituido por hasta 10 millones de genes. ¿Cuántas veces supera esta cifra al cálculo actual? ¿Qué razones se pueden dar para explicar un cálculo tan alto en 1970?

▲ Figura 2 Diferentes colores de pelaje en ratones

Estas formas distintas se denominan alelos. Puede haber más de dos alelos de un gen. Uno de los primeros ejemplos de alelos múltiples que se descubrió fue en el ratón. El gen que determina el color del pelaje tiene tres alelos, lo cual hace que el ratón sea amarillo, gris o negro. En los seres humanos, el gen que determina los grupos sanguíneos ABO tiene tres alelos. En algunos casos, se presenta un gran número de alelos diferentes de un solo gen, por ejemplo, el gen que influye en el color de los ojos en la mosca de la fruta.

Como los alelos son formas alternativas del mismo gen, ocupan la misma posición en un tipo de cromosoma: tienen el mismo *locus*. Solo un alelo puede ocupar el *locus* del gen en un cromosoma. La mayoría de las células animales y vegetales tienen dos copias de cada tipo de cromosoma, por lo cual es posible suponer que existan dos copias de un gen. Estas podrían ser dos copias del mismo alelo del gen o dos alelos diferentes.

Las diferencias entre alelos

Los alelos difieren entre sí en una o unas pocas bases.

Un gen consiste en un segmento de ADN, con una secuencia de bases que puede ser de cientos o miles de bases. Las secuencias de bases de los diferentes alelos de un gen presentan ligeras variaciones. Generalmente, una sola base o un número muy pequeño de ellas son diferentes, por ejemplo, la adenina podría estar presente en una determinada posición de la secuencia en un alelo y la citosina en esa posición en el otro alelo.

Las posiciones en un gen donde puede haber más de una base se llaman polimorfismos de nucleótidos individuales. Un gen puede tener varios polimorfismos de nucleótidos individuales, pero aun así los alelos del gen difieren solo en unas pocas bases.

🧪 Comparación de genes

Uso de una base de datos para determinar las diferencias en la secuencia de bases de un gen en dos especies

Uno de los resultados del Proyecto Genoma Humano es que las técnicas que se desarrollaron han permitido la secuenciación de otros genomas, lo cual hace posible comparar distintas secuencias de genes. Los resultados de esta comparación pueden utilizarse para determinar relaciones evolutivas. Además, la identificación de secuencias conservadas permite seleccionar especies para explorar la función de esa secuencia.

- Visita el sitio web llamado GenBank® (http://www.ncbi.nlm.nih.gov/pubmed/).

- Elige *Gene* (gen) en el menú de búsqueda.

- Escribe el nombre de un gen y el del organismo, por ejemplo, *COX1* (citocromo oxidasa 1) para *Pan troglodytes* (chimpancé).

- De la lista de resultados, selecciona *COX1* y baja hasta la sección *Genomic regions, transcripts and products* (regiones genómicas, transcripciones y productos), donde aparece *Go to nucleotide* (ver el nucleótido).

- Elige *FASTA* y aparecerá la secuencia. Copia y pega la secuencia en un archivo .txt u otro archivo de texto.

- Repite la búsqueda con las diferentes especies que deseas comparar y guarda los archivos.

- Para que el computador alinee la secuencia, descarga el software denominado ClustalX y ejecútalo.

- En el menú *File*, elige *Load sequences* (cargar secuencias).

- Selecciona tu archivo. Tus secuencias aparecerán en la ventana de ClustalX.

- Bajo el menú *Alignment*, elige *Do complete alignment* (hacer alineación completa). El siguiente ejemplo muestra la alineación de las secuencias de nueve organismos distintos.

▼ Figura 3

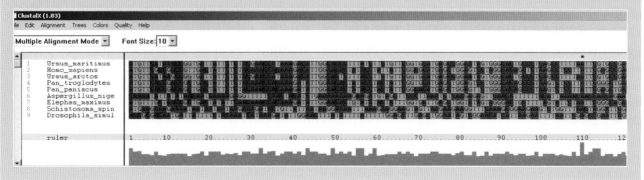

Preguntas basadas en datos: COX-2, el tabaquismo y el cáncer de estómago

El COX-2 es un gen que codifica la enzima ciclooxigenasa. El gen consta de más de 6.000 nucleótidos. Se han descubierto tres polimorfismos de nucleótidos individuales asociados con el adenocarcinoma gástrico, un tipo de cáncer del estómago. Uno de estos polimorfismos se produce en el nucleótido 1195. La base de este nucleótido puede ser adenina o guanina. En un estudio extenso realizado en China se secuenciaron ambas copias del gen COX-2 en 357 pacientes que habían desarrollado adenocarcinoma gástrico y en 985 personas que no tenían la enfermedad. A todas estas personas se les preguntó si alguna vez habían fumado.

La tabla 1 muestra los resultados de los 357 pacientes con adenocarcinoma gástrico categorizados según si eran fumadores o no fumadores y conforme a si tenían dos copias del COX-2 con G en el nucleótido 1195 (GG) o por lo menos una copia del gen con A en esta posición (AG o AA). Los resultados se muestran en porcentajes. La tabla 2 muestra la misma clasificación para las 985 personas que no tenían este tipo de cáncer.

1   Predice, basándote en los datos, cuál de las bases G o A es más habitual en el nucleótido 1195 en los controles.   [2]

2   a) Calcula el porcentaje total de los pacientes que eran fumadores y el porcentaje total de controles que eran fumadores.   [2]

   b) Explica la conclusión que puede extraerse de la diferencia en los porcentajes.   [2]

3   Deduce, aportando una razón, si la presencia de G o A en el nucleótido 1195 está asociado con un aumento del riesgo de adenocarcinoma gástrico.   [2]

4   Discute, basándote en los datos, si el riesgo de adenocarcinoma gástrico aumenta igualmente en todos los fumadores.   [2]

	GG	AG o AA
Fumadores	9,8%	43,7%
No fumadores	9,5%	40,0%

▲ Tabla 1 Pacientes con cáncer

	GG	AG o AA
Fumadores	9,4%	35,6%
No fumadores	12,6%	42,4%

▲ Tabla 2 Pacientes sin cáncer

Actividad

Nuevos alelos

En una investigación reciente sobre mutaciones donde se secuenciaron las bases de todos los genes de un grupo de padres e hijos, se demostró que había una mutación de una base por cada $1{,}2 \times 10^8$ bases. Calcula cuántos alelos nuevos es probable que tenga un niño como resultado de mutaciones en sus padres. Utiliza el supuesto de que existen 25.000 genes humanos y que estos tienen un promedio de 2.000 bases.

Fuente: CAMPBELL, C. D. *et al.* "Estimating the human mutation rate using autozygosity in a founder population". *Nature Genetics.* 2012. N.º 44, p. 1277–1281. DOI: 10.1038/ng.2418.

Teoría del Conocimiento

¿Qué criterios pueden utilizarse para distinguir entre correlación y causa-efecto?

Existe una correlación entre la elevada frecuencia del alelo de células falciformes en las poblaciones humanas y altas tasas de infección con malaria *Falciparum*. Cuando existe una correlación, esta puede o no deberse a una relación causal. Considera la información en la figura 4 para decidir si la anemia falciforme causa infección por malaria.

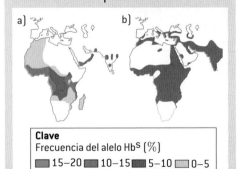

Clave
Frecuencia del alelo Hb^S (%)

■ 15–20 ■ 10–15 ■ 5–10 □ 0–5

▲ Figura 4 (a) Mapa de la frecuencia del alelo de la anemia falciforme y (b) Mapa de las áreas afectadas por la malaria en África y Asia occidental

Mutación

Por mutación se forman nuevos alelos.

Los alelos nuevos se forman por mutación genética a partir de otros alelos. Las mutaciones son cambios aleatorios: no existe ningún mecanismo para que se produzca determinada mutación. El tipo más importante de mutación es la sustitución de bases según la cual una base en la secuencia de un gen se sustituye por otra base diferente. Por ejemplo, si la adenina estuviera presente en una determinada posición de la secuencia de bases, podría sustituirse por la citosina, la guanina o la timina.

Es poco probable que un cambio aleatorio en un alelo que se ha desarrollado por evolución, quizás en el transcurso de millones de años, sea beneficioso. Casi todas las mutaciones son neutrales o perjudiciales, y algunas son incluso letales al causar la muerte de la célula en la cual se produce. Las mutaciones en las células del cuerpo se eliminan cuando el individuo muere, pero las mutaciones en las células que se transforman en gametos pueden transmitirse a la descendencia y originar enfermedades genéticas.

🌐 La anemia falciforme

Causas de la anemia falciforme, incluidos una mutación por sustitución de bases, un cambio en la secuencia de bases del ARNm transcrito a partir de dicha mutación y un cambio en la secuencia de un polipéptido en la hemoglobina

La anemia falciforme es la enfermedad genética más frecuente en el mundo. Se debe a una mutación del gen que codifica el polipéptido alfa-globina de la hemoglobina. El símbolo de este gen es *Hb*. La mayoría de los seres humanos tiene el alelo *Hb*^{A}. Si una mutación por sustitución de base convierte el sexto codón del gen GAG en GTG, se forma un nuevo alelo, denominado *Hb*^{S}. La descendencia solo hereda la mutación si esta tiene lugar en una célula del ovario que se transforma en un óvulo, o del testículo que se convierte en espermatozoide.

Cuando se transcribe el alelo *Hb*^{S}, el ARNm producido tiene GUG como su sexto codón en lugar de GAG, y cuando este ARNm se transcribe, el sexto aminoácido en el polipéptido es valina en lugar de ácido glutámico. Este cambio hace que las moléculas de hemoglobina se aglutinen entre sí en tejidos con bajas concentraciones de oxígeno. Estas agrupaciones de moléculas de hemoglobina son lo suficientemente rígidas como para deformar los glóbulos rojos, los cuales adquieren una apariencia de hoz o falciforme.

Estas células falciformes causan daño a los tejidos porque quedan atrapadas en los capilares sanguíneos, bloqueándolos y reduciendo el flujo de sangre. Cuando las células falciformes regresan a condiciones de altas concentraciones de oxígeno en el pulmón, las agrupaciones de hemoglobina se rompen y las células retoman su forma normal.

Estos cambios ocurren una y otra vez a medida que se produce la circulación de los glóbulos rojos. Tanto la hemoglobina como la membrana plasmática resultan dañadas y la vida de un glóbulo rojo puede acortarse a tan solo 4 días. El cuerpo no puede reemplazar estos glóbulos a un ritmo lo suficientemente rápido, lo cual ocasiona anemia.

Por tanto, un pequeño cambio en un gen puede tener consecuencias muy negativas para las personas que heredan el gen. No se sabe con qué frecuencia ha ocurrido esta mutación, pero en algunas partes del mundo el alelo Hb^s es sorprendentemente común. En zonas del este de África, hasta el 5% de los recién nacidos tienen dos copias del alelo y desarrollan síntomas graves de anemia. Otro 35% tienen una copia, por lo que producen ambas, la hemoglobina normal y la forma mutante. Estos individuos solo padecen síntomas leves.

 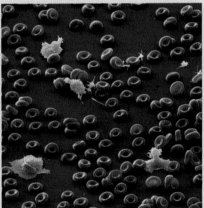

▲ Figura 5 Micrografías de células falciformes y glóbulos rojos normales

¿Qué es un genoma?

El genoma es la totalidad de la información genética de un organismo.

Hoy en día, los biólogos definen la palabra "genoma" como la totalidad de la información genética de un organismo. La información genética está contenida en el ADN, por lo que el genoma de un organismo vivo es la secuencia completa de bases de cada una de sus moléculas de ADN.

- En los seres humanos, el genoma consta de las 46 moléculas que forman los cromosomas del núcleo, más la molécula de ADN de la mitocondria. Este patrón es el mismo en otros animales, aunque el número de cromosomas generalmente es diferente.

- En las especies de plantas, el genoma consta de las moléculas de ADN de los cromosomas del núcleo, más las moléculas de ADN de la mitocondria y del cloroplasto.

- El genoma de los procariotas es mucho más pequeño y consiste en el ADN del cromosoma circular, además de los plásmidos que estén presentes.

Actividad

La ética de la investigación del genoma

Vale la pena discutir las cuestiones éticas vinculadas a la investigación del genoma.

¿Es ético tomar una muestra de ADN de grupos étnicos de distintas partes del mundo y secuenciarlo sin su autorización?

¿Es ético que una empresa de biotecnología patente la secuencia de bases de un gen para impedir que otras empresas la utilicen para llevar a cabo investigaciones libremente?

¿Quién debe tener acceso a esta información genética? ¿Deben los empleadores, las compañías de seguros y las fuerzas policiales conocer nuestra composición genética?

El Proyecto Genoma Humano

En el Proyecto Genoma Humano se secuenció toda la secuencia de bases de los genes humanos.

El Proyecto Genoma Humano comenzó en 1990. Su objetivo era encontrar la secuencia de bases completa del genoma del ser humano. El proyecto trajo rápidas mejoras en las técnicas de secuenciación de bases, lo que permitió la publicación de una secuencia preliminar mucho antes de lo esperado, en el año 2000, y una secuencia completa en el año 2003.

Aunque el conocimiento de la secuencia completa de bases no nos ha dado una inmediata y total comprensión de la genética humana, nos ha proporcionado lo que se puede considerar una rica fuente de datos con la que los investigadores van a trabajar durante muchos años. Por ejemplo, es posible predecir cuáles de las secuencias de bases son genes codificadores de proteínas. El genoma humano contiene aproximadamente 23.000 de estos genes. Los cálculos iniciales del número de genes eran mucho más altos.

También se descubrió que la mayor parte del genoma no se transcribe. Conocido hasta ahora como "ADN basura", cada vez se acepta más que dentro de estas regiones "basura" hay elementos que afectan a la expresión génica, así como secuencias altamente repetitivas, denominadas ADN satélite.

El genoma que se secuenció consta de un conjunto de cromosomas: se trata de **un** genoma humano, no **del** genoma humano. La investigación continúa para encontrar variaciones en la secuencia entre individuos diferentes. Todos los seres humanos comparten la mayoría de las secuencias de bases, lo que nos otorga unidad genética, pero también se observan muchos polimorfismos de nucleótido simple que contribuyen a la diversidad humana.

Desde la publicación del genoma humano, se ha determinado la secuencia de bases de muchas otras especies. Las comparaciones entre estos genomas revelan aspectos de la historia evolutiva de los organismos vivos que eran desconocidos previamente. La investigación sobre los genomas será un tema para el desarrollo de la biología en el siglo XXI.

Técnicas utilizadas para la secuenciación del genoma

Las mejoras tecnológicas conllevan avances en la investigación científica: los secuenciadores de genes, fundamentalmente el láser y los detectores ópticos, se usan para secuenciar genes.

En cierto momento, la idea de secuenciar el genoma humano completo parecía muy difícil de alcanzar, pero las mejoras tecnológicas hacia el final del siglo XX la hicieron posible, aunque todavía resulta un objetivo muy ambicioso. Las mejoras continuaron tras el comienzo del proyecto, lo cual hizo que las primeras secuencias se produjeran mucho antes de lo esperado. Otros avances están permitiendo secuenciar los genomas de otras especies a un ritmo aún mayor.

Para secuenciar un genoma, primero se lo fragmenta en pequeños trozos de ADN. Cada uno de estos fragmentos se secuencia por separado. Para encontrar la secuencia de bases de un fragmento de ADN, se crean copias monocatenarias del mismo utilizando las ADN polimerasas, pero se detiene el proceso antes de que se haya copiado toda la secuencia de bases poniendo pequeñas cantidades de un nucleótido no estándar en la mezcla de la reacción. Esto se hace por separado con nucleótidos no estándares que contienen cada una de las cuatro posibles bases de ADN. Se producen cuatro muestras de copia de ADN de longitud variable, cada una con una de las cuatro bases del ADN al final de cada copia. Estas cuatro muestras se separan según la longitud utilizando electroforesis en gel. Para cada número de nucleótidos de la copia hay una banda en tan solo una de las cuatro pistas en el gel, a partir de la cual se puede deducir la secuencia de bases del ADN.

A continuación se describe el gran avance tecnológico que aceleró la secuenciación de bases al automatizar el proceso:

- Se utilizan marcadores fluorescentes de diferentes colores para marcar las copias de ADN. Se emplea un color diferente del marcador fluorescente para las copias que terminan en cada una de las cuatro bases.

- Todas las muestras se mezclan y todas las copias de ADN se separan en un carril de un gel de acuerdo al número de nucleótidos.

- Un láser escanea a lo largo del carril para hacer que los marcadores presenten fluorescencia.

- Se utiliza un detector óptico para reconocer los colores de fluorescencia a lo largo del carril. Hay una serie de picos de fluorescencia, que corresponden a cada número de nucleótidos.

- Un computador deduce la secuencia de bases a partir de la secuencia de colores de fluorescencia detectada.

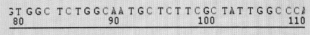

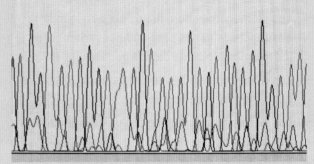

▲ Figura 6 Secuencia del ADN de la variedad de uva Pinot Noir

3.2 Cromosomas

Comprensión

→ Los procariotas tienen un cromosoma que consta de una molécula de ADN circular.

→ Algunos procariotas también tienen plásmidos, pero los eucariotas carecen de estos.

→ Los cromosomas de los eucariotas son moléculas lineales de ADN asociadas con proteínas histonas.

→ En una especie eucariota hay distintos cromosomas portadores de diferentes genes.

→ Los cromosomas homólogos poseen la misma secuencia de genes pero no necesariamente los mismos alelos de dichos genes.

→ Los núcleos diploides tienen pares de cromosomas homólogos.

→ Los núcleos haploides tienen un cromosoma de cada par.

→ El número de cromosomas es un rasgo característico de los miembros de una especie.

→ Un cariograma representa los cromosomas de un organismo con las parejas de homólogos ordenados según una longitud decreciente.

→ El sexo es determinado por los cromosomas sexuales y los autosomas son cromosomas que no determinan el sexo.

Aplicaciones

→ Técnica de Cairns para medir la longitud de las moléculas de ADN mediante una autorradiografía.

→ Comparación del tamaño del genoma de fago T2, *Escherichia coli*, *Drosophila melanogaster*, *Homo sapiens* y *Paris japonica*.

→ Comparación de números de cromosomas diploides de *Homo sapiens*, *Pan troglodytes*, *Canis familiaris*, *Oryza sativa* y *Parascaris equorum*.

→ Uso de cariogramas para deducir el sexo y diagnosticar el síndrome de Down en seres humanos.

🜂 Habilidades

→ Uso de bases de datos para identificar el *locus* de un gen humano y su producto polipeptídico.

Naturaleza de la ciencia

→ Las mejoras en las técnicas conllevan avances en la investigación: la técnica de la autorradiografía fue empleada para establecer la longitud de las moléculas de ADN en los cromosomas.

Cromosomas bacterianos

Los procariotas tienen un cromosoma que consta de una molécula de ADN circular.

En el subtema 1.2 se describió la estructura de las células procarióticas. En la mayoría de los procariotas hay un cromosoma, que consta de una molécula de ADN circular que contiene todos los genes necesarios para los procesos vitales básicos de la célula. El ADN de las bacterias no está asociado con proteínas, por lo que a veces se describe como ADN desnudo.

Debido a que en una célula procariótica solo está presente un cromosoma, generalmente hay una sola copia de cada gen. Después de que el cromosoma se ha replicado, durante un breve espacio de tiempo coexisten dos copias idénticas, pero esto solo es una preparación para la

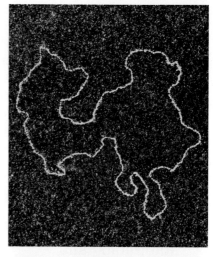

división celular. Los dos cromosomas genéticamente idénticos se mueven a polos opuestos y luego la célula se divide en dos.

Plásmidos

Algunos procariotas también tienen plásmidos, pero los eucariotas carecen de estos.

Los plásmidos son pequeñas moléculas adicionales de ADN que se encuentran comúnmente en los procariotas, pero son muy inusuales en los eucariotas. Son generalmente pequeños, circulares y desnudos, y contienen unos cuantos genes que pueden ser útiles para la célula, pero no son necesarios para los procesos vitales básicos. Por ejemplo, los genes de resistencia a los antibióticos a menudo se encuentran en los plásmidos. Estos genes son beneficiosos cuando un antibiótico está presente en el ambiente, pero no en otros momentos.

Los plásmidos no siempre se replican al mismo tiempo que los cromosomas de una célula procariota o al mismo ritmo. Por lo tanto, puede haber múltiples copias de plásmidos en una célula y un plásmido puede no transferirse a ambas células formadas por división celular.

Las copias de los plásmidos pueden transferirse de una célula a otra, lo que permite la propagación de una población. Incluso es posible que los plásmidos crucen la barrera de las especies. Esto sucede cuando el plásmido que se libera al morir una célula procariótica es absorbido por una célula de una especie diferente. Es un método natural de transferencia de genes entre especies. Los biólogos también utilizan los plásmidos para transferir artificialmente genes entre especies.

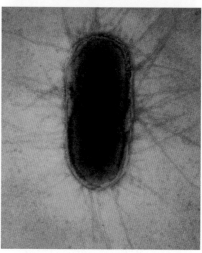

▲ Figura 1 (a) Molécula circular de ADN de una bacteria (b) Bacteria preparándose para dividirse

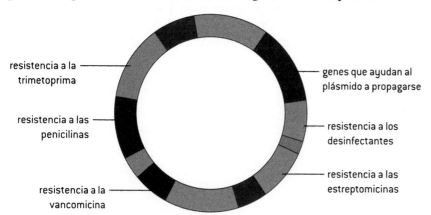

resistencia a la trimetoprima

resistencia a las penicilinas

resistencia a la vancomicina

genes que ayudan al plásmido a propagarse

resistencia a los desinfectantes

resistencia a las estreptomicinas

▲ Figura 2 El plásmido pLW1043

 Uso de la autorradiografía para medir las moléculas de ADN

Las mejoras en las técnicas conllevan avances en la investigación: la técnica de la autorradiografía fue empleada para establecer la longitud de las moléculas de ADN en los cromosomas.

Los datos cuantitativos generalmente se consideran como el tipo de prueba más firme para apoyar o refutar una hipótesis, pero en biología a veces son las imágenes las que proporcionan las pruebas más contundentes. Los avances en la microscopía han permitido obtener imágenes de estructuras que eran previamente invisibles. Estas a veces confirman las ideas existentes, pero otras también cambian los conocimientos que poseemos.

Los biólogos han utilizado la autorradiografía desde la década de 1940 para descubrir la localización de sustancias específicas en células o tejidos. En la década de 1960, John Cairns utilizó la técnica de una manera diferente para producir imágenes de moléculas enteras de ADN de la bacteria *E. coli*. En ese momento no estaba claro si el cromosoma bacteriano era una sola molécula de ADN o más de una, pero las imágenes obtenidas por Cairns respondieron a esta pregunta. También revelaron por primera vez las horquillas de replicación del ADN. La técnica de Cairns fue utilizada por otros para investigar la estructura de los cromosomas eucariotas.

Medición de la longitud de las moléculas de ADN

Técnica de Cairns para medir la longitud de las moléculas de ADN mediante una autorradiografía

John Cairns obtuvo imágenes de las moléculas de ADN de *E. coli* utilizando la siguiente técnica:

- Se cultivaron células durante dos generaciones en un medio de cultivo que contenía timidina tritiada. La timidina es la base timina ligada a desoxirribosa, y *E. coli* la utiliza para fabricar nucleótidos que emplea en la replicación del ADN. La timidina tritiada contiene un isótopo radiactivo del hidrógeno llamado tritio, por lo que las células de la *E. coli* producían por replicación un ADN marcado radiactivamente.

- A continuación, se colocaron las células sobre una membrana de diálisis y se digirieron sus paredes celulares utilizando la enzima lisozima. Se hizo estallar suavemente las células para liberar su ADN en la superficie de la membrana de diálisis.

- Se aplicó una fina capa de emulsión fotográfica a la superficie de la membrana y se dejó en la oscuridad durante dos meses. Durante ese tiempo algunos de los átomos de tritio en el ADN se desintegraron y emitieron electrones de alta energía que reaccionaron con la película.

- Al final del período de los dos meses se reveló la película y se examinó con un microscopio. En cada punto donde un átomo de tritio se había desintegrado aparecía un grano oscuro, lo que indicaba la posición del ADN.

Las imágenes producidas por Cairns demostraron que el cromosoma en *E. coli* es una sola molécula de ADN circular con una longitud de 1.100 μm. Es extraordinariamente largo, dado que la longitud de las células de *E. coli* es solo de 2 μm.

Otros investigadores utilizaron después la autorradiografía para obtener imágenes de los cromosomas de eucariotas. Se consiguió una imagen de un cromosoma de la mosca de la fruta *Drosophila melanogaster* con una longitud de 12.000 μm. Como esta se correspondía con la cantidad total de ADN de un cromosoma de *D. melanogaster*, se pudo deducir que en esta especie al menos un cromosoma contiene una molécula muy larga de ADN. A diferencia de los procariotas, la molécula era lineal en vez de circular.

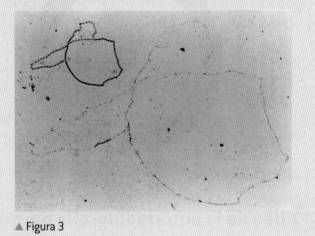
▲ Figura 3

Cromosomas de los eucariotas

Los cromosomas de los eucariotas son moléculas lineales de ADN asociadas con proteínas histonas.

Los cromosomas eucariotas están compuestos de ADN y proteínas. El ADN es una sola molécula de ADN lineal inmensamente larga. Está asociada con las proteínas histonas. Las histonas tienen forma globular y son más

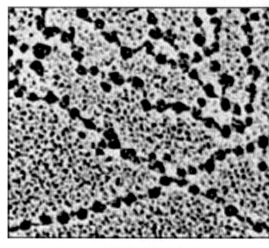

anchas que el ADN. Hay muchas moléculas histonas en un cromosoma, con la molécula de ADN enrollada a su alrededor. Las histonas adyacentes en el cromosoma están separadas por tramos cortos de la molécula de ADN que no están en contacto con las histonas. Esto da un aspecto de collar de perlas a un cromosoma eucariótico durante la interfase.

Diferencias entre los cromosomas

En una especie eucariota hay distintos cromosomas portadores de diferentes genes.

Los cromosomas eucariotas son demasiado estrechos para que puedan observarse con un microscopio óptico durante la interfase. Durante la mitosis y la meiosis los cromosomas aparecen mucho más cortos y engrosados por el superenrollamiento, por lo que resultan visibles si se tiñen con colorantes que se unen al ADN o a las proteínas. En la primera fase de la mitosis los cromosomas se ven dobles. Hay dos cromátidas hermanas, con moléculas idénticas de ADN producidas por replicación.

Cuando se examinan los cromosomas durante la mitosis, se observan diferentes tipos. Difieren tanto en longitud como en la posición del centrómero donde se juntan las dos cromátidas. El centrómero puede estar localizado en cualquier lugar, desde cerca de un extremo hasta el centro del cromosoma.

En todos los eucariotas existen al menos dos tipos diferentes de cromosomas, pero en la mayoría de las especies hay más. Los seres humanos, por ejemplo, tienen 23 tipos de cromosomas.

Todos los genes en los eucariotas ocupan una posición específica en un tipo de cromosoma, llamado *locus* del gen. Por lo tanto, cada tipo de cromosoma contiene una secuencia específica de genes dispuestos a lo largo de la molécula lineal de ADN. En muchos cromosomas esta secuencia se compone de más de mil genes.

En el pasado se realizaron experimentos de cruzamiento para descubrir la secuencia de genes en tipos de cromosomas de *Drosophila melanogaster* y otras especies. Actualmente se puede obtener la secuencia de bases de cromosomas completos, lo que permite deducir secuencias de genes más precisas y completas.

El hecho de que los genes estén dispuestos en una secuencia estándar a lo largo de un tipo de cromosoma permite el intercambio de partes de los cromosomas durante la meiosis.

Cromosomas homólogos

Los cromosomas homólogos poseen la misma secuencia de genes pero no necesariamente los mismos alelos de dichos genes.

Si dos cromosomas tienen la misma secuencia de genes son homólogos. Los cromosomas homólogos no son generalmente idénticos entre sí porque, por lo menos en algunos de los genes, los alelos son diferentes.

Si dos eucariotas son miembros de una misma especie, es de esperar que cada uno de los cromosomas en uno de ellos sea homólogo con al menos un cromosoma del otro. Esto permite la reproducción entre miembros de una misma especie.

▲ Figura 4 En una micrografía electrónica, las histonas dan a un cromosoma eucariótico la apariencia de un collar de perlas durante la interfase.

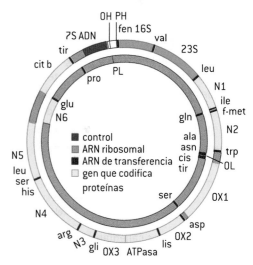

▲ Figura 5 Mapa de genes del cromosoma mitocondrial humano. Hay genes en ambos filamentos del ADN. Los cromosomas del núcleo son mucho más largos, son portadores de una mayor cantidad de genes y son lineales en lugar de circulares.

Actividad

Investigación con microscopio de los cromosomas del ajo

1 El ajo tiene cromosomas grandes, lo que lo hace una opción ideal para observar los cromosomas. Es necesario contar con células en proceso de mitosis. Los bulbos de ajo desarrollan raíces si se mantienen durante 3 o 4 días a unos 25°C con su base en el agua. Las puntas de las raíces con células en mitosis son de color amarillo, en vez de blanco.

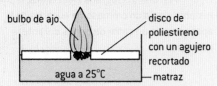

2 Las puntas de las raíces se ponen en una mezcla de colorante que se adhiere a los cromosomas y de ácido que desliga las conexiones entre las paredes celulares. Lo ideal es que tengan una longitud aproximada de 5 mm. Diez partes de aceto-orceína con una parte de 1,0 mol dm^{-3} de ácido clorhídrico proporcionarán buenos resultados.

3 Las raíces se calientan con la mezcla de colorante y ácido en una placa calefactora a 80°C durante 5 minutos. Se coloca una de las puntas de las raíces en un portaobjetos de microscopio, se corta por la mitad y se descarta la mitad más alejada de la terminación de la raíz.

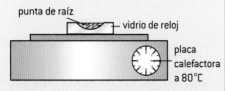

4 Se agrega una gota de colorante, se coloca un cubreobjetos y se aplasta

Preguntas basadas en datos: Comparación de los cromosomas de los ratones y de los seres humanos

La figura 6 muestra todos los tipos de cromosomas en ratones y en seres humanos. Se utilizan números y colores para indicar las secciones de los cromosomas del ratón que son homólogas a las secciones de los cromosomas humanos.

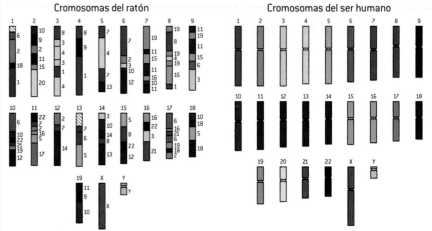

▲ Figura 6 Cromosomas

1 Deduce el número de tipos de cromosomas en ratones y en seres humanos. [2]

2 Identifica los dos tipos de cromosomas humanos que son más similares a los cromosomas del ratón. [2]

3 Identifica los cromosomas del ratón que contienen secciones que no son homólogas a los cromosomas humanos. [2]

4 Sugiere las razones de las múltiples similitudes entre los genomas del ratón y del ser humano. [2]

5 Deduce cómo han mutado los cromosomas durante la evolución de animales como el ratón y el ser humano. [2]

🌐 Comparación de tamaños de genomas

Comparación del tamaño del genoma de fago T2, *Escherichia coli*, *Drosophila melanogaster*, *Homo sapiens* y *Paris japonica*

Los genomas de los organismos vivos varían considerablemente. Los genomas más pequeños son los de los virus, aunque generalmente no se los considera organismos vivos. La tabla siguiente muestra el tamaño de los genomas de un virus y el de cuatro organismos vivos.

Uno de los cuatro organismos vivos es una célula procariota, cuyo genoma es significativamente más pequeño. El tamaño del genoma de los eucariotas varía en función del tamaño y número de cromosomas. Se correlaciona con la complejidad del organismo, pero no es directamente proporcional. Ello se debe a varias razones: la proporción de ADN que actúa como genes funcionales es muy variable y también varía la cantidad de duplicación de genes.

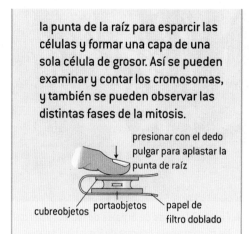

Organismo	Tamaño del genoma (en millones de pares de bases)	Descripción
Fago T2	0,18	Virus que ataca a *Escherichia coli*
Escherichia coli	5	Bacteria intestinal
Drosophila melanogaster	140	Mosca de la fruta
Homo sapiens	3.000	Ser humano
Paris japonica	150.000	Arbusto del bosque

la punta de la raíz para esparcir las células y formar una capa de una sola célula de grosor. Así se pueden examinar y contar los cromosomas, y también se pueden observar las distintas fases de la mitosis.

presionar con el dedo pulgar para aplastar la punta de raíz

cubreobjetos portaobjetos papel de filtro doblado

Identificación de los *loci* de los genes humanos

Uso de bases de datos para identificar el *locus* de un gen humano y su producto polipeptídico

El *locus* de un gen es su posición específica en los cromosomas homólogos. Se pueden utilizar bases de datos en línea para encontrar el *locus* de los genes humanos. Hay un ejemplo de este tipo de bases de datos en el sitio web *Online Mendelian Inheritance in Man* (OMIM), de la Universidad Johns Hopkins.

- Busca la sigla OMIM para acceder a la página inicial.

- En la búsqueda avanzada, selecciona *Gene Map* (mapa genético).

- Escribe el nombre de un gen en la casilla de búsqueda. Aparecerá una tabla con información sobre el gen, incluido su *locus*, y el cromosoma donde se encuentra. A la derecha se muestran sugerencias de algunos genes humanos.

- Otra opción es seleccionar un cromosoma del 1 al 22 o uno de los cromosomas sexuales X o Y, en lugar de escribir el nombre de un gen. Se mostrará una secuencia completa de los *loci* de todos los genes, junto con el número total de *loci* de genes en el cromosoma.

Nombre del gen	Descripción del gen
DRD4	Codifica un receptor de la dopamina que está implicado en una serie de trastornos neurológicos y psiquiátricos.
CFTR	Codifica una proteína del canal de cloruro. Un alelo de este gen causa la fibrosis quística.
HBB	Codifica la subunidad beta-globina de la hemoglobina. Un alelo de este gen causa la anemia falciforme.
F8	Codifica el Factor VIII, una de las proteínas necesarias para la coagulación de la sangre. La forma clásica de la hemofilia está causada por un alelo de este gen.
TDF	Factor determinante del testículo: este gen determina que un feto se desarrolle como un macho.

Núcleos haploides

Los núcleos haploides tienen un cromosoma de cada par.

Un núcleo haploide tiene un cromosoma de cada tipo. Tiene un conjunto completo de los cromosomas que se encuentran en su especie. Por ejemplo, en los seres humanos los núcleos haploides contienen 23 cromosomas.

Los gametos son las células sexuales que se fusionan durante la reproducción sexual. Los gametos tienen núcleos haploides, por lo que en los seres humanos tanto las células del óvulo como las del espermatozoide contienen 23 cromosomas.

Núcleos diploides

Los núcleos diploides tienen pares de cromosomas homólogos.

Un núcleo diploide tiene dos cromosomas de cada tipo. Tiene dos juegos completos de los cromosomas que se encuentran en su especie. Por ejemplo, en los seres humanos los núcleos diploides contienen 46 cromosomas.

Cuando los gametos haploides se fusionan durante la reproducción sexual, se produce un cigoto con un núcleo diploide. Cuando este se divide por mitosis, se producen más células con núcleos diploides. Muchos animales y plantas están formados enteramente por células diploides, excepto por las células que utilizan para producir gametos para la reproducción sexual.

Los núcleos diploides tienen dos copias de cada gen, menos los genes de los cromosomas sexuales. Una ventaja es que se pueden evitar los efectos de las mutaciones recesivas perjudiciales si también está presente un alelo dominante. Además, a menudo los organismos son más fuertes si tienen dos alelos diferentes de genes en lugar de uno solo. Este fenómeno se conoce como vigor híbrido y es la razón del fuerte crecimiento de los cultivos híbridos F_1.

Número de cromosomas

El número de cromosomas es un rasgo característico de los miembros de una especie.

Una de las características más fundamentales de una especie es el número de cromosomas. Es improbable que los organismos con un número diferente de cromosomas puedan cruzarse: para reproducirse entre sí los miembros de una especie necesitan tener el mismo número de cromosomas.

El número de cromosomas puede cambiar durante la evolución de una especie. Puede disminuir, si los cromosomas se fusionan, o aumentar si se producen fracturas. También existen mecanismos que pueden causar que el número cromosómico se duplique. Sin embargo, estos fenómenos son muy raros y los números cromosómicos tienden a permanecer sin cambios durante millones de años de evolución.

▲ Figura 7 Troncos de árboles de laurel cubiertos de musgo en un bosque de las Islas Canarias. Los musgos son inusuales porque sus células son haploides. En la mayoría de los eucariotas los gametos son haploides, pero las células progenitoras que los producen no.

▲ Figura 8 Célula de *Trillium luteum* con un número diploide de 12 cromosomas. Presenta dos cromosomas de cada tipo.

🌐 Comparación del número de cromosomas

Comparación de números de cromosomas diploides de *Homo sapiens*, *Pan troglodytes*, *Canis familiaris*, *Oryza sativa* y *Parascaris equorum*

El diccionario Oxford English Dictionary se compone de veinte volúmenes, cada uno con una gran cantidad de información sobre los orígenes y significados de las palabras. Esta información se pudo haber publicado en un número menor de volúmenes, más grandes, o en un número mayor, más pequeños. De la misma manera, existe un paralelismo entre los números y los tamaños de los cromosomas en los eucariotas. Algunos tienen pocos cromosomas grandes y otros tienen muchos más pequeños.

Todos los eucariotas tienen al menos dos tipos diferentes de cromosomas, por lo que el número de cromosomas diploides es por lo menos cuatro; en algunos casos supera el centenar. La tabla siguiente muestra el número de cromosomas diploides de algunas especies seleccionadas.

Nombre científico de la especie	Nombre vulgar	Número de cromosomas diploides
Parascaris equorum	lombriz intestinal del caballo	4
Oryza sativa	arroz	24
Homo sapiens	ser humano	46
Pan troglodytes	chimpancé	48
Canis familiaris	perro	78

▲ Figura 9 ¿Quién tiene más cromosomas: un perro o su dueño?

Preguntas basadas en datos: Diferencias en el número de cromosomas

Plantas	Número de cromosomas	Animales
Haplopappus gracilis	4	*Parascaris equorum* (lombriz intestinal del caballo)
Luzula purpurea	6	*Aedes aegypti* (mosquito de la fiebre amarilla)
Crepis capillaris	8	*Drosophila melanogaster* (mosca de la fruta)
Vicia faba (haba de campo)	12	*Musca domestica* (mosca doméstica)
Brassica oleracea (col)	18	*Chorthippus parallelus* (saltamontes)
Citrullus vulgaris (melón de agua)	22	*Cricetulus griseus* (hámster chino)
Lilium regale (azucena)	24	*Schistocerca gregaria* (langosta del desierto)
Bromus texensis	28	*Desmodus rotundus* (murciélago vampiro)
Camellia sinesis (té chino)	30	*Mustela vison* (visón)
Magnolia virginiana (magnolia)	38	*Felis catus* (gato doméstico)
Arachis hypogaea (cacahuete)	40	*Mus musculus* (ratón)
Coffea arabica (café)	44	*Mesocricetus auratus* (hámster dorado)
Stipa spartea (hierba puercoespín)	46	*Homo sapiens* (ser humano actual)
Chrysoplenum alternifolium (cespitosa)	48	*Pan troglodytes* (chimpancé)
Aster laevis (lila)	54	*Ovis aries* (oveja doméstica)
Glyceria canadensis	60	*Capra hircus* (cabra)
Carya tomentosa (nogal)	64	*Dasypus novemcinctus* (armadillo)
Magnolia cordata	76	*Ursus americanus* (oso negro americano)
Rhododendron keysii	78	*Canis familiaris* (perro)

▲ Tabla 1

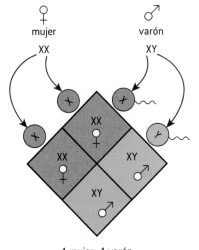

1 mujer : 1 varón

▲ Figura 10 Determinación del sexo

Determinación del sexo

El sexo es determinado por los cromosomas sexuales y los autosomas son cromosomas que no determinan el sexo.

Dos cromosomas determinan el sexo en los seres humanos:

- El cromosoma X es relativamente grande y tiene su centrómero cerca de la mitad.

- El cromosoma Y es mucho más pequeño y tiene su centrómero cerca del extremo.

Como los cromosomas X e Y determinan el sexo, reciben el nombre de cromosomas sexuales. Todos los demás cromosomas son autosomas y no influyen en el desarrollo del feto como varón o mujer.

El cromosoma X tiene muchos genes que son esenciales en varones y mujeres. Todos los seres humanos, por lo tanto, deben tener al menos un cromosoma X. El cromosoma Y solo tiene un pequeño número de genes. Una pequeña porción del cromosoma Y tiene la misma secuencia de genes que una pequeña porción del cromosoma X, pero los genes en el resto del cromosoma Y no se encuentran en el cromosoma X y no son necesarios para el desarrollo de los rasgos femeninos.

Un gen particular del cromosoma Y provoca que el feto se desarrolle como un varón. Se le denomina SRY (del inglés *sex-determining region Y*) o TDF (del inglés *testis-determining factor*). Inicia el desarrollo de las características masculinas, incluidos los testículos y la producción de testosterona. Debido a este gen, un feto con un cromosoma X y un cromosoma Y se desarrolla como varón. Un feto que tiene dos cromosomas X y ningún cromosoma Y no tiene el gen TDF, por lo que se desarrollan ovarios en lugar de testículos y se producen hormonas sexuales femeninas, no testosterona.

Las mujeres tienen dos cromosomas X y pasan uno de ellos a cada célula del óvulo; de este manera, todos los hijos heredan un cromosoma X de la madre. El sexo de un ser humano se determina en el momento de la fertilización por un cromosoma que llevan los espermatozoides. Este puede ser un cromosoma X o Y. Cuando se forman los espermatozoides, la mitad contienen el cromosoma X y la otra mitad el cromosoma Y. Las hijas heredan del padre el cromosoma X y los hijos heredan el cromosoma Y.

Cariogramas

Un cariograma representa los cromosomas de un organismo con las parejas de homólogos ordenados según una longitud decreciente.

Los cromosomas de un organismo pueden verse en las células que se encuentran en la mitosis; la visión es más clara cuando las células están en metafase. Es necesario teñir los cromosomas para poder verlos. Algunos colorantes dan a cada tipo de cromosoma un patrón distintivo de bandas.

Si teñimos células que se están dividiendo, las colocamos en un portaobjetos de microscopio y luego las aplastamos presionando sobre el cubreobjetos, los cromosomas se esparcirán. A menudo se superponen, pero buscando con cuidado se puede encontrar una célula en la que no haya cromosomas superpuestos. Se pueden hacer micrografías de los cromosomas teñidos.

Originalmente el análisis requería cortar todos los cromosomas y disponerlos posteriormente de forma manual, pero este proceso ahora se puede hacer digitalmente. Los cromosomas se ordenan según su tamaño y estructura. La posición del centrómero y el patrón de bandas permiten distinguir aquellos cromosomas que son de tipos distintos pero tienen un tamaño similar.

Como la mayoría de las células son diploides, los cromosomas están generalmente en pares homólogos. Se ordenan por tamaño, comenzando con el par más largo y terminando con el más pequeño.

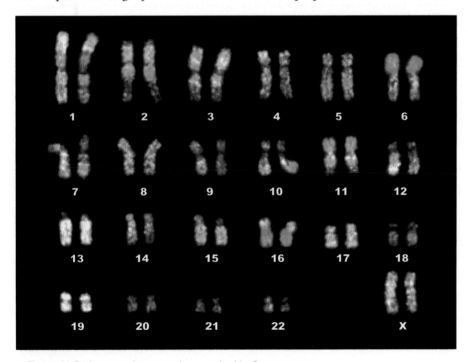

▲ Figura 11 Cariograma de una mujer, con tinción fluorescente

Teoría del Conocimiento

¿En qué medida la determinación del sexo en competiciones deportivas es una cuestión científica?

La prueba de la determinación del sexo se introdujo en los Juegos Olímpicos de 1968 debido a la preocupación de que las mujeres con un género fisiológico ambiguo tuvieran una ventaja injusta. Esto ha demostrado ser un problema por una serie de razones. El modelo cromosómico es problemático, ya que la no disyunción cromosómica puede llevar a situaciones donde un individuo técnicamente podría ser varón, pero la persona no se define de esa manera. Las personas con dos cromosomas X pueden desarrollarse hormonalmente como varones y aquellas con un cromosoma X y uno Y pueden desarrollarse hormonalmente como mujeres.

Las pruebas de determinación del sexo se interrumpieron en 1996, en parte debido a cuestiones de derechos humanos como el derecho a la expresión personal y a definir el propio género. En lugar de ser una cuestión científica, se trata más bien de una cuestión social.

▲ Figura 12 Niño con trisomía 21 o síndrome de Down

🌐 Los cariotipos y el síndrome de Down

Uso de cariogramas para deducir el sexo y diagnosticar el síndrome de Down en seres humanos

Un cariograma es una imagen de los cromosomas de un organismo, dispuestos en pares homólogos en orden de longitud decreciente. Un cariotipo es una propiedad de un organismo: el número y el tipo de cromosomas que el organismo tiene en sus núcleos. Los cariotipos se estudian observando los cariogramas, que pueden utilizarse de dos maneras:

1 Para deducir si un individuo es varón o mujer. Si se presentan dos cromosomas X, el individuo es mujer, mientras que un X y un Y indican que es varón.

2 Para diagnosticar el síndrome de Down y otras anomalías cromosómicas. Se hace generalmente utilizando células fetales extraídas del útero durante el embarazo. Si en el cariotipo hay tres copias del cromosoma 21, en lugar de dos, el niño tiene síndrome de Down; esto se conoce a veces como trisomía 21. Aunque existen diferencias entre los afectados, algunas de las características comunes del síndrome son la pérdida de audición, así como trastornos visuales y cardíacos. También suelen ser comunes el retraso mental y de crecimiento.

Preguntas basadas en datos: Un cariotipo humano

El cariograma muestra el cariotipo de un feto.

1 Indica qué tipo de cromosoma es:

   a) El más largo

   b) El más corto   [2]

2 Distingue entre la estructura de:

   a) Los cromosomas humanos 2 y 12

   b) Los cromosomas humanos X e Y   [4]

3 Deduce, aportando una razón, el sexo del feto.   [2]

4 Explica si el cariotipo muestra alguna anormalidad. [2]

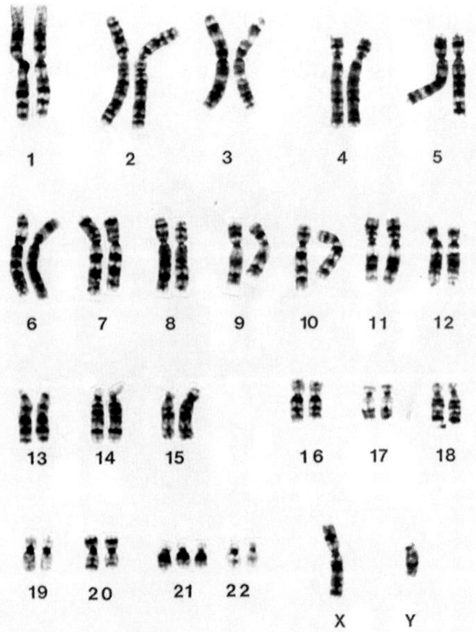

▲ Figura 13

3.3 Meiosis

Comprensión

→ Un núcleo diploide se divide por meiosis para producir cuatro núcleos haploides.

→ La división por dos del número de cromosomas permite un ciclo vital sexual con una fusión de gametos.

→ El ADN se replica antes de la meiosis, de forma que todos los cromosomas constan de dos cromátidas hermanas.

→ Los estadios tempranos de la meiosis implican el apareamiento de los cromosomas homólogos y el sobrecruzamiento, con la posterior condensación.

→ La orientación de los pares de cromosomas homólogos previa a la separación es aleatoria.

→ La separación de pares de cromosomas homólogos en la primera división de la meiosis divide por dos el número de cromosomas.

→ El sobrecruzamiento y la orientación aleatoria promueven la variación genética.

→ La fusión de gametos de diferentes progenitores promueve la variación genética.

Aplicaciones

→ La no disyunción puede causar síndrome de Down y otras anormalidades cromosómicas.

→ Estudios donde se indica que la edad de los progenitores influye en la probabilidad de no disyunción.

→ Descripción de métodos usados para obtener células para el análisis del cariotipo, por ejemplo, el muestreo de la vellosidad coriónica y la amniocentesis y los riesgos asociados.

Habilidades

→ Dibujo de diagramas que representen las etapas de la meiosis hasta dar origen a la formación de cuatro células haploides.

Naturaleza de la ciencia

→ Realización atenta de observaciones: la meiosis se descubrió mediante el examen de células de líneas germinales en división por medio del uso de microscopio.

El descubrimiento de la meiosis

Realización atenta de observaciones: la meiosis se descubrió mediante el examen de células de líneas germinales en división por medio del uso de microscopio.

Los avances alcanzados en los microscopios en el siglo XIX permitieron obtener imágenes detalladas de las estructuras celulares y también descubrir que algunos colorantes teñían específicamente el núcleo de la célula. Estos colorantes revelaron unas estructuras filiformes en los núcleos en división a las que se denominó cromosomas. A partir de la década de 1880, un grupo de biólogos alemanes realizó observaciones cuidadosas y detalladas de núcleos en proceso de división que demostraron gradualmente cómo ocurren la mitosis y la meiosis.

Si tratamos de repetir las observaciones que estos biólogos hicieron podremos apreciar realmente sus importantes logros. Preparar un portaobjetos de microscopio para observar la meiosis no es tarea sencilla. Se puede obtener tejido adecuado de las anteras que se están formando dentro de un pimpollo de lirio o de una sección de testículo de langosta disecada. Se debe fijar el tejido, teñir y luego aplastar sobre un portaobjetos de microscopio. A menudo las células en meiosis no se pueden ver, o las imágenes no son lo suficientemente claras para mostrar los detalles del proceso. Incluso con muestras preparadas por especialistas es difícil entender las imágenes, ya que los cromosomas adoptan una variedad de formas extrañas durante las etapas de la meiosis.

Un fenómeno fundamental que se observó fue que en la lombriz intestinal del caballo (*Parascaris equorum*) hay dos cromosomas en los núcleos del óvulo y de los espermatozoides, mientras que el óvulo fecundado contiene cuatro. Esto indica que el número de cromosomas se duplica mediante la fecundación. La observación condujo a formular la hipótesis de que, en cada generación, debe producirse una división nuclear especial que reduce a la mitad el número de cromosomas.

Ya se habían observado divisiones nucleares distintas de la mitosis durante el desarrollo de gametos en animales y plantas. Se caracterizó a

estas divisiones como el método utilizado para reducir a la mitad el número de cromosomas y se las designó con el nombre de meiosis. La secuencia de lo que sucede en la meiosis se pudo finalmente entender a través de la observación cuidadosa de las células de los ovarios de conejos (*Oryctolagus cuniculus*) de entre 0 y 28 días de vida. Esta especie tiene la ventaja de que en las hembras la meiosis comienza al nacer y se produce lentamente durante muchos días.

▲ Figura 1

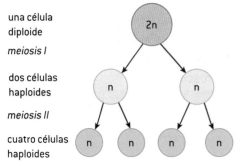

una célula diploide

meiosis I

dos células haploides

meiosis II

cuatro células haploides

▲ Figura 2 Esquema de la meiosis

Resumen de la meiosis

Un núcleo diploide se divide por meiosis para producir cuatro núcleos haploides.

La meiosis es una de las dos maneras en que el núcleo de una célula eucariota puede dividirse. El otro método es la mitosis, que se describió en el subtema 1.6. En la meiosis el núcleo se divide dos veces. La primera división produce dos núcleos hijos, cada uno de los cuales se divide otra vez para dar un total de cuatro núcleos. Estas dos divisiones se conocen como meiosis I y meiosis II.

El núcleo que sufre la primera división de la meiosis es diploide: tiene dos cromosomas de cada tipo. Los cromosomas del mismo tipo se denominan cromosomas homólogos. Cada uno de los cuatro núcleos producidos por meiosis tiene solo un cromosoma de cada tipo: son haploides. La meiosis implica la reducción a la mitad del número de cromosomas: por este motivo se la conoce como una división de reducción.

Las células originadas por la meiosis I tienen un cromosoma de cada tipo, por lo que la reducción a la mitad del número de cromosomas ocurre en la primera división, no en la segunda. Los dos núcleos producidos por la meiosis I tienen el número haploide de cromosomas, pero todavía cada cromosoma consiste en dos cromátidas hermanas. Estas cromátidas se separan durante la meiosis II y producen cuatro núcleos que tienen el número haploide de cromosomas, con cada cromosoma formado por una sola cromátida.

La meiosis y los ciclos vitales sexuales

La división por dos del número de cromosomas permite un ciclo vital sexual con una fusión de gametos.

Los ciclos vitales de los organismos vivos pueden ser sexuales o asexuales. En un ciclo vital asexual, la descendencia tiene los mismos cromosomas que el progenitor, de modo que son genéticamente idénticos. En un ciclo vital sexual, existen diferencias entre los cromosomas de la descendencia y los de los progenitores, por lo que hay diversidad genética.

En los organismos eucarióticos, la reproducción sexual implica el proceso de fecundación. La fecundación es la unión de las células sexuales o gametos, generalmente de dos progenitores diferentes. Cada vez que ocurre la fecundación se duplica el número de cromosomas. Por lo tanto, el número de cromosomas podría duplicarse en cada generación si no fuese porque también se reduce a la mitad en alguna etapa del ciclo vital. Esta reducción del número cromosómico a la mitad ocurre durante la meiosis.

La meiosis puede ocurrir en cualquier momento durante un ciclo vital sexual, pero en los animales ocurre durante el proceso de creación de los gametos. Las células del cuerpo, por tanto, son diploides y tienen dos copias de la mayoría de los genes.

La meiosis es un proceso complejo y por el momento no está muy claro cómo se desarrolla. Lo que está claro es que su evolución fue un paso decisivo en el origen de los eucariotas. Sin la meiosis no habría fusión de gametos y el ciclo vital sexual de los eucariotas no podría tener lugar.

▲ Figura 4 Los búhos (abajo) se reproducen mediante un ciclo vital sexual y tienen células diploides, mientras que los musgos (arriba) tienen células haploides.

Preguntas basadas en datos: Los ciclos vitales

La figura 3 muestra el ciclo vital de los seres humanos y de los musgos. Se usa *n* para representar el número haploide de cromosomas y *2n* para representar el número diploide. Los esporofitos de los musgos crecen en la parte principal de la planta y constan de un tallo y una cápsula en la que se producen las esporas.

1 Resume cinco similitudes entre el ciclo vital de un musgo y el de un ser humano. [5]

2 Distingue entre el ciclo vital de un musgo y el de un ser humano indicando cinco diferencias. [5]

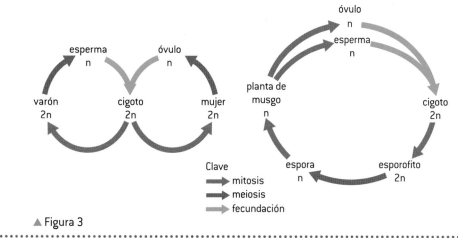

▲ Figura 3

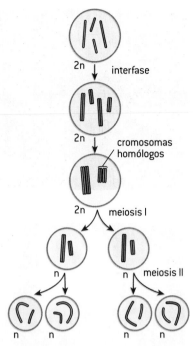

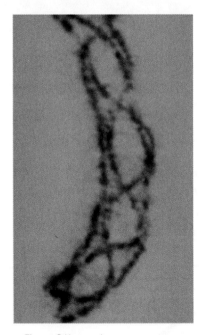

▲ Figura 5 Resumen de la meiosis

▲ Figura 6 Un par de cromosomas homólogos contiene cuatro cromátidas y a veces se conoce con el nombre de tétrada. En esta tétrada se ven cinco quiasmas, lo que demuestra que el sobrecruzamiento puede ocurrir más de una vez.

Replicación del ADN antes de la meiosis

El ADN se replica antes de la meiosis, de forma que todos los cromosomas constan de dos cromátidas hermanas.

Durante las primeras etapas de la meiosis los cromosomas se acortan gradualmente por efecto del superenrollamiento. Tan pronto como llegan a ser visibles, es evidente que cada cromosoma consiste en dos cromátidas hermanas. Esto es así porque antes de la meiosis, durante la interfase, se replica todo el ADN del núcleo; así, cada cromosoma está formado por dos cromátidas hermanas.

Inicialmente las dos cromátidas hermanas que forman cada cromosoma son genéticamente idénticas. Esto es así porque la replicación del ADN es muy precisa y el número de errores que ocurren durante la copia del ADN es extremadamente pequeño.

Cabría esperar que el ADN se replicara otra vez entre la primera y la segunda división de la meiosis, pero no es así. Esto explica que el número de cromosomas se reduzca a la mitad durante la meiosis. Un núcleo diploide, en el cual cada cromosoma consiste en dos cromátidas hermanas, se divide dos veces para producir cuatro núcleos haploides en los cuales cada cromosoma se compone de una cromátida.

Formación de bivalentes y sobrecruzamiento

Los estadios tempranos de la meiosis implican el apareamiento de los cromosomas homólogos y el sobrecruzamiento, con la posterior condensación.

Algunos de los hechos más importantes de la meiosis ocurren al comienzo de la meiosis I, cuando los cromosomas están muy alargados y no pueden verse con un microscopio. En primer lugar, cada cromosoma se aparea con su homólogo. Como ya se ha producido la replicación del ADN, cada cromosoma consta de dos cromátidas hermanas y por lo tanto hay cuatro moléculas de ADN asociadas en cada par de cromosomas homólogos. Se llama bivalente a un par de cromosomas homólogos y el proceso de apareamiento a veces se denomina sinapsis.

Seguidamente a la sinapsis, ocurre un proceso denominado sobrecruzamiento. No es necesario tratar aquí los detalles moleculares de este proceso, pero sí del resultado, que es muy importante. Se crea una intersección donde se rompen las cromátidas de los cromosomas homólogos y se vuelven a unir con la otra cromátida. El sobrecruzamiento se produce en posiciones aleatorias en cualquier lugar a lo largo de los cromosomas. Por lo menos ocurre uno en cada bivalente y puede haber varios.

Debido a que cada cruzamiento se produce exactamente en la misma posición en las dos cromátidas que intervienen, se da un intercambio mutuo de genes entre las cromátidas. Como las cromátidas son homólogas pero no idénticas, es muy probable que algunos de los alelos de los genes intercambiados sean diferentes. Por lo tanto, se producen cromátidas con nuevas combinaciones de alelos.

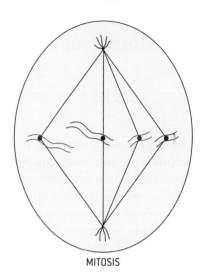

Orientación aleatoria de los bivalentes

La orientación de los pares de cromosomas homólogos previa a la separación es aleatoria.

Al mismo tiempo que los pares de cromosomas homólogos se condensan dentro del núcleo de una célula en las primeras etapas de la meiosis, desde los polos de la célula empiezan a desarrollarse microtúbulos. Después de la rotura de la membrana nuclear, estos microtúbulos se adhieren a los centrómeros de los cromosomas.

La adhesión de los microtúbulos no se produce de la misma manera que en la mitosis. Los principios son los siguientes:

- Cada cromosoma se une a un polo, no a los dos.

- Los dos cromosomas homólogos en un bivalente se unen a polos diferentes.

- El polo al que se une cada cromosoma depende de la forma en que se dispone el par de cromosomas; esto recibe el nombre de orientación.

- La orientación de los bivalentes es aleatoria, por lo que cada cromosoma tiene las mismas oportunidades de asociarse a cada polo y, en última instancia, ser atraído a ese polo.

- La orientación de un bivalente no afecta a los otros bivalentes. Las consecuencias de la orientación aleatoria de los bivalentes se discuten más adelante, en la sección sobre diversidad genética de este subtema.

MITOSIS

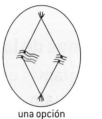

una opción   otra opción

MEIOSIS

▲ Figura 7 Comparación de la adhesión de los cromosomas a los microtúbulos en la mitosis y la meiosis

Reducción del número de cromosomas a la mitad

La separación de pares de cromosomas homólogos en la primera división de la meiosis divide por dos el número de cromosomas.

El movimiento de los cromosomas no es el mismo en la primera división de la meiosis que en la mitosis. Mientras que en la mitosis el centrómero se divide y las dos cromátidas que componen un cromosoma se mueven hacia polos opuestos, en la meiosis el centrómero no se divide y los cromosomas completos se trasladan hacia los polos.

Inicialmente los dos cromosomas de cada bivalente están unidos por quiasmas, pero estas se desplazan hasta los extremos de los cromosomas y así los cromosomas pueden separarse. Esta separación de los cromosomas homólogos se denomina disyunción. Un cromosoma de cada bivalente se traslada a uno de los polos y el otro cromosoma al otro polo.

La separación de los pares de cromosomas homólogos en polos opuestos de la célula reduce a la mitad el número de cromosomas de la misma. Por lo tanto, es en la primera división de la meiosis cuando se produce esta reducción. Al desplazarse un cromosoma de cada tipo a cada polo, los dos núcleos formados en la primera división de la meiosis contienen un cromosoma de cada tipo, por lo que son haploides.

Obtención de células de un feto

Descripción de métodos usados para obtener células para el análisis del cariotipo, por ejemplo, el muestreo de la vellosidad coriónica y la amniocentesis y los riesgos asociados

Se utilizan dos procedimientos para obtener células que contienen los cromosomas fetales necesarios para producir un cariotipo. La amniocentesis consiste en pasar una aguja a través de la pared abdominal de la madre, utilizando imágenes de ultrasonido para guiar el procedimiento. Con la aguja se extrae una muestra de líquido amniótico que contiene células fetales del saco amniótico.

El segundo procedimiento es el muestreo de vellosidades coriónicas. Se introduce una herramienta de muestreo a través de la vagina para obtener células del corión, una de las membranas a partir de las cuales se desarrolla la placenta. Esto se puede hacer en una etapa del embarazo anterior a la de la amniocentesis, pero mientras que el riesgo de aborto espontáneo con la amniocentesis es del 1%, con el muestreo de vellosidades coriónicas es del 2%.

 ## Diagramas de las etapas de la meiosis

Dibujo de diagramas que representen las etapas de la meiosis hasta dar origen a la formación de cuatro células haploides

En la mitosis se reconocen generalmente cuatro etapas: profase, metafase, anafase y telofase. La meiosis también se puede dividir en estas cuatro etapas, pero cada una tiene lugar dos veces: en la meiosis I y luego una segunda vez en la meiosis II. Los principales fenómenos de cada etapa de la mitosis también tienen lugar en la meiosis:

- Profase: condensación de los cromosomas.

- Metafase: adhesión de los microtúbulos.

- Anafase: desplazamiento de los cromosomas a los polos.

- Telofase: descondensación de los cromosomas.

Normalmente, dibujamos estructuras biológicas a partir de especímenes reales, a menudo observándolos con un microscopio. Vale la pena intentar preparar muestras en portaobjetos de microscopio donde se vea la meiosis, pero no es una tarea sencilla. Las preparaciones permanentes suelen tener más células visibles en la meiosis que las preparaciones temporales, pero aun así se hace difícil interpretar la estructura de bivalentes a partir de su apariencia. Por esta razón, generalmente preparamos diagramas de la meiosis en lugar de dibujar las etapas a partir de observaciones de microscopio.

La primera división de la meiosis

Profase I		
- La célula tiene 2n cromosomas (doble cromátida): n es el número haploide de cromosomas. - Los cromosomas homólogos se emparejan (sinapsis). - Se produce el sobrecruzamiento.	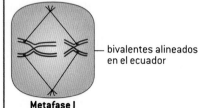 — membrana nuclear — microtúbulos y centriolo Profase I	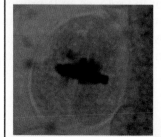
Metafase I		
- Los microtúbulos desplazan los pares homólogos hasta el ecuador de la célula. - La orientación de los cromosomas paternos y maternos a ambos lados del ecuador es aleatoria e independiente de los otros pares de homólogos.	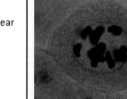 — bivalentes alineados en el ecuador Metafase I	

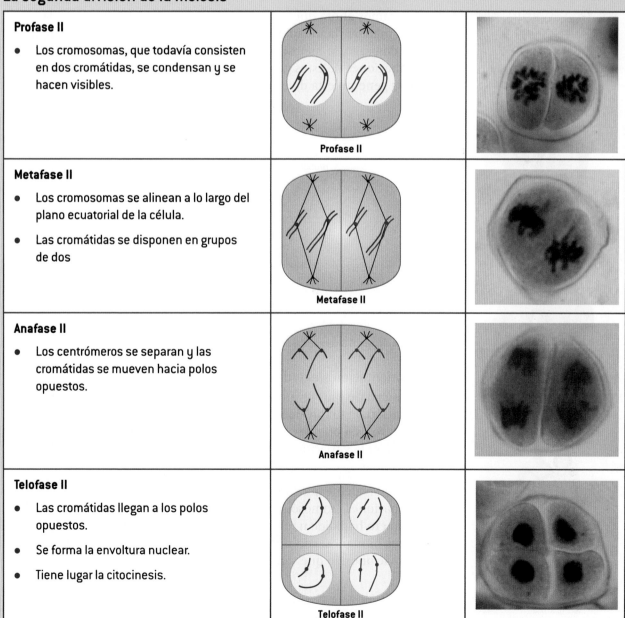

Anafase I

- Los pares homólogos se separan. Un cromosoma de cada par se traslada a cada polo.

los cromosomas homólogos son arrastrados a polos opuestos

Anafase I

Telofase I

- Los cromosomas se desenrollan. Durante la interfase que sigue, no se produce la replicación.

- Se completa la reducción del número de cromosomas de diploide a haploide.

- Tiene lugar la citocinesis.

la célula se divide a lo largo del ecuador

Telofase I

La segunda división de la meiosis

Profase II

- Los cromosomas, que todavía consisten en dos cromátidas, se condensan y se hacen visibles.

Profase II

Metafase II

- Los cromosomas se alinean a lo largo del plano ecuatorial de la célula.

- Las cromátidas se disponen en grupos de dos

Metafase II

Anafase II

- Los centrómeros se separan y las cromátidas se mueven hacia polos opuestos.

Anafase II

Telofase II

- Las cromátidas llegan a los polos opuestos.

- Se forma la envoltura nuclear.

- Tiene lugar la citocinesis.

Telofase II

175

▲ Figura 9

La meiosis y la variación genética

El sobrecruzamiento y la orientación aleatoria promueven la variación genética.

Cuando dos personas tienen un hijo, saben que heredará una mezcla impredecible de las características de cada uno. Gran parte de la imprevisibilidad se debe a la meiosis. Cada gameto que produce cada progenitor tiene una nueva combinación de alelos: la meiosis es una fuente de variación genética interminable.

Aparte de los genes en los cromosomas X e Y, los seres humanos tienen dos copias de cada gen. En algunos casos, las dos copias son el mismo alelo y habrá una copia de ese alelo en todos los gametos producidos por el progenitor. El genoma del progenitor contiene probablemente miles de genes donde los dos alelos son diferentes. Cada uno de los dos alelos tiene las mismas probabilidades de pasar a un gameto. Supongamos que un gen contiene los alelos A y a. La mitad de los gametos producidos por el progenitor contendrá A y la otra mitad contendrá a.

Supongamos ahora que existe otro gen con los alelos B y b. De la misma manera, la mitad de los gametos contendrá B y la otra mitad b. Sin embargo, la meiosis puede originar gametos con diferentes combinaciones de estos genes: AB, Ab, aB y ab. Dos procesos en la meiosis generan esta diversidad.

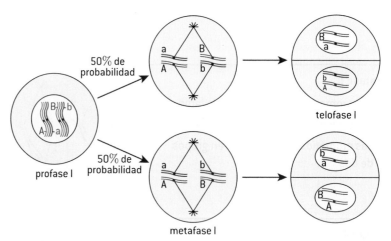

▲ Figura 8 Orientación aleatoria en la metafase I

1. La orientación aleatoria de los bivalentes

En la metafase I los bivalentes se orientan de forma aleatoria y la orientación de un bivalente no influye en la orientación de cualquiera de los otros. La orientación aleatoria de los bivalentes es el proceso que genera la variación entre los genes presentes en diferentes tipos de cromosomas.

Por cada bivalente adicional, se duplica el número de posibles combinaciones cromosómicas en una célula producida por meiosis. Para un número haploide n, el número de posibles combinaciones es 2^n. Para los seres humanos, con un número haploide de 23, esto equivale a 2^{23} combinaciones, lo que significa más de 8 millones de combinaciones.

2. El sobrecruzamiento

Sin el sobrecruzamiento que tiene lugar en la profase I, las combinaciones de alelos de los cromosomas serían siempre las mismas. Por ejemplo, si un cromosoma lleva la combinación CD y otro lleva cd, en los gametos solo podrían ocurrir estas combinaciones. El sobrecruzamiento permite reorganizar los genes que están vinculados para producir nuevas combinaciones, como Cd y cD. Esto aumenta tanto el número de combinaciones de alelos que pueden generarse por meiosis que la cifra es prácticamente infinita.

La fecundación y la variación genética

La fusión de gametos de diferentes progenitores promueve la variación genética.

La fusión de gametos para producir un cigoto es un hito muy importante tanto para los individuos como para las especies.

- Es el comienzo de la vida de un nuevo individuo.

- Permite que los alelos de dos individuos diferentes se combinen en un nuevo individuo.

- Es poco probable que esa combinación de alelos haya existido antes.

- La fusión de gametos, por lo tanto, promueve la variación genética en una especie.

- La variación genética es fundamental para la evolución.

🌐 La no disyunción y el síndrome de Down

La no disyunción puede causar síndrome de Down y otras anormalidades cromosómicas.

A veces se producen errores durante la meiosis. Un ejemplo es cuando los cromosomas homólogos no se separan en la anafase, fenómeno que recibe el nombre de no disyunción. Se puede dar con cualquiera de los pares de cromosomas homólogos: dos de los cromosomas se trasladan a un polo y ninguno al otro polo. El resultado será un gameto que tiene un cromosoma de más o un cromosoma de menos. Si el gameto interviene en la fecundación humana, el resultado será un individuo con 45 o 47 cromosomas.

La presencia de un número anormal de cromosomas a menudo causa que una persona desarrolle algún síndrome, es decir, un conjunto de síntomas o signos físicos. Por ejemplo, la trisomía 21, también conocida como síndrome de Down, se debe a una no disyunción

que deja al individuo con tres cromosomas 21 en lugar de dos. Aunque hay variaciones, algunas características comunes de las personas con síndrome de Down son la pérdida auditiva, así

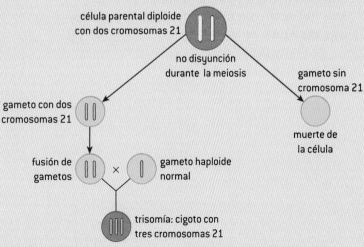

▲ Figura 10 Demostración de cómo la no disyunción puede dar lugar al síndrome de Down

como problemas cardíacos y de visión. También son frecuentes el retraso mental y de crecimiento.

La mayoría de las otras trisomías que se presentan en los seres humanos son tan graves que la descendencia no sobrevive. A veces, los bebés nacen con trisomía 18 y trisomía 13. La no disyunción también puede dar como resultado el nacimiento de bebés con un número anormal de cromosomas sexuales. La existencia de los cromosomas sexuales XXY es la causa del síndrome de Klinefelter, mientras que la presencia de tan solo un cromosoma sexual (un cromosoma X) provoca el síndrome de Turner.

 ## La edad de los progenitores y la no disyunción

Estudios donde se indica que la edad de los progenitores influye en la probabilidad de la no disyunción

Los datos presentados en la figura 11 muestran la relación entre la edad de la madre y la incidencia de la trisomía 21 y otras anormalidades cromosómicas.

1 Resume la relación entre la edad de la madre y la incidencia de anormalidades cromosómicas en los nacidos vivos. [2]

2 a) Determina la probabilidad de dar a luz a un niño con trisomía 21 para las madres de 40 años de edad. [1]

   b) Basándote en los datos de la figura 11, calcula la probabilidad de que una madre de 40 años de edad dé a luz a un niño con una anormalidad cromosómica distinta de la trisomía 21. [2]

3 De todas las posibles anomalías cromosómicas, solo un número muy pequeño se encuentra entre los nacidos vivos; la trisomía 21 es la más frecuente con diferencia. Sugiere razones que expliquen estas tendencias. [3]

4 Discute los riesgos a los que se enfrentan los padres cuando retrasan la decisión de tener hijos. [2]

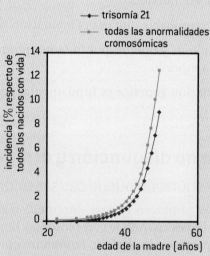

▲ Figura 11 Incidencia de la trisomía 21 y de otras anormalidades cromosómicas en función de la edad de la madre

3.4 Herencia

Comprensión

→ Mendel descubrió los principios de la herencia con experimentos que implicaban el cruzamiento de un gran número de plantas de guisantes (arvejas).

→ Los gametos son haploides, por lo que solo contienen un alelo de cada gen.

→ Los dos alelos de cada gen se separan en diferentes núcleos hijos haploides durante la meiosis.

→ La fusión de gametos origina cigotos diploides con dos alelos de cada gen, que pueden ser el mismo alelo repetido o distintos alelos.

→ Los alelos dominantes enmascaran los efectos de los alelos recesivos, en tanto que los alelos codominantes tienen efectos conjuntos.

→ Muchas enfermedades genéticas propias del ser humano se deben a alelos recesivos de genes autosómicos.

→ Algunas enfermedades genéticas están ligadas al sexo y otras se deben a alelos dominantes o a alelos codominantes.

→ El patrón de herencia es diferente con los genes ligados al sexo, debido a su ubicación en los cromosomas sexuales.

→ Aunque se han identificado muchas enfermedades genéticas en seres humanos, la mayoría de ellas son muy raras.

→ La radiación y las sustancias químicas mutagénicas aumentan la tasa de mutación y pueden causar enfermedades genéticas y cáncer.

Aplicaciones

→ Herencia de grupos sanguíneos ABO.

→ Daltonismo (ceguera para los colores rojo-verde) y hemofilia como ejemplos de herencia ligada al sexo.

→ Herencia de fibrosis quística y enfermedad de Huntington.

→ Consecuencias de la radiación tras las bombas atómicas de Hiroshima y Nagasaki y el accidente nuclear en Chernóbil.

Habilidades

→ Construcción de cuadros de Punnett para predecir los resultados de cruzamientos genéticos monohíbridos.

→ Comparación de resultados predichos y efectivos de cruzamientos genéticos usando datos reales.

→ Análisis de árboles genealógicos para deducir el patrón hereditario de enfermedades genéticas.

Naturaleza de la ciencia

→ Realización de mediciones cuantitativas con repeticiones para garantizar la fiabilidad: los cruzamientos genéticos de Mendel con plantas de guisantes generaron datos numéricos.

Mendel y los principios de la herencia

Mendel descubrió los principios de la herencia con experimentos que implicaban el cruzamiento de un gran número de plantas de guisantes (arvejas).

Cuando los organismos vivos se reproducen, pasan características a su descendencia. Por ejemplo, cuando las ballenas azules se reproducen, las jóvenes también son ballenas azules: son miembros de la misma especie. Pero además pueden transmitirse variaciones, como las manchas en la

▲ Figura 1 Los estilos de cabello son características adquiridas que no se transmiten a la descendencia.

piel de una ballena azul. Se dice que los hijos heredan las características de los padres, sin embargo, algunas características no se pueden heredar. Por ejemplo, las cicatrices en las colas de algunas ballenas azules causadas por ataques de orcas y las operaciones estéticas en los seres humanos no se transmiten. Según las teorías actuales, las características adquiridas como estas no pueden heredarse.

La herencia biológica se ha discutido desde la época de Hipócrates y anteriormente. Por ejemplo, Aristóteles observó que los niños a veces se parecen más a sus abuelos que a sus padres. Muchas de las primeras teorías postulaban la herencia por mezcla, según la cual los descendientes heredan caracteres de ambos progenitores y tienen caracteres intermedios entre los de aquellos. Algunas de las observaciones que hicieron los biólogos en la primera mitad del siglo XIX no podían explicarse con la teoría de la herencia por mezcla, pero no surgió una teoría alternativa hasta que Mendel publicó su obra *Experimentos de hibridación en plantas*.

Los experimentos de Mendel se realizaron utilizando variedades de plantas de guisante, que mantenían invariablemente sus caracteres propios cuando se cultivaban individualmente. Mendel cruzó cuidadosamente variedades de guisante mediante la transferencia de polen masculino de una variedad a las partes femeninas de las flores de otra variedad. Recogió las semillas de guisantes que se formaron como resultado y las cultivó para averiguar cuáles eran sus caracteres. Mendel repitió cada cruce con muchas plantas de guisante y también hizo este experimento con siete pares de caracteres diferentes. De esta forma, sus resultados demostraron con fiabilidad los principios de la herencia en guisantes, no solo un efecto aislado.

En 1866 Mendel publicó sus investigaciones. Durante más de treinta años se pasaron por alto en gran medida sus hallazgos. Se han sugerido varias razones, una de ellas es que utilizó plantas de guisante en sus experimentos y no había un gran interés por el patrón de herencia de esta especie. En el año 1900, varios biólogos redescubrieron el trabajo de Mendel. Rápidamente hicieron experimentos de cruzamiento con otras plantas y animales que confirmaron que la teoría de Mendel explicaba la base de la herencia para todas las plantas y animales.

⊘ Repeticiones y fiabilidad de los experimentos de Mendel

Realización de mediciones cuantitativas con repeticiones para garantizar la fiabilidad: los cruzamientos genéticos de Mendel con plantas de guisantes (arvejas) generaron datos numéricos.

Gregor Mendel es considerado por la mayoría de los biólogos como el padre de la genética. A veces se atribuye su éxito al hecho de haber sido el primero en utilizar plantas de guisante para la investigación sobre la herencia. Los guisantes tienen algunas características muy evidentes, como el color rojo o blanco de las flores, de las que puede hacerse un seguimiento fácilmente de una generación a la siguiente. También pueden cruzarse para producir híbridos y se prestan a la autofecundación.

En realidad, Mendel no fue el primero en utilizar las plantas de guisante. Thomas Andrew Knight, un horticultor inglés, había llevado a cabo investigaciones en Herefordshire (Reino Unido) a finales del siglo XVIII y publicó sus resultados en *Philosophical Transactions of the Royal Society*. Knight hizo algunos descubrimientos importantes:

- Ambos progenitores, hembra y macho, contribuyen igualmente a la descendencia.

- Algunos caracteres que aparentemente desaparecen en la descendencia, como el color blanco de las flores, pueden reaparecer en la próxima generación, con lo que se demuestra que la herencia se transmite de forma discontinua en lugar de por mezcla.

- Un carácter como el color rojo de las flores puede mostrar "una tendencia más dominante" que el carácter alternativo.

Aunque Mendel no fue tan pionero en sus experimentos como a veces pensamos, merece el reconocimiento por otro aspecto de su investigación: fue pionero en la obtención de resultados cuantitativos y en la realización de un gran número de repeticiones. También hizo experimentos con siete cruzamientos diferentes, no solo con uno. La tabla 1 muestra los resultados de sus cruzamientos monohíbridos.

Actualmente, en las ciencias es práctica habitual repetir los experimentos para demostrar la fiabilidad de los resultados. Se pueden comparar los resultados de las repeticiones para ver cómo son de similares e identificar los resultados anómalos para excluirlos del análisis. Pueden hacerse pruebas estadísticas para evaluar la importancia de las diferencias entre los tratamientos. También es una práctica estándar repetir todo el experimento, utilizando diferentes tratamientos o un organismo diferente, para comprobar una hipótesis de distintas maneras. Mendel, por tanto, debe considerarse como uno de los padres de la genética, pero aún más debemos pensar en él como un pionero de los métodos de investigación en biología.

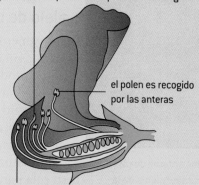

polinización cruzada del guisante:
el polen de otra planta se deposita en el estigma

el polen es recogido
por las anteras

pétalo inferior, denominado quilla

autopolinización del guisante:
si no se toca la flor, las anteras del interior
de la quilla polinizan el estigma

▲ Figura 2 Polinización cruzada y autopolinización

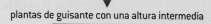

(a) Predicción basada en la herencia por mezcla

plantas altas × plantas enanas

plantas de guisante con una altura intermedia

(b) Resultados reales

plantas altas × plantas enanas

plantas de guisante de la misma altura que la planta parental alta

▲ Figura 3 Ejemplo de un experimento de cruzamiento monohíbrido. Todas las plantas híbridas producidas mediante el cruce de dos variedades tenían la misma característica que uno de los padres y la característica del otro progenitor no era visible. Este experimento refuta claramente la teoría de la herencia por mezcla.

Plantas parentales	Plantas híbridas	Descendencia de los híbridos autopolinizados	Proporción
Tallo alto × tallo enano	Todas altas	787 altas : 277 enanas	2,84 : 1
Semilla redonda × semilla arrugada	Todas redondas	5474 redondas : 1850 arrugadas	2,96 : 1
Cotiledones amarillos × cotiledones verdes	Todos amarillos	6022 amarillos : 2001 verdes	3,01 : 1
Flores moradas × flores blancas	Todas moradas	705 moradas : 224 blancas	3,15 : 1
Vainas hinchadas × vainas hendidas	Todas hinchadas	882 hinchadas : 299 hendidas	2,95 : 1
Vainas verdes × vainas amarillas	Todas verdes	428 verdes : 152 amarillas	2,82 : 1
Flores a lo largo del tallo × flores en la punta del tallo	Todas a lo largo del tallo	651 a lo largo del tallo : 207 en la punta	3,14 : 1

▲ Tabla 1

▲ Figura 4 El polen en las anteras de una flor contiene los gametos masculinos de la planta. Los gametos masculinos contienen un alelo de cada gen de las plantas.

Gametos

Los gametos son haploides, por lo que solo contienen un alelo de cada gen.

Los gametos son células que se fusionan para producir la célula que origina una nueva vida; a veces se los denomina células sexuales. La célula producida por la fusión de los gametos masculinos y femeninos recibe el nombre de cigoto. Los gametos masculinos y femeninos varían en tamaño y motilidad. El gameto masculino es generalmente más pequeño que el femenino y capaz de moverse; los gametos femeninos se mueven menos o son inmóviles. En los seres humanos, por ejemplo, el espermatozoide tiene un volumen mucho menor que el óvulo y utiliza su cola para nadar hacia el óvulo.

Los progenitores transmiten genes a su descendencia a través de los gametos. Los gametos son haploides, es decir, contienen un cromosoma de cada tipo. Por lo tanto, el núcleo de un gameto tiene solo un alelo de cada gen. Esto es cierto para los gametos masculinos y femeninos, de modo que ambos progenitores contribuyen genéticamente de la misma manera a su descendencia, a pesar de ser muy diferentes en su tamaño total.

Cigotos

La fusión de gametos origina cigotos diploides con dos alelos de cada gen, que pueden ser el mismo alelo repetido o distintos alelos.

Cuando los gametos masculinos y femeninos se fusionan, sus núcleos se unen, con lo cual se duplica el número de cromosomas. El núcleo del cigoto contiene dos cromosomas de cada tipo, así que es diploide. Contiene también dos alelos de cada gen.

Si hubiera dos alelos de un gen, A y a, el cigoto podría tener dos copias de uno de los alelos o una de cada uno. Las tres combinaciones posibles serían AA, Aa y aa.

Algunos genes tienen más de dos alelos. Por ejemplo, el gen de los grupos sanguíneos ABO en el ser humano tiene tres alelos: I^A, I^B e i. Esto da seis posibles combinaciones de alelos:

- Tres combinaciones con dos alelos iguales: $I^A I^A$, $I^B I^B$ e ii
- Tres combinaciones con dos alelos diferentes: $I^A I^B$, I^Ai e I^Bi.

Segregación de los alelos

Los dos alelos de cada gen se separan en diferentes núcleos hijos haploides durante la meiosis.

Durante la meiosis, un núcleo diploide se divide dos veces para producir cuatro núcleos haploides. El núcleo diploide contiene dos copias de cada gen, pero los núcleos haploides contienen solo una.

- Si un gen contiene dos copias del mismo alelo, cada uno de los núcleos haploides recibirá una copia de ese alelo. Por ejemplo, si los dos alelos fueran PP, cada gameto recibirá una copia de P.

▲ Figura 5 La mayoría de las plantas de cultivo son cepas de raza pura con dos alelos iguales en cada gen.

- Si un gen contiene dos alelos diferentes, cada núcleo haploide recibirá uno de los alelos, no ambos. Por ejemplo, si los dos alelos fueran Pp, el 50% de los núcleos haploides recibiría P y el 50% recibiría p.

La separación de los alelos en diferentes núcleos se denomina segregación. Por medio de ella, se fragmentan las combinaciones de alelos presentes en un progenitor y se forman nuevas combinaciones en la descendencia.

Alelos dominantes, recesivos y codominantes

Los alelos dominantes enmascaran los efectos de los alelos recesivos, en tanto que los alelos codominantes tienen efectos conjuntos.

En cada uno de los siete cruzamientos que Mendel hizo entre las diferentes variedades de guisante, en toda la descendencia se manifestó el carácter de uno de los progenitores, no del otro. Por ejemplo, en un cruce entre una planta de guisante alta y una planta de guisante enana, todos los descendientes resultaron plantas altas. La diferencia de altura de los progenitores se debe a la presencia de un gen con dos alelos:

- Los progenitores de plantas altas tienen dos copias de un alelo que las hacen altas (AA).

- Los progenitores de plantas enanas tienen dos copias de un alelo que las hacen enanas (aa).

- Cada uno de ellos pasa un alelo a la descendencia, que, por lo tanto, tiene un alelo de cada tipo (Aa).

- Cuando se combinan los dos alelos en un individuo, el alelo dominante es el que hace que las plantas sean altas.

- El otro alelo, que no tiene efecto cuando está presente el alelo dominante, es recesivo.

En cada uno de los cruzamientos de Mendel, uno de los alelos era dominante y el otro recesivo. Sin embargo, algunos genes tienen pares de alelos donde ambos tienen un efecto si se presentan juntos: se llaman alelos codominantes. Un ejemplo muy conocido es el color de la flor en *Mirabilis jalapa*. Si una planta de flores rojas se cruza con una de flores blancas, la descendencia tendrá flores de color rosa.

- El alelo para las flores rojas es C^R.

- El alelo para las flores blancas es C^B.

- Estos alelos son codominantes, por lo que $C^R C^B$ da flores rosas.

Generalmente, un alelo es dominante porque codifica una proteína que está activa y lleva a cabo una función, mientras que el alelo recesivo codifica una proteína no funcional.

▲ Figura 6 El gen que determina el color del pelaje del caballo islandés tiene alelos codominantes.

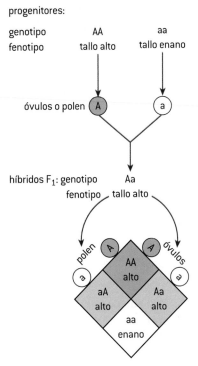

progenitores:

genotipo   AA   aa
fenotipo   tallo alto tallo enano

óvulos o polen   (A)   (a)

híbridos F$_1$: genotipo   Aa
         fenotipo   tallo alto

polen (A)   (A) óvulos
  (a)   AA   (a)
            alto
       aA   Aa
       alto   alto
            aa
            enano

▲ Figura 7 Explicación de la proporción 3 : 1 de Mendel

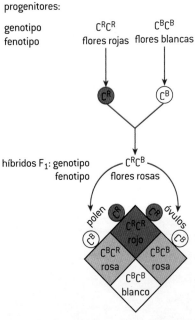

progenitores:

genotipo   C^{R}C^R C^{B}C^B
fenotipo   flores rojas   flores blancas

          (C^R)   (C^B)

híbridos F$_1$: genotipo   C^{R}C^B
         fenotipo   flores rosas

polen (C^R)   (C^R) óvulos
  (C^B)   C^{R}C^R (C^B)
              rojo
       C^{B}C^R C^{B}C^B
       rosa   rosa
              C^{B}C^B
              blanco

▲ Figura 8 Cruzamiento con codominancia

Cuadros de Punnett

Construcción de cuadros de Punnett para predecir los resultados de cruzamientos genéticos monohíbridos

Los cruces monohíbridos solo implican un carácter (por ejemplo, la altura de una planta de guisante), por lo que en ellos interviene un solo gen. La mayoría de los cruzamientos comienzan con dos progenitores de raza pura. Esto significa que los padres tienen dos alelos iguales, no dos alelos diferentes. Cada progenitor, por tanto, produce un solo tipo de gameto que contiene una copia del alelo. Sus descendientes también son idénticos, aunque tienen dos alelos diferentes. Los descendentes obtenidos mediante el cruce de los progenitores se denominan híbridos F$_1$ o generación F$_1$.

Los híbridos F$_1$ tienen dos alelos del gen diferentes, por lo que cada uno puede producir dos tipos de gametos. Si se cruzan dos híbridos de la generación F$_1$, o si una planta F$_1$ puede autofecundarse, es posible obtener cuatro resultados que pueden mostrarse mediante una tabla de dos filas y dos columnas llamada cuadro de Punnett, en honor del genetista que la utilizó por primera vez. La descendencia de un cruzamiento entre dos plantas F$_1$ se llama generación F$_2$.

Para que el cuadro de Punnett sea lo más claro posible, se deben rotular los gametos y tanto los alelos como el carácter de los cuatro posibles resultados deben mostrarse en el cuadro. También es útil indicar una proporción general debajo del cuadro de Punnett.

La figura 7 muestra el cruzamiento de plantas altas y plantas enanas que realizó Mendel, y explica la proporción de tres plantas altas por cada planta enana en la generación F$_2$.

La figura 8 muestra los resultados de un cruzamiento de plantas *Mirabilis jalapa* de flores rojas y de flores blancas, y explica la proporción de una planta de flores rojas por cada dos rosas y una blanca en la generación F$_2$.

Preguntas basadas en datos: Color del pelaje del ratón doméstico

En los primeros años del siglo XX, se realizaron muchos experimentos de cruzamiento similares a los de Mendel. El genetista francés Lucien Cuénot utilizó el ratón doméstico (*Mus musculus*) para comprobar si los principios que Mendel descubrió también se daban en animales. Cuénot cruzó ratones normales de color gris con ratones albinos. Los ratones híbridos que se obtuvieron eran todos grises. Estos híbridos grises se cruzaron entre sí y produjeron una descendencia de 198 ratones grises y 72 albinos.

1   Calcula la proporción entre la descendencia gris y albina, mostrando tus cálculos.   [2]

2   Deduce el color del pelaje que se debe a un alelo recesivo, aportando dos razones para tu respuesta.   [3]

3   Elige símbolos adecuados para los alelos del pelaje gris y albino y enumera las posibles combinaciones de los alelos de los ratones utilizando estos símbolos, junto con los colores del pelaje asociados a cada combinación de alelos.   [3]

4 Utilizando un cuadro de Punnett, explica cómo se produjo la proporción observada entre ratones grises y albinos. [5]

5 Los ratones albinos tenían los ojos rojos, además del pelaje blanco. Sugiere cómo un gen puede determinar que los ratones tengan pelaje gris y ojos negros, o pelaje blanco y ojos rojos. [2]

typica   *annulata*

▲ Figura 9 Dos tipos de mariquita de dos puntos

Preguntas basadas en datos: La mariquita de dos puntos

Adalia bipunctata es una especie de mariquita. La forma más común de esta especie se conoce como *typica*, pero existe una forma más rara llamada *annulata*. Ambas formas se muestran en la figura 9.

1 Compara las dos formas de *Adalia bipunctata*: *typica* y *annulata*. [2]

2 Las diferencias entre las dos formas se debe a un solo gen. Si se aparean un macho y una hembra *typica*, todas las crías son *typica*. De la misma manera, todas las crías resultantes del apareamiento de dos mariquitas *annulata* son *annulata*. Explica las conclusiones que se pueden extraer de esta información. [2]

3 Cuando una mariquita *typica* se aparea con una *annulata*, la descendencia híbrida F$_1$ no es idéntica a ninguno de los padres. En la figura 10 se muestran ejemplos de estos híbridos F$_1$. Distingue entre los híbridos F$_1$ y los progenitores *typica* y *annulata*. [3]

4 Si los híbridos F$_1$ se aparean entre sí, sus descendientes incluirán tanto *typica* como *annulata*, y también descendientes con las mismas marcas en las alas que los híbridos F$_1$.

   a) Usa un diagrama genético para explicar este patrón de herencia. [6]

   b) Predice la proporción esperada de fenotipos. [2]

▲ Figura 10 Descendencia híbrida F$_1$

▲ Figura 11 Descendencia F$_2$

Actividad

Los grupos sanguíneos ABO

Es posible que dos progenitores tengan la misma probabilidad de que el grupo sanguíneo de sus hijos sea A, B, AB u O. ¿Cuáles serían los genotipos de los progenitores?

🌐 Los grupos sanguíneos ABO

Herencia de grupos sanguíneos ABO

El sistema de los grupos sanguíneos ABO en el ser humano es un ejemplo de codominancia. Tiene gran importancia médica: antes de realizar una transfusión de sangre es vital averiguar el grupo sanguíneo de un paciente y asegurar que haya compatibilidad. Si no se hace, puede haber complicaciones debido a la coagulación de los glóbulos rojos. Un gen determina el grupo sanguíneo ABO de una persona. El genotipo $I^A I^A$ proporciona sangre del grupo A y el genotipo $I^B I^B$ proporciona sangre del grupo B. Ni I^A ni I^B son dominantes sobre el otro alelo y las personas con el genotipo $I^A I^B$ tienen un grupo sanguíneo distinto, llamado AB. Hay un tercer alelo del gen de los grupos sanguíneos ABO que generalmente se identifica como *i*.

Las personas con el genotipo *ii* tienen el grupo sanguíneo O. Los genotipos $I^A i$ e $I^B i$ proporcionan los grupos sanguíneos A y B respectivamente, lo que demuestra que *i* es recesivo con respecto a I^A e I^B. Las siguientes razones explican por qué dos de los alelos son codominantes y el otro alelo es recesivo:

- Los tres alelos son responsables de la producción de una glicoproteína de la membrana de los glóbulos rojos.

- I^A altera la glicoproteína añadiéndole acetil-galactosamina. Esta glicoproteína alterada no existe en las personas que no tienen el alelo I^A, de modo que si estas personas se exponen al alelo crean anticuerpos anti-A.

- I^B altera la glicoproteína añadiéndole galactosa. Esta glicoproteína alterada no existe en las personas que no tienen el alelo I^B, de modo que si estas personas se exponen al alelo crean anticuerpos anti-B.

- El genotipo $I^A I^B$ altera la glicoproteína añadiéndole acetil-galactosamina y galactosa. Como consecuencia, no se producen anticuerpos anti-A ni anti-B. Este genotipo,

por tanto, da un fenotipo distinto de $I^A I^A$ e $I^B I^B$ porque los alelos I^A e I^B son codominantes.

- El alelo i es recesivo porque no hace que se produzca la alteración de la glicoproteína básica, pero si está presente cualquiera de los alelos I^A o I^B causan la alteración, por tanto, $I^A i$ da el mismo fenotipo que $I^A I^A$ e $I^B i$ da el mismo fenotipo que $I^B I^B$.

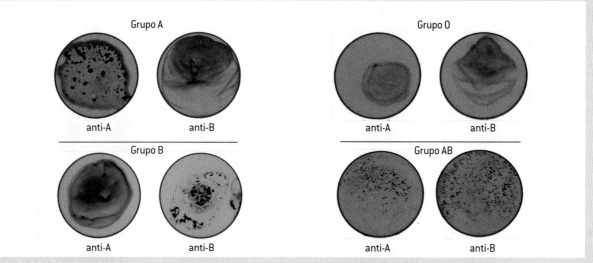

▲ Figura 12 Los grupos sanguíneos pueden determinarse fácilmente usando tarjetas de prueba.

🔬 Comprobación de predicciones en experimentos de cruzamiento

Comparación de resultados predichos y efectivos de cruzamientos genéticos utilizando datos reales

Por naturaleza, las ciencias tratan de encontrar principios generales que expliquen los fenómenos naturales y no solo describir ejemplos individuales de un fenómeno. Mendel descubrió principios de la herencia biológica con gran poder predictivo que todavía se pueden utilizar para predecir los resultados de cruzamientos genéticos. La tabla 2 enumera posibles predicciones de cruces de monohíbridos.

Los resultados reales y efectivos de los cruzamientos genéticos por lo general no corresponden exactamente con los previstos. Esto se debe a que la herencia genética implica un cierto grado de azar. El lanzamiento de una moneda es una analogía sencilla. Es de esperar que la moneda caiga un 50% de las veces con

cada una de sus dos caras hacia arriba, pero si la tiramos 1.000 veces, no esperamos que caiga precisamente 500 veces mostrando una cara y 500 veces mostrando la otra.

Una habilidad importante en biología es decidir si los resultados de un experimento se aproximan suficientemente a las predicciones para que los aceptemos, o si las diferencias son demasiado grandes y, por tanto, los resultados o las predicciones deben considerarse falsos. Una tendencia obvia es que cuanto mayor sea la diferencia entre las predicciones y los resultados observados, menos probable es que la diferencia se deba a la casualidad y más probable que las predicciones no se ajusten a los resultados.

Para evaluar objetivamente si los resultados se ajustan a las predicciones, se utilizan pruebas estadísticas. Para los cruzamientos genéticos se puede utilizar la prueba de chi-cuadrado, que se describe en el subtema 4.1.

Cruzamiento	Resultado previsto	Ejemplo
Se cruzan progenitores de raza pura, uno con alelos dominantes y el otro con alelos recesivos.	Todos los descendientes tendrán el mismo carácter que el progenitor con alelos dominantes.	Todos los descendientes de un cruzamiento entre plantas de guisante de raza pura altas y enanas serán altos.
Se cruzan progenitores de raza pura que tienen alelos codominantes diferentes.	Todos los descendientes tendrán el mismo carácter, y este carácter será diferente de ambos progenitores.	Todos los descendientes de un cruzamiento entre plantas de *Mirabilis jalapa* de flores rojas y de flores blancas tendrán flores de color rosa.
Se cruzan dos progenitores, ambos con un alelo dominante y un alelo recesivo.	Habrá tres veces más descendientes con el carácter del progenitor de alelo dominante que con el carácter del progenitor de alelo recesivo.	Proporción 3 : 1 de plantas altas respecto de enanas en un cruzamiento entre dos progenitores en el que ambos poseen un alelo para planta alta y un alelo para planta enana.
Un progenitor con un alelo dominante y un alelo recesivo se cruza con un progenitor con dos alelos recesivos.	Habrá igual proporción de descendientes con el carácter del alelo dominante y el carácter del alelo recesivo.	Proporción 1 : 1 de un cruzamiento entre una planta de guisante enana y una planta alta con un alelo para alta y uno para enana.

▲ Tabla 2

Preguntas basadas en datos: Análisis de cruzamientos genéticos

1 Charles Darwin cruzó variedades de plantas de *Antirrhinum majus* salvajes de raza pura que tienen flores bilateralmente simétricas con plantas de raza pura que tienen flores pelóricas radialmente simétricas. Todos los descendientes de la generación F$_1$ produjeron flores bilateralmente simétricas. Darwin cruzó entonces las plantas de la generación F$_1$ entre sí. En la generación F$_2$, 88 plantas tenían flores bilateralmente simétricas y 37 tenían flores pelóricas.

   a) Elabora un cuadro de Punnett para predecir el resultado del cruzamiento entre las plantas de la generación F$_1$. [3]

   b) Discute si los resultados reales del cruzamiento se aproximan suficientemente como para apoyar el resultado previsto. [2]

   c) Las plantas de *Antirrhinum majus* pelóricas son extremadamente inusuales en las poblaciones silvestres de esta especie. Sugiere los motivos de ello. [1]

2 Hay tres variedades de faisán según el color de su plumaje: claro, *beige* y con un anillo de plumas blancas en el cuello. Cuando se cruzaron entre sí faisanes claros, solo se produjo descendencia de faisanes claros. De igual forma, cuando se cruzaron faisanes de anillo blanco con otros de este mismo tipo, todos los descendientes presentaron anillos blancos. Cuando se cruzaron faisanes de color

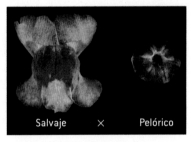

Salvaje × Pelórico

▲ Figura 13 Flores de *Antirrhinum* (a) salvaje (b) pelórico

▲ Figura 14 Coloración *beige* de las plumas de un faisán

beige con otros del mismo color, se produjeron 75 descendientes de plumaje claro, 68 de anillo blanco y 141 de plumaje *beige*.

a) Elabora un cuadro de Punnett para predecir el resultado de cruzar faisanes *beige* entre sí. [3]

b) Discute si los resultados reales del cruzamiento se aproximan suficientemente como para apoyar el resultado previsto. [2]

3 Mary y Herschel Mitchell investigaron la herencia de un carácter llamado lento en el hongo *Neurospora crassa*. Las cepas del hongo con este carácter crecen más lentamente que el tipo salvaje. Los resultados se muestran en la tabla 3.

Progenitor masculino	Progenitor femenino	Descendencia de tipo salvaje	Descendencia de tipo lento
Tipo salvaje	Tipo salvaje	9.691	90
Tipo lento	Tipo lento	0	10.591
Tipo salvaje	Tipo lento	0	7.905
Tipo lento	Tipo salvaje	4.816	43

▲ Tabla 3

a) Discute si los datos se ajustan a alguna de las proporciones mendelianas de la tabla 1 (página 181). [2]

b) Sugiere una razón por la que todos los descendientes son lentos en un cruzamiento entre cepas salvajes y cepas lentas cuando el tipo salvaje es el progenitor masculino. [2]

c) Sugiere una razón por la que hay un pequeño número de descendientes lentos en un cruzamiento entre cepas salvajes y cepas lentas cuando el tipo salvaje es el progenitor femenino. [1]

Enfermedades genéticas causadas por alelos recesivos

Muchas enfermedades genéticas propias del ser humano se deben a alelos recesivos de genes autosómicos.

Una enfermedad genética es una enfermedad que está causada por un gen. La mayoría de las enfermedades genéticas son causadas por un alelo de un gen recesivo. Por lo tanto, la enfermedad solo se desarrolla en individuos que no tienen el alelo dominante del gen, generalmente porque tienen dos copias del alelo recesivo. Si una persona tiene un alelo para la enfermedad genética y un alelo dominante, no se manifestarán en ella síntomas de la enfermedad, pero puede pasar el alelo recesivo a su descendencia. Estos individuos se llaman portadores.

Por lo general, las enfermedades genéticas causadas por un alelo recesivo aparecen inesperadamente. Ambos progenitores de un niño con la enfermedad deben ser portadores, pero como no muestran síntomas de la enfermedad, no son conscientes de ello. La probabilidad de que estos

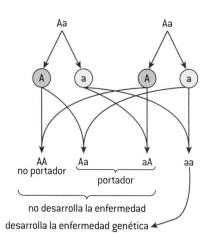

▲ Figura 15 Enfermedades genéticas causadas por un alelo recesivo

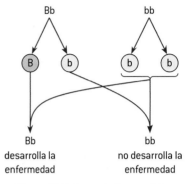

padres tengan un hijo con la enfermedad es del 25 por ciento (véase la figura 15). La fibrosis quística es un ejemplo de una enfermedad genética causada por un alelo recesivo, y se describe más adelante en este subtema.

Otras causas de enfermedades genéticas

Algunas enfermedades genéticas están ligadas al sexo y otras se deben a alelos dominantes o a alelos codominantes.

Una pequeña proporción de las enfermedades genéticas están causadas por un alelo dominante. No es posible ser un portador de estas enfermedades: si una persona tiene un alelo dominante, desarrollará la enfermedad. Si uno de los progenitores tiene el alelo de la enfermedad, la posibilidad de que un niño lo herede es del 50 por ciento (véase la figura 16). La enfermedad de Huntington es un ejemplo de una enfermedad genética causada por un alelo dominante, y se describe más adelante en este subtema.

▲ Figura 16 Enfermedades genéticas causadas por un alelo dominante

Una proporción muy pequeña de las enfermedades genéticas están causadas por alelos codominantes. Un ejemplo es la anemia falciforme; la base molecular de esta enfermedad se describió en el subtema 3.1. El alelo normal de la hemoglobina es Hb^A y el alelo de células falciformes es Hb^S. La figura 17 muestra las tres posibles combinaciones de los alelos y las características que generan. Las personas que tienen un alelo Hb^A y un alelo Hb^S no tienen las mismas características que aquellas con dos copias de cualquiera de los dos alelos, por lo que los alelos son codominantes.

La mayoría de las enfermedades genéticas afectan a hombres y mujeres de la misma manera, pero algunas muestran un patrón de herencia diferente en hombres y en mujeres: a esto se le denomina herencia ligada al sexo. Más adelante en este subtema se describen las causas de las enfermedades genéticas ligadas al sexo con dos ejemplos: el daltonismo y la hemofilia.

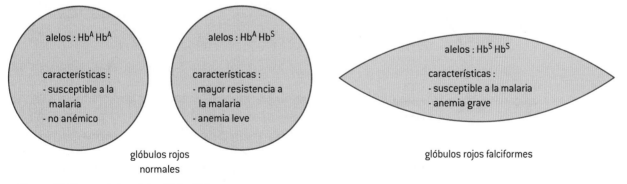

▲ Figura 17 Efectos de los alelos Hb^A y Hb^S

La fibrosis quística y la enfermedad de Huntington

Herencia de fibrosis quística y enfermedad de Huntington

La fibrosis quística es la enfermedad genética más frecuente en algunas partes de Europa. Se debe a un alelo recesivo del gen CFTR. Este gen se encuentra en el cromosoma 7 y su principal función consiste en facilitar el transporte de iones de cloro para la secreción de sudor, mucus y jugos gástricos.

Los alelos recesivos de este gen provocan el mal funcionamiento de los canales de cloruro. Se produce un sudor que contiene cantidades excesivas de cloruro de sodio, pero también se secretan mucosidad y jugos gástricos con insuficiente cloruro de sodio. Como consecuencia, no se desplaza agua suficiente por ósmosis a las secreciones, lo que las hace muy viscosas. La mucosidad pegajosa que se acumula en los pulmones causa infecciones y el conducto pancreático generalmente queda bloqueado; por tanto, las enzimas digestivas secretadas por el páncreas no alcanzan el intestino delgado.

En algunas regiones de Europa, una de cada veinte personas tiene un alelo de la fibrosis quística. Como el alelo es recesivo, una sola copia de este no tiene ningún efecto. La probabilidad de que los dos progenitores sean portadores del alelo es $\frac{1}{20} \times \frac{1}{20}$, esto es $\frac{1}{400}$. La probabilidad de que estos padres tengan un hijo con fibrosis quística puede calcularse utilizando un cuadro de Punnett.

La enfermedad de Huntington se debe a un alelo dominante del gen HTT. Este gen se encuentra en el cromosoma 4 y su producto es una proteína llamada huntingtina cuya función todavía se está investigando.

El alelo dominante del gen HTT provoca cambios degenerativos en el cerebro cuyos síntomas comienzan generalmente entre los 30 y los 50 años de edad. Origina cambios conductuales, mentales y emocionales que se agravan cada vez más. La esperanza de vida después del comienzo de los síntomas es cerca de 20 años. Las personas afectadas por la enfermedad necesitan atención de enfermería constante y generalmente mueren por insuficiencia cardíaca, neumonía o alguna otra enfermedad infecciosa.

Debido a su tardía aparición, muchas personas diagnosticadas con la enfermedad de Huntington ya han tenido hijos. Una prueba genética puede indicar si un individuo joven tiene el alelo dominante antes de que se desarrollen los síntomas, pero la mayoría de las personas con riesgo optan por no hacerse la prueba.

Aproximadamente una de cada 10.000 personas tiene una copia del alelo de la enfermedad de Huntington, así que es muy improbable que los dos progenitores tengan una copia. Sin embargo, una persona puede desarrollar la enfermedad aunque solo uno de sus padres tenga el alelo, porque este es dominante.

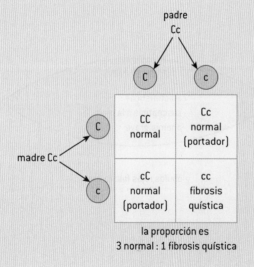

la proporción es
3 normal : 1 fibrosis quística

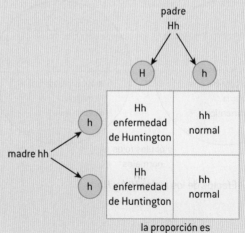

la proporción es
1 normal: 1 enfermedad de Huntington

Genes ligados al sexo

El patrón de herencia es diferente con los genes ligados al sexo, debido a su ubicación en los cromosomas sexuales.

Las plantas hermafroditas, como los guisantes, pueden producir gametos femeninos y masculinos. Cuando, a finales del siglo XVIII, Thomas Andrew Knight experimentó con el cruzamiento de plantas de guisante, descubrió que los resultados eran los mismos fuera cual fuera el carácter presente en el gameto masculino o en el femenino. Por ejemplo, estos dos cruzamientos proporcionaron los mismos resultados:

- Polen de una planta de tallo verde colocado en el estigma de una planta de tallo púrpura

- Polen de una planta de tallo púrpura colocado en el estigma de una planta de tallo verde

Las plantas siempre dan los mismos resultados cuando se realizan cruces recíprocos como estos, pero en los animales los resultados a veces son diferentes. El patrón de herencia en el que las proporciones son diferentes en machos y hembras se llama **herencia ligada al sexo**.

Uno de los primeros ejemplos de herencia ligada al sexo fue el que descubrió Thomas Morgan en la mosca de la fruta, *Drosophila melanogaster*. Este pequeño insecto tiene unos 4 mm de largo y un ciclo vital de dos semanas; ello permite hacer experimentos de cruzamiento rápidamente con un gran número de moscas. La mayoría de los cruces con *Drosophila* no muestran un patrón de herencia ligada al sexo. Por ejemplo, los siguientes cruzamientos recíprocos arrojan los mismos resultados:

- Machos con alas normales × hembras con alas vestigiales

- Machos con alas vestigiales × hembras con alas normales

Los siguientes cruzamientos dieron resultados diferentes:

- Machos con ojos rojos × hembras con ojos blancos: todos los descendientes con ojos rojos.

- Machos con ojos blancos × hembras con ojos rojos: descendientes hembras con ojos rojos y machos con ojos blancos.

Los genetistas observaron que la herencia de los genes y los cromosomas mostraban paralelismos claros y que, por tanto, era muy probable que los genes estuviesen situados en los cromosomas. También se sabía que las hembras de *Drosophila* tienen dos copias de un cromosoma llamado X y los machos tienen solo una copia. Morgan dedujo que la herencia ligada al sexo del color de los ojos podría, por lo tanto, deberse a que el gen del color del ojo se encuentra en el cromosoma X. Los machos de *Drosophila* también tienen un cromosoma Y, pero este no lleva el gen del color de los ojos.

La figura 18 explica la herencia del color de los ojos en *Drosophila*. En los cruzamientos con herencia ligada al sexo, los alelos siempre deben indicarse mediante letras en superíndice acompañando a una X mayúscula que representa el cromosoma X. También se debe mostrar el cromosoma Y, aunque no contenga un alelo del gen.

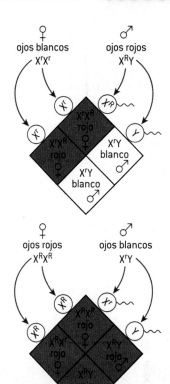

Clave

X^R cromosoma X con el alelo de ojos rojos (dominante)

X^r cromosoma X con el alelo de ojos blancos (recesivo)

Y cromosoma Y

▲ Figura 18 Cruzamientos recíprocos con herencia ligada al sexo

El daltonismo y la hemofilia

Daltonismo (ceguera para los colores rojo-verde) y hemofilia como ejemplos de herencia ligada al sexo

Se han descubierto muchos ejemplos de herencia ligada al sexo en los seres humanos. Casi todos se deben a la presencia de genes situados en el cromosoma X, ya que en el cromosoma Y hay muy pocos genes. A continuación se describen dos ejemplos de enfermedades ligadas al sexo debidas a genes en los cromosomas X: el daltonismo y la hemofilia.

El daltonismo está causado por un alelo recesivo de un gen que produce una de las proteínas fotorreceptoras. Estas proteínas son producidas por las células del cono de la retina del ojo y detectan determinadas gamas de longitud de onda de luz visible.

▲ Figura 19 Una persona con daltonismo no puede distinguir claramente entre los colores de las flores y de las hojas.

▲ Figura 20 Después de un pequeño pinchazo, la sangre del dedo debería rápidamente dejar de fluir, pero en los hemofílicos continúa fluyendo durante mucho tiempo porque no se coagula adecuadamente.

Los varones tienen solo un cromosoma X, que heredan de la madre. Si ese cromosoma X lleva el alelo del daltonismo, el hijo será daltónico. En algunas regiones del norte de Europa, el porcentaje de varones con esta discapacidad es muy alto y puede llegar al 8%. La mujer será daltónica si el padre es daltónico y también hereda de la madre un cromosoma X que porta el gen recesivo. Podemos predecir que el porcentaje de mujeres con esta enfermedad en las mismas regiones de Europa es de 8% × 8% = 0,64%. El porcentaje real es de aproximadamente 0,5%, por lo que se ajusta bien a la predicción.

Mientras que el daltonismo es una discapacidad leve, la hemofilia es una enfermedad genética que supone un riesgo para la vida. Aunque algunas formas de la enfermedad son más raras, la mayoría de los casos de hemofilia se deben a una incapacidad para producir el Factor VIII, una de las proteínas implicadas en la coagulación de la sangre. Si no se trata, la esperanza de vida de una persona con hemofilia es de solo unos diez años. El tratamiento consiste en inyectar el Factor VIII, que se extrae de la sangre de donantes.

El gen del Factor VIII se encuentra en el cromosoma X. El alelo que causa la hemofilia es

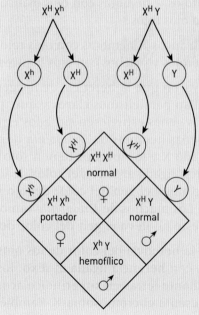

CLAVE
X^H cromosoma X portador del alelo de coagulación sanguínea normal
X^h cromosoma X portador del alelo de la hemofilia

recesivo. La frecuencia del alelo de la hemofilia es de alrededor de 1 en 10.000. Esta es, por tanto, la frecuencia de la enfermedad en los varones. Las mujeres pueden ser portadoras del alelo recesivo de la hemofilia, pero solo desarrollan la enfermedad si sus dos cromosomas X llevan el

alelo. Teóricamente, la frecuencia en las mujeres es $\left(\frac{1}{10.000}\right)^2 = 1$ en 100.000.000. En la práctica, ha habido incluso menos casos de mujeres con hemofilia por carencia del Factor VIII. Una razón es que el padre tendría que ser hemofílico y arriesgarse a transmitir esta enfermedad a sus hijos.

Árboles genealógicos

Análisis de árboles genealógicos para deducir el patrón hereditario de enfermedades genéticas

Es imposible investigar la herencia de enfermedades genéticas en los seres humanos mediante experimentos de cruzamiento. En su lugar, se pueden utilizar árboles genealógicos para deducir el patrón de herencia. Generalmente se utilizan las siguientes convenciones para elaborar árboles genealógicos:

- Los hombres se representan con cuadrados.

- Las mujeres se representan con círculos.

- Se sombrean o trazan rayitas cruzadas en los cuadrados y círculos para indicar si un individuo está afectado por la enfermedad.

- Los padres e hijos se conectan mediante una T, con la barra superior de la T entre los padres.

- Las generaciones se indican con números romanos.

- Los individuos de cada generación se identifican con números arábigos.

Ejemplo 1 Albinismo en seres humanos

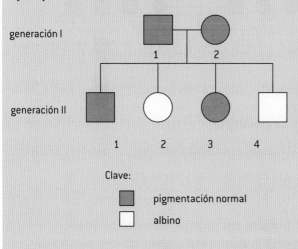

generación I

generación II

Clave:
- pigmentación normal
- albino

Deducciones:

- Dos de los niños son albinos aunque ambos padres tienen pigmentación normal. Esto sugiere que el albinismo está causado por un alelo recesivo (m) y la pigmentación normal por un alelo dominante (M).

- Se observan tanto hijas como hijos con albinismo, lo cual sugiere que la enfermedad no está ligada al sexo. Tanto los hombres como las mujeres son albinos solamente si tienen dos copias del alelo recesivo del albinismo (mm).

- Los niños albinos deben haber heredado un alelo del albinismo de cada progenitor.

- Ambos progenitores deben tener también un alelo de pigmentación normal, ya que no son albinos. Los progenitores, por tanto, tienen alelos Mm.

- La probabilidad de que un hijo de estos progenitores tenga albinismo es de 1 : 4. Aunque en promedio 1 de cada 4 de sus hijos será albino, solo podríamos ver si esta proporción se cumple si los padres tuvieran una gran cantidad de hijos. La proporción real de 1 de 2 no es de extrañar, y no demuestra que nuestras deducciones sobre la herencia del albinismo sean incorrectas.

Ejemplo 2 Raquitismo resistente a la vitamina D

Deducciones:

- Dos progenitores no afectados solo tienen hijos no afectados, pero dos progenitores afectados tienen hijos con raquitismo resistente a la vitamina D, lo que sugiere que esta enfermedad está causada por un alelo dominante.

- En la generación I de la descendencia de los progenitores, todas las hijas tienen raquitismo resistente a la vitamina D y los hijos no están afectados. Esto sugiere una herencia ligada al sexo, aunque el número de descendientes es demasiado pequeño para confirmar este patrón de herencia.

- Si el raquitismo resistente a la vitamina D está causado por un alelo dominante ligado al cromosoma X, las hijas de la generación I heredarían el cromosoma X del padre con el alelo dominante, de modo que todas las hijas

tendrían la enfermedad. El árbol genealógico respalda esta teoría.

- Igualmente, si el raquitismo resistente a la vitamina D está causado por un alelo dominante ligado al cromosoma X, la madre enferma de la generación II tendría un cromosoma X con el alelo dominante de la enfermedad y el otro con el alelo recesivo. Toda su descendencia tendría un 50% de probabilidades de heredar este cromosoma X y desarrollar la enfermedad. El árbol genealógico lo confirma y, por tanto, respalda esta teoría.

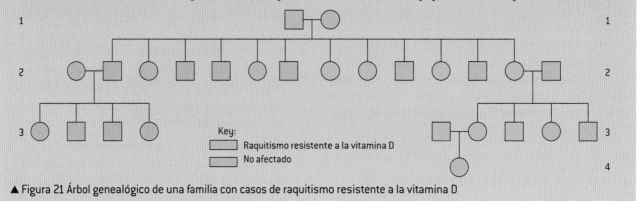

Key:
▬ Raquitismo resistente a la vitamina D
▬ No afectado

▲ Figura 21 Árbol genealógico de una familia con casos de raquitismo resistente a la vitamina D

Preguntas basadas en datos: Deducción de los genotipos a partir de árboles genealógicos

El árbol genealógico de la figura 22 muestra cinco generaciones de una familia afectada por una enfermedad genética.

1 Explica, basándote en los datos del árbol, si la enfermedad se debe a un alelo recesivo o a un alelo dominante. [3]

2 Explica cuál es la probabilidad de que los individuos de la generación V tengan:

a) Dos copias de un alelo recesivo

b) Un alelo recesivo y un alelo dominante

c) Dos copias del alelo dominante [3]

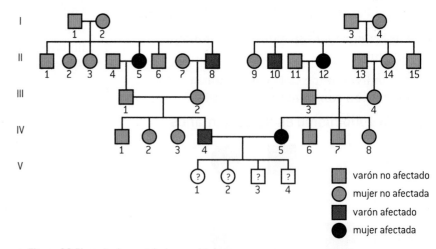

varón no afectado
mujer no afectada
varón afectado
mujer afectada

▲ Figura 22 Ejemplo de un árbol genealógico

3 Deduce, aportando razones, los posibles alelos de:

a) El individuo 1 en la generación III

b) El individuo 13 en la generación II [2]

4 Sugiere dos ejemplos de enfermedades genéticas que encajarían en este patrón de herencia. [2]

Enfermedades genéticas en los seres humanos

Aunque se han identificado muchas enfermedades genéticas en seres humanos, la mayoría de ellas son muy raras.

Ya se han descrito varias enfermedades genéticas en este subtema, entre otras la anemia falciforme, la fibrosis quística, la hemofilia y la enfermedad de Huntington. Otras como la fenilcetonuria (PKU), la enfermedad de Tay-Sachs y el síndrome de Marfan son también muy conocidas.

La investigación médica ya ha identificado más de 4.000 enfermedades genéticas y, sin duda, quedan muchas más por descubrir. Dado este gran número de enfermedades genéticas, puede parecer sorprendente que la mayoría de nosotros no sufra alguna de ellas. La razón de ello es que la mayoría de las enfermedades genéticas están causadas por alelos recesivos muy raros que siguen los patrones de herencia mendelianos. La probabilidad de heredar un alelo para cualquier enfermedad específica es pequeña, pero para desarrollar la enfermedad se deben heredar los dos alelos y la probabilidad de que esto ocurra es extremadamente baja.

Actualmente es posible secuenciar el genoma de un ser humano de forma relativamente barata y rápida, y por ello se están secuenciando los genomas de un gran número de personas para realizar comparaciones. Estas investigaciones están revelando la cantidad de alelos recesivos raros que porta un individuo típico y que podrían causar una enfermedad genética. Los cálculos actuales se sitúan entre 75 y 200 alelos de los 25.000 o más genes presentes en el genoma humano. Un individuo solo puede producir un descendiente con una enfermedad genética causada por uno de estos alelos recesivos si el otro progenitor tiene el mismo alelo raro.

▲ Figura 23 Los alelos de los dos padres se unen cuando tienen un descendiente. Hay una pequeña posibilidad de que dos alelos recesivos se unan y causen una enfermedad genética.

Causas de mutación

La radiación y las sustancias químicas mutagénicas aumentan la tasa de mutación y pueden causar enfermedades genéticas y cáncer.

Un gen consiste en un trozo de ADN que puede tener una secuencia de cientos o miles de bases. Los diferentes alelos de un gen presentan ligeras variaciones en la secuencia de bases. Generalmente, solo una o unas pocas bases son diferentes. Los nuevos alelos se forman a partir de otros alelos por mutación en el gen.

Una mutación es un cambio aleatorio de la secuencia de bases de un gen. Dos tipos de factores pueden aumentar la tasa de mutación:

▲ Figura 24 Los rasgos de Abraham Lincoln se asemejan a los del síndrome de Marfan, pero una teoría más reciente sugiere que padecía MEN2B, otra enfermedad genética.

- Las radiaciones aumentan la tasa de mutación si tienen suficiente energía para causar cambios químicos en el ADN. Las partículas alfa y los rayos gama de isótopos radioactivos, la radiación ultravioleta de onda corta y los rayos X son todos mutagénicos.

- Algunas sustancias químicas provocan cambios químicos en el ADN y son mutagénicas. Algunos ejemplos son el benzopireno y las nitrosaminas que se encuentran en el humo del tabaco y en el gas mostaza utilizado como arma química en la Primera Guerra Mundial.

 Figura 25 El riesgo de mutaciones por la radiación de residuos nucleares se minimiza mediante el almacenamiento cuidadoso.

Las mutaciones son cambios aleatorios: no existe ningún mecanismo específico para que una mutación particular se lleve a cabo. Es poco probable que un cambio aleatorio en un alelo que se ha desarrollado por evolución, quizás durante millones de años, sea beneficioso. Casi todas las mutaciones son, por tanto, neutras o perjudiciales. Las mutaciones de los genes que controlan la división celular pueden causar que una célula se divida indefinidamente y se convierta en un tumor. Las mutaciones son, por tanto, una causa de cáncer.

Las mutaciones en las células del cuerpo, incluidas aquellas que causan cáncer, se eliminan cuando la persona muere, pero las mutaciones en las células que se convierten en gametos pueden transmitirse a la descendencia: este es el origen de las enfermedades genéticas. Por lo tanto, es particularmente importante minimizar el número de mutaciones en las células productoras de gametos en los ovarios y en los testículos. Actualmente se calcula que se dan una o dos mutaciones nuevas en cada generación en los seres humanos, lo cual incrementa el riesgo de enfermedades genéticas en la descendencia.

Consecuencias de las bombas nucleares y los accidentes en centrales nucleares

Consecuencias de la radiación tras las bombas atómicas de Hiroshima y Nagasaki y el accidente nuclear en Chernóbil

Los bombardeos nucleares de Hiroshima y Nagasaki y los accidentes nucleares de Three Mile Island y Chernóbil tienen en común que se liberaron isótopos radiactivos al ambiente y, como consecuencia, se expuso a las personas a niveles de radiación potencialmente peligrosos.

Cuando se detonaron las bombas atómicas sobre Hiroshima y Nagasaki, entre 150.000 y 250.000 personas murieron inmediatamente o a los pocos meses. Desde entonces, la fundación japonesa Radiation Effects Research Foundation ha realizado un seguimiento de la salud de casi 100.000 supervivientes. Asimismo, ha utilizado un grupo de control compuesto por 26.000 personas que no estuvieron expuestas a las radiaciones. Hasta el año 2011, los supervivientes habían desarrollado 17.448 tumores, pero solo 853 de estos podían atribuirse a los efectos de la radiación de las bombas atómicas.

Aparte del cáncer, se predijo que el otro efecto principal de la radiación serían las mutaciones, que podían causar mortinatalidad, malformaciones o muerte. También se ha hecho un seguimiento de la salud de 10.000 niños que se encontraban en el vientre materno cuando

se detonaron las bombas atómicas y de 77.000 niños que nacieron después en Hiroshima y Nagasaki. No se han hallado pruebas de mutaciones provocadas por la radiación. Es probable que hayan ocurrido algunas mutaciones, pero demasiado pocas para ser estadísticamente significativas, aun teniendo en cuenta el elevado número de niños que participaron en el estudio.

A pesar de la falta de pruebas de mutaciones debidas a las bombas atómicas, los supervivientes se han sentido estigmatizados. En algunos casos, sus parejas eran reacias a contraer matrimonio con ellos por temor a que sus hijos tuvieran enfermedades genéticas.

En el accidente ocurrido en Chernóbil (Ucrania) en 1986, se produjeron explosiones y un incendio en el núcleo de un reactor nuclear. Los trabajadores de la planta rápidamente recibieron dosis mortales de radiación. Se liberaron y dispersaron isótopos radiactivos de xenón, kriptón, yodo, cesio y telurio sobre grandes áreas de Europa. Unas seis toneladas de uranio y otros metales radioactivos en el combustible del reactor se fragmentaron en pequeñas partículas debido a las explosiones y se esparcieron. Se calcula que se liberó a la atmósfera un total de 5.200 millones de GBq de material radiactivo. Los efectos fueron extensos y graves:

- Un área de 4 km² de bosques de pinos cerca del reactor se tornó de color marrón y murió.

- Los caballos y el ganado vacuno cerca de la planta murieron por daños en las glándulas tiroideas.

- Posteriormente, linces, búhos, jabalíes y otros animales salvajes empezaron a repoblar la zona alrededor de Chernóbil, de la que fueron excluidos los seres humanos.

- La bioacumulación causó altos niveles de cesio radiactivo en peces en lugares tan lejanos como Alemania y Escandinavia, y el consumo de cordero contaminado por cesio radiactivo fue temporalmente prohibido en zonas tan apartadas como el País de Gales.

- Aumentaron las concentraciones de yodo radiactivo en el medio ambiente y los niveles en el agua potable y en la leche alcanzaron valores inaceptablemente altos.

- Se han detectado más de 6.000 casos de cáncer de tiroides que pueden atribuirse al yodo radiactivo liberado durante el accidente.

- Según un informe elaborado por el Foro sobre Chernóbil, no existen pruebas claras de que el número de casos de cáncer o leucemia haya aumentado a causa de la radiación en las poblaciones más afectadas.

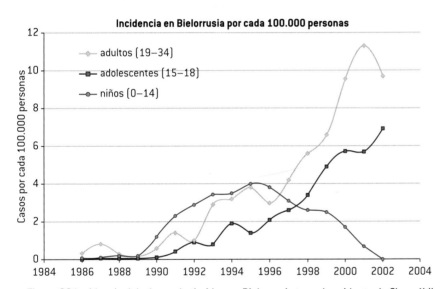

▲ Figura 26 Incidencia del cáncer de tiroides en Bielorrusia tras el accidente de Chernóbil

Actividad

Cambios en la incidencia del cáncer de tiroides

Basándote en los datos de la figura 26, ¿cuándo esperarías que empiece a descender la incidencia del cáncer de tiroides en adultos jóvenes?

Preguntas basadas en datos: Las secuelas de Chernóbil

Las mutaciones pueden hacer que una célula se convierta en una célula tumoral. Por tanto, la liberación de 6,7 toneladas de material radiactivo de la central nuclear de Chernóbil en 1986 causó un gran número de muertes por cáncer. El Foro sobre Chernóbil de la ONU declaró que "hasta 4.000 personas" pueden llegar a morir como consecuencia del desastre, pero los miembros del Partido Verde del Parlamento Europeo encargaron un estudio a un científico especialista en radiación y este dio un cálculo de 30.000 a 60.000 muertes adicionales. Una forma de obtener un cálculo aproximado es utilizar datos de casos anteriores de exposición a la radiación, tales como la detonación de las bombas nucleares en Hiroshima y Nagasaki en 1945. Los datos siguientes

▲ Figura 27 Se ha excluido a los seres humanos de una amplia zona cerca del reactor de Chernóbil. Algunas plantas y animales han presentado deformidades que pueden deberse a mutaciones.

muestran el número de muertes por leucemia y cáncer entre 1950 y 1990 de personas expuestas a la radiación de estas bombas nucleares. Los resultados fueron publicados por la fundación japonesa Radiation Effects Research Foundation.

Rango de dosis de radiación (Sv)	Número de muertes de personas expuestas a la radiación	Cálculo de muertes adicionales con respecto a los grupos de control	Porcentaje de muertes atribuibles a la exposición a la radiación
Leucemia			
0,005–0,2	70	10	
0,2–0,5	27	13	48
0,5–1	23	17	74
>1	56	47	
Cáncer			
0,005–0,2	3391	63	2
0,2–0,5	646	76	12
0,5–1	342	79	23
>1	308	121	39

1   Calcula el porcentaje de muertes adicionales por leucemia con respecto a los grupos de control en personas expuestas a (a) 0,005–0,02 Sv (sieverts) de radiación (b) >1 Sv de radiación.   [4]

2   Elabora un gráfico o esquema apropiado para representar los datos de la columna de la derecha de la tabla, e incluye los dos porcentajes que has calculado. Debe haber dos ejes Y, uno para las muertes por leucemia y otro para las muertes por cáncer.   [4]

3   Compara el efecto de la radiación en las muertes por leucemia y las muertes por cáncer.   [3]

4   Discute, aportando razones, qué nivel de radiación en el medio ambiente puede ser aceptable.   [4]

3.5 Modificación genética y biotecnología

Comprensión

→ La electroforesis en gel se utiliza para separar proteínas o fragmentos de ADN de acuerdo con su tamaño.

→ Se puede usar la técnica de la PCR para amplificar pequeñas cantidades de ADN.

→ El análisis de ADN implica la comparación de muestras de ADN.

→ La modificación genética se lleva a cabo mediante la transferencia de genes entre especies.

→ Los clones son grupos de organismos idénticos genéticamente, derivados de una única célula parental original.

→ Muchas especies vegetales y algunas especies animales presentan métodos naturales de clonación.

→ Los animales se pueden clonar en la fase embrionaria mediante la división del embrión en más de un grupo de células.

→ Se han desarrollado métodos para clonar animales adultos usando células diferenciadas.

Aplicaciones

→ Uso del análisis de ADN en investigaciones forenses y estudios de paternidad.

→ La transferencia de genes a bacterias mediante el uso de plásmidos supone el uso de endonucleasas de restricción y de la ADN ligasa.

→ Evaluación de riesgos potenciales y beneficios asociados a la modificación genética de cultivos.

→ Producción de embriones clonados obtenidos mediante transferencia nuclear de células somáticas.

Habilidades

→ Diseño de un experimento para evaluar un factor que afecte al enraizamiento de esquejes de tallo (estaquillas).

→ Análisis de ejemplos de perfiles de ADN.

→ Análisis de datos sobre los riesgos para las mariposas monarca de cultivos Bt.

Naturaleza de la ciencia

→ Evaluación de riesgos asociados a la investigación científica: los científicos tratan de evaluar los riesgos asociados a especies de ganadería o cultivos modificados genéticamente.

Electroforesis en gel

La electroforesis en gel se utiliza para separar proteínas o fragmentos de ADN de acuerdo con su tamaño.

La electroforesis en gel consiste en utilizar una corriente eléctrica controlada para separar moléculas según su tamaño y carga. Las muestras se colocan en unos huecos hechos dentro de un gel. El gel se sumerge en un líquido conductor y se aplica una corriente eléctrica. Las moléculas de la muestra que están cargadas se desplazarán a través del gel. Las moléculas con cargas negativas y positivas se mueven en direcciones opuestas. Las proteínas pueden estar cargadas positiva o negativamente, por lo que pueden separarse según su carga.

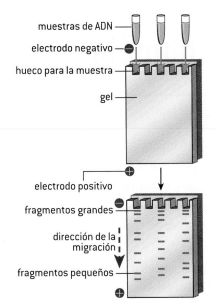

muestras de ADN
electrodo negativo
hueco para la muestra
gel
electrodo positivo
fragmentos grandes
dirección de la migración
fragmentos pequeños

▲ Figura 1 Procedimiento de la electroforesis en gel

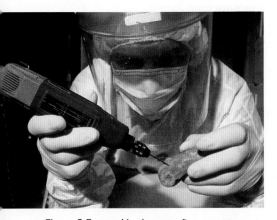

▲ Figura 2 Extracción de pequeñas muestras de ADN de los huesos fósiles de un hombre de Neandertal para su amplificación con la técnica de la PCR

El gel utilizado en la electroforesis se compone de una malla de filamentos que resiste el movimiento de las moléculas de una muestra. Las moléculas de ADN de los eucariotas son demasiado largas para desplazarse por el gel, por lo que deben dividirse en fragmentos más pequeños. Todas las moléculas de ADN tienen cargas negativas y por eso se mueven en la misma dirección durante la electroforesis en gel, pero no al mismo ritmo. Los fragmentos pequeños se mueven más rápido que los grandes y, por tanto, se desplazan más lejos en el mismo período de tiempo. Así pues, la electroforesis en gel puede utilizarse para separar fragmentos de ADN según su tamaño.

Amplificación del ADN por PCR

Se puede usar la técnica de la PCR para amplificar pequeñas cantidades de ADN.

La reacción en cadena de la polimerasa se utiliza para crear un gran número de copias de ADN. Los detalles de esta técnica, a la que casi siempre se denomina PCR (por sus siglas en inglés), se describen en el subtema 2.7. Solo se necesita una cantidad muy pequeña de ADN para iniciar el proceso: en teoría, basta con una sola molécula. En tan solo una o dos horas se pueden hacer millones de copias. Esto permite estudiar el ADN sin el riesgo de utilizar toda la muestra disponible. Por ejemplo, el ADN extraído de los fósiles puede amplificarse mediante la PCR. También pueden amplificarse cantidades muy pequeñas de ADN de la sangre, el semen o el cabello para su uso en investigaciones forenses.

La PCR no se utiliza para copiar todo el conjunto de moléculas de ADN de una muestra, como puede ser la sangre o el semen. Por ejemplo, los glóbulos blancos contienen todos los cromosomas de la persona de quien proviene la sangre; asimismo, los espermatozoides de una muestra de semen contienen el genoma entero de un hombre. En cambio, la PCR se utiliza para copiar secuencias específicas del ADN. Se selecciona una secuencia mediante el uso de cebadores que se adhieren al inicio de esta. El cebador se une mediante el apareamiento de bases complementarias.

La selectividad de la PCR permite copiar secuencias particulares de un todo un genoma o incluso de una mezcla mayor de ADN. Una prueba para detectar la presencia de ingredientes genéticamente modificados en los alimentos utiliza un cebador que se une al ADN modificado genéticamente. La PCR amplificará cualquier cantidad que exista de ese ADN y, si ese ADN no está presente, no tendrá ningún efecto.

Preguntas basadas en datos: La PCR y los neandertales

La evolución de los grupos de organismos vivos puede estudiarse comparando las secuencias de base de su ADN. Si una especie se separa en dos grupos, las diferencias entre las secuencias de bases de las dos especies se acumulan gradualmente a lo largo de grandes períodos de tiempo. El número de diferencias puede utilizarse como un "reloj evolutivo".

Recientemente se han obtenido muestras de ADN de huesos fósiles de un neandertal (*Homo neanderthalensis*) que se amplificaron mediante la técnica de la PCR. Se secuenció una parte del ADN mitocondrial del neandertal y se comparó con las secuencias de 994 humanos y 16 chimpancés.

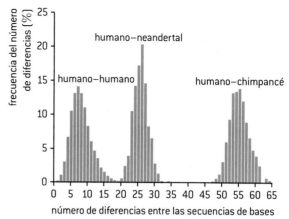

El gráfico de barras de la figura 3 muestra cuántas diferencias se encontraron entre las secuencias de bases de la muestra de seres humanos, entre los humanos y los neandertales, y entre los humanos y los chimpancés.

1 Indica el número más común de diferencias entre las secuencias de bases de seres humanos. [1]

2 Los humanos y los neandertales se clasifican ambos dentro del género *Homo* y los chimpancés se clasifican dentro del género *Pan*. Discute si esta clasificación está respaldada por los datos del gráfico de barras. [3]

3 Sugiere una limitación para extraer conclusiones acerca de la comparación entre humanos y neandertales. [1]

▲ Figura 3 Número de diferencias entre las secuencias de bases de los seres humanos, los chimpancés y los neandertales

Análisis de ADN

El análisis de ADN implica la comparación de muestras de ADN.

El análisis de ADN abarca las siguientes etapas:

- Se obtiene una muestra de ADN de un individuo conocido o de otra fuente, como un fósil o el lugar de un crimen.

- Se seleccionan secuencias del ADN que varían considerablemente entre los individuos y se copian utilizando la técnica de la PCR.

- El ADN copiado se divide en fragmentos usando endonucleasas de restricción.

- Los fragmentos se separan mediante electroforesis en gel.

- Esto produce un patrón de bandas que es siempre el mismo en la muestra de ADN de un individuo: este es el perfil del ADN del individuo.

- Se pueden comparar los perfiles de diferentes individuos para ver qué bandas son iguales y cuáles son diferentes.

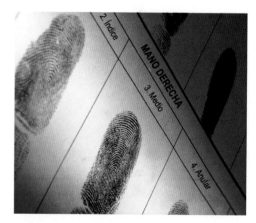

▲ Figura 4 A los perfiles de ADN a menudo se les llama huellas genéticas porque se utilizan de forma similar a las huellas dactilares para distinguir a una persona de todas las demás.

🌐 Investigaciones forenses y estudios de paternidad
Uso del análisis de ADN en investigaciones forenses y estudios de paternidad

Los análisis de ADN se utilizan en investigaciones forenses.

- Se puede demostrar si las manchas de sangre en la ropa de un sospechoso provienen de la víctima.

- Se puede probar si las manchas de sangre en el lugar del crimen que no son de la víctima provienen del sospechoso.

- Se puede demostrar si un solo cabello hallado en el lugar del crimen pertenece al sospechoso.

- Se puede demostrar si una muestra de semen de un delito sexual corresponde al sospechoso.

En cada ejemplo, el perfil de ADN del material obtenido en el lugar del crimen se compara con el perfil de ADN de una muestra extraída del sospechoso o de la víctima. Si el patrón de bandas coincide exactamente, es muy probable que las dos muestras de ADN sean de la misma persona. Esto puede representar una prueba muy contundente de quién es el autor del delito. Actualmente, algunos países cuentan con bases de datos de perfiles de ADN que han permitido resolver muchos casos criminales.

Los perfiles de ADN también se utilizan en las investigaciones de paternidad para determinar si un hombre es el padre de un niño. Estas investigaciones se pueden solicitar por diversas razones:

- Casos en los que el hombre niega ser el padre de un niño para evitar tener que pagar gastos de crianza a la madre.

- Mujeres que han tenido múltiples parejas pueden querer identificar al padre biológico de su hijo.

- Un hijo tal vez desee probar que un hombre fallecido era su padre para demostrar que es su heredero.

Se necesitan los perfiles de ADN de la madre, el hijo y el hombre. Se preparan los perfiles de ADN de cada una de las muestras y se comparan los patrones de las bandas. Si ninguna de las bandas en el perfil del hijo aparece en el perfil de la madre o del hombre, el padre será otra persona.

Análisis de perfiles de ADN

Análisis de ejemplos de perfiles de ADN

El análisis de perfiles de ADN en las investigaciones forenses no tiene ninguna complejidad: es muy probable que dos muestras de ADN provengan de la misma persona si el patrón de bandas del perfil es el mismo.

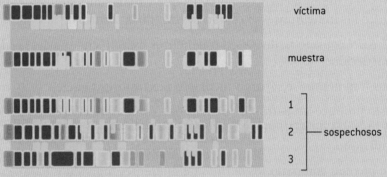

▲ Figura 5 ¿Cuál de los perfiles de ADN de los tres sospechosos coincide con la muestra obtenida en el lugar del crimen?

El análisis de perfiles de ADN en investigaciones sobre paternidad es más complicado. Cada una de las bandas del perfil de ADN del hijo debe ser igual a una banda del perfil del padre o de la madre. Deben examinarse todas las bandas del perfil del hijo para asegurarse de que constan en el perfil de la madre o en el perfil del hombre que se supone es el padre. Si una o más bandas no coinciden, el padre biológico será otro hombre.

Modificación genética

La modificación genética se lleva a cabo mediante la transferencia de genes entre especies.

Los biólogos moleculares han desarrollado técnicas que permiten transferir genes entre especies. La transferencia de genes de una especie a otra se conoce como modificación genética. Es posible porque el código genético es universal, de modo que cuando se transfieren genes entre especies, no se modifica la secuencia de aminoácidos que se traslada: se produce el mismo polipéptido.

Se han transferido genes de eucariotas a bacterias. Uno de los primeros ejemplos fue la transferencia del gen de la insulina humana a una bacteria con el fin de producir grandes cantidades de esta hormona para el tratamiento de la diabetes.

También se ha utilizado la modificación genética para dotar de nuevas características a algunas especies animales. Por ejemplo, se han modificado cabras que producen leche que contiene la proteína de la seda de araña. La seda de araña es extremadamente resistente, pero no se podían utilizar arañas para producirla en cantidades comerciales.

La modificación genética también se ha empleado para producir numerosas variedades nuevas de plantas de cultivo. Estas se conocen como cultivos modificados genéticamente. Por ejemplo, se han transferido genes de la planta *Antirrhinum majus* a plantas de tomate para producir frutos de color morado en lugar de rojo. El arroz dorado se genera por la transferencia de tres genes: dos de la planta del narciso y uno de una bacteria. De esta manera, se producen granos de arroz con el pigmento amarillo del betacaroteno (figura 6).

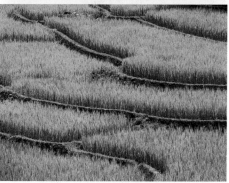

▲ Figura 6 Se han transferido genes de plantas de narciso a plantas de arroz para producir un arroz de grano amarillo.

🌐 Técnicas para la transferencia de genes a bacterias

La transferencia de genes a bacterias mediante el uso de plásmidos supone el uso de endonucleasas de restricción y de la ADN ligasa.

Se pueden transferir genes de una especie a otra mediante una variedad de técnicas a las que se conoce en su conjunto como técnicas de ingeniería genética. En la transferencia de genes a las bacterias normalmente intervienen plásmidos, enzimas de restricción y ADN ligasa.

- Los plásmidos son pequeños fragmentos circulares de ADN adicional. Los más pequeños tienen unos 1.000 pares de bases (1 kbp), pero pueden tener más de 1.000 kbp. Normalmente se encuentran en las bacterias. Los más abundantes son aquellos con genes que estimulan su replicación en el citoplasma y se transfieren de una bacteria a otra. Por lo tanto, se observan ciertos paralelismos con los virus, pero los plásmidos no son patógenos y la selección natural favorece a los plásmidos que confieren una ventaja a una bacteria, más que una desventaja. Las bacterias

Actividad

Los científicos tienen la obligación de considerar las implicaciones éticas de sus investigaciones. Discute la dimensión ética del desarrollo del arroz dorado. El betacaroteno es un precursor de la vitamina A. Se pensó que el arroz dorado podría aportar una solución al problema de la deficiencia de vitamina A, que es una importante causa de ceguera en niños de todo el mundo.

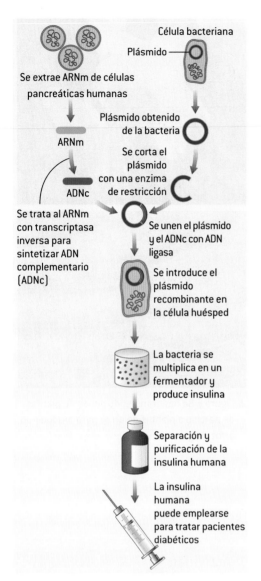

Figura 7 Pasos de un proceso de transferencia de genes utilizado para modificar genéticamente bacterias *Escherichia coli* capaces de producir insulina humana para el tratamiento de la diabetes.

Célula bacteriana
Plásmido

Se extrae ARNm de células pancreáticas humanas

ARNm

ADNc

Se trata al ARNm con transcriptasa inversa para sintetizar ADN complementario (ADNc)

Plásmido obtenido de la bacteria

Se corta el plásmido con una enzima de restricción

Se unen el plásmido y el ADNc con ADN ligasa

Se introduce el plásmido recombinante en la célula huésped

La bacteria se multiplica en un fermentador y produce insulina

Separación y purificación de la insulina humana

La insulina humana puede emplearse para tratar pacientes diabéticos

Figura 8 El símbolo de riesgo biológico se utiliza para indicar que un organismo o material supone un riesgo para la salud de los organismos vivos, especialmente los seres humanos.

los utilizan para intercambiar genes, por lo que los absorben naturalmente e incorporan a su molécula principal de ADN circular. Los plásmidos son muy útiles para la ingeniería genética.

- Las enzimas de restricción, también conocidas como endonucleasas, se caracterizan por seccionar las moléculas de ADN de secuencias de bases específicas. Pueden utilizarse para cortar y abrir los plásmidos y también para recortar determinados genes a partir de moléculas de ADN más grandes. Algunas tienen la propiedad muy útil de cortar las dos cadenas de una molécula de ADN en diferentes puntos, lo que genera secciones monocatenarias llamadas extremos pegajosos o cohesivos. Los extremos cohesivos que se generan a partir de una enzima de restricción particular tienen secuencias de bases complementarias que pueden utilizarse para unir trozos de ADN entre sí, mediante puentes de hidrógeno entre las bases.

- La ADN ligasa es una enzima que une firmemente las moléculas de ADN mediante puentes de azúcar-fosfato entre los nucleótidos. Cuando se ha insertado un determinado gen en un plásmido utilizando los extremos cohesivos, todavía quedan pequeños huecos en cada columna de azúcar-fosfato del ADN que pueden sellarse utilizando la ADN ligasa.

Un requisito obvio para la transferencia de genes es tener una copia del gen que se va a transferir. Generalmente es más fácil obtener transcripciones del ARN mensajero de los genes que los mismos genes. La transcriptasa inversa es una enzima que permite hacer copias de ADN a partir de moléculas de ARN llamadas ADNc. Estas moléculas pueden utilizarse para crear el ADN necesario para la transferencia de genes a partir del ARN mensajero.

Evaluación de riesgos de la modificación genética

Evaluación de riesgos asociados a la investigación científica: los científicos tratan de evaluar los riesgos asociados a especies de ganadería o cultivos modificados genéticamente.

Se han expresado muchos temores sobre los posibles peligros de la modificación genética. Estos temores se remontan a la década de 1970, cuando se realizaron los primeros experimentos de transferencia de genes. Paul Berg planeó un experimento en el cual el ADN del virus SV40 del mono se introducía en la bacteria *E. coli*. Otros biólogos expresaron su profunda preocupación porque el virus SV40 era conocido por causar cáncer en ratones y la bacteria *E. coli* vive naturalmente en los intestinos de los seres humanos. Por lo tanto, existía el riesgo de que la bacteria modificada genéticamente causara cáncer en los seres humanos.

Desde entonces se han identificado muchos otros riesgos asociados a la modificación genética. Ha habido un feroz debate entre científicos, así como entre científicos y no científicos, sobre la seguridad de la investigación y el uso de organismos genéticamente modificados. Esto ha llevado a que en algunos países se impusieran prohibiciones y a que no se desarrollaran algunas aplicaciones potencialmente útiles de cultivos o ganado genéticamente modificados.

Casi todo lo que hacemos, tanto en las ciencias como en otros aspectos de nuestras vidas, implica riesgos y no es posible eliminar el riesgo totalmente. Evaluar el riesgo de una acción y decidir si se sigue adelante o no es algo natural para los seres humanos. Lo mismo deben hacer los científicos: evaluar los riesgos asociados a sus investigaciones antes de realizarlas. Esto se puede llevar a cabo de dos formas:

- ¿Cuál es la probabilidad de un accidente u otra consecuencia perjudicial?

- ¿Cómo de perjudicial sería la consecuencia?

Si la probabilidad de que se den consecuencias perjudiciales es alta o existe una probabilidad significativa de que se den consecuencias muy perjudiciales, entonces la investigación no debe realizarse.

▲ Figura 9 En Norteamérica se cultiva mucho maíz modificado genéticamente.

Riesgos y beneficios de los cultivos modificados genéticamente

Evaluación de riesgos potenciales y beneficios asociados a la modificación genética de cultivos

Los cultivos modificados genéticamente tienen muchas posibles ventajas. Las corporaciones que producen semillas modificadas los han difundido ampliamente, pero también son objeto de cuestionamiento por los opositores de la tecnología. Incluso se han rebatido argumentos básicos como el de que los cultivos modificados genéticamente aumentan el rendimiento y reducen el uso de pesticidas y herbicidas. No sorprende que haya desacuerdo, dado que la transferencia de genes a plantas de cultivo es un procedimiento relativamente reciente, las cuestiones planteadas son muy complejas y las polémicas en el ámbito científico a menudo tardan décadas en resolverse.

Las ventajas se pueden agrupar en beneficios para el medio ambiente, beneficios para la salud y beneficios para la agricultura. No se consideran en este caso los beneficios económicos de los cultivos modificados genéticamente, porque no pueden evaluarse científicamente mediante pruebas experimentales. Sería imposible evaluar todas las supuestas ventajas de todos los cultivos modificados genéticamente en el tiempo de que disponen los estudiantes del IB; es mejor seleccionar una de las afirmaciones de la lista siguiente y evaluarla con relación a un cultivo específico. Gran parte de las pruebas sobre los beneficios y riesgos potenciales son del dominio público.

Afirmaciones acerca de los beneficios para el medio ambiente de los cultivos modificados genéticamente

- Se pueden producir variedades de cultivos resistentes a las plagas mediante la transferencia de un gen para que la propia planta elabore una toxina. Así, se utilizan menos insecticidas en el cultivo y, por tanto, se disminuye el daño a las abejas y otros insectos beneficiosos.

- El uso de variedades de cultivos modificados genéticamente reduce la necesidad de arar y pulverizar los cultivos, por lo que se emplea menos combustible para maquinaria agrícola.

- Se puede mejorar la vida útil de frutas y verduras, con lo cual se reduce el desperdicio y el área que tienen que cultivarse.

Afirmaciones acerca de los beneficios para la salud de los cultivos modificados genéticamente

- Se puede mejorar el valor nutricional de los cultivos, por ejemplo, aumentando el contenido vitamínico.

- Se pueden producir variedades de cultivos que carezcan de alérgenos o toxinas que están presentes de forma natural.

- Pueden diseñarse cultivos modificados genéticamente que produzcan vacunas comestibles y así, ingiriendo el cultivo, una persona quedaría vacunada contra una determinada enfermedad.

Afirmaciones acerca de los beneficios para la agricultura de los cultivos modificados genéticamente

- La transferencia de genes permite crear variedades resistentes a la sequía, el frío y la salinidad, lo cual amplia las condiciones en las que se pueden producir cultivos y aumenta el rendimiento total.

- Se puede transferir un gen de resistencia a un herbicida a un tipo de planta y fumigar con el herbicida el área de cultivo para eliminar todas las plantas no deseadas. Al disminuir el crecimiento de las malas hierbas que compiten con los cultivos, el rendimiento de estos es más elevado. Se pueden utilizar herbicidas de acción total para crear áreas de siembra libres de malas hierbas y destinar estas áreas a cultivos no modificados genéticamente, pero no se pueden emplear cuando el cultivo ya está implantado.

- Se pueden producir variedades de cultivos resistentes a enfermedades causadas por virus. En la actualidad, estas enfermedades reducen significativamente el rendimiento de los cultivos y el único método de control consiste en disminuir la transmisión eliminando los insectos portadores de los virus mediante el empleo de insecticidas.

Se ha planteado una amplia variedad de preocupaciones sobre los cultivos modificados

▲ Figura 10 Plantas silvestres que crecen junto a un cultivo de maíz modificado genéticamente

genéticamente. Algunas, como el efecto sobre los ingresos de los agricultores, no pueden evaluarse con argumentos científicos, por lo que no tienen pertinencia en este contexto. Las otras preocupaciones pueden agruparse en riesgos para la salud, riesgos para el medio ambiente y riesgos para la agricultura. Para poder emitir un juicio global sobre la seguridad de estos cultivos, se debe evaluar cada riesgo detenidamente utilizando todas las pruebas experimentales disponibles. Debe hacerse caso por caso, ya que no es posible evaluar los riesgos y beneficios de un cultivo modificado genéticamente basándose en experimentos llevados a cabo en otro cultivo.

Todavía no existe un consenso sobre los cultivos modificados genéticamente entre los científicos o los que no son científicos y, por tanto, es importante que el mayor número posible de personas consideren las pruebas de los argumentos a favor y en contra, en lugar de confiar en la publicidad. Cualquiera de los riesgos que se exponen podría seleccionarse para un examen detallado.

Afirmaciones acerca de los riesgos para la salud de los cultivos modificados genéticamente

- Las proteínas producidas a través de la transcripción y traducción de genes transferidos podrían ser tóxicas o causar reacciones alérgicas en los seres humanos o los animales que se alimentan de los cultivos modificados genéticamente.

- Los genes de resistencia a los antibióticos utilizados como marcadores durante la transferencia de genes podrían propagarse a las bacterias patógenas.

- Los genes transferidos podrían mutar y causar problemas inesperados que no se evaluaron como riesgo durante el desarrollo de los cultivos modificados.

Afirmaciones acerca de los riesgos para el medio ambiente de los cultivos modificados genéticamente

- Las toxinas destinadas a controlar las plagas en los cultivos modificados genéticamente podrían afectar a otros organismos.

- Los genes que se transfieren a los cultivos para hacerlos resistentes a herbicidas podrían extenderse a la flora silvestre, convirtiéndola en malas hierbas imposibles de controlar.

- Podría disminuir la biodiversidad en los lugares donde se implantan cultivos modificados genéticamente si las malas hierbas, los insectos que se alimentan de plantas y los organismos que se alimentan de ellos reciben una proporción menor de energía solar.

Afirmaciones acerca de los riesgos para la agricultura de los cultivos modificados genéticamente

- Algunas semillas de un cultivo siempre se propagan y germinan, convirtiéndose en plantas voluntarias no deseadas que deben ser controladas, pero ello podría dificultarse si el cultivo contiene genes de resistencia a herbicidas.

- El uso generalizado de cultivos modificados genéticamente con toxinas que combaten las plagas de insectos provocará una resistencia a la toxina en las plagas que eran el problema inicial, así como la propagación de plagas secundarias resistentes a la toxina que anteriormente eran muy escasas.

- Las patentes prohíben a los agricultores guardar y volver a sembrar las semillas de cultivos modificados genéticamente, por lo que no se pueden desarrollar cepas adaptadas a las condiciones locales.

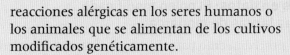

Análisis de los riesgos para las mariposas monarca del maíz Bt

Análisis de datos sobre los riesgos para las mariposas monarca de cultivos Bt

Las plagas de insectos que afectan a los cultivos pueden controlarse mediante fumigaciones con insecticidas, pero recientemente la ingeniería genética ha desarrollado variedades que producen una toxina mortal para los insectos: se les transfirió un gen que codifica la toxina Bt de la bacteria *Bacillus thuringiensis*. La toxina es una proteína letal para grupos de insectos como las mariposas, las polillas, las moscas, los escarabajos, las abejas y las hormigas. Las variedades de maíz modificado genéticamente producen la toxina Bt en todas las partes de la planta, incluido el polen.

Ya se han producido variedades Bt de muchos cultivos, incluido del maíz (*Zea mays*). Diversas plagas de insectos atacan a este cultivo, entre otros los gusanos barrenadores que son las larvas de la polilla *Ostrinia nubilalis*. Existe preocupación por los efectos del maíz Bt en otras especies de insectos, especialmente en la mariposa monarca, *Danaus plexippus*.

Las larvas de la mariposa monarca se alimentan de las hojas de *Asclepias curassavica* (algodoncillo). Esta planta crece a veces tan cerca de los cultivos de maíz que el polen del maíz se deposita en ella por acción del viento. Así, existe el riesgo de que las larvas de la mariposa monarca resulten envenenadas a causa de la toxina Bt presente en el polen del maíz modificado. Este riesgo se ha investigado experimentalmente y pueden analizarse los datos de los experimentos.

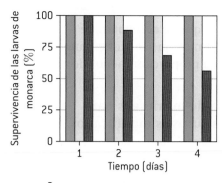

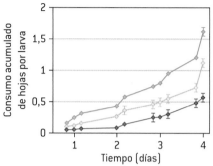

Fuente: Losey, J. E. *et al.* "Transgenic pollen harms monarch larvae". *Nature.* 1999, vol. 399, n.º 6733, p. 214.

Tratamiento	Masa media de las larvas supervivientes (g)
Hojas no espolvoreadas con polen	0,38
Hojas espolvoreadas con polen no modificado genéticamente	No disponible
Hojas espolvoreadas con polen de maíz Bt	0,16

Actividad

Estimación del tamaño de un clon

En 2011, se plantó en Idaho (EEUU.) un total de 130.000 hectáreas de patatas Russet Burbank. La densidad media de la siembra de tubérculos de patata era de 50.000 por hectárea. Estima el tamaño del clon en el momento de la siembra y en el momento de la cosecha.

Preguntas basadas en datos: El polen modificado genéticamente y las larvas de monarca

Se utilizó el siguiente procedimiento para investigar el efecto del polen de maíz Bt en las larvas de mariposas monarca. Se recogieron hojas de plantas de algodoncillo y se pulverizaron ligeramente con agua. Se tocaron suavemente las hojas con una espátula de polen para dejar una fina capa de polvo. Se colocaron las hojas en tubos llenos de agua y sobre cada una se dispusieron cinco larvas de mariposa monarca de tres días de vida. Se observó el área de la hoja comida por las larvas durante cuatro días y, al cabo de este tiempo, se midió la masa de las larvas. Se examinó la capacidad de supervivencia de las larvas durante cuatro días.

El experimento incluyó tres tratamientos, con cinco repeticiones de cada uno:

- Hojas no espolvoreadas con polen (azul)
- Hojas espolvoreadas con polen no modificado genéticamente (amarillo)
- Hojas espolvoreadas con polen de maíz Bt (rojo)

Los resultados se muestran en el diagrama de barras, el gráfico y la tabla de la derecha.

1 **a)** Enumera las variables que se mantuvieron constantes en el experimento. [3]

    b) Explica la necesidad de mantener estas variables constantes. [2]

2 **a)** Calcula el número total de larvas utilizadas en el experimento. [2]

    b) Explica la necesidad de repetir los experimentos. [2]

3 El diagrama de barras y el gráfico muestran los resultados promedio y las barras de error. Explica cómo ayudan las barras de error a analizar y evaluar los datos. [2]

4 Explica las conclusiones que pueden extraerse del porcentaje de supervivencia de las larvas en los tres tratamientos. [2]

5 Sugiere razones de las diferencias en el consumo de hojas entre los tres tratamientos. [3]

6 Predice la masa media de las larvas que se alimentaron de hojas espolvoreadas con polen no modificado genéticamente. [2]

7 Resume las diferencias entre los procedimientos utilizados en el experimento y los procesos que ocurren en la naturaleza, que podrían influir en que las larvas de monarca resulten verdaderamente perjudicadas por el polen Bt. [2]

Clones

Los clones son grupos de organismos idénticos genéticamente, derivados de una única célula parental original.

El cigoto, que se origina por la fusión de un gameto masculino y uno femenino, es la primera célula de un nuevo organismo. Como los cigotos se producen por reproducción sexual, todos son genéticamente diferentes. Un cigoto crece y se desarrolla hasta convertirse en un organismo adulto. Si se reproduce sexualmente, los descendientes serán genéticamente diferentes. En algunas especies los organismos también pueden reproducirse de forma asexual. Cuando lo hacen, generan organismos genéticamente idénticos.

Se denomina clonación a la producción de organismos genéticamente idénticos y clon a un grupo de organismos genéticamente idénticos.

Aunque generalmente no pensamos en ellos de esta manera, un par de gemelos idénticos es el clon más pequeño que puede existir. Pueden ser el resultado de la división de un cigoto humano en dos células que luego se convierten en embriones distintos, o de un embrión que se divide en dos partes y cada una se desarrolla por separado hasta formar un individuo. Los gemelos idénticos no los son en todas sus características; por ejemplo, tienen huellas dactilares diferentes. Un término más correcto para denominarlos es homocigóticos. Más infrecuentes son los casos de trillizos, cuatrillizos e incluso quintillizos idénticos.

A veces un clon puede abarcar una gran cantidad de organismos. Por ejemplo, las variedades de patatas producidas comercialmente son clones enormes. Los grandes clones se forman mediante la clonación de organismos una y otra vez; aun así, todos los organismos de un clon se derivan de una misma célula parental original.

Métodos naturales de clonación

Muchas especies vegetales y algunas especies animales presentan métodos naturales de clonación.

Aunque la palabra "clon" ahora se utiliza para cualquier grupo de organismos genéticamente idénticos, se utilizó por primera vez a principios del siglo XX para designar las plantas originadas por reproducción asexual. Proviene de la palabra griega *klôn*, que significa retoño. Muchas plantas tienen métodos naturales de clonación, que pueden ser muy variados y desarrollarse en los tallos, raíces, hojas o bulbos. A continuación se presentan dos ejemplos:

- Si se planta un único diente de ajo, este utiliza sus reservas alimenticias para hacer crecer las hojas. Las hojas producen suficiente alimento por fotosíntesis para que se desarrolle un grupo de bulbos (un ajo). Todos los bulbos del grupo son genéticamente idénticos, es decir, son un clon.

- Los tallos de la planta de fresa crecen horizontalmente y desarrollan plántulas en sus extremos. Estas plántulas forman raíces en contacto con el suelo y usan sus hojas para hacer la fotosíntesis, por lo que se pueden independizar de la planta madre. Durante una temporada de cultivo, una planta de fresa sana puede producir de esta manera diez o más plantas nuevas genéticamente idénticas.

Los métodos naturales de clonación son menos comunes en los animales, pero se dan en algunas especies.

- *Hydra* es un animal de agua dulce que se clona a sí mismo mediante un proceso llamado gemación (subtema 1.6, figura 1, página 55).

- Las pulgonas pueden producir crías enteramente a partir de células de óvulos diploides producidas por mitosis en lugar de meiosis. Así, las crías son clones de la madre.

Actividad

¿Cuántos clones de patatas hay en esta foto?

▲ Figura 11 Los gemelos idénticos son un ejemplo de clonación.

▲ Figura 12 Un diente de ajo se clona a sí mismo hasta producir un ajo entero al final de la temporada de cultivo.

Investigación de factores que afectan al enraizamiento de esquejes de tallo

Diseño de un experimento para evaluar un factor que afecte al enraizamiento de esquejes de tallo (estaquillas)

Los esquejes son trozos cortos del tallo que se utilizan para clonar plantas artificialmente. Si el esqueje desarrolla raíces, puede convertirse en una nueva planta independiente.

1. Se pueden clonar muchas plantas a partir de esquejes. *Ocimum basilicum* echa raíces fácilmente.

2. Los nódulos son las partes del tallo donde se unen las hojas. En la mayoría de las especies, el tallo se corta por debajo de un nódulo.

3. Se quitan las hojas de la mitad inferior del tallo. Si hay muchas hojas grandes en la parte superior, también pueden quitarse.

4. El tercio inferior del esqueje se introduce en abono o agua. El abono debe ser estéril y tener abundante agua y aire.

5. Una bolsa de plástico transparente con algunos agujeros evita la pérdida excesiva de agua de los esquejes introducidos en el abono.

6. El proceso de formación de las raíces tarda normalmente un par de semanas. El crecimiento de hojas nuevas generalmente indica que el esqueje ha desarrollado raíces.

No todos los jardineros tienen éxito cuando intentan clonar plantas mediante esquejes de raíz. A veces se dice que quienes logran buenos resultados tienen una mano especial para la jardinería, pero un biólogo rechazaría esta explicación. Los factores que determinan si un esqueje formará raíces o no pueden comprobarse mediante experimentos. Puedes diseñar y realizar un experimento para investigar uno de los factores de la lista siguiente, u otro factor de tu elección.

Posibles factores para investigar:

- Si se corta el tallo por encima o por debajo de un nódulo

- La longitud del esqueje

- Si el extremo del tallo se deja expuesto al aire para que se endurezca

- La cantidad de hojas que se dejan en el esqueje

- Si se utiliza una hormona de enraizamiento

- Si el esqueje se coloca en agua o en abono

- El tipo de abono que se utiliza

- La temperatura a que se mantienen los esquejes

- Si se coloca una bolsa de plástico sobre los esquejes

- Si se hacen agujeros en la bolsa de plástico

Las siguientes preguntas son importantes a la hora de diseñar tu experimento:

1. ¿Cuál es la variable independiente?

2. ¿Cómo medirás la cantidad de raíz que se ha formado, que es la variable dependiente?

3. ¿Qué variables mantendrás constantes?

4. ¿Cuántos tipos diferentes de planta debes utilizar?

5. ¿Cuántos esquejes debes utilizar para cada tratamiento?

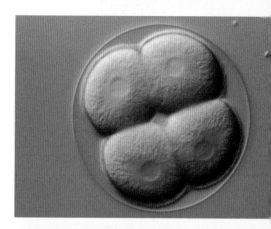

Clonación de embriones animales

Los animales se pueden clonar en la fase embrionaria mediante la división del embrión en más de un grupo de células.

En las etapas tempranas de desarrollo, todas las células de un embrión animal son pluripotentes, es decir, capaces de convertirse en todo tipo de tejidos. Por lo tanto, es teóricamente posible que el embrión se divida en dos o más partes y que cada parte se convierta en un individuo independiente con todas las partes del cuerpo. Este proceso recibe el nombre de separación o fragmentación. Se ha observado que los embriones de corales se clonan a sí mismos dividiéndose en pequeños grupos de células, o incluso en células individuales, supuestamente porque ello aumenta las posibilidades de que el embrión sobreviva.

Se podría considerar que la formación de gemelos idénticos es una clonación mediante división, pero en la mayoría de las especies no ocurre de forma natural. Sin embargo, es posible fragmentar embriones animales artificialmente y, en algunos casos, los fragmentos se convierten en embriones múltiples.

En el caso del ganado, se puede fecundar un óvulo *in vitro* y dejar que se desarrolle hasta formar un embrión multicelular. Se extraen células del embrión mientras todavía son pluripotentes y se trasplantan a vientres sustitutos. Solo se puede obtener un número limitado de clones de esta manera, porque después de una determinada cantidad de divisiones las células del embrión ya no son pluripotentes. La fragmentación de embriones generalmente tiene más éxito en la etapa de ocho células.

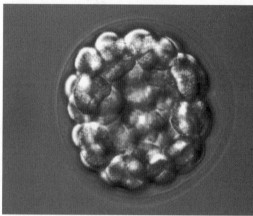

▲ Figura 13 Embrión de erizo de mar (a) fase con 4 células (b) fase de blástula, que consiste en una bola hueca de células

Ha habido poco interés en este método de clonación artificial porque en la etapa embrionaria no es posible determinar si el nuevo individuo producido por reproducción sexual tiene características deseables.

Clonación de animales adultos mediante células diferenciadas

Se han desarrollado métodos para clonar animales adultos usando células diferenciadas.

Clonar embriones animales es algo relativamente fácil, pero en el momento que se realiza es imposible saber si los embriones tendrán las características deseables. Resulta fácil determinar las características de los embriones una vez que han llegado a adultos, pero clonarlas es mucho más difícil. Ello se debe a que las células que componen el cuerpo de un animal adulto están diferenciadas. Para producir todos los tejidos del cuerpo de un nuevo animal se necesitan células pluripotentes indiferenciadas.

En la década de 1950, el biólogo John Gurdon realizó experimentos de clonación con la rana *Xenopus* mientras cursaba estudios de postgrado en Oxford. Gurdon extrajo los núcleos de células del cuerpo de renacuajos de *Xenopus* y los trasplantó a células ováricas a las que había quitado el núcleo. Las células ováricas a las que trasplantó los núcleos se

▲ Figura 14 Renacuajos de *Xenopus*

desarrollaron como si fueran cigotos. En ellas tuvieron lugar los procesos de división, crecimiento y diferenciación para formar todos los tejidos de una rana *Xenopus* normal. En 2012, Gurdon fue galardonado con el Premio Nobel de Fisiología o Medicina por su investigación pionera.

En los mamíferos, se comprobó que la clonación utilizando células diferenciadas era mucho más difícil. El primer mamífero clonado fue la oveja Dolly, en 1996. Aparte de los usos reproductivos obvios de este tipo de clonación, también existe interés por razones terapéuticas. Si este procedimiento se realizase con seres humanos, el embrión consistiría en células madre pluripotentes, que podrían utilizarse para regenerar los tejidos del adulto. Como las células serían genéticamente idénticas a las del adulto del que se obtuvo el núcleo, no provocarían problemas de rechazo.

Métodos utilizados para crear la oveja Dolly

Producción de embriones clonados obtenidos mediante transferencia nuclear de células somáticas

El desarrollo de la oveja Dolly fue pionero en la clonación animal. Se utilizó un método que se denomina transferencia nuclear de células somáticas. Una célula somática es una célula normal del cuerpo con un núcleo diploide. El método consta de las siguientes etapas:

- Se obtuvieron células adultas de la ubre de una oveja Finn Dorset y se cultivaron en el laboratorio utilizando un medio con baja concentración de nutrientes. Este procedimiento desactivó los genes de las células y suprimió el patrón de diferenciación.

- Se extrajeron óvulos sin fecundar de los ovarios de una oveja de raza Scottish Blackface

▲ Figura 15 Dolly con el doctor Ian Wilmut, el embriólogo a cargo del equipo que la desarrolló

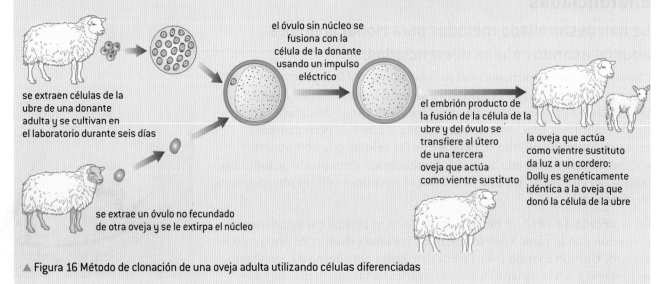

se extraen células de la ubre de una donante adulta y se cultivan en el laboratorio durante seis días

se extrae un óvulo no fecundado de otra oveja y se le extirpa el núcleo

el óvulo sin núcleo se fusiona con la célula de la donante usando un impulso eléctrico

el embrión producto de la fusión de la célula de la ubre y del óvulo se transfiere al útero de una tercera oveja que actúa como vientre sustituto

la oveja que actúa como vientre sustituto da luz a un cordero: Dolly es genéticamente idéntica a la oveja que donó la célula de la ubre

▲ Figura 16 Método de clonación de una oveja adulta utilizando células diferenciadas

y se les extirparon los núcleos. Se colocó una célula cultivada de la oveja Finn Dorset dentro de la zona pelúcida de cada óvulo, que es una capa protectora de gel. Después se aplicó un pequeño impulso eléctrico para producir la fusión de las dos células. Cerca del 10% de las células fusionadas se desarrollaron como un cigoto y formaron un embrión.

- Cuando los embriones alcanzaron los siete días de vida se inyectaron en los úteros de otras ovejas que podían servir de vientres sustitutos. Esto se hizo de la misma manera que en la fecundación *in vitro* (FIV). Solo uno de los 29 embriones se implantó con éxito y se desarrolló con una gestación normal: este fue Dolly.

Preguntas

1 Las células somáticas humanas tienen 46 cromosomas, mientras que nuestros parientes primates más cercanos (el chimpancé, el gorila y el orangután) tienen 48 cromosomas. Una hipótesis postula que el cromosoma humano número 2 se formó por la fusión de dos cromosomas de un antepasado primate. La imagen siguiente muestra el cromosoma humano 2 comparado con el cromosoma 12 y 13 del chimpancé.

a) Compara el cromosoma humano 2 con los dos cromosomas del chimpancé (figura 17).   [3]

b) Los extremos de los cromosomas, llamados telómeros, tienen muchas repeticiones de la misma secuencia corta de ADN. Si la hipótesis de la fusión fuera cierta, predice qué se encontraría en la región del cromosoma donde se supone que ha ocurrido la fusión.   [2]

▲ Figura 17

2 El árbol genealógico de la figura 18 muestra los grupos ABO de tres generaciones de una familia.

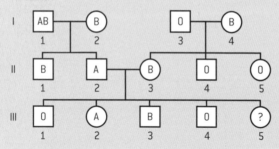

▲ Figura 18

a) Deduce el genotipo de cada persona en la familia.   [4]

b) Deduce los posibles grupos sanguíneos del individuo III 5, indicando el porcentaje de probabilidad de cada uno.   [2]

c) Deduce los posibles grupos sanguíneos y el porcentaje de probabilidad de cada grupo sanguíneo:

   (i) De los descendientes del individuo III 1 y su compañera, que también tiene grupo sanguíneo O   [2]

   (ii) De los descendientes del individuo III 2 y su compañero, que tiene el grupo sanguíneo AB   [2]

3 El guepardo (*Acinonyx jubatus*) es una especie de gato grande en peligro de extinción que habita en las regiones meridionales y orientales de África. Se realizó un estudio sobre el nivel de variación de los genes del guepardo. En una parte del estudio se tomaron muestras de sangre de 19 guepardos y se analizaron para identificar la proteína transferrina mediante electroforesis en gel. Se compararon los resultados con los patrones de la electroforesis de muestras de sangre de 19 gatos domésticos (*Felis sylvestris*). La electroforesis en gel se puede utilizar para separar las proteínas aplicando los mismos principios que para obtener los perfiles de ADN. La figura 19 muestra las bandas en el gel que representan las formas de la proteína transferrina.

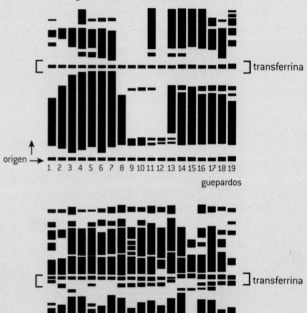

▲ Figura 19

Basándote en los datos de la figura 19, deduce, aportando razones:

a) El número de gatos domésticos y el número de guepardos que eran heterocigotos para el gen de la transferrina.   [2]

b) El número de alelos del gen de la transferrina en el acervo génico de los gatos domésticos.   [2]

c) El número de alelos del gen de la transferrina en el acervo génico de los guepardos.   [1]

Introducción

Los ecosistemas requieren un suministro continuo de energía para alimentar los procesos vitales y restituir las pérdidas de energía producidas en forma de calor. La disponibilidad continua de carbono y otros elementos químicos en los ecosistemas depende de ciclos. La futura supervivencia de los organismos vivos, entre ellos los seres humanos, depende de la existencia de comunidades ecológicas sustentables. Las concentraciones de los gases atmosféricos tienen efectos significativos en los climas que se experimentan en la superficie terrestre.

4.1 Especies, comunidades y ecosistemas

Comprensión

→ Las especies son grupos de organismos que pueden reproducirse potencialmente entre sí para producir descendencia fértil.

→ Los miembros de una especie pueden quedar aislados reproductivamente en poblaciones separadas.

→ Para la nutrición, las especies utilizan un método autotrófico o un método heterotrófico (un reducido número de especies disponen de ambos métodos).

→ Los consumidores son organismos heterótrofos que se alimentan de organismos vivos por ingestión.

→ Los detritívoros son organismos heterótrofos que obtienen los nutrientes orgánicos de los detritos mediante digestión interna.

→ Los saprotrofos son organismos heterótrofos que obtienen los nutrientes orgánicos de organismos muertos mediante digestión externa.

→ Una comunidad está formada por poblaciones de distintas especies que viven juntas e interactúan entre sí.

→ Una comunidad forma un ecosistema por sus interacciones con el medio ambiente abiótico.

→ Los organismos autótrofos y los heterótrofos obtienen los nutrientes inorgánicos del medio ambiente abiótico.

→ Los ciclos de nutrientes mantienen el suministro de nutrientes inorgánicos.

→ Los ecosistemas tienen el potencial de ser sustentables a lo largo de períodos de tiempo prolongados.

Habilidades

→ Clasificación de las especies como organismos autótrofos, consumidores, detritívoros o saprotrofos a partir del conocimiento de su modo de nutrición.

→ Comprobación de la asociación entre dos especies usando la prueba de chi-cuadrado con los datos obtenidos de un muestreo basado en parcelas.

→ Reconocimiento e interpretación de la significación estadística.

→ Organización de un mesocosmos cerrado para tratar de establecer condiciones de sustentabilidad (trabajo práctico 5).

Naturaleza de la ciencia

→ Búsqueda de patrones, tendencias y discrepancias: las plantas y las algas son mayoritariamente autotróficas, si bien algunas especies vegetales no lo son.

▲ Figura 1 Ave del paraíso de Papúa Nueva Guinea

Especies

Las especies son grupos de organismos que pueden reproducirse potencialmente entre sí para producir descendencia fértil.

Las aves del paraíso habitan en Papúa Nueva Guinea y otras islas de Australasia. En la temporada de apareamiento, los machos realizan un elaborado y singular cortejo que consiste en danzas y movimientos repetitivos para desplegar su plumaje exótico. Lo hacen para mostrar a la hembra que poseen un buen estado físico y que serían una pareja apropiada. Otra razón es para demostrar que son el mismo tipo de ave del paraíso que la hembra.

Existen cuarenta y un tipos de aves del paraíso diferentes. Generalmente, cada una de estas aves solo se reproduce con otras de su mismo tipo y rara vez se producen híbridos entre tipos distintos. Esto explica que cada uno de los tipos conserve sus características distintivas, diferentes de las de otros. Los biólogos consideran especies a estos tipos de organismos. Aunque pocas especies tienen rituales de cortejo tan elaborados como las aves del paraíso, la mayoría poseen algún método para tratar de asegurar que se reproducen con otros miembros de su especie.

Cuando dos miembros de una misma especie se aparean y producen descendencia se dice que están cruzándose. Ocasionalmente se pueden cruzar miembros de diferentes especies y ello recibe el nombre de entrecruzamiento; esto ocurre a veces con las aves del paraíso. Sin embargo, las crías producidas por entrecruzamiento son casi siempre estériles, lo que impide que se combinen los genes de dos especies.

La separación reproductiva entre especies es la razón de que cada especie sea reconocible como un tipo de organismo, con caracteres que lo distinguen incluso de las especies más estrechamente relacionadas. En resumen, una especie es un grupo de organismos capaz de cruzarse entre sí y producir descendencia fértil.

Poblaciones

Los miembros de una especie pueden quedar aislados reproductivamente en poblaciones separadas.

Una población es un grupo de organismos de la misma especie que habitan en la misma zona al mismo tiempo. Dos poblaciones que viven en zonas diferentes tienen pocas probabilidades de cruzarse entre ellas. Esto no significa que sean especies diferentes. Si potencialmente pueden cruzarse, todavía se consideran miembros de la misma especie.

Dos poblaciones de una especie que no se cruzan pueden, gradualmente, desarrollar diferencias en sus características. Aunque las diferencias sean reconocibles, se siguen considerando de la misma especie hasta que no puedan cruzarse y producir descendencia fértil. En la práctica puede resultar muy difícil decidir si dos poblaciones han llegado a este punto, y los biólogos a veces discrepan sobre si las poblaciones pertenecen a la misma especie o a dos especies diferentes.

Nutrición autótrofa y nutrición heterótrofa

Para la nutrición, las especies utilizan un método autotrófico o un método heterotrófico (un reducido número de especies disponen de ambos métodos).

Todos los organismos necesitan una fuente de nutrientes orgánicos, como la glucosa y los aminoácidos, pues estos son necesarios para el crecimiento y la reproducción. Los métodos de obtención de estos compuestos de carbono pueden dividirse en dos tipos:

- Algunos organismos producen sus propios compuestos de carbono a partir de dióxido de carbono y otras sustancias simples: son autótrofos, lo que significa que se alimentan a sí mismos.

- Otros organismos obtienen sus compuestos de carbono de otros organismos: son heterotróficos, lo que significa que se alimentan de otros.

Algunos organismos unicelulares utilizan ambos métodos de nutrición. Por ejemplo, *Euglena gracilis* tiene cloroplastos y lleva a cabo la fotosíntesis cuando hay suficiente luz, pero también puede alimentarse de detritos o de organismos más pequeños por endocitosis. A los organismos con este metabolismo combinado se los conoce como mixotróficos.

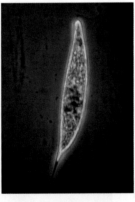

▲ Figura 3 *Arabidopsis thaliana* es un autótrofo que los biólogos moleculares utilizan como planta modelo.

▲ Figura 4 Los colibrís son aves heterótrofas; las plantas de las que obtienen el néctar son autótrofas.

▲ Figura 5 *Euglena gracilis* es un organismo inusual porque puede alimentarse por métodos autotróficos y heterotróficos.

🧬 Tendencias en la nutrición de plantas y algas

Búsqueda de patrones, tendencias y discrepancias: las plantas y las algas son mayoritariamente autotróficas, si bien algunas especies vegetales no lo son.

Casi todas las plantas y las algas son autótrofas, es decir, crean sus propios compuestos orgánicos complejos a partir de dióxido de carbono y otras sustancias simples. Para hacerlo, necesitan energía que obtienen mediante la absorción de luz. Así, su método de nutrición autotrófico es la fotosíntesis que llevan a cabo en los cloroplastos.

Esta tendencia de plantas y algas de crear sus propios compuestos de carbono por fotosíntesis en los cloroplastos se observa en la mayoría de las especies. Sin embargo, una pequeña cantidad de plantas y algas no encaja en esta tendencia pues, si bien se las reconoce como plantas o algas, no contienen cloroplastos y no realizan la fotosíntesis. Estas especies crecen sobre otras plantas, obtienen compuestos de carbono de estas y les causan daño: son parásitas.

Para decidir si las plantas parásitas contradicen la teoría de que las plantas y las algas son grupos de especies autotróficas o si presentan solo pequeñas e insignificantes discrepancias, debemos considerar cómo son y cómo evolucionan muchas especies.

- La cantidad de algas y plantas parásitas es relativamente pequeña: representan solo alrededor del 1% de todas las especies de algas y plantas.

- Es casi seguro que las especies ancestrales originarias de plantas y algas fueron autótrofas y que las especies parásitas evolucionaron a partir de ellas. Las células pueden perder los cloroplastos con bastante facilidad, pero no pueden desarrollarlos fácilmente. Además, las especies parásitas son diversas y existen en muchas familias diferentes. Este patrón sugiere que las plantas parásitas han evolucionado varias veces a partir de especies fotosintéticas.

Basándose en estas pruebas, los ecólogos consideran que las plantas y las algas son grupos de autótrofos con un pequeño número de especies excepcionales que son parásitas.

Preguntas basadas en datos: Dietas inusuales

Aunque generalmente esperamos que las plantas sean autótrofas y los animales consumidores, los organismos vivos son muy variados y no siempre se ajustan a nuestras expectativas. Las figuras 6 a 9 muestran cuatro organismos con dietas inusuales.

1 ¿Cuál de los organismos es autótrofo? [1]

2 ¿Cuál de los organismos es heterótrofo? [1]

3 De los organismos que son heterótrofos, deduce cuál es un consumidor, cuál es un detritívoro y cuál es un saprotrofo. [1]

▲ Figura 6 El mosquero de Venus crece en pantanos y posee hojas verdes que realizan la fotosíntesis y también atrapan y digieren insectos que les aportan nitrógeno.

▲ Figura 7 La orquídea fantasma crece subterráneamente en los bosques, se alimenta de materia orgánica muerta y ocasionalmente desarrolla un tallo con flores a nivel del suelo.

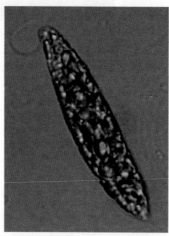

▲ Figura 8 *Euglena gracilis* es un organismo unicelular que vive en estanques y usa sus cloroplastos para la fotosíntesis, pero también ingiere materia orgánica muerta por endocitosis.

▲ Figura 9 La cuscuta crece parasitariamente en arbustos de tojo (retamo) utilizando pequeñas estructuras parecidas a raíces para extraer azúcares, aminoácidos y otras sustancias de estos arbustos.

Consumidores

Los consumidores son organismos heterótrofos que se alimentan de organismos vivos por ingestión.

Los ecólogos dividen a los heterótrofos en grupos, según la fuente de moléculas orgánicas que usan y el método de ingestión. Los consumidores son uno de esos grupos.

Los consumidores se alimentan de organismos vivos o restos de organismos muertos recientemente. El mosquito que chupa la sangre de un animal más grande es un consumidor que se alimenta de un organismo vivo. El león que se alimenta de una gacela que ha matado también es un consumidor.

Los consumidores ingieren sus alimentos, es decir, obtienen material sin digerir de otros organismos, lo digieren y absorben los productos de la digestión. Los consumidores unicelulares como *Paramecium* obtienen los nutrientes por endocitosis y los digieren dentro de las vacuolas. Los consumidores multicelulares como los leones degluten los alimentos para introducirlos en su sistema digestivo.

A veces se divide a los consumidores en grupos tróficos según los organismos que consumen. Los consumidores primarios se alimentan de autótrofos; los consumidores secundarios se alimentan de consumidores primarios, y así sucesivamente. En la práctica, la mayoría de los consumidores no encajan perfectamente en ninguno de estos grupos porque su dieta incluye alimentos de una variedad de grupos tróficos.

▲ Figura 10 El milano real (*Milvus milvus*) es un consumidor que se alimenta de presas vivas, pero también de restos de animales muertos (carroña).

▲ Figura 11 El ratón leonado (*Apodemus flavicollis*) es un consumidor que se alimenta principalmente de materia vegetal viva, sobre todo semillas, pero también de invertebrados vivos.

Detritívoros

Los detritívoros son organismos heterótrofos que obtienen los nutrientes orgánicos de los detritos mediante digestión interna.

Los organismos desechan grandes cantidades de materia orgánica, por ejemplo:

- Hojas muertas y otras partes de las plantas
- Plumas, pelos y otras partes muertas del cuerpo de animales
- Excrementos de los animales

Esta materia orgánica muerta raramente se acumula en los ecosistemas y, en su lugar, dos grupos de heterótrofos la utilizan como fuente de nutrición: los detritívoros y los saprotrofos.

Los detritívoros ingieren materia orgánica muerta y luego la digieren internamente para absorber los productos de la digestión. La materia orgánica muerta que ingieren los grandes detritívoros multicelulares, como las lombrices de tierra, va a parar al intestino. En los organismos unicelulares se introduce en las vacuolas alimenticias. Las larvas de los escarabajos peloteros se alimentan por la ingestión de bolas que fabrican los padres a partir de excrementos.

Saprotrofos

Los saprotrofos son organismos heterótrofos que obtienen los nutrientes orgánicos de organismos muertos mediante digestión externa.

Los saprotrofos secretan enzimas digestivas sobre la materia orgánica muerta y digieren esta materia externamente para luego absorber los productos de la digestión. Muchos tipos de bacterias y hongos son saprotrofos. Se los conoce también como organismos descomponedores porque desintegran los compuestos de carbono presentes en la materia orgánica muerta y liberan al ecosistema elementos, como el nitrógeno, que otros organismos pueden utilizar.

▲ Figura 12 Los hongos saprotrofos crecen sobre la superficie de las hojas muertas, que descomponen mediante las enzimas digestivas que secretan.

Teoría del Conocimiento

¿En qué medida los sistemas de clasificación (etiquetas y categorías) que utilizamos limitan lo que percibimos?

Existen infinitas maneras de dividir nuestras observaciones. Los científicos pueden organizar los organismos de distintos modos: según la morfología (semejanza física con otros organismos), la filogenia (historia evolutiva) y el nicho (papel ecológico). En el lenguaje cotidiano, clasificamos los organismos como domésticos o salvajes; peligrosos o inofensivos; comestibles o tóxicos.

Actividad

La tala rasa

▲ Figura 13

En un ensayo clásico escrito en 1972, el físico Philip Anderson declaró:

La capacidad de reducir todo a leyes fundamentales sencillas no conlleva la capacidad de empezar por esas leyes y reconstruir el universo. En cada nivel de complejidad aparecen propiedades totalmente nuevas.

La tala rasa es la forma más común y económicamente rentable de tala. Consiste en despejar todos los árboles de un área para que no quede ninguna cubierta vegetal. En relación con el concepto de propiedades emergentes, sugiere por qué a menudo la comunidad ecológica es incapaz de recuperarse después de una tala rasa.

Identificación de los modos de nutrición

Clasificación de las especies como organismos autótrofos, consumidores, detritívoros o saprotrofos a partir del conocimiento de su modo de nutrición.

Generalmente es posible deducir en qué grupo trófico se encuentra un organismo determinado en función de las respuestas a una serie de preguntas sencillas sobre su modo de nutrición. Estas preguntas se presentan como una clave dicotómica, que consiste en una serie de pares de opciones. La clave sirve para los organismos unicelulares y multicelulares, pero no para los parásitos como las tenias u hongos causantes de enfermedades en las plantas. Todos los organismos multicelulares autótrofos son fotosintéticos y tienen cloroplastos que contienen clorofila.

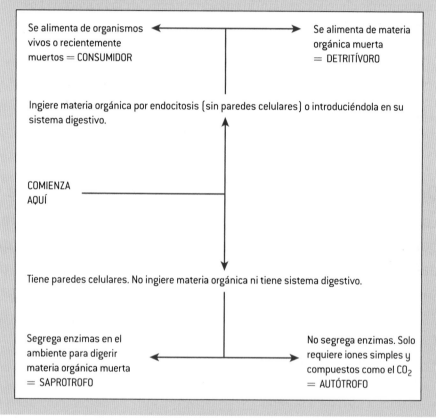

Comunidades

Una comunidad está formada por poblaciones de distintas especies que viven juntas e interactúan entre sí.

Una tarea importante de la ecología es investigar las relaciones entre los organismos, que son complejas y variadas. En algunos casos la interacción entre dos especies beneficia a una especie y perjudica a la otra (por ejemplo, la relación entre un parásito y su huésped). En otros casos, ambas especies se benefician, como cuando un colibrí se alimenta del néctar de una flor y ayuda a la planta polinizándola.

Todas las especies dependen de sus relaciones con otras especies para su supervivencia a largo plazo. Por esta razón, una población de una especie no puede vivir en aislamiento. Las poblaciones viven juntas en grupos. En ecología, se conoce como comunidad a un grupo de poblaciones que habitan juntas en la misma zona e interactúan entre sí. Típicamente, una comunidad consiste en cientos e incluso miles de especies que cohabitan en una misma zona.

▲ Figura 14 Un arrecife de coral es una comunidad compleja compuesta por poblaciones que interactúan de múltiples maneras. La mayoría de los corales tienen algas unicelulares fotosintéticas llamadas zooxantelas que viven dentro de sus cavidades.

🧪 Trabajo de campo: asociaciones entre especies

Comprobación de la asociación entre dos especies usando la prueba de chi-cuadrado con los datos obtenidos de un muestreo basado en parcelas

Las parcelas son áreas de muestreo cuadradas, que generalmente se delimitan usando un marco de esa forma. El muestreo basado en parcelas implica colocar repetidamente el marco cuadrado en partes aleatorias de un hábitat y contabilizar el número de organismos presentes en cada parte.

El procedimiento habitual para distribuir las parcelas de muestreo de forma aleatoria es el siguiente:

- Usando una cinta métrica, se marca una línea de referencia a lo largo del borde del hábitat. Esta tiene que abarcar todo el borde del hábitat.

- Se obtienen números aleatorios utilizando una tabla o el generador de números aleatorios de una calculadora.

- El primer número aleatorio se utiliza para determinar la distancia a lo largo de la cinta métrica. Todas las distancias a lo largo de la cinta deben ser igualmente probables.

- El segundo número aleatorio se utiliza para determinar la distancia hacia dentro del hábitat, formando un ángulo recto con la cinta. Todas las distancias hacia dentro del hábitat deben ser igualmente probables.

- Se coloca el marco de muestreo exactamente a las distancias indicadas por los dos números aleatorios.

▲ Figura 15 Muestreo de poblaciones de algas marinas en una playa rocosa usando parcelas

Si se sigue este procedimiento correctamente, con un número suficientemente grande de repeticiones, se obtendrán estimaciones fiables de los tamaños de las poblaciones. El método de muestreo por parcela solo es adecuado para plantas y otros organismos que no se mueven; no resulta útil para las poblaciones de la mayoría de los animales, por razones obvias.

Si durante el muestreo de un hábitat se observa la presencia o ausencia de más de una especie en cada parcela, será posible comprobar si existe una posible asociación entre especies. A menudo las poblaciones se distribuyen desigualmente dentro del hábitat porque algunas partes son más adecuadas para una especie que para otras. Si dos especies se encuentran en las mismas partes de un hábitat, tenderán a hallarse en las mismas parcelas: esto se conoce como una asociación positiva. También puede haber asociaciones negativas, o la distribución de dos especies puede ser independiente.

Hay dos hipótesis posibles:

- H_0: dos especies se distribuyen de forma independiente (la hipótesis nula).

- H_1: dos especies están asociadas positivamente (tienden a presentarse juntas) o negativamente (tienden a presentarse separadas).

Podemos probar estas hipótesis mediante un procedimiento estadístico: la prueba de chi-cuadrado.

La prueba de chi-cuadrado solo es válida si todas las frecuencias esperadas son mayores que 5 y si la muestra de la población analizada se obtuvo aleatoriamente.

Método de la prueba de chi-cuadrado

1 Elabora una tabla de contingencia de las frecuencias observadas, que son el número de parcelas que contenían o no contenían las dos especies.

	Especie A presente	Especie A ausente	Total de la fila
Especie B presente			
Especie B ausente			
Total de la columna			

Calcula los valores totales para cada fila y cada columna. La suma de los totales de las filas o de las columnas debería dar como resultado el mismo valor total en la celda inferior derecha.

2 Calcula las frecuencias esperadas, suponiendo que existe una distribución independiente, para cada una de las cuatro combinaciones de las especies. Cada frecuencia esperada se calcula a partir de los valores de la tabla de contingencia mediante la siguiente ecuación:

$$\text{frecuencia esperada} = \frac{\text{total de las filas} \times \text{total de las columnas}}{\text{suma total}}$$

3 Calcula el número de grados de libertad usando la siguiente ecuación:

$$\text{grados de libertad} = (m - 1)(n - 1)$$

donde m y n representan el número de filas y el número de columnas en la tabla de contingencia.

4 Halla la región crítica de chi-cuadrado con una tabla de valores de chi-cuadrado, usando los grados de libertad que has calculado y un nivel de significación (p) de 0,05 (5%). La región crítica es cualquier valor de chi-cuadrado mayor que el valor de la tabla.

5 Calcula el chi-cuadrado usando la siguiente ecuación:

$$X^2 = \Sigma \frac{(f_o - f_e)^2}{f_e}$$

donde f_o fo es la frecuencia observada

f_e es la frecuencia esperada y

Σ es la suma.

6 Compara el valor calculado de chi-cuadrado con la región crítica.

- Si el valor calculado está en la región crítica, se prueba la asociación entre las dos especies al nivel del 5%. Podemos rechazar la hipótesis H_0.

- Si el valor calculado no está en la región crítica porque es igual o inferior al valor obtenido de la tabla de valores de chi-cuadrado, no se rechaza H_0. No se ha podido probar una asociación entre las dos especies al nivel del 5%.

Preguntas basadas en datos: Prueba de chi-cuadrado

La figura 16 muestra un área en la cumbre del cerro Caer Caradoc, en el condado de Shropshire (Reino Unido).

Durante el verano, las ovejas pastan en la zona, los caminantes transitan por senderos de hierba y hay matas de brezo (*Calluna vulgaris*) creciendo en las inmediaciones. Un examen visual de este sitio sugería que existía una asociación entre el musgo *Rhytidiadelphus squarrosus*, una especie que crece en la zona, y las matas de brezo. Se registró la presencia o ausencia de las matas de brezo y el musgo en una muestra de 100 parcelas elegidas al azar.

Resultados

Especies	Frecuencia
Solo brezo	9
Solo musgo	7
Ambas especies	57
Ninguna de las dos especies	27

Preguntas

1 Elabora una tabla de contingencia de los valores observados. [4]

2 Calcula los valores esperados, suponiendo que no existe asociación entre las especies. [4]

3 Calcula el número de grados de libertad. [2]

4 Halla la región crítica de chi-cuadrado con un nivel de significación del 5%. [2]

5 Calcula el chi-cuadrado. [4]

6 Indica las dos hipótesis alternativas, H_0 y H_1, y evalúalas utilizando el valor de chi-cuadrado calculado. [4]

7 Sugiere razones ecológicas para una asociación entre el brezo y el musgo. [4]

8 Explica los métodos que se deben haber utilizado para seleccionar las parcelas de manera aleatoria en el área de estudio. [3]

▲ Figura 16 Caer Caradoc, Shropshire

⚗ Significación estadística

Reconocimiento e interpretación de la significación estadística

Los biólogos utilizan a menudo la expresión "estadísticamente significativo" cuando discuten los resultados de un experimento. Con esto se refieren a los resultados de una prueba de hipótesis estadística. Existen dos tipos de hipótesis:

- H_0 es la hipótesis nula. Representa la presunción de que no existe ninguna relación, por ejemplo, que dos medias son iguales o que no hay asociación o correlación entre dos variables.

- H_1 es la hipótesis alternativa. Representa la presunción de que existe una relación, por ejemplo, que dos medias son diferentes o que existe una asociación entre dos variables.

El procedimiento habitual es comprobar la hipótesis nula con la expectativa de demostrar que es falsa. Se realizan cálculos estadísticos de los resultados de la investigación y se comparan con un rango de valores posibles llamado región crítica. Si los datos calculados exceden la región crítica, se considera que la hipótesis nula es falsa y, por tanto, se rechaza, aunque no podemos decir que esto se ha demostrado con certeza.

Cuando un biólogo afirma que los resultados fueron estadísticamente significativos se refiere a que si la hipótesis nula (H_0) fuera correcta, la probabilidad de obtener resultados tan extremos como los observados sería muy pequeña. Es necesario decidir el nivel de probabilidad que se va a utilizar, el cual se conoce como nivel de significación: el punto de corte para la probabilidad de rechazar la hipótesis nula cuando en realidad es cierta. A menudo se elige un nivel del 5%, lo cual implica que la probabilidad es menor que uno de cada veinte. Este nivel de significación estadística es el mínimo que se acepta en estudios científicos.

- Si hay diferencia entre los resultados promedio de los dos tratamientos en un experimento, una prueba estadística mostrará si la diferencia es significativa al nivel del 5%. Si lo es, la probabilidad de que una diferencia tan grande entre los promedios de las muestras se deba a una casualidad es de menos de un 5%, aunque los promedios de las poblaciones sean iguales. Se dice que existe una prueba estadísticamente significativa de que los promedios de las poblaciones difieren.

- En el ejemplo para probar una asociación entre dos especies que se describió en las páginas anteriores, la prueba de chi-cuadrado muestra si existe una probabilidad de menos del 5% de que la diferencia entre los resultados observados y los esperados sea tan grande como es sin que exista una asociación positiva o negativa entre las especies.

Cuando muestran los resultados de investigaciones biológicas en un gráfico de barras, a menudo se indica la significación estadística utilizando letras. Dos letras diferentes, generalmente *a* y *b*, indican resultados promedio con una diferencia estadísticamente significativa. Dos letras iguales, como *a* y *a*, indican que una diferencia no es estadísticamente significativa.

Ecosistemas

Una comunidad forma un ecosistema por sus interacciones con el medio ambiente abiótico.

Una comunidad está compuesta por todos los organismos que viven en un área. Estos organismos no podrían vivir en aislamiento: dependen de los elementos inertes que forman su entorno, como el aire, el agua, la tierra o las rocas. Los ecólogos se refieren a estos entornos como medio ambiente abiótico.

En algunos casos, el medio ambiente abiótico ejerce una poderosa influencia sobre los organismos. Por ejemplo, la acción de las olas en una playa rocosa crea un hábitat muy especializado en el que solamente los organismos adaptados a él pueden sobrevivir. Sobre los acantilados, el tipo de roca determina la presencia de salientes en los que pueden anidar las aves.

También hay muchos casos en los que los organismos vivos influyen sobre el medio ambiente abiótico. Un ejemplo de ello son las dunas que se forman a lo largo de las costas con la arena que se vuela de la orilla y que permiten el crecimiento de plantas especializadas sobre la arena suelta. Las raíces de estas plantas estabilizan la arena y sus hojas rompen el viento, con lo cual favorecen que se deposite más arena.

Así pues, no solo se producen interacciones complejas entre las comunidades, sino también entre los organismos y el medio ambiente abiótico. Por tanto, se puede considerar la comunidad de organismos de un área y su medio ambiente no vivo como un solo sistema con interacciones muy complejas: esto es lo que se conoce como ecosistema. Los ecólogos estudian tanto los componentes de los ecosistemas como las interacciones entre ellos.

Nutrientes inorgánicos

Los organismos autótrofos y los heterótrofos obtienen nutrientes inorgánicos del medio ambiente abiótico.

Los organismos vivos necesitan una fuente de elementos químicos:

- El carbono, el hidrógeno y el oxígeno se necesitan para fabricar los glúcidos, los lípidos y otros compuestos de carbono de los cuales dependen los procesos vitales.

- El nitrógeno y el fósforo también son necesarios para producir muchos de estos compuestos.

- Los organismos vivos necesitan aproximadamente otros quince elementos más; algunos de ellos se usan solo en cantidades muy pequeñas, pero su empleo es esencial.

▲ Figura 17 Pastizales en un área de formación de dunas

Los organismos autótrofos obtienen todos los elementos que necesitan de nutrientes inorgánicos del medio ambiente abiótico, incluidos el carbono y el nitrógeno. Por su parte, los organismos heterótrofos obtienen estos dos elementos y varios más a partir de los compuestos de carbono de sus alimentos. Sin embargo, también obtienen otros elementos, como el sodio, el potasio y el calcio, de nutrientes inorgánicos presentes en el medio ambiente abiótico.

Ciclos de nutrientes

Los ciclos de nutrientes mantienen el suministro de nutrientes inorgánicos.

En la Tierra existen cantidades limitadas de elementos químicos, pero, aunque los organismos vivos han estado utilizando estos elementos durante 3.000 millones de años, todavía no se han agotado. Ello se debe a que los elementos químicos se pueden reciclar infinitamente. Los organismos absorben los elementos que necesitan de nutrientes inorgánicos del medio ambiente abiótico, los utilizan y luego los devuelven al entorno sin que los átomos sufran cambios.

El reciclaje de elementos químicos normalmente no es tan sencillo como se muestra en el diagrama, y a menudo un elemento pasa de un organismo a otro antes de expulsarse nuevamente al medio ambiente abiótico. Los procesos varían de elemento a elemento; por ejemplo, el ciclo del carbono es diferente del ciclo del nitrógeno. Los ecólogos se refieren a estos procesos de forma conjunta como ciclos de los nutrientes. A menudo, la palabra "nutriente" tiene cierta ambigüedad en biología, pero en este contexto se refiere sencillamente a un elemento que un organismo necesita. En el subtema 4.2 se describe el ciclo del carbono como ejemplo del ciclo de un nutriente y en la opción C se describe el ciclo del nitrógeno.

Sustentabilidad de los ecosistemas

Los ecosistemas tienen el potencial de ser sustentables a lo largo de períodos de tiempo prolongados.

El concepto de sustentabilidad se ha vuelto a debatir recientemente porque es evidente que el uso que hacemos de algunos recursos en la actualidad no es sustentable. Algo es sustentable si se puede continuar utilizando indefinidamente. El uso que hace el ser humano de los combustibles fósiles es un ejemplo de una actividad no sustentable. Los suministros de combustibles fósiles son finitos, actualmente no están siendo renovados y, por lo tanto, no pueden continuar indefinidamente.

Los ecosistemas naturales pueden enseñarnos a vivir de manera sustentable, para que nuestros hijos y nietos puedan vivir como lo hacemos nosotros. Hay tres requisitos para la sustentabilidad de los ecosistemas:

- La disponibilidad de los nutrientes
- La desintoxicación de los productos de desecho
- La disponibilidad de energía

Los nutrientes pueden reciclarse indefinidamente y, de hacerse así, no deberían faltar los elementos químicos de los que dependen los procesos vitales. Los productos de desecho de una especie generalmente son aprovechados como recurso por otra. Por ejemplo, las bacterias *Nitrosomonas* del suelo absorben y utilizan como fuente de energía los iones de amonio que expulsan los organismos descomponedores. El amonio es potencialmente tóxico, pero gracias a la acción de estas bacterias no se acumula en el suelo.

La energía no se puede reciclar, de modo que la sustentabilidad depende del suministro continuo de energía para los ecosistemas. La mayor parte de la energía que llega a los ecosistemas es en forma de luz proveniente del sol. Las consecuencias de la erupción del Monte Tambora en 1815 ilustran la importancia de esta fuente de energía. El polvo presente en la atmósfera disminuyó la intensidad de la luz solar durante varios meses después de la erupción, lo que ocasionó pérdidas de cosechas a nivel mundial y muertes por inanición. Sin embargo, se trató de un fenómeno temporal. El suministro de energía a los ecosistemas en forma de luz solar continuará durante miles de millones de años.

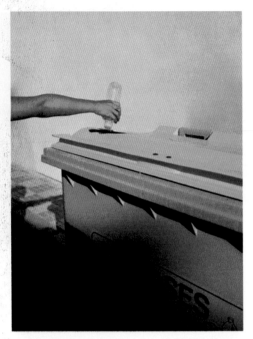

▲ Figura 18 Los organismos vivos reciclan desde hace miles de millones de años.

▲ Figura 19 La luz solar suministra energía a un ecosistema forestal y se reciclan los nutrientes.

 Mesocosmos

Organización de un mesocosmos cerrado para tratar de establecer condiciones de sustentabilidad (trabajo práctico 5)

Los mesocosmos son pequeñas zonas experimentales creadas como experimentos ecológicos. Se pueden utilizar zonas cercadas de un pastizal o bosques como mesocosmos terrestres, o un tanque en el laboratorio como mesocosmos acuático. Los experimentos ecológicos se pueden llevar a cabo en varios mesocosmos replicados, para averiguar los efectos de una o más condiciones variables. Por ejemplo, pueden usarse tanques con y sin peces para investigar los efectos de los peces en los ecosistemas acuáticos.

Otro uso posible de los mesocosmos es la comprobación de qué tipos de ecosistemas son sustentables. Esto implica aislar una comunidad de organismos con aire y suelo o agua dentro de un recipiente cerrado.

Considera las siguientes preguntas antes de crear un mesocosmos acuático o terrestre:

- Los recipientes de cristal grandes son ideales, pero también se pueden utilizar recipientes de plástico transparente. ¿Las paredes del recipiente deben ser transparentes u opacas?

- ¿Cuál de estos grupos de organismos debe incluirse para crear una comunidad sustentable: autótrofos, consumidores, saprotrofos y detritívoros?

- ¿Cómo podemos garantizar que el suministro de oxígeno sea suficiente para todos los organismos del mesocosmos, ya que, una vez cerrado, no puede entrar más oxígeno?

- ¿Cómo podemos evitar que los organismos sufran como resultado de colocarlos en el mesocosmos?

▲ Figura 20

Actividad

Ecosistemas de las cuevas

Se han encontrado organismos que viven en la oscuridad total en cuevas, incluidos peces sin ojos. Discute si los ecosistemas de cuevas oscuras son sustentables.

La figura 20 muestra un pequeño ecosistema con plantas fotosintéticas cerca de una fuente de iluminación artificial en una cueva abierta a visitantes en el desfiladero de Cheddar (Reino Unido). Discute si este ecosistema es más o menos sustentable que los ecosistemas de cuevas oscuras.

4.2 Flujo de energía

Comprensión

→ La mayoría de los ecosistemas se basan en un suministro de energía procedente de la luz del sol.

→ La energía lumínica se transforma en energía química en los compuestos de carbono mediante fotosíntesis.

→ La energía química de los compuestos de carbono fluye a través de las cadenas tróficas por medio de la alimentación.

→ La energía liberada por respiración es utilizada por los organismos vivos y se transforma en calor.

→ Los organismos vivos no pueden convertir el calor en otras formas de energía.

→ Los ecosistemas pierden energía en forma de calor.

→ Las pérdidas de energía entre los niveles tróficos restringen la extensión de las cadenas tróficas y la biomasa de niveles tróficos superiores.

Habilidades

→ Representaciones cuantitativas del flujo de energía mediante pirámides de energía.

Naturaleza de la ciencia

→ Uso de teorías para explicar los fenómenos naturales: el concepto de flujo de energía explica la extensión limitada de las cadenas tróficas.

La luz del sol y los ecosistemas

La mayoría de los ecosistemas se basan en un suministro de energía procedente de la luz del sol.

Para la mayoría de las comunidades biológicas, la primera fuente de energía es la luz del sol. Los organismos vivos pueden acumular esta energía por medio de la fotosíntesis. Tres grupos de autótrofos realizan la fotosíntesis: las plantas, las algas eucarióticas, incluidas las que crecen en playas rocosas, y las cianobacterias. Los ecólogos a menudo denominan productores a estos organismos.

Los heterótrofos no utilizan la energía de la luz directamente, pero dependen indirectamente de ella. Existen varios grupos de heterótrofos en los ecosistemas: los consumidores, los saprotrofos y los detritívoros. Todos ellos utilizan como fuente de energía los compuestos de carbono de sus alimentos. En la mayoría de los ecosistemas, toda o casi toda la energía de los compuestos de carbono habrá sido producida originalmente mediante fotosíntesis por los productores.

La cantidad de energía suministrada a los ecosistemas en forma de luz solar varía en distintas partes del mundo. También varía el porcentaje de esta energía que es capturada y almacenada por los productores y, por lo tanto, está disponible para otros organismos. En el desierto del Sáhara, por ejemplo, la intensidad de la luz solar es muy alta, pero hay muy poca disponible para los organismos porque existen muy pocos productores. En los bosques de secuoyas de California la intensidad de la luz del sol es menor que en el Sáhara, pero hay mucha más energía disponible para los organismos debido a la abundancia de productores.

Preguntas basadas en datos: Insolación

La insolación es una medida de la radiación solar. Los dos mapas de la figura 2 muestran la insolación media anual en la parte superior de la atmósfera terrestre (mapa superior) y en la superficie de la Tierra (mapa inferior).

Preguntas

1 Indica la relación entre la distancia desde el ecuador y la insolación en la parte superior de la atmosfera terrestre. [1]

2 Indica la insolación media anual en vatios por metro cuadrado (v/m²) de la zona más septentrional de Australia:

   a) En la parte superior de la atmósfera [1]

   b) En la superficie de la Tierra [1]

3 Sugiere las razones de las diferencias de insolación en la superficie de la Tierra entre los lugares que se encuentran a la misma distancia del ecuador. [2]

4 Las pluvisilvas tropicales se encuentran en las regiones ecuatoriales de todos los continentes y tienen tasas muy altas de fotosíntesis. Evalúa la hipótesis de que ello se debe a una insolación muy alta. Incluye el nombre de partes concretas del mundo en tu respuesta. [5]

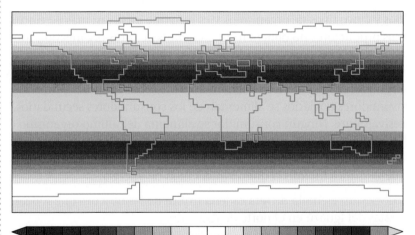

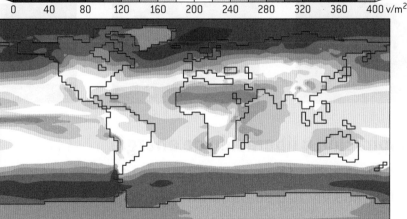

▲ Figura 2

Actividad

Las cianobacterias de las cuevas

Las cianobacterias son bacterias fotosintéticas que a menudo están presentes en grandes números en los ecosistemas marinos y de agua dulce. La figura 1 muestra un área de cianobacterias verdes en la superficie de la pared de una cueva iluminada con luz artificial. Las zonas circundantes están normalmente a oscuras. Si no hubiera luz artificial, ¿qué otras fuentes de energía podrían utilizar las bacterias en las cuevas?

▲ Figura 1

229

▲ Figura 3

La figura 3 muestra un incendio forestal en Australia.

¿Qué conversión de energía ocurre en un incendio forestal?

Los incendios forestales ocurren naturalmente en algunos ecosistemas.

Sugiere dos razones para la siguiente hipótesis: existen menos heterótrofos en los ecosistemas donde los incendios son comunes que en los ecosistemas donde los incendios no son usuales.

Conversión de la energía

La energía lumínica se transforma en energía química en los compuestos de carbono mediante fotosíntesis.

Los productores absorben la luz del sol usando la clorofila y otros pigmentos fotosintéticos. Así se convierte la energía lumínica en energía química, que los productores utilizan para fabricar los glúcidos, los lípidos y todos los demás compuestos de carbono.

Los productores pueden liberar energía de los compuestos de carbono mediante la respiración celular y luego usarla para las actividades celulares. La energía que se libera de esta manera se pierde finalmente en el medio ambiente como calor residual. Sin embargo, solo algunos de los compuestos de carbono de los productores se utilizan de esta manera; la mayor parte permanece en las células y los tejidos de los productores. La energía de estos compuestos de carbono está disponible para los heterótrofos.

Energía en las cadenas tróficas

La energía química de los compuestos de carbono fluye a través de las cadenas tróficas por medio de la alimentación.

Una cadena trófica es una secuencia de organismos donde cada uno se alimenta del anterior. Las cadenas tróficas están formadas generalmente por entre dos y cinco tipos de organismos y es raro que incluyan más de cinco. Como los productores no obtienen sus alimentos de otros organismos, son siempre los primeros organismos de la cadena trófica. Los siguientes son los consumidores. Los consumidores primarios se alimentan de los productores; los consumidores secundarios se alimentan de los consumidores primarios; los consumidores terciarios se alimentan de los consumidores secundarios, y así sucesivamente. Ningún consumidor se alimenta del último organismo de la cadena trófica. Los consumidores obtienen energía de los compuestos de carbono presentes en los organismos de los que se alimentan. Las flechas en una cadena trófica indican la dirección del flujo de energía.

La figura 4 es un ejemplo de una cadena trófica de los bosques que rodean las cataratas del Iguazú en el norte de Argentina.

 →  →  →

▲ Figura 4

Respiración y liberación de energía

La energía liberada por respiración es utilizada por los organismos vivos y se transforma en calor.

Los organismos vivos necesitan energía para realizar actividades celulares como las siguientes:

- Sintetizar moléculas grandes, como el ADN, el ARN y las proteínas

- Bombear moléculas o iones a través de membranas por transporte activo

- Mover cosas dentro de la célula, como los cromosomas o las vesículas, o las fibras de proteína en las células musculares que causan la contracción del músculo

El ATP provee energía para estas actividades. Cada célula produce su propio ATP.

Todas las células pueden producir ATP por medio de la respiración celular. En este proceso, los compuestos de carbono, como los glúcidos y los lípidos, se oxidan. Estas reacciones de oxidación son exotérmicas y la energía liberada se utiliza en reacciones endotérmicas para crear ATP. Así, la respiración celular transfiere la energía química de la glucosa y otros compuestos de carbono al ATP. La razón para ello es que la energía química de compuestos de carbono como la glucosa no es inmediatamente utilizable por la célula, pero la energía química del ATP puede usarse directamente para muchas actividades diferentes.

La segunda ley de la termodinámica establece que las transformaciones de la energía nunca son 100% eficientes. No toda la energía de la oxidación de los compuestos de carbono que se produce en la respiración celular se transfiere al ATP: un resto se convierte en calor. También se produce un poco de calor cuando se utiliza el ATP en las actividades de la célula. Por ejemplo, los músculos se calientan cuando se contraen. La energía del ATP puede residir durante un tiempo en moléculas grandes que han sido sintetizadas, como el ADN y las proteínas, pero cuando finalmente se digieren estas moléculas, la energía se libera como calor.

Preguntas basadas en datos

La figura 5 muestra los resultados de un experimento en el cual se colocaron urracas de pico amarillo (*Pica nuttalli*) en una jaula en la que se podía controlar la temperatura. Se midió la tasa de respiración de las aves a siete temperaturas diferentes, desde -10°C a +40°C. Entre -10°C y 30°C las urracas mantuvieron constante su temperatura corporal, pero por encima de 30°C la temperatura del cuerpo aumentó.

a) Describe la relación entre la temperatura externa y la tasa de respiración en las urracas de pico amarillo. [3]

b) Explica el cambio en la tasa de respiración cuando la temperatura desciende de +10°C a -10°C. [3]

c) Sugiere una razón del cambio en la tasa de respiración cuando la temperatura aumenta de 30°C a 40°C. [2]

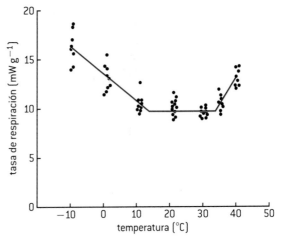

▲ Figura 5 Tasas de respiración celular a diferentes temperaturas en las urracas de pico amarillo

d) Sugiere dos razones que explican la variación en la tasa de respiración de las aves a cada temperatura. [2]

Energía térmica en los ecosistemas

Los organismos vivos no pueden convertir el calor en otras formas de energía.

Los organismos vivos pueden realizar diversas conversiones de energía:

- Energía lumínica en energía química en la fotosíntesis

- Energía química en energía cinética en la contracción muscular

- Energía química en energía eléctrica en las células nerviosas

- Energía química en energía térmica en el tejido adiposo que genera calor

No pueden convertir energía térmica en ninguna otra forma de energía.

Pérdidas de calor en los ecosistemas

Los ecosistemas pierden energía en forma de calor.

El calor resultante de la respiración celular aumenta la temperatura de los organismos vivos. Este calor puede ser útil para los animales de sangre fría, haciendo que sean más activos. Cuando es necesario, las aves y los mamíferos aumentan la tasa de generación de calor para mantener la temperatura corporal constante.

Según las leyes físicas de la termodinámica, el calor se transmite de cuerpos más calientes a cuerpos más fríos, de modo que todo el calor producido por los organismos vivos con el tiempo se dispersa en el medio ambiente abiótico. Puede permanecer en el ecosistema durante un tiempo, pero al final se pierde (por ejemplo, cuando se irradia calor en la atmósfera). Los ecólogos suponen que toda la energía liberada por la respiración para las actividades celulares se perderá finalmente en el ecosistema.

Actividad

Cambios de energía

¿Qué conversiones de energía se precisan para lanzar una pelota de básquetbol?

¿Cuál es la forma final de la energía?

 Explicación de la longitud de las cadenas tróficas

Uso de teorías para explicar los fenómenos naturales: el concepto de flujo de energía explica la extensión limitada de las cadenas tróficas.

Si examinamos la dieta de un carnívoro superior que está al final de la cadena trófica, podemos calcular la cantidad de niveles de la cadena que conducen hasta él. Por ejemplo, si un águila pescadora se alimenta de peces como el salmón, que a su vez se alimenta de camarones, que a su vez se nutren de fitoplancton, se dice que la cadena trófica tiene cuatro niveles.

Es muy raro que haya más de cuatro o cinco niveles en una cadena trófica. Podríamos pensar que las cadenas tróficas son ilimitadas, con las especies devorándose unas a otras hasta el infinito, pero no es así. En la ecología, como en todas las ramas de la ciencia, las teorías científicas sirven para explicar fenómenos naturales como la longitud limitada de las cadenas tróficas. En este caso, el concepto de flujo de energía a lo largo de la cadena trófica y las pérdidas de energía que se producen entre los niveles tróficos pueden ser una explicación.

Las pérdidas de energía y los ecosistemas

Las pérdidas de energía entre los niveles tróficos restringen la extensión de las cadenas tróficas y la biomasa de niveles tróficos superiores.

La biomasa es la masa total de un grupo de organismos. Consiste en las células y los tejidos de esos organismos, incluidos los glúcidos y otros compuestos de carbono que contienen. Como los compuestos de carbono tienen energía química, la biomasa también contiene energía. Los ecólogos pueden medir la energía que incorporan los grupos de organismos a su biomasa cada año. Los resultados se calculan por metro cuadrado del ecosistema y ello permite comparar los diferentes niveles tróficos. Siempre se observa la misma tendencia: la energía que cada nivel trófico sucesivo añade a la biomasa es cada vez menor. En los consumidores secundarios, por ejemplo, la cantidad de energía anual por metro cuadrado del ecosistema es siempre menor que en los consumidores primarios.

La razón de esta tendencia es la pérdida de energía entre niveles tróficos.

- La mayor parte de la energía de los alimentos que digieren y absorben los organismos de un nivel trófico se libera en la respiración para usarla en actividades celulares. Por lo tanto, se pierde como calor. La única energía disponible para los organismos del siguiente nivel trófico es la energía química en forma de glúcidos y otros compuestos de carbono que no se han utilizado en la respiración celular.

- Los organismos de un nivel trófico generalmente no son consumidos completamente por los organismos del siguiente nivel trófico. Por ejemplo, las langostas a veces consumen todas las plantas en una zona, pero lo más normal es que se alimenten solo de partes de algunas plantas. Es posible que los depredadores no coman algunas partes de los cuerpos de sus presas, como los huesos o el pelo. La energía que queda en las partes que no se consumen pasa a los saprotrofos o a los detritívoros en lugar de a los organismos del siguiente nivel trófico.

- No todas las partes de los alimentos ingeridos por los organismos de un nivel trófico se digieren y absorben. Una porción es indigerible y se expulsa del cuerpo por las heces. La energía presente en las heces no se transmite por la cadena trófica, y en su lugar pasa a los saprotrofos o detritívoros.

Debido a estas pérdidas, solo un pequeño porcentaje de la energía de la biomasa de los organismos de un nivel trófico pasará a formar parte de la biomasa de los organismos del siguiente nivel. A menudo se cita la cifra del 10%, pero el nivel de pérdida de energía entre niveles tróficos es variable. Como las pérdidas se producen en cada etapa de la cadena alimentaria, la energía disponible para cada nivel trófico sucesivo es cada vez menor. Después de solo unos niveles de la cadena alimentaria, la cantidad de energía restante no sería suficiente para soportar otro nivel trófico. Por esta razón, el número de niveles tróficos en las cadenas alimentarias es limitado.

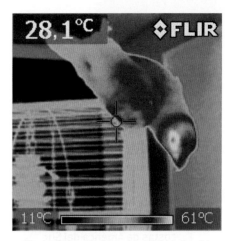

▲ Figura 6 Esta imagen de un loro gris africano (*Psittacus erithacus*) captada por una cámara térmica muestra el calor que liberan las diferentes partes de su cuerpo al medio ambiente.

▲ Figura 7 El águila pescadora (*Pandion halietus*) es un carnívoro superior que se alimenta de peces.

La biomasa, que se mide en gramos, también disminuye a lo largo de las cadenas tróficas debido a la pérdida de dióxido de carbono y agua en la respiración y de las partes no consumidas o digeridas por los organismos. La biomasa de los niveles tróficos superiores es, por tanto, generalmente más pequeña que la de los niveles inferiores. Generalmente, la biomasa de los productores, el nivel trófico más bajo de todos, es mayor que la de cualquier otro nivel.

 Pirámides de energía

Representaciones cuantitativas del flujo de energía mediante pirámides de energía

La cantidad de energía convertida en nueva biomasa por cada nivel trófico de una comunidad ecológica se puede representar mediante una pirámide de energía. Las pirámides de energía son un tipo de gráfico de barras con una barra horizontal para cada nivel trófico. La cantidad de energía debe expresarse por unidad de área por año. A menudo se utilizan los kilojulios por metro cuadrado por año ($kJ\ m^{-2}\ año^{-1}$) como unidad de medida. La pirámide debe ser escalonada, no triangular, empezando con los productores en la barra más baja. Se deben rotular las barras como productores, consumidores primarios, consumidores secundarios y así sucesivamente. Si se elige una escala adecuada, la longitud de cada barra puede ser proporcional a la cantidad de energía que representa.

La figura 8 muestra un ejemplo de una pirámide de energía de un ecosistema acuático. Para ser más exactos, la anchura relativa de las barras debe coincidir con la cantidad relativa de energía de cada nivel trófico. La figura 9 muestra una pirámide de energía de pastizales con las barras dibujadas correctamente a escala.

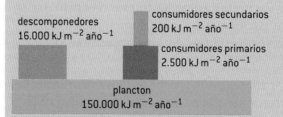

descomponedores
16.000 $kJ\ m^{-2}\ año^{-1}$

consumidores secundarios
200 $kJ\ m^{-2}\ año^{-1}$

consumidores primarios
2.500 $kJ\ m^{-2}\ año^{-1}$

plancton
150.000 $kJ\ m^{-2}\ año^{-1}$

▲ Figura 8 Pirámide de energía de un ecosistema acuático (no está a escala)

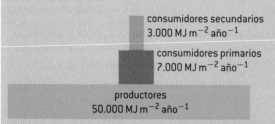

consumidores secundarios
3.000 $MJ\ m^{-2}\ año^{-1}$

consumidores primarios
7.000 $MJ\ m^{-2}\ año^{-1}$

productores
50.000 $MJ\ m^{-2}\ año^{-1}$

▲ Figura 9 Pirámide de energía de pastizales

Preguntas basadas en datos: Una red trófica sencilla

Un cenote es una estructura que se forma en la superficie cuando una caverna subterránea se derrumba. El Pozo de Montezuma, en el desierto de Sonora en Arizona (EE. UU.), es un cenote lleno de agua. En su ecosistema acuático no hay peces, en parte debido a la presencia de concentraciones extremadamente altas de CO_2 disuelto. El depredador superior dominante es *Belostoma bakeri*, un insecto de agua gigante que puede alcanzar hasta 70 mm de longitud.

La figura 10 muestra una red trófica del Pozo de Montezuma.

1   Compara las funciones de *Belostoma bakeri* y *Ranatra montezuma* dentro de la cadena trófica.   [2]

2   Deduce, aportando una razón, qué organismo ocupa más de un nivel trófico.   [2]

3   Deduce, basándote en los valores de P:

   a) Cuál sería la cadena trófica más común en esta red   [2]

   b) Cuál es la presa preferida de *B. bakeri*   [1]

4   Elabora una pirámide de energía para el primer y el segundo nivel trófico.   [3]

5   Calcula el porcentaje de energía perdida entre el primer y el segundo nivel trófico.   [2]

6   Discute las dificultades de clasificar organismos en niveles tróficos. [2]

7   Resume la información adicional que sería necesaria para completar la pirámide de energía para el tercer y cuarto nivel trófico.   [1]

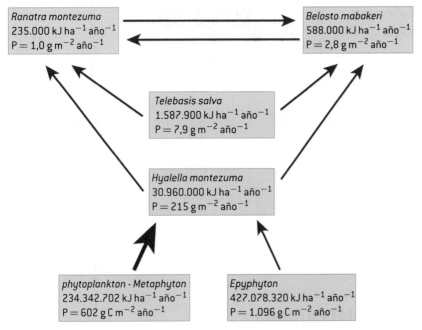

▲ Figura 10 Una red trófica del Pozo de Montezuma. Los valores *P* representan la biomasa almacenada en la población de cada organismo cada año. Los valores energéticos representan el equivalente de energía de la biomasa. Las flechas indican los vínculos tróficos y el grosor de la flecha indica la cantidad relativa de energía transferida entre niveles tróficos.

4.3 Ciclo del carbono

Comprensión

→ Los organismos autótrofos convierten el dióxido de carbono en glúcidos y otros compuestos de carbono.

→ En los ecosistemas acuáticos el dióxido de carbono está presente como gas disuelto y como iones de hidrogenocarbonato.

→ El dióxido de carbono se difunde desde la atmósfera o desde el agua hacia los organismos autótrofos.

→ El dióxido de carbono se produce por respiración y se difunde fuera de los organismos hacia el agua o la atmósfera.

→ El metano lo producen arqueobacterias metanogénicas a partir de materia orgánica en condiciones anaeróbicas y una fracción de dicho gas se difunde hacia la atmósfera.

→ El metano se oxida para dar dióxido de carbono y agua en la atmósfera.

→ La turba se forma cuando la materia orgánica no se descompone del todo por las condiciones anaeróbicas en suelos anegados de agua.

→ La materia orgánica parcialmente descompuesta de eras geológicas pasadas se transformó en carbón o en petróleo y gas que se acumularon en rocas porosas.

→ El dióxido de carbono se produce por la combustión de biomasa y de materia orgánica fosilizada.

→ Los animales tales como los corales formadores de arrecifes y los moluscos tienen partes duras compuestas de carbonato cálcico, las cuales se fosilizan formando caliza.

Aplicaciones

→ Estimación de los flujos de carbono derivados de procesos en el ciclo del carbono.

→ Análisis de datos de estaciones de control del aire para explicar las fluctuaciones anuales.

Habilidades

→ Construir un diagrama del ciclo del carbono.

Naturaleza de la ciencia

→ Realización de mediciones cuantitativas precisas: es importante obtener datos fiables sobre la concentración del dióxido de carbono y del metano en la atmósfera.

Fijación del carbono

Los organismos autótrofos convierten el dióxido de carbono en glúcidos y otros compuestos de carbono.

Los autótrofos absorben el dióxido de carbono de la atmósfera y lo convierten en glúcidos, lípidos y todos los demás compuestos del carbono que necesitan. Esto tiene como consecuencia la reducción de la concentración de dióxido de carbono en la atmósfera. El promedio de concentración de CO_2 actual en la atmósfera es de aproximadamente 0,039% o 390 micromoles por mol (μmol/mol), pero es inferior en partes por encima de la superficie de la Tierra donde las tasas de fotosíntesis han sido altas.

Preguntas basadas en datos: Concentración de dióxido de carbono

Los dos mapas de la figura 1 fueron elaborados por la NASA. Muestran la concentración de dióxido de carbono en la atmósfera a ocho kilómetros por encima de la superficie de la Tierra, en mayo y octubre de 2011.

1 Indica si el mes de octubre es primavera u otoño en el hemisferio sur. [1]

2 a) Distingue entre las concentraciones de dióxido de carbono de mayo y octubre en el hemisferio norte. [1]

b) Sugiere razones de esta diferencia. [2]

3 a) Distingue entre las concentraciones de dióxido de carbono de mayo en los hemisferios norte y sur. [1]

b) Sugiere razones de esta diferencia. [2]

4 a) Deduce qué parte de la Tierra tuvo la menor concentración media de dióxido de carbono entre mayo y octubre de 2011. [1]

b) Sugiere razones de que la concentración de dióxido de carbono en esta área sea la más baja. [2]

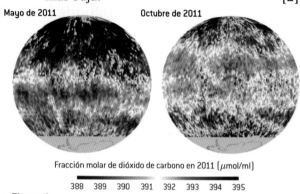

Mayo de 2011   Octubre de 2011

Fracción molar de dióxido de carbono en 2011 (μmol/ml)

388   389   390   391   392   393   394   395

▲ Figura 1

Dióxido de carbono en solución

En los ecosistemas acuáticos el dióxido de carbono está presente como gas disuelto y como iones de hidrogenocarbonato.

El dióxido de carbono es soluble en el agua. Puede permanecer en ella como gas disuelto o combinarse con el agua para formar ácido carbónico (H_2CO_3). El ácido carbónico puede disociarse para formar iones de hidrógeno y de hidrogenocarbonato (H^+ y HCO_3^-). Esto explica que el dióxido de carbono pueda reducir el pH del agua.

Las plantas acuáticas y otros autótrofos que viven en el agua absorben tanto el dióxido de carbono disuelto como los iones de hidrogenocarbonato y los usan para formar glúcidos y otros compuestos de carbono.

Absorción del dióxido de carbono

El dióxido de carbono se difunde desde la atmósfera o desde el agua hacia los organismos autótrofos.

Los organismos autótrofos utilizan dióxido de carbono para producir compuestos de carbono por fotosíntesis u otros procesos. Esto reduce la concentración de dióxido de carbono en los organismos autótrofos y establece un gradiente de concentración entre las células de estos

Actividad

Cambios en el pH de estanques de roca

Los ecólogos han estudiado el pH de estanques de roca situados a orillas del mar en los que hay animales y algas fotosintéticas. En un ciclo de 24 horas, el pH del agua sube y baja debido a los cambios en la concentración de dióxido de carbono del agua. Los valores más bajos (cerca de pH 7) se han encontrado durante la noche y los valores más altos (cerca de pH 10) durante el día, cuando había plena luz del sol. ¿Cuáles son las razones de estos máximos y mínimos? Se puede hacer un seguimiento del pH en estanques naturales o en mesocosmos acuáticos artificiales usando registradores de datos.

organismos y el aire o el agua circundante. Por lo tanto, el dióxido de carbono se difunde desde la atmósfera o desde el agua hacia los organismos autótrofos.

En las plantas terrestres con hojas, esta difusión se produce generalmente a través de los estomas en el envés de las hojas. En las plantas acuáticas, toda la superficie de las hojas y tallos es generalmente permeable al dióxido de carbono, por lo que la difusión puede darse a través de cualquiera de estas partes de la planta.

Liberación del dióxido de carbono de la respiración celular

El dióxido de carbono se produce por respiración y se difunde fuera de los organismos hacia el agua o la atmósfera.

El dióxido de carbono es un producto de desecho de la respiración aerobia celular, y se produce en todas las células que realizan la respiración celular aerobia. Estas se pueden agrupar según el nivel trófico del organismo:

- Células no fotosintéticas en los productores (por ejemplo, las células de la raíz de las plantas)

- Células animales

- Saprotrofos, como los hongos, que descomponen la materia orgánica muerta

El dióxido de carbono producido por la respiración se difunde fuera de las células y pasa a la atmósfera o al agua que rodea a estos organismos.

Preguntas basadas en datos: Registro de datos del pH de un acuario

La figura 2 muestra el pH y la intensidad de la luz en un acuario que contiene una variada comunidad de organismos, como plantas acuáticas, tritones y otros animales. Los datos se obtuvieron y registraron utilizando un electrodo de pH y un medidor de luz. Se iluminó artificialmente el acuario para crear un ciclo de 24 horas de luz y oscuridad utilizando una lámpara controlada por un temporizador.

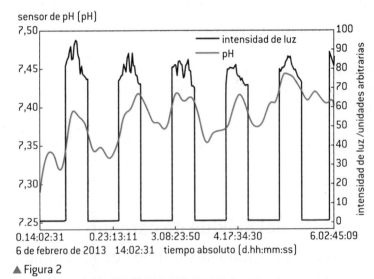

1 Explica los cambios en la intensidad de la luz durante el experimento. [2]

2 Determina la cantidad de días que se recogieron los datos. [2]

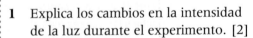
▲ Figura 2

3 a) Deduce la tendencia del pH durante los períodos de luz. [1]

 b) Explica esta tendencia. [2]

4 a) Deduce la tendencia del pH durante los períodos de oscuridad. [1]

 b) Explica esta tendencia. [2]

Metanogénesis

El metano lo producen arqueobacterias metanogénicas a partir de materia orgánica en condiciones anaeróbicas y una fracción de dicho gas se difunde hacia la atmósfera.

En 1776, Alessandro Volta recogió burbujas de gas que emergían del barro en las márgenes del lago Maggiore (Italia) y descubrió que eran inflamables. Volta había descubierto el metano, aunque el científico no le dio este nombre. El metano se produce en abundancia en ambientes anaeróbicos, ya que es un producto de desecho de un tipo de respiración anaeróbica.

Tres grupos diferentes de procariotas anaeróbicos participan en estos procesos:

1   Las bacterias que transforman la materia orgánica en una mezcla de ácidos orgánicos, alcohol, hidrógeno y dióxido de carbono.

2   Las bacterias que utilizan los ácidos orgánicos y el alcohol para producir acetato, dióxido de carbono e hidrógeno.

3   Las arqueas que producen metano a partir de dióxido de carbono, hidrógeno y acetato. Lo hacen mediante dos reacciones químicas:

$$CO_2 + 4H_2 \rightarrow CH_4 + 2H_2O$$

$$CH_3COOH \rightarrow CH_4 + CO_2$$

Así pues, las arqueas del tercer grupo son metanogénicas. Llevan a cabo la metanogénesis en una variedad de ambientes anaeróbicos:

*   Zonas fangosas a lo largo de las costas y en el lecho de los lagos

*   Pantanos, lodazales, manglares y otros humedales con suelos o depósitos de turba anegados por el agua

*   El aparato digestivo de las termitas y mamíferos rumiantes, como las vacas y las ovejas

*   Los vertederos o basurales donde se entierra la materia orgánica de los residuos

Parte del metano producido por las arqueas en estos ambientes anaeróbicos se difunde a la atmósfera. Actualmente, la concentración en la atmósfera es de entre 1,7 y 1,85 micromoles por mol. El metano producido a partir de residuos orgánicos en digestores anaeróbicos no se libera, sino que se quema como combustible.

▲ Figura 3 Las zonas boscosas anegadas de agua son el hábitat típico de los procariotas metanogénicos.

Oxidación del metano

El metano se oxida para dar dióxido de carbono y agua en la atmósfera.

Las moléculas de metano que se liberan a la atmósfera permanecen en ella durante un promedio de solo 12 años porque se oxidan naturalmente en la estratósfera. El oxígeno monoatómico (O) y los radicales altamente reactivos de hidroxilo (OH•) intervienen en la oxidación del metano. Esto explica por qué las concentraciones atmosféricas no son tan altas, a pesar de las grandes cantidades de metano producidas por los procesos naturales y las actividades humanas.

Formación de la turba

La turba se forma cuando la materia orgánica no se descompone del todo por las condiciones anaeróbicas en suelos anegados de agua.

En muchos suelos, los hongos y bacterias saprotrofos se encargan de digerir toda la materia orgánica, como las hojas muertas de las plantas. Estos organismos obtienen el oxígeno que necesitan para respirar de las bolsas de aire que se forman en el suelo. En algunos entornos el agua no se puede drenar y los suelos quedan sumergidos y en condiciones anaeróbicas. Los saprotrofos no pueden prosperar en estas condiciones, de modo que la materia orgánica muerta no llega a descomponerse completamente. Tienden a desarrollarse condiciones ácidas, que inhiben aún más a los saprotrofos y también a los metanógenos que podrían descomponer la materia orgánica.

En algunos ecosistemas se han acumulado grandes cantidades de materia orgánica parcialmente descompuesta, que se han comprimido dando lugar a un material ácido de color marrón oscuro llamado turba. Aproximadamente el 3% de la superficie de la Tierra está cubierto de turba y en algunos lugares su profundidad alcanza los diez metros o más, de modo que los volúmenes totales de este material son inmensos.

▲ Figura 4 Depósitos de turba formados sobre una colina pantanosa en Bwlch Groes en el norte del País de Gales

---

Preguntas basadas en datos: Liberación de carbono de los suelos de tundra

Los suelos de los ecosistemas de tundra contienen grandes cantidades de carbono en forma de turba, que se acumula debido a que los saprotrofos descomponen la materia orgánica de plantas muertas a unas tasas muy bajas. Para investigar este fenómeno, un grupo de ecólogos recogió muestras del suelo de áreas con matas de vegetación cerca del lago Toolik, en Alaska (EE. UU.). Algunas de las áreas habían sido fertilizadas con nitrógeno y fósforo durante los ocho años anteriores (TF), mientras que otras no habían sido fertilizadas (TC). Se incubaron los suelos durante períodos de 100 días a 7°C o 15°C. Algunas muestras se mantuvieron húmedas (H) y otras se saturaron de agua (A). Se midió el contenido inicial de carbono de los suelos y se hizo un seguimiento de la cantidad de dióxido de carbono emitido durante el experimento. El gráfico de barras de la figura 5 muestra los resultados.

1 a) Indica el efecto que tiene el aumento de la temperatura de los suelos en la tasa de liberación de carbono. [2]

   b) Explica las razones de este efecto. [2]

2 a) Compara las tasas de liberación de carbono en los suelos húmedos y en los suelos saturados de agua. [2]

   b) Sugiere razones de estas diferencias. [2]

3 Resume los efectos de los fertilizantes en las tasas de liberación de carbono de los suelos. [2]

4 Discute si las diferencias de temperatura, la cantidad de agua en el suelo o la cantidad de fertilizante tienen el mayor impacto en la liberación de carbono. [2]

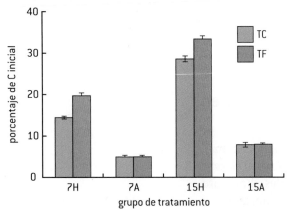

▲ Figura 5

Materia orgánica fosilizada

La materia orgánica parcialmente descompuesta de eras geológicas pasadas se transformó en carbón o en petróleo y gas que se acumularon en rocas porosas.

El carbono y algunos compuestos de carbono son químicamente muy estables y pueden permanecer inalterados en las rocas durante cientos de millones de años. Existen grandes yacimientos de carbón que se formaron en eras geológicas pasadas. Estos depósitos son el resultado de la descomposición incompleta de la materia orgánica y de su deposición bajo la tierra en sedimentos que acabaron convirtiéndose en roca.

- El carbón se forma cuando los depósitos de turba se entierran bajo otros sedimentos. La turba se comprime y se calienta, convirtiéndose poco a poco en carbón. Durante el subperíodo Pensilvaniense del Carbonífero se formaron grandes depósitos de carbón. Se produjo un ciclo de subidas y bajadas del nivel del mar; durante las bajadas se formaron pantanos costeros, que fueron posteriormente destruidos y sepultados al subir nuevamente el nivel y extenderse el mar hacia el interior. Cada ciclo dejó una veta de carbón.

- El petróleo y el gas natural se forman en el lodo del fondo de los mares y lagos. Las condiciones son generalmente anaeróbicas y, por tanto, la descomposición es a menudo incompleta. A medida que se deposita más barro u otros sedimentos, la materia parcialmente descompuesta se comprime y calienta. Los cambios químicos producen mezclas complejas de compuestos de carbono líquido o gas a las que denominamos petróleo crudo y gas natural. La mayor parte del gas natural es metano. Los depósitos se encuentran en lugares donde existen rocas porosas que pueden mantenerlos, como el esquisto, y también rocas impermeables por encima y por debajo de las rocas porosas que evitan que los depósitos se escapen.

Combustión

El dióxido de carbono se produce por la combustión de biomasa y de materia orgánica fosilizada.

Si la materia orgánica se calienta hasta su temperatura de ignición en presencia de oxígeno, se inflama y se quema. Las reacciones de oxidación que se producen reciben el nombre de combustión. Los productos de la combustión completa son el dióxido de carbono y el agua.

En algunas partes del mundo, es habitual que haya incendios periódicos en bosques o pastizales. La combustión de la biomasa de estos bosques y pastizales libera dióxido de carbono. En estas áreas, los árboles y otros organismos están a menudo bien adaptados a los incendios y las comunidades se regeneran rápidamente.

Los incendios debidos a causas naturales son muy inusuales en otras áreas, y muchas veces los originan los seres humanos. El fuego se utiliza para despejar zonas de la pluvisilva tropical con el fin de utilizarlas para el cultivo de la palma aceitera o la ganadería. Tradicionalmente, las

▲ Figura 6 Carbón en una central energética

▲ Figura 7 La combustión de las hojas de la caña de azúcar libera dióxido de carbono.

▲ Figura 8 *Kodonophyllum*, un coral silúrico, en piedra caliza de Wenlock Edge (Reino Unido). Se aprecian claramente los esqueletos de carbonato cálcico del coral incrustados en más carbonato cálcico que se precipitó hace 420 millones de años en aguas tropicales poco profundas.

▲ Figura 9 Acantilados de caliza en la costa sur de Inglaterra. La caliza es una roca que se compone casi enteramente de los caparazones de diminutos animales unicelulares llamados *foraminifera* hace 90 millones de años.

plantaciones de caña de azúcar se queman poco antes de su cosecha: se queman las hojas secas y quedan los tallos que se van a cosechar.

El carbón, el petróleo y el gas natural son diferentes formas de materia orgánica fosilizada que se queman como combustibles. Los átomos de carbono del dióxido de carbono que se libera pueden haberse extraído de la atmósfera cientos de millones de años atrás por plantas que realizaban la fotosíntesis.

Caliza

Los animales tales como los corales formadores de arrecifes y los moluscos tienen partes duras compuestas de carbonato cálcico, las cuales se fosilizan formando caliza.

El cuerpo de algunos animales tiene partes duras compuestas de carbonato cálcico ($CaCO_3$):

- Los caparazones de moluscos contienen carbonato cálcico.

- Los corales que forman los arrecifes producen sus exoesqueletos secretando carbonato cálcico.

Cuando estos animales mueren, generalmente sus partes blandas se descomponen rápidamente. El carbonato cálcico se disuelve en condiciones ácidas, pero en condiciones neutras o alcalinas es estable y las partes duras de los animales pueden formar depósitos en el lecho marino. En aguas tropicales poco profundas, el carbonato cálcico también se deposita por precipitación en el agua. Como resultado se forman calizas, donde a menudo se ven las partes duras de los animales depositadas en forma de fósiles.

Aproximadamente el 10% de todas las rocas sedimentarias de la Tierra son calizas. Cerca del 12% de la masa del carbonato cálcico es carbono, por lo que existen enormes cantidades de carbono confinadas en rocas de caliza en la Tierra.

 Diagramas del ciclo del carbono

Construir un diagrama del ciclo del carbono

Los ecólogos que estudian el ciclo del carbono y el reciclaje de otros elementos utilizan los términos "reserva" y "flujo".

- La reserva del elemento puede ser orgánica o inorgánica. Por ejemplo, el dióxido de carbono en la atmósfera es una reserva inorgánica de carbono. La biomasa de los productores en un ecosistema es una reserva orgánica.

- Un flujo es la transferencia del elemento de un grupo a otro. Un ejemplo del flujo

de carbono es la absorción del dióxido de carbono de la atmósfera y su conversión por fotosíntesis en biomasa vegetal.

Se pueden utilizar diagramas para representar el ciclo del carbono. Para indicar las reservas se pueden utilizar cuadros de texto, y para los flujos flechas rotuladas. La figura 10 muestra un diagrama ilustrado que puede adaptarse a un diagrama de flechas y cuadros de texto.

La figura 10 muestra solo el ciclo del carbono de los ecosistemas terrestres. Podría elaborarse otro diagrama de los ecosistemas marinos o acuáticos, o un diagrama combinado de todos los ecosistemas. En los ecosistemas acuáticos y marinos, la reserva de carbono inorgánica es hidrogenocarbonato y dióxido de carbono disuelto, que son absorbidos por los productores y posteriormente se vuelven a expulsar al agua por diversos medios.

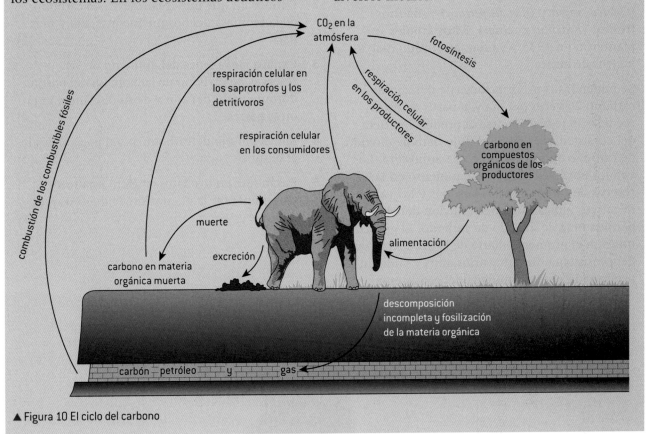

▲ Figura 10 El ciclo del carbono

Flujos de carbono

Estimación de los flujos de carbono derivados de procesos en el ciclo del carbono

El diagrama del ciclo del carbono de la figura 10 muestra los procesos de transferencia del carbono de una reserva a otra, pero no muestra los volúmenes de estos flujos. No es posible medir con exactitud los flujos de carbono globales; sin embargo, como estas cantidades son de gran interés, los científicos han realizado cálculos aproximados basándose en múltiples mediciones hechas en ecosistemas naturales individuales o en mesocosmos.

Los flujos de carbono globales son enormes, por lo que se miden en gigatoneladas. Una gigatonelada equivale a 1.000 millones de toneladas o 10^{15} gramos. La tabla 1 muestra los cálculos aproximados tomados de la siguiente publicación: Sarmento, J. y Gruber, N. *Ocean Biogeochemical Dynamics*. Princeton University Press, 2006.

Proceso	Flujo/gigatoneladas año^{-1}
Fotosíntesis	120
Respiración celular	119,6
Absorción del océano	92,8
Pérdida del océano	90,0
Deforestación y cambios en el uso del terreno	1,6
Deposición en sedimentos marinos	0,2
Combustión de combustibles fósiles	6,4

▲ Tabla 1

Preguntas basadas en datos: Los bosques de roble y las concentraciones de dióxido de carbono

Desde 1998 se vienen midiendo los flujos de carbono en los bosques caducifolios del centro de investigación forestal Alice Holt del Reino Unido. Se trata principalmente de robles (*Quercus robur* y *Quercus petraea*) y algunos fresnos (*Fraxinus excelsior*). Estos árboles se plantaron en 1935 y ya han alcanzado casi 20 metros de altura.

Se miden las concentraciones de dióxido de carbono 20 veces por día y, a partir de estas medidas, puede deducirse la producción neta del ecosistema, es decir, el flujo neto de dióxido de carbono entre el bosque y la atmósfera. Los valores positivos indican un aumento en la reserva de carbono de los bosques y los valores negativos indican una disminución debido a la pérdida neta de dióxido de carbono. El gráfico muestra el promedio diario de la producción neta del ecosistema durante varios años y también la producción neta acumulada del ecosistema.

1 Calcula si hay más o menos días en el año en los cuales la reserva de carbono de la biomasa del bosque aumenta o disminuye. [1]

2 Deduce en qué meses la reserva de carbono de la biomasa del bosque fue más alta y más baja. [2]

3 Explica las razones del aumento de las reservas de carbono de la biomasa del bosque durante parte del año y de su disminución en otras partes. [4]

4 Indica el flujo de carbono anual hacia o desde el bosque. [2]

5 Basándote en los datos, sugiere una razón para fomentar la plantación de más bosques de roble. [1]

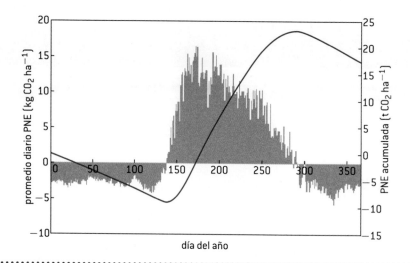

Vigilancia ambiental

Realización de mediciones cuantitativas precisas: es importante obtener datos fiables sobre la concentración del dióxido de carbono y del metano en la atmósfera.

Las concentraciones de dióxido de carbono y de metano en la atmósfera tienen efectos muy importantes. Las concentraciones de dióxido de carbono influyen en las tasas de fotosíntesis y el pH del agua de mar. Ambos gases afectan a las temperaturas mundiales y, como resultado, la

extensión de las capas de hielo en los polos. Por tanto, influyen indirectamente sobre los niveles del mar y la posición de las líneas costeras. Por sus efectos sobre la cantidad de energía térmica de los océanos y la atmósfera, también afectan a las corrientes oceánicas, la distribución de la pluviosidad y la frecuencia y gravedad de los fenómenos meteorológicos extremos, como los huracanes.

Considera las siguientes hipótesis y predicciones:

- La concentración de dióxido de carbono de la atmósfera es actualmente mayor que cualquiera de las registradas en los últimos 20 millones de años.

- Las actividades humanas han incrementado las concentraciones de dióxido de carbono y metano en la atmósfera de la Tierra.

- La actividad humana hará que las concentraciones de dióxido de carbono en la atmósfera aumenten de 397 micromoles por mol en 2014 a más de 600 micromoles por mol a finales de siglo.

La existencia de datos fiables es un requisito previo esencial para evaluar hipótesis y predicciones como estas. Para poder evaluar las consecuencias pasadas y posibles de la actividad humana, se necesitan mediciones fiables de las concentraciones de metano y dióxido de carbono en la atmósfera durante un período tan largo como sea posible.

El programa Vigilancia de la Atmósfera Global de la Organización Meteorológica Mundial, un organismo de las Naciones Unidas, recoge los datos de las concentraciones de gases en la atmósfera. Actualmente hay estaciones de investigación en diversas partes del mundo que realizan un seguimiento de la atmósfera, pero el Observatorio de Mauna Loa, en Hawái (EE. UU.), es el que tiene registros más antiguos. Las concentraciones de dióxido de carbono se han medido desde 1959 y las de metano desde 1984. Estos y otros registros fiables son de inmenso valor para los científicos.

🌐 Tendencias del dióxido de carbono atmosférico

Análisis de datos de estaciones de control del aire para explicar las fluctuaciones anuales

Los datos obtenidos por las estaciones de control atmosférico son del dominio público, lo que permite que cualquier persona pueda analizarlos. Con estos datos se pueden observar tendencias a largo plazo y fluctuaciones anuales. El Observatorio de Mauna Loa genera grandes cantidades de datos, y los datos de esta y otras estaciones están disponibles para su análisis.

▲ Figura 11 Hawái desde el espacio. Mauna Loa está cerca del centro de la isla más grande.

4.4 Cambio climático

Comprensión

→ El dióxido de carbono y el vapor de agua son los gases invernadero más importantes.

→ Otros gases, como el metano y los óxidos de nitrógeno, tienen un impacto menor.

→ El impacto de un gas depende de su capacidad para absorber la radiación de onda larga, así como de su concentración en la atmósfera.

→ La superficie terrestre calentada emite una radiación de longitud de onda más larga (calor).

→ La radiación de onda más larga es absorbida por los gases invernadero que retienen el calor en la atmósfera.

→ Las temperaturas globales y los patrones climáticos se ven influidos por las concentraciones de los gases invernadero.

→ Hay una correlación entre las concentraciones atmosféricas crecientes de dióxido de carbono desde el inicio de la revolución industrial que tuvo lugar hace doscientos años y las temperaturas globales.

→ Los recientes aumentos de dióxido de carbono atmosférico se deben en gran medida al aumento de la combustión de la materia orgánica fosilizada.

Aplicaciones

→ Correlaciones entre las temperaturas globales y las concentraciones de dióxido de carbono en la Tierra.

→ Evaluación de las afirmaciones acerca de que las actividades humanas no están causando un cambio climático.

→ Amenazas para los arrecifes de coral por el aumento de concentración del dióxido de carbono disuelto.

Naturaleza de la ciencia

→ Evaluación de afirmaciones: evaluación de las afirmaciones en las que se sostiene que las actividades humanas no provocan un cambio climático.

Gases invernadero

El dióxido de carbono y el vapor de agua son los gases invernadero más importantes.

Las temperaturas en la Tierra serían mucho más altas si no fuese por los gases presentes en la atmósfera que retienen el calor. El efecto de estos gases ha sido equiparado al del vidrio que retiene el calor en un invernadero y, por tanto, se los conoce como gases invernadero, aunque el mecanismo de retención del calor no es el mismo.

Los gases invernadero que tienen el mayor efecto en el calentamiento de la Tierra son el dióxido de carbono y el vapor de agua.

● El dióxido de carbono se libera a la atmósfera por la respiración celular de los organismos vivos y también por la combustión de biomasa y combustibles fósiles. Se elimina de la atmósfera por medio de la fotosíntesis y por disolución en los océanos.

- El vapor de agua se forma por la evaporación de los océanos y también por la transpiración de las plantas. La lluvia y la nieve lo eliminan de la atmósfera.

El agua continúa reteniendo calor después de condensarse en gotas de agua líquida en las nubes. El agua absorbe energía térmica y la irradia hacia la superficie de la Tierra, y también la refleja hacia la superficie. Esto explica por qué, por la noche, la temperatura baja mucho más rápidamente en zonas con cielos despejados que en áreas con nubosidad.

▲ Figura 1 Imagen por satélite del huracán Andrew en el Golfo de México. La frecuencia e intensidad de los huracanes está aumentando debido al incremento en la retención de calor causado por los gases invernadero.

Otros gases invernadero

Otros gases, como el metano y los óxidos de nitrógeno, tienen un impacto menor.

Aunque el dióxido de carbono y el vapor de agua son los gases invernadero más importantes, existen otros que tienen un efecto más pequeño, pero también significativo.

- El metano es el tercer gas invernadero más importante. Sus emisiones provienen de las marismas y otros hábitats anegados de agua, y de los vertederos donde se han arrojado residuos orgánicos. Se libera durante la extracción de combustibles fósiles y al derretirse el hielo en las regiones polares.

- El óxido nitroso es otro gas invernadero importante. Las bacterias de algunos hábitats lo expulsan de forma natural y también se genera por las actividades agrícolas y por los tubos de escape de los vehículos.

Los dos gases más abundantes en la atmósfera de la Tierra, el oxígeno y el nitrógeno, no son gases invernadero ya que no absorben la radiación de onda más larga. La suma de todos los gases invernadero representa menos del 1% de la atmósfera terrestre.

Evaluación del impacto de los gases invernadero

El impacto de un gas depende de su capacidad para absorber la radiación de onda larga, así como de su concentración en la atmósfera.

Dos factores determinan la capacidad de calentamiento de un gas invernadero:

- La facilidad con que el gas absorbe la radiación de onda larga

- La concentración del gas en la atmósfera.

Por ejemplo, el metano causa mucho más calentamiento por molécula que el dióxido de carbono, pero, como su concentración en la atmósfera es mucho menor, su impacto sobre el calentamiento global es menor.

La concentración de un gas depende de la tasa a la cual se libera a la atmósfera y el tiempo promedio que permanece allí. El vapor de agua se libera a la atmósfera a un ritmo muy rápido, pero su permanencia promedio es tan solo de nueve días, mientras que el metano se mantiene en la atmósfera durante doce años y el dióxido de carbono durante más tiempo.

Teoría del Conocimiento

La realidad del fenómeno científico suscita preguntas. ¿Qué efecto pueden tener estas preguntas en cómo la opinión pública percibe y entiende la ciencia?

Gran parte de lo que se investiga en la ciencia abarca entidades y conceptos que van más allá de nuestra experiencia cotidiana del mundo, como la naturaleza y el comportamiento de la radiación electromagnética o la acumulación de gases invisibles en la atmósfera. Esto dificulta a los científicos la tarea de convencer a la opinión pública de que tal fenómeno existe, especialmente cuando aceptar su existencia supondrían ir en contra de valores o creencias arraigadas.

Emisiones de onda larga de la Tierra

La superficie terrestre calentada emite una radiación de longitud de onda más larga.

La superficie caliente de la Tierra absorbe la energía de onda corta del Sol y luego vuelve a emitirla, pero con longitudes de onda mucho mayores. La mayor parte de la radiación es infrarroja, con una longitud de onda máxima de 10.000 nm. La longitud de onda máxima de la radiación solar es de 400 nm.

La figura 2 muestra el rango de longitudes de onda de la radiación solar que pasa a través de la atmósfera hasta llegar a la superficie de la Tierra, calentándola (rojo), y el rango de longitudes de onda mucho mayores emitidas por la Tierra que pasan a través de la atmósfera (azul). Las curvas roja y azul muestran el rango de longitudes de onda que se espera que emitan objetos con la temperatura de la Tierra y el Sol.

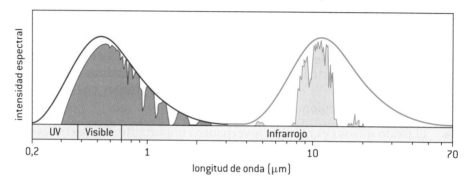

▲ Figura 2

Gases invernadero

La radiación de onda más larga es absorbida por los gases invernadero que retienen el calor en la atmósfera.

Entre el 25% y el 30% de la radiación de onda corta del Sol que atraviesa la atmósfera se absorbe antes de alcanzar la superficie terrestre. La mayor parte de esa radiación es de luz ultravioleta, que es absorbida por el ozono. Por tanto, entre el 70% y el 75% de la radiación solar llega a la superficie de la Tierra y gran parte de ella se convierte en calor.

Un porcentaje mucho más alto de la radiación de onda más larga emitida por la superficie terrestre, entre el 70% y el 85%, es absorbida

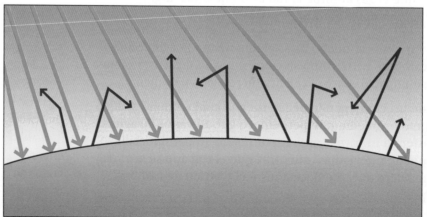

◄ Figura 3 Efecto invernadero

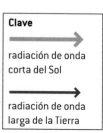

Clave

→ radiación de onda corta del Sol

→ radiación de onda larga de la Tierra

por los gases invernadero en la atmósfera antes de llegar al espacio. Esta energía vuelve a emitirse, y parte de ella se dirige a la Tierra produciendo el efecto conocido como calentamiento global. Sin este efecto, la temperatura media en la superficie de la Tierra sería de aproximadamente –18°C.

Los gases invernadero en la atmósfera terrestre solo absorben energía en bandas específicas. La figura 4 muestra el porcentaje total de absorción de la radiación por la atmósfera. El gráfico también muestra las bandas de longitudes de onda absorbidas por cada gas. Las longitudes de onda emitidas por la Tierra son de entre 5 y 70 μm. El vapor de agua, el dióxido de carbono, el metano y el óxido nitroso absorben algunas de estas longitudes de onda, por lo que todos ellos son gases invernadero.

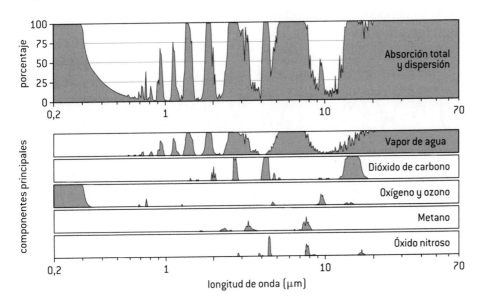

▲ Figura 4

Las temperaturas globales y las concentraciones de dióxido de carbono

Correlaciones entre las temperaturas globales y las concentraciones de dióxido de carbono en la Tierra

Si cambia la concentración de cualquiera de los gases invernadero en la atmósfera, es posible que su contribución al efecto invernadero también varíe y, como resultado, las temperaturas globales aumenten o desciendan. La concentración de dióxido de carbono en la atmósfera, que ha cambiado considerablemente, nos permite probar esta hipótesis.

Se han perforado columnas de hielo en la Antártida con el fin de deducir las concentraciones de dióxido de carbono y las temperaturas en el pasado. El hielo se ha acumulado durante miles de años, por lo que el de más abajo es más antiguo que el que está cerca de la superficie. Se pueden extraer y analizar las burbujas de aire atrapadas en el hielo para determinar la concentración de dióxido de carbono. Las temperaturas globales pueden deducirse de las proporciones de isótopos de hidrógeno en las moléculas de agua.

La figura 5 muestra los resultados de los últimos 800.000 años, obtenidos de un núcleo de hielo perforado en Dome Concordia, en la altiplanicie de la Antártida, en el marco del proyecto EPICA (proyecto europeo sobre los núcleos de hielo en la Antártida). En esta parte de la era glacial actual, se ha observado un patrón de repeticiones en el que a períodos rápidos de calentamiento les siguen otros mucho más prolongados de enfriamiento gradual. Existe una correlación muy llamativa entre la concentración de dióxido de carbono y las temperaturas globales: los períodos de mayor concentración de dióxido de carbono coinciden repetidamente con los períodos de mayor temperatura en la Tierra.

Se ha constatado la misma tendencia en otros núcleos de hielo. Estos datos apoyan la hipótesis de que los aumentos en la concentración de dióxido de carbono incrementan el efecto invernadero. Es importante siempre recordar que correlación no implica causalidad, pero en este caso sabemos por otras investigaciones que el dióxido de carbono es un gas invernadero. Por lo menos algunas de las variaciones de temperatura en los últimos 800.000 años deben haber sido causadas por subidas y bajadas en las concentraciones de dióxido de carbono atmosférico.

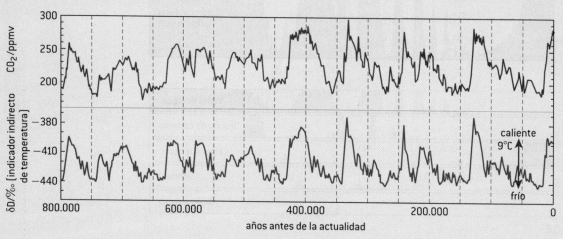

▲ Figura 5 Datos del núcleo de hielo de Dome Concordia (proyecto EPICA)

Preguntas basadas en datos: Las concentraciones de CO_2 y las temperaturas globales

La figura 6 muestra concentraciones de dióxido de carbono atmosférico. La línea roja muestra las mediciones directas obtenidas por el Observatorio de Mauna Loa. Los puntos muestran las concentraciones de dióxido de carbono medidas en el aire atrapado en núcleos de hielo polar.

La figura 7 muestra un registro de las temperaturas medias globales compilado por el instituto Goddard Institute for Space Studies de la NASA. Los puntos verdes son promedios anuales y la curva roja representa promedios quinquenales. Los valores representan la desviación de la temperatura media entre 1961 y 1990.

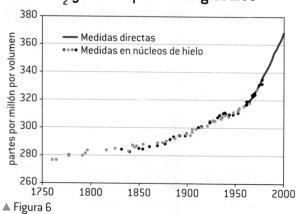

▲ Figura 6

1 Discute si las mediciones de la concentración de dióxido de carbono de los núcleos de hielo son compatibles con las mediciones directas del Observatorio de Mauna Loa. [2]

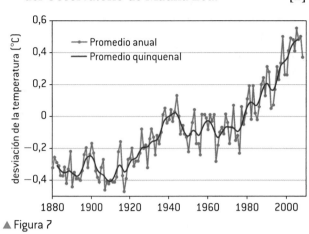

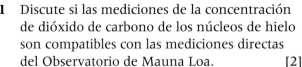

▲ Figura 7

2 Compara las tendencias en la concentración de dióxido de carbono y las temperaturas globales entre 1880 y 2008. [2]

3 Estima el cambio en la temperatura media global entre:

a) 1900 y 2000 [1]

b) 1905 y 2005 [1]

4 **a)** Sugiere razones de que las temperaturas globales bajen durante unos años, cuando la tendencia global es de aumento de las temperaturas. [2]

b) Discute si estas bajadas indican que la concentración de dióxido de carbono no influye en las temperaturas globales. [2]

Los gases invernadero y los patrones climáticos

Las temperaturas globales y los patrones climáticos se ven influidos por las concentraciones de los gases invernadero.

La superficie de la Tierra es más caliente de lo que sería sin los gases invernadero en la atmósfera. Se calcula que las temperaturas medias son 32°C más altas de lo que serían. Si aumenta la concentración de cualquiera de los gases invernadero, se retendrá más calor y cabe esperar que aumente el promedio de las temperaturas globales.

Esto no significa que el promedio de las temperaturas globales sea directamente proporcional a las concentraciones de gases invernadero. Influyen también otros factores, entre otros los ciclos de Milankovitch en la órbita de la Tierra y las variaciones en la actividad de las manchas solares. Aun así, los aumentos en las concentraciones de gases invernadero tienden a causar temperaturas globales más altas en promedio y también olas de calor más frecuentes e intensas.

Las temperaturas globales influyen en otros aspectos del clima. Las temperaturas más altas aumentan la evaporación del agua de los océanos y, por lo tanto, es probable que los períodos de lluvia sean más frecuentes y prolongados. También es probable que la cantidad de lluvia precipitada durante tormentas y otras descargas intensas aumente de forma muy significativa. Además, las altas temperaturas del océano provocan que las tormentas tropicales y los huracanes sean más frecuentes y más potentes, con vientos más rápidos.

Es poco probable que las consecuencias de cualquier aumento del promedio de las temperaturas globales se distribuyan uniformemente. No todas las áreas se calentarán. Las temperaturas podrían bajar en la costa oeste de Irlanda y Escocia si la corriente del Atlántico Norte trajera al noroeste de Europa menos agua caliente de la corriente del Golfo. También es probable que cambie la distribución de las precipitaciones, con algunas áreas cada vez más propensas a las sequías y otras áreas a intensos períodos de lluvias e inundaciones. Las predicciones sobre los cambios en los patrones climáticos son muy inciertas, pero está claro que un calentamiento de tan solo unos pocos grados provocaría cambios muy profundos en los patrones climáticos de la Tierra.

Preguntas basadas en datos: Fenología

Los fenólogos son biólogos que estudian cómo van ocurriendo las distintas actividades estacionales de los animales y las plantas, por ejemplo, cuándo se abren las hojas de los árboles y cuándo ponen huevos las aves. Este tipo de datos pueden aportar pruebas del cambio climático, incluido el calentamiento global.

Desde 1951, en Alemania se registra cada año la fecha en que se abren las hojas nuevas de los árboles de castaño de Indias (*Aesculus hippocastaneum*) en la primavera. La figura 8 muestra las diferencias entre las fechas de apertura de la hoja cada año y la fecha media de apertura entre 1970 y 2000. Los valores negativos indican que la fecha de apertura fue anterior a la media. El gráfico también muestra la diferencia entre la temperatura media durante marzo y abril de cada año y la temperatura media general durante estos dos meses. Las temperaturas se obtuvieron de los registros de 35 estaciones climáticas alemanas.

1   Identifica el año en el cual:

    a)   Las hojas se abrieron antes.　　　[1]

    b)   Las temperaturas medias en marzo y abril fueron las más bajas.　　　[1]

2   Basándote en los datos del gráfico, deduce lo siguiente:

    a)   La relación entre las temperaturas de marzo y abril y la fecha de apertura de las hojas de los castaños de Indias.　　　[1]

    b)   Si hay pruebas de calentamiento global hacia finales del siglo XX.　　　[2]

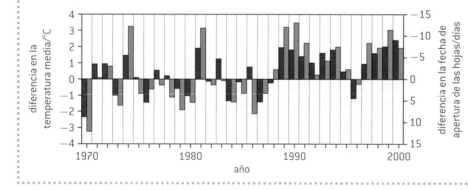

◄ Figura 8 Relación entre la temperatura y la apertura de las hojas de los castaños de Indias en Alemania desde 1951

Clave:
■ temperatura
■ apertura de la hoja

La industrialización y el cambio climático

Hay una correlación entre las concentraciones atmosféricas crecientes de dióxido de carbono desde el inicio de la revolución industrial que tuvo lugar hace doscientos años y las temperaturas globales.

El gráfico de las concentraciones de dióxido de carbono atmosférico en los últimos 800.000 años que se muestra en la figura 5 indica que se han producido grandes fluctuaciones. Durante las glaciaciones, la concentración se redujo a niveles tan bajos como 180 partes por millón por volumen (ppmv). En los períodos interglaciares cálidos se elevaron hasta 300 ppmv. Así pues, el aumento de los últimos tiempos a concentraciones cercanas a las 400 ppmv no tiene precedentes en este período.

Hasta finales del siglo XVIII, las concentraciones de dióxido de carbono atmosférico eran de entre 260 y 280 ppmv. Fue entonces cuando las concentraciones probablemente comenzaron a elevarse por encima de los niveles naturales, pero, como el ascenso fue inicialmente muy leve, es imposible establecer exactamente cuándo comenzó el aumento anormal. Gran parte del incremento ha ocurrido desde 1950.

A finales del siglo XVIII empezó la revolución industrial en algunos países, pero el principal impacto de la industrialización a nivel mundial se produjo en la segunda mitad del siglo XX. Se industrializaron más países y la combustión de carbón, petróleo y gas natural aumentó más rápidamente, lo cual hizo que subiera la concentración de dióxido de carbono en la atmósfera.

Existen pruebas contundentes de que existe una correlación entre la concentración de dióxido de carbono atmosférico y las temperaturas globales, pero, como ya se ha explicado, también influyen otros factores, por lo que las temperaturas no son directamente proporcionales a la concentración de dióxido de carbono. No obstante, desde el inicio de la revolución industrial, la correlación entre el aumento de las concentraciones de dióxido de carbono atmosférico y el promedio de las temperaturas globales es muy marcada.

▲ Figura 9 Durante la revolución industrial, se reemplazaron fuentes de energía renovables como el viento por energía generada por la quema de combustibles fósiles.

Quema de combustibles fósiles

Los recientes aumentos de dióxido de carbono atmosférico se deben en gran medida al aumento de la combustión de la materia orgánica fosilizada.

Con la propagación de la revolución industrial de finales del siglo XVIII en adelante, se extrajeron y quemaron cantidades mayores de carbón, emitiéndose dióxido de carbono. La energía de la combustión del carbón proporcionaba una fuente de calor y electricidad. Durante el siglo XIX, además del carbón, aumentó la combustión de petróleo y de gas natural.

El aumento en la quema de combustibles fósiles fue más rápido a partir de la década de 1950 y coincide con el período en que el dióxido de carbono atmosférico creció de manera más pronunciada. Parece difícil dudar de la conclusión de que la quema de combustibles fósiles ha contribuido considerablemente al aumento de las concentraciones de dióxido de carbono atmosférico hasta los niveles más altos que ha experimentado la Tierra en más de 800.000 años.

Preguntas basadas en datos: Comparación de las emisiones de CO_2

El gráfico de barras de la figura 10 muestra las emisiones acumuladas de CO_2 proveniente de combustibles fósiles de la Unión Europea y de cinco países entre 1950 y 2000. También muestra las emisiones totales de CO_2, que incluyen la deforestación y otros cambios en el uso del terreno.

1 Discute las razones de que la emisión acumulada de CO_2 por la quema de combustibles fósiles en los Estados Unidos sea mayor que en Brasil. [3]

2 Aunque las emisiones acumuladas entre 1950 y 2000 fueron superiores en los Estados Unidos que en cualquier otro país, en el año 2000 cuatro países registraron emisiones mayores per cápita: Qatar, Emiratos Árabes Unidos, Kuwait y Bahréin. Sugiere algunas razones de esta diferencia. [3]

3 Aunque las emisiones acumuladas de CO_2 por la quema de combustibles fósiles en Indonesia y Brasil entre 1950 y 2000 fueron relativamente bajas, las emisiones totales de CO_2 fueron significativamente superiores. Sugiere algunos motivos de esto. [3]

4 En el año 2000, Australia ocupaba el séptimo puesto del mundo por las emisiones de CO_2, pero el cuarto si se incluyen todos los gases invernadero. Sugiere una razón de esta diferencia. [1]

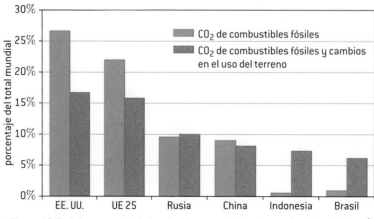

▲ Figura 10 Emisiones acumuladas de CO_2 proveniente de combustiles fósiles (1950–2000)

Evaluación de afirmaciones y discrepancias

Evaluación de afirmaciones: evaluación de las afirmaciones en las que se sostiene que las actividades humanas no provocan un cambio climático

De todos los temas científicos, el cambio climático es el que se ha debatido de forma más acalorada. Una búsqueda en Internet enseguida revela puntos de vista diametralmente opuestos, todos expresados categóricamente. En su novela *Estado de miedo*, el escritor Michael Crichton retrató a los científicos que estudian el cambio climático como ecoterroristas dispuestos a asesinar en masa para difundir su trabajo. ¿Qué razones pueden existir para que haya una oposición tan feroz a la ciencia del cambio climático y por qué motivo los científicos del cambio climático defienden sus conclusiones de forma tan vigorosa?

Vale la pena discutir estas preguntas. Hay muchos factores que podrían influir:

- Los científicos están formados para ser cautos acerca de sus afirmaciones y para fundamentar sus ideas con pruebas. Se espera que admitan cuándo tienen incertidumbre, y ello puede dar la impresión de que las pruebas son más débiles de lo que realmente son.

- Los patrones climáticos globales son muy complejos y es difícil predecir las consecuencias que puede tener un mayor aumento en las concentraciones de gases invernadero. Puede haber puntos de inflexión en los patrones climáticos donde ocurran cambios bruscos masivos. Esto dificulta aún más la predicción.

- Las consecuencias de los cambios en los patrones climáticos globales podrían ser muy graves para los seres humanos y otras especies, así que muchos consideran que es necesario tomar medidas inmediatas, aunque siga habiendo incertidumbre en la ciencia del cambio climático. Algunas empresas generan enormes ganancias con el carbón, el petróleo y el gas natural y les interesa que la quema de combustibles fósiles siga creciendo. No sería sorprendente que algunas de estas empresas hayan pagado para que se escriban informes que minimicen los riesgos del cambio climático.

 Oposición a la ciencia del cambio climático

Evaluación de las afirmaciones acerca de que las actividades humanas no están causando un cambio climático

En los periódicos, la televisión e Internet se han expresado numerosas afirmaciones de que el cambio climático está causado por las actividades humanas. Por ejemplo:

> "*El calentamiento global se detuvo en 1998, pero las concentraciones de dióxido de carbono han seguido aumentando, por lo que las emisiones humanas de dióxido de carbono no pueden estar causando el calentamiento global.*"

Esta afirmación ignora el hecho de que las temperaturas en la Tierra están influidas por muchos factores, no solo por las concentraciones de gases invernadero. Los ciclos de las corrientes oceánicas y la actividad volcánica pueden causar variaciones significativas de un año para otro. Debido a esos factores, 1998 fue un año inusualmente cálido y también algunos de los últimos años han sido más frescos de lo normal. El calentamiento global continúa, pero no aumenta en la misma medida cada año. Los seres humanos emiten dióxido de carbono por la quema de combustibles fósiles y hay pruebas contundentes de que el dióxido de carbono produce calentamiento, por lo que la afirmación anterior no tiene un fundamento científico.

Las afirmaciones de que las actividades humanas no están causando un cambio climático continuarán formulándose y es necesario evaluarlas. Como se hace en las ciencias, debemos respaldar nuestras evaluaciones con pruebas fiables. Existen numerosas pruebas de la emisión de gases invernadero por parte de los seres humanos, de los efectos de estos gases y de los cambios en los patrones climáticos. No todas las fuentes de Internet son fiables y, por tanto, tenemos que distinguir cuidadosamente entre los sitios web que presentan evaluaciones objetivas basadas en pruebas fiables y aquellos que ofrecen información sesgada.

Preguntas basadas en datos: Incertidumbre en los pronósticos sobre el aumento de la temperatura

La figura 11 muestra pronósticos generados por computador de las temperaturas medias globales, basados en ocho posibilidades diferentes de cambios en las emisiones de gases invernadero. La banda verde clara incluye el rango de todos los pronósticos de centros de investigación alrededor del mundo, y la banda verde oscura incluye el rango de la mayoría de los pronósticos. La figura 12 muestra pronósticos de las temperaturas árticas, basados en dos de las posibilidades.

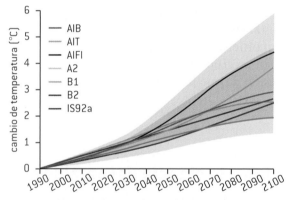

▲ Figura 11 Pronósticos de temperaturas medias globales

1 Identifica el código del pronóstico menos optimista. [1]

2 Indica los pronósticos mínimo y máximo de cambio de temperatura media global. [2]

3 Calcula la diferencia entre los pronósticos A2 y B2 de aumento de la temperatura media global. [2]

4 Compara los pronósticos de las temperaturas árticas con los de las temperaturas medias globales. [2]

5 Sugiere incertidumbres, aparte de las emisiones de gases invernadero, que afectan a los pronósticos de las temperaturas medias globales de los próximos 100 años. [2]

6 Discute cuánto más seguros son los pronósticos basados en datos de varios centros de investigación diferentes, en lugar de un solo centro. [3]

7 Discute si la incertidumbre en los pronósticos de temperatura justifica la acción o la inacción. [4]

8 Discute si es posible lograr un equilibrio entre los riesgos ambientales y los riesgos socioeconómicos y para los medios de subsistencia, o si es necesario establecer prioridades. [4]

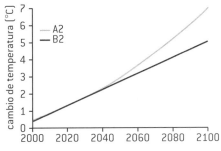

▲ Figura 12 Pronóstico de temperaturas árticas

🌐 Los arrecifes de coral y el dióxido de carbono

Amenazas para los arrecifes de coral por el aumento de concentración del dióxido de carbono disuelto

Además de contribuir al calentamiento global, las emisiones de dióxido de carbono tienen consecuencias sobre los océanos. Desde el inicio de la revolución industrial, los seres humanos han emitido más de 500.000 millones de toneladas de dióxido de carbono que se han disuelto en los océanos. Se calcula que el pH de las capas superficiales de los océanos era de 8,179 a finales del siglo XVIII, cuando había poca industrialización. Mediciones tomadas a mediados de la década de 1990 mostraron que había disminuido a 8,104, y los niveles actuales son de aproximadamente 8,069. Este cambio aparentemente pequeño representa un 30% de acidificación. La acidificación de los océanos se agravará si la concentración de dióxido de carbono de la atmósfera sigue aumentando.

Los animales marinos que, como los corales, depositan carbonato cálcico en sus esqueletos necesitan absorber iones carbonato del agua de mar. La concentración de iones de carbonato en el agua marina es baja, porque no son muy solubles. El dióxido de carbono disuelto hace que la concentración de carbonato sea aún más baja como resultado de algunas reacciones químicas interrelacionadas. El dióxido de carbono reacciona con el agua para formar ácido carbónico, que se disocia en iones de hidrógeno y de hidrogenocarbonato. Los iones de hidrógeno reaccionan con los iones de carbonato disuelto, reduciendo su concentración.

$$CO_2 + H_2O \rightarrow H_2CO_3 \rightarrow H^+ + HCO_3^-$$

$$H^+ + CO_3^{2-} \rightarrow HCO_3^-$$

Al reducirse la concentración de iones de carbonato, se hace más difícil para los corales absorberlos para fabricar sus esqueletos.

Teoría del Conocimiento

¿Cuáles son las posibles repercusiones de una financiación sesgada?

Los costos de la investigación científica son a menudo sufragados por entidades patrocinadoras. Los científicos presentan propuestas de investigación a dichas entidades, que las analizan y aprueban antes de que la investigación pueda proceder. Cuando la entidad patrocinadora tiene un interés en los resultados de la investigación pueden plantearse algunas preguntas. Además, los que aportan la financiación podrían pedir a los científicos que hagan predicciones de los resultados del proyecto o sugieran aplicaciones de la investigación antes de que esta comience. El patrocinador puede financiar varios grupos de investigación diferentes y censurar los resultados que son contrarios a sus intereses o publicar los que favorecen a su actividad industrial. Por ejemplo, un informe de 2006 sobre los estudios que examinaban los efectos nocivos del uso de teléfonos móviles reveló que los estudios financiados por la industria de las telecomunicaciones eran estadísticamente menos propensos a informar sobre efectos significativos. La investigación farmacéutica, la investigación sobre nutrición y la investigación sobre el cambio climático son todas áreas donde los medios han afirmado que ha habido financiación sesgada.

Asimismo, si el mar deja de ser una solución saturada de iones de carbonato, el carbonato cálcico presente tiende a disolverse, lo cual supone una amenaza para los esqueletos de los corales de arrecife. En 2012, oceanógrafos de más de veinte países se reunieron en Seattle y acordaron establecer un plan global para vigilar la acidificación de los océanos.

Ya hay pruebas que justifican las preocupaciones sobre los corales y los arrecifes de coral. Los respiraderos volcánicos cerca de la isla de Ischia en el Golfo de Nápoles han liberado dióxido de carbono al agua durante miles de años, reduciendo el pH del agua de mar. En la zona de agua acidificada no hay corales, erizos de mar u otros animales que usan carbonato cálcico para fabricar sus esqueletos. En su lugar prosperan otros organismos, como las hierbas marinas y las algas invasoras. Este podría ser el panorama de futuro de los arrecifes de coral del mundo si continúa emitiéndose dióxido de carbono por la quema de los combustibles fósiles.

▲ Figura 13 Esqueleto de carbonato cálcico de un coral de arrecife

Preguntas

1 La energía solar total recibida por un pastizal equivale a 5×10^5 kJ m^{-2} año^{-1}. La producción neta del pastizal es de 5×10^2 kJ m^{-2} año^{-1} y su producción bruta es de 6×10^2 kJ m^{-2} año^{-1}. La energía total que pasa a los consumidores primarios es de 60 kJ m^{-2} año^{-1}. Solo el 10% de esta energía se transmite a los consumidores secundarios.

a) Calcula la energía perdida por la respiración de las plantas. [2]

b) Elabora una pirámide de energía de este pastizal. [3]

2 La figura 14 muestra el flujo de energía en un bosque templado. Se muestra el flujo de energía por m^2 al año (kJ m^{-2} año^{-1}).

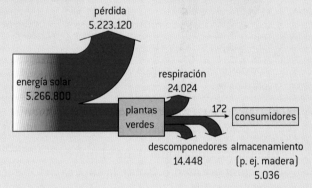

▲ Figura 14

a) La tabla muestra que el 99,17% de la energía solar en el bosque templado se pierde. Predice, aportando una razón, si el porcentaje de energía solar que se pierde en el desierto sería mayor o menor. [2]

b) Solo una pequeña parte de la producción neta de las plantas del bosque templado pasa a los herbívoros. Explica las razones. [2]

3 Las temperaturas más cálidas favorecen a algunas especies de plagas, como el escarabajo del abeto. Desde el primer brote importante en 1992, esta plaga ha arrasado alrededor de 400.000 hectáreas de árboles en Alaska y en el Yukón canadiense. El escarabajo normalmente necesita dos años para completar su ciclo vital, pero recientemente ha desarrollado la capacidad de hacerlo en un año. Los gráficos de la figura 15 muestran el índice de sequía, una combinación de temperaturas y precipitaciones, y el área de abetos destruidos anualmente.

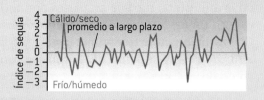

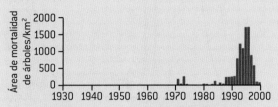

▲ Figura 15 Índice de sequía y mortalidad de árboles

a) Identifica los dos períodos en los que el índice de sequía se mantuvo elevado durante tres o más años. [2]

b) (i) Compara los brotes del escarabajo en las décadas de 1970 y 1990. [2]

(ii) Sugiere razones de las diferencias entre estos brotes. [2]

c) Predice las tasas de destrucción de abetos en el futuro, aportando razones de tu respuesta. [4]

4 La figura 16 muestra las concentraciones medias mensuales de dióxido de carbono en Baring Head (Nueva Zelandia) y Alert (Canadá).

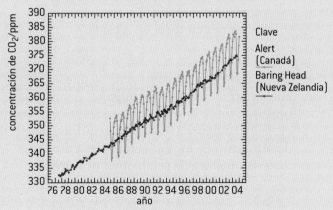

▲ Figura 16

a) Sugiere por qué los científicos eligieron estaciones de vigilancia de áreas tales como Mauna Loa, Baring Head y Alert. [1]

b) Compara las tendencias ilustradas en ambos gráficos. [2]

c) Explica por qué los gráficos muestran diferentes patrones. [3]

5 La figura 17 muestra la concentración de CO_2 en la atmósfera, medida en partes por millón (ppm). En un bosque, las concentraciones de CO_2 cambian en el transcurso del día y con la altura. La parte superior del bosque se conoce como dosel.

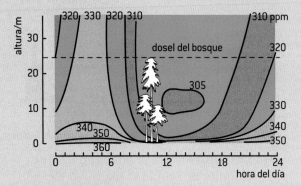

▲ Figura 17

a) (i) Indica la concentración de CO_2 más alta que se alcanzó en el dosel. [1]

(ii) Determina el rango de concentraciones en el dosel. [2]

b) (i) Indica la hora del día (o de la noche) en que se detectan los niveles más altos de CO_2. [1]

(ii) Los niveles más altos de CO_2 se detectan a poca distancia del suelo. Deduce dos razones por lo que esto es así. [2]

c) Da un ejemplo de una hora a la que las concentraciones de CO_2 son bastante uniformes en todas las alturas. [1]

6 En un ecosistema, el nitrógeno se puede almacenar en tres compartimentos de materia orgánica: sobre la superficie, en las raíces y en el suelo. La figura 18 muestra la distribución de nitrógeno en los tres compartimientos de materia orgánica de seis biomas principales.

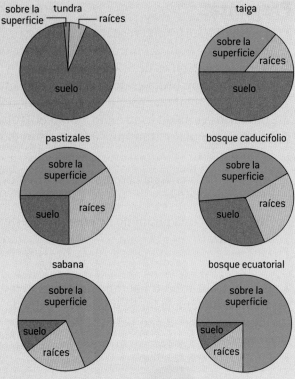

▲ Figura 18 Distribución de nitrógeno en los tres compartimentos de materia orgánica de seis biomas principales

a) Deduce en qué consiste el compartimento "sobre la superficie" en un ecosistema. [1]

b) Indica qué bioma tiene el mayor compartimento "sobre la superficie". [1]

c) Explica por qué es difícil cultivar en una zona de bosque ecuatorial donde se ha eliminado la vegetación. [2]

d) Indica el nombre del proceso realizado por los descomponedores y los detritívoros que libera CO_2 a la atmósfera. [1]

e) Sugiere por qué la mayor parte del nitrógeno en un ecosistema de tundra está en el suelo. [1]

f) Explica por qué el calentamiento debido al cambio climático podría causar la liberación de CO_2 del suelo de la tundra. [2]

Introducción

Hay pruebas abrumadoras a favor de la teoría de que la diversidad de la vida ha evolucionado y sigue evolucionando por selección natural. La ascendencia de los grupos de especies se puede deducir por comparación de sus secuencias de bases o de aminoácidos. Las especies se nombran y clasifican según un sistema acordado internacionalmente.

5.1 Pruebas de la evolución

Comprensión

→ La evolución se produce cuando las características hereditarias de una especie varían.

→ El registro fósil proporciona pruebas de la evolución.

→ La cría selectiva de animales domesticados demuestra que la selección artificial puede causar evolución.

→ La evolución de las estructuras homólogas por radiación adaptativa explica las similitudes estructurales cuando hay diferencias funcionales.

→ Las poblaciones de una especie pueden ir divergiendo gradualmente en especies separadas por evolución.

→ La variación continua a través de una zona de distribución geográfica de poblaciones relacionadas coincide con el concepto de divergencia gradual.

Aplicaciones

→ Comparación de la extremidad pentadáctila de mamíferos, aves, anfibios y reptiles con distintos métodos de locomoción.

→ Desarrollo de insectos melanísticos en áreas contaminadas.

Naturaleza de la ciencia

→ Búsqueda de patrones, tendencias y discrepancias: hay características comunes en la estructura ósea de las extremidades de los vertebrados, a pesar de lo variado de su uso.

▲ Figura 1 Los fósiles de dinosaurios muestran que hubo animales en la Tierra que tenían características diferentes de los que viven hoy en día.

La evolución en resumen

La evolución se produce cuando las características hereditarias de una especie varían.

Hay pruebas sólidas de que las características de las especies cambian con el tiempo. Los biólogos llaman evolución a este proceso, que es la base de una comprensión científica del mundo natural. Es importante distinguir entre las características adquiridas durante la vida de un individuo y las características hereditarias que se transmiten de padres a hijos. La evolución solo se refiere a las características hereditarias.

Existe una buena comprensión del mecanismo de la evolución: la selección natural. A pesar de la solidez de las pruebas de la evolución por selección natural, algunos grupos religiosos aún no creen en ella de manera generalizada. Hay mayores objeciones al concepto de que las especies puedan evolucionar que a la lógica del mecanismo que inevitablemente causa la evolución. Por tanto, es importante examinar las pruebas de la evolución.

Pruebas a partir de los fósiles

El registro fósil proporciona pruebas de la evolución.

En la primera mitad del siglo XIX, se identificó la secuencia en la que se depositaron las capas o estratos de rocas y se nombraron las eras geológicas. Resultaba evidente que los fósiles encontrados en las distintas capas eran diferentes: había una secuencia de fósiles. En el siglo XX, se determinó la edad de los estratos de las rocas y de sus fósiles mediante métodos fiables de radioisótopos. Se ha investigado ampliamente sobre los fósiles, que son el objeto de una rama de la ciencia llamada paleontología. Dichas investigaciones nos ha brindado pruebas sólidas de que la evolución ha tenido lugar.

- La secuencia en la que aparecen los fósiles coincide con la secuencia en la que se esperaría que evolucionaran: primero se encuentran las bacterias y las algas simples, después los hongos y los gusanos y, más adelante, los vertebrados terrestres. Entre los vertebrados, los peces óseos aparecieron hace unos 420 millones de años, los anfibios hace 340 millones de años, los reptiles hace 320 millones de años, los pájaros hace 250 millones de años y los mamíferos placentarios hace 110 millones de años.

- La secuencia también encaja con la ecología de los grupos: los fósiles de plantas aparecen antes que los animales, las plantas terrestres antes que los animales terrestres y las plantas adaptadas a la polinización por insectos antes que los insectos polinizadores.

- Se conocen muchas secuencias de fósiles que vinculan los organismos existentes a sus posibles antepasados. Por ejemplo, los caballos, los asnos y las cebras, miembros del género *Equus*, están vinculados más estrechamente a los rinocerontes y tapires. Retrocediendo más de 60 millones de años, hay una extensa secuencia de fósiles que los vincula a *Hyracotherium*, un animal muy similar al rinoceronte.

▲ Figura 2 Muchas especies de trilobites evolucionaron durante cientos de millones de años, pero ahora este grupo está totalmente extinguido.

Preguntas basadas en datos: Eslabones perdidos

Una objeción a las pruebas de la evolución que aportan los fósiles han sido los vacíos en la secuencia, llamados eslabones perdidos; por ejemplo, la conexión entre los reptiles y las aves.

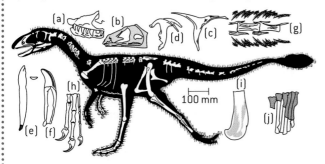

▲ Figura 3 Dibujos de fósiles encontrados recientemente en China occidental. Muestran a *Dilong paradoxus*, un dinosaurio similar al tiranosaurio con protoplumas que habitó la Tierra hace 130 millones de años. a-d: huesos del cráneo; e–f: dientes; g: vértebras de la cola con protoplumas; h–j: huesos de las extremidades.

El descubrimiento de fósiles que llenan estos vacíos resulta particularmente apasionante para los biólogos.

1 Calcula la longitud de *Dilong paradoxus*, desde la cabeza hasta la punta de la cola. [2]

2 Deduce tres semejanzas entre *Dilong paradoxus* y los reptiles que viven actualmente en la Tierra. [3]

3 Sugiere una función de las protoplumas de *Dilong paradoxus*. [1]

4 Sugiere dos características de *Dilong paradoxus* que habrían tenido que evolucionar para que pudiera volar. [2]

5 Explica por qué no es posible estar seguro de si las protoplumas de *Dilong paradoxus* son homólogas a las plumas de las aves. [2]

Pruebas de la cría selectiva

La cría selectiva de animales domesticados demuestra que la selección artificial puede causar evolución.

Los seres humanos han criado y utilizado deliberadamente especies animales concretas durante miles de años. Si se comparan las razas de ganado modernas con las especies salvajes que más se les asemejan, a menudo las diferencias son enormes. Consideremos las diferencias entre las gallinas ponedoras modernas y el faisán silvestre del sur de Asia, o entre el ganado azul belga y los uros de Asia occidental. También hay muchas razas diferentes de ovejas, ganado y otros animales domesticados, con grandes variaciones entre las razas.

Es evidente que las razas domesticadas no siempre han existido en su forma actual. La única explicación creíble es que los cambios se han logrado simplemente mediante la selección y cría repetida de los especímenes más adecuados para usos humanos. Este proceso se denomina selección artificial.

La eficacia de la selección artificial queda demostrada por los cambios considerables que se han producido en animales domesticados durante períodos de tiempo muy cortos, en comparación con el tiempo geológico. Esto demuestra que la selección puede resultar en evolución, pero no prueba que la evolución de las especies haya ocurrido realmente de forma natural, o que el mecanismo de evolución sea la selección natural.

▲ Figura 4 Durante los últimos 15.000 años, se han desarrollado numerosas razas de perros por selección artificial a partir de lobos domesticados.

Homología y evolución

Búsqueda de patrones, tendencias y discrepancias: hay características comunes en la estructura ósea de las extremidades de los vertebrados, a pesar de lo variado de su uso.

Los vertebrados utilizan sus extremidades de muchas maneras diferentes: para caminar, correr, saltar, volar, nadar, agarrar, cavar, etc. Esta variedad de usos requiere que las extremidades tengan articulaciones que se muevan en diferentes direcciones, a diferentes velocidades y también con diferente fuerza. Sería razonable esperar que dichas extremidades tuviesen estructuras óseas muy diferentes, pero en realidad presentan características comunes en todos los vertebrados.

Este tipo de patrones requieren una explicación: en este caso, la única explicación razonable que se ha propuesto hasta ahora es la evolución a partir de un antepasado común. Como consecuencia, la estructura ósea común de las extremidades de los vertebrados se ha convertido en una prueba clásica de la evolución.

Preguntas basadas en datos: La domesticación del maíz

Una hierba salvaje llamada teocintle que crece en América Central fue probablemente el antepasado del maíz cultivado (*Zea mays*). El teocintle cultivado da un rendimiento de aproximadamente 150 kg por hectárea. En comparación, el rendimiento promedio mundial del maíz cultivado es de 4.100 kg por hectárea a comienzos del siglo XXI. La tabla 1 muestra las longitudes de algunas mazorcas. El maíz fue domesticado hace al menos 7.000 años.

1 Calcula la diferencia porcentual de longitud entre el teocintle y la variedad de maíz Reina de Plata. [2]

2 Calcula la diferencia porcentual entre el rendimiento del teocintle y los rendimientos promedio mundiales del maíz. [2]

3 Sugiere factores, aparte de la longitud de la mazorca, que los agricultores tienen en cuenta al seleccionar el maíz. [3]

4 Explica por qué las mejoras se ralentizan después de varias generaciones de selección. [3]

Origen y variedad del maíz	Longitud de la mazorca (mm)
Teocintle (pariente silvestre del maíz)	14
Maíz primitivo temprano de Colombia	45
Maíz peruano antiguo del año 500 a. C.	65
Imbricado (maíz primitivo de Colombia)	90
Reina de Plata (maíz moderno)	170

▲ Tabla 1

▲ Figura 5 Mazorcas de maíz

Pruebas a partir de las estructuras homólogas

La evolución de las estructuras homólogas por radiación adaptativa explica las similitudes estructurales cuando hay diferencias funcionales.

Darwin señaló en su libro *El origen de las especies* que algunas similitudes estructurales entre los organismos son superficiales, por ejemplo, entre un dugongo y una ballena, o entre una ballena y un pez. Las similitudes que presentan, por ejemplo, las aletas de la cola de las ballenas y las de los peces se conocen como estructuras análogas. Al estudiarlas de cerca, vemos que estas estructuras son muy diferentes. Una interpretación evolutiva es que tienen diferentes orígenes y se han convertido en similares porque realizan la misma función o muy similar. A esto se le denomina evolución convergente.

Las estructuras homólogas son lo contrario: estructuras que pueden parecer superficialmente diferentes y realizar una función diferente, pero que tienen lo que Darwin denominó una "unidad de tipo". Darwin propuso el ejemplo de las extremidades anteriores de los humanos, topos, caballos, marsopas y murciélagos y se preguntó qué podría ser más curioso que descubrir que estos miembros "incluyen los mismos huesos, en las mismas posiciones relativas", a pesar de parecer completamente diferentes a simple vista. La explicación evolutiva es que tienen el mismo origen —un ancestro que tenía una extremidad pentadáctila o de cinco dedos— y se han vuelto diferentes porque realizan funciones diferentes. A esto se le denomina radiación adaptativa.

Hay muchos ejemplos de estructuras homólogas. No prueban que los organismos hayan evolucionado o tenido un antepasado común ni revelan nada sobre el mecanismo de la evolución, pero son difíciles de explicar sin la evolución. Especialmente interesantes son las estructuras que Darwin llamó "órganos rudimentarios": estructuras reducidas que no realizan ninguna función y a las que ahora llamamos órganos vestigiales. Algunos ejemplos de estos órganos son los principios de dientes que presentan los embriones de ballenas barbadas, a pesar de que los adultos no tienen dientes, la pequeña pelvis y el fémur encontrados en la pared del cuerpo de las ballenas y algunas serpientes, y, por supuesto, el apéndice en los humanos. Estas estructuras tienen fácil explicación como resultado de la evolución, al ser estructuras que ya no tienen ninguna función y están desapareciendo gradualmente.

 ## Extremidades pentadáctilas

Comparación de la extremidad pentadáctila de mamíferos, aves, anfibios y reptiles con distintos métodos de locomoción

La extremidad pentadáctila consta de estas estructuras:

Estructura ósea	Extremidad anterior	Extremidad posterior
un hueso en la parte proximal	húmero	fémur
dos huesos en la parte distal	radio y cúbito	tibia y peroné
grupo de huesos de la muñeca o el tobillo	carpianos	tarsianos
serie de huesos en cada uno de los cinco dedos	metacarpianos y falanges	metatarsianos y falanges

Todos los anfibios, reptiles, aves y mamíferos presentan este patrón de huesos o una variación del mismo, sea cual sea la función de sus extremidades.

Las fotos de la figura 6 muestran los esqueletos de un ejemplo de cada uno de los cuatro grupos de vertebrados que tienen extremidades: anfibios, reptiles, aves y mamíferos. Todos ellos tienen extremidades pentadáctilas:

- Los cocodrilos caminan o se arrastran en tierra y usan sus extremidades traseras palmeadas para nadar.

- Los pingüinos usan las extremidades traseras para caminar y las delanteras como aletas para nadar.

- Los equinos utilizan las cuatro extremidades para caminar y también las extremidades delanteras para cavar.

- Las ranas usan las cuatro extremidades para caminar y las traseras para saltar.

Se pueden observar diferencias en la longitud y espesor relativos de los huesos. Las extremidades delanteras del pingüino han perdido algunos metacarpianos y falanges durante la evolución.

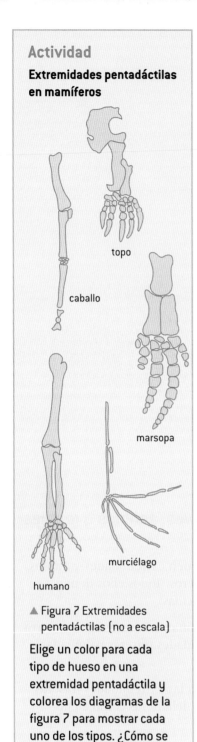

Actividad

Extremidades pentadáctilas en mamíferos

topo

caballo

marsopa

murciélago

humano

▲ Figura 7 Extremidades pentadáctilas (no a escala)

Elige un color para cada tipo de hueso en una extremidad pentadáctila y colorea los diagramas de la figura 7 para mostrar cada uno de los tipos. ¿Cómo se utiliza cada extremidad? ¿Qué características de los huesos de cada extremidad hacen que estén bien adaptadas para su uso?

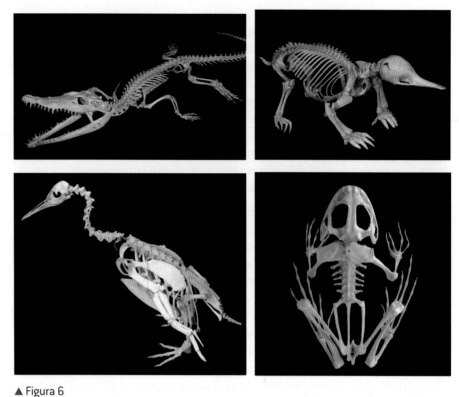

▲ Figura 6

Especiación

Las poblaciones de una especie pueden ir divergiendo gradualmente en especies separadas por evolución.

Si dos poblaciones de una especie se separan de tal forma que no se reproducen entre sí, la selección natural actuará diferentemente en ambas poblaciones y evolucionarán de diferente manera. Las características de las dos poblaciones irán divergiendo gradualmente y, transcurrido un tiempo, tendrán diferencias reconocibles. Si más adelante las poblaciones se mezclan y tienen la oportunidad de reproducirse entre sí pero no lo hacen, será evidente que se han convertido en especies separadas por evolución. A este proceso se le llama especiación.

La especiación ocurre a menudo cuando una población de una especie amplía su zona de distribución migrando a una isla. Esto explica el gran número de especies endémicas que hay en las islas. Una especie endémica es aquella que se encuentra solamente en cierta área geográfica. Un ejemplo son las lagartijas de lava de las Islas Galápagos: una especie está presente en todas las islas principales del archipiélago, mientras que en seis islas más pequeñas hay una especie estrechamente relacionada, pero diferente, que se formó por la migración a estas islas y posterior divergencia.

Pruebas a partir de patrones de variación

La variación continua a través de una zona de distribución geográfica de poblaciones relacionadas coincide con el concepto de divergencia gradual.

Si las poblaciones divergen gradualmente con el paso del tiempo hasta convertirse en especies separadas, esperaríamos entonces ser capaces de encontrar ejemplos de todas las etapas de esta divergencia en cualquier momento. Esto es ciertamente lo que encontramos en la naturaleza, como describe Charles Darwin en el capítulo II de *El origen de las especies*:

> *Hace muchos años, comparando y viendo comparar a otros las aves de las islas —muy próximas entre sí— del archipiélago de los Galápagos, unas con otras y con las del continente americano, quedé muy sorprendido de lo completamente arbitraria y vaga que es la distinción entre especies y variedades.*

Darwin dio ejemplos de poblaciones que son distintas a la vista, pero no llegan a ser especies claramente separadas. Uno de sus ejemplos es la perdiz de Escocia y el lagópodo común de Noruega, que a veces se han clasificado como especies separadas y a veces como variedades de la especie *Lagopus lagopus*. Este es un problema común para los biólogos que nombran y clasifican los organismos vivos. Como las especies pueden divergir gradualmente durante largos períodos de tiempo y no pasan repentinamente de ser dos poblaciones de una especie a ser dos especies distintas, la decisión de agrupar poblaciones o dividirlas en especies separadas sigue siendo bastante arbitraria.

El continuo de variación entre las poblaciones tampoco coincide con la creencia de que las especies fueron creadas como tipos de organismos distintos y, por tanto, se mantienen constantes en toda su zona de distribución geográfica o que las especies son inmutables. Por el contrario, proporciona pruebas de la evolución de las especies y del origen de nuevas especies por evolución.

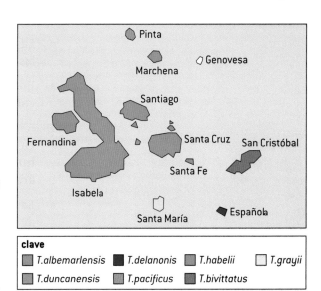

clave

- T.albemarlensis
- T.delanonis
- T.habelii
- T.grayii
- T.duncanensis
- T.pacificus
- T.bivittatus

▲ Figura 8 Distribución de lagartijas de lava en las Islas Galápagos

Melanismo industrial

Desarrollo de insectos melanísticos en áreas contaminadas

Las variedades oscuras de insectos que típicamente son de color claro se llaman melanísticas. El ejemplo más conocido de un insecto con una variedad melanística es *Biston betularia* o geómetra del abedul. Esta polilla ha sido ampliamente utilizada como ejemplo de selección natural, ya que la variedad melanística se hizo más común en áreas industriales contaminadas donde se camufla mejor que la variedad de color claro. Una explicación sencilla del melanismo industrial es la siguiente:

- Las polillas *Biston betularia* adultas vuelan por la noche para buscar una pareja y reproducirse.

- Durante el día se posan en las ramas de los árboles.

Teoría del Conocimiento

¿En qué medida pueden utilizarse modelos informáticos para comprobar teorías?

La utilidad de una teoría reside en la medida en que explica un fenómeno y permite realizar predicciones. Una forma de comprobar la teoría de la evolución por selección natural es mediante el uso de modelos informáticos. En la publicación *El relojero ciego* se utiliza un modelo informático para demostrar cómo formas simples pueden evolucionar a formas más complejas mediante una selección artificial. El programa informático Weasel se utiliza para demostrar cómo la selección artificial puede acelerar el ritmo de la evolución como resultado de eventos aleatorios. ¿Qué características tendría que tener un modelo informático para simular la evolución por selección natural de manera realista?

- Las aves y otros animales que cazan durante el día las depredan si las encuentran.

- En las zonas no contaminadas, las ramas de los árboles están cubiertas de líquenes de color pálido y las polillas se camuflan bien entre ellos.

- La contaminación por dióxido de azufre mata los líquenes. El hollín resultante de quemar carbón ennegrece las ramas de los árboles.

- Las polillas melanísticas se camuflan bien en las ramas oscurecidas de los árboles de áreas contaminadas.

- En áreas contaminadas, la variedad melanística de *Biston betularia* tardó relativamente poco tiempo en sustituir a la variedad más clara, pero no en las áreas no contaminadas.

▲ Figura 9 Espécimen de la variedad clara de *Biston betularia* en un museo, montado sobre la corteza de un árbol con líquenes de una zona no contaminada.

▲ Figura 10 La mariquita *Adalia bipunctata* tiene una variedad melanística que se ha vuelto común en áreas contaminadas. En esta foto, un macho melanístico se aparea con una hembra normal.

Los biólogos han utilizado el melanismo industrial como un ejemplo clásico de evolución por selección natural. Quizás por esto, los resultados de las investigaciones han sido atacados repetidamente. El diseño de algunos de los primeros experimentos sobre el camuflaje y la depredación de las polillas han sido criticados y esto ha sido utilizado para arrojar dudas sobre si realmente se produce la selección natural.

Michael Majerus evalúa cuidadosamente las pruebas del desarrollo del melanismo en *Biston betularia* y otras especies de polillas en su libro de la serie New Naturalist (*Moths*, Michael Majerus, HarperCollins, 2002). Su conclusión es que las pruebas de que la contaminación industrial provocó el melanismo de *Biston betularia* y otras especies de polilla son sólidas, aunque otros factores aparte del camuflaje también pueden influir en las tasas de supervivencia de las variedades claras y melanísticas.

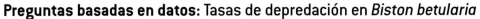

Preguntas basadas en datos: Tasas de depredación en *Biston betularia*

Una de las críticas a los experimentos originales sobre la depredación de *Biston betularia* fue que se colocaron las polillas en lugares expuestos en troncos de árboles y no donde estas se posan normalmente. Las polillas tenían libertad para moverse a lugares más adecuados, pero aun así las críticas han persistido en algunos sitios web. Los experimentos realizados en la década de 1980 evaluaron el efecto del lugar en que se colocaron las polillas. Se pusieron cincuenta polillas de la variedad clara y cincuenta de la variedad melanística de *Biston betularia* en lugares expuestos en troncos de árboles y 50 milímetros por debajo del punto de unión entre una rama principal y el tronco del árbol. Este experimento se llevó a cabo en dos bosques de robles, uno en una zona no contaminada de New Forest en el sur de Inglaterra y otro en una zona contaminada cerca de Stoke-on-Trent en la región de Midlands. El diagrama de la figura 11 muestra el porcentaje de polillas que fueron cazadas y de polillas que sobrevivieron.

1 **a)** Deduce, aportando una razón basada en los datos, si era más probable que las polillas fueran cazadas si se colocaban en un lugar expuesto o por debajo del punto de unión entre una rama principal y el tronco. [2]

   b) Sugiere una razón de la diferencia. [1]

2 **a)** Compara y contrasta las tasas de supervivencia de las polillas claras y las melanísticas en New Forest. [3]

   b) Explica la diferencia en la tasa de supervivencia entre las dos variedades en New Forest. [3]

3 Distingue entre las tasas de supervivencia relativas de las polillas claras y las melanísticas en el bosque de Stoke-on-Trent y el bosque de New Forest. [2]

4 La contaminación debida a la actividad industrial ha disminuido considerablemente cerca de Stoke-on-Trent desde la década de 1980. Predice las consecuencias de este cambio para *Biston betularia*. [4]

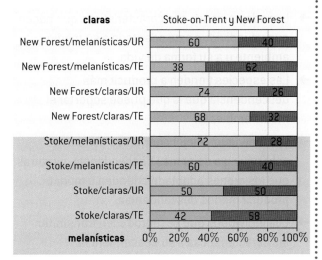

clave

☐ no cazadas ■ cazadas

TE = tronco expuesto   UR = unión de ramas

▲ Figura 11

Fuente: HOWLETT; MAJERUS. "The Understanding of industrial melanism in the peppered moth (*Biston betularia*)". *Biol.J.Linn.Soc.* 1987. N.° 30, p. 31–44.

5.2 Selección natural

Comprensión

→ La selección natural solo puede suceder si hay variación entre los miembros de la misma especie.

→ La mutación, la meiosis y la reproducción sexual causan variación entre los individuos de una especie.

→ Las adaptaciones son características que hacen que un individuo esté adaptado a su medio ambiente y a su forma de vida.

→ Las especies tienden a producir más descendencia que la que puede soportar el medio ambiente.

→ Los individuos mejor adaptados tienden a sobrevivir y a dejar más descendencia, mientras que los menos adaptados tienden a morir o producir menos descendencia.

→ Los individuos que se reproducen transmiten las características a su descendencia.

→ La selección natural aumenta la frecuencia de las características que hacen que los individuos estén mejor adaptados y reduce la frecuencia de otras características que conllevan cambios dentro de la especie.

Aplicaciones

→ Variaciones de los picos de los pinzones en la isla Daphne Major.

→ Evolución de la resistencia a antibióticos en bacterias.

Naturaleza de la ciencia

→ Uso de teorías para explicar los fenómenos naturales: la teoría de la evolución por selección natural puede explicar el desarrollo de la resistencia a antibióticos en las bacterias.

▲ Figura 1 Las poblaciones de jacintos silvestres (*Hyacinthoides non-scripta*) en su mayoría tienen flores de color azul, pero a veces hay jacintos silvestres con flores blancas.

Variación

La selección natural solo puede suceder si hay variación entre los miembros de la misma especie.

Charles Darwin formó su comprensión del mecanismo que causa la evolución durante muchos años, tras regresar a Inglaterra de su viaje alrededor del mundo a bordo del HMS Beagle. Probablemente desarrolló la teoría de la selección natural a finales de la década de 1830, pero después se dedicó a acumular pruebas para sustentar esta teoría. Darwin publicó su gran obra, *El origen de las especies*, en 1859. En este libro de casi 500 páginas, explicó su teoría y presentó las pruebas que había acumulado durante los últimos 20 a 30 años.

Una de las observaciones en las que Darwin basó la teoría de la evolución por selección natural es la variación. Las poblaciones varían en muchos aspectos. La variación en las poblaciones humanas es obvia: altura, color de piel, grupo sanguíneo y muchas otras características. En otras especies la variación puede no ser tan perceptible, pero se puede apreciar mediante una cuidadosa observación. La selección natural depende de la variación dentro de las poblaciones: si todos los individuos de una población fuesen idénticos, sería imposible que algunos estuviesen más favorecidos que otros.

Fuentes de variación

La mutación, la meiosis y la reproducción sexual causan variación entre los individuos de una especie.

Actualmente existe una buena comprensión de las causas de la variación en las poblaciones:

1 La mutación es la fuente original de la variación. La mutación de genes da lugar a nuevos alelos que amplían el acervo génico de una población.

2 La meiosis produce nuevas combinaciones de alelos al romper la combinación existente en una célula diploide. Cada célula producida por meiosis en un individuo tendrá probablemente una combinación de alelos diferente, debido al entrecruzamiento y a la orientación independiente de los bivalentes.

3 La reproducción sexual implica la fusión de gametos masculinos y femeninos. Los gametos generalmente provienen de progenitores diferentes, así que la descendencia tiene una combinación de los alelos de dos individuos. Esto hace que se junten las mutaciones ocurridas en individuos diferentes.

En las especies sin reproducción sexual la única fuente de variación es la mutación. Por lo general, se considera que estas especies no generarán suficiente variación como para poder evolucionar tan rápidamente como sería necesario para sobrevivir en tiempos de cambio ambiental.

Adaptaciones

Las adaptaciones son características que hacen que un individuo esté adaptado a su medio ambiente y a su forma de vida.

Uno de los temas recurrentes en biología es la estrecha relación entre estructura y función. Por ejemplo, la estructura del pico de un pájaro se correlaciona con su dieta y su forma de alimentarse. El grueso pelaje de un buey almizclero obviamente está correlacionado con las bajas temperaturas de sus hábitats norteños. El tejido que almacena agua en el tronco de un cactus está relacionado con las escasas lluvias de los hábitats desérticos. En biología, estas características que hacen que un individuo esté adecuado a su medio ambiente o su forma de vida se llaman adaptaciones.

El término "adaptación" implica que estas características se desarrollan con el tiempo y así es como evolucionan las especies. Es importante

▲ Figura 2 El diente de león (*Taraxacum officinale*) parece reproducirse sexualmente cuando dispersa sus semillas, pero los embriones de las semillas se han producido asexualmente, así que son genéticamente idénticos.

Actividad

Adaptaciones de los picos de las aves

Las cuatro fotografías siguientes muestran los picos de la garza, el guacamayo, el halcón y el pájaro carpintero. ¿A qué dieta y forma de alimentación se adapta cada uno ellos?

▲ Figura 3

entender que este proceso no tiene una finalidad: según la teoría evolucionista, las adaptaciones se producen mediante la selección natural y no con el propósito directo de adecuar un individuo a su medio ambiente. No se producen durante la vida del individuo. Las características que se desarrollan durante la vida se denominan características o rasgos adquiridos y existe la teoría ampliamente aceptada de que las características adquiridas no son hereditarias.

Superproducción de descendientes

Las especies tienden a producir más descendencia que la que puede soportar el medio ambiente.

Los organismos vivos varían en la cantidad de descendencia que producen.

Un ejemplo de una especie con una tasa de reproducción relativamente baja es el cálao terrestre sureño (*Bucorvus leadbeateri*). En promedio, tiene una cría cada tres años y para ello necesita la cooperación de al menos otros dos adultos. Sin embargo, estas aves pueden vivir hasta 70 años, por lo que teóricamente una pareja podría tener veinte descendientes a lo largo de su vida.

La mayoría de las especies tienen una tasa de reproducción más alta. Por ejemplo, el cocotero (*Cocos nucifera*) produce generalmente entre 20 y 60 cocos al año. Aparte de las bacterias, la tasa de reproducción más alta de todas es la del hongo *Calvatia gigantea*, que produce un cuerpo fructífero enorme en el que puede haber hasta 7 billones de esporas (7.000.000.000.000).

A pesar de la enorme variación que existe en la tasa de reproducción, hay una tendencia general en los organismos vivos a producir más descendencia que la que puede soportar el medio ambiente. Darwin señaló que esto tiende a provocar una lucha por la supervivencia entre los individuos de una población, que competirán por los recursos y no todos obtendrán los suficientes para permitirles sobrevivir y reproducirse.

◀ Figura 4 La tasa de reproducción de las parejas de cálaos terrestres sureños (*Bucorvus leadbeateri*) es solo de 0,3 crías al año.

Reproducción y supervivencia diferencial

Los individuos mejor adaptados tienden a sobrevivir y a dejar más descendencia, mientras que los menos adaptados tienden a morir o producir menos descendencia.

El azar influye en qué individuos sobreviven y se reproducen y cuáles no, pero también lo hacen las características del individuo. En la lucha por la supervivencia, los individuos peor adaptados tienden a morir o no se reproducen y los mejor adaptados tienden a sobrevivir y producir mucha descendencia. En esto consiste la selección natural.

Un ejemplo citado a menudo es el de la jirafa, que puede alimentarse de pastos y hierba pero está más adaptada para comer las hojas de los árboles. En la temporada de lluvias su alimento es abundante, pero en la estación seca puede haber períodos de escasez en los que las únicas hojas que quedan en los árboles se encuentran en las ramas altas. Las jirafas con cuellos más largos están mejor adaptadas para alcanzar estas hojas y sobrevivir períodos de escasez de alimentos que aquellas con cuellos más cortos.

Herencia

Los individuos que se reproducen transmiten las características a su descendencia.

Gran parte de la variación entre individuos puede transmitirse a la descendencia: es heredable. Por ejemplo, los hijos de los masáis heredan la piel oscura de sus padres y los hijos de padres del norte de Europa con la piel clara heredan un color de piel claro. La variación en el comportamiento puede ser hereditaria. Un ejemplo es la dirección migratoria de la curruca capirotada (*Sylvia atricapilla*) para pasar el invierno. Debido a las diferencias en sus genes, algunas aves de esta especie migran en invierno hacia el suroeste, desde Alemania hasta España, mientras que otras migran hacia el noroeste, hasta Gran Bretaña.

No todas las características se transmiten a la descendencia. Las características adquiridas durante la vida de un individuo generalmente no son hereditarias. Un elefante con un colmillo roto no tiene crías con colmillos rotos, por ejemplo. Si la piel de una persona se oscurece debido a la exposición solar, la piel más oscura no se hereda. Las características adquiridas, por lo tanto, no son significativas en la evolución de las especies.

Cambio progresivo

La selección natural aumenta la frecuencia de las características que hacen que los individuos estén mejor adaptados y reduce la frecuencia de otras características que conllevan cambios dentro de la especie.

Puesto que sobreviven los individuos mejor adaptados, estos pueden reproducirse y transmitir sus características a su descendencia. Los individuos que están peor adaptados tienen menores tasas de

Actividad

El impulso de reproducirse y transmitir las características propias puede ser muy fuerte y hacer incluso que los machos adultos cometan infanticidio. ¿Cómo puede haber evolucionado este patrón de comportamiento en leones y otras especies? Las hembras de guepardo se aparean con dos o más machos para que sus camadas tengan paternidad múltiple. ¿Cómo protege esto a los cachorros contra el infanticidio?

▲ Figura 5 Los cachorros de una hembra de guepardo heredan características de ella y de uno de los machos con los que se apareó.

supervivencia y menos éxito reproductivo. Esto hace que aumente la proporción de individuos de una población cuyas características los hacen bien adaptados. Las características de la población cambian gradualmente con el paso de las generaciones: en esto consiste la evolución por selección natural.

Los principales cambios evolutivos suelen producirse tras largos períodos de tiempo con el paso de muchas generaciones y no deberíamos poder observarlos durante nuestra vida, aunque se han observado numerosos ejemplos de cambios más pequeños pero significativos, como la evolución de alas oscuras en polillas en zonas industriales con aire contaminado. En las páginas siguientes se describen dos ejemplos de evolución: los cambios en los picos de los pinzones de las Islas Galápagos y el desarrollo de resistencia a los antibióticos en las bacterias.

Preguntas basadas en datos: Evolución de plantas de arroz

Los gráficos de barras de la figura 6 muestran los resultados de una investigación sobre la evolución de plantas de arroz. Se cruzaron dos variedades de arroz para obtener plantas híbridas (F_1). Posteriormente, se cultivaron estas plantas híbridas en cinco sitios diferentes en Japón. Cada año se tomó nota de la fecha de floración y se recogieron semillas de las plantas para sembrarlas en el mismo sitio al año siguiente.

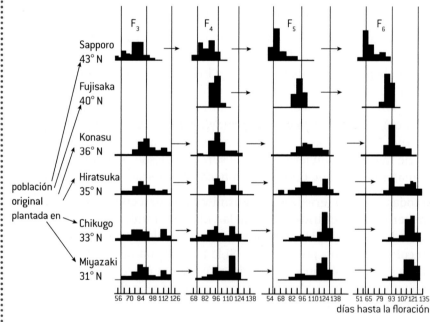

▲ Figura 6

1 ¿Por qué se utilizaron híbridos en la investigación en lugar de una variedad pura? [2]

2 Describe los cambios que se muestran en el gráfico entre las generaciones F_3 y F_6 de las plantas de arroz cultivadas en Miyazaki. [2]

3 **a)** Indica la relación entre el tiempo de floración y la latitud en la generación F_6. [1]

    b) Sugiere una razón de esta relación. [1]

4 **a)** Predice los resultados si la investigación se hubiera alargado hasta la generación F_{10}. [1]

b) Predice los resultados de recoger semillas de plantas de la generación F_{10} cultivadas en Sapporo y de plantas de la generación F_{10} cultivadas en Miyazaki y sembrarlas juntas en Hiratsuka. [3]

🌐 Los pinzones de las Islas Galápagos

Variaciones de los picos de pinzones en la isla Daphne Major

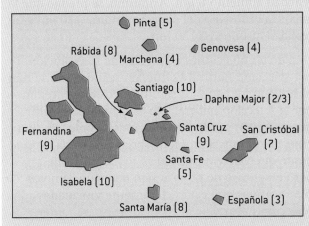

▲ Figura 7 Archipiélago de las Islas Galápagos con el número de especies de pinzón de cada isla

Darwin visitó las Islas Galápagos en 1835 y recogió especímenes de pequeñas aves, que posteriormente fueron identificadas como pinzones. En total hay 14 especies. Darwin observó que los tamaños y las formas de los picos de los pinzones variaban, y lo mismo ocurría con su dieta. Basándose en las semejanzas generales entre ellos y en su distribución en las Islas Galápagos (véase la figura 7), Darwin propuso la hipótesis de que "se podría realmente suponer que a partir de una escasez original de pájaros en este archipiélago, se había tomado una especie y se la había modificado para diferentes finalidades".

Desde entonces, ha habido numerosas investigaciones sobre lo que se conoce como los pinzones de Darwin. En particular, Peter y Rosemary Grant han demostrado que las características del pico están estrechamente relacionadas con la dieta y, cuando uno cambia, el otro también lo hace. La investigación de Peter y Rosemary Grant se ha concentrado particularmente en una población de pinzón terrestre mediano (*Geospiza fortis*) de una

pequeña isla llamada Daphne Major. En esta isla, prácticamente no hay pinzones terrestres pequeños (*Geospiza fuliginosa*). Ambas especies se alimentan de semillas pequeñas, aunque *G. fortis* también puede comer semillas más grandes. Al no tener que competir con *G. fuliginosa* por las

(a) *G. fortis* (pico grande)

(b) *G. fortis* (pico pequeño)

(c) *G. magnirostris*

▲ Figura 8 Variación en la forma del pico de los pinzones de las Islas Galápagos. (a) *G. fortis* (pico grande). (b) *G. fortis* (pico pequeño). (c) *G. magnirostris*.

semillas pequeñas, el cuerpo y el pico de *G. fortis* tienen menor tamaño en Daphne Major que en las otras islas.

En 1977, una sequía en la isla de Daphne Major provocó una escasez de semillas pequeñas, por lo que *G. fortis* se alimentó de semillas más grandes y duras, que los individuos con picos más grandes son capaces de romper y abrir. La mayoría de la población murió ese año, y la mortalidad fue más alta entre los individuos con el pico más corto. En 1982–1983, el fenómeno de El Niño trajo consigo ocho meses de fuertes lluvias y, como resultado, un mayor número de semillas pequeñas y blandas y menos semillas grandes y duras. *G. fortis* se reprodujo rápidamente al tener una mayor cantidad de alimento a su disposición. Con el regreso del clima seco se redujo considerablemente la cantidad de semillas pequeñas y *G. fortis* dejó de reproducirse hasta 1987. En ese año, solo se reprodujo el 37 por ciento de los pinzones que estaban vivos en 1983 y no fue una muestra aleatoria de la población de 1983. En 1987, *G. fortis* tenía picos más largos y más estrechos que los promedios de 1983, en correlación con la menor cantidad de semillas pequeñas.

La variación en la forma y el tamaño de los picos (véase la figura 8) se debe sobre todo a los genes, aunque el medio ambiente también influye. La proporción de la variación debida a los genes se denomina heredabilidad. Partiendo de la heredabilidad de la longitud y la anchura del pico y los datos disponibles sobre los pinzones que sobrevivieron y se reprodujeron, se predijeron los cambios en la longitud y anchura promedio del pico entre 1983 y 1987. Los resultados observados son muy similares a esas predicciones. Se predijo que la longitud promedio del pico aumentaría 10 μm y en realidad aumentó 6 μm. Asimismo, se predijo que la anchura promedio del pico disminuiría 130 μm y en realidad disminuyó 120 μm.

Una de las objeciones a la teoría de la evolución por selección natural es que, en realidad, no se han observado los cambios significativos que suceden por la selección natural. No es razonable esperar que se hayan producido enormes cambios en una especie aunque se hubiera observado dicha especie desde que Darwin publicó su teoría en 1859, pero en el caso de *G. fortis* han ocurrido cambios significativos que están claramente vinculados a la selección natural.

Preguntas basadas en datos: Los pinzones de las Islas Galápagos

Cuando Peter y Rosemary Grant comenzaron a estudiar los pinzones de la isla de Daphne Major en 1973, había poblaciones reproductoras de dos especies, *Geospiza fortis* y *Geospiza scandens*. En 1982, *Geospiza magnirostris* estableció una población reproductora en la isla, inicialmente con tres machos y dos hembras. La figura 9 muestra los números de *G. magnirostris* y *G. fortis* en Daphne Major entre 1997 y 2006.

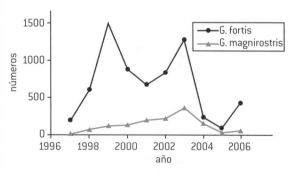

▲ Figura 9 Cambios en los números de *G. fortis* y *G. magnirostris* entre 1996 y 2006

1 a) Describe los cambios en la población de *G. magnirostris* entre 1997 y 2006. [2]

   b) Compara los cambios en la población de *G. fortis* entre 1997 y 2006 con los cambios en la población de *G. magnirostris*. [3]

2 Daphne Major tiene una superficie de 0,34 km². 1 km² equivale a 100 hectáreas y 1 hectárea es 100 m × 100 m. Calcula las densidades máximas y mínimas de *G. fortis* durante 1997–2006. [4]

La tabla 2 muestra los porcentajes de tres tipos de semillas en las dietas de las tres especies de pinzones en Daphne Major. Las semillas pequeñas son producidas por 22 especies de plantas, las semillas medianas por el cactus *Opuntia echios* y las semillas grandes, que son muy duras, por *Tribulus cistoides*.

3 a) Resume la dieta de cada una de las especies de pinzón en Daphne Major. [3]

Especies	Geospiza fortis				Geospiza magnirostris			Geospiza scandens			
Año	1977	1985	1989	2004	1985	1989	2004	1977	1985	1989	2004
Pequeñas	75	80	77	80	18	5,9	4,5	85	77	23	17
Medianas	10	0,0	5,1	11	0,0	12	26	15	22	70	83
Grandes	17	19	16	8,2	82	82	69	0,0	0,0	0,0	0,0

▲ Tabla 2

b) Hubo una sequía muy fuerte en Daphne Major en 2003 y 2004. Utilizando los datos de la tabla, deduce cómo cambió la dieta de los pinzones durante la sequía. [3]

4 La figura 10 muestra un índice del tamaño del pico del *G. fortis* adulto desde 1973 hasta 2006. Al tamaño en 1973 se le ha asignado el valor cero y los tamaños de los años siguientes se muestran en comparación con este.

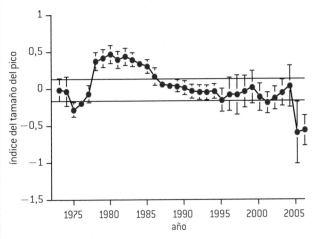

▲ Figura 10 Tamaño relativo del pico de *G. fortis* entre 1973 y 2006

El gráfico muestra dos períodos de cambios muy rápidos en el tamaño promedio del pico. Ambos se corresponden con períodos de sequía en Daphne Major.

a) Indica los dos períodos de cambios más rápidos en el tamaño promedio del pico de *G. fortis*. [2]

b) Sugiere dos razones por las cuales el tamaño promedio del pico cambia más rápidamente cuando hay sequía. [2]

c) El tamaño promedio del pico de *G. fortis* aumentó en la primera sequía fuerte, pero en la segunda sequía disminuyó. Basándote en los datos de esta pregunta, explica cómo la selección natural podría causar estos cambios en el tamaño del pico en las dos sequías. [3]

5 Se calculó la intensidad de la selección natural en Daphne Major durante las dos sequías. Los valores calculados se denominan diferenciales de selección. Para la longitud del pico, van desde -1,08 durante la segunda sequía hasta +0,88 durante la primera sequía. Los diferenciales de selección son similares para la anchura y profundidad del pico y para el tamaño del pico en general. Son diferenciales de selección muy grandes, en comparación con los valores calculados en otras investigaciones sobre la evolución.

Sugiere razones por las que la selección natural con respecto al tamaño del pico de *G. fortis* es inusualmente intensa en la isla de Daphne Major. [2]

6 Discute las ventajas de investigar la evolución durante largos períodos de tiempo y los motivos de que se hayan hecho pocas investigaciones a largo plazo. [3]

La selección natural y la resistencia a los antibióticos

Uso de teorías para explicar los fenómenos naturales: la teoría de la evolución por selección natural puede explicar el desarrollo de la resistencia a antibióticos en las bacterias.

Los antibióticos son uno de los grandes triunfos de la medicina del siglo XX. Cuando se usaron por primera vez, se esperaba que fueran un método de control permanente de las enfermedades bacterianas, pero cada vez hay más problemas de resistencia a los antibióticos en las bacterias patógenas.

Se han observado las siguientes tendencias:

- Pocos años después de introducir un antibiótico nuevo y usarlo en pacientes, aparecen bacterias resistentes.

- La resistencia a los antibióticos se extiende a cada vez más especies de bacterias patógenas.

- En cada especie, aumenta la proporción de infecciones causadas por una cepa resistente.

Por ello, durante el tiempo en que se han utilizado los antibióticos para tratar enfermedades bacterianas, se han ido acumulando cambios en las propiedades de resistencia a los antibióticos de las poblaciones bacterianas. Por lo tanto, el desarrollo de la resistencia a los antibióticos es un ejemplo de evolución que se puede explicar con la teoría de la selección natural. La comprensión científica de

cómo se desarrolla la resistencia a los antibióticos es muy útil, pues permite entender lo que hay que hacer para reducir el problema.

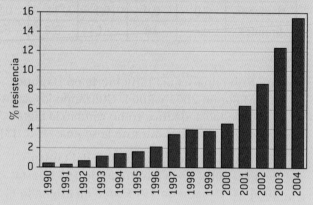

▲ Figura 11 Porcentaje de resistencia al ciprofloxacino entre 1990 y 2004

🌐 La resistencia a los antibióticos

Evolución de la resistencia a antibióticos en bacterias.

La resistencia a los antibióticos se debe a los genes de las bacterias, por lo que puede heredarse. El mecanismo que causa el aumento o la disminución de la resistencia a los antibióticos se resume en la figura 12.

La evolución de la resistencia a múltiples antibióticos ha ocurrido en tan solo unas décadas. Esta rápida evolución obedece a las siguientes causas:

- Ha habido un uso generalizado de los antibióticos, tanto para tratar enfermedades como en los piensos para animales utilizados en las granjas.

- Las bacterias pueden reproducirse muy rápidamente, con un tiempo de generación de menos de una hora.

- Las poblaciones bacterianas son a menudo enormes, lo que aumenta la probabilidad de formación de un gen de resistencia a los antibióticos por mutación.

- Las bacterias pueden transmitir sus genes a otras bacterias de varias maneras, incluido el uso de plásmidos, que permiten que una especie de bacterias adquiera genes de resistencia a antibióticos de otra especie.

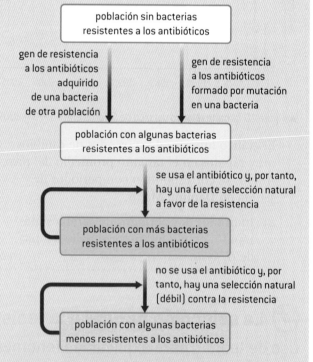

▲ Figura 12 Evolución de la resistencia a los antibióticos

Preguntas basadas en datos: Resistencia a la clortetraciclina en bacterias del suelo

Se recogieron bacterias del suelo a distintas distancias de un lugar específico en una granja de cerdos en Minnesota (EE. UU.) donde se había desbordado el estiércol de una pocilga y se había acumulado fuera de esta. El alimento de los cerdos de esta granja contenía bajas dosis subterapéuticas del antibiótico clortetraciclina con el fin de favorecer un crecimiento más rápido de los animales. Se hicieron pruebas con las bacterias para averiguar qué porcentaje era resistente a este antibiótico. Los resultados se muestran en el gráfico de barras. Las barras amarillas muestran el porcentaje de bacterias resistentes a la clortetraciclina que crecieron en un medio rico en nutrientes y las barras naranjas muestran el porcentaje en un medio pobre en nutrientes que se usaron para estimular el crecimiento de diferentes tipos de bacterias.

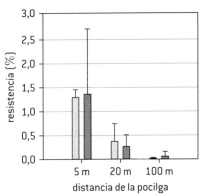

Fuente: Ghosh, S.; Lapara, T. M. "The effects of subtherapeutic antibiotic use in farm animals on the proliferation and persistence of antibiotic resistance among soil bacteria". *The International Society for Microbial Ecology Journal*. 2007. N.° 1, p. 191–203.

1 a) Indica la relación entre el porcentaje de resistencia a los antibióticos y la distancia de la pocilga. [1]

b) Explica la diferencia en la resistencia a los antibióticos entre las poblaciones de bacterias cercanas a la pocilga y las poblaciones lejanas a la pocilga. [4]

2 Predice si el porcentaje de resistencia a los antibióticos habría sido inferior a 200 metros de la pocilga que a 100 metros. [3]

3 Discute el uso de dosis subterapéuticas de antibióticos en los piensos para animales. [2]

5.3 Clasificación de la biodiversidad

Comprensión

→ El sistema binomial de los nombres para las especies tiene un uso universal entre los biólogos y ha sido acordado y desarrollado en toda una serie de congresos.

→ Cuando se descubren nuevas especies reciben un nombre científico siguiendo el sistema binomial.

→ Los taxónomos clasifican las especies usando una jerarquía de taxones.

→ Todos los organismos se clasifican dentro de tres dominios.

→ Los taxones principales para clasificar a los eucariotas son el reino, el fílum, la clase, el orden, la familia, el género y la especie.

→ En una clasificación natural, el género y los taxones superiores acompañantes abarcan todas las especies que han evolucionado a partir de una especie ancestral común.

→ Los taxónomos a veces reclasifican grupos de especies cuando se tienen nuevas pruebas que demuestran que un taxón previo incluye especies que han evolucionado a partir de especies ancestrales diferentes.

→ Las clasificaciones naturales ayudan a identificar especies y permiten predecir las características compartidas por las especies dentro de un grupo.

 ## Aplicaciones

→ Clasificación de una especie vegetal y otra animal desde el dominio hasta el nivel de especie.

→ Reconocimiento de los rasgos externos de las briofitas, filicinofitas, coniferofitas y angiospermofitas.

→ Reconocimiento de los rasgos de los poríferos, cnidarios, platelmintos, anélidos, moluscos, artrópodos y cordados.

→ Reconocimiento de los rasgos de las aves, los mamíferos, los anfibios, los reptiles y los peces.

Habilidades

→ Construcción de claves dicotómicas para su uso en la identificación de especímenes.

 ## Naturaleza de la ciencia

→ Cooperación y colaboración entre grupos de científicos: los científicos emplean el sistema binomial para identificar especies, en lugar de usar los innumerables nombres locales.

 ## Clasificación y cooperación internacional

Cooperación y colaboración entre grupos de científicos: los científicos emplean el sistema binomial para identificar especies, en lugar de usar los innumerables nombres locales.

Los biólogos llaman especies a los grupos identificables de organismos. La misma especie puede tener diferentes nombres locales, incluso en el mismo idioma. Por ejemplo, en Inglaterra la especie de planta conocida por los científicos como *Arum maculatum* se llama *lords-and-ladies, cuckoo-pint, jack in the pulpit, devils and angels, cows and bulls, willy lily* y *snake's meat*. En francés, también hay una variedad de nombres locales: *la chandelle, le pied-de-veau, le manteau de la Sainte-Vierge, la pilette* o *la vachotte*. En español hay todavía más nombres para esta especie: comida de culebra, alcatrax, barba de arón, dragontia menor, hojas de fuego, vela del diablo y yerba del quemado. En español también se utiliza el nombre "primaveras" para *Arum maculatum*, que en otros idiomas se refiere a una planta diferente.

Los nombres locales pueden ser una parte valiosa de la cultura de una zona, pero la ciencia es una actividad internacional, por lo que se necesitan nombres científicos que sean comprensibles en todo el mundo. El sistema binomial que se ha desarrollado es un buen ejemplo de cooperación y colaboración entre los científicos.

Nuestro sistema moderno de nomenclatura de especies se debe en gran medida al biólogo sueco Carolus Linnaeus, que en el siglo XVIII introdujo un sistema de nombres con dos partes. Esta genialidad constituyó la base del sistema binomial que está todavía en uso hoy en día. De hecho, el sistema de Linnaeus reflejaba un estilo de nomenclatura que ya se había utilizado antes en muchos idiomas. Este estilo reconoce

que hay grupos de especies similares, así que el nombre de cada especie de un grupo consta del nombre genérico del grupo seguido de un nombre específico, como αδιαυτου το λευκον y αδιαυτου το μεαυ en griego clásico (usado por Teofrasto), *anagallis mas* y *anagallis femina* en latín (usado por Plinio), weiss Seeblumen y geel Seeblumen en alemán (usado por Fuchs), wild mynte y water mynte en inglés (usado por Turner) y jambu bol y jambu chilli en malayo (que los malasios utilizan para especies diferentes de *Eugenia*).

▲ Figura 1 *Arum maculatum*

Desarrollo del sistema binomial

El sistema binomial de los nombres para las especies tiene un uso universal entre los biólogos y ha sido acordado y desarrollado en toda una serie de congresos.

A fin de garantizar que todos los biólogos utilicen el mismo sistema de nombres para los organismos vivos, se celebran regularmente congresos a los que asisten delegados de todo el mundo. Hay congresos específicos para animales y para plantas y hongos.

A finales del siglo XIX, todos los años se celebró el Congreso Internacional de Botánica (IBC, por sus siglas en inglés). En el IBC celebrado en Génova en 1892 se propuso que el año 1753 fuese considerado como el punto de partida para los géneros y las especies de plantas y hongos, ya que este fue el año en que Linnaeus publicó *Species Plantarum*, la obra que formuló binomios sistemáticos para todas las especies del reino vegetal conocidas hasta entonces. En el IBC celebrado en Viena en 1905, se aceptó con 150 votos a favor y 19 en contra la regla de que "la nomenclature botanique commence avec Linné, *Species Plantarum* (ann. 1753) pour les groupes de plantes vasculaires". El decimonoveno IBC se celebrará en Shenzhen (China) en el año 2017.

▲ Figura 2 *Linnaea borealis*. A menudo se eligen binomios para honrar a un biólogo, o para describir una característica del organismo. *Linnaea borealis* fue nombrada en honor a Carolus Linnaeus, el biólogo sueco que introdujo el sistema de nomenclatura binomial y nombró numerosas plantas y animales aplicando dicho sistema.

El primer Congreso Internacional de Zoología se celebró en París en 1889. Se reconoció que hacían falta reglas aceptadas internacionalmente para nombrar y clasificar las especies animales, y dichas reglas se acordaron en este congreso y en los subsiguientes. Se eligió el año 1758 como fecha de inicio de los nombres válidos de las especies animales, pues ese fue el año en que Linnaeus publicó *Systema Natura*, obra en la que formuló binomios para todas las especies animales conocidas hasta entonces. El actual Código Internacional de Nomenclatura Zoológica se encuentra en su 4.ª edición y, sin duda, habrá más ediciones en el futuro conforme los científicos vayan perfeccionando los métodos para nombrar las especies.

El sistema binomial

Cuando se descubren nuevas especies reciben un nombre científico siguiendo el sistema binomial.

El sistema que utilizan los biólogos se llama nomenclatura binomial porque el nombre internacional de cada especie consta de dos palabras (como en el ejemplo de *Linnaea borealis*, en la figura 2). La primera es el nombre del género —un género es un grupo de especies que comparten ciertas características— y la segunda es el nombre específico o de la especie. Existen diversas normas sobre la nomenclatura binomial:

- El nombre del género comienza con una letra mayúscula y el nombre de la especie con una letra minúscula.

- En texto mecanografiado o impreso, el binomio va en cursiva.

- Después de que el binomio aparezca completo una vez en el texto, puede abreviarse usando la letra inicial del nombre del género seguida del nombre completo de la especie; por ejemplo: *L. borealis*.

- El primer nombre publicado para una especie es el correcto (a partir de 1753 para especies de plantas y de 1758 para animales).

La jerarquía de taxones

Los taxónomos clasifican las especies usando una jerarquía de taxones.

La palabra "taxón" viene del griego y designa a un grupo de cosas. En biología, las especies se categorizan o clasifican en taxones. Cada especie se clasifica en un género, y los géneros se agrupan en familias. La figura 3 muestra un ejemplo de los géneros y especies de una familia. Las familias se agrupan en órdenes, los órdenes en clases y así sucesivamente hasta el nivel de reino o dominio. Los taxones forman una jerarquía, pues cada taxón incluye taxones del nivel inferior. Según se asciende en la jerarquía, los taxones incluyen un número cada vez mayor de especies, las cuales comparten cada vez menos características.

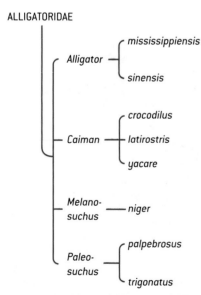

ALLIGATORIDAE

Alligator
- *mississippiensis*
- *sinensis*

Caiman
- *crocodilus*
- *latirostris*
- *yacare*

Melanosuchus
- *niger*

Paleosuchus
- *palpebrosus*
- *trigonatus*

▲ Figura 3 Clasificación de la familia del aligátor

Los tres dominios

Todos los organismos se clasifican dentro de tres dominios.

Los sistemas de clasificación tradicionales reconocen dos grandes categorías de organismos basadas en los tipos de células: eucariotas y procariotas. Esta clasificación hoy en día se considera inadecuada porque se ha descubierto que los procariotas son muy diversos. Particularmente, cuando se determinó la secuencia de bases del ARN ribosomal, se hizo evidente que hay dos grupos distintos de procariotas a los que se denominó Eubacteria y Archaea.

Por lo tanto, la mayoría de los sistemas de clasificación ahora reconocen tres grandes categorías de organismos: Eubacteria, Archaea y Eucarya. Estas categorías se denominan dominios, así que todos los organismos se clasifican en tres dominios. La tabla 1 muestra algunas de las características que los distinguen. Los miembros de estos dominios se conocen generalmente como bacterias, arqueas y eucariotas. Las bacterias y los eucariotas son relativamente familiares para la mayoría de los biólogos, pero las arqueas suelen ser menos conocidas.

Característica	Dominio		
	Eubacteria	**Archaea**	**Eucarya**
Histonas asociadas al ADN	No hay.	Hay proteínas semejantes a las histonas unidas al ADN.	Hay.
Presencia de intrones	No hay o rara vez hay.	Hay en algunos genes.	Son frecuentes.
Estructura de las paredes celulares	Está hecha de una sustancia química llamada peptidoglicano.	No está hecha de peptidoglicano.	No está hecha de peptidoglicano; no siempre hay.
Diferencias en las membranas celulares	Lípidos unidos a glicerol mediante enlaces éster; cadenas laterales no ramificadas; glicerol de forma D.	Lípidos unidos a glicerol mediante enlaces éter; cadenas laterales no ramificadas; glicerol de forma L.	Lípidos unidos a glicerol mediante enlaces éster; cadenas laterales no ramificadas; glicerol de forma D.

▲ Tabla 1

Las arqueas se encuentran en una amplia variedad de hábitats, como la superficie del océano, los sedimentos del fondo del océano e incluso los depósitos de petróleo muy por debajo de la superficie de la Tierra. También se encuentran en algunos hábitats bastantes extremos, como el agua con concentraciones de sal muy altas o temperaturas cercanas a la ebullición. Los metanógenos son anaerobios obligados y emiten metano como producto de desecho de su metabolismo; viven en los intestinos del ganado y en el sistema digestivo de las termitas y son los responsables de la producción del gas metano o "gas de los pantanos" en los pantanos.

Los virus no se clasifican en ninguno de los tres dominios. Aunque tienen genes que codifican proteínas utilizando el mismo código genético que los organismos vivos, comparten muy pocas características con los seres vivos.

Actividad

Identificación de un reino

A continuación se definen las características de los organismos de uno de los reinos. ¿Puedes deducir cuál?

Multicelulares; células normalmente unidas por enlaces intercelulares; matriz extracelular con proteínas fibrosas, normalmente colágenos, entre dos epitelios distintos; reproducción sexual, con la producción de un óvulo que es fertilizado por un espermatozoide a menudo monociliado; fagotróficos y osmotróficos; sin pared celular.

▲ Figura 5 Las algas pardas han sido clasificadas como protistas.

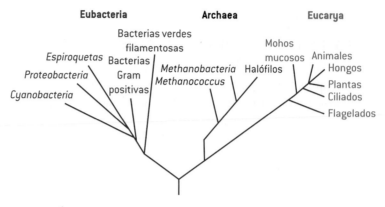

▲ Figura 4 Árbol filogenético que muestra las relaciones entre los organismos vivos basadas en las secuencias de bases del ARN ribosómico

Clasificación de los eucariotas

Los taxones principales para clasificar a los eucariotas son el reino, el fílum, la clase, el orden, la familia, el género y la especie.

Los eucariotas se clasifican en reinos. Cada reino se divide en filos (plural de fílum), que a su vez se dividen en clases y, a continuación, en órdenes, familias y géneros. La jerarquía de taxones para clasificar a los eucariotas es así: reino, fílum, clase, orden, familia, género y especie.

La mayoría de los biólogos reconoce cuatro reinos de eucariotas: plantas, animales, hongos y protistas. El último es el más controvertido, porque los protistas son muy diversos y deberían dividirse en más reinos, pero en la actualidad no existe consenso sobre cómo sería esta división.

🌐 Ejemplos de clasificación

Clasificación de una especie vegetal y otra animal desde el dominio hasta el nivel de especie

Los animales y las plantas son reinos del dominio Eucarya. La tabla 2 muestra la clasificación de una planta y de un animal desde el reino hasta la especie.

Taxón	Lobo	Palmera datilera
Reino	Animalia	Plantae
Fílum	Chordata	Angiospermophyta
Clase	Mammalia	Monocotyledoneae
Orden	Carnivora	Palmales
Familia	Canidae	Arecaceae
Género	*Canis*	*Phoenix*
Especie	*lupus*	*dactylifera*

▲ Tabla 2

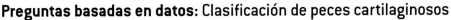

Preguntas basadas en datos: Clasificación de peces cartilaginosos

Todos los peces que se muestra en la figura 6 son de la clase Chondrichthyes. Son los peces más comunes de esta clase en el noroeste de Europa.

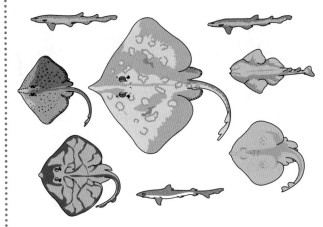

▲ Figura 6 Peces cartilaginosos en mares del noroeste de Europa

1 Indica el reino al que pertenecen todas las especies de la figura 6. [1]

2 a) Cuatro de los peces de la figura 6 pertenecen al mismo género. Deduce cuáles son. [1]

b) Deduce, aportando una razón, si estos cuatro peces pertenecen a:

(i) La misma especie o especies diferentes [2]

(ii) La misma familia o familias diferentes [2]

c) Indica dos características de estos cuatro peces que no tienen los otros cuatro. [2]

3 Los otros cuatro peces se clasifican en dos órdenes. Deduce, aportando una razón, cómo se dividen los cuatro peces en dos órdenes. [2]

Clasificación natural

En una clasificación natural, el género y los taxones superiores acompañantes abarcan todas las especies que han evolucionado a partir de una especie ancestral común.

Existe un consenso científico para clasificar las especies de la manera que más se aproxime a cómo evolucionaron. Según esta convención, todos los miembros de un género o un taxón superior deben tener un antepasado común: a esto se le llama clasificación natural. Por su ascendencia común, cabe esperar que los miembros de un grupo natural compartan muchas características.

Un ejemplo de clasificación no natural o artificial sería agrupar las aves, los murciélagos y los insectos todos juntos porque vuelan. La capacidad de volar evolucionó por separado en estos grupos y, como no tienen un antepasado común, difieren en muchos aspectos. No sería apropiado clasificarlos juntos, salvo para colocarlos a todos en el reino animal y a las aves y los murciélagos en el fílum Chordata. En el pasado las plantas y los hongos se clasificaron juntos, posiblemente porque tienen paredes celulares y no se mueven, pero esta clasificación es artificial ya que sus paredes celulares evolucionaron por separado y las investigaciones moleculares han demostrado que no guardan más parecido entre sí que con los animales.

No siempre está claro qué grupos de especies comparten un antepasado, así que la clasificación natural puede ser problemática. La evolución convergente puede hacer que organismos emparentados de forma lejana sean similares a la vista, mientras que la radiación adaptativa puede hacer que organismos estrechamente emparentados parezcan diferentes. En el pasado, la clasificación natural se basaba en la observación del mayor número posible de características visibles, pero el uso de nuevos métodos moleculares ha dado lugar a cambios significativos en la clasificación de algunos grupos. El subtema 5.4 ofrece más detalles al respecto.

Teoría del Conocimiento

¿Qué factores influyen en el desarrollo de un consenso científico?

En su obra *Species Plantarum* de 1753, Carolus Linnaeus introdujo binomios sistemáticos para todas las especies del reino vegetal conocidas hasta entonces. Así, el binomio *Physalis angulata* dejó obsoleta su anterior denominación: *Physalis annua ramosissima, ramis angulosis glabris, foliis dentato-serratis*. Linnaeus devolvió a la nomenclatura científica de las plantas la sencillez y brevedad de la nomenclatura vernácula en la que tuvo su origen. Los nombres populares de las especies rara vez superan las tres palabras. Para distinguir entre especies tan parecidas que pertenecen al mismo grupo en lengua vernácula, se suele adjuntar un nombre específico al nombre del grupo.

En el Congreso Internacional de Botánica celebrado en Génova en 1892 se propuso que el año 1753 fuese considerado como el punto de partida para los géneros y las especies. Así quedó incorporado en el Código Rochester de Estados Unidos en 1892 y en el código utilizado por el Botanisches Museum de Berlín, y fue apoyado por el Museo Británico de Historia Natural, los botánicos de la Universidad de Harvard y un grupo de botánicos suizos y belgas. En el Congreso Internacional de Botánica celebrado en Viena en 1905, se aceptó con 150 votos a favor y 19 en contra la regla de que "la nomenclature botanique commence avec Linné, *Species Plantarum* (ann. 1753) pour les groupes de plantes vasculaires".

1   ¿Por qué se adoptó el sistema de Linnaeus, en lugar de cualquier otro, como sistema internacional para nombrar las plantas?

2   ¿Por qué las reglas de nomenclatura internacionales estipulan que los nombres del género y la especie deben ser en griego clásico o en latín?

3   Votar para tomar decisiones es algo inusual en la ciencia. ¿Por qué se hace así en los Congresos Internacionales de Botánica? ¿Qué cuestiones de conocimiento se asocian a este método de toma de decisiones?

Revisión de la clasificación

Los taxónomos a veces reclasifican grupos de especies cuando se tienen nuevas pruebas que demuestran que un taxón previo incluye especies que han evolucionado a partir de especies ancestrales diferentes.

A veces surgen nuevas pruebas que demuestran que los miembros de un grupo no tienen un antepasado común y resulta necesario dividir el grupo en dos o más taxones. A la inversa, otras veces se descubre una estrecha relación entre especies que estaban clasificadas en diferentes taxones, por lo que es necesario unir dos o más taxones o trasladar especies de un género a otro o entre taxones superiores.

La clasificación de los seres humanos ha causado más controversia que cualquier otra especie. Según los procedimientos taxonómicos normales, los seres humanos pertenecen al orden Primates y a la familia Hominidae. Se ha debatido ampliamente sobre cuáles de los grandes simios se deberían incluir en esta familia. Originalmente todos los grandes simios se clasificaron en otra familia, Pongidae, pero las investigaciones han demostrado que los chimpancés y los gorilas son más cercanos a los seres humanos que a los orangutanes y, por tanto, deben considerarse de la misma familia. Esto dejaría solos a los orangutanes en la familia Pongidae. La mayoría de las pruebas sugiere que los chimpancés son más cercanos a los seres humanos que los gorilas, así que, si los seres humanos y los chimpancés se colocan en diferentes géneros, los gorilas también deberían tener un género aparte. La figura 7 muestra un esquema de esta clasificación.

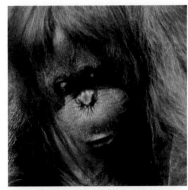

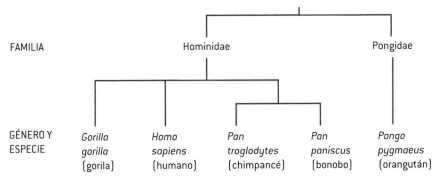

▲ Figura 7 Clasificación de los seres humanos

Ventajas de la clasificación natural

Las clasificaciones naturales ayudan a identificar especies y permiten predecir las características compartidas por las especies dentro de un grupo.

Actualmente existe un gran interés en la biodiversidad mundial. Grupos de biólogos están estudiando áreas donde hasta ahora se habían realizado pocas investigaciones con el fin de averiguar qué especies hay presentes. A veces incluso se descubren nuevas especies en lugares muy conocidos del mundo. La clasificación natural de las especies resulta muy útil en la investigación de la biodiversidad. Ofrece dos ventajas concretas:

▲ Figura 8 Miembros de las familias Hominidae y Pongidae

1   Facilita la identificación de las especies. Si se encuentra un ejemplar de un organismo y no resulta obvio a qué especie pertenece, puede identificarse primero su reino, después el fílum dentro del reino, la clase dentro del fílum y así sucesivamente hasta llegar a la especie. Se pueden utilizar claves dicotómicas para facilitar este proceso. Con una clasificación artificial no se obtendrían tan buenos resultados; por ejemplo, si las plantas con flores se clasificasen según el color de su flor y se descubriese un jacinto silvestre (*Hyacinthoides non-scripta*) de flor blanca, no se identificaría correctamente porque esta especie normalmente tiene flores de color azul.

2   En una clasificación natural, todos los miembros de un grupo han evolucionado a partir de una especie ancestral común y, por tanto, heredan características similares. Esto permite predecir las características de las especies de un grupo. Por ejemplo, si se encuentra una sustancia química que es útil como medicamento en una planta de un género, es probable que esa misma sustancia u

Actividad

Control del mildiú de la patata

Phytophthora infestans, el organismo que causa la enfermedad del mildiú de la patata, tiene hifas y fue clasificado como un hongo, pero la biología molecular ha demostrado que no es un verdadero hongo y que debe clasificarse en un reino diferente, posiblemente Protista. El mildiú de la patata ha resultado ser difícil de controlar con fungicidas. Discute por qué.

otras relacionadas se encuentren en otras especies de este género. Si se descubriese una nueva especie de murciélago, podríamos hacer muchas predicciones que con gran probabilidad serían correctas: el murciélago tendrá pelo, glándulas mamarias, una placenta, un corazón de cuatro cámaras y muchas otras características de los mamíferos. No sería posible realizar ninguna de estas predicciones si los murciélagos se hubiesen clasificado artificialmente con todos los demás organismos voladores.

⚗ Claves dicotómicas

Construcción de claves dicotómicas para su uso en la identificación de especímenes

A menudo se construyen claves dicotómicas para usarlas en la identificación de especies dentro de un grupo. Una dicotomía es una división en dos partes; una clave dicotómica se compone de una serie numerada de pares de descripciones. Una de estas descripciones debe coincidir claramente con la especie y la otra debe ser claramente falsa. Por tanto, las características que el diseñador de la clave decida utilizar en las descripciones deben ser fiables y fácilmente visibles. Cada uno de los pares de descripciones lleva a otro par de descripciones en la clave o bien a la identificación de la especie.

La tabla 3 es un ejemplo de una clave. Podemos usarla para identificar la especie de la figura 9. En el primer par de descripciones de la clave, debemos decidir si se ven extremidades traseras. En este caso no, así que pasamos al par de descripciones 6 de la clave. Ahora debemos decidir si la especie tiene un espiráculo o respiradero. Como no lo tiene, entonces es un dugón o un manatí. Una clave más completa tendría otro par de descripciones para distinguir entre los dugones y los manatíes.

1	Tiene extremidades delanteras y traseras, puede salir a la tierra....	2
	Solo tiene extremidades delanteras, no puede vivir en la tierra	6
2	Las extremidades delanteras y traseras tienen garras	3
	Las extremidades delanteras y traseras tienen aletas	4
3	La piel es oscura	nutrias de mar
	La piel es blanca	osos polares
4	La oreja tiene una parte externa ...... leones marinos y osos marinos	
	La oreja no tiene una parte externa	5
5	Tiene dos colmillos largos	morsas
	No tiene colmillos	focas grises
6	Respiración bucal, no tiene respiradero .... dugones y manatíes	
	Respira a través de respiraderos	7
7	Tiene dos respiraderos, no tiene dientes .... cetáceos barbados	
	Tiene un respiradero, tiene dientes .... delfines, marsopas y ballenas	

▲ Tabla 3 Clave para grupos de mamíferos marinos

▲ Figura 9 Manatí

Actividad

Construcción de claves dicotómicas

Las claves generalmente se diseñan para usarlas en una determinada zona. Todos los grupos o especies que se encuentran en esa zona pueden identificarse con la clave. Puede haber un grupo de organismos en tu zona para los cuales nunca se haya diseñado una clave.

- Podrías diseñar una clave para los árboles de un bosque local o de tu colegio, utilizando descripciones de sus hojas o de las cortezas.

- Podrías diseñar una clave para las aves que visitan los puntos de alimentación de aves en tu zona.

- Podrías diseñar una clave para los invertebrados que se asocian con una especie de planta particular.

- Podrías diseñar una clave para las huellas de mamíferos y aves. Las que se muestran en la figura 10 son todas huellas delanteras derechas y no están dibujadas a escala.

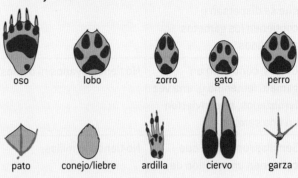

▲ Figura 10 Huellas de mamíferos y aves

Plantas

Reconocimiento de los rasgos externos de las briofitas, filicinofitas, coniferofitas y angiospermofitas

Todas las plantas pertenecen a un mismo reino. En el ciclo vital de cada planta, se forman gametos masculinos y femeninos y se fusionan. El cigoto así formado se convierte en un embrión. La forma en la que se desarrolla este embrión depende del tipo de planta. Los diferentes tipos de plantas se clasifican en filos.

La mayoría de las plantas está en uno de cuatro filos, aunque hay otros filos más pequeños; por ejemplo, el árbol *Ginkgo biloba* pertenece a uno de

los filos más pequeños. Los cuatro filos principales de las plantas son:

- Briofitas: musgos, hepáticas y antocerotas
- Filicinofitas: helechos
- Coniferofitas: coníferas
- Angiospermofitas: plantas con flores

Los rasgos externos que permiten reconocer estos filos se muestran en la tabla 4.

	Briofitas	Filicinofitas	Coniferofitas	Angiospermofitas
Órganos vegetativos: partes de la planta responsables del crecimiento, no de la reproducción.	Tienen rizoides, pero no verdaderas raíces. Algunas tienen tallos y hojas simples; otras tienen solo un talo.	Generalmente tienen raíces, tallos y hojas.		
Tejido vascular: tejidos con estructuras tubulares que se usan para el transporte dentro de la planta.	No tienen xilema ni floema.	Tienen xilema y floema.		

Cámbium: células entre el xilema y el floema que pueden producir más de estos tejidos.	No tienen cámbium; no son verdaderos árboles ni arbustos.	Las coníferas y la mayoría de las angiospermas tienen cámbium, responsable del engrosamiento secundario de tallos y raíces y del desarrollo de las plantas en árboles y arbustos.	
Polen: pequeñas estructuras que se dispersan y contienen los gametos masculinos.	No producen polen.	Producen polen en los conos masculinos.	Producen polen en las anteras de las flores.
Óvulos: contienen un gameto femenino y, una vez fertilizados, se convierten en una semilla.	No tienen ovarios ni óvulos.	Producen óvulos en los conos femeninos.	Los óvulos se encuentran dentro de los ovarios de las flores.
Semillas: unidades que contienen un embrión de la planta y reservas de alimentos dentro de un tegumento y que pueden dispersarse.	No tienen semillas.	Producen semillas y las dispersan.	
Frutos: semillas cubiertas por un pericarpio que se desarrolla a partir de la pared del ovario.	No producen frutos.		Producen frutos para dispersar las semillas por métodos mecánicos o por la acción del viento o los animales.

▲ Tabla 4

Filos animales

Reconocimiento de los rasgos de los poríferos, cnidarios, platelmintos, anélidos, moluscos, artrópodos y cordados

Los animales se dividen en más de 30 filos según sus características. Seis de estos filos aparecen en la tabla 5. La figura 11 muestra dos ejemplos de cada uno.

Fílum	Boca/ano	Simetría	Esqueleto	Otros rasgos externos
Poríferos: esponjas con forma de abanico, esponjas con forma de copa, esponjas tubulares, esponjas de cristal.	No tienen boca ni ano.	Ninguna	Espículas internas (agujas)	Tienen muchos poros en la superficie por los que entra el agua para filtrar el alimento. Presentan formas muy variadas.

Cnidarios: hidras, medusas, corales, anémonas de mar.	Solo tienen boca.	Radial	Blando, pero los corales duros segregan $CaCO_3$.	Tienen tentáculos dispuestos en anillos alrededor de la boca, con células urticantes. Pólipos o medusas.
Platelmintos: gusanos planos, trematodos, cestodos.	Solo tienen boca.	Bilateral	Blando, sin esqueleto	Tienen cuerpos planos y finos con forma de cinta. Carecen de circulación sanguínea y de un sistema para el intercambio de gases.
Anélidos: poliquetos marinos, oligoquetos, sanguijuelas.	Tienen boca y ano.	Bilateral	Cavidad interna con líquido bajo presión	Sus cuerpos se componen de muchos segmentos en forma de anillo, a menudo con cerdas. Sus vasos sanguíneos son a menudo visibles.
Moluscos: bivalvos, gasterópodos, caracoles, quitones, calamares, pulpos.	Tienen boca y ano.	Bilateral	La mayoría tienen una concha hecha de $CaCO_3$.	Un borde del manto (la pared del cuerpo) segrega la concha. Utilizan un órgano raspador, la rádula, para alimentarse.
Artrópodos: insectos, arácnidos, crustáceos, miriápodos.	Tienen boca y ano.	Bilateral	Esqueleto externo hecho de placas de quitina	Tienen cuerpos segmentados y patas u otros apéndices con articulaciones entre sus partes.

▲ Tabla 5 Características de seis filos animales

1 Estudia los organismos que se muestran en la figura 11 y asigna a cada uno su fílum. [7]

2 Enumera los organismos que:

   a) Tienen simetría bilateral

   b) Tienen simetría radial

   c) No tienen estructura simétrica [3]

3 Enumera los organismos que tienen:

   a) Apéndices articulados

   b) Tentáculos urticantes

   c) Cerdas [3]

4 Enumera los organismos que se alimentan por filtración bombeando agua a través de tubos dentro de sus cuerpos. [2]

 Vertebrados

Reconocimiento de los rasgos de las aves, los mamíferos, los anfibios, los reptiles y los peces

La mayoría de las especies de cordados pertenecen a una de las cinco clases principales, cada una de las cuales contiene más de mil especies. Aunque las cifras no son seguras y a veces aún se descubren nuevas especies, hay unas 10.000 especies de aves, 9.000 de reptiles, 6.000 de anfibios y 5.700 de mamíferos. Todas estas clases son superadas en número por los peces óseos con aletas radiadas, que cuentan con más de 30.000 especies. Los rasgos que permiten reconocer las cinco clases más numerosas de cordados se muestran en la tabla 6. Todos estos organismos son vertebrados, porque tienen una columna vertebral compuesta de vértebras.

Adocia cinerea *Alcyonium glomeratum*

Nymphon gracilis *Pycnogonum littorale*

Corynactis viridis *Lepidonotus clara*

Polymastia mammiliaris *Cyanea capillata*

Procerodes littoralis

Loligo forbesii

Arenicola marina

Prostheceraeus vittatus

Caprella linearis

Gammarus locusta

▲ Figura 11 Diversidad de invertebrados

Peces óseos con aletas radiadas	Anfibios	Reptiles	Aves	Mamíferos
Escamas, que son placas óseas en la piel	Piel suave y húmeda permeable al agua y a los gases	Piel impermeable cubierta de escamas de queratina	Piel con plumas hechas de queratina	Piel con folículos de pelo hecho de queratina
Branquias cubiertas por un opérculo, con una hendidura branquial	Pulmones simples con pequeños pliegues y piel húmeda para el intercambio de gases	Pulmones con muchos pliegues para aumentar su área	Pulmones con una especie de tubos llamados parabronquios, ventilados usando sacos de aire	Pulmones con alvéolos, ventilados usando costillas y un diafragma
Sin extremidades	Tetrápodos con extremidades pentadáctilas			
Aletas radiadas	Cuatro patas en la edad adulta	Cuatro patas (en la mayoría de las especies)	Dos patas y dos alas	Cuatro patas en la mayoría de las especies (o dos patas y dos alas o brazos)
Liberan óvulos y espermatozoides para que haya fertilización externa.		El macho libera espermatozoides en la hembra para que haya fertilización interna.		
Permanecen en el agua toda su vida.	En la etapa larval viven en el agua y en la etapa adulta viven normalmente en la tierra.	La hembra pone huevos con cáscara blanda.	La hembra pone huevos con cáscara dura.	La mayoría pare crías vivas y todas las especies alimentan a sus crías con leche de las glándulas mamarias.
Vejiga natatoria que contiene gases para la flotabilidad	Huevos recubiertos de gelatina protectora	Todos los dientes del mismo tipo, sin partes vivas	Pico, sin dientes	Dientes de diferentes tipos con una parte viva
No mantienen una temperatura corporal constante.			Mantienen una temperatura corporal constante.	

▲ Tabla 6

5.4 Cladística

Comprensión

→ Un clado es un grupo de organismos que han evolucionado a partir de un ancestro común.

→ Las pruebas de qué especies forman parte de un clado se pueden obtener de las secuencias de bases de un gen o de la secuencia de aminoácidos correspondiente de una proteína.

→ Las diferencias en las secuencias se acumulan de forma gradual, de modo que hay una correlación positiva entre el número de diferencias que hay entre dos especies y el momento a partir del que divergieron de un ancestro común.

→ Los rasgos pueden ser análogos u homólogos.

→ Los cladogramas son diagramas en forma de árbol que muestran la secuencia más probable de divergencia en clados.

→ Las pruebas aportadas por la cladística han mostrado que las clasificaciones de algunos grupos basadas en la estructura no se correspondían con los orígenes evolutivos de un grupo o de una especie.

Aplicaciones

→ Cladogramas que incluyan a los seres humanos y a otros primates.

→ Reclasificación de la familia de las escrofulariáceas a través de las pruebas de la cladística.

Habilidades

→ Análisis de cladogramas para deducir relaciones evolutivas.

Naturaleza de la ciencia

→ Refutación de teorías, donde una teoría es reemplazada por otra: las familias de plantas han sido reclasificadas como resultado de las pruebas aportadas por la cladística.

Clados

Un clado es un grupo de organismos que han evolucionado a partir de un ancestro común.

Las especies pueden evolucionar con el tiempo y dividirse para formar una especie nueva. Esto ha sucedido repetidamente con algunas especies muy competentes, de forma que ahora hay grandes grupos de especies que provienen todos de un ancestro común. Estos grupos de especies pueden identificarse buscando características comunes. Un clado es un grupo de organismos que ha evolucionado a partir de un ancestro común.

Los clados incluyen todas las especies vivas actualmente, así como la especie ancestral común y cualquier otra especie que evolucionó a partir de esta y luego se extinguió. Pueden ser muy grandes e incluir miles de especies, o ser muy pequeños y contar con solo unas pocas especies. Por ejemplo, las aves forman un clado muy grande con unas 10.000 especies vivas que han evolucionado a partir de una especie ancestral común. El árbol *Ginkgo biloba* es la única especie viva de un clado que evolucionó hace unos 270 millones de años; hubo otras especies en este clado, pero están extinguidas.

Actividad

El proyecto EDGE of Existence

El objetivo de este proyecto es identificar especies animales que tienen pocas especies emparentadas o ninguna —por tanto, pertenecen a clados muy pequeños— y evaluar su estado de conservación. De esta forma, se preparan listas de especies distintas desde el punto de vista evolutivo que están en peligro de extinción y es posible concentrar las labores de conservación en estas especies en lugar de otras que no están amenazadas o que tienen parientes cercanos. En

algunos casos estas especies son las últimas de un clado que ha existido durante decenas o cientos de millones de años y sería una tragedia que se extinguieran como resultado de las actividades humanas.

¿Qué especies de las listas del proyecto EDGE se encuentran en la parte del mundo donde tú vives y qué puedes hacer para ayudar a conservarlas?

http://www.edgeofexistence.org/species/

▲ Figura 1 Dos especies de las listas del proyecto EDGE: *Loris tardigradus tardigradus* (loris esbelto de Horton Plains) de Sri Lanka y *Bradypus pygmaeus* (perezoso pigmeo) de la Isla Escudo de Veraguas, una pequeña isla frente a la costa de Panamá

Identificación de los miembros de un clado

Las pruebas de qué especies forman parte de un clado se pueden obtener de las secuencias de bases de un gen o de la secuencia de aminoácidos correspondiente de una proteína.

No siempre resulta obvio qué especies han evolucionado a partir de un ancestro común y, por tanto, deben incluirse en un clado.

Las pruebas más objetivas se obtienen de las secuencias de bases de los genes o las secuencias de aminoácidos de las proteínas. Cabe esperar que las especies con un ancestro común reciente presenten pocas diferencias en sus secuencias de bases o aminoácidos. A la inversa, las especies que pueden parecer similares en algunos aspectos pero divergieron de un ancestro común hace decenas de millones de años probablemente presentarán muchas diferencias.

Relojes moleculares

Las diferencias en las secuencias se acumulan de forma gradual, de modo que hay una correlación positiva entre el número de diferencias que hay entre dos especies y el momento a partir del que divergieron de un ancestro común.

Las diferencias en las secuencias de bases del ADN y, por tanto, en las secuencias de aminoácidos de las proteínas son el resultado de mutaciones y se acumulan de forma gradual durante largos períodos de tiempo. Hay pruebas de que las mutaciones ocurren a un ritmo más o menos constante y por eso pueden servir como reloj molecular. El número de diferencias en las secuencias puede utilizarse para deducir cuánto tiempo hace que una especie se separó de un ancestro común.

Por ejemplo, se ha secuenciado completamente el ADN mitocondrial de tres seres humanos y de cuatro primates emparentados. A partir de las diferencias entre sus secuencias de bases, se ha construido una ascendencia hipotética que se muestra en la figura 2. Usando las diferencias entre las secuencias de bases como reloj molecular, se ha deducido que la división entre los grupos se produjo en estas fechas aproximadas:

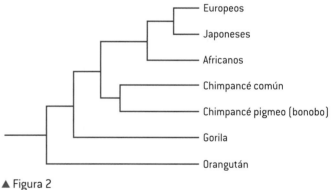

- Hace 70.000 años se separaron europeos y japoneses.

- Hace 140.000 años se separaron africanos y europeos/japoneses.

- Hace 5.000.000 de años se separaron humanos y chimpancés.

▲ Figura 2

Rasgos análogos y homólogos

Los rasgos pueden ser análogos u homólogos.

Las similitudes entre los organismos pueden ser homólogas o análogas.

- Las estructuras homólogas son similares debido a una ascendencia similar; por ejemplo, las alas del pollo, el brazo humano y otras extremidades pentadáctilas.

- Las estructuras análogas son similares debido a una evolución convergente; por ejemplo, el ojo humano y el ojo del pulpo tienen estructuras y funciones similares, pero son análogos porque evolucionaron independientemente.

En el pasado, las dificultades para distinguir entre las estructuras homólogas y análogas han llevado a veces a errores de clasificación.

Por esta razón, ahora rara vez se utiliza la morfología (forma y estructura) de los organismos para identificar a los miembros de un clado y se confía más en las pruebas obtenidas de las secuencias de bases o aminoácidos.

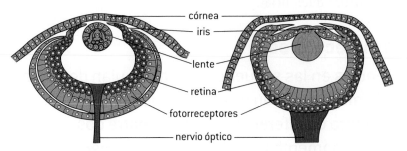

córnea
iris
lente
retina
fotorreceptores
nervio óptico

▲ Figura 3 El ojo humano (a la izquierda) y el ojo del pulpo (a la derecha) son análogos porque, aunque son bastante similares, han evolucionado independientemente.

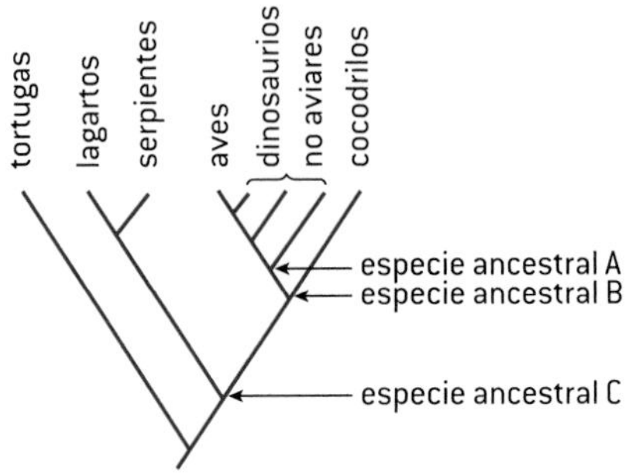

Cladogramas

Los cladogramas son diagramas en forma de árbol que muestran la secuencia más probable de divergencia en clados.

Un cladograma es un diagrama en forma de árbol basado en las semejanzas y diferencias entre las especies de un clado. Actualmente los cladogramas casi siempre se basan en las secuencias de bases o aminoácidos. Se han desarrollado programas informáticos que calculan cómo podrían haber evolucionado las especies de un clado con el menor número de cambios en la secuencia de bases o aminoácidos. A esto se le llama principio de parsimonia y, aunque no prueba cómo evolucionó en realidad un clado, puede indicar la secuencia de divergencia más probable.

Los puntos de ramificación de los cladogramas se denominan nodos. Generalmente un nodo se ramifica en dos clados, pero a veces hay tres o más. El nodo representa una especie ancestral hipotética que se dividió para formar dos o más especies. La opción B de este libro incluye instrucciones para elaborar cladogramas a partir de secuencias de bases utilizando programas informáticos.

La figura 4 es un ejemplo de un cladograma de aves y reptiles. Se ha basado en la morfología para poder incluir a los grupos ya extinguidos.

tortugas
lagartos
serpientes
aves
dinosaurios no aviares
cocodrilos

especie ancestral A
especie ancestral B

especie ancestral C

▲ Figura 4 Cladograma de la relación hipotética entre las aves y el grupo taxonómico tradicional de los "reptiles"

- Las aves, los dinosaurios no aviares y la especie ancestral A forman un clado llamado Dinosauria (dinosaurios).

- Las aves, los dinosaurios no aviares, los cocodrilos y la especie ancestral B forman parte de un clado llamado Archosauria (arcosaurios).

- Los lagartos, las serpientes y la especie ancestral C forman un clado llamado Squamata (escamosos).

Este cladograma sugiere que o bien las aves se deben considerar reptiles o es necesario dividir los reptiles en dos o más grupos, pues algunos reptiles están más estrechamente emparentados con las aves que con otros reptiles.

Actividad

La figura 5 muestra la representación de un artista de dos pterosaurios, que fueron los primeros cordados en desarrollar la capacidad de volar. No eran ni aves ni dinosaurios. ¿Dónde podrían encajar los pterosaurios en el cladograma de la figura 4?

▲ Figura 5 Dos pterosaurios en vuelo

Cladogramas de primates

Cladogramas que incluyen a los seres humanos y a otros primates

Los parientes más cercanos de los seres humanos son los chimpancés y los bonobos. Se ha secuenciado el genoma completo de estas tres especies, que ha proporcionado pruebas muy sólidas para la elaboración de un cladograma (figura 6). Los números que aparecen en el cladograma son estimaciones del tamaño de las poblaciones y las fechas en que se produjeron las separaciones. Se basan en un reloj molecular con una tasa de mutación de 10^{-9} año^{-1}.

La figura 7 es un cladograma de los primates y los otros grupos de mamíferos más estrechamente emparentados. Los primates son un orden de mamíferos que están adaptados para trepar a los árboles. Los seres humanos, los monos, los babuinos, los gibones y los lémures son primates.

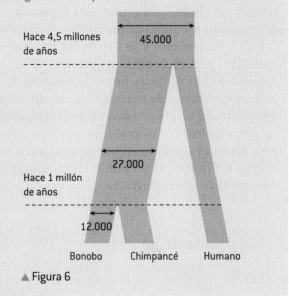

▲ Figura 6

 # Análisis de cladogramas

Análisis de cladogramas para deducir relaciones evolutivas

Se supone que las ramificaciones de un cladograma coinciden con los orígenes evolutivos de cada especie. La secuencia de divisiones de los nodos, por tanto, es una secuencia hipotética en la que divergieron los antepasados de clados existentes. Si dos clados de un cladograma parten de un mismo nodo es que son parientes relativamente cercanos. Si dos especies solo están conectadas por un nodo de varios niveles anteriores es que están menos emparentadas.

Algunos cladogramas incluyen números para indicar las diferencias entre la secuencias de bases o aminoácidos o entre los genes. Como se supone que los cambios genéticos ocurren a un ritmo relativamente constante, estos números se pueden utilizar para calcular cuánto tiempo hace que divergieron dos clados. A este método de estimación temporal se le llama reloj molecular. Algunos cladogramas se dibujan a escala de acuerdo con las estimaciones de cuándo se produjo cada divergencia.

Aunque los cladogramas pueden proporcionar pruebas sólidas de la historia evolutiva de un grupo, no constituyen una certeza clara y manifiesta de dicha historia. Los cladogramas se elaboran partiendo del supuesto de que el menor número posible de mutaciones dio lugar a las actuales diferencias entre las secuencias de bases o aminoácidos, pero a veces este supuesto es erróneo y las rutas evolutivas fueron más complejas. Por lo tanto, es importante analizar los cladogramas con cautela y, siempre que sea posible, comparar distintas versiones creadas independientemente usando diferentes genes.

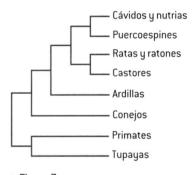

▲ Figura 7

Actividad

Un cladograma de los grandes simios

Los grandes simios son una familia de primates. Su denominación taxonómica es Hominidae. Hoy en día hay cinco especies en la Tierra y todas, excepto los seres humanos, están disminuyendo en número. La figura 6 es un cladograma de tres de esas especies. Utilizando la información siguiente, amplía el cladograma para incluir todos los grandes simios: la divergencia entre los seres humanos y los gorilas ocurrió hace aproximadamente 10 millones años y la divergencia entre los seres humanos y los orangutanes hace aproximadamente 15 millones años.

Preguntas basadas en datos: Orígenes de las tortugas y los lagartos

Los cladogramas basados en la morfología sugieren que las tortugas y los lagartos no forman un clado. Para probar esta hipótesis, se compararon los genes de microARN de nueve especies de cordados y se usaron los resultados obtenidos para elaborar el cladograma de la figura 8. Los números en el cladograma indican qué genes de microARN comparten los miembros de un clado, pero no los miembros de otros clados. Por ejemplo, los seres humanos y las zarigüeyas colicortas tienen seis genes de microARN que no están presentes en ningún otro cordado del cladograma.

1 Deduce, basándote en el cladograma, si los seres humanos están más estrechamente emparentados con la zarigüeya colicorta o con el ornitorrinco. [2]

2 Calcula cuántos genes de microARN hay en el clado de los mamíferos, pero no en los otros clados del cladograma. [2]

3 Discute si las pruebas aportadas por el cladograma respaldan la hipótesis de que las tortugas y los lagartos no forman un clado. [3]

4 Basándote en el cladograma, evalúa la clasificación tradicional de los cordados tetrápodos en anfibios, reptiles, aves y mamíferos. [3]

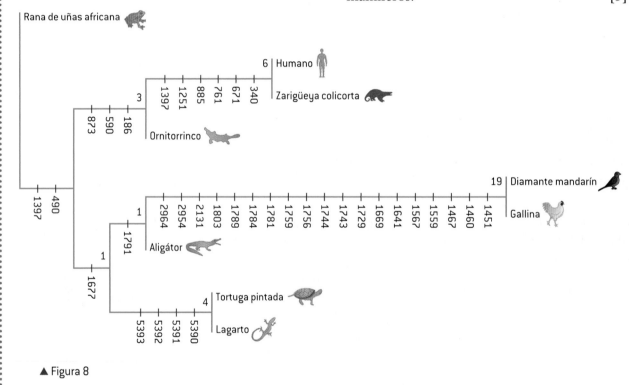

▲ Figura 8

Cladogramas y reclasificación

Las pruebas aportadas por la cladística han mostrado que las clasificaciones de algunos grupos basadas en la estructura no se correspondían con los orígenes evolutivos de un grupo o de una especie.

La elaboración de cladogramas basados en las secuencias de bases y aminoácidos solo fue posible a partir de finales del siglo XX. Antes no había datos sobre las secuencias ni se habían desarrollado programas informáticos para realizar los análisis. La elaboración de cladogramas y la identificación de los clados se conoce como cladística.

La cladística ha causado algunas revoluciones en la clasificación de plantas y animales. Gracias a los cladogramas, ahora está claro que la clasificación tradicional basada en la morfología no siempre coincide con los orígenes evolutivos de los grupos de especies. Como resultado, algunos grupos han sido reclasificados. Algunos grupos se han fusionado, otros se han dividido y en algunos casos se han trasladado especies de un grupo a otro.

La reclasificación de los grupos de organismos lleva mucho tiempo y puede resultar problemática para los biólogos, pero sin duda vale la pena. Las nuevas clasificaciones basadas en la cladística son probablemente mucho más próximas a una verdadera clasificación natural, por lo que su valor predictivo será mayor. Las reclasificaciones han puesto de manifiesto algunas semejanzas entre grupos que no se habían percibido antes y también algunas diferencias significativas entre especies que antes se suponía que eran similares.

Cladogramas y refutación de teorías

Refutación de teorías, donde una teoría es reemplazada por otra: las familias de plantas han sido reclasificadas como resultado de las pruebas aportadas por la cladística.

La reclasificación de las plantas como resultado de los descubrimientos en cladística es un buen ejemplo de un proceso importante en la ciencia: la comprobación de teorías y su sustitución por otras nuevas cuando se demuestra que son falsas.

La clasificación de las angiospermofitas en familias en función de su morfología fue iniciada por el botánico francés Antoine Laurent de Jussieu en su obra *Genera plantarum*, publicada en 1789, y revisada en repetidas ocasiones durante el siglo XIX.

Clasificación de la familia de las escrofulariáceas

Reclasificación de la familia de las escrofulariáceas a través de las pruebas de la cladística

Hay más de 400 familias de angiospermas. Hasta hace poco el octavo grupo más grande eran las Scrophulariaceae, comúnmente conocidas como escrofulariáceas. Esta fue una de las familias originales propuestas en 1789 por de Jussieu, quien le dio nombre e incluyó 16 géneros basados en semejanzas morfológicas. Conforme se fueron descubriendo más plantas, la familia creció hasta tener más de 275 géneros con más de 5.000 especies.

Recientemente los taxónomos investigaron los orígenes evolutivos de la familia de las escrofulariáceas empleando la cladística. Un importante proyecto de investigación comparó las secuencias de bases de tres genes del cloroplasto de un gran número de especies pertenecientes a géneros tradicionalmente asignados a las escrofulariáceas y géneros de familias estrechamente emparentadas. Se descubrió que las especies de la familia de las escrofulariáceas no formaban un auténtico clado y que se habían agrupado incorrectamente cinco clados en una misma familia.

Se ha realizado una reclasificación importante y han quedado menos de la mitad de las especies en esta familia, que ahora es solo la trigésimo sexta más grande de las angiospermas. La figura 9 muestra un resumen de los cambios. Esta reclasificación ha sido bien acogida porque se sabía que la familia de las escrofulariáceas era una mezcolanza de especies en lugar de un grupo natural.

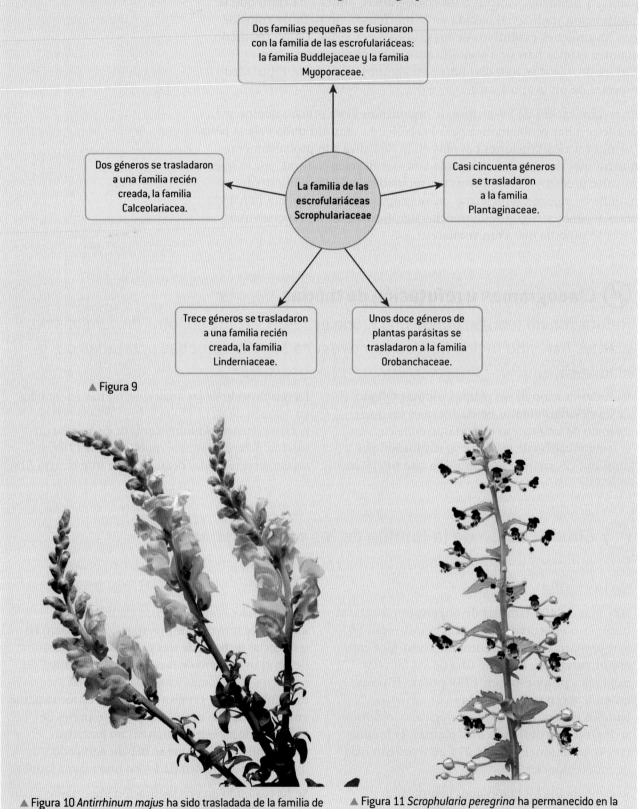

Dos familias pequeñas se fusionaron con la familia de las escrofulariáceas: la familia Buddlejaceae y la familia Myoporaceae.

Dos géneros se trasladaron a una familia recién creada, la familia Calceolariacea.

La familia de las escrofulariáceas Scrophulariaceae

Casi cincuenta géneros se trasladaron a la familia Plantaginaceae.

Trece géneros se trasladaron a una familia recién creada, la familia Linderniaceae.

Unos doce géneros de plantas parásitas se trasladaron a la familia Orobanchaceae.

▲ Figura 9

▲ Figura 10 *Antirrhinum majus* ha sido trasladada de la familia de las escrofulariáceas a la familia Plantaginaceae.

▲ Figura 11 *Scrophularia peregrina* ha permanecido en la familia de las escrofulariáceas.

Preguntas

Los gráficos de barras de la figura 12 muestran el crecimiento de tres poblaciones de un alga, *Ectocarpus siliculosus*, con diferentes concentraciones de cobre. Una población provenía de un ambiente no contaminado en Rhosneigr (Reino Unido). Las otras dos provenían de la parte inferior de dos buques que habían sido tratados con una pintura antiincrustante que contenía cobre.

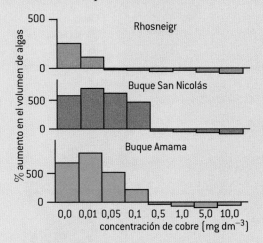

▲ Figura 12

1 ¿Cuánto mayor era la concentración máxima de cobre tolerada por las algas de los buques que por las algas de un ambiente no contaminado?

a) 0,09 veces mayor   **b)** 0,11 veces mayor

c) 1,0 veces mayor   **d)** 10 veces mayor

2 ¿Por qué razón hay resultados inferiores a cero en los gráficos de barras?

a) Disminuyó el volumen de algas.

b) Todas las algas murieron.

c) Los aumentos de volumen fueron menores que el 100%.

d) Los resultados fueron demasiado pequeños para poder medirlos con precisión.

3 ¿A qué se deben las diferencias en la tolerancia al cobre de las algas?

a) Las algas de los buques absorbieron cobre.

b) Las algas pueden desarrollar tolerancia al cobre y transmitirla a su descendencia.

c) El cobre de la pintura causó mutaciones.

d) El cobre de la pintura resultó en la selección natural de mayores niveles de tolerancia al cobre.

4 ¿Cuáles de los siguientes procesos son necesarios para que se desarrolle tolerancia al cobre en una población?

     (i)   Variación en la tolerancia al cobre

     (ii)   Herencia de la tolerancia al cobre

     (iii)   Incapacidad para sobrevivir o reproducirse de las algas con menor tolerancia al cobre

a) Solo i)

b) Solo i) e ii)

c) Solo i) e iii)

d) i), ii) e iii)

5 En la figura 13, cada número representa una especie. Cuanto más cerca están dos números en el diagrama, más similares son las dos especies. Los círculos representan grupos taxonómicos. Por ejemplo, el diagrama muestra que 2, 3, 4 y 5 pertenecen al mismo género.

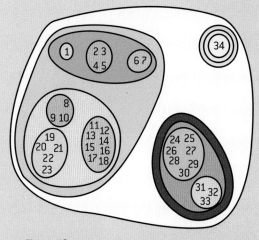

▲ Figura 13

a) Indica una especie que no comparte género con ninguna otra especie.   [1]

b) Indica las especies que pertenecen a una familia con dos géneros.   [2]

c) Indica las especies que pertenecen a un orden con dos familias.   [2]

d) Indica las especies que pertenecen a una clase con tres órdenes. [2]

e) Deduce si la especie 8 está más estrechamente emparentada con la especie 16 o con la especie 6.

f) Explica por qué se han dibujado tres círculos concéntricos alrededor de la especie 34 en el diagrama. [2]

6 El mapa de la figura 14 muestra la distribución de dos formas de *Biston betularia* en Gran Bretaña e Irlanda en la década de 1950. *Biston betularia* es una especie de polilla que vuela por la noche y pasa el día posada en la corteza de los árboles. En su forma no melánica, esta polilla tiene alas blancas salpicadas de manchas negras. En su forma melánica, tiene alas negras. Antes de la revolución industrial, esta polilla era muy escasa en forma melánica. La dirección del viento predominante es del océano Atlántico hacia el oeste.

a) Indica el porcentaje máximo y mínimo de la forma melánica. [2]

b) Resume las tendencias en la distribución de las dos formas de *Biston betularia* que se muestran en la figura 14. [2]

c) Explica cómo la selección natural puede hacer que polillas como la *Biston betularia* desarrollen marcas de camuflaje en las alas. [4]

d) Sugiere razones para la distribución de las dos formas de *Biston betularia*. [2]

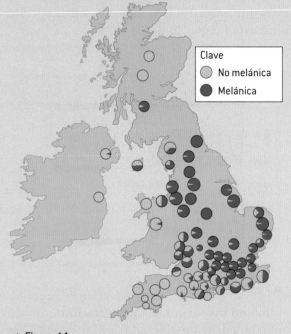

Clave
No melánica
Melánica

▲ Figura 14

Introducción

La investigación de la fisiología humana es la base de la medicina moderna. Las funciones del cuerpo las llevan a cabo sistemas de órganos especializados. La estructura de la pared del intestino delgado permite en este el movimiento, la digestión y la absorción del alimento. El sistema sanguíneo transporta continuamente sustancias hasta las células y, simultáneamente, recoge productos de desecho. La piel y el sistema inmunológico resisten la amenaza continua de una invasión de patógenos. Los pulmones son ventilados de forma activa para garantizar que el intercambio de gases pueda producirse de forma pasiva. Las neuronas transmiten el mensaje y las sinapsis lo modulan. Las hormonas se emplean cuando hace falta una amplia distribución de las señales.

6.1 Digestión y absorción

Comprensión

→ La contracción de la musculatura circular y longitudinal del intestino delgado mezcla el alimento con las enzimas y desplaza este a lo largo del tracto digestivo.

→ El páncreas segrega enzimas en el interior o lumen del intestino delgado.

→ Las enzimas digieren la mayoría de macromoléculas presentes en los alimentos en forma de monómeros en el intestino delgado.

→ Las vellosidades aumentan la superficie del epitelio a través del cual se realiza la absorción.

→ Las vellosidades absorben los monómeros formados por la digestión, así como los iones minerales y las vitaminas.

→ Para absorber los diferentes nutrientes se requieren distintos métodos de transporte de membrana.

Aplicaciones

→ Procesos que tienen lugar en el intestino delgado y que causan la digestión del almidón y el transporte de los productos de la digestión hasta el hígado.

→ Uso de tubos de diálisis para representar mediante modelos la absorción de los alimentos digeridos en el intestino.

🧪 Habilidades

→ Realización de un diagrama del sistema digestivo que esté acompañado de comentarios.

→ Identificación de las capas de tejido en secciones transversales del intestino delgado mediante el uso de un microscopio o en una micrografía.

Naturaleza de la ciencia

→ Uso de modelos como representaciones del mundo real: se pueden usar tubos de diálisis para representar mediante un modelo la absorción en el intestino.

Estructura del sistema digestivo

Realización de un diagrama del sistema digestivo acompañado de comentarios

La parte del cuerpo humano que se utiliza para la digestión puede describirse sencillamente como un tubo por donde pasa el alimento desde la boca hasta el ano. La función del sistema digestivo es descomponer la diversa mezcla de grandes compuestos de carbono de los alimentos para producir iones y compuestos más pequeños que pueden ser absorbidos. La digestión de las proteínas, lípidos y polisacáridos se lleva a cabo en varias etapas que tienen lugar en diferentes partes del tracto digestivo.

En la digestión se necesitan surfactantes para romper las gotas lipídicas y enzimas para catalizar las reacciones. Las células glandulares del revestimiento del estómago y los intestinos producen algunas de estas enzimas. Los surfactantes y las otras enzimas los secretan glándulas accesorias que tienen conductos conectados al sistema digestivo. La absorción controlada de los nutrientes que se liberan en la digestión tiene lugar en el intestino delgado y el colon, pero algunas moléculas pequeñas, especialmente el alcohol, se difunden a través del revestimiento del estómago antes de llegar al intestino delgado.

La figura 1 es un diagrama del sistema digestivo humano. Se ha omitido la parte del esófago que pasa a través del tórax. Se pueden añadir comentarios a este diagrama para indicar las funciones de las diferentes partes. La tabla 1 muestra un resumen de las funciones de cada parte del sistema.

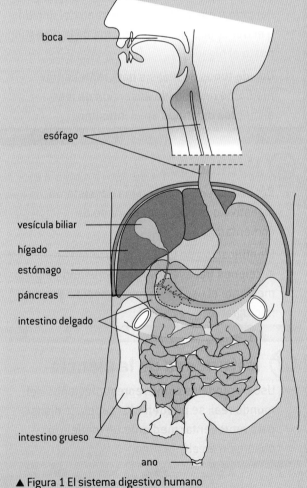

▲ Figura 1 El sistema digestivo humano

Estructura	Función
Boca	Control voluntario de la ingestión y deglución. Digestión mecánica de los alimentos mediante la masticación y la mezcla con saliva, que contiene lubricantes y enzimas que comienzan la digestión del almidón.
Esófago	Movimiento de los alimentos por peristaltismo desde la boca hasta el estómago.
Estómago	Batido de los alimentos y mezcla con agua y ácidos segregados que matan las bacterias extrañas y otros patógenos presentes, además de iniciar la digestión de las proteínas.
Intestino delgado	Etapas finales de la digestión de los lípidos, glúcidos, proteínas y ácidos nucleicos, neutralización del ácido del estómago y absorción de nutrientes.
Páncreas	Secreción de lipasa, amilasa y proteasa.
Hígado	Secreción de surfactantes en la bilis para romper las gotas lipídicas.
Vesícula biliar	Almacenamiento y liberación regulada de la bilis.
Intestino grueso	Reabsorción de agua, continuación de la digestión (especialmente de los glúcidos) mediante la acción de bacterias simbióticas, y formación y almacenamiento de las heces.

▲ Tabla 1

 Estructura de la pared del intestino delgado

Identificación de las capas de tejido en secciones transversales del intestino delgado mediante el uso de un microscopio o en una micrografía

La pared del intestino delgado está compuesta de capas de tejidos vivos que generalmente son muy fáciles de distinguir en secciones de la pared. Desde el exterior de la pared hacia el interior hay cuatro capas:

- Serosa: una capa externa.

- Capas musculares: músculos longitudinales y, en su interior, músculos circulares.

- Submucosa: una capa de tejido que contiene vasos sanguíneos y linfáticos.

- Mucosa: el revestimiento del intestino delgado, con el epitelio que absorbe los nutrientes en su superficie interna.

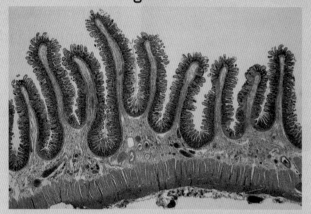

▲ Figura 2 Sección longitudinal de la pared del intestino delgado. En la superficie interna se ven pliegues con proyecciones similares a dedos que se denominan vellosidades. Se observan las cuatro capas de tejidos principales, incluidas la parte circular y la parte longitudinal de la capa muscular. La mucosa está teñida de color más oscuro que la submucosa.

Peristaltismo

La contracción de la musculatura circular y longitudinal del intestino delgado mezcla el alimento con las enzimas y desplaza este a lo largo del tracto digestivo.

Los músculos circulares y longitudinales de la pared del tracto digestivo son músculos lisos, no estriados, que se componen de células relativamente cortas y no de fibras alargadas. Suelen ejercer una fuerza moderada continua, intercalada con períodos cortos de contracción más intensa, en lugar de permanecer relajados hasta ser estimulados a contraerse.

Las ondas de contracción de los músculos, lo que se denomina peristaltismo, recorren el intestino. La contracción de los músculos circulares tras el paso del alimento estrecha el tracto digestivo para impedir que dicho alimento retorne a la boca. La contracción de los músculos longitudinales donde se encuentra el alimento lo desplaza a lo largo del tracto digestivo. Las contracciones son controladas inconscientemente no por el cerebro, sino por el sistema nervioso entérico, que es vasto y complejo.

Una onda peristáltica continua desplaza rápidamente el alimento ingerido a lo largo del esófago hasta el estómago. El movimiento peristáltico tiene lugar solamente en una dirección, alejándose de la boca. Para devolver el alimento a la boca desde el estómago durante el vómito se utilizan músculos abdominales en lugar de los músculos circulares y longitudinales de la pared del tracto digestivo.

En los intestinos el alimento se desplaza solo unos centímetros cada vez. Así, la progresión general a lo largo del intestino es mucho más lenta, lo que da tiempo para la digestión. La función principal del peristaltismo en

Actividad

Diagrama de los tejidos del intestino delgado

Para ejercitar tu capacidad de identificar las capas de tejido, dibuja un diagrama de los tejidos que se muestran en la sección longitudinal de la pared del intestino de la figura 2. Para poner aún más a prueba tu capacidad, dibuja un diagrama que prediga como se verían los tejidos del intestino delgado en una sección transversal.

el intestino es revolver el alimento semidigerido para mezclarlo con las enzimas y así acelerar el proceso de digestión.

Jugo pancreático

El páncreas segrega enzimas en el interior o lumen del intestino delgado.

El páncreas contiene dos tipos de tejido glandular. Pequeños grupos de células secretan las hormonas insulina y glucagón a la sangre. El resto del páncreas sintetiza y secreta enzimas digestivas al tracto digestivo en respuesta a la ingestión de comida. Estos procesos tienen lugar por la mediación del sistema nervioso entérico y de hormonas sintetizadas y secretadas por el estómago. La figura 4 muestra la estructura del tejido: pequeños grupos de células glandulares se agrupan alrededor de los extremos de unos tubos llamados conductos, a los que secretan las enzimas.

Las enzimas digestivas se sintetizan en los ribosomas del retículo endoplasmático rugoso de las células glandulares pancreáticas, y son después procesadas en el aparato de Golgi y secretadas por exocitosis. Los conductos dentro del páncreas se fusionan, creando conductos mayores hasta formar finalmente un conducto pancreático a través del cual se secreta aproximadamente un litro de jugo pancreático diario al lumen del intestino delgado.

El jugo pancreático contiene enzimas que digieren los tres tipos principales de macromoléculas que se encuentran en los alimentos:

- Amilasas para digerir el almidón
- Lipasas para digerir triglicéridos y fosfolípidos
- Proteasas para digerir proteínas y péptidos

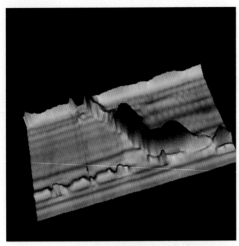

▲ Figura 3 Imagen tridimensional que muestra la onda de la contracción muscular en el esófago durante la deglución, en marrón. En verde se indica cuándo el músculo está ejerciendo menos fuerza. El tiempo se muestra de izquierda a derecha. En la parte superior, se ve el esfínter entre la boca y el esófago permanentemente contraído, salvo por una breve apertura cuando empieza la deglución.

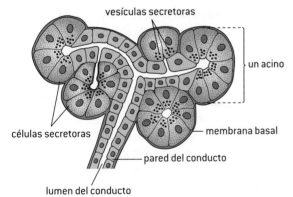

vesículas secretoras

un acino

células secretoras

membrana basal

pared del conducto

lumen del conducto

▲ Figura 4 Disposición de las células y los conductos en una parte del páncreas que secreta enzimas digestivas

Digestión en el intestino delgado

Las enzimas digieren la mayoría de macromoléculas presentes en los alimentos en forma de monómeros en el intestino delgado.

Las enzimas que secreta el páncreas al lumen del intestino delgado realizan las siguientes reacciones hidrolíticas:

- La amilasa digiere el almidón en forma de maltosa.
- La lipasa digiere los triglicéridos en forma de ácidos grasos y glicerol o en forma de ácidos grasos y monoglicéridos.
- La fosfolipasa digiere los fosfolípidos en forma de ácidos grasos, glicerol y fosfato.
- La proteasa digiere las proteínas y los polipéptidos en forma de péptidos más cortos.

Con esto no termina el proceso de digestión en moléculas suficientemente pequeñas como para ser absorbidas. La pared del intestino delgado produce una variedad de otras enzimas que digieren más sustancias. Algunas enzimas producidas por las células glandulares de la pared del intestino pueden ser secretadas en el jugo intestinal, pero la mayoría quedan inmovilizadas en la membrana plasmática de las células del epitelio que revisten el intestino. Allí están activas, y lo siguen estando cuando las células del epitelio se separan del revestimiento para mezclarse con el alimento semidigerido.

- Las nucleasas digieren el ADN y el ARN en forma de nucleótidos.

- La maltasa digiere la maltosa en forma de glucosa.

- La lactasa digiere la lactosa en forma de glucosa y galactosa.

- La sacarasa digiere la sacarosa en forma de glucosa y fructosa.

- Las exopeptidasas son proteasas que digieren los péptidos quitando aminoácidos del terminal carboxilo o del terminal amino de la cadena hasta que queda solo un dipéptido.

- Las dipeptidasas digieren los dipéptidos en forma de aminoácidos.

Dada la gran longitud del intestino delgado, los alimentos tardan horas en recorrerlo, lo que da tiempo para completar la digestión de la mayoría de las macromoléculas. Algunas sustancias quedan en gran parte sin digerir porque los seres humanos no sintetizan las enzimas necesarias. La celulosa, por ejemplo, no se digiere y pasa al intestino grueso como uno de los componentes principales de la fibra alimentaria.

Las vellosidades y la superficie para la digestión

Las vellosidades aumentan la superficie del epitelio a través del cual se realiza la absorción.

El proceso de introducir sustancias en las células y en la sangre se denomina absorción. En el sistema digestivo humano los nutrientes se absorben principalmente en el intestino delgado. La tasa de absorción depende de la superficie del epitelio que lleva a cabo el proceso. El intestino delgado en adultos mide aproximadamente 7 m de largo y 25–30 mm de ancho y cuenta con pliegues en su superficie interna, por lo que su superficie es muy grande y, además, se ve incrementada por la presencia de vellosidades.

Las vellosidades son pequeñas proyecciones de la mucosa con forma de dedos en el interior de la pared del intestino. Miden entre 0,5 y 1,5 mm de largo y puede haber hasta 40 por milímetro cuadrado de la pared del intestino delgado. Estas vellosidades multiplican la superficie por 10 aproximadamente.

Absorción por las vellosidades

Las vellosidades absorben los monómeros formados por la digestión, así como los iones minerales y las vitaminas.

El epitelio que cubre las vellosidades debe servir de barrera frente a las sustancias nocivas y, al mismo tiempo, debe ser lo suficientemente permeable para que los nutrientes útiles puedan atravesarlo.

▲ Figura 5 La fibrosis quística hace que el conducto pancreático se bloquee con mucosidades. Existen píldoras con enzimas sintéticas que facilitan la digestión en el intestino delgado. La fotografía muestra la dosis diaria para una persona con fibrosis quística.

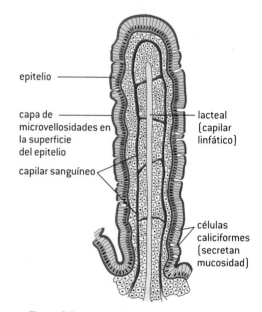

epitelio

capa de microvellosidades en la superficie del epitelio

capilar sanguíneo

lacteal (capilar linfático)

células caliciformes (secretan mucosidad)

▲ Figura 6 Estructura de una vellosidad intestinal

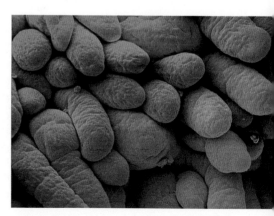

▲ Figura 7 Micrografía electrónica de barrido de las vellosidades del intestino delgado

Las células de las vellosidades absorben los siguientes productos de la digestión de macromoléculas de los alimentos:

- Glucosa, fructosa, galactosa y otros monosacáridos

- Cualquiera de los veinte aminoácidos utilizados para fabricar las proteínas

- Ácidos grasos, monoglicéridos y glicerol

- Bases de la digestión de nucleótidos

También absorben sustancias que están presentes en los alimentos y el organismo necesita, pero que no requieren digestión:

- Iones minerales, como el calcio, el potasio y el sodio

- Vitaminas, como el ácido ascórbico (vitamina C)

Algunas sustancias nocivas atraviesan el epitelio y son después eliminadas de la sangre y desintoxicadas por el hígado. También se absorben algunas sustancias inofensivas pero no deseadas, como muchas de las que dan color y sabor a los alimentos; estas sustancias se eliminan en la orina. Un pequeño número de bacterias pasan a través del epitelio, pero son rápidamente eliminadas de la sangre por las células fagocíticas del hígado.

Métodos de absorción

Para absorber los diferentes nutrientes se requieren distintos métodos de transporte de membrana.

Para que el cuerpo pueda absorber los nutrientes, estos deben pasar del lumen del intestino delgado a los capilares o lacteales de las vellosidades. Primero, las células del epitelio deben absorberlos a través de la parte expuesta de la membrana plasmática cuya superficie está ampliada por microvellosidades. Después, los nutrientes deben salir de estas células a través de la parte de la membrana plasmática que mira hacia dentro, hacia el lacteal y los capilares sanguíneos de la vellosidad.

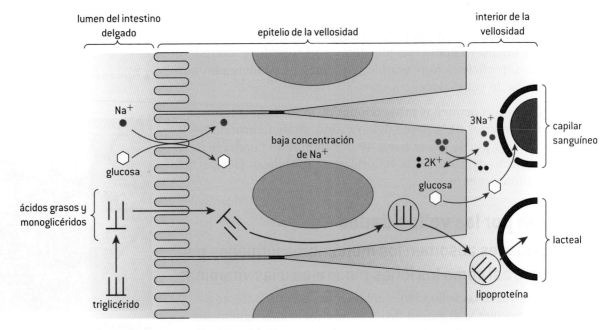

▲ Figura 8 Métodos de absorción en el intestino delgado

Existen muchos mecanismos diferentes para introducir los nutrientes en las células del epitelio de la vellosidad y después expulsarlos: difusión simple, difusión facilitada, transporte activo y exocitosis. Estos métodos pueden ilustrarse mediante dos ejemplos diferentes de absorción: los triglicéridos y la glucosa.

- Los triglicéridos deben ser digeridos para poder ser absorbidos. Los productos de su digestión son ácidos grasos y monoglicéridos, que las células del epitelio de la vellosidad pueden absorber por difusión simple, ya que pueden pasar entre los fosfolípidos de la membrana plasmática.

- Los ácidos grasos también se absorben por difusión facilitada ya que hay transportadores de ácidos grasos, que son proteínas en la membrana de las microvellosidades.

- Una vez dentro de las células del epitelio, los ácidos grasos se combinan con monoglicéridos para producir triglicéridos, que no pueden volver a difundirse hacia el lumen.

- Los triglicéridos se unen al colesterol para formar gotas con un diámetro de unos 0,2 μm; estas gotas se revisten de fosfolípidos y proteínas.

- Estas partículas de lipoproteínas se liberan por exocitosis a través de la parte interior de la membrana plasmática de las células del epitelio de la vellosidad. Después entran en el lacteal y son transportadas por la linfa, o bien entran en los capilares sanguíneos de las vellosidades.

- La glucosa no puede pasar a través de la membrana plasmática por difusión simple porque es polar y, por lo tanto, hidrofílica.

- Las bombas de sodio–potasio en la parte interior de la membrana plasmática bombean los iones de sodio por transporte activo desde el citoplasma a los espacios intersticiales dentro de la vellosidad, y bombean los iones de potasio en la dirección opuesta. Esto resulta en una baja concentración de iones de sodio en las células del epitelio de la vellosidad.

- Las proteínas que cotransportan sodio y glucosa en las microvellosidades transfieren un ion de sodio y una molécula de glucosa juntos desde el lumen intestinal al citoplasma de las células del epitelio. Esta difusión facilitada es pasiva, pero depende del gradiente de concentración de iones de sodio creado por el transporte activo.

- Los canales de glucosa permiten mover la glucosa por difusión facilitada desde el citoplasma hasta los espacios intersticiales dentro de la vellosidad, y después hasta los capilares sanguíneos de la vellosidad.

Digestión del almidón en el intestino delgado

Procesos que tienen lugar en el intestino delgado y que causan la digestión del almidón y el transporte de los productos de la digestión hasta el hígado

La digestión del almidón ilustra algunos procesos importantes, como la catálisis, la especificidad de las enzimas y la permeabilidad de las membranas. El almidón es una macromolécula compuesta de muchos monómeros de α-glucosa unidos por reacciones de condensación en las plantas. Es uno de los componentes principales de alimentos de origen vegetal como el pan, las patatas y la pasta. Las moléculas de almidón no pueden atravesar las membranas, por lo que deben digerirse en el intestino delgado para poder absorberlas.

Todas las reacciones que intervienen en la digestión del almidón son exotérmicas, pero al no haber un catalizador tienen lugar a ritmos muy lentos. Existen dos tipos de moléculas en el almidón:

- La amilosa, que tiene cadenas no ramificadas de α-glucosa unidas por enlaces 1,4

- La amilopectina, que tiene cadenas de α-glucosa unidas por enlaces 1,4 y algunas ramificaciones con enlaces 1,6

▲ Figura 9 Pequeña parte de una molécula de amilopectina que muestra seis moléculas α-glucosa, todas unidas por enlaces 1,4 salvo por un enlace 1,6 que crea una ramificación

La enzima que comienza la digestión de ambos compuestos del almidón es la amilasa. La saliva contiene amilasa, pero la mayoría de la digestión del almidón se produce en el intestino delgado, catalizada por la amilasa pancreática. Esta enzima puede romper cualquier enlace 1,4 entre las moléculas del almidón, siempre que haya una cadena de al menos cuatro monómeros de glucosa. Así, la amilosa se digiere en fragmentos de dos o tres glucosas llamados maltosa y maltotriosa.

Debido a la especificidad de su sitio activo, la amilasa no puede romper los enlaces 1,6 de la amilopectina. Los fragmentos de la molécula de amilopectina que contienen un enlace 1,6 que la amilasa no puede digerir se conocen como dextrinas. La digestión del almidón la completan tres enzimas en las membranas de las microvellosidades de las células del epitelio de la vellosidad: la maltasa, la glucosidasa y la dextrinasa digieren la maltosa, la maltotriosa y las dextrinas convirtiéndolas en glucosa.

Las células del epitelio de la vellosidad absorben la glucosa mediante cotransporte con iones de sodio. Después, la glucosa pasa por difusión facilitada al líquido en los espacios intersticiales dentro de la vellosidad. Gracias a la densa red de capilares cerca del epitelio, la glucosa solo tiene que recorrer una distancia corta hasta entrar en el sistema sanguíneo. Las paredes de los capilares constan de una sola capa de finas células entre las cuales hay poros, pero estos capilares tienen poros más grandes de lo habitual que facilitan la entrada de glucosa.

La sangre que transporta la glucosa y otros productos de la digestión recorre los capilares de la vellosidad hasta las vénulas de la submucosa de la pared del intestino delgado. La sangre de estas vénulas llega a través de la vena porta hepática hasta el hígado, donde el exceso de glucosa es absorbido por las células del hígado y transformado en glucógeno para su almacenamiento. El glucógeno tiene una estructura similar a la amilopectina, pero con más enlaces 1,6 y, por tanto, más ramificaciones.

Modelos de procesos fisiológicos

Uso de modelos como representaciones del mundo real: se pueden usar tubos de diálisis para representar mediante un modelo la absorción en el intestino.

Los sistemas vivos son complejos y, cuando se realizan experimentos con ellos, muchos factores pueden influir en los resultados. Puede ser muy difícil controlar todas las variables, lo que complica el análisis de los resultados. A veces es mejor realizar experimentos utilizando solo partes de los sistemas. Por ejemplo,

gran parte de las investigaciones de carácter fisiológico se han llevado a cabo utilizando clones de células de tejidos cultivados en lugar de organismos enteros.

Otra opción es utilizar un modelo para representar una parte de un sistema vivo. Por su mayor simplicidad, pueden utilizarse modelos para investigar aspectos específicos de un proceso. Un ejemplo reciente es el Modelo Gástrico Dinámico, un modelo del estómago humano controlado por computador que digiere mecánica y químicamente muestras de comida real y puede utilizarse para investigar los efectos de la dieta, las drogas, los medicamentos, el alcohol y otros factores en la digestión.

Un ejemplo más sencillo es el uso de tubos de diálisis hechos de celulosa. Los poros de los tubos permiten pasar libremente el agua y moléculas pequeñas o iones, pero no moléculas grandes. Estas propiedades reflejan las de la pared del intestino, que también es más permeable a las partículas pequeñas que a las grandes. El tubo de diálisis se puede usar como modelo para representar la absorción por difusión pasiva y por ósmosis, pero

no puede representar el transporte activo y otros procesos que tienen lugar en las células vivas.

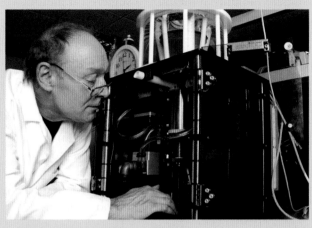

▲ Figura 10 El Modelo Gástrico Dinámico y su inventor, Richard Faulks, ajustando el mecanismo del antro

🌐 Modelos del intestino delgado

Uso de tubos de diálisis para representar mediante modelos la absorción de los alimentos digeridos en el intestino.

Para crear un modelo del intestino delgado, corta un trozo de tubo de diálisis y sella uno de sus extremos atando un nudo con el propio tubo o con un cordel. Vierte en el interior una mezcla adecuada de alimentos y cierra el extremo abierto atándolo con un cordel. A continuación se proponen dos experimentos usando este modelo del intestino delgado:

1 Investigación sobre la necesidad de la digestión usando un modelo del intestino delgado

Prepara el aparato que se muestra en la figura 11 y déjalo durante una hora.

Resultados

Para ver los resultados del experimento, saca las bolsas de cada tubo, ábrelas y vierte las soluciones de cada una en tubos de ensayo distintos. Ahora tendrás cuatro muestras de líquido, dos con los contenidos de las bolsas y dos con los contenidos de los tubos. Divide cada muestra en dos mitades y determina el almidón en una de las mitades y los azúcares en la otra.

Anota todos los resultados de la forma que te parezca más apropiada.

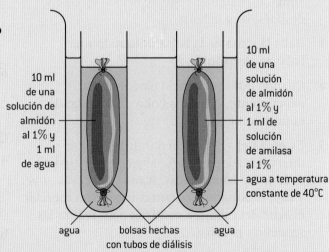

10 ml de una solución de almidón al 1% y 1 ml de agua

10 ml de una solución de almidón al 1% y 1 ml de solución de amilasa al 1%
agua a temperatura constante de 40°C

agua bolsas hechas agua
con tubos de diálisis

▲ Figura 11 Aparato para investigar la necesidad de la digestión

Conclusiones y evaluación

Indica cuidadosamente todas las conclusiones que puedas extraer basándote en tus resultados.

Discute los puntos fuertes y débiles de esta forma de investigar la necesidad de la digestión.

Sugiere mejoras al método, o sugiere un método totalmente diferente de investigar la necesidad de la digestión.

2 Investigación sobre la permeabilidad de la membrana usando un modelo del intestino delgado

Las bebidas de cola contienen una mezcla de sustancias con partículas de diferentes tamaños. Pueden utilizarse para representar el alimento en el intestino delgado. Los tubos de diálisis son semipermeables, así que pueden usarse como modelo para representar la pared del intestino delgado.

Predicciones

Las bebidas de cola contienen glucosa, ácido fosfórico y caramelo, un glúcido complejo añadido para darles color marrón. Predice, aportando razones, cuál o cuáles de estas sustancias se difundirán fuera de la bolsa. Predice si la bolsa aumentará o perderá masa durante el experimento.

Instrucciones

1 Prepara el modelo del intestino delgado con la bebida de cola en su interior.

2 Enjuaga la parte exterior de la bolsa para eliminar cualquier resto de bebida de cola y, después, seca la bolsa.

3 Halla la masa de la bolsa utilizando una balanza electrónica.

4 Cuando estés preparado para iniciar el experimento, coloca la bolsa en un tubo de ensayo con agua pura.

5 Examina el agua alrededor de la bolsa a intervalos adecuados (se sugiere un rango de 1, 2, 4, 8 y 16 minutos). A cada intervalo, sube y baja la bolsa unas cuantas veces para mezclar el agua del tubo y, a continuación, realiza las siguientes pruebas:

- Observa cuidadosamente el agua para ver si sigue estando clara o se ha vuelto marrón.

- Utiliza una pipeta para sacar unas gotas de agua, deposítalas en una cubitera y determina el pH usando un indicador de pH sensible. Emplea una guía de colores para determinar el pH.

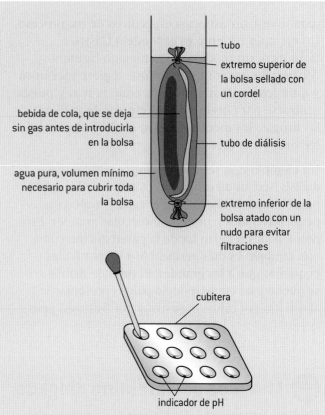

▲ Figura 12 Aparato para el experimento sobre la permeabilidad de la membrana

- Introduce una tira reactiva de glucosa en el agua y anota el color resultante. Las instrucciones varían según las tiras reactivas utilizadas: sigue las instrucciones y determina la concentración de glucosa en el agua.

6 Después de examinar el agua por última vez, saca la bolsa, sécala y halla su masa otra vez con la balanza electrónica.

Conclusiones

a) Explica las conclusiones que puedes extraer sobre la permeabilidad del tubo de diálisis basándote en las pruebas del agua y en el cambio de masa de la bolsa. [5]

b) Compara y contrasta los tubos de diálisis y las membranas plasmáticas encargadas de la absorción en las células del epitelio de las vellosidades de la pared del intestino. [5]

c) Utiliza los resultados de tu experimento para predecir la dirección del movimiento del agua por ósmosis a través de las células del epitelio de las vellosidades. [5]

Teoría del Conocimiento

¿Cuáles son algunas de las variables que influyen en lo que se considera "normal"?

En algunas personas adultas, los niveles de lactasa son demasiado bajos para poder digerir adecuadamente la lactosa de la leche. En su lugar, la lactosa pasa del intestino delgado al intestino grueso, donde las bacterias se alimentan de ella y producen dióxido de carbono, hidrógeno y metano. Estos gases causan algunos síntomas desagradables que desincentivan el consumo de leche. Es lo que se conoce como intolerancia a la lactosa. A veces en el pasado se la ha considerado una anormalidad, o incluso una enfermedad, pero se podría argumentar que la intolerancia a la lactosa es lo normal en los seres humanos.

El primer argumento a favor de este punto de vista es biológico. Las hembras de los mamíferos producen leche para alimentar a sus crías. Cuando las crías son destetadas, se sustituye la leche con alimentos sólidos y disminuye la secreción de lactasa. Por lo tanto, el consumo de leche hasta la edad adulta por parte de los seres humanos es algo inusual. En consecuencia, la incapacidad de consumir leche por intolerancia a la lactosa no debería considerarse anormal.

El segundo argumento es simplemente matemático: un alto porcentaje de los seres humanos tienen intolerancia a la lactosa.

El tercer argumento es evolutivo. Podemos decir casi con certeza que todos nuestros antepasados tenían intolerancia a la lactosa, así que esto es lo natural o normal. La tolerancia a la lactosa parece haber evolucionado por separado en al menos tres zonas: el norte de Europa, partes de la península arábiga, el Sáhara y el este de Sudán y partes de África Oriental habitadas por los pueblos tutsi y masái. En el resto del planeta, la tolerancia se debe probablemente a la migración desde estas zonas.

6.2 El sistema sanguíneo

Comprensión

→ Las arterias conducen sangre a alta presión desde los ventrículos hasta los tejidos corporales.

→ Las arterias poseen células musculares y fibras elásticas en sus paredes.

→ Las fibras musculares y elásticas ayudan al mantenimiento de la presión sanguínea entre ciclos de bombeo.

→ La sangre fluye por capilares a través de los tejidos. Los capilares tienen paredes permeables que permiten el intercambio de materiales entre las células de los tejidos y la sangre en el capilar.

→ Las venas reenvían sangre a baja presión desde los tejidos corporales hasta las aurículas del corazón.

→ Las válvulas de las venas y del corazón aseguran la circulación de la sangre, e impiden así el retorno del flujo.

→ Hay un sistema de circulación aparte para los pulmones.

→ El latido del corazón es iniciado por un grupo de células musculares específicas en la aurícula derecha, denominado nódulo sinoauricular.

→ El nódulo sinoauricular actúa como un marcapasos.

→ El nódulo sinoauricular envía una señal eléctrica que estimula la contracción conforme se propaga primero a través de las paredes de las aurículas y, a continuación, a través de las paredes de los ventrículos.

→ El ritmo cardíaco puede aumentar o disminuir mediante los impulsos transmitidos al corazón por dos nervios desde la médula del cerebro.

→ La epinefrina aumenta el ritmo cardíaco como preparación para una actividad física vigorosa.

Aplicaciones

→ Descubrimiento de William Harvey de la circulación de la sangre con el corazón que actúa como una bomba.

→ Causas y consecuencias de la oclusión de las arterias coronarias.

→ Cambios de presión en la aurícula izquierda, el ventrículo izquierdo y la aorta durante el ciclo cardíaco.

Habilidades

→ Identificación de los vasos sanguíneos como arterias, capilares o venas a partir de la estructura de sus paredes.

→ Reconocimiento de las cámaras y válvulas del corazón y de los vasos sanguíneos conectados a este en corazones diseccionados o en diagramas de la estructura del corazón.

Naturaleza de la ciencia

→ Las teorías se consideran inciertas: William Harvey rebatió teorías desarrolladas por el antiguo filósofo griego Galeno acerca del movimiento de la sangre en el cuerpo.

William Harvey y la circulación de la sangre

Descubrimiento de William Harvey de la circulación de la sangre con el corazón que actúa como una bomba

Generalmente se atribuye a William Harvey el descubrimiento de la circulación de la sangre, pues combinó descubrimientos anteriores con sus propias investigaciones para formular una teoría general convincente sobre el flujo sanguíneo en el cuerpo. Harvey se enfrentó a una oposición generalizada publicando sus resultados y embarcándose en una gira por Europa para demostrar experimentos que refutaban las teorías anteriores y aportaban pruebas de su teoría. Como resultado, su teoría fue aceptada de forma generalizada.

Harvey demostró que el flujo sanguíneo en los vasos de mayor tamaño es unidireccional, con válvulas que impiden el retorno. También demostró que el volumen del flujo en los vasos principales era demasiado alto como para que la sangre pudiera ser consumida en el cuerpo tras ser bombeada por el corazón, como proponían teorías anteriores. Por tanto, tenía que regresar al corazón y ser reciclada. Harvey demostró que el corazón bombea sangre por las arterias y esta regresa por las venas. Predijo la presencia de numerosos vasos finos, demasiado pequeños para ser vistos con los equipos de la época, que unen las arterias a las venas en los tejidos del cuerpo.

Los capilares sanguíneos son demasiado estrechos para verse a simple vista o con una lupa de mano. Cuando Harvey publicó su teoría sobre la circulación de la sangre en 1628, aún no se habían inventado los microscopios. No fue hasta 1660, después de su muerte, cuando se vio fluir la sangre de las arterias a las venas a través de los capilares como había predicho.

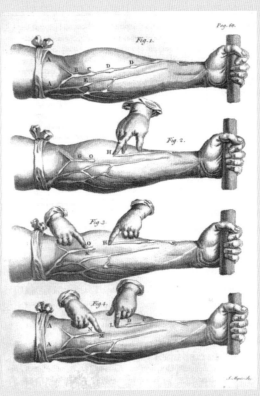

▲ Figura 1 Experimento de Harvey para demostrar que el flujo sanguíneo en las venas es unidireccional

 ## Refutación de antiguas teorías científicas

Las teorías se consideran inciertas: William Harvey rebatió teorías desarrolladas por el antiguo filósofo griego Galeno acerca del movimiento de la sangre en el cuerpo.

Durante el Renacimiento, se reavivó el interés por los escritos clásicos de Grecia y Roma. Esto estimuló la literatura y las artes, pero en cierto modo obstaculizó el progreso de la ciencia: llegó a ser casi imposible cuestionar las doctrinas de autores como Aristóteles, Hipócrates, Ptolomeo y Galeno.

Según Galeno, la sangre se formaba en el hígado y se bombeaba hasta el ventrículo derecho del corazón, y después de vuelta al hígado. Un poco de sangre pasaba al ventrículo izquierdo, donde se encontraba con aire de los pulmones y se convertía en "espíritus vitales". Las arterias distribuían los espíritus vitales por todo el cuerpo. Algunos fluían hasta el cerebro para convertirse en "espíritus animales", que después los nervios distribuían por el cuerpo.

William Harvey no estaba dispuesto a aceptar estas doctrinas sin pruebas. Hizo observaciones cuidadosas y realizó experimentos, de lo que dedujo que la sangre circula mediante las circulaciones pulmonar y sistémica. Predijo la existencia de los capilares, que unen las arterias y las venas, a pesar de que las lentes de la época no eran lo suficientemente potentes como para verlos.

El siguiente fragmento es de la obra *Exercitationes de generatione animalium*, que Harvey publicó en 1651 cuando tenía 73 años.

Y por eso es que, sin la debida advertencia de los sentidos, sin la observación frecuente y el reiterado experimento, nuestra mente se extravía tras fantasmas y apariciones. Por lo tanto, en toda ciencia se requiere la observación diligente, y debe consultarse con frecuencia a los sentidos. Hay que apoyarse, repito, en la experiencia propia, no en la ajena, y sin ella nadie será buen discípulo de ninguna disciplina natural. Por eso, lector sensato, no quiero que me creas a mí sobre nada de lo que escribo de la generación de los animales: pongo por testigos y jueces míos a tus propios ojos. Es completamente inadecuado y erróneo el método que se sigue hoy en día en la investigación de la verdad: la mayoría inquieren con diligencia no qué son las cosas, sino qué dicen otros de ellas.

Actividad

Preguntas de discusión sobre los métodos de William Harvey

1 William Harvey se negó a aceptar doctrinas sin pruebas. ¿Existe algún contexto académico en el que sea razonable aceptar doctrinas basándose en la autoridad y no en pruebas obtenidas de fuentes primarias?

2 En sus clases de anatomía, Harvey invitaba a sus alumnos a formular preguntas y críticas sobre sus teorías. Sugiere por qué lo hacía.

3 ¿Puedes pensar en ejemplos de los "fantasmas y apariciones" a los que Harvey se refiere?

4 ¿Por qué Harvey recomienda la "reiteración" de los experimentos?

5 Harvey ejerció como médico, pero, a partir de la publicación de su obra sobre la circulación de la sangre en 1628, se redujo considerablemente el número de pacientes que fueron su consulta. ¿Cuál podría ser la razón?

Arterias

Las arterias conducen sangre a alta presión desde los ventrículos hasta los tejidos corporales.

Las arterias son vasos que transportan la sangre desde el corazón hasta los tejidos corporales. Las principales cámaras de bombeo del corazón son los ventrículos. Sus paredes cuentan con músculos fuertes y gruesos que bombean sangre hacia las arterias y alcanzan una presión alta en el pico de cada ciclo de bombeo. Las paredes de las arterias trabajan con el corazón para facilitar y controlar el flujo de la sangre. Para hacerlo, utilizan tejido elástico y muscular.

El tejido elástico contiene fibras de elastina, que almacenan la energía que las estira en el pico de cada ciclo de bombeo. Su retroceso ayuda a impulsar la sangre por la arteria. La contracción del músculo liso en la pared de la arteria determina el diámetro del lumen y, en cierta medida, la rigidez de las arterias, controlando así el flujo total a través de ellas.

Tanto los tejidos elásticos como los musculares contribuyen a la resistencia de las paredes, que tienen que ser fuertes para soportar el cambio constante y la intermitente elevación de la presión arterial sin abultarse hacia afuera (aneurisma) o romperse. El avance de la sangre por las arterias principales es, por tanto, pulsátil y no continuo. El pulso refleja cada latido del corazón y se puede detectar fácilmente en las arterias que pasan cerca de la superficie del cuerpo, como las de la muñeca y el cuello.

Cada órgano del cuerpo recibe sangre por una o varias arterias. Por ejemplo, a cada riñón le llega sangre por una arteria renal y al hígado por la arteria hepática. Los músculos fuertes y continuamente activos del propio corazón reciben sangre a través de las arterias coronarias.

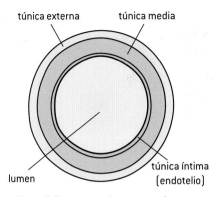

túnica externa   túnica media

lumen   túnica íntima (endotelio)

▲ Figura 3 Estructura de una arteria

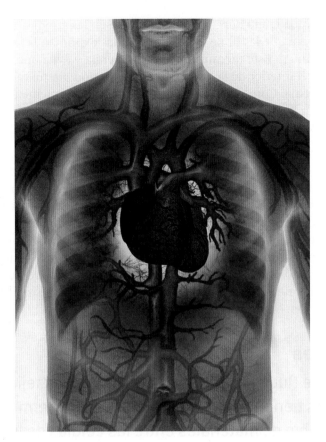

▲ Figura 2 El sistema cardiovascular. La arteria principal que suministra sangre oxigenada a los tejidos corporales es la aorta, el vaso rojo que sale del corazón y forma un arco con ramificaciones que llevan sangre a los brazos y la cabeza. La aorta continúa a través del tórax y el abdomen, con ramificaciones que llegan al hígado, los riñones, los intestinos y otros órganos.

Paredes arteriales

Las arterias poseen células musculares y fibras elásticas en sus paredes.

La pared arterial está formada por varias capas:

- Túnica externa: una fuerte capa externa de tejido conectivo.

- Túnica media: una capa gruesa de músculo liso y fibras elásticas hechas de la proteína elastina.

- Túnica íntima: un endotelio liso que forma el revestimiento de la arteria.

Presión arterial

Las fibras musculares y elásticas ayudan al mantenimiento de la presión sanguínea entre ciclos de bombeo.

La sangre que entra en una arteria desde el corazón lo hace a alta presión. La presión máxima alcanzada en una arteria se llama presión sistólica. Empuja la pared de la arteria hacia afuera, ampliando el lumen y estirando las fibras elásticas de la pared que, de este modo, almacenan energía potencial.

Actividad

Medición de la presión arterial

Como las arterias se dilatan, la presión arterial se puede medir con relativa facilidad en aquellas arterias que pasan cerca de la superficie corporal. Un método común es inflar un manguito alrededor del brazo hasta que apriete los tejidos (la piel, la grasa superficial y los propios vasos) lo suficiente como para detener el flujo sanguíneo. Entonces se libera la presión lentamente hasta que se reanuda el flujo y el operador o el instrumento pueden detectar de nuevo el pulso. Las presiones a las que el flujo sanguíneo se detiene y reanuda son las presiones sistólica y diastólica, y se miden con un tensiómetro. De acuerdo con la American Heart Association, las presiones sanguíneas ideales en adultos de 18 años en adelante medidas de esta forma son:

sistólica 90–119 mm Hg

diastólica 60–79 mm Hg

▲ Figura 4 Tensiómetro

Al final de cada latido del corazón, la presión en las arterias cae lo suficiente para que las fibras elásticas estiradas exprimen la sangre que hay en el lumen. Este mecanismo ahorra energía y evita que la presión mínima en el interior de la arteria, llamada presión diastólica, llegue a ser demasiado baja. Como la presión diastólica es relativamente alta, el flujo de sangre en las arterias es relativamente constante y continuo aunque esté impulsado por los latidos del corazón.

Los músculos circulares de la pared de la arteria forman un anillo de modo que cuando se contraen, en un proceso llamado vasoconstricción, la circunferencia se reduce y el lumen se estrecha. La vasoconstricción aumenta la presión sanguínea en las arterias. Las ramas de las arterias, denominadas arteriolas, tienen una densidad especialmente alta de células musculares que responden a diversas hormonas e impulsos nerviosos para controlar el flujo de sangre que se lleva a los tejidos. La vasoconstricción de las arteriolas reduce el flujo de sangre que llega a la parte corporal a la que suministran y el proceso opuesto, llamado vasodilatación, lo aumenta.

Capilares

La sangre fluye por capilares a través de los tejidos. Los capilares tienen paredes permeables que permiten el intercambio de materiales entre las células de los tejidos y la sangre en el capilar.

Los capilares son los vasos sanguíneos más estrechos, con un diámetro de alrededor de 10 μm. Se ramifican y se vuelven a unir repetidamente, formando una red capilar con una longitud total enorme. Los capilares transportan sangre a través de casi todos los tejidos del cuerpo; dos excepciones son los tejidos del cristalino y la córnea del ojo, que deben ser transparentes y, por tanto, no pueden tener ningún vaso sanguíneo. La densidad de las redes capilares varía según los tejidos, pero todas las células activas del cuerpo tienen cerca un capilar.

La pared de los capilares consiste en una capa de células endoteliales muy finas recubierta de un gel de proteínas similar a un filtro, con poros entre las células. Por tanto, la pared es muy permeable y permite que parte del plasma salga y forme el líquido tisular o intersticial. El plasma es el líquido en el que están suspendidas las células de la sangre. El líquido tisular contiene oxígeno, glucosa y todas las demás sustancias del plasma sanguíneo, salvo las moléculas grandes de proteínas que no pueden pasar a través de la pared capilar. El líquido tisular fluye entre las células de un tejido, lo que permite a las células absorber las sustancias útiles y excretar los productos de desecho. Finalmente, el líquido tisular vuelve a entrar en la red capilar.

La permeabilidad de las paredes capilares difiere según los tejidos, lo que hace que determinadas proteínas y otras partículas grandes lleguen a ciertos tejidos, pero no a otros. La permeabilidad también puede variar con el tiempo; los capilares se reparan y remodelan continuamente en respuesta a las necesidades de los tejidos que riegan.

Actividad

Hematomas

Los hematomas se producen cuando se rompen las paredes de los capilares y se derrama plasma y células sanguíneas entre las células de un tejido. Los capilares se reparan rápidamente, la hemoglobina se descompone en pigmentos biliares verdes y amarillos que son trasportados hacia fuera y los fagocitos retiran los restos de las células sanguíneas por endocitosis. La próxima vez que tengas un hematoma, obsérvalo durante los días posteriores a su aparición para seguir el proceso de curación y el ritmo al que se retira la hemoglobina.

Venas

Las venas reenvían sangre a baja presión desde los tejidos corporales hasta las aurículas del corazón.

Las venas transportan la sangre desde la red de capilares hasta las aurículas del corazón.

Para entonces la sangre tiene una presión mucho más baja de la que tenía en las arterias. Por tanto, las venas no necesitan una pared tan gruesa como la de las arterias y su pared contiene muchas menos fibras musculares y elásticas. Así pueden dilatarse hasta hacerse mucho más anchas y, consecuentemente, transportar más sangre que las arterias. Alrededor del 80% de la sangre de una persona sedentaria está en las venas, aunque esta proporción se reduce durante el ejercicio vigoroso.

Al flujo sanguíneo en las venas le ayudan la gravedad y las presiones ejercidas por otros tejidos, especialmente los músculos esqueléticos. Las contracciones hacen que los músculos se acorten y ensanchen, apretando así las venas adyacentes como una bomba. Caminar, sentarse o incluso mover nerviosamente alguna parte del cuerpo mejora en gran medida el flujo de la sangre venosa.

Cada parte del cuerpo está irrigada por una o varias venas. Por ejemplo, la sangre es transportada desde los brazos por las venas subclavias y desde la cabeza por las venas yugulares. La vena porta hepática es diferente, ya que no reenvía sangre al corazón, sino que la lleva desde el estómago y los intestinos hasta el hígado. Se la considera una vena porta en lugar de una arteria porque transporta sangre a baja presión, por lo que es relativamente fina.

Válvulas de las venas

Las válvulas de las venas y del corazón aseguran la circulación de la sangre, e impiden así el retorno del flujo.

La presión sanguínea en las venas es a veces tan baja que hay peligro de que el flujo retorne hacia los capilares y no regrese suficiente sangre al corazón. Para mantener la circulación, las venas tienen válvulas de cierre que constan de tres solapas de tejido en forma de copa.

- Si la sangre comienza a retornar, queda atrapada entre las solapas de la válvula de cierre, que se llena de sangre y bloquea el lumen de la vena.

- Cuando la sangre fluye hacia el corazón, empuja las solapas hacia los laterales de la vena. De esta forma, la válvula de cierre se abre y la sangre puede fluir libremente.

Estas válvulas hacen que la sangre fluya en una sola dirección y permiten usar eficazmente las presiones intermitentes y a menudo transitorias que provocan los cambios musculares y posturales. Garantizan que la sangre circule por el cuerpo, en lugar de fluir hacia adelante y hacia atrás.

Actividad

Cabeza abajo

Las válvulas de cierre y las paredes de las venas se vuelven menos eficientes con la edad, haciendo que el retorno venoso al corazón sea deficiente. ¿Alguna vez has realizado movimientos gimnásticos como la vertical o el pino, o has experimentado fuerzas de gravedad muy altas en alguna atracción de un parque de diversiones? La mayoría de los jóvenes pueden hacer estas actividades con facilidad, pero las personas mayores pueden no ser capaces. ¿Cuál es la explicación?

▲ Figura 5 ¿Qué venas de este gimnasta necesitarán usar sus válvulas para ayudar al retorno venoso?

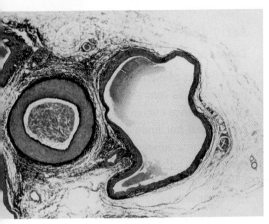

▲ Figura 6 Sección transversal de una arteria y una vena. La túnica externa y la túnica íntima están teñidas más oscuras que la túnica media. Se ve sangre coagulada en ambos vasos.

⚗ Identificación de los vasos sanguíneos

Identificación de los vasos sanguíneos como arterias, capilares o venas a partir de la estructura de sus paredes

Los vasos sanguíneos se pueden identificar como arterias, capilares o venas observando su estructura. La tabla 1 indica diferencias entre sus estructuras que pueden ser útiles.

	Arteria	Capilar	Vena
Diámetro	Mayor que 10 μm	Alrededor de 10 μm	Variable, pero mucho mayor que 10 μm
Grosor relativo de la pared y diámetro del lumen	Pared relativamente gruesa y lumen estrecho	Pared extremadamente fina	Pared relativamente fina y lumen variable, pero generalmente amplio
Número de capas de la pared	Tres capas (túnica externa, media e íntima) que pueden estar subdivididas en más capas	Solo una capa (túnica íntima), que es un endotelio consistente en una única capa de células muy finas	Tres capas (túnica externa, media e íntima)
Fibras musculares y elásticas en la pared	Abundantes	Ninguna	Pocas
Válvulas	Ninguna	Ninguna	Presentes en muchas venas

▲ Tabla 1

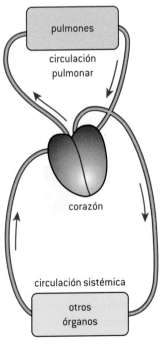

▲ Figura 7 Circulación doble

Circulación doble

Hay un sistema de circulación aparte para los pulmones.

Las venas y el corazón tienen válvulas que aseguran un flujo unidireccional para que la sangre circule por las arterias, los capilares y las venas. Los peces tienen un único sistema circulatorio: la sangre se bombea a alta presión hasta las branquias para oxigenarla. Después de pasar por las branquias, la sangre aún tiene presión suficiente para fluir directamente, pero con relativa lentitud, a otros órganos del cuerpo y regresar después al corazón. Por el contrario, a los pulmones que utilizan los mamíferos para el intercambio de gases les llega la sangre por un sistema de circulación aparte.

Los capilares sanguíneos de los pulmones no pueden soportar altas presiones, por lo que se les bombea sangre a una presión relativamente baja. Después de pasar por los capilares de los pulmones, la presión de la sangre es baja, por lo que debe regresar al corazón para ser bombeada de nuevo antes de ir a otros órganos. Así pues, los seres humanos tienen dos sistemas de circulación:

- La circulación pulmonar, que va a los pulmones y luego regresa al corazón

- La circulación sistémica, que va al resto de los órganos, incluidos los músculos cardíacos, y luego regresa al corazón

La figura 7 muestra la circulación doble de una forma simplificada. La circulación pulmonar recibe la sangre sin oxígeno que ha vuelto de la circulación sistémica, y la circulación sistémica recibe la sangre que ha sido oxigenada por la circulación pulmonar. Por tanto, es esencial que la sangre de estas dos circulaciones no se mezcle. El corazón actúa como una bomba doble, suministrando sangre a diferentes presiones a las dos circulaciones por separado.

 Estructura del corazón

Reconocimiento de las cámaras y válvulas del corazón y de los vasos sanguíneos conectados a este en corazones diseccionados o en diagramas de la estructura del corazón

- El corazón tiene dos lados, derecho e izquierdo, que bombean sangre a las circulaciones sistémica y pulmonar.

- Cada lado del corazón tiene dos cámaras, un ventrículo que bombea sangre a las arterias y una aurícula que recibe la sangre de las venas y la pasa al ventrículo.

- Cada lado del corazón tiene dos válvulas, una válvula auriculoventricular entre la aurícula y el ventrículo y una válvula semilunar entre el ventrículo y la arteria.

- La sangre oxigenada fluye desde los pulmones hasta el lado izquierdo del corazón a través de las venas pulmonares y sale del corazón por la aorta.

- La sangre sin oxígeno fluye hasta el lado derecho del corazón a través de la vena cava y sale del corazón por las arterias pulmonares.

El corazón es una estructura tridimensional complicada. La mejor manera de aprender acerca de su estructura es haciendo una disección. Para ello se necesita un corazón de mamífero fresco con los vasos sanguíneos, una bandeja o tabla de disección e instrumentos de disección.

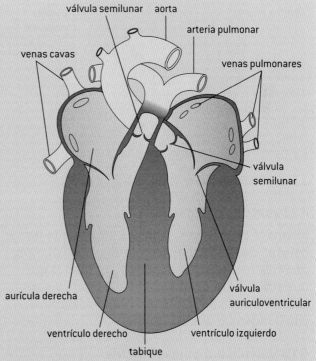

▲ Figura 8 Estructura del corazón

1 Las arterias y las venas

Limpia los vasos sanguíneos conectados al corazón eliminando las membranas y otros tejidos a su alrededor. Identifica las arterias de pared gruesa y las venas de pared fina.

2 La arteria pulmonar y la aorta

Introduce una varilla de vidrio u otro instrumento de punta redonda en el corazón a través de las arterias y palpa la pared del corazón para identificar dónde está la punta de la varilla. Identifica la arteria pulmonar, a través de la cual se llega al ventrículo derecho de pared más fina, y la aorta, a través de la cual se llega al ventrículo izquierdo de pared más gruesa.

3 Lados dorsal y ventral

Coloca el corazón de manera que la aorta quede detrás de la arteria pulmonar, como en la figura 9. El lado ventral será el de encima y el lado dorsal el de debajo. El lado dorsal de un animal es su espalda.

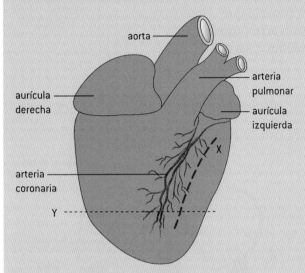

▲ Figura 9 Vista exterior del lado ventral del corazón

4 El ventrículo izquierdo

Identifica el ventrículo izquierdo. Tiene una pared lisa con vasos sanguíneos en forma de árbol. Con un bisturí afilado, haz una incisión como la que muestra la línea de puntos X en la figura 9 para abrir el ventrículo izquierdo. Observa la gruesa pared muscular que has cortado.

5 La válvula auriculoventricular

Continúa la incisión hacia la aurícula, si es necesario, hasta que puedas ver las dos solapas finas de la válvula auriculoventricular. Los tendones que hay a los lados del ventrículo izquierdo impiden que la válvula se invierta hacia la aurícula.

6 La aurícula izquierda y la vena pulmonar

Identifica la aurícula izquierda. Parecerá sorprendentemente pequeña, ya que no hay sangre en su interior. La superficie externa de la pared tiene un aspecto arrugado. Ya sea con el bisturí o con unas tijeras, amplía la incisión en

la pared de la aurícula izquierda hasta la vena pulmonar. Observa la fina pared de la aurícula y la apertura de la vena o venas pulmonares (puede haber dos).

7 La aorta

Encuentra de nuevo la aorta y mide en milímetros el diámetro de su lumen. Con unas tijeras, corta la pared de la aorta comenzando por el extremo y en dirección al ventrículo izquierdo. Observa la superficie interna lisa de la aorta. Intenta estirar la pared y verás lo resistente que es.

8 La válvula semilunar

En el lugar donde la aorta sale del ventrículo izquierdo habrá tres solapas en forma de copa en la pared. Estas solapas forman la válvula semilunar. Intenta meter un instrumento redondo entre ellas para ver cómo el retorno del flujo de la sangre hace que se junten las solapas, cerrando la válvula.

9 La arteria coronaria

Fíjate bien en la superficie interna de la aorta, cerca de la válvula semilunar. Debe verse un pequeño agujero, que es la apertura de las arterias coronarias. Mide el diámetro del lumen de esta arteria. Las arterias coronarias suministran oxígeno y nutrientes a la pared del corazón.

10 El tabique

Cerca de la base de los ventrículos, haz un corte transversal como el que muestra la línea de puntos Y en la figura 9. Mide en milímetros el grosor de las paredes de los ventrículos derecho e izquierdo y del tabique que los separa (figura 10). El tabique contiene fibras conductoras que ayudan a estimular a los ventrículos a contraerse.

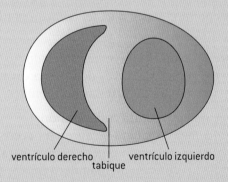

▲ Figura 10 Sección transversal de los ventrículos

🌐 Aterosclerosis

Causas y consecuencias de la oclusión de las arterias coronarias

Uno de los problemas de salud más comunes hoy en día es la aterosclerosis, el desarrollo de tejido adiposo denominado ateroma en la pared de la arteria junto al endotelio. Se acumulan lipoproteínas de baja densidad, que contienen grasas y colesterol, y las células del endotelio y del músculo liso emiten señales que atraen a los fagocitos. Los fagocitos engullen las grasas y el colesterol por endocitosis y se hacen muy grandes. Las células del músculo liso migran para formar una capa dura sobre el ateroma. De esta forma, la pared de la arteria se hace más gruesa y el lumen se estrecha, lo que dificulta el flujo sanguíneo.

A la edad de diez años normalmente ya se pueden encontrar pequeños ateromas en las arterias, pero estos no afectan a la salud. En algunos adultos la aterosclerosis se vuelve mucho más avanzada, pero a menudo pasa desapercibida hasta que una arteria principal se bloquea tanto que los tejidos a los que suministra sangre corren peligro.

La oclusión coronaria es un estrechamiento de las arterias que suministran sangre con oxígeno y nutrientes al músculo del corazón. La falta de oxígeno (anoxia) causa dolor, conocido como angina de pecho, y deteriora la capacidad del músculo para contraerse, por lo que el corazón tiene que latir más rápido para mantener la sangre circulando cuando algunos de sus músculos han dejado de funcionar. La capa fibrosa que cubre los ateromas a veces se rompe, lo que estimula la formación de coágulos de sangre que pueden bloquear las arterias que suministran sangre al corazón y causar problemas cardíacos agudos. Esto se describe en el subtema 6.3.

Las causas de la aterosclerosis aún no se conocen del todo. Se ha demostrado que varios factores aumentan el riesgo de formación de ateromas, pero no son las únicas causas de esta enfermedad:

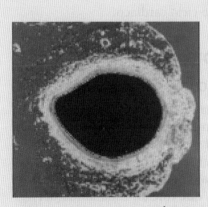
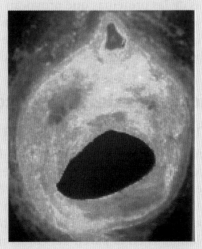

▲ Figura 11 Una arteria normal (izquierda) tiene un lumen mucho más ancho que una arteria ocluida por ateroma (derecha).

Actividad

Estructura y función del corazón

Discute las respuestas a estas preguntas:

1 ¿Por qué las paredes de las aurículas son más finas que las paredes de los ventrículos?

2 ¿Qué impide que la válvula auriculoventricular sea empujada hacia la aurícula cuando el ventrículo se contrae?

3 ¿Por qué la pared del ventrículo izquierdo es más gruesa que la del ventrículo derecho?

4 ¿El lado izquierdo del corazón bombea sangre oxigenada o sangre sin oxígeno?

5 ¿Por qué la pared del corazón necesita su propio riego sanguíneo, suministrado por las arterias coronarias?

6 ¿El volumen de sangre por minuto que bombea el lado derecho del corazón es mayor, menor o igual que el que bombea el lado izquierdo?

Actividad

La carnitina y la oclusión coronaria

Un compuesto químico llamado carnitina que se encuentra en ciertos alimentos es convertido en trimetilamina-N-óxido por las bacterias del intestino. Averigua qué alimentos contienen las mayores concentraciones de carnitina y discute si esta información debería influir en el asesoramiento dietético.

- Concentraciones altas de lipoproteínas de baja densidad en la sangre

- Concentraciones altas crónicas de glucosa en la sangre, debido a comer en exceso, obesidad o diabetes

- Presión arterial alta crónica, debido al consumo de tabaco, el estrés o cualquier otra causa

- Consumo de grasas trans, que dañan el endotelio de la arteria

También hay algunas teorías más recientes que incluyen microbios:

- Infección de la pared arterial con *Chlamydia pneumoniae*

- Producción de trimetilamina-N-óxido por microbios del intestino

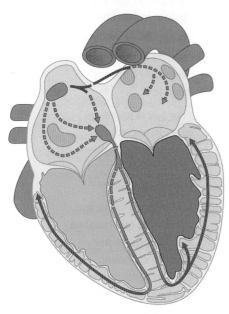

▲ Figura 12 El nódulo sinoauricular

El nódulo sinoauricular

El latido del corazón es iniciado por un grupo de células musculares específicas en la aurícula derecha, denominado nódulo sinoauricular.

El corazón es único en el cuerpo, en el sentido de que sus músculos pueden contraerse sin necesidad de ser estimulados por las neuronas motoras. Esta contracción se denomina miogénica, lo que significa que se genera en el propio músculo. Cuando una célula muscular del corazón se contrae, su membrana se despolariza; esto activa las células adyacentes y hace que también se contraigan. Por tanto, un grupo de células se contraen casi simultáneamente al ritmo de las más rápidas.

La zona del corazón con el ritmo más rápido de latidos espontáneos es un pequeño grupo de células musculares especiales en la pared de la aurícula derecha llamado nódulo sinoauricular. Estas células tienen pocas de las proteínas que provocan contracciones en otras células musculares, pero poseen membranas extensas. El nódulo sinoauricular inicia cada latido del corazón porque las membranas de sus células son las primeras en despolarizarse en cada ciclo cardíaco.

Inicio de los latidos del corazón

El nódulo sinoauricular actúa como un marcapasos.

El nódulo sinoauricular inicia cada latido del corazón y, por tanto, marca el ritmo de los latidos y a menudo se le llama marcapasos. Si se vuelve defectuoso, su actividad puede ser regulada o incluso reemplazada en su totalidad por un marcapasos artificial: un dispositivo electrónico colocado debajo de la piel, con electrodos implantados en la pared del corazón que inician cada latido del corazón en lugar del nódulo sinoauricular.

Contracción auricular y ventricular

El nódulo sinoauricular envía una señal eléctrica que estimula la contracción conforme se propaga primero a través de las paredes de las aurículas y, a continuación, a través de las paredes de los ventrículos.

El nódulo sinoauricular inicia un latido del corazón contrayéndose y, simultáneamente, envía una señal eléctrica que se propaga a través de las paredes de las aurículas. Esto es posible gracias a que hay interconexiones entre las fibras por las cuales se puede propagar la señal eléctrica. Además, las fibras están ramificadas de manera que cada fibra pasa la señal a varias otras. Se tarda menos de una décima de segundo en transmitir la señal a todas las células de las aurículas. Esta propagación de la señal eléctrica hace que se contraiga la totalidad de la aurícula izquierda y la aurícula derecha.

Después de aproximadamente 0,1 segundos, la señal eléctrica se transmite a los ventrículos. Este lapso da tiempo para que las aurículas bombeen la sangre hacia los ventrículos. La señal se propaga entonces a través de las paredes de los ventrículos, estimulándolos a contraerse y bombear sangre a las arterias. En la Opción D de esta publicación se detalla la estimulación eléctrica de los latidos del corazón.

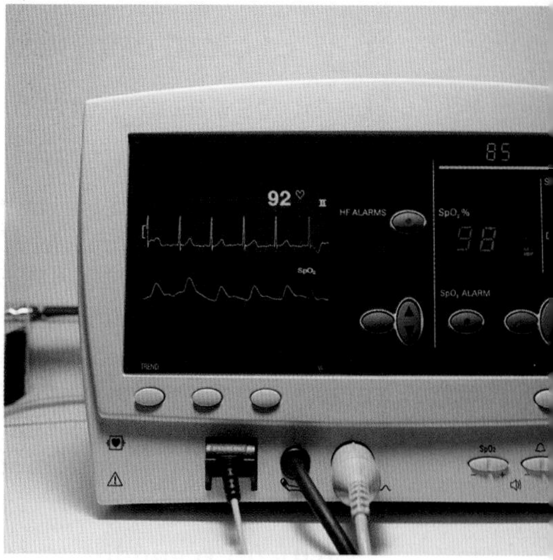

▲ Figura 13 Monitor cardíaco que muestra el ritmo cardíaco, la actividad eléctrica del corazón y el porcentaje de saturación de oxígeno en la sangre

Teoría del Conocimiento

¿Qué importa más al tomar decisiones éticas: la intención o las consecuencias?

Hay circunstancias en las que prolongar la vida de un individuo que está sufriendo nos hace cuestionar el papel del médico. A veces, un marcapasos puede estar prolongando la vida de un paciente y el médico se encuentra con que le piden que desactive el dispositivo. Esto acelerará la muerte del paciente. La eutanasia consiste en tomar medidas activas para poner fin a la vida de un paciente y es ilegal en muchos ordenamientos jurídicos. Sin embargo, la interrupción de intervenciones que mantienen las funciones vitales como la diálisis, la ventilación mecánica o la alimentación por sonda en pacientes con enfermedades terminales es una práctica ampliamente aceptada. A menudo esta decisión la toma la familia del paciente. La interrupción del soporte vital se ve como algo distinto de la eutanasia porque el paciente muere a causa de su enfermedad y no por tomar medidas activas para poner fin a la vida del paciente, que es el caso de la eutanasia. Sin embargo, la distinción puede ser sutil. La consecuencia es la misma: la muerte del paciente. La intención puede ser la misma: poner fin al sufrimiento del paciente. Sin embargo, en muchos ordenamientos jurídicos una acción es ilegal y la otra no lo es.

El ciclo cardíaco

Cambios de presión en la aurícula izquierda, el ventrículo izquierdo y la aorta durante el ciclo cardíaco

La figura 15 muestra los cambios de presión en la aurícula y el ventrículo del corazón y en la aorta durante un ciclo cardíaco. Para comprenderlos es necesario saber qué ocurre en cada etapa del ciclo. La figura 14 resume lo que pasa en cada momento, suponiendo que el ritmo cardíaco es de 75 latidos por minuto. Se muestran los volúmenes de sangre típicos y también se indica la dirección del flujo sanguíneo en las cavidades del corazón.

0,0 – 0,1 segundos
- Las aurículas se contraen, provocando un rápido pero relativamente pequeño aumento de la presión que bombea la sangre desde las aurículas a los ventrículos a través de las válvulas auriculoventriculares abiertas.

- Las válvulas semilunares están cerradas y en las arterias la presión sanguínea cae gradualmente hasta el mínimo a medida que la sangre va fluyendo por ellas sin que se bombee más sangre.

0,1 – 0,15 segundos
- Los ventrículos se contraen y la presión aumenta rápidamente, lo que hace que las válvulas auriculoventriculares se cierren.

- Las válvulas semilunares permanecen cerradas.

0,15 – 0,4 segundos
- La presión en los ventrículos supera la presión en las arterias, por lo que las válvulas semilunares se abren y se bombea la sangre desde los ventrículos a las arterias, lo que maximiza temporalmente la presión sanguínea arterial.

- La presión aumenta lentamente en las aurículas a medida que les va entrando la sangre de las venas y se llenan.

0,4 – 0,45 segundos
- Disminuye la contracción de los músculos ventriculares y la presión en los ventrículos cae rápidamente por debajo de la presión en las arterias, haciendo que se cierren las válvulas semilunares.

- Las válvulas auriculoventriculares permanecen cerradas.

0,45 – 0,8 segundos
- La presión en los ventrículos cae por debajo de la presión en las aurículas, haciendo que se abran las válvulas auriculoventriculares.

- La sangre de las venas entra en las aurículas y de allí pasa a los ventrículos, haciendo que aumente lentamente la presión.

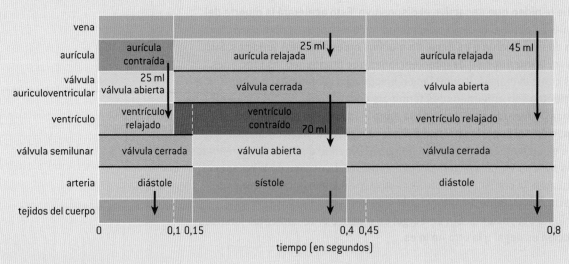

▲ Figura 14 El diagrama representa un ciclo cardíaco, empezando a la izquierda con la contracción de la aurícula. Las flechas verticales muestran el flujo de la sangre.

La figura 15 muestra la presión en la aurícula, el ventrículo y la arteria de un lado del corazón, durante un segundo de actividad del corazón.

1 Deduce cuándo se bombea la sangre de la aurícula al ventrículo. Indica tanto el tiempo de inicio como de fin. [2]

2 Deduce cuándo comienza a contraerse el ventrículo. [1]

3 La válvula auriculoventricular es la válvula entre la aurícula y el ventrículo. Indica cuándo se cierra la válvula auriculoventricular. [1]

4 La válvula semilunar es la válvula entre el ventrículo y la arteria. Indica cuándo se abre la válvula semilunar. [1]

5 Deduce cuándo se cierra la válvula semilunar. [1]

6 Deduce cuándo se bombea la sangre del ventrículo a la arteria. Indica tanto el tiempo de inicio como de fin. [2]

7 Deduce cuándo el volumen de sangre en el ventrículo está:

a) Al máximo [1]

b) Al mínimo [1]

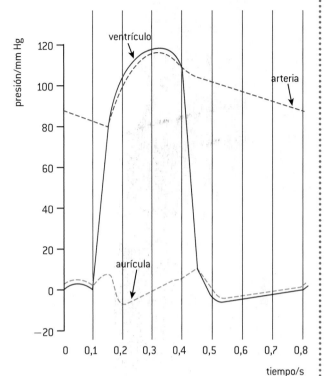

▲ Figura 15 Cambios de presión durante el ciclo cardíaco

Cambios de ritmo cardíaco

El ritmo cardíaco puede aumentar o disminuir mediante los impulsos transmitidos al corazón por dos nervios desde la médula del cerebro.

El nódulo sinoauricular que marca el ritmo de los latidos del corazón responde a señales que vienen de fuera del corazón, entre ellas señales de las ramas de dos nervios que se originan en una región de la médula del cerebro llamada centro cardiovascular. Las señales procedentes de uno de los nervios hacen que se incremente el ritmo de los latidos del corazón. En personas jóvenes sanas, el ritmo puede aumentar hasta tres veces con respecto al ritmo de reposo. Las señales procedentes del otro nervio disminuyen el ritmo. Estas dos ramas nerviosas actúan como el acelerador y el freno de un automóvil.

El centro cardiovascular recibe información de los receptores que controlan la presión arterial, el pH y la concentración de oxígeno de la sangre. El pH de la sangre refleja su concentración de dióxido de carbono.

- Una presión arterial baja, una concentración de oxígeno baja o un pH bajo sugieren que el ritmo del corazón necesita acelerarse para aumentar el flujo de sangre a los tejidos, suministrar más oxígeno y eliminar más dióxido de carbono.

- Una presión arterial alta, una concentración de oxígeno alta o un pH alto son indicadores de que puede ser necesario reducir el ritmo cardíaco.

Actividad

Los sonidos cardíacos

Los sonidos producidos por el flujo sanguíneo se pueden escuchar colocando un simple tubo o estetoscopio sobre el pecho, cerca del corazón. Las consecuencias que tiene todo este ciclo cardíaco en el flujo sanguíneo fuera del corazón se pueden percibir tomando el pulso en una arteria periférica.

(a)

(b)

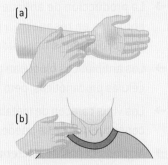

▲ Figura 16 Toma del pulso: (a) pulso radial (b) pulso carotídeo

Epinefrina

La epinefrina aumenta el ritmo cardíaco como preparación para una actividad física vigorosa.

El nódulo sinoauricular también aumenta el ritmo cardíaco en respuesta a la presencia de epinefrina en la sangre. Esta hormona, también llamada a veces adrenalina, la producen las glándulas suprarrenales. La secreción de epinefrina está controlada por el cerebro y se eleva cuando puede ser necesaria una actividad física vigorosa debido a una amenaza u oportunidad. Así, la epinefrina produce la respuesta que se conoce como "lucha o huida".

En el pasado, cuando los humanos eran cazadores y recolectores en lugar de agricultores, habrían secretado epinefrina al salir a cazar presas o al sentirse amenazados por un depredador. En el mundo moderno, los atletas a menudo utilizan rutinas para estimular la secreción de epinefrina y aumentar así su ritmo cardíaco antes de iniciar la actividad física vigorosa.

▲ Figura 17 Los deportes de aventura, como la escalada, producen la secreción de epinefrina.

6.3 Defensa contra las enfermedades infecciosas

Comprensión

→ La piel y las membranas mucosas constituyen una primera defensa frente a los patógenos que causan enfermedades infecciosas.

→ Los cortes en la piel son sellados por la coagulación de la sangre.

→ Las plaquetas liberan factores coagulantes.

→ El efecto en cascada provoca que la trombina cause una rápida conversión del fibrinógeno en fibrina.

→ La ingestión de patógenos por parte de los leucocitos fagocíticos proporciona inmunidad no específica frente a las enfermedades.

→ La producción de anticuerpos por parte de los linfocitos en respuesta a patógenos concretos proporciona una inmunidad específica.

→ Los antibióticos bloquean procesos propios de las células procarióticas, pero no de las eucarióticas.

→ Los virus carecen de metabolismo y en consecuencia no se pueden tratar con antibióticos.

→ Algunas cepas de bacterias han evolucionado con genes que les confieren resistencia a los antibióticos y algunas cepas de bacterias tienen resistencia múltiple.

Aplicaciones

→ Causas y consecuencias de la formación de coágulos de sangre en las arterias coronarias.

→ Efectos del VIH sobre el sistema inmunitario y métodos de transmisión.

→ Experimentos de Florey y Chain para evaluar la eficacia de la penicilina en infecciones bacterianas en ratones.

Naturaleza de la ciencia

→ Riesgos asociados con la investigación científica: los ensayos de Florey y Chain sobre la seguridad de la penicilina no cumplirían el protocolo actual de ensayo.

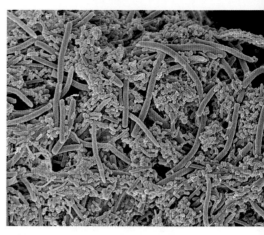

La piel como barrera frente a la infección

La piel y las membranas mucosas constituyen una primera defensa frente a los patógenos que causan enfermedades infecciosas.

Hay muchos microbios distintos en el entorno que pueden crecer dentro del cuerpo humano y causar enfermedades. Algunos microorganismos son oportunistas y, aunque pueden invadir el cuerpo, también viven habitualmente fuera de él. Otros son especializados y solo pueden sobrevivir dentro del cuerpo humano. Los microbios que causan enfermedades se denominan patógenos.

La primera defensa del cuerpo frente a los patógenos es la piel. Su capa más externa es dura y constituye una barrera física contra la entrada de patógenos, además de proteger contra daños físicos y químicos. Los folículos pilosos tienen asociadas glándulas sebáceas que segregan una sustancia química llamada sebo, que mantiene la humedad de la piel y reduce ligeramente su pH. Este pH más bajo inhibe el crecimiento de bacterias y hongos.

Las membranas mucosas son un tipo de piel más fina y suave que se encuentra en áreas tales como los conductos nasales y otras vías respiratorias, la cabeza del pene, el prepucio y la vagina. El moco que secretan estas áreas de la piel es una solución pegajosa de glicoproteínas que actúa como una barrera física; los patógenos y las partículas nocivas quedan atrapados en ella y son digeridos o expulsados. Además, tiene propiedades antisépticas gracias a la presencia de la enzima antibacteriana lisozima.

Los cortes y los coágulos

Los cortes en la piel son sellados por la coagulación de la sangre.

Cuando la piel se corta, los vasos sanguíneos se rompen y empiezan a sangrar. Por lo general, el sangrado se interrumpe en poco tiempo gracias a un proceso llamado coagulación. La sangre que sale de un corte pasa de ser líquida a ser un gel semisólido. Este sella la herida y evita una mayor pérdida de sangre y de presión arterial. La coagulación también es importante porque los cortes abren una brecha en la barrera de la piel frente a la infección. Los coágulos impiden la entrada de patógenos hasta que crece tejido nuevo para curar la herida.

Las plaquetas y la coagulación de la sangre

Las plaquetas liberan factores coagulantes.

La coagulación de la sangre implica una cascada de reacciones, cada una de las cuales produce un catalizador para la siguiente reacción. Como resultado, la sangre se coagula muy rápidamente. Es importante que haya un control estricto de la coagulación, porque si se produce dentro de los vasos sanguíneos los coágulos resultantes pueden causar obstrucciones.

El proceso de coagulación solo ocurre si las plaquetas liberan factores coagulantes. Las plaquetas son fragmentos celulares que circulan en

▲ Figura 1 Micrografía electrónica de barrido de las bacterias en la superficie de los dientes. Las membranas mucosas de la boca evitan que estos y otros microbios invadan los tejidos del cuerpo.

Actividad

Imágenes de la piel humana

Se puede utilizar un microscopio digital para obtener imágenes de los diferentes tipos de piel que cubren el cuerpo humano. La figura 2 muestra cuatro imágenes obtenidas de esta manera.

▲ Figura 2

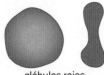

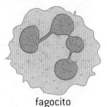

plaquetas   glóbulos rojos

linfocito   fagocito

▲ Figura 3 Células y fragmentos de células en la sangre. Los linfocitos y los fagocitos son tipos de leucocitos.

▲ Figura 4 Micrografía electrónica de barrido de sangre coagulada con fibrina y glóbulos rojos atrapados

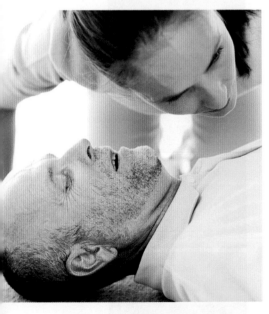

▲ Figura 5 La intervención temprana durante un infarto puede salvar la vida del paciente, por lo que es importante capacitarse para saber qué hacer.

la sangre; son más pequeñas que los glóbulos rojos o los leucocitos. Cuando se produce un corte u otra lesión que daña los vasos sanguíneos, las plaquetas se acumulan en el lugar de la lesión formando un tapón temporal y, a continuación, liberan los factores coagulantes que desencadenan el proceso de coagulación.

Producción de fibrina

El efecto en cascada provoca que la trombina cause una rápida conversión del fibrinógeno en fibrina.

La cascada de reacciones que se desencadena cuando las plaquetas liberan los factores coagulantes provoca rápidamente la producción de una enzima llamada trombina. La trombina, a su vez, convierte la proteína soluble fibrinógeno en fibrina insoluble. La fibrina forma una especie de malla en los cortes que atrapa más plaquetas y también glóbulos rojos. El coágulo resultante es inicialmente un gel, pero si está expuesto al aire se seca hasta formar una costra dura.

La figura 4 muestra glóbulos rojos atrapados en esta malla fibrosa.

⊕ Trombosis coronaria

Causas y consecuencias de la formación de coágulos de sangre en las arterias coronarias

En pacientes con enfermedades cardíacas coronarias, a veces se forman coágulos de sangre en las arterias coronarias. Estas arterias se ramifican a partir de la aorta cerca de la válvula semilunar y llevan la sangre a la pared del corazón, proporcionando el oxígeno y la glucosa que las fibras musculares cardíacas necesitan para la respiración celular. En términos médicos, un coágulo de sangre es un trombo. La trombosis coronaria es la formación de coágulos de sangre en las arterias coronarias.

Si un coágulo de sangre obstruye las arterias coronarias, una parte del corazón se ve privada de oxígeno y nutrientes. Como resultado, las células musculares cardíacas son incapaces de producir suficiente ATP mediante la respiración aeróbica y sus contracciones se vuelven irregulares y descoordinadas. La pared del corazón realiza movimientos temblorosos, llamados fibrilación, que no bombean eficazmente la sangre. Esta enfermedad puede ser fatal si no se resuelve de forma natural o con intervención médica.

La aterosclerosis provoca la oclusión de las arterias coronarias. El endotelio de las arterias tiende a dañarse y volverse áspero en las zonas donde se desarrollan ateromas; especialmente, la pared de la arteria se endurece por el depósito de sales de calcio. Las placas de ateroma a veces se rompen causando una lesión. La oclusión coronaria, los daños en el epitelio capilar, el endurecimiento de las arterias y la rotura del ateroma aumentan el riesgo de trombosis coronaria.

Se sabe que hay algunos factores relacionados con un mayor riesgo de trombosis coronaria e infarto:

- Tabaquismo
- Concentración alta de colesterol en la sangre
- Hipertensión
- Diabetes
- Obesidad
- Falta de ejercicio físico

Por supuesto, la correlación no implica causalidad, pero en cualquier caso los médicos recomiendan a sus pacientes evitar estos factores de riesgo en la medida de lo posible.

Fagocitos

La ingestión de patógenos por parte de los leucocitos fagocíticos proporciona inmunidad no específica frente a las enfermedades.

Si los microorganismos consiguen traspasar las barreras físicas de la piel y las membranas mucosas y entran en el cuerpo, los leucocitos constituyen la siguiente línea de defensa. Hay muchos tipos diferentes de leucocitos. Algunos son fagocitos, que se deslizan por los poros de las paredes capilares y se dirigen a las zonas de infección. Allí engullen a los patógenos por endocitosis y los digieren con las enzimas de los lisosomas. Cuando las heridas se infectan, atraen a un gran número de fagocitos, lo que resulta en la formación de un líquido blanquecino llamado pus.

Producción de anticuerpos

La producción de anticuerpos por parte de los linfocitos en respuesta a patógenos concretos proporciona una inmunidad específica.

Si los microorganismos consiguen traspasar las barreras físicas de la piel e invaden el cuerpo, las proteínas y otras moléculas de la superficie de los patógenos son reconocidas como extrañas y provocan una respuesta inmune específica. Toda sustancia química que provoca una respuesta inmune se considera un antígeno. La respuesta inmune específica es la producción de anticuerpos para un patógeno en particular. Los anticuerpos se unen a un antígeno de dicho patógeno.

Los anticuerpos los produce un tipo de leucocito llamado linfocito. Cada linfocito produce un solo tipo de anticuerpo, pero nuestro cuerpo puede producir una amplia gama de anticuerpos diferentes. Esto es porque solo hay un pequeño número de linfocitos que produce cada uno de los distintos tipos de anticuerpos. Por lo tanto, inicialmente no hay suficientes linfocitos para producir todos los anticuerpos que se necesitan para controlar un patógeno que no ha infectado previamente el cuerpo.

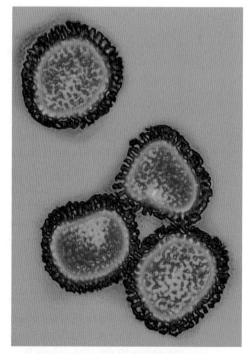

▲ Figura 6 Virus de la gripe aviar. En esta micrografía electrónica de una sección transversal del virus, se ha utilizado falso color para distinguir la capa de proteína que el sistema inmunitario reconoce como antígeno (morado) del ARN del virus (verde).

Sin embargo, los antígenos del patógeno estimulan la división celular del pequeño número de linfocitos que producen los anticuerpos adecuados. En tan solo unos días se produce un gran clon de linfocitos llamados células plasmáticas y estas secretan cantidades suficientes del anticuerpo para controlar el patógeno y eliminar la infección.

Los anticuerpos son proteínas grandes que tienen dos regiones funcionales: una región hipervariable que se une a un antígeno específico y otra región que ayuda al cuerpo a combatir el patógeno de varias maneras, incluidas las siguientes:

- Hace que un patógeno resulte más reconocible para los fagocitos, para que estos lo engullan más rápidamente

- Impide que los virus se acoplen a células huésped, para que no puedan entrar en las células

Los anticuerpos solo permanecen en el cuerpo durante pocas semanas o meses y las células plasmáticas que los producen también se pierden gradualmente una vez que la infección ha sido superada y no hay antígenos presentes. Sin embargo, algunos de los linfocitos producidos durante la infección no son células plasmáticas activas, sino que se convierten en células de memoria muy longevas. Estas células de memoria permanecen inactivas hasta que el mismo patógeno vuelve a infectar el cuerpo, en cuyo caso se activan y se dividen para producir células plasmáticas muy rápidamente. Si somos inmunes a una enfermedad infecciosa es porque ya tenemos anticuerpos contra el patógeno, o bien tenemos células de memoria que permiten producir rápidamente el anticuerpo.

🌐 Virus de la inmunodeficiencia humana

Efectos del VIH sobre el sistema inmunitario y métodos de transmisión

La producción de anticuerpos por el sistema inmunológico es un proceso complejo e incluye diferentes tipos de linfocitos, como las células T auxiliares. El virus de la inmunodeficiencia humana (VIH) invade las células T auxiliares y las destruye. La consecuencia es una pérdida progresiva de la capacidad de producir anticuerpos. En las fases tempranas de la infección, el sistema inmunológico produce anticuerpos contra el VIH. Si estos se detectan en el cuerpo de una persona, se dice que es seropositiva.

El VIH es un retrovirus que tiene genes hechos de ARN y utiliza la transcriptasa inversa para hacer copias del ADN de sus genes una vez que ha entrado en una célula huésped. La velocidad a la que destruye las células T auxiliares varía considerablemente y puede ralentizarse mediante el uso de medicamentos antirretrovirales. En la mayoría de los pacientes seropositivos, la producción de anticuerpos finalmente llega a ser tan ineficaz que no consigue detener un grupo de infecciones oportunistas que serían fácilmente combatidas por un sistema inmunológico saludable. Normalmente, algunas de estas son tan raras (por ejemplo, el sarcoma de Kaposi) que son un indicador de que la infección por VIH se encuentra en una fase tardía. A un conjunto de enfermedades que se dan a la vez se le denomina síndrome. Cuando una persona presenta el síndrome de las enfermedades asociadas al VIH, se dice que tiene el síndrome de inmunodeficiencia adquirida (SIDA).

El SIDA se propaga mediante la infección del VIH. Este virus solo sobrevive fuera del cuerpo durante un corto período de tiempo y, normalmente, la infección solo se produce si hay contacto entre la sangre de una persona infectada y la sangre de una no infectada. Hay varias maneras en las que esto se puede producir:

- Relaciones sexuales durante las cuales puede haber un pequeño sangrado a causa de abrasiones en las membranas mucosas del pene y la vagina
- Transfusión de sangre infectada, o de productos sanguíneos como el Factor VIII
- Agujas hipodérmicas compartidas por consumidores de drogas intravenosas

Antibióticos

Los antibióticos bloquean procesos propios de las células procarióticas, pero no de las eucarióticas.

Un antibiótico es una sustancia química que inhibe el crecimiento de los microorganismos. La mayoría de los antibióticos son antibacterianos. Bloquean procesos propios de las células procarióticas, pero no de las eucarióticas y, por tanto, se pueden utilizar para matar las bacterias en el interior del cuerpo sin causar daño a las células humanas. Los procesos que atacan los antibióticos son la replicación del ADN bacteriano, la transcripción, la traducción, la función ribosomal y la formación de la pared celular.

Muchos antibióticos antibacterianos fueron descubiertos en hongos saprofitos. Estos hongos compiten con las bacterias saprofitas por la materia orgánica muerta de la que ambos se alimentan. Mediante la secreción de antibióticos antibacterianos, los hongos saprofitos inhiben el crecimiento de sus competidores bacterianos. Un ejemplo de antibiótico es la penicilina; la producen algunas cepas del hongo *Penicillium*, pero solo cuando hay escasez de nutrientes y la competencia con las bacterias sería perjudicial.

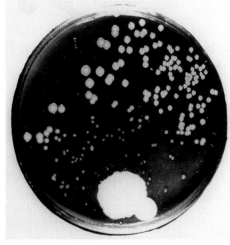

▲ Figura 7 Placa de petri de Fleming, que mostró por primera vez cómo la penicilina de un micelio de *Penicillium* inhibía el crecimiento bacteriano

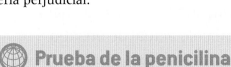

Prueba de la penicilina

Experimentos de Florey y Chain para evaluar la eficacia de la penicilina en infecciones bacterianas en ratones

A finales de la década de 1930, Howard Florey y Ernst Chain formaron un equipo de investigación en Oxford que estudió el uso de sustancias químicas para controlar las infecciones bacterianas. La más prometedora de estas sustancias fue la penicilina, descubierta por Alexander Fleming en 1928. El equipo de Florey y Chain desarrolló un método de cultivo líquido del hongo *Penicillium* en condiciones que lo estimulaban a segregar penicilina. También desarrollaron métodos para producir muestras de penicilina bastante pura a partir de los cultivos.

La penicilina mataba las bacterias en placas de agar, pero querían evaluar si sería capaz de controlar infecciones bacterianas en los seres humanos. Primero la probaron en ratones. Ocho ratones fueron infectados deliberadamente con la bacteria *Streptococcus* que causa la muerte por neumonía. Cuatro de los ratones infectados recibieron inyecciones de penicilina. Todos los ratones no tratados murieron en las 24 horas siguientes, mientras que los cuatro tratados con penicilina estaban sanos. Florey y Chain decidieron que la siguiente prueba

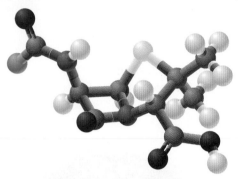

▲ Figura 8 Penicilina: la bola verde representa una parte variable de la molécula.

debían hacerla con pacientes humanos, lo que requería cantidades de penicilina mucho mayores.

Cuando consiguieron producir suficiente penicilina, un policía de 43 años de edad fue elegido para la primera prueba humana. El paciente presentaba una infección bacteriana aguda, potencialmente mortal, causada por un rasguño en la cara con una espina de un rosal. Se le administró penicilina durante cuatro días y su estado mejoró considerablemente, pero se acabó la penicilina y el paciente sufrió una recaída y murió a causa de la infección.

Se produjeron mayores cantidades de penicilina y se probaron en otros cinco pacientes con infecciones agudas. Todos se curaron de sus infecciones, pero lamentablemente uno de ellos murió. Era un niño pequeño con una infección detrás del ojo que había debilitado la pared de la arteria que lleva sangre al cerebro; aunque se curó de la infección, murió repentinamente de una hemorragia cerebral al romperse la arteria.

Compañías farmacéuticas estadounidenses empezaron a producir penicilina en cantidades mucho mayores. Esto permitió realizar un mayor número de pruebas, que confirmaron que se trataba de un tratamiento muy eficaz para muchas infecciones bacterianas hasta entonces incurables.

La penicilina y los ensayos con medicamentos

Riesgos asociados con la investigación científica: los ensayos de Florey y Chain sobre la seguridad de la penicilina no cumplirían el protocolo actual de ensayo.

Cuando se introduce un medicamento nuevo, existen riesgos de que no surta efecto en algunos o todos los pacientes, o de que tenga efectos secundarios dañinos. Estos riesgos se minimizan mediante protocolos estrictos que las compañías farmacéuticas deben seguir. Primero se realizan ensayos en animales y luego en un pequeño número de personas sanas. Solo si un medicamento pasa estos ensayos puede probarse en pacientes afectados por la enfermedad que el medicamento está destinado a tratar. Los últimos ensayos se realizan con un gran número de pacientes, para evaluar si el medicamento surte efecto en todos los casos y comprobar que no existen efectos secundarios graves o comunes.

Hay algunos casos famosos de medicamentos que han causando problemas durante los ensayos o una vez comercializados.

- La talidomida se introdujo en la década de 1950 como tratamiento para varias enfermedades leves, pero, cuando se constató que aliviaba las náuseas del embarazo, se comenzó a recetar para este propósito. Los efectos secundarios del medicamento en el feto no se habían comprobado y más de 10.000 niños nacieron con deformidades antes de que se reconociera el problema.

- En 2006 se administró TGN1412, una nueva proteína desarrollada para tratar la leucemia y enfermedades autoinmunes, a seis voluntarios sanos. Los seis enfermaron rápidamente y sufrieron un fallo multiorgánico. Aunque los voluntarios se recuperaron, sus sistemas inmunológicos pueden haber resultado dañados a largo plazo.

Es muy improbable que a Florey y Chain les hubieran permitido llevar a cabo ensayos con nuevos medicamentos hoy en día con los métodos que utilizaron para la penicilina. Probaron el medicamento en pacientes humanos después de probarlo en animales durante un período muy breve. La penicilina era un nuevo tipo de medicamento y podía haber tenido efectos secundarios graves. Además, las muestras que utilizaron no eran puras y las impurezas podían haber tenido efectos secundarios.

Por otra parte, todos los pacientes que participaron en el ensayo estaban al borde de la muerte y muchos se curaron de sus infecciones como resultado del tratamiento experimental. Debido a la rapidez con que realizaron los ensayos y a que tomaron riesgos mayores de los ahora permitidos, la penicilina se introdujo mucho más rápidamente de lo que sería posible hoy en día. Durante el desembarco de Normandía en junio de 1944, se

usó la penicilina para tratar a los soldados heridos y se redujo considerablemente el número de muertes causadas por infección bacteriana.

▲ Figura 9 Heridos de las tropas estadounidenses en la playa de Omaha el 6 de junio de 1944

Virus y antibióticos

Los virus carecen de metabolismo y en consecuencia no se pueden tratar con antibióticos.

Los virus no son organismos vivos y solo pueden reproducirse cuando están dentro de células vivas; utilizan los procesos químicos de una célula huésped viva, en lugar de tener un metabolismo propio. No tienen medios propios para la transcripción o síntesis de proteínas y dependen de las enzimas de la célula huésped para la síntesis de ATP y otras rutas metabólicas. Los medicamentos no pueden atacar estos procesos, ya que la célula huésped también se vería perjudicada.

Todos los antibióticos de uso común, como la penicilina, la estreptomicina, el cloranfenicol y la tetraciclina, controlan infecciones bacterianas y no surten efecto contra los virus. No solo es inapropiado que los médicos los receten para tratar una infección viral, sino que esta práctica contribuye al abuso de los antibióticos y al aumento de la resistencia de las bacterias a los antibióticos.

Hay algunas enzimas virales que los medicamentos pueden utilizar como objetivo con el fin de controlar los virus sin dañar la célula huésped. Solo se han descubierto o desarrollado unos pocos medicamentos de este tipo: se les conoce como antivirales, en lugar de antibióticos.

Resistencia a los antibióticos

Algunas cepas de bacterias han evolucionado con genes que les confieren resistencia a los antibióticos y algunas cepas de bacterias tienen resistencia múltiple.

En 2013, la directora médica del gobierno de Inglaterra, Sally Davies, afirmó:

> *El peligro que representa la creciente resistencia a los antibióticos debe considerarse de la misma importancia que el terrorismo en una lista de amenazas para el país. Si no tomamos medidas, es posible que nos veamos en una situación casi como la del siglo XIX, con infecciones que nos pueden*

matar como resultado de operaciones rutinarias. No podremos hacer muchos de nuestros tratamientos contra el cáncer o trasplantes de órganos.

El desarrollo de la resistencia a los antibióticos por la selección natural se describe en el subtema 5.2. Las cepas de bacterias resistentes generalmente se descubren poco después de la introducción de un antibiótico. Esto no reviste demasiada importancia a menos que una cepa desarrolle resistencia múltiple, como *Staphylococcus aureus* resistente a la meticilina (SARM), que ha infectado la sangre o las heridas quirúrgicas de pacientes en hospitales y es resistente a todos los antibióticos de uso común. Otro ejemplo de este problema es la tuberculosis multirresistente. La OMS ha informado de más de 300.000 casos anuales en todo el mundo, y en algunas zonas esta enfermedad alcanza proporciones epidémicas.

La resistencia a los antibióticos es un problema evitable. Son necesarias estas medidas:

- Que los médicos receten antibióticos solo para las infecciones bacterianas graves

- Que los pacientes completen el tratamiento con antibióticos para eliminar las infecciones por completo

- Que el personal hospitalario mantenga altos estándares de higiene para prevenir infecciones cruzadas

- Que los ganaderos no utilicen antibióticos en los piensos de animales para estimular su crecimiento

- Que las compañías farmacéuticas desarrollen nuevos tipos de antibióticos, ya que no se han introducido nuevos tipos desde 1980

Preguntas basadas en datos: Resistencia a los antibióticos

La resistencia bacteriana a los antibióticos es una consecuencia directa del abuso de estos medicamentos. En los EE.UU., actualmente en más de la mitad de las visitas al médico por infecciones del tracto respiratorio superior se recetan antibióticos, a pesar de saber que la mayoría de estas infecciones son causadas por virus.

A principios de la década de 1990, las autoridades sanitarias de Finlandia comenzaron a desincentivar el uso del antibiótico eritromicina para tratar las infecciones del tracto respiratorio superior, en respuesta al aumento de la resistencia bacteriana a este antibiótico; el consumo nacional de eritromicina por habitante se redujo en un 43%.

Los datos de la figura 11 muestran la incidencia de cepas de *Streptococcus pyogenes* resistentes a la eritromicina en Finlandia durante un período de 10 años. *S. pyogenes* es responsable de la enfermedad conocida como faringitis.

1. a) Describe el patrón de resistencia a la eritromicina durante el período de 1992 a 2002. [3]

   b) Sugiere una razón para el patrón que se muestra. [2]

2. Calcula la diferencia porcentual de la resistencia al antibiótico entre 2002 y 1992. [2]

3. Evalúa la afirmación de que la reducción en el uso de la eritromicina ha resultado en una reducción en la incidencia de la resistencia al antibiótico en *S. pyogenes*. [3]

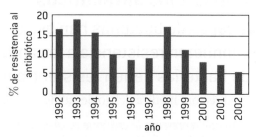

▲ Figura 11 Incidencia de las cepas de *Streptococcus pyogenes* resistentes al antibiótico eritromicina durante un período de 10 años en Finlandia

6.4 Intercambio de gases

Comprensión

→ La ventilación mantiene los gradientes de concentración de oxígeno y de dióxido de carbono entre el aire de los alveolos y la sangre que fluye por los capilares adyacentes.

→ Los neumocitos de tipo I son células alveolares extremadamente finas, adaptadas para llevar a cabo el intercambio de gases.

→ Los neumocitos de tipo II segregan una solución que contiene surfactantes, los cuales crean una superficie húmeda dentro de los alveolos para evitar que los laterales del alveolo se adhieran entre sí, mediante la reducción de la tensión superficial.

→ El aire es transportado hasta los pulmones por la tráquea y los bronquios, y a continuación hasta los alveolos a través de los bronquiolos.

→ Las contracciones musculares causan cambios de presión en el interior del tórax, los cuales fuerzan el aire hacia el interior y el exterior de los pulmones, provocando su ventilación.

→ Para la inspiración y la espiración se requieren distintos músculos, ya que los músculos solo trabajan al contraerse.

Aplicaciones

→ Músculos intercostales externos e internos, diafragma y músculos abdominales como ejemplos de acción de músculos antagonistas.

→ Causas y consecuencias del cáncer de pulmón.

→ Causas y consecuencias del enfisema pulmonar.

Habilidades

→ Control de la ventilación en seres humanos durante el reposo y tras un ejercicio suave y vigoroso (trabajo práctico 6).

Naturaleza de la ciencia

→ Obtención de pruebas a favor de las teorías: los estudios epidemiológicos han contribuido a nuestra comprensión de las causas del cáncer de pulmón.

Ventilación

La ventilación mantiene los gradientes de concentración de oxígeno y de dióxido de carbono entre el aire de los alveolos y la sangre que fluye por los capilares adyacentes.

Todos los organismos absorben un tipo de gas del entorno y liberan otro diferente. Este proceso se llama intercambio de gases. Las hojas absorben dióxido de carbono para utilizarlo en la fotosíntesis y liberan el oxígeno producido en este proceso. Los seres humanos absorben oxígeno para su uso en la respiración celular y liberan el dióxido de carbono producido por este proceso. Los organismos terrestres intercambian gases con el aire. En los seres humanos, el intercambio de gases se produce en pequeños sacos de aire llamados alveolos en los pulmones (figura 1).

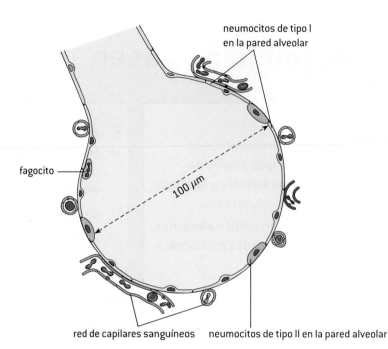

neumocitos de tipo I
en la pared alveolar

fagocito

100 μm

red de capilares sanguíneos   neumocitos de tipo II en la pared alveolar

▲ Figura 1

El intercambio de gases tiene lugar por difusión entre el aire en los alveolos y la sangre que circula por los capilares adyacentes. Los gases se difunden solo porque hay un gradiente de concentración: el aire en el alveolo tiene una mayor concentración de oxígeno y una menor concentración de dióxido de carbono que la sangre en el capilar. Para mantener estos gradientes de concentración, se debe bombear aire fresco a los alveolos y el aire viciado debe eliminarse: este proceso se denomina **ventilación**.

Preguntas basadas en datos: Gradientes de concentración

La figura 2 muestra la composición típica del aire atmosférico, el aire en los alveolos y los gases disueltos en el aire que regresa a los pulmones por las arterias pulmonares.

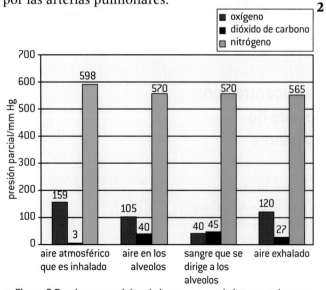

▲ Figura 2 Presiones parciales de los gases en el sistema pulmonar

1 Explica por qué la concentración de oxígeno en los alveolos no es tan alta como en el aire fresco que se inhala. [2]

2 **a)** Calcula la diferencia entre la concentración de oxígeno del aire en los alveolos y la de la sangre que llega a los alveolos. [1]

b) Deduce el proceso que resulta de esta diferencia de concentración. [1]

c) **(i)** Calcula la diferencia entre la concentración de dióxido de carbono del aire inhalado y del aire exhalado. [1]

(ii) Explica esta diferencia. [2]

d) A pesar de la alta concentración de nitrógeno en el aire de los alveolos, poco o nada de este nitrógeno se difunde del aire a la sangre. Sugiere razones de ello. [2]

⚗ Experimentos de ventilación

Control de la ventilación en seres humanos durante el reposo y tras un ejercicio suave y vigoroso (trabajo práctico 6)

En una investigación sobre el efecto del ejercicio en la ventilación, el tipo o la intensidad del ejercicio es la variable independiente y el parámetro de ventilación que se mide es la variable dependiente.

- Una forma sencilla de abordar la variable independiente es elegir una variedad de niveles de actividad desde inactivo a muy activo, como acostado, sentado y de pie, caminando, corriendo y esprintando. Un enfoque más cuantitativo es realizar la misma actividad con diferentes tasas de trabajo, como correr en una cinta a velocidades diferentes. Esto permite correlacionar los parámetros de ventilación con la tasa de trabajo en julios por minuto durante el ejercicio.

La ventilación de los pulmones se lleva a cabo inspirando un poco de aire fresco a los pulmones y luego expulsando parte del aire viciado de los pulmones. El volumen de aire inspirado y expulsado es el volumen corriente. El número de veces que se inspira o expulsa aire por minuto es la tasa de ventilación.

El volumen corriente o la tasa de ventilación, o ambos, pueden ser la variable dependiente en una investigación sobre el efecto del ejercicio en la tasa de ventilación. Se deben medir después de realizar una actividad durante un tiempo suficiente para llegar a una tasa constante. Los métodos indicados como ejemplo a continuación incluyen una técnica sencilla y una más compleja que podrían utilizarse en la investigación.

1 Tasa de ventilación

- La forma más directa de medir la tasa de ventilación es mediante observación simple: se cuenta el número de veces que el aire es inhalado o expulsado en un minuto. Se debe mantener la respiración a un ritmo natural, que es lo más lento posible sin llegar a quedarse sin aliento.

- La tasa de ventilación también se puede medir mediante el registro de datos con un aparato electrónico. Se coloca una correa pectoral inflable alrededor del tórax y se bombea aire. Se utiliza un sensor de presión diferencial para medir las variaciones de presión en el interior de la correa debido a la expansión del pecho. Se puede deducir la tasa de ventilación y también puede registrarse el tamaño relativo de las ventilaciones.

2 Volumen corriente

- La figura 3 muestra un aparato sencillo. Se espira una respiración normal en un recipiente a través de un tubo y se mide el volumen. No es seguro realizar muchas inspiraciones y espiraciones de aire con este aparato, ya que la concentración de CO_2 aumentaría demasiado.

- Existen espirómetros diseñados especialmente para el registro electrónico de datos. Estos miden el caudal de entrada y de salida de los pulmones, y a partir de estas mediciones se pueden deducir los volúmenes pulmonares.

Para garantizar que el diseño experimental sea riguroso, deben mantenerse constantes todas las variables excepto las independientes y las dependientes. Los parámetros de ventilación de cada participante en la investigación deben medirse varias veces en todos los niveles de ejercicio. Deben participar tantas personas diferentes como sea posible.

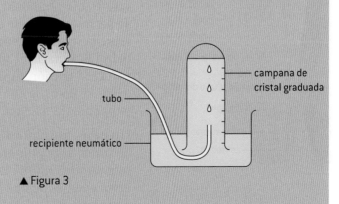

▲ Figura 3

Neumocitos de tipo I

Los neumocitos de tipo I son células alveolares extremadamente finas, adaptadas para llevar a cabo el intercambio de gases.

Los pulmones tienen un número enorme de alveolos con una superficie total muy grande para la difusión. La pared de cada alveolo consta de una sola capa de células llamada epitelio, y la mayoría de las células del epitelio son neumocitos de tipo I: células aplanadas, con un citoplasma de solo unos 0,15 μm de espesor.

La pared de los capilares adyacentes también se compone de una sola capa de células muy finas. El aire de los alveolos y la sangre de los capilares alveolares se encuentran, por tanto, a menos de 0,5 μm de distancia. Por consiguiente, la distancia que el oxígeno y el dióxido de carbono han de recorrer al difundirse es muy pequeña; se trata de una adaptación para aumentar la tasa de intercambio de gases.

Neumocitos de tipo II

Los neumocitos de tipo II segregan una solución que contiene surfactantes, los cuales crean una superficie húmeda dentro de los alveolos para evitar que los laterales del alveolo se adhieran entre sí, mediante la reducción de la tensión superficial.

Los neumocitos de tipo II son células redondeadas que ocupan aproximadamente el 5% de la superficie alveolar y segregan un líquido que recubre la superficie interior de los alveolos. Esta película húmeda hace posible que el oxígeno del alveolo se disuelva y se difunda a la sangre de los capilares alveolares. Asimismo, proporciona al dióxido de carbono un área por la cual se puede evaporar en el aire y exhalar.

El líquido segregado por los neumocitos de tipo II contiene un surfactante pulmonar. Sus moléculas tienen una estructura similar a la de los fosfolípidos de las membranas celulares. Forman una monocapa sobre la superficie húmeda que recubre los alveolos, con las cabezas hidrofílicas hacia el agua y las colas hidrofóbicas hacia el aire. Esto reduce la tensión superficial e impide que el agua haga que los laterales de los alveolos se adhieran entre sí cuando se exhala el aire de los pulmones, lo que ayuda a evitar el colapso del pulmón.

Los bebés prematuros a menudo nacen con una cantidad insuficiente de surfactante pulmonar y pueden sufrir el síndrome de dificultad respiratoria infantil. El tratamiento consiste en administrar oxígeno al bebé, además de una o varias dosis de surfactante extraído de pulmones de animales.

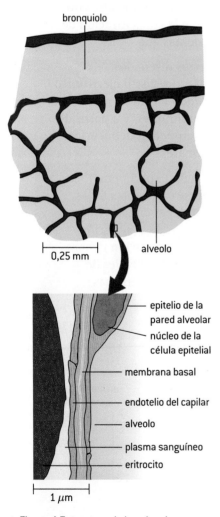

bronquiolo

0,25 mm

alveolo

epitelio de la pared alveolar

núcleo de la célula epitelial

membrana basal

endotelio del capilar

alveolo

plasma sanguíneo

eritrocito

1 μm

▲ Figura 4 Estructura de los alveolos

Vías respiratorias para la ventilación

El aire es transportado hasta los pulmones por la tráquea y los bronquios, y a continuación hasta los alveolos a través de los bronquiolos.

El aire entra en el sistema de ventilación a través de la nariz o la boca y luego pasa por la tráquea. La pared de la tráquea tiene anillos de cartílago para mantenerla abierta aun cuando la presión del aire en su interior es baja o la presión en los tejidos circundantes es alta. La tráquea se divide en dos bronquios cuyas paredes también están reforzadas con cartílago. Cada bronquio conduce a un pulmón.

Dentro de los pulmones, los bronquios se dividen repetidamente formando una estructura ramificada de vías respiratorias más estrechas llamadas bronquiolos. Los bronquiolos tienen fibras musculares lisas en sus paredes, lo que hace que la anchura de estas vías respiratorias pueda variar. En el extremo de los bronquiolos más estrechos hay grupos de alveolos, donde se produce el intercambio de gases.

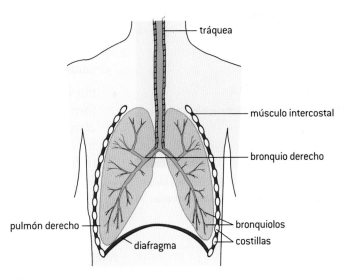

▲ Figura 5 Moléculas de surfactante pulmonar en la superficie de la película húmeda que recubre los alveolos

aire en los alveolos
monocapa de surfactante
superficie húmeda

▲ Figura 6 El sistema de ventilación

tráquea
músculo intercostal
bronquio derecho
bronquiolos
costillas
pulmón derecho
diafragma

Cambios de presión durante la ventilación

Las contracciones musculares causan cambios de presión en el interior del tórax, los cuales fuerzan el aire hacia el interior y el exterior de los pulmones, provocando su ventilación.

La ventilación de los pulmones conlleva algunos procesos físicos básicos. Si las partículas de gas se separan para ocupar un volumen mayor, se reduce la presión del gas. Y a la inversa, si el gas se comprime para ocupar un volumen menor, la presión se eleva. Si el gas tiene libertad de movimiento, siempre se desplazará de las zonas de mayor presión a las de menor presión.

Durante la ventilación, las contracciones musculares hacen que se reduzca la presión en el interior del tórax por debajo de la presión atmosférica. Como consecuencia, se aspira aire de la atmósfera hacia los pulmones (inspiración) hasta que la presión en su interior supera la presión atmosférica. Después,

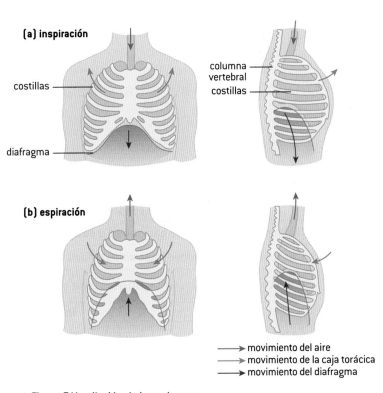

(a) inspiración

costillas
diafragma
columna vertebral
costillas

(b) espiración

→ movimiento del aire
→ movimiento de la caja torácica
→ movimiento del diafragma

▲ Figura 7 Ventilación de los pulmones

▲ Figura 8 Se utilizan diferentes músculos para doblar la pierna por la rodilla y para estirarla.

las contracciones musculares hacen que aumente la presión dentro del tórax por encima de la presión atmosférica, lo que fuerza al aire a salir de los pulmones hacia la atmósfera (espiración).

Músculos antagonistas

Para la inspiración y la espiración se requieren distintos músculos, ya que los músculos solo trabajan al contraerse.

Los músculos pueden tener dos estados: contracción y relajación.

- Los músculos trabajan cuando se contraen, ejerciendo una fuerza de tracción (tensión) que causa un movimiento particular. Se acortan cuando se contraen.

- Los músculos se alargan cuando están relajados, pero esto ocurre de forma pasiva (no se alargan solos). La mayoría de los músculos se alargan por la contracción de otro músculo. Mientras están relajados, no ejercen una fuerza de empuje (compresión) y, por tanto, no trabajan.

Esto significa que los músculos solo pueden causar movimiento en una dirección. Siempre que sea necesario realizar movimientos en direcciones opuestas, se requerirán al menos dos músculos. Cuando un músculo se contrae y provoca un movimiento, el segundo músculo se relaja y es alargado por el primero. El movimiento opuesto es causado por la contracción del segundo músculo mientras que el primero se relaja. Cuando dos músculos trabajan juntos de esta forma, se les denomina músculos antagonistas.

La inspiración y la espiración conllevan movimientos opuestos. Por lo tanto, se requieren diferentes músculos que trabajan como antagonistas.

🌐 Acción de los músculos antagonistas en la ventilación

Músculos intercostales externos e internos, diafragma y músculos abdominales como ejemplos de acción de músculos antagonistas

La ventilación consiste en dos pares de movimientos opuestos que cambian el volumen y, por tanto, la presión en el interior del tórax:

	Inspiración	Espiración
Diafragma	Se mueve hacia abajo y se aplana.	Se mueve hacia arriba y adquiere una forma más abombada.
Caja torácica	Se mueve hacia arriba y hacia fuera.	Se mueve hacia abajo y hacia dentro.

Se necesitan músculos antagonistas para producir estos movimientos.

	Inspiración	Espiración
Cambios de volumen y presión	Aumenta el volumen dentro del tórax y, por tanto, disminuye la presión.	Disminuye el volumen dentro del tórax y, por tanto, aumenta la presión.

Movimiento del diafragma	Diafragma	El diafragma se contrae y así se mueve hacia abajo, empujando la pared abdominal hacia fuera.	El diafragma se relaja y así puede ser empujado hacia arriba, adquiriendo una forma más abombada.
	Músculos de la pared abdominal	Los músculos en la pared abdominal se relajan, permitiendo que la presión del diafragma empuje la pared hacia fuera.	Los músculos en la pared abdominal se contraen, empujando los órganos abdominales y el diafragma hacia arriba.
Movimiento de la caja torácica	Músculos intercostales externos	Los músculos intercostales externos se contraen, tirando de la caja torácica hacia arriba y hacia afuera.	Los músculos intercostales externos se relajan y vuelven a ser alargados.
	Músculos intercostales internos	Los músculos intercostales internos se relajan y vuelven a ser alargados.	Los músculos intercostales internos se contraen, tirando de la caja torácica hacia adentro y hacia abajo.

 ## Epidemiología

Obtención de pruebas a favor de las teorías: los estudios epidemiológicos han contribuido a nuestra comprensión de las causas del cáncer de pulmón.

La epidemiología es el estudio de la incidencia y las causas de las enfermedades. La mayoría de los estudios epidemiológicos son de observación en lugar de experimentales, porque rara vez es posible investigar las causas de enfermedades en poblaciones humanas mediante la realización de experimentos.

Al igual que en otros campos de la investigación científica, se proponen teorías sobre las causas de una enfermedad. Para obtener pruebas a favor o en contra de una teoría, se recogen datos mediante encuestas que permitan probar la asociación entre la enfermedad y su causa teórica. Por ejemplo, para probar la teoría de que fumar causa cáncer de pulmón es necesario conocer los hábitos fumadores de personas que han desarrollado cáncer de pulmón y de otras personas que no lo han desarrollado. El subtema 1.6 incluye ejemplos de estudios epidemiológicos muy amplios que proporcionaron pruebas sólidas de la existencia de un vínculo entre el tabaquismo y el cáncer de pulmón.

Una correlación entre un factor de riesgo y una enfermedad no prueba que el factor sea causante de la enfermedad. Suele haber otros factores de desviación que también influyen en la incidencia de la enfermedad y pueden causar asociaciones espurias entre una enfermedad y un factor que no la causa. Por ejemplo, los epidemiólogos han apuntado en repetidas ocasiones a una asociación entre la delgadez y un mayor riesgo de cáncer de pulmón. Un análisis cuidadoso mostró que la delgadez entre los fumadores no está asociada de manera significativa con un mayor riesgo de cáncer. Fumar reduce el apetito y, por tanto, está asociado con la delgadez y, por supuesto, el tabaquismo es una causa de cáncer de pulmón. Esto explica la asociación espuria entre delgadez y cáncer de pulmón.

Para tratar de compensar los factores de desviación, generalmente es necesario recopilar datos sobre muchos factores además del que se está investigando. Esto permite realizar cálculos estadísticos para tener en cuenta los factores de desviación y tratar de aislar el efecto de cada factor. La edad y el sexo casi siempre se registran, y a veces los estudios epidemiológicos incluyen solo hombres o solo mujeres, o solo personas en un rango de edad específico.

Causas del cáncer de pulmón

Causas y consecuencias del cáncer de pulmón

El cáncer de pulmón es el cáncer más común en el mundo, tanto en número de casos como en número de muertes debidas a la enfermedad. Las causas generales del cáncer se describen en el subtema 1.6. Seguidamente se consideran las causas específicas del cáncer de pulmón.

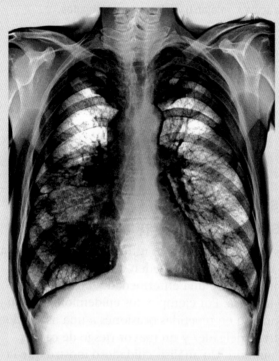

▲ Figura 9 Se ve un tumor grande (en rojo) en el pulmón derecho. El tumor es un carcinoma bronquial.

- El tabaquismo es la causa en alrededor del 87% de los casos. El humo del tabaco contiene muchas sustancias químicas mutagénicas. Como cada cigarrillo conlleva un riesgo, la incidencia de cáncer de pulmón aumenta con el número de cigarrillos fumados por día y el número de años como fumador.

- El tabaquismo pasivo, que se da cuando los no fumadores inhalan el humo exhalado por los fumadores, es la causa en aproximadamente un 3% de los casos. El número de casos se irá reduciendo en países donde está prohibido fumar en el interior y en los lugares públicos.

- La contaminación ambiental causa probablemente cerca del 5% de los cánceres de pulmón. Los contaminantes más importantes son los gases de escape de vehículos diésel, los óxidos de nitrógeno del escape de todos los vehículos y el humo de la combustión de carbón, madera u otras materias orgánicas.

- El gas radón es la causa en un número significativo de casos en algunas partes del mundo. Es un gas radiactivo que se escapa de ciertas rocas como el granito. Se acumula en edificios mal ventilados, donde puede ser inhalado.

- El asbesto, la sílice y algunos otros sólidos pueden causar cáncer de pulmón si se inhalan en forma de polvo u otras partículas. Esto sucede generalmente en obras de construcción o en canteras, minas o algunas fábricas.

Las consecuencias del cáncer de pulmón son a menudo muy graves. Algunas de ellas pueden ayudar a diagnosticar la enfermedad: dificultad para respirar, tos persistente, expectoración con sangre, dolor de pecho, pérdida de apetito, pérdida de peso y fatiga generalizada.

En muchos pacientes el tumor ya es grande cuando se descubre y puede haberse propagado, causando tumores secundarios en el cerebro o en otros lugares. Las tasas de mortalidad son altas: solo el 15% de las personas que padecen cáncer de pulmón sobreviven más de 5 años. Si se descubre un tumor en una fase temprana, puede extirparse quirúrgicamente la totalidad o parte del pulmón afectado. Este tratamiento suele combinarse con una o varias sesiones de quimioterapia. Otros pacientes son tratados con radioterapia.

Es probable que los pocos pacientes que se curan de cáncer de pulmón, pero que han perdido parte de su tejido pulmonar, continúen teniendo dolor, dificultad para respirar, fatiga y también ansiedad por el posible regreso de la enfermedad.

Enfisema pulmonar

Causas y consecuencias del enfisema pulmonar

En el tejido pulmonar sano, cada bronquiolo termina en un grupo de pequeños alveolos con paredes finas. En un paciente con enfisema, estos son sustituidos por un menor número de alveolos más grandes con paredes mucho más gruesas. La superficie total para el intercambio de gases se reduce considerablemente y se incrementa la distancia que deben recorrer los gases por difusión; por tanto, el intercambio de gases es mucho menos eficaz. Los pulmones también se vuelven menos elásticos, lo que dificulta la ventilación.

Aún no se entienden completamente los mecanismos moleculares implicados, aunque existen algunas pruebas de las teorías siguientes:

- Los fagocitos en el interior de los alveolos normalmente previenen infecciones pulmonares ingiriendo bacterias y produciendo elastasa, una enzima digestiva de proteínas, para matarlas en el interior de las vesículas formadas por endocitosis.

- Un inhibidor de enzimas llamado alfa-1-antitripsina (A1AT) generalmente impide que la elastasa y otras proteasas digieran el tejido pulmonar. En los fumadores, aumenta el número de fagocitos en los pulmones y estos fagocitos producen más elastasa.

- Factores genéticos influyen en la cantidad y eficacia de la A1AT producida en los pulmones. En alrededor del 30% de los fumadores, el aumento de la cantidad de proteasas hace que no sea posible impedir la digestión de las proteínas en la pared del alveolo; así, las paredes del alveolo se debilitan hasta ser finalmente destruidas.

El enfisema es una enfermedad crónica, pues los daños en los alveolos son generalmente irreversibles. Provoca una baja saturación de oxígeno en la sangre y concentraciones de dióxido de carbono superiores a las normales. Como resultado, las personas con enfisema carecen de energía e incluso actividades como subir las escaleras pueden resultarles demasiado pesadas. En los casos leves el enfisema provoca dificultad para respirar durante el ejercicio vigoroso, pero finalmente hasta la actividad leve acaba causando esta dificultad. La ventilación es trabajosa y tiende a ser más rápida de lo normal.

Preguntas basadas en datos: Enfisema e intercambio de gases

La figura 10 muestra con el mismo aumento un tejido pulmonar sano y un tejido de un pulmón con enfisema. El tabaquismo suele causar enfisema. Respirar aire contaminado hace que la enfermedad empeore.

1 **a)** Coloca una regla sobre cada micrografía y cuenta cuántas veces cruza el borde de la regla una superficie de intercambio de gases. Repite esta operación varias veces con cada micrografía, de manera que los resultados sean comparables. Indica tus resultados usando unidades adecuadas. [3]

  b) Explica las conclusiones que puedes extraer de los resultados. [3]

2 Explica por qué las personas con enfisema se sienten cansadas todo el tiempo. [3]

3 Sugiere por qué el lado derecho del corazón de las personas con enfisema a menudo está agrandado y distendido. [1]

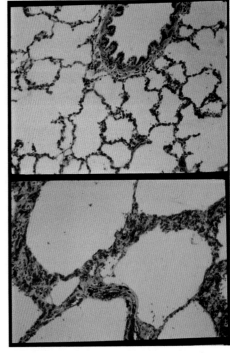

▲ Figura 10 Tejido pulmonar sano (arriba) y tejido pulmonar con enfisema (abajo)

345

6.5 Neuronas y sinapsis

Comprensión

→ Las neuronas transmiten impulsos eléctricos.

→ La mielinización de las fibras nerviosas permite una conducción a saltos.

→ Las neuronas bombean iones de sodio y potasio a través de sus membranas para generar un potencial de reposo.

→ Un potencial de acción consiste en la despolarización y repolarización de la neurona.

→ Los impulsos nerviosos son potenciales de acción propagados a lo largo de los axones de las neuronas.

→ La propagación de impulsos nerviosos es el resultado de las corrientes locales causadas por cada fracción sucesiva del axón para alcanzar el potencial umbral.

→ Las sinapsis son uniones entre neuronas y entre las neuronas y las células receptoras o las efectoras.

→ Cuando se despolarizan las neuronas presinápticas, estas liberan un neurotransmisor en la sinapsis.

→ Un impulso nervioso se inicia únicamente si se alcanza el potencial umbral.

Aplicaciones

→ Secreción y reabsorción de acetilcolina por parte de las neuronas en las sinapsis.

→ Bloqueo de transmisión sináptica en las sinapsis colinérgicas en insectos mediante la unión de pesticidas neonicotinoides en los receptores de acetilcolina.

Habilidades

→ Análisis de señales de osciloscopio donde se puedan observar potenciales de reposo y potenciales de acción.

Naturaleza de la ciencia

→ Cooperación y colaboración entre grupos de científicos: los biólogos están contribuyendo a la investigación sobre memoria y aprendizaje.

Neuronas

Las neuronas transmiten impulsos eléctricos.

Hay dos sistemas del cuerpo que se utilizan para la comunicación interna: el sistema endocrino y el sistema nervioso. El sistema endocrino está formado por glándulas que segregan hormonas. El sistema nervioso está formado por células nerviosas llamadas neuronas. Hay cerca de 85.000 millones de neuronas en el sistema nervioso humano. Las neuronas contribuyen a la comunicación interna mediante la transmisión de impulsos nerviosos. Un impulso nervioso es una señal eléctrica.

Las neuronas tienen un cuerpo celular con citoplasma y núcleo, pero también cuentan con unos alargamientos estrechos llamados fibras nerviosas a lo largo de los cuales se transmiten los impulsos nerviosos.

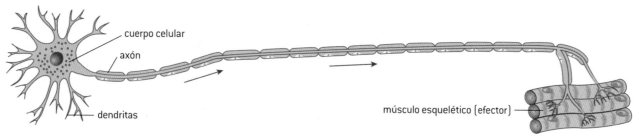

▲ Figura 1 Neurona con dendritas que transmiten impulsos al cuerpo celular y un axón que transmite impulsos a las fibras musculares a una distancia considerable

- Las dendritas son fibras nerviosas cortas y ramificadas (por ejemplo, las que se utilizan para transmitir impulsos entre las neuronas de una parte del cerebro o la médula espinal).

- Los axones son fibras nerviosas muy alargadas (por ejemplo, las que transmiten impulsos desde las puntas de los dedos de la mano o del pie a la médula espinal).

Fibras nerviosas mielinizadas

La mielinización de las fibras nerviosas permite una conducción a saltos.

La estructura básica de una fibra nerviosa a lo largo de la cual se transmite un impulso nervioso es muy simple: la fibra es cilíndrica y tiene una membrana plasmática que confina una región estrecha de citoplasma. El diámetro en la mayoría de los casos es de alrededor de 1 μm, aunque algunas fibras nerviosas son más anchas. Una fibra nerviosa con esta estructura simple transmite impulsos nerviosos a una velocidad de 1 metro por segundo aproximadamente.

Algunas fibras nerviosas están casi totalmente recubiertas de un material llamado mielina, que se compone de muchas capas dobles de fosfolípidos. Unas células especiales llamadas células de Schwann crecen repetidamente alrededor de la fibra nerviosa y van depositando la mielina. Cada vez que crecen alrededor de la fibra nerviosa depositan una capa doble de fosfolípidos. Para cuando la célula de Schwann deja de crecer, puede haber depositado 20 o más capas.

▲ Figura 2 Las fibras nerviosas (axones) que transmiten impulsos eléctricos al sistema nervioso central y desde el sistema nervioso central se agrupan en paquetes.

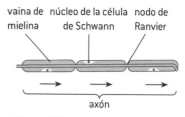

▲ Figura 3 Fragmento de una fibra nerviosa mielinizada que muestra los espacios entre células de Schwann adyacentes (nodos de Ranvier)

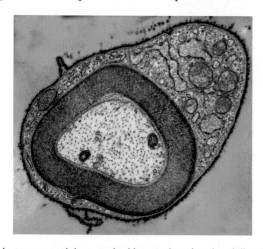

▲ Figura 4 Sección transversal de un axón. Muestra la vaina de mielina formada por la membrana de la célula de Schwann que rodea el axón repetidamente (rojo).

347

Entre la mielina depositada por células de Schwann adyacentes hay un espacio llamado nodo de Ranvier. En las fibras nerviosas mielinizadas, el impulso nervioso puede saltar de un nodo de Ranvier al siguiente: esto se llama conducción a saltos. Esta conducción es mucho más rápida que la transmisión continua a lo largo de una fibra nerviosa, así que las fibras nerviosas mielinizadas transmiten los impulsos nerviosos mucho más rápidamente que las no mielinizadas, pudiendo alcanzar una velocidad de 100 metros por segundo.

Potenciales de reposo

Las neuronas bombean iones de sodio y potasio a través de sus membranas para generar un potencial de reposo.

Cuando una neurona no está transmitiendo una señal, su membrana tiene una diferencia de potencial o voltaje que se llama potencial de reposo. Este potencial es debido a un desequilibrio entre las cargas positivas y negativas de la membrana.

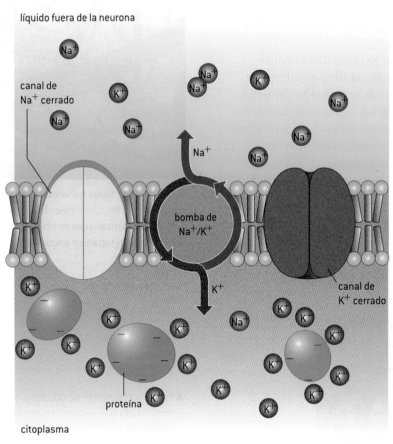

líquido fuera de la neurona

canal de Na⁺ cerrado

bomba de Na⁺/K⁺

canal de K⁺ cerrado

proteína

citoplasma

▲ Figura 5 El potencial de reposo es generado por la bomba de sodio–potasio.

- Las bombas de sodio–potasio transfieren iones de sodio (Na^+) y de potasio (K^+) a través de la membrana. Los iones de Na^+ se bombean hacia fuera y los iones de K^+ hacia dentro. El número de iones que se bombea es desigual: por cada tres iones de Na^+ bombeados hacia fuera, solo dos iones de K^+ son bombeados hacia dentro, lo que crea gradientes de concentración para ambos iones.

- Asimismo, la membrana es unas 50 veces más permeable a los iones de K^+ que a los iones de Na^+, por lo que los iones de K^+ vuelven a atravesar la membrana más rápido que los iones de Na^+. Como resultado, el gradiente de concentración de Na^+ en la membrana es más pronunciado que el gradiente de concentración de K^+, lo que provoca un desequilibrio de cargas.

- Además, dentro de las fibras nerviosas hay proteínas con carga negativa (aniones orgánicos), lo que aumenta el desequilibrio de cargas.

La combinación de estos factores confiere a la membrana de la neurona un potencial de reposo de aproximadamente -70 mV.

Potenciales de acción

Un potencial de acción consiste en la despolarización y repolarización de la neurona.

Un potencial de acción es un cambio rápido en el potencial de la membrana, que consiste en dos fases:

- Despolarización: cambio de negativo a positivo

- Repolarización: vuelta de positivo a negativo

La despolarización se debe a la apertura de los canales de sodio en la membrana, lo que permite que los iones de Na$^+$ se difundan hacia el interior de la neurona en contra del gradiente de concentración. La entrada de iones de Na$^+$ invierte el desequilibrio de cargas en la membrana, de manera que el interior es positivo con respecto al exterior. Esto aumenta el potencial de la membrana hasta un valor positivo de unos +30 mV.

La repolarización ocurre rápidamente después de la despolarización y se debe al cierre de los canales de sodio y la apertura de los canales de potasio en la membrana, lo que permite que los iones de potasio se difundan hacia fuera de la neurona en contra del gradiente de concentración. Esto hace que el interior de la célula vuelva a ser negativo con respecto al exterior. Los canales de potasio permanecen abiertos hasta que el potencial de la membrana disminuye a un valor de unos -70 mV. La difusión de potasio repolariza la neurona, pero no restaura el potencial de reposo porque los gradientes de concentración de los iones de sodio y de potasio aún no se han restablecido; este restablecimiento tarda unos pocos milisegundos y, una vez alcanzado, la neurona puede transmitir otro impulso nervioso.

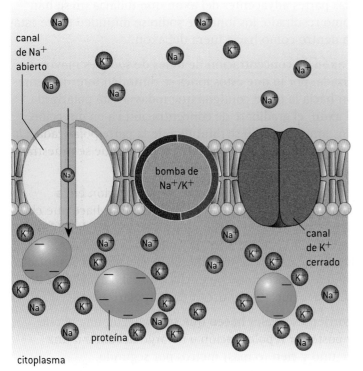

▲ Figura 6 Despolarización de la neurona

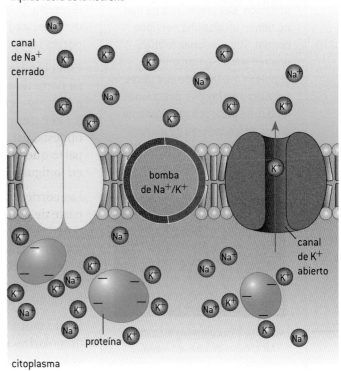

▲ Figura 7 Repolarizacion de la neurona

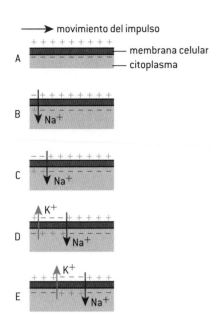

→ movimiento del impulso

A — membrana celular / citoplasma

B — Na⁺

C — Na⁺

D — K⁺ / Na⁺

E — K⁺ / Na⁺

▲ Figura 8 Los potenciales de acción se propagan a lo largo de los axones.

Actividad

Las neuronas de una anémona de mar y un pez payaso

El pez payaso tiene un sistema nervioso similar al nuestro, con un sistema nervioso central y neuronas que transmiten impulsos nerviosos en una sola dirección. Las anémonas de mar no tienen un sistema nervioso central. Sus neuronas forman una red simple y transmiten impulsos a lo largo de sus fibras nerviosas en las dos direcciones. Ambos se protegen mutuamente de los depredadores de manera más eficaz que si lo hicieran individualmente. Explica cómo lo hacen.

▲ Figura 9 Pez payaso entre los tentáculos de una anémona de mar

Propagación de los potenciales de acción

Los impulsos nerviosos son potenciales de acción propagados a lo largo de los axones de las neuronas.

Un impulso nervioso es un potencial de acción que comienza en un extremo de una neurona y se propaga a lo largo del axón hasta el otro extremo de la neurona. La propagación del potencial de acción ocurre porque los movimientos de iones que despolarizan una parte de la neurona desencadenan la despolarización de la parte colindante de la neurona.

En los seres humanos y otros vertebrados, los impulsos nerviosos siempre se propagan en la misma dirección a lo largo de las neuronas. Esto es así porque los impulsos solo pueden iniciarse en un extremo de la neurona y solo pueden transmitirse por el otro extremo a otras neuronas o diferentes tipos de células. Además, después de una despolarización hay un período de refracción que impide que el potencial de acción se propague hacia atrás a lo largo de un axón.

Corrientes locales

La propagación de impulsos nerviosos es el resultado de las corrientes locales causadas por cada fracción sucesiva del axón para alcanzar el potencial umbral.

La propagación de un potencial de acción a lo largo de un axón se debe a los movimientos de los iones de sodio. La despolarización de parte del axón se debe a la difusión de iones de sodio hacia el interior del axón a través de los canales de sodio, que reduce la concentración de iones de sodio en el exterior del axón y la aumenta en el interior. Así, la parte despolarizada del axón tiene una concentración de iones de sodio diferente a la de las partes adyacentes del axón que todavía no se han despolarizado. Como resultado, los iones de sodio se difunden entre estas partes tanto hacia dentro como hacia fuera del axón.

En el interior del axón, la concentración de iones de sodio es mayor en su parte despolarizada, por lo que estos iones se difunden internamente a lo largo del axón hacia la parte contigua que todavía está polarizada. En el exterior del axón, el gradiente de concentración va en dirección opuesta, así que los iones de sodio se difunden de la parte polarizada a la parte que se acaba de despolarizar. Estos movimientos, que se muestran en la figura 10, se llaman corrientes locales.

Las corrientes locales reducen el gradiente de concentración en la parte de la neurona que aún no se ha despolarizado. Esto hace que el potencial de la membrana aumente del potencial de reposo de –70 mV a aproximadamente -50 mV. Los canales de sodio en la membrana del axón son sensibles al voltaje y se abren cuando se alcanza un potencial de -50 mV: es lo que se conoce como potencial umbral. La apertura de los canales de sodio hace que se produzca una despolarización.

Por lo tanto, las corrientes locales hacen que se propague una ola de despolarización y posterior repolarización a lo largo del axón a una velocidad de entre uno y cien (o más) metros por segundo.

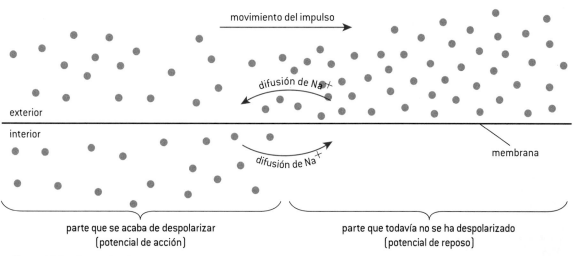

movimiento del impulso

difusión de Na+

exterior

interior

difusión de Na+

membrana

parte que se acaba de despolarizar
(potencial de acción)

parte que todavía no se ha despolarizado
(potencial de reposo)

▲ Figura 10 Corrientes locales

 Análisis de señales de osciloscopio

Análisis de señales de osciloscopio donde se puedan observar potenciales de reposo y potenciales de acción

Los potenciales de la membrana de las neuronas se pueden medir colocando electrodos a cada lado de la membrana. Los potenciales pueden visualizarse con un osciloscopio. La pantalla es similar a un gráfico con el tiempo en el eje x y el potencial de la membrana en el eje y. Si hay un potencial de reposo, la pantalla del osciloscopio mostrará una línea horizontal al nivel de -70 mV, suponiendo que este es el potencial de reposo de la neurona.

Si se produce un potencial de acción, la pantalla del osciloscopio mostrará un pico estrecho cuya pendiente ascendente representa la despolarización y cuya pendiente descendente representa la repolarización. La señal del osciloscopio también puede mostrar un aumento del potencial antes de la despolarización hasta que se alcanza el potencial umbral. La repolarización no suele restituir el potencial de membrana a -70 mV inmediatamente, sino que existe una fase en la cual el potencial cambia gradualmente hasta alcanzar el potencial de reposo.

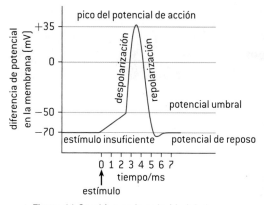

▲ Figura 11 Cambios en la polaridad de la membrana durante un potencial de acción

Preguntas basadas en datos: Análisis de las señales de un osciloscopio

La figura 12 muestra la señal obtenida con un osciloscopio digital. Se observa un potencial de acción de una neurona piramidal del hipocampo de un ratón después de estimular esta neurona con un pulso de corriente.

1 Indica el potencial de reposo de la neurona piramidal del hipocampo del ratón. [1]

2 Deduce, aportando una razón, el potencial umbral necesario para abrir los canales de sodio en esta neurona. [2]

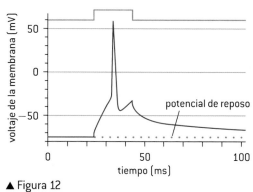

▲ Figura 12

3 Estima el tiempo que duraron la despolarización y la repolarización. [2]

4 Predice el tiempo que se tarda en volver al potencial de reposo desde el final de la despolarización. [2]

5 Discute cuántos potenciales de acción se podrían estimular por segundo en esta neurona. [2]

6 Sugiere una razón por la cual el potencial de la membrana se incrementa brevemente al final de la repolarización. [1]

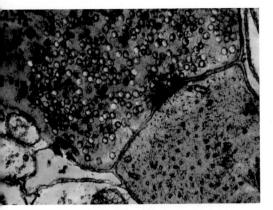

▲ Figura 13 Micrografía electrónica de una sinapsis. Se ha utilizado falso color para indicar la neurona presináptica (morado) con vesículas de neurotransmisor (azul) y la neurona postsináptica (rosa). Se aprecia la estrechez de la hendidura sináptica.

Sinapsis

Las sinapsis son uniones entre neuronas y entre las neuronas y las células receptoras o las efectoras.

Las sinapsis son uniones entre las células del sistema nervioso. Existen sinapsis entre las neuronas y las células receptoras sensoriales de los órganos sensoriales. Hay un inmenso número de sinapsis entre las neuronas en el cerebro y en la médula espinal. En los músculos y en las glándulas existen sinapsis entre las neuronas y las fibras musculares o las células secretoras. Los músculos y las glándulas se denominan a veces efectores, porque efectúan (ejecutan) una respuesta a un estímulo.

Para enviar señales a través de las sinapsis se utilizan sustancias químicas llamadas neurotransmisores. Este sistema se utiliza en todas las sinapsis donde las células presinápticas y postsinápticas están separadas por un espacio lleno de líquido que impide el paso de los impulsos eléctricos. Este espacio se llama hendidura sináptica o espacio sináptico, y tiene una anchura de solo unos 20 nm.

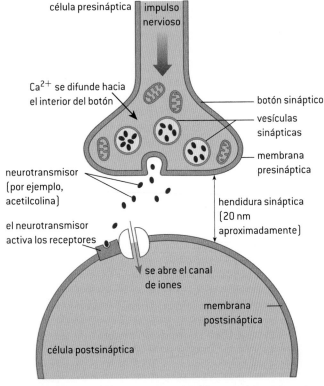

▲ Figura 14 El impulso nervioso se propaga a través de la sinapsis mediante la liberación, difusión y unión del neurotransmisor a la membrana postsináptica.

Transmisión sináptica

Cuando se despolarizan las neuronas presinápticas, estas liberan un neurotransmisor en la sinapsis.

La transmisión sináptica se produce muy rápidamente como resultado de estos procesos:

- Un impulso nervioso se propaga a lo largo de la neurona presináptica hasta llegar al final de la neurona y de la membrana presináptica.

- La despolarización de la membrana presináptica provoca la difusión de iones de calcio (Ca^{2+}) hacia el interior de la neurona a través de canales en la membrana.

- La entrada de calcio provoca que las vesículas que contienen el neurotransmisor se desplacen a la membrana presináptica y se fusionen con esta.

- El neurotransmisor es liberado por exocitosis a la hendidura sináptica.

- El neurotransmisor se difunde a través de la hendidura sináptica y se une a los receptores de la membrana postsináptica.

- La unión del neurotransmisor a los receptores hace que se abran los canales de iones de sodio cercanos.

- Los iones de sodio se difunden en contra de su gradiente de concentración hacia el interior de la neurona postsináptica, haciendo que la membrana postsináptica alcance el potencial umbral.

- Se desencadena en la membrana postsináptica un potencial de acción que se propaga a lo largo de la neurona.

- El neurotransmisor se descompone y se elimina rápidamente de la hendidura sináptica.

Preguntas basadas en datos: Enfermedad de Parkinson

La dopamina es uno de los muchos neurotransmisores que se utilizan en las sinapsis en el cerebro. En la enfermedad de Parkinson, se da una pérdida de neuronas secretoras de dopamina, lo que ralentiza el inicio de movimientos, provoca rigidez muscular y en muchos casos temblor. La figura 15 muestra las rutas metabólicas implicadas en la formación y descomposición de la dopamina.

1 Explica cómo se reducen los síntomas de la enfermedad de Parkinson mediante la administración de los siguientes fármacos:

a) L-DOPA [1]

b) Selegilina, que es un inhibidor de la monoaminooxidasa de tipo B (MAO-B) [1]

c) Tolcapona, que es un inhibidor de la catecol-O-metiltransferasa (COMT) [1]

d) Ropinirol, que es un agonista de la dopamina [1]

e) Safinamida, que inhibe la recaptación de la dopamina por parte de las neuronas presinápticas [1]

2 Discute cómo podría llegar a desarrollarse en el futuro una cura para la enfermedad de Parkinson mediante:

a) Terapia con células madre [3]

b) Terapia génica [2]

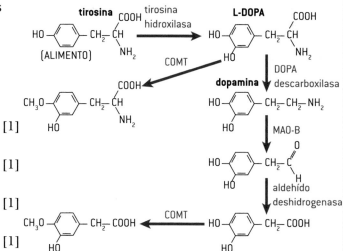

▲ Figura 15 Formación y descomposición de la L-DOPA y la dopamina. Las enzimas que catalizan cada paso aparecen en rojo.

Acetilcolina

Secreción y reabsorción de la acetilcolina por parte de las neuronas en las sinapsis

La acetilcolina se utiliza como neurotransmisor en muchas sinapsis, incluidas las sinapsis entre neuronas y fibras musculares. Se produce en la neurona presináptica mediante la combinación de colina, que se absorbe de la dieta, con un grupo acetilo producido durante la respiración aeróbica. La acetilcolina es recogida en vesículas y liberada después en la hendidura sináptica durante la transmisión sináptica.

Los receptores de acetilcolina en la membrana postsináptica tienen un sitio de unión al que se acopla la acetilcolina. Esta solo permanece unida al receptor por poco tiempo, durante el cual se inicia un solo potencial

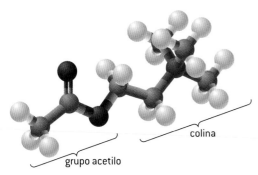

colina

grupo acetilo

▲ Figura 16 Acetilcolina

de acción en la neurona postsináptica. Esto se debe a que la enzima acetilcolinesterasa está presente en la hendidura sináptica y descompone rápidamente la acetilcolina en colina y acetato. La colina es reabsorbida por la neurona presináptica, donde se convierte de nuevo en un neurotransmisor activo recombinándose con un grupo acetilo.

🌐 Neonicotinoides

Bloqueo de transmisión sináptica en las sinapsis colinérgicas en insectos mediante la unión de pesticidas neonicotinoides en los receptores de acetilcolina

Los neonicotinoides son compuestos sintéticos similares a la nicotina que se unen al receptor de acetilcolina en las sinapsis colinérgicas del sistema nervioso central de los insectos. La acetilcolinesterasa no descompone los neonicotinoides, así que la unión es irreversible. Los receptores quedan bloqueados, por lo que la acetilcolina es incapaz de acoplarse y se impide la transmisión sináptica. La consecuencia es la parálisis y la muerte del insecto. Los neonicotinoides son, por tanto, insecticidas muy eficaces.

Una de las ventajas de los neonicotinoides como pesticidas es que no son muy tóxicos para los seres humanos y otros mamíferos. Esto es porque los insectos tienen una proporción mucho mayor de sinapsis colinérgicas en su sistema nervioso central que los mamíferos, y también porque los neonicotinoides se unen con mucha menos fuerza a los receptores de acetilcolina en los mamíferos que en los insectos.

Actualmente se utilizan pesticidas neonicotinoides en grandes extensiones de cultivos. Un neonicotinoide en particular, el imidacloprid, es el insecticida que más se utiliza en el mundo. Sin embargo, preocupan los efectos de estos insecticidas en las abejas y otros insectos beneficiosos. Este tema ha sido motivo de considerables polémicas, y los fabricantes y algunas agencias gubernamentales cuestionan las pruebas de los daños que ocasionan.

Actividad

Novedades en la investigación sobre los neonicotinoides

Actualmente se llevan a cabo numerosas investigaciones que tratan de descubrir si los neonicotinoides son responsables del considerable descenso en el número de colonias de abejas melíferas. ¿Cuáles son los hallazgos más recientes de estas investigaciones? ¿Sugieren que estos insecticidas deberían estar prohibidos?

▲ Figura 17 Las investigaciones han demostrado que el pesticida neonicotinoide imidacloprid reduce el crecimiento de las colonias de abejorro.

Potencial umbral

Un impulso nervioso se inicia únicamente si se alcanza el potencial umbral.

Los impulsos nerviosos se rigen por el principio de "todo o nada". El potencial de acción solo se inicia si se alcanza el potencial umbral, porque solo a este potencial se empiezan a abrir los canales de sodio sensibles al voltaje, causando despolarización. La apertura de algunos canales de sodio y la difusión de los iones de sodio hacia el interior aumentan el potencial de la membrana, haciendo que se abran más canales de sodio: a esto se le llama efecto de retroalimentación positiva. Por tanto, siempre que se alcance el potencial umbral habrá una despolarización completa.

En una sinapsis, la cantidad de neurotransmisor secretado tras la despolarización de la membrana presináptica puede no ser suficiente para alcanzar el potencial umbral en la membrana postsináptica. En estos casos, la membrana postsináptica no se despolariza. Los iones de sodio que han entrado en la neurona postsináptica son expulsados por bombas de sodio–potasio y la membrana postsináptica vuelve al potencial de reposo.

Una neurona postsináptica típica del cerebro o la médula espinal tiene sinapsis no solo con una sino con muchas neuronas presinápticas. Puede ser necesario que varias de estas neuronas liberen neurotransmisores al mismo tiempo para que se alcance el potencial umbral y se inicie un impulso nervioso en la neurona postsináptica. Este tipo de mecanismo puede utilizarse para procesar información proveniente de diferentes partes del cuerpo, para ayudar a tomar decisiones.

Investigación sobre memoria y aprendizaje

Cooperación y colaboración entre grupos de científicos: los biólogos están contribuyendo a la investigación sobre memoria y aprendizaje.

Actualmente solo se entienden en parte las funciones superiores del cerebro, como la memoria y el aprendizaje, y se están investigando activamente. Tradicionalmente estas funciones han sido investigadas por los psicólogos, pero cada vez más se utilizan técnicas de la biología molecular y la bioquímica para desentrañar sus mecanismos. Otras ramas de la ciencia, como la biofísica, la medicina, la farmacología y la informática, también están realizando importantes contribuciones.

El Centre for Neural Circuits and Behaviour, centro dedicado al estudio de los circuitos neuronales y su comportamiento en la Universidad de Oxford, es un excelente ejemplo de colaboración entre científicos de diferentes áreas de especialidad. Los responsables de los cuatro grupos que conforman el equipo de investigación y las áreas científicas que estudiaron originalmente son:

- Gero Miesenböck: medicina y fisiología
- Martin Booth: ingeniería y microscopía óptica
- Korneel Hens: química y bioquímica
- Scott Waddell: genética, biología molecular y neurobiología

El centro se especializa en técnicas de investigación conocidas como optogenética. Las neuronas son tratadas genéticamente para que emitan luz durante la transmisión sináptica o durante un potencial de acción, lo que permite visualizar la actividad de neuronas específicas en los tejidos cerebrales. También están tratadas para que determinadas neuronas de los tejidos cerebrales respondan a una señal luminosa con un potencial de acción. Esto permite estudiar los patrones de actividad de las neuronas de tejido cerebral vivo.

Hay numerosos grupos de investigación en universidades de todo el mundo que están investigando la memoria, el aprendizaje y otras funciones cerebrales. Aunque a veces los científicos compiten por ser los primeros en hacer un descubrimiento, también existe un fuerte componente de colaboración en la investigación científica que trasciende las disciplinas científicas y las fronteras nacionales. Sin duda, solo se conseguirá entender cómo funciona el cerebro con el trabajo de muchos grupos de científicos en numerosos países de todo el mundo.

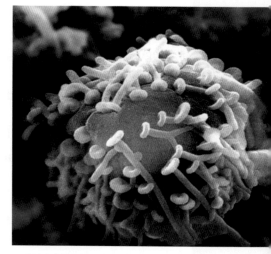

▲ Figura 18 En esta micrografía electrónica de barrido se observan numerosas sinapsis entre el cuerpo celular de una neurona postsináptica y un gran número de neuronas presinápticas diferentes (azul).

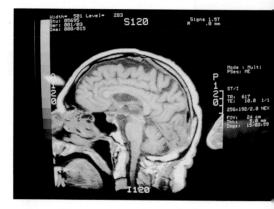

▲ Figura 19 La memoria y el aprendizaje son funciones de la parte superior con pliegues del cerebro.

6.6 Hormonas, homeostasis y reproducción

Comprensión

→ Las células β y α del páncreas segregan insulina y glucagón respectivamente, con el fin de controlar la concentración de glucosa en sangre.

→ La glándula tiroides segrega tiroxina para regular la tasa metabólica y ayudar a controlar la temperatura corporal.

→ Ciertas células del tejido adiposo segregan leptina, la cual actúa sobre el hipotálamo del cerebro para inhibir el apetito.

→ La epífisis o glándula pineal segrega melatonina para controlar los ritmos circadianos.

→ Un gen en el cromosoma Y es responsable de que las gónadas embrionarias se desarrollen como testículos y segreguen testosterona.

→ La testosterona causa un desarrollo prenatal de los genitales masculinos, así como la producción de espermatozoides y el desarrollo de los caracteres sexuales secundarios durante la pubertad.

→ Los estrógenos y la progesterona causan un desarrollo prenatal de los órganos reproductores femeninos y los caracteres sexuales secundarios durante la pubertad.

→ El ciclo menstrual está controlado mediante mecanismos de retroalimentación negativa y positiva, con la intervención de las hormonas ováricas y pituitarias.

🌐 Aplicaciones

→ Causas y tratamiento de las diabetes de tipo I y de tipo II.

→ Análisis de leptina en pacientes con obesidad clínica y razones para el fallo de control de la enfermedad.

→ Causas del "jet lag" y uso de melatonina para aliviarlo.

→ Uso de fármacos en la fertilización *in vitro* para suspender la secreción normal de hormonas, seguido del uso de dosis artificiales de hormonas para inducir una superovulación y lograr un embarazo.

→ Investigación de William Harvey de la reproducción sexual en ciervos.

🧪 Habilidades

→ Anotar diagramas del sistema reproductor masculino y femenino donde se indiquen los nombres de las estructuras y sus funciones.

🧬 Naturaleza de la ciencia

→ Las mejoras en los aparatos conllevan avances en la investigación científica: William Harvey vio dificultada su investigación basada en la observación de la reproducción por falta de equipamiento. El microscopio se inventó 17 años después de su muerte.

Control de la concentración de glucosa en sangre

Las células α y β del páncreas segregan insulina y glucagón respectivamente, con el fin de controlar la concentración de glucosa en sangre.

Las células del páncreas responden a cambios en los niveles de glucosa en la sangre. Si la concentración de glucosa se desvía sustancialmente de la concentración normal de 5 mmol L^{-1}, se inician mecanismos homeostáticos mediados por la hormonas pancreáticas insulina y glucagón.

El páncreas es, en realidad, dos glándulas en un solo órgano. La mayor parte del páncreas es tejido glandular exocrino que segrega enzimas digestivas en conductos que llevan al intestino delgado. Hay pequeñas partes de tejido endocrino llamadas islotes de Langerhans repartidas por el páncreas que segregan hormonas directamente en el torrente sanguíneo. Los dos tipos de células en los islotes de Langerhans segregan diferentes hormonas.

- Las células α sintetizan y segregan glucagón si el nivel de glucosa en sangre cae por debajo de la concentración normal. Esta hormona estimula la descomposición de glucógeno en glucosa en las células del hígado y su liberación a la sangre, aumentando así la concentración.

- Las células β sintetizan y segregan insulina cuando el nivel de glucosa en sangre se eleva por encima de la concentración normal. Esta hormona estimula la captación de glucosa por parte de varios tejidos, especialmente el músculo esquelético y el hígado, en el cual también estimula la conversión de la glucosa en glucógeno. Así, la insulina reduce la concentración de glucosa en la sangre. Como la mayoría de las hormonas, la insulina es descompuesta por las células sobre las que actúa, por lo que debe segregarse continuamente. La secreción comienza minutos después de comer y puede continuar durante varias horas después de una comida.

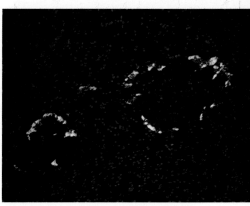

▲ Figura 1 Micrografía de luz fluorescente del páncreas que muestra dos islotes de Langerhans rodeados de tejido glandular exocrino. Las células α de los islotes están teñidas de amarillo y las células β de rojo.

🌐 Diabetes

Causas y tratamiento de las diabetes de tipo I y de tipo II

La diabetes es una enfermedad que hace que quienes la padecen tengan constantemente niveles elevados de glucosa en sangre, incluso durante un ayuno prolongado, lo que ocasiona la presencia de glucosa en la orina. Una concentración de glucosa elevada de manera constante daña los tejidos, en especial sus proteínas. También reduce la reabsorción de agua de la orina mientras esta se forma en el riñón, lo que resulta en un aumento del volumen de orina y deshidratación corporal. Si una persona necesita orinar con mayor frecuencia, está constantemente sedienta, se encuentra cansada y siente necesidad de tomar bebidas azucaradas, debe hacerse pruebas que determinen el nivel de glucosa en la orina para verificar si ha desarrollado diabetes.

Existen dos tipos principales de esta enfermedad:

- La diabetes de tipo I se caracteriza por la incapacidad de producir suficiente cantidad de insulina. Es una enfermedad autoinmune causada por la destrucción de las células β en los islotes de Langerhans por parte del propio sistema inmunológico del cuerpo. En los niños y en los jóvenes, los síntomas más graves y evidentes de la enfermedad suelen comenzar repentinamente. Todavía se están investigando las causas de esta y otras enfermedades autoinmunes.

- La diabetes de tipo II se caracteriza por la incapacidad para procesar o responder a la insulina debido a una deficiencia de receptores de insulina o transportadores de la glucosa en las células objetivo. El inicio es lento y la enfermedad puede pasar desapercibida durante muchos años. Hasta las últimas décadas, esta forma de diabetes era muy poco común en personas menores de 50 años y común solo en mayores de 65 años. No se conocen bien las causas de este tipo de diabetes, pero los principales factores de riesgo son las dietas ricas en grasas y azúcares, la obesidad prolongada por comer demasiado de manera habitual y la falta de ejercicio, además de factores genéticos que afectan al metabolismo energético.

El tratamiento de los dos tipos de diabetes es diferente:

- La diabetes de tipo I se trata controlando la concentración de glucosa en sangre con regularidad e inyectando insulina cuando es demasiado alta o cuando puede llegar a ser demasiado alta. La insulina suele inyectarse antes de las comidas para evitar un pico de glucosa en la sangre a medida que la comida se va digiriendo y absorbiendo. La planificación es muy importante, porque las moléculas de insulina no duran mucho tiempo en la sangre. Se están desarrollando mejores tratamientos que utilizan dispositivos implantados para liberar insulina exógena en la sangre cuando es necesario. Podría lograrse una cura permanente

haciendo que las células madre se conviertan en células β de reemplazo plenamente funcionales.

- La diabetes de tipo II se trata ajustando la dieta para reducir los picos y valles de la glucosa en sangre. Se deben comer pequeñas cantidades de alimentos con frecuencia en lugar de hacer comidas grandes más espaciadas. Deben evitarse los alimentos ricos en azúcares y solo deben ingerirse alimentos con almidón si tienen un índice glucémico bajo, lo que indica que se digieren lentamente. Asimismo, deben incluirse en la dieta alimentos ricos en fibra para ralentizar la digestión de otros alimentos. El ejercicio intenso y la pérdida de peso son beneficiosos, ya que mejoran la absorción y la acción de la insulina.

Actividad

Alimentos para diabéticos de tipo II

Discute cuáles de los alimentos de la figura 2 son adecuados para una persona con diabetes de tipo II. Deben ser alimentos con un índice glucémico bajo.

Preguntas basadas en datos: Prueba de tolerancia a la glucosa

La prueba de tolerancia a la glucosa es un método que se utiliza para diagnosticar la diabetes. En esta prueba, el paciente bebe una solución de glucosa concentrada y, a continuación, se le hace un seguimiento de la concentración de glucosa en la sangre con el fin de determinar el tiempo que necesita para eliminar el exceso de glucosa de la sangre.

Haciendo referencia a la figura 3, compara la persona que tiene un metabolismo de glucosa normal con la persona que tiene diabetes en relación con:

a) La concentración de glucosa en tiempo cero (es decir, antes del consumo de la bebida con glucosa)

b) El tiempo necesario para volver al nivel que tenía en el tiempo cero

c) El nivel máximo de glucosa alcanzado

d) El tiempo que pasa hasta que los niveles de glucosa comienzan a descender

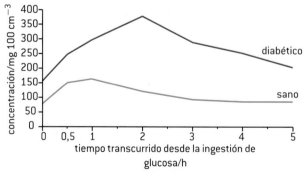

▲ Figura 3 Una persona con diabetes y una persona sana responden de manera muy diferente a la prueba de tolerancia a la glucosa.

▲ Figura 2

Tiroxina

La glándula tiroides segrega tiroxina para regular la tasa metabólica y ayudar a controlar la temperatura corporal.

La hormona tiroxina es segregada por la glándula tiroides en el cuello. Su estructura química es inusual, ya que la molécula de tiroxina contiene cuatro átomos de yodo. Así, una deficiencia prolongada de yodo en la dieta impide sintetizar tiroxina. Esta hormona también es inusual porque la utilizan casi todas las células del cuerpo. La tiroxina regula la tasa metabólica corporal, por lo que todas las células necesitan responder a ella, pero sus principales objetivos son las células más activas metabólicamente, como las del hígado, los músculos y el cerebro.

▲ Figura 4 Estructura de la tiroxina, con átomos de yodo en morado

Una tasa metabólica elevada favorece una mayor síntesis y producción de proteínas e intensifica la generación de calor corporal. En una persona con fisiología normal, el enfriamiento hace que la glándula tiroides segregue más tiroxina, lo que a su vez estimula la producción de calor y eleva la temperatura del cuerpo. La tiroxina regula así la tasa metabólica y también ayuda a controlar la temperatura corporal.

Los efectos de la deficiencia de tiroxina (hipotiroidismo) ponen de manifiesto la importancia de esta hormona:

- Falta de energía y sensación de cansancio todo el tiempo

- Mala memoria y depresión

- Aumento de peso a pesar de la pérdida de apetito, ya que se descompone menos glucosa y grasa en la respiración celular para liberar energía

- Sensación de frío todo el tiempo porque se genera menos calor

- Estreñimiento, pues las contracciones de los músculos de la pared del intestino se ralentizan

- Disminución del desarrollo cerebral en niños

Leptina

Ciertas células del tejido adiposo segregan leptina, la cual actúa sobre el hipotálamo del cerebro para inhibir el apetito.

La leptina es una hormona proteínica que segregan ciertas células adiposas (células de almacenamiento de grasa). La concentración de leptina en la sangre está vinculada a la ingesta de alimentos y la cantidad de tejido adiposo en el cuerpo. Esta hormona actúa sobre grupos de células del hipotálamo del cerebro que ayudan a controlar el apetito. La leptina se une a receptores en la membrana de estas células. Si aumenta el tejido adiposo, aumentan también las concentraciones de leptina en la sangre, inhibiendo el apetito a largo plazo y reduciendo la ingesta de alimentos.

▲ Figura 5 Ratón obeso debido a la ausencia de leptina y un ratón con masa corporal normal

La importancia de este mecanismo se demostró en una investigación con una cepa de ratones descubiertos en la década de 1950 que se alimentan vorazmente, se vuelven inactivos y ganan peso corporal, principalmente mediante el aumento del tejido adiposo. Crecen hasta alcanzar un peso corporal de aproximadamente 100 gramos, en comparación con los

20–25 gramos de un ratón de tipo silvestre. Los experimentos demostraron que estos ratones obesos tenían dos copias de un alelo recesivo, *ob*. A principios de la década de 1990, se demostró que en el ratón de tipo silvestre el alelo de este gen favorecía la síntesis de una nueva hormona que se denominó leptina. Las células adiposas de los ratones que tienen dos alelos recesivos *ob* no pueden producir leptina. Cuando se inyectó leptina a estos ratones, su apetito disminuyó, aumentó el gasto de energía y su masa corporal se redujo en un 30% en un mes.

🌐 Leptina y obesidad

Análisis de leptina en pacientes con obesidad clínica y razones para el fallo de control de la enfermedad

El descubrimiento de que la obesidad en ratones podía estar causada por una ausencia de leptina y se podía curar inyectando leptina pronto llevó a tratar de controlar la obesidad en los seres humanos de esta manera. Amgen, una compañía de biotecnología con sede en California, pagó 20 millones de dólares por los derechos comerciales de la leptina y llevó a cabo un gran ensayo clínico. Setenta y tres voluntarios obesos se inyectaron varias dosis de leptina o bien un placebo. Se utilizó un procedimiento de doble ciego, por lo que ni los investigadores ni los voluntarios sabían quién se estaba inyectando leptina hasta que se analizaron los resultados.

Las inyecciones de leptina causaron irritación e inflamación de la piel y solo 47 pacientes completaron el ensayo. Los ocho pacientes que recibieron la dosis más alta perdieron un promedio de 7,1 kg de masa corporal, en comparación con los 1,3 kg perdidos por los 12 voluntarios que se inyectaron el placebo. Sin embargo, en el grupo que recibió la dosis más alta los resultados variaron considerablemente desde una pérdida de 15 kg a una ganancia de 5 kg. Asimismo, en la mayoría de los casos la masa corporal perdida durante el ensayo se recuperó después rápidamente. En la investigación de medicamentos, es frecuente obtener resultados decepcionantes: la fisiología de los seres humanos es diferente en muchos aspectos a la de los ratones y otros roedores.

En contraste con los ratones *ob/ob*, la mayoría de las personas obesas tienen concentraciones excepcionalmente altas de leptina en sangre. Es posible que las células objetivo del hipotálamo hayan desarrollado una resistencia a la leptina y ya no respondan a ella, incluso en altas concentraciones. Por lo tanto, no se inhibe el apetito y la ingesta de alimentos es excesiva. Se desarrolla más tejido adiposo, lo que aumenta la concentración de leptina en sangre, pero la resistencia a esta hormona impide la inhibición del apetito. Inevitablemente, las inyecciones de leptina no consiguen controlar la obesidad si su causa es la resistencia a esta hormona, al igual que las inyecciones de insulina por sí solas no son eficaces en las fases tempranas de la diabetes de tipo II.

Una proporción muy pequeña de casos de obesidad en los seres humanos se debe a mutaciones en los genes que sintetizan la leptina o en sus receptores en las células objetivo. En estos casos, los ensayos con personas han demostrado una pérdida significativa de peso mientras duran las inyecciones de leptina. Sin embargo, la leptina es una proteína de corta duración y tiene que ser inyectada varias veces al día; por este motivo, la mayoría de las personas a las que se ofrece este tratamiento lo rechazan. También se ha demostrado que la leptina afecta al desarrollo y funcionamiento del sistema reproductor, por lo que las inyecciones no son adecuadas para niños ni adultos jóvenes. En general, la leptina no ha cumplido las expectativas iniciales de resolver el problema de la obesidad humana.

Melatonina

La epífisis o glándula pineal segrega melatonina para controlar los ritmos circadianos.

Los seres humanos están adaptados a vivir en un ciclo de 24 horas y tienen ritmos de comportamiento que se ajustan a este ciclo. Estos ritmos, que se conocen como ritmos circadianos, pueden mantenerse incluso si se expone a una persona a la luz o la oscuridad continua de forma experimental, porque los controla un sistema interno.

Los ritmos circadianos en los seres humanos dependen de dos grupos de células del hipotálamo llamados núcleos supraquiasmáticos. Estas células marcan un ritmo diario incluso si se cultivan sin señales externas sobre la hora del día. Controlan la secreción de la hormona melatonina por parte de la glándula pineal en el cerebro. La secreción de melatonina aumenta por la noche y se reduce a un nivel bajo al amanecer. Como el hígado la elimina rápidamente de la sangre, sus concentraciones en sangre aumentan y disminuyen rápidamente en respuesta a estos cambios de secreción.

▲ Figura 6 Hasta los tres meses los bebés no desarrollan un ritmo regular de secreción de melatonina ajustado al ciclo de día-noche, por lo que sus patrones de sueño no coinciden con los de los padres.

El efecto más evidente de la melatonina es el ciclo de sueño-vigilia. Los altos niveles de melatonina producen sensación de somnolencia y favorecen el sueño durante la noche. La reducción de los niveles de melatonina estimula el despertar al final de la noche. Se ha demostrado con experimentos que la melatonina contribuye a la reducción de la temperatura corporal por la noche: al bloquear el aumento de los niveles de melatonina se ha observado una reducción de la temperatura y al administrar melatonina artificialmente durante el día también se ha observado una reducción de la temperatura corporal. Se han descubierto receptores de melatonina en el riñón, lo que sugiere que la menor producción de orina por la noche puede ser otro efecto de esta hormona.

Cuando experimentalmente se expone a los seres humanos a un entorno en el que no hay señales de luz que indiquen la hora del día, los núcleos supraquiasmáticos y la glándula pineal suelen mantener un ritmo de algo más de 24 horas. Esto indica que el ritmo se ajusta normalmente unos minutos más o menos cada día. Un tipo especial de célula ganglionar de la retina del ojo detecta la luz de longitud de onda de 460–480 nm y transmite impulsos a las células de los núcleos supraquiasmáticos para indicar cuándo se produce el anochecer y el amanecer, permitiéndoles así ajustar la secreción de melatonina al ciclo de día-noche.

 "Jet lag" y melatonina

Causas del "jet lag" y uso de melatonina para aliviarlo

El "jet lag" es frecuente cuando se cruzan tres o más zonas horarias durante un viaje aéreo. Los síntomas son dificultad para permanecer despierto durante las horas diurnas y dificultad para dormir por la noche, fatiga, irritabilidad, dolores de cabeza e indigestión. Las causas son fáciles de entender: los núcleos supraquiasmáticos y la glándula pineal continúan marcando un ritmo circadiano que se ajusta al ciclo de día-noche del lugar de partida en vez del de destino.

El "jet lag" solo dura unos días, durante los cuales las células ganglionares de la retina envían impulsos a los núcleos supraquiasmáticos cuando detectan luz y ayudan al cuerpo a acostumbrarse al nuevo ciclo. A veces se utiliza melatonina para tratar de prevenir o reducir el "jet lag": se toma por vía oral en el momento en que se desea dormir. La mayoría de los ensayos con melatonina han demostrado su eficacia para favorecer el sueño y reducir el "jet lag", especialmente cuando se vuela en dirección este y se cruzan cinco o más zonas horarias.

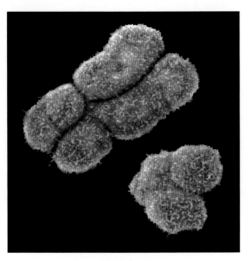

▲ Figura 7 Cromosomas X e Y

Determinación del sexo en varones

Un gen en el cromosoma Y es responsable de que las gónadas embrionarias se desarrollen como testículos y segreguen testosterona.

La reproducción humana implica la fusión de un espermatozoide de un hombre con un óvulo de una mujer. El desarrollo inicial del embrión es siempre el mismo y conlleva la formación de gónadas embrionarias que más adelante se convertirán en ovarios o en testículos. La ruta que seguirá el desarrollo de las gónadas embrionarias y, por tanto, de todo el bebé depende de la presencia o ausencia de un gen.

- Si el gen SRY (del inglés *sex-determining region Y*) está presente, las gónadas embrionarias se convierten en testículos. Este gen se encuentra en el cromosoma Y, que solo está presente en el 50% de los embriones. El gen SRY codifica una proteína llamada TDF (del inglés *testis-determining factor*) que se une al ADN. Esta proteína estimula la expresión de otros genes que hacen que se desarrollen los testículos.

- El 50% de los embriones tienen dos cromosomas X y ningún cromosoma Y, por lo que no tienen una copia del gen SRY. Por tanto, no se produce la proteína TDF y las gónadas embrionarias se convierten en ovarios.

Testosterona

La testosterona causa un desarrollo prenatal de los genitales masculinos, así como la producción de espermatozoides y el desarrollo de los caracteres sexuales secundarios durante la pubertad.

Los testículos se desarrollan a partir de las gónadas embrionarias durante la octava semana del embarazo aproximadamente, en el momento en que el embrión se está convirtiendo en un feto y tiene una longitud aproximada de 30 mm. Los testículos desarrollan células secretoras de testosterona en una etapa temprana y estas producen testosterona hasta la decimoquinta semana de embarazo. Durante las semanas de secreción, la testosterona hace que se desarrollen genitales masculinos (figura 8).

La secreción de testosterona aumenta durante la pubertad y estimula la producción de espermatozoides en los testículos, que es el carácter sexual primario de los varones. La testosterona también hace que se desarrollen los caracteres sexuales secundarios durante la pubertad, como el aumento del pene, el crecimiento del vello púbico y la gravedad de la voz debido al crecimiento de la laringe.

Determinación del sexo en mujeres

Los estrógenos y la progesterona causan un desarrollo prenatal de los órganos reproductores femeninos y los caracteres sexuales secundarios durante la pubertad.

Si el gen SRY no está presente en el embrión porque no tiene un cromosoma Y, las gónadas embrionarias se convierten en ovarios. No se segrega testosterona, pero las dos hormonas femeninas, los estrógenos y la progesterona, están siempre presentes en el embarazo. Al principio son segregadas por los ovarios de la madre y más adelante por la placenta. En ausencia de testosterona fetal y en presencia de la progesterona y los estrógenos maternos, se desarrollan los órganos reproductores femeninos (figura 9).

La secreción de estrógenos y progesterona aumenta durante la pubertad, haciendo que se desarrollen los caracteres sexuales secundarios femeninos. Estos incluyen el aumento de los senos y el crecimiento de vello púbico y axilar.

⚗ Sistemas reproductores masculinos y femeninos

Anotar diagramas del sistema reproductor masculino y femenino donde se indiquen los nombres de las estructuras y sus funciones

Las tablas siguientes indican las funciones que se deben incluir al anotar los diagramas del sistema reproductor masculino y femenino.

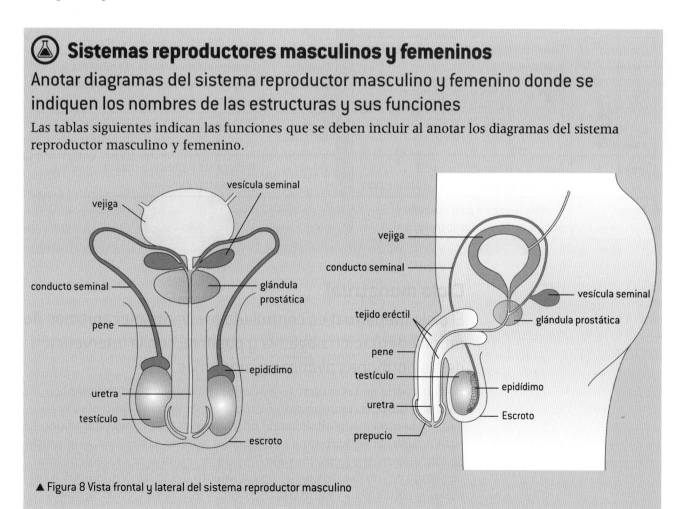

▲ Figura 8 Vista frontal y lateral del sistema reproductor masculino

363

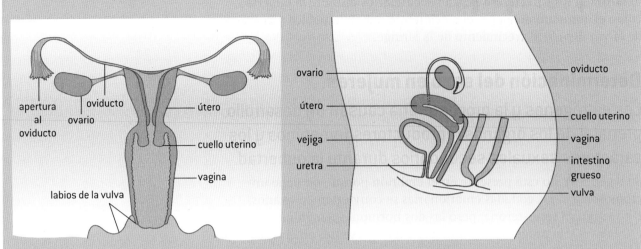

▲ Figura 9 Vista frontal y lateral del sistema reproductor femenino

Sistema reproductor masculino

Testículo	Produce espermatozoides y testosterona.
Escroto	Mantiene los testículos a una temperatura inferior a la corporal.
Epidídimo	Almacena los espermatozoides hasta la eyaculación.
Conducto seminal	Transfiere los espermatozoides durante la eyaculación.
Vesícula seminal y glándula prostática	Segregan un líquido alcalino con proteínas y fructosa que se agrega a los espermatozoides para formar el semen.
Uretra	Transfiere el semen durante la eyaculación y la orina durante la micción.
Pene	Penetra la vagina para eyacular el semen cerca del cuello uterino.

Sistema reproductor femenino

Ovario	Produce óvulos, estrógenos y progesterona.
Oviducto	Recoge los óvulos en la ovulación, es el lugar donde se produce la fertilización y luego transfiere el embrión al útero.
Útero	Cubre las necesidades del embrión y luego del feto durante el embarazo.
Cuello uterino	Protege el feto durante el embarazo y luego se dilata para formar el canal del parto.
Vagina	Estimula el pene para provocar la eyaculación y forma el canal del parto.
Vulva	Protege las partes internas del sistema reproductor femenino.

Ciclo menstrual

El ciclo menstrual es controlado mediante mecanismos de retroalimentación negativa y positiva, con la intervención de las hormonas ováricas y pituitarias.

En la mayoría de las mujeres, el ciclo menstrual se produce desde la pubertad hasta la menopausia (a excepción de durante los embarazos). Cada ciclo ofrece la posibilidad de un embarazo. La primera mitad del ciclo menstrual se denomina fase folicular porque se desarrolla un grupo de folículos en el ovario. En cada folículo se estimula el crecimiento de un óvulo. Al mismo tiempo, el revestimiento del útero (endometrio) se repara y comienza a engrosarse. El folículo más desarrollado se abre y libera su óvulo al oviducto. Los otros folículos se degeneran.

La segunda mitad del ciclo se llama fase lútea porque la pared del folículo que libera un óvulo se convierte en un cuerpo denominado cuerpo lúteo. Continúa el desarrollo del endometrio como preparación para la implantación de un embrión. Si la fertilización no se produce, el cuerpo lúteo del ovario se descompone. El engrosamiento del endometrio del útero también se desprende y se elimina durante la menstruación.

La figura 10 muestra los niveles hormonales de una mujer durante un período de 36 días, incluido un ciclo menstrual completo. El patrón de cambios es el típico en una mujer que no está embarazada. Los niveles hormonales se miden en masa por mililitro. Las masas reales son muy pequeñas, por lo que la progesterona, la hormona estimulante de los folículos FSH y la hormona luteinizante LH se miden en nanogramos (ng), y los estrógenos se miden en picogramos (pg). La figura 10 muestra también el estado del ovario y del endometrio.

Las cuatro hormonas de la figura 10 ayudan a controlar el ciclo menstrual por retroalimentación positiva y negativa. Las hormonas FSH y LH son

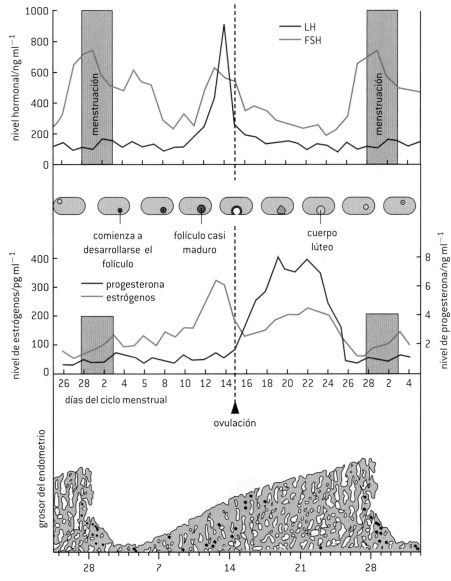

▲ Figura 10 El ciclo menstrual

Teoría del Conocimiento

¿En qué medida importan los motivos al juzgar la moralidad de un acto?

Se pueden obtener óvulos humanos usando la hormona FSH para estimular los ovarios y extrayendo después los óvulos de los ovarios con una micropipeta. A veces las mujeres se someten a este procedimiento para producir óvulos con el fin de donarlos a otras mujeres que son incapaces de producirlos por sí mismas.

Recientemente, los investigadores de células madre han utilizado óvulos en experimentos de clonación terapéutica. Se extirpa el núcleo de un óvulo y se reemplaza por un núcleo de un adulto. Si la célula resultante se desarrolla como un embrión, se pueden extraer células madre y clonarlas. De esta forma quizás sería posible producir tejidos u órganos para trasplantar al adulto que donó el núcleo. No habría ningún riesgo de rechazo porque las células madre serían genéticamente idénticas a las del receptor.

Hay una escasez de óvulos donados tanto a otras mujeres como a la investigación. En 2006, un grupo de científicos en Inglaterra obtuvo permiso para ofrecer tratamientos de fertilización *in vitro* a precios reducidos a mujeres que estuviesen dispuestas a donar algunos óvulos para la investigación. En Suecia, a las donantes de óvulos solo se las puede compensar económicamente por los desplazamientos y otros gastos directos, mientras que en Japón la donación de óvulos está completamente prohibida.

1   ¿Existe alguna diferencia entre donar óvulos para experimentos de clonación terapéutica y donar óvulos a una mujer que es incapaz de producirlos por sí misma (por ejemplo, porque le han extirpado los ovarios)? ¿Se puede juzgar el mismo acto de manera diferente según los motivos?

proteínas producidas por la glándula pituitaria que se unen a receptores en las membranas de las células del folículo. Los estrógenos y la progesterona son hormonas ováricas, producidas por la pared del folículo y el cuerpo lúteo. Son absorbidas por muchas células del cuerpo de la mujer, donde influyen en la expresión génica y, por tanto, en el desarrollo.

- La FSH se eleva a un máximo hacia al final del ciclo menstrual y estimula el desarrollo de los folículos, cada uno de los cuales contiene un ovocito y líquido folicular. La FSH también estimula la pared del folículo a segregar estrógenos.

- Los estrógenos se elevan a un máximo hacia al final de la fase folicular. Estimulan la reparación y el engrosamiento del endometrio después de la menstruación y un aumento del número de receptores de la FSH que hacen que los folículos sean más receptivos a esta, incrementando la producción de estrógenos (retroalimentación positiva). Cuando los estrógenos alcanzan niveles altos, inhiben la secreción de la FSH (retroalimentación negativa) y estimulan la secreción de la LH.

- La LH se eleva a un máximo de manera súbita hacia el final de la fase folicular. Estimula la finalización de la meiosis en el ovocito y la digestión parcial de la pared del folículo, que le permite abrirse en el momento de la ovulación. Después de la ovulación, la LH también favorece el desarrollo de la pared del folículo hasta formar el cuerpo lúteo, que segrega progesterona y estrógenos (retroalimentación positiva).

- Los niveles de progesterona aumentan al comienzo de la fase lútea, alcanzan un pico y luego caen de nuevo a un nivel bajo al final de esta fase. La progesterona favorece el engrosamiento y mantenimiento del endometrio. También inhibe la secreción de las hormonas FSH y LH por la glándula pituitaria (retroalimentación negativa).

Preguntas basadas en datos: La tríada de la atleta

La tríada de la atleta es un síndrome consistente en tres trastornos relacionados entre sí que pueden afectar a las atletas: osteoporosis, trastornos alimenticios y trastornos menstruales. La osteoporosis es una densidad mineral ósea reducida y puede ser causada por una dieta baja en calcio, vitamina D o energía, o por niveles bajos de estrógenos. La figura 11 muestra la densidad mineral ósea en dos partes del fémur de mujeres corredoras que tenían diferente número de ciclos menstruales al año. El nivel-t es el número de desviaciones estándar con respecto al promedio del nivel máximo de masa ósea en mujeres jóvenes.

1. **a)** Resume la relación entre el número de ciclos menstruales al año y la densidad ósea. [3]
   b) Compara los resultados del cuello del fémur con los resultados del trocánter. [3]

2. Explica las razones por las que algunas de las corredoras tienen:
   a) Una densidad ósea superior al promedio [2]
   b) Una densidad ósea inferior al promedio [4]

3. **a)** Sugiere razones por las que las atletas tienen pocos o ningún ciclo menstrual. [2]
   b) Sugiere una razón de los trastornos alimenticios y del bajo peso corporal en las atletas. [1]

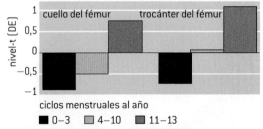

▲ Figura 11 Masa ósea en mujeres agrupadas por número de ciclos menstruales

Fertilización *in vitro*

Uso de fármacos en la fertilización *in vitro* para suspender la secreción normal de hormonas, seguido del uso de dosis artificiales de hormonas para inducir una superovulación y lograr un embarazo

El método natural de fertilización en los seres humanos es *in vivo*, lo que significa que ocurre dentro de los tejidos vivos del cuerpo. La fertilización también puede ocurrir fuera del cuerpo en condiciones de laboratorio cuidadosamente controladas: esto se conoce como fertilización *in vitro*, casi siempre abreviada como FIV. Este procedimiento es ampliamente utilizado para superar problemas de fertilidad del progenitor masculino o femenino.

Hay varios protocolos diferentes para la FIV, pero la primera etapa es generalmente de regulación descendente. La mujer toma un medicamento cada día, por lo general en forma de aerosol nasal, para suspender la secreción de las hormonas FSH o LH por la glándula pituitaria. La secreción de estrógenos y progesterona, por lo tanto, también se detiene. Esto suspende el ciclo menstrual normal y permite a los médicos controlar la cantidad de óvulos y el momento en que se producen en los ovarios de la mujer.

A continuación, se administra diariamente inyecciones intramusculares de FSH y LH durante unos diez días para estimular el desarrollo de los folículos. Las inyecciones de FSH proporcionan una concentración mucho más alta de esta hormona que un ciclo menstrual normal y, como consecuencia, se desarrollan muchos más folículos de lo habitual; no es inusual que haya doce folículos, y puede haber hasta veinte. A esta etapa de la FIV se le llama superovulación.

Cuando los folículos tienen 18 mm de diámetro se les estimula a madurar por medio de una inyección de HCG, otra hormona que normalmente segrega el embrión. Se introduce una micropipeta conectada a un ecógrafo a través de la pared del útero para extraer los óvulos de los folículos. Cada óvulo se mezcla con 50.000 a 100.000 espermatozoides en condiciones estériles en una placa poco profunda, que a continuación se incuba a 37 °C hasta el día siguiente.

Si la fertilización tiene éxito, se introducen uno o más embriones en el útero una vez alcanzadas las 48 horas de vida. Como la mujer no ha pasado por un ciclo menstrual normal, generalmente se le introduce una pastilla de progesterona en la vagina para garantizar que se mantenga el revestimiento del útero. Si los embriones se implantan y continúan creciendo, el embarazo resultante no es diferente de los embarazos conseguidos mediante concepción natural.

William Harvey y la reproducción sexual

Investigación de William Harvey de la reproducción sexual en ciervos

William Harvey es conocido principalmente por su descubrimiento de la circulación de la sangre, pero también estuvo obsesionado toda su vida con cómo se transmite la vida de generación en generación y fue pionero en la investigación sobre la reproducción sexual. Había aprendido la teoría de la semilla y el suelo de Aristóteles, según la cual el varón produce una semilla que forma un óvulo cuando se mezcla con la sangre menstrual y el óvulo se convierte en feto dentro de la madre.

William Harvey puso a prueba la teoría de Aristóteles mediante un experimento natural. Los ciervos son reproductores estacionales y solo están sexualmente activos durante el otoño. Harvey examinó el

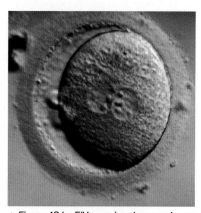

▲ Figura 12 La FIV permite observar las etapas más tempranas de la vida humana. Esta micrografía muestra un cigoto formado por fertilización. Se pueden ver los núcleos del óvulo y del espermatozoide en el centro del cigoto. Alrededor del cigoto hay una capa protectora de gel llamada membrana de fertilización.

▲ Figura 13 *Exercitationes de Generatione Animalium*, obra de William Harvey sobre la reproducción de animales publicada en 1651

útero de hembras de venado durante la época de celo, sacrificándolas y diseccionándolas. Esperaba encontrar óvulos desarrollándose en el útero inmediatamente después del apareamiento, pero solo encontró indicios de que algo se estaba desarrollando en las hembras una vez transcurridos dos o más meses desde el inicio de la época de celo.

Consideró sus experimentos con los ciervos como prueba de que la teoría de la reproducción de Aristóteles era falsa y concluyó que "el feto ni procede de la semilla del hombre o de la mujer en el coito, ni tampoco de ninguna mezcla de esa semilla". Aunque la teoría de Aristóteles era falsa, la conclusión de Harvey de que el feto no era resultado de lo que sucede durante el coito también era falsa.

Harvey era muy consciente de que no había descubierto la base de la reproducción sexual: "ni los filósofos ni los médicos de ayer o de hoy han explicado o resuelto satisfactoriamente el problema de Aristóteles".

Mejoras en los aparatos y avances en la investigación

Las mejoras en los aparatos conllevan avances en la investigación científica: William Harvey vio dificultada su investigación basada en la observación de la reproducción por falta de equipamiento. El microscopio se inventó 17 años después de su muerte.

Es comprensible que Harvey fuera reacio a publicar su investigación sobre la reproducción sexual, pero lo hizo finalmente en 1651, cuando tenía 73 años de edad, en su obra *Exercitationes de Generatione Animalium*. Sabía que no había resuelto el misterio de la reproducción sexual:

> *Cuando veo claramente que nada en absoluto permanece en el útero después del coito, [...] no más de lo que permanece en el cerebro después de una sensación, [...] he inventado esta fábula. Que los hombres estudiosos e ingeniosos la consideren; que los desdeñosos la rechacen: y la generación cosquillosa y burlona, que ría con gusto. Porque yo digo que no hay nada perceptible en el útero después del coito; y sin embargo es necesario que haya ahí algo que pueda hacer que el animal sea fecundo.*

William Harvey no pudo resolver el misterio porque no había microscopios eficaces cuando llevó a cabo su investigación, por lo que la fusión de los gametos y el posterior desarrollo embrionario quedaron sin descubrir. Tuvo también mala suerte al elegir los animales de su experimento, pues los embriones de los ciervos que utilizó son de tamaño microscópico durante un período inusualmente largo. Los microscopios se inventaron 17 años después de la muerte de Harvey y permitieron descubrir los espermatozoides, los óvulos y los embriones en fase temprana.

La investigación científica se ha visto a menudo dificultada durante algún tiempo por deficiencias de los aparatos, habiéndose realizado descubrimientos solo después de que dichos aparatos mejoraran. Esta tendencia se mantendrá en el futuro y podemos esperar más avances en nuestra comprensión del mundo natural a medida que se vayan inventando nuevas técnicas y tecnologías.

Preguntas

1 Basándote en los datos de la tabla 1:

    a) Resume la relación entre la edad de la madre y la tasa de éxito de la FIV.   [3]

    b) Resume la relación entre el número de embriones transferidos y la probabilidad de tener un bebé como resultado de la FIV.   [3]

    c) Discute cuántos embriones se debería permitir transferir a los centros de fertilidad.   [4]

Edad de la madre	Porcentaje de embarazos por ciclo de FIV según el número de embriones transferidos					
	1	2		3		
	uno	uno	gemelos	uno	gemelos	trillizos
< 30	10,4	20,1	9,0	17,5	3,6	0,4
30–34	13,4	21,8	7,9	18,2	7,8	0,6
35–39	19,1	19,1	5,0	17,4	5,6	0,6
> 39	4,1	12,5	3,5	12,7	1,7	0,1

▲ Tabla 1

2 La figura 14 muestra las variaciones de glucógeno en el hígado en el transcurso de un día.

    a) Explica la variación de glucógeno en el hígado.   [3]

    b) Evalúa la contribución del glucógeno a la homeostasis del azúcar en sangre.   [2]

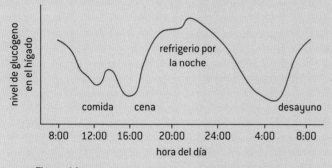

▲ Figura 14

3 A veces se interrumpe la ventilación de los pulmones: es lo que se conoce como apnea. Una posible causa de la apnea es la obstrucción de las vías respiratorias por el paladar blando durante el sueño: se llama apnea obstructiva del sueño y puede tener algunas consecuencias perjudiciales, incluido un aumento del riesgo de accidentes durante el día como resultado de la perturbación del sueño y el cansancio. La figura 15 muestra el porcentaje de saturación de oxígeno de la sangre arterial durante una noche de sueño en un paciente con apnea obstructiva del sueño severa.

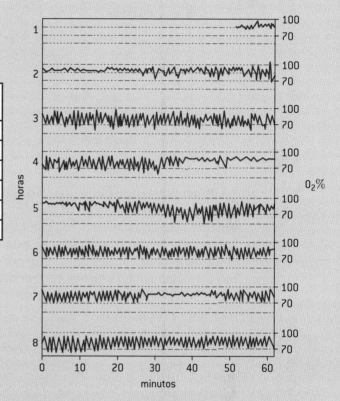

▲ Figura 15

    a) La hora 8 muestra un patrón típico de la apnea obstructiva del sueño.

        (i) Explica las causas de los descensos en la saturación.   [2]

        (ii) Explica las causas de los aumentos en la saturación.   [2]

        (iii) Calcula cuánto dura cada ciclo de descenso y aumento de la saturación.   [2]

    b) Estima la saturación de oxígeno mínima que el paciente experimentó durante la noche y cuando ocurrió.   [2]

    c) Deduce los patrones de sueño del paciente durante la noche en que se realizó el seguimiento.   [2]

4   Se registró el potencial de acción de un axón de calamar en agua de mar normal. A continuación, se colocó el axón en agua con una concentración de Na⁺ de una tercera parte de la del agua de mar. La figura 16 muestra los resultados.

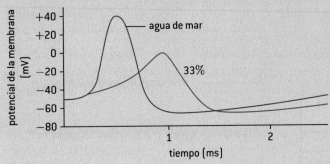

▲ Figura 16

5   Un grupo de genetistas descubrió una variedad mutante de mosca de la fruta que se sacude vigorosamente cuando es anestesiada con éter. Se ha demostrado mediante estudios que esta variedad mutante tiene canales de K⁺ que no funcionan correctamente. La figura 17 muestra los potenciales de acción de moscas de fruta normales y moscas mutantes.

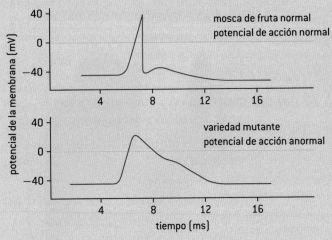

▲ Figura 17

a) Basándote solamente en los datos de la figura 17, resume el efecto de la menor concentración de Na⁺ en:

(i)   La magnitud de la despolarización   [2]

(ii) La duración del potencial de acción   [2]

b) Explica los efectos de la menor concentración de Na⁺ en el potencial de acción.   [3]

c) Discute el efecto que tiene la menor concentración de Na⁺ en el tiempo que se tarda en volver al potencial de reposo.   [2]

d) Compara los potenciales de acción de la mosca de fruta normal y la variedad mutante.   [3]

e) Explica las diferencias entre los potenciales de acción.

Introducción

El descubrimiento de la estructura del ADN revolucionó la biología. La información almacenada en forma de código en el ADN se copia en el ARNm. La estructura del ADN se adapta de forma ideal a su función. La información transferida del ADN al ARNm se traduce en una secuencia de aminoácidos.

7.1 Estructura y replicación del ADN

Comprensión

→ La estructura del ADN sugería un mecanismo para la replicación de ADN.

→ Los nucleosomas ayudan al superenrollamiento del ADN.

→ La replicación del ADN es continua en la cadena conductora o adelantada y discontinua en la cadena discontinua o retardada.

→ La replicación del ADN es llevada a cabo por un complejo sistema de enzimas.

→ Las ADN polimerasas solo pueden añadir nucleótidos al extremo 3' de un cebador.

→ Algunas regiones del ADN no codifican para la síntesis de proteínas pero tienen otras importantes funciones.

Naturaleza de la ciencia

→ Realización atenta de observaciones: la difracción de rayos X de Rosalind Franklin proporcionó pruebas cruciales de que el ADN es una doble hélice.

Aplicaciones

→ Investigación de Rosalind Franklin y Maurice Wilkins de la estructura del ADN mediante el uso de difracción con rayos X.

→ En el análisis de ADN se usan repeticiones en tándem.

→ Uso de nucleótidos que contienen ácido didesoxirribonucleico con el fin de detener la replicación del ADN en la preparación de muestras para la secuenciación de bases.

Habilidades

→ Análisis de los resultados del experimento de Hershey y Chase que proporciona pruebas de que el ADN es el material genético.

→ Utilización de software de visualización molecular para analizar la asociación entre proteína y ADN dentro de un nucleosoma.

El experimento de Hershey y Chase

Análisis de los resultados del experimento de Hershey y Chase que proporciona pruebas de que el ADN es el material genético

Desde finales de la década de 1800, los científicos estaban convencidos de que los cromosomas desempeñaban un papel en la herencia y que el material hereditario era de naturaleza química. Se sabía que los cromosomas estaban compuestos de proteínas y ácidos nucleicos y, por tanto, se creía que ambas moléculas podían ser material genético. Hasta la década de 1940, la opinión prevaleciente fue que las proteínas eran el material hereditario, ya que eran macromoléculas muy variadas debido a las veinte subunidades que se dan en la naturaleza, en comparación con las cuatro subunidades de los nucleótidos. Además, se habían identificado muchas funciones específicas de las proteínas. La variedad y la especificidad de las funciones eran dos propiedades que se consideraban requisitos esenciales del material hereditario.

Alfred Hershey y Martha Chase querían comprobar si el material genético de los virus era proteína o ADN. En la década de 1950, ya se sabía que los virus son partículas infecciosas que transforman las células huésped en productoras de virus al acoplarse a ellas e inyectarles su material genético. La parte no genética del virus permanece fuera de la célula. Una célula infectada fabrica una gran cantidad de nuevos virus y después revienta, liberándolos a su entorno (véase la figura 1). Los virus suelen ser específicos para un determinado tipo de células. El virus con el que decidieron trabajar fue el bacteriófago T2, porque su estructura es muy simple. Este virus tiene una capa compuesta enteramente de proteína y el ADN se encuentra dentro de esa capa.

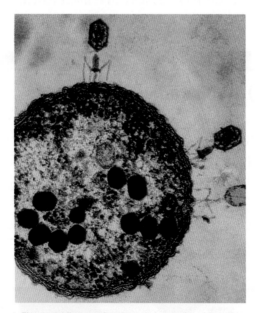

▲ Figura 1 Micrografía electrónica de barrido coloreada de virus T2 (azul) unidos a una bacteria *Escherichia coli*. Cada virus consta de una cabeza grande que contiene ADN y una cola compuesta por una vaina central con varias fibras. Las fibras se adhieren a la superficie de la célula huésped y el virus inyecta su ADN a la célula a través de la vaina. Este ADN da instrucciones a la célula huésped de crear copias del virus (azul, en la célula).

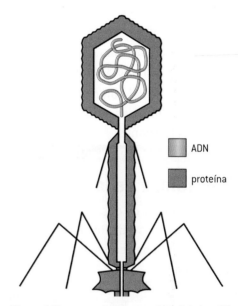

ADN

proteína

▲ Figura 2 Diagrama de la estructura del virus T2

Preguntas basadas en datos: El experimento de Hershey y Chase

Los científicos Alfred Hershey y Martha Chase trataron de resolver el debate sobre la naturaleza química del material genético. En su experimento, aprovecharon que el ADN contiene fósforo pero no azufre, mientras que las proteínas contienen azufre pero no fósforo. Cultivaron virus que contenían proteínas con azufre radiactivo (^{35}S) y por otra parte cultivaron virus que contenían ADN con fósforo radiactivo (^{32}P). Infectaron bacterias con los dos tipos de virus por separado. Usaron una licuadora para separar por un lado el componente no genético del virus y por el otro la célula, y luego centrifugaron el cultivo para concentrar las células en un precipitado. Esperaban que las células tuviesen en su interior el componente genético radiactivo del virus. Midieron la radiactividad del precipitado y del sobrenadante. La figura 3 representa el proceso y los resultados del experimento.

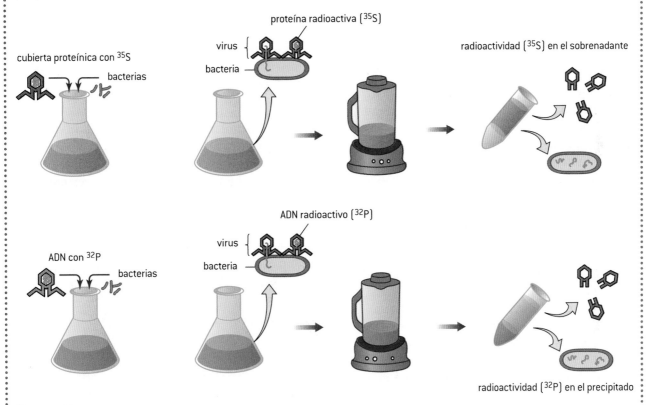

Preguntas

a) Explica qué es un sobrenadante.

b) Explica por qué el material genético debe encontrarse en el precipitado y no en el sobrenadante.

c) Determina el porcentaje de ^{32}P que permanece en el sobrenadante.

d) Determina el porcentaje de ^{35}S que permanece en el sobrenadante.

e) Discute las pruebas de que el ADN es el compuesto químico que transforma las bacterias en células infectadas.

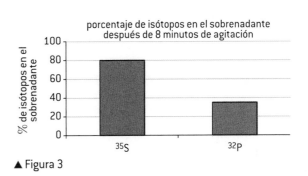

▲ Figura 3

Patrones de difracción de rayos X como prueba de estructuras moleculares

Realización atenta de observaciones: la difracción de rayos X de Rosalind Franklin proporcionó pruebas cruciales de que el ADN es una doble hélice.

El descubrimiento del ADN generalmente se asocia a dos nombres: Crick y Watson. Su éxito se debió a momentos de clarividencia, pero no podrían haberlo logrado sin un acertado trabajo experimental y sin las atentas observaciones de otros científicos. Uno de estos fue Erwin Chargaff, cuya investigación sobre el porcentaje de la composición de bases del ADN se describe en la pregunta basada en datos del subtema 2.6.

Otra figura clave en el descubrimiento del ADN fue Rosalind Franklin. En 1950, fue nombrada investigadora asociada de la unidad de biofísica del King's College de Londres. La unidad estaba investigando la estructura del ADN basándose en la difracción de rayos X. Franklin se había especializado en técnicas de cristalografía y difracción de rayos X mientras investigaba otros compuestos de carbono en un instituto de París.

En el King's College mejoró la resolución de una cámara, lo que le permitió obtener mediciones de los patrones de difracción de rayos X más detalladas de lo que había sido posible hasta entonces. También produjo muestras de ADN de calidad con las moléculas alineadas en fibras estrechas. Mediante un cuidadoso control de la humedad podían producirse dos tipos de muestras puras y, como Franklin no estaba segura de cuál representaba la estructura normal del ADN, decidió investigar las dos.

Poco después de empezar a trabajar en el King's College, Franklin obtuvo las imágenes del ADN mediante difracción de rayos X más nítidas hasta el momento. Se las ha descrito como "algunas de las fotografías de rayos X más bellas que jamás se han visto de cualquier sustancia". Sus consecuencias se describen en la sección siguiente. Franklin no quería publicar sus descubrimientos hasta tener pruebas sólidas, así que se embarcó en un análisis riguroso de los patrones de difracción que le permitió calcular las dimensiones de la hélice del ADN.

Sin el conocimiento o el permiso de Franklin, alguien mostró a James Watson su mejor patrón de difracción y los cálculos basados en este. Antes de que Franklin pudiera publicar sus resultados, Crick y Watson los usaron para construir su modelo de la estructura del ADN. Es ampliamente reconocido que Rosalind Franklin mereció el Premio Nobel por sus investigaciones, pero no se le concedió. Crick y Watson fueron premiados en 1962. Rosalind Franklin había muerto de cáncer en 1958 a los 37 años de edad y los Premios Nobel no pueden concederse a título póstumo, pero Franklin es más recordada que muchos ganadores del premio. Lo que podemos recordar de su vida es que los descubrimientos a veces ocurren por serendipia o por un momento de clarividencia, pero los verdaderos fundamentos de la ciencia son las técnicas experimentales rigurosas y la observación diligente.

Investigación de Rosalind Franklin de la estructura del ADN

Investigación de Rosalind Franklin y Maurice Wilkins de la estructura del ADN mediante el uso de la difracción con rayos X

Si se dirige un haz de rayos X a un material, la mayor parte de los rayos lo atraviesan pero algunos son dispersados por las partículas del material. Esta dispersión se llama difracción. La longitud de onda de los rayos X los hace particularmente susceptibles a ser difractados

por las partículas de moléculas biológicas, incluido el ADN.

Las partículas de un cristal forman un patrón que se repite regularmente, así que la difracción se produce de manera regular. El ADN no puede ser cristalizado, pero en las muestras de Franklin las moléculas estaban dispuestas de manera suficientemente ordenada y permitían obtener un patrón de difracción, en lugar de dispersarse aleatoriamente.

Se coloca cerca de la muestra un detector de rayos X para recoger los rayos dispersados. La muestra puede rotarse en tres dimensiones diferentes para investigar el patrón de difracción. Los patrones de difracción pueden grabarse en una película de rayos X. Franklin

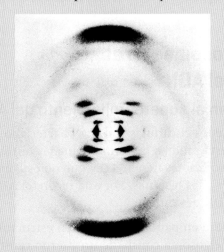

▲ Figura 4 Fotografía del ADN obtenida por Rosalind Franklin mediante difracción de rayos X

desarrolló una cámara de alta resolución con una película de rayos X para obtener imágenes muy nítidas de los patrones de difracción del ADN. La figura 4 muestra el más famoso de estos patrones de difracción.

A partir del patrón de difracción de la figura 4, Franklin pudo hacer una serie de deducciones sobre la estructura del ADN:

- La cruz en el centro indicaba que la molécula tenía forma helicoidal.

- El ángulo de la cruz mostraba el grado de inclinación de la hélice.

- La distancia entre las barras horizontales mostraba que las vueltas de la hélice se producían cada 3,4 nm.

- La distancia entre el centro del patrón de difracción y la parte superior revelaba que había una estructura que se repetía en la molécula, con una distancia de 0,34 nm entre las repeticiones. Esta resultó ser la distancia vertical entre los pares de bases adyacentes en la hélice.

Estas deducciones realizadas a partir del patrón de difracción de los rayos X fueron de crucial importancia para el descubrimiento de la estructura del ADN.

El modelo de Watson y Crick sugería una replicación semiconservativa

La estructura del ADN sugería un mecanismo para la replicación de ADN.

La combinación de varias pruebas experimentales permitió conocer la estructura del ADN: el modelo molecular del que fue pionero el ganador del Premio Nobel Linus Pauling, los patrones de difracción de rayos X observados en las meticulosas fotografías de Rosalind Franklin y los estudios de Erwin Chargaff sobre la composición de bases. La perspicacia y la imaginación también desempeñaron un papel importante.

Uno de los primeros modelos de Watson y Crick representaba las cadenas de azúcar-fosfato entrelazadas una alrededor de la otra, con las bases de nitrógeno hacia fuera. Rosalind Franklin refutó este modelo con el conocimiento de que las bases de nitrógeno eran relativamente hidrofóbicas en comparación con el esqueleto de azúcar-fosfato y probablemente apuntaban hacia el centro de la hélice.

Los estudios sobre la difracción de rayos X realizados por Franklin demostraron que la hélice del ADN estaba estrechamente unida, así que cuando Watson y Crick elaboraron sus modelos tuvieron que hacer que las bases encajasen de tal forma que las cadenas no estuvieran demasiado separadas. Después de probar varios modelos, Watson y Crick observaron que la unión estrecha que buscaban era posible emparejando una pirimidina con una purina y colocando las bases una al revés de la otra. Además de ser estructuralmente similares, la adenina tiene una carga negativa excedente y la timina tiene una carga positiva excedente, así que su apareamiento era eléctricamente compatible. El apareamiento entre la guanina y la citosina permite la formación de tres puentes de hidrógeno, lo que incrementa la estabilidad.

Una vez propuesto el modelo, el apareamiento de bases complementarias sugirió inmediatamente un posible mecanismo de replicación del ADN, uno de los requisitos fundamentales que debía abordar todo modelo estructural. El modelo de Watson y Crick condujo a la hipótesis de la replicación semiconservativa.

El papel de los nucleosomas en el empaquetamiento del ADN

Los nucleosomas ayudan al superenrollamiento del ADN.

Una diferencia entre el ADN de los eucariotas y el ADN bacteriano es que el ADN de los eucariotas está unido a proteínas llamadas histonas. La mayoría de los grupos de procariotas tienen ADN que no está unido a histonas o a proteínas similares a las histonas. Por esta razón, el ADN de los procariotas se denomina ADN desnudo.

La célula utiliza las histonas para empaquetar el ADN en estructuras llamadas nucleosomas. Un nucleosoma consta de un cuerpo central de ocho proteínas histonas con ADN enrollado alrededor de ellas. Las ocho proteínas u octámero consisten en dos copias de cuatro tipos diferentes de histonas. Una sección corta de ADN denominada espaciador conecta un nucleosoma a otro. Una molécula adicional de proteína histona llamada H1 une el ADN al cuerpo central (véase la figura 5).

La unión de las histonas con el ADN forma un patrón conocido como superenrollamiento. La apariencia del conjunto es la de una especie de collar o rosario, por lo que a esta estructura se la denomina "collar de perlas". El superenrollamiento permite empaquetar una gran longitud de ADN en un espacio mucho menor dentro del núcleo. El nucleosoma es una adaptación que facilita el empaquetamiento de los grandes genomas que tienen los eucariotas. La histona H1 se une de tal manera que forma una estructura llamada fibra de 30 nm, que facilita un mayor empaquetamiento.

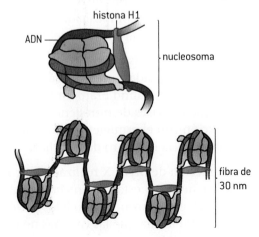

▶ Figura 5

Visualización de nucleosomas

Utilización de software de visualización molecular para analizar la asociación entre proteína y ADN dentro de un nucleosoma

Visita el banco de datos de proteínas en http://www.rcsb.org/pdb/home/home.do o descarga la imagen de un nucleosoma desde el sitio web que complementa a este libro.

1 Gira la molécula para ver las dos copias de cada proteína histona. En la figura 6, se identifican por las colas que salen desde el cuerpo central. Cada proteína tiene una de esas colas.

2 Observa también los aproximadamente 150 pares de bases (pb) de ADN enrollados casi dos veces alrededor del cuerpo central del octámero.

3 Observa la cola de extremo-N que proyecta cada proteína desde el cuerpo central. La modificación química de esta cola interviene en la regulación de la expresión génica.

4 Visualiza los aminoácidos cargados positivamente en el centro del nucleosoma. Sugiere la función que desempeñan en la asociación del cuerpo central de proteínas con el ADN cargado negativamente.

▲ Figura 6

Preguntas basadas en datos: Apoptosis y la longitud del ADN entre los nucleosomas

En condiciones normales, a veces se produce la muerte celular programada. Esto se conoce como apoptosis y desempeña un papel importante en procesos tales como la metamorfosis y el desarrollo embriológico. Uno de los mecanismos que intervienen en esta autodestrucción es la digestión del ADN por enzimas llamadas desoxirribonucleasas. El ADN asociado al nucleosoma normalmente no es tan accesible a la desoxirribonucleasa como las secciones de enlace. El ADN se digiere en fragmentos de longitud igual o múltiplos de la distancia entre los nucleosomas.

La columna de la izquierda de la figura 7 muestra los resultados de la separación por electroforesis en gel del ADN liberado por la acción de la desoxirribonucleasa en células del hígado de una rata. La columna de la derecha representa fragmentos que se utilizan como referencia (escala).

Una vez seccionado el ADN, los nucleosomas fueron digeridos por proteasas.

1   Identifica en el diagrama el fragmento que representa:

(i)   El ADN entre las dos secciones de ADN espaciador a ambos lados de un nucleosoma

(ii) El ADN entre dos regiones de ADN espaciador con dos nucleosomas entre ellos

(iii) El ADN entre dos regiones de ADN espaciador con tres nucleosomas entre ellos

2   Deduce la longitud del ADN asociado a un nucleosoma.

3   Sugiere cómo cambiaría el patrón en la columna de la izquierda si se aplicasen a las células concentraciones muy altas de desoxirribonucleasa.

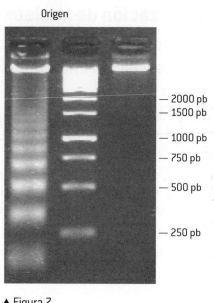

Origen

— 2000 pb
— 1500 pb

— 1000 pb

— 750 pb

— 500 pb

— 250 pb

▲ Figura 7

La cadena conductora y la cadena discontinua

La replicación del ADN es continua en la cadena conductora o adelantada y discontinua en la cadena discontinua o retardada.

Como las dos cadenas de la doble hélice del ADN están dispuestas de manera antiparalela, la síntesis tiene lugar de forma muy diferente en cada cadena. La cadena conductora o adelantada se sintetiza de forma continua en el mismo sentido en que se abre la horquilla de replicación y a medida que se va abriendo esta. La otra cadena, conocida como cadena discontinua o retardada, se sintetiza en fragmentos en sentido opuesto a la horquilla. A medida que la horquilla de replicación va exponiendo más de la cadena original, se van creando nuevos fragmentos en la cadena discontinua. Estos fragmentos se denominan fragmentos de Okazaki.

Proteínas implicadas en la replicación

La replicación del ADN es llevada a cabo por un complejo sistema de enzimas.

La replicación consiste en la formación y el movimiento de la horquilla de replicación y en la síntesis de las cadenas conductora y discontinua. Las proteínas están implicadas en cada etapa como enzimas, pero también desempeñan otra serie de funciones.

La enzima helicasa desenrolla el ADN en la horquilla de replicación y la enzima topoisomerasa libera la tensión que se crea por delante de la helicasa. Proteínas de unión de cadena simple mantienen las cadenas separadas el tiempo suficiente para que se pueda copiar la cadena original.

El inicio de la replicación requiere un cebador de ARN. En la cadena discontinua hay varios cebadores, mientras que en la cadena conductora solo hay uno. La enzima ADN primasa crea un cebador de ARN en la cadena conductora y numerosos cebadores de ARN en la cadena discontinua. El cebador de ARN es necesario para iniciar la actividad de la ADN polimerasa.

La ADN polimerasa es responsable de la unión covalente del desoxirribonucleótido monofosfato al extremo 3' de la cadena que se está formando. Diferentes organismos tienen diferentes tipos de ADN polimerasas, cada uno con diferentes funciones como la corrección, la polimerización y la eliminación de cebadores de ARN cuando ya no son necesarios.

La ADN ligasa forma enlaces entre los fragmentos.

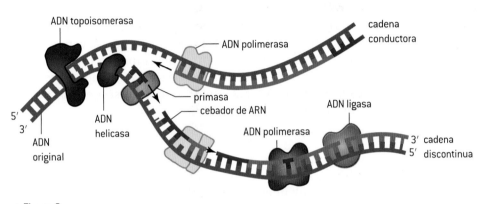

▲ Figura 8

La dirección de la replicación

Las ADN polimerasas solo pueden añadir nucleótidos al extremo 3' de un cebador.

Dentro de las moléculas de ADN, la replicación del ADN comienza en sitios llamados orígenes de replicación. En los procariotas solo hay un origen de replicación y en los eucariotas hay muchos. La replicación se produce en ambos sentidos a partir del origen. En las micrografías electrónicas, el resultado se muestra como una burbuja de replicación.

Los cinco carbonos del azúcar desoxirribosa están numerados (véase la figura 9).

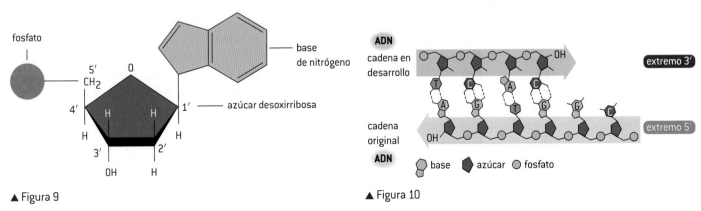

▲ Figura 9

▲ Figura 10

▲ Figura 11 Micrografía electrónica de barrido con falso color, con los telómeros de color rosa. La región gris en el centro es el centrómero, que también está compuesto de secuencias repetitivas no codificantes.

El grupo fosfato de los nuevos nucleótidos de ADN se añade al carbono 3′ del azúcar desoxirribosa del nucleótido que se encuentra al final de la cadena. Por lo tanto, la replicación se produce en el sentido 5′ a 3′.

Las regiones del ADN que no codifican tienen funciones importantes

Algunas regiones del ADN no codifican para la síntesis de proteínas pero tienen otras importantes funciones.

La maquinaria celular opera según un código genético. El ADN se utiliza como guía para producir polipéptidos usando el código genético. Sin embargo, solo algunas secuencias del ADN codifican para la producción de polipéptidos: se denominan secuencias de codificación. En los genomas hay una serie de secuencias no codificantes. Algunas de ellas tienen otras funciones, como las secuencias que sirven de guía para producir el ARNt y el ARNr. Otras desempeñan un papel en la regulación de la expresión génica, como los estimuladores y los silenciadores. En el subtema 7.2 exploraremos las secuencias no codificantes llamadas intrones.

La mayoría del genoma de los eucariotas es no codificante.

Dentro del genoma, especialmente en los eucariotas, es común encontrar secuencias repetitivas. Las hay de dos tipos: secuencias moderadamente repetitivas y secuencias altamente repetitivas (ADN satélite). Juntas pueden formar entre un 5% y un 60% del genoma. En los seres humanos, casi el 60% del ADN consiste en secuencias repetitivas.

Los extremos de los cromosomas eucarióticos llamados telómeros son una de las áreas donde hay secuencias repetitivas. Los telómeros desempeñan una función protectora. Durante la interfase, las enzimas que replican el ADN no pueden llevar a cabo toda la replicación hasta el final del cromosoma. Si las células completaran el ciclo celular sin los telómeros, perderían los genes que se encuentran en el extremo de los cromosomas. Sacrificar las secuencias repetitivas de los telómeros cumple una función protectora.

 Análisis de ADN

En el análisis de ADN se usan repeticiones en tándem.

Un número variable de repeticiones en tándem (VNTR, del inglés *variable number of tandem repeats*) es una secuencia corta de nucleótidos que muestra variaciones entre individuos en cuanto al número de veces que se repite. Cada variación puede heredarse como un alelo. El análisis de la combinación de alelos de VNTR de un individuo es la base de los análisis de ADN que se utilizan, por ejemplo, en las investigaciones genealógicas.

Un *locus* es la ubicación física de un elemento hereditario en el cromosoma. En el ejemplo hipotético que se muestra en la figura 12, el *locus* A tiene un VNTR de la secuencia AT y el *locus* B tiene un VNTR de la secuencia TCG. Los dos individuos tienen dos alelos diferentes (variaciones) en el *locus* A: dos repeticiones (alelo A2) y cuatro repeticiones (alelo A4). Asimismo, tienen tres alelos en el *locus* B: tres repeticiones (alelo B3), cuatro repeticiones (alelo B4) y cinco repeticiones (alelo B5). El asterisco indica dónde cortaría la enzima de restricción.

En la parte inferior de la figura 12 se muestra el perfil de ADN que resultaría. Observa que los dos individuos tienen algunas bandas comunes y otras bandas únicas.

Los genealogistas deducen el linaje paterno analizando las repeticiones cortas en tándem del cromosoma Y, y deducen el linaje materno analizando las variaciones del ADN mitocondrial de nucleótidos individuales en lugares específicos llamados regiones hipervariables.

individuo 1

locus A
alelo A2 (2 repeticiones) — [| AT | AT |]

alelo A2 (2 repeticiones) — [| AT | AT |]

locus B
alelo B3 (3 repeticiones) — [| TCG | TCG | TCG |]

alelo B4 (4 repeticiones) — [| TCG | TCG | TCG | TCG |]

individuo 2

locus A
alelo A4 (4 repeticiones) — [| AT | AT | AT | AT |]

alelo A2 (2 repeticiones) — [| AT | AT |]

locus B
alelo B3 (3 repeticiones) — [| TCG | TCG | TCG |]

alelo B5 (5 repeticiones) — [| TCG | TCG | TCG | TCG | TCG |]

perfil de ADN

origen

	individuo 1	individuo 2
B5		▢
B4	▢	
B3	▢	▢
A4		▢
A2	▢	▢

▲ Figura 12

Actividad

Análisis de un perfil de ADN con alelos de repeticiones cortas en tándem de ADN

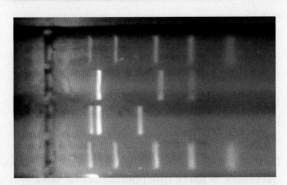

▲ Figura 13 Electroforesis en gel. Las columnas exteriores representan escalas de longitud conocida. Las dos columnas centrales representan muestras de longitud desconocida.

Un logaritmo es una forma alternativa de expresar un exponente. Por ejemplo:

$\log 1.000 = \log 10^3$ $\log 100 = \log 10^2$

$= 3$ $= 2$

En biología, los cambios muy grandes en una variable son más fáciles de representar gráficamente si se utilizan logaritmos.

En el ejemplo (figura 13), se fragmentó ADN mediante electroforesis en gel. Los fragmentos varían en tamaño, desde 100 hasta 5.000 pares de bases. Las dos columnas exteriores representan escalas de fragmentos de ADN de tamaño conocido, que se utilizaron para obtener los datos de la tabla 1 y crear el gráfico que se muestra en la figura 14. Las columnas centrales son fragmentos de tamaño desconocido.

Tamaño conocido del fragmento (pares de bases)	Distancia recorrida (mm)
5,000	58
2,000	96
850	150
400	200
100	250

▲ Tabla 1

1 Basándote en la figura 14, determina el tamaño de los fragmentos de ADN en las dos columnas centrales:

Tamaño del fragmento (pares de bases) (columna 2)	Distancia recorrida (mm) (columna 2)	Tamaño del fragmento (pares de bases) (columna 3)	Distancia recorrida (mm) (columna 3)
	60		70
	70		160
	130		200

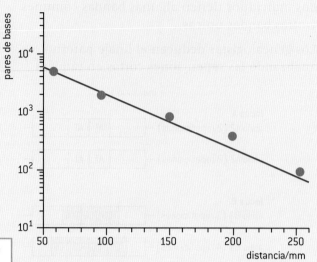

▲ Figura 14 Distancia como función del tamaño del fragmento en la electroforesis en gel. Observa que en este gráfico la escala del eje y aumenta en potencias de 10: es una escala logarítmica.

··

Preguntas basadas en datos: Análisis de perfiles de ADN utilizando D1S80

Un *locus* de ADN estudiado habitualmente es un VNTR llamado D1S80. El D1S80 se encuentra en el cromosoma humano 1. Este *locus* se compone de fragmentos de ADN de 16 nucleótidos repetidos. El número de repeticiones varía de un individuo a otro, y se conocen 29 alelos que van desde 15 hasta 41 repeticiones.

La figura 15 muestra la imagen de un perfil de ADN. Las columnas exteriores y centrales son escalas que representan múltiplos de 123 pares de bases.

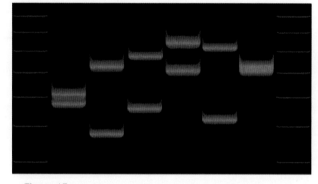

▲ Figura 15

a) Identifica las longitudes de los fragmentos representados por cada una de las bandas en la escala.

b) Utilizando una regla, mide la distancia entre el origen y la banda. Usa la longitud y la distancia para crear una curva estándar mediante un gráfico logarítmico.

c) Mide la distancia recorrida por cada banda desde el origen.

d) Usando la curva estándar, estima las longitudes de las bandas de cada individuo.

e) Estima el número de repeticiones representado por cada banda.

f) No está claro si el individuo en la columna 7 tiene dos copias distintas del mismo alelo o alelos diferentes. Sugiere qué podría hacerse para resolver mejor el genotipo de este individuo.

 Secuenciación del ADN

Uso de nucleótidos que contienen ácido didesoxirribonucleico con el fin de detener la replicación del ADN en la preparación de muestras para la secuenciación de bases

La determinación de la secuencia de bases en un genoma normalmente se lleva a cabo con un método que emplea fluorescencia. Se colocan muchas copias del ADN desconocido que va a ser secuenciado en tubos de ensayo con todas las materias primas, incluidos desoxirribonucleótidos y las enzimas necesarias para llevar a cabo la replicación. Además, se añaden cantidades muy pequeñas de didesoxirribonucleótidos que han sido teñidos con diferentes marcadores

fluorescentes. Estos didesoxirribonucleótidos se incorporarán a algunas de las nuevas moléculas de ADN, y al hacerlo detendrán la replicación precisamente en el punto en el que fueron incorporados. Los fragmentos se separan según su longitud mediante electroforesis. La secuencia de bases se puede analizar automáticamente comparando el color de la fluorescencia con la longitud del fragmento.

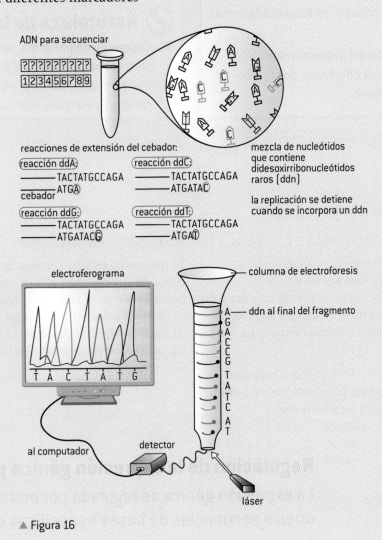

▲ Figura 16

383

7.2 Transcripción y expresión génica

Comprensión

→ La expresión génica es regulada por proteínas que se unen a secuencias de bases específicas del ADN.

→ El medio ambiente de una célula y de un organismo influyen sobre la expresión génica.

→ Los nucleosomas ayudan a regular la transcripción en eucariotas.

→ La transcripción se da en el sentido $5' \rightarrow 3'$.

→ Las células eucarióticas modifican el ARNm tras la transcripción.

→ El empalme o unión del ARNm aumenta el número de proteínas diferentes que puede producir un organismo.

Aplicaciones

→ El promotor como ejemplo de ADN no codificante con una función.

Habilidades

→ Análisis de cambios en los patrones de metilación del ADN.

Naturaleza de la ciencia

→ Búsqueda de patrones, tendencias y discrepancias: cada vez hay más evidencias de que el medio ambiente puede desencadenar cambios hereditarios en factores epigenéticos.

La función del promotor

El promotor como ejemplo de ADN no codificante con una función.

Solo algunas secuencias de ADN codifican la producción de polipéptidos: se denominan secuencias codificantes. En los genomas hay también una serie de secuencias no codificantes. Algunas de estas tienen funciones, como las secuencias que producen el ARNt y el ARNr.

Algunas secuencias no codificantes desempeñan una función en la regulación de la expresión génica, como los estimuladores y los silenciadores.

El promotor es una secuencia que se encuentra cerca de un gen y es el sitio de unión de la ARN polimerasa, la enzima que cataliza la formación del enlace covalente entre los nucleótidos durante la síntesis del ARN. El promotor no se transcribe, pero desempeña una función en la transcripción.

Regulación de la expresión génica por proteínas

La expresión génica es regulada por proteínas que se unen a secuencias de bases específicas del ADN.

Algunas proteínas son siempre necesarias para la supervivencia del organismo y, por lo tanto, se expresan de manera no regulada. Otras proteínas necesitan ser producidas en ciertos momentos y en ciertas cantidades; es decir, su expresión debe ser regulada.

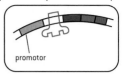

En los procariotas, la regulación de la expresión génica es consecuencia de variaciones en factores ambientales. Por ejemplo, los genes responsables de la absorción y el metabolismo de la lactosa en *E. coli* se expresan en presencia de lactosa y no se expresan en ausencia de esta. En este caso, la descomposición de la lactosa resulta en la regulación de la expresión génica por retroalimentación negativa. En presencia de lactosa, se desactiva una proteína represora (figura 1). Una vez que se ha descompuesto la lactosa, la proteína represora deja de estar desactivada y procede a bloquear la expresión de los genes del metabolismo de la lactosa.

Al igual que en los procariotas, los genes de los eucariotas se regulan en respuesta a variaciones en las condiciones ambientales. Cada célula de un organismo eucariótico multicelular expresa solo parte de sus genes.

La regulación de la expresión génica en eucariotas también es una parte fundamental de la diferenciación celular, así como del proceso de desarrollo, como se aprecia en el paso por las etapas del ciclo de vida de un insecto o en el desarrollo embriológico humano.

Hay una serie de proteínas cuya unión al ADN regula la transcripción. Estas incluyen estimuladores, silenciadores y elementos próximos al promotor. A diferencia de la secuencia del promotor, las secuencias ligadas a factores reguladores de la transcripción son específicas de cada gen.

Las secuencias reguladoras del ADN que aumentan la tasa de transcripción cuando se unen proteínas a ellas se llaman estimuladores. Las secuencias del ADN que disminuyen la tasa de transcripción cuando se unen proteínas a ellas se llaman silenciadores. Mientras que los estimuladores y los silenciadores pueden estar alejados del promotor, otra serie de secuencias llamadas "elementos próximos al promotor" están más cerca del promotor y necesitan que se les unan proteínas para iniciar la transcripción.

El impacto del medio ambiente en la expresión génica

El medio ambiente de una célula y de un organismo influyen sobre la expresión génica.

En la historia del pensamiento occidental, ha habido mucha polémica en el debate acerca de la medida en que un determinado comportamiento o fenotipo humano se debe atribuir al ambiente o a la herencia. Muchos de los estudios se han centrado en gemelos, y especialmente en gemelos que han sido criados por separado.

La influencia del medio ambiente sobre la expresión génica de algunas características es inequívoca. Los factores ambientales pueden influir en la expresión génica, por ejemplo, en la producción de pigmentación de la piel en los seres humanos durante la exposición a la luz solar.

Durante el desarrollo embrionario, el embrión tiene una distribución desigual de sustancias químicas llamadas morfógenos. Las concentraciones de los morfógenos influyen en la expresión génica,

si no hay lactosa en el ambiente, el represor bloquea la transcripción

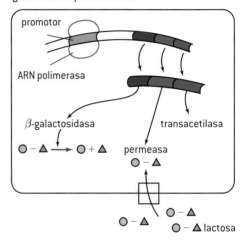

si hay lactosa presente en el ambiente, se desactiva el represor y se transcriben los genes usados para la lactosa

▲ Figura 1

Actividad

Explica el patrón de color del pelaje de los gatos siameses.

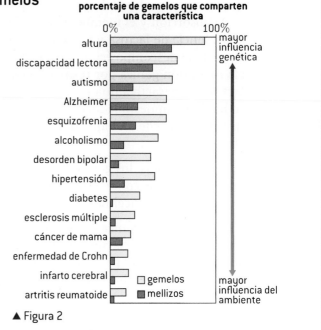
contribuyendo a diferentes patrones de expresión génica y, por tanto, a diferentes desenlaces de las células embrionarias dependiendo de su posición en el embrión.

En el caso del color del pelaje de los gatos, el gen C codifica la producción de la enzima tirosinasa, el primer paso en la producción de pigmento. Un alelo mutante de este gen, cs, solo permite producir normalmente el pigmento a temperaturas inferiores a la temperatura corporal. Este alelo mutante ha sido seleccionado para la cría selectiva de gatos siameses. A temperaturas más altas, la proteína está inactiva o menos activa, lo que da como resultado menos pigmento.

Los nucleosomas regulan la transcripción

Los nucleosomas ayudan a regular la transcripción en eucariotas.

El ADN en eucariotas está asociado a proteínas llamadas histonas. La modificación química de las colas de las histonas es un factor importante al determinar si un gen se expresará o no.

Las colas de las histonas pueden modificarse de distintas formas, incluidas la adición de un grupo acetilo, la adición de un grupo metilo o la adición de un grupo fosfato.

$$CH_3C- \quad \text{(con O doble enlace)} \quad \text{Grupo acetilo} \qquad CH_3- \text{ Grupo metilo}$$

Por ejemplo, los residuos del aminoácido lisina en las colas de las histonas pueden añadir o eliminar grupos acetilo. Normalmente, los residuos de lisina en las colas de las histonas tienen una carga positiva

que se puede unir al ADN cargado negativamente para formar una estructura condensada que inhibe la transcripción. La acetilación de las histonas neutraliza estas cargas positivas, permitiendo una estructura menos condensada con niveles de transcripción más altos.

La modificación química de las colas de las histonas puede activar o desactivar los genes mediante la disminución o el aumento del acceso de los factores de transcripción al gen.

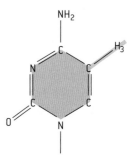

 Análisis de los patrones de metilación

Análisis de cambios en los patrones de metilación del ADN

Se cree que la adición de grupos metilo directamente al ADN desempeña una función en la expresión génica. Mientras que la metilación de las histonas puede favorecer o inhibir la transcripción, la metilación directa del ADN tiende a disminuir la expresión génica. La cantidad de metilación del ADN varía durante toda la vida y se ve afectada por factores ambientales.

▲ Figura 3 La metilación del ADN es la adición de un grupo metilo (M en verde) a la base citosina del ADN.

Preguntas basadas en datos: Cambios en el patrón de metilación con la edad en gemelos.

Un estudio comparó los patrones de metilación de gemelos de 3 años de edad con los de gemelos de 50 años de edad. Se tiñeron de rojo los patrones de metilación en un cromosoma de un gemelo y de verde los patrones de metilación en el mismo cromosoma del otro gemelo. Se superpusieron digitalmente los pares de cromosomas de cada par de gemelos. El resultado es amarillo si los patrones son los mismos. Las diferencias entre los patrones de los cromosomas aparecen como una mezcla de manchas verdes y rojas. Se siguió este proceso con cuatro de los veintitrés pares de cromosomas del genoma.

1 Explica la razón de la coloración amarilla si el patrón de metilación es el mismo en los dos gemelos. [3]

2 Identifica el cromosoma con menos cambios a medida que los gemelos envejecen. [1]

3 Identifica los cromosomas con más cambios a medida que los gemelos envejecen. [1]

4 Explica cómo pueden surgir estas diferencias. [3]

5 Predice, aportando una razón, si las características de los gemelos se volverán más o menos similares a medida que envejecen. [2]

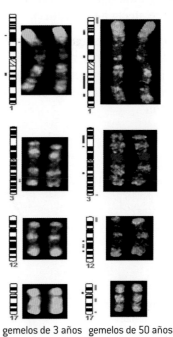

gemelos de 3 años   gemelos de 50 años

▲ Figura 4

Epigenética

Búsqueda de patrones, tendencias y discrepancias: cada vez hay más evidencias de que el medio ambiente puede desencadenar cambios hereditarios en factores epigenéticos.

Las modificaciones químicas de la cromatina que influyen en la expresión génica —incluidas la acetilación, la metilación y la fosforilación de las colas de aminoácidos de las histonas (figura 5), así como la metilación del ADN (figura 6)— tienen un impacto sobre la expresión génica y, por tanto, influyen en los rasgos visibles de una persona (figura 7). Estas modificaciones químicas se denominan biomarcadores epigenéticos. Hay cada vez más pruebas de que las modificaciones químicas que se producen en el material hereditario en una generación pueden, en determinadas circunstancias, transmitirse a la siguiente generación tanto a nivel celular como en todo el organismo. La suma de todos los biomarcadores epigenéticos constituye el epigenoma.

Ac
acetilación
M
metilación
P
fosforilación

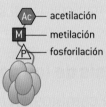

▲ Figura 5 Modificaciones de las histonas

NH2
N
C
C
H
C
CH
O
N
H
NH2
Me

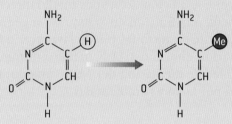

▲ Figura 6 Metilación del ADN

Cada célula tiene su propio patrón de metilación para producir una combinación única de proteínas necesarias para que la célula realice su función. Durante la división celular, el patrón de metilación se trasmite a la célula hija. En otras palabras, el medio ambiente afecta a la herencia.

Los espermatozoides y los óvulos se desarrollan a partir de células con biomarcadores epigenéticos. Cuando dos células reproductoras se juntan, se borra el epigenoma mediante un proceso llamado “reprogramación”.

Alrededor del 1% del epigenoma no se borra y sobrevive, dando como resultado una impronta genética.

Por ejemplo, cuando una madre mamífera tiene diabetes gestacional, los altos niveles de glucosa en la circulación fetal desencadenan cambios epigenéticos en el ADN de la hija que la predisponen a desarrollar diabetes gestacional ella misma.

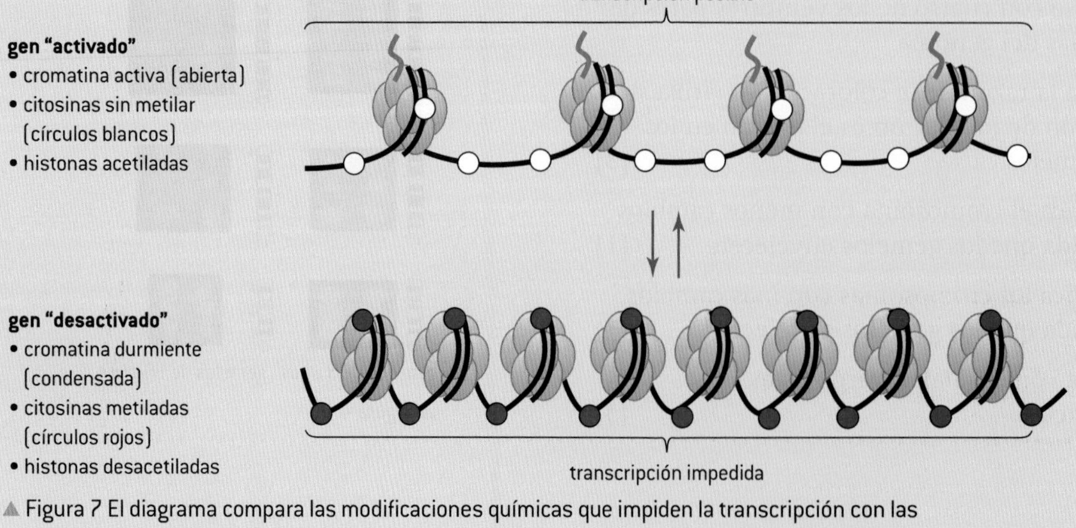

transcripción posible
gen “activado”
• cromatina activa (abierta)
• citosinas sin metilar (círculos blancos)
• histonas acetiladas
gen “desactivado”
• cromatina durmiente (condensada)
• citosinas metiladas (círculos rojos)
• histonas desacetiladas
transcripción impedida

▲ Figura 7 El diagrama compara las modificaciones químicas que impiden la transcripción con las modificaciones químicas que permiten la transcripción.

Dirección de la transcripción

La transcripción se da en el sentido 5′→3′.

La síntesis del ARNm se produce en tres etapas: iniciación, elongación y terminación. La transcripción comienza cerca de un sitio en el ADN llamado promotor. Una vez que se produce la unión de la ARN polimerasa, esta desenrolla el ADN, formando un complejo abierto. La ARN polimerasa se desliza a lo largo del ADN, sintetizando una sola cadena de ARN.

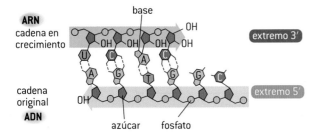

▲ Figura 8

Modificación después de la transcripción

Las células eucarióticas modifican el ARNm después de la transcripción

La regulación de la expresión génica puede ocurrir en varios momentos. Tanto en procariotas como en eucariotas, la regulación se da durante la transcripción, la traducción y después de la traducción. Sin embargo, en los procariotas, la mayor parte tiene lugar durante la transcripción. Además, la modificación del ARN después de la transcripción es un método de regulación génica que no ocurre en los procariotas.

Una de las diferencias más significativas entre procariotas y eucariotas es la ausencia de una membrana nuclear alrededor del material genético en los procariotas, lo que significa que la transcripción y la traducción pueden ir unidas.

Como en los eucariotas la transcripción y la traducción tienen lugar en compartimentos separados, es posible modificar significativamente el producto de la transcripción antes de que salga del núcleo. Por ejemplo, se eliminan las secuencias intermedias, o intrones, del ARN transcrito. El ADN de los procariotas no contiene intrones.

En los eucariotas, el producto inmediato de la transcripción del ARNm se denomina ARNm precursor, ya que tiene que pasar por varias etapas de modificación después de la transcripción para convertirse en ARNm maduro.

Una de estas etapas se denomina empalme o unión del ARN y se muestra en la figura 10b. A lo largo del ARNm, hay secuencias que no contribuyen a la formación del polipéptido: se las denomina secuencias intermedias o intrones. Estos intrones deben eliminarse. Las porciones restantes de ARNm codificante, llamadas exones, se empalman para formar el ARNm maduro.

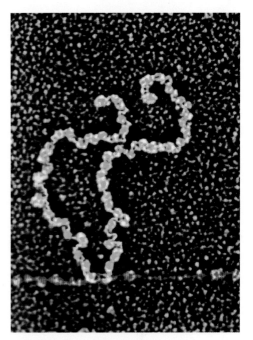

▲ Figura 9 Micrografía electrónica de transmisión en color de la transcripción del ADN y la traducción en la bacteria *Escherichia coli*. Durante la transcripción, se sintetizan cadenas complementarias de ácido ribonucleico mensajero (ARNm) (verde) utilizando como modelo ADN (rosa) y dichas cadenas son traducidas inmediatamente por los ribosomas (azul).

La modificación después de la transcripción también incluye la adición de un casquete o capuchón en el extremo 5′, que tiene lugar generalmente antes de terminar la transcripción (véase la figura 10a). Después de la transcripción, se añade una cola de poli-A (véase la figura 10c).

a)

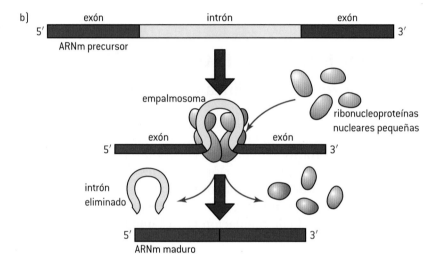

casquete de 7-metilguanosina

Teoría del Conocimiento

¿Cómo pueden cambiar las conclusiones extraídas de datos en función de los criterios utilizados para encontrarlos?

Los cálculos aproximados del número de genes del genoma humano fluctuaron considerablemente entre los años 2000 y 2007. En el año 2000 se calculó que había aproximadamente 120.000 genes, mientras que en la actualidad el consenso es de alrededor de 20.500 genes. La incertidumbre se debía a los diferentes criterios utilizados por diferentes programas de búsqueda de genes.

La definición de los criterios fue problemática porque:

● Los genes pequeños son difíciles de detectar.

● A causa del empalme o unión del ARNm, un gen puede codificar varias proteínas.

● Algunos genes no codifican proteínas y dos genes pueden superponerse.

b)

exón   intrón   exón

5′   3′

ARNm precursor

empalmosoma

exón   exón

5′   3′

ribonucleoproteínas nucleares pequeñas

intrón eliminado

5′   3′

ARNm maduro

c)

Después de la transcripción, se añade una cola de poli-A que consta de 100-200 nucleótidos de adenina.

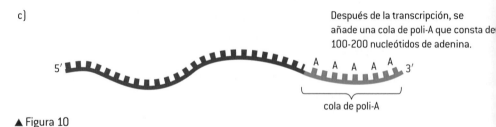

5′   A A A A A   3′

cola de poli-A

▲ Figura 10

Empalme o unión del ARNm

El empalme o unión del ARNm aumenta el número de proteínas diferentes que puede producir un organismo.

El empalme alternativo es un proceso que tiene lugar durante la expresión génica por el cual un solo gen codifica la síntesis de varias proteínas. Esto ocurre en los genes con múltiples exones. Un determinado exón puede o no estar incluido en el ARNm final. Como resultado, las proteínas traducidas a partir de ARNm empalmado alternativamente diferirán en su secuencia de aminoácidos y posiblemente en sus funciones biológicas.

En los mamíferos, la proteína tropomiosina es codificada por un gen que tiene once exones. El ARNm precursor de la tropomiosina se empalma de forma diferente en distintos tejidos, dando lugar a cinco formas diferentes de la proteína. Por ejemplo, en el músculo esquelético falta el exón 2 en el ARNm y en el músculo liso faltan los exones 3 y 10.

En las moscas de la fruta, la proteína Dscam ayuda a orientar las células nerviosas en crecimiento hacia sus objetivos. Las investigaciones han demostrado que puede haber 38.000 combinaciones distintas de ARNm según el número de intrones distintos en el gen, que podrían empalmarse alternativamente.

7.3 Traducción

Comprensión

→ La iniciación de la traducción implica la agregación de los componentes que llevan a cabo el proceso.

→ La síntesis del polipéptido implica un ciclo repetitivo de eventos.

→ Tras concluir la traducción se produce la disgregación de los componentes.

→ Los ribosomas libres sintetizan proteínas principalmente para su uso en el interior de la célula.

→ Los ribosomas ligados sintetizan proteínas fundamentalmente para su secreción o para su uso en lisosomas.

→ La traducción puede producirse inmediatamente tras la transcripción en procariotas, debido a la ausencia de una membrana nuclear.

→ La secuencia y el número de aminoácidos en el polipéptido constituye la estructura primaria.

→ La estructura secundaria consiste en la formación de hélices alfa y hojas plegadas beta, estabilizadas por puentes de hidrógeno.

→ La estructura terciaria consiste en el plegado adicional del polipéptido estabilizado mediante interacciones entre los grupos R.

→ La estructura cuaternaria se da en proteínas con más de una cadena polipeptídica.

 ## Aplicaciones

→ Las enzimas activadoras del ARNt ilustran la especificidad enzima-sustrato y la función de la fosforilación.

 ## Habilidades

→ Uso de software de visualización molecular para analizar la estructura de los ribosomas eucarióticos y una molécula de ARNt.

→ Identificación de polisomas en micrografías electrónicas.

 ## Naturaleza de la ciencia

→ El progreso en la informática trae consigo el progreso en la investigación científica: el uso de computadores ha permitido a los científicos avanzar en el campo de las aplicaciones bioinformáticas, como por ejemplo en la localización de genes dentro de los genomas y la identificación de secuencias conservadas.

La estructura del ribosoma

Uso de software de visualización molecular para analizar la estructura de los ribosomas eucarióticos y una molécula de ARNt

La estructura del ribosoma incluye:

- Proteínas y moléculas de ARN ribosómico (ARNr).

- Dos subunidades, una grande y otra pequeña.

- Tres sitios de unión para el ARNt en la superficie del ribosoma. Dos moléculas de ARNt pueden unirse al ribosoma al mismo tiempo.

- Un sitio de unión para el ARNm en la superficie del ribosoma.

Cada ribosoma tiene tres sitios de unión para el ARNt: el sitio E o sitio de salida, el sitio P o sitio peptidil, y el sitio A o sitio aminoacil (véase la figura 1).

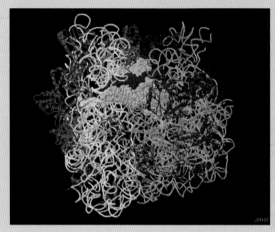

▲ Figura 2

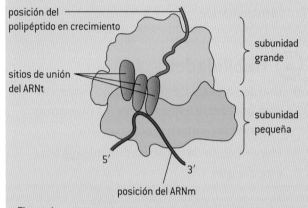

▲ Figura 1

Protein Data Bank (PDB) es una base de datos pública de proteínas que contiene datos sobre la estructura tridimensional de un gran número de moléculas biológicas. En el año 2000, los biólogos estructurales Venkatraman Ramakrishnan, Thomas A. Steitz y Ada E. Yonath añadieron a la base de datos de proteínas los primeros datos acerca de las subunidades del ribosoma. En 2009, recibieron el Premio Nobel por su trabajo sobre la estructura de los ribosomas.

Visita la base de datos de proteínas para obtener imágenes del ribosoma de *Thermus thermophilus* (imágenes 1jgo y 1giy), o descarga estas imágenes del sitio web que complementa a este libro de texto. Utilizando el software Jmol, rota la imagen para ver la subunidad pequeña y la subunidad grande. En la figura 2, una molécula de ARNm

está representada en amarillo. Las áreas de color rosa, morado y azul representan los tres sitios de unión del ARNt ocupados por moléculas de ARNt.

La figura 3 muestra la estructura general de una molécula de ARNt.

Estructura del ARNt

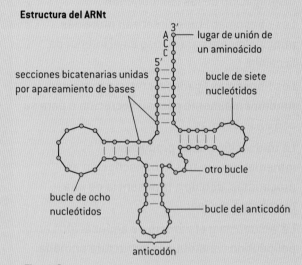

▲ Figura 3

Todas las moléculas de ARNt tienen:

- Partes que se convierten en bicatenarias por apareamiento de bases, creando bucles

- Un triplete de bases llamado anticodón que forma parte de un bucle de siete bases no apareadas

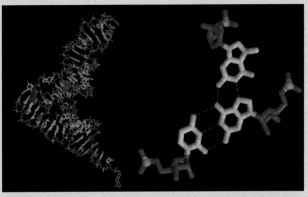

- Otros dos bucles

- La secuencia de bases CCA en el extremo 3´, que sirve de sitio de unión para un aminoácido

Visita la base de datos de proteínas para obtener una imagen de una molécula de ARNt, o descarga la imagen del sitio web que complementa a este libro de texto para observar la estructura con un software como Jmol. La figura 4 muestra una imagen de esta molécula. Las partes coloreadas en verde representan el sitio de unión del aminoácido y el anticodón. En morado se muestra una parte de la molécula con tres bases unidas por puentes de hidrógeno, como se muestra también en la segunda imagen.

▲ Figura 4 Vista de una molécula de ARNt completa y primer plano de un triplete de bases unidas por puentes de hidrógeno

Enzimas activadoras del ARNt

Las enzimas activadoras del ARNt ilustran la especificidad enzima-sustrato y la función de la fosforilación.

Cada molécula de ARNt es reconocida por una enzima activadora del ARNt que acopla un aminoácido específico al ARNt, utilizando ATP como fuente de energía.

La secuencia de bases de las moléculas de ARNt varía y esto causa cierta variación en su estructura. La activación de una molécula de ARNt se produce cuando una enzima activadora de ARNt fija un aminoácido al extremo 3´ del ARNt. Hay 20 enzimas activadoras de ARNt diferentes, que son específicas para uno de los 20 aminoácidos y la molécula de ARNt correcta. El sitio activo de la enzima activadora es específico para el aminoácido correcto y para el ARNt correcto.

Para la fijación de los aminoácidos se necesita ATP como fuente de energía. Una vez que el ATP y el aminoácido se unen al sitio activo de la enzima, el aminoácido se activa por la formación de un enlace entre la enzima y el monofosfato de adenosina. El aminoácido activado se une entonces al ARNt mediante un enlace covalente. La energía de este enlace se utiliza después durante la traducción para enlazar el aminoácido a la cadena polipeptídica en crecimiento.

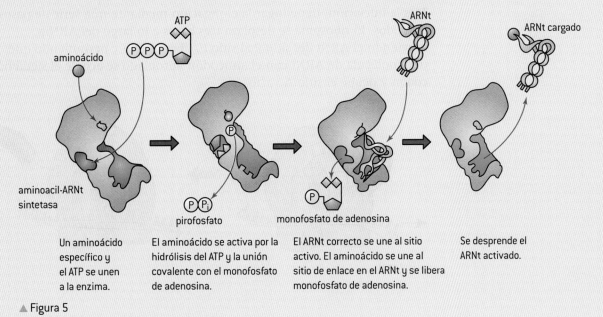

Un aminoácido específico y el ATP se unen a la enzima.

El aminoácido se activa por la hidrólisis del ATP y la unión covalente con el monofosfato de adenosina.

El ARNt correcto se une al sitio activo. El aminoácido se une al sitio de enlace en el ARNt y se libera monofosfato de adenosina.

Se desprende el ARNt activado.

▲ Figura 5

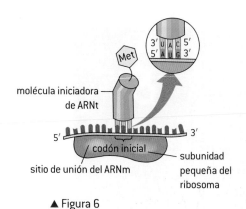

molécula iniciadora de ARNt

Met

5′ · · · · · · · · · · 3′

codón inicial

sitio de unión del ARNm

subunidad pequeña del ribosoma

▲ Figura 6

Iniciación de la traducción

La iniciación de la traducción implica la agregación de los componentes que llevan a cabo el proceso.

Para iniciar el proceso de traducción, una molécula de ARNm se une a la subunidad pequeña del ribosoma en un sitio de unión del ARNm. A continuación, una molécula iniciadora de ARNt que contiene metionina se une al codón de inicio "AUG".

A continuación, la subunidad grande del ribosoma se une a la pequeña.

La molécula iniciadora de ARNt está en el sitio P. El siguiente codón indica a otra molécula de ARNt que se una al sitio A. A continuación, se forma un enlace peptídico entre los aminoácidos en los sitios P y A.

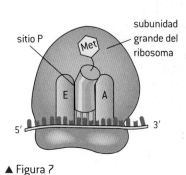

sitio P

Met

subunidad grande del ribosoma

E · A

5′ · · · · · · · · · · 3′

▲ Figura 7

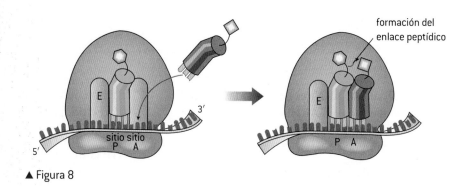

formación del enlace peptídico

E

5′ · · · · · · · · · · 3′

sitio sitio P A

E

P A

▲ Figura 8

Elongación del polipéptido

La síntesis del polipéptido implica un ciclo repetitivo de eventos.

Tras la iniciación, tiene lugar la elongación mediante una serie de pasos repetidos. El ribosoma se desplaza tres bases a lo largo del ARNm, moviendo el ARNt del sitio P al sitio E, liberándolo y permitiendo que una molécula de ARNt con el anticodón apropiado se acople al siguiente codón y ocupe el sitio A vacío.

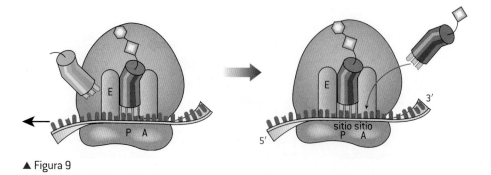

E

P A

E

5′ · · · · · · · · · · 3′

sitio sitio P A

▲ Figura 9

Terminación de la traducción

Tras concluir la traducción se produce la disgregación de los componentes.

El proceso continúa hasta que llegar a un codón de terminación, momento en que se libera el polipéptido. Observa que el movimiento a lo largo del ARNm va desde el extremo 5′ hasta el extremo 3′.

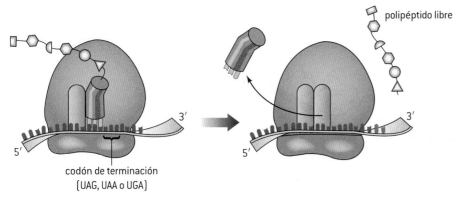

polipéptido libre

codón de terminación
(UAG, UAA o UGA)

▲ Figura 10

Ribosomas libres

Los ribosomas libres sintetizan proteínas principalmente para su uso en el interior de la célula.

En los eucariotas, las proteínas actúan en un compartimento celular determinado. Son sintetizadas en el citoplasma o en el retículo endoplasmático dependiendo de cuál sea su destino final. Normalmente, la traducción tiene lugar en el citosol. Las proteínas destinadas a ser utilizadas en el citoplasma, las mitocondrias y los cloroplastos son sintetizadas por ribosomas libres en el citoplasma.

Ribosomas ligados

Los ribosomas ligados sintetizan proteínas fundamentalmente para su secreción o para su uso en los lisosomas.

En las células eucarióticas, se producen miles de proteínas. En muchos casos, las proteínas desempeñan una función dentro de un compartimento celular determinado o son secretadas. Por tanto, deben clasificarse para que lleguen al destino correcto. Las proteínas destinadas a ser utilizadas en el retículo endoplasmático, el aparato de Golgi, los lisosomas, la membrana plasmática o fuera de la célula son sintetizadas por ribosomas ligados al retículo endoplasmático.

Que el ribosoma esté libre en el citosol o ligado al retículo endoplasmático depende de la presencia de una secuencia señal en el polipéptido que se está traduciendo: es la primera parte del polipéptido traducido. A medida que se va creando la secuencia señal, esta se une a una proteína de reconocimiento de señales que detiene la traducción hasta acoplarse a un receptor en la superficie del retículo endoplasmático. Una vez que esto sucede, la traducción

Teoría del Conocimiento

¿Cómo adquieren las palabras su significado?

¿Es un ribosoma un orgánulo? Karl Augustus Möbius es reconocido por haber sido el primero en establecer la analogía entre las subestructuras celulares con funciones definidas y los órganos del cuerpo. Antes se había utilizado el término únicamente para referirse a las estructuras reproductoras de los protistas, después a las estructuras de propulsión y más adelante incluso a estructuras extracelulares como las paredes celulares. La definición original de orgánulo como una unidad subcelular funcional en general se ha convertido en la definición dominante, por lo que incluiría los ribosomas. En este caso, un criterio para definir un orgánulo es si puede ser aislado por un proceso conocido como fraccionamiento celular. Otros limitan el término a compartimentos celulares rodeados de membrana y algunos biólogos celulares delimitan aún más el término a aquellas estructuras que se originaron en las bacterias endosimbióticas.

comienza de nuevo y el polipéptido se introduce en el retículo endoplasmático a medida que va siendo sintetizado.

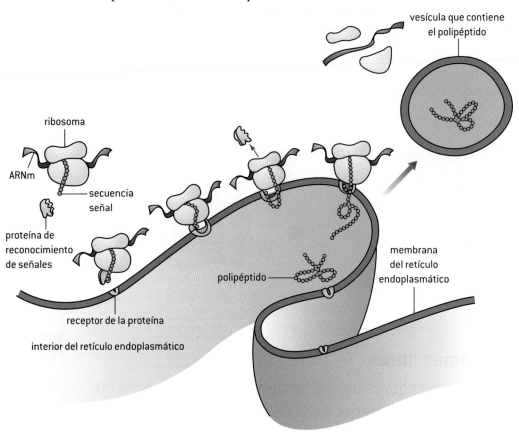

▲ Figura 11

La transcripción y la traducción en procariotas

La traducción puede producirse inmediatamente tras la transcripción en procariotas, debido a la ausencia de una membrana nuclear.

En los eucariotas las funciones celulares están compartimentadas, mientras que en los procariotas no lo están. Una vez terminada la transcripción en eucariotas, el contenido transcrito se modifica de diversas maneras antes de salir del núcleo. Por lo tanto, hay un desfase entre la transcripción y la traducción debido a la compartimentalización. En los procariotas, tan pronto como se transcribe el ARNm comienza la traducción.

 Identificación de polisomas

Identificación de polisomas en micrografías electrónicas

Los polisomas son estructuras visibles con un microscopio electrónico que se parecen a las cuentas de un rosario. Representan varios ribosomas acoplados a una sola molécula de ARNm. Como en los procariotas la transcripción y la traducción se producen en el mismo compartimento, tan pronto como se transcribe el ARNm comienza la traducción. Así, es posible ver varios polisomas asociados a un gen. En los eucariotas, los polisomas están en el citoplasma y junto al retículo endoplasmático.

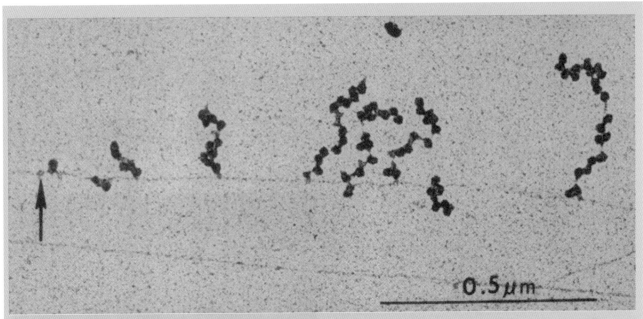

▲ Figura 12 Hileras de polisomas unidos a una molécula de ADN en un procariota. La flecha señala donde los investigadores creen que se encuentra la ARN polimerasa, en el sitio de iniciación de un gen o cerca de este.

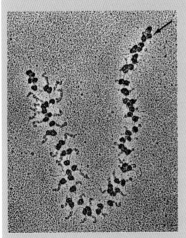

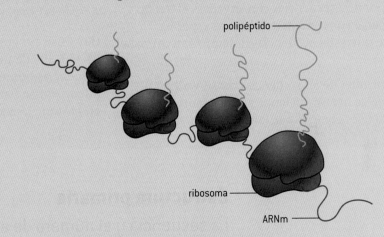

polipéptido

ribosoma

ARNm

▲ Figura 13 La imagen muestra varios ribosomas traduciendo al mismo tiempo una molécula de ARNm en el citoplasma. El ARNm comienza a la derecha (en la flecha). Los polipéptidos que se están sintetizando son cada vez más largos a medida que los ribosomas se acercan al final del ARNm.

🧬 Bioinformática

El progreso en la informática trae consigo el progreso en la investigación científica: el uso de computadores ha permitido a los científicos avanzar en el campo de las aplicaciones bioinformáticas, como por ejemplo en la localización de genes dentro de los genomas o la identificación de secuencias conservadas.

La bioinformática implica el uso de computadores para almacenar y analizar la enorme cantidad de datos generados por la secuenciación de genomas y la identificación de secuencias de genes y proteínas.

Dicha información se almacena a menudo en bases de datos, como GenBank (una base de datos en Estados Unidos), DDBJ (un banco de datos de ADN en Japón) o la base de datos de secuencias de nucleótidos que mantiene el Laboratorio Europeo de Biología Molecular (EMBL), y después se pone al alcance de la comunidad mundial, incluidos los científicos y el público en general.

Un científico que estudia un determinado trastorno genético humano podría identificar semejanzas en las secuencias genéticas de las personas afectadas por dicho trastorno. Después, podría buscar secuencias homólogas en otros organismos. Estas secuencias podrían tener un origen ancestral común y haber acumulado diferencias con el paso del tiempo debido a mutaciones aleatorias.

Para buscar un nucleótido o una secuencia de aminoácidos homólogos, el científico utilizaría BLAST, una herramienta de búsqueda de similitudes entre secuencias.

A veces se encuentran secuencias homólogas idénticas o casi idénticas en distintas especies: se las denomina secuencias conservadas. El hecho de haberse conservado en distintas especies sugiere que estas secuencias desempeñan un papel funcional.

Las funciones de las secuencias conservadas a menudo se investigan empleando organismos modelo tales como *E. coli*, la levadura (*S. cerevisiae*),

la mosca de la fruta (*D. melanogaster*), la lombriz del suelo (*C. elegans*), el berro (*A. thalania*) y los ratones (*M. musculus*). Suelen utilizarse estos organismos porque, junto con los seres humanos, sus genomas completos han sido secuenciados.

A menudo, las funciones se descubren mediante estudios de bloqueo que desactivan o alteran el gen conservado para observar su impacto en el fenotipo del organismo.

▲ Figura 14 Ejemplos de organismos modelo

Hay otros programas informáticos, además de BLAST. Puede utilizarse ClustalW para alinear secuencias homólogas y buscar cambios. PhyloWin puede usarse para crear árboles evolutivos basados en las semejanzas entre secuencias.

Estructura primaria

La secuencia y el número de aminoácidos en el polipéptido constituye la estructura primaria.

Un polipéptido es una cadena de aminoácidos. Dado que los 20 aminoácidos más comunes se pueden combinar en cualquier secuencia, no es sorprendente que exista una gran diversidad de proteínas.

Se denomina estructura primaria a la secuencia de aminoácidos de un polipéptido.

Preguntas basadas en datos

La molécula de hemoglobina, que transporta oxígeno en la sangre, consta de cuatro cadenas polipeptídicas. En las personas adultas la molécula tiene dos tipos de cadenas, alfa y beta, y hay dos de cada una. Las cadenas alfas tienen 141 aminoácidos y las cadenas beta tienen 146 aminoácidos. A continuación se muestra la estructura primaria de ambas cadenas. En la cadena beta, el aminoácido marcado en azul es el sitio en que se produce la mutación de la anemia falciforme. En la mutación, una valina ocupa el lugar del ácido glutámico.

cadena alfa:

1 val * leu ser pro ala asp lis tre asn
val lis ala ala trp gli lis val gli ala his
ala gli glu tir gli ala glu ala leu glu arg
met fen leu ser fen pro tre tre lis tre
tir fen pro his fen * asp leu ser his gli
ser ala * * * * * gln val lis gli his gli lis
lis val ala asp ala leu tre asn ala val
ala his val asp asp met pro asn ala leu
ser ala leu ser asp leu his ala his lis leu
arg val asp pro val asp fen lis leu leu
ser his cis leu leu val tre leu ala ala his
leu pro ala glu fen tre pro ala val his
ala ser leu asp lis fen leu ala ser val
ser tre val leu tre ser lis tir arg 141

cadena beta:

1 val his leu tre pro **glu** glu lis ser ala
val tre ala leu trp gli lis val asn * * val
asp glu val gli gli glu ala leu gli arg
leu leu val val tir pro trp tre gln arg
fen fen glu ser fen gli asp leu ser tre
pro asp ala val met gli asn pro lis val
lis ala his gli lis lis val leu gli ala fen
ser asp gli leu ala his leu asp asn leu
lis gli tre fen ala tre leu ser glu leu his
cis asp lis leu his val asp pro glu asn
fen arg leu leu gli asn val leu val cis
val leu ala his his fen gli lis glu fen tre
pro pro val gln ala ala tir gln lis val
val ala gli val ala asp ala leu ala his lis
tir his 146

Compara la estructura primaria de los
dos polipéptidos. Los asteriscos (*) indican
lugares donde faltan secciones de la
secuencia de aminoácidos para facilitar la
comparación. [4]

Estructura secundaria

La estructura secundaria consiste en la formación de hélices alfa y hojas plegadas beta, estabilizadas por puentes de hidrógeno.

Como la cadena de aminoácidos de un polipéptido tiene enlaces covalentes
polares en su esqueleto, tiende a doblarse de tal manera que forma puentes
de hidrógeno entre el grupo carboxilo (C=O) y el grupo amino (N—H) de
otro aminoácido en otra parte de la cadena. Esto da lugar a la formación de
patrones en el polipéptido llamados estructuras secundarias. La hélice-α y
la hoja plegada-β son ejemplos de estructuras secundarias.

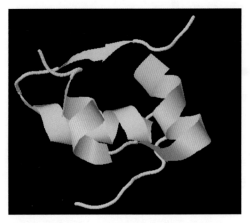

▲ Figura 15 Estructura de la insulina, con tres
áreas donde se pueden ver las hélices-α.
También se muestra la estructura cuaternaria
de la insulina, es decir, las posiciones relativas
de los dos polipéptidos.

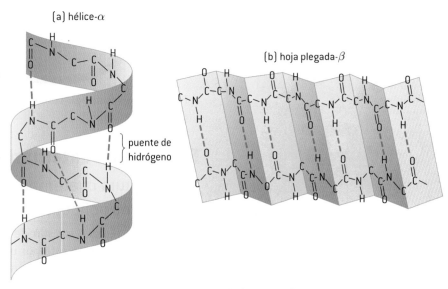

▲ Figura 16 Dos ejemplos de estructura secundaria en proteínas

Estructura terciaria

La estructura terciaria consiste en el plegado adicional del polipéptido estabilizado mediante interacciones entre los grupos R.

La estructura terciaria se refiere a la forma tridimensional de la proteína (figura 18). Esta forma es resultado de la interacción de los grupos R entre sí y con el medio acuoso circundante. Existen varios tipos diferentes de interacción.

● Los grupos R cargados positivamente interactúan con grupos R cargados negativamente.

● Los aminoácidos hidrofóbicos se orientan hacia el centro del polipéptido para evitar el contacto con el agua, mientras que los aminoácidos hidrofílicos se orientan hacia el exterior.

● Los grupos R polares forman puentes de hidrógeno con otros grupos R polares.

● El grupo R del aminoácido cisteína puede formar un enlace covalente con el grupo R de otra cisteína, formando lo que se llama un puente disulfuro.

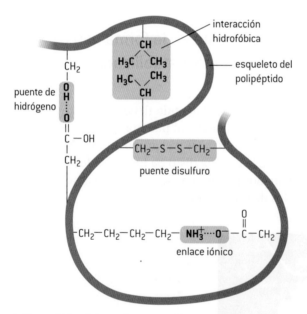

▲ Figura 18 Las interacciones entre los grupos R contribuyen a la estructura terciaria.

▲ Figura 17 Colágeno. La estructura cuaternaria consiste en tres polipéptidos enrollados entre sí que forman una proteína resistente similar a una cuerda.

cadena-β cadena-β

cadena-α hemo   cadena-α

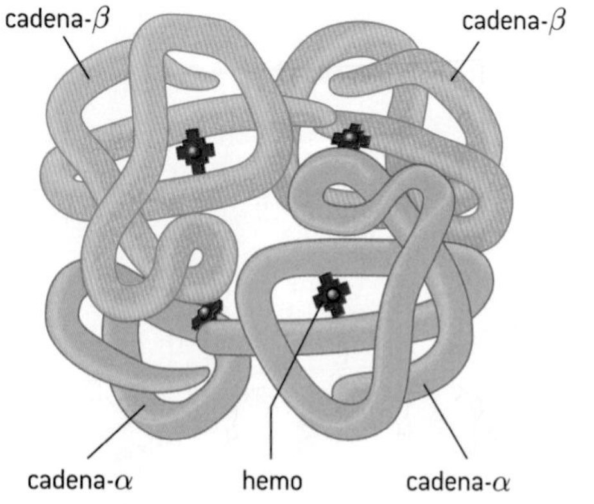

▲ Figura 19 La estructura cuaternaria de la hemoglobina en adultos consta de cuatro cadenas: dos cadenas-α y dos cadenas-β. Cada subunidad contiene una molécula llamada grupo hemo.

Estructura cuaternaria

La estructura cuaternaria se da en proteínas con más de una cadena polipeptídica.

Las proteínas pueden constar de una sola cadena polipeptídica o varias. La lisozima está compuesta por una sola cadena, así que es a la vez un polipéptido y una proteína. La insulina está formada por dos polipéptidos y la hemoglobina está compuesta por cuatro cadenas. La estructura cuaternaria se refiere a la forma en la que se combinan los polipéptidos cuando hay más de una cadena. También se refiere a la adición de componentes no polipeptídicos. La estructura cuaternaria de la molécula de hemoglobina consta de cuatro cadenas polipeptídicas y cuatro grupos hemo.

La actividad biológica de una proteína está relacionada con su estructura primaria, secundaria, terciaria y cuaternaria. Ciertos procesos, como la exposición a altas temperaturas o cambios en el pH, pueden producir alteraciones en la estructura de una proteína y, por tanto, interrumpir su actividad biológica. Cuando una proteína ha perdido permanentemente su estructura se dice que se ha desnaturalizado.

Preguntas basadas en datos

La hemoglobina es una proteína compuesta de dos pares de subunidades de globina. Durante el proceso de desarrollo desde la concepción hasta los 6 meses posteriores al nacimiento, la hemoglobina humana sufre cambios en su composición. La hemoglobina adulta se compone de dos subunidades de alfa-globina y dos subunidades de beta-globina. Durante el desarrollo se encuentran otros cuatro polipéptidos: zeta, delta, épsilon y gamma.

La figura 20 ilustra los cambios en la composición de la hemoglobina durante la gestación y tras el nacimiento de una persona.

a) Indica qué dos subunidades están presentes en cantidades más elevadas en el inicio de la gestación. [1]

b) Compara los cambios entre la cantidad del gen de la gamma-globina gamma y el gen de la beta-globina. [3]

c) Determina la composición de la hemoglobina en la décima semana de gestación y a los 6 meses de edad. [2]

d) Indica cuál es la fuente de oxígeno del feto. [1]

e) Los distintos tipos de hemoglobina tienen afinidades diferentes con respecto al oxígeno. Sugiere razones de los cambios en el tipo de hemoglobina durante la gestación y después del nacimiento. [3]

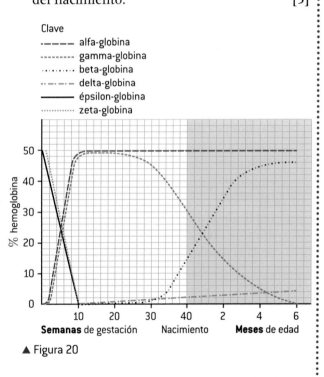

▲ Figura 20

Preguntas

1 A distintas muestras de bacterias se les suministraron nucleósidos trifosfatos radiactivos durante diferentes períodos de tiempo (10, 30 o 60 segundos); este fue el período de "pulso". A continuación, se añadió una gran cantidad de nucleósidos trifosfatos no radiactivos durante un período más prolongado; este fue el período de "persecución". La presencia de nucleótidos radiactivos (incorporados durante el pulso) en partes del ADN resultante da una indicación del proceso de conversión de productos intermedios en productos finales.

Se aisló ADN de las células bacterianas, se desnaturalizó (usando calor para separar las dos cadenas) y luego se centrifugó para separar las moléculas por tamaño. Cuanto más cerca de la parte superior del tubo de centrifugación, más pequeña era la molécula.

a) Compara la muestra que fue pulsada durante 10 segundos con la muestra que fue pulsada durante 30 segundos. [2]

b) Explica por qué la muestra que fue pulsada durante 30 segundos proporciona pruebas de la presencia de una cadena conductora o adelantada y muchas cadenas discontinuas o retardadas. [2]

c) Explica por qué la muestra que fue pulsada durante 60 segundos proporciona pruebas de la actividad de la ADN ligasa. [2]

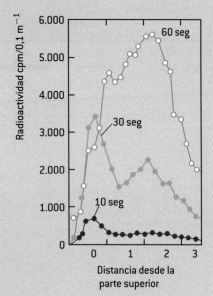

▲ Figura 21

2 Con referencia a la figura 22, responde las siguientes preguntas.

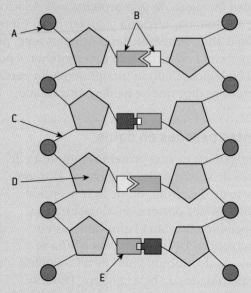

▲ Figura 22

a) ¿Qué parte del nucleótido está rotulada como A? [1]

b) ¿Qué tipo de enlace se forma entre las partes rotuladas como B? [1]

c) ¿Qué tipo de enlace representa el rótulo C? [1]

d) ¿Qué subunidad está rotulada como D? [1]

e) ¿Qué subunidad está rotulada como E? [1]

3 Con referencia a la figura 23, responde las siguientes preguntas.

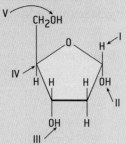

▲ Figura 23

a) Indica qué molécula representa la figura 23. [1]

b) Indica si esta molécula se encuentra en el ADN o en el ARN. [1]

c) Indica a qué parte de la molécula se unen los fosfatos. [1]

d) Identifica la parte de la molécula que representa el extremo 3´.

Introducción

La vida está sustentada por una compleja red de reacciones químicas en el interior de las células. Estas reacciones metabólicas son reguladas en respuesta a las necesidades de la célula y del organismo. En la respiración celular, la energía se convierte en una forma utilizable. En la fotosíntesis, la energía lumínica se transforma en energía química y se produce una gran diversidad de compuestos de carbono.

8.1 Metabolismo

Comprensión

→ Las rutas metabólicas consisten en series y ciclos de reacciones catalizadas por enzimas.

→ Las enzimas reducen la energía de activación de las reacciones químicas que catalizan.

→ Los inhibidores enzimáticos pueden ser competitivos o no competitivos.

→ Las rutas metabólicas pueden ser controladas mediante una inhibición de los productos finales.

Aplicaciones

→ Inhibición de los productos finales de la ruta que convierte la treonina en isoleucina.

→ Uso de bases de datos para identificar nuevos fármacos potenciales contra la malaria.

Habilidades

→ Distinción entre diferentes tipos de inhibición de gráficas con una concentración de sustrato especificada.

→ Cálculo y dibujo de tasas de reacción a partir de resultados experimentales brutos.

Naturaleza de la ciencia

→ El progreso en la informática trae consigo el progreso en la investigación científica: los avances en bioinformática, tales como la consulta de bases de datos, han facilitado la investigación de las rutas metabólicas.

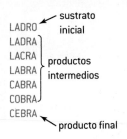

```
LADRO ──── sustrato
           inicial
LADRA
LACRA
LABRA  productos
CABRA  intermedios
COBRA
CEBRA ──── producto final
```

▲ Figura 1 Juego de palabras como analogía de las rutas metabólicas

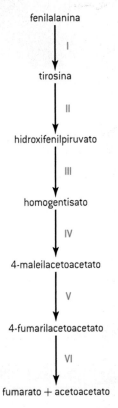

```
fenilalanina
     │
     │ I
     ▼
  tirosina
     │
     │ II
     ▼
hidroxifenilpiruvato
     │
     │ III
     ▼
homogentisato
     │
     │ IV
     ▼
4-maleilacetoacetato
     │
     │ V
     ▼
4-fumarilacetoacetato
     │
     │ VI
     ▼
fumarato + acetoacetato
```

▲ Figura 2 Ejemplo de una ruta metabólica

Rutas metabólicas

Las rutas metabólicas consisten en series y ciclos de reacciones catalizadas por enzimas.

La palabra "metabolismo" la usó por primera vez el citólogo y fisiólogo alemán Theodor Schwann en el siglo XIX para referirse a los cambios químicos que tienen lugar en las células vivas. Ahora se sabe que se producen una gran cantidad de reacciones químicas en las células, catalizadas por más de 5.000 tipos diferentes de enzimas. Aunque el metabolismo es muy complejo, existen algunos patrones comunes.

1 La mayoría de los cambios químicos no se producen en un gran salto, sino en una secuencia de pequeños pasos que juntos forman lo que se denomina una ruta metabólica. El juego de palabras en la figura 1 es una analogía.

2 La mayoría de las rutas metabólicas implican una *serie* de reacciones. La figura 2 muestra una cadena de reacciones que las células utilizan para convertir la fenilalanina en fumarato y acetoacetato, que pueden ser utilizados como fuentes de energía en la respiración celular. Un exceso de fenilalanina en la sangre provoca graves problemas de salud.

3 Algunas rutas metabólicas implican un *ciclo* en lugar de una serie. En este tipo de rutas, el producto final de una reacción es el reactivo que inicia el resto de la ruta.

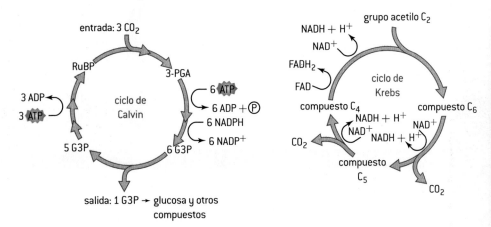

▲ Figura 3

Enzimas y energía de activación

Las enzimas reducen la energía de activación de las reacciones químicas que catalizan.

Las reacciones químicas no son procesos de un solo paso. Los sustratos tienen que pasar por un estado de transición antes de convertirse en productos finales. Aunque se libera energía al pasar del estado de transición al producto final, se necesita un poco de energía para llegar al estado de transición: esta se denomina energía de activación.

La energía de activación se utiliza para romper o debilitar los enlaces en los sustratos. La figura 4 muestra los cambios de energía en una reacción exergónica (liberación de energía) cuando está catalizada por una enzima y cuando no lo está.

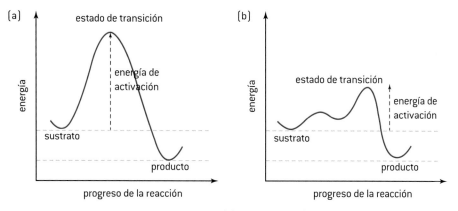

▲ Figura 4 Gráficos de la energía de activación (a) sin enzima y (b) con una enzima

Cuando una enzima cataliza una reacción, el sustrato se une al sitio activo y es modificado hasta llegar al estado de transición. Entonces se convierte en productos, que se separan del sitio activo. Esta unión reduce el nivel de energía general del estado de transición. Por lo tanto, se reduce la energía de activación de la reacción. La cantidad neta de energía liberada por la reacción no cambia con la participación de la enzima. Sin embargo, al reducirse la energía de activación, la tasa de la reacción se multiplica en gran medida, generalmente por un factor de 1 millón o más.

Tipos de inhibidores enzimáticos

Los inhibidores enzimáticos pueden ser competitivos o no competitivos.

Algunas sustancias químicas se unen a las enzimas y disminuyen la actividad de estas: se las denomina inhibidores. Los dos tipos principales son los inhibidores competitivos y los no competitivos.

Los inhibidores competitivos ocupan el sitio activo para que el sustrato no se pueda unir. Los inhibidores no competitivos se unen en un lugar distinto del sitio activo, cambiando la forma de la enzima de manera que no se puede unir el sustrato. La tabla 1 muestra ejemplos de cada tipo.

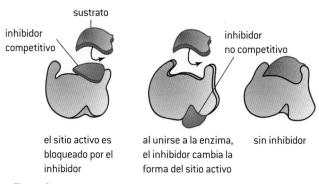

▲ Figura 6

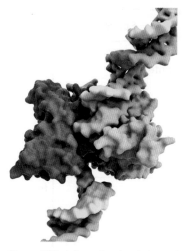

▲ Figura 5 Modelo molecular de la enzima de restricción EcoRV (morado y rosa) unida a una molécula de ADN (amarillo y naranja). Las enzimas de restricción, también llamadas endonucleasas de restricción, reconocen secuencias de nucleótidos específicas y cortan el ADN en estos sitios. Se encuentran en las bacterias y las arqueas y se cree que han evolucionado como una defensa contra las infecciones virales.

Teoría del Conocimiento

¿En qué medida debe la ética limitar el desarrollo del conocimiento en la ciencia?

El compuesto químico sarín, un inhibidor competitivo del neurotransmisor acetilcolinesterasa, fue creado como insecticida antes de utilizarse como arma química. Las armas químicas no existirían de no ser por las actividades de los científicos. De hecho, el nombre sarín es un acrónimo de los apellidos de los primeros científicos que lo sintetizaron.

Fritz Haber recibió en 1918 el Premio Nobel de Química por su desarrollo de los principios químicos que hicieron posible la producción industrial de fertilizantes de amoníaco. Algunos científicos boicotearon la ceremonia de entrega del Premio Nobel porque Haber jugó un papel decisivo en el desarrollo del gas de cloro para usarlo en la Primera Guerra Mundial. Se le atribuye la cita: "En tiempos de paz un científico pertenece al mundo, pero en tiempos de guerra pertenece a su país".

Enzima	Sustrato	Inhibidor	Unión
dihidropteroato sintetasa	para-aminobenzoato	sulfadiazina	El inhibidor se une reversiblemente al sitio activo de la enzima. Mientras está unido, el sustrato no puede unirse. Esto es la inhibición competitiva.
fosfofructoquinasa	fructosa-6-fosfato	xilitol-5-fosfato	El inhibidor se une reversiblemente a un sitio distinto del sitio activo. Mientras está unido, deforma el sitio activo y el sustrato no puede unirse. Esto es la inhibición no competitiva.

▲ Tabla 1 Ejemplos de cada tipo de inhibidor

⚗ Efectos de los inhibidores enzimáticos

Distinción entre diferentes tipos de inhibición de gráficas con una concentración de sustrato especificada

La figura 7 muestra el efecto de la concentración del sustrato en la tasa de una reacción controlada por una enzima.

La línea naranja representa el efecto de la concentración del sustrato en la actividad enzimática en ausencia de un inhibidor.

La línea roja representa el efecto de la concentración del sustrato en la tasa de reacción cuando hay un inhibidor competitivo. Cuando la concentración del sustrato comienza a superar la cantidad de inhibidor, se puede alcanzar la tasa máxima de la enzima normal; sin embargo, para lograr esta tasa máxima se necesita una concentración de sustrato mucho mayor.

La línea azul representa el efecto de la concentración del sustrato en la tasa de reacción cuando hay un inhibidor no competitivo. No se puede alcanzar la misma tasa máxima porque el acoplamiento del inhibidor no competitivo hace que algunas enzimas no puedan reaccionar independientemente de la concentración del sustrato. Las enzimas sin inhibidores siguen el mismo patrón que la enzima normal. Se necesita aproximadamente la misma concentración de enzima para alcanzar la tasa máxima, pero esta tasa máxima es menor que la de la enzima sin inhibidor.

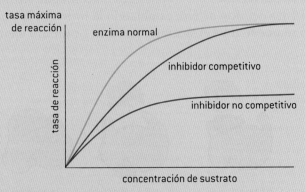

▲ Figura 7

Inhibición de los productos finales

Las rutas metabólicas pueden ser controladas mediante una inhibición de los productos finales.

Muchas enzimas son reguladas por sustancias químicas que se unen a sitios especiales en la superficie de la enzima distintos del sitio activo. Estas interacciones se llaman alostéricas y el sitio de unión se denomina sitio alostérico. En muchos casos, la enzima regulada cataliza una de las primeras reacciones de una ruta metabólica y la sustancia que se une al sitio alostérico es el producto final de la ruta metabólica. El producto final actúa como un inhibidor. La ruta es rápida en células con escasez del producto final, pero puede detenerse completamente en células donde hay un exceso del producto final.

Para comprender por qué esta es una forma económica de controlar las rutas metabólicas, tenemos que entender cómo la tasa de una reacción puede verse afectada por la concentración del producto de dicha reacción. A menudo las reacciones no llegan a completarse, sino que se alcanza una posición de equilibrio con una proporción específica de sustratos y productos. Si la concentración de productos aumenta, la reacción se ralentiza y finalmente se detiene. Este efecto repercute en la ruta metabólica, pues empiezan a acumularse todos los productos intermedios. La inhibición del producto final impide esta acumulación de productos intermedios.

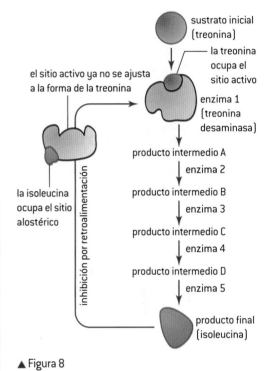

▲ Figura 8

 Un ejemplo de inhibición del producto final

Inhibición de los productos finales de la ruta que convierte la treonina en isoleucina

Mediante una serie de cinco reacciones, el aminoácido treonina se convierte en isoleucina. A medida que aumenta la concentración de isoleucina, esta se acopla al sitio alostérico de la primera enzima de la cadena (treonina desaminasa), actuando así como inhibidor no competitivo (figura 8).

 Investigación sobre el metabolismo con bioinformática

El progreso en la informática trae consigo el progreso en la investigación científica: los avances en bioinformática, tales como la consulta de bases de datos, han facilitado la investigación de las rutas metabólicas.

La informática ha aumentado la capacidad de los científicos para organizar, almacenar, recuperar y analizar datos biológicos. La bioinformática permite a numerosos grupos de investigación agregar información a una base de datos que posteriormente otros grupos pueden consultar.

La quimiogenómica es una técnica prometedora de bioinformática que ha facilitado la investigación sobre las rutas metabólicas. A veces cuando una sustancia química se une a un sitio específico,

puede alterar significativamente la actividad metabólica. Los científicos que intentan desarrollar nuevos fármacos buscan una gama de organismos relacionados en enormes bases de datos de sustancias químicas. Para cada organismo, se identifica una variedad de sitios de unión y se prueba una serie de sustancias químicas que se sabe que se unen a esos sitios. Un investigador definió la quimiogenómica como "el universo químico probado contra el universo objetivo".

La quimiogenómica aplicada a fármacos contra la malaria

Uso de bases de datos para identificar nuevos fármacos potenciales contra la malaria

La malaria es una enfermedad causada por el patógeno *Plasmodium falciparum*. La creciente resistencia de *P. falciparum* a fármacos contra la malaria como la cloroquina, la dependencia de un pequeño número de compuestos en todas las nuevas combinaciones de fármacos y los crecientes esfuerzos globales por erradicar la malaria impulsan la necesidad de desarrollar nuevos fármacos contra esta enfermedad.

La cepa 3D7 de *Plasmodium falciparum* es una variedad del patógeno cuyo genoma se ha secuenciado. En un estudio, se probaron aproximadamente 310.000 sustancias químicas contra una cepa 3D7 sensible a la cloroquina y una cepa K1 resistente a la cloroquina, para determinar si estas sustancias químicas inhibían el metabolismo. También se examinaron otros organismos, algunos relacionados y otros no relacionados, incluidas líneas celulares humanas. Un resultado prometedor fue la identificación de 19 sustancias químicas nuevas que inhiben las enzimas que suelen atacar los fármacos contra la malaria y 15 sustancias químicas que se unen a un total de 61 proteínas diferentes de la malaria. Esto brinda a otros científicos posibles líneas de investigación en la búsqueda de nuevos fármacos contra la enfermedad.

 Cálculo de tasas de reacción

Cálculo y dibujo de tasas de reacción a partir de resultados experimentales brutos

Se dispone de un gran número de protocolos distintos para investigar la actividad enzimática. Para determinar la tasa de una reacción enzimática controlada, hay que medir la velocidad de desaparición de un sustrato o bien la velocidad de aparición de un producto. A veces es necesario convertir unidades para obtener una unidad de velocidad que incluya s^{-1}.

Preguntas basadas en datos: La eficacia de las enzimas

El grado en el que las enzimas aumentan la tasa de las reacciones varía enormemente. La afinidad entre una enzima y su sustrato puede estimarse calculando la relación entre la tasa de las reacciones con y sin un catalizador enzimático. La tabla 2 muestra las tasas de cuatro reacciones con y sin una enzima. Se ha calculado la relación entre estas tasas para una de las reacciones.

1 Indica qué reacción tiene la tasa más lenta en ausencia de la enzima. [1]

2 Indica qué enzima cataliza su reacción con la tasa más rápida. [1]

3 Calcula la relación entre la tasa de las reacciones con y sin una enzima para la cetoesterideisomerasa, la nucleasa y la OMP descarboxilasa. [3]

4 Discute cuál de las enzimas es el catalizador más eficaz. [3]

5 Explica cómo las enzimas aumentan la tasa de las reacciones que catalizan. [2]

Enzima	Tasa sin enzima/s^{-1}	Tasa con enzima/s^{-1}	Relación entre la tasa con y sin enzima
Anhidrasa carbónica	$1,3 \times 10^{-1}$	$1,0 \times 10^{6}$	$7,7 \times 10^{6}$
Cetoesterideisomerasa	$1,7 \times 10^{-7}$	$6,4 \times 10^{4}$	
Nucleasa	$1,7 \times 10^{-13}$	$9,5 \times 10^{6}$	
OMP descarboxilasa	$2,8 \times 10^{-16}$	$3,9 \times 10^{8}$	

▲ Tabla 2

Preguntas basadas en datos: Cálculo de tasas de reacción

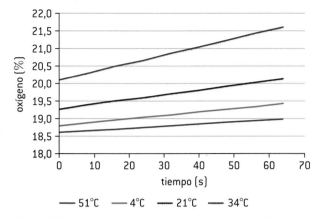

▲ Figura 9 Porcentaje de concentración de oxígeno en el tiempo a varias temperaturas después de añadir catalasa a una solución de peróxido de hidrógeno al 1,5%

Se añadieron diez gotas de una solución comercial de catalasa a cuatro recipientes de reacción que contenían una solución de peróxido de hidrógeno al 1,5%. Cada una de las soluciones se mantuvo a una temperatura diferente. Se midió el porcentaje de oxígeno en los recipientes usando un registrador de datos con una configuración similar a la de la figura 10.

▲ Figura 10

1 Explica la variación en el porcentaje de oxígeno a tiempo cero.

2 Utilizando el gráfico, determina la tasa de reacción a cada temperatura.

3 Elabora un diagrama de dispersión de la tasa de reacción en función de la temperatura.

Actividad

Describe cómo se puede determinar la tasa de reacción en cada uno de los siguientes experimentos enzimáticos:

a) Se añaden discos de papel empapados en la enzima catalasa a diferentes concentraciones de peróxido de hidrógeno. La reacción produce burbujas de oxígeno.

b) La lipasa cataliza la descomposición de los triglicéridos en ácidos grasos y agua. El pH de la solución de reacción disminuirá a medida que avanza la reacción.

c) La papaína es una proteasa que puede extraerse de las piñas. La papaína digerirá cubos de gelatina.

d) La enzima catecol oxidasa convierte el catecol en un pigmento amarillo en la fruta cortada. Se puede extraer de los plátanos. El pigmento amarillo reacciona con el oxígeno del aire, haciendo que la fruta se ponga marrón.

8.2 Respiración celular

Comprensión

→ La respiración celular implica la oxidación y la reducción de compuestos.

→ La fosforilación de moléculas hace que estas sean menos estables.

→ En la glicólisis la glucosa se convierte en piruvato.

→ La glicólisis proporciona una pequeña ganancia neta de ATP, sin que se requiera oxígeno.

→ En la respiración celular aeróbica el piruvato se descarboxila y se oxida.

→ En la descarboxilación oxidativa, el piruvato se convierte en acetil coenzima A.

→ En el ciclo de Krebs, la oxidación de los grupos acetilo está acoplada a la reducción de los transportadores de iones hidrógeno, y libera dióxido de carbono.

→ La energía liberada por las reacciones de oxidación es conducida a las crestas de las mitocondrias por el NAD y el FAD reducidos.

→ La transferencia de electrones entre los transportadores en la cadena de transporte de electrones está acoplada al bombeo de protones.

→ En la quimiosmosis, los protones se difunden a través de una ATP sintasa para generar ATP.

→ El oxígeno es necesario para unirse a los protones libres y mantener el gradiente de hidrógeno, lo que culmina en la formación de agua.

→ La estructura de la mitocondria está adaptada a la función que desempeña.

 Aplicaciones

→ Tomografía electrónica empleada para obtener imágenes de mitocondrias activas.

 Habilidades

→ Análisis de diagramas de las rutas de la respiración aeróbica para deducir dónde se producen las reacciones de descarboxilación y de oxidación.

→ Anotación de un diagrama de una mitocondria para indicar las adaptaciones a su función.

 Naturaleza de la ciencia

→ Cambio de paradigma: la teoría quimiosmótica produjo un cambio de paradigma en el campo de la bioenergética.

Oxidación y reducción

La respiración celular implica la oxidación y la reducción de compuestos.

La oxidación y la reducción son procesos químicos que siempre tienen lugar juntos porque implican la transferencia de electrones de una sustancia a otra: la oxidación es la pérdida de electrones de una sustancia y la reducción es la ganancia de electrones.

Una manera útil de visualizar estos procesos en el laboratorio es la prueba de Benedict, una prueba para identificar ciertos tipos de azúcares. Se usa una solución de sulfato de cobre, que contiene iones de cobre con una carga de dos positivos (Cu^{2+}). El Cu^{2+} a menudo da una coloración azul o verde a las soluciones. Cuando los iones de cobre reciben electrones se reducen y se convierten en átomos de cobre. Los átomos de cobre son insolubles y forman un precipitado rojo o naranja. Los electrones provienen de las moléculas de azúcar que, por lo tanto, se oxidan.

Los transportadores de electrones son sustancias que pueden aceptar y ceder electrones cuando es necesario. A menudo conectan los procesos de oxidación y reducción en las células. El principal transportador de electrones en la respiración es el nicotinamida adenina dinucleótido (NAD). En la fotosíntesis se utiliza una versión fosforilada del NAD, el nicotinamida adenina dinucleótido fosfato (NADP). La figura 1 muestra la estructura de la molécula de NAD.

La siguiente ecuación muestra la reacción básica.

NAD + 2 electrones → NAD reducido

Los detalles químicos son un poco más complicados. El NAD tiene inicialmente una carga positiva (NAD^+) y acepta dos electrones de la siguiente manera: se eliminan dos átomos de hidrógeno de la sustancia que se está reduciendo. Uno de los átomos se divide en un protón y un electrón. El NAD^+ acepta el electrón y el protón (H^+) queda liberado. El NAD acepta tanto el electrón como el protón del otro átomo del hidrógeno. La reacción se puede expresar de dos formas:

$NAD^+ + 2H^+ + 2$ electrones ($2e^-$) → $NADH + H^+$

$NAD^+ + 2H$ → $NADH + H^+$

Esta reacción demuestra que la reducción puede producirse mediante la aceptación de átomos de hidrógeno, porque tienen un electrón. La oxidación, por tanto, se produce por la pérdida de átomos de hidrógeno.

La oxidación y la reducción también pueden producirse mediante la pérdida o ganancia de átomos de oxígeno. Hay menos ejemplos de este caso en los procesos bioquímicos, quizá porque al comienzo de la evolución de la vida no había oxígeno en la atmosfera. Algunas bacterias pueden oxidar hidrocarburos utilizando oxígeno:

$$C_7H_{15}-CH_3 + \frac{1}{2} O_2 \rightarrow C_7H_{15}-CH_2OH$$
n-octano   n-octanol

Las bacterias nitrificantes convierten los iones del nitrito en nitrato por oxidación.

$$NO_2^- + \frac{1}{2} O_2 \rightarrow NO_3^-$$

La adición de átomos de oxígeno a una molécula o ion es una oxidación, porque los átomos de oxígeno tienen una gran afinidad por los electrones y tienden a atraerlos desde otras partes de la molécula o ion. De manera similar, la pérdida de átomos de oxígeno es una reducción.

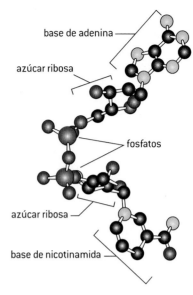

base de adenina

azúcar ribosa

fosfatos

azúcar ribosa

base de nicotinamida

▲ Figura 1 Estructura del NAD

411

Fosforilación

La fosforilación de moléculas hace que estas sean menos estables.

La fosforilación es la adición de una molécula de fosfato (PO_4^{3-}) a una molécula orgánica. Los bioquímicos señalan que ciertas secuencias de aminoácidos tienden a actuar como sitios de unión para la molécula de fosfato en las proteínas. En muchas reacciones, el propósito de la fosforilación es hacer que la molécula fosforilada sea más inestable, es decir, más propensa a reaccionar. Se puede decir que la fosforilación activa la molécula.

La hidrólisis de ATP libera energía al medio ambiente y, por tanto, se dice que es una reacción exergónica. Muchas reacciones químicas en el cuerpo humano son endergónicas (absorben energía) y, por tanto, no se producen espontáneamente a menos que estén acopladas a una reacción exergónica que libere más energía.

Por ejemplo, a continuación se representa la primera reacción de la serie de reacciones conocidas como glicólisis.

$$\text{glucosa} \longrightarrow \text{glucosa-6-fosfato}$$
$$\text{ATP} \quad \text{ADP}$$

La conversión de la glucosa en glucosa-6-fosfato es endergónica y la hidrólisis del ATP es exergónica. Como las dos reacciones tienen lugar acopladas, la reacción combinada se produce espontáneamente. Muchas reacciones metabólicas están acopladas a la hidrólisis del ATP.

Glicólisis y ATP

La glicólisis proporciona una pequeña ganancia neta de ATP, sin que se requiera oxígeno.

La consecuencia más importante de la glicólisis es la producción de una pequeña ganancia de ATP sin que se requiera oxígeno, mediante la conversión de azúcar en piruvato. Este proceso no es posible en un solo paso, sino que es un ejemplo de una ruta metabólica compuesta de muchos pequeños pasos. El primero de ellos puede parecer un poco contradictorio: se utiliza ATP para fosforilar el azúcar.

$$\text{glucosa} \longrightarrow \text{glucosa-6-fosfato} \rightarrow \text{fructosa-6-fosfato} \longrightarrow \text{fructosa-1,6-bifosfato}$$
$$\text{ATP} \quad \text{ADP} \qquad\qquad\qquad\qquad \text{ATP} \quad \text{ADP}$$

Sin embargo, estas reacciones de fosforilación reducen la energía de activación necesaria para las reacciones siguientes y así hacen que sea mucho más probable que ocurran.

El piruvato es un producto de la glicólisis

En la glicólisis la glucosa se convierte en piruvato.

En el siguiente paso, la fructosa bifosfato se divide en dos moléculas de triosa fosfato. Cada una de estas moléculas se convierte en glicerato-3-fosfato mediante oxidación, en una reacción que libera suficiente energía como para generar ATP. Esta oxidación se lleva a cabo mediante la eliminación de hidrógeno. Es importante señalar que lo que se elimina son átomos de hidrógeno. Si solo se eliminaran iones de hidrógeno (H^+), no se eliminarían electrones y no habría oxidación. El hidrógeno es aceptado por el NAD^+, que se convierte en $NADH + H^+$. En los pasos finales de la glicólisis, el grupo fosfato se transfiere al ADP para producir más ATP y también piruvato. Estos pasos se resumen en la ecuación siguiente, que tiene lugar dos veces por cada glucosa.

$$NAD^+ \quad NADH + H^+$$

triosa fosfato $\longrightarrow$ glicerato-3-fosfato

La función del piruvato

En la respiración celular aeróbica el piruvato se descarboxila y se oxida.

En la glicólisis se producen dos moléculas de piruvato por cada molécula de glucosa. Si hay oxígeno, este piruvato es absorbido en la mitocondria, donde se oxida completamente.

$$2CH_3-CO-COOH + 5O_2 \rightarrow 6CO_2 + 4H_2O$$
$$\text{piruvato}$$

Al igual que la glicólisis, este proceso no es posible en un solo paso. El carbono y el oxígeno se eliminan en forma de dióxido de carbono en reacciones llamadas descarboxilación. La oxidación del piruvato se produce mediante la eliminación de pares de átomos de hidrógeno. El transportador de hidrógeno NAD^+ y un compuesto relacionado llamado FAD aceptan estos átomos de hidrógeno y los pasan a la cadena de transporte de electrones, donde se producirá una fosforilación oxidativa. Estas reacciones se resumen en la figura 2.

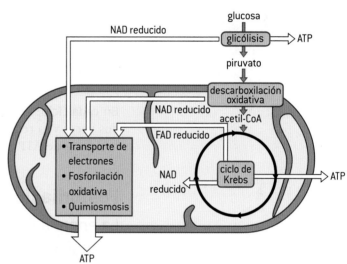

▲ Figura 2 Resumen de la respiración aeróbica

La descarboxilación oxidativa

En la descarboxilación oxidativa, el piruvato se convierte en acetil coenzima A.

El primer paso, representado en la figura 3, se produce después de que el piruvato que se ha producido en el citoplasma es absorbido en la matriz mitocondrial. Una vez allí, el piruvato se convierte en un grupo acetilo mediante descarboxilación y oxidación. Se eliminan del piruvato dos electrones de alta energía. Estos reaccionan con el NAD^+ y producen NAD reducido. Esta descarboxilación oxidativa enlaza la glicólisis con el ciclo de las reacciones que siguen.

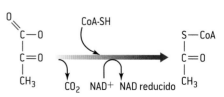

▲ Figura 3 La descarboxilación oxidativa

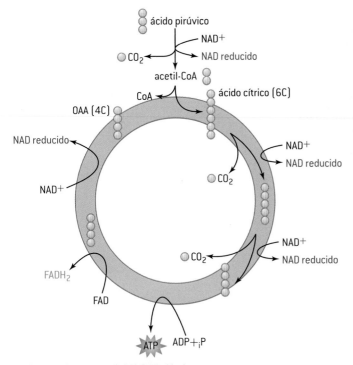

▲ Figura 4 Resumen del ciclo de Krebs

El ciclo de Krebs

En el ciclo de Krebs, la oxidación de los grupos acetilo está acoplada a la reducción de los transportadores de iones hidrógeno.

Este ciclo tiene varios nombres, pero a menudo se denomina ciclo de Krebs en honor al bioquímico que obtuvo el Premio Nobel por su descubrimiento. La descarboxilación oxidativa implica una descarboxilación y una oxidación. En el ciclo de Krebs, hay dos descarboxilaciones más y cuatro oxidaciones más.

Si la glucosa se oxidase quemándose en el aire, se liberaría energía en forma de calor. La mayoría de la energía liberada en las oxidaciones de la descarboxilación oxidativa y el ciclo de Krebs se utiliza para reducir los transportadores de iones hidrógeno (NAD^+ y FAD). La energía, por tanto, permanece en forma química y puede pasar a la parte final de la respiración celular aeróbica: la fosforilación oxidativa.

En cada ciclo, la reducción del NAD ocurre tres veces, la descarboxilación dos veces y la reducción del FAD una vez. También se genera una molécula de ATP.

Fosforilación oxidativa

La energía liberada por las reacciones de oxidación es conducida a las crestas de las mitocondrias por el NAD y el FAD reducidos.

En la respiración aeróbica, hay varios momentos en los que la energía liberada por las reacciones de oxidación se acopla principalmente a la reducción del NAD, pero también a la reducción del FAD. El NAD reducido se produce durante la glicólisis, la descarboxilación oxidativa y el ciclo de Krebs. El $FADH_2$ se produce durante el ciclo de Krebs.

La parte final de la respiración aeróbica se llama fosforilación oxidativa porque el ADP es fosforilado para producir ATP usando la energía liberada por la oxidación. Las sustancias oxidadas incluyen el $FADH_2$ generado en el ciclo de Krebs y el NAD reducido generado en la glicólisis, en la descarboxilación oxidativa y en el ciclo de Krebs. Estas moléculas se utilizan para transportar la energía liberada en estas etapas a las crestas de las mitocondrias.

La cadena de transporte de electrones

La transferencia de electrones entre los transportadores en la cadena de transporte de electrones está acoplada al bombeo de protones.

La parte final de la respiración aeróbica se llama fosforilación oxidativa porque el ADP es fosforilado para producir ATP usando la energía liberada por la oxidación. La principal sustancia oxidada es el NAD reducido.

La energía no se libera en un solo paso, sino en una serie de pequeños pasos llevados a cabo por una cadena de transportadores de electrones. El NAD y el $FADH_2$ reducidos ceden sus electrones a los transportadores de electrones. Mientras se pasan los electrones de transportador a transportador, se usa energía para transferir protones a través de la membrana mitocondrial interna desde la matriz hasta el espacio intermembranal. Luego los protones se difunden a través de la enzima ATP sintasa desde una zona con alta concentración hacia otra de baja concentración, proporcionando la energía necesaria para crear ATP.

Teoría del Conocimiento

¿Qué tipo de explicaciones ofrecen los científicos, y cómo son estas explicaciones en comparación con las ofrecidas en otras áreas del conocimiento?

Hans Krebs obtuvo el Premio Nobel en 1953. Los dos párrafos finales del discurso que ofreció en esta ocasión se reproducen a continuación.

Se ha observado que las reacciones del ciclo se dan en representantes de todas las formas de vida, desde las bacterias unicelulares y los protozoos hasta los mamíferos superiores. El estudio del metabolismo intermediario muestra que los procesos metabólicos básicos, en particular los que proporcionan energía y los que intervienen en la síntesis de los constituyentes de las células, se dan también en todas las formas de vida.

La existencia de características comunes en diferentes formas de vida apunta a algún tipo de relación entre los diferentes organismos y, según el concepto de evolución, estas relaciones se deben a que en el transcurso de millones de años los organismos superiores han evolucionado gradualmente a partir de organismos más simples. El concepto de evolución postula que los organismos vivos tienen raíces comunes y, a su vez, la existencia de características comunes aporta una sólida base al concepto de evolución. La presencia del mismo mecanismo de producción de energía en todas las formas de vida sugiere otras dos conclusiones: en primer lugar, que el mecanismo de producción de energía surgió muy pronto en el proceso evolutivo; y, en segundo lugar, que la vida, en sus formas actuales, solo ha existido una vez.

1 Resume el argumento de las semejanzas del metabolismo como prueba de la evolución.

2 ¿Hay alguna explicación alternativa para estas semejanzas?

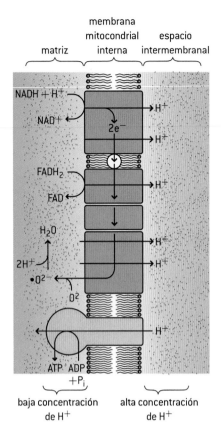

membrana
mitocondrial   espacio
matriz   interna   intermembranal

baja concentración
de H$^+$ alta concentración
de H$^+$

▲ Figura 5 Resumen de la fosforilación oxidativa

Quimiosmosis

En la quimiosmosis, los protones se difunden a través de una ATP sintasa para generar ATP.

El mecanismo que acopla la liberación de energía por la oxidación a la producción de ATP fue un misterio durante muchos años, pero ahora se sabe que es la quimiosmosis. Este mecanismo tiene lugar en la membrana mitocondrial interna. Se llama quimiosmosis porque una sustancia química (H$^+$) atraviesa una membrana para pasar de una zona con alta concentración a otra de baja concentración. Así se libera la energía que necesita la enzima ATP sintasa para producir ATP. Los pasos principales de este proceso son los siguientes (véase también la figura 5).

- El NADH + H$^+$ proporciona pares de átomos de hidrógeno al primer transportador de la cadena y el NAD$^+$ regresa a la matriz.

- Los átomos de hidrógeno se dividen, liberando dos electrones que pasan de transportador a transportador en la cadena.

- Se libera energía al pasar los electrones de transportador a transportador, y tres de los electrones utilizan esta energía para transferir protones (H$^+$) a través de la membrana mitocondrial interna desde la matriz hasta el espacio intermembranal.

- A medida que los electrones siguen pasando por la cadena y cada vez más protones son bombeados a través de la membrana mitocondrial interna, se va acumulando un gradiente de concentración de protones que constituye un almacén de energía potencial.

- Para que los electrones puedan seguir fluyendo, deben transferirse a un receptor al final de la cadena. En la respiración aeróbica este receptor es el oxígeno, que se convierte brevemente en •O$_2^-$, pero luego se combina con dos iones H$^+$ de la matriz para convertirse en agua.

- Los protones regresan del espacio intermembranal a la matriz pasando por la ATP sintasa. Al pasar de una zona con alta concentración a otra de baja concentración, se libera energía que es utilizada por la ATP sintasa para fosforilar el ADP.

La función del oxígeno

El oxígeno es necesario para unirse a los protones libres y mantener el gradiente de hidrógeno, lo que culmina en la formación de agua.

El oxígeno es el receptor final en la cadena mitocondrial de transporte de electrones. La reducción de la molécula de oxígeno implica la aceptación de electrones y la formación de un enlace covalente con el hidrógeno.

Al usarse el hidrógeno, se mantiene el gradiente de protones a través de la membrana mitocondrial interna para que la quimiosmosis pueda continuar.

Preguntas basadas en datos: Consumo de oxígeno por las mitocondrias

La figura 6 muestra los resultados de un experimento en el que se extrajeron mitocondrias de células del hígado y se sumergieron en un medio líquido en el que se midieron los niveles de oxígeno. Se agregó piruvato en el punto I del gráfico, y se agregó ADP en los puntos II, III y IV.

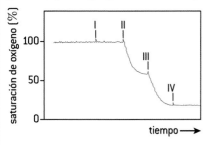

▲ Figura 6 Resultados del experimento de consumo de oxígeno

1 Explica por qué el consumo de oxígeno por las mitocondrias no pudo comenzar hasta añadirse el piruvato. [3]

2 Deduce qué impidió consumir oxígeno entre los puntos I y II. [2]

3 Predice, aportando razones, qué habría pasado si no se hubiese añadido ADP en el punto III. [2]

4 Discute las posibles razones por las que no se reanudó el consumo de oxígeno después de añadir ADP en el punto IV. [3]

La teoría quimiosmótica

Cambio de paradigma: la teoría quimiosmótica produjo un cambio de paradigma en el campo de la bioenergética.

En 1961, Peter Mitchell propuso la hipótesis quimiosmótica para explicar el acoplamiento del transporte de electrones en la membrana mitocondrial interna con la síntesis de ATP. Su hipótesis significó un cambio radical con respecto a las hipótesis anteriores y tuvieron que pasar muchos años para que fuera ampliamente aceptada. Recibió el Premio Nobel de Química en 1978. Se reproduce a continuación parte del discurso que ofreció en esta ocasión:

Émile Zola describe una obra de arte como un rincón de la naturaleza visto desde un temperamento. El filósofo Karl Popper, el economista F. A. Hayek y el historiador de arte E. H. Gombrich han demostrado que el proceso creativo en la ciencia y el arte consiste en dos actividades principales: un salto adelante de la imaginación hasta una nueva abstracción o representación simplificada, seguido de una mirada atrás crítica para ver cómo es la naturaleza a la luz de la nueva visión. El salto adelante de la imaginación es una actividad arriesgada, insensata. La razón solo puede utilizarse al mirar atrás críticamente. Por otra parte, en las

ciencias experimentales, la comunidad científica debe comprobar una nueva teoría hasta la extenuación, siempre que sea posible. Mientras tanto, el creador de una teoría puede pasar una etapa muy solitaria, especialmente si sus colegas encuentran su punto de vista sobre la naturaleza desconocido y difícil de apreciar.

El resultado final no pueden saberlo ni el creador de una nueva teoría, ni sus colegas y críticos, que están empeñados en refutarla. Así, el innovador científico puede sentirse aún más solo e inseguro.

Por otro lado, ante una nueva teoría, los miembros de la comunidad científica suelen ser más vulnerables que el innovador solitario. Pues, si el innovador llegara a tener razón, el consiguiente trastorno del orden establecido puede ser muy doloroso y desagradable para quienes hace tiempo se comprometieron a desarrollarlo y servirlo. Este, creo, ha sido el caso en el campo del conocimiento en que se enmarca mi trabajo. Naturalmente, me han conmovido profundamente y asombrado no poco las vueltas de la fortuna que me han traído hasta este punto.

Estructura y función de la mitocondria

La estructura de la mitocondria está adaptada a la función que desempeña.

A menudo existe una clara relación entre las estructuras de las distintas partes de los organismos vivos y las funciones que desempeñan. Encontramos una explicación en la selección natural y la evolución. Tomemos como ejemplo la mitocondria: si la estructura mitocondrial variase, los organismos cuyas mitocondrias produjesen ATP de forma más eficiente tendrían ventaja. Estos organismos tendrían mayores probabilidades de supervivencia y tenderían a producir más descendencia. Sus descendientes heredarían el tipo de mitocondrias que producen ATP más eficientemente. Si esta tendencia continuase, la estructura de las mitocondrias evolucionaría gradualmente para ser cada vez más eficiente. A esto se le denomina adaptación: un cambio estructural para que algo desempeñe su función de manera más eficiente.

Examina la figura 7, que muestra una micrografía electrónica de una mitocondria y un dibujo de dicha mitocondria.

La mitocondria es un orgánulo semiautónomo en el sentido de que puede crecer y reproducirse, pero todavía depende del resto de la célula para obtener sus recursos y forma parte del sistema celular. En el interior de la matriz mitocondrial hay ribosomas 70S y un bucle de ADN desnudo.

La respiración aeróbica tiene lugar en la mitocondria. La membrana mitocondrial externa separa el contenido de la mitocondria del resto de la célula, creando un compartimento especializado para las reacciones bioquímicas de la respiración aeróbica.

La membrana mitocondrial interna es el sitio donde tiene lugar la fosforilación oxidativa. Contiene cadenas de transporte de electrones y ATP sintasa, que llevan a cabo la fosforilación oxidativa. Las crestas son proyecciones tubulares de la membrana interna que incrementan el área superficial disponible para la fosforilación oxidativa.

El espacio intermembranal es el lugar donde se acumulan los protones como consecuencia de la cadena de transporte de electrones. La acumulación de protones se utiliza para producir ATP mediante la enzima ATP sintasa. El espacio intermembranal es pequeño, así que rápidamente se crea un gradiente de concentración a través de la membrana interna.

La matriz es el sitio donde tiene lugar el ciclo de Krebs y la descarboxilación oxidativa. El líquido de la matriz contiene las enzimas necesarias para estas reacciones.

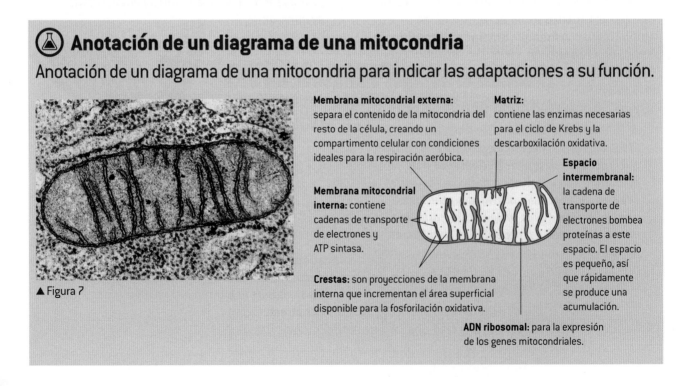

⚗ Anotación de un diagrama de una mitocondria

Anotación de un diagrama de una mitocondria para indicar las adaptaciones a su función.

▲ Figura 7

Membrana mitocondrial externa: separa el contenido de la mitocondria del resto de la célula, creando un compartimento celular con condiciones ideales para la respiración aeróbica.

Membrana mitocondrial interna: contiene cadenas de transporte de electrones y ATP sintasa.

Crestas: son proyecciones de la membrana interna que incrementan el área superficial disponible para la fosforilación oxidativa.

Matriz: contiene las enzimas necesarias para el ciclo de Krebs y la descarboxilación oxidativa.

Espacio intermembranal: la cadena de transporte de electrones bombea proteínas a este espacio. El espacio es pequeño, así que rápidamente se produce una acumulación.

ADN ribosomal: para la expresión de los genes mitocondriales.

Actividad

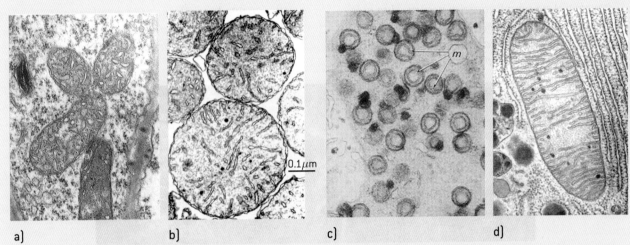

▲ Figura 8 Micrografías electrónicas de mitocondrias: (a) de una planta de frijol (b) de hígado de ratón (c) de esperma de ajolote (d) de páncreas de murciélago

Estudia las micrografías electrónicas de la figura 8 y responde las preguntas de opción múltiple.

1 El centro de las mitocondrias lleno de fluido se llama matriz. ¿Qué separa la matriz del citoplasma en torno a la mitocondria?

a) Una pared   **c)** Dos membranas

b) Una membrana   **d)** Una pared y una membrana

2 La matriz de la mitocondria contiene ribosomas 70S, mientras que el citoplasma de las células eucarióticas contiene ribosomas 80S. ¿Cuál de estas hipótesis es coherente con esta observación?

(i) Se sintetizan proteínas en la mitocondria.

(ii) Los ribosomas de las mitocondrias han evolucionado a partir de los ribosomas de bacterias.

(iii) Los ribosomas se producen por respiración celular aeróbica.

a) Solo (i)   **c)** (i) y (ii)

b) Solo (ii)   **d)** (i), (ii) y (iii)

Las membranas mitocondriales son dinámicas

Tomografía electrónica empleada para obtener imágenes de mitocondrias activas

En la ciencia, las ideas a veces cambian gradualmente y otras veces permanecen estables durante años o incluso décadas y luego cambian repentinamente. Esto puede deberse a la perspicacia o el entusiasmo de un científico o un equipo particular.

A veces el desarrollo de nuevas técnicas puede servir de estímulo. La técnica de la tomografía electrónica ha permitido recientemente obtener imágenes tridimensionales del interior de las mitocondrias. Uno de los pioneros en este campo es Carmen Mannella, exdirector de la división de medicina molecular del Wadsworth Center (EE. UU.). Recientemente realizó este breve comentario sobre la evolución de nuestra comprensión acerca de la función y la estructura de las mitocondrias:

Las novedades acerca de la membrana mitocondrial interna es que las crestas no son simples repliegues internos, sino invaginaciones que delimitan microcompartimentos en el orgánulo. Las crestas comienzan en aperturas estrechas (juntas crestales) que probablemente restringen la difusión de proteínas y metabolitos entre los compartimentos. Las membranas no solo son muy flexibles, sino también dinámicas, sometidas a fusión y fisión en respuesta a cambios en el metabolismo y estímulos fisiológicos.

La hipótesis de trabajo es que los cambios observados en la forma de la membrana (topología) no son aleatorios y pasivos, sino más bien un mecanismo específico por el cual los cambios en las vías de difusión interna regulan la función mitocondrial, por ejemplo, permitiendo

usar el ADP de manera más eficiente. Parece que hay proteínas y lípidos específicos que regulan activamente la topología de la membrana interna. Esto es un poco especulativo por ahora, pero da una idea de hacia dónde van las cosas en esta área.

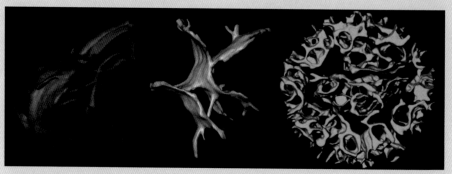

▲ Figura 9 Tres imágenes de la membrana interna de mitocondrias de células del hígado que muestran el carácter dinámico de esta membrana

Teoría del Conocimiento

Algunos campos científicos dependen totalmente de la tecnología para su existencia, como la espectroscopia, la radioastronomía o la astronomía de rayos X. ¿Qué implica esto para el conocimiento? ¿Puede haber problemas de conocimiento que desconocemos porque aún no existe la tecnología necesaria para ponerlos de manifiesto?

Actividad

Responde las siguientes preguntas con respecto a las tres imágenes de la figura 9.

a) El diámetro de la mitocondria era 700 nm. Calcula el aumento de la imagen. [3]

b) La tomografía electrónica ha demostrado que las crestas son estructuras dinámicas y que el volumen del compartimento de las crestas aumenta cuando la mitocondria está activa en el transporte de electrones. Sugiere cómo puede aumentar el volumen de líquido dentro de las crestas por el transporte de electrones. [2]

c) Las juntas entre las crestas y la región limítrofe de la membrana mitocondrial interna pueden tener forma de ranuras o tubos y pueden ser estrechas o anchas. Sugiere cómo las conexiones tubulares estrechas pueden favorecer la síntesis de ATP por una de las crestas de la mitocondria. [2]

8.3 Fotosíntesis

Comprensión

→ Las reacciones dependientes de la luz tienen lugar en las membranas tilacoidales y el espacio entre ellas.

→ El NADP reducido y el ATP se producen en las reacciones dependientes de la luz.

→ Las reacciones independientes de la luz tienen lugar en el estroma.

→ La absorción de luz por los fotosistemas genera electrones excitados.

→ La fotolisis del agua genera electrones disponibles para su uso en las reacciones dependientes de la luz.

→ La transferencia de electrones excitados se produce entre los transportadores en las membranas tilacoidales.

→ Los electrones excitados del fotosistema II se usan para contribuir a generar un gradiente de protones.

→ La ATP sintasa de los tilacoides genera ATP usando el gradiente de protones.

→ Los electrones excitados del fotosistema I se usan para reducir el NADP.

→ En las reacciones independientes de la luz una carboxilasa cataliza la carboxilación de la ribulosa difosfato.

→ El 3 fosfoglicerato se reduce a triosa-fosfato usando NADP reducido y ATP.

→ La triosa-fosfato se usa para regenerar la RuBP y producir glúcidos.

→ La ribulosa difosfato se regenera usando ATP.

→ La estructura del cloroplasto está adaptada a la función que desempeña en la fotosíntesis.

Aplicaciones

→ Experimento de Calvin para dilucidar la carboxilación de la RuBP.

Habilidades

→ Anotación de un diagrama para indicar las adaptaciones de un cloroplasto a su función.

Naturaleza de la ciencia

→ Las mejoras en equipos y aparatos conllevan avances en la investigación científica: las fuentes de ^{14}C y la autorradiografía permitieron a Calvin esclarecer las rutas de la fijación del carbono.

Lugar de las reacciones dependientes de la luz

Las reacciones dependientes de la luz tienen lugar en las membranas tilacoidales y el espacio entre ellas.

Las investigaciones sobre la fotosíntesis han demostrado que este proceso consta de dos partes muy diferentes, una que utiliza la luz directamente (reacciones dependientes de la luz) y otra que no (reacciones independientes de la luz). Las reacciones independientes de la luz solo pueden continuar durante unos segundos en la oscuridad porque dependen de sustancias producidas en las reacciones dependientes de la luz que se agotan rápidamente.

El cloroplasto tiene una membrana externa y una membrana interna. La membrana interna confina un tercer sistema de membranas interconectadas denominadas membranas tilacoidales. Dentro del tilacoide hay un compartimento llamado espacio tilacoidal.

Las reacciones dependientes de la luz tienen lugar en el espacio tilacoidal y a través de las membranas tilacoidales.

Preguntas basadas en datos: Imágenes de criofracturas de los cloroplastos

Si los cloroplastos se congelan rápidamente en nitrógeno líquido y luego se parten, se fracturarán por los planos de debilidad. Estos planos de debilidad son generalmente los centros de las membranas, entre las dos capas de fosfolípidos, donde no hay puentes de hidrógeno que unan las moléculas de agua entre sí. Entonces se pueden ver en las micrografías electrónicas estructuras dentro de la membrana, como los fotosistemas (véase la figura 1).

1 Describe las pruebas visibles en la micrografía electrónica de que los cloroplastos tienen numerosas capas en la membrana. [2]

2 Explica cómo se pueden ver los fotosistemas como protuberancias en las micrografías electrónicas de criofracturas de los cloroplastos. [2]

3 Algunas membranas contienen partículas grandes que forman matrices rectangulares: son el fotosistema II y tienen un diámetro de 18 nm. Calcula el aumento de la micrografía electrónica. [3]

4 Otras membranas visibles en la micrografía electrónica contienen una variedad de estructuras. Usa la información de las páginas siguientes para deducir qué son esas estructuras. [3]

▲ Figura 1 Micrografía electrónica de criofractura del cloroplasto de espinaca

---

Productos de las reacciones dependientes de la luz

El NADP reducido y el ATP se producen en las reacciones dependientes de la luz.

La energía lumínica se transforma en energía química en forma de ATP y NADP reducido en las reacciones lumínicas. El ATP y el NADP reducido sirven como fuentes de energía para las reacciones independientes de la luz.

Lugar de las reacciones independientes de la luz

Las reacciones independientes de la luz tienen lugar en el estroma.

La membrana interna del cloroplasto encierra un compartimento llamado estroma. El estroma es un medio viscoso rico en proteínas que contiene enzimas que se utilizan en las reacciones independientes de la luz, también conocidas como ciclo de Calvin. En estas reacciones, el ciclo de Calvin es una ruta anabólica que requiere reacciones endergónicas que se acoplen a la hidrólisis del ATP y a la oxidación del NADP reducido.

La figura 2 resume los procesos de las reacciones dependientes e independientes de la luz.

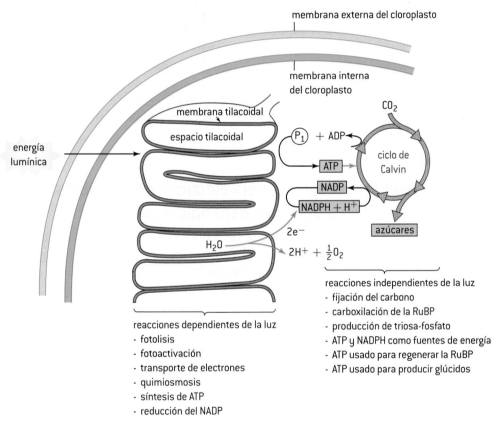

▲ Figura 2

Fotoactivación

La absorción de luz por los fotosistemas genera electrones excitados.

La clorofila y los pigmentos accesorios se agrupan en grandes formaciones llamadas fotosistemas que captan la luz. Estos fotosistemas se encuentran en los tilacoides, un conjunto de membranas dentro del cloroplasto. Existen dos tipos de fotosistemas: I y II. Además de captar la luz, los fotosistemas tienen centros de reacción (figura 3).

Ambos tipos de fotosistemas contienen muchas moléculas de clorofila, que absorben la energía lumínica y la transfieren a dos moléculas de clorofila especiales en el centro de reacción del fotosistema. Al igual

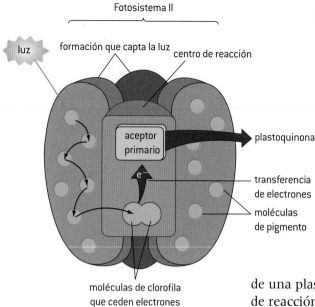

▲ Figura 3 Diagrama de la relación entre la formación que capta la luz, el centro de reacción y la plastoquinona

que otras moléculas de clorofila, cuando estas moléculas especiales absorben la energía de un fotón de luz, un electrón en la molécula queda excitado. La clorofila está entonces **fotoactivada**. Las clorofilas del centro de reacción tienen la característica especial de ser capaces de ceder electrones excitados a un aceptor de electrones.

Paradójicamente, es en el fotosistema II, y no en el fotosistema I, donde comienzan las reacciones de la fotosíntesis dependientes de la luz. La plastoquinona es la molécula receptora de electrones de este fotosistema. Acepta dos electrones excitados del fotosistema II y luego cambia de posición en la membrana. Esta molécula es hidrofóbica, así que permanece siempre dentro de la membrana aunque no tiene una posición fija.

La absorción de dos fotones de luz resulta en la producción de una plastoquinona reducida, pues una de las clorofilas en el centro de reacción cede dos electrones a una molécula de plastoquinona. El fotosistema II puede repetir este proceso para producir una segunda plastoquinona reducida; así, la clorofila en el centro de reacción pierde cuatro electrones y se reducen dos moléculas de plastoquinona.

Fotolisis

La fotolisis del agua genera electrones disponibles para su uso en las reacciones dependientes de la luz.

Una vez que la plastoquinona se ha reducido, la clorofila en el centro de reacción se convierte en un poderoso agente oxidante y hace que las moléculas de agua más cercanas se dividan y cedan electrones para remplazar los que se han perdido:

$$2H_2O \rightarrow O_2 + 4H^+ + 4e^-$$

La división del agua, llamada fotolisis, es como se genera el oxígeno en la fotosíntesis. El oxígeno es un producto de desecho y se difunde al exterior. El producto útil del fotosistema II es la plastoquinona reducida, que no solo tiene un par de electrones, sino también gran parte de la energía absorbida de la luz. Esta energía se utiliza en todas las reacciones siguientes de la fotosíntesis.

La cadena de transporte de electrones

La transferencia de electrones excitados se produce entre los transportadores en las membranas tilacoidales.

La producción de ATP usando energía derivada de la luz se llama **fotofosforilación** y se lleva a cabo en los **tilacoides**. Los tilacoides son sacos membranosos aplanados y apilados con espacios interiores muy pequeños llenos de líquido (véase la figura 4). Las membranas tilacoidales contienen las siguientes estructuras:

● Fotosistema II

● ATP sintasa

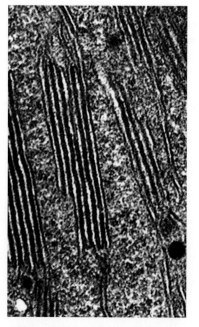

▲ Figura 4 Micrografía electrónica de los tilacoides ($\times 75.000$)

- Una cadena de transportadores de electrones

- Fotosistema I

La plastoquinona reducida es necesaria para llevar el par de electrones excitados desde el centro de reacción del fotosistema II hasta el inicio de la cadena de transportadores de electrones.

El gradiente de protones

Los electrones excitados del fotosistema II se usan para contribuir a generar un gradiente de protones.

Una vez que la plastoquinona transfiere sus electrones, estos pasan de transportador a transportador en la cadena. A medida que pasan los electrones, se libera energía que se usa para bombear protones a través de la membrana tilacoidal hasta el espacio interior de los tilacoides.

A través de la membrana tilacoidal se forma un gradiente de concentración de protones que constituye una reserva de energía potencial. La fotolisis, que se produce en el líquido que hay en el interior de los tilacoides, también contribuye a generar el gradiente de protones.

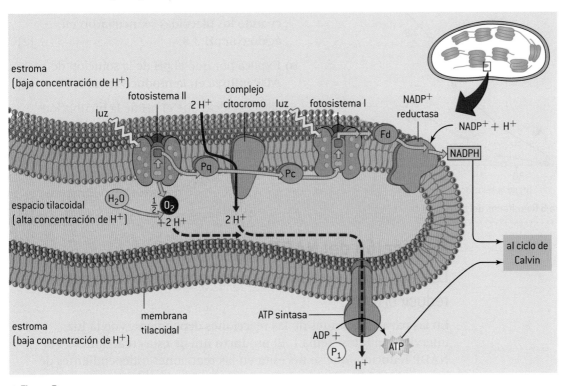

▲ Figura 5

Quimiosmosis

La ATP sintasa de los tilacoides genera ATP usando el gradiente de protones.

Los protones pueden volver a cruzar la membrana a través de la enzima ATP sintasa siguiendo el gradiente de concentración. La energía liberada al pasar los protones de un área de alta concentración a otra de baja concentración se utiliza para crear ATP a partir de ADP y fosfato inorgánico. Este método de producción de ATP es sorprendentemente similar al proceso que ocurre dentro de la mitocondria y recibe el mismo nombre: **quimiosmosis**.

Cuando los electrones llegan al final de la cadena de transportadores, pasan a la plastocianina, un aceptor de electrones soluble en agua que se encuentra en el líquido dentro de los tilacoides. La plastocianina reducida es necesaria para la siguiente fase de la fotosíntesis.

Preguntas basadas en datos: Pruebas de la quimiosmosis

Uno de los primeros experimentos que proporcionó pruebas de la producción de ATP por quimiosmosis fue realizado en el verano de 1966 por André Jagendorf. Se incubaron tilacoides durante varias horas en la oscuridad, en ácidos con varios pH entre 3,8 y 5,2. Cuanto más bajo es el pH de un ácido, más alta es la concentración de protones. Durante la incubación, los protones se difundieron hacia el espacio interior de los tilacoides hasta

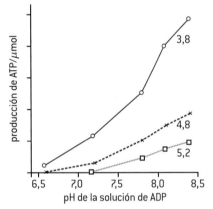

▲ Figura 6 Resultados del experimento de Jagendorf

igualar las concentraciones del interior y del exterior. A continuación se transfirieron los tilacoides, aún en la oscuridad, a una solución de ADP y fosfato que era más alcalina. Se observó una breve pero intensa producción de ATP en los tilacoides. El gráfico muestra la producción de ATP en incubación con tres pH ácidos y con una variedad de pH en la solución de ADP.

1 a) Describe la relación entre el pH de la solución de ADP y la producción de ATP, cuando los tilacoides se incubaron en ácido con pH 3,8. [2]

   b) Explica por qué el pH de la solución de ADP influye en la producción de ATP. [2]

2 Explica el efecto que el pH de la incubación en ácido tiene en la producción de ATP. [2]

3 Explica por qué hubo solo una breve pero intensa producción de ATP. [2]

4 Explica la razón de realizar el experimento en la oscuridad. [2]

Reducción del NADP

Los electrones excitados del fotosistema I se usan para reducir el NADP.

En las partes siguientes de las reacciones dependientes de la luz interviene el fotosistema I. El producto útil de estas reacciones es el NADP reducido, que se necesita en las reacciones independientes de la luz. El NADP reducido desempeña una función similar a la del NAD reducido en la respiración celular: transporta un par de electrones que pueden utilizarse para llevar a cabo reacciones de reducción.

Las moléculas de clorofila dentro del fotosistema I absorben energía de la luz y la transfieren a las dos moléculas de clorofila especiales en el centro de reacción. Esto eleva el potencial de energía de un electrón en una de las moléculas de clorofila. Al igual que en el fotosistema II, a esto se le llama fotoactivación. El electrón excitado pasa por una cadena de transportadores en el fotosistema I, al final de la cual se transfiere a la ferredoxina, una proteína en el líquido que hay fuera de los tilacoides. Después se utilizan dos moléculas de ferredoxina reducida para reducir NADP.

El electrón que el fotosistema I cede a la cadena de transportadores es reemplazado por un electrón traído por la plastocianina. Por tanto, los fotosistemas I y II están vinculados: los electrones excitados en el fotosistema II se transfieren a lo largo de la cadena de transportadores a la plastocianina, que a su vez los transfiere al fotosistema I. Los electrones son excitados de nuevo con energía lumínica y finalmente se usan para reducir el NADP.

A veces se agota el suministro de NADP. Cuando esto ocurre, los electrones regresan a la cadena de transporte de electrones que enlaza los dos fotosistemas en lugar de pasar al NADP. El regreso de los electrones por la cadena de transporte del fotosistema I da lugar al bombeo de protones, lo que hace posible la producción de ATP. Este proceso se denomina **fotofosforilación cíclica**.

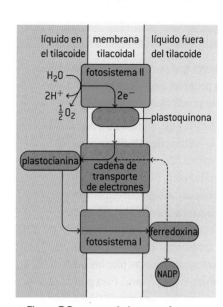

▲ Figura 7 Resumen de las reacciones dependientes de la luz en la fotosíntesis

Fijación del carbono

En las reacciones independientes de la luz una carboxilasa cataliza la carboxilación de la ribulosa difosfato.

El dióxido de carbono es la fuente de carbono de todos los organismos que realizan la fotosíntesis. La reacción de fijación del carbono, en la que se convierte en otro compuesto de carbono, es sin duda la más importante de todos los organismos vivos. En las plantas y las algas se produce en el estroma (el líquido que rodea los tilacoides en el cloroplasto). El producto de esta reacción de fijación del carbono es un compuesto de tres carbonos: el 3 fosfoglicerato. Como ocurre tan a menudo en la investigación biológica, los detalles de la reacción fueron una sorpresa cuando se descubrieron: el dióxido de carbono no reacciona con un compuesto de dos carbonos para producir 3 fosfoglicerato, sino que reacciona con un compuesto de cinco carbonos llamado ribulosa difosfato (RuBP) para producir dos moléculas de 3 fosfoglicerato. La enzima que cataliza esta reacción se llama ribulosa difosfato carboxilasa, generalmente abreviada como rubisco. El estroma contiene grandes cantidades de rubisco para maximizar la fijación del carbono.

La función del NADP reducido y del ATP en el ciclo de Calvin

El 3 fosfoglicerato se reduce a triosa-fosfato usando NADP reducido y ATP.

La ribulosa difosfato (RuBP) es un derivado del azúcar con 5 carbonos, pero cuando se convierte en 3-fosfoglicerato mediante la adición de oxígeno y carbono se reduce la cantidad de hidrógeno en relación con el oxígeno. En azúcares y otros glúcidos, la proporción de hidrógeno en relación con el oxígeno es de 2:1. Para producir glúcidos se tiene que añadir hidrógeno al 3 fosfoglicerato mediante una reacción de reducción. Esto implica usar tanto ATP como NADP reducido, ambos producidos por las reacciones dependientes de la luz de la fotosíntesis. El ATP proporciona la energía necesaria para llevar a cabo la reducción y el NADP reducido aporta los átomos de hidrógeno. El producto es un derivado del azúcar con tres carbonos: la triosa-fosfato.

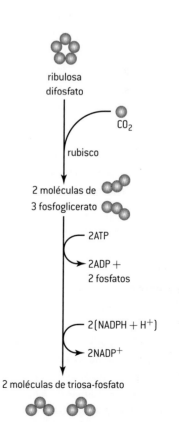

▲ Figura 8 Resumen de las reacciones de fijación del carbono

¿Hasta qué punto es aceptable ajustar las pruebas empíricas para adaptarlas a las predicciones teóricas?

Uno de los experimentos más famosos en la historia de la biología es el del científico flamenco Johannes Baptista van Helmont, publicado en 1648. Se lo considera el primer experimento de biología cuantitativa, y cambió nuestra comprensión del crecimiento de las plantas. En aquella época se consideraba que las plantas eran "comedoras de tierra". Para probar esta idea, van Helmont puso 90 kg de tierra seca en un recipiente grande en el que plantó un sauce que tenía una masa de 2,2 kg. Intentó evitar que entrara polvo en el recipiente cubriéndolo con una placa metálica perforada. Regó el árbol con agua de lluvia o agua destilada durante un período de cinco años. Cuando volvió a pesar el sauce al final de este período, su peso había aumentado a 76 kg. Después de secar la tierra del recipiente, constató que su masa casi no había cambiado: solo había perdido unos 50 g. Retirar la tierra atrapada entre las raíces de sauce es muy difícil. Por lo tanto, las mediciones de la masa de la tierra que tomó van Helmont antes y después del período de cinco años son sorprendentemente parecidas. Algunos han cuestionado si van Helmont ajustó sus datos para que encajasen con conclusiones decididas de antemano.

1   ¿Qué pruebas aporta el experimento de van Helmont en contra de la hipótesis de que las plantas son comedoras de tierra?

2   Basándose en sus resultados, van Helmont llegó a la conclusión de que "73 kilos de madera, corteza y raíces surgieron solo a partir de agua". Esta idea no era nueva: dos mil años antes el filósofo griego Tales había afirmado que toda la materia surgía del agua. ¿En qué medida era correcta la conclusión de van Helmont?

La función de la triosa-fosfato

La triosa-fosfato se usa para regenerar la RuBP y producir glúcidos.

El primer glúcido producido por las reacciones independientes de la luz de la fotosíntesis es la triosa-fosfato. Dos moléculas de triosa-fosfato pueden combinarse para formar una molécula de hexosa-fosfato, y las hexosa-fosfatos pueden combinarse mediante reacciones de condensación para formar almidón. Sin embargo, si todas las triosa-fosfatos producidas por la fotosíntesis se convirtiesen en hexosa o almidón, los suministros de RuBP en el cloroplasto se acabarían rápidamente. Por tanto, algunas moléculas de triosa-fosfato en el cloroplasto tienen que usarse para regenerar la RuBP. Este proceso implica la conversión de azúcares de 3 carbonos en azúcares de 5 carbonos y no puede hacerse en un solo paso, sino que se produce en una serie de reacciones.

Como la RuBP se produce y se consume en las reacciones independientes de la luz de la fotosíntesis, estas reacciones forman un ciclo. Se llama ciclo de Calvin en honor a Melvin Calvin, que recibió el Premio Nobel de Química en 1961 por su demostración de este proceso. Para que el ciclo de Calvin pueda continuar indefinidamente, se tiene que producir la misma cantidad de RuBP que se consume. Si se utilizan tres moléculas de RuBP, se producen seis moléculas de triosa-fosfato. Cinco de ellas son necesarias para regenerar las tres moléculas de RuBP. Esto deja una sola molécula de triosa-fosfato para la conversión a hexosas, almidón u otros productos de la fotosíntesis. Por ejemplo, para producir una molécula de glucosa se necesitan seis ciclos de Calvin, cada uno de los cuales aporta uno de los átomos de carbono fijados a la glucosa.

Preguntas basadas en datos: El efecto de la luz y la oscuridad en la fijación de dióxido de carbono

James Bassham fue uno de los pioneros en la investigación de la fotosíntesis. La figura 9 muestra los resultados de uno de sus experimentos, en el que se midieron las concentraciones de ribulosa difosfato y 3 fosfoglicerato en un cultivo de células del alga *Scenedesmus*. Se expusieron las algas a una luz intensa y luego a la oscuridad.

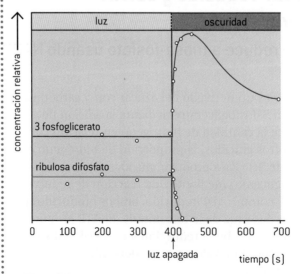

▲ Figura 9 Resultados del experimento de James Bassham

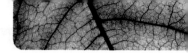

1 Compara los efectos de la oscuridad en las concentraciones de ribulosa difosfato y 3 fosfoglicerato. [2]

2 Explica los cambios producidos en los 25 segundos posteriores al comienzo del período de oscuridad en las concentraciones de:
a) 3 fosfoglicerato [3]
b) Ribulosa difosfato [1]

3 Predice cuál sería el efecto de volver a encender la luz después del período de oscuridad. [2]

4 Predice el efecto de reducir la concentración de dióxido de carbono de 1,0% a 0,003%, en lugar de pasar de la luz a la oscuridad:
a) En la concentración de 3 fosfoglicerato [2]
b) En la concentración de ribulosa difosfato [2]

Regeneración de la RuBP

La ribulosa difosfato se regenera usando ATP.

En la última fase del ciclo de Calvin, una serie de reacciones catalizadas por enzimas convierten las moléculas de triosa-fosfato en RuBP. Una vez regenerada la RuBP, esta puede servir para fijar el CO_2 y comenzar el ciclo otra vez. La figura 10 resume el proceso de regeneración.

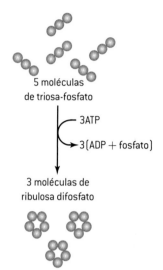

▲ Figura 10 Resumen de la regeneración de la RuBP

 El aparato en forma de piruleta de Calvin

Las mejoras en equipos y aparatos conllevan avances en la investigación científica: las fuentes de ^{14}C y la autorradiografía permitieron a Calvin esclarecer las rutas de la fijación del carbono.

A veces de repente es posible avanzar en la investigación biológica gracias a otros descubrimientos. En 1945, Martin Kamen y Samuel Ruben descubrieron el ^{14}C. La vida media de este isótopo de carbono radiactivo lo hace ideal para usarlo con el fin de establecer las rutas de la fotosíntesis. La figura 11 muestra un esquema del aparato utilizado por Melvin Calvin y su equipo. Al comienzo de su experimento reemplazaron los $^{12}CO_2$ suministrados a las algas con $^{14}CO_2$. Tomaron muestras de las algas a intervalos muy cortos y observaron qué compuestos de carbono en las algas contenían ^{14}C radioactivo. Los resultados se muestran en la figura 12. La radiactividad de cada compuesto de carbono se muestra como un porcentaje de la cantidad total de radiactividad.

1 Explica las pruebas del gráfico que convencieron a Calvin de que el 3 fosfoglicerato es el primer producto de la fijación de dióxido de carbono. [4]

2 Explica las pruebas del gráfico que muestran la conversión de 3 fosfoglicerato en triosa-fosfato y otros fosfatos de azúcar. [4]

3 Basándote en los datos del gráfico, estima la rapidez con que el dióxido de carbono puede difundirse en las células y convertirse con la RuBP en 3 fosfoglicerato. [2]

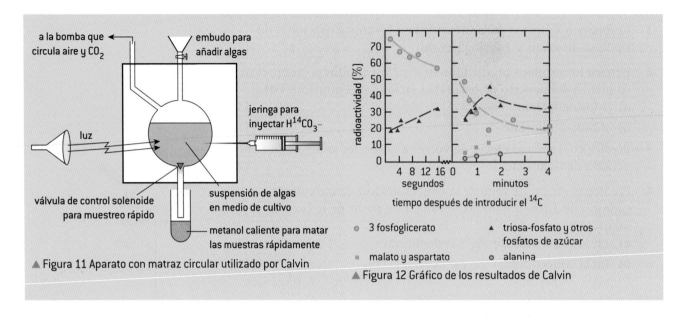

▲ Figura 11 Aparato con matraz circular utilizado por Calvin

3 fosfoglicerato   ▲ triosa-fosfato y otros fosfatos de azúcar

malato y aspartato   ∘ alanina

▲ Figura 12 Gráfico de los resultados de Calvin

Estructura y función del cloroplasto

La estructura del cloroplasto está adaptada a la función que desempeña en la fotosíntesis.

La estructura de los cloroplastos es bastante variable, pero tiene ciertas características comunes:

- Una doble membrana que forma la **envoltura externa del cloroplasto**.

- Un amplio sistema de membranas internas llamadas **tilacoides**, que son de color verde intenso.

- Pequeños espacios llenos de líquido dentro de los tilacoides.

- Un líquido incoloro alrededor de los tilacoides llamado **estroma**, que contiene muchas enzimas diferentes.

- En la mayoría de los cloroplastos hay pilas de tilacoides, llamadas **grana**. Si un cloroplasto ha realizado la fotosíntesis rápidamente, puede haber **granos de almidón** o **gotas lipídicas** en el estroma.

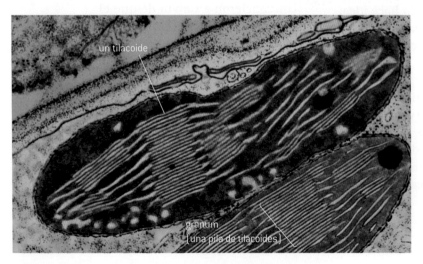

▲ Figura 13 Micrografía electrónica de un cloroplasto de guisante

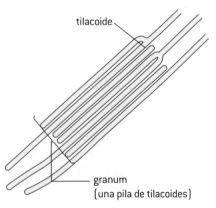

▲ Figura 14 Dibujo de una parte del cloroplasto de guisante para mostrar la disposición de las membranas tilacoidales

Preguntas basadas en datos: Fotosíntesis en *Zea mays*

Zea mays utiliza una versión modificada de la fotosíntesis, denominada fisiología C4. Los procesos de la fotolisis y el ciclo de Calvin están separados, ya que tienen lugar en distintos tipos de cloroplastos. Una de las ventajas es que el dióxido de carbono se puede fijar incluso cuando está en concentraciones muy bajas, así los estomas no necesitan abrirse tanto como en las plantas que no tienen fisiología C4. Esto ayuda a conservar el agua en la planta y, por tanto, es muy útil en hábitats secos.

La micrografía electrónica (figura 15) muestra dos tipos de cloroplastos en las hojas de *Zea mays*.

Un tipo (cloroplasto X) es del tejido del mesófilo y el otro (cloroplasto Y) es de la vaina de células alrededor del tejido vascular que transporta los materiales desde y hasta la hoja.

Cloroplasto X

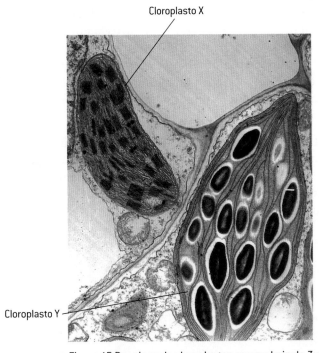

Cloroplasto Y

▲ Figura 15 Dos tipos de cloroplastos en una hoja de *Zea mays*

1 Dibuja una pequeña parte de cada cloroplasto para mostrar su estructura. [5]

2 Compara la estructura de los dos tipos de cloroplastos. [4]

3 Deduce, aportando una razón:

a) Qué tipo de cloroplasto tiene la mayor capacidad de absorción de luz [2]

b) Cuál es el único tipo de cloroplasto que lleva a cabo las reacciones del ciclo de Calvin [2]

c) Cuál es el único tipo de cloroplasto que produce oxígeno [2]

Diagrama de la relación entre la estructura y la función del cloroplasto

Anotación de un diagrama para indicar las adaptaciones de un cloroplasto a su función

Hay una clara relación entre la estructura del cloroplasto y su función.

1 **Los cloroplastos absorben luz.** Las moléculas de pigmento, dispuestas en fotosistemas en las membranas tilacoidales, absorben la luz. La gran superficie de las membranas tilacoidales hace que el cloroplasto tenga una gran capacidad de absorción de luz. Los tilacoides se disponen a menudo en pilas llamadas grana. Las hojas que reciben luz intensa suelen tener cloroplastos con grana profundos que les permiten absorber más luz.

2 **Los cloroplastos producen ATP por fotofosforilación.** Se necesita un gradiente de protones, que se desarrolla entre el interior y el exterior de los tilacoides. El volumen de líquido dentro de los tilacoides es muy pequeño, así que cuando se bombean protones hacia dentro, se forma un gradiente de protones tras absorber relativamente pocos fotones de luz; esto permite que comience la síntesis de ATP.

3 **Los cloroplastos realizan las muchas reacciones químicas del ciclo de Calvin.** El estroma es un compartimento de las células vegetales que contiene las enzimas necesarias para el ciclo de Calvin, así como sus sustratos y productos. Esta concentración de enzimas y sustratos acelera todo el ciclo de Calvin. Se puede disponer fácilmente del ATP y el NADP reducido necesarios para el ciclo de Calvin porque los tilacoides, que es donde se producen, están repartidos por todo el estroma.

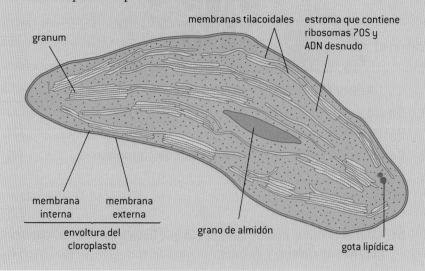

Preguntas

1 a) Indica el significado del término "ruta metabólica". [2]

La glucosa-6-fosfato (G6P) se convierte en piruvato en una de las rutas metabólicas de la respiración celular. Este proceso tiene lugar tanto si se dispone de oxígeno como si no.

La figura 16 muestra las concentraciones de los productos intermedios de esta ruta en tejido del corazón de una rata. Se muestran como un porcentaje de las concentraciones en el corazón cuando se le ha privado de oxígeno.

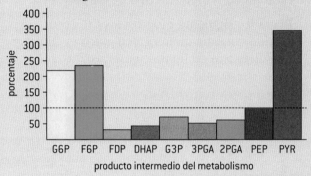

▲ Figura 16

b) En comparación con las concentraciones durante la falta de oxígeno, indica qué producto intermedio del metabolismo:

(i) Tuvo el mayor incremento de concentración [1]

(ii) Tuvo la mayor disminución de concentración [1]

(iii) No cambió de concentración [1]

c) (i) Las concentraciones que muestra la figura 16 sugieren que la tasa de esta ruta metabólica ha sido superior a las necesidades de las células del corazón. Explica cómo lo muestran los datos del gráfico de barras. [2]

(ii) Como la tasa de la ruta ha sido superior a lo necesario, la enzima que cataliza una de las reacciones en la ruta ha sido inhibida. Deduce qué reacción cataliza esta enzima, aportando razones para tu respuesta. [3]

2 Se esterilizó agua con nutrientes minerales disueltos en ella y luego se colocó en un fermentador de 2 dm³. Se mantuvo la temperatura a 25°C. Se expuso el fermentador a la luz natural, pero también se utilizó una lámpara para aumentar la intensidad de la luz. La lámpara se controló con un temporizador electrónico que la apagaba durante la noche. Se colocó un medidor de luz a un lado del fermentador, cerca de la base, para medir la intensidad de la luz que pasaba a través del líquido del fermentador. La lectura máxima posible era de 1.200 lux. Al inicio del experimento se añadió una pequeña cantidad de algas *Chlorella* al líquido del fermentador. La figura 17 muestra la intensidad de luz medida durante los 45 días del experimento.

a) La intensidad de luz siguió un patrón similar todos los días a partir del día 12.

(i) Resume los cambios diarios en la intensidad de la luz durante un día cualquiera después del día 12. [2]

(ii) Explica estos cambios diarios en la intensidad de la luz. [2]

b) Cada día hay una intensidad de luz máxima. Resume las tendencias en la intensidad de luz máxima:

(i) Del día 1 al día 12 [1]

(ii) Del día 13 al día 38 [1]

(iii) Del día 39 al día 45 [1]

c) Explica por qué la intensidad de la luz cuando la lámpara estaba encendida fue menor al final del experimento que al principio. [3]

d) Sugiere razones para la tendencia en la intensidad de la luz máxima diaria del día 39 al día 45. [3]

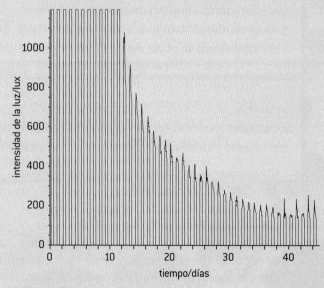

▲ Figura 17

3 Al principio de la glicólisis, la glucosa es fosforilada para producir glucosa-6-fosfato, que se convierte en fructosa-6-fosfato. Luego tiene lugar una segunda reacción de fosforilación, en la cual la fructosa-6-fosfato se convierte en fructosa-1,6-bifosfato. Esta reacción es catalizada por la enzima fosfofructoquinasa. Un grupo de bioquímicos midió la actividad enzimática de la fosfofructoquinasa (la tasa a la que catalizaba la reacción) con diferentes concentraciones de fructosa-6-fosfato. La actividad enzimática se midió con una concentración baja de ATP y con una concentración alta de ATP en la mezcla de reacción. El gráfico siguiente muestra los resultados.

Dieta	CR
Lípidos	0,71
Glúcidos	1,00
Proteínas	0,74

Fuente: Walsberg; Wolf. *Journal of Experimental Biology.* 1995. N.º 198, p. 213–219. Reproducida con permiso de The Company of Biologists, Ltd.

En un experimento realizado para evaluar el CR en gorriones, se alimentó a estas aves únicamente con gusanos de la harina (larvas de escarabajo) o mijo (un tipo de grano).

El gráfico siguiente muestra los CR de un gorrión con una dieta rica en glúcidos (mijo) y una dieta rica en lípidos (gusanos).

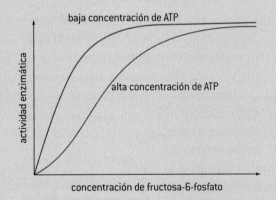

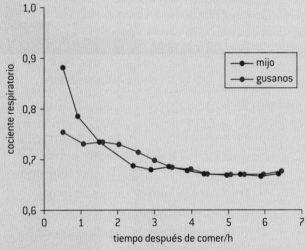

Fuente: Walsberg; Wolf. *Journal of Experimental Biology.* 1995. N.º 198, p. 213–219. Reproducido con permiso of The Company of Biologists, Ltd.

a) (i) Basándote **solamente** en los datos del gráfico anterior, resume el efecto que tiene el aumento de la concentración de fructosa-6-fosfato en la actividad de la fosfofructoquinasa, a baja concentración de ATP. [2]

   (ii) Explica cómo los incrementos en la concentración de fructosa-6-fosfato influyen en la actividad de la enzima. [2]

b) (i) Resume el efecto que tiene el aumento de la concentración de ATP en la actividad de la fosfofructoquinasa. [2]

   (ii) Sugiere una ventaja del efecto del ATP en la fosfofructoquinasa para los organismos vivos. [1]

4 El cociente respiratorio (CR) es una medida de la actividad metabólica de un animal. Es la proporción de CO_2 producido por O_2 consumido. En general, cuanto menor es el valor del CR, mayor es la producción de energía. El CR es dependiente de la dieta del animal. La tabla siguiente muestra los valores típicos del CR para dietas específicas.

a) Compara los CR con la dieta de mijo y de gusanos entre 1 y 6 horas después de comer. [2]

   El CR esperado para los gorriones que metabolizan mijo es de 0,93. El CR esperado para los que metabolizan gusanos es de 0,75.

b) Explica por qué son diferentes los CR esperados con la dieta de mijo y de gusanos. [2]

c) Sugiere razones para:

   (i) Los elevados CR iniciales de los gorriones que se alimentan de mijo [1]

   (ii) La rápida caída en los CR de los gorriones que se alimentan de mijo [1]

Introducción

Las plantas son muy diversas en estructura y fisiología. Actúan como productores en casi todos los ecosistemas terrestres. La estructura y la función están correlacionadas en el xilema y el floema de las plantas. Las plantas cuentan con métodos sofisticados para adaptar su crecimiento a las condiciones ambientales. Los medios biótico y abiótico influyen sobre la reproducción en las plantas con flores.

9.1 Transporte en el xilema de las plantas

Comprensión

→ La transpiración es la consecuencia inevitable del intercambio de gases en la hoja.

→ Las plantas transportan agua desde las raíces hasta las hojas para reemplazar las pérdidas causadas por transpiración.

→ La propiedad cohesiva del agua y la estructura de los vasos del xilema permiten el transporte bajo tensión.

→ La propiedad adhesiva del agua y la evaporación generan fuerzas de tensión en las paredes celulares de las hojas.

→ La captación activa de iones minerales en las raíces causa la absorción de agua por ósmosis.

Aplicaciones

→ Adaptaciones de las plantas en los desiertos y en suelos salinos para conservar el agua.

→ Modelos de transporte hídrico en el xilema realizados a partir de aparatos sencillos, tales como papel secante o papel de filtro, vasijas de material poroso y tubos capilares.

Habilidades

→ Dibujo de la estructura de los vasos del xilema primario en secciones de tallos sobre la base de imágenes de microscopio.

→ Medición de las tasas de transpiración mediante el uso de potómetros (trabajo práctico 7).

→ Diseño de un experimento para comprobar las hipótesis acerca del efecto de la temperatura o la humedad sobre las tasas de transpiración.

Naturaleza de la ciencia

→ Uso de modelos como representaciones del mundo real: se pueden investigar los mecanismos implicados en el transporte de agua en el xilema mediante el uso de aparatos y materiales que presenten similitudes estructurales con los tejidos vegetales.

Transpiración

La transpiración es la consecuencia inevitable del intercambio de gases en la hoja.

Las hojas de las plantas son el principal órgano de la fotosíntesis. La fotosíntesis consiste en la síntesis de glúcidos utilizando energía lumínica. Se utiliza dióxido de carbono como materia prima y se produce oxígeno como producto de desecho. El intercambio de estos dos gases es necesario para sustentar la fotosíntesis.

La absorción del dióxido de carbono es esencial para la fotosíntesis y la cutícula cerosa de las hojas tiene una permeabilidad muy baja, por lo que se necesitan poros en toda la epidermis: estos poros se llaman estomas. La figura 1 muestra que el problema de las plantas es que, si los estomas permiten absorber el dióxido de carbono, generalmente también permiten que se escape el vapor de agua.

Este es un problema de difícil solución para las plantas y otros organismos: intercambiar gases sin perder agua. A la pérdida de vapor de agua de las hojas y tallos de las plantas se la denomina transpiración.

Las plantas minimizan la pérdida de agua a través de los estomas utilizando **células oclusivas**. Son células que se encuentran en pares, una a cada lado de un estoma. Las células oclusivas controlan la apertura del estoma y pueden ajustar su posición desde muy abierta a completamente cerrada. Casi todos los grupos de plantas terrestres tienen estomas, al menos durante una parte del ciclo de vida de la planta. La excepción es un grupo de plantas llamadas hepáticas.

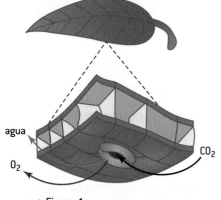

agua

O_2

CO_2

▲ Figura 1

🌐 Elaboración de modelos del transporte hídrico

Modelos de transporte hídrico en el xilema realizados a partir de aparatos sencillos, tales como papel secante o papel de filtro, vasijas de material poroso y tubos capilares

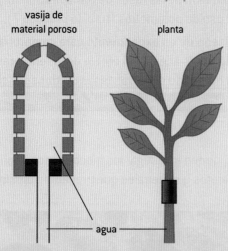

vasija de material poroso

planta

agua

▲ Figura 2 Se pueden utilizar vasijas de material poroso para crear un modelo de la evaporación de las hojas. Los poros de la vasija se llenan de agua, demostrando adhesión a las moléculas de arcilla del recipiente. A medida que el agua es atraída a la vasija, la cohesión hace que las moléculas de agua suban por el tubo de vidrio.

▲ Figura 3 Tubos capilares sumergidos en agua con colorante y en mercurio. A diferencia del agua, el mercurio no se adhiere al vidrio ni hay cohesión entre los átomos de mercurio, así que el mercurio no sube por el tubo de vidrio.

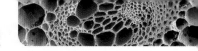

▲ Figura 4 La capacidad de las fuerzas adhesivas para mover el agua se demuestra en esta imagen. Una toalla de papel doblada con un extremo sumergido en agua transportará agua a un recipiente vacío por acción capilar.

⚗ Uso del potómetro

Medición de las tasas de transpiración mediante el uso de potómetros (trabajo práctico 7)

Los mecanismos implicados en el transporte de agua en el xilema pueden investigarse usando aparatos y materiales semejantes a la estructura de los tejidos vegetales.

La figura 5 muestra un potómetro. Es un dispositivo utilizado para medir la absorción de agua en las plantas que consiste en un tallo con hojas dentro de un tubo (derecha), un depósito (a la izquierda del tallo) y un tubo capilar graduado (horizontal). Una burbuja en el tubo capilar marca el punto cero. A medida que la planta absorbe agua a través de sus raíces, la burbuja se mueve a lo largo del tubo capilar. En este ejemplo, se cronometra el avance de la burbuja y se anota la distancia recorrida. El grifo por debajo del depósito permite reajustar la burbuja para llevar a cabo nuevas medidas.

▲ Figura 5

⚗ Efecto de la humedad en la transpiración

Diseño de un experimento para comprobar las hipótesis acerca del efecto de la temperatura o la humedad sobre las tasas de transpiración

La tasa de transpiración es difícil de medir directamente. La tasa de absorción de agua, en cambio, se puede medir fácilmente utilizando un potómetro. La figura 6 muestra un tipo de potómetro.

Para diseñar una investigación, debes considerar las siguientes preguntas.

1   ¿Cómo medirás la tasa de transpiración en tu investigación?

2   ¿Qué factor biótico o abiótico investigarás?

3   ¿Cómo variarás el nivel de este factor?

4   ¿Cuántos resultados necesitas para cada nivel del factor que vas a variar?

5   ¿Cómo mantendrás otros factores constantes para que no afecten a la tasa de transpiración?

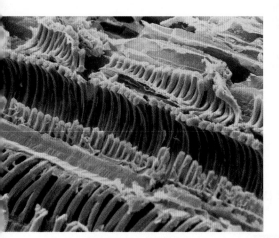

▲ Figura 7 Sección longitudinal de un tallo de ruibarbo (*Rheum rhaponticum*). Los vasos de xilema cortados están coloreados de marrón. Estos vasos están reforzados con bandas espirales de lignina que les permiten alargarse y crecer a lo largo.

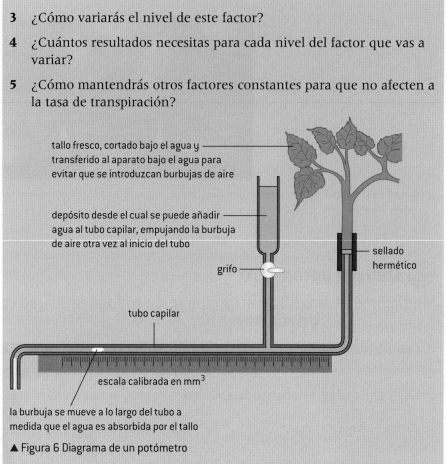

tallo fresco, cortado bajo el agua y transferido al aparato bajo el agua para evitar que se introduzcan burbujas de aire

depósito desde el cual se puede añadir agua al tubo capilar, empujando la burbuja de aire otra vez al inicio del tubo

sellado hermético

grifo

tubo capilar

escala calibrada en mm^3

la burbuja se mueve a lo largo del tubo a medida que el agua es absorbida por el tallo

▲ Figura 6 Diagrama de un potómetro

▲ Figura 8 Micrografía de luz de una sección vertical del xilema o leño primario de un árbol, que muestra los vasos leñosos engrosados y lignificados.

La estructura del xilema ayuda a soportar la baja presión

La propiedad cohesiva del agua y la estructura de los vasos del xilema permiten el transporte bajo presión.

La estructura de los vasos del xilema les permite transportar agua dentro de las plantas de manera muy eficiente. Los vasos del xilema son tubos largos y continuos. Sus paredes están engrosadas e impregnadas de un polímero denominado lignina. Esto fortalece las paredes para que puedan soportar presiones muy bajas sin venirse abajo.

Los vasos del xilema están formados por hileras de células dispuestas unas detrás de otras. En las plantas con flores, en algunos puntos entre células adyacentes en la hilera se elimina gran parte del material de la pared celular, y las membranas plasmáticas y los contenidos de las células se descomponen (véanse las figuras 7 y 8). Estas células del xilema son inertes cuando maduran, por lo que el paso del agua por ellas es un proceso pasivo. La presión dentro de los vasos del xilema es generalmente mucho menor que la presión atmosférica, pero su estructura rígida impide que los vasos del xilema se vengan abajo.

Las moléculas de agua son polares y la carga parcial negativa del átomo de oxígeno en una molécula de agua atrae al átomo de hidrógeno de una molécula de agua contigua: esto se denomina cohesión. El agua también

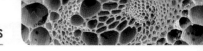

es atraída por las partes hidrofílicas de las paredes celulares del xilema: esto se denomina adhesión. Gracias a las conexiones entre las moléculas, el agua puede desplazarse hacia arriba por el xilema en un flujo continuo.

Preguntas basadas en datos: El experimento de Renner

La figura 9 muestra los resultados de un experimento realizado en 1912 por el fisiólogo botánico alemán Otto Renner. Se colocó un tallo leñoso que transpiraba en un potómetro y se midió la tasa de absorción de agua. Más adelante, se pinzó el tallo para restringir el flujo de agua hasta las hojas. Después, se cortó la parte superior del tallo con todas sus hojas y se conectó una bomba de vacío al extremo superior del tallo.

Preguntas

1   Describe el efecto que tiene pinzar el tallo en la tasa de absorción de agua.   [3]

2   Explica el efecto que tiene cortar la parte superior del tallo en la tasa de absorción de agua.   [3]

3   Calcula la diferencia entre la tasa de absorción de agua causada por la bomba de vacío y la

tasa causada por las hojas inmediatamente antes de cortar la parte superior del tallo.   [2]

4   El agua del potómetro estaba a la presión atmosférica. La bomba de vacío generó una presión de cero. Discute qué mostraron los resultados del experimento sobre las presiones generadas en el xilema por las hojas del tallo.   [2]

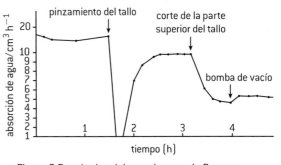

▲ Figura 9 Resultados del experimento de Renner

La tensión en las paredes celulares de la hoja mantiene el flujo de transpiración

La propiedad adhesiva del agua y la evaporación generan fuerzas de tensión en las paredes celulares de las hojas.

Cuando se evapora agua de la superficie de una hoja, la adhesión hace que se succione a la pared celular el agua más próxima para sustituir la que se ha perdido por evaporación. El agua más cercana se encuentra en los vasos del xilema en las venas de la hoja.

Aunque la presión en el xilema ya es baja, la fuerza de adhesión entre las moléculas de agua y las paredes celulares de la hoja es lo suficientemente fuerte como para succionar agua del xilema, reduciendo aún más su presión.

La baja presión genera una fuerza de tracción que se propaga a través del agua en los vasos del xilema desde el tallo hasta las raíces. La tracción es suficientemente fuerte como para desplazar el agua hacia arriba, contra la fuerza de la gravedad, hasta la cima del árbol más alto. Este es un proceso pasivo para la planta, ya que toda la energía necesaria proviene de la energía térmica (calor) que causa la transpiración. La tracción del agua hacia arriba en los vasos del xilema depende de la cohesión que existe entre las moléculas de agua. Muchos líquidos serían incapaces de resistir presiones tan bajas en los vasos del xilema y se rompería la columna de líquido: esto se llama cavitación y a veces ocurre incluso con el agua, pero es inusual. Aunque el agua es un líquido, puede transmitir fuerzas de tracción de la misma manera que un trozo de cuerda.

Transporte activo de los minerales en las raíces

La captación activa de iones minerales en las raíces causa la absorción de agua por ósmosis.

El agua es absorbida en las células de las raíces por ósmosis. Esto ocurre porque la concentración de solutos en las células de las raíces es mayor que en el agua del suelo. La mayoría de los solutos en las células de las raíces y en el suelo son iones minerales. Las concentraciones de iones minerales en la raíz pueden ser 100 veces superiores o más a las del suelo. Estos gradientes de concentración se forman por transporte activo, usando bombas de proteínas en las membranas plasmáticas de las células de las raíces. Hay bombas específicas para cada tipo de ion que requiere la planta. Los iones minerales solo pueden ser absorbidos por transporte activo si entran en contacto con la proteína de una bomba determinada. Esto puede ocurrir por difusión o por flujo de masa cuando el agua que lleva los iones drena a través del suelo.

Algunos iones se mueven por el suelo muy lentamente porque se unen a la superficie de las partículas del suelo. Para superar este problema, algunas plantas han desarrollado una relación con un hongo que crece en la superficie de las raíces y a veces incluso en las células de las raíces. Las hifas filiformes del hongo crecen en el suelo, absorben iones minerales (como el fosfato) de la superficie de las partículas del suelo y suministran los iones a las raíces, permitiendo a la planta crecer con éxito en suelos deficientes en minerales. Esta relación se da en muchos árboles, en miembros de la familia del brezo y en las orquídeas. La mayoría de estas plantas, pero no todas, suministran azúcares y otros nutrientes al hongo, así que tanto el hongo como la planta se benefician. Este es un ejemplo de una relación mutualista.

Preguntas basadas en datos: Las hifas de los hongos y la absorción de iones minerales

La figura 10 muestra los resultados de un experimento en el que se cultivaron plántulas de pícea de Sitka (*Picea sitchensis*) durante 6 meses en suelo esterilizado con o sin hongos añadidos. Las plántulas cultivadas sin hongos constituyeron el grupo de control (C). Las especies de hongos que se añadieron fueron:

I = *Laccaria laccata*; II = *Laccaria ameythestea*;
III = *Thelophora terrestris* de un vivero;
IV = *Thelophora terrestris* de un bosque;
V = *Paxillus involutus*; VI = *Pisolithus tinctorius*

1 a) Discute los efectos de las seis especies de hongos en el crecimiento de las raíces y los tallos de las plántulas. [4]

  b) Explica los efectos de los hongos en el crecimiento de plántulas de árboles. [2]

2 a) Indica la relación entre el crecimiento de las raíces y el crecimiento de los tallos en las plántulas. [1]

  b) Sugiere una razón de esta relación. [1]

  c) Basándote en los datos de la figura 10, deduce si los hongos estrechamente relacionados tienen los mismos efectos en el crecimiento de los árboles. [2]

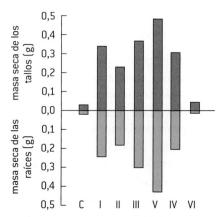

▲ Figura 10 Resultados del experimento con píceas de Sitka

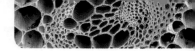

Reemplazo de las pérdidas por transpiración

Las plantas transportan agua desde las raíces hasta las hojas para reemplazar las pérdidas causadas por transpiración.

El transporte de agua desde las raíces hasta las hojas se resume en la figura 11. El agua que pierden los estomas por la transpiración es reemplazada por agua del xilema. La tracción de la transpiración hace ascender el agua del xilema a través del tallo, ayudada por las fuerzas de adhesión y cohesión. El agua entra del suelo a las raíces por ósmosis gracias al transporte activo de minerales a las raíces. Una vez que el agua está en la raíz, pasa al xilema a través de las paredes celulares (ruta apoplástica) y a través del citoplasma (ruta simplástica).

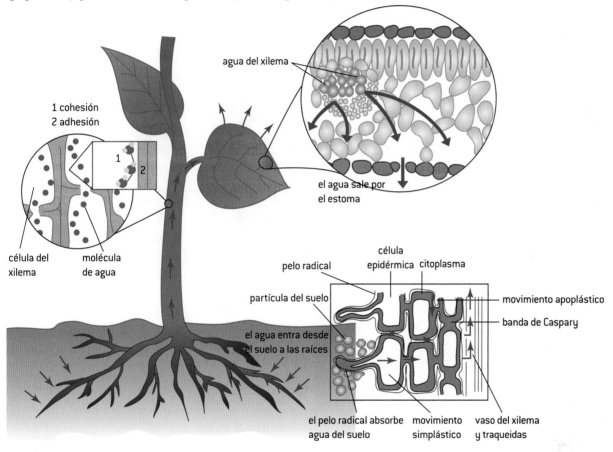

 Figura 11

🌐 Adaptaciones para la conservación del agua

Adaptaciones de las plantas en los desiertos y en suelos salinos para conservar el agua

Las xerófitas son plantas adaptadas a los desiertos y otros medios secos. Las plantas pueden utilizar diversas estrategias para sobrevivir en estos medios, como aumentar la tasa de absorción de agua del suelo y reducir la tasa de pérdida de agua por transpiración. Algunas xerófitas son efímeras, con un ciclo de vida muy corto que se completa en el breve período en que hay agua disponible después de las lluvias. Luego permanecen latentes como embriones dentro de semillas hasta las próximas lluvias, a veces años después. Otras plantas son perennes y para sobrevivir necesitan almacenar agua en hojas, tallos o raíces especializados.

La mayoría de los cactus son xerofíticos, con hojas tan pequeñas que generalmente solo consisten en espinas. Sus tallos tienen tejidos que almacenan agua y se hinchan después de las lluvias. Además, los tallos tienen pliegues que les permiten expandirse y contraerse en volumen rápidamente. La epidermis de los tallos de los cactus tiene una gruesa cutícula cerosa y, a diferencia de la mayoría de las plantas, tienen estomas, aunque más espaciados que en las hojas. Los estomas, en lugar de abrirse durante el día, generalmente se abren por la noche cuando la temperatura es mucho más baja y la transpiración es más lenta. El dióxido de carbono se absorbe por la noche y se almacena en un compuesto de cuatro carbonos, el ácido málico. El dióxido de carbono se libera del ácido málico durante el día, permitiendo realizar la fotosíntesis aunque los estomas estén cerrados. Este mecanismo se llama metabolismo ácido de las crasuláceas (CAM, por sus siglas en inglés). Las plantas que, como el cactus, utilizan este mecanismo se denominan plantas CAM. La fisiología C4 también ayuda a reducir la transpiración.

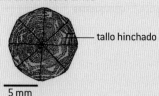

Gymnocalycium baldianum (cactus) desde arriba

10 mm

Euphorbia obesa desde arriba

tallo hinchado

5 mm

▲ Figura 12 Xerófitas

Los cactus son plantas originarias de América del Norte y del Sur. Las plantas xerofíticas de otras partes del mundo pertenecen a familias distintas, y sus adaptaciones son a menudo muy similares a las del cactus. Por ejemplo, algunas especies africanas de *Euphorbia* son difíciles de distinguir de los cactus hasta que producen flores.

El barrón (*Ammophila arenaria*) es una xerófita, es decir, una planta adaptada a condiciones secas. Tiene hojas arrolladas que crean un ambiente de vapor de agua localizado que ayuda a limitar la pérdida de agua. Los estomas se encuentran en pequeños puntos dentro de la estructura arrollada, lo que hace menos probable que se abran y pierdan agua. Como en muchas otras xerófitas, las hojas dobladas tienen pelos en el interior para ralentizar o detener el movimiento del aire. La disminución de la velocidad del aire también reduce la cantidad de vapor de agua que se pierde.

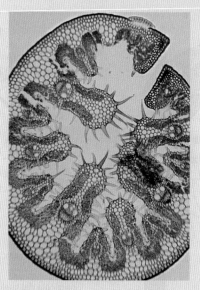

▲ Figura 13

Los suelos salinos son aquellos que contienen altas concentraciones de sales. Las plantas que viven en suelos salinos se llaman halófilas. Las halófilas tienen varias adaptaciones para la conservación del agua:

- Las hojas se reducen a pequeñas estructuras escamosas o espinas.

- Las hojas se caen cuando el agua escasea; el tallo toma color verde y asume la función de la fotosíntesis cuando no hay hojas.

- Desarrollan estructuras de almacenamiento de agua en las hojas.

- Tienen una cutícula gruesa y una epidermis con múltiples capas.

- Tienen estomas hundidos.

- Tienen raíces largas, que van en busca de agua.

- Tienen estructuras para eliminar la acumulación de sal.

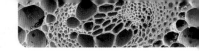

🧪 Dibujo de los vasos del xilema

Dibujo de la estructura de los vasos del xilema primario en secciones de tallos sobre la base de imágenes de microscopio

Los vasos del xilema primario son visibles en secciones transversales de tallos jóvenes, como en plantas jóvenes de *Helianthus*. La figura 16 ilustra la estructura del xilema en la sección longitudinal de un tallo. El xilema primario tiene una pared primaria fina no lignificada que es completamente permeable y, además, tiene un engrosamiento secundario lignificado que suele ser anular o helicoidal. El engrosamiento hace que el vaso del xilema pueda seguir creciendo en longitud, pues los anillos del engrosamiento pueden espaciarse o el engrosamiento helicoidal puede estirarse para que el espacio entre cada vuelta sea mayor.

Una vez que una raíz o un tallo dejan de crecer, la planta produce un xilema secundario que está mucho más lignificado. El engrosamiento secundario de su pared celular le proporciona más fuerza, pero no le permite crecer en longitud.

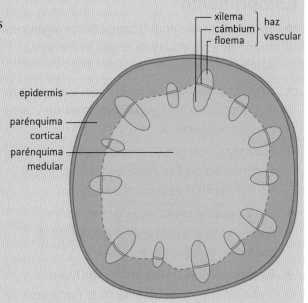

▲ Figura 14

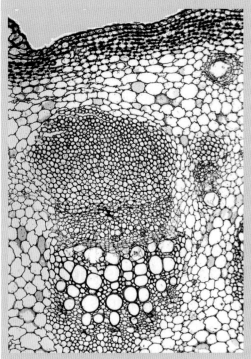

▲ Figura 15 Micrografía de luz de la sección de un tallo joven de un girasol (*Helianthus annuus*), que muestra uno de los muchos haces vasculares. Los haces vasculares tienen una capa externa de esclerénquima (carmesí). A continuación está el floema (azul oscuro), con los tubos del floema, el parénquima y las células acompañantes. A continuación, el xilema (rojo) y, al final del xilema, parches de fibras (rojo). Entre el floema y el xilema está el cámbium (azul claro).

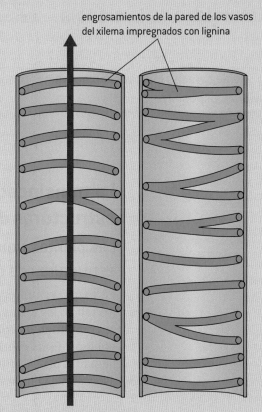

▲ Figura 16 Estructura de los vasos del xilema

9.2 Transporte en el floema de las plantas

Comprensión

→ Las plantas transportan compuestos orgánicos desde las estructuras de origen hasta las de destino.

→ La incapacidad de compresión del agua permite su transporte a lo largo de gradientes de presión hidrostática.

→ El transporte activo se emplea para acarrear los compuestos orgánicos en los tubos cribosos del floema en la estructura de origen.

→ Las altas concentraciones de solutos en el floema en la estructura de origen causa la absorción de agua por ósmosis.

→ La presión hidrostática provocada hace que el contenido del floema fluya hacia las estructuras de destino.

 ## Aplicaciones

→ Relaciones entre estructura y función de los tubos cribosos del floema.

 ## Habilidades

→ Análisis de datos de experimentos de medición de las tasas de transporte en el floema a través de estiletes de áfidos y dióxido de carbono marcado radiactivamente.

→ Identificación del xilema y del floema en imágenes de microscopio correspondientes a tallos y raíces.

 ## Naturaleza de la ciencia

→ Las mejoras en equipos y aparatos conllevan avances en la investigación científica: los métodos experimentales para la medición de las tasas de transporte por el floema a través de estiletes de áfidos y dióxido de carbono marcado radiactivamente solo fueron posibles una vez que los radioisótopos estuvieron disponibles.

La translocación se produce desde las estructuras de origen hasta las de destino

Las plantas transportan compuestos orgánicos desde las estructuras de origen hasta las de destino.

El floema es un tejido que se encuentra por toda la planta, incluidos los tallos, las raíces y las hojas. Está formado por tubos cribosos, que se componen de columnas de células especializadas llamadas células cribosas. Estas células están separadas entre sí por paredes perforadas llamadas placas cribosas. Las células cribosas están estrechamente asociadas a células acompañantes (figura 1).

El floema transporta compuestos orgánicos por toda la planta. El transporte de solutos orgánicos en una planta se denomina **translocación**. El floema conecta las partes de la planta que necesitan un suministro de azúcares y otros solutos, como aminoácidos, con otras partes que tienen

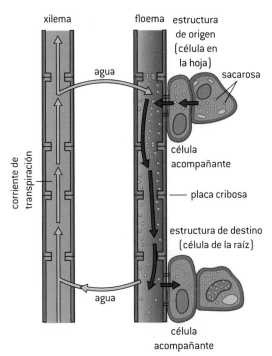

▲ Figura 1

un excedente. La tabla 1 clasifica las partes de la planta en estructuras de origen (donde se cargan azúcares y aminoácidos en el floema) y estructuras de destino (donde se descargan y usan los azúcares y aminoácidos).

La figura 2 muestra los resultados de un experimento sencillo en el cual se extrajeron dos anillos de la corteza de un manzano. La corteza contiene el tejido del floema. Los efectos sobre el crecimiento de la manzana son evidentes.

A veces las estructuras de destino se convierten en estructuras de origen, o viceversa. Por esta razón, los tubos del floema deben ser capaces de transportar productos bioquímicos en cualquier dirección y, a diferencia del sistema sanguíneo de los animales, en el floema no hay válvulas ni una bomba central. Sin embargo, existen semejanzas entre el transporte en el floema y en los vasos sanguíneos: en ambos sistemas un líquido fluye por tubos debido a gradientes de presión. Para generar la presión se necesita energía, por lo que la circulación de la sangre y el movimiento de la savia del floema son ambos procesos activos.

Estructuras de origen	Estructuras de destino
Tejidos fotosintéticos: • Hojas verdes maduras • Tallos verdes Órganos de almacenamiento que están descargando sus reservas: • Tejidos de almacenamiento en semillas que están germinando • Raíces pivotantes o tubérculos al comienzo del período de crecimiento	Raíces que están creciendo o absorbiendo iones minerales, usando energía de la respiración celular Partes de la planta que están creciendo o creando reservas de alimentos: • Frutos en desarrollo • Semillas en desarrollo • Hojas en crecimiento • Raíces pivotantes o tubérculos en desarrollo

▲ Tabla 1

Actividad

1 Indica qué estructuras de origen y estructuras de destino están en esta parte del manzano. [2]

2 **a)** Compara los tamaños de las manzanas. [2]

   b) Explica las conclusiones que pueden extraerse de los tamaños de las manzanas. [4]

▲ Figura 2 Resultados del experimento de extracción de anillos del manzano

Carga del floema

El transporte activo se emplea para acarrear los compuestos orgánicos en los tubos cribosos del floema en la estructura de origen.

Los datos en la tabla 2 indican que la sacarosa es transportada en el floema. La sacarosa es el soluto más frecuente en la savia del floema. La sacarosa no es tan fácil de metabolizar directamente por los tejidos vegetales en la respiración y, por tanto, es un glúcido excelente que transportar, ya que no se metaboliza durante el transporte.

Las plantas usan distintos mecanismos para cargar azúcares al floema. En algunas especies, una cantidad significativa va atravesando las paredes celulares desde las células del mesófilo hasta las paredes de las células acompañantes, y a veces hasta las paredes de las células cribosas, donde entonces una proteína transportadora de la sacarosa introduce activamente este azúcar. Esto se conoce como ruta apoplástica.

En este caso, se forma un gradiente de concentración de sacarosa por transporte activo. La figura 3 muestra que esto se logra mediante un mecanismo por el cual los iones H+ son transportados activamente fuera de la célula acompañante desde tejidos circundantes utilizando ATP como fuente de energía. Después, los iones H+ acumulados pasan de una zona de alta concentración a otra de baja concentración a través de una proteína cotransportadora. La energía liberada se utiliza para transportar la sacarosa al complejo formado por la célula acompañante y el tubo criboso.

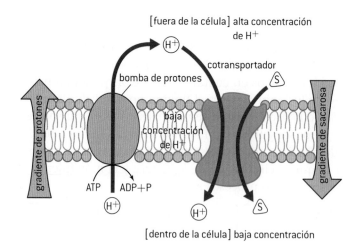

▲ Figura 3 Movimiento de la sacarosa (S) a través de la membrana de tubos cribosos

En otras especies, gran parte de la sacarosa pasa de una célula a otra a través de conexiones entre las células llamadas plasmodesmos. Esto se conoce como ruta simplástica. Una vez que la sacarosa llega a la célula acompañante, es convertida en un oligosacárido para mantener el gradiente de concentración de sacarosa.

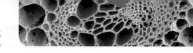

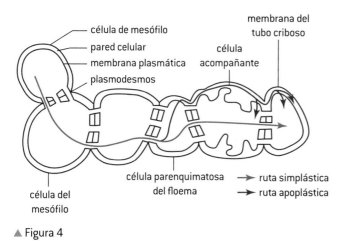

célula de mesófilo
pared celular
membrana plasmática
plasmodesmos
membrana del tubo criboso
célula acompañante

célula del mesófilo

célula parenquimatosa del floema

→ ruta simplástica
→ ruta apoplástica

▲ Figura 4

Preguntas basadas en datos: Glúcidos del ciclamen

1 Elige un formato de presentación adecuado para mostrar los datos de la tabla 2, incluidos los valores de error estándar. Puedes utilizar programas de representación gráfica o bien dibujar a mano gráficos, tablas o diagramas.

2 Describe las tendencias que muestran los datos y sugiere razones de estas tendencias basándote en tu conocimiento de la fotosíntesis, la estructura de los disacáridos y polisacáridos y el transporte y almacenamiento de glúcidos en las plantas.

Parte de la planta	Contenido medio de glúcidos (masa fresca en μg g^{-1} ± error estándar de la media)			
	sacarosa	glucosa	fructosa	almidón
Limbo	1.312 ±212	210 ±88	494 ±653	62 ±25
Haz vascular en el tallo de la hoja, que consta de xilema y floema	5.757 ±1.190	479 ±280	1.303 ±879	<18
Tejido que rodea el haz vascular en el tallo de la hoja	417 ±96	624 ±714	1.236 ±1.015	<18
Brotes, raíces y tubérculos (órganos subterráneos de almacenamiento)	2.260 ±926	120 ±41	370 ±242	152 ±242

▲ Tabla 2

Las diferencias de presión y potencial del agua son transcendentales en la translocación

La incapacidad de compresión del agua permite su transporte a lo largo de gradientes de presión hidrostática.

La acumulación de sacarosa y otros glúcidos hace que se introduzca agua en la célula acompañante mediante ósmosis. La rigidez de las paredes celulares, en combinación con la incapacidad de compresión del agua, da como resultado una acumulación de presión. El agua fluirá desde esta zona de alta presión a un área de baja presión.

En la estructura de destino, se descarga la sacarosa del floema y se usa como fuente de energía en procesos como el crecimiento, o bien se convierte en almidón. En cualquiera de los casos, la pérdida de soluto provoca una reducción en la presión osmótica; el agua que llevaba el soluto a la estructura de destino es entonces reabsorbida a la corriente de transpiración en el xilema.

Preguntas basadas en datos: Explicación del movimiento del agua

El potencial hídrico es una medida de la tendencia del agua a moverse de un área a otra. Se representa con la variable Ψ_w y se define como la suma del potencial del soluto y del potencial de presión.

El agua pura tiene un potencial de soluto (Ψ_s) de cero. Cuando se añade soluto, el valor del potencial de soluto se vuelve negativo. Cuanto más negativo sea el potencial de soluto, más probable es que se extraiga agua de otra área con un potencial de soluto mayor (es decir, con una menor concentración de solutos).

El potencial de presión (Ψ_p) en una célula vegetal es la presión ejercida por la pared celular rígida que limita la entrada de más agua. La presión ejercida por la pared celular rígida limita la absorción de más agua a pesar de las diferencias de potencial de soluto.

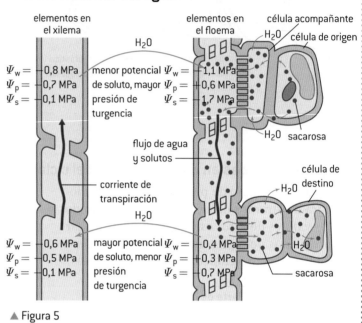

▲ Figura 5

1 Explica el movimiento del agua desde el punto A hasta el punto C. [3]

2 Explica el movimiento del agua desde el punto C hasta el punto D. [3]

3 Explica el movimiento del agua desde el punto D hasta el punto B. [3]

4 Explica el movimiento del agua desde el punto B hasta el punto A. [3]

Tubos cribosos del floema

Relaciones entre estructura y función de los tubos cribosos del floema

Las funciones del floema incluyen la carga de glúcidos, el transporte de glúcidos a veces a largas distancias y la descarga de los glúcidos en las estructuras de destino.

El floema se compone de tubos cribosos. Los tubos cribosos se componen de columnas de células especializadas llamadas células cribosas. A diferencia de los elementos vasculares del xilema, los elementos de los tubos cribosos están vivos, aunque tienen un citoplasma reducido y carecen de núcleo. Una razón por la cual las células cribosas tienen que estar vivas es que dependen de la membrana para mantener la concentración de sacarosa y de otras moléculas orgánicas que se ha acumulado por transporte activo.

Las células cribosas están estrechamente asociadas a células acompañantes, en parte porque comparten la misma célula parental. Las células acompañantes realizan muchas de las funciones genéticas y metabólicas de las células cribosas y mantienen la viabilidad de estas células. La figura 6 muestra la gran cantidad de mitocondrias que tiene la célula acompañante, que facilitan el transporte activo de la sacarosa. Los pliegues de la membrana plasmática de la célula acompañante que se ven en la figura aumentan la capacidad de carga del floema en la ruta apoplástica. Los plasmodesmos conectan el citoplasma de las células acompañantes con

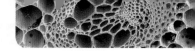

las células cribosas y tienen un diámetro mayor que el de los plasmodesmos de otras partes de la planta para facilitar la circulación de oligosacáridos y elementos genéticos entre las dos células.

La acumulación de sacarosa en el par formado por el tubo criboso y la célula acompañante requiere que haya proteínas de transporte activo o actividad enzimática en las células acompañantes para producir los oligosacáridos.

La rigidez de las paredes de la célula cribosa permite establecer la presión necesaria para lograr el flujo de la savia del floema en la célula cribosa.

La figura 7 muestra la separación entre células cribosas por unas paredes perforadas llamadas placas cribosas, que son restos de las paredes celulares que separaron las células. Las placas cribosas, en combinación con el citoplasma reducido, comportan una resistencia menor al flujo de la savia del floema.

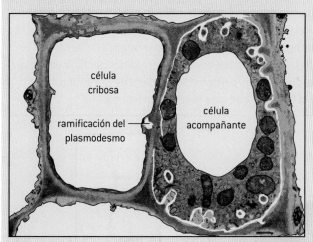

▲ Figura 6

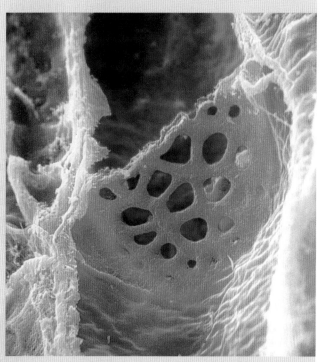

▲ Figura 7

Actividad

Análisis de micrografías electrónicas de los tejidos del floema

1   En la micrografía electrónica de la figura 8, identifica las siguientes partes:

   (i)   Células cribosas

   (ii) La placa cribosa

   (iii) La célula acompañante

   (iv) Plástidos con gránulos de almidón dentro de la célula cribosa

   (v)   El plasmodesmo

   (vi) El citoplasma de la célula cribosa

   (vii) Las mitocondrias dentro de la célula acompañante

2   Si la barra de escala de la figura representa 5 μm, estima la anchura de la célula cribosa cercana a la placa cribosa.

3   Sugiere qué prueba hay en la micrografía de que la célula cribosa está viva.

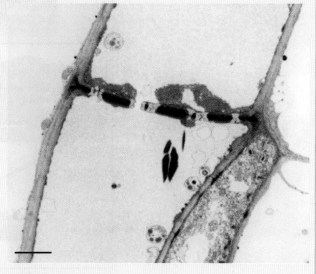

▲ Figura 8

449

⚗️ Experimentos con estiletes de áfidos

Análisis de datos de experimentos de medición de las tasas de transporte en el floema a través de estiletes de áfidos y dióxido de carbono marcado radiactivamente

En comparación con muchos otros productos vegetales, la savia del floema es rica en nutrientes y estos nutrientes son pequeñas moléculas solubles que no necesitan ser digeridas. A pesar de esto, los únicos animales que consumen la savia como parte principal de su dieta son los insectos pertenecientes al grupo de los hemípteros, que incluye los áfidos (pulgones), la mosca blanca, las cochinillas y los psílidos.

Los áfidos perforan los tejidos vegetales hasta llegar al floema (*f* en la primera fotografía de la figura 9) usando unas partes bucales llamadas estiletes (*est* en la primera fotografía). Si el áfido es anestesiado y se le corta el estilete (proceso que se muestra en las fotografías intermedias), la savia seguirá saliendo por el estilete (última fotografía). Así se pueden analizar tanto la tasa de flujo como la composición de la savia. Cuanto más cerca esté el estilete de la estructura de destino, más lenta será la tasa a la que sale la savia del floema.

▲ Figura 9

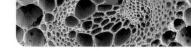

Preguntas basadas en datos

1 a) Los únicos animales que consumen savia del floema como parte principal de su dieta son los insectos pertenecientes al grupo de los hemípteros. Los datos incluidos en esta pregunta se han extraído de investigaciones con áfidos.

El contenido de azúcar de la savia del floema es muy alto, a menudo superior a 1 mol dm^{-3}.

(i) Explica cómo hacen las plantas para aumentar la concentración de azúcar de la savia del floema a niveles tan altos. [1]

(ii) Explica cómo las altas concentraciones de azúcar hacen que se forme una alta presión en el floema. [2]

b) Los áfidos ingieren solo una pequeña parte del azúcar de la savia del floema. El resto, un líquido llamado mielato, lo excretan en las heces. Debido a las elevadas concentraciones de azúcar, la savia del floema tiene una concentración de solutos mucho mayor que las células del áfido. Las enzimas segregadas en el intestino del áfido reducen la concentración de solutos de la savia del floema convirtiendo los azúcares en oligosacáridos. La figura 10 muestra la relación entre la concentración de sacarosa en la savia del floema que ingieren los áfidos y el contenido de oligosacáridos del mielato.

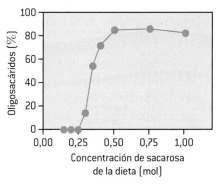

▲ Figura 10

(i) Describe la relación entre la concentración de sacarosa en la savia del floema que ingieren los áfidos y el porcentaje de oligosacáridos en el mielato. [3]

(ii) Sugiere las razones por las que los áfidos segregan enzimas para reducir la concentración de solutos de la savia en el intestino. [2]

c) Los áfidos ingieren más savia del floema de la que necesitan, con el fin de obtener suficiente azúcar para la respiración celular. Esto es porque también necesitan obtener aminoácidos y la concentración de aminoácidos en la savia del floema es baja. La figura 11 muestra el porcentaje de cada aminoácido en la savia del floema y en las proteínas del áfido. Nueve de los aminoácidos no pueden ser sintetizados en las células del áfido y, por tanto, se llaman aminoácidos esenciales. Los otros aminoácidos pueden ser sintetizados a partir de otros aminoácidos y, por tanto, no son esenciales.

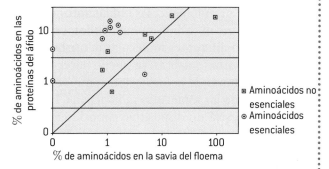

▲ Figura 11

(i) Evalúa la savia del floema como fuente de aminoácidos para los áfidos. [3]

(ii) Sugiere razones para las diferencias entre el contenido de aminoácidos en la savia del floema y en las proteínas del áfido. [2]

d) Se han descubierto células especializadas en los áfidos llamadas bacteriocitos. Estas células contienen una bacteria llamada *Buchnera*, que sintetiza aminoácidos esenciales a partir del ácido aspártico y la sacarosa. El ácido aspártico es un aminoácido no esencial que se encuentra en la savia del floema en concentraciones mucho más altas que ningún otro aminoácido. Cuando los áfidos se reproducen, transmiten las bacterias *Buchnera* a su descendencia.

(i) Explica cómo podrían usarse los antibióticos para obtener pruebas del papel que desempeña la bacteria *Buchnera* en los áfidos. [2]

(ii) Basándote en los datos de esta pregunta, discute las razones por las que tan pocos animales utilizan la savia del floema como parte principal de su dieta. [3]

Radioisótopos como herramientas importantes en el estudio de la translocación

Las mejoras en equipos y aparatos conllevan avances en la investigación científica: los métodos experimentales para la medición de las tasas de transporte por el floema a través de estiletes de áfidos y dióxido de carbono marcado radiactivamente solo fueron posibles una vez que los radioisótopos estuvieron disponibles.

El carbono-14 es un isótopo de carbono radioactivo. Durante la fotosíntesis, las plantas pueden incorporar moléculas de dióxido de carbono con carbono marcado radiactivamente. Estas plantas liberarán radiación que puede ser detectada usando películas o detectores de radiación. Como el carbón se metaboliza, se encontrará en diferentes moléculas dentro de la planta. En otras palabras, se puede hacer un seguimiento tanto de la formación como del movimiento de las moléculas radioactivas. La figura 12 muestra un dispositivo conocido como contador Geiger midiendo los niveles de radiación en un campo de girasoles. Los girasoles de la fotografía se utilizan para la biorremediación de suelos contaminados con radiación.

▲ Figura 12

Preguntas basadas en datos: Marcado radiactivo (1)

Se expusieron hojas de origen a una pulsación de carbono marcado radiactivamente y se midió el tiempo que tardó en llegar el carbono radiactivo a las hojas de destino mediante radiofotografía. Para variar la tasa fotosintética, principalmente se modificó la concentración de dióxido de carbono sin marcar. El experimento se llevó a cabo con tres intensidades de luz diferentes (los cuadrados verdes representan 20.000 lux, los rombos naranjas 40.000 lux y los círculos morados 80.000 lux).

a) Resume la relación entre la tasa de fotosíntesis y la tasa de translocación. [1]

b) (i) Deduce la relación entre la intensidad de la luz y la translocación. [2]

   (ii) Sugiere si se trata de una correlación o de una relación de causa y efecto. [3]

c) Determina el cociente entre la tasa de translocación y la fotosíntesis neta en dos puntos diferentes del gráfico. [2]

d) Deduce, aportando una razón, si la hoja de origen es una hoja en crecimiento o una hoja madura. [2]

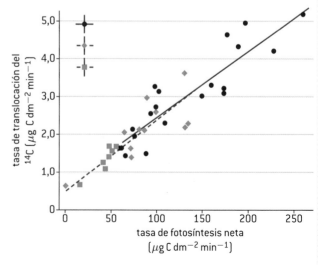

▲ Figura 13

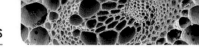

Preguntas basadas en datos: Marcado radiactivo (2)

Se determinó la distribución de la radiactividad en las hojas de una planta de remolacha (*Beta vulgaris*) una semana después de haber suministrado $^{14}CO_2$ durante cuatro horas a una sola hoja de origen (marcada con una flecha en la figura 14). El grado de marcado radioactivo está indicado por la intensidad del sombreado de las hojas. Las hojas están numeradas según su edad (la hoja 1 es la más joven, recién brotada).

El propósito del experimento fue determinar la posición de las hojas de destino en relación con la posición de las hojas de origen. La hipótesis era que las hojas inmediatamente por encima y por debajo de la hoja de origen son más propensas a recibir los productos de la fotosíntesis y que la poda hace que se desvíen las rutas de translocación para incluir las hojas laterales. La figura 14A muestra la distribución de los productos de la fotosíntesis en una planta intacta. La figura 14B muestra la distribución después de quitar varias hojas.

(i) Identifica en la figura 14A las dos hojas que recibieron más productos de la fotosíntesis. [2]

(ii) Basándote en la figura 14A, describe la localización de las hojas de destino que reciben más productos de la fotosíntesis en relación con la hoja de origen. [2]

(iii) Evalúa la hipótesis de que las hojas inmediatamente por encima y por debajo de la hoja de origen son más propensas a recibir los productos de la fotosíntesis y que la poda hace que se desvíen las rutas de translocación para incluir las hojas laterales. [3]

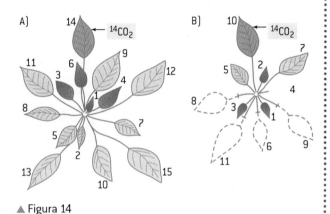

▲ Figura 14

🧪 Identificación del xilema y el floema en micrografías de luz

Identificación del xilema y del floema en imágenes de microscopio correspondientes a tallos y raíces

Las células del xilema son generalmente más grandes que las células del floema. En un haz vascular, las células del floema tienden a estar más cerca del exterior de la planta en los tallos y las raíces.

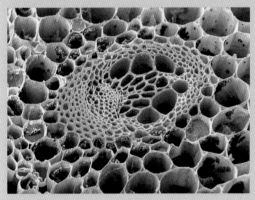

▲ Figura 15 Tallo de ranúnculo (*Ranunculus repens*). Micrografía electrónica de barrido coloreada de un corte transversal de parte del tallo de un ranúnculo, que muestra un haz vascular. Es un tallo típico de dicotiledónea. En el centro hay un haz vascular oval incrustado en las células del parénquima cortical del tallo. Algunas células tienen cloroplastos (verde). El haz vascular contiene grandes vasos de xilema (centro derecha) que sirven para transportar agua; el floema (naranja) transporta nutrientes.

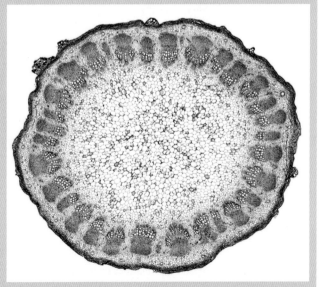

▲ Figura 16 Micrografía de luz de un corte transversal del tallo de un girasol (*Helianthus annuus*)

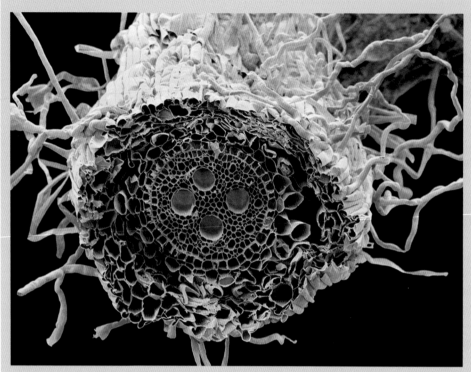

▲ Figura 17 Micrografía electrónica de barrido coloreada de un corte transversal de una raicilla de una planta dicotiledónea. El haz vascular se compone de tejidos del xilema (cuatro círculos amarillos, en el centro) y del floema (beige). El xilema transporta agua y nutrientes minerales desde las raíces a toda la planta y el floema transporta glúcidos y hormonas vegetales alrededor de la planta. Rodeando el haz vascular hay una sola capa de endodermis (naranja) y después el parénquima cortical (marrón). La capa más externa (crema) es la epidermis.

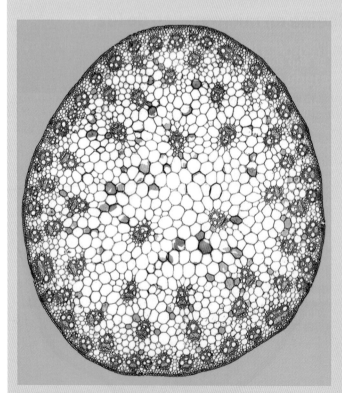

▲ Figura 18 Micrografía de luz de una sección transversal del tallo de una planta de maíz (*Zea mays*). Pueden verse haces vasculares (racimos coloreados) que contienen tejidos del xilema (círculos más grandes, en rojo/negro) y del floema (círculos más pequeños, en azul claro).

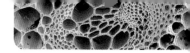

9.3 Crecimiento de las plantas

Comprensión

→ Las células indiferenciadas de los meristemos de las plantas permiten un crecimiento indeterminado.

→ La mitosis y la división celular en el brote apical proporcionan las células requeridas para la extensión del tallo y el desarrollo de las hojas.

→ Las hormonas vegetales controlan el crecimiento en el brote apical.

→ Las plantas responden al medio ambiente mediante tropismos.

→ Las auxinas influyen en las tasas de crecimiento celular mediante la modificación del patrón de expresión génica.

→ Las bombas de flujo de auxina pueden establecer gradientes de concentración de auxinas en el tejido vegetal.

Aplicaciones

→ Micropropagación de plantas mediante tejidos del brote apical, geles de agar con nutrientes y hormonas de crecimiento.

→ Uso de la micropropagación para la multiplicación rápida de nuevas variedades, la producción de cepas libres de virus de variedades existentes y la propagación de orquídeas y otras especies raras.

Naturaleza de la ciencia

→ Las mejoras en los métodos de análisis y deducción conllevan avances en la investigación científica: las mejoras en las técnicas analíticas que permiten la detección de cantidades residuales o trazas de sustancias han conducido a avances en la comprensión de las hormonas vegetales y de sus efectos sobre la expresión génica.

El crecimiento de las plantas

Las células indiferenciadas de los meristemos de las plantas permiten un crecimiento indeterminado.

El crecimiento de una planta es un fenómeno cotidiano y, sin embargo, excepcional. La mayoría de los animales y algunos órganos de plantas experimentan un crecimiento determinado; es decir, hay un período embrionario o juvenil definido o bien el crecimiento se detiene cuando se alcanza un cierto tamaño o una estructura está completamente formada. El crecimiento es indeterminado cuando las células continúan dividiéndose indefinidamente. Las plantas, en general, tienen un crecimiento indeterminado.

Muchas células vegetales, incluidas algunas totalmente diferenciadas, tienen la capacidad de generar plantas enteras; es decir, son totipotentes. Este fenómeno es lo que distingue a las células vegetales de la mayoría de los animales.

El crecimiento de las plantas se limita a las partes conocidas como meristemos. Los meristemos están compuestos por células no diferenciadas que se dividen activamente. Los meristemos primarios se encuentran en las puntas de los tallos y de las raíces, y se denominan **meristemos apicales**. El meristemo apical de la raíz es responsable del crecimiento de la raíz. El meristemo apical del tallo es responsable de la extensión del tallo. Muchas plantas **dicotiledóneas** también desarrollan meristemos laterales.

Función de la mitosis en la extensión del tallo y el desarrollo de las hojas

La mitosis y la división celular en el brote apical proporcionan las células requeridas para la extensión del tallo y el desarrollo de las hojas.

Las células de los meristemos son pequeñas y pasan por el ciclo celular repetidamente para producir más células por mitosis y citoquinesis. Las nuevas células absorben nutrientes y agua, y así aumentan en volumen y en masa.

El meristemo apical de la raíz es responsable del crecimiento de la raíz. El meristemo apical del tallo es más complejo. Produce las células que son necesarias para la extensión del tallo y, además, produce los grupos de células que crecen y se desarrollan en hojas y en flores. En cada división, una célula permanece en el meristemo mientras que la otra aumenta de tamaño y se diferencia al ser apartada del meristemo. La figura 1 muestra el meristemo apical del tallo de una planta dicotiledónea.

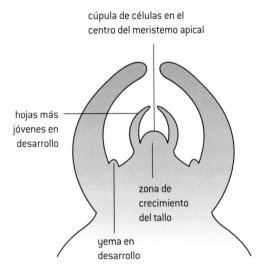

cúpula de células en el centro del meristemo apical

hojas más jóvenes en desarrollo

zona de crecimiento del tallo

yema en desarrollo

▲ Figura 1 Estructura de un meristemo apical del tallo

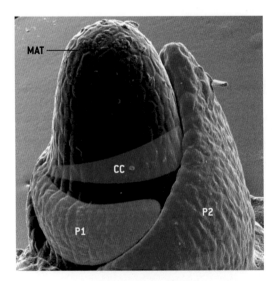

MAT

CC

P1

P2

▲ Figura 2 En esta imagen, el meristemo apical del tallo está rotulado como MAT. P1 y P2 representan hojas formadas recientemente (hojas primordiales) y CC representa las células creadoras de una nueva hoja que aún no se ha diferenciado.

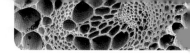

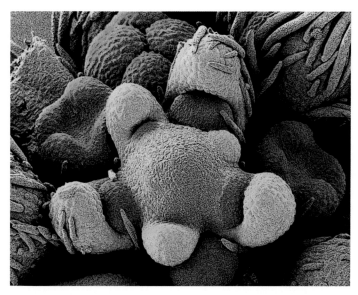

▲ Figura 3 Yema floral en desarrollo en un meristemo apical del tallo de *Clarkia xantiana*. El meristemo apical del tallo es donde se produce el crecimiento nuevo en una planta de flores. Se están desarrollando yemas florales (rojo) entre las axilas foliares (verde), alrededor de la cúpula del meristemo floral (azul).

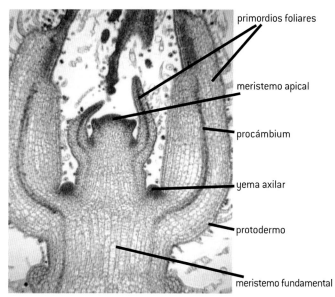

primordios foliares

meristemo apical

procámbium

yema axilar

protodermo

meristemo fundamental

▲ Figura 4

Cada meristemo apical puede dar lugar a meristemos adicionales, incluidos el protodermo, el procámbium y el meristemo fundamental. En general, estos dan lugar a diferentes tejidos. Por ejemplo, el protodermo da lugar a la epidermis, el procámbium generalmente da lugar al tejido vascular y el meristemo fundamental puede dar lugar al parénquima medular. La figura 4 muestra la posición de estos tejidos y algunos de los tejidos a los que dan lugar. Las influencias químicas también desempeñan un papel importante en la determinación de qué tipo de tejido especializado se desarrolla a partir de las células vegetales no especializadas. A los lados de los meristemos apicales del tallo se producen hojas jóvenes, que aparecen como pequeñas protuberancias conocidas como primordios foliares.

Las hormonas vegetales influyen en el crecimiento de los brotes

Las hormonas vegetales controlan el crecimiento en el brote apical.

Una hormona es un mensaje químico que se produce y libera en una parte de un organismo para causar un efecto en otra parte del organismo. Las auxinas son hormonas que tienen una amplia gama de funciones (incluida la iniciación del crecimiento de las raíces), influyen en el desarrollo de los frutos y regulan el desarrollo foliar. La auxina más abundante es el ácido indol-3-acético (AIA). El AIA desempeña una función en el control del crecimiento en el brote apical. Entre otros efectos, el AIA favorece la extensión de las células en los tallos. El AIA se sintetiza en el meristemo apical del tallo y se transporta tallo abajo para estimular el crecimiento. En concentraciones muy altas, puede inhibir el crecimiento.

Las yemas axilares son brotes que se forman en el nudo o la intersección del tallo y la base de una hoja. A medida que el meristemo apical del tallo crece y forma las hojas, algunas partes del meristemo se quedan atrás en el nudo. El crecimiento en estos nudos es inhibido por las auxinas que produce el meristemo apical del tallo: esto se denomina dominancia apical. Cuanto más lejos esté un nudo del meristemo apical del tallo, menor será la concentración de auxinas y menos probable que esta concentración inhiba el crecimiento en la yema axilar. Además, las hormonas citoquininas producidas en la raíz favorecen el crecimiento de la yema axilar. La proporción relativa de citoquininas y auxinas determina si la yema axilar se desarrollará o no. Las giberelinas son otro tipo de hormonas que también contribuyen a la extensión del tallo.

Preguntas basadas en datos: La hipótesis del crecimiento en medio ácido

La hipótesis de que la auxina favorece el crecimiento en medio ácido dice que la auxina estimula la acción de una bomba de protones (H^+). La bomba saca protones de la célula, lo que aumenta la acidez de la pared celular. Esto resulta en la activación de la proteína llamada extensina, que contribuye a la ruptura y la reconstitución de las conexiones entre las fibras de celulosa y los polisacáridos que enlazan con la celulosa. A medida que la pared celular se debilita, la presión de turgencia en el interior de la célula empuja la pared hacia afuera, causando su elongación.

Inicialmente, los brotes tienen una capa protectora llamada coleóptilo. Se sumergieron coleóptilos de avena en una solución que contenía AIA y se determinó el pH de la solución en contacto con los coleóptilos (véase la figura 5).

a) Sugiere el efecto de la aplicación de AIA en el pH de la solución en contacto con los coleóptilos. [3]

b) Estima el momento en que se produjo el cambio más grande en la longitud de los coleóptilos. [1]

c) Resume la relación entre el pH y el cambio de longitud. [2]

En un experimento posterior, los coleóptilos se sumergieron en una solución de pH 3 en tiempo cero. La primera flecha en la figura 6 indica el momento en que se transfirieron los coleóptilos a una solución de pH 7. La segunda flecha indica el momento en que se añadió el AIA.

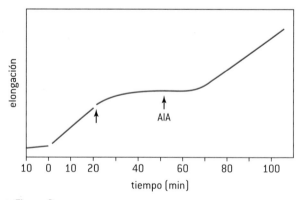

▲ Figura 6

d) Compara los efectos del pH 3 y del pH 7 en la elongación.

e) Indica el efecto de añadir el AIA en la elongación.

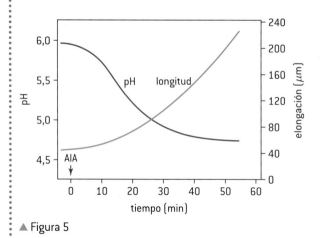

▲ Figura 5

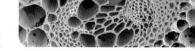

Para comprobar la hipótesis de que el transporte activo desempeña una función en el mecanismo de acción de la auxina, se añadió un inhibidor de la respiración celular (cianuro de potasio, KCN) a un grupo experimental continuamente, y a otro grupo cuando indica la flecha. A un tercer grupo de control no se le añadió KCN.

f) Indica el efecto de añadir el KCN en la elongación.

g) ¿En qué medida apoyan estos datos la conclusión de que la auxina estimula el transporte activo de protones hacia fuera del brote y que estos protones favorecen la elongación?

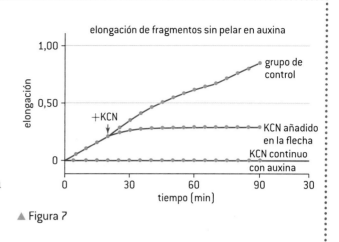

▲ Figura 7

Tropismos de las plantas

Las plantas responden al medio ambiente mediante tropismos.

Las plantas utilizan hormonas para controlar el crecimiento de los tallos y las raíces. Tanto la tasa como la dirección del crecimiento están controladas. La dirección en la que crecen los tallos puede estar influenciada por dos estímulos externos: la luz y la gravedad. Los tallos crecen hacia la fuente de luz más intensa o, en ausencia de luz, crecen hacia arriba, en la dirección opuesta a la gravedad. Este crecimiento dirigido en respuesta a estímulos externos se conoce como **tropismo**. Al crecimiento hacia la luz se le llama **fototropismo** y al crecimiento en respuesta a la fuerza de gravedad se le denomina **gravitropismo** o **geotropismo**.

▲ Figura 8 Planta creciendo hacia una fuente de luz a la izquierda. Este tipo de crecimiento dirigido de las plantas en respuesta a la luz se llama fototropismo.

Las auxinas influyen en la expresión génica

Las auxinas influyen en las tasas de crecimiento celular mediante la modificación del patrón de expresión génica.

El primer paso del fototropismo es la absorción de luz por los fotorreceptores. Esta función la realizan unas proteínas llamadas fototropinas que, cuando absorben luz de una longitud de onda adecuada, cambian de conformación. Así, las fototropinas pueden unirse a receptores dentro de la célula que controlan la transcripción de genes específicos. Aunque todavía es necesario seguir investigando en este campo, parece probable que los genes en cuestión sean los que codifican un grupo de glicoproteínas llamadas proteínas PIN3, situadas en la membrana plasmática de las células del tallo, que transportan la hormona vegetal **auxina** de una célula a otra.

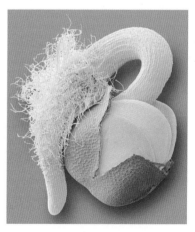

▲ Figura 9 Una semilla de *Brassica napus* mostrando gravitropismo.

Bombas intracelulares

Las bombas de flujo de auxina pueden establecer gradientes de concentración de auxinas en el tejido vegetal.

La posición y el tipo de las proteínas PIN3 pueden variar para transportar la auxina allí donde la planta necesita crecer. Si las fototropinas en la punta detectan una mayor intensidad de luz a un lado del tallo, la auxina se transportará desde el lado con mayor intensidad de luz hasta el lado más oscuro. La mayor concentración de auxinas en el lado más oscuro del tallo hace que este lado crezca más; así, el tallo crece curvándose hacia la fuente de luz más intensa. De este modo, las hojas del tallo reciben más luz y pueden realizar la fotosíntesis más rápidamente.

Actividad

Diseña experimentos para determinar si los "ojos" de las patatas tienen gravitropismo positivo o negativo. ¿Tienen fototropismo positivo o negativo? ¿Hay fototropismo si se arrancan los meristemos apicales?

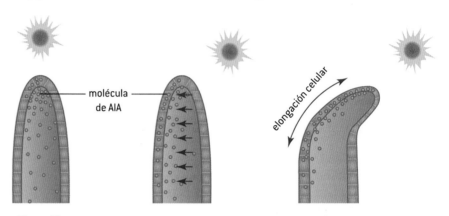

molécula de AIA

elongación celular

▲ Figura 10

El gravitropismo también depende de la auxina. El crecimiento del tallo hacia arriba y de las raíces hacia abajo se produce en respuesta a la gravedad. Si se coloca de lado una raíz, la gravedad hace que unos orgánulos celulares llamados estatolitos se acumulen en la parte inferior de las células. Esto resulta en la distribución de proteínas PIN3 que dirigen el transporte de auxinas hacia el fondo de las células. Las altas concentraciones de auxina inhiben la elongación de las células de la raíz; así, las células de la parte superior se alargan más que las células de la parte inferior, haciendo que la raíz se doble hacia abajo. Nótese que el efecto de la auxina es opuesto en el tallo y en la raíz: la auxina favorece la elongación en el tallo, pero la inhibe en la raíz.

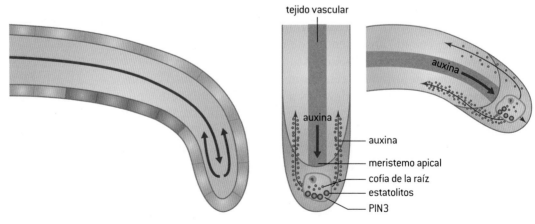

tejido vascular

auxina

auxina

auxina

meristemo apical

cofia de la raíz

estatolitos

PIN3

▲ Figura 11

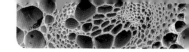

🌐 Micropropagación de plantas

Micropropagación de plantas mediante tejidos del brote apical, geles de agar con nutrientes y hormonas de crecimiento

La micropropagación es un procedimiento *in vitro* que produce grandes cantidades de plantas idénticas.

Se identifica una planta que generalmente tiene alguna característica deseable. La micropropagación depende de la totipotencia de los tejidos vegetales, es decir, de su capacidad para convertirse en cualquier parte funcional de la planta por diferenciación.

Se esterilizan los tejidos de la planta y se cortan en trozos llamados explantes. En la mayoría de los casos, se utiliza como tejido de origen el menos diferenciado, como un meristemo. Los explantes se colocan en medios de cultivo estériles que incluyen hormonas vegetales. Si se incluyen partes iguales de auxina y citoquinina en el medio de cultivo, se formará una masa indiferenciada llamada callo. Si la proporción de auxina con respecto a la citoquinina es mayor de 10 : 1, se desarrollan raíces en el medio de cultivo. Si la proporción de auxina con respecto a la citoquinina es menor de 10 : 1, se desarrollan brotes en el medio de cultivo. Una vez que las raíces y los brotes se han desarrollado, la planta clonada puede transferirse al suelo.

▲ Figura 12

🌐 La micropropagación se usa para la multiplicación rápida

Uso de la micropropagación para la multiplicación rápida de nuevas variedades, la producción de cepas libres de virus de variedades existentes y la propagación de orquídeas y otras especies raras

El intercambio internacional de materiales vegetales conlleva el riesgo de transmisión de patógenos. Las técnicas de micropropagación pueden utilizarse para producir cepas de plantas libres de virus. Dentro de una planta, los virus pasan de una célula a otra a través del tejido vascular y de los plasmodesmos. Por lo tanto, el meristemo apical suele estar libre de virus.

La micropropagación puede utilizarse para producir numerosos ejemplares idénticos de una planta con características deseables. Además, este proceso es mucho más rápido y requiere menos espacio que los métodos de producción tradicionales. Se está utilizando, por ejemplo, para preservar especies como las orquídeas. La micropropagación de variedades de orquídeas en peligro de extinción permite repoblarlas en la naturaleza, además de ser un método de producción comercial. Asimismo, las semillas de orquídeas son difíciles de germinar y la reproducción asexual es a menudo

▲ Figura 13 *Ophrys lutea*

461

más exitosa. Las plántulas micropropagadas pueden conservarse en nitrógeno líquido, una técnica denominada criopreservación cuya función es equivalente a la de un banco de semillas.

En Malta, la desaparición del hábitat de la especie de orquídea *Ophrys lutea* (figura 13), en combinación con su normalmente escasa producción de semillas y sus bajos porcentajes de germinación con éxito, han convertido a esta especie amenazada en un objetivo de conservación. Se obtuvo de la naturaleza el material necesario para iniciar su micropropagación. Una vez finalizado el proceso de producción de plántulas, la intención es replobar esta especie en su hábitat natural y preservar un stock.

La genómica ha mejorado la comprensión de la función de las hormonas vegetales

Las mejoras en los métodos de análisis y deducción conllevan avances en la investigación científica: las mejoras en las técnicas analíticas que permiten la detección de cantidades residuales o trazas de sustancias han conducido a avances en la comprensión de las hormonas vegetales y de sus efectos sobre la expresión génica.

Muchas de las investigaciones clásicas sobre la acción de las auxinas, como las realizadas por Darwin y Went, implicaron experimentos con coleóptilos. La genómica moderna ha creado nuevas oportunidades para entender sus mecanismos y vías de una forma que antes no era posible.

Las micromatrices permiten a los investigadores detectar la expresión génica. Si un gen está siendo expresado, al probar el tejido en la micromatriz producirá fluorescencia.

En un estudio con micromatrices, los investigadores descubrieron que la expresión de siete genes es mayor en las células inferiores con gravitropismo y en las células del lado más oscuro con fototropismo.

El análisis de la expresión génica aprovecha el conocimiento de plantas modelo como *Arabidopsis thaliana* y su pariente cercano *Brassica oleracea*. Las células de plantas *Brassica* son relativamente grandes, por lo que la actividad celular es fácilmente observable.

Proteína codificada	Nivel de aumento lado oscuro en comparación con lado iluminado	Nivel de aumento lado inferior en comparación con lado superior
α-extensina	3,9 ± 2,2	3,9 ± 2,9
supuesta oxidasa	5,2 ± 0,5	1,4 ± 0,4
AIA-amidosintetasa (asp)	1,6 ± 0,3	1,7 ± 0,3
proteína SAUR	1,3 ± 0,5	1,4 ± 0,2
factor de transcripción bHLH	1,7 ± 0,2	2,0 ± 0,9
factor de transcripción HD-Zip	1,9 ± 0,3	2,3 ± 0,4
AIA-amidosintetasa (ala)	4,6 ± 1,9	1,9 ± 0,4

▲ Table 1 Efecto de la luz y de la gravedad en la expresión de siete genes

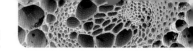

9.4 Reproducción de las plantas

Comprensión

→ La floración implica un cambio en la expresión génica en el brote apical.

→ El cambio al estado de floración es una respuesta a la duración de los períodos de luz y sombra en muchas plantas.

→ La mayoría de las plantas con flores tienen relaciones de mutualismo con polinizadores para su reproducción sexual.

→ El éxito en la reproducción de las plantas depende de la polinización, la fertilización y la dispersión de semillas.

 ## Aplicaciones

→ Métodos usados para inducir la floración en plantas de fotoperíodo corto fuera de temporada.

 ## Habilidades

→ Dibujo de la estructura interna de las semillas.

→ Dibujo de vistas de secciones de flores polinizadas por animales.

→ Diseño de experimentos para comprobar hipótesis sobre los factores que afectan a la germinación.

Naturaleza de la ciencia

→ Cambio de paradigma: más del 85% de las 250.000 especies de plantas con flores del mundo depende de los polinizadores para la reproducción. Este conocimiento ha llevado a proteger ecosistemas enteros, en lugar de especies individuales.

Floración y expresión génica

La floración implica un cambio en la expresión génica en el brote apical.

Cuando una semilla germina, se forma una planta joven que desarrolla raíces, tallos y hojas. A estos se les llama estructuras vegetativas y se dice que la planta está en la fase **vegetativa**. Esta fase puede durar semanas, meses o años, hasta que un desencadenante hace que la planta pase a la fase reproductiva y produzca flores. El cambio de la fase vegetativa a la fase reproductiva ocurre cuando los meristemos en el tallo comienzan a producir partes de flores en lugar de hojas.

Las flores son estructuras que permiten la reproducción sexual y aumentan así la variedad. Son producidas por el meristemo en el brote apical y, por tanto, son un brote reproductivo.

La temperatura puede contribuir a la transformación de un brote productor de hojas en un brote productor de flores, pero la duración del día o, más concretamente, la duración del período de oscuridad es el desencadenante principal. Algunas plantas, como la flor de Pascua (*Euphorbia pulcherrima*), se clasifican como plantas de fotoperíodo corto porque florecen cuando el período de oscuridad sobrepasa una duración determinada, por ejemplo en el otoño. Otras plantas, como el trébol violeta (*Trifolium pratense*), son

▲ Figura 1 La flor de Pascua es una planta de fotoperíodo corto.

plantas de fotoperíodo largo porque florecen durante los largos días de principios de verano, cuando las noches son cortas.

La luz influye en la producción de inhibidores o activadores de genes que controlan la floración. Por ejemplo, en las plantas de fotoperíodo largo, la forma activa del pigmento fitocromo hace que se transcriba un tiempo de floración (gen FT). El ARNm del gen FT se transporta en el floema hasta el meristemo en el brote apical, donde se traduce en la proteína FT. Esta proteína se une a un factor de transcripción, y la interacción entre ambos conduce a la activación de muchos genes de floración que transforman el meristemo apical productor de hojas en un meristemo reproductivo.

▲ Figura 2 El trébol violeta es una planta de fotoperíodo largo.

Fotoperíodos y floración

El cambio al estado de floración es una respuesta a la duración de los períodos de luz y sombra en muchas plantas.

Las plantas de fotoperíodo largo florecen en verano, cuando las noches son suficientemente cortas.

Las plantas de fotoperíodo corto florecen en otoño, cuando las noches son suficientemente largas.

Las observaciones sugerían que el desencadenante de la floración en algunas plantas podía ser una duración concreta del día, pero los experimentos han demostrado que lo que importa es la duración de la noche.

Se descubrió en las hojas un pigmento que las plantas utilizan para medir la duración de los períodos de oscuridad: se llama fitocromo y es inusual porque puede alternar entre dos formas, P_r y P_{fr}.

- Cuando P_r absorbe la luz roja de la longitud de onda 660 nm se convierte en P_{fr}.

- Cuando P_{fr} absorbe la luz infrarroja de la longitud de onda 730 nm se convierte en P_r. Esta conversión no tiene gran importancia, ya que la luz solar contiene más luz de longitud de onda 660 nm que 730 nm, así que la luz solar normal convierte rápidamente el fitocromo en P_{fr}.

- Sin embargo, P_r es más estable que P_{fr}, por lo que en la oscuridad P_{fr} se transforma muy gradualmente en P_r.

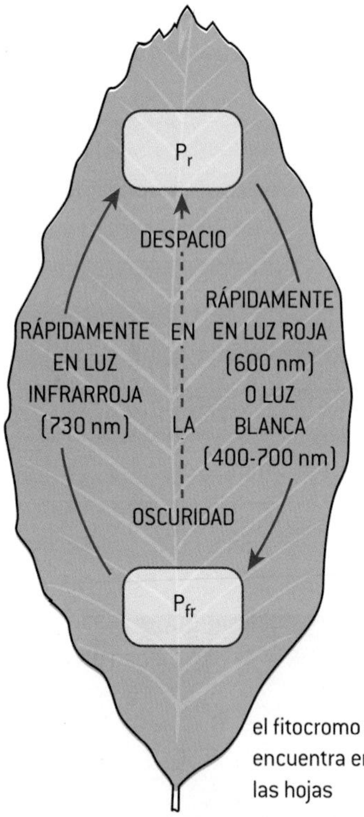

Otros experimentos han demostrado que P_{fr} es la forma activa del fitocromo y que en el citoplasma hay proteínas receptoras de P_{fr}, pero no de P_r.

- En las plantas de fotoperíodo largo, al final de las noches cortas quedan cantidades suficientes de P_{fr} para unirse al receptor; esta unión promueve la transcripción de los genes necesarios para la floración.

- En las plantas de fotoperíodo corto, la unión entre P_{fr} y el receptor inhibe la transcripción de los genes necesarios para la floración. Sin embargo, al final de las noches largas queda muy poco P_{fr}, así que no llega a haber inhibición y la planta florece.

Interconversiones de fitocromo (Figura 3):

P_r

DESPACIO

RÁPIDAMENTE EN LUZ INFRARROJA (730 nm)

EN LA OSCURIDAD

RÁPIDAMENTE EN LUZ ROJA (600 nm) O LUZ BLANCA (400-700 nm)

P_{fr}

el fitocromo se encuentra en las hojas

▲ Figura 3 Interconversiones de fitocromo

Preguntas basadas en datos: Época de siembra de la soja

La soja es rica en proteínas y la comen tanto los seres humanos como el ganado. Después de la germinación, las plantas de soja desarrollan una serie de secciones en el tallo separadas por nudos. Las hojas se producen en los nudos. Las secciones del tallo se denominan entrenudos. En cada nudo

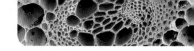

se producen flores a partir de las cuales se desarrollan vainas que contienen granos de soja. Cuando las plantas de soja empiezan a florecer, dejan de producir nudos y entrenudos.

La figura 4 muestra el número promedio de nudos en plantas de soja sembradas en diferentes fechas en Nebraska.

1 Compara el crecimiento de las plantas de soja sembradas en las diferentes fechas. [5]

2 a) Deduce cuándo empezaron a florecer las plantas de soja. [2]

   b) Deduce, aportando razones, el factor que desencadena la floración en las plantas de soja. [3]

3 a) En lo que respecta a la productividad de la soja, explica la ventaja de sembrar los cultivos lo antes posible. [3]

b) Sugiere dos posibles desventajas de la siembra de plantas de soja antes de las fechas utilizadas en el experimento. [2]

▲ Figura 4

🌐 Inducción de la floración de plantas fuera de temporada

Métodos usados para inducir la floración en plantas de fotoperíodo corto fuera de temporada

La inducción de la floración es un procedimiento concebido para hacer que las plantas florezcan fuera de temporada o en un momento específico, como la época de vacaciones. Los cultivadores pueden manipular la duración de los días y las noches para inducir la floración.

Las flores del tulipán de Siam (*Curcuma alismatifolia*) se venden cortadas. Esta planta normalmente produce flores durante la temporada de lluvias, cuando los días son largos. El uso de iluminación adicional durante la noche hace que florezca fuera de temporada si cuenta con suficiente humedad y nutrientes.

⚗️ Dibujo de una flor polinizada por animales

Dibujo de vistas de secciones de flores polinizadas por animales

La figura 5 muestra una flor de ciruelo (*Prunus domestica*). En la base de la flor hay glándulas secretoras de néctar que atraen a los insectos, especialmente las abejas. Los pétalos son grandes y blancos, lo que ayuda a los insectos a encontrar la flor. Los sépalos protegen el brote de la flor durante su desarrollo y por la noche, cuando los brotes se cierran. Las anteras producen polen, que contiene los gametos masculinos. Los filamentos colocan las anteras en una posición donde es probable que el polen se adhiera a los insectos visitantes. La parte femenina de la flor se llama carpelo y consta de un estigma, un estilo y un ovario. El estigma es pegajoso y captura el polen que traen los insectos visitantes. El estigma está sostenido por el estilo. El ovario se encuentra dentro de una pequeña estructura redondeada denominada óvulo.

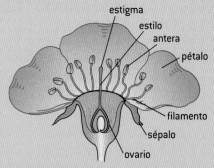

▲ Figura 5 Estructura de una flor de ciruelo

▲ Figura 6 Abeja polinizando una flor de malva silvestre

▲ Figura 7 Colibrí caribeño gorgimorado

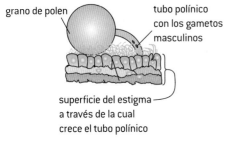

grano de polen

tubo polínico con los gametos masculinos

superficie del estigma a través de la cual crece el tubo polínico

▲ Figura 8 Grano de polen germinando en un estigma al inicio del proceso de fertilización

Mutualismo entre flores y polinizadores

La mayoría de las plantas con flores tienen relaciones de mutualismo con polinizadores para su reproducción sexual.

La reproducción sexual en plantas con flores depende de la transferencia de polen desde el estambre de una planta al estigma de otra planta. El polen se transfiere de una planta a otra mediante una serie de estrategias que incluyen el viento y, menos comúnmente, el agua, pero sobre todo los animales conocidos como polinizadores. Las aves, los murciélagos y los insectos, como las mariposas y las abejas, son ejemplos de polinizadores.

El mutualismo es una relación estrecha entre dos organismos que beneficia a ambos organismos. Los polinizadores obtienen alimento en forma de néctar y la planta obtiene un medio para transferir su polen a otras plantas. La figura 6 muestra una abeja (*Apis mellifera*) cubierta de polen después de visitar una flor de malva (*Malva sylvestris*). La figura 7 muestra un colibrí caribeño gorgimorado (*Eulampis jugularis*) cuyo pico curvado es una adaptación para extraer el néctar de la flor de *Heliconia bihai*, que es muy alargada.

Polinización, fertilización y dispersión de semillas

El éxito en la reproducción de las plantas depende de la polinización, la fertilización y la dispersión de semillas.

El siguiente proceso después de la polinización es la **fertilización**. De cada grano de polen en el estigma crece un tubo que baja por el estilo hasta el ovario. El tubo polínico lleva gametos masculinos para fertilizar el ovario. El ovario se encuentra dentro de una pequeña estructura redondeada denominada óvulo.

El óvulo fertilizado se convierte en una semilla y el ovario se convierte en un fruto.

Las semillas no pueden moverse por sí solas; no obstante, a menudo recorren largas distancias desde la planta parental. Esto se denomina **dispersión de semillas** y reduce la competencia entre la planta parental y su descendencia, además de ayudar a difundir la especie. El tipo de dispersión de semillas depende de la estructura del fruto: seco y explosivo, carnoso y atractivo como alimento para los animales, con plumas o alas para atrapar el viento, o ganchudo para agarrarse al pelaje de los animales.

Preguntas basadas en datos: Factores que afectan el desarrollo del polen

Los granos de polen a veces se desarrollan al colocarlos en una gota de líquido sobre un portaobjetos de microscopio. La composición del líquido y su temperatura influyen en si el polen se desarrolla o no. La tabla 1 muestra los resultados de estudios sobre el desarrollo del polen de distintas especies de plantas en Hong Kong.

1 Los datos de la tabla 1 son difíciles de analizar en su forma actual. Elige formatos de presentación adecuados que te permitan mostrar los datos claramente e identificar

tendencias significativas. Puedes utilizar programas de representación gráfica o bien dibujar a mano gráficos, tablas o diagramas.

2 Describe claramente cualquier tendencia que hayas observado en los datos. Trata de explicar cada tendencia valiéndote de tus conocimientos biológicos.

3 Identifica puntos débiles en los datos obtenidos, si los hay. Sugiere cómo podría haberse mejorado la investigación.

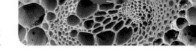

Especie de planta	Diámetro del grano de polen (μm)	Crecimiento medio del tubo polínico (μm h^{-1})	Concentración óptima de sacarosa (mmol dm^{-3})
Bougainvillea glabra	44,00	41,8	0,75
Delonix regia	70,30	4,9	0,45
Leucaena leucocephala	64,60	111,0	0,75
Bauhinia purpurea	71,50	69,9	0,45
Lilium bulbiferum	91,60	11,1	0,30
Gladiolus gandavensis	86,82	50,6	0,45

Concentración de sacarosa (mmol dm^{-3})	Porcentaje de granos de polen de *Camellia japonica* que se desarrollaron
0,30	22,5
0,46	23,0
0,60	13,0
0,75	0,0
0,90	0,0

Concentración de iones de cobre (ppm)	Crecimiento medio de los tubos polínicos de *Bougainvillea glabra* (μm h^{-1})
0,0	33,6
1,0	25,1
2,5	15,5
5,0	10,8
25,0	0,0

 Tabla 1

Protección de hábitats como medida de conservación

Cambio de paradigma: más del 85% de las 250.000 especies de plantas con flores del mundo depende de los polinizadores para la reproducción. Este conocimiento ha llevado a proteger ecosistemas enteros, en lugar de especies individuales.

El aumento del número y del tipo de amenazas a la biodiversidad, en combinación con los escasos recursos que se destinan a la conservación, hacen que sea necesario replantearse las medidas de conservación tradicionales. Tradicionalmente, las labores de conservación se han concentrado en las poblaciones y especies más preocupantes. La estrecha relación entre organismos como los polinizadores y las plantas con flores sugiere que lo que hay que proteger es el ecosistema y los procesos biológicos.

El cactus saguaro (*Carnegiea gigantea*) es una especie clave del desierto de Sonora, en Estados Unidos y México, pues es un posadero y un lugar de nidificación importante para aves como el busardo colirrojo, diversas especies de pájaro carpintero, el mochuelo y el martín azul, entre otras. Cuando madura el fruto del saguaro, el murciélago lengüilargo de Sandborn (*Leptonycteris yerbabuenae*), la zenaida aliblanca, el carpintero de Gila y otras aves lo consumen y dispersan las semillas, que pasan intactas por sus intestinos.

▲ Figura 9 Murciélago acercándose a una flor de saguaro

Las flores del saguaro florecen solo una noche al año, y su néctar atrae al murciélago lengüilargo de Sandborn y al murciélago hociquilargo mexicano (*Choeronycteris mexicana*). Los murciélagos usan sus hocicos alargados para llegar al néctar de las flores y, al hacerlo, sus cabezas se cubren de polen que luego transfieren de flor en flor al volar de un cactus a otro durante la noche.

El murciélago lengüilargo de Sandborn está catalogado como especie en peligro de extinción en la legislación de Estados Unidos.

Sin embargo, los pastos invasores, la reducción del desierto para construir viviendas y los cambios en los ciclos naturales de los incendios amenazan a los saguaros. La supervivencia tanto de los murciélagos como de las plantas del desierto que les proporcionan alimento está amenazada por la pérdida del hábitat. El futuro del ecosistema del desierto de Sonora depende de la protección de las funciones que desempeñan el murciélago, el saguaro y los animales que dispersan las semillas.

La estructura de las semillas

Dibujo de la estructura interna de las semillas

Una semilla es un paquete que contiene dentro de una capa protectora un embrión de planta y reservas de alimentos. El embrión de planta consta de una **raíz embrionaria**, un **tallo embrionario** y uno o dos **cotiledones**, según sea la planta monocotiledónea o dicotiledónea. Los cotiledones son las hojas del embrión, y en muchas plantas contienen las reservas de alimentos de la semilla. En otras semillas hay un tejido especial de almacenamiento de alimentos llamado endospermo. El nombre científico de la capa protectora de la semilla es la **testa**. La testa tiene un pequeño orificio llamado **micrópilo** que se encuentra junto a una cicatriz donde la semilla estuvo unida a la planta parental. La figura 10 muestra la estructura externa e interna de una semilla de alubia (*Phaseolus vulgaris*). La figura 11 muestra un diagrama anotado de la misma semilla.

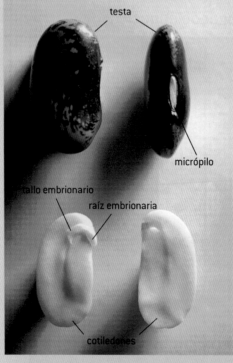

▲ Figura 10 Estructura de alubia (*Phaseolus vulgaris*): estructura externa (arriba) y estructura interna (abajo)

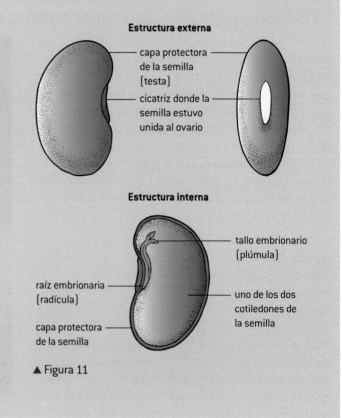

▲ Figura 11

⚗ Diseño de experimentos de germinación

Diseño de experimentos para comprobar hipótesis sobre los factores que afectan a la germinación

El crecimiento temprano de una semilla se llama germinación. Algunas semillas no germinan inmediatamente, aunque existan las condiciones que se requieren normalmente: esto se denomina latencia y da tiempo para que las semillas sean dispersadas. También puede ayudar a que la germinación no se produzca en un momento desfavorable. Todas las semillas necesitan **agua** para la germinación. Muchas semillas están secas y necesitan rehidratar sus células. Algunas semillas contienen una hormona que inhibe la germinación y se necesita agua para eliminarla de la semilla. La germinación implica el crecimiento de la raíz embrionaria y el tallo embrionario, y esto también requiere agua.

La tasa metabólica de una semilla seca y latente es cercana a cero, pero después de la absorción de agua se reinician los procesos metabólicos, incluida la liberación de energía por respiración celular aeróbica. Por lo tanto, otro requisito para la germinación es la existencia de **oxígeno**. Como la germinación conlleva reacciones metabólicas catalizadas por enzimas, se requiere **calor**; a menudo la germinación fracasa a bajas temperaturas.

Otro proceso metabólico que ocurre al comienzo de la germinación es la síntesis de **giberelina**, una hormona vegetal. Se tienen que expresar varios genes para producir las varias enzimas de la ruta metabólica que conduce a la producción de giberelina. Esta hormona estimula la mitosis y la división celular en el embrión. En semillas con almidón también estimula la producción de

amilasa, una enzima necesaria para descomponer el almidón en las reservas de alimentos en maltosa. Otras enzimas convierten la maltosa en sacarosa o glucosa. Mientras que el almidón es insoluble e inmóvil, la sacarosa y la glucosa se pueden transportar desde las reservas de alimentos a donde sean necesarias en la semilla que está germinando. La raíz embrionaria y el tallo embrionario necesitan azúcares para crecer, además de aminoácidos y otras sustancias liberados de las reservas de alimentos. Todas las partes del embrión necesitan glucosa para la respiración celular aeróbica.

La mayoría de las variedades de cultivos vegetales han sido seleccionadas para germinar rápidamente: sus semillas no suelen tener largos períodos de latencia. Sin embargo, los productores a veces tienen dificultades para conseguir que los cultivos germinen después de la siembra.

Elige una de las posibles causas del fracaso de los cultivos que se muestran en el diagrama e investígala.

Diseña un experimento y trata de obtener pruebas a favor o en contra de la causa elegida.

Tendrás que decidir:

- Qué tipo de semilla vas a utilizar
- Cómo variar el factor que estás investigando
- Cómo mantener constantes los otros factores
- Cómo obtener y presentar los resultados, y cómo evaluar si ha habido germinación

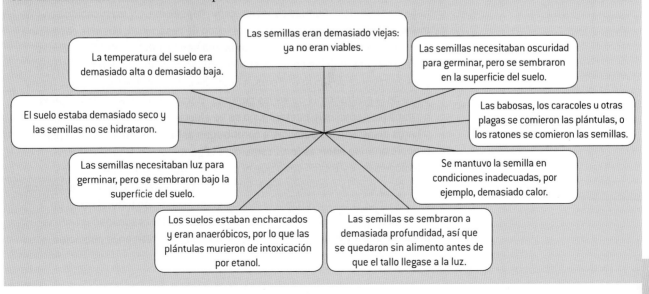

Preguntas basadas en datos: Los incendios y la latencia de las semillas de una planta del chaparral

Emmenanthe penduliflora crece en chaparrales en California. Rara vez se encuentra en chaparrales sin quemar, pero aparece después de los incendios, crece hasta alcanzar unos 250 mm de altura, florece, forma semillas y muere en pocos meses. Las micrografías electrónicas siguientes muestran los resultados de un experimento en el que se trataron con humo las semillas de la planta durante 3 minutos y luego se sumergieron en una solución de nitrato de lantano hexahidratado.

1   Las barras de escala en las micrografías electrónicas representan 1 μm. Calcula el grosor de la cutícula cerosa entre la testa y el embrión y las reservas de alimentos dentro de la semilla de control.   [2]

2   La solución de lantano aparece en las micrografías electrónicas como manchas oscuras que muestran hasta dónde penetró el agua. Deduce hasta dónde pudo penetrar el agua en las semillas de control.   [2]

3   **a)**   Compara la coloración de la cutícula cerosa en las semillas tratadas con humo con la coloración de la cutícula en las semillas de control.   [2]

     b)   Sugiere una hipótesis para la germinación de las plantas de *Emmenanthe penduliflora* después de incendios, basándote en las diferencias de coloración que has descrito.   [2]

4   Sugiere dos ventajas para *Emmenanthe penduliflora* de que la latencia termine después de los incendios en los chaparrales.   [2]

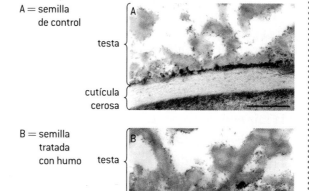

A = semilla de control
testa
cutícula cerosa

B = semilla tratada con humo
testa
cutícula cerosa
embrión

▲ Figura 12 Dos micrografías electrónicas de *Emmenanthe penduliflora*: (A) semilla de control (arriba) y (B) semilla tratada con humo (abajo)

Teoría del Conocimiento

¿Cuáles son las limitaciones del punto de vista teleológico?

El punto de vista teleológico sostiene que la naturaleza tiende hacia fines definidos; es decir, que la naturaleza tiene intención y que la selección natural es un proceso dirigido.

En los tejidos que rodean las semillas del pimiento jalapeño (*Capsicum annuum*) hay una sustancia química conocida como capsaicina. La masticación con los molares de los mamíferos destruye el tejido de la semilla y libera la capsaicina, que irrita la membrana mucosa y causa una sensación de dolor. El dolor que resulta de consumir las semillas sugiere que es una adaptación de la planta para protegerse de los mamíferos. A pesar de esto, el pimiento jalapeño forma parte de la gastronomía de varias culturas. El tracto digestivo de los pájaros no daña las semillas y, por tanto, no se ve afectado por la capsaicina. Los pájaros dispersan las semillas y contribuyen así a la distribución de la planta, proporcionando además fertilizante para la germinación. Una afirmación teleológica en este caso sería que el pimiento "quiere ser comido por los pájaros" y que "la semilla no está destinada al consumo humano". Los críticos de la teleología sostienen que la evolución por selección natural no es un proceso dirigido, sino que las mutaciones ocurren por casualidad y es más probable que aquellas que ofrecen una ventaja persistan en la población.

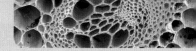

Preguntas

1 Los gráficos de la figura 13 muestran los resultados de investigaciones sobre la permeabilidad de la cutícula cerosa de las plantas al agua. La figura 13(a) muestra la relación entre la temperatura y la permeabilidad al agua de cuatro especies de plantas. La figura 13(b) muestra la relación entre el grosor de la cera cuticular y la permeabilidad al agua. Los resultados del experimento ponen de manifiesto la importancia de probar las hipótesis, incluso cuando parece que no es necesario.

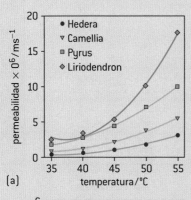

(a)

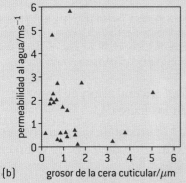

(b)

▲ Figura 13 Factores que influyen en la permeabilidad de la cutícula cerosa al agua

a) Basándote en los datos de la figura 13, describe la relación entre la temperatura y la permeabilidad al agua. [2]

b) Discute las consecuencias que tiene para las plantas el efecto de la temperatura en la permeabilidad de la cutícula cerosa al agua. [3]

c) Basándote en los datos de la figura 13, indica el grosor de la cera cuticular con:

  (i) La mayor permeabilidad al agua

  (ii) La menor permeabilidad al agua [2]

d) Basándote en los datos de la figura 13, evalúa la hipótesis de que la permeabilidad de la cutícula al agua está correlacionada positivamente con su grosor. [3]

2 Con el fin de evitar que el polen de las anteras de una planta acabe en el estigma de la misma planta (autopolinización), las anteras del girasol (*Helianthus spp.*) se deshacen del polen antes de que el estigma esté lo suficientemente maduro para recibirlo. Por la mañana temprano, las anteras quedan expuestas gracias a la elongación de los filamentos y se abren para liberar su polen (antesis). El estigma empieza a sobrepasar las anteras por la tarde, y a la mañana siguiente es totalmente receptivo.

Para ver cómo afecta la luz al filamento (F) y al estilo (E), se midieron sus longitudes a intervalos empezando 12 horas antes de la antesis (-12). Algunas plantas se cultivaron con luz blanca continua (L24) y otras se cultivaron con ciclos de 16 horas de luz blanca seguidos de 8 horas de oscuridad (L16/O8). Los resultados se muestran en el gráfico.

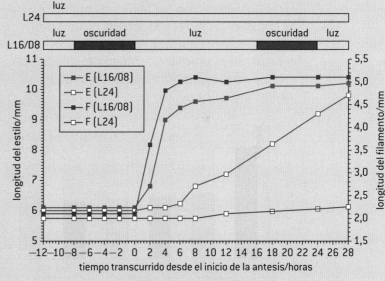

Fuente: Lobello *et al. Journal of Experimental Botany.* 2000. 51, p. 1403–1412.

a) Los filamentos de las plantas cultivadas con luz blanca continua crecieron 0,25 mm en las 28 horas siguientes a la antesis. Calcula cuánto crecieron durante el mismo período los filamentos de las plantas cultivadas con ciclos de luz blanca y oscuridad. [1]

b) Compara el crecimiento del estilo de las plantas cultivadas con luz blanca continua con el de las plantas cultivadas con ciclos de luz blanca y oscuridad. [2]

La tabla compara el porcentaje de óvulos fertilizados y convertidos en semillas de las plantas cultivadas con luz blanca continua con el de las plantas cultivadas con ciclos de luz blanca y oscuridad. Las cifras representan la media ± una desviación estándar.

Tratamiento de luz	Porcentaje de óvulos fertilizados
Luz blanca continua (L24)	11,40 (± 7,76)
Ciclos de luz y oscuridad (L16/08)	58,26 (± 4,06)

c) Explica las diferencias entre los porcentajes de óvulos fertilizados usando los datos del gráfico sobre el crecimiento de filamentos y estilos. [3]

d) Explica cómo puede ayudar la desviación estándar que se muestra en esta tabla a comparar el efecto de los tratamientos de luz en la fertilización de los óvulos. [3]

Para analizar el efecto de los reguladores del crecimiento en la elongación de los filamentos, se realizaron otros experimentos en la oscuridad, con luz blanca y con luz roja. Se trataron las flores con auxina o con ácido giberélico, y se compararon con flores de control que no recibieron ningún regulador del crecimiento. Los resultados se muestran en el siguiente gráfico de barras.

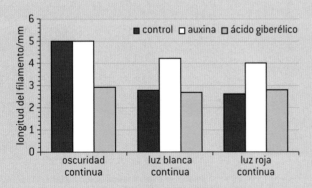

e) Identifica, aportando razones, qué factores favorecen y qué factores inhiben la elongación de los filamentos. [3]

f) Explica las desventajas de la autopolinización para una planta. [2]

3 El pimiento (*Capsicum annuum*) es un cultivo agrícola importante y muy extendido. Los científicos estudiaron el transporte y la distribución de sodio en la planta de pimiento cultivando plantas en soluciones con cloruro de sodio.

El gráfico siguiente muestra la concentración de iones de sodio en distintas partes de las plantas de pimiento cultivadas durante tres semanas en soluciones con 15 mM de cloruro de sodio.

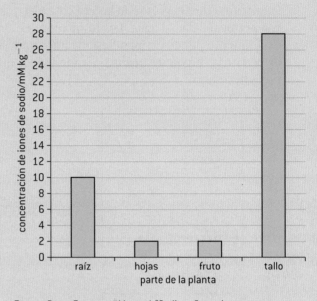

Fuente: BLOM-ZANDSTRA, M. *et. al.* "Sodium fluxes in sweet pepper exposed to varying sodium concentrations". *Journal of Experimental Botany.* 1 de noviembre de 1998. Vol. 49, n.º 328, pp. 1863–1868. Reproducido con permiso de Oxford University Press.

a) (i) Indica la concentración de iones de sodio en los frutos. [1]

(ii) Calcula el porcentaje del aumento en la concentración de iones de sodio entre la raíz y el tallo. [1]

b) Sugiere por qué una alta concentración de iones de sodio en las células del tallo es importante para el desarrollo de este tipo de planta. [1]

c) Indica **un** posible uso del sodio en las plantas. [1]

d) Los científicos también observaron que las concentraciones de iones de sodio en las células del tallo y en la savia del xilema eran las mismas. Explica por qué esto hizo pensar a los científicos que no había transporte activo entre el xilema y el tallo. [2]

e) Sugiere **un** posible método de transporte de iones de sodio entre el xilema y el tallo. [1]

10 GENÉTICA Y EVOLUCIÓN (TANS)

Introducción

La herencia se rige por principios que han sido descubiertos mediante investigaciones del siglo XIX en adelante. Los genes pueden estar ligados o desligados y esto afecta a la manera en que se heredan. La meiosis causa una transmisión independiente de los cromosomas y una composición única de los alelos en las células hijas. Los acervos génicos experimentan variaciones a lo largo del tiempo.

10.1 Meiosis

Comprensión

→ Los cromosomas se replican en la interfase, antes de que tenga lugar la meiosis.

→ El sobrecruzamiento es el intercambio de material de ADN entre las cromátidas homólogas no hermanas.

→ La formación de quiasmas entre cromátidas no hermanas en un bivalente puede causar un intercambio de alelos.

→ El sobrecruzamiento produce nuevas combinaciones de alelos en los cromosomas de células haploides.

→ Los cromosomas homólogos se separan en la meiosis.

→ La transmisión independiente de genes se debe a la orientación aleatoria de los pares de cromosomas homólogos en la meiosis I.

→ Las cromátidas hermanas se separan en la meiosis II.

Habilidades

→ Dibujo de diagramas que muestren los quiasmas formados por sobrecruzamiento.

Naturaleza de la ciencia

→ Realización atenta de observaciones: la ley de Mendel de la transmisión independiente no podía explicar los datos anómalos obtenidos a partir de observaciones y un registro cuidadosos. Thomas Hunt Morgan desarrolló la noción de genes ligados para explicar las anomalías.

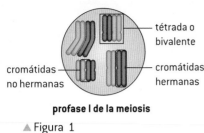

tétrada o bivalente

cromátidas no hermanas

cromátidas hermanas

profase I de la meiosis

▲ Figura 1

Replicación de cromosomas

Los cromosomas se replican en la interfase, antes de que tenga lugar la meiosis.

Al igual que la mitosis, la meiosis sigue a un período de interfase con las fases del ciclo celular G_1, S y G_2. En la fase S, el ADN se replica de tal forma que cada cromosoma está formado por dos cromátidas. Al comienzo de la meiosis, los cromosomas se condensan y son visibles como dos cromátidas, denominadas cromátidas hermanas. A diferencia de la mitosis, el apareamiento o sinapsis ocurre de forma que los cromosomas homólogos se alinean uno al lado del otro. Esta combinación se conoce como tétrada, ya que se compone de cuatro cromátidas. También se le llama bivalente porque se compone de un par de cromosomas homólogos. En muchas células eucarióticas se forma una estructura proteínica entre los cromosomas homólogos llamada complejo sinaptinémico.

Intercambio de material genético

El sobrecruzamiento es el intercambio de material de ADN entre las cromátidas homólogas no hermanas.

Durante la profase I de la meiosis se producen roturas en el ADN. Como resultado de estas roturas en los cromosomas, las cromátidas no hermanas "invaden" una secuencia homóloga de otra cromátida no hermana y se unen por el lugar de la rotura. Una vez que termina el sobrecruzamiento, las cromátidas no hermanas continúan unidas al sitio donde se produjo el sobrecruzamiento. Este punto de conexión se denomina quiasma. Existen pruebas que sugieren que las conexiones en quiasmas son esenciales para el éxito de la meiosis.

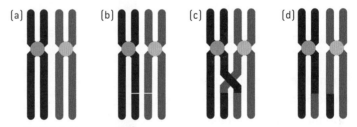

(a) (b) (c) (d)

▲ Figura 2 Proceso de sobrecruzamiento

Formación de quiasmas

La formación de quiasmas entre cromátidas no hermanas en un bivalente puede causar un intercambio de alelos.

Además de estabilizar los bivalentes en los quiasmas, el sobrecruzamiento aumenta la variación genética, pues resulta en el intercambio de ADN entre los cromosomas maternos y paternos. El sobrecruzamiento puede desligar combinaciones de alelos y, de esta forma, causar su transmisión independiente. Además, el sobrecruzamiento puede ocurrir varias veces y entre cromátidas diferentes dentro del mismo par de cromosomas homólogos.

Explicación de las discrepancias en las proporciones mendelianas

Realización atenta de observaciones: la ley de Mendel de la transmisión independiente no podía explicar los datos anómalos obtenidos a partir de observaciones y un registro cuidadosos. Thomas Hunt Morgan desarrolló la noción de genes ligados para explicar las anomalías.

El artículo científico de Mendel fue publicado en 1866. Inicialmente tuvo poco impacto y solo fue citado unas tres veces en los 35 años siguientes. El reconocimiento de su trabajo comenzó a aumentar con el cambio de siglo. Al mismo tiempo, surgieron algunas discrepancias entre las observaciones y el principio de la transmisión independiente de Mendel. William Bateson y Reginald Punnett realizaron cruzamientos con guisantes. Una de las plantas progenitoras tenía polen alargado (AA) y flores de color morado (MM). La otra tenía polen redondo (aa) y flores rojas (mm). Como era de esperar, todas las plantas de la primera generación (F$_1$) tenían polen alargado y flores moradas (AaMm). El resultado sorprendente fue la generación F$_2$ de un cruzamiento dihíbrido. En lugar de la proporción esperada de 9 : 3 : 3 : 1, había muchas más plantas con los fenotipos de los progenitores de la generación M y muchas menos plantas con fenotipos distintos de los progenitores, conocidos como recombinantes.

Aunque Bateson y Punnett se dieron cuenta de que sus resultados no se ajustaban al principio de la transmisión independiente de Mendel, no formularon una explicación clara de esta discrepancia. Thomas Hunt Morgan observó discrepancias similares en las moscas de la fruta. Su descubrimiento de los genes ligados al sexo le llevó a desarrollar una teoría de genes ligados que explicaba el número de fenotipos parentales superior a lo esperado y la noción del sobrecruzamiento para explicar la presencia de los recombinantes.

Nuevas combinaciones de alelos

El sobrecruzamiento produce nuevas combinaciones de alelos en los cromosomas de células haploides.

La figura 3 resume cómo el sobrecruzamiento puede producir nuevas combinaciones de alelos en los cromosomas de células haploides. Los diagramas representan dos cromosomas homólogos en rojo y en azul. Ambos tienen la misma longitud, el centrómero en la misma posición y los mismos genes, pero tienen diferentes combinaciones de alelos. Los cromosomas representados en la figura son el *locus* de los genes A, B y D. El individuo es heterocigótico para los tres alelos, es decir, tiene el genotipo AaBbDd. Como los genes están ligados, el individuo puede producir gametos con las combinaciones AbD y aBd.

El diagrama ilustra cómo el sobrecruzamiento puede producir más combinaciones de alelos.

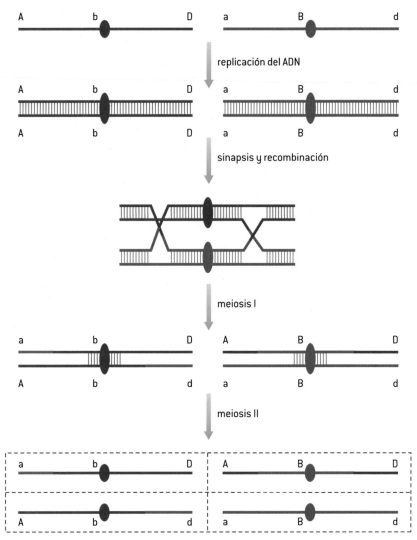

replicación del ADN

sinapsis y recombinación

meiosis I

meiosis II

▲ Figura 3 El sobrecruzamiento ocurre varias veces y entre cromátidas diferentes del mismo par de cromosomas homólogos.

⚗ Diagramas de sobrecruzamiento

Dibujo de diagramas que muestren los quiasmas formados por sobrecruzamiento

Un quiasma es una estructura similar a un nudo cruzado que se forma donde ha ocurrido un sobrecruzamiento. Al dibujar un bivalente con uno o más quiasmas es necesario utilizar lápices o bolígrafos de colores para diferenciar los dos cromosomas homólogos, es decir, los cromosomas materno y paterno. Se puede hacer una serie de dibujos para mostrar las diferentes etapas del proceso. Acuérdate de empezar con los cromosomas muy alargados.

El lugar donde se va a producir el sobrecruzamiento puede mostrarse con roturas en la misma posición en dos cromátidas, una de cada cromosoma. Como el lugar del sobrecruzamiento es aleatorio, puedes elegir cualquier punto a lo largo del bivalente. Si quieres, puedes incluir más de un sobrecruzamiento.

Es difícil mostrar el sobrecruzamiento mientras los cromosomas están estrechamente apareados ya que una parte de este queda oculta, pero puede mostrarse claramente una de las nuevas conexiones entre las cromátidas.

Después del sobrecruzamiento, las cromátidas se condensan por superenrollamiento. Los cromosomas homólogos dejan de estar estrechamente apareados, pero continúan unidos por donde ha habido sobrecruzamiento. Esto es porque las dos cromátidas de cada cromosoma siguen estrechamente alineadas, pero ahora hay uniones entre cromátidas de los dos cromosomas. El resultado es una estructura similar a un nudo cruzado llamada quiasma.

Los quiasmas mantienen unidos los cromosomas homólogos por un tiempo, pero luego se desplazan hacia el final del bivalente, permitiendo a los cromosomas trasladarse a polos opuestos de la célula.

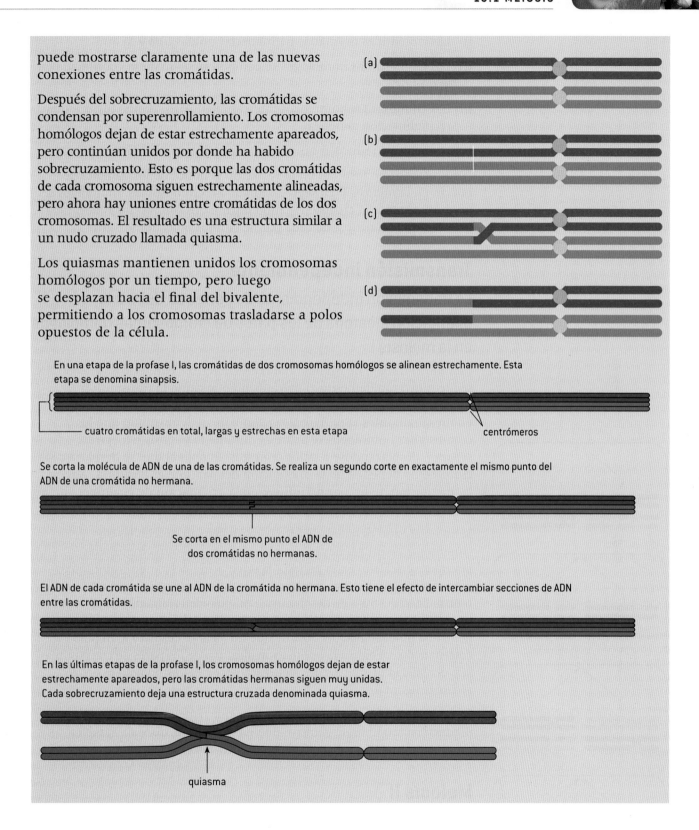

En una etapa de la profase I, las cromátidas de dos cromosomas homólogos se alinean estrechamente. Esta etapa se denomina sinapsis.

cuatro cromátidas en total, largas y estrechas en esta etapa   centrómeros

Se corta la molécula de ADN de una de las cromátidas. Se realiza un segundo corte en exactamente el mismo punto del ADN de una cromátida no hermana.

Se corta en el mismo punto el ADN de dos cromátidas no hermanas.

El ADN de cada cromátida se une al ADN de la cromátida no hermana. Esto tiene el efecto de intercambiar secciones de ADN entre las cromátidas.

En las últimas etapas de la profase I, los cromosomas homólogos dejan de estar estrechamente apareados, pero las cromátidas hermanas siguen muy unidas. Cada sobrecruzamiento deja una estructura cruzada denominada quiasma.

quiasma

Meiosis I

Los cromosomas homólogos se separan en la meiosis.

La primera división meiótica es única, mientras que la segunda se asemeja a la mitosis. Hay una serie de particularidades que distinguen a la meiosis I de la mitosis y de la meiosis II:

i) Las cromátidas hermanas permanecen unidas una a la otra.

ii) Los cromosomas homólogos se comportan de manera coordinada en la profase.

iii) Los cromosomas homólogos intercambian ADN, dando lugar a una recombinación genética.

iv) La meiosis I reduce el número de cromosomas a la mitad.

Los procesos que resultan en la variación genética de los gametos se inician en la meiosis I. La segregación de los cromosomas homólogos se produce durante la anafase I, dando lugar a dos células haploides, cada una con una sola copia de cada par de cromosomas homólogos.

Transmisión independiente

La transmisión independiente de genes se debe a la orientación aleatoria de los pares de cromosomas homólogos en la meiosis I.

Cuando el trabajo de Mendel fue redescubierto a comienzos del siglo XX, se identificó rápidamente el mecanismo que causa la transmisión independiente de los genes no ligados. Las observaciones de la meiosis en un saltamontes (*Brachystola magna*) habían demostrado que los cromosomas homólogos se aparean durante la meiosis y luego se separan, desplazándose a polos opuestos. El polo al que se desplaza cada cromosoma depende de la orientación del par, que es aleatoria. Además, la orientación de un par no influye en la orientación de cualquiera de los otros pares. A esto se le llama orientación independiente.

Si un organismo es heterocigótico para un gen, en sus células un cromosoma de un par llevará un alelo del gen y el otro cromosoma llevará el otro alelo. En la meiosis, la orientación del par de cromosomas determinará qué alelo se desplaza a cada polo. Cada alelo tiene una probabilidad del 50% de desplazarse a un polo determinado. Igualmente, un gen de otro cromosoma para el que la célula es heterocigótica tiene una probabilidad del 50% de que un alelo se desplace a un polo determinado. Debido a la orientación aleatoria de los pares de cromosomas, la probabilidad de que los dos alelos acaben en el mismo polo es del 25% (véase la figura 4).

La figura 4 muestra por qué una persona que tiene el genotipo AaBb puede producir cuatro tipos de gametos diferentes: AB, Ab, aB y ab. También muestra por qué la probabilidad de producir cada uno de ellos es la misma.

Meiosis II

Las cromátidas hermanas se separan en la meiosis II.

Después de la meiosis I, las células hijas entran en la meiosis II sin pasar por una interfase. La meiosis II es similar a la mitosis en que las cromátidas de los cromosomas replicados se separan. Las cromátidas hermanas se separan, pero es probable que no sean cromátidas hermanas idénticas porque haya habido sobrecruzamiento.

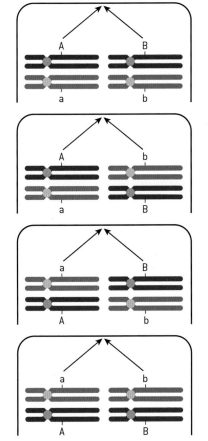

polo de la célula

▲ Figura 4 Orientación aleatoria

10.2 Herencia

Comprensión

→ Los genes no ligados se segregan de forma independiente como resultado de la meiosis.

→ Se dice que los *loci* de los genes están ligados si se encuentran en el mismo cromosoma.

→ La variación puede ser discreta o continua.

→ Los fenotipos de los caracteres poligénicos tienden a mostrar una variación continua.

→ La prueba de chi-cuadrado se utiliza para determinar si la diferencia entre la distribución de frecuencia observada y la esperada es significativa estadísticamente.

Aplicaciones

→ Compleción y análisis de cuadros de Punnett para caracteres dihíbridos.

→ Descubrimiento de Morgan de las proporciones no mendelianas en *Drosophila*.

→ Los rasgos poligénicos, tales como la altura en los seres humanos, también pueden estar influidos por factores ambientales.

Naturaleza de la ciencia

→ Búsqueda de patrones, tendencias y discrepancias: Mendel utilizó observaciones del mundo natural para encontrar y explicar patrones y tendencias. Desde entonces, los científicos han buscado discrepancias y se han hecho preguntas basadas en otras observaciones para hallar excepciones a las reglas. Por ejemplo, Morgan descubrió proporciones no mendelianas en sus experimentos con *Drosophila*.

Habilidades

→ Cálculo de las frecuencias genotípicas y fenotípicas predichas de la descendencia de cruzamientos dihíbridos que implican genes autosómicos no ligados.

→ Identificación de recombinantes en cruzamientos que implican dos genes ligados.

→ Uso de una prueba de chi-cuadrado en datos de cruzamientos dihíbridos.

Segregación y transferencia independiente

Los genes no ligados se segregan de forma independiente como resultado de la meiosis.

La segregación es la separación de los dos alelos de cada gen que ocurre durante la meiosis. La transferencia independiente es la observación de que los alelos de un gen se segregan independientemente de los alelos de otros genes.

Los genes de cromosomas diferentes no están ligados y se segregan independientemente como resultado de la meiosis. En cambio, los genes del mismo cromosoma están ligados y, por tanto, no se segregan independientemente, con la excepción de aquellos que están muy separados en el cromosoma. El sobrecruzamiento entre genes es más frecuente cuanto más separados están los genes y puede hacer parecer que los genes no están ligados.

Los ejemplos expuestos a continuación se basan en la suposición de que distintos alelos se segregan independientemente.

Cuadros de Punnett para caracteres dihíbridos

Compleción y análisis de cuadros de Punnett para caracteres dihíbridos

En un cruzamiento dihíbrido, se investiga a la vez la herencia de dos genes. Mendel realizó cruzamientos dihíbridos. Por ejemplo, cruzó cepas puras de guisantes que tenían semillas redondas y amarillas con cepas puras de guisantes que tenían semillas arrugadas y verdes.

Todos los híbridos de la primera generación (F_1) tenían semillas redondas y amarillas. Esto no es sorprendente, pues estos caracteres se deben a alelos dominantes. Cuando Mendel dejó que las plantas F_1 se autofecundaran, descubrió que las plantas de la generación F_2 presentaban cuatro fenotipos diferentes:

> semillas redondas y amarillas: uno de los fenotipos parentales originales

> semillas redondas y verdes: un fenotipo nuevo

> semillas arrugadas y amarillas: otro fenotipo nuevo

> semillas arrugadas y verdes: el otro fenotipo parental original

Si el genotipo de los híbridos F_1 es SsYy, los gametos producidos por estos híbridos pueden contener S o s con Y o y. Los cuatro gametos posibles son SY, Sy, sY y sy. Si la herencia de estos dos genes es independiente, la probabilidad de que un gameto contenga S o s no influye en la probabilidad de que contenga Y o y. La probabilidad de que un gameto contenga cada alelo es $\frac{1}{2}$, así que la probabilidad combinada de que contenga dos alelos específicos es de $\frac{1}{2} \times \frac{1}{2} = \frac{1}{4}$. Esta teoría de que los alelos de dos genes se transmiten a los gametos sin influir unos en otros se conoce como **transmisión independiente**.

Un cuadro de Punnett es un diagrama que se utiliza para hacer predicciones sobre el resultado de un cruzamiento particular cuando la trasmisión de los alelos es independiente. Se usa para determinar directamente la probabilidad de un genotipo particular, pero también puede utilizarse para determinar la probabilidad de un fenotipo particular. Es una tabla que recoge sistemáticamente cada combinación posible de los alelos maternos y los alelos paternos.

Para crear un cuadro de Punnett:

Paso 1: Determinar los genotipos de los padres.

Paso 2: Identificar las diferentes variedades de gametos que los padres pueden producir. Hay que tener en cuenta que, según el principio de la segregación de Mendel, el gameto incluye **una** copia de cada gen. Un error común es incluir dos copias o no incluir ninguna.

Paso 3: Configurar un cuadro de Punnett para el cruzamiento, con tantas filas como gametos masculinos (espermatozoides) distintos y con tantas columnas como gametos femeninos (óvulos) distintos.

Paso 4: Completar el cuadro con los genotipos de la descendencia, combinando el alelo del óvulo en la parte superior de la columna con el alelo del espermatozoide en la fila correspondiente.

Paso 5: Determinar la frecuencia genotípica predicha de la descendencia.

Paso 6: Determinar la frecuencia fenotípica predicha de la descendencia.

El cuadro de Punnett (figura 1) muestra cómo se predice la frecuencia de los fenotipos de la generación F_2, suponiendo que la trasmisión es independiente. Se hace un recuento para verificar que la frecuencia fenotípica predicha es:

9 semillas redondas y amarillas : 3 semillas redondas y verdes : 3 semillas arrugadas y amarillas : 1 semillas arrugadas y verdes

	SY	Sy	sY	sy
SY	SSYY	SSYy	SsYY	SsYy
Sy	SSYy	SSyy	SsYy	Ssyy
sY	SsYY	SsYy	ssYY	ssYy
sy	SsYy	Ssyy	ssYy	ssyy

▲ Figura 1 Cuadro de Punnett para un cruzamiento dihíbrido

Predicciones con cuadros de Punnett

Cálculo de las frecuencias genotípicas y fenotípicas predichas de la descendencia de cruzamientos dihíbridos que implican genes autosómicos no ligados

Usa las siguientes preguntas para desarrollar tu capacidad de cálculo de cruzamientos dihíbridos.

1 Un granjero tiene conejos con dos caracteres particulares, cada uno controlado por un gen distinto. El pelaje marrón es completamente dominante con respecto al pelaje blanco. La presencia de cola es completamente dominante con respecto a la ausencia de cola. Se cruza un conejo marrón con cola que es heterocigótico para ambos *loci* con una coneja blanca sin cola. Se produce un gran número de descendientes con solo dos fenotipos, en iguales proporciones: marrón con cola y blanco sin cola.

(i) Indica los genotipos de ambos progenitores y los gametos producidos por cada uno durante el proceso de meiosis.

Genotipo masculino: ....

Genotipo femenino: ....

Gametos masculinos: ....

Gametos femeninos: ....

(ii) Predice las frecuencias genotípicas y fenotípicas de la generación F_2. Muestra tus cálculos.

2 En guisantes, el alelo de semilla lisa (L) es dominante sobre el alelo de semilla arrugada (l) y el alelo de semilla amarilla (A) es dominante sobre el alelo de semilla verde (a).

Una cepa pura de una planta alta con semillas lisas se cruzó con una cepa pura de una planta baja con semillas arrugadas. Todas las plantas de la generación F_1 eran altas y tenían semillas lisas. Se cruzaron dos plantas de la generación F_1 y se obtuvieron cuatro fenotipos diferentes en las 320 plantas producidas.

¿Cuántas plantas altas con semillas arrugadas esperas que haya?

3 En *Drosophila*, el alelo de alas normales (W) es dominante sobre el alelo de alas vestigiales (w) y el alelo de cuerpo normal (G) es dominante sobre el alelo de cuerpo de color ébano (g). ¿Si se cruzan dos *Drosophila* con los genotipos Wwgg y wwGg, ¿qué frecuencia fenotípica cabe esperar en la descendencia?

Excepciones a las reglas de Mendel

Búsqueda de patrones, tendencias y discrepancias: Mendel utilizó observaciones del mundo natural para encontrar y explicar patrones y tendencias. Desde entonces, los científicos han buscado discrepancias y se han hecho preguntas basadas en otras observaciones para hallar excepciones a las reglas. Por ejemplo, Morgan descubrió proporciones no mendelianas en sus experimentos con *Drosophila*.

Thomas Hunt Morgan descubrió proporciones no mendelianas en sus experimentos con moscas de la fruta (*Drosophila melanogaster*). No fue el primer científico que utilizó la mosca de la fruta en investigaciones, pero su éxito popularizó el uso de este organismo. Muchos estudiantes de biología habrán trabajado ya con moscas de la fruta, ya sea en el laboratorio o virtualmente.

Al principio de sus investigaciones, Morgan era crítico con la teoría de la herencia de Mendel y no le convencían algunos aspectos de la nueva teoría cromosómica de la herencia. Creía que la variación que observó en los organismos se explicaba mejor por la influencia del medio ambiente. Sin embargo, sus propias observaciones posteriores del patrón de la herencia de ojos blancos le hicieron reconsiderar esta creencia. Al tiempo que sus resultados reforzaban aspectos de las conclusiones de Mendel, Morgan identificó excepciones al principio de la trasmisión independiente de Mendel.

Actividad

¿Cómo se puede explicar la presencia de las tres moscas de ojos blancos entre las más de 1.200 de la generación F_1 en el experimento de Morgan?

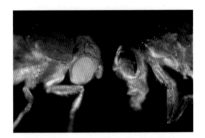

▲ Figura 2 La mosca de la derecha, con ojos compuestos rojos, es la forma común o silvestre. La mosca de la izquierda es una forma mutante llamada White Miniature Forked, que tiene ojos blancos, alas más cortas que la mosca normal y pelos distorsionados y partidos. *D. melanogaster* se ha utilizado durante muchos años en estudios de genética porque es fácil de criar en grandes cantidades, se reproduce rápidamente y muchas de sus mutaciones son fáciles de detectar con un microscopio de luz de baja potencia.

▲ Figura 3 Micrografía electrónica de barrido coloreada de una mosca de la fruta (*Drosophila melanogaster*) con una mutación de cuatro alas. Se ven dos de las cuatro alas mutantes (azul) en un lado de su cuerpo (marrón). También se ve el ojo derecho multifacetado de la mosca (rojo). La mosca común o silvestre tiene dos alas.

 # Implicaciones del descubrimiento de Morgan de los genes ligados al sexo

Descubrimiento de Morgan de las proporciones no mendelianas en *Drosophila*

Después de criar miles de *Drosophila* en su "laboratorio de moscas de la fruta" en la Universidad de Columbia, Morgan observó una sola mosca de la fruta con ojos de color blanco en lugar del color rojo normal. Cruzó esta mosca de ojos blancos con una mosca de ojos rojos. Aunque entre los más de 1.200 descendientes de la primera generación solo tres tenían ojos blancos, este carácter apareció en un número mucho mayor en la segunda generación: aproximadamente tres moscas de ojos rojos por cada mosca de ojos blancos, como preveía el principio de dominancia y recesión de Mendel. Lo que sorprendió a Morgan es que todas las moscas de ojos blancos en la segunda generación eran machos. El principio de dominancia y recesión de Mendel habría predicho una proporción de tres moscas de ojos rojos por cada una de ojos blancos tanto en machos como en hembras, pero todas las hembras tenían los ojos rojos.

Morgan comenzó a replantearse sus ideas anteriores y consideró la posibilidad de que la asociación entre el color del ojo y el sexo en las moscas de la fruta tuviera una base física en los cromosomas. Otros investigadores pensaban que uno de los cuatro pares de cromosomas de *Drosophila* se utilizaba para determinar el sexo. Morgan, por su parte, creía que el sexo estaba determinado por la cantidad de cromatina. Los machos poseen el par de cromosomas XY, mientras que las moscas con cromosomas XX son hembras. Puesto que el cromosoma Y es más pequeño, técnicamente Morgan estaba en lo cierto. Sin embargo, si el color del ojo lo determinaba exclusivamente el cromosoma X, Morgan podía explicar sus observaciones conforme a las reglas mendelianas de la herencia de caracteres dominantes y recesivos. Además, la teoría cromosómica podía explicar por qué el sexo y el color del ojo no se transmitían independientemente.

Genes ligados

Se dice que los *loci* de los genes están ligados si se encuentran en el mismo cromosoma.

Mediante otras investigaciones posteriores, Morgan descubrió más caracteres mutantes en *Drosophila*: alrededor de dos docenas entre 1911 y 1914. Uno de sus estudiantes demostró que un carácter mutante de cuerpo amarillo se heredaba de la misma manera que los ojos blancos. Además, estas dos mutaciones no se heredaban independientemente. Mediante sus experimentos, desarrollaron la noción de genes ligados.

Morgan y otros genetistas de principios del siglo XX descubrieron un grupo de genes que estaban localizados en el cromosoma X de *Drosophila*. Con cuidadosos experimentos de cruzamiento, consiguieron demostrar que estos genes formaban una secuencia lineal a lo largo del cromosoma X. Después se descubrieron otros grupos de genes en otros cromosomas de *Drosophila*, también ordenados en una secuencia específica. El mismo patrón se ha observado en otras especies: cada gen se encuentra en una posición específica en un cromosoma particular. Esta posición es el *locus* de un gen. Si dos cromosomas tienen la misma secuencia de genes, son **homólogos**. Los cromosomas homólogos no son generalmente idénticos porque, al menos para algunos de los genes, los alelos serán diferentes.

Desde entonces se ha descubierto que todos los genes en un cromosoma forman parte de una molécula de ADN. *Drosophila* tiene ocho cromosomas en núcleos diploides. En los machos, uno de los cromosomas es X y otro es Y. En las hembras, dos cromosomas son X. Los otros seis cromosomas son comunes a machos y hembras y se llaman **autosomas**.

Los núcleos diploides tienen dos autosomas de cada tipo, así que *Drosophila* cuenta con tres tipos de autosomas. Los genetistas de principios del siglo XX encontraron cuatro grupos de genes ligados en *Drosophila*, correspondientes a los tres tipos de autosomas y al cromosoma X.

Hay dos tipos de ligamiento: **ligamiento autosómico** cuando los genes están en el mismo autosoma, y **ligamiento al sexo** cuando los genes están en el cromosoma X.

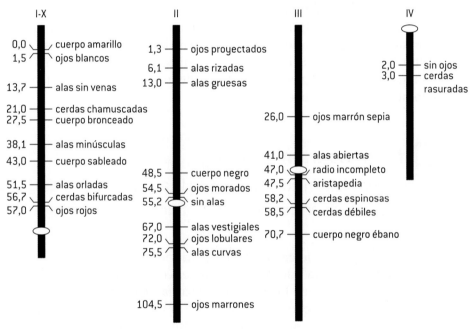

▲ Figura 4 Mapa de los grupos de genes ligados a los cuatro cromosomas de la mosca de la fruta. El primero es el cromosoma X.

Tipos de variación

La variación puede ser discreta o continua.

Las diferencias entre organismos se denominan variación. Cuando los organismos encajan en una serie de categorías definidas, la variación es discreta o discontinua. Los grupos sanguíneos son un ejemplo de variación discreta: hay varios grupos sanguíneos distintos, pero no hay categorías intermedias. La figura 5 muestra la frecuencia de cada uno de los fenotipos de grupo sanguíneo en una muestra de la población de Islandia.

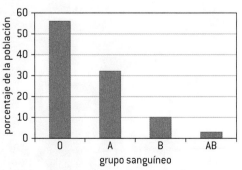

▲ Figura 5 Distribución de los grupos sanguíneos en Islandia

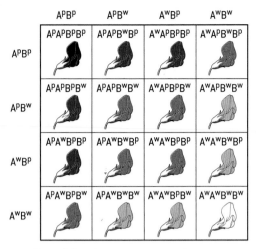

	AᴾBᴾ	AᴾBᵂ	AᵂBᴾ	AᵂBᵂ
AᴾBᴾ	AᴾAᴾBᴾBᴾ	AᴾAᴾBᵂBᴾ	AᵂAᴾBᴾBᴾ	AᵂAᴾBᵂBᴾ
AᴾBᵂ	AᴾAᴾBᴾBᵂ	AᴾAᴾBᵂBᵂ	AᵂAᴾBᴾBᵂ	AᵂAᴾBᵂBᵂ
AᵂBᴾ	AᴾAᵂBᴾBᴾ	AᴾAᵂBᵂBᴾ	AᵂAᵂBᴾBᴾ	AᵂAᵂBᵂBᴾ
AᵂBᵂ	AᴾAᵂBᴾBᵂ	AᴾAᵂBᵂBᵂ	AᵂAᵂBᴾBᵂ	AᵂAᵂBᵂBᵂ

▲ Figura 6 Resultados de un cruzamiento con herencia poligénica

$$1:2:1$$
$$1:4:6:4:1$$
$$1:6:15:20:15:6:1$$
$$1:8:28:56:70:56:28:8:1$$

▲ Figura 7 Triángulo de Pascal

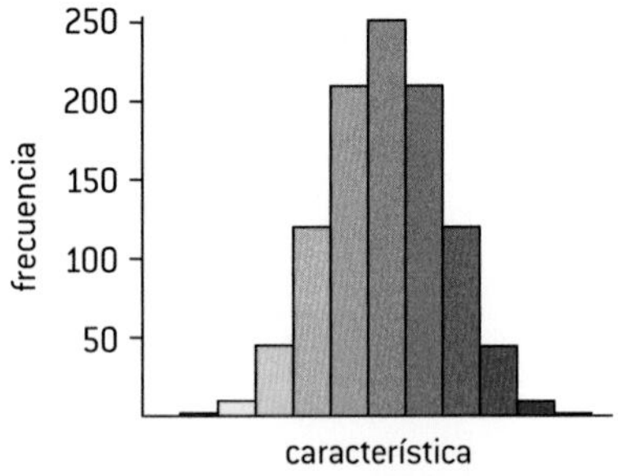

Otto   Ewald

▲ Figura 9

Variación continua

Los fenotipos de los caracteres poligénicos tienden a mostrar una variación continua.

Hay ejemplos de herencias en las que dos o más genes afectan al mismo carácter. Los genes tienen un efecto aditivo. Mendel descubrió un ejemplo de ello en las alubias: el cruzamiento de una planta de flores púrpuras y una planta de flores blancas dio plantas de flores púrpuras en la generación F_1, pero, cuando estas se autopolinizaron, no se obtuvo la proporción esperada de 3 : 1; en su lugar, se obtuvieron plantas con flores de una gama de colores. Esto se explica si hay dos genes no ligados con alelos codominantes (véase la figura 6). La autopolinización de la generación F_1 daría cinco colores diferentes de flores en una proporción de 1 : 4 : 6 : 4 : 1. Si el número de genes no ligados con alelos codominantes fuese mayor, habría más variedades fenotípicas. El número y la frecuencia de las variedades pueden predecirse utilizando filas alternas del triángulo de Pascal (figura 7). La figura 8 muestra la distribución de la frecuencia de un carácter afectado por cinco genes con alelos codominantes. A medida que aumenta el número de genes, la distribución se acerca cada vez más a la **distribución normal**. Muchos caracteres de los seres humanos y otros organismos están cerca de la distribución normal (por ejemplo, la masa de las semillas de alubia, la altura y la inteligencia en los seres humanos). La cercanía a una distribución normal sugiere que hay más de un gen implicado. Esto se denomina herencia poligénica.

▲ Figura 8 Variación debida a la herencia poligénica

🌐 Influencia ambiental

Los rasgos poligénicos, tales como la altura en los seres humanos, también pueden estar influidos por factores ambientales.

Cuando se examina detenidamente la variación debida a la herencia poligénica, se observa que generalmente es continua: hay toda una gama de variaciones, en lugar de las categorías definidas que podrían predecirse según las leyes mendelianas de la herencia. Esto es debido a que las diferencias fenotípicas entre las categorías son sutiles y los efectos ambientales desdibujan tanto estas diferencias que son indetectables.

El color de la piel en los seres humanos es un ejemplo de variación continua. En parte se debe al ambiente —la luz del sol estimula la producción del pigmento negro melanina en la piel—, pero también a la influencia de varios genes. Es, por tanto, también un ejemplo de herencia poligénica.

La figura 9 muestra dos gemelos que fueron atletas de competición con diferentes dietas y regímenes de ejercicio a largo plazo. Se aprecian en la foto una serie de caracteres que presentan variación continua, como la altura. Observa las diferencias en su altura a pesar de tener genomas idénticos.

La figura 10 muestra ratones genéticamente idénticos que difieren en cuanto a la nutrición recibida por sus madres durante la gestación.

Las crías de ratones con una dieta estándar generalmente tenían pelaje dorado, mientras que un alto porcentaje de las crías de ratones con una dieta enriquecida tenían un pelaje marrón oscuro.

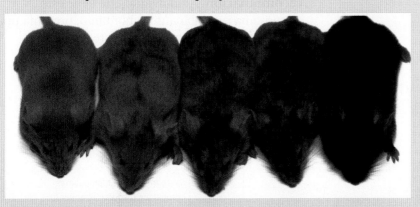

▲ Figura 10 Ratones genéticamente idénticos que presentan variaciones de tamaño y color del pelaje como consecuencia de diferencias ambientales durante la gestación

🌐 Identificación de recombinantes

Identificación de recombinantes en cruzamientos que implican dos genes ligados

William Bateson, Edith Saunders y Reginald Punnett descubrieron la primera excepción a la ley de la trasmisión independiente en 1903. Cuando cruzaron plantas de guisante de flores púrpuras y granos de polen largos con plantas de flores rojas y granos de polen redondos, todos los híbridos de la generación F_1 tenían flores púrpuras y granos de polen largos. Cuando estas plantas F_1 se autopolinizaron, se observaron cuatro fenotipos en la generación F_2, pero no seguían la proporción esperada de 9 : 3 : 3 : 1. Se repitió el cruzamiento con un mayor número de plantas y los resultados de la generación F_2 se muestran en la tabla 1.

Fenotipo	Frecuencia observada	% observado	% 9:3:3:1
púrpuras + largo	4.831	69,5	56,25
púrpuras + redondo	390	5,6	18,75
rojas + largo	393	5,6	18,75
rojas + redondo	1.338	19,3	6,25

▲ Tabla 1

Aunque los porcentajes observados no se ajustan a la proporción 9 : 3 : 3 : 1, estos resultados no eran extraños. Algunos científicos de la época pensaban que los genes eran parte de los cromosomas y que, al haber muchos más genes que cromosomas, algunos genes debían encontrarse juntos en el mismo cromosoma. Por tanto, los alelos de estos genes no seguirían la ley de trasmisión independiente y serían transmitidos juntos en un gameto.

Esto se observa en los resultados del cruzamiento de plantas de guisante: había más plantas de flores púrpuras y polen largo y plantas de flores rojas y polen redondo de lo esperado. Estas eran las combinaciones de alelos de las plantas parentales originales. Este patrón de herencia se llama ligamiento de genes. Se han encontrado muchos ejemplos más desde 1903, siempre con una mayor frecuencia de las combinaciones parentales que la esperada según las proporciones mendelianas.

La figura 11 es un diagrama genético que explica el cruzamiento de las plantas de guisante; las líneas representan los cromosomas donde se encuentran los genes ligados.

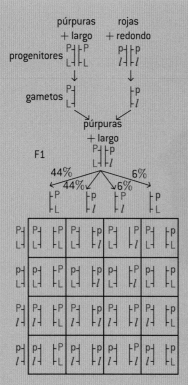

▲ Figura 11 Cruzamiento con genes ligados

El ligamiento entre pares de genes en un grupo de ligamiento generalmente no es completo, y a veces se forman nuevas combinaciones de alelos. Esto ocurre como resultado del sobrecruzamiento, que ya se describió como una parte de la meiosis en los subtemas 3.3 y 10.1. La figura 12 muestra cómo el sobrecruzamiento crea nuevas combinaciones de alelos. La formación de un cromosoma o ADN con una nueva combinación de alelos se llama **recombinación**. Al individuo que tiene este cromosoma recombinante y, por tanto, presenta una combinación de caracteres diferente de las de los progenitores originales se le llama **recombinante**.

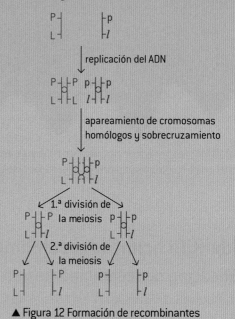

▲ Figura 12 Formación de recombinantes

Preguntas basadas en datos: Genes ligados en *Zea mays*

Las mazorcas de maíz se utilizan a menudo para mostrar los patrones de herencia. Todos los granos de una mazorca tienen el mismo progenitor femenino y, con una polinización cuidadosa, también pueden tener el mismo progenitor masculino. Se cruzaron una variedad con granos amarillos ricos en almidón y una variedad con granos blancos cerosos. Todos los granos de la generación F_1 eran amarillos y ricos en almidón. Se cruzaron las plantas F_1 que crecieron de estos granos ($F_1 \times F_1$).

1 Calcula la proporción esperada en las plantas F_2, suponiendo que los genes de granos amarillos/blancos y ricos en almidón/cerosos están desligados. Usa un diagrama genético para mostrar cómo has llegado a tu respuesta. [3]

2 Las frecuencias reales fueron:

amarillo + rico en almidón	1.774
amarillo + ceroso	263
blanco + rico en almidón	279
blanco + ceroso	420

Basándote en esta información, deduce si los genes de granos amarillos/blancos y ricos en almidón/cerosos están ligados. [2]

Se cruzaron una variedad con granos amarillos reducidos y una variedad con granos blancos no reducidos. Los granos de la generación F_1 fueron todos amarillos y no reducidos. Se hizo un cruzamiento prueba de las plantas F_1 que crecieron de estos granos con polen de una variedad homocigótica recesiva con granos blancos reducidos.

3 Calcula la proporción esperada en las plantas F_2, suponiendo que los genes están desligados. Usa un diagrama para mostrar cómo has llegado a tu respuesta. [2]

4 Las frecuencias reales fueron:

amarillo + no reducido	638
amarillo + reducido	21.379
blanco + no reducido	21.096
blanco + reducido	672

Basándote en esta información, deduce si los genes de granos amarillos/blancos y no reducidos/reducidos están ligados. [2]

5 Deduce si los genes de granos ricos en almidón/cerosos y no reducidos/reducidos están ligados. [1]

La prueba de chi-cuadrado se utiliza para determinar si la diferencia entre la distribución de frecuencia observada y la esperada es significativa estadísticamente.

Uso de una prueba de chi-cuadrado en datos de cruzamientos dihíbridos

En 1901, Bateson publicó uno de los primeros estudios posmendelianos de un cruzamiento que involucraba dos caracteres. Se cruzaron gallinas blancas con cresta simple y gallinas oscuras con cresta en guisante. Todas las gallinas de la generación F_1 fueron blancas con cresta en guisante, y la frecuencia fenotípica de las 190 gallinas de la generación F_2 fue: 111 blancas con cresta en guisante, 37 blancas con cresta simple, 34 oscuras con cresta en guisante y 8 oscuras con cresta simple. La frecuencia esperada era 9 : 3 : 3 : 1, pero la frecuencia observada fue diferente. ¿Las diferencias entre las frecuencias observadas y las esperadas se debían a errores de muestreo, o eran significativas estadísticamente como para sugerir que los caracteres no se trasmiten independientemente?

Hay dos hipótesis posibles:

H_0 : Los caracteres se transmiten independientemente.

H_1 : Los caracteres no se transmiten independientemente.

Podemos comprobar estas hipótesis mediante un procedimiento estadístico: la prueba de chi-cuadrado.

Método de la prueba de chi-cuadrado

1 Elaborar una tabla de contingencia con las frecuencias observadas (el número de individuos de cada fenotipo).

2 Calcular las frecuencias esperadas de cada uno de los cuatro fenotipos, suponiendo que la trasmisión es independiente. Cada frecuencia esperada se calcula a partir de los valores en la tabla de contingencia, multiplicando la probabilidad esperada del cuadro de Punnett por el valor total.

	Blanca + cresta en guisante	Blanca + cresta simple	Oscura + cresta en guisante	Oscura + cresta simple	Total
Observado	111	37	34	8	190
Esperado	$\left(\frac{9}{16}\right) \times 190$ $= 106{,}9$	$\left(\frac{3}{16}\right) \times 190$ $= 35{,}6$	$\left(\frac{3}{16}\right) \times 190$ $= 35{,}6$	$\left(\frac{1}{16}\right) \times 190$ $= 11{,}9$	190

Teoría del Conocimiento

¿Cuándo puede calificarse una representación estadística persuasiva como "eficaz" o, por el contrario, como "manipuladora"?

Hay una cierta desconfianza entre la población con respecto a las afirmaciones de conocimiento respaldadas por estadísticas. Un aforismo popularizado por Mark Twain es que existen tres tipos de mentiras: la mentira, la gran mentira y la estadística. El mal uso de las estadísticas puede ser involuntario o intencional. Estos son algunos ejemplos:

- Las conclusiones pueden basarse en el análisis estadístico de muestras seleccionadas de forma sesgada y que, por tanto, no son representativas de la población.

- El rechazo de la hipótesis alternativa puede interpretarse erróneamente como prueba de la hipótesis nula.

- Si una muestra es demasiado pequeña, es probable que sea poco representativa de la población aunque se haya seleccionado imparcialmente.

- Los experimentadores pueden ignorar datos que creen que no se ajustan a la teoría.

Los efectos de estas situaciones pueden minimizarse adoptando un enfoque diligente y honesto, lo que significa que quien debe ser objeto de escrutinio es el usuario y no la herramienta.

3 Determinar los grados de libertad, que son uno menos que el número total de fenotipos: $(4 - 1) = 3$ grados de libertad.

4 Hallar la región crítica de chi-cuadrado a partir de una tabla de valores de chi-cuadrado, usando los grados de libertad que se han calculado y un nivel de significación (p) de 0,05 (5%). La región crítica es cualquier valor de chi-cuadrado mayor que el valor de la tabla.

					Valores críticos de la distribución de χ^2					
df	p 0,995	0,975	0,9	0,5	0,1	0,05	0,025	0,01	0,005	df
1	0,000	0,000	0,016	0,455	2,706	3,841	5,024	6,635	7,879	1
2	0,010	0,051	0,211	1,386	4,605	5,991	7,378	9,210	10,597	2
3	0,072	0,216	0,584	2,366	6,251	7,815	9,348	11,345	12,838	3

Con el nivel de significación 0,05, el valor crítico es 7,815.

5 Calcular chi-cuadrado usando esta ecuación:

$$X^2 = \sum \frac{(\text{obs} - \text{esp})^2}{\text{esp}}$$
$$= \frac{(111 - 106,9)^2}{106,9} + \frac{(37 - 35,6)^2}{35,6} + \frac{(34 - 35,6)^2}{35,6} + \frac{(8 - 11,9)^2}{11,9}$$
$$= 1,56$$

6 Comparar el valor calculado de chi-cuadrado con la región crítica.

- Si el valor calculado se encuentra en la región crítica, hay pruebas con un nivel de significación del 5% de que los dos caracteres están ligados. Podemos rechazar la hipótesis H_0.

- Si el valor calculado no se encuentra en la región crítica porque es igual o inferior al valor obtenido de la tabla de valores de chi-cuadrado, no podemos rechazar la hipótesis H_0. No hay pruebas con un nivel de significación del 5% de que los dos caracteres estén ligados.

El valor de probabilidad está fuera de la región crítica (0,9 >p>0,5), así que rechazamos la hipótesis alternativa y aceptamos la hipótesis nula.

Preguntas basadas en datos: Uso de la prueba de chi-cuadrado

Warren y Hutt (1936) hicieron un cruzamiento prueba de gallinas con un heterocigoto doble para dos pares de alelos: uno para la presencia (C) o la ausencia (c) de cresta y otro para plumaje blanco (I) o no blanco (i).

La generación F_2 constó de un total de 754 descendientes.

337 eran gallinas blancas con cresta.

337 eran gallinas no blancas sin cresta.

34 eran gallinas no blancas con cresta.

46 eran gallinas blancas sin cresta.

1 Elabora una tabla de contingencia de los valores observados. [4]

2 Calcula los valores esperados, suponiendo que la trasmisión es independiente. [4]

3 Determina los grados de libertad. [2]

4 Halla la región crítica de chi-cuadrado con un nivel de significación del 5%. [2]

5 Calcula chi-cuadrado. [4]

6 Indica las dos hipótesis alternativas, H_0 y H_1, y evalúalas usando el valor calculado de chi-cuadrado. [4]

10.3 Acervos génicos y especiación

Comprensión

→ Un acervo génico consiste en todos los genes y sus diferentes alelos presentes en una población donde sus miembros son capaces de reproducirse entre sí.

→ La evolución requiere que todas las frecuencias alélicas varíen con el paso del tiempo en las distintas poblaciones.

→ El aislamiento reproductivo de las poblaciones puede ser temporal, conductual o geográfico.

→ La especiación debida a la divergencia de poblaciones aisladas puede ser gradual.

→ La especiación puede producirse de forma abrupta.

Aplicaciones

→ Identificación de ejemplos de selección direccional, estabilizante y disruptiva.

→ Especiación en el género *Allium* por poliploidía.

Habilidades

→ Comparación de las frecuencias alélicas de poblaciones aisladas geográficamente.

Naturaleza de la ciencia

→ Búsqueda de patrones, tendencias y discrepancias: los patrones en el número de cromosomas de algunos géneros se pueden explicar mediante la especiación por poliploidía.

Acervo génico

Un acervo génico consiste en todos los genes y sus diferentes alelos presentes en una población donde sus miembros son capaces de reproducirse entre sí.

La definición más comúnmente aceptada de especie es el concepto biológico, que la define como un grupo de poblaciones capaces de cruzarse entre sí, con un acervo génico común que está aislado reproductivamente de otras especies. Algunas poblaciones de la misma especie están aisladas geográficamente, así que es posible que existan varios acervos génicos para la misma especie.

Los individuos que se reproducen contribuyen al acervo génico de la próxima generación. Existe un equilibrio genético cuando todos los miembros de una población tienen las mismas oportunidades de contribuir al futuro acervo génico.

Frecuencia alélica y evolución

La evolución requiere que todas las frecuencias alélicas varíen con el paso del tiempo en las distintas poblaciones.

La evolución se define como la variación de los caracteres hereditarios de una población acumulada con el paso del tiempo. La evolución puede deberse a una serie de razones, como las mutaciones que crean nuevos alelos, la presión de selección que favorece la reproducción de algunas variedades sobre

Actividad

La figura 1 muestra las frecuencias fenotípicas del color de las flores en cruzamientos de *Mirabilis jalapa* durante tres generaciones. El genotipo C^RC^R produce flores rojas, el genotipo C^BC^B produce flores blancas y, como los alelos son codominantes, el genotipo C^RC^B produce flores de color rosa:

- En la primera generación, el 50% de las plantas tiene flores rojas y el otro 50% tiene flores blancas.

- En la segunda generación, el 100% de las plantas tiene flores rosas.

- En la tercera generación, un 50% las plantas tiene flores rosas, un 25% tiene flores blancas y un 25% tiene flores rojas.

Muestra que en cada una de las tres generaciones la frecuencia alélica de C^R es del 50% y la de C^B es del 50%. Las frecuencias fenotípicas pueden cambiar de una generación a otra, pero es posible que la frecuencia alélica no cambie. Esta población no evoluciona porque las frecuencias alélicas no cambian.

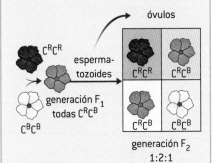

▲ Figura 1 Un cambio en la frecuencia fenotípica de una generación a otra no indica necesariamente que se esté evolucionando.

otras, o la aparición de barreras que impiden el flujo génico entre diferentes poblaciones. Si una población es pequeña, pueden darse acontecimientos aleatorios que influyan significativamente en la frecuencia alélica.

🌐 Patrones de selección natural

Identificación de ejemplos de selección direccional, estabilizante y disruptiva

La idoneidad de un genotipo o fenotipo es la probabilidad de que se encuentre en la siguiente generación. Las presiones de selección son factores ambientales que actúan selectivamente sobre determinados fenotipos, resultando en selección natural. Hay tres patrones de selección natural: selección estabilizante, selección disruptiva y selección direccional.

En la **selección estabilizante**, las presiones de selección actúan para eliminar las variedades extremas. Por ejemplo, los bebés humanos que nacen con un peso intermedio se ven favorecidos frente a los que nacen con peso bajo o alto. Una nidada es el conjunto de huevos que una hembra pone en un evento reproductivo. Una nidada pequeña puede significar que ninguna de las crías sobreviva. Una nidada muy grande puede significar una mayor mortalidad, pues los progenitores no pueden proporcionar la nutrición y los recursos adecuados, y puede afectar a su propia supervivencia en la estación siguiente. En conclusión, se favorecen las nidadas de tamaño medio.

En la **selección disruptiva**, las presiones de selección actúan para eliminar las variedades intermedias, favoreciendo los extremos. Un ejemplo es el piquituerto rojo (*Loxia curvirostra*). La mandíbula superior se curva hacia abajo y la inferior hacia arriba, cruzándose ambas. Esta asimetría es una adaptación para extraer semillas de las piñas de las coníferas. Un antepasado con pico "recto" podría haber experimentado la selección disruptiva, pues la asimetría de la mandíbula inferior permite un mejor aprovechamiento de las piñas de las coníferas.

En la **selección direccional**, la población cambia porque un extremo del rango de variación está mejor adaptado.

Preguntas basadas en datos: Selección estabilizante

Se ha realizado un seguimiento de una población de ovejas de las Rocosas (*Ovis canadensis*) en Ram Mountain (Canadá) desde la década de 1970. Los cazadores pueden comprar una licencia para cazar los machos de estas ovejas en la montaña. Los grandes cuernos de esta especie son muy atractivos para los cazadores, que los exhiben como trofeos de caza.

La mayor parte del crecimiento del cuerno ocurre entre el segundo y el cuarto año de vida en los machos, que usan sus cuernos para luchar contra otros machos durante la época de cría con el fin de defender a grupos de hembras y luego aparearse con ellas. La figura 2 muestra la longitud media de los cuernos de machos de cuatro años en Ram Mountain entre 1975 y 2002.

a) Resume la tendencia de la longitud de los cuernos durante el período de estudio.

b) Explica el concepto de selección direccional haciendo referencia a este ejemplo.

c) Discute las ventajas y las desventajas de los cuernos cortos y largos como adaptación en este caso.

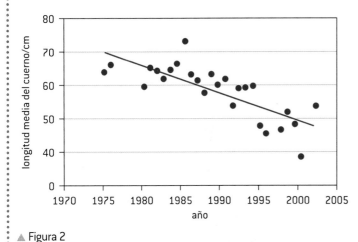

▲ Figura 2

Fuente: Reproducido con permiso de Macmillan Publishers Ltd. Coltman, D. W. "Undesirable evolutionary consequences of trophy hunting". *Nature*, 2003. Vol. 426, p. 655–658.

Preguntas basadas en datos

Un grupo de investigadores realizó un estudio con 3.760 niños nacidos en un hospital de Londres durante un período de 12 años. Se obtuvieron datos del peso de los niños al nacer y de su tasa de mortalidad. El propósito del estudio era determinar el efecto del peso al nacer en la selección natural. El gráfico de la figura 3 muestra la frecuencia de bebés de cada peso al nacer. La línea superpuesta en el gráfico indica el porcentaje de mortalidad (los niños que no sobrevivieron más de 4 semanas).

a) Identifica la moda del peso al nacer.

b) Identifica el peso óptimo al nacer para la supervivencia.

c) Resume la relación entre el peso al nacer y la mortalidad.

d) Explica cómo este ejemplo ilustra el patrón de selección natural conocido como selección estabilizante.

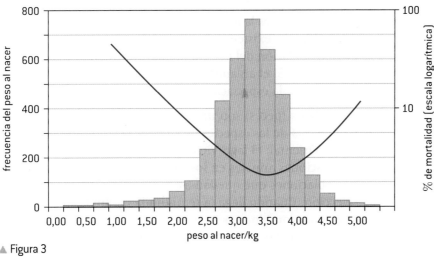

▲ Figura 3

Fuente: Dowderswell, W. H. *Evolution, A Modern Synthesis.* 1984, p. 101.

Preguntas basadas en datos

Algunos machos de salmón plateado (*Oncorhynchus kisutch*) alcanzan la madurez hasta un 50% antes que otros machos de la población, y con un tamaño corporal un 30% menor. El éxito de la reproducción depende de que el macho libere espermatozoides cerca de la hembra que está desovando. Los machos pequeños y los grandes emplean diferentes estrategias para acceder a las hembras. Los machos pequeños son especialistas en acercarse furtivamente. Los machos de gran tamaño son especialistas en pelear y coaccionar a las hembras para desovar. En cambio, los machos de tamaño intermedio están en desventaja competitiva tanto con los salmones pequeños y como con los grandes, pues son un mayor blanco de peleas que pierden y tienen más dificultades para acercarse furtivamente a las hembras. El gráfico de la figura 4 muestra la proximidad media de las hembras con las dos estrategias.

a) Determina la proximidad media a las hembras de los machos de 35–39 cm de tamaño que:

    a. Se acercan furtivamente

    b. Pelean

b) Determina el rango de tamaños de los machos que se aproximan más a las hembras:

    a. Peleando

    b. Acercándose furtivamente

c) Identifica un tamaño de los machos que nunca se acercan a menos de 100 cm (1 m) empleando cualquiera de las estrategias.

d) Explica cómo este ejemplo ilustra el patrón de selección natural conocido como selección disruptiva.

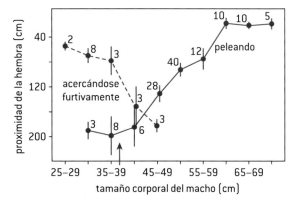

▲ Figura 4 Efecto del tamaño corporal y la estrategia de cortejo en la proximidad de las hembras

    Gross, M. R. Disruptive selection for alternative life stories in salmon. *Nature*. de 1985. Vol. 313, p. 47–48.

Existen diferentes categorías de aislamiento reproductivo

El aislamiento reproductivo de las poblaciones puede ser temporal, conductual o geográfico.

La especiación es la formación de una nueva especie por la división de una población existente. Distintas barreras pueden aislar el acervo génico de una población del de otra población. Cuando esto sucede, puede haber especiación. Si el aislamiento se produce por la separación geográfica de las poblaciones, la especiación se denomina especiación alopátrica.

Los cíclidos (peces) son una de las familias más grandes de vertebrados. La mayoría de las especies de cíclidos están presentes en tres lagos de África Oriental: el lago Victoria, el lago Tanganica y el lago Malawi. Las fluctuaciones anuales en los niveles de agua producen el aislamiento de poblaciones que quedan así sometidas a diferentes presiones de selección. Cuando llega la temporada de lluvias, las poblaciones se vuelven a combinar, pero pueden estar aisladas reproductivamente. Esto puede dar lugar a la formación de nuevas especies.

A veces el aislamiento de acervos génicos ocurre en la misma área geográfica. Si hay especiación en estos casos, el proceso se denomina especiación simpátrica. Por ejemplo, el aislamiento puede ser conductual.

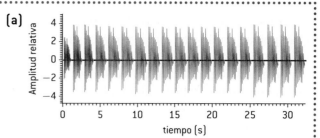

Preguntas basadas en datos: El canto de los crisópidos

El canto forma parte del proceso de selección de pareja entre los miembros de diferentes especies del género *Chrysoperla* (crisópidos). Los machos y las hembras de la misma especie tienen exactamente el mismo "canto" y, durante el período de cortejo, se turnan para cantar. La figura 5 muestra el oscilograma de dos especies de crisópidos.

1 Compara los cantos de las dos especies de crisópidos. [3]

2 Explica por qué las diferencias en los cantos de cortejo podrían conducir a la especiación. [3]

3 Los registros de las dos especies actualmente se superponen. Sugiere cómo podrían haberse desarrollado diferencias en el canto:

   a) Por especiación alopátrica

   b) Por especiación simpátrica [4]

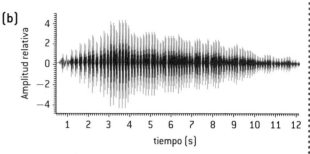

▲ Figura 5 Cantos de cortejo de los crisópidos: (a) *C. lucasina* y b) *C. mediterranea*. *C. lucasina* se encuentra en la mayor parte de Europa, en la parte este de Asia occidental y en el norte de África. *C. mediterranea* se encuentra en el sur y el centro de Europa y en la zona mediterránea del norte de África.

Cuando individuos estrechamente emparentados tiene diferentes comportamientos de cortejo, a menudo solo consiguen atraer a los miembros de su propia población.

También puede haber un aislamiento temporal de los acervos génicos en la misma zona. Las poblaciones pueden aparearse o florecer en diferentes estaciones o en diferentes momentos del día. Por ejemplo, tres especies de orquídeas tropicales del género *Dendrobium* florecen durante un solo día. En las tres especies, la floración se produce en respuesta a bajadas de temperatura repentinas. Sin embargo, el lapso entre el estímulo y la floración es de 8 días en una especie, 9 en otra y de 10 a 11 en la tercera. El aislamiento del acervo génico se produce porque en el momento en que las flores de una especie están abiertas, las de las otras especies ya se han marchitado o aún no han madurado.

Diferentes poblaciones tienen diferentes frecuencias alélicas

Comparación de las frecuencias alélicas de poblaciones aisladas geográficamente

Hay bases de datos en línea, como la base de datos AlFreD de la Universidad de Yale, que contienen las frecuencias alélicas de una variedad de poblaciones humanas. La mayoría de las poblaciones humanas ya no están aisladas geográficamente gracias a la facilidad para viajar y al considerable contacto intercultural que existe por la globalización. Sin embargo, sí existen patrones de variación, especialmente cuando se comparan las poblaciones de islas remotas con las poblaciones peninsulares o continentales.

*Pan*I es un gen del bacalao que codifica una proteína de membrana llamada pantophysin. Dos alelos del gen, *Pan*I^A y *Pan*I^B, codifican dos versiones de pantophysin que se diferencian en cuatro aminoácidos en una parte de la proteína. Se obtuvieron muestras de bacalaos en 23 lugares del Atlántico Norte y se examinaron para hallar las proporciones de los alelos *PanI*[A] y *PanI*[B] en cada población. Los resultados se muestran en gráficos circulares, numerados del 1 al 23, en el mapa de la figura 6. Las proporciones de los alelos en una población se denominan frecuencias alélicas. La frecuencia de un alelo puede variar de 0,0 a 1,0. En los gráficos circulares, el gris claro representa la frecuencia del alelo *PanI*[A] y el negro representa la frecuencia del alelo *PanI*[B].

1 Indica las **dos** poblaciones con las frecuencias alélicas más altas para *PanI*[B]. [2]

2 Deduce las frecuencias alélicas de una población en la que la mitad de los bacalaos tiene el genotipo *PanI*[A]*PanI*[A] y la otra mitad tiene el genotipo *PanI*[A]*PanI*[B]. [2]

3 Sugiere dos poblaciones que probablemente están aisladas geográficamente. [2]

4 Sugiere dos posibles razones por las que el alelo *PanI*[B] es más común en la población 14 que en la población 21. [2]

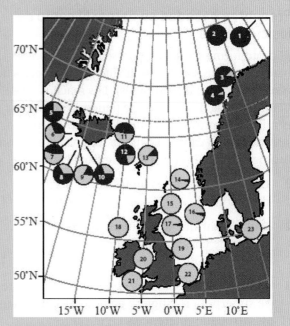

▲ Figura 6

Fuente: CASE, R. A. J. et al. Marine Ecology Progress Series. *2005. 301, p. 267–278.*

Gradualismo de la especiación

La especiación debida a la divergencia de poblaciones aisladas puede ser gradual.

Hay dos teorías sobre el ritmo del cambio evolutivo. El gradualismo, como muestra la figura 7, es la idea de que las especies van pasando lentamente por una serie de formas intermedias. La "estructura", en el eje de la figura, puede referirse a algo como la longitud del pico en las aves o la capacidad craneal en los homínidos.

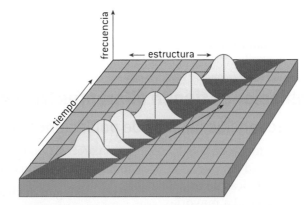

▲ Figura 7 Según el gradualismo, las especies nuevas son el resultado de una larga secuencia de formas intermedias.

Durante mucho tiempo, el gradualismo fue la teoría dominante en la paleontología. Sin embargo, esta teoría era contradicha por vacíos en el registro fósil, es decir, por la ausencia de formas intermedias.

El gradualismo sostenía que la evolución era el resultado de una larga secuencia de formas intermedias continuas. La ausencia de estas formas intermedias se justificaba como deficiencias en el registro fósil.

Equilibrio puntuado

La especiación puede producirse de forma abrupta.

La teoría del equilibrio puntuado sostiene que hay largos períodos de relativa estabilidad en una especie "salpicados" de períodos de rápida evolución. Según esta teoría, los vacíos en el registro fósil podrían no ser vacíos como tales, puesto que no hubo ninguna secuencia larga de formas intermedias. Acontecimientos como el aislamiento geográfico (especiación alopátrica) y la apertura de nuevos nichos en un área de distribución geográfica compartida pueden hacer que se produzca una especiación rápida.

Los cambios rápidos son mucho más comunes en los organismos con tiempos de generación cortos, como los procariotas y los insectos.

La figura 8 compara los dos modelos. Arriba se muestra el modelo gradualista, con cambios lentos a lo largo del tiempo geológico. Abajo se muestra el modelo del equilibrio puntuado, con cambios relativamente rápidos en un breve período de tiempo seguidos de períodos de estabilidad.

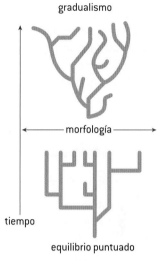

gradualismo

morfología

tiempo

equilibrio puntuado

▲ Figura 8

 La poliploidía puede causar especiación

Búsqueda de patrones, tendencias y discrepancias: los patrones en el número de cromosomas de algunos géneros se pueden explicar mediante la especiación por poliploidía.

Un organismo poliploide es aquel que tiene más de dos juegos de cromosomas homólogos. La poliploidía puede ser el resultado de hibridaciones entre distintas especies. También hay organismos poliploides cuyos cromosomas proceden de la misma especie ancestral. Esto puede deberse a que los cromosomas se duplican como preparación para la meiosis, pero después la meiosis no llega a producirse. El resultado es un gameto diploide que, cuando se fusiona con un gameto haploide, produce descendencia fértil. En otras palabras, el organismo poliploide queda aislado reproductivamente de la población original. Una planta poliploide puede autopolinizarse o puede aparearse con otras plantas poliploides. La poliploidía puede dar lugar a una especiación simpátrica.

▲ Figura 9 *Tympanoctomys barrerae*

La poliploidía ocurre más comúnmente en las plantas, aunque también se da en animales menos complejos. La rata vizcacha roja (*Tympanoctomys barrerae*), un roedor de Argentina, es el mamífero con mayor número de cromosomas y se ha

▲ Figura 10 *Octomys mimax*

sugerido como hipótesis que es resultado de la poliploidía. Tiene 102 cromosomas y sus células son aproximadamente dos veces el tamaño normal. Su pariente vivo más cercano es la rata vizcacha grande (*Octomys mimax*), de la misma familia, cuyo 2n = 56. Los investigadores han sugerido que un antepasado parecido a *Octomys* produjo descendencia tetraploide (es decir, 4n = 112) que quedó aislada reproductivamente de la especie de sus progenitores y después perdió algunos de los cromosomas adicionales adquiridos en esta duplicación. Estudios recientes han tratado de comprobar esta hipótesis, pero los resultados son ambiguos: algunas investigaciones detectaron solo dos copias de cada par de autosomas, pero también se ha observado que hay varios genes con cuatro copias.

🌐 La poliploidía es frecuente en el género *Allium*

Especiación en el género *Allium* por poliploidía

Se estima que entre el 50% y el 70% de las especies de angiospermas han experimentado alguna poliploidía.

El género *Allium* incluye las cebollas, los puerros, los ajos y el cebollino, y ocupa un lugar importante en la alimentación de múltiples culturas. Determinar el número de especies de este género presenta un desafío para los taxónomos, puesto que la poliploidía es muy común y da lugar a una serie de poblaciones aisladas reproductivamente, pero similares.

Muchas especies de *Allium* se reproducen asexualmente y la poliploidía puede conferir una ventaja sobre la diploidía ante ciertas presiones de selección.

La cebolla silvestre (*Allium canadense*) es originaria de América del Norte. El número diploide de esta planta es 14. Sin embargo, existen variedades tales como *A. c. ecristatum* (2n = 28) y *A. c. lavendulae* (2n = 28).

Allium angulosum y *Allium oleraceum* son dos especies que crecen en Lituania. Una de estas plantas es diploide con 16 cromosomas y la otra es tetraploide con 32 cromosomas.

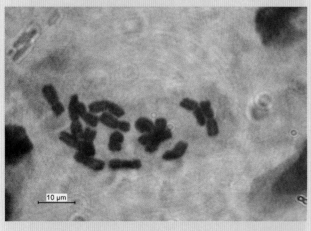

▲ Figura 11 Cromosomas de *Allium angulosum* en metafase (2n = 16)

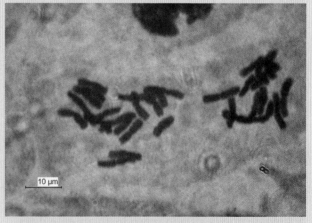

▲ Figura 12 Cromosomas de *Allium oleraceum* en metafase (2n = 32)

Preguntas

1 Identifica las etapas de la meiosis que se muestra en las figuras 13 y 14.

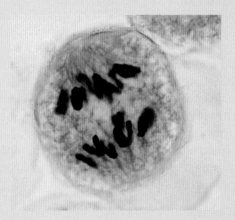

▲ Figura 13

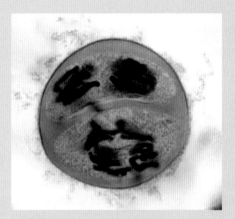

▲ Figura 14

2 El contenido de ADN de las células se puede estimar usando un colorante que se une específicamente al ADN. Para estimar la cantidad de ADN, se pasa un estrecho haz de luz a través de un núcleo teñido y se mide la cantidad de luz absorbida por el colorante. La tabla 1 resume los resultados de las células de hojas de varias especies de musgo de turbera (*Sphagnum*) de las islas Svalbard (Noruega).

a) Compara el contenido de ADN de las especies de musgo de turbera. [2]

b) Sugiere una razón de que seis de las especies de musgo de turbera de las islas Svalbard tengan el mismo número de cromosomas en sus núcleos. [2]

c) Probablemente *S. arcticum* y *S. olafii* surgieron como especies nuevas cuando la meiosis no llegó a completarse en uno de sus antepasados.

(i) Deduce el número de cromosomas en los núcleos de las células de sus hojas. Justifica tu respuesta con dos razones. [3]

(ii) Sugiere una desventaja de que *S. arcticum* y *S. olafii* tengan más ADN que otros musgos de turbera. [1]

d) Es inusual que las plantas y los animales tengan un número impar de cromosomas en sus núcleos. Explica cómo los musgos pueden tener números impares de cromosomas en las células de sus hojas. [2]

Especie de *Sphagnum*	Masa de ADN/pg	Número de cromosomas
S. aongstroemii	0,47	19
S. arcticum	0,95	
S. balticum	0,45	19
S. fimbriatum	0,48	19
S. olafii	0,92	
S. teres	0,42	19
S. tundrae	0,44	19
S. warnstorfii	0,48	19

▲ Tabla 1

3 Se han estudiado los mecanismos de especiación de los helechos en hábitats templados y tropicales. Un grupo de tres especies del género *Polypodium* vive en zonas rocosas de bosques templados en América del Norte. Los miembros de este grupo tienen una morfología (forma y estructura) similar. Otro grupo de cuatro especies del género *Pleopeltis* vive a diferentes altitudes en las montañas tropicales de México y América Central. Los miembros de este grupo son morfológicamente distintos.

Con el fin de estudiar los mecanismos de especiación, se compararon datos de las diferentes especies de cada grupo.

La identidad genética se determinó comparando las semejanzas de ciertas proteínas y genes de cada especie. Se asignaron valores entre 0 y 1 a pares de especies para indicar el grado de semejanza de sus identidades genéticas. Un valor 1 significa que todos los factores genéticos estudiados eran idénticos en ambas especies.

a) Compara la distribución geográfica de los dos grupos. [1]

b) (i) Identifica, aportando una razón, qué grupo, *Polypodium* o *Pleopeltis*, es el más diverso genéticamente. [1]

(ii) Identifica las **dos** especies que son más parecidas genéticamente. [1]

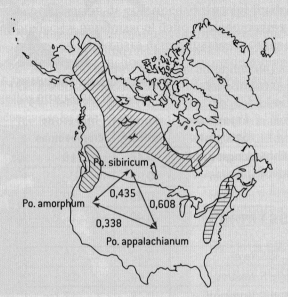

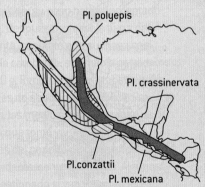

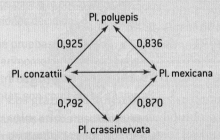

▲ Figura 15 Distribución aproximada de las tres especies de *Polypodium* (Po.) en América del Norte y resumen de la identidad genética

Fuente: HAUFLER, C. *et al. Plant Species Biology.* 2000. 15, p. 223–236.

c) Sugiere cómo pudo ocurrir el proceso de especiación en *Polypodium*. [1]

d) Explica cuál de los dos grupos es más probable que haya estado aislado genéticamente durante más tiempo. [2]

4 En *Zea mays*, el alelo de semilla coloreada (C) es dominante sobre el alelo de semilla incolora (c), y el alelo de endospermo rico en almidón (W) es dominante sobre el alelo de endospermo ceroso (w). Se cruzaron cepas puras de plantas con semillas coloreadas y endospermo rico en almidón con cepas puras de plantas con semillas incoloras y endospermo ceroso.

a) Indica el genotipo y el fenotipo de las plantas de la generación F_1 resultantes de este cruzamiento.

genotipo ....

fenotipo .... [2]

b) Las plantas F1 se cruzaron con plantas que tenían el genotipo ccww. Calcula las frecuencias fenotípicas esperadas en la generación F2, suponiendo que la trasmisión es independiente.

Frecuencias esperadas .... [3]

A continuación se muestran las frecuencias fenotípicas observadas en la generación F2.

coloreadas + rico en almidón	37%
incoloras + rico en almidón	14%
coloreadas + ceroso	16%
incoloras + ceroso	33%

Los resultados observados difieren significativamente de los resultados que cabría esperar si la trasmisión fuera independiente.

c) Indica el nombre de una prueba estadística que podría utilizarse para demostrar que los resultados observados y los resultados esperados son significativamente diferentes. [1]

d) Explica las razones por las cuales los resultados observados del cruzamiento difieren significativamente de los resultados esperados. [2]

11 FISIOLOGÍA ANIMAL (TANS)

Introducción

La inmunidad se basa en el reconocimiento de la materia del propio cuerpo y la destrucción de la materia que le es extraña. Las funciones del sistema músculo-esquelético son el movimiento, el soporte y la protección. Todos los animales excretan productos de desecho nitrogenados y algunos animales también equilibran el agua y las concentraciones de solutos. La reproducción sexual implica el desarrollo y la fusión de gametos haploides.

11.1 Producción de anticuerpos y vacunación

Comprensión

→ Cada organismo cuenta con moléculas únicas en la superficie de sus células.

→ En los mamíferos, los linfocitos T activan a los linfocitos B.

→ Las células plasmáticas segregan anticuerpos.

→ Las células B activadas se multiplican para formar clones de células plasmáticas y células de memoria.

→ Los anticuerpos ayudan a destruir a los patógenos.

→ La inmunidad depende de la persistencia de las células de memoria.

→ Las vacunas contienen antígenos que desencadenan la inmunidad, pero que no causan la enfermedad.

→ Los patógenos pueden ser específicos de la especie, aunque otros pueden superar las barreras entre especies.

→ Los leucocitos liberan histamina en respuesta a los alérgenos.

→ Las histaminas causan síntomas alérgicos.La fusión de una célula tumoral con una célula plasmática productora de anticuerpos crea una célula hibridoma.

→ Los anticuerpos monoclonales son producidos por células hibridomas.

Aplicaciones

→ Los antígenos que hay en la superficie de los glóbulos rojos estimulan la producción de anticuerpos en una persona con un grupo sanguíneo diferente.

→ La viruela fue la primera enfermedad infecciosa de los seres humanos que fue erradicada mediante vacunación.

→ En los kits de pruebas de embarazo se utilizan los anticuerpos monoclonales para HCG.

Habilidades

→ Análisis de los datos epidemiológicos relacionados con los programas de vacunación.

Naturaleza de la ciencia

→ Consideración de las implicaciones éticas de la investigación: Jenner probó su vacuna contra la viruela en un niño.

Antígenos en la transfusión de sangre

Cada organismo cuenta con moléculas únicas en la superficie de sus células.

Cualquier molécula extraña que puede desencadenar una respuesta inmune se denomina antígeno. Los antígenos más comunes son proteínas y polisacáridos muy grandes. Estas moléculas se encuentran en la superficie de las células cancerosas, los parásitos, las bacterias y los granos de polen, y en la envoltura de los virus.

La figura 1 muestra una representación de un virus de la gripe a modo de ejemplo. La hemaglutinina y la neuroaminidasa son dos antígenos que se encuentran en la superficie del virus. La hemaglutinina permite al virus adherirse a las células huésped. La neuroaminidasa ayuda a liberar partículas de virus recién formadas.

La superficie de nuestras propias células contiene proteínas y polipéptidos. El funcionamiento del sistema inmunológico se basa en la distinción entre antígenos "extraños" y el material del propio cuerpo. La figura 2 muestra una mezcla de granos de polen de varias especies. Los antígenos que hay en la superficie de estos granos son los responsables de desencadenar las respuestas inmunes llamadas "alergias" o "fiebre del heno" en lenguaje común.

▲ Figura 2 Granos de polen

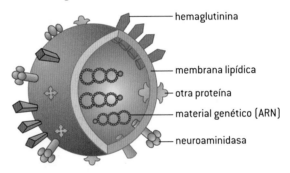
▲ Figura 1 Virus de la gripe

🌐 **Antígenos en la transfusión de sangre**

Los antígenos que hay en la superficie de los glóbulos rojos estimulan la producción de anticuerpos en una persona con un grupo sanguíneo diferente.

Los grupos sanguíneos se basan en la presencia o ausencia de ciertos tipos de antígenos en la superficie de los glóbulos rojos. El conocimiento del grupo sanguíneo es importante en el procedimiento médico llamado transfusión, donde un paciente recibe sangre de un donante. El grupo sanguíneo ABO y el grupo sanguíneo Rhesus (Rh) son los dos sistemas de antígenos más importantes en las transfusiones de sangre, puesto que la incompatibilidad entre donante y receptor puede causar una respuesta inmune.

La figura 3 muestra las diferencias entre los tres fenotipos A, B y O. Todos los alelos conllevan una secuencia básica denominada antígeno H. En la sangre de tipo A y B, este antígeno H está

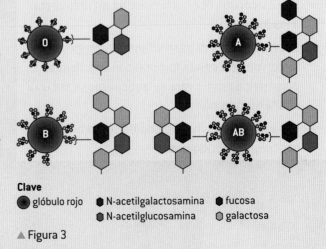

Clave
- 🔴 glóbulo rojo
- ⬢ N-acetilgalactosamina
- ⬢ N-acetilglucosamina
- ⬢ fucosa
- ⬡ galactosa

▲ Figura 3

modificado por la presencia de una molécula adicional: si esta molécula es galactosa el antígeno es B, y si es N-acetilgalactosamina el antígeno es A. El grupo sanguíneo AB implica la presencia de ambos tipos de antígenos.

Si un receptor recibe una transfusión del tipo de sangre equivocado, produce una respuesta inmune llamada aglutinación seguida de una hemolisis por la destrucción de los glóbulos rojos, y la sangre se puede coagular en los vasos (figura 4).

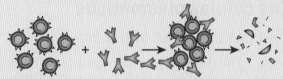

glóbulos rojos con antígenos en la superficie de un donante incompatible | anticuerpos del receptor | aglutinación (agrupación) | hemolisis

▲ Figura 4

Para determinar el grupo sanguíneo, se mezclan muestras de sangre con anticuerpos. La figura 5 muestra el resultado de una prueba de determinación del grupo sanguíneo con las reacciones entre los tipos de sangre (filas) y los sueros inmunológicos (columnas). La primera columna muestra el aspecto de la sangre antes de las pruebas. Existen cuatro tipos de sangre humana: A, B, AB y O. La sangre de tipo A tiene antígenos (proteínas) A en la superficie de sus glóbulos. La sangre de tipo B tiene antígenos B. La mezcla de sangre de tipo A con antisuero A + B provoca una reacción de aglutinación que forma densos puntos rojos, diferentes de la primera columna. La sangre de tipo B reacciona de la misma manera con antisuero B y antisuero A + B.

La sangre AB se aglutina con los tres antisueros. La sangre de tipo O no tiene antígenos A o B, así que no reacciona con los sueros.

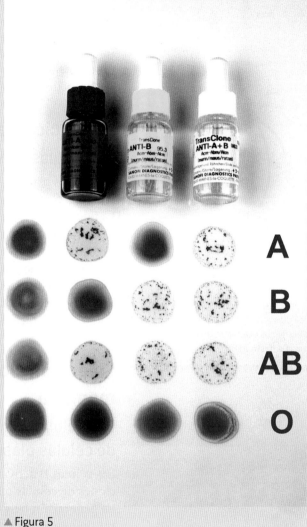

▲ Figura 5

La respuesta inmune específica

En los mamíferos, los linfocitos T activan a los linfocitos B.

Se ha utilizado el principio de "estímulo y respuesta" para explicar cómo el sistema inmunológico produce grandes cantidades de los anticuerpos específicos necesarios para combatir una infección, en lugar de cualquiera de los cientos de miles de otros anticuerpos que podría producir. Los antígenos en la superficie de los patógenos que han invadido el cuerpo son el "estímulo". La "respuesta" consta de las siguientes etapas.

Los patógenos son ingeridos por macrófagos, y sus antígenos son expuestos en la membrana plasmática de los macrófagos. Cada uno de los linfocitos llamados linfocitos T cooperadores tiene en su membrana plasmática una proteína receptora similar a un anticuerpo, que puede

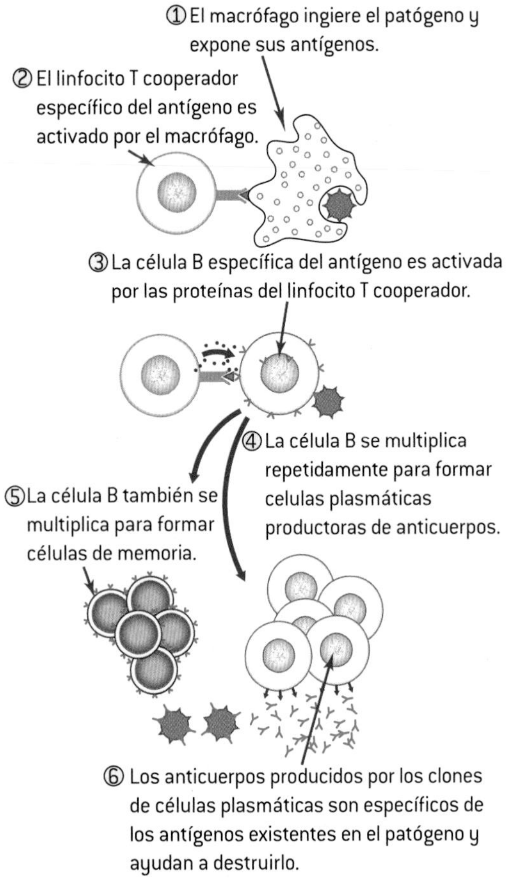

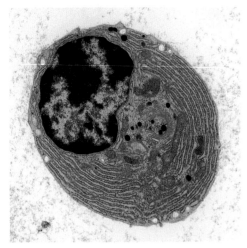

① El macrófago ingiere el patógeno y expone sus antígenos.

② El linfocito T cooperador específico del antígeno es activado por el macrófago.

③ La célula B específica del antígeno es activada por las proteínas del linfocito T cooperador.

④ La célula B se multiplica repetidamente para formar celulas plasmáticas productoras de anticuerpos.

⑤ La célula B también se multiplica para formar células de memoria.

⑥ Los anticuerpos producidos por los clones de células plasmáticas son específicos de los antígenos existentes en el patógeno y ayudan a destruirlo.

▲ Figura 6 Etapas de la producción de anticuerpos

▲ Figura 7 Célula plasmática

unirse a los antígenos expuestos por los macrófagos. De los muchos tipos de linfocitos T cooperadores, solo unos pocos tienen proteínas receptoras que se ajustan al antígeno. Estos linfocitos T cooperadores se unen y son activados por el macrófago.

Los linfocitos T cooperadores activados se unen después a otros linfocitos llamados células B. De nuevo, solamente las células B que tienen una proteína receptora a la que puede unirse el antígeno son seleccionadas y se unen a los linfocitos T cooperadores. Mediante esta unión, así como mediante la liberación de una proteína de señalización, los linfocitos T cooperadores activan las células B seleccionadas.

La función de las células plasmáticas

Las células plasmáticas segregan anticuerpos.

Las células plasmáticas son células B maduras (leucocitos) que producen y segregan gran cantidad de anticuerpos durante la respuesta inmune. La figura 7 muestra una célula plasmática. El citoplasma de la célula (naranja) tiene una red inusualmente extensa de retículo endoplasmático rugoso (REr). El REr fabrica, modifica y transporta proteínas (en este caso, los anticuerpos). La célula produce una gran cantidad del mismo tipo de proteína, lo que significa que la gama de genes expresados es menor que en una célula típica. Esto explica el patrón de la coloración del núcleo, donde la coloración oscura indica genes qué no están expresados.

Selección clonal y formación de las células de memoria

Las células B activadas se multiplican para formar clones de células plasmáticas y células de memoria.

Las células B activadas se dividen muchas veces por mitosis, generando clones de células plasmáticas que producen el mismo tipo de anticuerpo. La generación de grandes cantidades de células plasmáticas que producen un tipo de anticuerpo específico se conoce como selección clonal.

Las células plasmáticas segregan anticuerpos que ayudan a destruir el patógeno de la manera que se describe a continuación. Estos anticuerpos solo permanecen en el cuerpo durante escasas semanas o meses, y las células plasmáticas que los producen también se pierden gradualmente una vez que se ha superado la infección y se han eliminado los antígenos asociados a esta.

Aunque la mayoría de los clones de células B se convierten en células plasmáticas activas, un número menor se convierte en células de memoria que persisten en el cuerpo durante mucho tiempo después de la infección. Estas células de memoria permanecen inactivas a menos que el mismo patógeno vuelva a infectar el cuerpo, en cuyo caso se activan y responden muy rápidamente. La inmunidad a una enfermedad infecciosa implica tener anticuerpos contra el patógeno o células de memoria que permiten la rápida producción de anticuerpos.

La función de los anticuerpos

Los anticuerpos ayudan a destruir a los patógenos.

Los anticuerpos ayudan a destruir los patógenos de varias maneras:

- **Opsonización:** Facilitan el reconocimiento de un patógeno por parte de los fagocitos, para que puedan ingerirlo fácilmente. Una vez unidos al patógeno, pueden acoplarlo a los fagocitos.

- **Neutralización de virus y bacterias:** Los anticuerpos pueden impedir que los virus se adhieran a las células huésped, para que no puedan entrar en ellas.

- **Neutralización de toxinas:** Algunos anticuerpos pueden unirse a las toxinas producidas por los patógenos, impidiendo que afecten a las células susceptibles.

- **Activación del complemento:** El sistema de complemento es un conjunto de proteínas que acaban causando la perforación de las membranas de los patógenos. Los anticuerpos unidos a la superficie de un patógeno activan una cascada del complemento que resulta en la formación de un "complejo de ataque a la membrana" que perfora la membrana del patógeno, lo que permite la entrada de agua e iones en la célula, causando en última instancia la lisis de la célula.

- **Aglutinación:** Los anticuerpos pueden causar la adhesión o "aglutinación" de los patógenos para impedir que entren en las células y para que los fagocitos puedan ingerirlos más fácilmente. La masa aglutinada puede ser filtrada por el sistema linfático y luego fagocitada. El proceso de aglutinación puede ser peligroso si se produce como consecuencia de una transfusión de sangre incompatible.

La figura 8 resume algunos de los modos de acción de los anticuerpos.

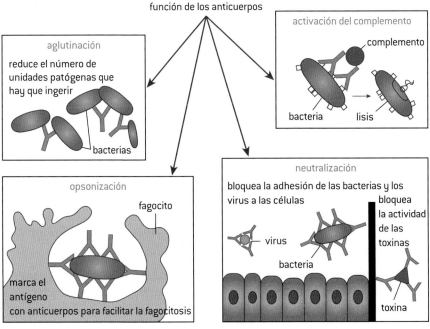

▲ Figura 8

Teoría del Conocimiento

¿Qué nos puede enseñar la teoría de juegos sobre la persistencia de las reservas de la viruela?

Una vez erradicada la viruela, quedaba la cuestión de qué hacer con las muestras de viruela en manos de los investigadores y el ejército. Pese a los llamamientos de la Organización Mundial de la Salud a destruir las reservas restantes, tanto Estados Unidos como Rusia han retrasado el cumplimiento de esta directiva.

La teoría de juegos es una rama de las matemáticas que hace predicciones sobre el comportamiento humano durante las negociaciones. En lo que respecta a las ventajas, si una parte incumple y la otra continúa adelante basándose en la confianza, las ventajas del incumplidor se maximizan: no solo ya no está amenazado por el adversario sino que, además, conserva la capacidad de amenazar. Si ambas partes incumplen, sigue existiendo el riesgo de que se utilice el virus como arma en el primer ataque y en el contraataque. La máxima ventaja neta para todos sería que ambas partes cumplieran con la directiva, pero esto implica confiar y asumir riesgos.

Inmunidad

La inmunidad depende de la persistencia de las células de memoria.

La inmunidad a una enfermedad se debe a la presencia de anticuerpos que reconocen los antígenos asociados con la enfermedad, o bien a la presencia de células de memoria que permiten producir estos anticuerpos. La inmunidad se desarrolla cuando el sistema inmunológico es estimulado por un antígeno específico y responde produciendo anticuerpos y células de memoria. La figura 9 distingue entre una respuesta inmune primaria, que se produce la primera vez que el patógeno infecta el cuerpo, y una respuesta inmunitaria secundaria, que se activa la segunda vez que el patógeno infecta el cuerpo. Las células de memoria garantizan que, la segunda vez que se detecta un antígeno, el cuerpo esté listo para responder rápidamente mediante la producción de más anticuerpos a un ritmo más rápido.

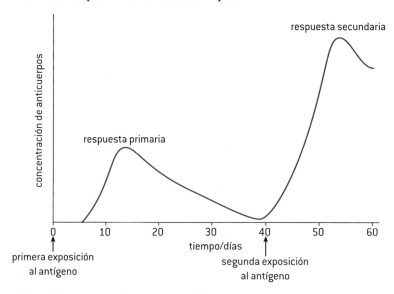

▲ Figura 9 La respuesta inmune secundaria

Las vacunas proporcionan inmunidad

Las vacunas contienen antígenos que desencadenan la inmunidad, pero que no causan la enfermedad.

Las vacunas generalmente se introducen en el cuerpo por inyección. Pueden contener una versión viva atenuada (debilitada) del patógeno, o algún derivado con antígenos del patógeno. Esto estimula una respuesta inmune primaria. Si posteriormente el microorganismo real entra en el cuerpo como resultado de una infección, será destruido por los anticuerpos en una respuesta inmune secundaria.

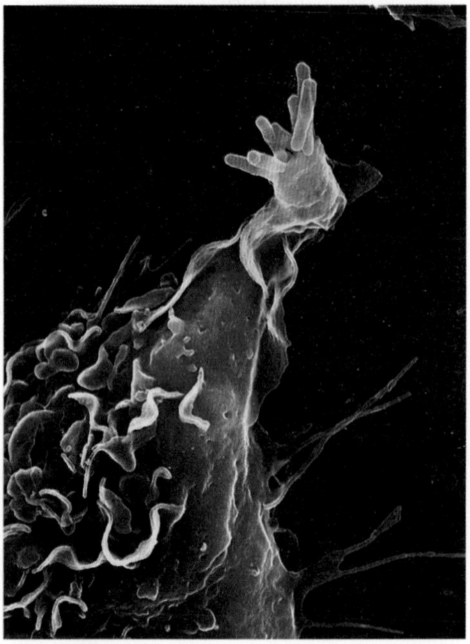

La figura 10 muestra un fagocito ingiriendo una bacteria *Mycobacterium bovis* (naranja). Esta es la cepa de la bacteria que se utiliza en la vacuna de la tuberculosis. Las bacterias están vivas pero atenuadas (debilitadas), y no son tan patógenas como su pariente *Mycobacterium tuberculosis*. La vacuna, sin causar la enfermedad, prepara el sistema inmunitario para

▲ Figura 10

que produzca anticuerpos que actúan sobre ambas especies de bacterias. Así, si somos infectados con la bacteria *Mycobacterium tuberculosis*, el sistema inmunitario responderá más rápidamente.

 ## Consideraciones éticas de los experimentos de la vacuna de Jenner

Consideración de las implicaciones éticas de la investigación: Jenner probó su vacuna contra la viruela en un niño.

Edward Jenner fue un científico del siglo XVIII que prestó atención a una lechera que afirmaba que nunca contraería la viruela humana porque había pasado la viruela bovina. Jenner infectó a un niño de ocho años con la viruela bovina. Después de una breve enfermedad, el niño se recuperó. Jenner lo infectó entonces deliberadamente con la viruela humana para confirmar si era capaz de resistir la enfermedad.

Fue el primer científico en utilizar seres humanos como sujetos de investigación en las pruebas de una vacuna. No hizo ninguna investigación de laboratorio preliminar ni ningún estudio previo con animales antes de experimentar con seres humanos. Su sujeto de estudio fue un niño muy por debajo de la edad de consentimiento al que infectó deliberadamente con un patógeno extremadamente virulento y a menudo mortal.

Jenner realizó sus experimentos mucho antes de que se formulara ningún principio ético para la protección de sujetos humanos en la investigación. Los juicios de Nuremberg condenaron los experimentos médicos con niños. Estos juicios que tuvieron lugar después de la Segunda Guerra Mundial resultaron en el Código de Nuremberg para la protección de los sujetos de investigación, y más adelante las Directrices Éticas Internacionales para la Investigación Biomédica en Seres Humanos de la Organización Mundial de la Salud (1993). Hoy en día, los experimentos de Jenner no serían aprobados por un comité de revisión ética.

 ## La erradicación de la viruela

La viruela fue la primera enfermedad infecciosa de los seres humanos que fue erradicada mediante vacunación.

Los esfuerzos para erradicar la viruela son un ejemplo de cómo las organizaciones intergubernamentales pueden contribuir a resolver cuestiones de interés mundial. El primero de estos esfuerzos fue iniciado en 1950 por la Organización Panamericana de la Salud. En 1959, la Asamblea Mundial de la Salud aprobó una resolución para emprender una iniciativa mundial que erradicara la viruela. Su éxito fue parcial hasta que en 1967 se estableció una unidad bien financiada para la erradicación de la enfermedad.

El último caso conocido de viruela se dio en Somalia en 1977, aunque hubo dos infecciones accidentales después de este caso. La campaña tuvo éxito por varias razones:

- Solo los seres humanos pueden contraer y transmitir la viruela. No hay ningún reservorio animal donde la enfermedad pueda mantenerse y resurgir. Por esta razón fracasó una iniciativa de erradicación de la fiebre amarilla a comienzos del siglo XX.

- La infección produce síntomas muy rápidamente y estos son fácilmente reconocibles, lo que permite vacunar a todas las personas que podrían haber tenido contacto con la persona afectada. En contraste, los esfuerzos para erradicar la polio se han visto dificultados porque las personas infectadas no siempre presentan síntomas fácilmente reconocibles.

- La inmunidad a la viruela es duradera, a diferencia de otras enfermedades como la malaria, donde la reinfección es más frecuente.

⚗ Vacunas y epidemiología

Análisis de los datos epidemiológicos relacionados con los programas de vacunación

La epidemiología es el estudio de la distribución, los patrones y las causas de enfermedades en una población. Se realiza un seguimiento de la propagación de enfermedades con el fin de predecir y minimizar el daño causado por los brotes, así como para determinar los factores que contribuyen a dichos brotes. Los epidemiólogos participan en la planificación y la evaluación de los programas de vacunación.

En 1988 comenzó una iniciativa conjunta de la Organización Mundial de la Salud, UNICEF y la fundación Rotary para la erradicación mundial de la polio. Asimismo, UNICEF está liderando una

iniciativa mundial para prevenir la transmisión del tétanos mediante vacunación.

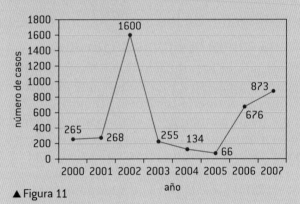

▲ Figura 11

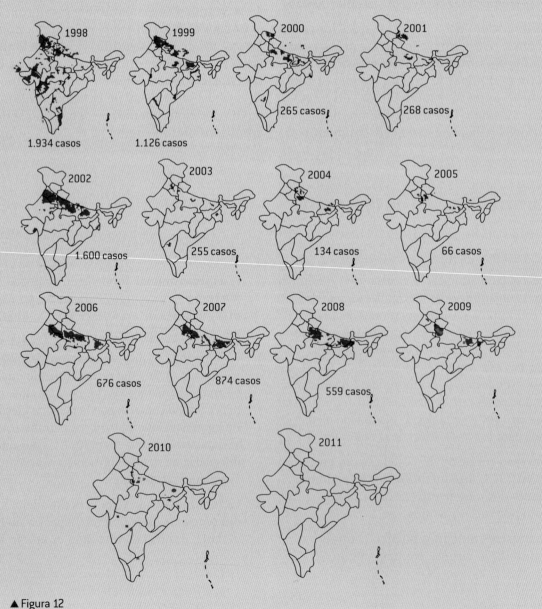

▲ Figura 12

Un pequeño número de casos de polio se deben a fallos en los programas de vacunación. La figura 11 muestra los casos de polio por transmisión natural (es decir, no transmitidos por la vacuna) en India durante un período de 7 años. Las investigaciones de los epidemiólogos tratarían de determinar las causas de los dos aumentos considerables en el número de casos. La figura 12 muestra la distribución geográfica de los casos de polio en India durante un período de 13 años. Los epidemiólogos utilizarían información sobre la distribución geográfica para determinar los orígenes de los brotes a fin de concentrar los recursos en aquellas áreas. Podrían hacer un seguimiento de la incidencia de la enfermedad para determinar la eficacia de las campañas de reducción. Resulta alentador saber que India fue declarada libre de polio en 2012.

Lo que preocupa es que pueden volver a darse algunos casos en los países libres de polio si las personas infectadas cruzan las fronteras.

Preguntas basadas en datos: Incidencia de la polio en 2012

La figura 13 presenta datos de la incidencia de la polio por transmisión natural en los tres países donde esta enfermedad era todavía endémica a mediados de 2012.

1   Define el término "endémico". [1]

2   Identifica los tres países donde la polio era todavía endémica a mediados de 2012. [1]

3   Identifica la cepa de poliovirus más extendida. [1]

4   Identifica un país donde la situación parece haber mejorado entre 2011 y 2012. [2]

5   Sabiendo que en 1988 había aproximadamente 350.000 casos de polio en todo el mundo, discute el éxito del programa de erradicación de la polio. [5]

6   Sugiere algunos de los desafíos a los que puede enfrentarse un epidemiólogo para recopilar datos fiables. [5]

7   Investiga para averiguar el estado actual de erradicación de la polio en estos países.

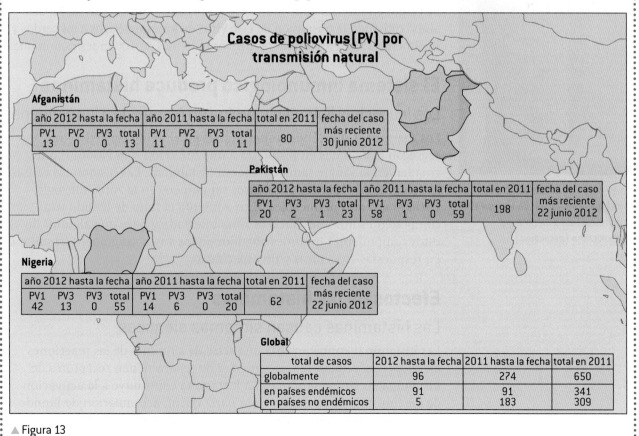

Casos de poliovirus (PV) por transmisión natural

Afganistán

año 2012 hasta la fecha				año 2011 hasta la fecha				total en 2011	fecha del caso más reciente
PV1	PV2	PV3	total	PV1	PV2	PV3	total	80	30 junio 2012
13	0	0	13	11	0	0	11		

Pakistán

año 2012 hasta la fecha				año 2011 hasta la fecha				total en 2011	fecha del caso más reciente
PV1	PV3	PV3	total	PV1	PV3	PV3	total	198	22 junio 2012
20	2	1	23	58	1	0	59		

Nigeria

año 2012 hasta la fecha				año 2011 hasta la fecha				total en 2011	fecha del caso más reciente
PV1	PV3	PV3	total	PV1	PV3	PV3	total	62	22 junio 2012
42	13	0	55	14	6	0	20		

Global

total de casos	2012 hasta la fecha	2011 hasta la fecha	total en 2011
globalmente	96	274	650
en países endémicos	91	91	341
en países no endémicos	5	183	309

▲ Figura 13

▲ Figura 14 Se usa una cámara térmica para controlar la temperatura de la piel de los pasajeros que llegan al aeropuerto de Nizhny Novgorod, en Rusia. Una elevada temperatura de la piel puede ser indicador de fiebre por alguna enfermedad. Estas cámaras se utilizan de manera generalizada para detectar posibles portadores de diversas gripes epidémicas zoonóticas, tales como la gripe aviar y la gripe porcina.

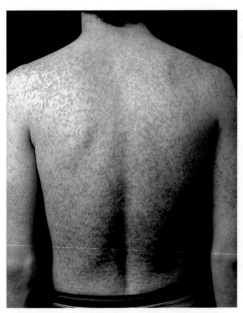

▲ Figura 15 La erupción en el cuerpo de este paciente se debe a la liberación de excesivas histaminas en respuesta a la toma del antibiótico amoxicilina (penicilina).

Las zoonosis son una creciente preocupación sanitaria mundial

Los patógenos pueden ser específicos de la especie, aunque otros pueden superar las barreras entre especies.

Los patógenos a menudo están altamente especializados y solo pueden infectar una pequeña variedad de huéspedes. Existen virus que son específicos de aves, cerdos y bacterias, por ejemplo. Asimismo, hay bacterias patógenas que solo causan enfermedades en los seres humanos: los seres humanos son el único organismo conocido susceptible a patógenos como la sífilis, la polio y el sarampión, pero tienen resistencia al virus del moquillo canino, por ejemplo. La bacteria *Mycobacterium tuberculosis* no causa enfermedad en las ranas porque estas rara vez alcanzan la temperatura de 37 °C que necesita la bacteria para reproducirse. Las ratas inyectadas con la toxina de la difteria no se enferman porque sus células carecen del receptor que introduce la toxina en la célula.

Las zoonosis son enfermedades causadas por patógenos que pueden superar las barreras entre especies, y constituyen una nueva preocupación sanitaria mundial. La peste bubónica, la fiebre maculosa de las Montañas Rocosas, la enfermedad de Lyme, la gripe aviar y el virus del Nilo occidental son todas enfermedades zoonóticas. Los principales factores de la creciente aparición de enfermedades zoonóticas son el mayor contacto entre animales y seres humanos (por ejemplo, al vivir muy cerca del ganado) y la alteración de los hábitats.

Por ejemplo, a finales de la década de 1990 en Malasia, la cría intensiva de cerdos en un hábitat de murciélagos infectados con el virus de Nipah acabó causando la trasmisión de este virus de los murciélagos a los cerdos y finalmente a los seres humanos, provocando más de 100 muertes humanas.

El sistema inmunológico produce histaminas

Los leucocitos liberan histamina en respuesta a los alérgenos.

Los mastocitos son células inmunitarias en el tejido conectivo que segregan histaminas en respuesta a una infección. Los basófilos que circulan en la sangre también liberan histaminas. Las histaminas causan la dilatación de los pequeños vasos sanguíneos en la zona infectada, haciéndolos más permeables. Esto aumenta el flujo de líquido con componentes inmunes hacia la zona infectada y hace que algunos de estos componentes inmunes abandonen los vasos sanguíneos, resultando en respuestas específicas y no específicas.

Efectos de las histaminas

Las histaminas causan síntomas alérgicos.

Las histaminas contribuyen a una serie de síntomas de las reacciones alérgicas. Las células de una variedad de tejidos tienen receptores de histamina en sus membranas. La histamina contribuye a la activación de los síntomas de la alergia en la nariz (picor, acumulación de líquido, estornudos, secreción de mucosidad e inflamación). La histamina también interviene en la formación de erupciones alérgicas y en la peligrosa inflamación conocida como anafilaxis.

Se pueden reducir los efectos de las respuestas alérgicas tomando antihistamínicos.

Creación de células hibridomas

La fusión de una célula tumoral con una célula plasmática productora de anticuerpos crea una célula hibridoma.

Los anticuerpos monoclonales son anticuerpos purificados altamente específicos producidos por un clon de células derivadas de una sola célula. Estos anticuerpos reconocen un solo antígeno.

Para producir el clon de células que fabricará un anticuerpo monoclonal, se inyecta en un ratón o en otro mamífero el antígeno que es reconocido por el anticuerpo. El sistema inmunológico del ratón, en respuesta a este estímulo, produce las células plasmáticas B que son capaces de producir el anticuerpo deseado. Se extraen células plasmáticas del bazo del ratón; habrá células plasmáticas de muchos tipos, pero solo algunas producirán el anticuerpo deseado.

Las células B se fusionan con células cancerosas llamadas células de mieloma. Las células resultantes de esta fusión se llaman células hibridomas.

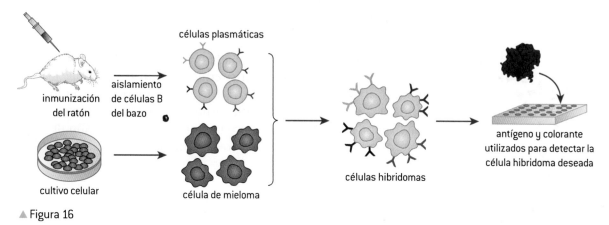

▲ Figura 16

Producción de anticuerpos monoclonales

Los anticuerpos monoclonales son producidos por células hibridomas.

Como todas las células B extraídas se fusionan con las células del mieloma, se producen muchas células hibridomas diferentes y hay que examinarlas individualmente para identificar la que produce el anticuerpo necesario.

Una vez identificada, la célula hibridoma deseada puede dividirse y formar un clon. Estas células pueden cultivarse en un fermentador, donde segregarán grandes cantidades de anticuerpos monoclonales. La figura 17 muestra un fermentador de 2.000 litros usado para la producción comercial de anticuerpos monoclonales. La célula hibridoma se multiplica en el fermentador hasta producir grandes cantidades

▲ Figura 17

de células genéticamente idénticas, cada una de las cuales segrega el anticuerpo producido por el linfocito original.

Los anticuerpos monoclonales se usan tanto para tratar como para diagnosticar enfermedades. Algunos ejemplos son la prueba de la malaria, que puede utilizarse para determinar si las personas o los mosquitos están infectados por el parásito de la malaria, la prueba del patógeno VIH o la creación de anticuerpos para inyectarlos a las víctimas de la rabia.

🌐 Las pruebas de embarazo utilizan anticuerpos monoclonales

En los kits de pruebas de embarazo se utilizan los anticuerpos monoclonales para HCG.

Los anticuerpos monoclonales se utilizan en una amplia gama de pruebas diagnósticas, incluidas las pruebas de anticuerpos del VIH y de una enzima liberada durante los ataques al corazón. Existen kits de pruebas de embarazo que utilizan anticuerpos monoclonales para detectar la HCG (gonadotropina coriónica humana). Esta hormona es producida únicamente durante el embarazo por el embrión y, más adelante, por la placenta. La orina de una mujer embarazada contiene niveles detectables de HCG.

La figura 18 muestra cómo funciona la tira de la prueba de embarazo. En el punto C, hay anticuerpos para HCG inmovilizados. En el punto B, hay anticuerpos para HCG libres marcados con un colorante. En el punto D, hay anticuerpos inmovilizados que se unen a los anticuerpos marcados con colorante. La aplicación de orina a un extremo de la tira arrastra los anticuerpos tira abajo.

Actividad

1 Explica cómo aparece una línea azul en el punto C si la mujer está embarazada. [3]

2 Explica por qué no aparece una línea azul en el punto C si la mujer no está embarazada. [3]

3 Explica las razones de usar anticuerpos monoclonales inmovilizados en el punto D, aunque estos no indican si una mujer está embarazada o no. [3]

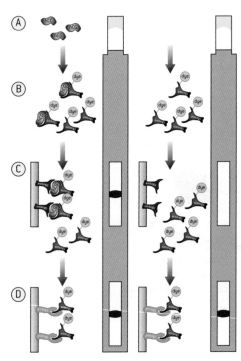

▲ Figura 18

11.2 Movimiento

Comprensión

→ Los huesos y los exoesqueletos proporcionan anclaje a los músculos y actúan como palancas.

→ El movimiento del cuerpo requiere que los músculos actúen por parejas antagonistas.

→ Las articulaciones sinoviales permiten determinados movimientos, pero no otros.

→ Las fibras de músculo esquelético son multinucleadas y contienen un retículo endoplasmático especializado.

→ Las fibras musculares contienen muchas miofibrillas.

→ Cada miofibrilla está formada por sarcómeros contráctiles.

→ La contracción del músculo esquelético se logra mediante el deslizamiento de los filamentos de actina y miosina.

→ Los iones de calcio y las proteínas tropomiosina y troponina controlan las contracciones musculares.

→ Para que se deslicen los filamentos es necesaria la hidrólisis de ATP y la formación de puentes cruzados.

Aplicaciones

→ Pares de músculos antagonistas en la pata de un insecto.

Habilidades

→ Anotación de un diagrama del codo humano.

→ Dibujo de diagramas rotulados de la estructura de un sarcómero.

→ Análisis de micrografías electrónicas para determinar el estado de contracción de las fibras musculares.

Naturaleza de la ciencia

→ La fluorescencia se ha usado para estudiar las interacciones cíclicas en la contracción muscular.

Los huesos y los exoesqueletos anclan los músculos

Los huesos y los exoesqueletos proporcionan anclaje a los músculos y actúan como palancas.

Los exoesqueletos son esqueletos externos que rodean y protegen la mayor parte de la superficie del cuerpo de animales como los insectos y los crustáceos. La figura 1 muestra una micrografía electrónica de barrido de una araña junto a exoesqueletos que han sido mudados.

Los huesos y los exoesqueletos facilitan el movimiento pues proporcionan anclaje a los músculos y actúan como palancas. Las palancas cambian el tamaño y la dirección de las fuerzas. En una palanca, hay una fuerza de esfuerzo, un punto de apoyo llamado fulcro y una fuerza resultante. Las posiciones relativas de estos tres componentes determinan la clase de palanca.

▲ Figura 1

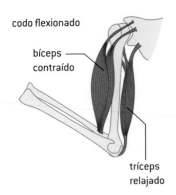

codo flexionado

bíceps
contraído

tríceps
relajado

codo extendido   escápula

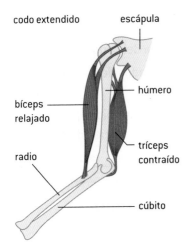

húmero

bíceps
relajado

tríceps
contraído

radio

cúbito

▲ Figura 3 Los bíceps y los tríceps son
músculos antagonistas.

La figura 2 muestra cómo cuando una persona mueve la cabeza hacia atrás, la columna vertebral actúa como una palanca de primera clase, con el fulcro (F) entre la fuerza de esfuerzo (E) que ejerce el músculo esplenio de la cabeza y la fuerza resultante (R) que causa la extensión de la barbilla.

La pata de un saltamontes actúa como una palanca de tercera clase en la que el fulcro está en el extremo del cuerpo y la fuerza de esfuerzo se encuentra entre el fulcro y la fuerza resultante.

Los músculos están unidos al interior de los exoesqueletos, pero al exterior de los huesos.

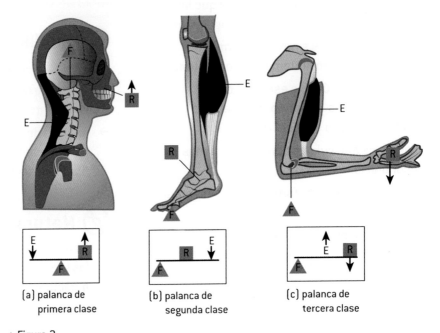

(a) palanca de
primera clase

(b) palanca de
segunda clase

(c) palanca de
tercera clase

▲ Figura 2

Los músculos esqueléticos son antagonistas

El movimiento del cuerpo requiere que los músculos actúen por parejas antagonistas.

Los músculos esqueléticos forman parejas que son antagonistas. Esto significa que cuando uno de los músculos se contrae, el otro se relaja. Los músculos antagonistas realizan movimientos opuestos en una articulación. Por ejemplo, en el codo, el tríceps extiende el antebrazo mientras que el bíceps flexiona el antebrazo.

Preguntas basadas en datos: Los músculos del vuelo

En un proyecto de investigación, se entrenaron palomas (*Columba livia*) para despegar, volar 35 metros y aterrizar en una percha. La actividad de dos músculos, el esternobraquial y el toracobraquial, se monitorizó durante el vuelo usando electromiógrafos. La figura 4 muestra los resultados. Los picos muestran actividad eléctrica en la contracción de los músculos. La contracción del músculo esternobraquial bate el ala hacia abajo.

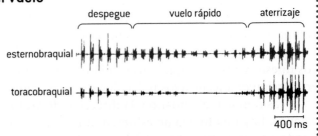

▲ Figura 4 Actividad eléctrica en los músculos esternobraquial y toracobraquial durante el vuelo de una paloma

1 Deduce el número de veces que se batió el ala hacia abajo durante todo el vuelo. [1]

2 Compara la actividad del músculo esternobraquial durante las tres fases del vuelo. [3]

3 Deduce del electromiograma cómo se utiliza el músculo toracobraquial. [1]

4 Otro músculo, el supracoracoideo, es antagonista del esternobraquial. Indica el movimiento producido por la contracción del supracoracoideo. [1]

5 Predice el patrón del electromiograma para el músculo supracoracoideo durante el vuelo de 35 metros. [2]

La pata de un insecto tiene músculos antagonistas

Pares de músculos antagonistas en la pata de un insecto

El saltamontes, como todos los insectos, tiene tres pares de apéndices. La extremidad trasera del saltamontes, que está especializada para saltar, es un apéndice articulado con tres partes principales. Por debajo de la articulación está lo que se conoce como la tibia, y en la base de la tibia hay otra articulación debajo de la cual se encuentra el tarso. Por encima de la articulación se encuentra el fémur, que tiene músculos muy grandes relativamente.

Cuando el saltamontes se prepara para saltar, los músculos flexores se contraen colocando la tibia y el tarso en una posición que se asemeja a la letra Z y acercando el fémur y la tibia. Esto se conoce como flexión; durante esta fase, los músculos extensores se relajan. Después, los músculos extensores se contraen extendiendo la tibia y ejerciendo una poderosa fuerza propulsora.

▲ Figura 6 Fotografía de alta velocidad compuesta de un saltamontes (orden Orthoptera) saltando de la cabeza de un clavo

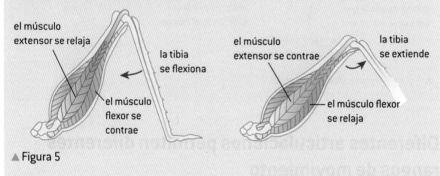

el músculo extensor se relaja

la tibia se flexiona

el músculo flexor se contrae

el músculo extensor se contrae

la tibia se extiende

el músculo flexor se relaja

▲ Figura 5

El codo humano es un ejemplo de una articulación sinovial

Anotación de un diagrama del codo humano

El punto donde se encuentran los huesos se llama articulación. La mayoría de las articulaciones permiten que los huesos se muevan unos en relación con otros: esto se llama articulación. La mayoría de las articulaciones tienen una estructura similar, que incluye cartílago, líquido sinovial y una cápsula articular.

- El cartílago es un tejido suave y resistente que cubre la parte del hueso que está en la articulación. Evita el contacto entre partes de los huesos que, de lo contrario, podrían rozarse y así ayuda a evitar fricciones. También absorbe impactos que podrían fracturar los huesos.

- El líquido sinovial llena una cavidad formada en la articulación entre los cartílagos que hay en los extremos de los huesos. Lubrica la articulación y así ayuda a evitar fricciones que se producirían si los cartílagos estuviesen secos y en contacto unos con otros.

- La cápsula articular es una capa ligamentosa resistente que cubre la articulación. Sella la articulación, contiene el líquido sinovial y ayuda a evitar dislocaciones.

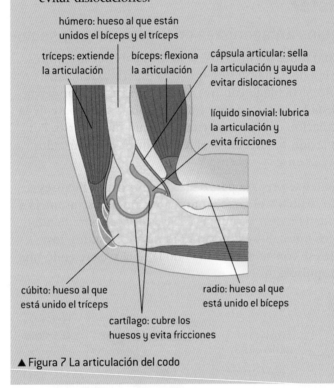

▲ Figura 7 La articulación del codo

Diferentes articulaciones permiten diferentes rangos de movimiento

Las articulaciones sinoviales permiten determinados movimientos, pero no otros.

La estructura de una articulación, incluida la cápsula articular y los ligamentos, determina los movimientos que son posibles. La articulación de la rodilla puede actuar como una articulación de bisagra, que permite solo dos movimientos: flexión (doblar) y extensión (estirar). También puede actuar como punto de apoyo cuando está flexionada. La rodilla tiene un mayor rango de movimiento cuando está flexionada que cuando está extendida. La articulación de la cadera, entre la pelvis y el fémur, es una articulación de rótula. Tiene un mayor rango de movimiento que la articulación de la rodilla, ya que puede flexionarse y extenderse, rotarse y moverse hacia los lados y hacia atrás. Este último tipo de movimiento se llama abducción y aducción.

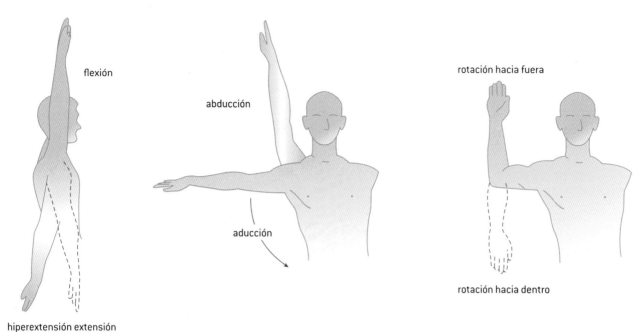

flexión

abducción

aducción

rotación hacia fuera

rotación hacia dentro

hiperextensión extensión

▲ Figura 8 Rango de movimiento en el hombro

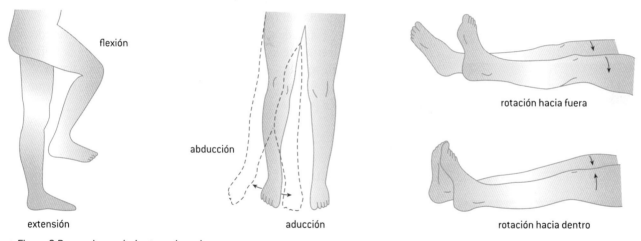

flexión

abducción

aducción

extensión

rotación hacia fuera

rotación hacia dentro

▲ Figura 9 Rango de movimiento en la cadera

Estructura de las fibras musculares

Las fibras de músculo esquelético son multinucleadas y contienen un retículo endoplasmático especializado.

Los músculos que se utilizan para mover el cuerpo están unidos a los huesos, por eso se denominan músculos esqueléticos. Cuando se visualiza su estructura con un microscopio, se observan unas rayas. Por eso se los llama también músculos estriados. Los otros dos tipos de músculos son los músculos lisos y los músculos cardíacos.

Los músculos estriados se componen de haces de células musculares llamadas fibras musculares. Aunque cada fibra muscular está rodeada de una sola membrana plasmática llamada sarcolema, cuenta con muchos núcleos. Además, las fibras musculares son mucho más largas que las células típicas. Estas características se deben al hecho de que las células musculares embrionarias se fusionan entre sí, formando las fibras musculares. La figura 10 muestra una fibra muscular.

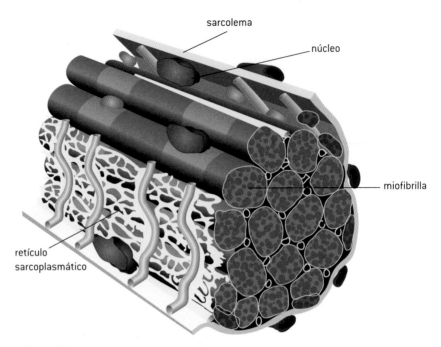

sarcolema

núcleo

miofibrilla

retículo
sarcoplasmático

▲ Figura 10

Una versión modificada del retículo endoplasmático, llamada retículo sarcoplasmático, se extiende a lo largo de la fibra muscular envolviendo cada miofibrilla y transmite la señal para que todas las partes de la fibra muscular se contraigan a la vez. El retículo sarcoplasmático almacena calcio. Entre las miofibrillas hay una gran cantidad de mitocondrias, que proporcionan el ATP para las contracciones.

Miofibrillas

Las fibras musculares contienen muchas miofibrillas.

Dentro de cada fibra muscular hay muchas estructuras alargadas paralelas llamadas miofibrillas. Estas cuentan con bandas claras y oscuras que se van alternando, confiriendo al músculo estriado sus rayas. En el centro de cada banda clara hay una estructura en forma de disco, denominada línea Z.

Estructura de las miofibrillas

Cada miofibrilla está formada por sarcómeros contráctiles.

La micrografía en la figura 13 muestra una sección longitudinal de una miofibrilla. Se observa una serie de unidades repetidas que alternan bandas claras y oscuras. En el centro de cada banda clara hay una línea que se denomina línea Z. En una miofibrilla, la parte comprendida entre una línea Z y la siguiente se llama sarcómero: es la unidad funcional de la miofibrilla.

El patrón de bandas claras y oscuras de los sarcómeros se debe a una distribución regular y precisa de dos tipos de proteínas filamentosas: finos filamentos de actina y gruesos filamentos de miosina. Los filamentos de actina están unidos a un extremo de una línea Z. Los filamentos de miosina se encajan con los filamentos de actina por ambos extremos y ocupan el centro del sarcómero. Cada filamento de miosina está rodeado de seis filamentos de actina y forma puentes cruzados con ellos durante la contracción muscular.

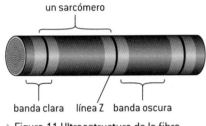

un sarcómero

banda clara   línea Z   banda oscura

▲ Figura 11 Ultraestructura de la fibra muscular

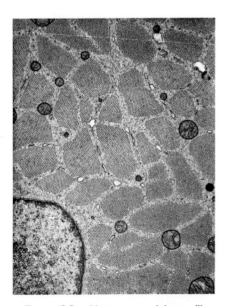

▲ Figura 12 Sección transversal de una fibra de músculo esquelético que muestra numerosas miofibrillas. En la parte inferior izquierda se ve un núcleo.

El sarcómero

Dibujo de diagramas rotulados de la estructura de un sarcómero

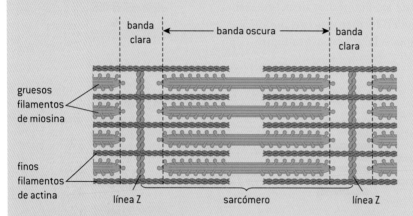

banda clara ← banda oscura → banda clara

gruesos filamentos de miosina

finos filamentos de actina

línea Z   sarcómero   línea Z

▲ Figura 14 Estructura de un sarcómero

▲ Figura 13

Cuando dibujes diagramas de un sarcómero, asegúrate de demostrar que sabes que el sarcómero está entre dos líneas Z. Los filamentos de miosina deben dibujarse mostrando las cabezas. Los filamentos de actina deben dibujarse conectados a las líneas Z. Deben rotularse las bandas claras alrededor de la línea Z. También se debe indicar la extensión de la banda oscura.

Preguntas basadas en datos: Secciones transversales de músculo estriado

Los dibujos de la figura 15 muestran miofibrillas en secciones transversales.

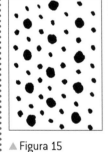 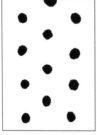 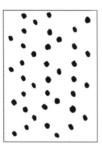

▲ Figura 15

1   Explica la diferencia entre una sección transversal y una sección longitudinal del músculo. [2]

2   Deduce qué parte de la miofibrilla está representada como pequeños puntos en los dibujos. [2]

3   Compara el patrón de los puntos en los tres dibujos. [3]

4   Explica las diferencias entre los patrones de puntos de los dibujos. [3]

Mecanismo de contracción del músculo esquelético

La contracción del músculo esquelético se logra mediante el deslizamiento de los filamentos de actina y de miosina.

Durante la contracción muscular, los filamentos de miosina tiran de los filamentos de actina hacia el centro del sarcómero. Esto acorta cada sarcómero y, por tanto, acorta la longitud de la fibra muscular en general (véase la figura 16).

La contracción del músculo esquelético se produce por el deslizamiento de los filamentos de actina y miosina. Los filamentos de miosina causan este deslizamiento; tienen cabezas que pueden unirse a sitios específicos de los filamentos de actina, creando puentes cruzados mediante los cuales pueden ejercer fuerza usando energía del ATP. Las cabezas están espaciadas regularmente a lo largo de los filamentos de miosina y los sitios de unión están espaciados regularmente a lo largo de los filamentos de actina, así se pueden formar muchos puentes cruzados a la vez (véase la figura 17).

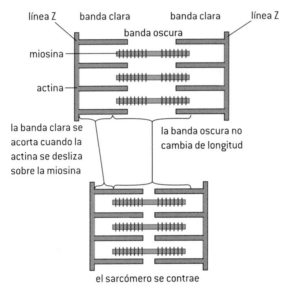

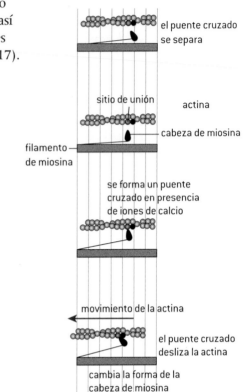

▲ Figura 16 Diagrama de sarcómeros relajados y contraídos

▲ Figura 17

⚗ Determinación del estado de contracción del músculo esquelético

Análisis de micrografías electrónicas para determinar el estado de contracción de las fibras musculares

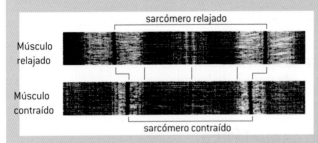

▲ Figura 18 Micrografía electrónica de sarcómeros relajados y contraídos

Cuando un sarcómero está relajado, las líneas Z están más separadas, las bandas claras son más anchas y el sarcómero es más largo en general. En el centro del sarcómero hay otra línea llamada línea M. En un sarcómero relajado, hay una banda clara más visible a cada lado de la línea M.

Control de la contracción del músculo esquelético

Los iones de calcio y las proteínas tropomiosina y troponina controlan las contracciones musculares.

En el músculo relajado, una proteína reguladora llamada tropomiosina bloquea los sitios de unión de la actina. Cuando una neurona motora envía una señal a una fibra muscular para que se contraiga, el retículo sarcoplasmático libera iones de calcio. Estos iones de calcio se unen a una proteína llamada troponina que provoca el desplazamiento de la tropomiosina, exponiendo los sitios de unión de la actina. Como resultado, las cabezas de miosina se unen a los sitios de unión de la actina y tiran hacia el centro del sarcómero, desplazando los filamentos de actina una pequeña distancia.

Función del ATP en el deslizamiento de los filamentos

Para que se deslicen los filamentos es necesaria la hidrólisis de ATP y la formación de puentes cruzados.

Para que el músculo se contraiga de manera significativa, las cabezas de miosina deben realizar esta acción repetidamente mediante una serie de pasos:

- El ATP se une a las cabezas de miosina, haciendo que se desprendan de los sitios de unión en la actina y rompiendo así los puentes cruzados.

- La hidrólisis del ATP, que produce ADP y fosfato, proporciona energía para que las cabezas de miosina se distancien del centro de sarcómero.

- Se forman nuevos puentes cruzados al unirse las cabezas de miosina a la actina en sitios de unión adyacentes a los ocupados previamente (cada cabeza se une al sitio que ocupa la posición siguiente más alejada del centro de sarcómero).

- La energía almacenada en la cabeza de miosina hace que se desplace hacia el centro del sarcómero, deslizando los filamentos de actina una pequeña distancia.

Esta serie de pasos se repite hasta que la neurona motora deja de enviar señales a la fibra muscular. A continuación, los iones de calcio son bombeados hacia el interior del retículo sarcoplasmático y la proteína reguladora vuelve a cubrir los sitios de unión en la actina. Por lo tanto, la fibra muscular se relaja.

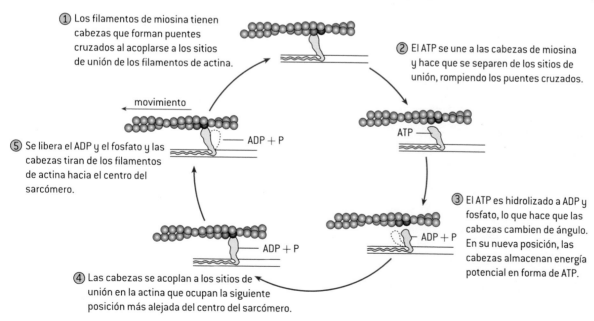

① Los filamentos de miosina tienen cabezas que forman puentes cruzados al acoplarse a los sitios de unión de los filamentos de actina.

② El ATP se une a las cabezas de miosina y hace que se separen de los sitios de unión, rompiendo los puentes cruzados.

movimiento

⑤ Se libera el ADP y el fosfato y las cabezas tiran de los filamentos de actina hacia el centro del sarcómero.

③ El ATP es hidrolizado a ADP y fosfato, lo que hace que las cabezas cambien de ángulo. En su nueva posición, las cabezas almacenan energía potencial en forma de ATP.

④ Las cabezas se acoplan a los sitios de unión en la actina que ocupan la siguiente posición más alejada del centro del sarcómero.

ADP + P

ATP

ADP + P

ADP + P

▲ Figura 19

(@) Uso de fluorescencia para estudiar la contracción

La fluorescencia se ha usado para estudiar las interacciones cíclicas en la contracción muscular.

La fluorescencia es la emisión de radiación electromagnética, a menudo luz visible, por una sustancia al ser iluminada por radiación electromagnética de una longitud de onda diferente. A menudo la fluorescencia puede ser detectada con un microscopio de luz y capturada en una película para su posterior análisis.

Algunos de los experimentos clásicos en la historia de la investigación de los músculos han dependido de la fluorescencia. Los celenterados *Aequorea victoria* (figura 20) producen una proteína bioluminiscente sensible al calcio: la aequorina. Un grupo de científicos estudió la contracción de fibras musculares gigantes de la lapa *Balanus nubilus* inyectando aequorina en muestras del músculo. Cuando estimularon los músculos para contraerse, inicialmente observaron una fuerte bioluminiscencia coincidiendo con la libración de Ca^{2+} desde el retículo sarcoplasmático. La intensidad de la luz comenzó a disminuir inmediatamente después del cese del estímulo.

En otro experimento, los investigadores cortaron células del alga *Nitella axillaris*. Estas células son únicas, ya que tienen una red de filamentos de actina por debajo de sus membranas. Los investigadores marcaron las moléculas de miosina con un colorante fluorescente con la intención de mostrar que la miosina puede "caminar" por los filamentos de actina.

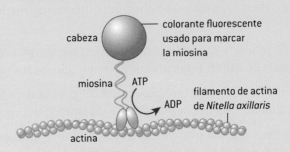

Con esta técnica, los investigadores fueron capaces de demostrar que la interacción entre la actina y la miosina depende del ATP.

El gráfico de la figura 21 muestra la velocidad de las moléculas de miosina en función de la concentración de ATP.

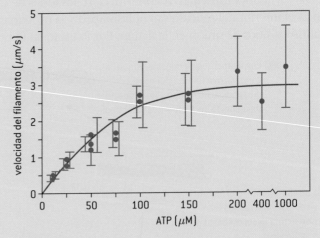

▲ Figura 21

▲ Figura 20 *Aequorea victoria*

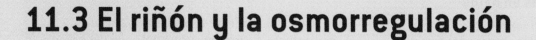

11.3 El riñón y la osmorregulación

Comprensión

→ Los animales siguen estrategias de osmorregulación o de osmoconformación.

→ El sistema de túbulos de Malpighi en insectos y el riñón llevan a cabo la osmorregulación y la eliminación de productos de desecho nitrogenados.

→ La composición de la sangre en la arteria renal es diferente de la que hay en la vena renal.

→ La ultraestructura del glomérulo y de la cápsula de Bowman facilita la ultrafiltración.

→ El túbulo contorneado proximal reabsorbe selectivamente las sustancias útiles mediante transporte activo.

→ El asa de Henle mantiene las condiciones hipertónicas en la médula renal.

→ La longitud del asa de Henle tiene una correlación positiva con la necesidad de conservación de agua en los animales.

→ La ADH controla la reabsorción del agua en el conducto colector. El tipo de producto de desecho nitrogenado guarda correlación con la historia evolutiva y el hábitat.

Aplicaciones

→ Consecuencias de la deshidratación y la sobrehidratación.

→ Tratamiento del fallo renal mediante hemodiálisis o trasplante de riñón.

→ En las pruebas urinarias se detectan células sanguíneas, glucosa, proteínas y drogas o fármacos.

Habilidades

→ Dibujo y rotulación de un diagrama del riñón humano.

→ Anotación de diagramas de la nefrona.

Naturaleza de la ciencia

→ Curiosidad acerca de fenómenos particulares: se han realizado investigaciones para determinar cómo evitan los animales del desierto la pérdida de agua en sus productos de desecho.

Diferentes respuestas a los cambios de osmolaridad en el ambiente

Los animales siguen estrategias de osmorregulación o de osmoconformación.

La osmolaridad es la concentración de solutos de una solución. Muchos animales son conocidos como osmorreguladores porque mantienen una concentración de solutos interna constante, aunque vivan en ambientes marinos con osmolaridades muy diferentes. Todos los animales terrestres, los animales de agua dulce y algunos organismos marinos como los peces óseos son osmorreguladores. Normalmente estos organismos mantienen su concentración de solutos en alrededor de un tercio de la concentración del agua de mar y cerca de 10 veces la de agua dulce.

Los osmoconformadores son animales cuya concentración de solutos interna tiende a ser igual a la concentración de solutos en el ambiente.

Preguntas basadas en datos

El cangrejo *Pachygrapsus crassipes* (figura 1) se encuentra en las costas rocosas del oeste de América Central y del Norte, así como en Corea y Japón. *P. crassipes* a menudo está expuesto a salinidades diluidas en marismas y riachuelos de agua dulce, pero rara vez se encuentra expuesto a concentraciones de sal mucho mayores que la del océano. Se colocaron algunos cangrejos en agua con osmolaridades diferentes y se analizaron muestras de su sangre para determinar su osmolaridad. En este experimento, la osmolaridad se midió en unidades basadas en la disminución del punto de congelación. Cuando se agregan solutos al agua, estos alteran los puentes de hidrógeno. La congelación requiere puentes de hidrógeno adicionales, así que agregando solutos se reduce el punto de congelación. 2 *delta* es equivalente a cerca del 100% del agua del océano, 0,2 *delta* es equivalente a cerca del 10% del agua del océano, y 3,4 *delta* es equivalente a cerca del 170% del agua del océano.

1   Determina la concentración de solutos en la sangre de los cangrejos sumergidos en agua con una concentración de 1 *delta*.   (1)

2   Determina el rango en el cual *P. crassipes* es capaz de mantener suficientemente estable su concentración de solutos en la sangre.   (1)

3   Predice cómo sería el gráfico si *P. crassipes* no fuera capaz de osmorregular.   (1)

4   Discute si *P. crassipes* es un osmoconformador o un osmorregulador.   (3)

▲ Figura 1 El cangrejo *Pachygrapsus crassipes* está expuesto a diferentes concentraciones de sal en su hábitat.

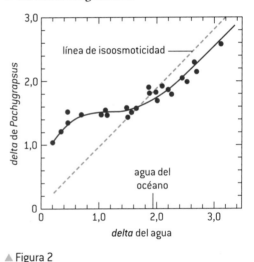

▲ Figura 2

El sistema de túbulos de Malpighi

El sistema de túbulos de Malpighi en insectos y el riñón llevan a cabo la osmorregulación y la eliminación de productos de desecho nitrogenados.

Los artrópodos tienen un líquido en circulación, conocido como hemolinfa, que combina las características del líquido intersticial y la sangre. La osmorregulación es una forma de homeostasis por la cual se mantiene dentro de un cierto rango la concentración de hemolinfa, o de sangre en el caso de los animales con un sistema circulatorio cerrado.

Cuando los animales descomponen los aminoácidos, el producto de desecho nitrogenado es tóxico y debe ser excretado. En los insectos, el producto de desecho suele ser ácido úrico y en los mamíferos es urea.

Los insectos tienen tubos que se ramifican a partir de su tracto intestinal: se conocen como túbulos de Malpighi. Las células que recubren los túbulos transportan activamente iones y ácido úrico desde la hemolinfa hasta el lumen de los túbulos. Este proceso transfiere agua por ósmosis desde la hemolinfa hasta el lumen a través de las paredes de los túbulos. Los túbulos vacían su contenido en los intestinos. En el intestino posterior, la mayor parte del agua y de las sales es reabsorbida, mientras que los desechos nitrogenados se excretan con las heces.

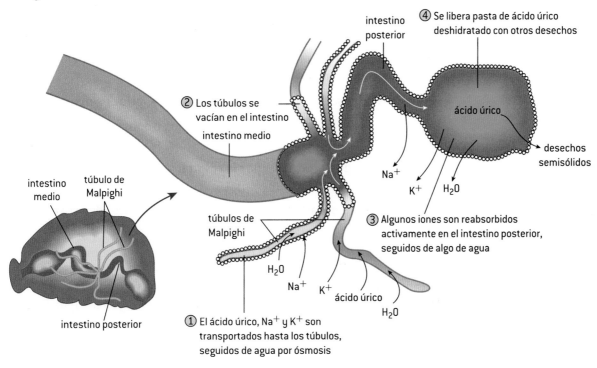

④ Se libera pasta de ácido úrico deshidratado con otros desechos

intestino posterior

② Los túbulos se vacían en el intestino

intestino medio

ácido úrico

desechos semisólidos

Na^+

K^+ H_2O

③ Algunos iones son reabsorbidos activamente en el intestino posterior, seguidos de algo de agua

intestino medio

túbulo de Malpighi

túbulos de Malpighi

H_2O

Na^+ K^+ ácido úrico

H_2O

intestino posterior

① El ácido úrico, Na^+ y K^+ son transportados hasta los túbulos, seguidos de agua por ósmosis

▲ Figura 3

🧪 Dibujo del riñón humano

Dibujo y rotulación de un diagrama del riñón humano

Al dibujar un riñón, la forma debe ser aproximadamente oval con un lado cóncavo al que están unidas la arteria renal y la vena renal. Los dibujos deben indicar claramente la corteza que se muestra en el borde del riñón, con un espesor de aproximadamente $\frac{1}{5}$ de la anchura total. La médula renal debe aparecer dentro de la corteza, con pirámides. La pelvis renal debe aparecer en el lado cóncavo del riñón. La pelvis debe drenar hacia el uréter. La arteria renal debe tener un diámetro más pequeño que la vena renal.

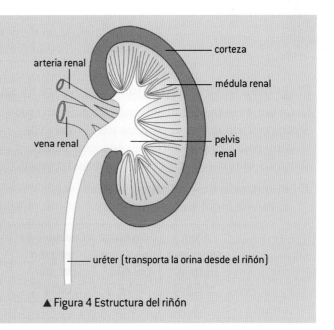

arteria renal

corteza

médula renal

vena renal

pelvis renal

uréter (transporta la orina desde el riñón)

▲ Figura 4 Estructura del riñón

Comparación de la composición de la sangre en la arteria renal y la vena renal

La composición de la sangre en la arteria renal es diferente de la que hay en la vena renal.

Los riñones participan tanto en la osmorregulación como en la excreción. Son responsables de eliminar las sustancias de la sangre que no son necesarias o son perjudiciales. Como resultado, la composición de la sangre en la arteria renal, por donde entra la sangre en el riñón, es diferente de la que hay en la vena renal, por donde sale la sangre.

Las sustancias presentes en mayores cantidades en la arteria renal que en la vena renal incluyen:

- Toxinas y otras sustancias que son ingeridas y absorbidas, pero no son totalmente metabolizadas por el cuerpo (por ejemplo, los pigmentos de betaína en las remolachas y los medicamentos)

- Productos de desecho, incluidos los nitrogenados, principalmente la urea

Otras sustancias eliminadas de la sangre por los riñones que no son productos de desecho incluyen:

- El exceso de agua producida por la respiración celular o absorbida de los alimentos en el tracto digestivo

- El exceso de sal absorbida de los alimentos en el tracto digestivo

Estos no son productos de desecho porque no son producidos por las células del cuerpo. La eliminación del exceso de agua y de sal es parte de la osmorregulación. Mientras que la sangre en la arteria renal puede tener una cantidad variable de agua o de sal, la sangre en la vena renal tendrá una concentración más constante porque la osmorregulación ya ha tenido lugar.

Los riñones filtran aproximadamente una quinta parte del volumen del plasma de la sangre que pasa por ellos. Este líquido filtrado contiene todas las sustancias que hay en el plasma, excepto moléculas de proteínas grandes. Después, los riñones reabsorben activamente del líquido filtrado las sustancias específicas que el cuerpo necesita. El resultado de este proceso es la eliminación de sustancias no deseadas del cuerpo a través de la orina. Estas sustancias están presentes en la arteria renal, pero no en la vena renal.

Preguntas basadas en datos: Suministro de sangre a los riñones

La tabla 1 muestra el flujo de sangre al riñón y otros órganos, el suministro de oxígeno y el consumo de oxígeno para una persona en un ambiente cálido. Todos los valores se dan por 100 g de tejido u órgano.

1 Compara el flujo de sangre al riñón con el flujo a los otros órganos. [2]

	Flujo sanguíneo (ml min⁻¹ 100 g⁻¹)	Suministro de oxígeno (ml min⁻¹ 100 g⁻¹)	Consumo de oxígeno (ml min⁻¹ 100 g⁻¹)
Cerebro	54,0	10,8	3,70
Piel	13,0	2,6	0,38
Músculo esquelético (en reposo)	2,7	0,5	0,18
Músculo cardíaco	87,0	17,4	11,0
Riñón	420,0	84,0	6,80

▲ Tabla 1

2 Calcula el volumen de oxígeno suministrado a los órganos por litro de sangre. [2]

3 El cerebro consume el 34% del oxígeno que recibe. Calcula el porcentaje para los otros órganos. [4]

4 Discute las razones de la diferencia entre el riñón y los otros órganos en lo que respecta al flujo de sangre al órgano y el porcentaje de oxígeno que se consume. [4]

5 Algunas partes del riñón tienen un alto porcentaje de consumo de oxígeno; por ejemplo, la parte externa de la médula renal. Esto es debido a que realizan procesos activos que requieren energía. Sugiere un proceso del riñón que requiere energía. [1]

6 Predice, aportando una razón, un cambio en el flujo de sangre si la persona se trasladase a un ambiente frío. [2]

Otras diferencias entre la composición de la sangre en la arteria renal y en la vena renal se deben a la actividad metabólica del propio riñón. La sangre que sale del riñón por la vena renal está desoxigenada en relación con la arteria renal porque el metabolismo del riñón requiere oxígeno. También tiene una mayor presión parcial de dióxido de carbono porque este es un producto de desecho del metabolismo. Aunque la glucosa normalmente se filtra y luego se reabsorbe completamente, el metabolismo del riñón utiliza una pequeña parte y, por tanto, la concentración de glucosa es ligeramente menor en la vena renal que en la arteria renal.

Las proteínas del plasma no son filtradas por el riñón, así que están presentes en la misma concentración en ambos vasos sanguíneos. Su presencia en la orina indica un funcionamiento anormal del riñón. En los análisis clínicos de las muestras de orina se mira si hay proteínas presentes.

Ultraestructura del glomérulo

La ultraestructura del glomérulo y de la cápsula de Bowman facilita la ultrafiltración.

La sangre en los capilares de muchos tejidos del cuerpo está a alta presión. Esta presión fuerza parte del plasma hacia afuera a través de la pared capilar, formando el líquido intersticial.

En el glomérulo del riñón, la presión en los capilares es particularmente elevada y la pared capilar es particularmente permeable, así que el volumen de líquido que es expulsado es aproximadamente 100 veces mayor que en otros tejidos. El líquido expulsado se llama filtrado glomerular. La tabla 2 muestra la composición del plasma sanguíneo y del filtrado. Los datos de la tabla muestran que la mayoría de los solutos se filtran libremente desde el plasma sanguíneo, pero casi todas las proteínas permanecen en los capilares del glomérulo. Esta separación de partículas que difieren en tamaño por pocos nanómetros se denomina **ultrafiltración**. Todas las partículas con una masa molecular relativa inferior a 65.000 unidades de masa atómica pueden pasar. La permeabilidad a moléculas más grandes depende de su forma y carga. Casi todas las proteínas permanecen en la sangre, junto con todas las células sanguíneas.

Solutos	Contenido (por dm^{-3} de plasma sanguíneo)	
	plasma	filtrado
iones Na^+ (mol)	151	144
iones Cl^- (mol)	110	114
glucosa (mol)	5	5
urea (mol)	5	5
proteínas (mg)	740	3,5

▲ Tabla 2

Las figuras 6 y 7 muestran la estructura de una sección del sistema de ultrafiltración. La figura 6 es una micrografía electrónica de transmisión coloreada de una sección transversal de un glomérulo renal que muestra su membrana basal (línea marrón desde la parte superior derecha hasta la parte inferior izquierda). La membrana basal separa los capilares (el espacio blanco a la izquierda es el lumen de un capilar). Observa los huecos en la pared del capilar, que se denominan fenestraciones.

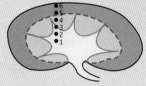
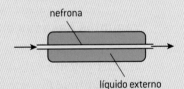

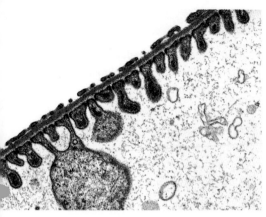

▲ Figura 6

Las proyecciones más pequeñas de la membrana son pedicelos podocitarios, que unen los podocitos (células epiteliales especializadas) a la membrana. Los podocitos actúan como una barrera a través de la cual se filtran los productos de desecho de la sangre.

El sistema de ultrafiltración consta de tres partes:

1 **Fenestraciones** entre las células de la pared de los capilares. Tienen unos 100 nm de diámetro. Permiten que pase el líquido, pero no las células sanguíneas.

2 La **membrana basal**, que cubre y soporta la pared de los capilares. Está compuesta de una malla de glicoproteínas con carga negativa. Evita que las proteínas plasmáticas, por su tamaño y sus cargas negativas, se filtren hacia afuera.

3 **Podocitos**, que forman la pared interna de la cápsula de Bowman. Estas células tienen prolongaciones que envuelven los capilares del glomérulo y muchas ramificaciones laterales cortas llamadas pedicelos. Los estrechos espacios entre los pedicelos ayudan a impedir que se filtren moléculas pequeñas fuera de la sangre del glomérulo.

Si las partículas consiguen atravesar estas tres partes, pasan a formar el filtrado glomerular.

La figura 8 muestra la relación entre el glomérulo y la cápsula de Bowman.

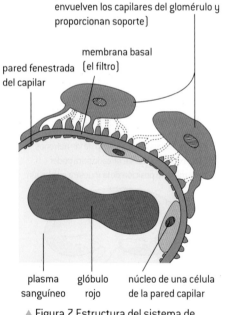

podocitos (células de forma extraña con prolongaciones en forma de dedo que envuelven los capilares del glomérulo y proporcionan soporte)

membrana basal (el filtro)

pared fenestrada del capilar

plasma sanguíneo   glóbulo rojo   núcleo de una célula de la pared capilar

▲ Figura 7 Estructura del sistema de ultrafiltración del riñón

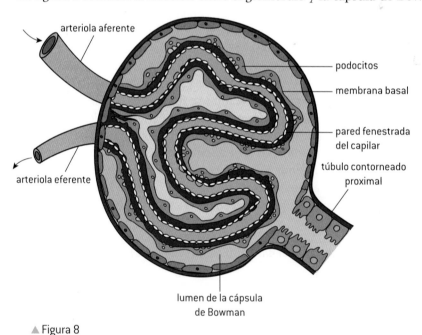

arteriola aferente

podocitos

membrana basal

pared fenestrada del capilar

túbulo contorneado proximal

arteriola eferente

lumen de la cápsula de Bowman

▲ Figura 8

Preguntas basadas en datos: Ultrafiltración de dextranos cargados y no cargados

Los dextranos son polímeros de sacarosa. Se pueden sintetizar polímeros de dextrano de diferentes tamaños, lo que permite usarlos para investigar el efecto del tamaño de la partícula en la ultrafiltración. El dextrano neutro no tiene carga, el sulfato de dextrano tiene muchas cargas negativas y el DEAE es un dextrano con muchas cargas positivas.

La figura 9 muestra la relación entre el tamaño de la partícula y la permeabilidad del sistema

de ultrafiltración de glomérulos de rata. Los experimentos con animales como este pueden ayudarnos a entender cómo funciona el riñón y pueden realizarse sin causar sufrimiento a los animales.

1 Indica qué relación hay entre el tamaño de las partículas y la permeabilidad del sistema de ultrafiltración del glomérulo. [1]

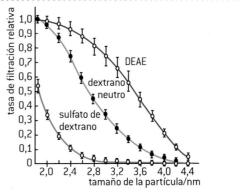

2 a) Compara la permeabilidad del sistema de ultrafiltración a los tres tipos de dextrano. [3]

b) Explica estas diferencias de permeabilidad. [3]

3 Una de las proteínas principales del plasma es la albúmina, que tiene carga negativa y cuyas partículas tienen un tamaño aproximado de 4,4 nm. Basándote en los datos del gráfico, explica el diagnóstico que se emitiría si se detectara albúmina en la orina de una rata. [3]

▲ Figura 9 Relación entre el tamaño de las partículas de dextranos y la tasa de filtración

Función del túbulo contorneado proximal

El túbulo contorneado proximal reabsorbe selectivamente las sustancias útiles mediante transporte activo.

El filtrado glomerular pasa por el túbulo contorneado proximal. El volumen de filtrado glomerular que se produce cada día es enorme, cerca de 180 dm^{-3}. Esto equivale a varias veces el volumen total de líquidos en el cuerpo y contiene casi 1,5 kg de sal y 5,5 kg de glucosa. Como el volumen de orina producido al día es solo de 1,5 dm^3 aproximadamente y no contiene nada de glucosa y mucho menos que 1,5 kg de sal, casi todo el filtrado debe ser reabsorbido por la sangre. La mayoría de esta reabsorción tiene lugar en la primera parte de la nefrona: el túbulo contorneado proximal. La figura 10 muestra una sección transversal de esta estructura. Los métodos utilizados para reabsorber las sustancias en el túbulo contorneado proximal se describen en la tabla 3. Para cuando el filtrado glomerular llega al final del túbulo, toda la glucosa, los aminoácidos y el 80% del agua, del sodio y de otros iones minerales han sido reabsorbidos.

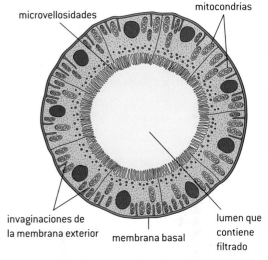

▲ Figura 10 Sección transversal del túbulo contorneado proximal

Iones de sodio: son desplazados por transporte activo desde el filtrado hasta el espacio en el exterior del túbulo. De ahí, pasan a los capilares peritubulares. En la membrana exterior de las células del túbulo hay proteínas que actúan como bombas.
Iones de cloruro: son atraídos desde el filtrado hasta el espacio en el exterior del túbulo por el gradiente de carga que se forma con el transporte activo de los iones de sodio.
Glucosa: es transportada desde el filtrado hasta el líquido que hay fuera del túbulo por proteínas cotransportadoras en la membrana exterior de las células del túbulo. Los iones de sodio pasan desde fuera del túbulo hasta las células del túbulo siguiendo el gradiente de concentración. Esto proporciona energía para mover la glucosa al mismo tiempo que el líquido que hay fuera del túbulo. El mismo proceso se utiliza para reabsorber los aminoácidos.
Agua: el bombeo de solutos desde el filtrado hasta el líquido que hay fuera del túbulo crea un gradiente de concentración de solutos que hace que se reabsorba el agua del filtrado por ósmosis.

▲ Tabla 3

Actividad

El siguiente dibujo muestra la estructura de una célula de la pared del túbulo contorneado proximal. Explica cómo la estructura de la célula del túbulo contorneado proximal, según se representa en el diagrama, está adaptada para llevar a cabo la reabsorción selectiva.

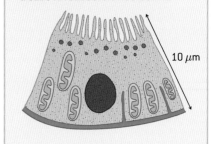

🧪 La nefrona

Anotación de diagramas de la nefrona

La unidad funcional básica del riñón es la nefrona. Consiste en un tubo cuya pared está formada por una capa de células. Esta pared es la última capa de células que atraviesan las sustancias antes de abandonar el cuerpo: es un epitelio. La nefrona tiene varias partes diferentes con estructuras y funciones diferentes (véase la figura 11):

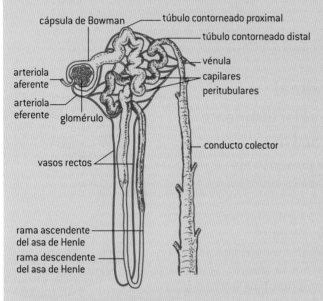

▲ Figura 11 La nefrona y los vasos sanguíneos asociados. El riñón humano contiene alrededor de un millón de nefronas.

- **Cápsula de Bowman**: estructura en forma de copa con una pared interior muy porosa, que recoge el líquido filtrado de la sangre.

- **Túbulo contorneado proximal**: sección muy retorcida de la nefrona, cuyas células de la pared tienen muchas mitocondrias y microvellosidades proyectadas hacia el lumen del túbulo.

- **Asa de Henle**: tubo en forma de horquilla, que consta de una rama descendente que lleva el filtrado hasta el interior de la médula del riñón y una rama ascendente que lo lleva de vuelta a la corteza.

- **Túbulo contorneado distal**: otra sección muy retorcida, pero con menos microvellosidades y más cortas y menos mitocondrias.

- **Conducto colector**: un tubo más ancho que lleva el filtrado por la corteza y la médula hasta la pelvis renal.

- **Vasos sanguíneos**: hay una serie de vasos sanguíneos asociados a la nefrona. La sangre pasa por ellos por el siguiente orden:

  - **Arteriola aferente**: trae sangre desde la arteria renal.

  - **Glomérulo**: un lecho capilar apretado en forma de nudo con alta presión donde se produce la filtración de la sangre.

  - **Arteriola eferente**: un vaso estrecho que limita el flujo sanguíneo, ayudando a incrementar la presión en el glomérulo.

  - **Capilares peritubulares**: un lecho capilar con baja presión que rodea los túbulos contorneados, absorbiendo líquido de estos.

  - **Vasos rectos**: capilares no ramificados con forma similar a las asas de Henle, con una rama descendente que lleva la sangre hasta el interior de la médula y una rama ascendente que la lleva de vuelta a la corteza.

  - **Vénulas**: llevan sangre hasta la vena renal.

Función del asa de Henle

El asa de Henle mantiene las condiciones hipertónicas en la médula renal.

El efecto general del asa de Henle es la creación de un gradiente de concentración de solutos en la médula renal. La energía para crear el gradiente es consumida por las células de la pared de la rama ascendente. Aquí se bombean iones de sodio desde el filtrado hasta el líquido que hay entre las células de la médula, llamado líquido intersticial. La pared de la rama ascendente es inusual pues es impermeable al agua, por lo que el filtrado conserva su agua, aunque el líquido intersticial ahora es hipertónico en relación con el filtrado; es decir, tiene una mayor concentración de solutos.

Los fluidos corporales normales tienen una concentración de 300 mOsm. Las proteínas que bombean los iones de sodio del filtrado pueden crear un gradiente de hasta 200 mOsm, así que el líquido intersticial puede alcanzar claramente una concentración de 500 mOsm. Las células de la pared de la rama descendente son permeables al agua, pero impermeables a los iones de sodio. A medida que el filtrado desciende por esta rama, la mayor concentración de solutos del líquido intersticial en la médula hace que salga agua del filtrado hasta alcanzar la misma concentración de solutos que el líquido intersticial. Si esta fuese de 500 mOsm, entonces el filtrado que entra en la rama ascendente tendría esta concentración y las bombas de sodio podrían elevar la concentración del líquido intersticial a 700 mOsm. El fluido que baja por la rama descendente alcanzaría, por tanto, 700 mOsm y las bombas de sodio en la rama ascendente podrían hacer que esta concentración aumente otros 200 mOsm. Así pues, la concentración del líquido intersticial puede aumentar cada vez hasta alcanzar un máximo, que en los seres humanos es de 1.200 mOsm.

Este mecanismo para aumentar la concentración de solutos es un ejemplo de un sistema multiplicador contracorriente. Es un sistema contracorriente por el flujo de los fluidos en direcciones opuestas. Es un sistema multiplicador contracorriente porque eleva el gradiente de concentración de solutos de la médula más de lo que sería posible con un sistema concurrente. También hay un sistema contracorriente en los vasos rectos; esto evita que la sangre que pasa por estos vasos diluya la concentración de solutos de la médula, al tiempo que permite transportar el agua extraída del filtrado en la rama descendente, junto con algunos iones de sodio.

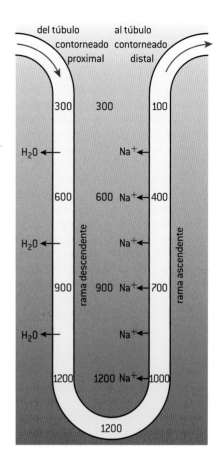

▲ Figura 12 Concentraciones de solutos en el asa de Henle (en mOsm)

Algunos animales tienen asas de Henle relativamente largas

La longitud del asa de Henle tiene una correlación positiva con la necesidad de conservación de agua en los animales.

Cuanto más larga es el asa de Henle, mayor es el volumen de agua conservado. Con frecuencia, los animales adaptados a hábitats secos tienen asas de Henle largas. Las asas de Henle se encuentran dentro de la médula renal. La médula debe hacerse relativamente más gruesa para poder dar cabida a asas de Henle largas.

Preguntas basadas en datos: Espesor de la médula y concentración de la orina

La tabla 4 muestra el espesor medular relativo (EMR) y la concentración máxima de solutos (CMS) de la orina en mOsm de 14 especies de mamíferos. El EMR es una medida del espesor de la médula en relación con el tamaño total del riñón. Todas las especies indicadas con binomios en la tabla son roedores del desierto.

1 Discute la relación entre la concentración máxima de solutos de la orina y el hábitat de los mamíferos.   [3]

2 Traza un diagrama de dispersión con los datos de la tabla, ya sea a mano o con un programa informático.   [7]

3 a) Basándote en el diagrama de dispersión que has trazado, indica la relación entre el EMR y la concentración máxima de solutos de la orina. [1]

b) Sugiere cómo puede afectar el espesor de la médula a la concentración máxima de solutos de la orina. [4]

Especie	EMR	CMS (mOsm)
castor	1,3	517
cerdo	1,6	1076
humano	3,0	1399
perro	4,3	2465
gato	4,8	3122
rata	5,8	2465
Octomys mimax	6,1	2071
Dipodomys deserti	8,5	5597
Jaculus jaculus	9,3	6459
Tympanoctomys barrerae	9,4	7080
Psammomys obesus	10,7	4952
Eligmodontia typus	11,4	8612
Calomys mus	12,3	8773
Salinomys delicatus	14,0	7440

▲ Tabla 4

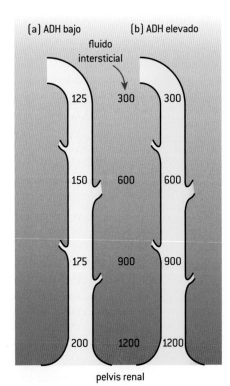

(a) ADH bajo   (b) ADH elevado

fluido intersticial

(a)		(b)
125	300	300
150	600	600
175	900	900
200	1200	1200

pelvis renal

▲ Figura 13 Concentraciones de solutos en el conducto colector

Función de la ADH

La ADH controla la reabsorción del agua en el conducto colector.

Cuando el filtrado entra en el túbulo contorneado distal después del asa de Henle, su concentración de solutos es menor que la de los fluidos corporales normales: es hipotónica. Esto es porque proporcionalmente salen más solutos que agua del filtrado cuando pasa por el asa de Henle en la médula.

Si la concentración de solutos en la sangre es demasiado baja, se reabsorbe relativamente poca agua cuando el filtrado pasa por el túbulo contorneado distal y el conducto colector. La pared de estas partes de la nefrona puede tener una permeabilidad al agua inusualmente baja. Como resultado, se produce una gran cantidad de orina con una baja concentración de solutos y aumenta la concentración de solutos en la sangre (véase la figura 13a).

Si la concentración de solutos en la sangre es demasiado alta, el hipotálamo del cerebro lo detecta y hace que la glándula pituitaria segregue una hormona antidiurética: la ADH. Esta hormona hace que las paredes del túbulo contorneado distal y del túbulo colector se vuelvan mucho más permeables al agua, y así se reabsorbe la mayor parte del agua del filtrado. El gradiente de concentración de solutos de la médula facilita esta reabsorción. A medida que el filtrado desciende por el conducto colector, se introduce en la médula, donde la concentración de solutos del líquido intersticial es alta. El agua continúa siendo reabsorbida a lo largo de todo el conducto colector. Como resultado, el riñón produce una pequeña cantidad de orina concentrada (figura 13b) y se reduce la concentración de solutos en la sangre. El riñón, por tanto, ayuda a mantener un equilibrio adecuado entre las cantidades relativas de agua y solutos: a esto se le llama osmorregulación.

Preguntas basadas en datos: Producción de ADH y sensación de sed

Se estudiaron la concentración de solutos y de hormona antidiurética (ADH) en el plasma y la sensación de sed de un grupo de voluntarios. Las figuras 14 y 15 muestran la relación entre la intensidad de la sed, la concentración de ADH en el plasma y la concentración de solutos en el plasma.

a) Identifica la concentración de ADH en el plasma con una concentración de solutos en el plasma de 300 mOsm kg^{-1} usando la línea de mejor ajuste. [1]

b) Compara la intensidad de la sed y la concentración de ADH en el plasma. [1]

c) Resume qué pasa con la concentración de solutos y de ADH en el plasma si una persona bebe agua para satisfacer su sed. [2]

d) Indica dos razones por las cuales puede aumentar la concentración de solutos en el plasma de una persona. [2]

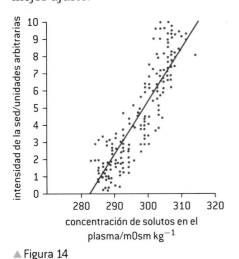

▲ Figura 14

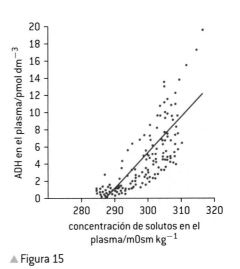

▲ Figura 15

Los animales varían en función del tipo de desechos nitrogenados que producen

El tipo de producto de desecho nitrogenado guarda correlación con la historia evolutiva y el hábitat.

Cuando los animales descomponen los aminoácidos y los ácidos nucleicos, se producen residuos nitrogenados en forma de amoníaco. El amoníaco es una sustancia química muy básica y puede alterar el equilibrio del pH. Además, es tóxico y altamente reactivo. Si el organismo vive en un hábitat marino o de agua dulce, como los peces, los equinodermos o los celentéreos, puede excretar los productos de desecho directamente como amoníaco porque se diluye fácilmente en ese medio. Los organismos terrestres necesitan gastar energía para convertir el amoníaco en sustancias menos tóxicas, como la urea o el ácido úrico dependiendo de su hábitat y de su historia evolutiva. Los mamíferos marinos, a pesar de su hábitat, excretan urea debido a su historia evolutiva.

Algunos organismos, como los anfibios, excretan los productos de desecho como amoníaco cuando son larvas y como urea después de la metamorfosis. La conversión de amoníaco a urea requiere energía y su conversión a ácido úrico requiere todavía más energía. La ventaja del ácido úrico es que no es soluble en agua y, por tanto, se puede excretar sin necesidad de agua. Las aves y los insectos excretan sus productos de desecho nitrogenados en forma de ácido úrico. Para las aves, no tener que cargar agua para la excreción supone un menor gasto energético al volar.

El ácido úrico está vinculado a adaptaciones reproductivas. Los organismos en desarrollo excretan sus productos de desecho nitrogenados dentro de sus huevos. Se excreta ácido úrico porque no es soluble y se cristaliza, en lugar de acumularse hasta concentraciones tóxicas dentro del huevo.

▲ Figura 16 La pasta blanca de los excrementos de las aves es ácido úrico.

🌐 Deshidratación y sobrehidratación

Consecuencias de la deshidratación y la sobrehidratación

La deshidratación es una afección que se produce cuando sale más agua de la que entra en el cuerpo. Puede deberse a una serie de factores, incluidos el ejercicio, la ingesta insuficiente de agua o la diarrea, y puede alterar procesos metabólicos.

La coloración oscura de la orina, debida a una mayor concentración de solutos, es un signo de deshidratación. Se necesita agua para eliminar productos de desecho metabólicos; por eso la deshidratación puede provocar cansancio y letargo, pues reduce la eficiencia de la función muscular y aumenta la exposición de los tejidos a productos de desecho metabólicos. La presión arterial puede caer debido al bajo volumen de sangre, lo que puede resultar en un incremento del ritmo cardíaco. La regulación de la temperatura corporal puede verse afectada debido a la incapacidad de sudar.

La sobrehidratación es menos común y ocurre cuando se consume agua en exceso. Como resultado, se diluyen los solutos de la sangre. Puede darse cuando se ingieren grandes cantidades de agua después del ejercicio intenso sin reemplazar al mismo tiempo los electrolitos perdidos; esto vuelve hipotónicos los fluidos corporales y puede resultar en la inflamación de las células por ósmosis. Los síntomas más notables en este caso son el dolor de cabeza y la alteración de la función nerviosa.

🌐 Opciones de tratamiento del fallo renal

Tratamiento del fallo renal mediante hemodiálisis o trasplante de riñón

El fallo renal puede ocurrir por una serie de razones, pero las causas más comunes son la complicación de la diabetes o la hipertensión arterial crónica como resultado de la diabetes.

La figura 18 muestra a una paciente sometida a diálisis renal (hemodiálisis). El dializador (riñón artificial) está a la izquierda. La hemodiálisis es necesaria cuando los riñones ya no son capaces de filtrar adecuadamente los productos de desecho de la sangre. Durante el procedimiento, un flujo de sangre constante pasa por una membrana artificial semipermeable en el dializador. Los pequeños productos de desecho en la sangre, pero no las células sanguíneas ni las proteínas más grandes, pasan a través de la membrana. Después, la sangre purificada vuelve al paciente a través de una vena. Este procedimiento lleva varias horas.

Una alternativa a la diálisis es el trasplante de riñón. En este tratamiento, se coloca un riñón de una persona en el cuerpo de otra cuyos riñones no funcionan. El donante puede estar vivo o haber fallecido. Es posible donar en vida porque las personas pueden sobrevivir con un solo riñón funcional. Esta opción puede resultar en una

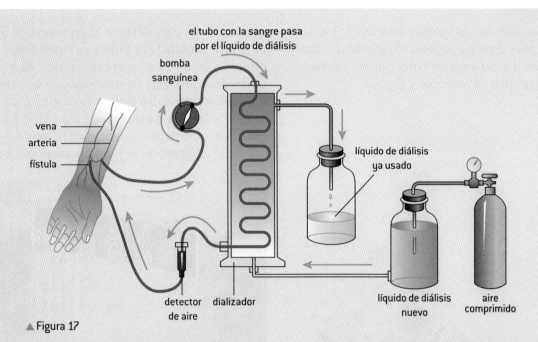

el tubo con la sangre pasa
por el líquido de diálisis

bomba
sanguínea

vena

arteria

fístula

líquido de diálisis
ya usado

detector
de aire

dializador

líquido de diálisis
nuevo

aire
comprimido

▲ Figura 17

mayor independencia y libertad de movimiento en comparación con la diálisis. La diálisis también conlleva el riesgo de infección y otras complicaciones.

Una desventaja de los trasplantes es que el cuerpo del receptor puede rechazar el órgano

donado. La figura 19 es una micrografía óptica de un riñón trasplantado que ha sido rechazado por el sistema inmunológico del receptor. Numerosos linfocitos (pequeños puntos) se han infiltrado en el tejido renal.

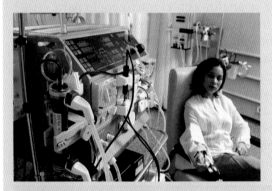

▲ Figura 18

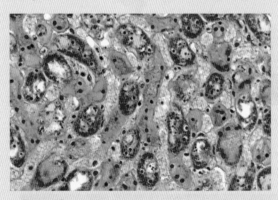

▲ Figura 19

🌐 Análisis de orina

En las pruebas urinarias se detectan células sanguíneas, glucosa, proteínas y drogas o fármacos.

La orina es un producto de la osmorregulación, la excreción y el metabolismo. Estos procesos pueden verse alterados por enfermedades o por el consumo de drogas. El análisis de orina es un procedimiento clínico que examina cualquier desviación en la composición normal de la orina.

La figura 20 muestra la comparación de una tira de análisis de orina con la tabla de resultados en

el frasco del kit de análisis. Esta tira contiene tres áreas de prueba diseñadas para cambiar de color al sumergirlas en orina, y así indicar un resultado positivo o negativo. Los colores que aparecen pueden después compararse con la tabla de resultados que viene con el kit. Este análisis indica el pH y el nivel de proteínas y glucosa en la orina. Un nivel alto de glucosa y proteínas en la orina puede ser indicador de diabetes. Los altos niveles de proteínas pueden indicar también un mal funcionamiento de los riñones, pues estas no pasan la ultrafiltración en un riñón sano. La tira en la foto muestra un resultado negativo normal de proteínas y glucosa.

monoclonales para detectar la presencia de restos de drogas prohibidas y fármacos controlados en la orina. La figura 21 muestra una tarjeta de prueba de drogas sumergida en una muestra de orina. La tarjeta contiene cinco franjas verticales, cada una de las cuales detecta una droga diferente. Aquí, los resultados son negativos para todas menos para la segunda: el resultado es positivo para opiáceos.

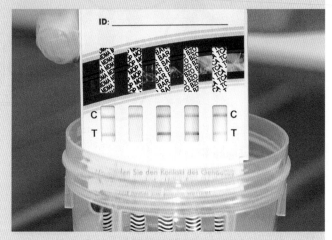

▲ Figura 21

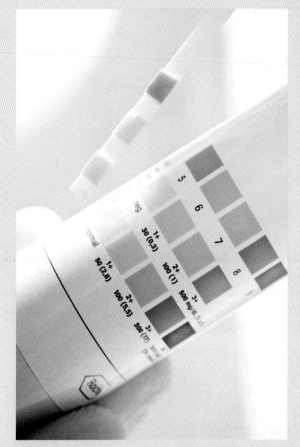

▲ Figura 20

Las pruebas de detección de drogas también utilizan tiras basadas en la tecnología de anticuerpos

La orina se analiza con el microscopio para determinar la presencia de células, ya que en circunstancias normales no debería haber ninguna. La figura 22 muestra leucocitos. La presencia de 6–10 neutrófilos (leucocitos con un núcleo visible) puede ser un signo de infección del tracto urinario. La figura 23 indica la presencia de glóbulos rojos (eritrocitos) en la orina, que puede ser un signo de que hay una piedra en el riñón o un tumor en el tracto urinario.

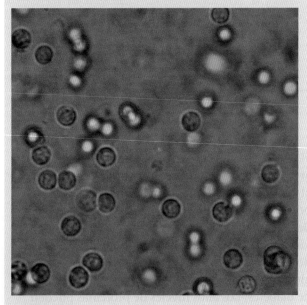

▲ Figura 22

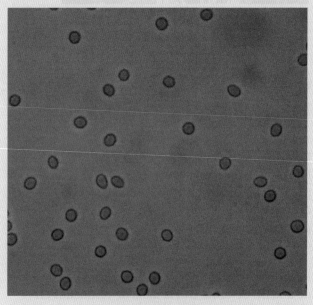

▲ Figura 23

11.4 Reproducción sexual

Comprensión

→ Tanto la espermatogénesis como la ovogénesis implican meiosis, crecimiento celular, dos divisiones meióticas y diferenciación celular.

→ Los procesos de la espermatogénesis y de la ovogénesis originan diferentes números de gametos con diferentes cantidades de citoplasma.

→ La fertilización implica mecanismos que impiden la polispermia.

→ La fertilización en los animales puede ser interna o externa.

→ La implantación del blastocito en el endometrio es esencial para la continuación del embarazo.

→ La HCG estimula al ovario para que este segregue progesterona durante la primera fase del embarazo.

→ La placenta facilita el intercambio de materiales entre la madre y el feto.

→ Los estrógenos y la progesterona son segregados por la placenta una vez que esta se ha desarrollado.

→ En el nacimiento se da una retroalimentación positiva que incluye a los estrógenos y a la oxitocina.

Aplicaciones

→ Se puede confrontar la gestación media de 38 semanas en seres humanos con respecto a otros mamíferos en un gráfico en el que se represente la correlación entre el tamaño de un animal y el desarrollo de la cría en el momento del nacimiento.

Habilidades

→ Anotación de diagramas del túbulo seminífero y del ovario donde se representen las etapas de la gametogénesis.

→ Anotación de diagramas de un espermatozoide y un óvulo maduros para indicar sus funciones.

Naturaleza de la ciencia

→ Evaluación de riesgos y beneficios asociados a la investigación científica: los riesgos para la fertilidad masculina humana no fueron convenientemente evaluados antes de liberarse al medio ambiente esteroides relacionados con la progesterona y los estrógenos como resultado del uso de la píldora anticonceptiva femenina.

Semejanzas entre la ovogénesis y la espermatogénesis

Tanto la espermatogénesis como la ovogénesis implican meiosis, crecimiento celular, dos divisiones meióticas y diferenciación celular.

La ovogénesis es la producción de óvulos en los ovarios, y comienza en el feto femenino. Las células germinales en los ovarios fetales se dividen por mitosis y las células formadas se distribuyen por la corteza ovárica. Cuando el feto tiene cuatro o cinco meses, estas células crecen y comienzan a dividirse por meiosis. En el séptimo mes, todavía están en la primera división meiótica y a su alrededor se ha formado una capa de células llamadas células foliculares. Hasta después de la pubertad no se produce ningún otro desarrollo. La célula que ha comenzado a dividirse por meiosis, junto con las células foliculares circundantes, se llama **folículo primario**. Al nacer hay unos 400.000 folículos primarios en los ovarios. Ya no se produce ninguno más, pero al comienzo de cada ciclo menstrual la hormona FSH estimula un pequeño número de estos folículos a desarrollarse. Generalmente, solo uno se convertirá en un **folículo maduro** que contiene un **ovocito secundario**.

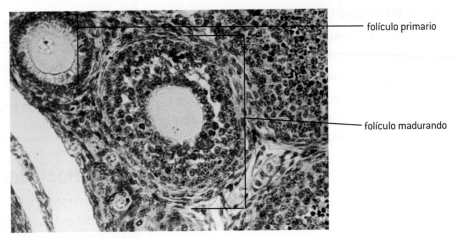

folículo primario

folículo madurando

▲ Figura 1 Micrografía óptica de una sección de tejido del ovario, que muestra un folículo primario (izquierda) y un folículo madurando (centro). Los folículos primarios contienen un ovocito en el centro (célula germinal femenina, óvulo) rodeado de una sola capa de células foliculares. Un folículo maduro tiene muchas más células foliculares, cavidades y células foliculares internas y externas, y un ovocito más íntegramente desarrollado en comparación con las etapas primordial y primaria.

La espermatogénesis es la producción de espermatozoides. Ocurre en los testículos, que se componen de una masa de tubos estrechos llamados **túbulos seminíferos** y pequeños grupos de células que rellenan los huecos entre los túbulos. A estos huecos se les denomina intersticios y a sus células se las llama **células intersticiales** (a veces también células de Leydig). Los túbulos seminíferos se componen de células. La capa externa de células se llama **epitelio germinal** y es donde comienza el proceso de producción de espermatozoides. Dentro del epitelio germinal hay células en diversas etapas de producción de espermatozoides; las células en etapas más maduras se encuentran más cerca del centro de los túbulos seminíferos, que está lleno de fluido. Las células que han desarrollado colas se denominan **espermatozoides**. En la pared del túbulo también hay grandes células nodrizas, llamadas **células de Sertoli**. La figura 3 muestra una pequeña zona de tejido testicular en la que se observan las estructuras descritas.

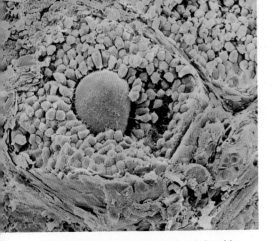

▲ Figura 2 Micrografía electrónica de barrido coloreada de tejido del ovario, que muestra dos folículos secundarios. Se observa un ovocito secundario (rosa) en el centro de un folículo. Los folículos están rodeados de dos tipos de células foliculares (azul y verde). Entre las células foliculares se forma un espacio (marrón, a la derecha del centro) en el que se segrega líquido folicular. La cantidad de líquido aumenta significativamente a medida que madura el folículo.

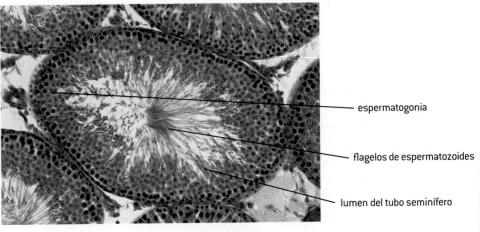

espermatogonia

flagelos de espermatozoides

lumen del tubo seminífero

▲ Figura 3 Sección transversal de un túbulo seminífero

🧪 Diagramas del túbulo seminífero y del ovario

Anotación de diagramas del túbulo seminífero y del ovario donde se representen las etapas de la gametogénesis

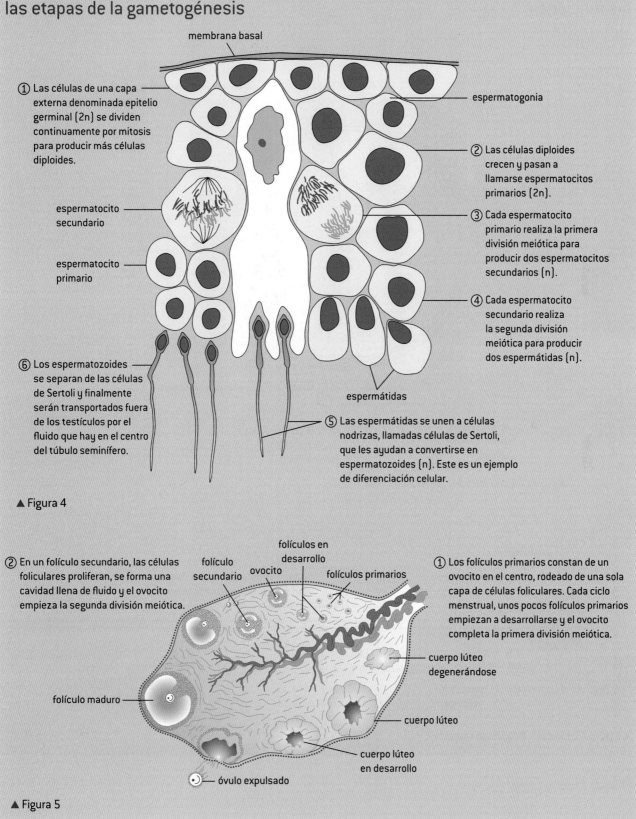

membrana basal

① Las células de una capa externa denominada epitelio germinal (2n) se dividen continuamente por mitosis para producir más células diploides.

espermatogonia

② Las células diploides crecen y pasan a llamarse espermatocitos primarios (2n).

espermatocito secundario

③ Cada espermatocito primario realiza la primera división meiótica para producir dos espermatocitos secundarios (n).

espermatocito primario

④ Cada espermatocito secundario realiza la segunda división meiótica para producir dos espermátidas (n).

⑥ Los espermatozoides se separan de las células de Sertoli y finalmente serán transportados fuera de los testículos por el fluido que hay en el centro del túbulo seminífero.

espermátidas

⑤ Las espermátidas se unen a células nodrizas, llamadas células de Sertoli, que les ayudan a convertirse en espermatozoides (n). Este es un ejemplo de diferenciación celular.

▲ Figura 4

② En un folículo secundario, las células foliculares proliferan, se forma una cavidad llena de fluido y el ovocito empieza la segunda división meiótica.

folículo secundario

ovocito

folículos en desarrollo

folículos primarios

① Los folículos primarios constan de un ovocito en el centro, rodeado de una sola capa de células foliculares. Cada ciclo menstrual, unos pocos folículos primarios empiezan a desarrollarse y el ovocito completa la primera división meiótica.

cuerpo lúteo degenerándose

folículo maduro

cuerpo lúteo

cuerpo lúteo en desarrollo

óvulo expulsado

▲ Figura 5

Diagramas de un espermatozoide y un óvulo

Anotación de diagramas de un espermatozoide y un óvulo maduros para indicar las funciones

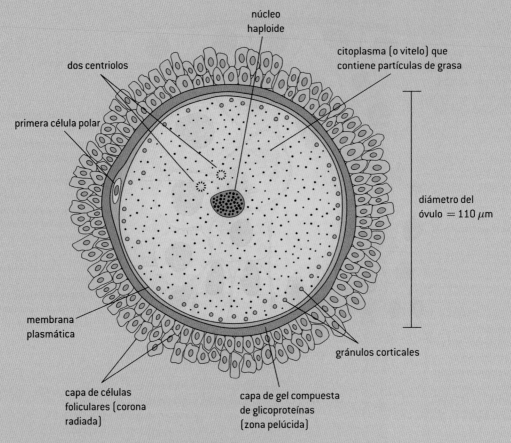

▲ Figura 6 Estructura del gameto femenino

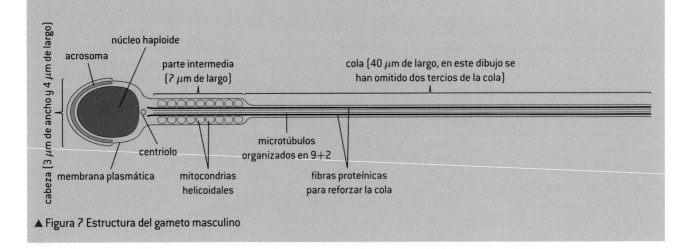

▲ Figura 7 Estructura del gameto masculino

Preguntas basadas en datos: Tamaño de los espermatozoides

La cola del espermatozoide está formada por microtúbulos organizados en 9 + 2 en el centro y por fibras proteínicas gruesas alrededor. La tabla 1 muestra en sección transversal la estructura de la cola de espermatozoides de ocho animales, indicando la longitud de la cola y el área transversal de las fibras proteínicas.

1   Dibuja un gráfico de la longitud de la cola y el área transversal de las fibras proteínicas de las ocho especies de animales. [4]

2   Resume la relación entre la longitud de la cola y el área transversal de las fibras proteínicas. [2]

3   Explica las razones de esta relación. [2]

4   Discute si existe una relación entre el tamaño de un animal y el tamaño de sus espermatozoides. [2]

	hámster chino	rata	cobaya	hámster	toro	ratón	humano	erizo de mar
área transversal de las vainas fibrosas/μm^2	0,22	0,16	0,13	0,11	0,08	0,04	0,02	0
longitud del espermatozoide/μm	258	187	107	187	54	123	58	45

▲ Tabla 1

Diferencias en el resultado de la espermatogénesis y la ovogénesis

Los procesos de la espermatogénesis y la ovogénesis originan diferentes números de gametos con diferentes cantidades de citoplasma.

Si bien hay semejanzas entre la espermatogénesis y la ovogénesis, existen diferencias que son necesarias para preparar los gametos para sus diferentes funciones. Cada espermatozoide maduro consta de un núcleo haploide, un sistema para el movimiento y un sistema de enzimas y otras proteínas que le permiten penetrar en el óvulo. Cada división meiótica completa produce cuatro espermátidas. En el proceso de diferenciación del espermatozoide se elimina la mayor parte del citoplasma, mientras que el óvulo debe aumentar su citoplasma.

Todo lo necesario para iniciar el crecimiento y el desarrollo del embrión debe estar presente en el óvulo. En las hembras, la primera división meiótica produce una célula grande y una célula muy pequeña (figura 8). La célula pequeña es el primer cuerpo polar, que finalmente se degenera. La célula grande pasa a la segunda división meiótica, pero solo la completa después de la fertilización. Otra vez se producen una célula grande y una célula muy pequeña. La célula pequeña es el segundo cuerpo polar y también se degenera y muere. Solo sobrevive la célula grande, que es el

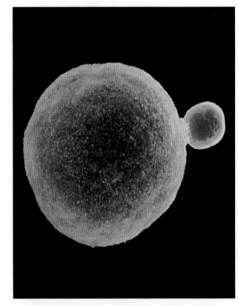

▲ Figura 8 La micrografía muestra un ovocito primario dividido en dos células, conocidas como el ovocito secundario (verde) y el primer cuerpo polar (amarillo).

539

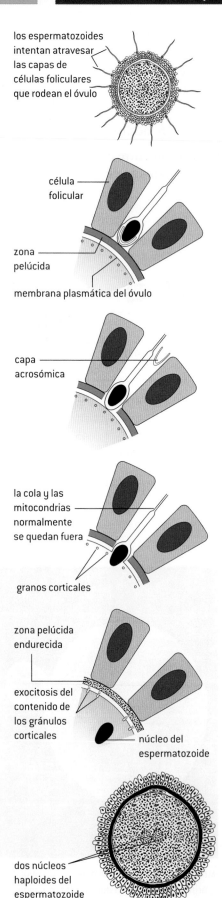

los espermatozoides intentan atravesar las capas de células foliculares que rodean el óvulo

célula folicular

zona pelúcida

membrana plasmática del óvulo

capa acrosómica

la cola y las mitocondrias normalmente se quedan fuera

granos corticales

zona pelúcida endurecida

exocitosis del contenido de los gránulos corticales

núcleo del espermatozoide

dos núcleos haploides del espermatozoide y del óvulo

▲ Figura 10 Etapas de la fertilización

gameto femenino. El resultado es que el óvulo es mucho más grande que el espermatozoide. Las figuras 6 y 7 muestran las diferencias en la estructura. Observa que las barras de escala indican que el espermatozoide y el óvulo están dibujados con una escala diferente: el óvulo es mucho más grande que el espermatozoide.

El proceso de formación del óvulo ocurre una vez por ciclo menstrual en los seres humanos, y generalmente se produce solo un óvulo por ciclo. Desde la pubertad hasta la menopausia, probablemente se producirán solo unos pocos centenares de gametos femeninos.

De la pubertad en adelante, los testículos producen espermatozoides continuamente. En todo momento hay millones de espermatozoides en todas sus etapas de desarrollo.

Prevención de la polispermia

La fertilización implica mecanismos que impiden la polispermia.

La fertilización es la unión de un espermatozoide y un óvulo para formar un cigoto.

Las membranas de los espermatozoides tienen receptores que detectan sustancias químicas segregadas por el óvulo, lo que les permite dirigir su movimiento hacia el óvulo. La figura 9 ilustra la llegada de numerosos espermatozoides al óvulo. Una vez alcanzado el óvulo, ocurrirán una serie de cosas para dar lugar a la unión de un espermatozoide con el óvulo y evitar la entrada de más de un espermatozoide, lo que se conoce como polispermia (véase la figura 10).

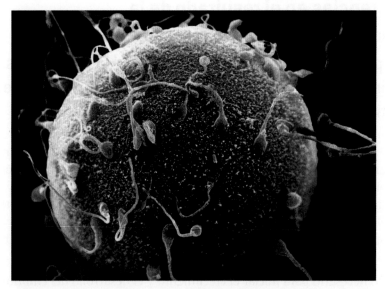

▲ Figura 9 Micrografía de un óvulo rodeado de espermatozoides

1 La reacción acrosómica

La **zona pelúcida** es una capa de glicoproteínas que rodea el óvulo. El **acrosoma** es un gran depósito de enzimas envuelto por una membrana en la cabeza del espermatozoide. En los mamíferos, el espermatozoide se une a la zona pelúcida del óvulo y libera el contenido del acrosoma. Las enzimas digieren la zona pelúcida.

2 La penetración de la membrana del óvulo

La reacción acrosómica expone una parte de la membrana en la punta del espermatozoide que tiene unas proteínas que se pueden unir a la membrana del óvulo. Así, el primer espermatozoide que atraviesa la zona pelúcida se une a la membrana del óvulo, y las membranas del espermatozoide y del óvulo se fusionan. El núcleo del espermatozoide entra en el óvulo: este es el momento de la fecundación.

3 La reacción cortical

El espermatozoide no solo aporta los genes masculinos, sino que también provoca la activación del óvulo. El primer efecto de la activación se produce en los **gránulos corticales**, miles de vesículas situadas cerca de la membrana del óvulo: estos liberan su contenido al exterior del óvulo por exocitosis. En los mamíferos, las enzimas de los gránulos corticales producen la digestión de las proteínas de unión de los espermatozoides, impidiendo que se unan otros al óvulo. Las enzimas también causan el endurecimiento general de la zona pelúcida.

Fertilización interna y externa

La fertilización en los animales puede ser interna o externa.

Los animales acuáticos a menudo liberan sus gametos directamente al agua en un proceso que resulta en la fertilización fuera del cuerpo de la hembra. Estos animales suelen tener comportamientos que acercan los óvulos a los espermatozoides (véase la figura 11). La fertilización externa tiene varios riesgos, incluida la depredación y la susceptibilidad a variaciones ambientales como la temperatura, las fluctuaciones de pH y, más recientemente, la contaminación.

En los animales terrestres la fertilización debe ser interna pues, de lo contrario, los gametos correrían el riesgo de secarse. La fertilización interna también garantiza la proximidad de los espermatozoides y los óvulos de manera prolongada. Los mamíferos marinos que han vuelto a hábitats acuáticos continúan utilizando la fertilización interna. Una vez que el óvulo es fecundado, el embrión puede desarrollarse protegido dentro de la hembra.

Implantación del blastocito

La implantación del blastocito en el endometrio es esencial para la continuación del embarazo.

En los seres humanos, después de la fertilización, el óvulo fertilizado se divide por mitosis para formar dos núcleos diploides y el citoplasma se divide en partes iguales para formar un embrión de dos células. Estas dos células replican su ADN, realizan mitosis y se dividen de nuevo para formar un embrión de cuatro células. En este momento el embrión tiene unas 48 horas. Se producen más divisiones celulares, pero algunas de estas divisiones son desiguales y, además, las células migran, dando al embrión la forma de una bola hueca llamada **blastocito** (figura 12). Cuando tiene 7 días, el blastocito consta de unas 125 células y ha recorrido el oviducto hasta llegar al útero, empujado por los cilios de las células de la pared del oviducto. En este momento, la zona pelúcida que ha rodeado y protegido

▲ Figura 11 Pareja reproductora de cíclidos *Anomalochromis thomasi*. La hembra (abajo) está desovando en una roca muy cerca del macho.

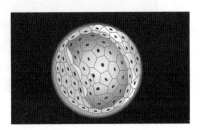

▲ Figura 12 Blastocito

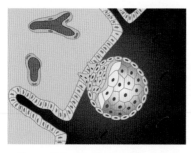

▲ Figura 13 Implantación del blastocito

el embrión se descompone. El blastocito ha agotado las reservas del óvulo y necesita una fuente de alimentación externa, que obtiene hundiéndose en el revestimiento del útero (endometrio) en un proceso llamado **implantación** (figura 13). La capa externa del blastocito desarrolla unas prolongaciones en forma de dedo que le permiten penetrar en el revestimiento del útero. También intercambia materiales con la sangre de la madre, lo que incluye la absorción de alimentos y oxígeno. El embrión crece y se desarrolla rápidamente. Después de ocho semanas, ya ha comenzado a formar el tejido óseo. A partir de entonces se le considera un feto en lugar de un embrión. Va adquiriendo apariencia humana y pronto se podrá ver si es varón o hembra.

Función de la HCG en la primera fase del embarazo

La HCG estimula al ovario para que este segregue progesterona durante la primera fase del embarazo.

El desarrollo del feto depende del mantenimiento del endometrio. Este mantenimiento depende de la producción continua de progesterona y de estrógenos, hormonas que evitan en parte la degeneración del revestimiento del útero. En la primera fase del embarazo, el embrión produce la hormona gonadotropina coriónica humana (HCG), que estimula al cuerpo lúteo en el ovario a seguir segregando progesterona y estrógenos. Estas dos hormonas estimulan el desarrollo continuo de la pared del útero, que suministra al embrión todo lo que necesita.

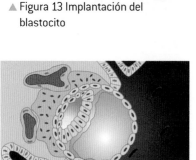

▲ Figura 14 Crecimiento y diferenciación tempranos del embrión

Intercambio de materiales en la placenta

La placenta facilita el intercambio de materiales entre la madre y el feto.

Los seres humanos son mamíferos placentarios. Hay otros dos grupos de mamíferos: los monotremas que ponen huevos y los marsupiales que paren crías relativamente poco desarrolladas que continúan desarrollándose dentro de una bolsa. Para cuando nace un marsupial, un feto humano ha desarrollado una placenta relativamente compleja que le permite permanecer en el útero durante más meses. La placenta es necesaria porque la proporción entre la superficie corporal y el volumen disminuye a medida que el feto crece en tamaño.

La placenta está hecha de tejidos fetales y mantiene un íntimo contacto con los tejidos maternos en la pared del útero. El feto también desarrolla membranas que forman el saco amniótico; este contiene el líquido amniótico que soporta y protege al feto en desarrollo.

La unidad funcional básica de la placenta es una parte de tejido fetal en forma de dedo llamada vellosidad placentaria. Las vellosidades placentarias se multiplican en número durante el embarazo para hacer frente

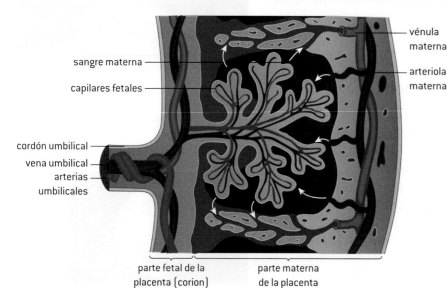

sangre materna

capilares fetales

vénula materna

arteriola materna

cordón umbilical

vena umbilical

arterias umbilicales

parte fetal de la placenta (corion)

parte materna de la placenta

▲ Figura 15

a las crecientes necesidades del feto de intercambiar materiales con la madre. La sangre materna circula alrededor de las vellosidades y entre ellas (figura 15). Es un tipo de circulación sanguínea muy inusual, ya que en las demás partes del cuerpo la sangre casi siempre está contenida en los vasos sanguíneos. La sangre fetal circula por capilares sanguíneos cerca de la superficie de cada vellosidad. Por lo tanto, la distancia entre la sangre fetal y la materna es muy pequeña: tan solo 5 μm. Las células que separan la sangre materna y la fetal forman la **barrera placentaria**. Esta barrera debe tener permeabilidad selectiva para permitir el paso de algunas sustancias, pero no otras (figura 16).

Segregación de hormonas por la placenta

Los estrógenos y la progesterona son segregados por la placenta una vez que esta se ha desarrollado.

Para la novena semana del embarazo, la placenta ya ha comenzado a segregar estrógenos y progesterona en cantidades suficientes para mantener el embarazo y ya no se necesita el cuerpo lúteo para esta función. Si este cambio falla, hay un alto riesgo de aborto espontáneo en esta etapa del embarazo.

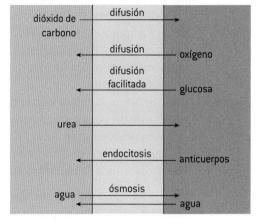

▲ Figura 16 Procesos de intercambio en la placenta

Preguntas basadas en datos: Micrografía electrónica de la placenta

La figura 17 muestra una pequeña parte del borde de una vellosidad placentaria. El aumento es de × 17.000.

1 a) Identifica las estructuras visibles en la parte superior de la micrografía. [1]

    b) Explica las funciones de estas estructuras. [3]

2 En gran parte de la micrografía electrónica hay estructuras redondeadas, rodeadas de una sola membrana: son partes de un sistema de túbulos llamado retículo endoplasmático liso. Su función es la síntesis de lípidos, incluidos esteroides. Sugiere una función del retículo endoplasmático liso en la placenta. [3]

3 Identifica, aportando razones, la estructura en la parte inferior izquierda de la micrografía. [3]

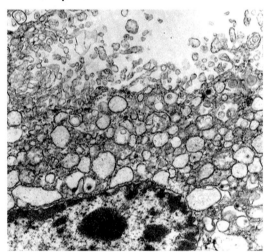

▲ Figura 17 Pequeña parte del borde de una vellosidad placentaria

---

🚫 Evaluación de los riesgos de la contaminación por estrógenos

Evaluación de riesgos y beneficios asociados a la investigación científica: los riesgos para la fertilidad masculina humana no fueron convenientemente evaluados antes de liberarse al medio ambiente esteroides relacionados con la progesterona y los estrógenos como resultado del uso de la píldora anticonceptiva femenina.

Las mujeres embarazadas presentan altos niveles de estrógenos que inhiben la producción de la hormona FSH. Si una mujer toma píldoras que contienen estrógenos, se imitan las condiciones del embarazo y se inhibe el desarrollo de folículos maduros, impidiéndole quedarse embarazada. El etinilestradiol es una forma sintética de estrógeno que se utilizó por primera vez como anticonceptivo en 1943. En aquella época no se pensó en la posibilidad de que, si un gran número de mujeres utilizara esta forma de anticoncepción, los niveles de estrógeno en el agua podían aumentar a causa de las aguas residuales. No fue hasta mediados de la década de 1980 que se denunció por primera vez la presencia de altos niveles de hormonas de la píldora anticonceptiva en el agua. Desde entonces, se han atribuido una serie de problemas a la contaminación por estrógenos.

En 1992, un artículo que sintetizaba 61 estudios diferentes concluyó que la producción de espermatozoides masculinos humanos había disminuido en un 50% en los últimos 50 años.

En uno de los mayores estudios sobre este problema, la agencia británica de medio ambiente observó en 2004 que el 86% de los peces machos de una muestra formada por ejemplares de 51 lugares del país eran intersexuales, lo que significa que presentaban signos de "feminización". Sin embargo, existe muy poco consenso científico acerca de si la contaminación por esteroides relacionados con los estrógenos y la progesterona es la causa de la reducción de la fertilidad masculina.

En 2012, la Comisión Europea propuso una política para limitar las concentraciones en el agua de un fármaco anticonceptivo de uso extendido. Esto ha generado fuertes presiones por parte de las industrias del agua y las industrias farmacéuticas, que dicen que los argumentos científicos son inciertos y los costes demasiado altos.

Una mejora de la tecnología para el tratamiento de aguas residuales podría eliminar la mayor parte de la contaminación. Los investigadores y los expertos proponen que se compartan los costos entre todos los responsables, incluidas las industrias del agua y las farmacéuticas, y que algunos de los gastos se trasladen al público. Los fármacos se utilizan ampliamente en la ganadería, así que con impedir que los animales orinen cerca de los ríos se podría reducir aún más la cantidad de fármacos que se filtra a las aguas superficiales.

Preguntas basadas en datos: Contaminación por estrógenos

Los ríos presentan distintas cantidades de estrógenos sintéticos (E2). Se realizó un estudio para investigar la relación entre las concentraciones de estrógenos sintéticos en el agua y su impacto en peces machos del género *Rutilus* (véase la figura 18).

a) Indica la relación entre los estrógenos sintéticos (E2) y la presencia de ovocitos en los testículos. [1]

b) Determina el porcentaje medio de peces machos que presentan ovocitos en sus testículos para las concentraciones de estrógenos superiores a 10 ng/L. [2]

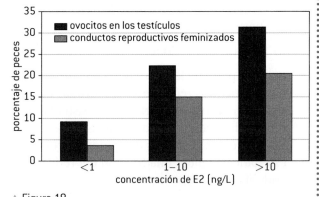

▲ Figura 18

Fuente: Jobling *et al. Environ Health Perspect.* Abril de 2006. 114(S-1), p. 32–39.

Función de las hormonas en el parto

En el nacimiento se da una retroalimentación positiva que incluye a los estrógenos y a la oxitocina.

Durante el embarazo, la progesterona inhibe la secreción de oxitocina por la glándula pituitaria y también inhibe las contracciones del miometrio, la pared muscular externa del útero. Al final del embarazo, el feto produce hormonas que indican a la placenta que deje de segregar progesterona. Como resultado, se empieza a segregar oxitocina.

La oxitocina estimula la contracción de las fibras musculares del miometrio. Estas contracciones son detectadas por receptores de estiramiento, que indican a la glándula pituitaria que aumente la secreción de oxitocina. El aumento de oxitocina hace que las contracciones sean más frecuentes y vigorosas, causando la secreción de más oxitocina. Este es un ejemplo de un sistema de retroalimentación positiva: un sistema de control muy inusual en la fisiología humana. En este caso tiene la ventaja de incrementar gradualmente las contracciones miometriales, lo que permite que el bebé nazca con contracciones de la menor intensidad posible.

Las fibras musculares del cuello uterino se relajan, dilatando el cuello uterino. Después, las contracciones uterinas rompen el saco amniótico y se expulsa el líquido amniótico. Más contracciones uterinas, generalmente durante horas, acaban empujando al bebé por el cuello uterino y la vagina fuera del cuerpo de la madre. Se corta el cordón umbilical, el bebé realiza su primera respiración y se independiza fisiológicamente de su madre.

Preguntas basadas en datos: Niveles hormonales durante el embarazo

En el gráfico de la figura 20, el grosor de las flechas indica cantidades relativas.

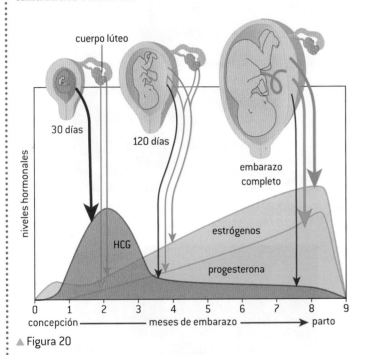

▲ Figura 20

1 Describe los cambios durante el embarazo en las cantidades relativas y la fuente de:

   a) HCG   [2]

   b) Estrógenos   [2]

   c) Progesterona   [2]

2 Sugiere las razones de la reducción de la concentración de HCG después del segundo mes de embarazo.   [2]

3 Predice las consecuencias de que la placenta deje de segregar estrógenos y progesterona durante el embarazo.   [2]

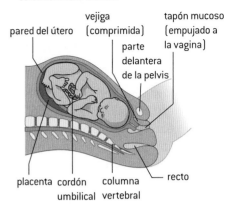

① Antes del nacimiento, el bebé se coloca con la cabeza cerca del cuello uterino.

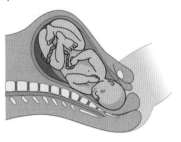

② El bebé pasa a la vagina y se expulsa el líquido amniótico.

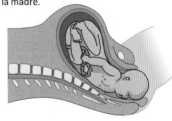

③ El bebé es empujado fuera del cuerpo de la madre.

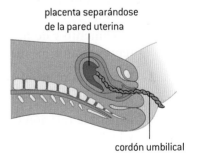

④ La placenta y el cordón umbilical se expulsan del cuerpo de la madre.

▲ Figura 19 Fases del parto

Períodos de gestación, masa, crecimiento y estrategias de desarrollo

Se puede confrontar la gestación media de 38 semanas en seres humanos con respecto a otros mamíferos en un gráfico en el que se represente la correlación entre el tamaño de un animal y el desarrollo de la cría en el momento del nacimiento.

Los mamíferos difieren en su crecimiento y sus estrategias de desarrollo. Las especies altriciales paren crías relativamente indefensas que no están completamente desarrolladas. Sus crías recién nacidas son relativamente inmóviles, carecen de pelo y son incapaces de obtener alimentos por sí mismas. En el extremo opuesto están los mamíferos precociales, cuyas crías tienen los ojos abiertos, pelo, son inmediatamente móviles y tienen una cierta capacidad para defenderse de los depredadores.

Los mamíferos de tamaño grande suelen ser precociales. Esto se correlaciona con un largo período de gestación.

Preguntas basadas en datos: Duración de la gestación y masa corporal

La figura 21 muestra la relación entre el período de gestación y la masa corporal de 429 especies de mamíferos placentarios, subdivididas en altriciales y precociales.

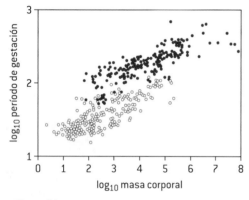

▲ Figura 21

▲ Figura 22 Los ratones de laboratorio son altriciales. Tienen un período de gestación de unos 19 días.

1 Los puntos llenos y los puntos vacíos representan dos estrategias diferentes de crecimiento y desarrollo. Deduce qué puntos representan a los mamíferos precociales. [2]

2 Resume la relación entre la masa corporal del adulto y el período de gestación. [1]

3 Explica la relación entre la masa corporal y la duración de la gestación. [3]

4 La duración media de la gestación humana es 283 días ($\log_{10} 283 = 2{,}45$) La masa corporal media de una persona adulta es 65 kg ($\log_{10} 65 = 1{,}8$).

   (i) Determina la localización aproximada de los seres humanos en el gráfico. [1]

   (ii) Sugiere razones por las que los seres humanos son un caso atípico en este gráfico. [3]

▲ Figura 23 Las crías de elefante nacen tras un período de gestación de 22 meses y son amamantadas durante unos tres años. Se las considera precociales. El elefante africano es el animal terrestre más grande y pesado que vive en la actualidad.

Preguntas

1 La figura 24 muestra cómo varía el pH superficial de la piel humana en distintas partes del cuerpo. También muestra las diferencias entre los adultos y los recién nacidos (neonatos). El pH protege la piel de la colonización por ciertos microorganismos.

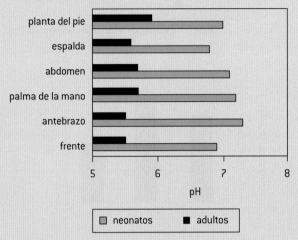

▲ Figura 24 Variación del pH superficial de la piel humana en distintas partes del cuerpo

a) Compara el pH de la piel de los neonatos y de los adultos. [2]

b) Sugiere cómo puede determinarse el pH de la piel de los adultos. [1]

c) Sugiere por qué el uso de jabones (que tienen un pH básico) puede tener un efecto más irritante en la piel de un neonato. [2]

d) Deduce cómo el pH básico de los jabones puede afectar negativamente a la función defensiva de la piel. [2]

2 La figura 25 muestra la capacidad de absorción de anticuerpos de un ternero (*Bos taurus*) después del nacimiento.

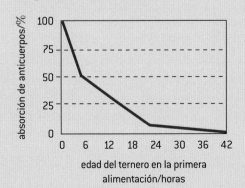

▲ Figura 25 Capacidad de absorción de anticuerpos de un ternero (*Bos taurus*)

a) Describe cómo cambia la capacidad de absorción de anticuerpos de un ternero durante las primeras horas de vida. [2]

b) Sugiere razones por las que los terneros que han sufrido un parto largo y difícil son más propensos a sufrir una infección. [2]

c) Predice cómo puede variar la concentración de anticuerpos en el calostro de la vaca durante las primeras 24 horas después del nacimiento. [2]

d) Deduce las razones por las que se vacuna a las ovejas contra la enterotoxemia y otras enfermedades de riesgo mortal tres semanas antes del nacimiento de los corderos. [2]

e) Explica qué método de transporte a través de las membranas es probable que se utilice para la absorción de anticuerpos en el estómago de los mamíferos recién nacidos. [2]

3 La concentración de glucosa en la sangre de una persona con diabetes no tratada a menudo se eleva a 300–500 mg por 100 ml de sangre, e incluso puede alcanzar concentraciones superiores a 1.000 mg/100 ml. Cuando el nivel de glucosa en la sangre se eleva por encima de 225 mg/100 ml, comienza a aparecer glucosa en la orina. El volumen de orina producido es superior a lo normal, dejando a la persona deshidratada y con sed.

a) Explica cómo se reabsorbe completamente la glucosa del filtrado glomerular en las personas que no tienen diabetes. [3]

b) Explica por qué no se reabsorbe toda la glucosa del filtrado glomerular en las personas diabéticas. [4]

c) Sugiere por qué los diabéticos no tratados tienden a producir grandes volúmenes de orina y sienten sed a menudo. [3]

4 Los músculos a menudo aumentan su masa si se aumenta su uso. Se realizó un experimento para examinar el efecto del vuelo en la masa muscular de estorninos pintos (*Sturnus vulgaris*). Las aves estudiadas fueron asignadas aleatoriamente a tres grupos. Durante 6 semanas, cada grupo fue sometido a 34 períodos de estudio de 1 hora.

El grupo de ejercicio fue entrenado para volar durante 1 hora proporcionándole comida como recompensa. Al grupo de control 1 se le permitió comer libremente, pero se le colocó en jaulas para impedirle volar. Al grupo de control 2 se le dieron las mismas recompensas de comida al mismo tiempo que el grupo de ejercicio, pero también se le colocó en jaulas para impedirle volar. Se controló la masa corporal antes y durante el experimento (véase la figura 26). Al final del experimento, se comparó la masa media de los músculos pectorales de las aves (figura 26).

a) Compara los cambios en la masa corporal del grupo de control 2 y del grupo de ejercicio. [2]

b) Evalúa la afirmación de que no realizar ejercicio aumenta la masa muscular pectoral. [3]

c) Sugiere cómo se puede determinar la masa muscular pectoral de las aves. [2]

d) Una hipótesis que podría formularse a partir de este experimento es que reducir el movimiento de las aves podría resultar en una mayor masa muscular por ave. Este conocimiento podría utilizarse en la cría de aves de corral. Se obtendría una mayor cantidad de carne por ave impidiendo el movimiento de las aves. Discute la ética de diseñar y llevar a cabo experimentos para probar esta hipótesis. [3]

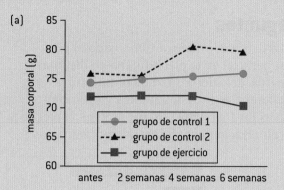

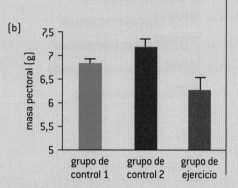

▲ Figura 26 Efecto del ejercicio en la masa corporal y la masa muscular de los estorninos

Introducción

La neurobiología es el estudio científico del sistema nervioso. Los organismos vivos utilizan su sistema nervioso para detectar y responder a cambios en el medio ambiente. La comunicación entre las neuronas se puede alterar mediante la manipulación de los mensajeros químicos de transmisión y recepción. La modificación de las neuronas comienza en las primeras etapas de la embriogénesis y continúa hasta los últimos años de vida. Las partes del cerebro se especializan en diferentes funciones. Los patrones de comportamiento pueden ser heredados o aprendidos. La selección natural favorece los tipos de comportamiento que aumentan las posibilidades de supervivencia y reproducción.

A.1 Desarrollo neurológico

Comprensión

→ El tubo neural de los cordados embrionarios se forma por un repliegue del ectodermo, seguido por una elongación del tubo.

→ Las neuronas se producen inicialmente mediante diferenciación en el tubo neural.

→ Las neuronas inmaduras emigran a su ubicación final.

→ Un axón crece desde cada una de las neuronas inmaduras en respuesta a estímulos químicos.

→ Algunos axones se extienden más allá del tubo neural hasta alcanzar otras partes del cuerpo.

→ Una neurona en desarrollo forma múltiples sinapsis.

→ Las sinapsis que no se usan no persisten.

→ La pérdida neural implica la eliminación de neuronas sin usar.

→ La plasticidad del sistema nervioso permite la modificación de este en base a la experiencia.

 Aplicaciones

→ Un cierre incompleto del tubo neural embrionario puede causar espina bífida.

→ Sucesos tales como los accidentes cerebrovasculares pueden promover la reorganización de la función cerebral.

 Habilidades

→ Anotación de un diagrama de tejidos embrionarios en *Xenopus*, usado como un modelo animal durante la neurulación.

 Naturaleza de la ciencia

→ Uso de modelos como representaciones del mundo real: la neurociencia del desarrollo emplea distintos modelos animales.

Modelos animales en la neurociencia

Uso de modelos como representaciones del mundo real: la neurociencia del desarrollo emplea distintos modelos animales.

La neurociencia es la rama de la biología que estudia las neuronas y el sistema nervioso. El objetivo de la investigación en neurociencia del desarrollo es descubrir cómo se forman los sistemas nerviosos durante la vida de los animales, desde que son embriones hasta que son adultos. El objetivo de muchos neurocientíficos es entender enfermedades del sistema nervioso y desarrollar tratamientos, pero por razones éticas es imposible realizar muchos experimentos con seres humanos. Además, generalmente es más fácil realizar investigaciones con otras especies animales porque su sistema nervioso se desarrolla más rápidamente, es menos complejo y más fácil de observar, pues el embrión se desarrolla externamente en lugar de en el útero.

Por estas razones, aun cuando los investigadores buscan hacer descubrimientos sobre los seres humanos, trabajan con otras especies. En la mayor parte de estas investigaciones se utiliza un número relativamente pequeño de especies, y estas especies se conocen como modelos animales:

- *Caenorhabditis elegans* (platelminto), porque los adultos tienen un número fijo y reducido de células y maduran muy rápidamente.

- *Drosophila melanogaster* (mosca de la fruta), porque se reproduce fácilmente, tiene solo 4 pares de cromosomas y madura muy rápidamente.

- *Danio rerio* (pez cebra), porque sus tejidos son casi transparentes.

- *Xenopus laevis* (rana de uñas africana), porque sus huevos son grandes y pueden manipularse fácilmente.

- *Mus musculus* (ratón doméstico), porque al haber vivido durante miles de años cerca de los seres humanos y su comida, comparte muchas de las enfermedades humanas.

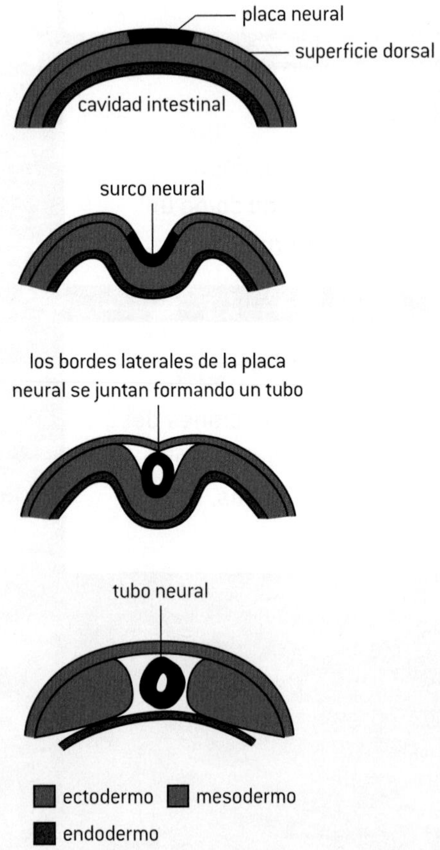

Desarrollo del tubo neural

El tubo neural de los cordados embrionarios se forma por un repliegue del ectodermo, seguido de una elongación del tubo.

Todos los cordados desarrollan un cordón nervioso dorsal en una etapa temprana de su desarrollo. Este proceso se denomina neurulación y en los seres humanos ocurre durante el primer mes de gestación. Un área de células del ectodermo en la superficie dorsal del embrión se convierte en la placa neural. Las células de la placa neural cambian de forma, haciendo que la placa se doble hacia adentro y forme un surco a lo largo de la parte posterior del embrión, y luego se separan del resto del ectodermo. Este proceso forma el tubo neural, que se alarga a medida que crece el embrión. El canal dentro del tubo neural persiste como un canal estrecho en el centro de la médula espinal.

Desarrollo de las neuronas

Las neuronas se producen inicialmente mediante diferenciación en el tubo neural.

Hay miles de millones de neuronas en el sistema nervioso central (SNC), la mayoría de ellas en el cerebro. Los orígenes de estas neuronas se remontan a las primeras etapas del desarrollo embrionario, cuando parte

placa neural
superficie dorsal
cavidad intestinal

surco neural

los bordes laterales de la placa neural se juntan formando un tubo

tubo neural

■ ectodermo ■ mesodermo
■ endodermo
▲ Figura 1 Fases de la neurulación

del ectodermo se convierte en las células neuroectodérmicas de la placa neural. Aunque todavía no son neuronas, el destino de estas células ya está determinado: a partir de ellas se formará el sistema nervioso.

La placa neural se convierte en el tubo neural, y las células continúan multiplicándose por mitosis y diferenciándose hasta convertirse en neuronas funcionales. La proliferación celular continúa durante el desarrollo de la médula espinal y el cerebro, de manera que el SNC maduro tiene muchas más neuronas que las que había inicialmente en el tubo neural embrionario. Aunque la división celular en la mayor parte del sistema nervioso cesa antes del nacimiento, en muchas partes del cerebro se siguen produciendo nuevas neuronas durante la vida adulta.

 ## Neurulación en *Xenopus*

Anotación de un diagrama de tejidos embrionarios en *Xenopus*, usado como un modelo animal durante la neurulación

Los dibujos de la figura 2 muestran cinco etapas del desarrollo de un embrión de *Xenopus*, incluido el desarrollo del tubo neural. Los dibujos muestran el notocordio, una estructura de apoyo que está presente en los cordados durante las etapas iniciales del desarrollo embrionario y que se acaba convirtiendo en la columna vertebral en los vertebrados. El notocordio es parte del mesodermo del embrión.

Haz copias de los dibujos y anota estas estructuras o etapas:

- El ectodermo, el mesodermo y el endodermo

- El desarrollo del tubo neural

- La pared del intestino y la cavidad intestinal que se están desarrollando

- El notocordio

- La aleta dorsal que se está desarrollando

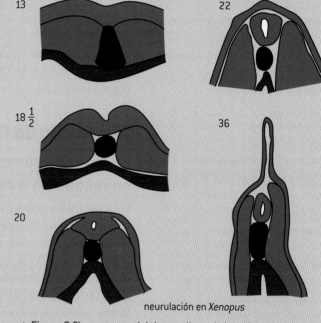

neurulación en *Xenopus*

▲ Figura 2 Cinco etapas del desarrollo embrionario de *Xenopus*, del día 13 al día 36

 ## Espina bífida

Un cierre incompleto del tubo neural embrionario puede causar espina bífida.

En los vertebrados, incluidos todos los mamíferos, la columna vertebral se compone de una serie de huesos llamados vértebras. Cada una tiene una parte central fuerte que proporciona apoyo y un arco vertebral más fino que encierra y protege la médula espinal. La parte central se desarrolla en el lado ventral del tubo neural en una etapa temprana del desarrollo embrionario. Desde ambos lados de la parte central migran tejidos alrededor del tubo neural y normalmente se juntan, formando el arco vertebral.

En algunos casos los dos lados del arco no llegan a fusionarse correctamente, dejando un espacio:

esto se denomina espina bífida. Probablemente se debe a que, cuando se forma el tubo neural embrionario a partir del surco neural, no se cierra completamente. La espina bífida es más frecuente en la región lumbar y varía en gravedad, desde formas muy leves sin síntomas hasta formas graves y debilitantes.

Migración de las neuronas

Las neuronas inmaduras emigran a su ubicación final.

La migración neuronal es una característica distintiva del desarrollo del sistema nervioso. El movimiento del organismo unicelular *Ameba* es fácil de observar con un microscopio. La migración neuronal puede ocurrir por un mecanismo similar: el citoplasma y sus orgánulos son trasladados por filamentos de actina contráctiles desde el extremo de la neurona hasta su vértice.

La migración de las neuronas es especialmente importante para el desarrollo cerebral. Algunas de las neuronas que se producen en una parte del cerebro que se está desarrollando emigran a otra parte donde encuentran su ubicación final. Las neuronas funcionales maduras normalmente no se mueven, aunque a menudo sus axones y dendritas pueden volver a crecer si están dañados.

Desarrollo de los axones

Un axón crece desde cada una de las neuronas inmaduras en respuesta a estímulos químicos.

Una neurona inmadura consta de un cuerpo celular con citoplasma y un núcleo. Un axón es una prolongación larga y estrecha del cuerpo celular que transporta señales a otras neuronas. Solamente se desarrolla un axón en cada neurona, pero puede estar muy ramificado y también desarrollar muchas dendritas más pequeñas que transmiten impulsos de otras neuronas al cuerpo celular. Estímulos químicos determinan la diferenciación neuronal cuando el axón crece desde el cuerpo celular y también la dirección en que crece en el embrión en desarrollo.

Crecimiento de los axones

Algunos axones se extienden más allá del tubo neural hasta alcanzar otras partes del cuerpo.

Los axones crecen por sus extremos. En algunos casos son relativamente cortos y forman conexiones entre las neuronas del sistema nervioso central, pero otras neuronas desarrollan axones muy largos que pueden llegar a cualquier parte del cuerpo. A pesar de ser solo prolongaciones de una célula, en los seres humanos los axones pueden tener más de un metro de longitud y en grandes mamíferos, como las ballenas azules, pueden tener muchos metros de longitud. Los axones llevan impulsos a otras neuronas o a células que actúan como efectores: células musculares o células glandulares.

Si un axón se rompe o sufre algún otro daño fuera del sistema nervioso central, es posible que vuelva a regenerarse siempre que el cuerpo celular de la neurona permanezca intacto. La regeneración del axón puede ser tan rápida como cinco milímetros al día, lo que a veces permite recuperar la sensación o el control de los músculos con el tiempo. Por supuesto que esta recuperación depende de que se restablezcan las conexiones correctas entre el axón y las células con las que debe comunicarse.

Desarrollo de sinapsis

Una neurona en desarrollo forma múltiples sinapsis.

El crecimiento de un axón o una dendrita está dirigido hacia una célula con la que interactúa. Se forma entonces una sinapsis entre la neurona y la otra célula. Por ejemplo, los axones de las neuronas motoras desarrollan sinapsis con fibras musculares estriadas o células glandulares. El desarrollo de sinapsis implica la formación de estructuras especiales en las membranas a ambos lados de la sinapsis y en la hendidura sináptica entre ellas.

El número mínimo de sinapsis que teóricamente puede tener una neurona es dos: una para recibir los impulsos de otra célula y otra para transmitirlos. En la práctica, la mayoría de las neuronas forman múltiples sinapsis y algunas neuronas del cerebro forman cientos de ellas, dando lugar a patrones de comunicación complejos.

Eliminación de sinapsis

Las sinapsis que no se usan no persisten.

Muchas sinapsis se forman en una etapa temprana del desarrollo, pero se pueden formar nuevas sinapsis en cualquier etapa de la vida. Las sinapsis a menudo desaparecen si no se utilizan. Cuando se produce una transmisión en una sinapsis, algunos marcadores químicos causantes de la sinapsis permanecen fortaleciendo la sinapsis. Las sinapsis que están inactivas no tienen estos marcadores, así que se vuelven más débiles y acaban siendo eliminadas. Por lo tanto, la máxima "o lo usas o lo pierdes" describe muy bien las sinapsis.

La pérdida neural

La pérdida neural implica la eliminación de neuronas sin usar.

Las mediciones del número de neuronas han demostrado que hay más neuronas en al menos algunas partes del cerebro de los bebés recién nacidos que en los adultos, lo que indica que se pierden algunas neuronas durante la infancia. También hay pruebas de la pérdida de dendritas y ramificaciones del axón de algunas neuronas. Las neuronas que no se utilizan se autodestruyen por el proceso de apoptosis. La eliminación de parte de una neurona o de la neurona entera se conoce como pérdida neural.

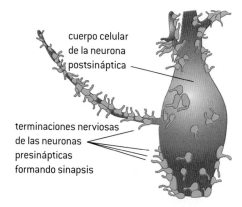

cuerpo celular de la neurona postsináptica

terminaciones nerviosas de las neuronas presinápticas formando sinapsis

▲ Figura 3 Dibujo basado en una micrografía electrónica que muestra múltiples sinapsis entre neuronas presinápticas y una neurona postsináptica. Se muestran solo las terminaciones nerviosas de las neuronas presinápticas.

Actividad

Pérdida neural en el núcleo mediodorsal del tálamo

Se descubrió que los bebés recién nacidos tenían aproximadamente 11,2 millones de neuronas en el núcleo mediodorsal del tálamo, mientras que en el cerebro adulto el número era solo de aproximadamente 6,43 millones. Suponiendo que no se produjesen neuronas nuevas durante la infancia, ¿qué porcentaje de neuronas desaparece por la pérdida neural?

Plasticidad del sistema nervioso

La plasticidad del sistema nervioso permite la modificación de este en base a la experiencia.

Las conexiones entre las neuronas pueden cambiar por el crecimiento de axones y dendritas, por la formación de nuevas sinapsis y también por la eliminación de sinapsis y la pérdida de dendritas, ramificaciones de los axones o incluso neuronas enteras. Esta capacidad del sistema nervioso de modificar sus conexiones se conoce como plasticidad. Continúa durante toda la vida, pero el grado de plasticidad es mucho mayor hasta los seis años de edad.

El estímulo para un cambio en las conexiones entre neuronas proviene de las experiencias de una persona y, por tanto, de cómo se utiliza su sistema nervioso. La plasticidad es la base para formar nuevos recuerdos y también para ciertas formas de razonamiento. También es muy importante para reparar daños en el cerebro y en la médula espinal.

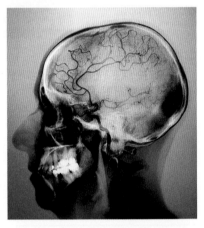

▲ Figura 4 Angiograma del cerebro de un paciente de 48 años que ha sufrido un accidente cerebrovascular masivo. Una arteria cerebral media ha quedado bloqueada por un coágulo de sangre.

🌐 Accidentes cerebrovasculares

Sucesos tales como los accidentes cerebrovasculares pueden promover la reorganización de la función cerebral.

Un accidente cerebrovascular isquémico es una interrupción del riego sanguíneo a una parte del cerebro. La mayoría de los accidentes cerebrovasculares son causados por un coágulo de sangre que bloquea uno de los pequeños vasos del cerebro, pero el derrame de un vaso sanguíneo es otra causa. Durante un accidente cerebrovascular, parte del cerebro no recibe suficiente oxígeno y glucosa. Si cesa la respiración celular en las neuronas, sufren daños irreparables y mueren.

Los accidentes cerebrovasculares varían mucho en gravedad. Muchos son tan leves que el paciente apenas los nota. Alrededor de un tercio de los afectados por accidentes cerebrovasculares graves consiguen recuperarse totalmente y otro tercio sobrevive, pero con alguna discapacidad. En muchos casos, la recuperación de los accidentes cerebrovasculares consiste en que partes del cerebro asuman nuevas funciones para sustituir a las partes dañadas. Después de un accidente cerebrovascular grave, la mayor parte de la recuperación ocurre durante los primeros seis meses y puede implicar tener que aprender de nuevo aspectos del habla y de la escritura, recuperar la percepción espacial y la capacidad de realizar actividades físicas específicas como vestirse o preparar la comida.

A.2 El cerebro humano

Comprensión

→ La parte anterior del tubo neural se expande para formar el cerebro.

→ Las distintas partes del cerebro tienen funciones específicas.

→ El sistema nervioso autónomo controla los procesos involuntarios del cuerpo usando centros localizados principalmente en el bulbo raquídeo.

→ La corteza cerebral forma una mayor proporción del cerebro y está mucho más desarrollada en los seres humanos que en otros animales.

→ La corteza cerebral humana ha ido creciendo, fundamentalmente por un aumento de la superficie total, con un amplio plegamiento para acomodarse al interior del cráneo.

→ Los hemisferios cerebrales son responsables de las funciones de orden superior.

→ El hemisferio cerebral izquierdo recibe estímulos sensoriales desde los receptores sensoriales que hay en el lado derecho del cuerpo y el lado derecho del campo visual de ambos ojos, y viceversa con respecto al hemisferio derecho.

→ El hemisferio cerebral izquierdo controla la contracción muscular del lado derecho del cuerpo, y viceversa con respecto al hemisferio derecho.

→ El metabolismo del cerebro requiere grandes entradas de energía.

Aplicaciones

→ Consideración de la corteza visual, el área de Broca y el núcleo accumbens como áreas del cerebro con funciones específicas.

→ La deglución, la respiración y el ritmo cardíaco como ejemplos de actividades coordinadas por el bulbo raquídeo.

→ Uso del reflejo pupilar para evaluar el daño cerebral.

→ Uso de experimentos con animales, autopsias, lesiones y IRMf (imagen por resonancia magnética funcional) para identificar las funciones de las distintas partes del cerebro.

Habilidades

→ Identificación de partes del cerebro en una fotografía, un diagrama o una imagen de escáner del cerebro.

→ Análisis de las correlaciones entre el tamaño corporal y el tamaño cerebral en distintos animales.

Naturaleza de la ciencia

→ Uso de modelos como representaciones del mundo real: el homúnculo sensorial y el homúnculo motor son modelos del espacio relativo que ocupan las partes del cuerpo humano en la corteza somatosensorial y en la corteza motora.

Estructura del cerebro

Identificación de partes del cerebro en una fotografía, un diagrama o una imagen de escáner del cerebro

La figura 1 es un diagrama que muestra las partes principales del cerebro humano. Úsala para identificar las partes del cerebro visibles en la fotografía del cerebro, la resonancia magnética y la tomografía que se encuentran en los recursos electrónicos que complementan a este libro.

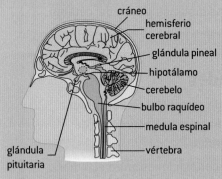

cráneo
hemisferio cerebral
glándula pineal
hipotálamo
cerebelo
bulbo raquídeo
medula espinal
vértebra
glándula pituitaria

▲ Figura 1 Diagrama del cerebro

Desarrollo del cerebro

La parte anterior del tubo neural se expande para formar el cerebro.

Durante el desarrollo de los embriones vertebrados se forma un tubo neural a lo largo de toda la parte dorsal, por encima del tracto digestivo, cerca de la superficie. La mayor parte del tubo neural se convierte en la médula espinal, pero el extremo anterior se expande y se convierte en el cerebro como parte de un proceso llamado cefalización: la formación de la cabeza. El cerebro humano tiene aproximadamente 86.000 millones de neuronas ($8,6 \times 10^{10}$).

El cerebro actúa como centro de control para todo el cuerpo, tanto directamente desde los nervios craneales como indirectamente a través de la médula espinal y de numerosas moléculas señalizadoras transportadas por la sangre. La ventaja de tener un cerebro es que la comunicación entre los miles de millones de neuronas es más rápida que si hubiera centros de control más dispersos. Los principales órganos sensoriales están situados en el extremo anterior de los vertebrados: los ojos, los oídos, la nariz y la lengua.

Funciones de las partes del cerebro

Las distintas partes del cerebro tienen funciones específicas.

El cerebro tiene áreas diferenciadas por su forma, color o estructura microscópica. Estas áreas tienen funciones diferentes, que han sido identificadas mediante investigaciones fisiológicas con humanos y otros mamíferos.

El **bulbo raquídeo** se utiliza en el control autónomo de los músculos del estómago, la respiración, los vasos sanguíneos y el músculo cardíaco.

El **cerebelo** coordina funciones inconscientes, como la postura, el movimiento involuntario y el equilibrio.

El **hipotálamo** es la interfaz entre el cerebro y la glándula pituitaria (hipófisis), sintetiza las hormonas segregadas por la glándula pituitaria posterior y libera factores que regulan la secreción de hormonas de la glándula pituitaria anterior.

La **glándula pituitaria**: el lóbulo posterior almacena y segrega hormonas producidas por el hipotálamo y el lóbulo anterior produce y segrega hormonas que regulan muchas funciones corporales.

Los **hemisferios cerebrales** actúan como centros integradores de funciones complejas de orden superior, como el aprendizaje, la memoria y las emociones.

Métodos de investigación cerebral

Uso de experimentos con animales, autopsias, lesiones y IRMf (imagen por resonancia magnética funcional) para identificar las funciones de las distintas partes del cerebro

Los estudios de lesiones cerebrales proporcionaron la primera información útil sobre las funciones del cerebro. Por ejemplo, en el siglo XIX, el neurólogo francés Charcot realizó la autopsia de un paciente que solo podía decir la palabra "tan" y encontró un tumor grande que había dañado la parte inferior izquierda del cerebro del paciente; dedujo que esta parte del cerebro está implicada en el habla. Otro caso famoso fue el del constructor ferroviario Phineas Gage, que sufrió graves daños en los lóbulos frontales del cerebro en 1848 cuando una vara metálica le atravesó la frente como resultado de un accidente con explosivos. Se recuperó de la herida, pero sufrió daños cerebrales que alteraron radical y permanentemente su personalidad y, en particular, su capacidad para la interacción social.

Muchas lesiones debidas a tumores, accidentes cerebrovasculares o daños accidentales se han investigado realizando autopsias y relacionando la ubicación de la lesión con los cambios observados en el comportamiento y en las capacidades, pero algunos neurocientíficos, en lugar de esperar a que se presenten estas oportunidades fortuitas, han realizado sus estudios con animales. La extracción de partes del cráneo da acceso al cerebro y permite llevar a cabo procedimientos experimentales. El cerebro en sí no siente dolor; aún hoy en día se realizan algunas formas de neurocirugía en pacientes totalmente conscientes. Así pueden observarse los efectos de la estimulación local en el cerebro de un animal, y también los cambios a largo plazo en las capacidades y el temperamento de dicho animal. Existe una oposición generalizada a este tipo de investigaciones, por el sufrimiento que puede causar al animal y porque a menudo el animal acaba siendo sacrificado, pero la información obtenida es útil para comprender y así tratar enfermedades como la epilepsia, la enfermedad de Parkinson y la esclerosis múltiple. Cada vez más se utilizan mutaciones genéticas y la inactivación selectiva de genes, que son técnicamente posibles solo en ratones, para lograr modificaciones experimentales similares en la estructura del cerebro y comportamientos similares.

La resonancia magnética (RM) es una técnica más moderna y menos polémica. La técnica básica se utiliza para investigar la estructura interna del cuerpo, y para buscar tumores u otras anormalidades en pacientes. La figura 2 muestra

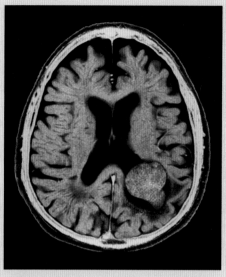

▲ Figura 2 Imagen de una lesión cerebral

los resultados de una resonancia magnética de la cabeza y el cerebro de un paciente.

Se ha desarrollado una versión especializada de la resonancia magnética, llamada resonancia magnética funcional (IRMf), que permite identificar las partes del cerebro que son activadas por procesos de pensamiento específicos. Las partes activas del cerebro reciben un mayor flujo sanguíneo (a menudo visible mediante la inyección de un colorante inofensivo) que es registrado por la IRMf. Se coloca al paciente en el escáner y se obtiene una imagen de alta resolución del cerebro. Luego se toman una serie de imágenes de baja resolución mientras se da un estímulo al paciente. Estas imágenes muestran qué partes del cerebro se activan durante la respuesta al estímulo.

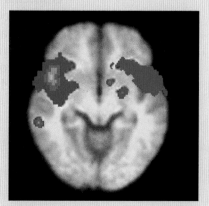

▲ Figura 3 Imagen por resonancia magnética funcional (IRMf) del dolor de endometriosis

Ejemplos de funciones cerebrales

Consideración de la corteza visual, el área de Broca y el núcleo accumbens como áreas del cerebro con funciones específicas

Cada uno de los dos hemisferios cerebrales tiene una **corteza visual** en la cual se procesan las señales neuronales procedentes de los bastones y los conos fotosensibles de la retina de los ojos. Aunque hay una etapa inicial en la que se proyecta un mapa de la información visual en una región llamada V1, la información luego es analizada por múltiples rutas en las regiones V2 a V5 de la corteza visual. Este análisis incluye el reconocimiento de patrones y la valoración de la velocidad y dirección de los objetos en movimiento.

El **área de Broca** es una parte del hemisferio izquierdo del cerebro que controla la producción del lenguaje. Si una persona sufre daños en esta área, sabe lo que quiere decir y puede emitir sonidos, pero no consigue articular palabras o frases con sentido. Por ejemplo, si vemos un animal similar a un caballo con rayas blancas y negras, el área de Broca nos permite decir "cebra", mientras que una persona con el área de Broca dañada sabe que es una cebra, pero no puede decir la palabra.

En cada hemisferio cerebral hay un **núcleo accumbens**, que es el centro de placer o recompensa del cerebro. Una variedad de estímulos, incluidos la comida y el sexo, hacen que el núcleo accumbens segregue el neurotransmisor dopamina, que provoca sensaciones de bienestar, placer y satisfacción. La cocaína, la heroína y la nicotina son adictivas porque provocan artificialmente la segregación de dopamina en el núcleo accumbens.

El sistema nervioso autónomo

El sistema nervioso autónomo controla los procesos involuntarios del cuerpo usando centros localizados principalmente en el bulbo raquídeo.

El sistema nervioso periférico comprende todos los nervios que hay fuera del sistema nervioso central. Se divide en dos partes: el sistema nervioso voluntario y el autónomo. Los procesos involuntarios son controlados por el sistema nervioso autónomo usando centros localizados en el bulbo raquídeo. El sistema nervioso autónomo consta de dos partes: el sistema nervioso simpático y el parasimpático. Estos a menudo tienen efectos opuestos sobre un proceso involuntario. Por ejemplo, los nervios parasimpáticos provocan un aumento del flujo sanguíneo de la pared intestinal durante la digestión y la absorción de los alimentos. Los nervios simpáticos provocan una disminución del flujo sanguíneo durante el ayuno o cuando la sangre es necesaria en otros lugares.

 Actividades coordinadas por el bulbo raquídeo

La deglución, la respiración y el ritmo cardíaco como ejemplos de actividades coordinadas por el bulbo raquídeo

La primera fase de la deglución, en la que el alimento pasa de la cavidad bucal a la faringe, es voluntaria y está controlada por la corteza cerebral. Las fases restantes, en las que el alimento pasa de la faringe hasta el estómago por el esófago, son involuntarias y están coordinadas por el centro de deglución del bulbo raquídeo.

Dos centros en el bulbo raquídeo controlan la respiración: uno controla el momento de inspiración y el otro controla la fuerza de la inspiración y también la espiración activa voluntaria. Existen quimiorreceptores en el bulbo que supervisan el pH de la sangre. La concentración de dióxido de carbono en la sangre es muy importante en el control de la frecuencia respiratoria, incluso más que la concentración de oxígeno. Si baja el pH de la sangre, lo que indica un aumento en la concentración de dióxido de carbono, la respiración se vuelve más profunda o más frecuente.

El centro cardiovascular del bulbo regula el ritmo cardíaco. El pH y la presión sanguíneos son supervisados por células receptoras en los vasos sanguíneos y en el bulbo. En respuesta a esta información, el centro cardiovascular puede aumentar o disminuir el ritmo cardíaco mediante el envío de señales al marcapasos del corazón. Las señales transportadas desde el sistema simpático aceleran el ritmo cardíaco, mientras que las señales transportadas desde el sistema parasimpático por el nervio vago reducen el ritmo cardíaco.

El reflejo pupilar y el daño cerebral

Uso del reflejo pupilar para evaluar el daño cerebral

Los músculos en el iris del ojo controlan el tamaño de la pupila. Los impulsos transmitidos a las fibras musculares radiales por las neuronas del sistema simpático hacen que se contraigan y dilaten la pupila; los impulsos transmitidos a las fibras musculares circulares por las neuronas del sistema parasimpático hacen que se reduzca la pupila.

El reflejo pupilar se produce cuando el ojo se ve iluminado de repente por una luz brillante. Las células ganglionares fotorreceptoras de la retina perciben la luz brillante y envían señales a través del nervio óptico hasta el cerebro medio, que inmediatamente activa el sistema parasimpático que estimula el músculo circular en el iris, causando la reducción de la pupila y de la cantidad de luz que entra en el ojo; así, se protege la delicada retina de cualquier daño.

A veces los doctores utilizan el reflejo pupilar para comprobar las funciones cerebrales de un paciente. Se ilumina cada ojo con una luz brillante. Si las pupilas no se reducen inmediatamente, es probable que el bulbo raquídeo esté dañado. Si esta y otras pruebas de la función cerebral fallan en repetidas ocasiones, se dice que el paciente ha sufrido muerte cerebral. Puede ser posible mantener vivas las otras partes del cuerpo del paciente conectadas a una máquina, pero la recuperación completa es extremadamente improbable.

La corteza cerebral

La corteza cerebral forma una mayor proporción del cerebro y está mucho más desarrollada en los seres humanos que en otros animales.

La corteza cerebral es la capa externa de los hemisferios cerebrales. Aunque solo tiene de dos a cuatro milímetros de grosor, en secciones estudiadas con un microscopio se pueden distinguir claramente hasta seis capas de neuronas. Tiene una estructura neuronal muy compleja y procesa las tareas más complejas en el cerebro.

Solo los mamíferos tienen corteza cerebral. Las aves y los reptiles tienen áreas del cerebro que llevan a cabo una serie de funciones similares, pero son estructuralmente diferentes: sus células están organizadas en racimos en lugar de en capas. Entre los mamíferos, el tamaño de la corteza cerebral varía considerablemente. En los seres humanos constituye una mayor proporción del cerebro que en cualquier otro mamífero.

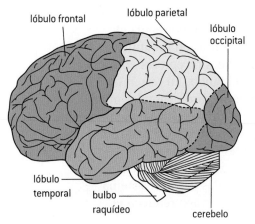

Figura 4 Estructura plegada de la corteza cerebral, vista desde el lado izquierdo. Se indican los cuatro lóbulos.

Evolución de la corteza cerebral

La corteza cerebral humana ha ido creciendo, fundamentalmente por un aumento de la superficie total, con un amplio plegamiento para acomodarse al interior del cráneo.

La corteza cerebral ha ido creciendo enormemente durante la evolución humana y ahora contiene más neuronas que la de cualquier otro animal. Su grosor ha aumentado ligeramente, pero sigue siendo de solo unos pocos milímetros. El crecimiento se debe fundamentalmente a un aumento de su superficie total, que requiere que la corteza se pliegue mucho durante su desarrollo. Es difícil de medir, pero se estima que tiene una superficie de unos 180.000 mm² o 0,18 m². Es tan grande que el cerebro solo puede acomodarse al interior del cráneo si este se agranda considerablemente, y da al cráneo humano su forma distintiva.

La mayoría de la superficie de la corteza cerebral está en los pliegues, no en la superficie externa. En contraste, los ratones y las ratas tienen una corteza lisa sin pliegues, los gatos tienen algunos pliegues y los elefantes y los delfines más. Entre los primates, los monos y los simios presentan cortezas con distintos tamaños y grados de plegamiento, y los tamaños son mayores en los primates más estrechamente emparentados con los seres humanos.

🔬 Comparación del tamaño cerebral

Análisis de las correlaciones entre el tamaño corporal y el tamaño cerebral en distintos animales

Los diagramas de dispersión muestran una correlación positiva entre el tamaño corporal y el tamaño del cerebro en los animales, pero la relación no es directamente proporcional. Puedes usar las siguientes preguntas basadas en datos para desarrollar tu capacidad de análisis de este tipo de datos.

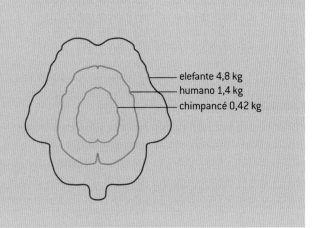

elefante 4,8 kg
humano 1,4 kg
chimpancé 0,42 kg

Preguntas basadas en datos: Tamaño cerebral y corporal en mamíferos

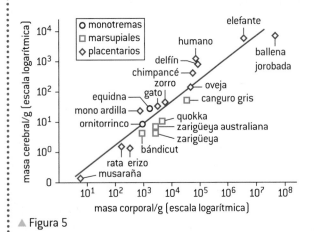

Figura 5

El diagrama de dispersión de la figura 5 muestra la relación entre la masa cerebral y la masa corporal en especies de mamíferos placentarios, marsupiales y monotremas.

1 Indica la relación entre la masa cerebral y la masa corporal. [1]

2 Explica cuál sería la distribución de los puntos del diagrama si la masa cerebral fuese directamente proporcional a la masa corporal. [2]

3 Indica que mamíferos tienen la masa cerebral (a) más grande y (b) más pequeña. [2]

4 Discute las pruebas aportadas por el diagrama para la hipótesis de que los seres humanos tienen la mayor masa cerebral relativa. [2]

5 Evalúa la hipótesis de que los marsupiales tienen cerebros relativamente pequeños en comparación con otros mamíferos. [2]

6 Sugiere una razón de que los investigadores no incluyan más monotremas en el diagrama. [1]

Funciones de los hemisferios cerebrales

Los hemisferios cerebrales son responsables de las funciones de orden superior.

Los hemisferios cerebrales realizan las tareas más complejas del cerebro, que se conocen como funciones de orden superior e incluyen el aprendizaje, la memoria, el habla y las emociones. Estas funciones implican la asociación de estímulos de diferentes fuentes, incluidos el ojo y el oído, y también de los recuerdos. Dependen de redes neuronales muy complejas que hasta el momento los neurobiólogos solo comprenden parcialmente. Los procesos de pensamiento más sofisticados, como el razonamiento, la toma de decisiones y la planificación, se producen en los lóbulos frontal y prefrontal de la corteza cerebral. Usando estas partes del cerebro podemos organizar nuestras acciones en una secuencia lógica, predecir sus resultados, desarrollar una apreciación del bien y del mal y ser conscientes de nuestra propia existencia.

Estímulos sensoriales a los hemisferios cerebrales

El hemisferio cerebral izquierdo recibe estímulos sensoriales desde los receptores sensoriales que hay en el lado derecho del cuerpo y el lado derecho del campo visual de ambos ojos, y viceversa con respecto al hemisferio derecho.

Los hemisferios cerebrales reciben estímulos sensoriales de todos los órganos sensoriales del cuerpo. Por ejemplo, las señales del oído pasan a la zona auditiva del lóbulo temporal. Las señales del oído izquierdo pasan al hemisferio izquierdo y las del oído derecho al hemisferio derecho. Los estímulos de la piel, los músculos y otros órganos internos pasan a través de la médula espinal hasta la zona somatosensorial del lóbulo parietal. Sorprendentemente, los impulsos de cada lado se cruzan en la base del cerebro de manera que el hemisferio izquierdo recibe impulsos desde el lado derecho del cuerpo, y viceversa.

Los estímulos del ojo pasan a la zona visual del lóbulo occipital, conocida como corteza visual. Los impulsos del lado derecho del campo visual de ambos ojos pasan a la corteza visual del hemisferio izquierdo, mientras que los impulsos del lado izquierdo del campo visual de ambos ojos pasan al hemisferio derecho. Esta integración de los estímulos permite al cerebro juzgar la distancia y la perspectiva.

Control motor por los hemisferios cerebrales

El hemisferio cerebral izquierdo controla la contracción muscular del lado derecho del cuerpo, y viceversa con respecto al hemisferio derecho.

En cada uno de los hemisferios cerebrales hay zonas que controlan los músculos estriados ("voluntarios"). La zona principal está en la parte posterior del lóbulo frontal y se llama corteza motora primaria. En ella hay una serie de áreas solapadas que controlan los músculos de todo el cuerpo, desde la boca en un extremo de la corteza motora primaria hasta los dedos de los pies en el otro extremo.

La corteza motora primaria del hemisferio izquierdo controla los músculos del lado derecho del cuerpo y la del hemisferio derecho controla los músculos del lado izquierdo del cuerpo. Así, un accidente cerebrovascular (u otro daño cerebral) en el hemisferio izquierdo del cerebro puede causar parálisis en el lado derecho del cuerpo y viceversa.

Homúnculos

Uso de modelos como representaciones del mundo real: el homúnculo sensorial y el homúnculo motor son modelos del espacio relativo que ocupan las partes del cuerpo humano en la corteza somatosensorial y en la corteza motora.

Los neurobiólogos han elaborado modelos del cuerpo en los que el tamaño de cada parte se corresponde con la proporción de la corteza somatosensorial dedicada a los estímulos sensoriales de esa parte. Este tipo de modelo se llama homúnculo sensorial. Se han elaborado modelos similares para mostrar la proporción de la corteza motora que se dedica a controlar los músculos de cada parte del cuerpo. Estos modelos son útiles porque dan una buena idea de la importancia relativa dada a los estímulos sensoriales de distintas partes del cuerpo y al control de los músculos de distintas partes.

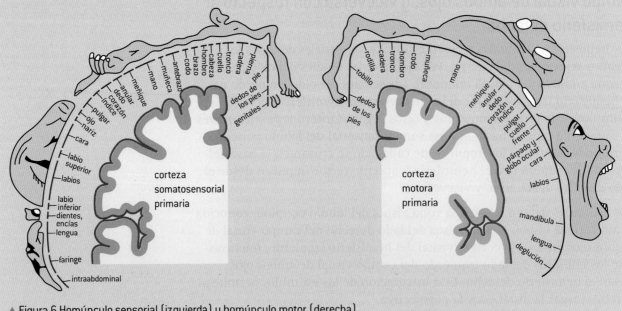

▲ Figura 6 Homúnculo sensorial (izquierda) y homúnculo motor (derecha)

La energía y el cerebro

El metabolismo del cerebro requiere grandes entradas de energía.

Se necesita energía liberada por la respiración celular para mantener el potencial de reposo de las neuronas y restablecerlo después de un potencial de acción, así como para sintetizar neurotransmisores y otras moléculas señalizadoras. El cerebro tiene un gran número de neuronas y necesita mucho oxígeno y glucosa para generar esta energía mediante la respiración celular aeróbica. En la mayoría de los vertebrados el cerebro utiliza menos del 10% de la energía consumida por el metabolismo basal, pero el cerebro humano adulto utiliza más del 20% y en los bebés y niños pequeños el porcentaje es aún mayor.

A.3 Percepción de estímulos

Comprensión

→ Los receptores detectan cambios en el medio ambiente.

→ Los conos y bastoncillos son fotorreceptores situados en la retina.

→ Los conos y bastoncillos difieren en su sensibilidad a las intensidades lumínicas y a las longitudes de onda.

→ Las células bipolares envían impulsos desde los conos y bastoncillos hasta las células ganglionares.

→ Las células ganglionares envían mensajes al cerebro a través del nervio óptico.

→ La información del campo de visión derecho de ambos ojos se transmite a la parte izquierda de la corteza visual y viceversa.

→ Las estructuras que hay en el oído medio transmiten y amplifican el sonido.

→ Los pelos sensoriales de la cóclea detectan los sonidos de longitudes de onda específicas.

→ Los impulsos causados por la percepción del sonido se transmiten hasta el cerebro a través del nervio auditivo.

→ Las células pilosas de los canales semicirculares detectan el movimiento de la cabeza.

Aplicaciones

→ El daltonismo (dificultad para distinguir los colores rojo y verde) como una variante de la visión tricromática normal.

→ Detección de sustancias químicas en el aire por medio de los muchos receptores olfativos diferentes.

→ Uso de implantes cocleares en pacientes sordos.

Habilidades

→ Rotulación de un diagrama de la estructura del ojo humano.

→ Anotación de un diagrama de la retina en el que se muestren los tipos de células y la dirección en la que se desplaza la luz.

→ Rotulación de un diagrama de la estructura del oído humano.

Naturaleza de la ciencia

→ La comprensión de la ciencia subyacente es la base para los avances tecnológicos: el descubrimiento de que la estimulación eléctrica en el sistema auditivo puede crear una percepción del sonido dio lugar al desarrollo de los audífonos eléctricos y, en última instancia, a los implantes cocleares.

Receptores sensoriales

Los receptores detectan cambios en el medio ambiente.

El medio ambiente, particularmente sus cambios, estimula el sistema nervioso a través de receptores sensoriales. Las terminaciones nerviosas de las neuronas sensoriales actúan como receptores; por ejemplo, los receptores del tacto. En otros casos hay células receptoras especializadas que transmiten impulsos a las neuronas sensoriales, como los conos y bastoncillos fotosensibles del ojo. Los seres humanos tienen los siguientes tipos de receptores especializados.

- Mecanorreceptores: responden a movimientos y fuerzas mecánicas.

- Quimiorreceptores: responden a sustancias químicas.

- Termorreceptores: responden al calor.

- Fotorreceptores: responden a la luz.

🌐 Receptores olfativos

Detección de sustancias químicas en el aire por medio de los muchos receptores olfativos diferentes

El olfato es el sentido del olor. Las células receptoras olfativas se encuentran en el epitelio dentro de la parte superior de la nariz. Estas células tienen cilios que se proyectan hacia el hueco de la nariz. Sus membranas contienen moléculas receptoras de olores, proteínas que detectan sustancias químicas en el aire. La nariz solo puede oler sustancias químicas volátiles. Los olores de la comida en la boca pueden pasar a través de la boca y de las fosas nasales hasta el epitelio nasal.

Hay muchas proteínas receptoras de olores diferentes y cada una está codificada por un gen distinto. En algunos mamíferos, como los ratones, existen más de mil receptores de olores diferentes, cada uno de los cuales detecta una sustancia química o un grupo de sustancias químicas diferente (los mecanismos exactos aún no se conocen, a pesar de la gran cantidad de estudios realizados). Cada célula receptora olfativa tiene un solo tipo de receptor de olores en su membrana, pero hay muchas células receptoras con cada tipo de receptor olfativo distribuidas por el epitelio nasal. Con estas células receptoras, la mayoría de los animales, incluidos los mamíferos, pueden distinguir un gran número de sustancias químicas en el aire, o en el agua en el caso de los animales acuáticos. En muchos casos se puede

detectar la sustancia química en concentraciones extremadamente bajas, pero el olfato humano es muy poco sensible e impreciso comparado con el de otros animales.

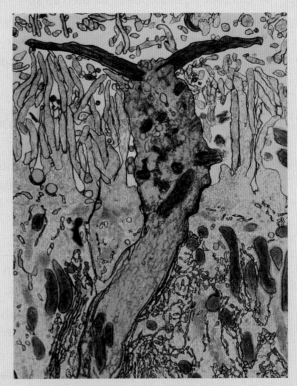

▲ Figura 1 Célula receptora olfativa (centro) con dos de sus cilios visibles, y cilios de las células adyacentes en el epitelio nasal

🧪 Estructura del ojo

Rotulación de un diagrama de la estructura del ojo humano

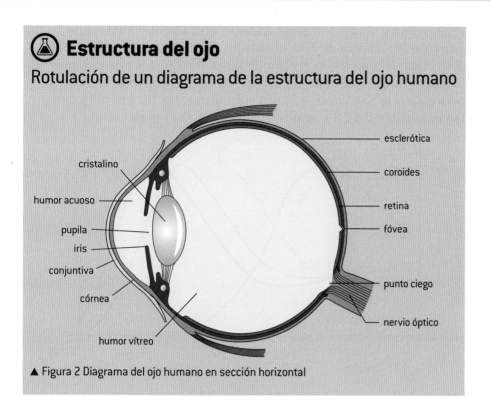

▲ Figura 2 Diagrama del ojo humano en sección horizontal

Fotorreceptores

Los conos y bastoncillos son fotorreceptores situados en la retina.

La córnea y el cristalino proyectan la luz que entra en el ojo hacia la retina, la fina capa de tejido fotosensible que se encuentra en la parte posterior del ojo. La figura 5 muestra los tipos de células de la retina. En la retina humana hay dos tipos principales de fotorreceptores: los conos y los bastoncillos. Muchos mamíferos nocturnos tienen solamente bastoncillos y no pueden distinguir los colores. Los conos y los bastoncillos son estimulados por la luz y juntos detectan la imagen proyectada en la retina y la convierten en señales neuronales.

Diferencias entre conos y bastoncillos

Los conos y bastoncillos difieren en su sensibilidad a las intensidades lumínicas y a las longitudes de onda.

Los bastoncillos son muy sensibles a la luz y permiten ver cuando hay poca luz. Cuando son expuestos a una luz muy intensa, su pigmento se queda temporalmente en blanco, así que dejan de funcionar durante unos segundos. Los bastoncillos absorben un amplio rango de longitudes de onda de la luz visible (véase la figura 3), pero no pueden responder selectivamente a diferentes colores, así que proporcionan una visión en blanco y negro.

Existen tres tipos de conos que absorben diferentes rangos de longitudes de onda de la luz. Se los denomina por el color que más absorben: conos rojos, azules o verdes. Cuando la luz llega a la retina, los conos

Teoría del Conocimiento

Si las ilusiones pueden engañar a nuestros sentidos, ¿qué implicaciones tiene esto para las afirmaciones de conocimiento basadas en pruebas empíricas?

Los científicos sostienen que, como la vista es el sentido dominante, pueden darse ilusiones cuando se recibe información contradictoria de la vista y de los otros sentidos. La adición de colorantes a los alimentos para darles un aspecto extraño los hace parecer poco apetecibles. En el efecto McGurk, si se observa una boca que realiza los movimientos correspondientes a un sonido al mismo tiempo que se escucha otro sonido, creemos "escuchar" el sonido correspondiente a los movimientos de la boca. En la ilusión de la mano de goma, los experimentadores pueden hacer que una persona perciba una sensación acariciando una mano de goma de la misma forma que acarician la mano real de esa persona.

Actividad

Cirugía de cataratas

La acumulación de desechos metabólicos en el cristalino del ojo hace que este amarillee gradualmente, de forma que deja de percibirse bien el color azul. La diferencia en la percepción del color después de una operación de cataratas es impresionante. Habla con una persona, probablemente mayor, que haya sido operada de cataratas para averiguar cómo cambió su percepción del color.

rojos, azules y verdes son estimulados selectivamente. Analizando la estimulación relativa de cada uno de los tres tipos de conos, se puede determinar con precisión el color de la luz, aunque los experimentos han demostrado que la percepción de los colores difiere bastante de una persona a otra. Los conos solo son estimulados por luz intensa y, por tanto, la visión del color se desvanece cuando hay poca luz.

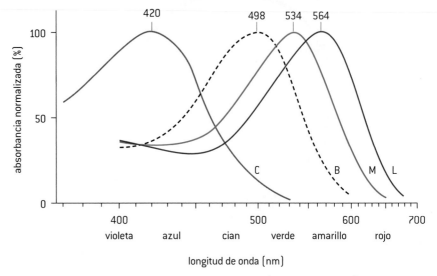

▲ Figura 3 Espectros de absorción de los bastoncillos (línea punteada, B) y de los conos sensibles a la longitud de onda azul (corta, C), verde (media, M) y roja (larga, L)

🌐 Daltonismo

El daltonismo (dificultad para distinguir los colores rojo y verde) como una variante de la visión tricromática normal

El daltonismo es una afección hereditaria común en los seres humanos y algunos otros mamíferos. Se debe a la ausencia o a un defecto del gen de los pigmentos fotorreceptores esenciales de los conos rojos o los verdes. En los seres humanos ambos genes se encuentran en el cromosoma X, así que es una afección ligada al sexo. Los alelos normales de ambos genes son dominantes y los alelos que causan el daltonismo son recesivos. El daltonismo, por tanto, es mucho más común en los varones, que tienen un solo cromosoma X, que en las mujeres. Los varones heredan de la madre el alelo que causa el daltonismo.

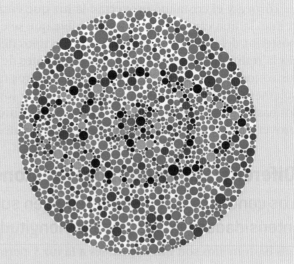

▲ Figura 4 Algunos varones y un menor número de mujeres no pueden distinguir fácilmente los colores rojo y verde.

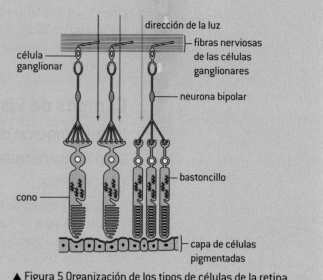

⚗ Estructura de la retina

Anotación de un diagrama de la retina en el que se muestren los tipos de células y la dirección en la que se desplaza la luz

La organización de las capas de células de la retina puede parecer sorprendente. La luz pasa primero por una capa de axones nerviosos transparentes que transmiten impulsos desde la retina hasta el cerebro a través del nervio óptico. Después pasa por una capa de neuronas "bipolares" especializadas que procesan las señales antes de que lleguen el nervio óptico, y solo entonces la luz llega a los conos y bastoncillos. Esto se muestra en la figura 5.

▲ Figura 5 Organización de los tipos de células de la retina

Células bipolares

Las células bipolares envían impulsos desde los conos y bastoncillos hasta las células ganglionares.

Los conos y bastoncillos forman sinapsis con neuronas de la retina denominadas células bipolares. Si los conos y bastoncillos no son estimulados por la luz, se despolarizan y envían un neurotransmisor inhibitorio a una célula bipolar que hace que esta se hiperpolarice y no transmita impulsos a la célula ganglionar que tiene asociada en la retina. Cuando un cono o un bastoncillo absorbe luz, se hiperpolariza y deja de enviar el neurotransmisor inhibitorio a la célula bipolar. Así, la célula bipolar puede despolarizarse y activar su célula ganglionar.

Grupos de bastoncillos envían señales al cerebro a través de una sola célula bipolar, de forma que el cerebro no puede distinguir qué bastoncillo absorbió la luz. Las imágenes transmitidas al cerebro solo por los bastoncillos tienen una resolución más baja, como una fotografía granulada, mientras que las imágenes transmitidas por los conos son más nítidas porque cada cono envía señales al cerebro a través de su propia célula bipolar.

Células ganglionares

Las células ganglionares envían mensajes al cerebro a través del nervio óptico.

Las células ganglionares de la retina tienen cuerpos celulares en la retina con dendritas que forman sinapsis con las células bipolares. Las células ganglionares también tienen largos axones a través de los cuales los impulsos pasan al cerebro. Los impulsos se transmiten con baja frecuencia cuando la célula ganglionar no está siendo estimulada y con mayor frecuencia cuando está estimulada por las células bipolares.

Los axones de las células ganglionares abandonan la retina por el "punto ciego", así llamado porque los axones forman un haz central que abre un hueco en la capa de conos y bastoncillos. Los axones de las células ganglionares pasan a través del nervio óptico hasta el quiasma óptico en el cerebro.

Campos de visión izquierdo y derecho

La información del campo de visión derecho de ambos ojos se transmite a la parte izquierda de la corteza visual y viceversa.

Mediante experimentos sencillos que comparan la visión con un ojo o con ambos ojos se ha demostrado que la distancia y el tamaño relativo de los objetos pueden juzgarse con mayor precisión cuando se observan con los dos ojos a la vez. Los estímulos de ambos ojos son integrados por los axones de algunas células ganglionares de la retina que cruzan de un lado al otro entre el ojo y el cerebro mientras que otros axones permanecen en el mismo lado.

El cruzamiento de axones entre los lados izquierdo y derecho ocurre en el quiasma óptico, como se muestra en la figura 6. Como resultado, la corteza visual del hemisferio derecho del cerebro procesa los estímulos visuales del campo de visión izquierdo de ambos ojos, y viceversa para los estímulos del campo de visión derecho.

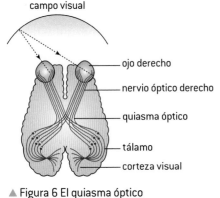

▲ Figura 6 El quiasma óptico

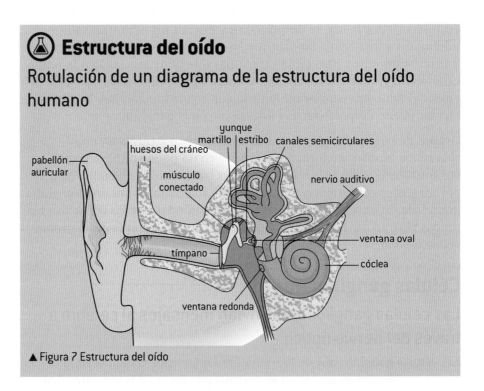

Estructura del oído

Rotulación de un diagrama de la estructura del oído humano

▲ Figura 7 Estructura del oído

El oído medio

Las estructuras que hay en el oído medio transmiten y amplifican el sonido.

El oído medio es una cámara llena de aire entre el oído externo y el oído interno. Una fina lámina de tejido tenso y flexible llamada tímpano separa el oído externo del oído medio. Otras dos finas láminas de tejido denominadas ventana oval y ventana redonda separan el oído medio del oído interno.

Tres huesecillos en el oído medio, el martillo, el yunque y el estribo, se articulan entre sí para formar una conexión entre el tímpano y la ventana oval. Estos huesos, también llamados osículos, transmiten vibraciones desde el tímpano hasta la ventana oval, amplificando el sonido unas veinte veces porque la ventana oval tiene una superficie menor que el tímpano. Durante sonidos muy fuertes, los delicados componentes que reciben sonidos en el oído son protegidos por la contracción de los músculos conectados a los osículos del oído medio, lo que debilita las conexiones entre ellos y atenúa así las vibraciones.

La cóclea

Los pelos sensoriales de la cóclea detectan los sonidos de longitudes de onda específicas.

La cóclea es la parte del oído interno donde las vibraciones se transducen en señales neuronales. Es una estructura tubular en espiral llena de líquido. Dentro de la cóclea hay capas de tejido (membranas) a las que hay unidas células sensoriales. Cada una de estas células tiene pelos que se extienden desde una membrana hasta la otra. Cuando se transmiten las vibraciones desde la ventana oval a la cóclea, estas inclinan los pelos de determinadas células sensoriales, estimulándolas. La activación selectiva de diferentes células sensoriales pilosas nos permite distinguir entre sonidos de diferentes tonos.

La ventana redonda es otra fina lámina de tejido flexible situada entre el oído medio y el oído interno. Si fuese rígida e indeformable, la ventana oval no podría vibrar porque el líquido incompresible de la cóclea le impediría moverse. Cuando las vibraciones de la ventana oval empujan hacia adentro el líquido de la cóclea, la ventana redonda se mueve hacia fuera. Y viceversa, cuando la ventana oval se mueve hacia fuera, la ventana redonda se mueve hacia dentro, permitiendo a la ventana oval transmitir vibraciones a través del líquido de la cóclea.

El nervio auditivo

Los impulsos causados por la percepción del sonido se transmiten hasta el cerebro a través del nervio auditivo.

Cuando una célula sensorial pilosa en la cóclea se despolariza por las vibraciones que constituyen sonidos, emite un neurotransmisor a través de una sinapsis que estimula a la neurona sensorial adyacente. Esto

---

Si los seres humanos solo pueden detectar estímulos de ciertos rangos, ¿qué consecuencias o limitaciones puede tener esto para la adquisición de conocimientos?

La figura 8 muestra la capacidad de seis mamíferos terrestres para detectar distintas frecuencias de sonido. El área continua indica el rango de mayor sensibilidad, mientras que las áreas discontinuas indican cuánto más altas necesitan ser otras frecuencias para ser oídas.

1 ¿El mundo suena igual para algunos de los animales?

2 ¿Cuál es el mundo real: el que nosotros percibimos o el que percibe el murciélago?

3 Los animales también difieren considerablemente en su percepción visual. ¿Lo que cada animal ve es lo que realmente hay, es una elaboración de la realidad o es la realidad un concepto falso?

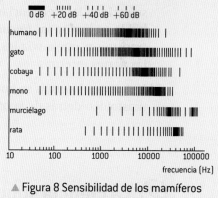

▲ Figura 8 Sensibilidad de los mamíferos a las frecuencias de sonido

desencadena un potencial de acción en la neurona sensorial que se propaga hasta el cerebro por el nervio auditivo. El nervio auditivo es uno de los nervios craneales del cerebro.

 ## Implantes cocleares

Uso de implantes cocleares en pacientes sordos

La sordera puede tener una variedad de causas, y en muchos casos un audífono que amplifica los sonidos puede solucionar el problema. Sin embargo, si las células sensoriales pilosas de la cóclea no funcionan bien, estos audífonos no ayudan. En este caso la mejor opción, siempre y cuando el nervio auditivo funcione adecuadamente, es un implante coclear. Estos dispositivos ya se han implantado a más de un cuarto de millón de personas y, aunque no restauran la audición a niveles normales, la mejoran y generalmente permiten reconocer el habla.

Los implantes cocleares constan de partes externas e internas.

- Las partes externas son un micrófono para detectar los sonidos, un procesador que selecciona las frecuencias utilizadas en el habla y elimina las frecuencias diferentes, y un transmisor que envía los sonidos procesados a las partes internas.

- Las partes internas se implantan en el hueso mastoideo detrás de la oreja. Constan de un

receptor de las señales de sonido emitidas por el transmisor, un estimulador que convierte estas señales en impulsos eléctricos y una serie de electrodos que llevan estos impulsos a la cóclea. Los electrodos estimulan directamente el nervio auditivo, esquivando las células sensoriales pilosas que no funcionan.

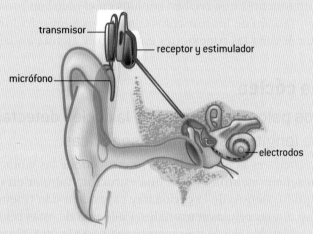

▲ Figura 9 Implante coclear con micrófono detrás de la oreja conectado al transmisor. Junto a este está el receptor interno y el estimulador, con electrodos que van hasta el nervio auditivo en la cóclea.

 ## La ciencia subyacente a los implantes cocleares

La comprensión de la ciencia subyacente es la base para los avances tecnológicos: el descubrimiento de que la estimulación eléctrica en el sistema auditivo puede crear una percepción del sonido dio lugar al desarrollo de los audífonos eléctricos y, en última instancia, a los implantes cocleares.

La investigación sobre la estimulación eléctrica artificial de la cóclea comenzó ya en la década de 1950. Los primeros intentos demostraron que podía aportar cierta percepción del sonido a personas con sordera severa o profunda cuyas células sensoriales pilosas no funcionaban. Los

experimentos con seres humanos demostraron que podía utilizarse la estimulación eléctrica para percibir diferentes frecuencias de sonido, como en la música. Las investigaciones continuaron y contaron con la intervención de ingenieros electrónicos, neurofisiólogos y audiólogos clínicos. Por ejemplo, con el conocimiento de qué frecuencias se utilizan para entender el lenguaje se pudieron desarrollar procesadores del habla.

Durante la década de 1970 se implantaron las primeras versiones de los implantes cocleares a más de mil pacientes. Desde entonces las investigaciones han producido enormes avances tecnológicos en estos dispositivos, con resultados mucho mejores para el creciente número de personas que utilizan estos implantes. Cabe esperar nuevos avances en esta tecnología y, aunque los implantes cocleares nunca darán un nivel de audición normal a las personas con sordera severa o profunda, sí pueden mejorar considerablemente la audición de estas personas.

Detección de los movimientos de la cabeza

Las células pilosas de los canales semicirculares detectan el movimiento de la cabeza.

En el oído interno hay tres canales semicirculares llenos de líquido. Cada uno tiene un abultamiento en un extremo en el que hay un grupo de células sensoriales pilosas cuyos pelos están incrustados en un gel: esta estructura es la cúpula. Cuando la cabeza se mueve en el plano de uno de los canales semicirculares, la pared rígida del canal se mueve con la cabeza, pero el líquido que hay dentro del canal tiene un cierto desfase debido a la inercia. Así, hay un movimiento de líquido por la cúpula. Este movimiento es detectado por las células sensoriales pilosas, que envían impulsos al cerebro.

Los tres canales semicirculares son perpendiculares entre sí, de forma que cada uno está en un plano diferente. Por tanto, pueden detectar los movimientos de la cabeza en cualquier dirección. El cerebro puede deducir la dirección del movimiento por la cantidad relativa de estimulación de las células pilosas en cada uno de los canales semicirculares.

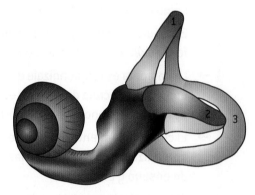

▲ Figura 10 Oído interno con la cóclea (izquierda) y los canales semicirculares (derecha): superior (1), lateral (2) y posterior (3)

A.4 Comportamiento innato y aprendido (TANS)

Comprensión

→ El comportamiento innato se hereda de los progenitores y se desarrolla como tal, con independencia del medio ambiente.

→ Las respuestas autónomas e involuntarias se denominan reflejos.

→ Los arcos reflejos abarcan a las neuronas que hacen de intermediarias de los reflejos.

→ El comportamiento aprendido se desarrolla como resultado de la experiencia.

→ El condicionamiento reflejo implica la formación de nuevas asociaciones.

→ La impronta es el aprendizaje que se produce en una etapa concreta de la vida y es independiente de las consecuencias del comportamiento.

→ El condicionamiento operante es una forma de aprendizaje que consiste en las experiencias de ensayo y error.

→ El aprendizaje consiste en la adquisición de habilidades o conocimientos.

→ La memoria es el proceso de codificación y almacenamiento de la información y de acceso a esta.

Aplicaciones

→ Reflejo de retirada de la mano ante un estímulo doloroso.

→ Experimentos de Pavlov sobre condicionamiento reflejo en perros.

→ El papel de la herencia y el aprendizaje en el desarrollo del canto de las aves.

Habilidades

→ Análisis de datos de experimentos sobre comportamiento de invertebrados en lo que se refiere al efecto sobre las probabilidades de supervivencia y reproducción.

→ Dibujo y rotulación de un diagrama del arco reflejo de un reflejo de retirada del dolor.

Naturaleza de la ciencia

→ Búsqueda de patrones, tendencias y discrepancias: los experimentos de laboratorio y las investigaciones de campo han ayudado a comprender los distintos tipos de comportamiento y aprendizaje.

Comportamiento innato

El comportamiento innato se hereda de los progenitores y se desarrolla como tal, con independencia del medio ambiente.

El comportamiento animal se divide en dos grandes categorías: innato y aprendido. El comportamiento innato no se ve afectado por las influencias externas que experimenta un animal; se desarrolla con independencia del medio ambiente. Por ejemplo, si un objeto toca la piel de la palma de la mano de un bebé, el bebé lo agarra cerrando sus dedos alrededor del objeto. Este patrón de comportamiento innato, llamado reflejo de prensión palmar, se observa en los bebés desde el nacimiento hasta que tienen unos seis meses, independientemente de las experiencias que tenga el bebé.

El comportamiento innato está programado genéticamente, así que se hereda. Puede cambiar mediante evolución si hay variedades de comportamiento determinadas genéticamente y la selección natural favorece un patrón de comportamiento sobre otros, pero el cambio es mucho más lento que con el comportamiento aprendido.

 ## Métodos de investigación del comportamiento animal

Búsqueda de patrones, tendencias y discrepancias: los experimentos de laboratorio y las investigaciones de campo han ayudado a comprender los distintos tipos de comportamiento y aprendizaje.

El estudio científico del comportamiento animal se estableció como una rama importante de la biología en la década de 1930. Hasta entonces los naturalistas habían observado el comportamiento de los animales en hábitats naturales, pero rara vez lo habían analizado científicamente. Desde entonces se han utilizado dos tipos generales de metodología: los experimentos de laboratorio y las investigaciones de campo.

La ventaja de los experimentos de laboratorio es que las variables se pueden controlar más eficazmente y el comportamiento innato, en particular, se puede investigar rigurosamente. La desventaja es que el comportamiento animal es una adaptación al entorno natural de su especie y los animales no suelen comportarse de forma normal cuando están fuera de ese entorno, especialmente en lo que respecta al comportamiento aprendido.

 ## Experimentos sobre el comportamiento de invertebrados

Análisis de datos de experimentos sobre comportamiento de invertebrados en lo que se refiere al efecto sobre las probabilidades de supervivencia y reproducción

Muchos invertebrados tienen patrones de comportamiento relativamente simples, por lo que es posible estudiarlos más fácilmente que los mamíferos, las aves u otros vertebrados. Se les puede dar un estímulo y observar la respuesta. La repetición del estímulo con una serie de individuos permite obtener datos cuantitativos y realizar pruebas de significación estadística. Una vez observada la respuesta a un estímulo, puede ser posible deducir cómo mejora esta respuesta las probabilidades de supervivencia y reproducción de los animales y así saber cómo evolucionó como un patrón de comportamiento innato por selección natural.

En los experimentos se pueden utilizar muchos invertebrados diferentes. A menudo se usan platelmintos, cochinillas, larvas de moscarda, caracoles y escarabajos. Es posible comprar especímenes de algunas especies, pero también se pueden utilizar invertebrados existentes en los hábitats locales. A estos solo se les debe retener por poco tiempo, no se les debe causar sufrimiento durante los experimentos y luego hay que devolverlos a su hábitat. No se deben utilizar especies en peligro de extinción.

Se podrían investigar dos tipos de comportamiento que implican movimiento:

- Taxis es el movimiento hacia un estímulo direccional o en la dirección contraria. Un ejemplo es el movimiento de las cochinillas alejándose de la luz.

- Cinesis también implica movimiento como respuesta, pero la dirección del movimiento no está influenciada por el estímulo. Lo que varía es la velocidad del movimiento o el número de giros del animal. Un ejemplo es el movimiento más lento y con giros más frecuentes de las cochinillas cuando pasan de condiciones más secas a condiciones más húmedas.

Etapas del diseño de una investigación:

1   Coloca los animales en condiciones similares a su hábitat natural.

2   Observa el comportamiento e identifica qué estímulos influyen en el movimiento.

3   Elige un estímulo que parece causar taxis o cinesis.

4   Diseña un experimento para comprobar las respuestas al estímulo.

5   Asegúrate de que otros factores no influyan en el movimiento.

6   Decide cómo medir el movimiento de los invertebrados.

Reflejos

Las respuestas autónomas e involuntarias se denominan reflejos.

Un estímulo es un cambio en el ambiente, ya sea interno o externo, que es detectado por un receptor y provoca una respuesta. Una respuesta es un cambio en el organismo, a menudo llevada a cabo por un músculo o una glándula. Algunas respuestas se producen sin pensarlo de manera consciente y, por tanto, se dice que son involuntarias. Muchas están controladas por el sistema nervioso autónomo. Estas respuestas autónomas e involuntarias se denominan reflejos.

Un reflejo es una respuesta rápida e inconsciente a un estímulo. El reflejo pupilar es un ejemplo: los músculos radiales en el iris del ojo se contraen en respuesta a estímulos de luz intensa, causando la constricción de la pupila. Esta respuesta involuntaria la realiza el sistema nervioso autónomo.

Arcos reflejos

Los arcos reflejos abarcan a las neuronas que hacen de intermediarias de los reflejos.

Todos los reflejos comienzan con un receptor que percibe el estímulo y terminan con un efector, generalmente un músculo o una glándula, que produce la respuesta. El receptor y el efector están conectados por una secuencia de neuronas con sinapsis entre ellas. Esta secuencia de neuronas se conoce como arco reflejo. Los arcos reflejos más simples constan de dos neuronas: una neurona sensorial que transmite los impulsos del receptor a la sinapsis con una neurona motora en la médula espinal y una neurona motora que transmite los impulsos al efector. La mayoría de los arcos reflejos constan de más de dos neuronas, con una o varias interneuronas entre la neurona sensorial y la neurona motora.

Actividad

Velocidad de los reflejos

El reflejo de retirada tarda menos de una décima de segundo. Las reacciones que conllevan procesos más complejos tardan más tiempo. Puedes utilizar pruebas en línea para calcular tu tiempo de reacción; para encontrar estas pruebas, escribe "test de reflejos" en un motor de búsqueda de Internet.

 El reflejo de retirada

Reflejo de retirada de la mano ante un estímulo doloroso

El reflejo de retirada del dolor es una respuesta innata a un estímulo doloroso. Por ejemplo, si tocamos un objeto caliente con la mano, los receptores del dolor en la piel del dedo detectan el calor y activan las neuronas sensoriales, que transmiten impulsos desde el dedo hasta la médula espinal a través de la raíz dorsal de un nervio espinal. Los impulsos llegan hasta las terminaciones de las neuronas sensoriales en la materia gris de la médula espinal, que tienen sinapsis con interneuronas. Las interneuronas tienen sinapsis con neuronas motoras, que transmiten impulsos desde la médula espinal hasta los músculos del brazo a través de la raíz ventral. Los mensajes pasan a través de sinapsis desde las neuronas motoras hasta las fibras musculares, que se contraen y retiran el brazo del objeto caliente.

⚗️ Vías neuronales de un arco reflejo

Dibujo y rotulación de un diagrama del arco reflejo de un reflejo de retirada del dolor

La figura 1 muestra el arco reflejo del reflejo de retirada del dolor.

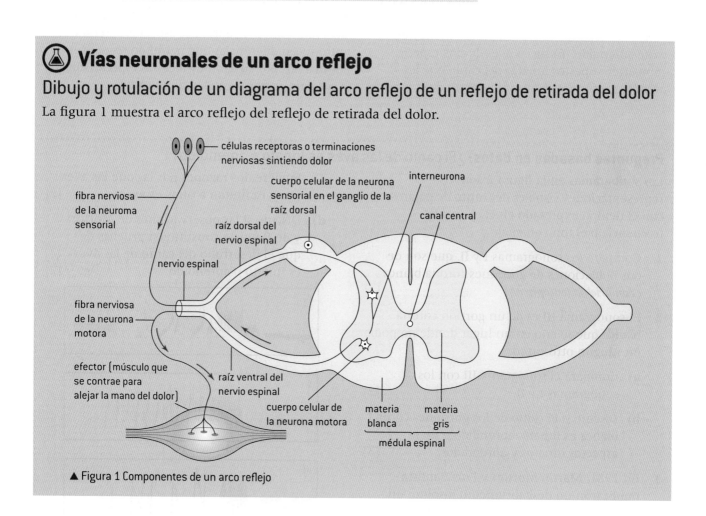

▲ Figura 1 Componentes de un arco reflejo

Comportamiento aprendido

El comportamiento aprendido se desarrolla como resultado de la experiencia.

La descendencia hereda la capacidad o la propensión a adquirir nuevos patrones de comportamiento durante su vida como resultado de la experiencia: esto se conoce como comportamiento aprendido. La descendencia aprende patrones de comportamiento de sus progenitores, de otros individuos y de sus experiencias en el medio ambiente. Por ejemplo, los descendientes humanos heredan la capacidad de aprender una lengua. La lengua que aprenden es generalmente la de los padres biológicos, pero no será así si son adoptados por adultos que hablan una lengua diferente. La capacidad de distinguir los patrones vocales y luego adquirirlos es innata, pero la capacidad de hablar una lengua específica es un comportamiento aprendido.

🌐 Desarrollo del canto de las aves

El papel de la herencia y el aprendizaje en el desarrollo del canto de las aves

Se han realizado numerosas investigaciones sobre el canto de las aves de algunas especies y se han hallado pruebas de que es en parte innato y en parte aprendido. Todas las aves de una especie comparten aspectos innatos del canto que les permiten reconocer a otros miembros de la especie.

En muchas especies, incluidas todas las aves paseriformes, los machos aprenden las llamadas de apareamiento del padre. Los aspectos aprendidos introducen diferencias que permiten reconocer a los machos por su canto, y algunas especies eligen a sus parejas por la calidad de su canto.

Preguntas basadas en datos: ¿El canto de las aves es innato o aprendido?

Los sonogramas en la figura 2 son representaciones visuales del canto de pájaros, con el tiempo expresado en el eje x y la frecuencia o el tono en el eje y.

1 Compara los sonogramas I y II, que son de dos poblaciones de gorriones corona blanca (*Zonotrichia leucophrys*). [2]

2 El sonograma III es de un gorrión corona blanca que se crió en un lugar donde no podía oír ningún otro canto.

   a) Compara el sonograma III con los sonogramas I y II. [2]

   b) Discute si el canto de los gorriones corona blanca es innato, aprendido o tiene aspectos innatos y aprendidos. [3]

3 En 1981, Martin Morton y Luis Baptista publicaron un descubrimiento insólito: un gorrión corona blanca había aprendido a imitar el canto de otra especie. El sonograma IV es de un bengalí rojo (*Amandava amandava*). El sonograma V es de un gorrión corona blanca que se crió solo hasta que tuvo 46 días de vida y después fue colocado en un aviario con otros gorriones corona blanca y un bengalí rojo.

   a) Compara el sonograma V con el sonograma IV. [2]

   b) Compara el sonograma V con los sonogramas I y II. [2]

c) Sugiere dos razones por las que las aves rara vez imitan a otras especies. [2]

d) Discute si las observaciones de Morton y de Baptista constituyen pruebas de que el desarrollo del canto de las aves es innato o aprendido. [2]

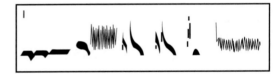

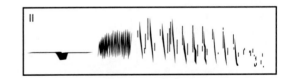

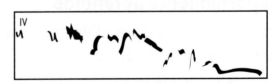

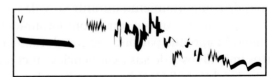

▲ Figura 2 Sonogramas del canto de pájaros

Así pues, tanto el comportamiento innato como el aprendido dependen de genes, pero mientras que el comportamiento aprendido se desarrolla como resultado de la experiencia, el comportamiento innato es independiente de ella.

Condicionamiento reflejo

El condicionamiento reflejo implica la formación de nuevas asociaciones.

Se han definido varios tipos diferentes de aprendizaje. Uno de ellos, llamado condicionamiento reflejo, fue investigado por el fisiólogo ruso Ivan Pavlov usando perros. El condicionamiento reflejo consiste en formar nuevas asociaciones mediante el establecimiento de nuevas vías neuronales en el cerebro. Los reflejos condicionados son muy comunes en el comportamiento animal y pueden aumentar considerablemente las probabilidades de supervivencia.

Por ejemplo, las aves tienen un reflejo innato para evitar los alimentos con un sabor amargo: este reflejo no es condicionado, pero tienen que aprender qué insectos es probable que tengan ese sabor. Si un pájaro intenta comer un insecto de rayas negras y amarillas, por ejemplo, y el sabor le resulta desagradable, desarrolla una asociación entre las rayas negras y amarillas y el sabor amargo y, como resultado, evita todos los insectos que tengan esa coloración. En algunos casos la coloración del insecto desagradable debe combinarse con su olor para provocar esta asociación de rechazo.

▲ Figura 3 Las orugas de mariposa monarca ingieren toxinas (agliconas de tipo cardenolide) de las plantas de algodoncillo que comen, que las hacen desagradables como alimento para los pájaros.

 Experimentos de Pavlov

Experimentos de Pavlov sobre condicionamiento reflejo en perros

En el siglo XIX, el fisiólogo ruso Pavlov diseñó un aparato para recoger saliva de la boca de los perros de sus experimentos. Observó que los perros segregaban saliva cuando veían u olían comida. Estos tipos de estímulos, a los que responden todos los perros sin haber aprendido, se llaman estímulos incondicionados y la secreción de saliva como resultado es la respuesta incondicionada.

Pavlov observó que, después de un tiempo, los perros comenzaban a segregar saliva antes de recibir el estímulo incondicionado. Algo se había convertido en un estímulo que les permitía anticipar la llegada de la comida. Constató que los perros podían aprender a reconocer como estímulo una variedad de señales, como el sonido de una campana, el parpadeo de una luz, el tictac de un metrónomo o la melodía de una caja de música. Estos son ejemplos de estímulos condicionados, y la secreción de saliva que provocan es la respuesta condicionada. Los niños y los perros también aprenden rápidamente a reconocer indicadores de que pronto serán alimentados.

▲ Figura 4 Los perros de Pavlov

La impronta

La impronta es el aprendizaje que se produce en una etapa concreta de la vida y es independiente de las consecuencias del comportamiento.

La palabra "impronta" fue utilizada por primera vez en la década de 1930 por Konrad Lorenz para describir un tipo de aprendizaje. La impronta solo puede producirse en una etapa concreta de la vida y es el desarrollo indeleble de una preferencia o un estímulo que provoca comportamientos, a menudo pero no siempre, de confianza y reconocimiento. El ejemplo que Lorenz hizo famoso fue el de los ánsares comunes. Normalmente los huevos son incubados por la madre para que esta sea el primer objeto grande en movimiento que ven las crías después de nacer. Así, durante las primeras semanas de vida, los ánsares siguen a su madre, que los guía hasta los alimentos y los protege.

Lorenz demostró que, en ausencia de su madre, los ánsares nacidos en una incubadora seguían a otro objeto grande en movimiento. Este objeto podía ser un pájaro de otra especie, las botas de Lorenz o cualquier otro objeto inanimado en movimiento. A la formación de esta relación es a lo que Lorenz llamó impronta. El período crítico en que se produce impronta en los ánsares comunes es 13-16 horas después de la eclosión. Una característica distintiva de la impronta es que es independiente de las consecuencias del comportamiento: en experimentos, los animales continúan "improntados" con algo aunque no aumente sus probabilidades de supervivencia.

▲ Figura 5 Ánsares jóvenes improntados con su madre

Condicionamiento operante

El condicionamiento operante es una forma de aprendizaje que consiste en las experiencias de ensayo y error.

El condicionamiento operante a veces se explica sencillamente como aprendizaje por ensayo y error. Es una forma de aprendizaje diferente del condicionamiento reflejo. Mientras que el condicionamiento reflejo se inicia cuando el entorno impone un estímulo a un animal, el condicionamiento operante lo inicia un animal al probar espontáneamente un patrón de comportamiento y averiguar cuáles son sus consecuencias. Dependiendo de si las consecuencias son positivas o negativas para el animal o su entorno, el patrón de comportamiento se refuerza o se inhibe.

Los corderos aprenden a no tocar las cercas eléctricas por condicionamiento operante. Los corderos exploran su entorno y, si se utilizan cercas eléctricas para encerrar el rebaño, tarde o temprano lo acaban tocando, probablemente con la nariz. Reciben una descarga eléctrica dolorosa y, mediante el condicionamiento operante, de ahí en adelante evitan volver a tocar la cerca.

Aprendizaje

El aprendizaje consiste en la adquisición de habilidades o conocimientos.

▲ Figura 6 El aprendizaje comienza en la infancia, pero es un proceso que dura toda la vida gracias a la plasticidad neuronal.

El comportamiento de los animales cambia a lo largo de su vida. En algunos casos se pierden patrones de comportamiento, como el reflejo de prensión palmar y otros reflejos primitivos de los bebés humanos, pero es mucho más común que los animales adquieran nuevos tipos de patrones de comportamiento durante sus vidas. En algunos casos estos cambios de comportamiento son una parte natural del crecimiento y la maduración, como los que ocurren durante la pubertad de los seres humanos. En otros casos, el comportamiento se modifica mediante el aprendizaje: el comportamiento no se desarrolla a menos que se haya aprendido.

Se aprenden habilidades motoras tales como caminar, hablar o tocar el violín. El conocimiento también tiene que ser aprendido. Por ejemplo, las tribus de la selva tropical aprenden qué tipos de árbol pueden proporcionar alimentos u otros materiales útiles, y también aprenden en qué lugar de la selva se encuentran determinados árboles útiles. El aprendizaje es una función de orden superior del cerebro y los seres humanos tienen una mayor capacidad de aprendizaje que ninguna otra especie. El grado de aprendizaje durante la vida de un animal depende de su longevidad, así como de su capacidad neuronal. Los animales sociales son más propensos a aprender unos de otros.

Memoria

La memoria es el proceso de codificación y almacenamiento de la información y de acceso a esta.

La memoria es una de las funciones de orden superior del cerebro. La codificación es el proceso de convertir información en una forma en la que puede ser almacenada por el cerebro. La memoria a corto plazo dura aproximadamente un minuto y puede o no dar lugar a una memoria a largo plazo, que puede retenerse por períodos de tiempo indefinidos. El acceso a esta información consiste en recordarla para poder usarla activamente en los procesos de pensamiento del cerebro.

Diferentes partes del cerebro desempeñan funciones en la codificación y almacenamiento de la información y el acceso a esta. La importancia del hipocampo fue demostrada sorprendentemente en 1953, cuando a un paciente llamado Henry Molaison se le extirparon la amígdala y una parte del hipocampo de ambos hemisferios cerebrales en un intento experimental de curar la epilepsia. Inmediatamente, el paciente fue incapaz de formar nuevas memorias a menos que fuesen procesales y también vio perjudicada su capacidad de acceder a las memorias formadas durante los once años previos a la cirugía. Investigaciones recientes sobre la función del hipocampo han demostrado que las experiencias hacen que se forme una gran cantidad de nuevas sinapsis, que luego se pierden gradualmente para refinar la memoria de la experiencia y poder recordarla cuando es relevante y no en otras ocasiones.

A.5 Neurofarmacología (TANS)

Comprensión

→ Algunos neurotransmisores excitan los impulsos nerviosos en las neuronas postsinápticas, en tanto que otros los inhiben.

→ Los impulsos nerviosos se inician o se inhiben en las neuronas postsinápticas como resultado de la suma de todos los neurotransmisores excitadores e inhibidores recibidos de las neuronas presinápticas.

→ Muchos neurotransmisores de acción lenta diferentes modulan la transmisión sináptica rápida en el cerebro.

→ La memoria y el aprendizaje implican cambios en las neuronas causados por neurotransmisores de acción lenta.

→ Las drogas psicoactivas afectan al cerebro, ya sea aumentando o reduciendo la transmisión postsináptica.

→ Los anestésicos actúan interfiriendo la transmisión neuronal entre las áreas de percepción sensorial y el sistema nervioso central (SNC).

→ Las drogas estimulantes imitan la estimulación proporcionada por el sistema nervioso simpático.

→ La adicción puede estar influenciada por la predisposición genética, el entorno social y la secreción de dopamina.

Aplicaciones

→ Efectos sobre el sistema nervioso de dos estimulantes y dos sedantes.

→ Efecto de los anestésicos sobre el estado de conciencia.

→ Las endorfinas pueden actuar como analgésicos.

Habilidades

→ Evaluación de los datos que muestran el efecto de la MDMA (éxtasis) sobre el metabolismo de la serotonina y de la dopamina en el cerebro.

Naturaleza de la ciencia

→ Evaluación de riesgos asociados a la investigación científica: los defensores de los pacientes a menudo serán partidarios de acelerar los procesos de aprobación del uso de fármacos, lo que implica el fomento de una mayor tolerancia ante los riesgos.

Neurotransmisores excitadores e inhibidores

Algunos neurotransmisores excitan los impulsos nerviosos en las neuronas postsinápticas, en tanto que otros los inhiben.

Los principios básicos de la transmisión sináptica se describieron en el subtema 6.5: cuando se despolarizan las neuronas presinápticas, estas liberan un neurotransmisor en la sinapsis. La unión del neurotransmisor a receptores en la membrana de la neurona postsináptica hace que esta se despolarice. Los neurotransmisores excitadores estimulan la neurona postsináptica durante períodos que van desde unos pocos milisegundos a varios segundos, produciendo una despolarización que puede ser suficiente para desencadenar potenciales de acción.

Algunos neurotransmisores tienen un efecto diferente: inhiben la formación de potenciales de acción en la neurona postsináptica porque, cuando el neurotransmisor se une a la membrana postsináptica, el potencial de la membrana se vuelve más negativo. Esta hiperpolarización hace más difícil alcanzar el potencial umbral de la neurona postsináptica, por lo que se inhiben los impulsos nerviosos. Los neurotransmisores inhibidores son pequeñas moléculas que son desactivadas por enzimas específicas en la membrana de la neurona postsináptica.

Sumación

Los impulsos nerviosos se inician o se inhiben en las neuronas postsinápticas como resultado de la suma de todos los neurotransmisores excitadores e inhibidores recibidos de las neuronas presinápticas.

Más de una neurona presináptica puede formar sinapsis con la misma neurona postsináptica, especialmente en el cerebro, donde hay cientos o incluso miles de neuronas presinápticas. Generalmente la liberación de un solo neurotransmisor excitador por una neurona presináptica no es suficiente para desencadenar un potencial de acción. Es necesario que una neurona presináptica libere el neurotransmisor repetidamente, o bien que varias neuronas presinápticas adyacentes liberen neurotransmisores más o menos al mismo tiempo. El efecto acumulativo de la liberación de múltiples neurotransmisores excitadores se llama sumación.

Algunas neuronas presinápticas liberan un neurotransmisor inhibidor en lugar de un neurotransmisor excitador. La sumación implica combinar los efectos de los neurotransmisores excitadores e inhibidores. La formación o no de potenciales de acción en una neurona postsináptica depende del equilibrio entre los efectos de las sinapsis que liberan los neurotransmisores excitadores e inhibidores y, por tanto, de si se alcanza el potencial umbral. Esta integración de las señales emitidas por muchas fuentes diferentes constituye la base de los procesos de toma de decisiones en el sistema nervioso central.

Neurotransmisores de acción lenta y rápida

Muchos neurotransmisores de acción lenta diferentes modulan la transmisión sináptica rápida en el cerebro.

Todos los neurotransmisores descritos hasta el momento son de acción rápida, porque el neurotransmisor cruza el espacio sináptico y se une a receptores en menos de un milisegundo después de que la membrana presináptica alcance un potencial de acción. Los receptores son canales iónicos que se abren o se cierran en respuesta a la unión del neurotransmisor, causando un cambio casi inmediato pero muy breve en el potencial de la membrana postsináptica.

Otra clase de neurotransmisores son los neurotransmisores de acción lenta o neuromoduladores, que tardan cientos de milisegundos en causar efectos en las neuronas postsinápticas. En lugar de afectar a

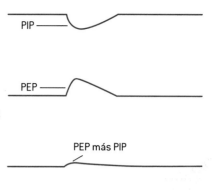
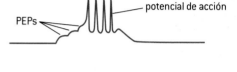
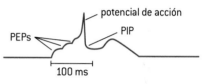

▲ Figura 1 Potenciales excitadores postsinápticos (PEP), potenciales inhibidores postsinápticos (PIP)

una sola neurona postsináptica, pueden difundirse a través del líquido circundante y afectar a grupos de neuronas. La noradrenalina, la dopamina y la serotonina son neurotransmisores de acción lenta.

Los neurotransmisores de acción lenta no afectan directamente al movimiento de iones a través de las membranas postsinápticas; en cambio, provocan la liberación de mensajeros secundarios dentro de las neuronas postsinápticas, que desencadenan secuencias de procesos intracelulares que regulan la transmisión sináptica rápida. Los neurotransmisores de acción lenta pueden modular la transmisión sináptica rápida durante períodos relativamente largos.

Memoria y aprendizaje

La memoria y el aprendizaje implican cambios en las neuronas causados por neurotransmisores de acción lenta.

Los psicólogos han estudiado el aprendizaje y la memoria durante décadas, pero solo recientemente los neurobiólogos han sido capaces de estudiar estos procesos a nivel de la sinapsis. Los neurotransmisores de acción lenta (neuromoduladores) desempeñan una función en la memoria y el aprendizaje. Cuando se unen a los receptores, causan la liberación de mensajeros secundarios dentro de las neuronas postsinápticas que pueden favorecer la transmisión sináptica por mecanismos tales como un aumento del número de receptores en la membrana postsináptica o una modificación química de estos receptores para aumentar la tasa de movimiento de iones.

Los mensajeros secundarios pueden persistir durante días y causar lo que se conoce como potenciación a largo plazo (PLP). Esta potenciación puede ser fundamental para la plasticidad sináptica que es necesaria para la memoria y el aprendizaje. Incluso la memoria a largo plazo puede deberse a una reconfiguración de las conexiones sinápticas entre las neuronas. Se ha demostrado que el aprendizaje de nuevas habilidades está vinculado a la formación de nuevas sinapsis en el hipocampo y en otras partes del cerebro.

Drogas psicoactivas

Las drogas psicoactivas afectan al cerebro, ya sea aumentando o reduciendo la transmisión postsináptica.

El cerebro tiene muchas sinapsis, quizás hasta 10^{16} en los niños. Estas sinapsis varían en su organización y utilizan una amplia variedad de neurotransmisores. Se conocen más de un centenar de neurotransmisores del cerebro diferentes. Las drogas psicoactivas afectan al cerebro y la personalidad porque alteran el funcionamiento de algunas de estas sinapsis. Algunas drogas son excitadoras porque aumentan la transmisión postsináptica y otras son inhibidoras porque la disminuyen.

Ejemplos de drogas excitadoras:

- Nicotina, derivada de la planta *Nicotiana tabacum* y presente en los cigarrillos y otras formas de tabaco.

- Cocaína, extraída de las hojas de la planta peruana *Erythroxylon coca*.

- Anfetaminas, un grupo de compuestos sintetizados artificialmente.

Endorfinas

Las endorfinas pueden actuar como analgésicos.

Los receptores del dolor en la piel y en otras partes del cuerpo detectan estímulos tales como las sustancias químicas en la picadura de una abeja, el calor excesivo o la punción de la piel con una aguja hipodérmica. Estos receptores son las terminaciones de las neuronas sensoriales que transmiten impulsos al sistema nervioso central. Cuando los impulsos llegan a las áreas sensoriales de la corteza cerebral, experimentamos una sensación de dolor. Las endorfinas son oligopéptidos segregados por la glándula pituitaria que actúan como analgésicos naturales, bloqueando la sensación de dolor. Se unen a receptores en las sinapsis de las vías neuronales utilizadas en la percepción del dolor, inhibiendo la transmisión sináptica y evitando la sensación de dolor.

Ejemplos de drogas inhibidoras:

- Benzodiacepinas, un grupo de compuestos sintetizados artificialmente (por ejemplo, Valium).

- Alcohol en forma de etanol, obtenido mediante fermentación con levaduras.

- Tetrahidrocannabinol (THC), obtenido de las hojas de la planta *Cannabis sativa*.

 Éxtasis

Evaluación de los datos que muestran el efecto de la MDMA (éxtasis) sobre el metabolismo de la serotonina y de la dopamina en el cerebro

Preguntas basadas en datos: Efectos del éxtasis en el estriado

Los gráficos de la figura 2 muestran los resultados de un experimento en el que se administró MDMA (éxtasis) a ratones y se midieron los niveles de dopamina y serotonina en el estriado de sus cerebros. Se utilizaron dos dosis de MDMA y una solución salina (no MDMA). Se usaron ratones de tipo silvestre y tres cepas de ratones en las que se habían bloqueado los genes para la fabricación del transportador de dopamina (DAT), el transportador de serotonina (SERT) o ambos transportadores (DAT/SERT). Los gráficos muestran los niveles de dopamina y serotonina en las tres horas siguientes a la administración de MDMA.

Preguntas

1 Describe las tendencias en los niveles de dopamina de los ratones de tipo silvestre en las tres horas siguientes a la administración de 10 mg de MDMA. [3]

2 Discute cómo respaldan los datos la hipótesis de que la MDMA tiene un efecto mayor sobre los niveles de serotonina que sobre los niveles de dopamina de los ratones de tipo silvestre. [3]

3 a) Distingue entre los resultados de los ratones de tipo silvestre y los ratones DAT. [2]

   b) Discute si estas diferencias son estadísticamente significativas. [2]

4 Distingue entre los resultados de los ratones DAT y los ratones SERT. [2]

5 Explica los resultados de los ratones DAT/SERT. [2]

6 Sugiere una ventaja de utilizar ratones con genes bloqueados en este experimento. [1]

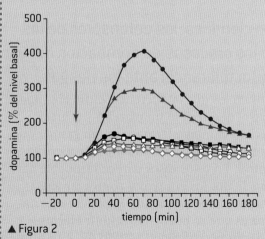

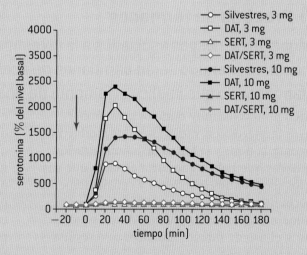

▲ Figura 2

Referencia: HAGINO *et al.* "Effects of MDMA on Extracellular Dopamine and Serotonin Levels in Mice Lacking Dopamine and/or Serotonin Transporters". *Current Neuropharmacology.* 2011. Vol. 9, n.° 1, p. 91–95.

Anestésicos

Los anestésicos actúan interfiriendo la transmisión neuronal entre las áreas de percepción sensorial y el sistema nervioso central (SNC).

Los anestésicos producen una pérdida reversible de la sensibilidad en parte o en la totalidad del cuerpo. Los anestésicos locales insensibilizan un área del cuerpo, como las encías y los dientes durante una intervención dental. Los anestésicos generales causan inconsciencia y, por tanto, una insensibilización total. Los anestésicos varían químicamente y actúan en una variedad de formas. Muchos de ellos no solo afectan a los órganos sensoriales, y pueden también inhibir las señales a las neuronas motoras y a otras partes del sistema nervioso, así que solo deben ser administrados por personal médico adecuadamente capacitado.

Anestésicos y estado de conciencia

Efecto de los anestésicos sobre el estado de conciencia

Un paciente al que se ha administrado un anestésico general normalmente no tiene conciencia de la cirugía u otras intervenciones a las que se le está sometiendo porque está totalmente inconsciente. Hay algunas intervenciones en las que no es necesario o no es deseable que el paciente esté inconsciente. Por ejemplo, durante algunas operaciones para extirpar tumores cerebrales, los pacientes se mantienen parcialmente conscientes para poder monitorizar los efectos sobre el cerebro.

Ha habido algunos casos de pacientes que conservaron cierta conciencia durante las operaciones porque no habían recibido una dosis suficientemente alta de anestesia. En estos casos, los pacientes pueden o no sentir dolor. El riesgo de conciencia es más alto en operaciones como las cesáreas de emergencia, en las que es mejor para la madre y el bebé minimizar la dosis de anestesia, aunque hoy en día en estas intervenciones casi siempre se usa un bloqueo espinal (anestesia epidural) en lugar de anestesia general para que la paciente esté despierta y su respiración sea normal. Este bloqueo impide que la sensación de dolor vaya más allá de la médula espinal.

Pruebas de fármacos

Evaluación de riesgos asociados a la investigación científica: los defensores de los pacientes a menudo serán partidarios de acelerar los procesos de aprobación del uso de fármacos, lo que implica el fomento de una mayor tolerancia ante los riesgos.

Existen protocolos muy estrictos para probar nuevos fármacos con varias fases que establecen dos cosas: la dosis y la forma de administración adecuadas que hacen que surta efecto y que sus efectos secundarios sean leves y suficientemente infrecuentes como para que el fármaco se considere seguro. Estas pruebas duran muchos años, y el uso de nuevos fármacos solo resulta aprobado una vez que se han realizado rigurosamente todas las pruebas. Ha habido ensayos en los que la diferencia entre el grupo de control que recibió un placebo y el grupo que recibió el nuevo fármaco es tan grande que no parece ético negar el tratamiento al grupo de control. En estos casos parece razonable dar por concluidos los ensayos y comenzar a usar el fármaco inmediatamente. El peligro de esta práctica es que se pueden descubrir efectos secundarios perjudiciales cuando un gran número de pacientes ya ha recibido el nuevo fármaco.

Ha habido casos en los que grupos de pacientes han hecho campaña a favor de la aprobación de un nuevo fármaco antes de que haya sido completamente probado. Esto puede resultar aceptable si se trata de enfermedades terminales como el SIDA o ciertas enfermedades del corazón en las que el paciente puede considerar aceptable cualquier riesgo, pues sabe que morirá si no recibe tratamiento. Es improbable que sea aceptable en el caso de enfermedades no críticas si los riesgos de usar un fármaco que no ha sido completamente probado son demasiado grandes en comparación con los riesgos que comporta no tratar la enfermedad.

Drogas estimulantes

Las drogas estimulantes imitan la estimulación proporcionada por el sistema nervioso simpático.

Se consideran estimulantes las drogas que promueven la actividad del sistema nervioso. Hacen que una persona esté más alerta, llena de energía y segura de sí misma. También aumentan el ritmo cardíaco, la presión arterial y la temperatura corporal. Los efectos de las drogas estimulantes coinciden con los del sistema nervioso simpático; esto es porque, mediante una variedad de mecanismos, hacen que el cuerpo responda como si hubiera sido estimulado naturalmente por el sistema nervioso simpático.

Algunos estimulantes suaves están presentes en alimentos y bebidas, como la cafeína en el té y el café o la teobromina en el chocolate. A veces, los médicos recetan estimulantes más fuertes para tratar enfermedades como la depresión clínica y la narcolepsia. También a veces se utilizan drogas estimulantes en contra de las recomendaciones médicas. La cocaína, las anfetaminas y la nicotina en los cigarrillos son algunos ejemplos.

▲ Figura 3 Medidas de lucha contra las drogas cerca de una escuela

Ejemplos de estimulantes y sedantes

Efectos sobre el sistema nervioso de dos estimulantes y dos sedantes

El pramipexol imita la dopamina y se une a los receptores de dopamina de las membranas postsinápticas en las sinapsis dopaminérgicas. Mientras que algunos fármacos que imitan los neurotransmisores son antagonistas porque bloquean la transmisión sináptica, el pramipexol es un agonista porque tiene los mismos efectos que la dopamina cuando se une. Se usa durante las primeras etapas de la enfermedad de Parkinson para ayudar a reducir los efectos de la secreción insuficiente de dopamina que caracterizan a esta enfermedad. También se ha utilizado a veces como antidepresivo.

La cocaína también actúa en las sinapsis que utilizan la dopamina como neurotransmisor. Se une a los transportadores de la recaptación de dopamina, que son proteínas de membrana que bombean dopamina hacia la neurona presináptica. Como la cocaína bloquea estos transportadores, la dopamina se acumula en la hendidura sináptica y la neurona postsináptica queda continuamente excitada. La cocaína es, por tanto, una droga psicoactiva excitadora que proporciona sensaciones de euforia que no están relacionadas con ninguna actividad en particular.

El diazepam (Valium) se une a un sitio alostérico en los receptores de ácido gamma-aminobutírico de las membranas postsinápticas. El ácido gamma-aminobutírico es un neurotransmisor inhibidor y, cuando se une a su receptor, se abre un canal de cloruro, causando la hiperpolarización de la neurona postsináptica debido a la entrada de iones de cloruro. Cuando el diazepam se une al receptor, los iones de cloruro entran a una tasa más elevada, inhibiendo los impulsos nerviosos en la neurona postsináptica. El diazepam es, por tanto, un sedante. Puede reducir la ansiedad, los ataques de pánico y el insomnio, y a veces también se utiliza como relajante muscular.

El tetrahidrocannabinol (THC), presente en el cannabis, se une a los receptores de canabinoides de las membranas presinápticas. Esta unión inhibe la liberación de neurotransmisores que excitan las neuronas postsinápticas. Por lo tanto, el THC es una droga psicoactiva inhibitoria y sedante. Los receptores de canabinoides se encuentran en sinapsis de varias partes del cerebro, incluidos el cerebelo, el hipocampo y los hemisferios cerebrales. Los principales efectos del THC son trastornos del comportamiento psicomotor, deterioro de la memoria a corto plazo, intoxicación y estimulación del apetito.

Adicción a las drogas

La adicción puede estar influenciada por la predisposición genética, el entorno social y la secreción de dopamina.

La American Psychiatric Association ha definido la adicción como "un trastorno crónico recurrente que se caracteriza por tres elementos principales: (a) la necesidad compulsiva de buscar y consumir la droga, (b) la pérdida de control para limitar el consumo y (c) un estado emocional negativo cuando no se puede acceder a la droga". Solo ciertas drogas causan adicción y suele ser necesario consumirlas repetidamente durante un período de tiempo prolongado. Con algunas drogas, la adicción puede desarrollarse más rápidamente. Las causas de la adicción no son simples y es necesario considerar tres aspectos:

▲ Figura 4 El alcohol es una droga adictiva, pero es legal en muchos países.

1   Algunas personas parecen ser mucho más vulnerables a la adicción que otras a causa de sus genes; esto se conoce como predisposición genética. Un ejemplo es el gen DRD2, que codifica la proteína receptora de dopamina. Existen múltiples alelos de este gen y un estudio reciente demostró que las personas con una o varias copias del alelo A1 consumen menos alcohol que las personas homocigóticas para el alelo A2.

2   La adicción es más frecuente en algunas partes de la sociedad que en otras porque el entorno social influye en gran medida en las probabilidades de consumir drogas y hacerse adicto. La presión social, la pobreza y las carencias sociales, las experiencias traumáticas y los problemas de salud mental contribuyen al consumo de drogas. Las tradiciones culturales son muy importantes y ayudan a explicar por qué distintas partes del mundo tienen problemas con distintas drogas.

3   Muchas drogas adictivas, incluidos los opiáceos, la cocaína, la nicotina y el alcohol, afectan a las sinapsis que segregan dopamina. La secreción de dopamina está asociada con sensaciones de placer y bienestar. Las drogas adictivas causan altos niveles de dopamina en el cerebro durante períodos prolongados, algo tan atractivo para el consumidor de drogas que le resulta muy difícil abstenerse.

A.6 Etología (TANS)

Comprensión

→ La etología es el estudio del comportamiento animal en condiciones naturales.

→ La selección natural puede modificar la frecuencia del comportamiento animal observado.

→ El comportamiento que aumenta las probabilidades de supervivencia y reproducción llegará a prevalecer más en una población.

→ El comportamiento aprendido puede propagarse en una población o perderse en esta más rápidamente que el comportamiento innato.

Naturaleza de la ciencia

→ Comprobación de una hipótesis: se han llevado a cabo experimentos para comprobar las hipótesis sobre el comportamiento migratorio de las currucas.

Aplicaciones

→ Comportamiento migratorio de las currucas como un ejemplo de la base genética del comportamiento y su modificación por selección natural.

→ Compartición de sangre entre murciélagos vampiros como un ejemplo de desarrollo de comportamiento altruista por selección natural.

→ Comportamiento de búsqueda de alimento en cangrejos del litoral como ejemplo de una mayor probabilidad de supervivencia por una elección óptima de la presa.

→ Estrategias de reproducción de las poblaciones de salmones plateados, como ejemplo de comportamiento que afecta a las probabilidades de supervivencia y reproducción.

→ Cortejo en aves del paraíso como ejemplo de selección de pareja.

→ Sincronización del estro en leonas en una manada como ejemplo de comportamiento innato que aumenta las probabilidades de supervivencia y reproducción de la descendencia.

→ Alimentación de herrerillos a base de la nata de leche embotellada como ejemplo de desarrollo y pérdida del comportamiento aprendido.

Etología

La etología es el estudio del comportamiento animal en condiciones naturales.

El comportamiento de los animales está adaptado a su hábitat natural. Si los sacamos de su hábitat y los colocamos en un zoológico o en un laboratorio, es posible que los animales no se comporten normalmente porque no reciben los mismos estímulos que en su hábitat natural. Por esta razón, siempre que sea posible, es mejor investigar sobre el comportamiento animal en sus hábitats naturales en lugar de un entorno artificial. El estudio de las acciones y los hábitos de los animales en su entorno natural se llama etología.

La selección natural y el comportamiento animal

La selección natural puede modificar la frecuencia del comportamiento animal observado.

La selección natural es un tema recurrente en toda la biología moderna, incluida la etología. Adapta las especies a todos los aspectos de su entorno. Todas las características de los animales son objeto de adaptación, desde la estructura de una sola molécula como la hemoglobina hasta los patrones de comportamiento de una especie.

En algunos casos se han observado cambios rápidos en el comportamiento de los animales. Los pinzones mexicanos (*Carpodacus mexicanus*) son un ejemplo. En California, la población autóctona es sedentaria: los pinzones permanecen en la misma zona durante todo el año. En la década de 1940, se soltó ilegalmente un pequeño número de pinzones en Nueva York y estos se difundieron por el este de Estados Unidos. Veinte años después se observó que tenían un comportamiento migratorio cuya frecuencia superaba el 50% de la población, probablemente como resultado de la selección natural.

El mecanismo de selección natural

El comportamiento que aumenta las probabilidades de supervivencia y reproducción llegará a prevalecer más en una población.

La selección natural funciona igual para el comportamiento animal que para otras características biológicas. Los individuos con las acciones y respuestas mejor adaptadas al entorno tienen más probabilidades de sobrevivir y producir descendencia. Si el comportamiento está determinado genéticamente, en lugar de ser aprendido, puede ser heredado por la descendencia.

La temporada de cría del carbonero común (*Parus major*) ilustra cómo el comportamiento evoluciona por selección natural, a menudo como respuesta a cambios ambientales. Esta ave vive en bosques y alimenta a sus crías con orugas y otros insectos. La disponibilidad de este alimento es mayor en primavera, poco después de crecer las nuevas hojas de los árboles. Debido al calentamiento global, la época de mayor disponibilidad del alimento se ha adelantado. El momento del anidamiento y la puesta de huevos varía en la población, pero dentro de unos límites estrechos. Los investigadores han demostrado que las aves que ponen sus huevos unos días antes que la media tienen más éxito en la cría de su descendencia. Según la selección natural, la fecha media de la puesta de huevos debería evolucionar para adelantarse y los investigadores constataron que esta predicción se cumplía.

Estrategias de reproducción del salmón

Estrategias de reproducción de las poblaciones de salmones plateados, como ejemplo de comportamiento que afecta a las probabilidades de supervivencia y reproducción

El salmón plateado (*Oncorhynchus kisutch*) se reproduce en los ríos que desembocan en el océano Pacífico Norte, incluidos los de la costa oeste de América del Norte. Los adultos mueren después de reproducirse y los jóvenes viven durante un año en el río y luego migran al océano, donde permanecen varios años antes de regresar a las aguas dulces donde nacieron para desovar y procrear. Entre los machos hay dos estrategias reproductivas: los de tamaño más grande luchan entre sí para acceder a las hembras que están desovando y el vencedor libera sus espermatozoides sobre los huevos para fertilizarlos; los de tamaño más pequeño generalmente evitan las peleas y, en su lugar, se aproximan furtivamente a las hembras e intentan liberar sus espermatozoides sobre sus huevos antes de que los descubran.

Las observaciones de salmones individuales, normalmente identificados con una etiqueta, han demostrado que la estrategia reproductiva del salmón plateado depende de su maduración: los machos que maduran rápidamente son capaces de regresar para reproducirse dos años después de nacer y, por tanto, son de tamaño más pequeño; los machos que maduran más despacio permanecen un año más en el océano y por eso son significativamente más grandes. Los más pequeños son más propensos a reproducirse acercándose furtivamente a las hembras que luchando con los salmones más grandes. Por su parte, los salmones más grandes es improbable que consigan aproximarse sigilosamente a una hembra sin ser descubiertos, así que deben luchar contra otros salmones grandes y esquivar a los pequeños si quieren tener éxito en la reproducción.

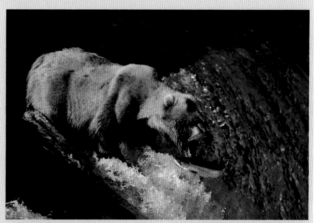

▲ Figura 1 Oso pardo capturando salmones que nadan río arriba para reproducirse

Sincronización del estro

Sincronización del estro en leonas en una manada como ejemplo de comportamiento innato que aumenta las probabilidades de supervivencia y reproducción de la descendencia

Las leonas permanecen en la manada en que nacieron, mientras que los leones machos son expulsados cuando cumplen tres años aproximadamente. Los machos solo pueden procrear si, una vez alcanzada la edad adulta, superan en una lucha al macho dominante de otra manada. Dos o tres años después de haber asumido el dominio de una manada de hembras, el macho procreador será probablemente reemplazado por un rival más joven. Cuando un nuevo macho dominante se apodera de una manada, puede matar a todos los cachorros lactantes porque así las hembras entran en celo (estro) más rápidamente, pudiendo entonces el macho aparearse con ellas para tener sus propios cachorros. Las leonas protegen a sus cachorros de los machos merodeadores, lo que a veces da lugar a luchas feroces, pero una vez que un macho se hace con el dominio de la manada lo aceptan como pareja sexual. A veces dos o más machos jóvenes estrechamente emparentados luchan juntos por la dominación de otro grupo. Esto aumenta sus probabilidades de éxito, especialmente si luchan contra un solo macho dominante.

Las hembras solo pueden procrear cuando entran en celo. Todas las hembras de una manada tienden a entrar en celo al mismo tiempo. Este comportamiento tiene varias ventajas: todas las hembras tienen sus crías y producen leche a la vez, así que pueden amamantar a los cachorros de otras hembras mientras estas están cazando, lo que aumenta las probabilidades de supervivencia

de los cachorros. Además, un grupo de machos de la misma edad abandona la manada al mismo tiempo, pudiendo así competir por el dominio de otra manada más eficazmente.

▲ Figura 2 Leones en una manada

Migración de la curruca

Comportamiento migratorio de las currucas como un ejemplo de la base genética del comportamiento y su modificación por selección natural

La curruca (*Sylvia atricapilla*) se reproduce durante el verano del hemisferio norte. Hasta hace relativamente poco, casi todas las poblaciones de currucas que se criaban en Europa Central, incluida Alemania, emigraban a España y Portugal para pasar el invierno, donde el clima es más cálido y la disponibilidad de alimentos es mayor. Durante la segunda mitad del siglo XX, se observó que algunas currucas emigraban de Alemania a Gran Bretaña e Irlanda. El número de currucas que invernan en Gran Bretaña aumentó rápidamente a más del 10%.

Hay varias razones posibles para este cambio de comportamiento migratorio. El calentamiento global ha hecho más cálidos los inviernos en Gran Bretaña, por lo que las currucas ya no necesitan recorrer el largo camino hasta España. Muchas personas en Gran Bretaña alimentan a las aves silvestres en invierno, lo que puede facilitar la supervivencia invernal de la curruca más que en España. En invierno, la duración del día más corto en Gran Bretaña es menor que en España, lo que puede dar lugar a una migración adelantada a las zonas de reproducción. Las currucas que llegan antes ocupan los mejores territorios: otra ventaja para invernar en Gran Bretaña.

Experimentos con currucas migratorias

Comprobación de una hipótesis: se han llevado a cabo experimentos para comprobar las hipótesis sobre el comportamiento migratorio de las currucas.

En la etología, como en otras ramas de la ciencia, es esencial comprobar las hipótesis y obtener pruebas para respaldarlas o demostrar que son falsas. La capacidad de adaptación de los patrones de comportamiento a veces se ha dado por

sentada sin contar con pruebas. Por muy obvia que parezca una hipótesis sobre la evolución de un patrón de comportamiento, no deja de ser una hipótesis hasta que sea probada.

La hipótesis acerca de los cambios evolutivos en la migración de la curruca ha sido rigurosamente comprobada. Por ejemplo, se ha comprobado la hipótesis de que la dirección de la migración está determinada genéticamente. Se recolectaron en Alemania huevos de currucas que habían emigrado a Gran Bretaña el invierno anterior y de currucas que habían emigrado a España. Las crías crecieron sin sus padres para que no pudiesen aprender de ellos y después, cuando migraron, se estudió la dirección que tomaban. Las currucas cuyos padres habían emigrado a Gran Bretaña tendían a volar hacia el oeste, independientemente de dónde se criaron, mientras que las currucas cuyos padres habían emigrado a España tendían a volar hacia el suroeste. Por tanto, respondían a los estímulos migratorios de la misma manera que sus padres, lo que indica que la dirección de la migración está determinada genéticamente y, en consecuencia, puede ser objeto de cambios evolutivos a largo plazo por selección natural.

▲ Figura 3 Migración de las currucas

🌐 Murciélagos vampiros

Compartición de sangre entre murciélagos vampiros como un ejemplo de desarrollo de comportamiento altruista por selección natural

Las hembras de murciélagos vampiros (*Desmodus rotundus*) viven en colonias de 8 a 12 individuos que comparten el mismo dormidero durante varios años. Su dieta consiste en unos 25 ml de sangre de vertebrados, generalmente mamíferos, cada noche. Si un murciélago no consigue alimentarse durante dos o tres noches consecutivas, corre el riesgo de morir de hambre. Sin embargo, esto rara vez ocurre porque, cuando los murciélagos vuelven al dormidero al final de la noche, los que han conseguido alimento regurgitan sangre para aquellos que no se han alimentado.

Este patrón de comportamiento es un raro ejemplo de altruismo que cumple dos requisitos necesarios:

- En un grupo puede haber hermanas o madres e hijas, pero las pruebas han demostrado que también hay hembras sin ningún parentesco que comparten la sangre; por tanto, la compartición de sangre no está determinada por el parentesco.

- Compartir sangre con un murciélago que no se ha alimentado representa un costo energético para el donante, porque pierde parte de su dieta diaria; por tanto, el intercambio de sangre no es solo cooperación: es verdadero altruismo.

▲ Figura 4 Los murciélagos vampiros muestran altruismo recíproco al compartir sangre.

La evolución del altruismo es un enigma interesante: no cabría esperar que la selección natural favorezca la evolución de un comportamiento que representa un costo energético, porque reduce las probabilidades de supervivencia, reproducción y transferencia de los genes del animal altruista. La compartición de sangre es un ejemplo de altruismo recíproco: el murciélago A obtiene un beneficio al donar sangre al murciélago B porque este sobrevive y así puede compartir sangre en el futuro si el murciélago A no consigue alimentarse. Solo ocurre en grupos estables de hembras que comparten dormidero con regularidad, y la selección natural lo favorece porque mejora las probabilidades de supervivencia y reproducción de todos los miembros del grupo.

Búsqueda de alimento en cangrejos del litoral

Comportamiento de búsqueda de alimento en cangrejos del litoral como ejemplo de una mayor probabilidad de supervivencia por una elección óptima de la presa

Los animales deben decidir qué tipo de presa buscar y cómo encontrarla. Los estudios han demostrado que tienden a elegir las presas que les aportan la mayor cantidad de energía. Por ejemplo, el cangrejo del litoral (*Carcinus moenas*) prefiere comer mejillones de tamaño intermedio cuando tiene a su disposición mejillones de distintos tamaños en cantidades iguales, como muestra el gráfico de barras de la figura 5. El gráfico muestra que los mejillones de tamaño intermedio son los que más energía aportan por cada segundo empleado en abrir las cáscaras.

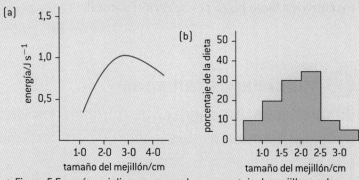

▲ Figura 5 Energía en julios por segundo y porcentaje de mejillones de distintos tamaños en la dieta

Cortejo en aves del paraíso

Cortejo en aves del paraíso como ejemplo de selección de pareja

Algunos animales tienen características anatómicas que nos pueden parecer excesivas, como las plumas de la cola del pavo real. Otros animales tienen patrones de comportamiento que nos pueden parecer extraños. El plumaje y las danzas de cortejo de los machos de aves del paraíso son ejemplos de ambos tipos de características exageradas. Hay unas cuarenta especies de aves del paraíso en Nueva Guinea y otras islas cercanas. Los machos tienen un plumaje muy vistoso con colores vivos y plumas alargadas o muy elaboradas en la cola que no sirven para volar. Las plumas de las hembras, que construyen el nido, incuban los huevos y se ocupan de las crías, son relativamente simples.

Los machos de muchas especies de aves del paraíso tienen una danza de cortejo complicada y llamativa que usan para atraer a las hembras. En algunas especies, todos los machos se reúnen en áreas de cortejo colectivo donde también acuden las hembras para elegir pareja. El color del plumaje y las danzas de cortejo de las aves ayudan a impedir la hibridación interespecífica, pues permiten a las hembras determinar si un macho pertenece a su especie. No obstante, esto podría lograrse de otras formas mucho más sutiles que las utilizadas por las aves del paraíso y los biólogos han especulado mucho sobre el motivo de los rasgos exagerados.

Darwin los explicaba en términos de selección de pareja: las hembras prefieren aparearse con machos que tienen rasgos exagerados. La razón puede ser que estos rasgos son indicativos de la condición física en general. Si un ave del paraíso tiene energía suficiente para producir y mantener un plumaje elaborado con el que realizar una danza de cortejo muy vigorosa repetidamente, esto indica que el macho debe estar bien alimentado. Si puede sobrevivir en la selva tropical a pesar de las plumas de su cola y su plumaje colorido que lo hace visible a los depredadores, probablemente tendrá otros aspectos bien adaptados y, por tanto, será una buena pareja. Durante generaciones, las hembras que seleccionaron machos con plumajes más vistosos y danzas de cortejo más espectaculares han producido descendencia con mejor condición física. Por tanto, la selección natural ha dado como resultado la exageración de estos rasgos.

En el subtema 4.1 puede verse un ejemplo de un macho de ave del paraíso.

Cambios en el comportamiento innato y aprendido

El comportamiento aprendido puede propagarse en una población o perderse en esta más rápidamente que el comportamiento innato.

Algunos patrones de comportamiento, como el reflejo de retirada, son totalmente innatos porque están programados en los genes de un animal. Pueden darse inmediatamente en un individuo sin ningún período de aprendizaje. Sin embargo, solo pueden modificarse por selección natural en un proceso relativamente lento: debe haber variación en los alelos que afectan al comportamiento y deben cambiar las frecuencias alélicas de la población debido a que un patrón de comportamiento aumenta las probabilidades de supervivencia y reproducción en comparación con los otros patrones de comportamiento.

Otros patrones de comportamiento son parcial o totalmente aprendidos. Aunque estos tardan más en desarrollarse en un individuo, no comportan cambios en la frecuencia alélica y pueden propagarse de forma relativamente rápida en una población al aprender unos individuos de otros. Los chimpancés han aprendido a utilizar numerosas herramientas, que varían considerablemente entre distintos grupos de chimpancés. Si un individuo descubre un nuevo uso de un objeto como herramienta, otros lo pueden aprender rápidamente. Sin embargo, los comportamientos aprendidos también pueden desaparecer de una población rápidamente. Un ejemplo de ello es la alimentación del herrerillo a base de la nata de leche embotellada (figura 6).

Teoría del Conocimiento

¿Por qué los científicos a veces desconfían de las pruebas que se basan en observaciones realizadas por no profesionales en lugar de en datos numéricos obtenidos en experimentos controlados?

En 1952 se publicó un artículo en la revista *Nature* con respecto a las observaciones de los cambios en el comportamiento de los herrerillos y las botellas de leche:

"Aunque todavía no se ha realizado ningún análisis experimental del comportamiento por el que abren las botellas de leche, nuevas observaciones de campo permiten avanzar en la discusión".

Los herrerillos y la nata de la leche

Alimentación de herrerillos a base de la nata de leche embotellada como ejemplo de desarrollo y pérdida del comportamiento aprendido

Las primeras observaciones de herrerillos (*Cyanistes caeruleus*) picoteando los tapones de aluminio de botellas de leche en las puertas de las casas para beber la nata tuvieron lugar en la década de 1920 en Southampton (Reino Unido). Poco después, este comportamiento se observó también a 150 kilómetros de distancia, mucho más lejos de lo que vuelan normalmente los herrerillos. Los aficionados a las aves observaron la rápida propagación de este comportamiento, tanto en herrerillos como en carboneros comunes, hasta los Países Bajos, Suecia y Dinamarca.

La ocupación alemana de Holanda durante la Segunda Guerra Mundial provocó la suspensión de las entregas de leche a domicilio durante ocho años, cinco años más que la vida máxima de un herrerillo. Sin embargo, pocos meses después de reanudarse las entregas, los herrerillos de todo el país volvieron a picotear los tapones de las botellas. La rápida propagación de este patrón de comportamiento muestra que debe ser aprendido, en lugar de innato.

En algunos artículos periodísticos se informó recientemente de que los herrerillos habían dejado de alimentarse de la nata de leche embotellada.

Actualmente se entrega mucha menos leche a domicilio porque la leche es más barata en los supermercados. Asimismo, cada vez se consume más leche desnatada, sin nata en la parte superior. Esto puede explicar por qué recientemente no se ha visto a los herrerillos picotear los tapones de las botellas.

▲ Figura 6 Herrerillo picoteando a través del tapón de una botella de leche

Preguntas

1 Cuando las aves corren peligro de ser atacadas por los depredadores, a veces duermen con un ojo abierto y otro cerrado. Los neurobiólogos investigaron este patrón de comportamiento en ánades reales (*Anas platyrhynchos*). Se grabaron en video grupos de cuatro ánades durmiendo en fila. Los ánades en los extremos de la fila eran más vulnerables a los ataques de los depredadores y mantenían un ojo abierto 150% más tiempo que los dos ánades del centro de la fila.

Se utilizaron electroencefalogramas (EEG) para supervisar el estado del cerebro de las aves de los extremos de la fila. En ambos hemisferios cerebrales, se observó una parte del cerebro que indica si el ave está dormida o despierta. Se obtuvieron EEG cuando las aves dormían con ambos ojos cerrados, cuando tenían ambos ojos abiertos y también cuando tenían un ojo abierto. El siguiente gráfico de barras muestra los resultados como un porcentaje de la actividad de la parte cerebral cuando las aves dormían con los ojos cerrados.

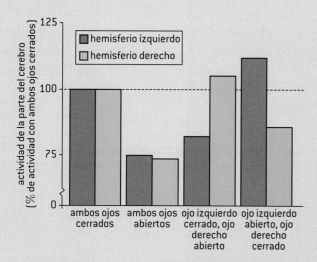

Fuente: RATTENBORG *et al. Nature*. 1999. 397, p. 397–398.

a) Indica el efecto de tener ambos ojos abiertos en la actividad de la parte del cerebro que se supervisó. [1]

b) (i) Basándote en los datos del gráfico, deduce el efecto en los dos hemisferios cerebrales de tener abierto solo el ojo derecho. [2]

(ii) Determina qué hemisferio está más despierto cuando está abierto el ojo derecho. [1]

(iii) Basándote en los datos del gráfico, deduce cómo están conectados los hemisferios derecho e izquierdo y los ojos derecho e izquierdo. [1]

c) Sugiere **dos** ventajas para las aves de mantener un ojo abierto mientras duermen. [2]

2 La enfermedad de Alzheimer (EA) se caracteriza por una demencia (deterioro mental y emocional) progresiva en las personas afectadas.

Las pruebas obtenidas en análisis *post mortem* de los cerebros de pacientes afectados han revelado dos anormalidades: las personas afectadas muestran un cambio en la concentración del factor de crecimiento nervioso en la corteza del cerebro; y los cerebros de los pacientes afectados presentan placas (acumulaciones de material insoluble en las células y alrededor de estas).

Se realizó un estudio para medir las concentraciones del factor de crecimiento nervioso *post mortem* en dos partes de la corteza: la corteza temporal y la corteza frontal. Se compararon tres grupos de personas:

• Pacientes con EA

• Pacientes con pre-EA, con placas pero sin demencia

• Grupo de control sin placas ni demencia

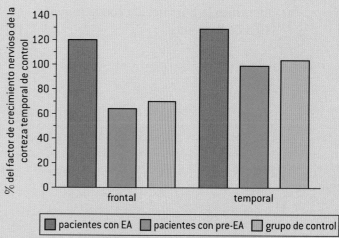

Fuente: HELLWEG, R. *et al. International Journal of Development Neuroscience*. 1999. Vol. 16, (7/8), p. 787–794.

a) Compara los datos de las dos partes de la corteza. [3]

b) Calcula el aumento en porcentaje del factor de crecimiento nervioso de la corteza frontal de pacientes con EA y del grupo de control. [1]

c) Sugiere qué pasa con la cantidad de factor de crecimiento nervioso de la corteza a medida que progresa la enfermedad. [2]

3 Muchas especies animales utilizan llamadas de largo alcance para expresar su uso del espacio y sus relaciones con los miembros de su propia especie y de otras. La mayoría de las llamadas del elefante africano (*Loxodonta africana*) están por debajo del umbral de audición humana. El área en la que los elefantes pueden detectar las llamadas se conoce como área de llamada. En un día cualquiera, el área de llamada se expande y se contrae. Los diagramas de la derecha muestran el área de llamada (línea continua) de los elefantes del Parque Nacional de Etosha en diferentes momentos del día. La posición de los elefantes que efectúan la llamada es el centro del diagrama. Los anillos circulares representan la distancia (en km). La dirección y la velocidad del viento (en m s⁻¹) se representan con una flecha. La ausencia de flechas en el diagrama indica que no había viento.

a) Identifica la hora del día con la mayor área de llamada. [1]

b) Identifica la velocidad del viento a las 8:00 h. [1]

c) Compara el área de llamada a las 17:00 h y a las 18:00 h. [2]

d) Discute la relación entre el viento y el área de llamada. [3]

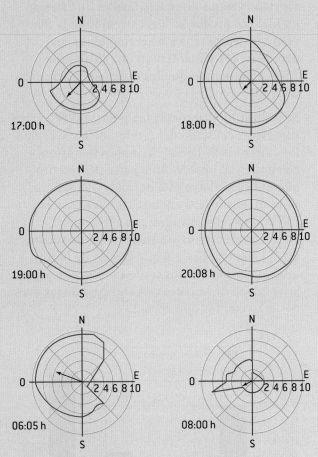

Fuente: LAROM, D. *et al. Journal of Experimental Biology.* 1997. 200, p. 421–431. Reproducido con permiso de The Company of Biologists Ltd.

C ECOLOGÍA Y CONSERVACIÓN

Introducción

La ecología es la investigación de las relaciones entre los organismos y su ambiente natural. Constituye la base de las medidas de conservación destinadas a garantizar la supervivencia de la mayor biodiversidad posible en la Tierra. La estructura de la comunidad es una propiedad emergente de un ecosistema.

Los cambios en la estructura de la comunidad afectan a los organismos y se ven afectados por ellos. Las actividades humanas tienen un impacto sobre el funcionamiento de los ecosistemas. Por esta razón, se deben conservar comunidades enteras para preservar la biodiversidad.

C.1 Especies y comunidades

Comprensión

→ Los factores limitantes afectan a la distribución de las especies.

→ La estructura de la comunidad puede verse muy afectada por especies clave.

→ Cada especie desempeña una función única dentro de una comunidad, debido a la combinación única de su hábitat espacial y a las interacciones con otras especies.

→ Las interacciones entre las especies de una comunidad se pueden clasificar en base a sus efectos.

→ Dos especies no pueden sobrevivir indefinidamente en el mismo hábitat si sus nichos son idénticos.

Aplicaciones

→ Distribución de una especie animal y una especie vegetal para ilustrar los límites de tolerancia y las zonas de estrés.

→ Ejemplos locales para ilustrar la variedad de maneras mediante las cuales las especies pueden interactuar dentro de una comunidad.

→ Relación simbiótica entre *Zooxanthellae* y especies de corales formadores de arrecifes.

Naturaleza de la ciencia

→ Uso de modelos como representaciones del mundo real: los gráficos de zonas de estrés y límites de tolerancia son modelos del mundo real que tienen un valor predictivo y explican la estructura de la comunidad.

Habilidades

→ Análisis de un conjunto de datos que ilustre la distinción entre nicho fundamental y nicho realizado.

→ Uso de un transecto para correlacionar la distribución de una especie vegetal o animal con una variable abiótica.

Factores limitantes

Los factores limitantes afectan a la distribución de las especies.

Un factor limitante es un factor escaso en relación con las necesidades de un organismo.

La distribución de las plantas se ve afectada por variables abióticas: la temperatura, la disponibilidad de agua y nutrientes minerales, la intensidad de la luz, el pH y la salinidad del suelo. Cada especie vegetal tiene un rango de tolerancia para cada uno de estos factores y no existirá en áreas donde uno o varios de los factores están fuera del rango. Por ejemplo, las especies vegetales de los trópicos no están adaptadas para sobrevivir a las heladas, así que no pueden sobrevivir en regiones septentrionales. Por su parte, las plantas de estas regiones septentrionales tienen sustancias químicas en sus células que actúan como anticongelantes y evitan daños causados por la formación de cristales de hielo. Sin embargo, estas especies no están adaptadas para crecer en los trópicos, pues transpirarían en exceso y su método de fotosíntesis sería muy ineficiente a altas temperaturas.

La distribución de los animales se ve afectada por la temperatura, el agua, las zonas de reproducción, la disponibilidad de alimentos y el territorio. Se requieren adaptaciones especiales para temperaturas extremas. Por ejemplo, las grandes orejas de los elefantes son adaptaciones para facilitar la disipación de calor y les permiten vivir en ambientes cálidos. Algunos animales tienen adaptaciones para vivir en lugares áridos. Por ejemplo, los riñones de las ratas del desierto tienen las asas de Henle más largas.

Muchas especies de animales necesitan una zona de reproducción específica y solo pueden vivir en lugares donde haya disponibles estas zonas. El sapo corredor (*Epidalea calamita*) vive en zonas arenosas y brezales del norte de Europa. Las charcas en las que pone sus huevos deben tener una pendiente muy ligera y escasa vegetación en las orillas y en el agua.

Algunas especies de animales eligen y defienden territorios para la cría o la alimentación. Algunas tienen requisitos alimentarios muy específicos, como las hojas de una sola especie de planta, lo que limita su distribución.

La disponibilidad de alimentos puede afectar a la distribución animal. Las aves de regiones templadas migran debido a la disminución de alimentos durante el invierno y también para escapar del frío. Las aves tropicales migran debido a la disminución de alimentos disponibles durante la estación seca.

 Uso de transectos

Uso de un transecto para correlacionar la distribución de una especie vegetal o animal con una variable abiótica

Una muestra es aleatoria si todos los miembros de una población tienen las mismas probabilidades de ser seleccionados para la muestra. Un transecto es un método utilizado para asegurar que no exista un sesgo en la selección de una muestra y puede utilizarse para correlacionar la distribución de una especie vegetal o animal con una variable abiótica. Por ejemplo, un transecto de una pradera en un bosque podría revelar cambios de distribución relacionados con la intensidad de la luz y otras variables.

Hay varios tipos de transectos, que incluyen:

- Transectos lineales, donde se coloca una cinta a ras de suelo entre dos puntos. En una transecto lineal, el muestreo puede limitarse a describir todos los organismos que toquen la línea o se pueden tomar registros de la distancia a la que se encuentran las muestras desde la línea.

- Transectos de banda, cuando el muestreo se realiza entre dos líneas separadas por una distancia fija (por ejemplo, 0,5 o 1 m).

- Transectos puntuales, que se usan en estudios de poblaciones de aves. Los puntos son seleccionados aleatoriamente y el investigador se sitúa en ese punto y realiza observaciones en un radio determinado.

▲ Figura 1 Alumnos realizando un estudio de las plantas presentes en un área de hierba mediante la combinación de dos métodos diferentes. Están usando cuadrantes (cuadrícula) en intervalos a lo largo de un transecto lineal (línea recta). Este método a veces se conoce como transecto de banda interrumpida.

Preguntas basadas en datos: Zona intermareal

Los diagramas de rombos (figura 2) muestran la distribución de especies intermareales comunes 300 m al sur de Bembridge Likeboat Station en la Isla de Wight (Reino Unido). El grosor de la zona sombreada indica si el organismo es abundante, común, frecuente, ocasional o raro, según la escala de abundancia.

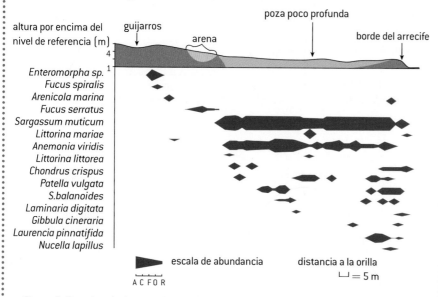

▲ Figura 2 Abundancia de especies en función de la distancia a la orilla

1 Examina el diagrama de rombos y explica los métodos utilizados para obtener los datos. [3]

2 Indica qué especie es la más abundante en el área de estudio. [1]

3 Usando la barra de escala, determina la longitud de la poza poco profunda. [2]

4 Deduce una especie adaptada a: a) guijarros b) arena c) pozas. [3]

5   Varias especies solo se encuentran junto al borde inferior de la zona intermareal. Sugiere motivos de que no se encuentren en las partes superiores de la zona intermareal.   [4]

6   Basándote en los datos del diagrama de rombos, predice dos especies que están adaptadas al mismo ambiente abiótico.   [2]

Modelos ecológicos

Uso de modelos como representaciones del mundo real: los gráficos de zonas de estrés y límites de tolerancia son modelos del mundo real que tienen un valor predictivo y explican la estructura de la comunidad.

La figura 4 es un modelo de cómo afectan los gradientes ambientales a los niveles de población de una especie. El rango de tolerancia de un factor biótico o abiótico es una característica de la especie, pero dentro de una población existe variación. Algunos miembros de la población tienen más tolerancia a condiciones extremas que otros y a veces es difícil cuantificar los límites de tolerancia y dónde empiezan las zonas de estrés. Otra limitación del modelo es que a menudo se presenta como un gráfico simétrico, pero la escasez puede tener un efecto más pronunciado que la abundancia o viceversa. Por ejemplo, a menudo existe un límite superior de tolerancia a una toxina, pero no hay un límite inferior. Consideremos el efecto de la profundidad del agua en la planta acuática espadaña (*Typha latifolia*) del estado de Michigan (Estados Unidos). Aunque puede crecer fuera del agua, parece preferir una profundidad aproximada de 20 a 60 cm. Los incrementos de profundidad causan una reducción radical en la biomasa seca de la planta (véase la figura 3).

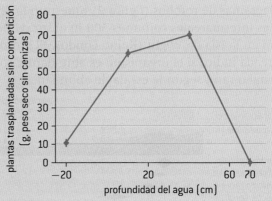

▲ Figura 3

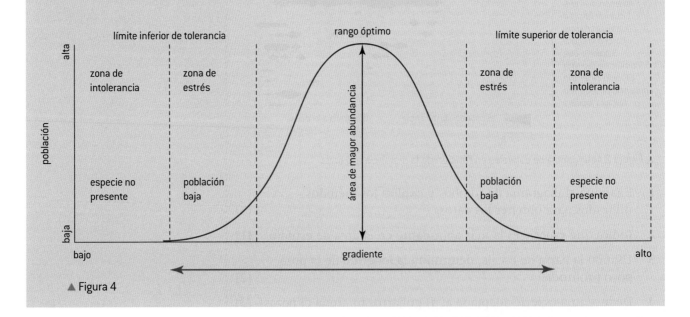

▲ Figura 4

Aplicación de un modelo ecológico

Distribución de una especie animal y una especie vegetal para ilustrar los límites de tolerancia y las zonas de estrés.

Preguntas basadas en datos

El gráfico de la figura 5 muestra la masa relativa del tallo de dos plantas en concentraciones crecientes de NaCl: *Suaeda maritima* está representada por la línea verde y *Eutrema halophilum* representada por la línea roja.

Usa el gráfico para sugerir los siguientes valores:

1 El rango óptimo de concentración de NaCl para ambas plantas. [1]

2 El valor inicial de la zona de estrés más baja. [1]

3 Explica por qué es difícil determinar los límites de tolerancia de las dos especies de plantas con los datos aportados. [3]

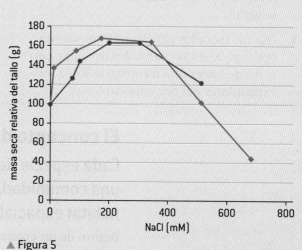

▲ Figura 5

Preguntas basadas en datos: Mantenimiento de condiciones para los peces de acuario

Los peces ornamentales de acuarios decorativos a veces se capturan en las poblaciones silvestres del Amazonas y se exportan. Un estudio halló que entre el 30% y el 70% de los peces capturados mueren antes de llegar al consumidor final. El tetra cardenal (*Paracheirodon axelrodi*) es el pez ornamental con mayor demanda de exportación. Según un estudio de caso, cuatro de cada cinco peces importados de Brasil a Estados Unidos murieron antes de llegar al consumidor final.

Es importante mantener la calidad del agua dentro de los límites de tolerancia de los peces para reducir al mínimo la mortalidad.

La tabla 1 muestra los límites letales superior e inferior de temperatura en los que no sobrevive el 50% de los peces (TL_{50}), los límites letales superior e inferior de pH (CL_{50}) y el límite letal superior de amoníaco y nitrito (CL_{50}).

	Tolerancia				
TL_{50}		CL_{50}			
Temp. inferior	Temp. superior	pH ácido	pH alcalino	Amoníaco	Nitrito
19,6 °C	33,7 °C	2,9	8,8	23,7 mg/L	1,1 mg/L

▲ Tabla 1 Temperaturas letales inferior y superior (TL_{50}) y concentraciones letales (CL_{50}) de pH ácido, pH alcalino, amoníaco y nitrito para el pez tetra cardenal (*Paracheirodon axelrodi*)

1   Dibuja aproximadamente un gráfico con la posible zona de tolerancia de temperatura del pez tetra cardenal y otro con la posible zona de tolerancia de pH.

2   Dibuja aproximadamente un gráfico con el límite superior de tolerancia de amoníaco y nitrito.

3   Usa tus modelos para sugerir los valores óptimos de estas cualidades del agua, con el fin de hacer una recomendación a los expedidores del pez tetra cardenal.

▲ Figura 6 Peces tetra cardenal (*Paracheirodon axelrodi*) en un acuario

El concepto de nicho

Cada especie desempeña una función única dentro de una comunidad, debido a la combinación única de su hábitat espacial y a las interacciones con otras especies.

Dentro de un ecosistema, cada especie desempeña una función única que se conoce como su nicho ecológico y que incluye dónde vive (su hábitat espacial), cómo obtiene su alimento y cómo interactúa con otras especies. Para que una especie pueda habitar una zona, las variables abióticas que influyen en su supervivencia deben estar dentro de su zona de tolerancia, debe poder obtener o sintetizar alimentos y también deben estar presentes las otras especies con las que necesita interactuar.

Principio de exclusión competitiva

Dos especies no pueden sobrevivir indefinidamente en el mismo hábitat si sus nichos son idénticos.

En la década de 1930, el científico ruso Carl Friedrich Gauss investigó la competencia entre dos especies de *Paramecium*: *P. caudatum* y *P. aurelia*. Gauss estimó el volumen de los paramecios para cuantificar la biomasa. Cultivadas por separado en condiciones de laboratorio ideales, ambas especies prosperaron. Cultivadas juntas, en cambio, los números de ambas especies se redujeron, pero *P. caudatum* se redujo de manera desproporcionada (figura 7).

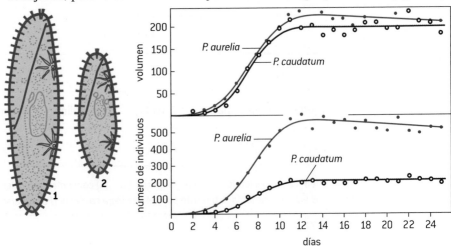

▲ Figura 7 *P. caudatum* tiene un volumen mayor que *P. Aurelia*.

El chipe castaño y el chipe coronado son aves migratorias que parecen ocupar el mismo nicho, ya que se alimentan de presas similares y se las puede ver buscando alimento juntas en el mismo árbol. La figura 8 ilustra las partes del árbol donde se ha observado que cada chipe busca alimento generalmente. Observa que ambas especies se alimentan de tal manera que evitan la competencia entre ellas.

De estas observaciones se desprende que dos especies no pueden coexistir en el mismo hábitat si sus nichos se solapan completamente. Es lo que se conoce como principio de exclusión competitiva. O una especie dará lugar a la disminución y eliminación de la otra, o uno o ambos competidores reducirán sus nichos para evitar la competencia.

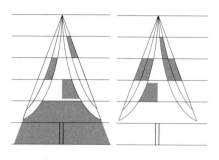

chipe coronado   chipe castaño

▲ Figura 8 El chipe coronado y el chipe castaño tienen presas similares, pero tienden a alimentarse en diferentes partes del mismo árbol para evitar la competencia.

 Nichos fundamentales y realizados

Análisis de un conjunto de datos que ilustre la distinción entre nicho fundamental y nicho realizado.

El nicho fundamental de una especie es el modo de existencia potencial, dadas las adaptaciones de la especie. Se refiere a la más amplia gama de hábitats que puede ocupar y funciones que puede desempeñar. El nicho realizado es el modo de existencia real, que resulta de la combinación de sus adaptaciones y la competencia con otras especies.

Preguntas basadas en datos: Exclusión competitiva en espadañas

La figura 10 muestra la distribución de dos especies de plantas de humedales conocidas como espadañas, *Typha latifolia* y *Typha angustifolia*, en aguas de distintas profundidades. La profundidad negativa significa que las plantas están fuera del agua. El gráfico superior muestra su distribución en situaciones donde ambas especies están presentes en un mismo hábitat natural. El gráfico inferior muestra su distribución en situaciones donde las dos especies se cultivan por separado.

1   Compara la distribución de *T. angustifolia* en presencia y en ausencia de *T. latifolia*.   [3]

2   Con respecto a estos datos, explica el concepto de nicho fundamental y nicho realizado.   [4]

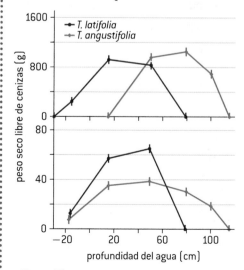

▲ Figura 10

▲ Figura 9 Chipe coronado (arriba) y chipe castaño

Preguntas basadas en datos: Desplazamiento de carácter en las hormigas

Se ha sugerido que la competencia entre especies no solo puede restringir el nicho de una especie, sino que además puede causar un cambio en algunos caracteres físicos. Esto se conoce como desplazamiento de carácter: el carácter cambia a causa de la competencia. Se ha observado un ejemplo de desplazamiento de carácter en las hormigas que comen semillas en el suroeste de Estados Unidos. El tamaño de las mandíbulas de *Veromessor pergandei* determina el tamaño de las semillas que come. Los histogramas de la figura 11 muestran el número de *V. pergandei* en cada frecuencia de tamaño de la mandíbula en distintas áreas. También se incluyen los nombres de otras hormigas comedoras de semillas presentes en cada hábitat, junto con el tamaño medio de sus mandíbulas.

1 Nombra la especie de hormiga con el menor tamaño medio de mandíbula. (1)

2 Compara la distribución de frecuencias del tamaño de las mandíbulas de *Veromessor pergandei* en las cuatro áreas. (3)

3 Sugiere cuál podría ser el nicho fundamental de *Veromessor pergandei* en lo que respecta al tamaño de las semillas que come. (2)

4 Evalúa la hipótesis de que la presencia de múltiples competidores disminuye la variación del tamaño de la mandíbula de *Veromessor pergandei*. (3)

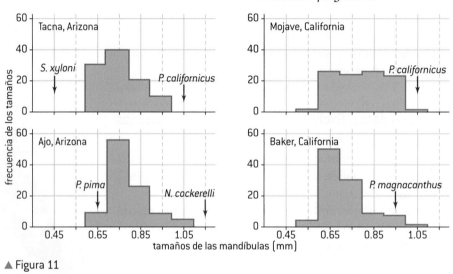

▲ Figura 11

Interacciones interespecíficas

Las interacciones entre las especies de una comunidad se pueden clasificar en base a sus efectos.

Dentro de los ecosistemas, las interacciones entre las especies son complejas. Describiremos cinco tipos de interacciones comunes. Existe competencia cuando dos especies necesitan el mismo recurso y la cantidad obtenida por una especie reduce la cantidad disponible para la otra. Los helechos y los jacintos silvestres compiten por la luz, pero los jacintos silvestres minimizan la competencia empezando a crecer antes que los helechos, que crecen más altos. En Gran Bretaña, en las regiones donde coinciden las ardillas rojas y las ardillas grises, ambas especies compiten por los alimentos; generalmente las ardillas grises obtienen tantos alimentos más que las ardillas rojas acaban desapareciendo.

Los herbívoros son consumidores primarios que se alimentan de productores. El bisonte se alimenta de hierba y las lapas se alimentan de las algas que crecen en las rocas en las zonas intermareales de las costas rocosas.

La depredación se da cuando un consumidor se alimenta de otro consumidor; por ejemplo, el chipe castaño, que inverna en Guatemala, se alimenta de insectos como las libélulas y el dingo en Nueva Gales del Sur (Australia) se alimenta del canguro rojo.

El parasitismo se da cuando un organismo se alimenta de otro, pero normalmente no lo mata. En este caso, el organismo depredador se denomina parásito y la presa se denomina huésped. El huésped sufre daños y el parásito se beneficia. En América del Norte, el carnero de las Montañas Rocosas es parasitado frecuentemente por el gusano *Prolostrongylus stilesi*. Los protistas del género *Schistosoma* usan a seres humanos como huéspedes.

En el mutualismo, dos especies viven en estrecha asociación y ambas se benefician de la asociación. Muchos mamíferos que comen hierba tienen bacterias en sus intestinos que digieren la celulosa de la hierba. Muchas plantas con flores tienen relaciones mutualistas con insectos o mamíferos polinizadores.

 ## Función de *Zooxanthellae* en los ecosistemas

Relación simbiótica entre *Zooxanthellae* y especies de corales formadores de arrecifes

La mayoría de los corales que forman arrecifes contienen algas fotosintéticas mutualistas llamadas *Zooxanthellae*. El coral proporciona al alga un ambiente protector y un sustrato que la mantiene en su lugar para que pueda realizar la fotosíntesis. *Zooxanthellae* proporciona al coral moléculas como la glucosa y aminoácidos. Esta asociación permite reciclar nutrientes que son escasos en aguas tropicales.

Zooxanthellae es responsable de la coloración única de muchos corales y hace que los arrecifes sean uno de los ecosistemas más productivos biológicamente.

 ## Ejemplos locales de interacciones interespecíficas

Ejemplos locales para ilustrar la variedad de maneras mediante las cuales las especies pueden interactuar dentro de una comunidad

A continuación se presentan ejemplos de los diferentes tipos de interacciones entre organismos de la isla de Nueva Providencia (Bahamas) y sus alrededores.

La figura 12 muestra la cuscuta, una planta enredadera no fotosintética que invade los tejidos vegetales de una plata huésped, de la que obtiene nutrientes y soporte. Es un ejemplo de parasitismo.

El coral de fuego es una especie de coral urticante. El pez halcón es inmune a los efectos de este coral y obtiene protección de este sin beneficiarlo o dañarlo. Es un ejemplo de comensalismo (figura 13).

▲ Figura 13

▲ Figura 12

La polilla *Biopsyche thoracia* (figura 14) es un importante herbívoro que consume tejidos del mangle botón.

▲ Figura 14

La relación entre las plantas con flores y los colibríes polinizadores como el colibrí de las Bahamas es una forma de mutualismo. El pájaro obtiene néctar como alimento y la planta recibe ayuda con la polinización.

▲ Figura 15 Colibrí de las Bahamas (*Calliphlox evelynae*)

En el comensalismo, un organismo se beneficia de otro que no resulta dañado ni beneficiado. Una amplia categoría de plantas llamadas epífitas crecen sobre otras plantas y las usan como soporte, pero generalmente no obtienen de ellas sus alimentos. Los ejemplos incluyen muchos tipos diferentes de musgos.

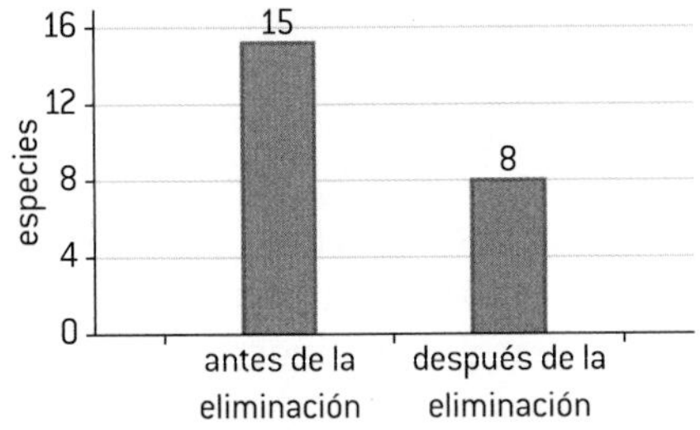

Especies clave

La estructura de la comunidad puede verse muy afectada por especies clave.

Son especies clave aquellas que tienen un efecto desproporcionado en la estructura de una comunidad ecológica. Robert Paine fue el primer científico en utilizar este término, en relación con sus estudios de la estrella de mar *Pisaster*. Eliminó artificialmente la estrella de mar de una parte de la comunidad y dejó la población intacta en otra parte.

Se produjeron los siguientes cambios como consecuencia de la eliminación:

- Inmediatamente, los restantes miembros de la red trófica en el área de estudio comenzaron a competir entre sí para ocupar el nuevo espacio y los nuevos recursos disponibles. Además, la estrella de mar es un importante depredador de las especies que posteriormente invadieron el área de estudio.

- Tres meses después de eliminar la estrella de mar, el percebe *Balanus glandula* se había convertido en la especie dominante en el área de estudio.

- Nueve meses más tarde, *Balanus glandula* había sido reemplazado por una población de otro percebe (*Mitella*) y el mejillón *Mytilus*.

- La sucesión continuó hasta que *Mytilus* se convirtió en la especie dominante. La estrella de mar es un importante depredador de *Mytilus*.

- Finalmente, la sucesión de especies acabó con las poblaciones de algas bentónicas.

- Algunas especies, como la lapa, emigraron del área de estudio debido a la falta de alimentos o espacio.

- Un año después de eliminar la estrella de mar, la diversidad de especies en el área de estudio había disminuido de 15 a 8 especies (figura 16).

Otros ejemplos de especies clave son la nutria de mar, los elefantes, el puma y el perro de las praderas.

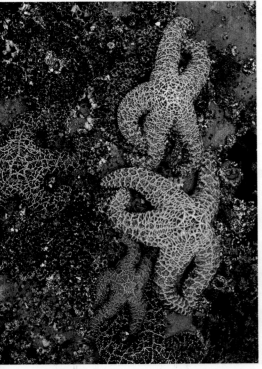

▲ Figura 16

▲ Figura 17 La estrella de mar ocre (*Pisaster ochraceus*)

C.2 Comunidades y ecosistemas

Comprensión

→ La mayoría de las especies ocupan distintos niveles tróficos en múltiples cadenas tróficas.

→ Una red trófica representa todas las posibles cadenas alimenticias existentes en una comunidad.

→ El porcentaje de la energía ingerida convertida en biomasa depende de la tasa de respiración.

→ El tipo de ecosistema estable que emergerá en un área puede predecirse en base al clima.

→ En los ecosistemas cerrados la energía, pero no la materia, se intercambia con el entorno.

→ Las perturbaciones influyen en la estructura y en la tasa de cambio dentro de los ecosistemas.

Naturaleza de la ciencia

→ Uso de modelos como representaciones del mundo real: las pirámides de energía modelizan el flujo de energía a través de los ecosistemas.

Aplicaciones

→ La relación de conversión en prácticas sustentables de producción de alimentos.

→ Consideración de un ejemplo de cómo los seres humanos interfieren en el ciclo de nutrientes.

Habilidades

→ Comparación de pirámides de energía de distintos ecosistemas.

→ Análisis de un climograma donde se represente la relación entre la temperatura y las precipitaciones con el tipo de ecosistema.

→ Elaboración de diagramas de Gersmehl donde se muestren las interrelaciones entre reservas de nutrientes y flujos entre la taiga, el desierto y la pluvisilva tropical.

→ Análisis de datos que muestren una sucesión primaria.

→ Investigación del efecto de una perturbación ambiental sobre un ecosistema.

Niveles tróficos

La mayoría de las especies ocupan distintos niveles tróficos en múltiples cadenas tróficas.

El nivel trófico de un organismo es su posición de alimentación en una cadena alimenticia. Como las relaciones de alimentación dentro de un ecosistema a menudo tienen forma de red, un organismo puede ocupar más de un nivel trófico. Por ejemplo, la dieta de un búho incluye animales que ocupan diferentes niveles tróficos.

Las egagrópilas son bolas formadas por restos de alimentos no digeridos que algunas aves carnívoras, como el búho, regurgitan. Pueden contener, entre otras cosas, exoesqueletos de insectos, huesos (incluidos cráneos), piel y uñas. El contenido de las egagrópilas puede utilizarse para obtener información acerca del búho y su comunidad sin causar molestias a las aves.

Si se identifican las especies que forman parte de la egagrópila, puede deducirse su nivel trófico. Otra posibilidad es deducir los niveles tróficos a partir de las adaptaciones. Las egagrópilas a menudo muestran que un búho ha estado alimentándose en más de un nivel trófico.

Los tres cráneos de la figura 1 pertenecen a diferentes especies de roedores que podrían encontrarse en una egagrópila de búho. La dentición indica si el animal era un consumidor primario, alimentado de material vegetal, o un consumidor secundario o terciario, alimentado de consumidores primarios o secundarios.

El nivel trófico de un organismo siempre se indica en relación con una cadena alimenticia particular.

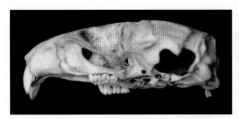  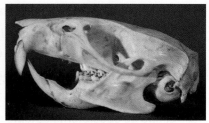

▲ Figura 1 Cráneos de roedores

Preguntas basadas en datos: Presión pesquera en las redes tróficas marinas

Los niveles tróficos pueden representarse mediante un número que indica la posición de una especie dentro de un ecosistema. Por definición, los productores ocupan el primer nivel trófico, NT1. Los consumidores primarios ocupan el NT2, y así sucesivamente. Cuanto mayor sea el número, más pasos de transferencia de energía habrá entre el organismo y la fijación inicial de la energía solar. Los niveles tróficos no siempre se indican como números enteros: para los peces y otros animales que se alimentan de más de un nivel, a menudo se estima un nivel trófico promedio.

Uno de los efectos de la sobrepesca comercial es la disminución del número de peces que se alimentan en niveles tróficos superiores, como los peces con ciclos de vida largos. Cada vez más, se tiende a capturar animales que se alimentan en los niveles tróficos inferiores (figura 2).

1 Sugiere un método que podría usarse para deducir el nivel trófico de un pez, después de capturado. [2]

2 a) Compara los cambios en el nivel trófico promedio de los peces capturados en aguas marinas y en agua dulce desde 1970. [3]

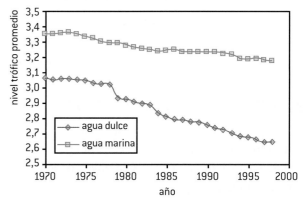

▲ Figura 2 Cambios en los niveles tróficos promedio de los peces capturados durante un período de 30 años

b) Sugiere por qué difieren las dos tendencias. [2]

3 Explica por qué el nivel trófico promedio de un pez determinado podría aumentar con la edad. [2]

4 Deduce el cambio en la edad de los peces capturados durante el período del estudio. [2]

5 Explica dos ventajas de que los seres humanos capturen y consuman pescado de un nivel trófico inferior. [4]

Redes tróficas

Una red trófica representa todas las posibles cadenas alimenticias existentes en una comunidad.

Las relaciones tróficas dentro de las comunidades ecológicas tienden a ser complejas y tener forma de red. Esto es porque muchos consumidores se alimentan de más de una especie y son alimento de más de una especie. Una red trófica es un modelo que resume todas las posibles cadenas alimenticias de una comunidad.

La figura 3 muestra una red trófica simplificada de un estanque.

Cuando se elabora una red trófica, los organismos que se encuentran en el mismo nivel trófico suelen aparecer en el mismo nivel en la red, aunque no siempre es posible porque algunos organismos se alimentan en más de un nivel trófico.

▲ Figura 3 Una red trófica de un estanque

Pirámides de energía como modelos

Uso de modelos como representaciones del mundo real: las pirámides de energía modelizan el flujo de energía a través de los ecosistemas.

Una pirámide de energía es un tipo de gráfico de barras que se utiliza para mostrar las cantidades relativas de energía que fluyen a través de cada nivel trófico. Las barras son horizontales y están dispuestas simétricamente. La barra más baja representa la producción de los productores, ya sea bruta o neta. La barra siguiente representa a los consumidores primarios, la siguiente a los consumidores secundarios y así sucesivamente. Al elaborar una pirámide de energía, se deben rotular todas las barras e indicar las unidades:

normalmente kJ m^{-2} año^{-1}. Siempre que sea posible, se debe usar la misma escala para cada barra, aunque muchas pirámides en libros de texto no están dibujadas a escala. La limitación de estas pirámides es que la cantidad de energía transferida puede variar según las estaciones. Además, es necesario analizar la dieta de los organismos que ocupan diferentes niveles tróficos en las diferentes cadenas alimenticias. Los porcentajes que componen sus dietas pueden variar en función de la estación o de las oportunidades.

Preguntas basadas en datos: Pirámides de energía

El diagrama muestra el flujo de energía de un arroyo en Concord, Massachusetts (Estados Unidos). Los detritos consistieron casi exclusivamente en hojas y otras partes de plantas que cayeron al arroyo.

1   Explica cómo se produce el calor que se muestra en el diagrama.   [2]

2   Calcula la producción neta de los herbívoros (consumidores primarios).   [1]

3   La cantidad de energía que fluye a los herbívoros es 2.300 kJ m^{-2} año^{-1}.

   a) Indica la cantidad de energía que fluye a los consumidores primarios.   [1]

b) Calcula el porcentaje de la energía que fluye a los herbívoros que después pasa a los consumidores primarios. [2]

4 Elabora una pirámide de energía con cuatro niveles tróficos del arroyo. La producción bruta de los productores se estima en 30.600 kJ m^{-2} año^{-1}. [4]

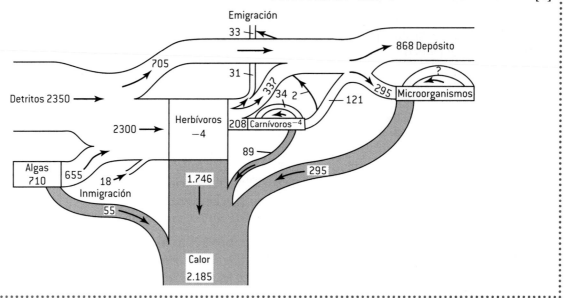

Relaciones de conversión alimenticia

La relación de conversión en prácticas sustentables de producción de alimentos

La producción de carne para el consumo requiere alimentar a los animales. La relación de conversión alimenticia es la cantidad de aporte dietético en gramos necesaria para producir una determinada cantidad de masa corporal en ganado o en peces.

Por ejemplo, una relación de conversión alimenticia de 1,2 significa que se necesitan 120 gramos de alimento para producir 100 gramos de masa corporal.

La tabla 2 muestra las relaciones de conversión alimenticia de varios animales criados para consumo humano según un estudio. Estas cifras varían significativamente en distintas fuentes bibliográficas debido a la variación del alimento utilizado, los métodos de alimentación, la edad de los animales y otras variables.

La implicación de estas relaciones para la sustentabilidad es que algunas opciones dietéticas son más sustentables que otras. Una menor relación de conversión significa que se necesita menos energía para producir un alimento. Evitando el consumo de carne se perdería menos energía debido a la conversión alimenticia.

Otra implicación para la sustentabilidad es el alimento que se da a los animales. Consideremos el ejemplo de la acuicultura del salmón. Mientras que el salmón de piscifactoría es alimentado con harinas de proteína de otros peces, el ganado suele alimentarse de materia vegetal. Los criadores de pescado pueden utilizar alimentos más fáciles de digerir para reducir los residuos fecales de los peces. La alimentación puede controlarse cuidadosamente para ajustar las cantidades de alimentos con el fin de que no queden restos sin consumir. Los restos no consumidos y los residuos fecales reducen la capacidad de carga de los estanques utilizados para criar peces y, por tanto, aumentan la cantidad de energía necesaria para producir la misma cantidad de pescado.

Producción de carne	Relación de conversión alimenticia estimada
Salmón	1,2
Vacuno	8,8
Cerdo	5,9
Pollo	1,9

 Tabla 2

El efecto del clima en el tipo de ecosistema

El tipo de ecosistema estable que emergerá en un área puede predecirse en base al clima.

El clima es una propiedad emergente de la interacción de un número de variables, como la temperatura y las precipitaciones.

La temperatura influye en la distribución de los organismos, pues tiene un efecto en las tasas de respiración celular, fotosíntesis, descomposición y transpiración y, en última instancia, en la productividad.

Las precipitaciones también tienen un efecto en la productividad, pues influyen en las tasas de fotosíntesis y descomposición. Con datos sobre la combinación relativa de estos dos factores en un área se pueden hacer predicciones acerca del tipo de ecosistema estable que emergerá en esa área. Las precipitaciones elevadas resultarán en la formación de un bosque, mientras que las moderadas o estacionales darán lugar a una pradera. Muy pocas precipitaciones o ninguna darán como resultado un desierto.

Las altas temperaturas y las precipitaciones muy elevadas darán lugar a una pluvisilva tropical, mientras que las temperaturas más frescas y las precipitaciones muy elevadas resultarán en la formación de un bosque templado lluvioso.

 Interpretación de un climograma de Whittaker

Análisis de un climograma donde se represente la relación entre la temperatura y las precipitaciones con el tipo de ecosistema

Un climograma es un diagrama que representa la combinación relativa de la temperatura y las precipitaciones en un área. La figura 4 es una modificación del climograma desarrollado por el ecólogo Robert Whittaker. Muestra el ecosistema estable que es más probable que emerja en un área bajo ciertas condiciones climáticas. La línea discontinua representa las zonas donde el tipo de bioma está fuertemente influenciado por otros factores, como el fuego, el tipo de suelo, el pastoreo y la estacionalidad de las sequías.

a) Determina los tipos de ecosistemas que pueden existir donde las precipitaciones anuales medias son de 175 cm.

b) Determina el rango de las condiciones que resultarán en la formación de una pluvisilva tropical.

c) Enumera otras variables que es probable que influyan en el tipo de ecosistema estable que emergerá.

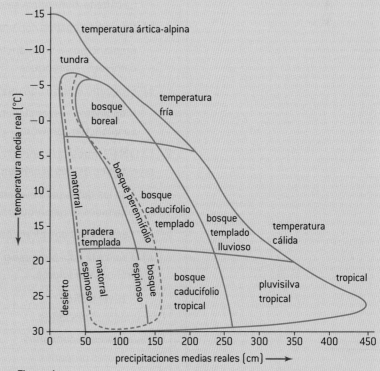

▲ Figura 4

Comparación de pirámides de energía de distintos ecosistemas

La longitud de las cadenas alimenticias está determinada por la productividad primaria neta. A mayor productividad, más largas serán las cadenas alimenticias y más amplio el nivel trófico en cada escalón de la pirámide. La figura 5 muestra las diferencias en la productividad neta de distintos ecosistemas.

Los organismos influyen en la eficiencia de la conversión energética. Por eso difieren las pirámides de energía de distintos ecosistemas.

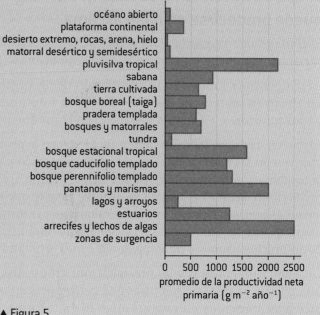

▲ Figura 5

Actividad

La eficiencia de la conversión energética difiere de una comunidad a otra.

1 Para cada una de las siguientes comunidades, elabora una pirámide de energía a escala basándote en la eficiencia de la conversión energética mostrada.

a) Un área de surgencia con una eficiencia de conversión energética del 20%

La cadena alimenticia se compone de fitoplancton → anchoas.

b) Una región costera con una eficiencia de conversión energética del 15%

fitoplancton → zooplancton herbívoro→ zooplancton carnívoro → arenques

c) El océano abierto con una eficiencia de conversión energética del 10%

fitoplancton → zooplancton herbívoro → zooplancton carnívoro → peces carnívoros → atunes

2 La tabla 3 muestra la energía anual fijada en la biomasa en J cm⁻² en cada nivel trófico de dos ecosistemas distintos.

a) Usa los datos para elaborar dos pirámides de energía. Las dos pirámides deben dibujarse con la misma escala.

b) Compara las dos pirámides.

c) Explica la baja biomasa y el bajo número de organismos en los niveles tróficos superiores.

Nivel trófico	Lago Cedar Bog	Lago Mendota
Consumidores terciarios	–	0,2
Consumidores secundarios	0,8	1,4
Consumidores primarios	3,6	35,1
Productores	27,1	104,4

▲ Tabla 3

Diagramas del ciclo de nutrientes de Gersmehl

Elaboración de diagramas de Gersmehl donde se muestren las interrelaciones entre reservas de nutrientes y flujos entre la taiga, el desierto y la pluvisilva tropical.

Un diagrama de Gersmehl es un modelo del almacenamiento y flujo de nutrientes en los ecosistemas terrestres. La figura 6 muestra tres diagramas de Gersmehl para tres ecosistemas diferentes. La figura 7 proporciona una explicación detallada del diagrama de una pluvisilva tropical. El modelo presupone la existencia de tres compartimentos de almacenamiento: la biomasa, la hojarasca y el suelo. Estos compartimentos o reservas están representados mediante círculos o elipses. Las flechas representan los flujos de nutrientes. El grosor de las flechas representa la cantidad de flujo de nutrientes. Una flecha puede representar más de un proceso.

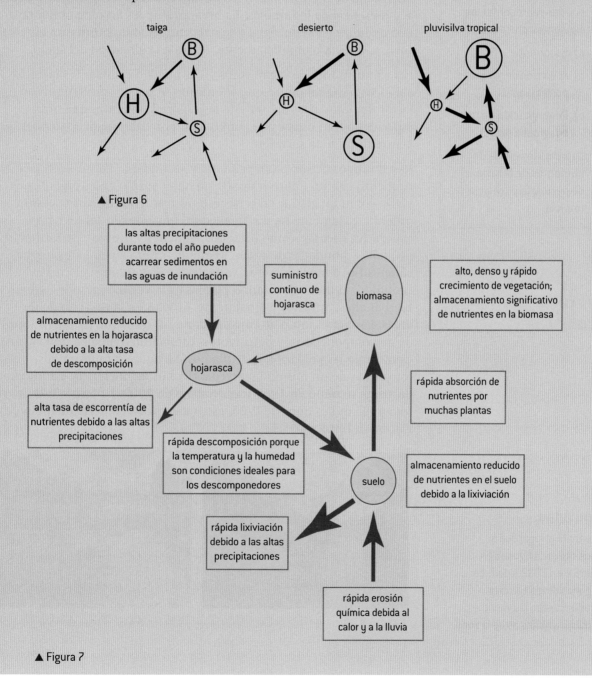

▲ Figura 6

▲ Figura 7

Actividad

Fíjate en la figura 6.

1 Identifica el tipo de ecosistema cuya mayor reserva de nutrientes es el suelo.

2 Identifica un tipo de ecosistema cuya tasa de descomposición de la hojarasca sea baja.

3 Identifica las flechas que pueden representar los siguientes procesos:

   a) Escorrentía

   b) Absorción de minerales por las plantas

   c) Regurgitación de una egagrópila de búho

4 Compara los ciclos de nutrientes de la taiga, el desierto y la pluvisilva tropical.

🧪 Sucesión primaria

Análisis de datos que muestren una sucesión primaria

Las sucesiones ecológicas son los cambios que transforman los ecosistemas con el paso del tiempo. Estos cambios afectan tanto a las especies que forman la comunidad como a su entorno abiótico y son el resultado de interacciones complejas entre la comunidad y el entorno.

En un ecosistema, los factores abióticos establecen límites a la distribución de los organismos vivos, y los organismos tienen un efecto sobre los factores abióticos. Consideremos un bosque junto a una pradera. En comparación con la pradera, el bosque tiene menor intensidad de luz y es más fresco y más húmedo, en gran parte debido a la presencia de los árboles. La hojarasca de los árboles aumenta la tasa de infiltración del agua y la concentración de nutrientes en el suelo y, directa o indirectamente, afecta a la aireación del suelo.

Las comunidades de organismos vivos pueden cambiar los factores abióticos hasta tal punto que el entorno se puede convertir en un factor limitante para algunas de las especies, mientras que otras especies podrán unirse a la comunidad por estar mejor adaptadas. Esto ocurre durante la sucesión.

Hay dos tipos de sucesión: primaria y secundaria. La sucesión primaria comienza con un entorno donde no han existido antes organismos vivos, como un glaciar en retroceso. Al comienzo de una sucesión primaria, solamente habrá organismos que pueden sobrevivir en superficies rocosas, como bacterias, líquenes y musgos. Se formarán pequeñas cantidades de suelo, lo que permitirá a pequeñas hierbas colonizarlo; a medida que se vaya desarrollando un suelo más profundo, lo irán colonizando plantas cada vez más grandes, como hierbas altas, arbustos y, finalmente, árboles en la mayoría de las áreas. Las poblaciones de consumidores, al igual que las poblaciones de descomponedores y detritívoros, cambiarán a medida que vayan cambiando las poblaciones de plantas. La figura 8 muestra dos fotografías de un mismo lugar, con 17 años de diferencia. La fotografía de arriba se tomó en 1985 y la de abajo en 2002. La señal en la fotografía indica que, en 1920, ese lugar estaba cubierto de hielo de un glaciar en retroceso.

Actividad

Compara el lugar que se muestra en la figura 8 en 1985 y en 2002 y deduce algunos de los cambios producidos en las variables bióticas y abióticas de la zona.

▲ Figura 8

Preguntas basadas en datos

En 1794, el capitán George Vancouver visitó la zona ahora conocida como Glacier Bay en Alaska y tomó notas detalladas sobre la posición de los glaciares. Estas notas han permitido a los investigadores determinar el tiempo transcurrido desde el inicio de la sucesión primaria, cuando retrocedió el glaciar.

Las primeras especies que colonizaron la roca desnuda fueron bacterias, líquenes y musgos. *Dryas drummondii* es un arbusto con flores que pasó a dominar esta zona después del musgo. Luego invadieron árboles alisos caducifolios (*Alnus sinuata*), seguidos de un bosque de abetos y cicutas como ecosistema más estable.

La figura 9 muestra el diámetro medio de los tallos y el rango de diámetros de las plantas en función del tiempo desde que la lengua del glaciar cubría la zona en ocho sitios diferentes (E1–E8).

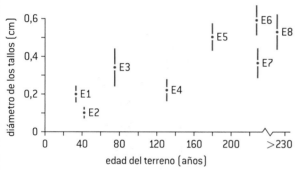

▲ Figura 9

1 **a)** Resume los cambios en el diámetro medio de los tallos con el paso del tiempo. [2]

b) Explica el cambio en el diámetro medio de los tallos. [2]

La figura 10 muestra el número de especies presentes en Glacier Bay en función del tiempo desde que el glaciar cubría la zona.

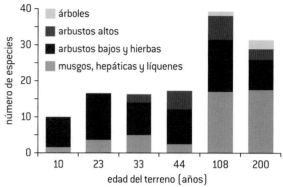

▲ Figura 10

2 **a)** Resume los cambios en el número de especies (diversidad de especies). [2]

b) Resume los cambios en el número relativo de los tipos de especies (regularidad de especies). [2]

La figura 11 muestra los cambios en las propiedades del suelo según cambian las especies vegetales dominantes.

3 **a)** Resume los cambios que se observan en las propiedades del suelo. [12]

b) Deduce la etapa donde se observan los mayores cambios en las propiedades del suelo. [2]

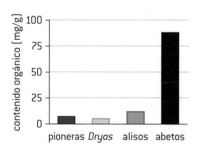

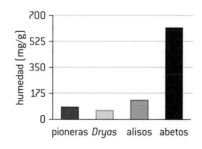

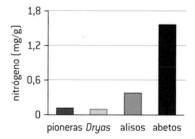

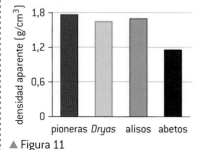

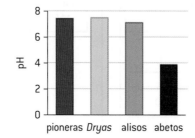

▲ Figura 11

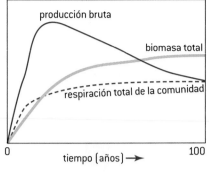

▲ Figura 12

Las tasas de respiración y la acumulación de biomasa

El porcentaje de la energía ingerida convertida en biomasa depende de la tasa de respiración.

Las plantas producen cuando sintetizan materia orgánica mediante la fotosíntesis. Los animales producen cuando absorben los alimentos después de la digestión. La producción suele medirse en unidades de energía, como el kilojulio. Las cantidades de energía se expresan por unidad de área, generalmente por m² y año. La producción bruta y neta puede calcularse utilizando esta ecuación:

$$\text{Producción neta} = \text{producción bruta} - \text{respiración}$$

La producción bruta es la cantidad total de materia orgánica que produce un nivel trófico de un ecosistema por unidad de área y por unidad de tiempo.

La producción neta es la cantidad de producción bruta que queda después de restarle la cantidad que ha utilizado el nivel trófico para la respiración.

En las etapas iniciales de la producción primaria, la gran cantidad de luz solar disponible significa que la producción bruta es alta y hay poca biomasa total en la comunidad. Como resultado, la cantidad total de respiración para mantener la pequeña biomasa es baja. A medida que avanza la sucesión, aumenta la biomasa en pie y la cantidad total de respiración. Además, la cantidad de producción bruta empieza a disminuir cuando se llenan de tallos todos los espacios disponibles. Finalmente se alcanza un equilibrio donde la relación entre la producción total y la respiración total de la comunidad (P/R) es igual a 1. Cuando esto ocurre, el ecosistema se encuentra en una etapa relativamente estable.

Preguntas basadas en datos: Cálculo de valores de productividad

El diagrama de flujo de energía de la figura 13 es de un ecosistema templado. Se ha dividido en dos partes: una muestra el uso de la energía por los autótrofos y la otra el uso de la energía por los heterótrofos. Todos los valores son en kJ m⁻² año⁻¹.

1 Calcula la producción neta de los autótrofos. [1]

2 Compara el porcentaje de calor perdido por los autótrofos a través de la respiración con el perdido por los heterótrofos. [1]

3 La mayoría de los heterótrofos son animales. Sugiere una razón de la diferencia entre el calor perdido por los autótrofos y los animales heterótrofos. [1]

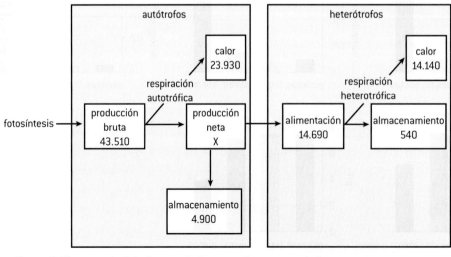

▲ Figura 13 Diagrama de flujo de energía de un ecosistema templado

Sucesión secundaria

Las perturbaciones influyen en la estructura y en la tasa de cambio dentro de los ecosistemas.

La sucesión secundaria ocurre en áreas donde ya hay, o ha habido recientemente, un ecosistema. La sucesión se inicia por un cambio en las condiciones. Por ejemplo, pueden empezar a crecer plantas en lugares de construcción abandonados o en caminos en desuso. La sucesión también ocurre cuando un campo de cultivo o una pradera son abandonados; se inicia por la ausencia de labranza o pastoreo. La figura 14 muestra la secuencia de comunidades que van ocupando un campo de cultivo abandonado, con los tiempos aproximados. La escala temporal indica que el ritmo del cambio se ralentiza según avanza la sucesión. Cerca del momento de la perturbación, las tasas de respiración y productividad aumentan rápidamente, hay una acumulación de biomasa y también aumenta la diversidad de las especies. En el "clímax" que se muestra en el diagrama todavía se están produciendo cambios, pero son más lentos y el ecosistema se considera más estable y resistente al cambio en esta etapa.

comunidad pionera abierta (plantas anuales)	comunidad de hierbas cerrada (perennes)	maleza (matorrales, arboles pequeños)	bosques jóvenes de hoja ancha	clímax, bosques antiguos
1–2	3–5	16–30	31–50	<150

tiempo transcurrido desde la labranza/años

▲ Figura 14 La sucesión secundaria es la progresión de comunidades como resultado de la perturbación de una comunidad ya existente que se encontraba en etapa de clímax, cuando el suelo ya está desarrollado.

Preguntas basadas en datos: Sucesión secundaria

Los tres cuadros de la figura 15 muestran un campo en el que tiene lugar una sucesión secundaria cuando han trascurrido 5, 25 y 30 años desde la perturbación original. Cada forma numerada representa una especie de planta distinta.

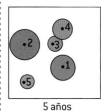
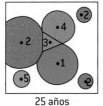
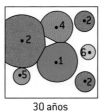

5 años   25 años   30 años

▲ Figura 15 Cambios en la comunidad una vez transcurridos 5, 25 y 30 años desde la perturbación inicial

1 Explica lo que le ha sucedido a la especie 3 durante la sucesión. [2]

2 Deduce los cambios que pueden haber ocurrido en:

  a) La producción vegetal bruta [1]

  b) La diversidad de especies [1]

  c) La profundidad del suelo [1]

  d) Las cantidades de minerales que se reciclan [1]

3 Predice, aportando razones, la composición de especies de esta zona después de 50 años. [2]

🜊 Estudio de la sucesión secundaria

Investigación del efecto de una perturbación ambiental sobre un ecosistema

En tu localidad puede haber oportunidades para investigar la sucesión secundaria: los campos abandonados, las zonas boscosas con caminos en desuso y los campos en proceso de recuperación después de un incendio son ejemplos de sitios donde se puede estudiar la sucesión. Las variables que se pueden estudiar incluyen:

- La diversidad de especies

- La densidad de tallos

- La biomasa por encima del suelo

- El índice de superficie foliar

- El volumen de hojarasca

- Las variables del ciclo del agua, incluidas las tasas de infiltración y escorrentía

- Las variables del suelo, incluidas la estructura y la humedad del suelo, los niveles de nutrientes del suelo y los niveles de compactación

- Los niveles de luz

- La densidad aparente del suelo

▲ Figura 17 Biosfera 2: estructura cerca de Tucson, Arizona (Estados Unidos), que alberga un ecosistema de pluvisilva tropical artificial. Fue creada para explorar el posible uso de biosferas cerradas en la exploración espacial.

Ecosistemas cerrados

En ecosistemas cerrados la energía, pero no la materia, se intercambia con el entorno.

Hay tres categorías de sistemas que pueden ser modelizados (figura 16). Los sistemas abiertos intercambian materia y energía con su entorno. Los sistemas cerrados, como el mesocosmos que creaste como parte del estudio de los temas troncales y la Biosfera 2 (figura 17), intercambian energía con el entorno, pero no materia. Los sistemas aislados, que son en su mayoría teóricos, no intercambian ni materia ni energía con su entorno. Los sistemas ecológicos existen a lo largo de este continuo. Los sistemas naturales intercambian tanto materia como energía con su entorno, y por eso se consideran sistemas abiertos. En sistemas no perturbados, la tasa de intercambio de materia con el entorno se debe principalmente al ciclo del agua y a los ciclos de nutrientes que tienen una fase gaseosa. La intervención humana aumenta el intercambio de materia, ya sea mediante las cosechas o mediante la adición o agotamiento de nutrientes.

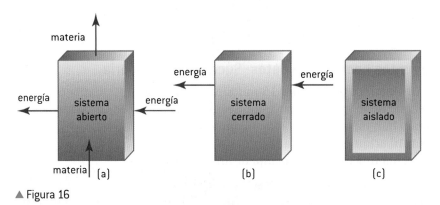

▲ Figura 16

🌐 Perturbaciones del ciclo de nutrientes

Consideración de un ejemplo de cómo los seres humanos interfieren en el ciclo de nutrientes

Si bien los sistemas naturales suelen intercambiar materia con su entorno, especialmente mediante el ciclo del agua y todos los ciclos de nutrientes que tienen una fase gaseosa, la actividad humana puede acelerar los flujos de entrada y salida de nutrientes de los ecosistemas.

La agricultura es un ejemplo de actividad humana que interfiere en el ciclo de nutrientes. Las cosechas y el transporte de los productos a zonas distintas de donde se cultivaron agotan los nutrientes que están contenidos en la biomasa de los cultivos. Como consecuencia, deben añadirse nutrientes al suelo regularmente para poder continuar la agricultura. El fosfato y el nitrógeno son componentes clave de los fertilizantes.

El fosfato se extrae de minas, se convierte en fertilizante y después se envía alrededor del mundo para su uso en la agricultura.

El nitrógeno producido a partir de N_2 gaseoso en el proceso de Haber-Bosch ha aumentado considerablemente las aportaciones al ciclo del nitrógeno, algo que no ocurría naturalmente. La escorrentía de los campos agrícolas provoca una acumulación de nitrógeno en las vías fluviales y produce eutrofización.

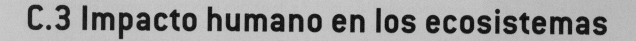

C.3 Impacto humano en los ecosistemas

Comprensión

→ Las especies alóctonas introducidas pueden escapar a los ecosistemas locales y convertirse en invasivas.

→ La exclusión competitiva y la ausencia de depredadores puede conducir a la reducción en el número de especies endémicas cuando las especies alóctonas se vuelven invasivas.

→ Los contaminantes se concentran en los tejidos de los organismos en los niveles tróficos superiores mediante biomagnificación.

→ En los ambientes marinos se han acumulado residuos macroplásticos y microplásticos.

Aplicaciones

→ Estudio de la introducción de sapos gigantes en Australia y otro ejemplo local de introducción de una especie alóctona.

→ Discusión de la compensación recíproca entre el control del parásito de la malaria y la contaminación por DDT.

→ Estudio de caso del impacto de los residuos plásticos marinos sobre los albatros de Laysan y otra especie concreta.

Naturaleza de la ciencia

→ Evaluación de riesgos y beneficios asociados a la investigación científica: el uso del control biológico conlleva riesgos y requiere ser verificado mediante experimentos con un estricto control antes de su aprobación.

Habilidades

→ Análisis de datos que ilustren las causas y consecuencias de la biomagnificación.

→ Evaluación de los programas de erradicación y del control biológico como medidas para reducir el impacto de las especies alóctonas.

Especies alóctonas e invasivas

Las especies alóctonas introducidas pueden escapar a los ecosistemas locales y convertirse en invasivas.

La actividad humana a menudo tiene como consecuencia la introducción de un organismo en una zona donde no existía previamente. Las especies que son autóctonas de una zona se denominan endémicas, mientras que las que no son autóctonas pero son introducidas por los seres humanos se denominan alóctonas.

El impacto de una especie alóctona solo suele ser significativo si aumenta en número y se propaga rápidamente. A esas especies se las denomina invasivas. Muchas especies alóctonas son invasivas porque no encuentran los factores limitantes que normalmente controlan el número de individuos en su hábitat original: los depredadores, las enfermedades y los competidores.

Muchas de estas especies invasivas tienen efectos considerables en los ecosistemas donde son introducidas. Las ratas que se introdujeron en Nueva Zelandia contribuyeron a la extinción de especies de aves que anidaban en el suelo al comerse sus huevos. El cangrejo señal, que fue introducido en Gran Bretaña desde América del Norte, compite con el cangrejo autóctono de patas blancas y trajo consigo una enfermedad (plaga del cangrejo de río) a la que los cangrejos autóctonos no son resistentes, por lo que un

▲ Figura 1 Ardilla roja (*Sciurus vulgaris*)

▲ Figura 2 Ardilla gris (*Sciurus carolinensis*)

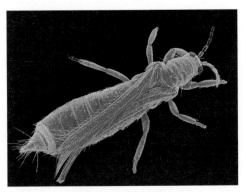

▲ Figura 3 Trips de las flores (*Frankliniella occidentalis*)

gran número de ellos ha muerto. El helecho acuático *Salvinia molesta* se ha extendido sobre las superficies de muchos lagos en los trópicos, eliminando por competencia a las plantas acuáticas autóctonas. La mayoría de los efectos de las especies alóctonas son perjudiciales, particularmente la depredación excesiva de especies autóctonas y la competencia interespecífica debido al solapamiento con los nichos de especies autóctonas.

Las especies alóctonas compiten con las especies endémicas

La exclusión competitiva y la ausencia de depredadores pueden conducir a la reducción en el número de especies endémicas cuando las especies alóctonas se vuelven invasivas.

Una especie alóctona puede tener tanto éxito reproductivo y ser tan agresiva que llegue a dominar el nuevo ecosistema y plantear una seria amenaza a la biodiversidad. Los organismos endémicos de una zona pueden ocupar nichos similares a los de las especies alóctonas. Según el principio de exclusión competitiva, dos especies con nichos similares no pueden seguir ocupando esos nichos indefinidamente.

Una consecuencia de la competencia podría ser que una de las especies o ambas pasen a ocupar nichos más pequeños. Si la especie alóctona carece de depredadores, tal vez pueda batir la competencia de las especies autóctonas y convertirse en invasiva. En el Reino Unido, la ardilla gris invasiva (*Sciurus carolinensis*) ocupa un nicho similar al de la ardilla roja autóctona (*Sciurus vulgaris*) y es un competidor superior. Cuando las ardillas grises se introducen en una zona, la población de ardillas rojas autóctonas se reduce y a menudo desaparece totalmente.

Por otra parte, la resistencia de un nuevo ecosistema a una especie alóctona puede impedir que esta se convierta en invasora. El trips occidental (*F. occidentalis*) es un insecto dañino invasor que se ha extendido desde el oeste de Estados Unidos a muchas partes del mundo, pero ha tenido menos éxito en el este de Estados Unidos; una hipótesis de que no haya logrado colonizar esta parte del país es la exclusión competitiva por una especie autóctona de trips (*F. tritici*).

🔬 El riesgo del control biológico

Evaluación de riesgos y beneficios asociados a la investigación científica: el uso del control biológico conlleva riesgos y requiere ser verificado mediante experimentos con un estricto control antes de su aprobación.

En algunos casos, se puede usar el control biológico para limitar una especie invasiva. Esto implica introducir depredadores naturales de la especie invasiva para limitar su propagación.

La figura 4 muestra el alga acuática taxifolia (*Caulerpa taxifolis*), que está siendo consumida por una babosa de mar violeta (*Flabellina affinis*). El alga acuática taxifolia se utiliza como planta ornamental en acuarios,

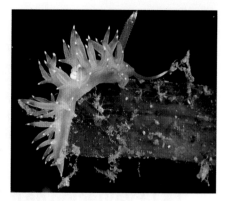

pero se ha vuelto muy invasiva en una serie de zonas debido, en parte, a que contiene una toxina que le permite resistir la depredación. La babosa de mar violeta es inmune a esta toxina y se ha sugerido su uso como una forma de control biológico de plagas, pero hay un cierto miedo de que la propia babosa llegue a convertirse en una especie invasiva.

Una forma cautelosa de introducir un enemigo natural para controlar una especie invasiva implica mantener al enemigo natural en cuarentena en una instalación apropiada. Así se evita que escape hasta que se pueda confirmar mediante la investigación que tendrá un impacto negativo mínimo en la nueva zona donde se quiere introducir.

▲ Figura 4

🌐 Estudios de casos de especies alóctonas introducidas

Estudio de la introducción de sapos gigantes en Australia y otro ejemplo local de introducción de una especie alóctona.

El control biológico puede salir mal. Una de las especies alóctonas invasivas más problemáticas, irónicamente, fue introducida con el objetivo de que actuase como un control biológico. El sapo gigante (*Bufo marinus*) se introdujo en Australia para controlar el escarabajo de la caña de azúcar (*Dermolepida albohirtum*). El sapo es autóctono de América Central y Sudamérica. Desafortunadamente, se ha convertido en un depredador generalista y un competidor por los recursos alimenticios. Las investigaciones sugieren que produce su mayor impacto ecológico en los depredadores que se alimentan de él. El sapo tiene una glándula detrás de la cabeza que puede segregar una toxina cuando le molestan, y esta toxina es letal para muchos depredadores.

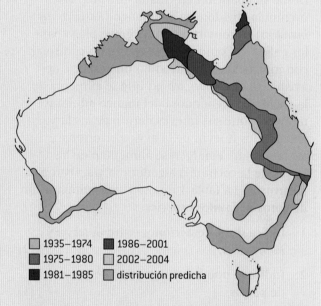

🟦 1935–1974	⬛ 1986–2001
🟫 1975–1980	⬜ 2002–2004
⬛ 1981–1985	🟦 distribución predicha

▲ Figura 5

La figura 5 es un mapa de Australia que muestra los cambios en la distribución del sapo gigante desde su introducción en 1935.

El mejillón cebra (*Dreissena polymorpha*) es una especie autóctona del mar Negro y el mar Caspio que se ha convertido en invasora de los Grandes Lagos norteamericanos.

Los buques de carga, cuando están vacíos, a menudo llenan sus cascos de agua como lastre para mantenerse estables. Si no se toman precauciones al soltar el agua de lastre proveniente de otros lugares del planeta, esta puede ocasionar la invasión de especies alóctonas. Se cree que el mejillón cebra llegó a América del Norte en el agua de lastre.

▲ Figura 6 Sección de una tubería de agua cuyo interior está obstruido por mejillones cebra (*Dreissena polymorpha*)

Desde su introducción en los Grandes Lagos, los mejillones cebra se han expandido a muchos sistemas fluviales norteamericanos. Han cubierto los fondos de muelles y embarcaciones. Las poblaciones pueden ser tan densas que acaban bloqueando las tuberías, obstruyendo los sistemas municipales de abastecimiento de agua e interfiriendo en la generación de energía hidroeléctrica. Se ha propuesto usar la bacteria *Pseudomonas fluorescens* como mecanismo de control biológico del mejillón cebra, ya que produce una toxina que parece afectar selectivamente a este mejillón.

Evaluación de métodos de control de especies alóctonas

Evaluación de los programas de erradicación y del control biológico como medidas para reducir el impacto de las especies alóctonas.

Preguntas basadas en datos: La cochinilla algodonosa del mango

Desde su aparición en Ghana en 1982, la cochinilla algodonosa del mango (*Rastrococcus invadens*) se convirtió en una grave plaga para los cultivos. Como no se la consiguió controlar con insecticidas, se introdujo una especie de avispa (*Gyranusoidea tebygi*) que se alimenta de la cochinilla algodonosa del mango adulta y también pone sus huevos dentro de las larvas. Cuando los huevos de la avispa eclosionan, las larvas que emergen se alimentan de las larvas de la cochinilla algodonosa y acaban por destruirlas. La tabla 1 muestra una comparación de datos de las dos especies.

1 Indica dos interacciones entre *G. tebygi* y *R. invadens*. [2]

2 Indica el nombre de este tipo de control de plagas. [1]

3 Calcula la duración total de los ciclos de vida de *G. tebygi* y *R. invadens*. [2]

4 Basándote en los datos de la tabla, explica las razones por las que cabe esperar que *G. tebygi* sea un medio eficaz para controlar *R. invadens*. [4]

5 Sugiere un riesgo de la introducción de *G. tebygi* en Ghana. [1]

	R. invadens	G. tebygi
Tiempo desde la eclosión del huevo hasta la edad adulta/días	61	25
Tiempo desde que las hembras alcanzan la edad adulta hasta que empiezan a reproducirse /días	16	2
Número medio de descendientes producidos por hembra por día	2,4	4,4
Porcentaje de descendientes que son hembras	15	75

▲ Tabla 1

La lisimaquia roja es una planta europea que se ha convertido en invasora en América del Norte y que se menciona a menudo con referencia a un ejemplo de programa de control biológico exitoso. Para limitar su propagación, se han introducido dos escarabajos del género *Galerucella* que se alimentan de esta planta.

▲ Figura 7 Lisimaquia roja con daños causados por *Galerucella*

Preguntas basadas en datos: Control de la lisimaquia roja

Los escarabajos del género *Galerucella* se introdujeron primero en varios sitios en Connecticut en 1996, y después anualmente en los mismos sitios en 1997 y 1998. Los efectos sobre la lisimaquia roja se evaluaron observando los daños causados a las plantas (figura 8) y midiendo la altura de las plantas (figura 9).

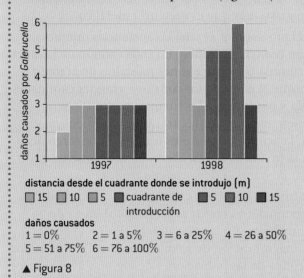

daños causados
1 = 0%   2 = 1 a 5%   3 = 6 a 25%   4 = 26 a 50%
5 = 51 a 75%   6 = 76 a 100%

▲ Figura 8

Se determinaron los efectos en función de la distancia desde el sitio de introducción.

a) Resume la relación entre los daños causados y el tiempo transcurrido desde la primera introducción. [1]

b) Resume la relación entre la altura de las plantas y la introducción de *Galerucella*. [1]

c) Discute el efecto del control biológico de la lisimaquia roja por *Galerucella*. [4]

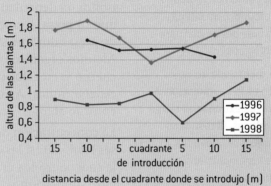

▲ Figura 9

El control biológico no es el único mecanismo con el que se pueden controlar las especies invasivas. Los programas de erradicación conllevan la aplicación de herbicidas y la cosecha selectiva de plantas invasivas, así como la captura y matanza selectiva de animales invasores. Algunos de los ejemplos más exitosos se han dado en islas, con la erradicación de especies de mamíferos invasores. Las técnicas de erradicación han ido mejorando y ya es posible eliminar especies invasivas de islas cada vez más grandes. Por ejemplo, se ha logrado erradicar la rata parda (*Rattus norvegicus*) invasiva en todas las islas de Nueva Zelandia, con una superficie aproximada de 10.000 hectáreas (figura 10).

Los requisitos para que un programa de erradicación tenga éxito incluyen la eliminación del invasor con más rapidez de la que se reproduce, un compromiso continuo con la erradicación hasta el final, el apoyo de las comunidades locales y medidas preventivas para evitar que la especie vuelva a invadir. El conocimiento de la ecología de la especie invasiva es importante, pues, por ejemplo, su erradicación puede provocar una explosión de las especies de las que se alimenta.

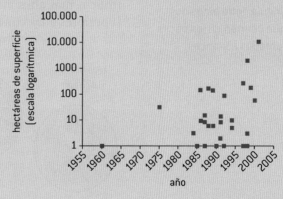

▲ Figura 10

¿En qué medida la anfibología dificulta la comunicación de la información científica?

La anfibología es un error de razonamiento que se da cuando se usan palabras como sinónimos cuando no lo son. Por ejemplo, el término "contaminación por mercurio" se usa a menudo para referirse tanto al mercurio elemental como a los compuestos que contienen mercurio, como el metilmercurio. Esta última forma es mucho más perjudicial para los sistemas ecológicos.

La definición consensuada de biomagnificación es la acumulación de sustancias químicas extrañas a lo largo de las cadenas tróficas. El resultado es concentraciones más elevadas en los tejidos de los organismos que ocupan los niveles superiores de la cadena trófica. Un estudio analizó 148 artículos científicos cuyo título contenía el término "biomagnificación" y constató que menos de la mitad de estos artículos usaban el término según la definición consensuada. Muchos lo usaban como sinónimo de bioconcentración, que es el proceso de absorción de sustancias químicas del agua circundante. La consecuencia fue que no se distinguía entre estos dos mecanismos que ocurren en los peces y en los invertebrados acuáticos.

Biomagnificación

Los contaminantes se concentran en los tejidos de los organismos en los niveles tróficos superiores mediante biomagnificación.

Algunas toxinas se acumulan en el cuerpo de los organismos, particularmente si son solubles en grasas y no se excretan fácilmente. Es lo que se conoce como bioacumulación. Por ejemplo, los compuestos orgánicos que contienen mercurio, como el metilmercurio, tienden a almacenarse en el tejido graso más que el mercurio metálico.

La biomagnificación es el proceso por el cual las sustancias químicas se van concentrando más en cada nivel trófico. En cada escalón de la cadena trófica, el depredador acumula concentraciones más altas de la toxina que su presa. Esto es porque el depredador consume grandes cantidades de presas durante su vida y bioacumula las toxinas que contienen. Algunos organismos tienen mayores concentraciones de lípidos en el cuerpo y, en estos casos, la acumulación no es uniforme a lo largo de la cadena trófica. A veces, la toxina se puede absorber directamente del entorno abiótico en lugar de a través de la cadena trófica.

La concentración de toxinas en los niveles tróficos más altos puede ser letal, aun si las concentraciones en los organismos al inicio de la cadena trófica eran muy bajas. En las décadas de 1950 y 1960, la bioacumulación y la biomagnificación de toxinas como el DDT causaron una disminución catastrófica de las poblaciones de algunas aves rapaces, como los halcones y las águilas pescadoras.

La figura 11 muestra las concentraciones de PCB en una cadena trófica acuática de los Grandes Lagos. Este compuesto químico se utilizaba como aislante en aparatos eléctricos y como ignifugante. En la década de 1950 se demostró que, en dosis moderadas, era letal para las ratas de laboratorio. Como resultado, se dejó de producir en la década de 1970. Sin embargo, el PCB continúa presente en el ambiente y la biomagnificación puede hacer que los organismos que ocupan niveles tróficos más altos alcancen concentraciones hasta 10 millones de veces superiores a las concentraciones del agua.

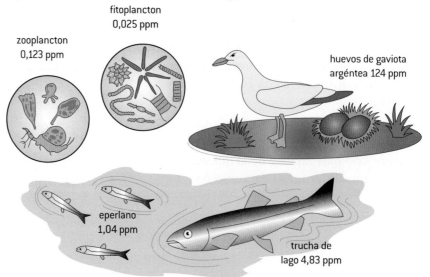

▲ Figura 11 Concentración del contaminante PCB en cada nivel de la cadena trófica acuática de los Grandes Lagos norteamericanos (en partes por millón, ppm)

Causas y consecuencias de la biomagnificación

Análisis de datos que ilustren las causas y consecuencias de la biomagnificación

Preguntas basadas en datos: Biomagnificación del cesio

Además de nutrientes, pueden entrar en el ecosistema otros elementos atmosféricos. El cesio-137 radiactivo fue liberado a la atmósfera por las pruebas de la bomba atómica en 1961 y acabó depositándose en el suelo y en las plantas. La figura 12 muestra la cantidad de radiactividad hallada en los tejidos de líquenes (organismos resultantes de la simbiosis de hongos con algas), caribús (un miembro de la familia de los ciervos) y la población inuit de Anaktuvuk Pass en Alaska.

1 Los tres organismos forman una cadena trófica. Deduce el nivel trófico de:

  a) Los líquenes   [1]

  b) Los inuits   [1]

2 Describe el nivel de cesio-137 en la población inuit desde junio de 1962 hasta diciembre de 1964. [2]

3 **a)** Identifica la época del año con las mayores concentraciones de cesio-137 en:

    (i) Los caribús   [1]

    (ii) Los inuits   [1]

  b) Explica las variaciones anuales en las concentraciones de cesio-137 en los caribús y los inuits. [2]

4 Predice, aportando razones, si las concentraciones de cesio-137 se habrían reducido a cero en los caribús y los inuits a finales de 1966. [2]

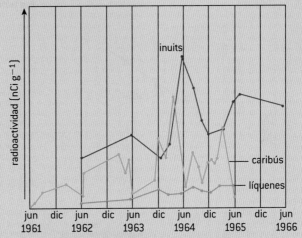

▲ Figura 12 Niveles de radioactividad en distintos niveles tróficos en una comunidad de Alaska después de una prueba de la bomba atómica en la atmósfera

Preguntas basadas en datos

La biomagnificación es el aumento de concentración de un nivel trófico al siguiente. El proceso de biomagnificación de una misma sustancia química puede diferir entre redes tróficas acuáticas y terrestres, o entre mamíferos marinos y animales marinos con respiración branquial (figura 13). Los organismos con respiración branquial pueden expulsar al agua ciertas sustancias químicas que son moderadamente solubles en lípidos pero son solubles en agua, mientras que los organismos con respiración pulmonar no pueden expulsarlas al aire.

1 Determina el nivel trófico del pez escorpión. [1]

2 Explica cómo es posible tener un nivel trófico que no sea un número entero. [2]

3 Resume la relación entre la concentración de PCB y el nivel de la red trófica terrestre. [2]

4 Deduce la red trófica donde β-HCH no se biomagnifica. [2]

5 Compara la concentración de β-HCH en el tercer nivel de la red trófica terrestre y la red trófica de mamíferos marinos. [2]

6 Explica las diferencias de biomagnificación de β-HCH en la red trófica terrestre y la red trófica de mamíferos marinos. [3]

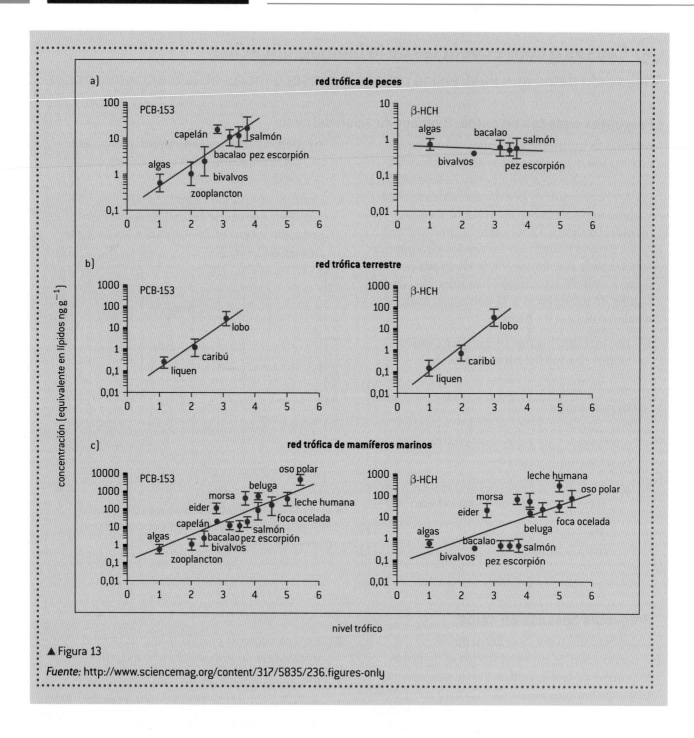

▲ Figura 13

Fuente: http://www.sciencemag.org/content/317/5835/236.figures-only

Beneficios y riesgos del uso de DDT

Discusión de la compensación recíproca entre el control del parásito de la malaria y la contaminación por DDT

El DDT (diclorodifeniltricloroetano) es un insecticida que se utilizó mucho a mediados del siglo XX, primero para controlar vectores de enfermedades como las garrapatas y los mosquitos durante la Segunda Guerra Mundial e inmediatamente después, y más adelante como insecticida agrícola.

▲ Figura 14 Soldado usando un pulverizador de DDT para controlar los piojos que portaban la bacteria causante del tifus

El DDT se hizo famoso por el libro *Primavera silenciosa* de Rachel Carson, en el que la autora expresó su preocupación por los efectos ecológicos del uso indiscriminado del DDT. Como este insecticida se biomagnificaba en las cadenas tróficas, hizo que las aves rapaces pusieran huevos con cáscaras muy finas y, por tanto, que no pudieran reproducirse con éxito. Como consecuencia, el

Convenio de Estocolmo sobre contaminantes orgánicos persistentes prohibió el uso agrícola del DDT, aunque permitió su uso para la fumigación de interiores con efecto residual a fin de controlar los mosquitos. Este uso sigue generando polémica. La Organización Mundial de la Salud está a favor de usar el DDT con este propósito.

La incidencia de la malaria aumentó en las zonas donde se suspendió el uso del DDT para controlar los vectores de la malaria. Se probaron estrategias alternativas, pero estas no fueron tan exitosas. Muchos países que habían prohibido completamente el uso del DDT volvieron a aprobarlo para la fumigación de interiores con efecto residual.

Los científicos preocupados sostienen que el DDT puede tener una variedad de efectos en la salud humana, incluida una reducción de la fertilidad, malformaciones genitales de nacimiento, cáncer y daños al cerebro en desarrollo. Su metabolito, el DDE, puede bloquear las hormonas masculinas. Además, el insecticida se acumula en la grasa corporal y en la leche materna, y existen sólidas pruebas de que permanece en el ambiente durante décadas.

Por su sólida trayectoria en la reducción de casos de malaria y la aprobación de la Organización Mundial de la Salud, el uso del DDT está aumentando en todo el mundo. Crecen las presiones para que los gobiernos y las organizaciones intergubernamentales solo usen el DDT como último recurso, y cada vez hay más voces a favor de desarrollar una alternativa para controlar los vectores de la malaria.

Plásticos en el océano

En los ambientes marinos se han acumulado residuos macroplásticos y microplásticos.

"Plástico" es un término amplio que describe una serie de polímeros diferentes que se usan en un número creciente de artículos de consumo desechables. Algunos plásticos acaban en el océano por ser vertidos directamente desde barcos y plataformas, pero la mayoría proviene de la basura que el viento arrastra hasta los sistemas hídricos.

Los macroplásticos son residuos grandes y visibles, e incluyen redes, boyas, cubos y basura que no se ha degradado (véase la figura 15).

La degradación física y química de los macroplásticos produce fragmentos de microplásticos que son más difíciles de ver, pero están más omnipresentes.

▲ Figura 15 Tiburón de arrecifes (*Carcharhinus amblyrhynchos*) con una lámina de macroplástico en la boca. Puede haber intentado comerse el plástico al confundirlo con una presa.

Las corrientes oceánicas transportan los residuos hasta cinco áreas de concentración en el mundo. Estas áreas oceánicas de gran tamaño, que se conocen como giros, es donde las corrientes circulares concentran los residuos plásticos (figura 16).

Algunas de las consecuencias de la contaminación marítima por plásticos son:

- La degradación del plástico en el mar libera sustancias químicas orgánicas persistentes al océano que pueden bioacumularse y biomagnificarse.

- Los plásticos absorben otras sustancias químicas orgánicas persistentes y, así, concentran estos productos tóxicos.

- Los animales ingieren estos plásticos o pueden enredarse en ellos.

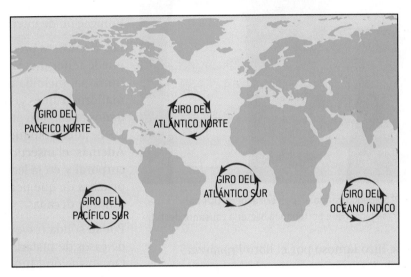

▲ Figura 16

Plásticos marinos y los albatros de Laysan

Estudio de caso del impacto de los residuos plásticos marinos sobre los albatros de Laysan y otra especie concreta

Los macroplásticos son un problema para los animales marinos, ya que los pueden confundir con alimentos e ingerirlos. El albatros de Laysan es un ave marina de gran tamaño que anida en la isla de Midway Atoll en el océano Pacífico. El giro del Pacífico Norte toca la costa de la isla y arroja grandes cantidades de plástico a sus playas. Los albatros adultos ofrecen a sus crías trozos de plástico como alimento, lo que ocasiona una mortalidad considerable.

▲ Figura 17 Restos de una cría de albatros de Laysan a la que se alimentó con residuos plásticos

Preguntas basadas en datos: Ingestión de plástico por la tortuga laúd

La tortuga laúd (*Dermochelys coriacea*) es una gran tortuga marina que se alimenta de medusas. La figura 18 muestra los resultados de un análisis de toda la bibliografía existente acerca de autopsias de tortugas laúd. Las autopsias citadas se agrupan en períodos de cinco años. El número en cada punto del gráfico representa la cantidad de autopsias citadas en la bibliografía durante ese período de cinco años. Se muestra el porcentaje de tortugas con plástico hallado en su estómago.

1 Identifica el primer año en el que una autopsia demostró la presencia de plástico en el estómago de una tortuga laúd. [1]

2 Estima el porcentaje total de tortugas laúd con plástico hallado en su estómago en los últimos 50 años. [2]

3 Sugiere una razón por la que un porcentaje tan elevado de tortugas laúd ingieren plásticos. [2]

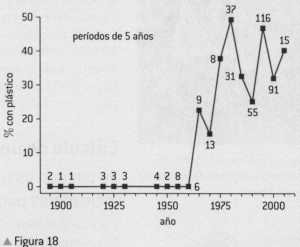

▲ Figura 18

C.4 Conservación de la biodiversidad

Comprensión

→ Una especie indicadora es un organismo usado para evaluar una condición ambiental específica.

→ Se pueden usar números relativos de especies indicadoras para calcular el valor de un índice biótico.

→ La conservación *in situ* puede requerir una gestión activa de las reservas naturales o de los parques nacionales.

→ La conservación *ex situ* se refiere a la conservación de las especies fuera de sus hábitats naturales.

→ Los factores biogeográficos afectan a la diversidad de especies.

→ La riqueza y la uniformidad son componentes de la biodiversidad.

Aplicaciones

→ Estudio de caso de cría en cautividad y reintroducción de una especie animal en peligro.

→ Análisis del impacto de los factores biogeográficos sobre la diversidad, limitados al tamaño de la isla y los efectos de borde.

Habilidades

→ Análisis de la biodiversidad de dos comunidades locales mediante el uso del índice recíproco de diversidad de Simpson.

Naturaleza de la ciencia

→ Los científicos colaboran con otras agencias: la preservación de especies implica una cooperación internacional a través de organizaciones intergubernamentales y no gubernamentales.

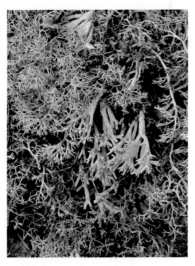

▲ Figura 1 Los líquenes fruticulosos indican la ausencia de contaminación en el ambiente.

1 Ninfa de perla
(hasta 30 mm)

2 Larva de efímera
(hasta 15 mm)

3 *Asellus*
(piojo de agua dulce) (hasta 12 mm)

4 Quironómido
(larva de gusano de sangre) (hasta 20 mm)

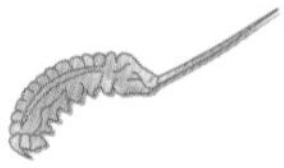

5 Larva de *Eristalis*
(hasta 55 mm incluyendo la cola)

6 *Tubifex*
(gusano de fango)
(hasta 40 mm)

▲ Figura 2 Macroinvertebrados bentónicos

Especies indicadoras

Una especie indicadora es un organismo usado para evaluar una condición ambiental específica.

Una especie indicadora es un organismo que solo está presente cuando se dan condiciones ambientales específicas. La presencia o ausencia de estas especies en un lugar es un buen indicador de las condiciones ambientales. Por ejemplo, la distribución de las plantas del sotobosque es un buen indicador de condiciones como la fertilidad del suelo o el drenaje de agua. Los líquenes fruticulosos no toleran la contaminación, así que su presencia es un indicador de un ambiente limpio. La presencia de la planta *Sarcobatus vermiculatus* indica que los suelos son salinos y alcalinos.

Cálculo de un índice biótico

Se pueden usar números relativos de especies indicadoras para calcular el valor de un índice biótico.

Un índice biótico compara la frecuencia relativa de especies indicadoras. Por ejemplo, el índice biótico de macroinvertebrados es una medida de la salud de un curso de agua. Se determina el número de individuos de cada especie indicadora en una muestra. Cada número se multiplica por un factor de tolerancia a la contaminación y se calcula una media ponderada. Un posible índice biótico multiplica el número de un determinado tipo de organismo por su grado de tolerancia a la contaminación. Luego, cada uno de estos productos se suma a los demás y se divide por el número total de organismos en el hábitat.

La figura 2 muestra seis macroinvertebrados bentónicos (que habitan en las profundidades acuáticas) diferentes que se encuentran en los ríos. Los macroinvertebrados bentónicos son indicadores útiles de la salud de un curso de agua por una serie de razones: viven en el agua durante toda la etapa acuática de su ciclo de vida y, por tanto, reflejan las condiciones del agua durante un período de tiempo, son fáciles de capturar y, lo que es más importante, varían su respuesta a cambios físicos y químicos en su hábitat.

Conservación *in situ*

La conservación *in situ* puede requerir una gestión activa de las reservas naturales o de los parques nacionales.

Las medidas de conservación *in situ* implican mantener las especies amenazadas en el hábitat al que están adaptadas. Esto les permite interactuar con otras especies silvestres y conservar más aspectos de su nicho. Las reservas naturales son áreas destinadas especialmente para la conservación de la biodiversidad. Hay reservas naturales terrestres, acuáticas y marinas.

Sin embargo, a menudo no basta con crear una reserva natural: se requiere una gestión activa.

Esto puede implicar:

- Controlar el pastoreo

- Eliminar arbustos y árboles

- Eliminar especies vegetales alóctonas y matar selectivamente animales invasivos
- Reintroducir especies que se han extinguido localmente
- Restaurar las zonas húmedas
- Limitar los depredadores
- Controlar la caza furtiva
- Alimentar a los animales
- Controlar el acceso

Conservación *ex situ*

La conservación *ex situ* se refiere a la conservación de las especies fuera de sus hábitats naturales.

Las medidas de conservación *ex situ* implican extraer los organismos de su hábitat natural.

Las especies vegetales pueden cultivarse en jardines botánicos. Las semillas de plantas pueden almacenarse en bancos de semillas a bajas temperaturas, que mantienen su viabilidad durante largos períodos.

A veces se crían animales en cautividad y después se introducen en sus hábitats naturales.

La conservación *ex situ* se utiliza como complemento a las medidas de conservación *in situ*, o cuando las especies en peligro de extinción no pueden permanecer a salvo en su hábitat natural. Por ejemplo, en Nueva Zelandia se han trasladado poblaciones de especies de aves en peligro de extinción a islas a lo largo de la costa para protegerlas de los ataques de depredadores alóctonos.

▲ Figura 3 Corte del cuerno de un rinoceronte blanco (*Ceratotherium simum*) en la reserva natural de Umhlametsi (Sudáfrica). El corte del cuerno es una medida contra la caza furtiva. El cuerno, que está hecho completamente de la proteína queratina, se corta con una motosierra diez centímetros por encima de la base. Los cuernos de rinoceronte se utilizan como ornamento y como ingrediente en algunos medicamentos tradicionales.

🌐 Cría en cautividad para restaurar las poblaciones de especies en peligro de extinción

Estudio de un caso de cría en cautividad y reintroducción de una especie animal en peligro de extinción.

El halcón común (*Falco peregrinus*) se convirtió en una especie en peligro de extinción en partes de Estados Unidos, Canadá y Europa debido al uso generalizado del DDT en las décadas de 1960 y 1970. La biomagnificación hizo que se acumularan altos niveles de metabolitos tóxicos en el tejido adiposo de estas aves, lo que redujo el contenido de calcio en las cáscaras de sus huevos. Como resultado, un menor número de estos huevos con cáscaras más finas llegaban a eclosionar con éxito (figura 4).

En un programa de cría de halcones en cautividad, se recogieron huevos de cáscara fina de los nidos y se reemplazaron con réplicas de porcelana. Los huevos de cáscara fina se incubaron en una

instalación bajo condiciones cuidadosamente controladas para garantizar un mayor porcentaje de eclosiones exitosas.

▲ Figura 4 Dos huevos de halcón común: el huevo de la izquierda es normal, mientras que el de la derecha se ha debilitado debido a la exposición de la madre al DDT.

Después, los polluelos se devolvieron a los nidos para que fueran criados por halcones silvestres, así como por halcones pradeños adoptivos. Las parejas reproductoras de halcones en cautividad también pusieron huevos que se incubaron artificialmente. Algunos polluelos fueron criados hasta ser independientes, proporcionándoles alimentos en cajas especiales que se abrían al exterior para que pudieran habituarse poco a poco a salir a buscar comida por sí solos.

En 1973, no se encontraron parejas reproductoras de halcones comunes en el sur de Alberta (Canadá) y solo se encontraron unas pocas en el norte de Alberta. Se inició un programa de cría en cautividad y el éxito del programa es evidente en la figura 5.

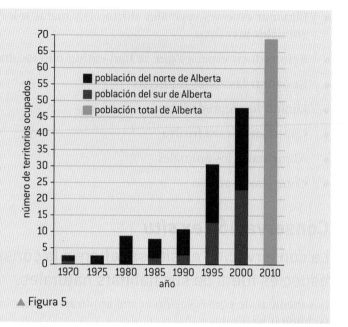

▲ Figura 5

Diversos grupos trabajan juntos para conservar la biodiversidad

Los científicos colaboran con otras agencias: la preservación de especies implica una cooperación internacional a través de organizaciones intergubernamentales y no gubernamentales.

La investigación científica puede servir de base para formular buenas prácticas, pero se necesita el apoyo de agencias para hacer realidad las propuestas de conservación. Los gobiernos nacionales pueden tomar medidas inteligentes una vez que declaran una reserva natural.

Puesto que las amenazas a la biodiversidad trascienden las fronteras, la conservación requiere la cooperación internacional. Si un gobierno nacional impone restricciones a la cosecha de productos basados en especies amenazadas, otros países podrían aprovecharse de estas restricciones. Las organizaciones intergubernamentales, como la Unión Internacional para la Conservación de la Naturaleza (UICN), pueden facilitar el acuerdo entre las naciones. La UICN publica la Lista Roja de especies amenazadas que indica el estado de conservación de las especies. Esta organización facilitó la creación de la Convención sobre el Comercio Internacional de Especies Amenazadas (CITES), un tratado que regula el comercio internacional de especímenes y productos de fauna y flora silvestres. Con esta convención se pretende garantizar que el comercio no amenace la supervivencia de los organismos en la naturaleza.

Las organizaciones no gubernamentales (ONG) operan independientemente de cualquier gobierno, suelen ser grupos sin ánimo de lucro que persiguen objetivos sociales amplios y carecen de afiliación política. El Fondo Mundial para la Naturaleza (WWF) es un ejemplo de ONG que recauda fondos para programas educativos y actividades de presión.

▲ Figura 6 Maestros y alumnos con árboles jóvenes en las manos, escuchando a un conservacionista del Fondo Mundial para la Naturaleza (WWF) (izquierda). Estos árboles se plantarán como parte de un programa de reforestación en el Parque Nacional de Sagarmatha, en el Himalaya (Nepal), cuyo objetivo es la recuperación de bosques perdidos debido a la deforestación por el turismo.

muestra A

muestra B

▲ Figura 7

Componentes de la biodiversidad

La riqueza y la uniformidad son componentes de la biodiversidad.

La diversidad biológica o biodiversidad tiene dos componentes. La riqueza es el número de especies diferentes que hay. En la figura 7, la muestra A es más rica puesto que tiene tres especies. La uniformidad es la semejanza en número de individuos entre las especies. Si hubiera que elegir dos individuos de la muestra, la uniformidad sería un indicador de la probabilidad de que los dos individuos fuesen de especies diferentes. Según esta norma, la muestra B es más "uniforme".

 Índice de diversidad de Simpson

Análisis de la biodiversidad de dos comunidades locales mediante el uso del índice recíproco de diversidad de Simpson

El índice recíproco de diversidad de Simpson cuantifica la biodiversidad teniendo en cuenta la riqueza y la uniformidad. Cuanto mayor sea la biodiversidad en un área, mayor será el valor de D. El valor mínimo posible de D es 1, que se daría si la comunidad está formada por una única especie. El valor máximo se daría si hay una uniformidad perfecta y sería igual al número de especies.

La fórmula del índice recíproco de diversidad de Simpson es:

$$D = \frac{N(N-1)}{\Sigma n(n-1)}$$

D = índice de diversidad, N = número total de organismos de todas las especies encontradas y n = número de individuos de una determinada especie.

La biogeografía puede influir en la diversidad

Los factores biogeográficos afectan a la diversidad de especies.

La efectividad de las reservas naturales para la conservación de la biodiversidad depende de sus características biogeográficas.

Las reservas naturales grandes mantienen la biodiversidad mejor que las pequeñas. Esto es coherente con la teoría de la biogeografía insular, según la cual las reservas naturales son como islas: cuanto más grande es una isla, mayor será la biodiversidad presente. Cuanto mayor sea la superficie, mayor será la población de ciertas especies que pueden recibir ayuda y menos probable será que las poblaciones pequeñas sean eliminadas por sucesos aleatorios.

Las reservas naturales conectadas son más efectivas que las aisladas. Si hay varias reservas pequeñas una cerca de la otra, los corredores entre ellas pueden aumentar la eficacia de la conservación de la biodiversidad.

Actividad

Dos grupos de alumnos estudiaron la diversidad de especies de escarabajos en dos zonas de las tierras altas de Europa. El mismo número de alumnos dedicó el mismo tiempo a buscar en cada una de las zonas. Las dos zonas tenían el mismo tamaño.

La siguiente tabla muestra el número de individuos de las cuatro especies que se encontraron en cada zona:

Especie	Zona A	Zona B
Trichius fasciatus	10	20
Aphodius lapponum	5	10
Cicindela campestris	15	8
Stenus geniculatus	10	2

a) Calcula el índice recíproco de diversidad de Simpson (D) para las especies de escarabajos de las dos zonas. [3]

b) Sugiere una posible conclusión que se puede extraer. [2]

Fuente: examen de noviembre de 2007 del Bachillerato Internacional.

Aunque sean estrechos, los corredores ecológicos permiten a los organismos moverse entre hábitats fragmentados (por ejemplo, a través de túneles bajo carreteras muy transitadas).

La forma de las reservas naturales es importante porque la ecología de los bordes de los ecosistemas es diferente de la de las áreas centrales. Si se maximiza el área central y se minimiza la longitud total del perímetro, la reserva podrá conservar mejor la biodiversidad. Así, por ejemplo, una reserva circular sería mejor que una franja alargada de terreno con la misma superficie total.

 Impacto del tamaño de la isla y efectos de los bordes sobre la diversidad

Análisis del impacto de los factores biogeográficos sobre la diversidad, limitados al tamaño de la isla y los efectos de borde

Los estudios de biogeografía insular han demostrado que hay dos factores determinantes de la biodiversidad de una isla:

- La proximidad a tierra firme
- La superficie de la isla

Estas variables determinan un equilibrio entre la colonización y la extinción.

La proximidad a tierra firme dará lugar a una nueva colonización.

Si la isla es pequeña, las tasas de extinción serán mayores. El tamaño total de la población de una isla con una superficie pequeña es más probable que sea reducido y tenga una escasa diversidad genética. Los accidentes aleatorios pueden tener un impacto negativo considerable en la población de una isla pequeña.

Preguntas basadas en datos: Tamaño y diversidad de una isla

La figura 8 muestra la relación entre la riqueza de especies de reptiles y anfibios y la superficie insular en las Antillas. La figura 9 muestra la relación entre la riqueza de especies de aves y la superficie insular en las Islas Sunda. Ambos conjuntos de datos se han extraído de: MACARTHUR, R. H.; WILSON, E. O. *The Theory of Island Biogeography*. Princeton (EE. UU.): Princeton University Press, 1967.

a) Estima el número de especies de aves en una isla de 10.000 millas cuadradas. [1]

b) Resume la relación entre el número de especies de anfibios y reptiles y la superficie insular. [2]

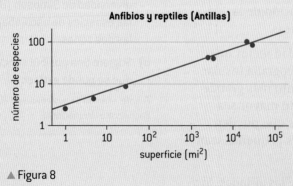

▲ Figura 8

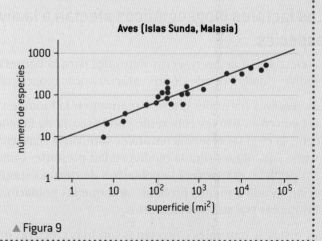

▲ Figura 9

Preguntas basadas en datos: El tamaño de un bosque y la densidad de pájaros cantores

La figura 10 muestra la probabilidad de avistamiento de tres especies de aves cuyo hábitat preferido es el interior del bosque, lejos de los bordes. Las líneas discontinuas representan el rango de probabilidad.

a) (i) En un bosque de 10 hectáreas, determina el rango de probabilidad de observar un zorzal mustelino. [1]

(ii) En un total de 20 transectos en un bosque de 3,2 hectáreas, ¿cuántas veces es probable que se aviste un vireo oliváceo? [2]

b) En un bosque de 32 hectáreas, indica cuál es:

(i) La especie con mayor probabilidad de ser avistada [1]

(ii) La especie con menor probabilidad de ser avistada [1]

c) Basándote en estos datos, sugiere, aportando una razón, el tamaño mínimo que debería tener un área de conservación para preservar las poblaciones de las especies del interior del bosque. [2]

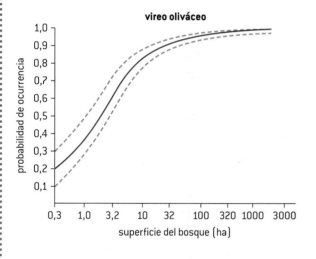

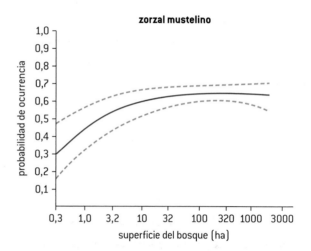

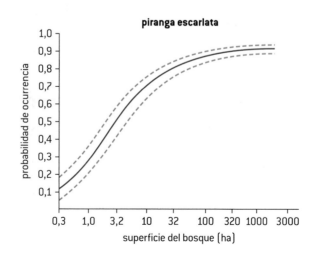

▲ Figura 10

C.5 Ecología de poblaciones (TANS)

Comprensión

→ Se emplean técnicas de muestreo para estimar el tamaño de la población.

→ El patrón de crecimiento exponencial se da en un medio ambiente ideal sin límites.

→ El crecimiento de la población se ralentiza conforme la población alcanza la capacidad de carga del medio ambiente.

→ Las fases indicadas en la curva sigmoidal se pueden explicar en base a las tasas relativas de natalidad, mortalidad, inmigración y emigración.

→ Los factores limitantes pueden operar de forma descendente o ascendente.

Aplicaciones

→ Evaluación de los métodos usados para estimar el tamaño de las reservas comerciales de los recursos marinos.

→ Uso del método de captura-marcado-liberación-recaptura para estimar el tamaño de la población de una especie animal.

→ Discusión del efecto de la natalidad, la mortalidad, la inmigración y la emigración sobre el tamaño de la población.

→ Análisis del efecto del tamaño de la población, la edad y el estado reproductivo sobre las prácticas de pesca sustentable.

→ Control ascendente de proliferación de algas por escasez de nutrientes y control descendente por herbivorismo.

Naturaleza de la ciencia

→ Evitar sesgos: un generador de números aleatorios ayuda a garantizar que el muestreo de la población esté libre de sesgos.

Habilidades

→ Elaboración de un modelo de la curva de crecimiento a través de un organismo simple como, por ejemplo, una levadura o una especie de *Lemna*.

Estimación del tamaño de una población

Se emplean técnicas de muestreo para estimar el tamaño de la población.

El método más sencillo para estimar el tamaño o la densidad de una población es contar el número de individuos que hay en un área determinada. Esto solo es posible si los individuos son grandes y el área es pequeña. En la mayoría de los otros casos, los ecólogos usan técnicas de muestreo de la población. Estas técnicas requieren determinar el tamaño de la población en un área pequeña y usar esta información para estimar la población total. Es lo que se conoce como muestreo de población. Se presupone que la muestra es representativa de toda la población. Normalmente, se toman varias muestras para limitar el efecto de que una muestra no sea representativa.

Uso de un generador de números aleatorios

Evitar sesgos: un generador de números aleatorios ayuda a garantizar que el muestreo de la población esté libre de sesgos.

Para que una muestra sea representativa de toda la población, debe seleccionarse aleatoriamente. Una muestra aleatoria es aquella en la que todos los miembros de la población tienen la misma probabilidad de ser seleccionados.

Existen varios métodos para obtener una muestra aleatoria. Se puede utilizar un computador o una calculadora gráfica. La actividad siguiente describe un método en el que se usa una calculadora gráfica para generar una muestra aleatoria. Como alternativa, se puede utilizar una tabla de números aleatorios.

Actividad

Uso de la calculadora Ti-84 para generar números aleatorios

Una alumna ha dividido un área de 50 m² en 25 cuadrantes y quiere seleccionar tres cuadrantes aleatoriamente, sin sesgos. Decide usar su calculadora para que le seleccione aleatoriamente los cuadrantes.

Los tres primeros pasos siguientes pueden verse en la pantalla 1.

1 En la Ti-84, se pulsa el botón **MATH**.

2 Se desplaza el cursor hasta la opción **PRB**.

3 Se pulsa 5 para seleccionar **randInt**.

Los pasos 4 y 5 pueden verse en la pantalla 2.

4 Se escribe 1 como el número más bajo, 25 como el número más alto y 3 como número de cuadrantes. El botón de la coma está encima del número 7.

5 Se pulsa **enter**. La calculadora selecciona los cuadrantes 8, 13 y 11. Nótese que tres cuadrantes pueden no ser suficientes para representar toda el área.

Pantalla 1 · Pantalla 2

▲ Figura 1

Índice de Lincoln

Uso del método de captura-marcado-liberación-recaptura para estimar el tamaño de la población de una especie animal

Una técnica de muestreo utilizada para determinar la densidad de una población es el índice de Lincoln o método de captura-marcado-liberación-recaptura.

1 Capturar tantos individuos como sea posible en el área ocupada por la población, usando redes o trampas, o buscando cuidadosamente.

por ejemplo, buscar cuidadosamente caracoles rayados (*Cepaea nemoralis*)

2 Marcar cada individuo, sin hacerlo más visible a los depredadores.

por ejemplo, marcar el interior de la concha del caracol con un punto de pintura no tóxica

▲ Figura 2

3 Liberar todos los individuos marcados y dejar que vuelvan a acomodarse a su hábitat.

4 Recapturar tantos individuos como sea posible y contar cuántos están marcados y cuántos no.

24 marcados

16 no marcados

5 Estimar el tamaño de la población usando el índice de Lincoln:

$$\text{tamaño de la población} = \frac{n_1 \times n_2}{n_3}$$

n_1 = número de capturados y marcados inicialmente
n_2 = número total de capturados la segunda vez
n_3 = número de individuos marcados recapturados

Estimación de las poblaciones de peces comerciales

Análisis del efecto del tamaño de la población, la edad y el estado reproductivo sobre las prácticas de pesca sustentable.

Los peces son una importante fuente de alimento. Como se puede acceder a ellos libremente en alta mar, los incentivos para su conservación son limitados.

Para poder gestionar la pesca, es importante tener datos claros sobre las poblaciones de peces. El concepto de máximo rendimiento sustentable está relacionado con la curva de crecimiento sigmoidal. Cuando el tamaño de una población es pequeño, la tasa de crecimiento de la población aumentará hasta que la resistencia ambiental comience a limitar el tamaño de la población. En el punto 2 del gráfico de la figura 3, la población está creciendo a la tasa máxima. Este es el punto en que se da el máximo rendimiento sustentable. Si los peces se capturaran al mismo ritmo, la pesca podría continuar indefinidamente.

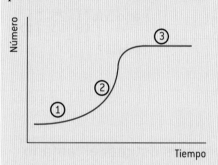

▲ Figura 3 Curva de crecimiento de la población

La figura 4 muestra un gráfico del rendimiento sustentable en relación con la intensidad de la pesca. Si no se pesca, el rendimiento es cero. Si la intensidad de la pesca es muy elevada, la población de peces puede llegar a extinguirse y el rendimiento entonces sería cero. El máximo de la curva de la figura 4 correspondería al punto 2 de la curva con forma de S en la figura 3.

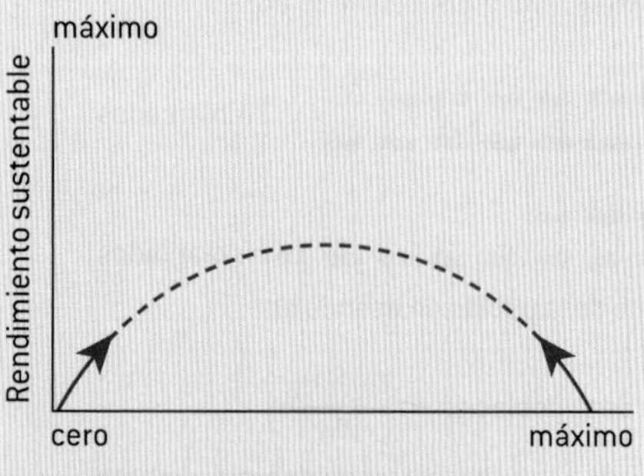

▲ Figura 4 Intensidad de la pesca

Si una población crece, el número relativo de peces más jóvenes será mayor. Si una población se reduce, la proporción de peces mayores será más elevada. Para determinar los niveles de captura sustentables, además del tamaño de la población es importante conocer la estructura de edad de la población. La figura 5 muestra un otolito (hueso del oído) de un pez en la mano de un técnico. Los otolitos contienen anillos similares a los de un árbol, que pueden usarse para determinar la edad de los peces.

▲ Figura 5

Hay una serie de prácticas de pesca sustentable en función del tamaño de la población. La mayoría de las prácticas dependen de la cooperación internacional.

● Existen restricciones a la captura de peces más jóvenes. Los reglamentos o acuerdos internacionales a menudo determinan el tamaño de malla de la red para que los ejemplares más jóvenes puedan escapar.

● Para las especies con bajas reservas se acuerdan cuotas de pesca, y para todas las especies en peligro de extinción se declaran moratorias de pesca.

● Con frecuencia se declaran vedas para que los peces puedan criar sin perturbaciones y se acuerdan zonas de exclusión en las que está prohibido cualquier tipo de pesca.

● A menudo se prohíben los métodos de pesca que son particularmente perjudiciales, como las redes de enmalle de deriva, que capturan muchas más especies de peces de las que se persigue.

Evaluación de los métodos para determinar el tamaño de una población

Evaluación de los métodos usados para estimar el tamaño de las reservas comerciales de los recursos marinos

El primer paso en la conservación de los peces es estimar con fiabilidad las reservas. Esto es difícil en el caso de las especies marinas porque la mayoría de los peces son muy móviles y no están distribuidos uniformemente; por tanto, los métodos de muestreo aleatorio son ineficaces. Los métodos de captura-marcado-liberación-recaptura son útiles en lagos y ríos, pero el número de peces recapturados en el océano suele ser demasiado pequeño como para que las estimaciones sean fiables. En lagos y ríos, se puede aturdir a los peces temporalmente con una descarga eléctrica y luego contarlos, pero no así en el océano. Se pueden utilizar ecosondas para estimar el tamaño de los bancos de peces, pero muchas especies no forman bancos. Una

forma común de estimar las reservas se basa en datos obtenidos de las capturas de pescado. La estructura de edad de los peces capturados puede usarse para estimar el tamaño de la población. Se cuenta el número de peces de cada edad de la especie objetivo. De ahí se pueden deducir las tasas de desove, a partir de las cuales se pueden hacer estimaciones del total. Quienes infringen las normas impuestas para controlar la edad del pescado capturado no suelen informar de lo que han pescado o descartan como captura incidental los peces que no debieron pescar antes de llegar a puerto. En estos casos, el uso de la estructura de edad como método para estimar las reservas de peces puede dar lugar a estimaciones sesgadas.

La curva de crecimiento de la población en forma de J

El patrón de crecimiento exponencial se da en un medio ambiente ideal sin límites.

Si una población experimenta condiciones ideales, crecerá exponencialmente. El gráfico del tamaño de la población en función del tiempo tendrá forma de J (figura 6).

La figura 7 muestra el crecimiento de la población de un cultivo del organismo unicelular *Paramecium aurelia*, mantenido en condiciones controladas con un suministro constante de alimento. El gráfico ilustra un patrón de crecimiento en forma de S llamado curva sigmoidal.

La curva sigmoidal es representativa de lo que sucede cuando una población coloniza un nuevo hábitat. Con un bajo nivel de resistencia ambiental al principio, la población crece exponencialmente. Después, cuando el medio ambiente empieza a ofrecer resistencia, la población alcanza un punto de transición en el que el crecimiento comienza a ralentizarse hasta llegar a la capacidad de carga.

Factores que influyen en el tamaño de la población

Las fases indicadas en la curva sigmoidal se pueden explicar en base a las tasas relativas de natalidad, mortalidad, inmigración y emigración.

Con una resistencia ambiental limitada, una población crece exponencialmente. En esta fase, la tasa de natalidad es mayor que la tasa de mortalidad.

▲ Figura 6

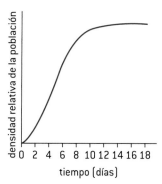

▲ Figura 7 Crecimiento de la población de un cultivo de *Paramecium aurelia*

A medida que aumenta la densidad de la población, varios factores dependientes de la densidad comienzan a limitar el crecimiento de la población. Entre tales factores limitantes están la competencia por los recursos, una acumulación de los subproductos tóxicos del metabolismo, un incremento de la depredación o un aumento de la incidencia de enfermedades. El resultado inicial es que la natalidad disminuye en relación con la mortalidad. Esta es la fase de transición en la curva, donde la pendiente comienza a reducirse. Es importante señalar que durante esta fase la población sigue creciendo. La fase estacionaria comienza cuando las tasas de mortalidad y natalidad se igualan.

Una variable importante que afecta al tamaño de la población es la migración. La inmigración aumenta el tamaño de una población. Por ejemplo, una isla que está cerca de tierra firme probablemente recibirá nuevos miembros de una población con regularidad gracias a la inmigración.

La emigración reduce el tamaño de una población. Se produce cuando los miembros de la población abandonan un área. El lemming común (*Lemmus lemmus*) es conocido por sus patrones de emigración desde hábitats pobres o áreas de alta densidad poblacional en temporadas con altos niveles de población.

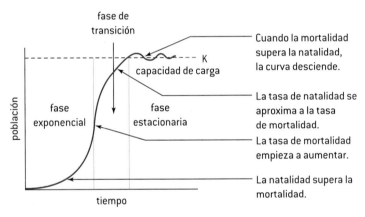

▲ Figura 8 Curva sigmoidal (en forma de S) de crecimiento de la población

Capacidad de carga

El crecimiento de la población se ralentiza conforme la población alcanza la capacidad de carga del medio ambiente.

El tamaño máximo de una población que un medio ambiente puede soportar es su capacidad de carga, que se representa con la variable K. En la curva sigmoidal de crecimiento, la población dejará de crecer cuando alcance la capacidad de carga, y las tasas de natalidad y mortalidad se igualarán. Esto se conoce como fase estacionaria de la curva sigmoidal. En este punto, la población a menudo se mantiene en equilibrio.

Sin embargo, algunos años puede verse un patrón de fuerte expansión y contracción en el que las poblaciones superan con creces la capacidad de carga. En estos casos, habrá tasas de mortalidad más altas que devolverán la población a la capacidad de carga del medio ambiente o la contraerán muy por debajo de la capacidad de carga.

Preguntas basadas en datos

Se liberaron dos machos y ocho hembras de faisán común en Protection Island. La figura 9 muestra cómo creció la población.

a) Explica los cambios en el tamaño de la población:

   i) En los primeros cuatro años   [3]

   ii) Del cuarto al sexto año   [3]

b) Predice, aportando razones, cómo habría evolucionado la población después del sexto año.   [4]

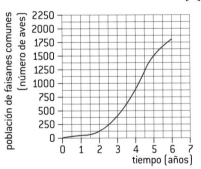

▲ Figura 9

Discusión de los factores que influyen en el crecimiento demográfico

Discusión del efecto de la natalidad, la mortalidad, la inmigración y la emigración sobre el tamaño de la población.

La curva logística de crecimiento es un modelo de crecimiento de la población que está algo idealizado.

Existen varias causas posibles de mortalidad:

- Vejez, o enfermedades relacionadas con la edad
- Depredación
- Enfermedad
- Lesiones
- Escasez de alimentos o agua
- Factores independientes de la densidad de población, como terremotos, erupciones volcánicas, incendios o tormentas

El impacto de la mortalidad en el crecimiento de la población depende de la edad del individuo, es decir, de si la muerte se produjo antes o después de la edad reproductiva. Mientras que los factores dependientes de la densidad de población tienden a afectar a los individuos muy jóvenes, los viejos y los débiles, los factores independientes de la

densidad afectan a todos por igual, incluidos los que están en su máximo potencial reproductivo.

La natalidad tiene un gran efecto en el tamaño de la población. Es importante conocer la estructura de edad cuando se registra la natalidad. El estado de salud y la edad pueden afectar a las tasas de natalidad de diferentes maneras. Para predecir si la natalidad subirá o bajará, es necesario conocer la estructura de edad de la población.

Si una población carece de diversidad genética, la resistencia ambiental puede tener un efecto desproporcionadamente negativo; por ejemplo, un número relativamente desproporcionado de individuos podría morir en una epidemia. La inmigración puede diversificar el acervo génico y hacer que algunos miembros de la población sobrevivan a la presión de selección. En el caso del lemming común, se ha observado que los individuos que emigran suelen ser más débiles e incapaces de defender el territorio; es decir, son los individuos con menor capacidad reproductiva.

Elaboración de un modelo de crecimiento de la población

Elaboración de un modelo de la curva de crecimiento a través de un organismo simple como, por ejemplo, una levadura o una especie de *Lemna*

El crecimiento poblacional se puede estudiar usando como modelo especies tales como la levadura (*Saccharomyces cerevisiae*) o la lenteja de agua (*Lemna* sp.).

La lenteja de agua (*Lemna* sp.) es una planta acuática sin tallo (figura 10). En cada planta crecen de una a cuatro estructuras parecidas a hojas llamadas talos. Las lentejas de agua se reproducen asexualmente mediante el crecimiento de nuevos talos a partir de talos más antiguos que, cuando alcanzan un cierto tamaño, se separan de la planta progenitora.

Se pueden realizar una serie de experimentos:

- ¿Cuál es la capacidad de carga de un recipiente determinado?

- ¿Cuáles son las condiciones ideales de luz, nutrientes o superficie del recipiente para el crecimiento de la población?

▲ Figura 10 Lentejas de agua (plantas acuáticas sin tallo) en un estanque junto con zapateros de agua que también viven en la superficie

Factores limitantes descendentes y ascendentes

Los factores limitantes pueden operar de forma descendente o ascendente.

Un factor limitante es una presión de selección del medio ambiente que limita el crecimiento de la población. Existen dos categorías de factores limitantes: descendentes y ascendentes.

Una población de un ecosistema puede verse afectada por la disponibilidad de recursos tales como los nutrientes, el alimento y el espacio. Todos estos factores son factores limitantes ascendentes.

La depredación es un factor limitante descendente.

Una especie clave ejerce una influencia descendente en su comunidad al evitar que las especies de niveles tróficos más bajos monopolicen recursos vitales, como el espacio o las fuentes de alimento.

🌐 Estudio de caso de factores limitantes ascendentes y descendentes

Control ascendente de proliferación de algas por escasez de nutrientes y control descendente por herbivorismo

La distinción entre el control ascendente y el descendente puede ilustrarse con el ejemplo de las algas marinas libres que crecen en las comunidades de arrecifes de coral. Las floraciones de algas libres pueden perturbar las comunidades de arrecifes de coral bloqueando la luz solar e impidiendo que las zooxantelas simbióticas realicen la fotosíntesis. Los ecosistemas de los arrecifes de coral suelen ser pobres en nutrientes. Esto explica la presión de selección que hace que las zooxantelas y el coral mantengan una relación simbiótica. La ausencia de nutrientes es un factor limitante ascendente para el crecimiento de la población de algas libres.

Los corales también están poblados por peces que se alimentan de algas libres y que limitan el crecimiento de estas. El pez loro se alimenta de las algas y, por tanto, tiene un efecto limitante descendente (figura 11).

El enriquecimiento en nutrientes como resultado de la actividad humana, conocido como eutrofización, puede tener un efecto ascendente en la acumulación de las poblaciones de algas. Las prácticas pesqueras que capturan peces herbívoros de los arrecifes de coral pueden tener un efecto descendente en las poblaciones de algas. La figura 12 resume los efectos de cada factor, así como de ambos factores conjuntamente, en las comunidades de arrecifes de coral.

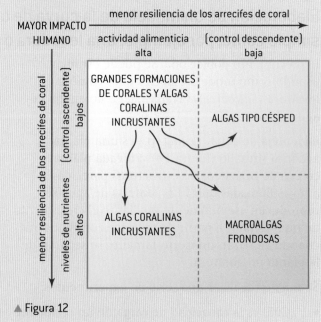

▲ Figura 12

▲ Figura 11 Los peces loro que se alimentan de algas son un ejemplo de un factor limitante descendente.

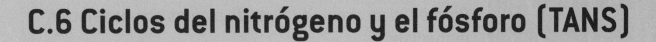

C.6 Ciclos del nitrógeno y el fósforo (TANS)

Comprensión

→ Las bacterias fijadoras de nitrógeno convierten el nitrógeno atmosférico en amoníaco.

→ *Rhizobium* se asocia a raíces de plantas en una relación mutualista.

→ Si no hay oxígeno, las bacterias desnitrificantes reducen el nitrato presente en el suelo.

→ Se puede añadir fósforo al ciclo del fósforo mediante la aplicación de fertilizante o eliminarlo al realizar la cosecha de los cultivos agrícolas.

→ La tasa de rotación en el ciclo del fósforo es mucho menor que en el ciclo del nitrógeno.

→ La disponibilidad de fosfatos puede llegar a ser un factor limitante para la agricultura en el futuro.

→ El lixiviado (lavado) de nutrientes minerales de las tierras agrícolas hasta los ríos causa una eutrofización y provoca una mayor demanda bioquímica de oxígeno.

Aplicaciones

→ Impacto de inundaciones de suelos sobre el ciclo del nitrógeno.

→ Las plantas insectívoras como una adaptación a la baja disponibilidad de nitrógeno en suelos anegados de agua.

Habilidades

→ Dibujo y rotulación de un diagrama del ciclo del nitrógeno.

→ Evaluación del contenido de nutrientes de una muestra de suelo.

Naturaleza de la ciencia

→ Evaluación de riesgos y beneficios de la investigación científica: las prácticas agrícolas pueden perturbar el ciclo del fósforo.

Fijación de nitrógeno

Las bacterias fijadoras de nitrógeno convierten el nitrógeno atmosférico en amoníaco.

La atmósfera tiene un 78% de gas nitrógeno en forma de la molécula diatómica N_2, pero el nitrógeno en esta forma no puede ser absorbido por las plantas.

Si no fuera por las bacterias que participan en el ciclo del nitrógeno, este elemento se convertiría rápidamente en un factor limitante de los ecosistemas. Las bacterias *Rhizobium* y *Azotobacter* pueden "fijar" el gas nitrógeno y convertirlo en amoníaco (NH_3), una forma que puede ser utilizada por los seres vivos. Una vez en esta forma, puede ser absorbido por las plantas y entrar así en las cadenas alimenticias. Otras bacterias convierten el amoníaco en nitratos, otra forma de nitrógeno biodisponible.

▲ Figura 1 Nódulos en raíces del trébol

▲ Figura 2 Micrografía electrónica de barrido de un nódulo de una raíz

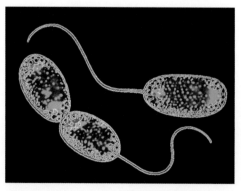

▲ Figura 3 Bacterias *Nitrobacter*

Fijación de nitrógeno por *Rhizobium*

Rhizobium se asocia a raíces de plantas en una relación mutualista.

Las bacterias del género *Rhizobium* convierten el nitrógeno atmosférico en una forma orgánica utilizable. Estas bacterias no suelen estar libres, sino que mantienen una estrecha asociación simbiótica con las raíces de plantas como las leguminosas. Como ambos organismos se benefician, esta simbiosis es un ejemplo de mutualismo.

La figura 1 es una fotografía de nódulos en las raíces del trébol blanco (*Trifolium repens*) causados por las bacterias fijadoras de nitrógeno *Rhizobium trifolii*. Las bacterias convierten (fijan) el nitrógeno atmosférico que hay en el suelo en amoníaco (NH_3). La planta huésped no puede realizar este proceso por sí misma, pero es esencial para la producción de aminoácidos, que son los componentes básicos de las proteínas. A cambio, la planta proporciona a las bacterias glúcidos producidos durante la fotosíntesis para que los usen como fuente de energía.

Las bacterias *Rhizobium* infectan la planta a través de los pelos radicales, formando un hilo de infección que las desplaza desde el punto de entrada hasta el nódulo. Una vez que están dentro del nódulo, se dividen repetidamente y se hinchan. La micrografía electrónica de barrido de la figura 2 muestra que el exterior del nódulo está compuesto de tejido vegetal.

Desnitrificación

Si no hay oxígeno, las bacterias desnitrificantes reducen el nitrato presente en el suelo.

El amoníaco producido por la fijación de nitrógeno es convertido en nitrito (NO_2^-) por bacterias del género *Nitrosomonas*. Estas bacterias tienen una membrana doble y utilizan los electrones de la oxidación del amoníaco para producir energía. Los nitritos se producen a partir de esta oxidación. La energía se utiliza para fijar dióxido de carbono en moléculas de carbono orgánico. Esto significa que las bacterias *Nitrosomonas* son quimioautótrofos, ya que usan la energía encontrada en la molécula inorgánica de amoníaco.

Las bacterias del género *Nitrobacter* (figura 3) convierten los nitritos en nitratos. Las bacterias *Nitrobacter* son un ejemplo de quimioautótrofos, ya que obtienen energía de los nitritos, que son compuestos inorgánicos. Oxidan los nitritos como fuente de energía para fijar el carbono y los convierten en nitratos. El nitrato es una forma de nitrógeno que es biodisponible para las plantas.

La desnitrificación es la reducción de nitrato (NO_3^-) a nitrógeno (N_2). Las bacterias desnitrificantes, como *Pseudomonas denitrificans*, pueden utilizar oxígeno como aceptor de electrones. Sin embargo, cuando el oxígeno escasea, las bacterias desnitrificantes utilizan nitrato en lugar de O_2 como aceptor de electrones en el transporte de electrones, liberando nitrógeno gaseoso como producto.

Cuando esto ocurre, se reduce la biodisponibilidad de nitrógeno en el ecosistema.

Resumen del ciclo del nitrógeno

Dibujo y rotulación de un diagrama del ciclo del nitrógeno.

El ciclo del nitrógeno es un ejemplo de un ciclo de nutrientes. En los diagramas de ciclos de nutrientes, también llamados diagramas de flujo de sistemas, se representan tres cosas: reservorios, flujos y procesos (elementos tales como los desechos, la biomasa y la atmósfera se consideran reservorios porque representan concentraciones o acumulaciones de los nutrientes). Los reservorios generalmente se representan mediante formas y, en algunos diagramas de flujo de sistemas, el tamaño de las formas varía para indicar la cantidad de nutrientes.

Se utilizan flechas para indicar la dirección de los flujos de los nutrientes. En algunos diagramas de ciclos de nutrientes, el grosor de las flechas indica la tasa de flujo.

Los procesos se suelen escribir sobre las flechas de flujo.

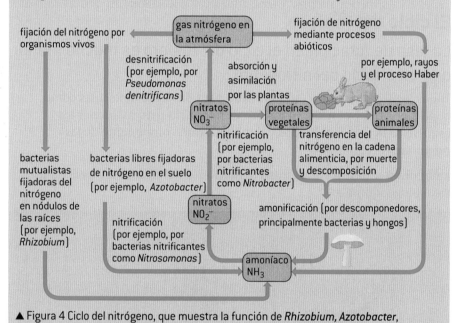

▲ Figura 4 Ciclo del nitrógeno, que muestra la función de *Rhizobium*, *Azotobacter*, *Nitrosomonas*, *Nitrobacter* y *Pseudomonas denitrificans*

 ## Las inundaciones producen la desnitrificación de los suelos

Impacto de inundaciones de suelos sobre el ciclo del nitrógeno

Los suelos pueden quedar anegados de agua a causa de inundaciones o riego con poco drenaje. El oxígeno escasea en los suelos anegados de agua, lo que disminuye la aireación y favorece el proceso de desnitrificación por *Pseudomonas*.

El riego excesivo puede causar dos problemas relacionados con el ciclo del nitrógeno. Si el exceso de agua fluye como escorrentía desde la zona de cultivo hasta corrientes de agua, el enriquecimiento en nutrientes de la corriente de agua puede dar lugar a eutrofización, un problema que trataremos más adelante en este subtema. En segundo lugar, la inundación de los suelos puede causar la pérdida del nitrógeno biodisponible mediante la desnitrificación.

 ## Las plantas carnívoras están adaptadas a suelos con bajos niveles de nitrógeno

Las plantas insectívoras como una adaptación a la baja disponibilidad de nitrógeno en suelos anegados de agua

Los humedales, como los pantanos y las ciénagas, tienen suelos permanentemente anegados de agua y, por tanto, deficientes en nitrógeno.

Una adaptación de las plantas de las ciénagas es convertirse en "carnívoras" y obtener nitrógeno mediante la digestión extracelular de insectos.

En la figura 5, una mosca ha sido atraída por las gotitas que hay en las puntas de los tentáculos que se proyectan desde la superficie foliar. Los insectos se quedan pegados a las puntas de los tentáculos más largos, que se doblan hacia adentro, llevando el insecto hacia los tentáculos más cortos. Los tentáculos segregan enzimas para digerir el insecto, y los productos de la digestión son absorbidos por la hoja. Cabe señalar que la planta no es verdaderamente carnívora, ya que obtiene su energía y carbono de la fotosíntesis en lugar de los tejidos del insecto.

▲ Figura 5 Mosca capturada por la hoja de la planta carnívora drosera (*Drosera rotundifolia*)

El ciclo del fósforo

La tasa de rotación en el ciclo del fósforo es mucho menor que en el ciclo del nitrógeno.

Todos los seres vivos necesitan fósforo para producir moléculas como el ATP, el ADN y el ARN. El fósforo es necesario para mantener los esqueletos de los vertebrados y también es un componente de las membranas celulares.

La figura 6 muestra varias transformaciones del fósforo a través de un ciclo biogeoquímico.

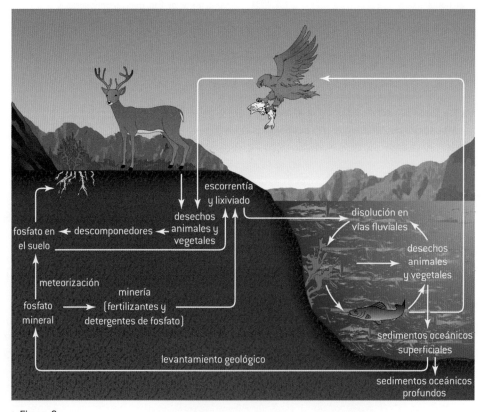

▲ Figura 6

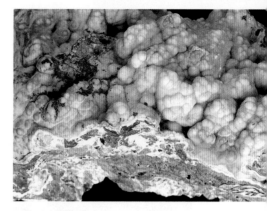

La fosforita (figura 7) es una roca sedimentaria con altos niveles de minerales que contienen fosfato. La meteorización y la erosión de esta roca liberan fosfatos al suelo. El fósforo en forma de fosfatos es fácil de absorber por las plantas, y entra así en las cadenas alimenticias.

Las mayores reservas de fosfato están en los sedimentos marinos y en los depósitos minerales.

La tasa de rotación es la cantidad de fósforo que se libera de un reservorio a otro por unidad de tiempo. El fosfato se libera lentamente a los ecosistemas mediante la meteorización y, por tanto, su tasa de rotación es relativamente baja en comparación con el nitrógeno.

▲ Figura 7 Fosforita

Efecto de la agricultura en el fósforo del suelo

Se puede añadir fósforo al ciclo del fósforo mediante la aplicación de fertilizante o eliminarlo al realizar la cosecha de los cultivos agrícolas.

La actividad humana afecta al ciclo del fósforo. El fosfato se explota en las minas y se convierte en fertilizantes de fosfato que después son transportados a grandes distancias y añadidos a los cultivos. El fósforo en la biomasa de los cultivos pasa de los campos de una zona a los mercados de otras zonas.

La anegación de los campos de regadío con poco drenaje puede disolver el fosfato, y la escorrentía con fosfato de los fertilizantes puede contribuir a la eutrofización de las aguas.

El pico del fósforo

La disponibilidad de fosfatos puede llegar a ser un factor limitante para la agricultura en el futuro.

El agotamiento de las reservas de fosfatos es motivo de preocupación debido al papel que desempeñan como fertilizante en la agricultura intensiva moderna. El pico del fósforo es el momento en el que la tasa de producción global de fosfatos alcanzará su máximo y empezará a disminuir a causa del agotamiento de las reservas. La figura 8 muestra un gráfico de la producción mundial de fosfato mineral desde 1900 hasta 2009 según el Servicio Geológico de los Estados Unidos. Este gráfico indica que el pico de producción de fósforo se está acercando.

Hay desacuerdo sobre el tamaño de las reservas de fosfato mineral disponibles, aunque muchos coinciden en que dentro de 50 a 100 años el problema será grave.

Sin el uso de fertilizantes, ciertamente el resultado sería una hambruna porque se desplomaría la producción agrícola por unidad de tierra de cultivo. No existen fuentes de fosfatos alternativas y no hay manera de crearlo

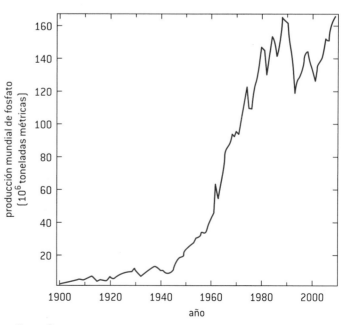

▲ Figura 8

sintéticamente, a diferencia del amoníaco que se puede crear mediante la conversión industrial de grandes cantidades de nitrógeno atmosférico. La exploración de formas alternativas de practicar la agricultura y conservar los nutrientes es una solución posible.

▲ Figura 9 Floración de algas en marismas junto al estuario del río Támesis, Londres (Reino Unido)

Eutrofización y demanda bioquímica de oxígeno

El lixiviado (lavado) de nutrientes minerales de las tierras agrícolas hasta los ríos causa una eutrofización y provoca una mayor demanda bioquímica de oxígeno.

Cuando llueve sobre las tierras agrícolas, los nutrientes solubles en agua que se añaden a las cosechas, como los fosfatos y los nitratos, pueden disolverse y la escorrentía resultante puede transportarlos a arroyos y otras corrientes de agua. Además de los nutrientes provenientes de cultivos, los nutrientes del estiércol y la orina del ganado pueden contribuir al enriquecimiento en nutrientes de las aguas.

El enriquecimiento en nutrientes del agua se conoce como eutrofización. Los nutrientes favorecen las proliferaciones o floraciones de algas en la superficie (figura 9), que impiden que la luz llegue a las plantas que están por debajo.

Cuando las algas y las plantas que están por debajo mueren, se produce una pérdida de oxígeno debida a la acción bacteriana sobre la materia orgánica muerta. Esto se denomina demanda bioquímica de oxígeno (DBO). Cuanto mayor es la demanda bioquímica de oxígeno, más "anóxicas" se vuelven las aguas y más limitante el hábitat para ciertas especies de peces.

La eutrofización también puede ocurrir a causa del vertido de aguas residuales no tratadas.

Preguntas basadas en datos: Vertido de aguas residuales en un río

La figura 10 muestra los cambios en los factores bióticos y abióticos en función de la distancia de un desagüe de aguas residuales no tratadas en un río.

1 Resume la relación entre la distancia del desagüe de aguas residuales no tratadas y:

  a) El número de bacterias [2]
  b) Las concentraciones de oxígeno [2]
  c) El número de algas [2]

2 Explica la relación entre:

  a) El número de bacterias y las concentraciones de oxígeno [2]
  b) El número de algas y las concentraciones de nitrato [2]
  c) El número de algas y las concentraciones de oxígeno [2]

3 Predice, aportando razones, los cambios en la DBO a medida que el río fluye desde el desagüe de las aguas residuales. [3]

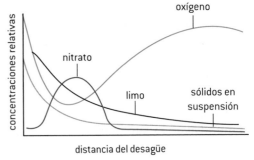
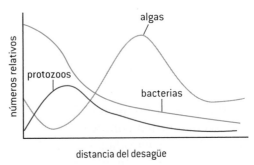

▲ Figura 10

Soluciones a las perturbaciones del ciclo del fósforo

Evaluación de riesgos y beneficios de la investigación científica: las prácticas agrícolas pueden perturbar el ciclo del fósforo.

En la agricultura moderna, los productos cosechados se distribuyen a mercados que están fuera del ecosistema. Como consecuencia, los nutrientes, incluidos los fosfatos, se eliminan del campo en la biomasa de los cultivos y deben reemplazarse mediante la adición de fertilizantes. Con el crecimiento demográfico y el aumento de la riqueza, la demanda de alimentos ejerce una presión cada vez mayor sobre las tierras agrícolas. Cada vez se usan más medios para aumentar la producción de una misma parcela de tierra. Esto se conoce como agricultura intensiva y requiere cantidades aún mayores de fertilizantes. Las preocupaciones sobre la futura escasez de las reservas de fosfatos (véase la sección sobre el pico del fósforo), así como la contaminación por los fertilizantes (véase la sección sobre la eutrofización), están obligando a los científicos a buscar soluciones.

Una posible solución al problema de disponibilidad del fósforo es recuperarlo de las aguas residuales. Una persona excreta anualmente entre 200 y 1.000 gramos de fósforo en la orina. Muchos detergentes también contienen fosfatos que contribuyen a la carga de fosfatos en las plantas de tratamiento de aguas residuales, aunque los detergentes con composiciones alternativas han reducido este problema.

Una solución biológica sería añadir a los sedimentos que se forman en las plantas de tratamiento de aguas residuales determinados grupos de bacterias que acumulan selectivamente el fósforo. Esta combinación de sedimentos y bacterias podría extraerse y utilizarse como fertilizante.

El fósforo también se puede extraer por precipitación química, haciéndolo insoluble con alumbre o cloruro férrico. Este proceso puede dar lugar a una mayor cantidad de sedimentos y, además, los productos químicos son caros,

pero es más sencillo que la solución biológica y proporciona mayores cantidades de fosfatos.

La producción ganadera puede causar un problema adicional con respecto al ciclo del fósforo. La escorrentía que entra en contacto con el estiércol de las granjas podría producir contaminación por fosfatos y eutrofización.

La modificación genética de organismos es muy cara, así que es probable que solo se haga si reporta claros beneficios. Los cerdos transgénicos (Enviropigs®) se han propuesto como una solución al problema de la contaminación por fosfatos. Estos cerdos han sido modificados genéticamente con el ADN de la bacteria *E. coli* para producir fitasa en su saliva. Esta enzima digiere el fitato de la comida de los cerdos, que normalmente es insoluble, facilitando la absorción de más fosfatos por el cerdo y, por tanto, reduciendo la cantidad expulsada en el estiércol.

Beneficios	Posibles efectos perjudiciales
1. Menos fósforo expulsado al ambiente en el estiércol de cerdo.	1. Las trazas de fitasa en la carne de cerdo podrían causar alergias en los consumidores humanos.
2. Menor riesgo de deficiencia de fósforo en los cerdos en crecimiento.	2. El gen de la fitasa podría pasar a especies silvestres por cruzamiento.
3. Menor gasto de las reservas mundiales de fosfato mineral para usarlo como suplemento dietético en la alimentación de los cerdos.	3. La modificación genética podría causar sufrimiento a los cerdos de alguna manera inesperada o difícil de detectar.

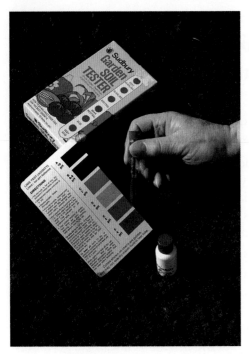

▲ Figura 11

⚗ Análisis de suelos

Evaluación del contenido de nutrientes de una muestra de suelo

Las tiendas de jardinería normalmente venden productos para evaluar la calidad del suelo. Este proceso implica añadir a una muestra de suelo un producto químico que reacciona con los nutrientes. Se produce un color que puede compararse visualmente con una escala, o la concentración puede cuantificarse con un colorímetro (figura 11). Actualmente existen aplicaciones gratuitas (por ejemplo Kali-Toolbox) para teléfonos digitales o tabletas que permiten identificar directamente en el campo de cultivo los síntomas de deficiencia.

La deficiencia de nutrientes en el suelo a menudo produce unos signos característicos en las hojas. La figura 12 resume algunos de estos signos característicos.

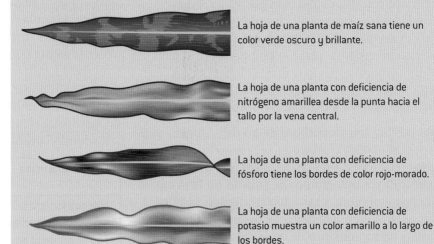

La hoja de una planta de maíz sana tiene un color verde oscuro y brillante.

La hoja de una planta con deficiencia de nitrógeno amarillea desde la punta hacia el tallo por la vena central.

La hoja de una planta con deficiencia de fósforo tiene los bordes de color rojo-morado.

La hoja de una planta con deficiencia de potasio muestra un color amarillo a lo largo de los bordes.

▲ Figura 12

Teoría del Conocimiento

¿Cómo mejora la tecnología nuestra capacidad para conocer el mundo?

El método original de la colorimetría consistía en comparar visualmente una muestra con una escala de color conocida. Sin embargo, la subjetividad de la percepción del experimentador, las diferentes fuentes de luz y la decoloración de las escalas limitan la precisión y fiabilidad de los resultados.

En 1931, la Commission Internationale de l'Eclairage desarrolló un sistema para cuantificar la luz que perciben los seres humanos. Este sistema establece correspondencias entre los tres colores primarios que componen todos los colores y tres valores, llamados valores triestímulo, que coinciden aproximadamente con el rojo, el azul y el verde. Todo color visible puede cuantificarse usando estos tres valores, lo que ha hecho posible medir y comparar colores objetivamente. Se puede utilizar un colorímetro o espectrofotómetro para medir la cantidad de luz absorbida por una muestra coloreada en comparación con una muestra incolora. Hoy en día existen aplicaciones para teléfonos móviles que miden los valores triestímulo, lo que hace aún más accesible la cuantificación del color.

Preguntas

1 *Lecanora muralis* es una especie de liquen que crece en paredes y techos en el noroeste de Europa. En 1976, un grupo de ecólogos realizó un estudio de la distribución de *L. muralis* en una zona de Leeds, una ciudad industrial en el norte de Inglaterra. La dirección del viento en esta zona es variable y los niveles de contaminación del aire disminuyen desde el centro de la ciudad hacia el exterior. El liquen *L. muralis* se encontró en tres tipos de hábitats:

- Bloques de piedra arenisca usados para construir la parte superior de las paredes

- Muros construidos con cemento u hormigón

- Techos de cemento de amianto

Al igual que otros muchos líquenes, esta especie no tolera altos niveles de dióxido de azufre, un gas ácido que es un componente principal de la lluvia ácida. Los materiales alcalinos, como el cemento y el hormigón, pueden neutralizar la lluvia ácida. Los resultados del estudio se muestran en el siguiente mapa. *L. muralis* se encontró al norte de las líneas trazadas en el mapa para cada tipo de hábitat. Cada cuadrícula representa un 1 km de distancia.

afueras de la ciudad   arenisca

cemento u hormigón
cemento de amianto

centro de la ciudad

Fuente: Gilbert, O. *Lichens.* Harper Collins, 2000. P. 56.

a) (i) Deduce qué tipo de hábitat permite a *L. muralis* tolerar el nivel más alto de contaminación por dióxido de azufre. Aporta una razón para tu respuesta. [2]

(ii) Sugiere una razón de las diferencias de tolerancia entre los tipos de hábitats. [1]

b) Explica el valor de un estudio de este tipo, sobre todo si se repite a intervalos regulares. [3]

2 El proyecto del ecosistema del bosque boreal de Kluane consistió en manipular a gran escala los alimentos y los depredadores de la población de ardilla árticas (*Spermophilus parryii plesius*) durante diez años con fines experimentales.

Se establecieron tres áreas:

- Un área a la que se añadieron alimentos

- Un área de exclusión de depredadores

- Un área a la que se añadieron alimentos, confinada dentro del área de exclusión de depredadores

Se realizó un seguimiento en estas áreas desde 1986 hasta 1996. En la primavera de 1996 se desmantelaron todas las cercas y se dejó de añadir alimentos.

Desde la primavera de 1996 hasta la primavera de 1998, se realizó otro experimento de marcado-recaptura en primavera y en verano para estimar la población de las ardillas. Abajo se muestran los resultados de estos dos años. Los rótulos de cada área indican las condiciones impuestas durante los diez años anteriores.

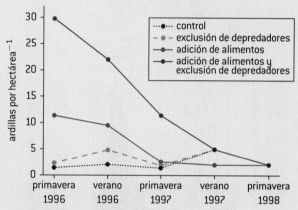

Fuente: Karels *et al. Nature.* 2000. 408, p. 460–463.

a) Indica la población de ardillas en el área de adición de alimentos y exclusión de depredadores en la primavera de 1996. [1]

b) Describe el efecto que tuvo dejar de añadir alimentos en la población de ardillas. [2]

c) Los científicos creían que el número de ardillas en los bosques boreales estaba limitado por una combinación de alimento y depredadores que actuaba principalmente mediante cambios en la reproducción. Basándote en los datos, discute esta hipótesis. [3]

3 Se ha observado la destrucción de lechos de hierbas y algas marinas submareales e intermareales en una amplia zona geográfica. La eliminación de erizos de mar (*Strongylocentrotus* sp.) como parte de experimentos y a causa de vertidos de petróleo accidentales ha provocado un rápido desarrollo de la vegetación marina. La presencia y ausencia de lechos de algas marinas tiene un efecto considerable en la estructura de la comunidad marina.

Se realizó un estudio en dos de las islas Aleutianas con y sin nutrias marinas (*Enhydra lutris*): la isla Amchitka con nutrias y la isla Shemya sin nutrias. Se midió la biomasa, la densidad y el tamaño de los erizos de mar. La densidad y la biomasa se registraron por cada 0,25 m².

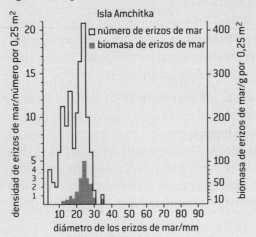

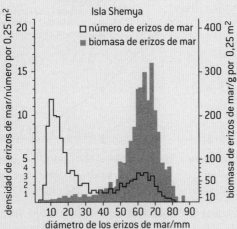

Fuente: ESTES, J. A.; PALMISANO, J. F. *Science*. 1974. 185, p. 1058–1060. © 1974 AAAS. Reproducido con autorización.

a) (i) Indica el diámetro de los erizos de mar con la biomasa más frecuente en la isla Amchitka. [1]

(ii) Sugiere, aportando una razón, qué isla tendría los erizos de mar de mayor edad. [1]

b) Compara las densidades y la biomasa de los erizos de mar en la isla Shemya y en la isla Amchitka. [2]

c) Deduce el nivel trófico de los erizos de mar en esta comunidad marina. [1]

d) Explica las diferencias observadas entre las poblaciones de erizos de mar de las dos islas. [2]

4 El cangrejo cacerola de las Molucas (*Limulus polyphemus*) deposita sus huevos en la arena de las playas en la zona intermareal. Selecciona el sitio de anidación más allá de la línea media

de pleamar, en función de la concentración de oxígeno y la temperatura de la arena. Se evaluó el desarrollo de los huevos después de 10 días y se registró usando una unidad arbitraria; cuanto mayor es el valor, más desarrollados estaban los huevos. La distancia "0 m" de la playa es respecto de la línea media de pleamar.

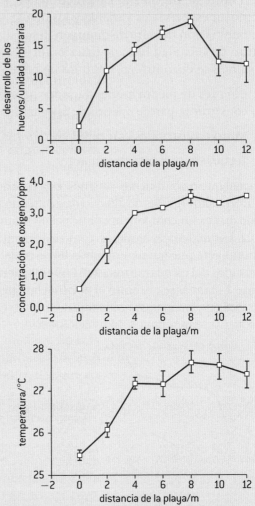

Fuente: PENN; BROCKMANN. *Biological Bulletin*. 1994. 187, p. 373–384. Reproducido con autorización de Marine Biological Laboratory, Woods Hole, MA.

a) Indica la distancia óptima desde la línea de pleamar para depositar los huevos. [1]

b) Describe el efecto de la concentración de oxígeno y la temperatura en el desarrollo de los huevos. [2]

c) Los científicos creen que el desarrollo de los huevos estuvo influido por la concentración de oxígeno, la temperatura de la arena y la distancia desde la línea media de pleamar.

(i) Evalúa este estudio con respecto a estos tres factores. [2]

(ii) Indica **otro** factor que podría influir en el desarrollo de los huevos. [1]

FISIOLOGÍA HUMANA

Introducción

La salud humana depende del buen funcionamiento de mecanismos fisiológicos. El estudio de las enfermedades ayuda a entender cuál es la fisiología normal y cómo se pueden desarrollar tratamientos. En la homeostasis intervienen numerosos mecanismos fisiológicos. Para lograr un estado de equilibrio, es necesario segregar hormonas a un ritmo variable.

Se necesita una dieta equilibrada, cuya digestión es regulada por mecanismos nerviosos y hormonales. La composición química de la sangre es regulada por el hígado. El funcionamiento del corazón es regulado por factores internos y externos. Los glóbulos rojos transportan gases respiratorios y estos gases influyen en el pH de la sangre.

D.1 Nutrición humana

Comprensión

→ Los nutrientes esenciales no pueden ser sintetizados por el cuerpo, por lo que deben incluirse en la dieta.

→ Los minerales de la dieta son elementos químicos esenciales.

→ Las vitaminas son compuestos de carbono de distinta naturaleza química que no pueden ser sintetizados por el cuerpo.

→ Algunos ácidos grasos y algunos aminoácidos son esenciales.

→ La falta de aminoácidos esenciales afecta a la producción de proteínas.

→ La malnutrición puede estar causada por una deficiencia, un desequilibrio o un exceso de nutrientes en la dieta.

→ El apetito es controlado por un centro localizado en el hipotálamo.

→ Las personas con sobrepeso tienen mayor probabilidad de sufrir hipertensión y diabetes de tipo II.

→ La inanición puede provocar el deterioro de tejidos corporales.

Aplicaciones

→ Algunos mamíferos producen ácido ascórbico, pero otros no lo hacen; por este motivo, estos últimos necesitan incorporarlo a su dieta.

→ Causa y tratamiento de la fenilcetonuria (PKU).

→ La falta de vitamina D o de calcio puede causar desmineralización de los huesos y raquitismo u osteomalacia.

→ Atrofia del músculo cardíaco debido a anorexia.

→ El colesterol en sangre como un indicador del riesgo de enfermedad cardíaca coronaria.

Habilidades

→ Determinación del contenido energético de los alimentos por combustión.

→ Uso de bases de datos del contenido nutricional de alimentos y de software adecuado para calcular la ingesta de nutrientes esenciales de una dieta diaria.

Naturaleza de la ciencia

→ Refutación de teorías, donde una teoría es reemplazada por otra: se pensaba que el escorbuto era específico de los seres humanos, ya que fracasaron por completo los intentos de provocar los síntomas en ratas y ratones de laboratorio.

Nutrientes esenciales

Los nutrientes esenciales no pueden ser sintetizados por el cuerpo, por lo que deben incluirse en la dieta.

Los nutrientes son sustancias químicas que se encuentra en los alimentos y se utilizan en el cuerpo humano. Algunos nutrientes son **esenciales** en la dieta humana porque solo pueden obtenerse de los alimentos. Estos nutrientes incluyen algunos aminoácidos, algunos ácidos grasos insaturados, algunos minerales, el calcio, las vitaminas y el agua.

Otros nutrientes son **no esenciales** porque se puede utilizar otro nutriente con el mismo propósito o porque pueden sintetizarse en el cuerpo a partir de otros nutrientes. La glucosa, el almidón y otros glúcidos son no esenciales porque, aunque se utilizan en la respiración celular para producir energía, se pueden usar lípidos en su lugar.

Algunos nutrientes esenciales solo son esenciales condicionalmente. En los adultos, el metabolismo de las bacterias simbióticas que hay en el intestino produce vitamina K. Como los bebés al nacer no tienen colonias de estas bacterias, a menudo reciben una inyección de vitamina K suplementaria.

 El ácido ascórbico es un nutriente esencial para algunos animales

Algunos mamíferos producen ácido ascórbico, pero otros no lo hacen; por este motivo, estos últimos necesitan incorporarlo a su dieta.

La vitamina C es un compuesto llamado ácido ascórbico que se necesita para sintetizar las fibras de colágeno que forman parte de muchos tejidos del cuerpo, incluida la piel y las paredes de los vasos sanguíneos. La inmensa mayoría de las plantas y los animales, incluida la mayoría de los mamíferos, puede sintetizar la vitamina C. La figura 1 muestra la ruta mediante la cual los vertebrados sintetizan esta vitamina.

En la historia evolutiva, se han producido varias veces mutaciones que han hecho que los genes pierdan la capacidad de producir la proteína necesaria para sintetizar la vitamina C (véase la figura 2). En todos los casos estudiados hasta ahora, la incapacidad de sintetizar la vitamina C se debe a mutaciones en el gen GLO que codifica la producción de la enzima L-gulono-γ-lactona oxidasa. En la figura 1, esta es la enzima que cataliza la reacción final de la ruta.

Un grupo de peces llamados teleósteos ha perdido la capacidad de producir la vitamina C. El bacalao, el salmón y el arenque son ejemplos de peces de este diverso grupo. La mayoría de los mamíferos puede sintetizar la vitamina C (por ejemplo, los carnívoros, como los perros y los gatos). Sin embargo, muchos primates, incluidos los seres humanos, los chimpancés y los monos, no pueden sintetizar esta vitamina, aunque los primates más primitivos (por ejemplo, los loris y los lémures) sí pueden. Solo unas pocas especies de murciélagos pueden sintetizar la vitamina C.

La deficiencia de vitamina C causa una variedad de síntomas que se conocen colectivamente como escorbuto. Los síntomas del escorbuto pueden aliviarse con la dieta, ingiriendo fuentes de ácido ascórbico.

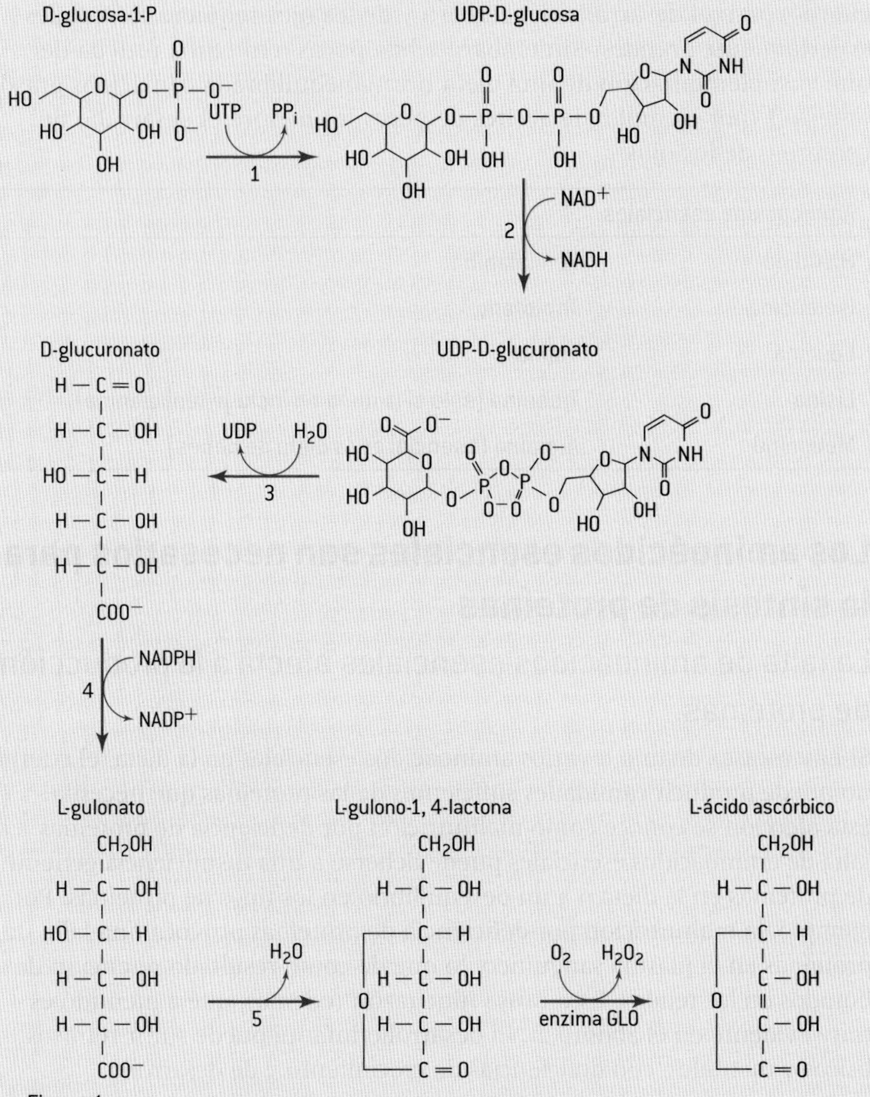

▲ Figura 1

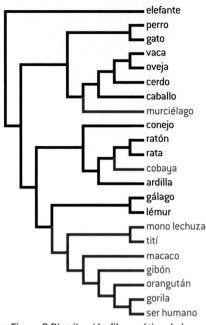

▲ Figura 2 Distribución filogenética de la capacidad de sintetizar la vitamina C en mamíferos. Las líneas capaces de sintetizar la vitamina C se muestran en negro y las que no son capaces en morado.

Ácidos grasos y aminoácidos esenciales

Algunos ácidos grasos y algunos aminoácidos son esenciales.

De los 20 aminoácidos de las proteínas, alrededor de la mitad son esenciales para los seres humanos porque no pueden sintetizarlos en cantidades suficientes, pero la otra mitad puede sintetizarse usando compuestos nitrogenados más simples. La treonina y la arginina son condicionalmente esenciales. La treonina es un aminoácido esencial que el cuerpo puede sintetizar si hay presente fenilalanina. Normalmente, una persona sana puede producir cantidades suficientes de arginina. Sin embargo, la ruta para sintetizar la arginina no está activa en los bebés prematuros, que la deben obtener mediante la dieta.

▲ Figura 3 Semillas de girasol (*Helianthus annuus*). Las semillas de girasol pueden ser una fuente de ácido linoleico en la dieta.

Hay algunos ácidos grasos omega-3 y omega-6 que son esenciales en la dieta porque no puede sintetizarlos el cuerpo. Los términos "omega-3" y "omega-6" se refieren a la posición de un doble enlace en la estructura molecular. Los ácidos alfa-linolénico y linoleico se utilizan en la biosíntesis de una serie de otros compuestos. Se necesitan en todo el cuerpo, pero el desarrollo del cerebro y de los ojos requiere cantidades especialmente grandes. Sin embargo, hay pocas o ninguna prueba de que la suplementación de una dieta normal equilibrada con ácidos grasos omega-3 (por ejemplo, de aceites de pescado) mejore el desarrollo del cerebro o de los ojos.

Aminoácidos esenciales	
Histidina	Fenilalanina
Isoleucina	Triptófano
Leucina	Valina
Lisina	Treonina (solo si la dieta no incluye fenilalanina)
Metionina	Arginina (esencial en la dieta de bebés)

Los aminoácidos esenciales son necesarios para la síntesis de proteínas

La falta de aminoácidos esenciales afecta a la producción de proteínas.

Si hay escasez de uno o varios aminoácidos esenciales en la dieta, el cuerpo no puede producir cantidades suficientes de las proteínas que necesita: esta afección se conoce como malnutrición por deficiencia de proteínas. La falta de aminoácidos esenciales puede deberse a una insuficiencia general de proteínas en la dieta o a un desequilibrio en los tipos de proteínas. Por ejemplo, la malnutrición por deficiencia de proteínas provoca una falta de proteínas en el plasma sanguíneo, lo que da como resultado retención de líquidos en los tejidos. Esto causa hinchazón (edema), que a menudo es muy evidente en el abdomen. El desarrollo infantil puede sufrir retrasos físicos y mentales, con deficiencias de crecimiento y de desarrollo.

Los adultos pueden sufrir una pérdida de peso considerable y debilitante (caquexia).

Preguntas basadas en datos: Malnutrición por deficiencia de proteínas

La figura 4 muestra la incidencia de las deficiencias de crecimiento, la caquexia y las deficiencias de desarrollo en ocho regiones del mundo. La medida utilizada son los años perdidos debido a enfermedad por cada mil habitantes (APE/1000). El gráfico muestra los resultados en varones en los años 1990 y 2000. Los resultados en mujeres mostraron las mismas tendencias.

1   a) Identifica la región con las mayores pruebas de malnutrición por deficiencia de proteínas.

    b) Sugiere razones de esto.

2   a) Determina la diferencia porcentual en APE entre la región con la incidencia más alta y la región con la incidencia más baja en el año 2000.

    b) ¿Qué podría hacerse para reducir la diferencia?

3 a) Resume lo que revelan los datos sobre la tendencia mundial de malnutrición por deficiencia de proteínas.

b) Identifica las regiones del mundo donde la tendencia ha sido más pronunciada.

c) Sugiere razones de esto.

4 Predice, aportando una razón, cuál podría ser el patrón en el año 2010.

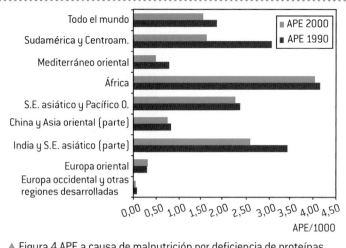

▲ Figura 4 APE a causa de malnutrición por deficiencia de proteínas

Minerales esenciales

Los minerales de la dieta son elementos químicos esenciales.

Los minerales son necesarios en la dieta en cantidades relativamente pequeñas: miligramos o microgramos al día, en lugar de gramos. Se diferencian de las vitaminas por su naturaleza química.

Los minerales son elementos químicos, generalmente en forma iónica; por ejemplo, en la dieta se necesita calcio en forma de iones Ca^{2+}. Si la dieta carece de algún mineral, se produce una enfermedad por deficiencia. Aunque las cantidades de minerales necesarias en la dieta son pequeñas, las enfermedades por deficiencia pueden tener consecuencias graves. Un ejemplo es el mineral yodo, que es necesario en la glándula tiroides para sintetizar la hormona tiroxina. Esta hormona estimula el metabolismo y hace que se libere suficiente energía en el cuerpo. La deficiencia de yodo provoca trastornos. Si una mujer embarazada tiene deficiencia de yodo, su bebé puede nacer con daño cerebral permanente. Si los niños sufren deficiencia de yodo después del nacimiento, su desarrollo mental y su inteligencia se ven perjudicados. Decenas de millones de personas en todo el mundo han sufrido este tipo de trastornos por deficiencia de yodo. La suplementación de yodo puede hacerse fácilmente, añadiendo este mineral a la sal que se vende para el consumo humano. Añadir yodo a la sal y prevenir la deficiencia de yodo en una población cuesta solo unos céntimos por persona. Existen otras formas de suplementación de nutrientes que tienen beneficios considerables a un costo muy bajo en las poblaciones donde hay deficiencias.

Vitaminas

Las vitaminas son compuestos de carbono de distinta naturaleza química que no pueden ser sintetizados por el cuerpo.

Las vitaminas son compuestos orgánicos necesarios en cantidades muy pequeñas. No pueden ser sintetizados por el organismo, así que deben obtenerse de la dieta. Las vitaminas realizan una gran variedad de funciones, por ejemplo como cofactores enzimáticos, antioxidantes y

657

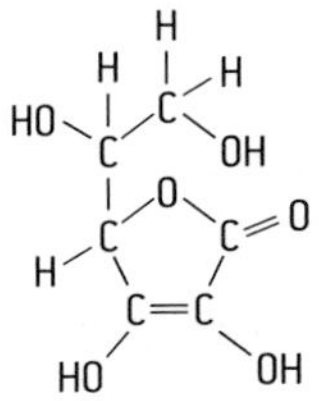

vitamina C

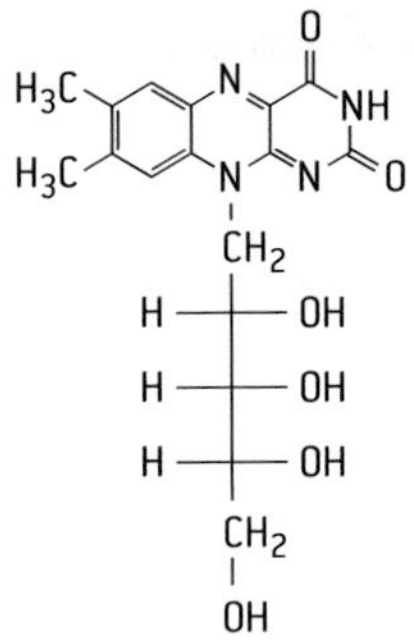

vitamina B₂

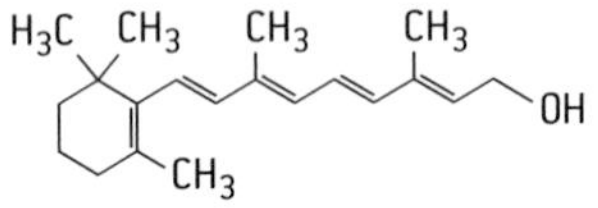

vitamina A

▲ Figura 5

hormonas. La palabra "vitamina" se deriva de "vital amine" porque las primeras vitaminas que se descubrieron contenían un grupo amino. Otras vitaminas descubiertas después no contienen necesariamente un grupo amino, como las vitaminas A, C, D y E. La figura 5 muestra solo algunos ejemplos de la variedad de estructuras de las vitaminas. La vitamina C se deriva de un monosacárido. La vitamina A es hidrofóbica y contiene una cadena y un anillo de hidrocarburos. La vitamina B_2 contiene anillos de nitrógeno y se convierte fácilmente en flavina mononucleótido (FMN) mediante la adición de un fosfato al glúcido de la molécula.

Las vitaminas a menudo se dividen de manera general en solubles en grasa y solubles en agua. Las vitaminas solubles en agua deben consumirse constantemente y cualquier exceso se elimina en la orina. Las vitaminas solubles en grasa pueden almacenarse en el cuerpo.

Vitaminas solubles en agua	Vitaminas solubles en agua
C ácido ascórbico	A
B_1 tiamina	
B_2 riboflavina	E
B_3 niacina	
B_5 ácido pantoténico	K
B_6 piridoxina	
B_7 biotina	
B_9 ácido fólico	D (condicionalmente esencial)
B_{12} cobalamina	

Tipos de malnutrición

La malnutrición puede estar causada por una deficiencia, un desequilibrio o un exceso de nutrientes en la dieta.

La malnutrición es el resultado de una dieta pobre. Las dietas pueden ser pobres en cantidad y no aportar suficientes proteínas y calorías, pueden ser desequilibradas y no proporcionar los nutrientes esenciales, o pueden contener cantidades excesivas de grasas y glúcidos refinados. La malnutrición a menudo se asocia con la pobreza. La inanición es consecuencia de una dieta carente de la cantidad adecuada de glúcidos y proteínas. Cada vez hay más casos de obesidad en los países en desarrollo, así como en las clases socioeconómicas más bajas de los países desarrollados, como consecuencia de dietas no saludables con exceso de grasas y glúcidos refinados.

El centro de control del apetito

El apetito es controlado por un centro localizado en el hipotálamo.

En el hipotálamo del cerebro existe un centro que es responsable de que nos sintamos saciados cuando hemos comido suficiente: se le denomina centro de control del apetito. Cuando el intestino delgado contiene alimentos, segrega la hormona PYY3-36. El páncreas segrega insulina cuando la concentración de glucosa en la sangre es alta. El tejido adiposo

segrega la hormona leptina cuando aumenta la cantidad de grasa almacenada. Si el centro de control del apetito recibe estas hormonas, reduce el deseo de comer. Esto nos ayuda a prevenir problemas de salud causados por la ingesta excesiva de alimentos, como los niveles elevados de glucosa en la sangre y la obesidad.

Consecuencias del sobrepeso

Las personas con sobrepeso tienen mayor probabilidad de sufrir hipertensión y diabetes de tipo II.

Las dietas no saludables con demasiadas grasas y glúcidos refinados tienen consecuencias para la salud. Dos ejemplos de enfermedades relacionadas con la nutrición son la diabetes y la hipertensión.

Hay varias enfermedades que producen una excreción excesiva de orina; todas ellas son tipos de diabetes. En el tipo más común, la **diabetes mellitus**, la orina presenta azúcar. Este tipo de diabetes afecta a cientos de millones de personas en todo el mundo. Se puede desarrollar de dos maneras:

- La destrucción autoinmune de las células secretoras de insulina en el páncreas (diabetes de tipo I).

- La resistencia de las células del cuerpo a la insulina por agotamiento (diabetes de tipo II).

La incidencia de la diabetes de tipo II está aumentando rápidamente en muchos países. El estudio de la incidencia y la distribución de una enfermedad para tratar de identificar sus causas se conoce como epidemiología. Los estudios epidemiológicos de la diabetes de tipo II han identificado altas concentraciones de ácidos grasos en la sangre, asociadas a los siguientes factores de riesgo:

- Dietas ricas en grasa y bajas en fibra

- Obesidad debida a la ingesta excesiva de alimentos y a la falta de ejercicio

- Factores genéticos que afectan al metabolismo de las grasas

Hay una enorme variación en la incidencia de la diabetes de tipo II entre grupos étnicos, desde menos del 2% en China hasta el 50% en la tribu indígena Pima. Los síntomas no siempre se reconocen, por lo que muchas personas con diabetes no son diagnosticadas. Los síntomas principales son:

- Niveles altos de glucosa en la sangre

- Glucosa en la orina, que puede detectarse mediante un test sencillo

---

Teoría del Conocimiento

¿En qué medida deben las consideraciones éticas limitar la búsqueda de conocimientos científicos?

Durante la Segunda Guerra Mundial, se llevaron a cabo experimentos en Reino Unido y en Estados Unidos utilizando como voluntarios a objetores de conciencia del servicio militar. Los voluntarios estaban dispuestos a sacrificar su salud para ayudar a ampliar los conocimientos médicos. En un ensayo sobre la vitamina C en Reino Unido participaron 20 voluntarios. Durante seis semanas, todos recibieron 70 mg de vitamina C en la dieta. Durante los ocho meses siguientes, tres voluntarios mantuvieron la dieta con 70 mg, siete recibieron una dosis reducida de 10 mg y a diez no se les suministró vitamina C. Estos últimos diez voluntarios desarrollaron escorbuto. Se les practicaron cortes de 3 cm en los muslos y se cerraron las heridas con cinco puntos de sutura. Las heridas no sanaron y, además, los voluntarios sangraron por los folículos pilosos y las encías. Algunos de los voluntarios desarrollaron problemas de corazón más graves. Los grupos que recibieron 10 mg o 70 mg de vitamina C no tuvieron problemas (no se observó ninguna diferencia entre ambos grupos) ni desarrollaron escorbuto.

También se han realizado experimentos sobre las necesidades de vitamina C utilizando cobayas, que son apropiadas porque, al igual que los seres humanos, no pueden sintetizar el ácido ascórbico. Durante los períodos de ensayo con diferentes ingestas de vitamina C, se controlaron las concentraciones de esta vitamina en el plasma sanguíneo y en la orina. Posteriormente, se sacrificaron las cobayas y se examinó el colágeno en los huesos y en la piel. El colágeno de las cobayas con una dieta más limitada en vitamina C presentaba menos entrecruzamiento entre las fibras de la proteína y, por tanto, menos fuerza.

1. A veces se paga a las personas por participar en experimentos médicos, como los ensayos con nuevos medicamentos. ¿Cuáles son algunos de los problemas éticos relacionados con pagar a los voluntarios de un experimento?

2. En algunos ensayos con medicamentos, existe la posibilidad de que el voluntario sufra daños. ¿Cuáles son los problemas éticos relacionados con los riesgos que corren los voluntarios en los ensayos con medicamentos?

3. En el pasado, algunos experimentos con seres humanos se realizaron contra la voluntad del participante o sin su conocimiento. Una vez obtenidos los datos de estos experimentos, no pueden ignorarse. ¿Cuáles son los problemas éticos relacionados con que personas distintas del experimentador original usen los datos generados en estas condiciones?

659

- Deshidratación y sed resultantes de la excreción de grandes cantidades de orina

Si no se trata adecuadamente, la diabetes puede causar otros problemas de salud, varios de los cuales afectan al sistema cardiovascular:

- Aterosclerosis (estrechamiento de las arterias por la acumulación de grasa)

- Hipertensión (aumento de la presión sanguínea, como veremos más adelante)

- Enfermedad cardíaca coronaria (estrechamiento de las arterias coronarias, con el riesgo asociado de infarto)

También parece haber una conexión entre estos problemas cardiovasculares y las concentraciones de lípidos en la sangre. Se han sugerido relaciones entre las altas concentraciones de colesterol, las altas concentraciones de colesterol LDL y las bajas concentraciones de colesterol HDL. Ha habido mucha polémica acerca del efecto del colesterol, en particular en el desarrollo de la enfermedad cardíaca coronaria.

Existe una clara correlación entre el aumento excesivo de peso y la hipertensión, aunque esta correlación es compleja. El aumento de peso puede incrementar la producción de varias hormonas, así como causar cambios en la anatomía y fisiología corporal, todo lo cual puede dar lugar a la hipertensión:

- El aumento de peso produce un mayor gasto cardíaco, que puede elevar la presión arterial.

- La obesidad abdominal puede aumentar la resistencia vascular, que puede elevar la presión arterial.

- El aumento de peso se asocia con el endurecimiento y estrechamiento de las arterias, que pueden elevar la presión arterial.

La hipertensión también puede deberse a una ingesta de sal elevada. La sal en circulación tiene un efecto osmótico.

Efectos de la inanición

La inanición puede provocar el deterioro de tejidos corporales.

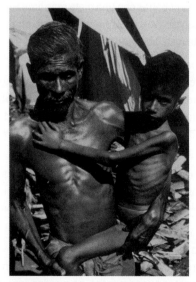

▲ Figura 6

La inanición se debe a una grave falta de nutrientes esenciales y no esenciales. Si no se ingieren fuentes de energía en la dieta, el cuerpo utiliza primero las reservas de glucógeno. Sin embargo, si no hay glucosa disponible, el cuerpo descompone su propio tejido muscular para utilizar los aminoácidos resultantes como fuentes de energía. Los aminoácidos se envían al hígado, donde se convierten en glucosa. Esto se traduce en una pérdida de masa muscular. El niño de la figura 6 padece marasmo. Sus finas extremidades indican que su cuerpo ha utilizado el tejido muscular como fuente de energía.

 Anorexia

Atrofia del músculo cardíaco debido a anorexia

La anorexia es un término médico que significa disminución del apetito. La anorexia nerviosa es una enfermedad psiquiátrica con causas muy complejas. Se trata de la inanición voluntaria y la pérdida de masa corporal. Las cantidades de glúcidos y grasas consumidas son insuficientes para satisfacer las necesidades energéticas del cuerpo, así que se descomponen proteínas y otras sustancias químicas en el cuerpo. Se produce una atrofia muscular que provoca una pérdida de fuerza. El cabello se vuelve más fino y puede caerse. La piel se vuelve seca y se lesiona fácilmente. Tiende a crecer una fina vellosidad corporal. Se reduce la presión arterial, se ralentiza la frecuencia cardíaca y la circulación empeora. Otra consecuencia común en las mujeres es la infertilidad, pues se interrumpe la ovulación o los ciclos menstruales.

A medida que disminuye el peso corporal de una persona con anorexia, no solo se digiere el músculo esquelético, sino que también se deteriora el músculo cardíaco. En cierta medida, la masa muscular esquelética se reduce mucho más rápido que la masa muscular cardíaca. La falta de proteínas, electrolitos y micronutrientes puede causar el deterioro de las fibras musculares. La falta de ingesta dietética también altera el equilibrio de electrolitos, es decir, las concentraciones de calcio, potasio y sodio. Ni los músculos esqueléticos ni el músculo cardíaco se contraen con normalidad en estas condiciones. A menudo, las personas anoréxicas presentan una presión arterial reducida, una frecuencia cardíaca más lenta y un menor gasto cardíaco.

Preguntas basadas en datos: Cambios en las dimensiones del corazón en personas con anorexia

Los datos de la figura 7 muestran las dimensiones de diferentes estructuras cardíacas en personas con una dieta normal y en personas con anorexia.

1   Calcula la diferencia porcentual en las dimensiones medias de:

   a) El ventrículo izquierdo

   b) La pared ventricular

   c) La aurícula izquierda

   d) La base de la aorta   [5]

2   Identifica la parte del corazón cuyas dimensiones se reducen más debido a la anorexia.   [1]

3   Sugiere cuáles podrían ser los síntomas de este cambio de dimensión en las personas con anorexia.   [3]

		Ventrículo izquierdo	Aurícula izquierda	Base de la aorta	Pared ventricular
Normal	media	47 mm	29 mm	27 mm	9 mm
	rango	(35–57)	(19–40)	(20–37)	(6–11)
Anorexia	media	38 mm	26 mm	21 mm	8 mm
	rango	(38–44)	(17–34)	(18–26)	(6–9)

▲ Figura 7

 La cobaya como organismo modelo para estudiar el escorbuto

Refutación de teorías, donde una teoría es reemplazada por otra: se pensaba que el escorbuto era específico de los seres humanos, ya que fracasaron por completo los intentos de provocar los síntomas en ratas y ratones de laboratorio.

En 1907, los científicos Holst y Fröhlich publicaron un trabajo de investigación en el que informaban de que habían utilizado con éxito

un modelo animal para estudiar el escorbuto. Provocaron el escorbuto en cobayas (*Cavia porcellus*) alimentándolas con granos enteros y después lo curaron modificando su dieta, dándoles repollo fresco y jugo de limón. Su trabajo fue algo impopular entre la comunidad científica, ya que el concepto de carencias nutricionales era insólito en aquella época. El término "vitamina" no comenzó a usarse hasta más adelante.

Su modelo animal permitía estudiar sistemáticamente los factores que causaban el escorbuto, así como el valor preventivo de diversas sustancias. La sustitución de las palomas, un modelo animal que había sido utilizado en la investigación del beriberi, con las cobayas fue una coincidencia afortunada porque más tarde se demostró que las cobayas eran uno de los pocos mamíferos que presentan síntomas de escorbuto, mientras que las palomas, como aves que comen semillas, sintetizan su propia vitamina C y no pueden desarrollar escorbuto.

▲ Figura 8 Dermatitis en una cobaya alimentada exclusivamente con comida industrial para conejos. Este es uno de los síntomas del escorbuto en cobayas con la enfermedad.

Fenilcetonuria

Causa y tratamiento de la fenilcetonuria (PKU)

La fenilcetonuria es una enfermedad genética causada por mutaciones de un gen que codifica la enzima que convierte la fenilalanina en tirosina.

Las mutaciones producen alelos del gen que codifican enzimas incapaces de catalizar la reacción de conversión. Solo se necesita un alelo normal para convertir satisfactoriamente la fenilalanina en tirosina; por tanto, este alelo es dominante. Los síntomas de la fenilcetonuria solo se dan en personas con dos alelos mutantes recesivos; en estas personas, la fenilalanina se acumula en el cuerpo y también puede haber deficiencia de tirosina.

Las consecuencias de la fenilcetonuria pueden ser muy graves. Los altos niveles de fenilalanina limitan el crecimiento de la cabeza y el cerebro, causando retraso mental en niños pequeños y graves dificultades de aprendizaje, hiperactividad y convulsiones en niños mayores. Otra

consecuencia es la falta de pigmentación de la piel y el cabello.

Los bebés con fenilcetonuria no están afectados al nacer porque el metabolismo de la madre ha mantenido la fenilalanina y la tirosina a niveles normales; esto brinda la oportunidad de diagnosticar y tratar precozmente la enfermedad. A todos los recién nacidos se les realiza una prueba unas 24 horas después del nacimiento, momento en el que las concentraciones de fenilalanina en la sangre habrán empezado a subir. El tratamiento consiste en una dieta baja en fenilalanina durante toda la vida: solo se puede consumir carne, pescado, frutos secos, queso, guisantes y alubias en pequeñas cantidades. Se pueden necesitar suplementos de tirosina. Si se lleva rigurosamente una dieta adecuada, se pueden evitar las consecuencias perjudiciales de la fenilcetonuria.

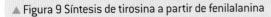

fenilalanina

fenilalanina
hidroxilasa

tirosina

▲ Figura 9 Síntesis de tirosina a partir de fenilalanina

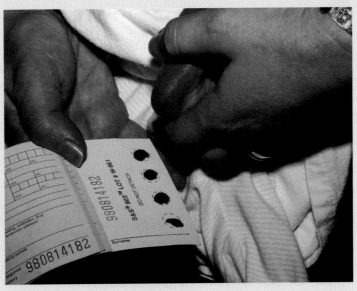

▲ Figura 10 Prueba de Guthrie practicada a un recién nacido para identificar si padece fenilcetonuria

🌐 Deficiencia de vitamina D

La falta de vitamina D o de calcio puede causar desmineralización de los huesos y raquitismo u osteomalacia.

La vitamina D es necesaria para absorber el calcio de los alimentos en los intestinos, así que los síntomas de la deficiencia de vitamina D son similares a los de deficiencia de calcio: los niños desarrollan deformidades esqueléticas conocidas como raquitismo. La vitamina D no encaja muy bien con la definición de vitamina, porque puede sintetizarse en la piel expuesta a la luz solar u otra fuente de luz que contenga luz ultravioleta con longitudes de onda en el rango de 290–310 nm. Los adolescentes y los adultos que pasan suficiente tiempo al aire libre con la piel expuesta no necesitan ningún suplemento de vitamina D en la dieta. A los niños, las mujeres embarazadas y los ancianos se les recomienda tomar 10 μg de vitamina D al día para complementar la cantidad producida por su piel. Hay pocas fuentes dietéticas de vitamina D. Los pescados grasos, como el arenque, la caballa, las sardinas y el atún, son ricos en vitamina D. Los huevos y el hígado también contienen cierta cantidad de esta vitamina, y algunos alimentos como la margarina y la leche cuentan con vitamina D añadida artificialmente.

La exposición a la luz ultravioleta puede tener algunas consecuencias negativas, incluidas mutaciones que pueden causar cáncer de piel. La melanina de la piel intercepta y absorbe la luz, incluidas las longitudes de onda ultravioletas. Las pieles oscuras, por tanto, ofrecen una buena protección contra el cáncer, pero también reducen la síntesis de la vitamina D. En las poblaciones indígenas, el color de la piel equilibra los riesgos de la deficiencia de vitamina D y el cáncer u otros daños debidos a la luz ultravioleta. Las migraciones de la población pueden acarrear problemas. En la década de 1970, las personas de piel oscura del subcontinente indio que habían emigrado al Reino Unido empezaron a mostrar síntomas de deficiencia de vitamina D, mientras que las personas de piel clara del norte de Europa que emigraron a Australia presentaron una alta incidencia de melanomas malignos. En consecuencia, se aconsejó a los australianos de piel clara que evitaran la exposición solar intensa, se cubrieran la piel o se aplicaran cremas protectoras.

🌐 Colesterol en sangre y enfermedad cardíaca

El colesterol en sangre como un indicador del riesgo de enfermedad cardíaca coronaria

El colesterol es un componente normal de las membranas plasmáticas de las células humanas, pero se ha formado la reputación de ser una sustancia dañina. Esto es porque las investigaciones han demostrado una correlación entre altos niveles de colesterol en el plasma sanguíneo y un mayor riesgo de padecer una enfermedad cardíaca coronaria (ECC). A menudo se aconseja minimizar el consumo de colesterol en la dieta; sin embargo, no se sabe con certeza si esto reduce realmente el riesgo de ECC por varias razones.

- Gran parte de las investigaciones han considerado los niveles totales de colesterol en la sangre, pero solo el colesterol LDL (colesterol asociado a lipoproteínas de baja densidad) está relacionado con la ECC.

- La reducción del colesterol de la dieta suele tener un efecto muy pequeño en los niveles de colesterol en la sangre y, por tanto, se presupone que influye poco en la incidencia de la ECC.

- El hígado puede sintetizar colesterol, por lo que la dieta no es la única fuente de colesterol.

- Los factores genéticos tienen más peso que la dieta; los miembros de algunas familias tienen niveles altos de colesterol incluso con dietas bajas en colesterol.

- Los medicamentos pueden ser más eficaces que la dieta para reducir los niveles de colesterol en la sangre.

- Existe una correlación positiva entre la ingesta de grasas saturadas y la ingesta de colesterol, así que es posible que sean las grasas saturadas, y no el colesterol, las que aumentan el riesgo de ECC en personas con dietas ricas en colesterol.

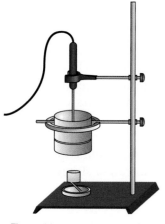

▲ Figura 11

🧪 Calorimetría

Determinación del contenido energético de los alimentos por combustión

La determinación del contenido energético de una sustancia se denomina calorimetría. La figura 11 muestra la estructura de un calorímetro sencillo, que se basa en el conocimiento del calor específico del agua: se necesitan 4,186 J de energía térmica para elevar la temperatura de 1 g de agua en un 1°C.

Q = masa de agua × calor específico × cambio de temperatura

El calorímetro consta de un termómetro para detectar el cambio en la temperatura y un recipiente que contiene una masa de agua conocida (1 ml de agua tiene una masa de 1 g). Se prende fuego a la muestra cuyo contenido energético se va a determinar, se coloca debajo del recipiente que contiene el agua y se observa el cambio de temperatura.

Actividad

Basándote en los siguientes resultados experimentales, estima el contenido energético de cada gramo de nuez.

Datos de la muestra:

Masa de la nuez = 0,60 g

Volumen de agua = 25 ml

Temperatura inicial del agua = 20°C

Temperatura final del agua = 65°C

⚗ Control de la ingesta alimentaria

Uso de bases de datos del contenido nutricional de alimentos y de software adecuado para calcular la ingesta de nutrientes esenciales de una dieta diaria

Cuando los nutricionistas hablan de una dieta equilibrada, se refieren a una combinación de alimentos que proporcionan cantidades adecuadas de nutrientes esenciales y no esenciales. La figura 12 muestra la proporción de alimentos de una dieta equilibrada, es decir, la proporción de la dieta que debe estar compuesta por cada uno de los grupos de alimentos principales. Las frutas y las hortalizas frescas deben conformar la mayor parte de la dieta, seguida de los hidratos de carbono, las proteínas y después los productos lácteos. Las grasas y los azúcares están incluidos, no porque su consumo sea recomendable o necesario, sino para mostrar que deben representar la parte más pequeña de la dieta.

Se pueden utilizar aplicaciones informáticas para llevar un registro de los alimentos consumidos por una persona. Usando como referencia la información disponible en bases de datos sobre la composición de los alimentos, se puede hacer un seguimiento de la ingesta de nutrientes de una persona y compararla con la dosis recomendada. La figura 13 muestra una imagen generada al introducir los componentes de un desayuno típico en el software libre SuperTracker, disponible en el sitio web del Departamento de Agricultura de Estados Unidos.

▲ Figura 12

▲ Figura 13

▶ Figura 14

D.2 Digestión

Comprensión

→ Los mecanismos nerviosos y hormonales controlan la secreción de los jugos digestivos.

→ Las glándulas exocrinas segregan hacia la superficie del cuerpo o hacia el interior o lumen del tracto digestivo.

→ El volumen y el contenido de las secreciones gástricas son controlados por mecanismos nerviosos y hormonales.

→ Las condiciones ácidas del estómago favorecen algunas reacciones hidrolíticas y ayudan a controlar los patógenos presentes en los alimentos ingeridos.

→ La estructura de las células epiteliales de las vellosidades está adaptada a la absorción de alimento.

→ La velocidad de tránsito de la materia a través del intestino grueso es directamente proporcional a su contenido en fibra.

→ La materia y las sustancias no absorbidas son excretadas.

 Aplicaciones

→ Reducción de la secreción de ácido en el estómago mediante la acción de medicamentos inhibidores de la bomba de protones.

→ Deshidratación por la toxina del cólera.

→ Infección por *Helicobacter pylori* como causa de las úlceras de estómago.

 Habilidades

→ Identificación de células de glándulas exocrinas que segregan jugos digestivos y de células epiteliales de las vellosidades que absorben los alimentos digeridos en micrografías electrónicas.

 Naturaleza de la ciencia

→ La serendipia (descubrimiento o hallazgo afortunado e inesperado) y los descubrimientos científicos: la función del ácido gástrico en la digestión fue establecida por William Beaumont mientras observaba el proceso de digestión en una herida abierta causada por un disparo.

Regulación de las secreciones digestivas

Los mecanismos nerviosos y hormonales controlan la secreción de los jugos digestivos.

En condiciones naturales, existen intervalos entre las comidas. Los animales pueden pasar bastante tiempo sin comer. Con el fin de conservar la energía, los animales no mantienen activos sus sistemas digestivos constantemente. En el caso de la respuesta de "lucha o huida", la conservación de energía para usarla en los músculos hace necesario desviar energía del proceso digestivo. En ambos casos, los nervios y las hormonas garantizan que solo se dediquen recursos a la digestión cuando es necesario. Consideremos el ejemplo de la secreción de jugos gástricos en el estómago.

Regulación de las secreciones gástricas

El volumen y el contenido de las secreciones gástricas son controlados por mecanismos nerviosos y hormonales.

La secreción de los jugos digestivos es controlada tanto por nervios como por hormonas. La secreción de los jugos gástricos es un ejemplo de ello. La vista o el olor de la comida hace que el cerebro envíe impulsos nerviosos desde la médula a través del nervio vago. Las células glandulares de la pared del estómago son estimuladas a segregar componentes de los jugos gástricos. Si los quimiorreceptores en la pared del estómago detectan péptidos en el estómago o si los receptores de estiramiento detectan distensión del estómago, envían impulsos al cerebro. El cerebro responde enviando impulsos a través del nervio vago hasta las células endocrinas en la pared del duodeno y en la parte del estómago más próxima al duodeno, estimulándolas para que segreguen gastrina. La hormona gastrina estimula la secreción de ácido y pepsinógeno por dos tipos de células de las glándulas exocrinas en la pared del estómago. Otras dos hormonas, la secretina y la somatostatina, inhiben la secreción de gastrina si el pH del estómago baja mucho.

Glándulas exocrinas

Las glándulas exocrinas segregan hacia la superficie del cuerpo o hacia el interior o lumen del tracto digestivo.

El canal por el que pasa el alimento desde la boca hasta el ano se llama tracto digestivo. Se agregan jugos digestivos a los alimentos en varios puntos del tracto digestivo. Los jugos los segregan glándulas exocrinas, incluidas glándulas salivales, el páncreas y células glandulares en la pared del estómago y en la pared del intestino delgado. La composición de los jugos secretados por las glándulas varía en función de los procesos que tienen lugar en cada parte del tracto digestivo (véase la tabla 1).

Fluido digestivo	Fuente	Composición
saliva	glándulas salivales	agua, electrolitos, amilasa salival, moco, lisozima
jugo gástrico	estómago	agua, moco, enzimas (incluida la pepsina y la renina), ácido clorhídrico
jugo pancreático	páncreas	agua, bicarbonato, enzimas (incluida la amilasa, la lipasa, la carboxipeptidasa y el tripsinógeno)

▲ Tabla 1

A diferencia de las glándulas endocrinas, que segregan directamente al torrente sanguíneo, las glándulas exocrinas segregan al interior de conductos. La figura 1 muestra la disposición de las células en una parte de una glándula exocrina. Las células secretoras se agrupan alrededor de las ramificaciones del conducto, y a cada grupo de células se le llama acino. La estructura de las células de las glándulas exocrinas que segregan enzimas digestivas se puede observar en micrografías electrónicas (figura 2). El retículo endoplasmático, que sintetiza las enzimas, tiene un tamaño considerable. Hay numerosas mitocondrias, que proporcionan ATP para la síntesis de proteínas y para otras actividades celulares. También hay una gran cantidad de vesículas secretoras que contienen enzimas. A veces puede verse el proceso de exocitosis de estas vesículas donde la membrana plasmática de la célula está en contacto con el conducto.

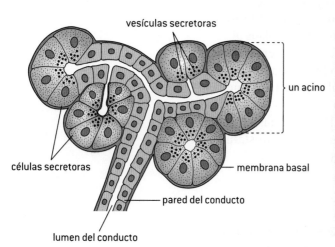

▲ Figura 1 Una glándula exocrina

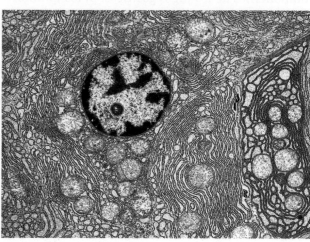

▲ Figura 2 Una célula exocrina

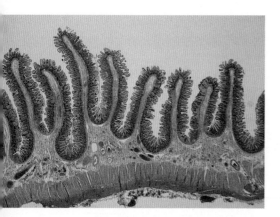

▲ Figura 3 Corte longitudinal de la pared del íleon

Adaptaciones de las vellosidades

La estructura de las células epiteliales de las vellosidades está adaptada a la absorción de alimento.

La figura 3 muestra un corte longitudinal del íleon, el lugar del intestino delgado donde se lleva a cabo una parte considerable de la absorción de los alimentos.

La superficie interna del íleon tiene numerosos pliegues cubiertos de diminutas proyecciones llamadas vellosidades. El alimento se absorbe a través de las células epiteliales que cubren las vellosidades.

- Cada célula epitelial de las vellosidades se adhiere a las células adyacentes mediante uniones estrechas, garantizando así que la mayoría del alimento entre a través de la célula epitelial en los vasos sanguíneos que recubren las vellosidades.

- En el lado del lumen intestinal, la membrana superficial de la célula tiene una serie de proyecciones llamadas microvellosidades. El conjunto de estas microvellosidades de las células epiteliales se denomina borde en cepillo. La función del borde en cepillo es aumentar la superficie para la absorción.

- Los procesos de transporte activo requieren cantidades relativamente grandes de ATP. Por eso, las células epiteliales tienen un gran número de mitocondrias.

- Las células epiteliales a menudo tienen numerosas vesículas pinocitóticas para facilitar la absorción de algunos alimentos por endocitosis.

- La superficie que da al lumen del intestino se conoce como superficie apical y la superficie que da a los vasos sanguíneos se denomina superficie basal. Estas superficies tienen diferentes tipos de proteínas para el transporte de alimento.

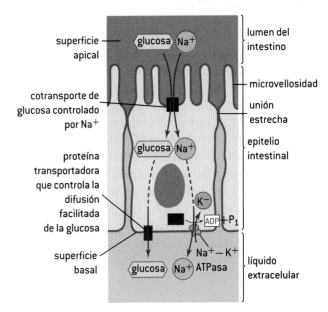

▲ Figura 5

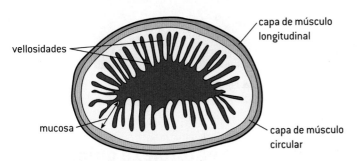

▲ Figura 4 Corte transversal del íleon

⚗ Identificación de las glándulas exocrinas

Identificación de células de glándulas exocrinas que segregan jugos digestivos y de células epiteliales de las vellosidades que absorben los alimentos digeridos en micrografías electrónicas

Preguntas basadas en datos: Adaptaciones de las células epiteliales de las vellosidades

La micrografía electrónica siguiente muestra parte de dos células epiteliales de una vellosidad. Se ha utilizado falso color para distinguir entre algunas de las estructuras presentes.

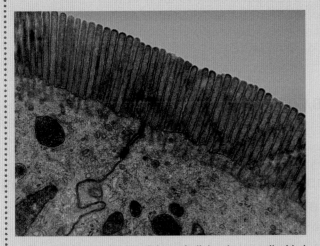

▲ Figura 6 Micrografía de células epiteliales de una vellosidad

1 a) Identifica las estructuras coloreadas en naranja. [1]

b) Explica la función de estas estructuras. [2]

c) Calcula el aumento de la micrografía electrónica, suponiendo que estas estructuras tienen una longitud de 0,85 mm. [3]

2 a) Identifica qué estructuras son las mitocondrias. [1]

b) Explica la necesidad de que haya un gran número de mitocondrias en las células epiteliales de las vellosidades. [2]

3 Se puede ver una gran cantidad de vesículas en el citoplasma de las células.

a) Indica el nombre del proceso por el que se forman estas vesículas. [1]

b) Predice el contenido de las vesículas. [2]

4 Parte de la unión entre las dos células se ha coloreado en azul.

a) Indica el nombre de esta estructura. [1]

b) Explica su función. [2]

La figura 7 es una micrografía electrónica que muestra dos células acinares alargadas del páncreas exocrino humano. Estas células, que se organizan formando glándulas redondeadas, segregan un líquido alcalino rico en enzimas al interior del duodeno a través del pequeño conducto (en azul) que se ve en la parte superior de la imagen. Las células acinares suelen tener forma piramidal. En la superficie de estas células, al lado del conducto, suele haber vesículas y gránulos. En esta imagen, se están transportando gránulos de enzimas pancreáticas en el citoplasma hacia el conducto en la parte superior.

▲ Figura 7

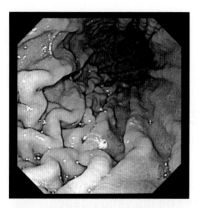

▲ Figura 8 Interior del estómago

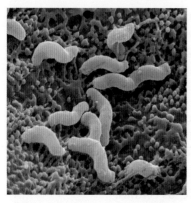

▲ Figura 9 Bacterias *Helicobacter pylori* en la superficie del tracto digestivo humano. Hay colonias de *H. pylori* en la membrana mucosa del estómago de las personas que sufren de gastritis. Se ha vinculado esta bacteria a la formación de úlceras estomacales, y también puede ser una causa de cáncer gástrico, ya que su presencia aumenta el riesgo de tumores de estómago.

🧬 Descubrimiento de la naturaleza química de la digestión en el estómago

La serendipia (descubrimiento o hallazgo afortunado e inesperado) y los descubrimientos científicos: la función del ácido gástrico en la digestión fue establecida por William Beaumont mientras observaba el proceso de digestión en una herida abierta causada por un disparo.

Alexis St. Martin era un comerciante de pieles canadiense que recibió una herida de bala en un costado. Sobrevivió, pero la herida sanó de tal manera que se podía ver el interior de su estómago desde fuera. William Beaumont, el primer cirujano que trató la herida, aprovechó la oportunidad para estudiar el proceso de la digestión. Continuó llevando a cabo investigaciones durante un período de once años y acabó publicando sus resultados en 1833. Se le atribuye haber refutado la noción de que los procesos digestivos en el estómago son exclusivamente físicos, pues sus experimentos aportaron pruebas de la naturaleza química de la digestión.

Función de las condiciones ácidas en el proceso de digestión

Las condiciones ácidas del estómago favorecen algunas reacciones hidrolíticas y ayudan a controlar los patógenos presentes en los alimentos ingeridos.

Las células parietales del estómago segregan ácido. El ácido destruye la matriz extracelular que mantiene las células juntas en los tejidos. Asimismo, hace que se desnaturalicen las proteínas, exponiendo las cadenas polipeptídicas para que la enzima pepsina pueda hidrolizar los enlaces de los polipéptidos.

La pepsina la segregan las células principales en forma de pepsinógeno inactivo. Las condiciones ácidas del estómago convierten el pepsinógeno inactivo en pepsina. Con este proceso se evita que las células que producen el pepsinógeno sean digeridas al mismo tiempo que la proteína de la dieta.

 Infección bacteriana como causa de úlceras

Infección por *Helicobacter pylori* como causa de las úlceras de estómago

Las úlceras de estómago son llagas abiertas que se producen cuando la enzima pepsina y el ácido clorhídrico de los jugos gástricos digieren parcialmente el revestimiento del estómago. El cáncer de estómago es la formación de tumores en la pared del estómago. Hasta hace poco se creía que el estrés y la secreción excesiva de jugos gástricos contribuían en gran medida al desarrollo de úlceras de estómago, pero se ha demostrado que la bacteria *Helicobacter pylori* es una causa más importante. Esta bacteria también parece estar asociada con el cáncer de estómago.

 Inhibidores de la bomba de protones

Reducción de la secreción de ácido en el estómago mediante la acción de medicamentos inhibidores de la bomba de protones

Hay varias afecciones del estómago que empeoran con la segregación de ácido. Como el ácido del estómago es corrosivo, el cuerpo produce una barrera natural de mucosidad que protege el revestimiento del estómago del ataque del ácido.

En algunas personas esta barrera puede haberse deteriorado, de manera que el ácido daña el estómago y causa sangrado: es lo que se conoce como una úlcera. En otras personas, puede haber un problema con el músculo circular en la parte superior del estómago que normalmente evita que se escape líquido del estómago. Si el músculo no funciona, el ácido se escapa del estómago e irrita el esófago: a esto se le llama "reflujo" y puede causar un síntoma conocido como acidez estomacal.

El ambiente ácido en el estómago lo crea una bomba de protones llamada ATPasa H^+/K^+. Esta bomba utiliza una molécula de ATP para intercambiar dos protones del citoplasma por dos iones de potasio del lumen que rodea la célula parietal. Una terapia cada vez más utilizada para tratar las enfermedades gástricas son los inhibidores de la bomba de protones.

Los inhibidores se unen irreversiblemente a una bomba. Su efecto en el sistema de producción de ácido en general no es permanente, ya que las bombas son normalmente recicladas y reemplazadas por nuevas bombas.

Se ingiere una forma inactiva de los inhibidores. Las condiciones ácidas en la proximidad de las células parietales convierten la forma inactiva en activa cerca de su objetivo.

Excreción

La materia y las sustancias no absorbidas son excretadas.

La fibra dietética es la parte comestible de las plantas que no se digiere y no se absorbe en el intestino delgado. La celulosa y la lignina son algunos ejemplos. En consecuencia, una parte de los alimentos ingeridos nunca sale del tubo digestivo. Además, se segregan sustancias al tubo digestivo; algunas son productos de desecho, como la bilirrubina resultante de la descomposición de los glóbulos rojos. Durante el proceso de digestión también se añade al tubo digestivo una gran cantidad de agua mediante secreciones en la boca, el estómago y el intestino delgado, y esta agua se reabsorbe en el intestino grueso. Los productos de desecho, el agua no reabsorbida y la fibra dietética no digerida son excretados en las heces.

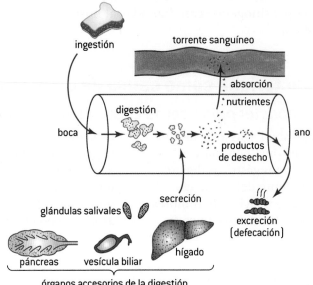

▲ Figura 10

Función de la fibra dietética

La velocidad de tránsito de la materia a través del intestino grueso es directamente proporcional a su contenido en fibra.

La fibra dietética es materia como la celulosa, la lignina y la pectina que no se digiere fácilmente. Hay dos categorías de fibra dietética: soluble e insoluble. Una dieta equilibrada contiene fibra, que aumenta el volumen de la materia que pasa por los intestinos y ayuda a prevenir el estreñimiento, pues atrae agua al intestino. Cuanta más agua haya en el intestino, más rápido será el movimiento de la materia fecal.

Hay otros posibles beneficios de la fibra en la dieta. Puede reducir el riesgo de varias enfermedades del intestino grueso, incluidos el cáncer de colon, las hemorroides y la apendicitis. La presencia de materia voluminosa en el estómago y en los intestinos puede aumentar la sensación de saciedad, reduciendo el deseo de comer y el riesgo de obesidad. Se puede ralentizar la absorción de azúcares, lo que ayuda a prevenir el desarrollo de la diabetes de tipo II. Los alimentos de origen vegetal contienen fibra dietética, especialmente el pan y los cereales integrales, y las verduras como la col y el apio. Los alimentos hechos de hongos cultivados (micoproteínas) también contienen fibra dietética.

> **Preguntas basadas en datos:** Fibra dietética y tiempo medio de permanencia
>
> La figura 11 muestra la correlación entre la cantidad de materia digestible (es decir, menos la fibra dietética) y el tiempo medio de permanencia en el intestino.

1 Basándote en la curva, determina la cantidad de materia digestible de una hez que tiene un tiempo medio de permanencia de 40 horas. [1]

2 Explica la relación entre la digestibilidad y el tiempo medio de permanencia. [3]

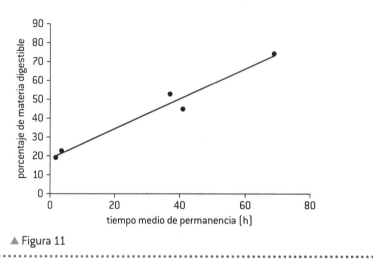

▲ Figura 11

 Deshidratación debido al cólera

Deshidratación por la toxina del cólera

El cólera es una enfermedad causada por la bacteria *Vibrio cholera*. La bacteria libera una toxina que se une a un receptor en las células intestinales. La toxina se introduce entonces en la célula por endocitosis. Una vez dentro de la célula, desencadena una respuesta en cascada que hace que la célula libere iones de Cl^- y HCO_3^- al intestino. El agua sigue a los iones por ósmosis, causando una diarrea acuosa. Las células intestinales atraen agua de la sangre para reemplazar los líquidos perdidos. Una deshidratación extrema puede causar la muerte muy rápidamente si no se recibe rehidratación.

Teoría del Conocimiento

¿Qué papel desempeña el conservadurismo en la ciencia?

Hace treinta años, existía la creencia generalizada de que el estrés emocional y el estilo de vida causaban las úlceras estomacales. Ahora se sabe que cerca del 80% de las úlceras son causadas por la bacteria *Helicobacter pylori*. La teoría de que las úlceras eran la consecuencia de una infección fue propuesta a principios de la década de 1980 por Barry Marshall y Robin Warren, dos científicos australianos poco conocidos. A mediados de 1980, desarrollaron un tratamiento barato que curó a cerca del 75% de los pacientes. Para 1988, ya habían demostrado definitivamente que los antibióticos que mataban a *H. pylori* curaban las úlceras para siempre, pero el tratamiento no estuvo disponible de manera generalizada hasta principios de la década de 1990. Marshall atribuye la lenta asimilación de su descubrimiento al menos a tres factores diferentes. El primero es la inercia de las creencias existentes. Los médicos y las compañías farmacéuticas estaban convencidos de que la causa de las úlceras era el estrés emocional. La teoría bacteriana de Marshall y Warren tuvo que desplazar esa mentalidad. Además, los medicamentos populares de la época para el tratamiento de las úlceras (Tagamet de Smith Kline Beecham y Zantac de Glaxo) tenían muy buenos resultados. El segundo factor es la forma en que se otorga la financiación. Las becas de investigación suelen concederse por períodos de tres años. Cuando, en 1988, Marshall y Warren demostraron que los antibióticos podían curar las úlceras, muchos de los investigadores que podrían haber confirmado este resultado ya estaban atados a investigaciones sobre medicamentos para reducir el ácido. En tercer lugar, a Marshall y Warren les resultó difícil atraer atención a sus publicaciones al principio. Las compañías farmacéuticas financian una enorme cantidad de investigación sobre medicamentos en universidades y hospitales y, comprensiblemente, tienden a concentrar sus esfuerzos en investigaciones conservadoras que den como resultado tratamientos lucrativos continuados en lugar de investigaciones especulativas que puedan producir curas más baratas y permanentes.

D.3 Funciones del hígado

Comprensión

→ El hígado retira las toxinas de la sangre y elimina su toxicidad.

→ El hígado recicla los componentes de los glóbulos rojos.

→ La descomposición de los eritrocitos se inicia con la fagocitosis de los glóbulos rojos por parte de las células de Kupffer.

→ El hierro es conducido a la medula ósea para producir hemoglobina en los nuevos glóbulos rojos.

→ El exceso de colesterol se convierte en sales biliares.

→ El retículo endoplasmático y el aparato de Golgi en los hepatocitos produce proteínas plasmáticas.

→ El hígado intercepta la sangre del tracto digestivo para regular los niveles de nutrientes.

→ Algunos nutrientes presentes en exceso pueden almacenarse en el hígado.

Aplicaciones

→ Causas y consecuencias de la ictericia.

→ Doble suministro de sangre al hígado y diferencias entre capilares y sinusoides hepáticos.

Naturaleza de la ciencia

→ Educación de la sociedad acerca de las afirmaciones científicas: los estudios científicos han demostrado que la lipoproteína de alta densidad podría considerarse colesterol "bueno".

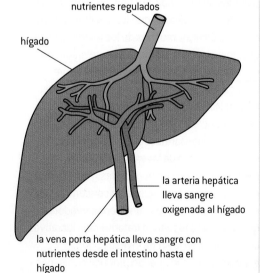

▲ Figura 1 Flujo sanguíneo del hígado

Suministro de sangre al hígado

Doble suministro de sangre al hígado y diferencias entre capilares y sinusoides hepáticos

La figura 1 muestra los vasos sanguíneos del hígado. La sangre llega al hígado de dos fuentes.

La arteria hepática es una ramificación de la aorta que lleva sangre rica en oxígeno desde el corazón.

La mayoría de la sangre que circula en el hígado proviene de la vena porta hepática, que trae sangre desde el estómago y los intestinos al hígado. Si se ha comido recientemente, la sangre será rica en nutrientes que han sido absorbidos de los alimentos digeridos. Como la vena porta hepática pasa primero por el estómago o el intestino, su contenido de oxígeno es relativamente bajo cuando llega al hígado.

En el hígado, la vena se subdivide en ramificaciones llamadas sinusoides. Los sinusoides son parecidos a los capilares, pero son más anchos y sus paredes no están totalmente revestidas de células (figura 2). Así, la sangre puede entrar en contacto con los hepatocitos (células del hígado) y proteínas como la albúmina pueden entrar y salir de la sangre. La arteria hepática se subdivide en arteriolas, que se unen a los sinusoides en varios puntos, proporcionando sangre oxigenada. Los sinusoides se fusionan con las vénulas que conducen a la vena hepática, y esta lleva la sangre que sale del hígado hasta la vena cava.

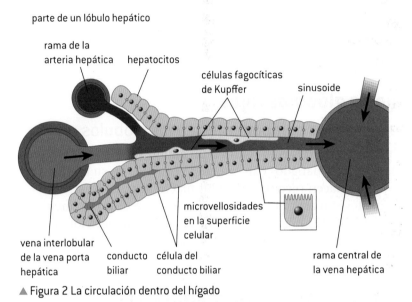

parte de un lóbulo hepático

rama de la arteria hepática

hepatocitos

células fagocíticas de Kupffer

sinusoide

microvellosidades en la superficie celular

vena interlobular de la vena porta hepática

conducto biliar

célula del conducto biliar

rama central de la vena hepática

▲ Figura 2 La circulación dentro del hígado

Procesamiento de nutrientes en el hígado

El hígado intercepta la sangre del tracto digestivo para regular los niveles de nutrientes.

Una de las principales funciones del hígado es regular la cantidad de nutrientes que circulan en la sangre. Desempeña un papel clave en la regulación de los niveles de glucosa en la sangre, bien sea almacenando la glucosa como glucógeno o descomponiendo el glucógeno en glucosa. Como el cuerpo no puede almacenar proteínas o aminoácidos, los excesos de estos en la dieta se descomponen en el hígado para utilizarlos como fuentes de energía. El hígado procesa los residuos nitrogenados resultantes.

El hígado es responsable de regular los lípidos que circulan en la sangre, que le llegan en una variedad de formas. Algunas, como los quilomicrones que llegan del intestino, se descomponen. El hígado procesa los lípidos en una forma y los distribuye en otras formas. Por ejemplo, las lipoproteínas de muy baja densidad (VLDL) son sintetizadas en los hepatocitos. Su propósito es transportar los triglicéridos sintetizados en el hígado al plasma sanguíneo para su almacenamiento o utilización en el cuerpo. El colesterol excedente se convierte en sales biliares.

Almacenamiento de nutrientes en el hígado

Algunos nutrientes presentes en exceso pueden almacenarse en el hígado.

Cuando los niveles de glucosa son altos, se segrega insulina. La insulina estimula a los hepatocitos a captar la glucosa y almacenarla como glucógeno. Cuando bajan los niveles de glucosa en la sangre, se segregan hormonas como el glucagón para descomponer el glucógeno, el glicerol, los aminoácidos y los ácidos grasos en el hígado y liberar glucosa al torrente sanguíneo.

Cuando hay un exceso de hierro, retinol (vitamina A) y calciferol (vitamina D), dicho exceso se almacena en el hígado para liberarlo cuando exista un déficit en la sangre.

Reciclaje de glóbulos rojos

El hígado recicla los componentes de los glóbulos rojos.

La vida de un eritrocito (glóbulo rojo) en un adulto suele ser de 120 días. Los eritrocitos viejos y dañados experimentan cambios en su membrana plasmática que los hacen reconocibles a los macrófagos. Al final de su vida, los eritrocitos son retirados de la circulación y se descomponen en el bazo y el hígado. El hígado interviene en la descomposición de los eritrocitos y de la hemoglobina. La mayoría de los productos de descomposición se reciclan.

Función de las células de Kupffer en la descomposición de los eritrocitos

La descomposición de los eritrocitos se inicia con la fagocitosis de los glóbulos rojos por parte de las células de Kupffer.

A medida que envejecen, los eritrocitos se hinchan y algunos son fagocitados por las células de Kupffer, macrófagos que recubren los sinusoides en el hígado. Dentro de las células de Kupffer, la molécula de hemoglobina se divide en dos partes: cadenas de globina y un grupo hemo. Los aminoácidos de las cadenas de globina se reciclan, mientras que el grupo hemo se sigue descomponiendo en hierro y bilirrubina. Las células de Kupffer liberan la bilirrubina a la sangre. El hierro se une a la transferrina y se almacena en el hígado y en el bazo, o se transporta a la médula ósea para usarlo en la síntesis de nuevos eritrocitos.

La figura 3 es una micrografía electrónica del barrido donde se pueden ver células de Kupffer (en amarillo, a la derecha) dentro un sinusoide (en azul) del hígado. Las células de Kupffer son capaces de fagocitar sustancias y partículas extrañas. Observa las largas prolongaciones de su citoplasma, llamadas filopodios.

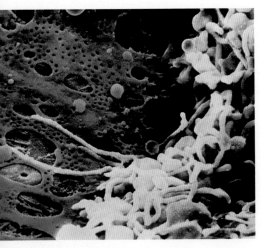

▲ Figura 3

Transporte de hierro a la médula ósea

El hierro es conducido a la medula ósea para producir hemoglobina en los nuevos glóbulos rojos.

La hemoglobina se sintetiza en los glóbulos rojos, donde se añade hierro a un grupo hemo.

El hierro es esencial para el funcionamiento de los glóbulos rojos, ya que es un componente de la molécula de hemoglobina, pero es tóxico en altas concentraciones. Cuando se absorbe hierro en el intestino o cuando se libera durante la descomposición de glóbulos rojos dañados, se transfiere en la sangre unido a una proteína llamada transferrina. Las células tienen receptores para la molécula de transferrina. Los glóbulos rojos se forman a partir de células madre en la médula ósea. Los glóbulos rojos que se están desarrollando tienen un número relativamente alto de receptores de transferrina. Una vez que el hierro se une a un receptor, entra en la célula y se incorpora a la molécula del grupo hemo, o bien se transfiere a una molécula de almacenamiento llamada ferritina.

 ## Ictericia

Causas y consecuencias de la ictericia

Cuando se descomponen los glóbulos rojos en el hígado y en el bazo, se libera hemoglobina. Los macrófagos digieren la hemoglobina, liberando un grupo hemo y globina. La globina es fragmentada en aminoácidos, que se reciclan. El grupo hemo se descompone en hierro y en un pigmento amarillo llamado bilirrubina. También se libera bilirrubina en la descomposición de otras proteínas, como la mioglobina y el citocromo. Toda bilirrubina producida fuera del hígado se transporta al hígado unida a la proteína albúmina.

La bilirrubina es relativamente insoluble, pero en el hígado reacciona con ácido glucarónico y se vuelve soluble. La forma soluble de la bilirrubina se segrega a unos conductos llamados canalículos junto con agua, electrolitos, bicarbonato, colesterol, fosfolípidos y sales. Esta mezcla se llama bilis. La figura 4 es una micrografía de una célula hepática humana (rojizo), también llamada hepatocito, y un canalículo biliar (verde). Los hepatocitos segregan un líquido marrón verdoso llamado bilis, que se transfiere del hígado a la vesícula biliar a través de una densa red de canalículos biliares. Después de una comida, se excreta bilis de la vesícula y entra en el duodeno, donde desempeña una función importante en la descomposición y digestión de los compuestos grasos.

▲ Figura 4

Cuando una enfermedad interfiere en el metabolismo o la excreción normal de la bilirrubina, esta puede acumularse en la sangre. El resultado es una afección conocida como ictericia. El síntoma principal de la ictericia es una coloración amarillenta de los ojos y la piel. La concentración normal de bilirrubina en el plasma sanguíneo es de 1,2 mg dl^{-1}. Una concentración superior a 2,5 mg dl^{-1} produce ictericia.

La ictericia es una afección en la que la piel y los ojos se decoloran debido a la acumulación de un exceso de bilirrubina (pigmento) en tejidos de la piel. La figura 5 muestra la mano de una persona de 81 años con ictericia (abajo) como resultado de haber tomado el antibiótico Augmentin para tratar una sinusitis. Al lado se puede ver la mano de una persona normal para comparar. La ictericia no es una enfermedad en sí misma, pero es un síntoma de muchos trastornos del hígado y del sistema biliar. El tratamiento está encaminado a corregir el trastorno que causa la ictericia.

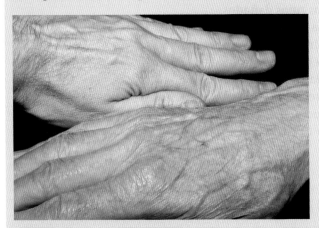

▲ Figura 5

La ictericia se da en enfermedades hepáticas como la hepatitis o el cáncer de hígado. Puede deberse a la obstrucción del conducto biliar por cálculos biliares o al cáncer de pancreas. La ictericia en recién nacidos es relativamente común por diversas causas:

- En los recién nacidos, la renovación de los glóbulos rojos es relativamente elevada.

- A menudo, el hígado de un recién nacido aún se está desarrollando y puede no ser capaz de procesar la bilirrubina con suficiente rapidez.

- Algunos recién nacidos no se alimentan adecuadamente, y la falta de alimento en el intestino significa que la bilirrubina excretada puede ser reabsorbida.

El tratamiento para eliminar la bilirrubina consiste en exponer la piel a la luz ultravioleta, ya sea de la luz solar o de una lámpara especial. La figura 6 muestra a un recién nacido recibiendo fototerapia. La luz ultravioleta convierte el exceso de bilirrubina en productos que pueden ser excretados. Los ojos están cubiertos para evitar posibles daños a la retina.

Para corregir la ictericia es necesario abordar su causa. Los altos niveles de bilirrubina sérica durante períodos prolongados pueden tener graves consecuencias para los bebés, incluida una forma de daño cerebral llamada kernicterus que se traduce en sordera y parálisis cerebral. Los adultos con ictericia normalmente experimentan picazón.

▲ Figura 6

Conversión del colesterol en sales biliares

El exceso de colesterol se convierte en sales biliares.

Aunque en el intestino se absorbe colesterol de los alimentos, los hepatocitos también sintetizan una gran cantidad cada día. El colesterol es una materia prima necesaria para la síntesis de la vitamina D y también para la síntesis de hormonas esteroideas. Es un componente estructural de las membranas y se utiliza en la producción de bilis.

El hígado regula la cantidad de lípidos que circulan en la sangre, como el colesterol y las lipoproteínas, bien sea sintetizándolos cuando son necesarios o descomponiéndolos y segregando colesterol y fosfolípidos en la bilis. La cantidad de colesterol sintetizado por el cuerpo varía en cierta medida con la dieta. El exceso de grasa saturada en la dieta aumenta la producción de colesterol.

Preguntas basadas en datos: La lipasa y la bilis

El gráfico de la figura 7 muestra la tasa de flujo de bilis a la vesícula biliar en relación con la tasa de secreción de sales biliares. También se muestra el efecto de la hormona secretina.

1 a) Indica la relación entre la tasa de secreción de sales biliares y la tasa de flujo de bilis, sin secretina. [1]

   b) Sugiere la causa de esta relación. [1]

2 Sugiere cuándo se necesita que las células hepáticas segreguen más sales biliares. [1]

3 La secretina causa la secreción de iones de HCO_3^- (carbonato de hidrógeno) en la bilis. Basándote solamente en los datos del gráfico, resume el efecto de la secretina en el flujo de bilis. [2]

4 Los resultados en el gráfico muestran que, además de HCO_3^- y sales biliares, se segrega otro soluto en la bilis. Explica cómo se puede extraer esta conclusión a partir de los resultados en el gráfico. [2]

▲ Figura 7 Efecto de las sales biliares y la secretina en la tasa de flujo de bilis

Afirmaciones sobre el colesterol

Educación de la sociedad acerca de las afirmaciones científicas: los estudios científicos han demostrado que la lipoproteína de alta densidad podría considerarse colesterol "bueno".

Unas vesículas llamadas lipoproteínas transportan los lípidos en la sangre. Hay cinco tipos de lipoproteínas. Las lipoproteínas se componen de un exterior hidrofílico de fosfolípidos, proteínas y colesterol y un núcleo de colesterol y grasas (triglicéridos). Los quilomicrones transportan lípidos desde el intestino hasta el hígado. Otras lipoproteínas se sintetizan en el hígado. Algunas de las lipoproteínas cambian de densidad a medida que se les retiran selectivamente algunas moléculas.

Preguntas basadas en datos: Composición de distintas lipoproteínas

Clase de lipoproteína	Densidad (g ml⁻¹)	Diámetro (nm)	Proteína %	Colesterol %	Fosfolípido %	Triglicéridos %
HDL	1,063–1,210	5–15	33	30	29	8
LDL	1,019–1,063	18–28	25	50	21	4
IDL	1,006–1,019	25–30	18	29	22	31
VLDL	0,95–1,006	30–80	10	22	18	50
Quilomicrones	<0,95	100–1000	<2	8	7	84

▲ Tabla 1

Fuente de los datos: http://www.learn.ppdictionary.com/exercise_and_lipoproteins3.htm

1 Indica la relación entre la densidad y:

   i) El % de triglicéridos   [1]

   ii) El % de proteína   [1]

   iii) El % de colesterol   [1]

2 Compara el contenido de colesterol de las lipoproteínas HDL y LDL.   [2]

3 Sugiere, aportando una razón, por qué las lipoproteínas HDL se consideran "colesterol bueno" y las lipoproteínas LDL se consideran "colesterol malo".   [3]

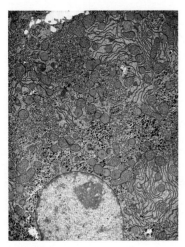

▲ Figura 8

Producción de proteínas plasmáticas por los hepatocitos

El retículo endoplasmático y el aparato de Golgi en los hepatocitos produce proteínas plasmáticas.

El retículo endoplasmático rugoso de los hepatocitos en el hígado produce el 90% de las proteínas del plasma sanguíneo, incluidas proteínas como la albúmina y el fibrinógeno. La albúmina es una proteína transportadora que se une a sustancias como la bilirrubina. Por esta razón, se la considera una proteína de transporte, aunque también ayuda a mantener el equilibrio osmótico en la sangre. El fibrinógeno es una proteína esencial para la coagulación.

El aspecto característico de los hepatocitos se explica por su participación activa en la síntesis de proteínas: cuenta con un retículo endoplasmático muy desarrollado y un aparato de Golgi, lo que constituye prueba de una elevada actividad de síntesis de proteínas. Se estima que hay 13 millones de ribosomas asociados al retículo endoplasmático de una célula típica del hígado.

Función desintoxicante del hígado

El hígado retira las toxinas de la sangre y elimina su toxicidad.

Una función importante del hígado es la desintoxicación. Las células del hígado absorben sustancias tóxicas de la sangre y, mediante una variedad de conversiones químicas, eliminan o reducen su toxicidad. Por ejemplo, la enzima alcohol deshidrogenasa convierte el alcohol en una sustancia menos tóxica. El hígado convierte el amoníaco tóxico en urea. El hígado también actúa para eliminar la toxicidad de sustancias bioquímicas que son ajenas a la bioquímica normal del organismo, como venenos o drogas. Uno de los mecanismos de desintoxicación del hígado es la conversión de los compuestos hidrofóbicos en compuestos hidrofílicos más fáciles de excretar.

D.4 El corazón

Comprensión

→ La estructura de las células musculares cardíacas permite la propagación de estímulos a través de la pared del corazón.

→ Las señales procedentes del nódulo sinoauricular que causan la contracción no pueden ir directamente desde las aurículas hasta los ventrículos.

→ Hay un retardo entre la llegada y el paso de un estímulo en el nódulo auriculoventricular.

→ Este retardo deja tiempo para la sístole auricular antes de que se cierren las válvulas auriculoventriculares.

→ Las fibras conductoras garantizan una contracción coordinada de toda la pared ventricular.

→ Los sonidos normales del corazón están causados por el cierre de las válvulas auriculoventriculares y de las válvulas semilunares, lo que causa variaciones en el flujo sanguíneo.

Aplicaciones

→ Uso de marcapasos artificiales para regular el ritmo cardíaco.

→ Uso de la desfibrilación para tratar estados cardíacos que implican peligro de muerte.

→ Causas y consecuencias de la hipertensión y la trombosis

Habilidades

→ Medición e interpretación del ritmo cardíaco en distintas condiciones.

→ Interpretación de las mediciones de presión sanguínea sistólica y diastólica.

→ Representación gráfica del ciclo cardíaco con un trazado de electrocardiograma (ECG) normal.

→ Análisis de datos epidemiológicos relativos a la incidencia de la enfermedad cardíaca coronaria.

Naturaleza de la ciencia

→ Las mejoras en equipos y aparatos conllevan avances en la investigación científica: la invención del estetoscopio condujo a conocer más profundamente el funcionamiento del corazón.

Células musculares cardíacas

La estructura de las células musculares cardíacas permite la propagación de estímulos a través de la pared del corazón.

El tejido muscular cardíaco es característico del corazón. Al igual que el músculo esquelético, los músculos cardíacos tienen aspecto estriado. La distribución de las proteínas contráctiles actina y miosina es similar a la del músculo esquelético. Sin embargo, las células del músculo cardíaco son más cortas y más anchas que las del músculo esquelético y la mayoría de las veces tienen un solo núcleo. La contracción del músculo cardíaco no se

▲ Figura 1

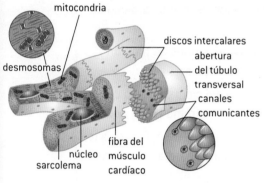

mitocondria

desmosomas

discos intercalares

abertura
del túbulo
transversal

canales
comunicantes

fibra del
músculo
cardíaco

núcleo

sarcolema

▲ Figura 2 Fibra del músculo cardíaco

controla voluntariamente, y muchas de las células cardíacas se contraen incluso sin estimulación nerviosa durante toda la vida del organismo. Por estas razones, tienen características estructurales especiales.

Las células están unidas entre sí por los extremos, creando una compleja red de células interconectadas en forma de Y. Donde el extremo de una célula entra en contacto con el extremo de otra hay una estructura de unión especializada llamada disco intercalar. Esta estructura solo se da en el músculo cardíaco. Los discos intercalares se componen de una doble membrana con canales comunicantes que conectan el citoplasma de las células. Estos canales permiten el rápido movimiento de iones y ofrecen una baja resistencia eléctrica. Al estar las células interconectadas en forma de Y, además de estar conectadas eléctricamente mediante los canales comunicantes, una onda de despolarización puede pasar fácilmente de una célula a una red de otras células, sincronizando la contracción muscular; es decir, la red de células se contrae como si fuera una sola célula grande.

La figura 1 muestra una micrografía electrónica de transmisión coloreada de las fibrillas del músculo cardíaco (naranja y azul). Las mitocondrias (rojo) proporcionan energía a las células musculares. Unos túbulos transversales (finas líneas azules) atraviesan las fibrillas musculares, o miofibrillas, dividiéndolas en unidades contráctiles (sarcómeros). En el centro está el disco intercalar (línea ondulada azul).

El nódulo sinoauricular

Las señales procedentes del nódulo sinoauricular que causan la contracción no pueden ir directamente desde las aurículas hasta los ventrículos.

El ciclo cardíaco es una secuencia repetida de acciones en el corazón que provocan el bombeo de sangre a los pulmones y al resto del cuerpo. El ciclo representa todos los pasos desde el comienzo de un latido hasta el comienzo del próximo. Los cardiólogos llaman sístole a la contracción de las cámaras del corazón y diástole a la relajación de las cámaras. La figura 3 muestra la secuencia en que se producen la sístole y la diástole en las aurículas y en los ventrículos. La figura 4 detalla los pasos y cambios de presión que ocurren durante el ciclo cardíaco.

En la pared de la aurícula derecha hay un conjunto de células cardíacas especializadas que inician potenciales de acción espontánea y rítmicamente, sin necesidad de estimulación nerviosa. Se trata del nódulo sinoauricular, a veces también llamado marcapasos del corazón. Como los canales comunicantes permiten que las cargas eléctricas fluyan libremente entre las células, la contracción que se origina en el nódulo sinoauricular se propaga muy rápidamente por toda la aurícula como si se tratara de una sola célula. Esto hace que las aurículas se contraigan (sístole).

Las señales procedentes del nódulo sinoauricular que causan la contracción de las aurículas no pueden ir directamente desde las aurículas hasta los ventrículos. En su lugar, van desde el nódulo sinoauricular hasta el nódulo auriculoventricular y, desde allí, se propagan al resto del corazón a través de un tejido muscular cardíaco especializado llamado fibras de

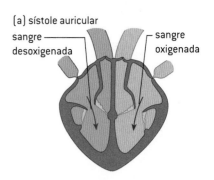

Purkinje. Estas señales hacen que los ventrículos se contraigan (sístole), cerrando las válvulas auriculoventriculares. Una vez que se vacían los ventrículos, se cierran las válvulas semilunares.

Los ventrículos comienzan la diástole, las válvulas auriculoventriculares se abren y los ventrículos comienzan a llenarse de sangre. Finalmente, las cuatro cámaras están en diástole y llenándose de sangre. El ciclo termina cuando las aurículas están totalmente llenas y los ventrículos están llenos al 70%.

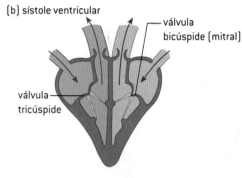

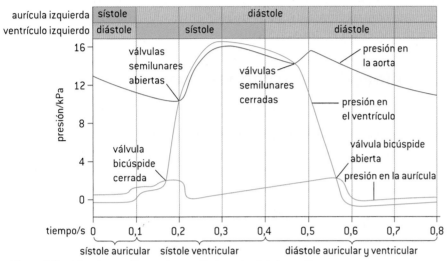

▲ Figura 4 Cambios de presión en el corazón durante el ciclo cardíaco

El nódulo auriculoventricular

Hay un retardo entre la llegada y el paso de un estímulo en el nódulo auriculoventricular.

Existen mecanismos para escalonar la contracción auricular y la ventricular. Las fibras que conectan el nódulo sinoauricular con el nódulo auriculoventricular transmiten el potencial de acción con relativa lentitud. Hay un retardo de aproximadamente 0,12 s entre la llegada del estímulo desde el nódulo sinoauricular y la iniciación del impulso en los ventrículos.

Las células del nódulo auriculoventricular tardan más en activarse que las células del nódulo sinoauricular. El nódulo auriculoventricular tiene una serie de características que hacen que retarde la iniciación de la contracción de los ventrículos.

- Las células del nódulo auriculoventricular tienen un diámetro más pequeño y no conducen tan rápido.

- Las membranas de las células del nódulo auriculoventricular tienen un número relativamente pequeño de canales de Na^+, un potencial de reposo más negativo y un período refractario prolongado.

- Hay menos canales comunicantes entre las células del nódulo auriculoventricular.

- En el nódulo auriculoventricular hay relativamente más tejido conectivo no conductor.

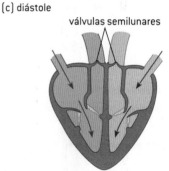

▲ Figura 3 El ciclo cardíaco

El retardo en la conducción

Este retardo deja tiempo para la sístole auricular antes de que se cierren las válvulas auriculoventriculares.

El retardo en la iniciación de la contracción por el nódulo auriculoventricular es importante porque deja tiempo para que las aurículas se contraigan y vacíen la sangre que contienen en el interior de los ventrículos antes de que estos se contraigan. La contracción de los ventrículos hace que se cierren las válvulas auriculoventriculares, por lo que una contracción anticipada de los ventrículos limitaría la cantidad de sangre que entra en los ventrículos.

Coordinación de la contracción

Las fibras conductoras garantizan una contracción coordinada de toda la pared ventricular.

Una vez que pasa por el fascículo auriculoventricular, la señal debe trasmitirse rápidamente para garantizar la contracción coordinada del ventrículo.

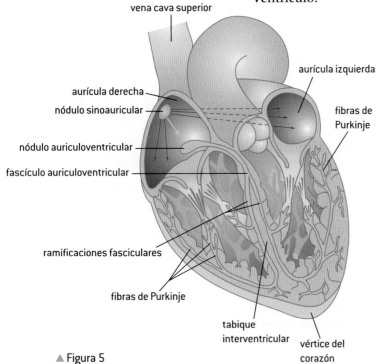

▲ Figura 5

El fascículo auriculoventricular recibe el impulso desde el nódulo auriculoventricular y conduce la señal rápidamente hasta un punto donde se ramifica en dos. Las ramificaciones fasciculares transmiten los impulsos a través del tabique que separa los dos ventrículos. En la base o vértice del corazón, las ramificaciones fasciculares conectan con las fibras de Purkinje, que conducen la señal aún más rápido hasta los ventrículos. Estas fibras tienen una serie de modificaciones que facilitan la conducción de las señales a una alta velocidad:

- Tienen relativamente menos miofibrillas.
- Tienen un diámetro más grande.
- Tienen mayores densidades de canales de sodio controlados por voltaje.
- Tienen un gran número de mitocondrias y grandes reservas de glucógeno.

La contracción del ventrículo comienza en el vértice.

La invención del estetoscopio

Las mejoras en equipos y aparatos conllevan avances en la investigación científica: la invención del estetoscopio condujo a conocer más profundamente el funcionamiento del corazón.

Los estetoscopios son uno de los símbolos más reconocibles de la profesión médica. El estetoscopio fue inventado en el siglo XIX por René Laënnec, aunque el diseño original se ha modificado considerablemente desde entonces. Antes de su invención, aunque no

era una práctica común, algunos médicos colocaban los oídos directamente sobre el pecho de los pacientes para escuchar los latidos del corazón. En el siglo XIX, muchos pacientes eran demasiado obesos como para poder oír los latidos con este método, la higiene no era algo habitual, algunos pacientes estaban "infestados de piojos" y, si el paciente era una mujer, el pudor suponía un problema. Si bien estas fueron las cuestiones principales que motivaron el desarrollo del estetoscopio, su invención también tuvo otros beneficios imprevistos. Se convirtió en una de las primeras herramientas que permitieron investigar la anatomía interna de manera no invasiva. Distintos tipos de anomalías cardíacas hacen que los latidos suenen diferente, por lo que pueden ser detectadas con el estetoscopio.

Causas del sonido de los latidos cardíacos

Los sonidos normales del corazón están causados por el cierre de las válvulas auriculoventriculares y de las válvulas semilunares, lo que causa variaciones en el flujo sanguíneo.

Un latido normal tiene dos sonidos, ambos causados por el cierre de válvulas. El primer sonido ("lub") ocurre cuando se cierran las válvulas auriculoventriculares. El segundo sonido ("dub") lo causa el cierre de las válvulas semilunares una vez que se han vaciado los ventrículos.

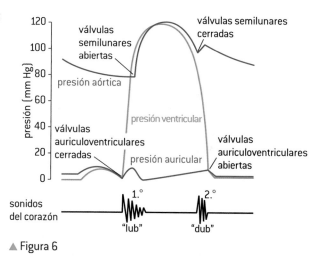

▲ Figura 6

Variables que afectan al ritmo cardíaco

Medición e interpretación del ritmo cardíaco en distintas condiciones

En el laboratorio escolar es posible evaluar una serie de variables que pueden influir en el ritmo cardíaco. Algunos ejemplos incluyen: el tipo de ejercicio, la intensidad del ejercicio, la recuperación después del ejercicio, la relajación, la posición del cuerpo (incluido el decúbito supino), la respiración y la contención de la respiración, la exposición a un estímulo frío y la inmersión de la cara en agua.

La detección del ritmo cardíaco puede hacerse de varias maneras. La figura 7 muestra cómo detectar el pulso de una arteria en la muñeca con los dedos índice y corazón. A un lado del cuello, por debajo de la mandíbula, hay una arteria donde es relativamente fácil detectar el pulso. Se pueden usar registradores de datos, como monitores cardíacos de mano, clips de oreja, sensores de electrocardiograma y relojes de pulsera, para almacenar los datos en un computador. Las cámaras incorporadas en algunos computadores tipo tableta pueden detectar el ritmo cardíaco.

▲ Figura 7

Preguntas basadas en datos: Exposición al frío y el ritmo cardíaco

Se determinó el ritmo cardíaco en reposo de una muestra de alumnos mediante una pulsera. Se colocó una bolsa de hielo en el antebrazo de los alumnos durante un minuto y se midió el ritmo cardíaco al final de ese minuto y después de uno y dos minutos de recuperación.

1 Determina el ritmo cardíaco medio en reposo. [1]

2 Calcula el porcentaje de reducción del ritmo cardíaco medio con la exposición al frío. [2]

3 Evalúa la conclusión de que la exposición al frío reduce el ritmo cardíaco. [2]

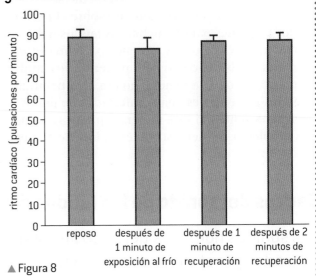

▲ Figura 8

🌐 Marcapasos artificiales

Uso de marcapasos artificiales para regular el ritmo cardíaco

Los marcapasos artificiales son dispositivos médicos que se implantan quirúrgicamente en personas que tienen un nódulo sinoauricular (la parte del corazón que inicia el latido) que funciona mal, o en personas que tienen bloqueada la ruta de transmisión de señales del corazón y que, por tanto, no transmiten bien los impulsos nerviosos generados por el nódulo. El propósito de los marcapasos es marcar el ritmo natural de los latidos del corazón cuando este no consigue latir lo suficientemente rápido o cuando hay un fallo en el sistema de transmisión eléctrica del corazón.

Los marcapasos pueden generar impulsos regularmente o bien generarlos solo cuando el corazón pierde un latido. Los marcapasos básicos y más comunes controlan el ritmo cardíaco y, cuando no detectan un latido, estimulan el ventrículo con un pulso de bajo voltaje. Los modelos más complejos estimulan tanto las aurículas como los ventrículos.

La figura 9 muestra una radiografía del pecho de un hombre con un marcapasos (derecha). El corazón es la masa azul en la parte central derecha, entre los pulmones (blancos). El marcapasos tiene unos cables que envían impulsos eléctricos al corazón regularmente.

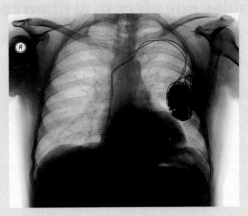

▲ Figura 9

Relación del ciclo cardíaco con un trazado de ECG

Representación gráfica del ciclo cardíaco con un trazado de electrocardiograma (ECG) normal

El músculo cardíaco se contrae porque recibe señales eléctricas. Estas señales pueden ser detectadas y cuantificadas usando un electrocardiograma (ECG). Se pueden usar sensores de ECG para registrar datos con los que producir un patrón como el que se muestra en la figura 10. El trazado P representa la sístole auricular y el trazado QRS representa la sístole ventricular. El trazado T representa la diástole ventricular. Se pueden analizar intervalos del trazado del ECG, por ejemplo, los intervalos entre el principio de P y Q, entre Q y S, o entre Q y el final de T. Se puede comparar la altura del pico R cuando el cuerpo pasa de estar de pie a estar tumbado. También se puede comparar el trazado general antes y después de un ejercicio suave.

Los especialistas pueden detectar patologías cardíacas analizando los cambios en el tamaño de los picos y en la longitud de los intervalos.

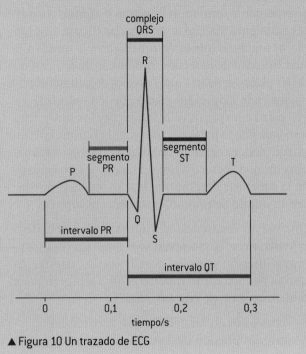

▲ Figura 10 Un trazado de ECG

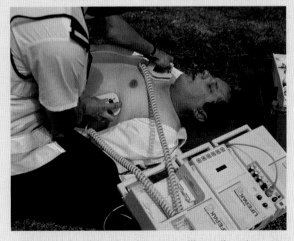 Explicación del uso de un desfibrilador

Uso de la desfibrilación para tratar estados cardíacos que implican peligro de muerte

El paro cardíaco se produce cuando se reduce el suministro de sangre al corazón y los tejidos del corazón se ven privados de oxígeno. Una de las primeras consecuencias es anormalidades en el ciclo cardíaco, como la fibrilación ventricular, que esencialmente son convulsiones de los ventrículos debido a una contracción rápida y caótica de distintas células musculares.

Cuando los servicios de primeros auxilios atienden a una persona que no respira, colocan las dos paletas de un desfibrilador sobre el pecho del paciente formando una línea diagonal entre las paletas con el corazón en medio. El dispositivo detecta primero si la persona está sufriendo fibrilación y, en caso afirmativo, se aplica una descarga eléctrica para restablecer un ritmo cardíaco normal.

▲ Figura 11 Servicios de primeros auxilios aplicando un desfibrilador al pecho de un hombre que está sufriendo un paro cardíaco

Hipertensión y trombosis

Causas y consecuencias de la hipertensión y la trombosis

La ateroesclerosis es el endurecimiento de las arterias por la formación de placas o ateromas en el revestimiento interno de las arterias (figura 12). Las placas son áreas que están hinchadas y acumulan una variedad de desechos. A menudo el desarrollo de las placas se debe a altos niveles de colesterol y lípidos en la sangre. Las placas pueden reducir la velocidad a la que fluye la sangre por los vasos. Esto, a su vez, puede provocar un coágulo o trombosis que puede bloquear el flujo de la sangre por la arteria e impedir que llegue oxígeno al tejido. Si esto ocurre en la superficie del corazón, la consecuencia puede ser un infarto de miocardio o ataque al corazón.

Una mayor resistencia al flujo sanguíneo puede ralentizarlo y, como resultado, producir una mayor presión sobre las paredes de las arterias, lo que se conoce como hipertensión. La hipertensión tiene una serie de consecuencias:

- Los daños en las células que revisten las arterias pueden desencadenar una serie de procesos que finalmente provocan un estrechamiento y una rigidez cada vez mayores de las arterias.

- La presión arterial constantemente elevada puede debilitar una arteria y dilatar una parte de la pared, formando un bulto llamado aneurisma. Los aneurismas pueden estallar y causar una hemorragia interna. Se pueden formar en cualquier arteria del cuerpo, pero son más comunes en la aorta.

- La hipertensión arterial crónica puede provocar un accidente cardiovascular si debilita los vasos sanguíneos en el cerebro, estrechándolos o rompiéndolos, o si da lugar a la formación de coágulos de sangre en las arterias que van al cerebro.

- La hipertensión arterial crónica es una de las causas más comunes de insuficiencia renal, ya que daña tanto las arterias que van al riñón como los capilares del glomérulo.

Hay una serie de factores correlacionados con una mayor incidencia de trombosis e hipertensión.

- Tener padres que han sufrido ataques al corazón indica una predisposición genética a padecer una de estas enfermedades.

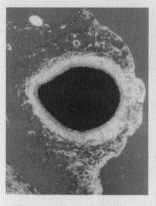
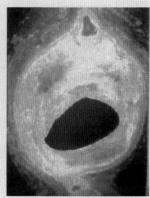

▲ Figura 12 Comparación de una arteria normal (izquierda) con una arteria donde se ha formado una placa (derecha)

- Con la edad disminuye la flexibilidad de los vasos sanguíneos. Los rangos normales son más bajos en los niños que en los adultos.

- El riesgo en las mujeres aumenta después de la menopausia, en correlación con la disminución de los niveles de estrógenos.

- Los hombres tienen un mayor riesgo que las mujeres, en correlación con los niveles más bajos de estrógenos.

- El tabaquismo aumenta la presión arterial porque la nicotina provoca vasoconstricción.

- Una dieta rica en sal, cantidades excesivas de alcohol y el estrés también se correlacionan con la hipertensión.

- Una dieta con demasiadas grasas saturadas y colesterol favorece la formación de placas.

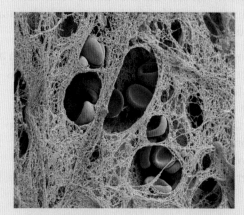

▲ Figura 13 Coágulo sanguíneo (trombo) en la arteria coronaria, que suministra sangre al corazón. Se ven los glóbulos rojos (en morado) en una malla de fibrina.

- La altitud afecta la presión arterial.

- La vida sedentaria (es decir, la falta de ejercicio) se correlaciona con la obesidad y

dificulta el retorno de la sangre venosa de las extremidades, aumentando el riesgo de formación de coágulos.

Interpretación de las mediciones de la presión arterial

Interpretación de las mediciones de presión sanguínea sistólica y diastólica

La presión sanguínea —o, para ser más precisos, la presión arterial— es la presión que la sangre circulante ejerce sobre las paredes de las arterias. Con cada latido del corazón, la presión de la sangre en las arterias varía desde un máximo durante la sístole ventricular hasta un mínimo cerca del comienzo del ciclo cardíaco, cuando los ventrículos están llenos de sangre y están en sístole.

Las mediciones de la presión arterial suelen darse en la unidad de presión "mm Hg". Un ejemplo de presión arterial sería "120 sobre 80": el número mayor se refiere a la presión en la arteria causada por la sístole ventricular y el número inferior a la presión en la arteria debida a la diástole ventricular.

La figura 14 muestra una mujer embarazada a la que se está midiendo la presión arterial. Es importante controlar la presión arterial durante el embarazo. La hipertensión durante el embarazo se llama preeclampsia y puede ser mortal si no se trata.

por la apertura y el cierre de la arteria. El manguito se desinfla aún más hasta que se restablece el flujo sanguíneo normal y deja de escucharse el sonido. El sonido deja de escucharse cuando la presión del manguito es menor que la presión diastólica.

Categoría de presión arterial	Sistólica (mm Hg)	Diastólica (mm Hg)
Hipotensión (presión arterial baja)	90 o menos	60 o menos
Normal	Menos de 120	Menos de 80
Prehipertensión	120–139	80–89
Hipertensión (estadio 1)	140–159	90–99
Hipertensión (estadio 2)	160 o más	100 o más
Crisis hipertensiva	Más de 180	Más de 110

▲ Tabla 1

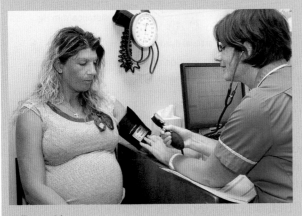

▲ Figura 14

Para medir la presión arterial, se coloca un manguito hinchable alrededor del bíceps y se hincha hasta impedir que la sangre pase al antebrazo. Después se desinfla lentamente y se espera a escuchar sonido. El sonido empieza a escucharse cuando la presión del manguito cae por debajo de la presión sistólica, y es causado

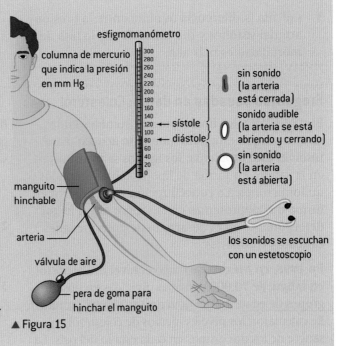

▲ Figura 15

Datos relativos a la enfermedad cardíaca coronaria

Análisis de datos epidemiológicos relativos a la incidencia de la enfermedad cardíaca coronaria

Se denomina enfermedad cardíaca coronaria a los daños que sufre el corazón como resultado del menor riego sanguíneo a los tejidos cardíacos, a menudo causado por el estrechamiento y el endurecimiento de la arteria coronaria.

Los grupos étnicos pueden diferir en su predisposición a padecer enfermedades cardíacas coronarias debido a diferentes dietas y estilos de vida. Distintos grupos (sexo, edad, nivel de actividad física, genotipo, historia clínica) pueden tener diferentes probabilidades de sufrir enfermedades cardíacas coronarias. La epidemiología es el estudio de los patrones, las causas y los efectos de las enfermedades en grupos de individuos o poblaciones.

Preguntas basadas en datos: Hipertensión

La hipertensión es un importante factor de riesgo de enfermedades cardíacas coronarias. En un estudio, se realizó un seguimiento de más de 316.000 hombres durante 12 años para investigar los efectos de la hipertensión. La figura 16 muestra la relación entre la presión arterial sistólica y diastólica y la tasa de mortalidad por cada 10.000 personas al año.

1 Determina la tasa de mortalidad para una presión arterial sistólica de entre 140 y 159 mm Hg y una presión arterial diastólica de entre 75 y 79 mm Hg. [1]

2 Describe el efecto de la presión arterial sistólica y la presión arterial diastólica en la tasa de mortalidad. [2]

3 Calcula la diferencia mínima entre la presión arterial sistólica y diastólica donde la tasa de mortalidad es más alta. [1]

4 Evalúa el impacto que tienen en la tasa de mortalidad las diferencias entre la presión arterial sistólica y diastólica. [3]

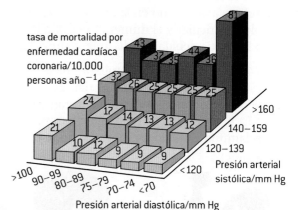

▲ Figura 16 Efecto de la presión arterial en la incidencia de la enfermedad cardíaca coronaria

Preguntas basadas en datos: Colesterol

El colesterol y los lípidos no son solubles en la sangre porque esta tiene una base acuosa. Para resolver este problema, los lípidos se transportan en la sangre en forma de lipoproteínas llamadas quilomicrones. La concentración de colesterol en forma de lipoproteínas en la sangre es un factor determinante en el desarrollo de enfermedades cardíacas coronarias.

En 1998, en México, se midió el nivel de colesterol en sangre de 70.000 personas divididas en dos grupos de edad: 1 a 19 (jóvenes) y 20 a 98 (adultos). Se calcularon los niveles medios de colesterol en sangre de los dos grupos en cada estado del país. La figura 17 muestra los resultados. Cada punto en el gráfico representa el nivel medio de colesterol en sangre de los dos grupos en un estado.

1 Indica la relación entre los niveles de colesterol de jóvenes y adultos. [1]

2 Predice, basándote en los datos del gráfico, cómo suele cambiar el nivel de colesterol en sangre durante la vida. [2]

3 El máximo nivel deseable de colesterol en sangre es de 200 mg por cada 100 cm⁻³ de sangre. Sugiere las implicaciones del estudio de los niveles de colesterol en sangre para la población de México. [3]

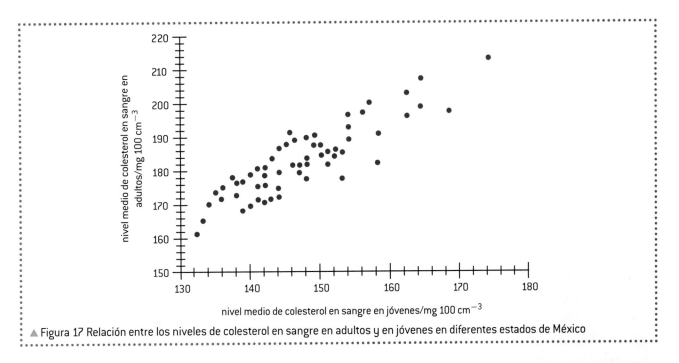

▲ Figura 17 Relación entre los niveles de colesterol en sangre en adultos y en jóvenes en diferentes estados de México

D.5 Hormonas y metabolismo (TANS)

Comprensión

→ Las glándulas endocrinas segregan hormonas directamente al torrente sanguíneo.

→ Las hormonas esteroideas se unen a proteínas receptoras del citoplasma de la célula objetivo para formar un complejo receptor-hormona.

→ El complejo receptor-hormona promueve la transcripción de genes específicos.

→ Las hormonas peptídicas se unen a receptores de la membrana plasmática de la célula objetivo.

→ La unión de las hormonas a los receptores de membrana activa toda una secuencia en la que actúa de mediador un segundo mensajero en el interior de la célula.

→ El hipotálamo controla la secreción de hormonas en los lóbulos anterior y posterior de la hipófisis (glándula pituitaria).

→ Las hormonas segregadas por la hipófisis controlan el crecimiento, los cambios en el desarrollo, la reproducción y la homeostasis.

 Aplicaciones

→ Algunos atletas toman hormonas de crecimiento para desarrollar su musculatura.

→ Control de la secreción de leche mediante la oxitocina y la prolactina.

 Naturaleza de la ciencia

→ Cooperación y colaboración entre grupos de científicos: el Consejo Internacional de Lucha contra los Trastornos causados por la Carencia de Yodo reúne a científicos que trabajan para subsanar los daños causados por una deficiencia de yodo.

691

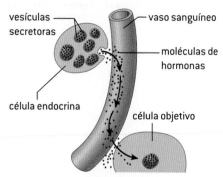

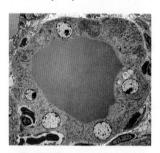

▲ Figura 1 Las glándulas endocrinas segregan mensajes químicos directamente a la sangre.

▲ Figura 2

Glándulas endocrinas

Las glándulas endocrinas segregan hormonas directamente al torrente sanguíneo.

Las glándulas endocrinas son estructuras que segregan mensajes químicos, llamados hormonas, directamente a la sangre. Estos mensajes son transportados hasta células objetivo específicas (figura 1). Las hormonas pueden ser esteroides, proteínas, glicoproteínas, polipéptidos, aminas o derivados de la tirosina.

Como ejemplo, la figura 2 muestra un corte transversal de un folículo de la glándula tiroidea. Las hormonas tiroideas regulan el metabolismo del cuerpo. El folículo se compone de una capa de células (rosa) alrededor de una cámara central de almacenamiento. Las células producen las hormonas tiroideas y las segregan a la cámara central, donde se almacenan en un líquido coloidal viscoso (amarillo). El folículo está rodeado de vasos sanguíneos (rojo) que transportan las hormonas por todo el cuerpo.

Erradicación de la deficiencia de yodo

Cooperación y colaboración entre grupos de científicos: el Consejo Internacional de Lucha contra los Trastornos causados por la Carencia de Yodo reúne a científicos que trabajan para subsanar los daños causados por una deficiencia de yodo.

Se denomina hormona tiroidea a dos hormonas similares derivadas de la tirosina: la triyodotironina (T_3) contiene tres átomos de yodo y la tetrayodotironina (T_4) contiene cuatro átomos de yodo. Se necesita yodo en la dieta para que el tiroides funcione correctamente. La deficiencia de yodo en la dieta tiene una serie de consecuencias, incluida una afección llamada bocio. La incapacidad de producir hormonas tiroideas por la ausencia de yodo significa que el hipotálamo y la hipófisis (glándula pituitaria) anterior estimulan continuamente el tiroides, lo que provoca un aumento de su tamaño. La deficiencia de yodo durante el embarazo puede afectar al desarrollo nervioso del feto y causar retraso mental.

El Consejo Internacional de Lucha contra los Trastornos causados por la Carencia de Yodo (CILTCCY) es una organización no gubernamental asociada a organizaciones intergubernamentales como UNICEF y la OMS, así como a gobiernos nacionales, para erradicar la deficiencia de yodo, principalmente reivindicando la yodación universal de la sal.

Desde su creación, el CILTCCY ha colaborado con instituciones académicas para publicar estudios de referencia que orienten los esfuerzos de los países a fin de acabar con los trastornos causados por la deficiencia de yodo.

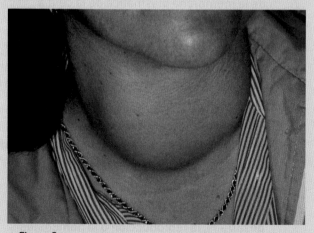

▲ Figura 3

Mecanismo de acción de las hormonas esteroideas

Las hormonas esteroideas se unen a proteínas receptoras del citoplasma de la célula objetivo para formar un complejo receptor-hormona.

Las hormonas peptídicas y las hormonas lipídicas tienen distinta solubilidad. Esto da lugar a diferentes mecanismos de acción, aunque ambos tipos de hormonas actúan uniéndose a un receptor.

Las hormonas esteroideas pueden atravesar directamente la membrana plasmática y la membrana nuclear y unirse a los receptores (figura 4). Un ejemplo de este tipo de hormona es el estrógeno. El complejo receptor-hormona actúa como factor de transcripción, favoreciendo o inhibiendo la transcripción de un gen determinado.

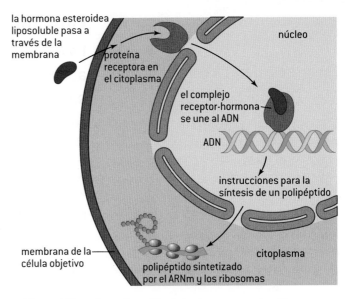

▲ Figura 4 Mecanismo de acción de las hormonas esteroideas

El complejo receptor-hormona

El complejo receptor-hormona promueve la transcripción de genes específicos.

La hormona esteroidea calciferol atraviesa la membrana de las células del intestino y se une a un receptor en el núcleo. El complejo receptor-hormona hace que se exprese la proteína transportadora de calcio calbindina en el intestino delgado, que a su vez permite la absorción de calcio del intestino.

Algunos esteroides, como el cortisol, se unen a receptores en el citoplasma y el complejo receptor-hormona atraviesa la membrana nuclear hasta el interior del núcleo y promueve la transcripción.

La hormona puede tener efectos diferentes en células diferentes y puede incluso tener un efecto inhibidor. Por ejemplo, cuando la hormona esteroidea cortisol se une a su receptor en el citoplasma de una célula del hígado y entra en el núcleo, activa muchos de los genes necesarios para la gluconeogénesis, que es la conversión de grasas y proteínas en glucosa, lo cual produce un aumento de glucosa en la sangre. Al mismo tiempo, disminuye la expresión del gen receptor de insulina, impidiendo que la glucosa se almacene en las células y aumentando también el nivel de glucosa en la sangre. En el páncreas, el complejo receptor-cortisol inhibe la transcripción de los genes de la insulina.

Mecanismo de acción de las hormonas peptídicas

Las hormonas peptídicas se unen a receptores de la membrana plasmática de la célula objetivo.

Las hormonas proteínicas son hidrofílicas, por lo que no pueden atravesar directamente la membrana. En su lugar, se unen a receptores en la superficie que desencadenan una reacción en cascada en la que actúan como mediadores sustancias químicas denominadas segundos mensajeros.

Función de los segundos mensajeros

La unión de las hormonas a los receptores de membrana activa toda una secuencia en la que actúa de mediador un segundo mensajero en el interior de la célula.

Los segundos mensajeros son pequeñas moléculas solubles en agua que se pueden propagar rápidamente por el citoplasma y transmiten señales a las células. Los iones de calcio y el AMP cíclico (AMPc) son los segundos mensajeros más comunes. Un gran número de proteínas son sensibles a la concentración de estas moléculas.

La epinefrina es una hormona que, cuando se segrega, actúa como mediadora en la respuesta de "lucha o huida". Cuando un organismo se siente amenazado, necesita un aporte de glucosa en la sangre como fuente de energía. Cuando la epinefrina llega al hígado, se une a un receptor llamado receptor acoplado a proteínas G. Esta unión activa la proteína G, que utiliza trifosfato de guanosina (GTP) como fuente de energía para activar la enzima adenilatociclasa. Esta enzima convierte el ATP en AMPc. El AMPc activa entonces la enzima proteína quinasa, que a su vez activa los procesos de descomposición del glucógeno e inhibe la síntesis de glucógeno.

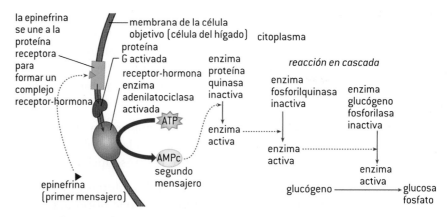

▲ Figura 5 Mecanismo de acción de la epinefrina en una célula del hígado

Hormonas segregadas por la hipófisis

Las hormonas segregadas por la hipófisis controlan el crecimiento, los cambios en el desarrollo, la reproducción y la homeostasis.

La hipófisis anterior sintetiza y segrega una serie de hormonas que controlan el crecimiento, la reproducción y la homeostasis. Las hormonas FSH y LH son algunos ejemplos. La hipófisis posterior segrega oxitocina y ADH, pero no sintetiza estas hormonas: son sintetizadas en unas células inusuales llamadas células neurosecretoras que se encuentran en el hipotálamo. Las hormonas se desplazan por los axones de las células neurosecretoras y se almacenan en los extremos de estos axones hasta que el hipotálamo emite impulsos que pasan por los axones y estimulan la secreción.

Función del hipotálamo

El hipotálamo controla la secreción de hormonas en los lóbulos anterior y posterior de la hipófisis.

Tanto el sistema nervioso como el sistema endocrino desempeñan una función en la homeostasis y en la regulación de otros procesos, incluida la reproducción. El hipotálamo conecta el sistema nervioso con el sistema endocrino mediante la hipófisis. La hipófisis tiene dos partes, que son en realidad dos glándulas diferentes con mecanismos de acción diferentes.

La función del hipotálamo es segregar factores de liberación, que estimulan la secreción de las hormonas de la hipófisis anterior. Los factores segregados van desde el hipotálamo hasta la hipófisis anterior por una vena porta, un tipo inusual de vaso sanguíneo que conecta dos redes capilares: una en el hipotálamo que se une formando la vena porta y otra en la hipófisis anterior, desde donde la sangre va al resto del cuerpo (figura 6).

La secreción de muchas de las hormonas de la hipófisis está regulada por mecanismos de retroalimentación negativa. La hormona antidiurética ADH es un ejemplo. La concentración de solutos en la sangre es controlada por osmorreceptores en el hipotálamo. Si estos receptores detectan que la concentración de solutos es demasiado alta, se emiten impulsos a lo largo de los axones de las células neurosecretoras que hacen que aumente la secreción de la ADH. Esta hormona actúa en el riñón (como se describe en el subtema 11.3), causando una disminución de la concentración de solutos en la sangre. Si las concentraciones de solutos disminuyen demasiado, esto también es detectado por los osmorreceptores en el hipotálamo. En este caso, se emiten menos impulsos o ninguno a través de las células neurosecretoras y así se reduce o se interrumpe totalmente la secreción de ADH. De esta forma, las concentraciones de solutos en la sangre vuelven a subir.

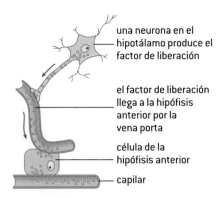

▲ Figura 6 Los factores de liberación llegan a la hipófisis anterior por una vena porta.

una neurona en el hipotálamo produce el factor de liberación

el factor de liberación llega a la hipófisis anterior por la vena porta

célula de la hipófisis anterior

capilar

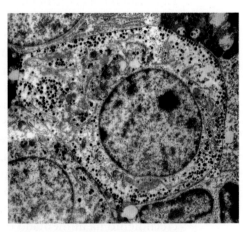

▲ Figura 8 Microfotografía electrónica de transmisión coloreada de células en la hipófisis anterior, una glándula secretora de hormonas en la base del cerebro. Los núcleos de las células, que contienen la información genética, están coloreados en morado. La célula en el centro es una célula somatotropa, una célula secretora con gránulos (rojo) que contienen hormonas que se segregarán al citoplasma celular (verde). Las células somatotropas segregan las hormonas del crecimiento humano, que promueven el crecimiento y controlan numerosos procesos metabólicos.

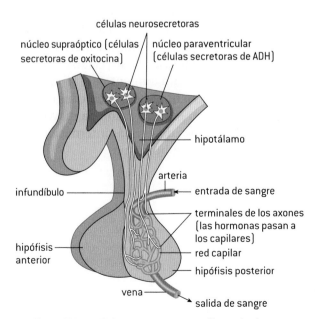

células neurosecretoras

núcleo supraóptico (células secretoras de oxitocina)

núcleo paraventricular (células secretoras de ADH)

hipotálamo

arteria

infundíbulo

entrada de sangre

terminales de los axones (las hormonas pasan a los capilares)

red capilar

hipófisis anterior

hipófisis posterior

vena

salida de sangre

▲ Figura 7 Las células neurosecretoras llevan las hormonas a la hipófisis posterior.

Regulación de la secreción de leche

Control de la secreción de leche mediante la oxitocina y la prolactina

Una adaptación exclusiva de los mamíferos es la producción de leche en las glándulas mamarias para alimentar a las crías. La producción y la secreción de leche están controladas por hormonas.

La prolactina es una hormona producida por la hipófisis anterior en algunas especies de vertebrados y desempeña una amplia variedad de funciones. No es exclusiva de los mamíferos, pero en los mamíferos estimula el crecimiento de las glándulas mamarias y la producción de leche.

Durante el embarazo, los altos niveles de estrógenos aumentan la producción de prolactina, pero inhiben sus efectos en las glándulas mamarias. El abrupto descenso de estrógenos y de progesterona después del parto acaba con esta inhibición y se comienza a producir leche. Sin embargo, una vez producida la leche, su expulsión depende de la hormona oxitocina. La lactancia estimula la creación continua de prolactina, así como la secreción de oxitocina. La oxitocina estimula la contracción de las células que rodean las estructuras que acumulan la leche, causando la expulsión de la leche.

La oxitocina es producida por las células neurosecretoras del hipotálamo y se almacena en la hipófisis posterior.

Inyección de hormonas de crecimiento en los atletas

Algunos atletas toman hormonas de crecimiento para desarrollar su musculatura.

La hormona del crecimiento es otra hormona polipeptídica producida en la hipófisis anterior. Uno de sus principales objetivos son los receptores en las células del hígado. La unión de la hormona del crecimiento a estos receptores estimula la secreción del factor de crecimiento somatomedina, que circula en la sangre y estimula el crecimiento de los huesos y los cartílagos. La hormona del crecimiento tiene una serie de efectos adicionales, uno de los cuales es el aumento de la masa muscular. Por esta razón, se ha utilizado como fármaco para mejorar el rendimiento. La disponibilidad de la hormona del crecimiento ha aumentado considerablemente gracias al desarrollo de organismos modificados genéticamente que pueden producirla en grandes cantidades.

Como existe una correlación entre el tamaño muscular y la fuerza, esta hormona sería beneficiosa para los deportistas que necesitan breves explosiones de fuerza. Aunque es evidente que aumenta la masa muscular, no se ha demostrado claramente que aumente la fuerza. También se ha dicho que acelera la recuperación de los músculos cansados, lo que permitiría a los deportistas entrenarse más duro y más a menudo. La investigación científica sobre el tema sugiere que los beneficios de inyectarse la hormona en términos de un aumento del rendimiento son pequeños o inexistentes en comparación con los riesgos. Por esta razón, la mayoría de las federaciones deportivas internacionales prohíben el uso de esta hormona.

D.6 Transporte de los gases respiratorios (TANS)

Comprensión

→ Las curvas de disociación de oxígeno muestran la afinidad de la hemoglobina con respecto al oxígeno.

→ El dióxido de carbono se transporta disuelto y unido a la hemoglobina por la sangre.

→ El dióxido de carbono se transforma en los glóbulos rojos en iones bicarbonato.

→ El efecto Bohr explica el incremento en la liberación de oxígeno por parte de la hemoglobina en los tejidos que respiran.

→ Los quimiorreceptores son sensibles a las variaciones del pH sanguíneo.

→ El centro de control de la respiración del bulbo raquídeo controla la tasa de ventilación.

→ Durante el ejercicio la tasa de ventilación varía en respuesta a la cantidad de CO_2 en la sangre.

→ La hemoglobina fetal es diferente de la hemoglobina adulta; permite la transferencia de oxígeno de la placenta a la hemoglobina fetal.

 ## Aplicaciones

→ Consecuencias de una altitud elevada para el intercambio de gases.

→ El pH de la sangre se regula para mantenerse dentro de un estrecho rango comprendido entre 7,35 y 7,45.

→ Causa y tratamientos del enfisema.

 ## Habilidades

→ Análisis de curvas de disociación para la hemoglobina y la mioglobina.

→ Identificación de neumocitos, células del endotelio capilar y células sanguíneas en micrografías de microscopía óptica y micrografías electrónicas de tejido pulmonar.

 ## Naturaleza de la ciencia

→ Los científicos tienen una función que desempeñar con respecto a brindar información a la sociedad: las investigaciones científicas han llevado a cambiar la percepción del hábito de fumar por parte de la sociedad.

Curvas de disociación de oxígeno

Las curvas de disociación de oxígeno muestran la afinidad de la hemoglobina con respecto al oxígeno.

La hemoglobina es una proteína que transporta oxígeno en la sangre. El grado en que el oxígeno se une a la hemoglobina está determinado por la presión parcial del oxígeno (pO_2) en la sangre. La curva de disociación de oxígeno que se muestra en la figura 1 describe la saturación de oxígeno de la hemoglobina a diferentes presiones parciales de oxígeno.

Observa el gran cambio de saturación que se produce en un estrecho rango de presiones parciales de oxígeno. Este estrecho rango tipifica

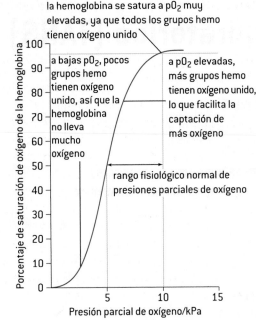

la hemoglobina se satura a p0₂ muy elevadas, ya que todos los grupos hemo tienen oxígeno unido

a bajas p0₂, pocos grupos hemo tienen oxígeno unido, así que la hemoglobina no lleva mucho oxígeno

a p0₂ elevadas, más grupos hemo tienen oxígeno unido, lo que facilita la captación de más oxígeno

rango fisiológico normal de presiones parciales de oxígeno

▲ Figura 1 Disociación de oxígeno de la hemoglobina

las presiones de oxígeno que se dan alrededor de las células en el metabolismo normal. A bajas pO₂, como las que pueden darse en los músculos, el oxígeno se disocia de la hemoglobina. Cuando la pO₂ es elevada, como la que puede darse en los pulmones, la hemoglobina se satura.

Transporte del dióxido de carbono por la sangre

El dióxido de carbono se transporta disuelto y unido a la hemoglobina por la sangre.

El dióxido de carbono se transporta en el plasma sanguíneo de tres formas:

- Disuelto como dióxido de carbono
- Convertido reversiblemente en iones bicarbonato (hidrogenocarbonato, HCO_3^-) que se disuelven en el plasma
- Unido a proteínas plasmáticas

La tabla 1 muestra las cantidades de cada forma en la sangre arterial y venosa en reposo y durante el ejercicio.

Forma de transporte	Sangre arterial mmol⁻¹	Sangre venosa mmol⁻¹	
		Reposo	Ejercicio
CO_2 disuelto	0,68	0,78	1,32
iones bicarbonato	13,52	14,51	14,66
CO_2 unido a proteínas	0,3	0,3	0,24
CO_2 total en plasma	14,50	15,59	16,22
pH de la sangre	7,4	7,37	7,14

▲ Tabla 1 Transporte de CO_2 en el plasma sanguíneo en reposo y durante el ejercicio

Actividad

1 Basándote en los datos de la tabla 1, calcula el porcentaje de CO_2 transportado como iones bicarbonato en el plasma de la sangre venosa en reposo. [2]

2 Compara los cambios en el CO_2 total y en las tres formas entre la sangre venosa en reposo y durante el ejercicio. [2]

3 Deduce, aportando razones, en qué formas se transporta el dióxido de carbono desde los tejidos que respiran hasta los pulmones. [2]

4 Discute qué forma de dióxido de carbono es más importante para el transporte:
a) En reposo [2]
b) Durante el ejercicio [2]

Conversión del dióxido de carbono en iones de bicarbonato

El dióxido de carbono se transforma en los glóbulos rojos en iones bicarbonato.

La mayoría del dióxido de carbono producido por el organismo durante la respiración celular se convierte en iones bicarbonato, la forma más soluble y menos tóxica. La reacción se produce en los glóbulos rojos y es catalizada por la enzima anhidrasa carbónica.

$$CO_2 + H_2O \rightleftharpoons H_2CO_3 \rightleftharpoons H^+ + HCO_3^-$$

Las flechas que apuntan a ambos lados indican que la reacción es reversible. En los tejidos donde se genera dióxido de carbono, la reacción procede hacia la derecha; es decir, se generan más iones bicarbonato. Como también se generan iones H^+, esto reduce el pH de la sangre. En los pulmones, donde el dióxido de carbono sale de la sangre, la reacción procede hacia la izquierda y los iones bicarbonato se convierten en dióxido de carbono.

El efecto Bohr

El efecto Bohr explica el incremento en la liberación de oxígeno por parte de la hemoglobina en los tejidos que respiran.

Un aumento en la actividad metabólica hace que se libere más CO_2 a la sangre, lo que reduce el pH de la sangre. Este aumento de la acidez desplaza la curva de disociación de oxígeno a la derecha, lo que se traduce en una menor afinidad de la hemoglobina por el oxígeno; es decir, la hemoglobina libera más oxígeno a la misma presión parcial de oxígeno (figura 2).

Esto se conoce como el efecto Bohr y garantiza que los tejidos que respiran tengan suficiente oxígeno cuando más lo necesitan. Además, en los pulmones la pCO_2 es más baja, así que la saturación de la hemoglobina puede ocurrir a presiones parciales de oxígeno más bajas.

Efecto del CO_2 en la tasa de ventilación

Durante el ejercicio la tasa de ventilación varía en respuesta a la cantidad de CO_2 en la sangre.

El ejercicio aumenta la actividad metabólica y resulta en un aumento de la producción de CO_2 como producto de desecho de la respiración celular. El aumento de CO_2 produce una disminución del pH sanguíneo porque el CO_2 se disuelve en agua para formar ácido carbónico (H_2CO_3) que después se disocia en H^+ y HCO_3^-. Hay que recordar que una concentración alta de H^+ significa un pH bajo. El bulbo raquídeo, la aorta y la arteria carótida tienen quimiorreceptores capaces de detectar cambios en los niveles de dióxido de carbono en la sangre.

Los altos niveles de dióxido de carbono en la sangre desencadenan un aumento de la tasa de ventilación con el fin de liberar al cuerpo

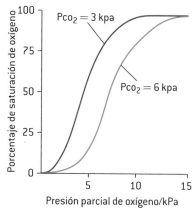

▲ Figura 2 El efecto Bohr

▲ Figura 3 La hiperventilación se produce después del ejercicio intenso como mecanismo para mantener el pH de la sangre mediante la eliminación de dióxido de carbono.

del dióxido de carbono acumulado. El dióxido de carbono se difunde al interior de los alveolos y la ventilación lo expulsa del cuerpo. Esto explica la hiperventilación que se produce en respuesta al ejercicio.

Regulación de la tasa de ventilación

El centro de control de la respiración del bulbo raquídeo controla la tasa de ventilación.

La tasa de ventilación es regulada por el centro de la respiración del bulbo raquídeo del tronco encefálico. Dos conjuntos de nervios comunican el centro de la respiración con los pulmones: los nervios intercostales estimulan los músculos intercostales del tórax y los nervios frénicos estimulan el diafragma.

Cuando los pulmones se expanden debido a la estimulación nerviosa, los receptores de estiramiento en las paredes del tórax y de los pulmones envían señales al centro de la respiración para que detenga las señales que producen la inspiración hasta que se ha exhalado. Una vez que se ha exhalado, se envía una nueva señal.

Los quimiorreceptores y el pH sanguíneo

Los quimiorreceptores son sensibles a las variaciones del pH sanguíneo.

Si se detecta un aumento del dióxido de carbono en la sangre o una disminución en el pH de la sangre, los quimiorreceptores en la arteria carótida y en la aorta envían un mensaje al centro de la respiración del bulbo raquídeo. El bulbo raquídeo envía entonces impulsos nerviosos al diafragma y a los músculos intercostales para que aumenten la tasa de ventilación, lo que da como resultado un mayor intercambio de gases. En el bulbo raquídeo también hay quimiorreceptores que pueden detectar un aumento del dióxido de carbono en la sangre.

🌐 Regulación del pH sanguíneo

El pH de la sangre se regula para mantenerse dentro de un estrecho rango comprendido entre 7,35 y 7,45.

Si el pH de la sangre cae por debajo de 7,35, los quimiorreceptores alertan al centro de la respiración para que aumente la tasa de ventilación. La hiperventilación elimina dióxido de carbono de la sangre haciendo que la reacción del ácido carbónico vaya hacia la izquierda. Así se eliminan iones de hidrógeno de la sangre, lo que eleva el pH.

$$CO_2 + H_2O \rightleftharpoons H_2CO_3 \rightleftharpoons H^+ + HCO_3^-$$

En el riñón, se pueden añadir a la orina iones H^+ unidos a soluciones tampón para elevar el pH.

Para neutralizar el ácido, se reabsorben mayores cantidades de bicarbonato de los túbulos.

Si la sangre se vuelve demasiado básica, pueden segregarse iones bicarbonato al túbulo contorneado distal del riñón.

Existen soluciones tampón en el líquido extracelular que, aunque no pueden eliminar los ácidos o las bases, pueden minimizar su efecto.

(A) Análisis de curvas de disociación

Análisis de curvas de disociación para la hemoglobina y la mioglobina

La mioglobina es una proteína muscular especializada en transportar oxígeno. Tiene una gran afinidad por el oxígeno y solo lo libera cuando la pO_2 es bastante baja, por ejemplo, en los músculos durante el ejercicio intenso. Las dos curvas en la figura 4 tienen formas diferentes porque la hemoglobina tiene cuatro cadenas con cuatro grupos hemo, mientras que la mioglobina tiene uno. La liberación de cada molécula de O_2 de la hemoglobina provoca un cambio de conformación que hace que la hemoglobina libere más rápidamente las moléculas de O_2 restantes.

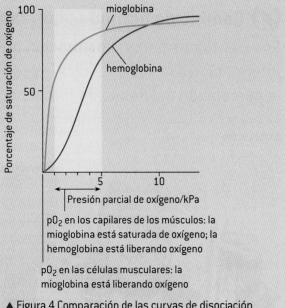

pO_2 en los capilares de los músculos: la mioglobina está saturada de oxígeno; la hemoglobina está liberando oxígeno

pO_2 en las células musculares: la mioglobina está liberando oxígeno

▲ Figura 4 Comparación de las curvas de disociación de O_2 de la hemoglobina y la mioglobina

Diferencias de afinidad por el oxígeno entre la hemoglobina fetal y la adulta

La hemoglobina fetal es diferente de la hemoglobina adulta; permite la transferencia de oxígeno de la placenta a la hemoglobina fetal.

La figura 5 compara las curvas de disociación de oxígeno de la hemoglobina fetal y de la hemoglobina adulta. Observa que la hemoglobina fetal tiene mayor afinidad por el O_2 a todas las presiones parciales. Esto permite transferir el O_2 de la sangre materna al feto a través de la placenta.

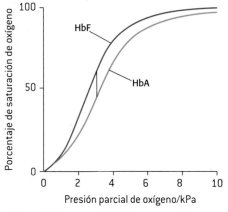

▲ Figura 5 Comparación de las curvas de disociación de O_2 de la hemoglobina fetal y la hemoglobina adulta

(⊕) Intercambio de gases a una altitud elevada

Consecuencias de una altitud elevada para el intercambio de gases

A una altitud elevada, la pO_2 en el aire es baja. La hemoglobina puede no saturarse completamente y, en consecuencia, los tejidos pueden no recibir suficiente oxígeno. Hasta cierto punto, la fisiología humana puede adaptarse a las altitudes elevadas: puede aumentar la producción de glóbulos rojos, lo que aumenta la cantidad total de hemoglobina en circulación; la tasa de ventilación aumenta para incrementar el intercambio de gases; los músculos producen más mioglobina para garantizar el suministro de oxígeno a los tejidos. Las poblaciones que viven permanentemente a altitudes elevadas tienen una mayor superficie pulmonar media y una mayor capacidad vital que las personas que viven a nivel del mar. Su curva de disociación de oxígeno se desplaza a la derecha, promoviendo la liberación de oxígeno a los tejidos.

Cambio de actitudes con respecto al tabaco

Los científicos tienen una función que desempeñar con respecto a brindar información a la sociedad: las investigaciones científicas han llevado a cambiar la percepción del hábito de fumar por parte de la sociedad.

La figura 6 es una imagen sorprendente de una atleta con un cigarrillo.

▲ Figura 6 La atleta británica Shirley Strong

A principios del siglo XX, se creía que el tabaco podía mejorar la ventilación. Algunos médicos llegaron incluso a recetarlo como medicina para patologías tales como el asma.

En las décadas de 1930 y 1940, el hábito de fumar era común entre hombres y mujeres. Incluso la mayoría de los médicos fumaba. Al mismo tiempo, fue aumentando la preocupación de la población acerca de los riesgos para la salud de fumar cigarrillos. Las compañías tabacaleras respondieron diseñando publicidad que presentaba imágenes de médicos y científicos para tranquilizar al consumidor de que sus respectivas marcas eran seguras.

A medida que aumentaban las pruebas epidemiológicas, la dirección general de salud pública de Estados Unidos publicó un informe en 1964 basándose en pruebas de más de 7.000 artículos de publicaciones científicas que vinculaba el tabaco con la bronquitis crónica y varios tipos de cáncer.

En los países desarrollados, el número de fumadores es cada vez menor y casi la mitad de todos los adultos vivos que han fumado alguna vez ya lo han dejado. Parte del mérito le corresponde a los departamentos de salud pública, que han impulsado medidas políticas basadas en pruebas científicas convincentes.

 ## Enfisema

Causa y tratamientos del enfisema

El enfisema es una enfermedad pulmonar en la que las paredes que separan los alveolos se descomponen, produciendo un aumento del tamaño de los alveolos y, por tanto, una reducción de la superficie de intercambio gaseoso, lo que limita la cantidad de oxígeno que entra en la sangre.

La figura 7 muestra una tomografía digitalizada de unos pulmones con uno de los indicadores característicos del enfisema: grandes bolsas de aire atrapado que se ven transparentes en la tomografía. Estas bolsas pueden hacer que los pulmones se queden atascados en la posición de "inspiración" en el ciclo de ventilación, lo que se conoce informalmente como "tórax en tonel".

La principal causa de enfisema es la exposición prolongada a irritantes en el aire, generalmente el humo del tabaco, pero también puede deberse al polvo de sílice, al carbón y a la contaminación del aire.

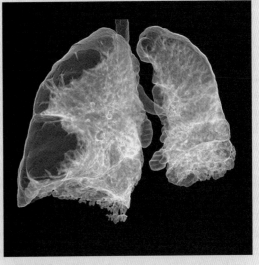

▲ Figura 7

El humo daña los tejidos pulmonares debido a tres factores:

- Reacciones de oxidación producidas por las altas concentraciones de sustancias químicas conocidas como radicales libres en el humo del tabaco

- Inflamación debida a la respuesta corporal a las partículas irritantes del humo

- Los radicales libres y otros componentes del humo del tabaco reducen la actividad de la

▲ Figura 8

enzima alfa-1-antitripsina, que en condiciones normales bloquea la actividad de las proteasas que degradan las proteínas encargadas de mantener la elasticidad del pulmón

La deficiencia de la enzima alfa-1-antitripsina es una causa genética rara de enfisema.

El enfisema no tiene cura, pero se pueden aliviar los síntomas y evitar la propagación de la enfermedad con tratamientos. La figura 8 muestra a un hombre sentado en casa, respirando oxígeno a través de un tubo en la nariz. A su lado hay un aparato que administra oxígeno. La oxigenoterapia suministra aire rico en oxígeno a las personas que padecen de enfisema.

Los pacientes aprenden técnicas de respiración que reducen la disnea y mejoran la capacidad de hacer ejercicio. Dejar de fumar es esencial y a veces se receta medicación para facilitar este proceso. A veces también se reduce el volumen de los pulmones mediante cirugía, eliminando el tejido pulmonar dañado. En algunos casos se realizan trasplantes de pulmón a personas que sufren de enfisema.

(🧪) Interpretación de micrografías de tejido pulmonar

Identificación de neumocitos, células del endotelio capilar y células sanguíneas en micrografías de microscopía óptica y micrografías electrónicas de tejido pulmonar

La pared del alveolo está formada por dos tipos de células. El 90% de la superficie del alveolo se compone de células denominadas neumocitos de tipo 1, que son extremadamente finas y cuya función principal es el intercambio de gases. El segundo tipo de células que forman la pared son los neumocitos de tipo 2. Estas células están cubiertas por microvellosidades, son más gruesas y su función es secretar surfactante, una sustancia que reduce la tensión superficial, impidiendo el colapso del alveolo.

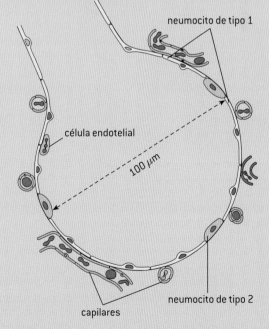

▲ Figura 9

Teoría del Conocimiento

Si una verdad funciona, ¿debe también corresponder a la realidad? ¿Importa si un remedio funciona por el efecto placebo solo?

El herbario completo de Nicholas Culpeper fue publicado en 1653. En él, Culpeper describe remedios herbales para "todos los trastornos que pueden afectar a la humanidad". Este es uno de los ejemplos:

Una cura para un asma o dificultad respiratoria

Tome un cuarto de galón de aquæ vitae (alcohol), una onza de anises molidos, una onza de regaliz en rodajas, media libra de pasas aplastadas: después déjelos empapados diez días en el aquæ vitae, estando bien tapado, posteriormente viértalo en una botella, añádale dos cucharadas de azúcar fino y ciérrelo muy bien para usar.

1 ¿Es cierto, posible o imposible que la cura de Culpeper para el asma sea eficaz?

2 Las normas de la Unión Europea han hecho que sea obligatoria testar los remedios herbales. ¿Qué pruebas deben realizarse en el tratamiento de Culpeper para el asma?

3 Si los pacientes de asma declararon que se sentían mejor después de tomar el remedio de Culpeper, ¿importa saber qué es precisamente lo que les estaba haciendo sentirse mejor?

Preguntas

1 Se ha demostrado que algunas sustancias químicas causan daño tisular debido a la producción de radicales libres. Los radicales libres son sustancias químicas (por ejemplo, superóxidos y peróxidos) que pueden reaccionar y dañar el ADN y los lípidos. Los antioxidantes producidos por nuestro cuerpo, como el glutatión reducido, se combinan con los radicales libres y disminuyen el daño tisular. El glutatión reducido reacciona con los radicales libres y, en el proceso, se convierte en glutatión oxidado.

Recientemente también se ha demostrado que los antioxidantes de la dieta, como las ligninas, protegen contra el daño a los tejidos. Se sabe que la linaza contiene ligninas, pero sus efectos antioxidantes todavía no se han evaluado. Se llevó a cabo una investigación para determinar si la linaza podía ayudar a prevenir daños en el hígado causados por el tetraclorometano. El metabolismo del tetraclorometano en el hígado provoca la formación de radicales libres. Como tratamiento previo, se inyectó oralmente extracto de linaza (+) o aceite de maíz (-) (control) a ratas durante tres días y luego se les inyectó una solución salina tamponada (control) o tetraclorometano. A continuación, se midieron los niveles de glutatión.

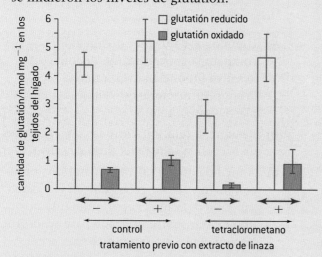

Fuente: ENDOH, D. *et al. Journal of Veterinary Medical Science.* 2002. 64, p. 761.

a) (i) Indica la cantidad de glutatión reducido en los tejidos del hígado de las ratas inyectadas con tetraclorometano sin tratamiento previo con extracto de linaza. [1]

(ii) Calcula la cantidad total de glutatión (reducido + oxidado) en los tejidos del hígado de las ratas tratadas con extracto de linaza a las que no se inyectó tetraclorometano. [1]

b) Describe el efecto de la inyección de tetraclorometano en la cantidad total de glutatión y la cantidad de glutatión reducido en los tejidos del hígado de las ratas sin tratamiento previo con extracto de linaza. [2]

c) Predice, basándote en los datos, el efecto del extracto de linaza como protección de los tejidos del hígado contra daños causados por el tetraclorometano. [3]

2 Las ratas topo (*Spalax ehrenbergi*) están adaptadas a vivir en madrigueras subterráneas con muy poco oxígeno. En un estudio, se compararon ratas topo con ratas blancas para determinar si estas adaptaciones se debían a cambios en su sistema de ventilación.

Se colocaron ambos tipos de ratas en una cinta de correr y se midió la cantidad de oxígeno consumido a diferentes velocidades. El estudio se realizó en condiciones de oxígeno normales y en condiciones de bajo oxígeno. Los resultados se muestran en los siguientes diagramas de dispersión.

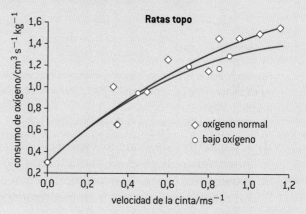

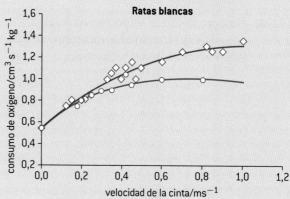

Fuente: WIDMER, H. R. *et al.* "Working underground: respiratory adaptations in the blind mole rat". *PNAS.* 1997. Vol. 94, n.º 4, p. 2062–2067.

© 2003 National Academy of Sciences, Estados Unidos

a) Compara el consumo de oxígeno de las ratas topo y de las ratas blancas cuando la cinta no está en movimiento.   [1]

b) Compara el efecto de aumentar la velocidad de la cinta en el consumo de oxígeno de ambos tipos de ratas en condiciones de oxígeno normales.   [3]

c) Evalúa el efecto en ambos tipos de ratas de reducir la cantidad de oxígeno disponible.   [2]

Se estudiaron los pulmones de ambos tipos de ratas y se compararon las características de importancia en la captación de oxígeno. Los resultados se muestran en el siguiente gráfico de barras.

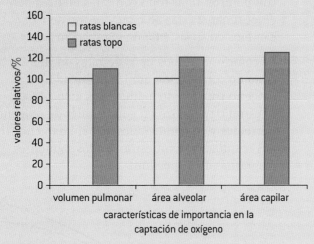

Fuente: WIDMER, H. R. *et al.* "Working underground: respiratory adaptations in the blind mole rat". *PNAS.* 1997. Vol. 94, n.º 4, p. 2062–2067.
© 2003 National Academy of Sciences, Estados Unidos

d) Usando tus conocimientos sobre el intercambio de gases en los pulmones, explica cómo estas adaptaciones ayudan a las ratas topo a sobrevivir en madrigueras subterráneas.   [3]

e) Sugiere cómo la selección natural desempeñó un papel importante en las adaptaciones de las ratas topo.   [3]

3 En la producción de saliva, las células acinares transportan activamente iones desde el plasma sanguíneo hasta los conductos de la glándula salival, lo que atrae agua a los conductos. A medida que la saliva va pasando por el conducto, algunos iones se reabsorben, pero la cantidad que se reabsorbe depende del flujo de saliva.

El gráfico A muestra cómo varía la composición de la saliva en función del flujo. El gráfico B muestra la composición del plasma sanguíneo.

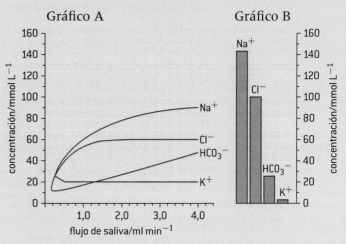

Fuente: THAYSEN, J. H.; THORN, N. A. "Excretion of Urea, Sodium, Potassium and Chloride in Human Tears". *American Journal of Physiology.* 1954. 178, p. 160–164. American Physiological Society.

a) Usando los datos proporcionados, compara la concentración de iones en la saliva producida a 4,0 ml min^{-1} con la concentración de estos iones en el plasma sanguíneo.   [2]

b) Resume la relación entre la concentración de Na^+ en la saliva y el flujo de saliva.   [2]

c) A medida que la saliva va pasando por los conductos, Na^+ se reabsorbe en el plasma sanguíneo. Deduce, aportando una razón, el tipo de transporte utilizado para reabsorber Na^+ en el plasma sanguíneo.   [1]

d) Sugiere por qué la concentración de Na^+ varía con el flujo de saliva.   [2]

ÍNDICE

fisiología animal, 499–510
  patógenos, 499, 503
  proteínas y, 101
  vacunas, 15, 499, 504–6
  Véase también sistema inmunológico
inmunoglobulinas, 102
insectos, 267–8, 285, 354, 513, 522
insolación, 229
inspiración, 341, 342–3
insulina, 102, 130, 204, 356–7, 399, 658–9
integrina, 99
intensidad lumínica, 144
intercambio de gases
  respiración, 337–45
  transpiración, 436
interfase, 56
intestino delgado, 304, 305, 306–9, 310–12
intestino grueso, 304
intolerancia a la lactosa, 313
invertebrados, comportamiento de, 573
iones negativos, 73
iones positivos, 74
Islas Galápagos, 217, 275–6
isoleucina, 407

Jenner, Edward, 505
"jet lag", 361
JMol (software), 81
jugo gástrico, 667
jugo pancreático, 306, 667
jugos digestivos, 666
Jussieu, Antoine Laurent de, 299

Kaebnick, Gregory, 50
Kamen, Martin, 429
KEGG. *Véase* Enciclopedia de Genes y Genomas de Kioto
Knight, Thomas Andrew, 180
Koshland, 106
Krebs, Hans, 415
Kuhn, Thomas, 80

Laboratorio Europeo de Biología Molecular (EMBL), 398
lactasa, 307, 313
lactosa, 80, 113, 313
LDL, 679
leche, lactosa en, 113
leptina, 359–60, 659
leucemia, células madre para, 14–15
leucocitos, 331, 499
levadura, 111, 112, 113, 133–4, 150
LH, 365–6, 367, 694
Liebig, Justus von, 112
ligamentos, 514
ligasa, 204, 379
linfocitos, 331, 499, 501–2
Linnaeus, Carolus, 281, 282, 286
lipasas, 111, 306, 679
lípidos, 69, 71, 84–6, 90–3
lipoproteínas, 309, 679
lisina, 386
lisosoma, 24
lisozima, 98, 100
Lista Roja, 632
lixiviado de nutrientes minerales, 643, 648
Lorenz, Konrad, 578
"lucha o huida", 328, 666, 694
luz, spectro de absorción, 142–3
luz visible, fotosíntesis, 141

macrófagos, 501
macroplásticos, 627
MAE2, 3
maíz, 11, 12, 264, 431
Majerus, Michael, 268
malaria, fármacos contra, 408
malnutrición, 653, 656, 658
maltasa, 307
maltosa, 80
mamíferos, 292, 542, 559, 560, 564, 565, 569, 653, 696

marasmo, 660
marcadores genéticos, 33–4
marcapasos artificiales, 686
marcos abiertos de lectura, 10, 18–19
mariposa monarca, 207, 208
mariquita de dos puntos, 185
marsupiales, 542
martillo, 569
masa corporal, índice de, 86–7
masais, 89, 273
McGee, Glenn, 50
mecanorreceptores, 564
medicamentos nuevos, riesgos, 334
medicina
  biopharming, 30, 36–7
  biotecnología, 30–8
  técnicas de diagnóstico, 30–2
médula ósea, 677
meiosis, 169–78, 182–3, 473–8
  ADN, replicación antes de, 169, 172
  bivalentes, 172, 173, 176
  ciclos vitales sexuales y, 171
  descubrimiento, 169–70
  etapas, 172–5
  meiosis I, 170, 172, 174–5, 477–8
  meiosis II, 170, 172, 174–5, 478
  núcleo diploide, 182
  nuevas combinaciones de alelos, 475–6
  quiasmas, 473, 474
  reducción de cromosomas a la mitad, 173
  resumen de, 169, 170
  sobrecruzamiento, 172, 176, 186–7, 473, 474, 476–7
  variación genética, 176–7
melanina, 663
melanismo industrial, 267–8
melatonina, 361
membrana basal, 526
membrana celular, 10
  bicapas de fosfolípidos, 28
  colesterol en, 35
  difusión facilitada, 40
  difusión simple, 38–9
  endocitosis, 36–7
  estructura, 27–35
  exocitosis, 36, 37, 38
  modelos de, 28–30
  movimiento de vesículas de en células, 37
  ósmosis, 41, 46–7
  proteínas de, 31, 32–3
  transporte de, 36–48
membrana nuclear, 23, 58
membrana plasmática, 59, 515
membrana postsináptica, 581
membranas
  biopelíclas, 23–4, 25, 27–9
  formación, 58
  mitocondriales, 418–19
membranas mucosas, 329
memoria, 355, 572, 579, 582
Mendel, Gregor, 151, 179–81, 183, 475, 481
meristemos apicales, 456
Meselson, Matthew, 120–2
mesocosmos, 226–7
mesófilo en empalizada, células de, 26
metabolismo, 65, 71, 403–9, 691–5
  anabolismo, 65, 72
  bioinformática, 397–8, 407
  catabolismo, 65, 72
  del cerebro, 555
  ciclo de Krebs, 410, 414, 418
  compuestos de carbono, 65, 68–70
  energía de activación, 404–5
  enzimas, 404–5
  inhibición de productos finales, 407
  inhibidores enzimáticos, 405–6
  rutas metabólicas, 404
  tasas de reacción, 408, 409
  urea, 66–7
  Véase también enzimas
metabolismo ácido de las crasuláceas (CAM), 442

metafase (meiosis), 57, 174, 175, 176
metano, 76, 236
  atmósferico, 244–5
  de arqueobacterias metanogénicas, 239, 283
  gases invernadero, 247
  oxidación de, 239
  propiedades térmicas, 76–7
metanogénesis, 239, 283
metástasis, 61
metilación, 387
metilmercurio, 27
micrografías, 6
microorganismos, 1–8
  biorremediación, 21–9
  diversidad metabólica, 2
  fermentación, 1, 4–6, 112
  tinción de Gram, 7
  usos industriales, 4–9
  zonas de inhibición, 9–10
micrópilo (semilla), 468
micropropagación, plantas, 455, 461–2
microscopio electrónico, 18–20
microscopio óptico, 3–7, 368
microtúbulos, 25, 57
mielinización, 347–8
Miller, Stanley, 52
minerales esenciales, 653, 657
miofibrillas, 511, 516
mioglobina, 677
miometrio, 544
miosina, 101, 516, 517
Mitchell, Peter, 417
mitocondrias, 24, 53, 54, 56, 410, 418–20
mitosis, 55, 56–8, 59, 456–7
modelo llave-cerradura, enzimas, 106
modelos informáticos, 267
modificación genética, 199, 203–8
  agricultura y, 205–7
  ciclo de fósforo, 649
  clones, 208–13
  Enviropigs, 649
  organismos transgénicos, 10–20, 37, 212–13, 649
  riesgos, 204–5
Möebius, Karl Augustus, 395
Molaison, Henry, 579
moluscos, 236, 242, 291
monosacáridos, 80
monotremas, 542
Morgan, Thomas Hunt, 191, 475, 481, 482
Moths (Majerus), 268
movimiento, 511–20
  de la cabeza, 571
  extremidades pentadáctilas, 266, 267
  hemisferios cerebrales y, 562
murciélagos, 285, 466, 467–8, 508, 591–2
MUSCLE (software), 44
músculo cardíaco, 682
músculo esquelético, 511–20
músculos, 101, 511–20
músculos antagonistas
  de movimiento, 512–13
  de ventilación, 342–3
músculos estriados, 515, 562
mutación, 61, 154, 179, 195–8, 271
mutualismo, 466, 605

NAD (nicotinamida adenina dinucleótido), 411, 414
NADP, 421, 426–7
Nagasaki, 196–8
nefrona, 528
neonicotinoides, 354
nervio auditivo, 569–70
nervio óptico, 567
neumocitos, 337, 340
neuroaminidasa, 400
neurobiología, 549–94
  aprendizaje, 355, 572, 579, 582
  arcos reflejos, 574–5
  comportamiento aprendido, 575–7

comportamiento innato, 572–4
  condicionamiento operante, 568, 572
  condicionamiento reflejo, 577
  impronta, 578
  memoria, 355, 572, 579
  percepción de estímulos, 563–71
  reflejos, 574
  Véase también sistema nervioso
neurociencia, 550
neurofarmacología, 580–6
  adicción, 580, 586
  anestésicos, 580, 584
  drogas estimulantes, 580, 585–6
  drogas psicoactivas, 580, 582–3
  drogas sedantes, 585–6
  neurotransmisores, 580–2
neuromoduladores, 581
neuronas, 42, 303, 346–52, 574–5, 582
  acetilcolina, 353–4
  axones, 43, 44, 350
  corrientes locales, 350–1
  desarrollo, 549, 550–1
  mielinización, 347–8
  perdida neural, 549, 553
  postsinápticas, 355
  potenciales de acción, 349–50, 351
  potenciales de reposo, 348, 351
  sinapsis, 352, 354–5, 549, 553
  transmisión sináptica, 352–3
neuronas "bipolares", 567
neuronas pre-/postsinápticas, 581
neurotransmisores, 580–2
neurulación, 550, 551
nicho, 602, 603
nicotina, 582, 585, 586
nicotinamida adenina dinucleótido. *Véase* NAD
nitrógeno, 66–7, 532, 618, 643–5
no disyunción (de cromosomas), 177–8
nódulo auriculoventricular, 683, 684
nódulo sinoauricular, 314, 324, 325, 327, 328, 681, 682
nucleasas, 307
núcleo, 10, 22, 23, 170
núcleo accumbens, 558
nucléolo, formación, 58
núcleos diploides, 164, 182
núcleos haploides, 163–4, 182
nucleosomas, 376–7, 386–7
nucleótidos, 116
Nurses' Health Study, 92–3
nutrición, 220, 653–6
  anorexia, 661
  autótrofos y heterótrofos, 215, 216, 220, 228, 236, 237
  ciclo de nutrientes, 613, 618
  consumidores, 215, 219, 220
  conversión alimenticia, 610
  de plantas y algas, 217–19
  detritívoros, 215, 219, 220
  dieta diaria, 665, 688
  fibra dietética, 672
  inanición, 653, 660
  malnutrición, 653, 656, 658
  minerales esenciales, 653, 657
  nutrientes esenciales, 653, 654–5
  nutrientes no esenciales, 654
  salud y, 80, 90–3
  saprotrofos, 215, 219, 220, 240
nutricionismo, 80
nutrientes, ciclos de, 225
nutrientes esenciales, 653, 654–5

obesidad, 360, 653, 659
oclusión coronaria, 323
oído, 568–9
oído medio, 569
ojo, 565–6
omega–3 y omega–6, 656
oncogenes, 61
opiáceos, 586
opsonización, 503
orden (clasificación), 284

BIOLOGÍA

Esta edición cubre los contenidos del nuevo programa de estudios en el NM y el NS, y fue desarrollada con el IB para integrar completamente la nueva **forma de enseñanza del IB**. El enfoque holístico de todos los aspectos del programa, incluida la naturaleza de la ciencia, fomenta una actitud indagadora y activa hacia el aprendizaje, mientras que las preguntas basadas en datos permiten alcanzar un logro excepcional.

Autores

Andrew Allott

David Mindorff

José Azcue

Los libros del alumno de Oxford son los únicos recursos del Programa del Diploma desarrollados con el IB.

Esto significa que:

→ Se ajustan con **mayor precisión** a las especificaciones del IB

→ Están escritos por profesores y responsables de taller con mucha experiencia y conocimiento del IB

→ Están acompañados de **materiales de evaluación precisos, provenientes del IB**

→ Se corresponden verdaderamente con la filosofía del IB, desafiando a los estudiantes con **material novedoso y actual de Teoría del Conocimiento**

> Explicación clara y visual que asegura una **completa comprensión**, abordando <u>todos</u> los estilos de aprendizaje

> Apoyo incomparable para el nuevo enfoque del aprendizaje basado en conceptos

Recursos de apoyo:

Libro del alumno digital en línea
978-0-19-836407-8

Conjunto del libro del alumno impreso y digital en línea
978-0-19-836408-5

9

BIOLOGÍA VEGETAL [TANS]

Radioisótopos como herramientas importantes en el estudio de la translocación

Las mejoras en equipos y aparatos conllevan avances en la investigación científica; los métodos experimentales para la medición de las tasas de transporte por el floema a través de estiletes de áfidos y dióxido de carbono marcado radiactivamente solo fueron posibles una vez que los radioisótopos estuvieron disponibles.

El carbono-14 es un isótopo de carbono radioactivo. Durante la fotosíntesis, las plantas pueden incorporar moléculas de dióxido de carbono con carbono marcado radiactivamente. Estas plantas liberarán radiación que puede ser detectada usando películas o detectores de radiación. Como el carbono se metaboliza, se encontrará en diferentes moléculas dentro de la planta. En otras palabras, se puede hacer un seguimiento tanto de la formación como del movimiento de las moléculas radioactivas. La figura 12 muestra un dispositivo conocido como contador Geiger midiendo los niveles de radiación en un campo de girasoles. Los girasoles de la fotografía se utilizan para la biorremediación de suelos contaminados con radiación.

△ Figura 12

Preguntas basadas en datos: Marcado radiactivo [1]

Se expusieron hojas de origen a una pulsación de carbono marcado radioactivamente y se midió el tiempo que tardó en llegar el carbono radioactivo a las hojas de destino mediante radiofotografía. Para variar la tasa fotosintética, principalmente se modificó la concentración de dióxido de carbono sin marcar. El experimento se llevó a cabo con tres intensidades de luz diferentes (los cuadrados verdes representan 20.000 lux, los rombos naranjas 40.000 lux y los círculos morados 80.000 lux).

a) Resume la relación entre la tasa de fotosíntesis y la tasa de translocación. [1]

b) (i) Deduce la relación entre la intensidad de la luz y la translocación. [2]

   (ii) Sugiere si se trata de una correlación o de una relación de causa y efecto. [3]

c) Determina el cociente entre la tasa de translocación y la fotosíntesis neta en dos puntos diferentes del gráfico. [2]

d) Deduce, aportando una razón, si la hoja de origen es una hoja en crecimiento o una hoja madura. [2]

△ Figura 13